나의 심리학 |제2판|

심리학을 통한 자기 발견

Σ 시그마프레스

나의 심리학

심리학을 통한 자기 발견

제2판

Andrew M. Pomerantz 지음

이재식, 정영숙, 이수진, 류승아, 남숙경 옮김

나의 심리학 심리학을 통한 자기 발견, 제2판

발행일 | 2020년 9월 1일 1쇄 발행
2023년 1월 5일 2쇄 발행

지은이 | Andrew M. Pomerantz
옮긴이 | 이재식, 정영숙, 이수진, 류승아, 남숙경
발행인 | 강학경
발행처 | (주)시그마프레스
디자인 | 김은경
편   집 | 문승연

등록번호 | 제10-2642호
주소 | 서울특별시 영등포구 양평로 22길 21 선유도코오롱디지털타워 A401~402호
전자우편 | sigma@spress.co.kr
홈페이지 | http://www.sigmapress.co.kr
전화 | (02)323-4845, (02)2062-5184~8
팩스 | (02)323-4197

ISBN | 979-11-6226-281-8

My Psychology, 2nd Edition

First published in the United States by Worth Publishers
Copyright © 2020, 2018 by Worth Publishers
All rights reserved.
Korean language edition © 2020 by Sigma Press, Inc. published by arrangement with Worth
Publishers

＊ 책값은 책 뒤표지에 있습니다.

이 도서의 국립중앙도서관 출판예정도서목록(CIP)은 서지정보유통지원시스템 홈페이지(http://seoji.nl.go.
kr)와 국가자료공동목록시스템(http://www.nl.go.kr/kolisnet)에서 이용하실 수 있습니다.(CIP 제어번호 :
CIP2020033832)

역자서문

심리학은 우리가 생각하고, 느끼고, 행동하는 방식과 그 이유에 대한 답을 찾고자 하는 과학이다. 대부분의 심리학 입문서에서 제시하고 있는 심리학에 대한 일반적 정의에 기초하여 심리학의 정의를 소개하면 심리학은 행동과 마음에 대해 과학적으로 연구하는 학문 영역이다. 이러한 정의는 미국심리학회에서 제시한 심리학의 정의이기도 하다. 심리학의 역사를 150년 정도로 보면 다른 학문에 비해 비교적 새롭게 등장한 학문이라고 할 수도 있지만, 과학으로서 등장한 이후부터 최근에 이르기까지 심리학은 매우 역동적이고 활발하게 발전하고 있는 학문이다.

심리학은 본질적으로 인간의 생물생리학적 특성, 발달, 인지과정, 사회행동, 정신장애와 치료를 포함하여 매우 다양한 연구주제를 포괄하는 다면적 학문의 특징을 갖는다. 또한 행동과 마음에 대해 보편적 · 객관적으로 기술하고, 설명하며, 예측하려는 목표를 갖고 있다. 심리학에서는 무엇을 연구할 것인지(연구주제)뿐만 아니라 그것을 어떻게 연구할 것인지(연구방법)가 모두 중요한 핵심적 문제가 된다. 오늘날 심리학에 대한 관심은 일상적 경험이나 현상에 대한 단순한 이해의 범위를 넘어 학교, 기업 및 정부기관에서 제기하는 다양한 질문에 대해 타당하고 실용적인 답을 찾는 수준에 이르렀다. 이 책을 공부하는 학생들이 행동과 마음에 대한 과학적 연구의 범위에 어떠한 주제들이 포함되어 있고, 이러한 주제에 대해 어떻게 접근할 것인지에 대한 적절한 질문과 아이디어를 적극적으로 생성할 수 있기를 기대한다.

이 책은 Andrew M. Pomerantz 교수의 *My Psychology*, 제2판(2019)을 번역한 것이다. 저자가 서문에서 강조하였듯이 이 책은 다양한 민족성, 성, 젠더, 문화를 비롯한 여러 다양성 변인들의 측면에서 심리학의 주요 개념과 이론 및 연구 결과를 비교하여 살펴볼 수 있게 하였고, 학생들이 자신의 삶 속에서의 개인적 경험과 이 책을 통해 배우는 내용을 연결 지어 생각해볼 수 있도록 실제 생활 사례들을 적절하게 예시하고 있다는 점이 중요한 특징이다. 이러한 특징은 이 책을 공부하면서 배우게 되는 인간의 행동과 마음에 대한 현상과 사실에 대해 학생들이 다양한 관점에서 이해하고 자신의 삶 속에서 실제적으로 확인해볼 수 있도록 하는 기회를 제공할 것이다.

원서는 모두 15개 장으로 구성되어 있지만 본 역서에서는 원서에서 다양성을 다룬 제10장의 내용을 사회심리학을 다룬 제13장 안으로 통합하여 모두 14개 장으로 새롭게 구성하였다. 5명의 역자들이 원서 번역에 참여하였다. 이재식은 제1장(심리과학), 제2장(뇌와 행동), 제3장(감각과 지각), 이수진은 제5장(기억), 제6장(학습), 제7장(인지 : 사고, 언어, 지능), 정영숙은 제9장(전 생애 발달), 제10장(스트레스와 건강), 제11장(성격), 류승아는 제8장(동기와 정서), 제12장(사회심리학), 그리고 남숙경은 제4장(의식), 제13장(심리장애), 제14장(치료)을 담당하였다.

이 책의 출판을 위해 지원을 아끼지 않은 ㈜시그마프레스의 강학경 사장님과 번역과 관련된 전반적 기획을 담당한 문정현 부장님께 감사드린다. 그리고 꼼꼼함과 성실함을 기초로 역자들은 몇 번을 눈 씻고 봐도 찾지 못하는 오탈자를 신기할 정도할 잘 찾아내 수정하고, 독자의 입장에서 이해하기 어렵거나 어색한 문장을 보완하는 데 도움을 준 문승연 과장님께 감사드린다. 마지막으로 이 책을 공부함으로써 인간 행동과 심리에 대한 막연한 생각을 명쾌한 이해로 탈바꿈하고, 자신의 개인적 삶 속에서 심리학 지식을 적극적으로 활용할 것으로 기대되는 이 책의 독자들에게 미리 감사드린다.

2020년 7월

역자 일동

저자서문

이 책의 특징 : 왜 심리학은 나에 대한 것인가?

심리학은 학문 분야에서 독특한 학문이다 — 독특하게 개인적이다. 심리학의 개념, 이론, 연구는 우리가 어떻게 주변 세계에 대해 지각하고, 기억하고, 학습하는지, 어떻게 생각과 느낌을 경험하고 표현하는지, 어떻게 성격과 발달이 경험을 형성하는지, 어떻게 다른 사람들과 관계를 맺는지, 그리고 어떻게 어려움과 치유를 경험하는지 등을 포함한 일상생활의 많은 부분들에 대한 것이다. 대학생들은 여러 학문 분야의 입문 과목을 수강하면서 자신과 관련이 있다고 생각되는 요소들을 발견할 수도 있지만 다른 과목과 비교하여 심리학의 입문 과목이야말로 자신에 대한 입문 과목이라 할 수 있다. 이 책은 학생들이 심리과학과 스스로를 개인적으로 연결 짓도록 하는 데 있어 다른 교재와는 차별화된다.

내가 심리학개론을 가르칠 때마다 학생들은 그러한 개인적 연결을 열망한다. 최근 연구는 심리학개론을 수강하는 학생들이 그러한 열망을 갖고 있다는 것을 보여주었다. 한 연구에 따르면 기억, 학습, 성격, 사회심리학, 장애, 발달, 스트레스 및 건강 등을 포함한 심리학개론에서 다루는 거의 모든 주요 주제에 대해 학생들은 '중요한' 혹은 '매우 중요한' 것으로 평가하였다(McCann et al., 2016). 또 다른 연구는 심리학개론 수강 학생들에게 그 과목에서 더 배우고자 하는 내용에 대한 진술을 제시한 후 이에 얼마나 동의하는지 질문하였다. 모든 진술은 심리학 전공 학부생에 대한 미국심리학회 지침의 첫 번째 버전(American Psychological Association, 2007)에서 선택되었다. 그 결과 학생들은 개인적 삶과 심리학을 연결 지을 수 있는 내용의 진술들, 예를 들어 "나는 내 자신의 행동에 대해 좀 더 통찰력을 가질 것이고 수업 중에 공부한 일부 개념을 내 자신의 삶 속에서 사용할 것이다", "나는 내 행동과 다른 사람의 행동을 검토할 때 비판적 사고 능력을 향상시킬 것이다" 혹은 "나는 사람들에 대해 더 잘 이해하게 될 것이다. 특히 사람들에 따라 문화적 차이와 다양한 관점이 있다는 것을 더 잘 이해할 것이다"와 같은 진술에 대해 높은 수준으로 동의하였다(Landrum & Gurung, 2013).

이 책은 학생의 수준에서 학생이 관여하도록 함으로써 심리과학과 학생의 개인적인 경험을 연결한다. 실제로, 학생의 관여는 교과서들이 갖추어야 할 중요한 조건이다. 학생의 관점에서 관여를 이끌어내는 하나의 열쇠는 접근성(accessibility)이다. 책은 학생이 바로 이해할 수 있는 방식으로 글이 작성되어야 한다. 글이 읽기에 너무 어려운 수준으로 작성되어 학생이 관심을 잃게 해서는 안 되는 것이다. 이 책은 모든 수준의 학생이 위축되거나 당혹스럽지 않도록 접근 가능하고 이해하기 쉬운 언어를 사용함으로써 의도적으로 이러한 접근성 수준에 맞추고자 하였다. 모든 교육적 노력에서 고려되어야 하는 또 다른 관여의 열쇠는 즉시성(immediacy)이다. 교사는 학생들이 누군가 자신의 이야기를 들어주고 있고, 자신이 어딘가에 소속되어 있으며, 자신의 가치를 인정받고 있고, 혹은 남들이 자신을 알고 있다는 느낌을 갖도록 촉진해주는 행동을 통해 즉시성을 만들어낸다(Rogers, 2015, p. 20; 또한 McCroskey & Richmond, 1992 참조). 교사가 높은 수준의 즉시성을 갖고 있으면 학생은 교사를 좋아하고, 교사가 가르치는 내용에 대해 좀 더 완전하고 적극적으로 관여하려는 동기를 갖는 경향이 있다(Allen et al., 2006; Mazer, 2015; Witt et al., 2004). 전형적으로 즉시성은 교사에게서 측정되는 것이지만 교과서에도 이것을 적용할 수 있다. 이 책은 많은 형태의 다양성을 강조하거나 포함하고, 학생들이 교과서에서 배운 내용을 그들의 실생활에서 찾아볼 수 있도록 하는 예시를 포함하는 등의 다양한 방법을 통해 학생들의 관여를 최대화하고자 노력하였다.

다양성의 확장과 강조

다양성은 심리학의 본질적 요소이다. 또한 다양성은 학생들의 삶의 본질적 요소이기도 하다. 이 책에서는 문화, 성(sex) 및 젠더(gender)를 포함하여 다양성과 관련된 내용들을 모든 장에 걸쳐 소개하였다. 표 1은 이 책에서 다루어진 다양성에 관한 내용을 각 장에 따라 정리한 것이다.

표 1. 이 책에서 다루어진 다양성
제1장 심리과학 심리학의 역사에서 영향력 있는 여성 학자들 프로이트 아이디어 수용에서의 문화 차이 행동주의 수용에서의 문화 차이 일부 고전적 심리학파의 가정에 대한 다문화주의의 도전
제2장 뇌와 행동 가난이 뇌 발달에 미치는 영향
제3장 감각과 지각 문화가 시각에 미치는 영향 문화가 청각에 미치는 영향 젠더와 민족성이 후각 능력에 미치는 영향 문화권에 따라 즐기는 음식이 다른 이유
제4장 의식 문화가 일주기리듬에 미치는 영향 성별과 인종, 연령이 수면에 미치는 영향
제5장 기억 문화가 섬광기억에 미치는 영향 인종이 기억에 미치는 영향
제6장 학습 인종이 강화에 대한 지각에 미치는 영향
제7장 인지 : 사고, 언어, 지능 문화와 전문성의 상호작용 문화가 개념 형성에 미치는 영향 다양한 문화적 배경과 언어가 창의성에 미치는 영향 지능 측정에서 인종과 사회경제적 지위가 검사편파에 미치는 영향 문화-공정 지능검사의 편파 최소화
제8장 동기와 정서 인종이 매슬로의 욕구위계에 미치는 영향 인종이 동기에 미치는 영향 성별이 동기에 미치는 영향 나이가 동기에 미치는 영향 성, 스트레스 및 경제적 요인이 섭식행동에 미치는 영향 나이, 민족 및 성별과 정서의 상호작용
제9장 전 생애 발달 문화가 수리 능력 발달에 미치는 영향 문화가 공동 수면의 가능성에 미치는 영향 문화가 다양한 양육 방식의 평가에 미치는 영향 문화가 아동과 양육 방식 사이의 적합성과 상호작용하는 방식 민족성이 아동기 친구관계 발달에 미치는 영향

(계속)

표 1. 이 책에서 다루어진 다양성(계속)

민족성이 옳은 것에 대한 도덕적 감각에 미치는 영향
민족성이 10대의 데이트 패턴에 미치는 영향
민족성이 성인진입기의 지각에 미치는 영향
민족성이 빈 둥지 증후군 경험에 미치는 영향

제10장 스트레스와 건강
문화가 스트레스원 평가에 미치는 영향
문화가 스트레스 경험에 미치는 영향
민족성과 젠더가 스트레스 대처 전략에 미치는 영향

제11장 성격
문화가 인본주의 이론에 대한 평가에 미치는 영향
연구가 전 세계 국가에 걸쳐 성격 5요인을 확증한 방법
문화적 유능성이 성격평가에서 중요한 역할을 하는 방식

제12장 사회심리학
민족성이 기본적 귀인오류의 가능성에 미치는 영향
문화가 동조의 가능성에 미치는 영향
민족성과 젠더가 신체적 매력에 미치는 영향
민족성과 젠더가 공격적 행동에 미치는 영향
인종, 민족성, 언어, 종교, 연령 및 기타 문화적 변인들이 미국에서 어떻게 달라지는가?
적응적 규범 인식 능력(dynamic sizing)이란 무엇이고, 이것은 다양한 문화권의 사람들을 이해하는 것과 어떻게 관련
되는가?
문화에 대한 정의의 변천
다문화주의가 어떻게 심리학에서 중요한 역할을 하게 되었는가?
문화변용의 정의와 문화변용 전략들의 차이
문화변용 스트레스
문화집단마다 다른 특정한 변인들
어떻게 문화적 차이가 일상생활에서의 차이로 나타나는가?
문화 지능의 정의
미세공격의 정의
성별과 성의 정의
성별 발달에 영향을 미치는 요인들
시스젠더, 트랜스젠더 및 전이의 의미
성적 지향의 정의
문화적 변인들이 성소수자에 대한 태도에 영향을 미치는 방식
어떻게 성별 차이가 일상생활에서의 차이로 나타나는가?

제13장 심리장애
문화가 정상과 이상의 지각에 미치는 영향
민족성이 불안장애의 경험에 미치는 영향
민족성이 주요우울장애의 경험에 미치는 영향
민족성이 섭식장애의 경험에 미치는 영향
도시 혹은 비도시 생활이 조현병의 경험에 미치는 영향

제14장 치료
인지치료에서 문화적 변인들이 논리적 인지와 비논리적 인지의 결정에 미치는 영향
심리치료 효과 연구에서의 다양성 부족이 어떻게 일반화를 제한하였는가?
인종, 나이, 사회경제적 지위, 종교, 성적 취향 및 기타 문화적 변인들은 증거 기반 심리치료와 어떻게 관련되는가?
치료자가 문화적 유능감을 갖는 것의 중요성
치료자가 문화적 자각을 갖는 것의 중요성
무엇이 문화를 구성하는지에 대한 좁은 정의와 넓은 정의

심리학 개념의 실생활 예시 활용

표 2. 심리학 개념의 실생활 예시		
장	**심리학 개념**	**예시**
제1장 심리과학	가치 조건(칼 로저스)	발레를 좋아하지만 부모는 축구를 하도록 요구하는 10세 소년의 사례
	생물심리사회이론	여러 원인으로 공황발작을 보이는 대학생의 사례
	확증편파	어떤 식당에 대한 사람들의 리뷰 중에서 자신이 이미 갖고 있던 생각에 부합하는 리뷰만 읽는 것
제2장 뇌와 행동	감각뉴런과 운동뉴런	어두운 방에서 물건들로 가득 찬 배낭 안으로 손을 집어넣어 스마트폰을 찾는 것
	함께 작동하는 뇌 부분들	캔에 든 음료를 마시는 것 같이 단순한 행위에 포함된 여러 가지의 동시적 미세행동들
	전두엽	새 스마트폰 구입에 포함된 단계들(정보 수집, 장단점 비교, 구입과 지불방법 선택 등)
제3장 감각과 지각	감각과 지각	보스턴 마라톤 폭발 테러 사고와 폭발 이후의 장면, 소리 및 냄새
	차이역치	배터리가 소모됨에 따라 손전등의 불빛이 점차 희미해지는 것
	감각순응	빵집에서 8시간의 근무시간 동안 갓 구운 빵 냄새를 제대로 맡지 못하는 것
	지각항등성	노트북을 닫을 때 화면의 이미지가 변화되는 것으로 보여도 그 이미지 자체가 실제로 변화되었다고 생각하지 않는 것
	게슈탈트	공항에서 함께 걸어가고 있는 대학 농구 팀
제4장 의식	마음챙김	마음챙김을 위한 한 가지 기회로 양치질하는 것
	단일반구수면	한쪽 눈을 뜬 채로 자는 청둥오리
	불면증	심한 불면증을 겪었던 영문과 교수 게일 그린의 자서전 발췌 부분
	잘 알려져 있지 않은 니코틴 사용의 위험성	3차 흡연
제5장 기억	군집화	방송국 이름들을 압축하는 것 – NBCHBOCNNMTVTNTCBS
	부호화 특수성	엘리베이터 앞에서 만났던 두 직원이 같은 엘리베이터 앞에서 다시 만났을 때 서로의 이름을 더 잘 기억해내는 것
	점화	엄청나게 추운 날 눈을 치우고 있을 때 이웃집 사람이 "칠리 수프 드실래요?(chill?)"라고 말한 것을 "추우세요?(chilly?)"라고 말한 것으로 착각한 저자 자신의 경험담
	오정보 효과	기프트카드를 넣을 바지 주머니가 없어 실제로 카드를 갖고 있지 않았음에도 불구하고 어떤 아동도 이전에 가게 안에서 카드를 떨어뜨린 후 방문했던 장소에 다시 가서 카드를 찾았다는 가게 점원의 이야기에 자신이 들렀던 장소에서 카드를 찾아보려고 했던 저자 아들의 이야기
제6장 학습	고전적 조건형성	탄산음료 캔을 딸 때 나는 소리가 조건 자극이 되는 경우
	변별과 일반화	영어 알파벳 대문자 M이 로고로 사용되는 경우(Monster 에너지 음료, M & M's 캔디, McDonalds)
	강화의 변화간격 계획과 고정간격 계획	이메일과 우편
	조성	농구 코치가 어린 선수에게 레이업 슛을 가르칠 때 레이업 슛을 할 때 사용되는 각각의 작은 동작들에 대해 일일이 보상을 제공하는 것
제7장 인지 : 사고, 언어, 지능	상위, 기본 및 하위 개념	차량, 자전거, 산악자전거
	창의성	팝콘후드
	검사편파	문화나 사회경제적 지위의 차이에 의해 지능검사에서 사용되는 개념이나 단어에 대한 친숙도가 다른 것

(계속)

표 2. 심리학 개념의 실생활 예시(계속)

제8장 동기와 정서	내재적 동기와 외재적 동기	농구를 좋아해서 하는가, 아니면 장학금을 받기 위해 하는가?, 학생이 배우는 것에 대해 만족감을 느끼기 때문에 가르치는가, 아니면 봉급을 받기 위해 가르치는가?
	정서 이론	스마트폰에 물이 쏟아지는 것을 보았을 때의 정서적 반응
	정서 인식	7세 아동이 축구 경기 중 다쳤을 때 자신이 얼마나 심하게 다쳤는지를 코치의 얼굴표정을 보고 판단하는 경우
	정서와 성별	남성과 여성 직장 동료가 함께 직장을 잃었지만 이에 대한 반응은 서로 다른 방식으로 나타나는 것
제9장 전 생애 발달	횡단연구 설계와 종단연구 설계	아동기로부터 성인기까지 디지털 리터러시가 어떻게 변화되는지에 대한 연구 설계
	자아중심성	할아버지가 엉덩이를 다쳤을 때 그를 위해 일회용 밴드와 곰 인형을 가져다주는 세 살짜리 꼬마
	민족성과 우정	서양 문화와 동양 문화에서 학점이 좋은 학생과 그렇지 않은 학생이 친구가 되는 것의 상이한 이유
	개인 우화	'운전하면서 문자 메시지를 보내도 사고가 나지 않을 거야'라고 생각하는 10대들
제10장 스트레스와 건강	일차 평가와 이차 평가	20대의 미혼인 두 젊은이가 같은 직무에서 근무하다 다른 지역으로 직장을 옮기는 경우, 직장을 옮기기 이전의 상황에 대한 평가(일차 평가)와 옮긴 이후에 접한 새로운 상황에 대한 평가(이차 평가)가 두 사람 사이에서 상이하게 나타날 수 있다는 것
	평가와 다양성	대학 입학시험에 대한 스트레스는 문화에 따라 상이하게 경험될 수 있음. 독감에 걸린 것에 대한 스트레스는 연령 집단에 따라 상이하게 경험될 수 있음.
	집단주의 및 개인주의와 스트레스	저자의 내담자들 중 집단주의 문화배경을 가진 학생과 개인주의 문화배경을 가진 학생이 의과대학 지원에서 상이한 방식으로 접근하였음을 보여준 예시
	사회적 지지	처음으로 자신의 세금을 내기 위해 세금납부서를 작성해야 하는 어떤 젊은이가 친구와 가족들로부터 도움을 받는다는 것
	사전행동적 대처	임신했다는 것을 알게 된 한 여성이 아기가 태어났을 때 일어날 변화에 대해 미리 즉각적으로 준비하는 것
제11장 성격	심리적 결정주의	한 영업사원이 중요한 발표를 하기 위해 발표장으로 가는 도중 발표 자료가 저장된 노트북을 두고 간다는 내용
	성격에 대한 행동주의 관점	7세 소년이 칭얼거리는 행동을 보이는 것은 그가 그러한 기질을 갖고 있어서가 아니라 그러한 행동에 대해 부모로부터 강화를 받았기 때문이라는 것
	통제 소재	두 젊은이가 회사에서 승진하였는데, 왜 승진할 수 있었는지에 대한 두 젊은이의 설명이 각기 다르다는 것
	성격 평가에서의 문화적 유능성	어떤 심리학자는 특정 개인이 속한 집단의 민족성, 성 및 연령에 비추어 무엇이 정상이고 성격검사에서 어떤 결과가 나올 것인지 알고 있다는 것
제12장 사회심리학	기본 귀인 오류	내가 과속하는 이유와 타인이 과속하는 이유
	문간에 발 들여놓기 기법	장거리 여행을 위해 친구에게 차를 빌려 달라고 요구하기 이전에 짧은 거리의 운전을 위해 차를 빌려 달라고 먼저 요구하는 것
	탈개인화	어떤 청중이 조명이 꺼졌을 때는 코미디언에게 야유를 보내지만 조명이 켜졌을 때는 그렇게 하지 않는 것
	집단사고	시의회 의원들이 운동장의 새로운 장비 도입, 순찰차 신규 구입, 도로표지 개선 및 기타 지출 건에 대해 예산을 책정할 때 보이는 집단사고의 예시
	단순노출효과	TV 광고 속의 인텔 로고와 소리
	문화의 정의	민족성, 인종, 성별, 연령, 종교, 교육수준, 사회경제적 지위, 성적 지향, 도시 대 농촌 환경 및 장애/비장애를 포함한 변인들
	미세공격	과학 과제 경연대회에 참가하고 있는 4학년 여학생에게 평가위원이 "학생은 과학을 어떻게 그렇게 잘 해요?"라고 질문하는 경우

(계속)

표 2. 심리학 개념의 실생활 예시(계속)

제13장 심리장애	정신병리학의 범주 모델	암이나 독감처럼 양성 혹은 음성으로 판정하는 질병
	정신병리학의 차원 모델	혈압처럼 연속성이 있는 의학적 상태
	사회불안장애	사회불안장애를 갖고 있는 어느 고등학교 영어 교사의 자서전에서 발췌한 사례
	강박장애	10대일 때 강박장애를 앓았던 사람의 자서전에서 발췌한 사례
	환각	자신만 들을 수 있는 목소리와 싸우는 어느 한 정신과 입원 환자의 사례
제14장 치료	저항	치료받던 한 내담자가 정서적으로 매우 위협적이었던 질문에 직면한 후에 갑자기 이야기의 주제를 바꾸었고 다음 약속시간에 나타나지 않았다는 저자 자신의 치료 경험 사례
	전이	치료받던 한 내담자가 아동기 기간 내내 아버지가 자신에게 그랬던 것처럼 자신과 이야기하는 것에 대해 치료자가 따분하거나 짜증스럽게 느낀다고 잘못 생각했던 저자 자신의 치료 경험 사례
	참여자 모델링	엘리베이터 공포증을 갖고 있는 한 남자가 다른 사람들이 엘리베이터를 성공적으로 이용하는 것을 관찰하는 것
	치료자의 문화적 유능감	라마단 기간을 고려하여 이슬람 내담자와의 치료 일정을 미리 조정한 기독교 심리학자의 사례

이 책을 공부하는 학생을 위한 제안

심리학의 세계에 온 것을 환영한다. 더 정확하게 말하면 여러분의 심리학에 온 것을 환영한다. 학생들이 심리학입문 과정을 성공적으로 수행할 수 있도록 하기 위해 이 책은 책 전체에 걸쳐 학습에 필요한 많은 도구와 방략을 제공하고 있다. 이 과정을 성공적으로 수행하기 위해 시작 단계부터 학생들이 명심해야 할 몇 가지 구체적인 제안이 있다. 이러한 제안들은 제1장과 제5장에서 설명하고 참조한 연구들을 기반으로 한다.

- 수업에 참석하라. 수업에 참석하는 학생들은 출석이 필수가 아니더라도 더 나은 성적을 받는다.
- 시험을 위해 공부할 때는 벼락치기보다는 일찍 공부를 시작하고, 공부하는 시간 사이에 어느 정도 간격을 두는 것이 좋다.
- 충분한 수면과 운동, 좋은 식사를 통해 건강을 유지하라. 이러한 건강한 습관은 학업의 성공을 위한 기반이 된다.
- 이 수업에서 성공할 수 있는 여러분의 능력을 믿어라. 이러한 유형의 자기효능감, 특히 이 수업에 적용되는 자기효능감은 여러분이 실제로 성공할 가능성을 높인다.
- 처음부터 특정한 목표를 설정하라. 특정한 학점이나 석차를 목표로 설정한다면 그렇지 않은 경우에 비해 더 좋은 결과를 얻을 수 있다.
- 멀티태스킹을 최소화하라. 어떤 일에 대해 능숙하다고 생각하는 사람조차도 한 번에 여러 작업을 동시에 수행하면 대개의 경우 각각의 작업에 대한 수행 수준이 저하된다.
- 자료를 가능한 개인적으로 의미 있게 만들라. 그것이 여러분의 삶과 관련이 있다면, 기억하기가 더 쉽다.

자료를 가능한 개인적으로 의미 있게 만드는 것은 이 책에서 우선시하는 것이기도 하다. 20여 년 전 처음으로 심리학개론을 가르친 이후 나는 교과서에 담긴 심리학 내용과 학생이 개인적 삶에서 경험하는 심리학 내용을 서로 연결 짓고자 노력하였다. 결국 심리학은 이미 여러분의 삶 속으로 엮여 들어가 있는 것이다. 심리학 개념은 여러분이 무엇을 하고 왜 그것을 하는지를 설명하는 아이디어와 행동에 대한 것이다. (아마도 여러분이 대학에서 수강할 어떤 다른 수업에 비해 심리학 입문 수업은 이러한 특징이 더 두드러질 것이다). 이것이 바로 내가 심리학과 개인적 연결을 최대화하는 교과서를 저술한 이유이다. 이 책을 공부하다 보면 알 수 있겠지만 이 책은 학생의 개인적 삶과 심리학의 연결을 최대화하고, 삶 속에서의 경험과 생활방식을 책에서 다시 확인할 수 있도록 함으로써 이 책의 학습 내용에 대해 학생이 더욱 관여하게 하는 많은 특징을 갖고 있다.

요약 차례

제 1 장   심리과학   xxii

제 2 장   뇌와 행동   34

제 3 장   감각과 지각   66

제 4 장   의식   106

제 5 장   기억   146

제 6 장   학습   182

제 7 장   인지 : 사고, 언어, 지능   220

제 8 장   동기와 정서   264

제 9 장   전 생애 발달   308

제10장   스트레스와 건강   358

제11장   성격   396

제12장   사회심리학   436

제13장   심리장애   488

제14장   치료   538

차례

1 **심리과학**

심리학이란 무엇인가 ⋯⋯⋯⋯⋯⋯⋯⋯⋯⋯⋯⋯⋯⋯⋯⋯ 2
   심리학의 정의 ⋯⋯⋯⋯⋯⋯⋯⋯⋯⋯⋯⋯ 2
   심리학이 아닌 것 ⋯⋯⋯⋯⋯⋯⋯⋯⋯⋯ 2
   심리학에서의 큰 물음들 ⋯⋯⋯⋯⋯ 4

심리학의 다양한 하위영역 ⋯⋯⋯⋯⋯⋯⋯⋯⋯⋯⋯⋯ 5
   응용심리학 ⋯⋯⋯⋯⋯⋯⋯⋯⋯⋯⋯⋯⋯ 5
   기초심리학 ⋯⋯⋯⋯⋯⋯⋯⋯⋯⋯⋯⋯⋯ 8

심리학 : 어제와 오늘 ⋯⋯⋯⋯⋯⋯⋯⋯⋯⋯⋯⋯⋯⋯⋯ 10
   초기 심리학 학파 ⋯⋯⋯⋯⋯⋯⋯⋯⋯ 11
   현대의 심리학 학파 ⋯⋯⋯⋯⋯⋯⋯ 17

심리과학 ⋯⋯⋯⋯⋯⋯⋯⋯⋯⋯⋯⋯⋯⋯⋯⋯⋯⋯⋯⋯⋯⋯⋯ 21
   심리학에서 과학의 필요성 ⋯⋯⋯ 21
   심리학 연구의 목표 ⋯⋯⋯⋯⋯⋯⋯ 24
   과학적 방법 ⋯⋯⋯⋯⋯⋯⋯⋯⋯⋯⋯⋯ 28
   심리학 연구에서의 윤리 ⋯⋯⋯⋯⋯ 30

요약 ⋯⋯⋯⋯⋯⋯⋯⋯⋯⋯⋯⋯⋯⋯⋯⋯⋯⋯⋯⋯⋯⋯⋯ 32
주요 용어 ⋯⋯⋯⋯⋯⋯⋯⋯⋯⋯⋯⋯⋯⋯⋯⋯⋯⋯⋯ 33

2 **뇌와 행동**

뇌와 행동 사이의 연관성 : 서론 ⋯⋯⋯⋯⋯⋯⋯⋯ 36
   피니어스 게이지의 사고와 폴 브로카의 발견 ⋯⋯ 36
   뇌에 대해 학습하기 : 세 단계 방략 ⋯ 37

뇌 안에서의 활동 ⋯⋯⋯⋯⋯⋯⋯⋯⋯⋯⋯⋯⋯⋯⋯⋯⋯ 38
   뉴런 ⋯⋯⋯⋯⋯⋯⋯⋯⋯⋯⋯⋯⋯⋯⋯⋯ 38
   뉴런 사이의 의사소통 ⋯⋯⋯⋯⋯⋯ 39

뇌와 그 부분들 ⋯⋯⋯⋯⋯⋯⋯⋯⋯⋯⋯⋯⋯⋯⋯⋯⋯⋯ 42
   뇌간 ⋯⋯⋯⋯⋯⋯⋯⋯⋯⋯⋯⋯⋯⋯⋯⋯ 43
   소뇌 ⋯⋯⋯⋯⋯⋯⋯⋯⋯⋯⋯⋯⋯⋯⋯⋯ 44
   시상과 변연계 ⋯⋯⋯⋯⋯⋯⋯⋯⋯⋯ 44
   대뇌와 대뇌피질 ⋯⋯⋯⋯⋯⋯⋯⋯⋯ 47
   대뇌반구와 뇌량 ⋯⋯⋯⋯⋯⋯⋯⋯⋯ 48
   엽 ⋯⋯⋯⋯⋯⋯⋯⋯⋯⋯⋯⋯⋯⋯⋯⋯⋯ 49
   뇌 가소성 ⋯⋯⋯⋯⋯⋯⋯⋯⋯⋯⋯⋯⋯ 53

신경계와 내분비계 ⋯⋯⋯⋯⋯⋯⋯⋯⋯⋯⋯⋯⋯⋯⋯⋯ 56
   신경계 ⋯⋯⋯⋯⋯⋯⋯⋯⋯⋯⋯⋯⋯⋯⋯ 56

내분비계 ·· 58

뇌 들여다보기 ······································ 60
뇌전도 ··· 60
컴퓨터 단층촬영법 ······································· 61
자기공명영상법 ·· 61
양전자방출 단층촬영법 ································· 61
기능적 자기공명영상법 ································· 62

요약 ·· 63
주요 용어 ·· 65

3 감각과 지각

감각과 지각의 기초 ······························ 68
감각과 지각의 차이 ····································· 68
역치 : 감각이 할 수 있는 것과 할 수 없는 것 ······ 70
감각 과부하 : 주의를 끌기 위해 감각이 서로 경쟁할 때 ···· 72
상향처리와 하향처리 ···································· 75

시각 ··· 78
눈 : 구조와 기능 ··· 79
우리는 어떻게 보는가 : 안구운동, 색채지각, 운동지각 및 기타 ···· 81
문화와 시각처리 ··· 88

청각 ··· 90
귀 : 구조와 기능 ··· 90
우리는 어떻게 듣는가 : 음고, 소리의 위치 및 기타 ······ 92
문화와 청각처리 ··· 94

후각과 미각 ······································· 95
코는 알고 있다 : 냄새에 대한 감각 ·················· 95
미각 ·· 98

기타 감각 ··· 100
체성감각 ··· 100
운동감각과 전정감각 ··································· 102

요약 ·· 104
주요 용어 ·· 105

4 의식

수면 ·· 108
　왜 잠을 자는가 ·· 109
　일주기리듬 : 여러분의 생체 시계 ···························· 111
　정상수면 ·· 114
　정상수면의 다양성 ·· 116
　수면이상 ·· 119

꿈 ·· 124
　꿈 이론 ·· 124
　꿈의 과학적 연구 ·· 125
　꿈이 일상기능에 미치는 영향 ··································· 126
　자각몽 ·· 126

최면 ··· 127
　최면의 절차 ·· 128
　누가 최면에 걸릴 수 있는가 ···································· 129

향정신성 약물 및 의식 ·· 130
　향정신성 약물은 어떻게 작용하는가 ························· 130
　향정신성 약물의 종류 ·· 132

다른 변화된 의식 상태 ·· 138
　명상과 마음챙김 ·· 138
　기시감 ·· 141
　임사체험 ·· 142

요약 ··· 143
주요 용어 ·· 145

5 기억

기억의 정의 ·· 148
　기억과 정체성 ·· 148
　기억연구의 극단적인 결과 ·· 149

기억의 3단계 ·· 150
　부호화 ·· 150
　저장 ·· 155
　인출 ·· 158

기억의 유형 ·· 162
　외현기억 ·· 163
　암묵기억 ·· 164

무엇이 기억에 영향을 미치는가 ···································· 165
　시간과 기억 ·· 165

상황과 기억 : '또 다른' 정보 ──────────────── 166
기억을 향상시키기 위한 노력들 ──────────────── 169
문화와 기억 ──────────────────────── 171
수면과 기억 ──────────────────────── 172

기억에 관한 문제 ────────────────── 173
기억상실증 ──────────────────────── 173
오정보 효과 ──────────────────────── 174
기억과 심리장애 ───────────────────── 178

요약 ──────────────────────────── 180
주요 용어 ─────────────────────────── 181

6 학습

학습이란 무엇인가 ──────────────── 184

고전적 조건형성 ───────────────── 185
파블로프의 우연한 발견 ──────────────── 185
고전적 조건형성과 관련된 과정들 ─────────── 188
고전적 조건형성을 실생활에 적용하기 ──────── 192

조작적 조건형성 ───────────────── 194
B. F. 스키너 : 모두를 위한 조작적 조건형성 ───── 195
강화계획 ──────────────────────── 198
처벌 ────────────────────────── 201
변별자극 ──────────────────────── 203
조성 ────────────────────────── 204
몇몇 고전적 조건형성 개념의 조작적 조건형성 버전 ── 204
조작적 조건형성을 실생활에 적용하기 ──────── 205

관찰학습 ─────────────────────── 207
보보 인형 연구 ───────────────────── 207
거울 뉴런 ──────────────────────── 209

학습에서 생물학적 영향 ──────────── 210
맛 혐오 ──────────────────────── 210
향본능 표류 ─────────────────────── 212

학습에서 인지적 영향 ──────────── 213
인지도 ──────────────────────── 213
통찰 ────────────────────────── 214
학습된 무기력 ───────────────────── 215

요약 ──────────────────────────── 217
주요 용어 ─────────────────────────── 218

7 **인지** : 사고,
       언어, 지능

사고 ─── 222
　개념들 : 무엇이 그것들을 지탱하게 하는가 ──────── 223
　전문지식, 문화 그리고 개념들 ──────────────── 224
　문제 해결과 의사결정 ────────────────────── 226
　인지와 감정 ─────────────────────────── 230
　인지와 창의성 ───────────────────────── 233

언어 ─── 235
　언어의 진화 ─────────────────────────── 236
　언어의 발달 ─────────────────────────── 238
　언어의 규칙 : 문법 ──────────────────────── 244
　언어는 사고에 영향을 미치는가 ─────────────── 247

지능 ─── 249
　한 가지 지능 또는 다수의 지능 ───────────────── 249
　다중지능 ──────────────────────────── 250
　정서지능 ──────────────────────────── 252
　유전, 양육 그리고 지능 ────────────────────── 253

요약 ───────────────────────────────────── 261
주요 용어 ──────────────────────────────── 262

8 **동기와 정서**

동기 ─── 266
　전통적 동기 이론 ──────────────────────── 267
　현대의 동기 이론 ──────────────────────── 268
　또 다른 동기 : 매슬로의 욕구위계 ────────────── 272
　동기와 다양성 ───────────────────────── 274

1차적 동기 : 배고픔과 섭식 ──────────────────────── 276
　비만과 과체중 ───────────────────────── 277
　배고픔과 섭식의 생물학적 요인 ─────────────── 279
　심리적 요인 ─────────────────────────── 282
　환경적·사회문화적 요인 ──────────────────── 283
　건강한 식습관 기르기 ───────────────────── 287

정서 ─── 288
　정서 이론들 ─────────────────────────── 289
　정서 주고받기 ───────────────────────── 294
　정서 조절 ──────────────────────────── 299
　정서 조절이 중요한 이유 ──────────────────── 301
　정서와 다양성 ───────────────────────── 303

요약 ───────────────────────────────────── 305
주요 용어 ──────────────────────────────── 306

9 전 생애 발달

발달심리학에 관한 주요 질문 ································ 310
　안정성 대 변화 ··· 311
　단계적 발달 대 연속적 발달 ··························· 311
　천성 대 환경 ··· 312

출생 전 발달 ··· 313
　수정 ··· 313
　태내 발달 ·· 313
　기형유발물질 : 자궁에서의 위험 ····················· 314

영아기와 아동기 ·· 316
　신생아의 능력 ··· 316
　신체 발달 ·· 318
　인지발달 ··· 319
　심리사회적 발달 ·· 327
　기질 ··· 330

청소년기 발달 ··· 333
　신체 발달 ·· 333
　인지발달 ··· 335
　심리사회적 발달 ·· 338

성인기 ··· 345
　신체 발달 ·· 346
　인지발달 ··· 348
　심리사회적 발달 ·· 349

요약 ·· 355
주요 용어 ··· 356

10 스트레스와 건강

스트레스 : 스트레스란 무엇이며, 무엇이 스트레스를 유발하는가 ···· 360
　스트레스란 무엇인가 ······································ 360
　무엇이 스트레스를 유발하는가 ························· 361

스트레스와 정신 – 신체 연관성 ·························· 364
　스트레스와 신체는 서로 어떻게 영향을 주는가 ······ 364
　스트레스와 정신은 서로 어떻게 영향을 주는가 ······ 368

스트레스와 다양성 ··· 375
　스트레스와 성 ··· 375
　스트레스와 인종 ·· 376
　스트레스와 연령 ·· 379

스트레스에 대한 대처 : 심리적 전략과 사회적 전략 ······ 381
　문화와 대응 ·· 381

달리 생각하기를 통한 스트레스 줄이기 382
관계 증진을 통한 스트레스 줄이기 384
달리 행동하기를 통한 스트레스 줄이기 386

스트레스에 대한 대처 : 신체적 전략과 의학적 전략 389
운동을 통한 스트레스 줄이기 390
의학적 기법과 힐링 기법을 이용한 스트레스 줄이기 391

요약 393
주요 용어 394

11 성격

성격이란 무엇인가 398
성격의 정의 398
성격에 미치는 생물학적 역할 399

성격의 정신역동 이론 400
무의식 401
성격의 구조 402
성격 발달 단계 405
프로이트 후속 연구자들 408
정신역동 이론에 관한 지금의 생각 411

성격의 인본주의 이론 412
자기실현 412
에이브러햄 매슬로와 자기실현 413
자기개념 414
인본주의 이론에 관한 오늘날의 생각 415

성격의 행동주의 이론과 사회인지 이론 416
행동주의 이론 : 환경의 중요성 416
사회인지 이론 : 사회적 요인과 사고도 중요하다 417
행동주의와 사회인지 이론에 관한 오늘날의 생각 419

성격의 특질 이론 420
성격을 이해하는 새로운 접근 420
5요인 모델 : 보편적 인간 특질 421
특질 이론에 관한 오늘날의 생각 426

성격 평가 427
임상적 면접 428
객관적 성격 검사 428
투사적 성격 검사 431
행동 평가 432

요약 433
주요 용어 435

12　사회심리학

사회인지 : 우리는 서로를 어떻게 생각하는가 ································ 438
　　귀인 ··· 439
　　태도 ··· 440
　　인지 부조화 : 갈등 상황에서의 태도 ·· 444

사회적 영향 : 우리는 서로에게 어떻게 영향을 주는가 ·················· 446
　　동조 : 그 집단에 동조하기 ·· 447
　　복종 : 명령에 따르기 ··· 450
　　집단에서 과제 수행하기 ·· 452
　　집단 의사결정 ··· 453

사회적 관계 : 우리는 서로와 어떻게 관계하고 있는가 ·················· 455
　　첫인상 ··· 455
　　편견 : 우리 대 그들 ··· 456
　　공정과 협력 : 편견과 싸우기 ··· 459
　　공격성 ··· 461
　　매력 ··· 465
　　낭만적 사랑 ·· 468

친사회 행동 : 서로 돕기 ·· 469
　　이타주의 ·· 470
　　사람들은 왜 다른 사람을 돕지 않는가 ··· 472

다양성 : 다양한 사람들과 함께 살아가기 ······································ 473
　　문화의 구성요소 ··· 473
　　심리학에서 다문화주의 ·· 474
　　문화변용 : 여러 문화 다루기 ··· 476
　　일상생활에서 다문화 적용 ·· 478
　　성별과 성의 정의 ··· 480
　　성별 발달 ·· 481
　　성적 지향 ·· 482

요약 ··· 484
주요 용어 ··· 485

13　심리장애

이상이란 무엇인가 ··· 490
　　의대생 증후군 : 이 장은 여러분에게 어떤 영향을 미치는가 ············· 490
　　이상과 정상 구분 ··· 490

이상의 원인은 무엇인가 ·· 493
　　생물학적 이상 이론 ··· 493
　　심리학적 이상 이론 ··· 493
　　사회문화적 이상 이론 ·· 494
　　생물심리사회적 이상 이론 ·· 494

진단 매뉴얼 : DSM ⸺⸺⸺⸺⸺⸺⸺⸺⸺⸺⸺⸺⸺⸺ 496
현재 개정판 : DSM-5 ⸺⸺⸺⸺⸺⸺⸺⸺⸺⸺⸺⸺ 496
DSM 비판 ⸺⸺⸺⸺⸺⸺⸺⸺⸺⸺⸺⸺⸺⸺⸺ 498

불안장애 및 강박장애 ⸺⸺⸺⸺⸺⸺⸺⸺⸺⸺⸺⸺⸺ 500
범불안장애 ⸺⸺⸺⸺⸺⸺⸺⸺⸺⸺⸺⸺⸺⸺⸺ 500
특정공포증 ⸺⸺⸺⸺⸺⸺⸺⸺⸺⸺⸺⸺⸺⸺⸺ 501
사회불안장애 ⸺⸺⸺⸺⸺⸺⸺⸺⸺⸺⸺⸺⸺⸺ 502
공황장애 ⸺⸺⸺⸺⸺⸺⸺⸺⸺⸺⸺⸺⸺⸺⸺ 503
강박장애 ⸺⸺⸺⸺⸺⸺⸺⸺⸺⸺⸺⸺⸺⸺⸺ 504
누가 불안장애와 강박장애를 갖는가 ⸺⸺⸺⸺⸺ 505
불안장애와 강박장애가 발생하는 이유는 무엇인가 ⸺ 506

우울 및 양극성장애 ⸺⸺⸺⸺⸺⸺⸺⸺⸺⸺⸺⸺⸺⸺ 509
양극성장애 ⸺⸺⸺⸺⸺⸺⸺⸺⸺⸺⸺⸺⸺⸺⸺ 511
우울 및 양극성장애는 누구에게 생기는가 ⸺⸺⸺ 512
우울증과 양극성장애가 발생하는 이유는 무엇인가 ⸺ 513

섭식장애 ⸺⸺⸺⸺⸺⸺⸺⸺⸺⸺⸺⸺⸺⸺⸺⸺⸺ 514
신경성 식욕부진증 ⸺⸺⸺⸺⸺⸺⸺⸺⸺⸺⸺⸺ 514
신경성 폭식증과 폭식장애 ⸺⸺⸺⸺⸺⸺⸺⸺⸺ 515
누가 섭식장애를 갖게 되는가 ⸺⸺⸺⸺⸺⸺⸺⸺ 516
섭식장애가 발생하는 이유는 무엇인가 ⸺⸺⸺⸺ 517

조현병 ⸺⸺⸺⸺⸺⸺⸺⸺⸺⸺⸺⸺⸺⸺⸺⸺⸺⸺ 518
조현병의 양성 증상 ⸺⸺⸺⸺⸺⸺⸺⸺⸺⸺⸺⸺ 519
조현병의 음성 증상 ⸺⸺⸺⸺⸺⸺⸺⸺⸺⸺⸺⸺ 521
조현병의 인지적 증상 ⸺⸺⸺⸺⸺⸺⸺⸺⸺⸺⸺ 521
누가 조현병을 앓는가 ⸺⸺⸺⸺⸺⸺⸺⸺⸺⸺⸺ 522
조현병이 발생하는 이유는 무엇인가 ⸺⸺⸺⸺⸺ 523

아동기 장애 ⸺⸺⸺⸺⸺⸺⸺⸺⸺⸺⸺⸺⸺⸺⸺⸺ 525
주의력결핍 과잉행동장애 ⸺⸺⸺⸺⸺⸺⸺⸺⸺⸺ 525
자폐스펙트럼장애 ⸺⸺⸺⸺⸺⸺⸺⸺⸺⸺⸺⸺ 527
누가 아동기 장애를 갖게 되는가 ⸺⸺⸺⸺⸺⸺⸺ 527
아동기 장애가 발생하는 이유는 무엇인가 ⸺⸺⸺ 528

해리장애 ⸺⸺⸺⸺⸺⸺⸺⸺⸺⸺⸺⸺⸺⸺⸺⸺⸺ 528
해리성 정체성장애 ⸺⸺⸺⸺⸺⸺⸺⸺⸺⸺⸺⸺ 529
해리성 기억상실 ⸺⸺⸺⸺⸺⸺⸺⸺⸺⸺⸺⸺⸺ 529
누가 해리장애를 앓는가 ⸺⸺⸺⸺⸺⸺⸺⸺⸺⸺ 530
해리장애가 발생하는 이유는 무엇인가 ⸺⸺⸺⸺ 530

성격장애 ⸺⸺⸺⸺⸺⸺⸺⸺⸺⸺⸺⸺⸺⸺⸺⸺⸺ 531
경계성 성격장애 ⸺⸺⸺⸺⸺⸺⸺⸺⸺⸺⸺⸺⸺ 532
반사회성 성격장애 ⸺⸺⸺⸺⸺⸺⸺⸺⸺⸺⸺⸺ 533

누가 성격장애를 가지고 있는가 ⋯⋯⋯⋯⋯⋯⋯⋯⋯⋯⋯⋯⋯⋯ 534
성격장애가 발생하는 이유는 무엇인가 ⋯⋯⋯⋯⋯⋯⋯⋯⋯⋯ 534
요약 ⋯⋯⋯⋯⋯⋯⋯⋯⋯⋯⋯⋯⋯⋯⋯⋯⋯⋯⋯⋯⋯⋯⋯⋯⋯⋯⋯⋯ 535
주요 용어 ⋯⋯⋯⋯⋯⋯⋯⋯⋯⋯⋯⋯⋯⋯⋯⋯⋯⋯⋯⋯⋯⋯⋯⋯⋯⋯ 537

14 치료

심리장애 치료의 역사 ⋯⋯⋯⋯⋯⋯⋯⋯⋯⋯⋯⋯⋯⋯⋯⋯⋯⋯⋯⋯ 540

개인 내담자를 위한 심리치료 ⋯⋯⋯⋯⋯⋯⋯⋯⋯⋯⋯⋯⋯⋯⋯ 541
정신역동치료 ⋯⋯⋯⋯⋯⋯⋯⋯⋯⋯⋯⋯⋯⋯⋯⋯⋯⋯⋯⋯⋯⋯⋯ 542
인간중심치료 ⋯⋯⋯⋯⋯⋯⋯⋯⋯⋯⋯⋯⋯⋯⋯⋯⋯⋯⋯⋯⋯⋯⋯ 546
행동치료 ⋯⋯⋯⋯⋯⋯⋯⋯⋯⋯⋯⋯⋯⋯⋯⋯⋯⋯⋯⋯⋯⋯⋯⋯⋯ 549
인지치료 ⋯⋯⋯⋯⋯⋯⋯⋯⋯⋯⋯⋯⋯⋯⋯⋯⋯⋯⋯⋯⋯⋯⋯⋯⋯ 554
치료의 결합 : 절충적 및 통합적 치료 접근법 ⋯⋯⋯⋯⋯⋯ 559

집단 및 가족을 위한 심리치료 ⋯⋯⋯⋯⋯⋯⋯⋯⋯⋯⋯⋯⋯⋯ 560
집단치료 ⋯⋯⋯⋯⋯⋯⋯⋯⋯⋯⋯⋯⋯⋯⋯⋯⋯⋯⋯⋯⋯⋯⋯⋯⋯ 560
가족치료 ⋯⋯⋯⋯⋯⋯⋯⋯⋯⋯⋯⋯⋯⋯⋯⋯⋯⋯⋯⋯⋯⋯⋯⋯⋯ 561

심리치료는 얼마나 효과가 있는가 ⋯⋯⋯⋯⋯⋯⋯⋯⋯⋯⋯⋯ 562
어떤 치료가 가장 효과가 있는가 ⋯⋯⋯⋯⋯⋯⋯⋯⋯⋯⋯⋯ 564
치료가 효과적인 이유는 무엇인가 ⋯⋯⋯⋯⋯⋯⋯⋯⋯⋯⋯⋯ 564

심리치료에서 문화의 중요성 ⋯⋯⋯⋯⋯⋯⋯⋯⋯⋯⋯⋯⋯⋯⋯ 566

심리치료의 윤리 ⋯⋯⋯⋯⋯⋯⋯⋯⋯⋯⋯⋯⋯⋯⋯⋯⋯⋯⋯⋯⋯ 567

원격심리학 : 현대 기술을 통한 심리치료 ⋯⋯⋯⋯⋯⋯⋯⋯ 569

생의학 치료 ⋯⋯⋯⋯⋯⋯⋯⋯⋯⋯⋯⋯⋯⋯⋯⋯⋯⋯⋯⋯⋯⋯⋯ 570
약물치료 ⋯⋯⋯⋯⋯⋯⋯⋯⋯⋯⋯⋯⋯⋯⋯⋯⋯⋯⋯⋯⋯⋯⋯⋯⋯ 571
뇌자극법과 정신외과술 ⋯⋯⋯⋯⋯⋯⋯⋯⋯⋯⋯⋯⋯⋯⋯⋯⋯ 573
요약 ⋯⋯⋯⋯⋯⋯⋯⋯⋯⋯⋯⋯⋯⋯⋯⋯⋯⋯⋯⋯⋯⋯⋯⋯⋯⋯⋯⋯ 575
주요 용어 ⋯⋯⋯⋯⋯⋯⋯⋯⋯⋯⋯⋯⋯⋯⋯⋯⋯⋯⋯⋯⋯⋯⋯⋯⋯⋯ 577

용어 해설 ⋯⋯⋯⋯⋯⋯⋯⋯⋯⋯⋯⋯⋯⋯⋯⋯⋯⋯⋯⋯⋯⋯⋯⋯⋯⋯ 578
참고문헌 ⋯⋯⋯⋯⋯⋯⋯⋯⋯⋯⋯⋯⋯⋯⋯⋯⋯⋯⋯⋯⋯⋯⋯⋯⋯⋯ 590
찾아보기 ⋯⋯⋯⋯⋯⋯⋯⋯⋯⋯⋯⋯⋯⋯⋯⋯⋯⋯⋯⋯⋯⋯⋯⋯⋯⋯ 591

1 심리과학

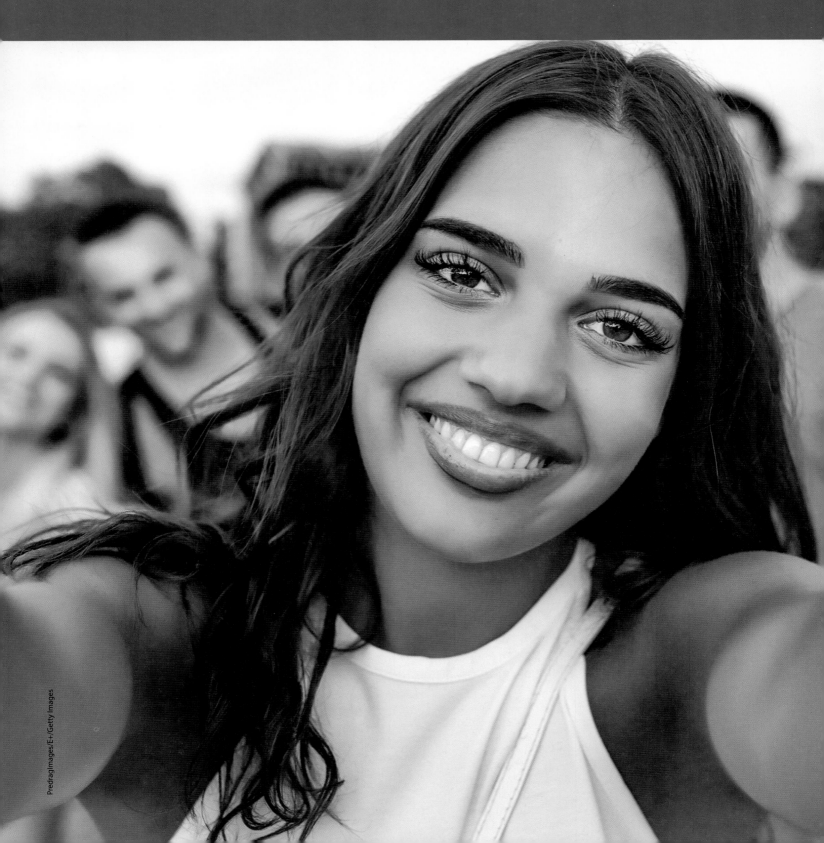

이것이 여러분의 첫 심리학 과목일지 모르겠지만 여러분은 태어날 때부터 이미 심리학을 공부하였다. 다시 말해 여러분은 사람들이 무엇을 하고 왜 그렇게 하는지 생각하는 학생이다.

갓난아기일 때 여러분은 울음이 갖는 효과가 무엇인지에 대한 심리학적 연구에 관심을 가졌다. 구체적으로 말하면, "내가 배가 고플 때 운다면 누군가 내게 먹을 것을 주지 않을까?"라고 생각했던 것이다. 여러분은 울음과 음식 사이의 연결성에 대해 결론을 내리기 충분한 자료가 모일 때까지 머릿속으로 결과를 계속 추적해 가면서 매일같이 이 질문에 대해 실험을 수행하였다. 그다음에 여러분은 좀 더 정교한 실험을 수행하는 단계로 발전해 누구와 있을 때, 언제, 그리고 어디에서 여러분이 울어야 효과가 있는지 탐색하였다.

걸음마를 시작했을 때쯤에 여러분의 연구 관심사는 장난감으로 옮겨졌다. 구체적으로, 어떤 아이가 다른 아이의 장남감을 가로챈다면 어떤 일이 일어날까 궁금했다. 이 장면은 여러분의 두 번째 생일파티가 이루어지고 있는 곳에서 발생하였고, 그 결과는 분명하였다. 피해자는 울음을 터뜨렸고, 장난감 약탈자는 부모에게 꾸중을 들었다. 여러분은 이 결과에 대해 이해했지만 또 다른 의문이 생겼다. 이 결과가 항상 똑같을까? 다른 상황이라면, 예를 들어 장난감, 아이, 장소, 혹은 부모가 다르다면 결과가 달라지는 않을까?

중고생 때에 여러분의 연구는 학업 성과로 확장되었다. 시험 전날 밤 내가 SNS를 하면서 보내는 시간과 내가 받은 학점 사이에는 어떤 관련성이 있을까? 그래서 여러분은 시험 전 며칠 밤은 SNS를 전혀 하지 않기도 하고 며칠 밤은 몇 시간 동안 SNS를 해보기도 하였다. 그 결과는 매우 분명하였다. SNS를 하면서 보내는 시간이 길수록 학점이 낮아진 것이다. 그러나 여러분은 이에 대해 한 가지 의문이 들었다. SNS를 하면서 소비한 시간이 길면 학점이 실제로 낮아지는가, 아니면 다른 요인이 있는 것일까? 예를 들어 SNS를 하느라 충분히 수면을 취하지 못했고 실제로는 이러한 수면 부족이 시험 성적을 낮춘 것은 아닐까?

대학생이 되어서도 여러분의 심리학 연구는 계속되고 있다. 이 과목을 통해 여러분은 심리학 영역에서의 전문가가 되기 위한 중요한 발걸음을 내딛게 된다. 이 장을 시작으로 여러분은 심리학에서의 주요 용어를 배우게 될 것이다. 그리고 심리학자들의 세부 전공영역에는 어떠한 것이 있고, 이러한 영역에서는 어떠한 방식으로 연구를 수행하며, 이러한 연구를 통해 얻은 지식을 사람들을 돕는 데 어떻게 응용하는지에 대해서도 배우게 될 것이다.

여러분은 심리학이 어떻게 시작되었고, 어떻게 발전하였으며, 현재는 어디까지 진보해 왔는지 배우게 될 것이다. 그리고 이후의 장들을 통해 제공되는 심리학 지식은 여러분이 심리학의 아마추어든 아니면 전문가든 여러분이 일생에 걸쳐 심리학자로서 일을 계속할 수 있도록 하는 데 도움이 될 것이다.

개요

심리학이란 무엇인가

심리학의 다양한 하위영역

심리학 : 어제와 오늘

심리과학

심리학이란 무엇인가

학습 목표

1.1   심리학이란 무엇인가?
1.2   심리학이 아닌 것은 무엇인가?
1.3   심리학에서의 큰 물음들은 무엇인가?

드넓은 심리학의 세계로 여행을 시작하면서, 우리는 심리학에서 제기하는 거대한 물음이 무엇인지 탐구하고 심리학에 대해 사람들이 흔히 갖고 있는 몇 가지 오해를 정리할 것이다. 먼저 심리학에 대한 명확한 정의부터 시작해보자.

심리학의 정의

심리학(psychology)은 행동 그리고 정신 과정에 대한 과학적 연구이다. 이 정의에서는 그리고(and)가 중요하다. 이것은 심리학이 외적 행동과 내적 경험 모두에 초점을 맞추고 있다는 것을 의미한다. 외현적으로 드러나는 우리의 행동은 관찰 가능하고 측정하기 용이하다. 이에 비해 생각, 느낌, 그리고 마음속에서 발생하는 그 밖의 심리적 경험과 같은 우리의 정신 과정은 관찰하거나 측정하기 쉽지 않은 경향이 있다. 심리학자들에게는 두 가지 주제 모두가 주목할 만하다.

한 가지 사례로 신경성 폭식증(bulimia nervosa)으로 고통을 받았지만 지금은 이것을 극복하고 있는 제시카를 생각해보자. 신경적 폭식증은 섭식장애의 일종인데 이에 대해서는 장애를 다루고 있는 장에서 좀 더 알아볼 것이다. 심리학자들이 제시카를 치료하든 아니면 그녀의 장애에 대해 연구하든 그들은 그녀의 행동과 정신 과정 모두에 관심이 있다. 심리학자들은 제시카가 나아지면서 보이는 관찰 가능한 행동들, 예를 들어 몸에 좋은 식사와 간식을 섭취하는 빈도가 증가하는지, 반면 폭식하거나 하제를 사용하는 빈도는 감소하는지 알고 싶어 한다. 심리학자들은 또한 그녀의 어떤 정신 과정(예 : 제시카가 그녀의 신체에 대해 갖는 긍정적인 느낌, 체중이 자존감에 미치는 영향에 대한 합리적인 생각 등)이 그러한 행동을 유발할 수 있는지 알고 싶어 한다. 그녀의 행동만 혹은 그녀의 정신 과정만 고려한다면 제시카에 대해 제대로 이해하지 못하게 될 것이다.

심리학의 정의에서 중요한 또 다른 단어는 **과학적**(scientific)이라는 단어이다. 심리학자들은 행동과 정신 과정에 대해 단지 생각만으로 연구하면서 추측과 직감을 진실이라고 받아들이는 것은 아니다. 그보다는 과학적 방법을 적용하여 그러한 아이디어가 실제로 타당한 것인지 직접 측정해본다. 심리학자들은 자신의 아이디어를 검증하고 유사한 연구를 수행하는 다른 모든 심리학자들과 서로 결과를 공유하면서 행동과 정신 과정에 대한 지식을 축적한다. 이 장의 뒷부분에서 심리학의 다양한 과학적 방법에 대해 살펴볼 것이다.

심리학이 아닌 것

심리학이 무엇인지 정확하게 이해하려면 심리학이 아닌 것이 무엇인지 이해하는 것이 필수적이다. 영화, TV 쇼, 혹은 뉴스와 같은 매체에서 심리학을 묘사하는 것을 보면 심리학에 대해 오해할 소지가 있다. 이제 심리학에 대해 여러분이 갖고 있을 수 있는 몇 가지 오해를 바로잡아보자.

심리학은 단지 치료만 하는 것은 아니다. 이 책의 차례를 확인해보자. 이 책은 14개의 장으로 구성되어 있지만 이 중에서 치료에 대한 장은 단 하나이다. 물론 치료를 하는 심리학자들도 많지만 또한 다른 많은 사람들은 치료를 하지 않는다. 사실, 심리학자들의 대략 3분의 1은 치료나 다른 유형의 도움 서비스와는 관련이 없는 전문영역을 갖고 있다. 게다가 치료 전문가인 3분의 2 중 일부는 치료를 실제로 하기보다는 치료에 대해 가르치거나, 감독하거나, 연구한다(Norcross et al., 2005; Norcross & Karpiak, 2012). 이 장의 뒷부분에서 심리학의 전문분야를 살펴보겠지만, 여기에

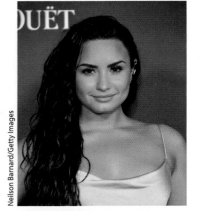

행동과 정신 과정에 대한 과학적 연구로서 심리학은 우리가 무엇을 하는지와 왜 그렇게 하는지 모두에 관심을 갖는다. 가수인 데미 로바토(Demi Lovato)와 배우인 러셀 브랜드(Russell Brand)를 비롯한 많은 사람들이 고통을 겪었던 섭식장애의 일종인 폭식증을 고려해보자. 심리학자들은 폭식증을 치료하면서 섭식행동에서의 향상과 그러한 행동에 기저하는 사고에서의 향상 모두에 대해 관심을 갖는다.

서의 핵심은 심리학이 단순한 치료보다 훨씬 더 넓은 영역을 아우르고 있다는 것이다.

이와 관련해 한 가지 더 주목해야 하는 것은 심리학이 정신장애가 있는 사람들만을 대하는 것은 아니라는 점이다. 심리학자들이 수행하는 대부분의 연구는 일상적 활동들에서 우리가 어떻게 생각하고, 학습하고, 기억하고, 말하고, 다른 사람과 상호작용하는지와 같은 우리 모두에게 일어나는 정상적 과정들에 초점을 맞추고 있다. 이 책의 차례를 다시 확인해보자. 심리장애에 대한 장도 하나뿐이다. 그럼에도 불구하고 심리학자가 TV 쇼나 영화에 등장할 때는 거의 대부분 정신적으로 아픈 사람을 상대하거나, 완전히 정신 나간 살인자를 추적하는 경찰을 돕거나 혹은 심각한 정신장애를 갖고 있는 사람을 치료하는 것으로 보여지기 때문에 심리학자들에 대해서는 현실보다는 할리우드 영화에 더 가깝게 묘사되는 것으로 보인다(Gabbard, 2001; Gharaibeh, 2005; Young, 2012).

심리학은 지그문트 프로이트(Sigmund Freud)에 관한 것도 아니다. 심리학에 대해 생각할 때 프로이트는 많은 사람들이 가장 먼저 떠올리는 이름일지도 모르지만 이것은 시대에 뒤떨어져도 한참 뒤떨어진 것이다. 그렇다. 프로이트의 아이디어가 심리학을 지배했던 때가 있기도 했지만 그때(기본적으로 1900년대 초반)는 오래전에 지나갔다(Wegenek et al., 2010). 오늘날에는 소수의 심리학자들만이(10% 미만)이 프로이트가 설파한 내용을 실천하고 있다(Stanovich, 2013). 물론 이제 심리학에서 프로이트는 중요하지 않다고 말하는 것도 지나친 것일 수 있다. 어찌되었건 그는 수십 년 동안 심리학의 중심인물이었고, 그의 치료법은 오늘날에도 시행되고 있는 많은 새로운 치료법에 영향을 미쳤다. 그러나 오늘날의 심리학은 훨씬 더 다양하고, 이제 프로이트의 목소리는 많은 사람들의 목소리 중 하나일 뿐이다.

심리학은 또한 뇌와 뇌의 장애에 초점을 맞추는 의학적 전문영역인 **정신의학**(psychiatry)도 아니다. 영어로 발음하면 두 단어가 거의 똑같이 들리기 때문인지 모르겠으나 많은 사람들은 이 두 가지 전문영역을 같은 것으로 생각하는 실수를 범한다. 그러나 두 전문영역 사이에는 중요한 차이가 있다(Balon et al., 2004; Jorm et al., 1997). 정신과 의사들은 의학박사들이다. 이들은 의과대학에 다니고 의학박사 학위를 취득해 의사가 된다. 사실, 그들은 정신과 의사가 되기 이전에 소아과 의사, 산부인과 의사, 피부과 의사, 심장 전문의 등 다른 유형의 의사가 되고자 공부하는 다른 의과대학 학생들과 상당히 많은 부분에서 의학적 훈련을 함께 받는다. 다른 의사들과 마찬가지로 정신과 의사도 약물을 처방한다.

심리학자들은 의료적 치료를 하는 의사들과는 다르다. 그들의 대학원 교육은 의과대학에서 강조하는 신체 및 생물학적 체계가 아닌 행동과 정신 과정에 초점을 맞추고 있다. 심리학자들은 의학박사(MD) 학위가 아닌 철학박사(PhD)나 심리학박사(PsyD) 학위를 취득한다. 심리학자들은 일반적으로 약물을 처방하지 않는다. 그 대신, 심리학자들은 내담자를 돕기 위해 대화치료나 그 밖의 형태의 행동적 개입을 사용한다(Burns et al., 2008; DeLeon et al., 2011; Harris, 2011). 심리학자들에 대한 훈련은 정신과 의사들에 대한 훈련에 비해 연구방법에 더 많은 중점을 두는데, 이 때문에 심리학자들은 정신과 의사들에 비해 더 높은 비율로 연구영역에서 그들의 경력을 쌓는다(Abrams et al., 2003).

아마도 가장 중요한 점은, 심리학은 뒷받침되지 않는 아이디어를 단순히 모아 놓은 것이 아니라는 것이다. 초능력을 통해 사람들의 가장 깊은 생각과 느낌을 알 수 있다고 주장하는 심령술부터 생방송 TV 방청객들 앞에서 어떤 사람과 3분만 이야기를 나누어보면 그 사람이 누구인지 알 수 있다고 주장하는 TV 쇼에 이르기까지 심리학은 근거 없는 추측이나 입증되지 않은 판단과 잘못 관련지어지는 경우가 매우 빈번하다. 그러나 이것은 잘못된 것이다. 심리학에서 지속적으로 인정받

심리학
행동과 정신 과정에 대한 과학적 연구

정신의학
뇌와 뇌의 장애에 초점을 맞추는 의학적 전문영역

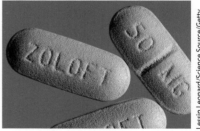

많은 사람들이 심리학자를 정신과 의사와 혼동한다. 정신과 의사는 의료적 훈련을 받았기 때문에 우울증 치료제의 일종인 졸로프트(Zoloft)와 같은 약을 처방한다. 이와는 달리 심리학자는 내담자를 돕기 위해 대화치료와 기타 비약물 방략에 의존한다. 장애가 있는 사람들 중 어떤 사람들은 정신과 의사와 심리학자 모두의 도움을 받기도 한다.

는 아이디어는 과학에 의해 뒷받침된다. 사실, 과학적 방법은 심리학의 초석이다. 과학적 방법에 기초해야만 아이디어를 단순한 추측으로부터 견고한 학문으로 변형시킬 수 있다.

심리학에서의 큰 물음들

심리학은 거대한 학문분야이고, 연구자들은 다양한 관점에서 심리학에 접근한다. 심리학에서 우선적으로 탐구하고자 하는 질문이 단 하나만 존재하는 것은 아니다. 그 대신 심리학자들이 주로 탐구하고자 하는 주제에 기저하는 몇 개의 큰 질문들은 존재한다.

선천성(nature) 대 후천성(nurture) 여러분은 원래부터 그렇게 태어났는가? 아니면 여러분이 성장하는 과정에서 지금의 여러분을 만들어내는 데 영향을 미친 다른 요인들이 있는가? 여러분의 행동은 생물학적 부모에게서 물려받은 DNA로부터 비롯된 유전적인 것인가, 아니면 몇 년에 걸친 경험에서 비롯된 환경적인 것인가? 이러한 질문은 심리학의 여러 분야에서 연구를 이끌어낸다.

예를 들어 언어를 연구하는 심리학자들은 말하는 능력이 생득적인 것인지, 아니면 관찰과 강화를 통해 학습된 것인지 오랫동안 질문해 왔다(Oliver & Plomin, 2007; Perszyk & Waxman, 2018; Plomin & Dale, 2000; Saxton, 2010). 이와 유사하게, 심리장애를 연구하는 심리학자들은 조현병, 우울병, 경계성 성격장애, 그리고 거의 모든 기타 유형의 정신장애에 유전자 혹은 환경이 얼마나 기여하는지 결정하기 위해 수천 건의 연구를 수행하였다(Keller & Miller, 2006; McClellan & King, 2010; Mehta-Raghavan et al., 2017; Sullivan et al., 2012). 이러한 연구들은 종종 입양이나 출생 직후에 분리된 쌍둥이를 연구 대상으로 하였는데, 이러한 연구 대상이 갖는 독특한 아동기 환경은 후천적 영향으로부터 선천적 영향을 분리해 살펴볼 수 있게 해준다. 물론, 선천성인가 아니면 후천성인가의 질문에 대한 대답은 항상 이 두 가지가 서로 상호작용한다는 것이다. 선천성과 후천성의 상호작용에 대해서는 다음 장에서 좀 더 자세하게 다룰 것이다(Rutter, 2006; Sasaki & Kim, 2017; Wermter et al., 2010).

변화(change) 대 안정성(stability) 시간이 지남에 따라 여러분은 얼마나 변화하는가? 혹은 여러분은 얼마나 동일하게 남아 있는가? 여러분이 변화할 때, 그 변화가 천천히 그리고 확실하게 일어났는가, 아니면 갑작스럽게 분출되었는가? 심리학의 많은 전문영역에서는 이와 같은 질문에 관심을 갖는다. 예를 들어 발달심리학자들은 출생에서 노년에 이르기까지 우리가 어떻게 변화하는지 다양한 측면에서 탐구한다 — 인지적 추론, 대인 간 상호작용, 그리고 의사결정에 대한 도덕의 영향 등이 모든 연령에 걸쳐 어떻게 변화하는지 알고자 한다(Erikson, 1950, 1959; Kesselring, 2009; Kohlberg, 1984; Moshman, 2009; Piaget, 1954, 1983). 개인의 특질을 연구하는 성격심리학자들도 성격의 변화와 안정성에 초점을 맞추고 시간이 지남에 따라 우리의 성격이 얼마나 변화하는지, 아니면 동일하게 유지되는지 검토한다(Borghuis et al., 2017; Caspi et al., 2003; Nave et al., 2010; Schwaba & Bliedorn, 2018).

보편성(universal) 대 독특성(unique) 심리학 연구자들이 어떤 결론에 도달했을 때 누구의 결론이 사실일까? 어떤 심리학적 진리가 보편적으로 적용될까? 아니면 특정 시간과 특정 장소에서 특정 사람들에게만 독특하게 적용되는 것일까? 정서를 고려해보자. 심리학자들이 정서를 연구하면서 제기한 가장 일차적인 물음 중 하나는 전 지역에 걸쳐 유사하게 나타나는 기본 정서(basic emotion)가 있는지(그리고 그러한 기본 정서와 함께 나타나는 기본적인 얼굴표정이 있는지), 아니면 어떤 문화에서만 독특하게 나타나는 특정한 정서가 있는지 여부이다(Ekman, 2003; Ekman & Cordaro, 2011; Gendron et al., 2018; Kayyal & Russell, 2013; Russell, 1994). 이와 유사하게, 연구자들이 특정한 형태의 심리치료가 효과가 있는지 여부를 평가할 때도 문화에 따른 보편성과 독특성에 대한 질문이 제기된다. 거의 대부분의 경우, 그러한 연구들은 소수집단의 구성원이 아닌 미국인들을 대상으로 수행되었다. 따라서 이때 제기되는 질문은 만일 어떤 심리치료가 일부 사람들에게 효과가 있다면 이 치료가 미국 내 소수집단이나 다른 나라 사람들에게도 효과가 있을지 여부이다(Bernal et al., 2009; Castro et al., 2010; Griner & Smith, 2006; Soto et al., 2018).

학습 확인

1.1 심리학이란 무엇인가?

1.2 심리학과 정신의학 사이의 주된 차이점은 무엇인가?

1.3 심리학에 기초하는 세 가지 큰 질문은 무엇인가?

심리학의 다양한 하위영역

전문 직업으로서 심리학은 매우 크고 다양하다(Norcross, Kohout, & Wicherski, 2005). 2013년에 6,400명이 넘는 사람들이 심리학에서 박사학위를 받았다(American Psychological Association, 2016a). 2014년부터 2015년 사이의 심리학 전공 대학원생 중 약 76%가 여성이었고, 약 35%가 소수민족이었다(American Psychological Association, 2016b). 전문가와 학생들을 포함하여 수십만 명의 사람들이 미국 최대의 심리학자 조직인 미국심리학회(American Psychological Association, APA)에 소속되어 있다(Winerman, 2017). APA에는 54개의 분과가 있는데, 각 분과는 심리학에서의 특정 주제에 초점을 맞춘다. APA에 이렇게 많은 분과가 있다는 것은 아동 및 청소년 심리학에서부터 미디어 심리학에 이르기까지, 여성심리학에서부터 종교 및 영성 심리학에 이르기까지, 그리고 운동 및 스포츠 심리학에서부터 군사심리학에 이르기까지 심리학에 포함된 주제의 폭이 매우 넓고 다양하다는 것을 보여준다.

심리학의 주요 전문영역들은 두 가지 큰 범주로 구분될 수 있다ー응용심리학과 기초심리학. 각각에 대한 구체적인 예시와 함께 이 두 가지를 모두 고려해보자.

응용심리학

응용심리학(applied psychology)은 심리학자들이 그들의 전문 지식을 실생활의 문제에 응용하는 영역이다. 이러한 영역의 심리학자들은 **실천**(practice)하는 심리학자들이다. 달리 말하면, 그들은 사람들의 삶에서 중요한 측면을 향상시키기 위해 마음과 행동에 대한 그들의 지식을 사용한다. 그들은 병원, 클리닉, 학교, 회사, 기관, 개인영업, 그리고 기타 조직에서 일한다.

특정 유형의 응용심리학자들을 고려하기 전에 한 가지 유념해야 하는 것은 적어도 전일제 근무가 아니라면 이들 모두가 실천하는 것은 아니라는 점이다. 일부는 대학의 심리학과에서 교수로서 실천에 대해 가르치거나 연구를 수행한다(Prinstein et al., 2013). 결국, 누군가는 차세대 응용심리학자들을 훈련시키고 그들이 사용할 기법에 대해 연구해야 한다. 이 책의 저자를 예로 들어보자. 저자는 응용심리학(임상)의 심리학자이다. 저자는 개인적 영업을 통해 소수의 내담자를 만나기도 하지만(실천), 임상심리학과 관련된 교육과 연구를 수행하는 교수로서 전일제로 일하기도 한다.

학습 목표

1.4 심리학의 크기와 범위

1.5 응용심리학과 기초심리학의 차이는 무엇인가?

1.6 응용심리학의 유형

1.7 기초심리학의 유형

응용심리학
심리학자들이 사람들의 삶에서 중요한 측면을 향상시키기 위해 마음과 행동에 대한 그들의 지식을 사용함으로써 그들의 전문성을 실생활에 응용하는 심리학 영역

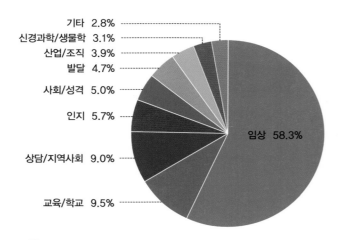

기타 2.8%
신경과학/생물학 3.1%
산업/조직 3.9%
발달 4.7%
사회/성격 5.0%
인지 5.7%
상담/지역사회 9.0%
교육/학교 9.5%
임상 58.3%

그림 1.1 심리학 박사학위 분포 심리학에는 전문영역들이 많이 있다. 기초심리학 연구자는 연구를 수행하는 것에 초점을 맞추는 반면, 임상심리학(심리학 박사학위자의 비율이 가장 높다)과 같은 응용심리학 연구자는 실제 세계에 그들의 지식을 응용하는 것에 관심을 둔다. 출처 : APA(2013).

임상심리학 임상심리학(clinical psychology)은 심리학자들이 심리적 장애에 초점을 맞추는 응용심리학 분야이다. 임상심리학자가 수행하는 전문적 활동들은 많지만 그중에서 심리치료가 가장 우선적인 것이다. 심리치료의 약 4분의 3은 개별적 내담자를 대상으로 이루어지고, 나머지는 집단, 가족 또는 부부를 대상으로 이루어진다. 임상심리학자는 또한 심리적 장애가 있는 사람들을 진단하기 위해 경우에 따라 지능검사와 성격검사를 포함한 심리평가를 수행하기도 한다. 임상심리학자는 병원, 클리닉, 정신건강센터를 포함한 다양한 환경에서 일하지만 개인적 영업이 가장 흔하다(Norcross, Karpiak, & Santoro, 2005). 그림 1.1에서 볼 수 있듯이, 임상심리학은 심리학 분야에서 단연코 가장 인기 있는 전문분야이다.

상담심리학 상담심리학(counseling psychology)은 삶에서 어려움을 겪고 있는 사람들의 기능을 향상시키는 데 초점을 두는 전문분야이다.

 상담심리학은 임상심리학과 유사해 보입니다. 이 둘 사이의 차이는 무엇인가요?

이 두 가지 심리학 영역 사이에서 유사성을 발견했다면 제대로 본 것이다 — 실제로 상담심리학자는 임상심리학자와 유사하다. 두 영역의 심리학자들은 모두 개인, 집단, 가족 및 부부를 상대로 개인적인 영업을 통해 심리치료를 시행한다(Norcross, 2000; Sayette & Norcross, 2018). 몇십 년 전에는 상담심리학자와 임상심리학자 사이에 분명한 차이가 있었다. 즉 임상심리학자는 좀 더 심각하고 진단 가능한 문제를 가진 사람들을 상대한 반면 상담심리학자는 일상생활에서 일반적으로 제대로 기능하기는 하지만 어려움을 경험하는 사람들을 상대하였다. 다음을 기억해두면 도움이 될 것이다 — '임상'으로 번역되는 *clinical*이라는 단어는 심각하게 손상된 환자가 병상 바로 옆에서의 돌봄이 필요한 경우와 같이 '기댈 수 있게 한다'라는 의미의 *recline*과 동일한 어원에서 비롯되었다. '상담'으로 번역되는 *counseling*이라는 단어는 어떤 개인이 안내나 충고가 필요한 경우처럼 '조언을 구한다'라는 의미의 *consult*와 어원이 같다(Roger & Stone, 2014).

오늘날에도 그러한 구분은 어느 정도까지는 여전히 사실이다. 그러나 이 두 가지 심리학 전문분야는 서로를 향해 접근해 갔고, 이제는 각자의 전문영역을 상당히 많이 공유하고 있다(Morgan & Cohen, 2008; Neimeyer et al., 2011). 많은 기관(예 : 대학 상담센터와 정신건강 클리닉)에서 상담심리학자와 임상심리학자는 동일한 내담자를 대상으로 함께 일하기도 한다. 따라서 임상심리학자는 좀 더 심각한 문제에 초점을 맞추는 반면 상담심리학자는 좀 더 가벼운 문제에 초점을 맞춘다는 이전의 구분은 예전에 비해 지금은 훨씬 모호해졌다. 그럼에도 불구하고 상대적으로 더 심각한 문제를 안고 있는 환자가 입원해 있을 가능성이 높은 정신과 같은 곳에서 상담심리학자가 일자리를 찾을 가능성은 여전히 낮다. 또 다른 차이점으로 상담심리학자는 임상심리학자에 비해 경력상담이나 직업상담을 더 많이 하는 경향이 있다는 것이다(Sayette & Norcross, 2018).

산업/조직심리학 산업/조직심리학[industrial/organizational(I/O) psychology]은 작업장에 초점을 맞춘 응용심리학의 한 영역이다. 어떤 I/O 심리학자들은 조직에 적합한 인재를 고용하고 능력에 맞는 직무에 배치하며 수행 성과를 극대화할 수 있도록 훈련하는 것과 같은 인사 문제에 초점을 맞춘다. 다른 I/O 심리학자들은 경영 구조, 리더십 유형, (스트레스, 괴롭힘 및 차별을 최소화하는

임상심리학
심리적 장애에 초점을 맞추는 응용심리학의 한 영역

상담심리학
삶 속에서 어려움을 겪고 있는 사람들의 기능을 향상시키는 데 초점을 맞추는 응용심리학의 한 영역

산업/조직심리학
작업장에 초점을 맞추는 응용심리학의 한 영역

것을 포함하는) 작업환경, 그리고 조직개발과 같은 조직 전체의 문제에 초점을 맞춘다. I/O 심리학자는 전형적으로 컨설턴트로 일하면서 사업체, 학교, 정부기관 또는 도움을 필요로 하는 다른 조직과 자신의 전문 지식을 공유한다(Blanton, 2007; Pass, 2007). 예를 들어 I/O 심리학자들은 포춘지 선정 500대 기업이 대학을 갓 졸업한 신입사원을 훈련하기 위한 프로그램을 개발하는 데 도움을 줄 수 있다. 혹은 중소기업의 관리자와 만나 직원들의 사기와 생산성을 높이기 위해 직원들과 어떻게 상호작용해야 하는지에 관해 조언해줄 수도 있다.

지역사회심리학　지역사회심리학(community psychology)은 심리학자들이 전체 지역사회의 건강함에 초점을 두는 응용심리학의 한 영역이다. 지역사회심리학자는 서로 다른 문제를 안고 있는 사람들을 개별적으로 돕기보다는 지역사회 구성원들을 취약하게 할 수 있는 지역사회 전체의 문제를 일차적으로 해결하고자 한다. 이에 따라 지역사회심리학자는 사람들에게 권능감을 주고 문제를 미리 예방함으로써 삶을 향상시킬 수 있도록 하기 위한 대규모의 노력에 참여하는 경우가 종종 있다(American Psychological Association, 2007a; Society for Community Research and Action, 2016). 예를 들어 지역사회심리학자는 청소년 자살 문제에 대해서 어떤 한 청소년이 자살 충동을 느낄 때까지 기다렸다가 그다음에 (희망하건대) 그 청소년을 구하기 위해 개입하는 접근 방식보다는 지역사회 내의 많은 사람들(고등학생들, 교사 집단, 학부모 집단)에게 위험요인, 경고신호 및 자원에 대해 교육하는 것을 강조하는 접근 방식을 취한다.

법정심리학　법정심리학(forensic psychology)은 심리학자들이 법이나 범죄와 관련된 문제들에 초점을 맞추는 응용심리학의 한 영역이다. 법정심리학자는 사법적 문제를 집중적으로 연구한 이후 임상심리학 전공으로 학위를 받는 경우가 자주 있고, 이들은 또한 심리평가도 종종 수행한다(DeMatteo et al., 2009; Otto & Heilbrun, 2002; Otto et al., 2003). 예를 들어 양육권 분쟁 중인 아동과 부모, 재판을 받을 수 있는 능력이 있는지 여부가 의심되는 피고인, 또는 가석방 자격이 된 수감자에게 심리검사를 시행할 수 있다. 법정심리학자는 피해자, 가해자 그리고 법 집행관을 대상으로 심리치료를 수행하기도 한다. 그들은 또한 소송 사건에서 변호사, 회사 혹은 개인의 자문역으로, 또는 재판 과정에서 전문가 증인으로서의 역할을 할 수도 있다(Sullivan & Pomerantz, 2017).

교육심리학　교육심리학(educational psychology)은 심리학자들이 학습과 교육에 초점을 맞추는 응용심리학의 한 영역이다. 교육심리학자는 교육심리학과 밀접한 관련이 있는 (그리고 심리학의 응용이 더 적극적으로 이루어지는) 학교심리학(school psychology)의 구성원들과 함께 학생들이 어떻게 자신의 학습 자료를 조직화하고, 공부하며, 스스로에게 동기를 부여하고, 도전적인 문제를 다루는지 검토함으로써 학생들의 수행을 향상시킨다. 교육심리학자와 학교심리학자 사이에는 유사한 점이 많이 있지만 한 가지 중요한 차이가 있다. 교육심리학자는 더 많이 연구하고 사람들이 일반적으로 어떻게 학습하는지에 대한 큰 그림에 초점을 맞추는 경향이 있다. 이와는 달리 학교심리학자는 아동, 학부모 및 교사들과 보다 직접적으로 상호작용하는 경향이 있고, 특정 어린이가 어떻게 학습하는지에 대한 좀 더 구체적인 질문에 초점을 맞춘다. 많은 교육심리학자들과 학교심리학자들은 학교에서 일하며, 종종 학습 스타일이나 학습 문제에 대한 검증과 같은 서비스를 제공한다. 그들은 또한 특정한 학습장애에 대처하는 것과 같이 학생의 특수한 요구를 충족시키기 위해 학부모, 교사 및 행정관 사이의 노력을 조정한다(Barringer & Saenz, 2007; Helms & Rogers, 2015).

지역사회심리학
지역사회 전체의 건강함에 초점을 맞추는 응용심리학의 한 영역

법정심리학
법이나 범죄와 관련된 문제들에 초점을 맞추는 응용심리학의 한 영역

교육심리학
학습과 교육에 초점을 맞추는 응용심리학의 한 영역

기초심리학
행동과 정신 과정에 대한 이해를 높이기 위해 심리학자들이 연구를 수행하는 심리학의 영역

생리심리학
행동의 신경적 기초에 초점을 맞추는 기초심리학의 한 영역

발달심리학
생애 전반에 걸쳐 사람이 어떻게 변화되는지에 초점을 맞추는 기초심리학의 한 영역

성격심리학
개인의 성격 특질에 초점을 맞추는 기초심리학의 한 영역

기초심리학

기초심리학(basic psychology)은 심리학자들이 행동과 정신 과정에 대한 이해를 향상시키기 위해 연구를 수행하는 심리학 영역이다. 기초심리학자는 연구(run studies)하는 심리학자이다. 그들은 치료나 평가를 하지 않고, 조직에 조언하지도 않으며, 그들의 전문 지식을 반드시 응용하는 것도 아니다. 그들에게 심리학이란 실천하는 무엇이 아니라 연구하는 무엇인 것이다. 그들은 심리학의 지식 기반을 총체적으로 구축하는 연구를 수행한다. 흥미로운 점은 기초심리학은 응용심리학이 등장하기 훨씬 이전부터 존재하였다는 것이다. 즉 초기 단계에서의 심리학은 연구의 주제였지 인간을 위한 서비스 산업은 아니었다(Jakobsen, 2012; Matthews & Matthews, 2012; Smith & Davis, 2003).

대부분의 기초심리학자들은 전형적으로 대학의 심리학과에 재직하는 경우가 대부분이지만 경우에 따라서는 의과대학, 경영대학, 또는 그 외의 다른 학과에 재직하기도 한다(Calfee, 2007; Grigorenko, 2007; Roediger, 2007; Vroom, 2007). 기초심리학자가 탐구하는 기초심리학의 영역들에 대해 살펴보자.

생리심리학   생리심리학(physiological psychology)은 심리학자들이 행동의 신경적 기초에 초점을 맞추는 기초심리학의 한 영역이다. 생리심리학은 생물심리학, 정신생물학, 행동신경과학, 신경심리학 등의 여러 가지 이름으로 불린다. 생리심리학자는 청각, 시각, 기억 및 수면에 이르기까지의 다양한 행동에 대해 뇌의 다양한 부분 또는 뇌 안에서의 처리가 어떠한 역할을 하는지 결정하기 위해 연구를 수행한다. 그들은 또한 뇌의 여러 부분이 서로 어떻게 소통하는지 그리고 뇌가 신체와 어떻게 소통하는지 탐구한다. 그리고 조현병, 우울병, 양극성장애 등과 같은 심리장애의 생물학적 토대를 연구한다(Garrett, 2009).

발달심리학   발달심리학(developmental psychology)은 심리학자들이 인생 전반에 걸쳐 사람들이 어떻게 변화하는지에 초점을 맞추는 기초심리학의 한 영역이다. 발달심리학의 초기 단계에서 발달심리학자는 아동과 청소년에만 초점을 맞추었지만, 최근 수십 년 동안에는 성인기 발달에 대해서도 초점을 맞추고 있다. 발달심리학자는 연령 증가에 따라 추론, 사고, 대인관계, 정서, 그리고 삶의 다른 측면들이 어떻게 발달하는지 연구한다. 발달심리학자는 이러한 과정이 어떻게 정상적으로 발생하는지, 문화에 따라 어떻게 다를 수 있는지, 그리고 육아, 또래, 미디어 및 기술과 같은 요인들에 의해 어떻게 영향을 받을 수 있는지 알아내는 데 관심이 있다(Kuther & Morgan, 2013).

성격심리학   성격심리학(personality psychology)은 심리학자들이 사람들의 특질에 초점을 맞추는 기초심리학의 한 영역이다. 성격심리학자는 성격이 본질적으로 무엇으로 구성되어 있는지(즉 성격의 구성 성분이 무엇인지) 결정하고자 시도한다. 또한 그러한 특질이 어떻게 발달하는지 이해하기 위하여 유전자와 가족환경을 포함한 성격에 영향을 미치는 요인들을 탐구한다. 그리고 성격심리학자는 성격이 문화(전 세계에 걸쳐 성격이 동일한 구성 성분을 갖고 있는가?) 혹은 연령(나이가 들면서 성격이 예측 가능한 방식으로 변화되는가?)과 어떻게 상호작용하는지에 대해서도 연구한다(Barenbaum & Winter, 2008).

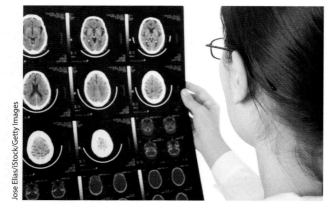

Jose Elias/iStock/Getty Images

생리심리학자는 뇌의 일부가 정신 과정 및 행동과 어떠한 관련성을 갖는지 연구한다.

사회심리학　사회심리학(social psychology)은 사람들이 서로에 대해 어떻게 생각하고, 영향을 미치며, 관계를 형성하는지에 초점을 맞추는 기초심리학의 한 영역이다. 사회심리학자는 편견과 고정관념을 포함한 타인에 대한 우리의 태도에 대해 탐구하고, 태도와 대인 간 행위는 어떠한 관련이 있는지를 알아보고자 한다. 사회심리학자는 우리가 타인의 행동을 설명하는 방식과 우리 자신의 행동을 설명하는 방식을 서로 비교한다. 사회심리학자는 타인의 존재, 행위 및 명령 등이 우리의 행동에 어떻게 영향을 미칠 수 있는지 검토한다. 또한 사회심리학자는 무엇이 서로에게 친구로 혹은 연예 상대로 매력을 갖도록 하는지에 대해 이해하고자 시도한다(American Psychological Association, 2007; Aronson et al., 2013).

건강심리학자들은 운동과 기분 사이의 연결성을 포함하여 신체적 건강과 정신적 건강 사이의 관련성을 연구한다.

건강심리학　건강심리학(health psychology)은 마음과 신체 사이의 관련성에 초점을 맞추는 기초심리학의 한 영역이다. 대부분의 건강심리학자는 연구자지만 일부는 (임상심리학이나 상담심리학의 경우와 같이) 좀 더 전문화된 분야에서 건강과 관련된 문제에 대해 고객과 직접적으로 상호작용한다. 건강심리학자는 식사나 운동 등과 같은 체중과 관련된 주제들, 흡연이나 음주 등과 같은 유해한 물질과 관련된 주제들, 그리고 성적 행동이나 성병 등과 관련된 주제에 대해 연구한다. 건강심리학자는 또한 정신건강과 신체건강 사이의 관련성, 특히 심장질환과 같은 스트레스 관련 질환과 면역체계 사이의 관계에 대해서도 연구한다(Brownell & Salovey, 2007; Gurung, 2014; Wegenek et al., 2010).

비교심리학　비교심리학(comparative psychology)은 인간 이외의 종이 보이는 행동에 초점을 맞추는 기초심리학의 한 영역이다. 그들은 꿀벌에서 새, 그리고 개코원숭이에 이르기까지의 다양한 종을 대상으로 실험을 수행한다. 그들이 연구하는 다양한 범위의 주제들은 사회적 상호작용, 일생에 걸친 발달, 성격 특질, 인지적 처리, 심지어 심리장애 등과 같이 인간을 대상으로 연구된 주제들을 포함한다(Ferdowsian et al., 2013; Leighty et al., 2013; Manson & Perry, 2013; Pepperberg et al., 2013; Tu & Hampton, 2013). 비교심리학 연구는 2개의 목적을 가지고 수행된다. 하나는 연구되고 있는 동물의 행동을 이해하는 것이고, 다른 하나는 연구 결과가 적합하다면 그 결과를 인간에게도 적용하는 것이다.

사회심리학
개인이 타인에 대해 어떻게 생각하고, 영향을 미치는 타인과 어떻게 관계를 형성하는지에 초점을 맞추는 기초심리학의 한 영역

건강심리학
마음과 신체 사이의 관련성에 초점을 맞추는 기초심리학의 한 영역

비교심리학
인간 이외의 종이 보이는 행동에 초점을 맞추는 기초심리학의 한 영역

학습 확인

1.4 미국심리학회의 산하 분과는 54개나 된다. 이것은 심리학에 대해 무엇을 시사하는가?

1.5 응용심리학과 기초심리학의 주요 차이는 무엇인가?

1.6 임상심리학, 법정심리학, 그리고 산업/조직심리학과 같은 응용심리학 영역의 주요 연구 초점은 각각 무엇인가?

1.7 발달심리학, 생리심리학, 그리고 사회심리학과 같은 기초심리학 영역의 주요 연구 초점은 각각 무엇인가?

심리학 : 어제와 오늘

학습 목표

1.8 심리학의 탄생에 미친 철학과
     생리학의 영향
1.9 초기 심리학의 학파들
1.10 현대 심리학의 조망들

심리학은 비교적 새로운 학문이지만 그 뿌리는 한참 오래전까지 거슬러 올라간다.

 비교적 새로운 학문이라고요? 1800년대 후반에는 심리학자들이 없었던가요?

아니다. 있었다. 그러나 1800년대 후반은 역사의 넓은 범위에서 보면 그리 오래된 것은 아니다. 학문영역에서 역사가 한 세기 반밖에 되지 않는다는 것은 사람이 태어나서부터 유아가 되는 것과 같다(Benjafield, 2012).

고대 시대부터 시작된 정말 오래된 두 가지 학문인 철학과 생리학으로부터 심리학이 출현하였다(Fuchs, 2002; Goodwin, 2003; Green & Groff, 2003; Robinson, 1997; Wertheimer, 2012). 물론, 철학은 우리 삶을 지배하는 진리를 발견하려는 노력의 일환으로, 우리가 살고 있는 세상에 대해 지혜를 구하고자 하는 학문이다. 철학은 다양한 문화(그리스, 로마, 중국, 유대, 힌두 및 기타 문화)의 영향을 받았고 지금도 항상 우리 곁에 있다(Stagner, 1988). (아리스토텔레스, 플라톤, 혹은 공자와 같은 철학자의 초상이 석판 조각이나 손으로 그린 그림으로 되어 있다는 것을 고려하면 초기 심리학자들의 흑백 사진은 꽤 현대적으로 보이지 않는가?)

철학자들이 숙고했던 질문들 중에는 마음의 내적 작동과 행동의 이유에 대한 것이 많이 포함되어 있다. 예를 들어 1600년대 프랑스에서 르네 데카르트가 우리의 반사 신경이 어떻게 작용하는지 숙고한 것은 유명한 이야기이다. 그는 뜨거운 물체를 만지자마자 나도 모르게 손을 떼는 순간 뇌와 신체 안에서 정확히 무슨 일이 일어나는지 알아내고자 숙고하였다. 전통적으로, 그러한 질문에 대한 답은 과학적 실험이 아닌 생각이나 통찰로 얻어진다. 실제로 이러한 질문들 자체는 객관적인 검증을 허락하지 않는다. 예를 들어 '인간의 본성은 좋은가, 나쁜가', '사람들이 실제로 얼마나 자유로운가', 혹은 '무엇이 가장 도덕적인 것인가'와 같은 질문을 어떻게 객관적으로 검증할 수 있단 말인가? 따라서 철학자들의 지혜는 비록 통찰력 있는 것처럼 보이기는 하더라도 그것을 뒷받침할 수 있는 과학적 근거는 갖고 있지 못하다고 할 수 있다. 그것이 바로 심리학이 메운 틈새이다. 즉 심리학은 심사숙고에 의존하기보다는 과학에 기초하여 인간의 마음과 행동에 대해 연구하는 것이다(Malone, 2009; Watson & Evans, 1991).

인간 마음에 대한 어떤 연구도 인간의 두뇌에 대한 연구 없이는 불완전해질 것이다. 결국, 다른 것과 마찬가지로 정신 활동도 신체적 기능인 것이다. 2,000년 전까지 역사가 거슬러 올라가는 또 다른 학문인 생리학은 바로 이러한 두뇌-신체 기능에 초점을 맞춘다. (오늘날에는, 전통적으로 생리학이라고 불렸던 많은 것들을 기술하기 위해 생물학이라는 용어를 사용하기도 한다.) 중세시대까지 거슬러 올라갈 만큼 오래전부터 생리학자들은 인체에 대해 중요한 발견을 하였다. 예를 들어 혈액이 순환하는 방식, 골격의 뼈가 배열되는 방식, 그리고 질병이 장기를 손상시키는 방법 등과 같은 것이다. 그러나 1800년대 후반까지도 생리학은 여전히 인간 두뇌의 내부 작용에 대해서는 상대적으로 거의 알려주는 게 없었다. 물론, 기술적 한계로 인해 뇌에서 어떤 일이 발생하는지 관찰하기가 어려웠을 것이다. 자기공명영상(MRI), 컴퓨터 단층촬영(CT), 심지어 엑스레이와 같은 뇌영상 기술은 그때에는 너무 멀리 떨어져 있는 기술이었던 것이다. 그럼에도 불구하고 오래전부터 뇌가 어떻게 작동하는지 이해하려는 욕망은 분명히 있었고, 이러한 욕망은 생리학자가 사용했던 과학적 방법과 함께 심리학에서 가장 초기에 수행된 많은 실험들에 영감을 주었다.

초기 심리학 학파

구조주의와 기능주의   빌헬름 분트(Wilhelm Wundt)는 1832년부터 1920년까지 독일에서 거주하였다. 많은 사람들이 분트를 심리학의 아버지로 여긴다. 그러나 그가 마음에 대해 집중하여 연구하기 이전에는 신체에 초점을 맞추고 연구하였다. 1856년에 의학박사 학위를 받았고, 이후 몇 년 동안 유명한 의학 연구자인 헤르만 헬름홀츠(Hermann Helmholtz)의 연구조교로 몇 년 동안 일했다. 그는 심지어 그 기간 동안 생리학에 대한 책을 쓰기도 하였다. 그러나 그의 관심은 생리학과 의학이 아직 탐구하지 못했던 영역, 즉 마음의 내적 작용으로 꾸준히 옮겨 갔다. 물론 철학자들은 오랫동안 마음의 내적 작용에 대해 숙고해 왔지만, 그는 생리학과 의학에 관한 배경을 가지고 철학자들과는 다르게 접근했다. 즉 과학으로 접근했던 것이다. 분트는 고도로 통제된 자료 수집 방법을 강조하면서 자신의 새로운 과학(그는 그의 새로운 과학에 심리학이라는 명칭을 부여하였다)은 다른 과학처럼 수행되어야 한다고 주장하였다. 분트는 1862년에 하이델베르크대학교에서 심리학이라고 불린 새로운 과학의 첫 번째 강좌를 개설하여 강의하였고, 1874년에는 그의 최초의 심리학 저서인 생리학적 심리학 원리(Principles of Physiological Psychology)를 저술하였다. 1879년에는 라이프치히대학교에서 심리학 실험실을 처음으로 설립하였다(Blumenthal, 1997; Capaldi & Proctor, 2003; Hunt, 2007; Stewart, 2008).

그의 실험실에서 수행된 실험들은 생리학이나 의학적인 실험들과 유사하였다. 그러한 실험들은 전형적으로 반응시간, 주의, 그리고 시각, 청각, 촉각 및 다른 감각을 통해 우리 주변의 사물을 지각하는 방식과 같은 정신 과정에 초점을 맞춘 것들이었다(Bringmann et al., 1997; Danziger & Ballyntyne, 1997; Popplestone & McPherson, 1998). 분트는 생리학자들이 인체를 연구하는 방식과 유사한 방식으로 정신 과정을 연구하고자 하였다. 즉 정신 과정의 구조와 구성 성분이 무엇이고, 어떤 장기와 뼈가 정신 과정과 관련되어 있으며, 모든 정신 과정들이 어떻게 연결되어 있는지 등을 결정하고자 하였다. 그러나 생리학자들은 (수술이나 부검 과정에서처럼) 인체를 열어 그 구조를 들여다볼 수 있었던 반면, 분트는 반응시간이나 지각, 주의와 같은 정신 과정의 구조를 알아볼 수 있는 직접적인 방법이 부족하였다. 이 때문에 그는 자신의 심리학 실험에 참가한 실험 참가자들에게 스스로의 내면을 들여다보고 자신의 마음속에서 어떠한 일이 발생하였는지 기술하도록 하는 방법에 의존하였다(Goodwin, 2003). 이러한 방법을 내성법(introspection)이라고 부른다. 분트는 실험 참가자들에게 특정한 감각을 느꼈을 때 혹은 특정 자극에 반응했을 때 어떠한 심적 활동들이 발생하였는지에 대해 정확하게 말하도록 요구하였다.

 잠깐만요. 분트가 실험 참가자들에게 자신의 머릿속에서 일어나고 있는 과정에 대해 자세하게 말하라고 요구했다고요? 실험 참가자들이 제대로 했을까요?

아니다. 누구나 그렇겠지만 실험 참가자들의 수행은 형편없었다. (생각하고, 느끼고, 보고, 듣고, 혹은 반응할 때 뇌 속에서 일어나는 과정을 설명하기 위해 여러분은 얼마나 정확하고 구체적이며 완전하게 단어를 구사할 수 있겠는가?) 이러한 이유 때문에 내성법은 오랜 시간 동안 심리학에서 과학적 방법으로는 신뢰할 수 없는 것으로 여겨져 사용되지 않았다. 그의 내성법이 갖는 이러한 단점에도 불구하고, 분트의 업적은 과학적 학문으로서의 심리학에 신기원을 이룬 것으

빌헬름 분트는 심리학의 아버지로 널리 여겨지고 있다. 1800년대 후반 독일에서 그는 최초로 과학으로서 마음의 내적 활동에 접근하였다. 그는 최초로 심리학 과목을 가르쳤고, 최초의 심리학 저서를 저술하였으며, 최초의 심리학 연구실을 설립하였다.

에드워드 티치너는 독일의 빌헬름 분트의 실험실에서 연구했고, 이후 미국으로 이주하여 미국에 과학으로서의 심리학을 소개했다.

로 아직도 인정받고 있고, 그는 여전히 심리학의 최초 개척자로 여겨지고 있다(Blumenthal, 2002; Pickren & Rutherford, 2010).

구조주의　1880년대 영국에서 학부생이었던 에드워드 티치너(Edward B. Titchener)는 빌헬름 분트의 저서를 읽고 그의 연구에 매료되었다. 그는 졸업 후 독일로 이주하여 분트의 실험실의 대학원생이 되었다. 티치너 자신의 연구는 분트에게서 배웠던 것에 의해 꾸준한 영향을 받았다. 그는 "화학자가 화학물질을 그것의 구성성분으로 분해하는 것(예를 들어 물을 수소와 산소로 분해하는 것)과 똑같은 방식으로"(Stewart, 2008, p. 273) 정신 과정의 구조를 쪼개보고자 시도하였다. 이러한 접근법은 **구조주의**(structuralism)로 진화하였다. 구조주의는 심리학의 초기 역사에서 정신 과정을 구조 혹은 기본 요소로 분해하는 데 초점을 둔 조망이다.

박사학위를 취득한 후 티치너는 1892년에 미국으로 건너가 뉴욕의 이타카에 있는 코넬대학교의 교수가 되었다. 따라서 유럽으로부터 미국으로 분트의 새로운 심리과학을 들여온 것은 다름 아닌 바로 티치너였던 것이다(Stagner, 1988; Tweney, 1997; Watson & Evans, 1991).

티치너에 대해서는 언급을 하나 더 해야 할 것으로 보인다. 여성 연구자들에 대한 그의 태도는 그의 시대에 존재했던 성차별적 태도가 유능한 여성으로 하여금 심리학의 초기 발달 과정에 온전히 참여하는 것을 얼마나 어렵게 했는지 보여준다(Stewart, 2008). 1900년대 초, 티치너는 심리학 조직체를 설립하고 이끌었지만 그 조직체는 고의적으로 여성을 배제하였다. 크리스틴 래드-프랭클린(Christine Ladd-Franklin)이라는 한 여성이 이에 맞서 싸웠다. 래드-프랭클린은 존스홉킨스 대학교에서 박사학위 취득 요건을 모두 충족했지만 이후 44년이 지날 때까지 학위를 거절당했다. 당시의 다른 많은 대학과 마찬가지로, 이 대학도 그녀를 공식적으로 학위 과정에 등록하려 하지 않았던 것이다.

래드-프랭클린은 색채 시각에 대한 심리적 처리와 같은 주제로 지속적으로 연구하였고 논문을 발표하였다. 1912년, 티치너는 심리학 연구자 학술대회에서 래드-프랭클린을 제외시켰다. 그녀는 "나는 여러분이 금년에도 여전히 실험심리학자 학술대회에서 여성을 제외하였다는 점에 놀라지 않을 수 없습니다. 여러분의 사고방식은 정말 구시대적이군요!"라고 응수하였다. 2년 후, 티치너는 심리학 컨퍼런스에서 래드-프랭클린을 또다시 제외시켰다. 이러한 행동에 대해 그녀는 "정말 비윤리적인, 더 심하게는 정말 비과학적인 행동!"이라고 쏘아붙였다. 티치너는 남자 동료에게 다음과 같이 불평했다고 한다. "나는 학술대회에 여성을 참여시키지 않은 것에 대해 래드-프랭클린 여사로부터의 학대에 의해 괴롭힘을 당했다. 아마도 그녀는 우리를 박살내고 (토끼들처럼) 지하의 어두운 곳에서 학술대회를 개최하도록 할 것 같다"(모든 인용은 Benjamin, 2006, pp. 131-133).

티치너는 당시 맹목적인 남성 우월주의적 태도를 가진 유일한 남성 심리학자는 아니었고(실제로, 나중에 그는 좀 더 개방적이 되었다), 래드-프랭클린도 남성 우월주의자에 의해 경력을 방해받은 유일한 여성이 아니었다. 그럼에도 불구하고, 많은 여성들이 심리학 분야에서 상당한 공헌을 하였다. 1905년에 마리 휘튼 컬킨스(Mary Whiton Calkins)는 미국심리학회의 최초 여성 회장이 되었다. 같은 해, 마거릿 플로이 워시번(Margaret Floy Washburn)은 심리학에서 공식적으로 박사학위를 취득한 미국 최초의 여성이 되었고, 1921년에 미국심리학회의 회장으로 지명되었다. 래드-프랭클린, 컬킨스, 워시번의 선구적인 발자취는 오늘날 심리학 박사학위의 대부분이 여성에게 수여되고 있는 주요 이유이다(Carpenter, 1997; Furumoto & Scarborough, 2002; Kohout & Pate, 2013; Stewart, 2008).

기능주의　미국에서 심리학의 저변이 확대됨에 따라 구조주의는 빠르게 퇴색하였다. 그 자리

구조주의
정신 과정을 구조나 기본 요소로 분해하는 것에 초점을 맞춘 심리학 초기 역사의 한 조망

크리스틴 래드-프랭클린(왼쪽)은 심리학 박사학위 과정을 수료하고 심리학 연구를 수행한 최초의 여성 중 한 명이다. 마리 휘튼 컬킨스(가운데)는 미국심리학회 회장으로 지명된 최초의 여성이 되었다. 마거릿 플로이 워시번(오른쪽)은 공식적으로 심리학 박사학위를 취득한 미국 최초의 여성이 되었다. 세 명 모두 심리학에서의 여성에 대한 편견을 극복하고 심리학의 선구자가 되었다.

를 차지한 심리학적 조망이 **기능주의**(functionalism)였다. 기능주의는 정신 과정과 행동의 기능에 초점을 맞춘 심리학 역사 초기의 조망이다. 정신 과정이 무엇인지 결정하려고 시도했던 구조주의와는 달리, 기능주의는 정신 과정이 무엇을 위한 것인지, 즉 정신 과정의 목적이 무엇이고 정신 과정을 수행하는 사람에게 정신 과정이 어떠한 가치가 있는지를 결정하고자 하였다(Angell, 1907; Goodwin, 2012). 기능주의는 찰스 다윈(Charles Darwin)의 진화론에 강하게 영향을 받았다. 진화론은 그 당시에 빠르게 받아들여지고 있었고 생존과 번식을 위한 다양한 행동과 신체적 속성의 기능에 중점적으로 초점을 맞추었다(Darwin, 1877; Fitzpatrick & Bringmann, 1997).

기능주의는 많은 사람들이 미국 심리학의 아버지로 여기는 윌리엄 제임스(William James)에 의해 진전되었다. 제임스는 1842년에 뉴욕시에서 부유하고 명망이 높은 가문의 아들로 태어났다. 그는 하버드대학교에서 의학박사 학위를 받았고, 그 대학에 교수로 남아 25년간 교수직을 유지하였다. 1874년부터 그는 심리학 과목을 가르쳤고, 미국에서는 최초라고 널리 알려진 심리학 실험실을 운영하였다. 심리학은 새로운 학문분야였기 때문에 제임스 자신은 정작 심리학 과목을 하나도 수강하지 못했다. 그는 다음과 같이 썼다고 한다. "내가 처음으로 들어 본 심리학 강의는 내가 처음으로 한 강의였다"(Hunt, 2007, p. 150에서 인용). 그러나 오래지 않아 미국 전 지역에서 심리학은 강의 및 연구되고 있었다. 제임스가 이 새로운 학문을 대중화시킨 덕분에 미국에서 1892년까지는 약 20개, 그리고 1900년까지는 약 40개의 심리학 실험실이 설립되었다(Benjamin, 2007; Sokal, 2002).

제임스는 강의와 연구 결과의 출판을 통해 심리학을 널리 알렸는데, 그의 연구 중 많은 부분이 아동, 동물, 지능, 그리고 학습과 같은 새로운 주제로서 이러한 주제들은 심리학의 연구 범위를 확장한 것이었다. 그러나 제임스의 가장 중요한 공헌은 획기적이라 할 수 있는 **심리학의 원리**(Principles of Psychology)를 저술한 것이었다. 1890년에 출판된 이 책은 새롭게 등장한 심리학 영역에 처음으로 권위 있는 출처를 제공해주었다. 이 책은 수십 년 동안 인기와 영향력을 모두 누렸다(Bruder, 1997; Hunt, 2007; James, 1890; Leary, 2002, 2003; Nordby & Hall, 1974; Simon, 1998).

정신분석학 1900년대 초반, 분트, 티치너, 그리고 제임스는 심리학을 중요한 학문으로 부각시켰다. 그러나 심리학의 또 다른 선구인 지그문트 프로이트(Sigmund Freud)는 심리학이 무엇인지 누구나 알게 하였다. 그의 생각은 총체적으로 **정신분석학**(psychoanalysis)으로 알려져 왔다. 정신분석학은 지그문트 프로이트가 창시한 것으로 무의식적인 심적 활동과 어린 시절의 경험이 오랜 기

윌리엄 제임스는 미국에서 심리학의 아버지로 널리 인정된다. 그가 설립한 하버드대학교 심리학 실험실은 미국에서 처음이다.

기능주의
정신 과정과 행동의 기능에 초점을 맞춘 심리학 초기 역사의 한 조망

정신분석학
지그문트 프로이트가 창시한 것으로 무의식적인 심적 활동과 아동기 경험의 장기적, 지속적 영향을 강조하는 심리학적 조망

지그문트 프로이트는 1800년대 후반 미국과 전 세계에 심리학을 널리 유행시켰다. 그의 정신분석이론은 무의식적인 심적 활동과 어린 시절 경험이 성인기에 미치는 영향을 강조하였다.

간 동안 지속적으로 영향을 미친다는 것을 강조하는 심리학의 한 조망이다.

프로이트는 1856년에 오스트리아에서 태어났다(그가 태어난 곳은 지금은 체코 공화국의 한 지역이다). 20대 초반에 그는 신경학으로 의학 박사학위를 취득하였다. 그는 경력 초기에 신경장애라고 불리는 것을 전문적으로 연구하기 시작하였는데, 이것은 기본적으로 의사가 생물학적 원인을 찾을 수 없는 경우에도 환자가 고통을 호소하는 장애이다. 요세프 브로이어(Joseph Breuer)라는 의사의 도움을 받아 프로이트는 신경장애가 있는 사람들과 그들의 증상에 대해 이야기할 수 있었다. 이 과정에서 프로이트는 신경장애가 있는 사람들이 이전에 숨겨져 있던 그들의 생각과 느낌(대부분의 경우 고통스러운 아동기 경험으로부터 유래된)을 드러냈을 때 증상이 호전된다는 것을 인식하기 시작하였다. 이러한 '대화 치료법(talking cure)'의 발견은 프로이트로 하여금 두 가지 역사적인 생각을 갖도록 하였다. 대화 치료법이라는 명칭은 원래 애나 오(Anna O.)라는 환자가 치료 과정을 그렇게 불러서 생긴 것이다. 그녀에 대한 치료는 브로이어의 기술을 통해 유명해졌다.

첫 번째 역사적인 생각은 무의식(unconsciousness)의 존재였다. 무의식은 개인이 자각하지 못하는 생각이나 느낌이지만 이것은 개인의 삶에 강한 영향을 미칠 수 있는 힘을 가지고 있다. 두 번째 역사적인 생각은 정신분석적 심리치료(psychoanalytic psychotherapy)인데, 이것은 무의식을 의식으로 드러내도록 고안된 심리치료의 한 형태이다(이 두 가지 생각에 대해서는 제11장에서 좀 더 자세하게 다루어진다). 프로이트의 생각들이 심리치료 기법과 관련되는 것인지 아니면 단순히 마음의 내적 작용에 대한 그의 이론인지 여부에 상관없이 정신분석학(psychoanalysis)이라는 용어는 궁극적으로 프로이트의 모든 생각을 파악하는 데 사용되었다(Fancher & Rutherford, 2012; Federn, 1997; Keen, 2001).

정신분석학은 그것을 연구한 교수와 그것을 사용한 의사들뿐만 아니라 일반 대중으로부터도 엄청난 관심을 끌었다. 이러한 관심으로 인해 프로이트는 이전의 어떤 심리학자도 누리지 못했던 수준의 명성을 얻게 되었다(아마 지금도 그러한지 모르겠다). 이러한 과정에서 정신분석학은 학문으로서의 심리학에 대한 수용성을 이전에 도달한 수준을 넘어선 수준으로 끌어올렸다. 1909년, 프로이트는 미국으로 건너와 일련의 강의를 진행하였고, 이것은 정신분석학이 유럽을 넘어 더욱 확산하는 데 많은 영향을 주었다(그의 많은 저서들도 마찬가지이다). 1910년대에 정신분석학에 대한 논문들이 저널에 게재되는 빈도가 증가하였고, 1920년대까지 정신분석 훈련기관과 정신분석 전문가협회의 수도 급격하게 증가하였다(Goodwin, 2012). 주로 무의식이 무엇인지와 무의식적 내용을 어떻게 드러낼 수 있는지에 대한 사람들의 관심 때문에 프로이트의 인기와 영향력은 1939년에 그가 사망한 이후에도 계속 높아졌다(Hothersall, 2004; Stewart, 2008). 정신분석학에 대한 현재의 관심은 그것이 최고조에 있었던 수준에 비해 훨씬 못 미치지만—실제로 정신분석학은 일부 사람들에게 심하게 비판받았다—정신분석학은 특정 학문분야에서는 여전히 어느 정도의 영향을 미치고 있다(Axelrod et al., 2018; Gabbard, 2009).

미국이 프로이트의 생각을 받아들인 반면 다른 나라들은 이에 대해 저항을 보였다는 점을 주목할 필요가 있다. 예를 들어 프로이트의 생각에 대한 수용은 미국이나 그 외의 지역에서 보였던 수준에 비하면 아르헨티나, 터키, 중국에서는 매우 낮았다(Gulerce, 2006; Hsueh & Guo, 2012; Taiana, 2006).

 프로이트의 모든 것—무의식, 정신분석학—은 정말 비과학적으로 보입니다. 누군가 이것을 지적하지 않았나요?

행동주의   그렇다. 바로 행동주의자들이 정신분석학에 관한 문제와 그 밖의 몇몇 문제를 지적하였다. **행동주의**(behaviorism)는 내적인 정신 과정보다는 관찰 가능한 행동을 강조하는 심리학의 한 조망이다. 행동주의의 논리는 간단하다. 즉 행동은 관찰하여 측정할 수 있지만 느낌과 생각과 같은 정신 과정은 그렇지 못하다는 것이다. 행동주의자들은 심리학이 정신 과정보다 행동에 초점을 맞추어야 과학이 될 수 있다고 믿었다. 사실 이러한 주장은 분트, 티치너, 제임스, 그리고 심리학의 다른 개척자들이 이미 강조한 것이다.

물론 프로이트의 이론은 관찰 가능한 행동보다 정신 과정을 훨씬 더 깊이 다루었다. 따라서 1900년대 초반에 프로이트의 이론이 사람들의 관심을 독차지하는 것을 보았을 때 어떤 사람들이 —아마도 행동주의자들— 얼마나 굴욕감을 느꼈을지 상상이 되는가? 프로이트의 기본적인 방법은 마음속을 들여다보고 내면의 작용을 설명하는 것이었다. 아마도 프로이트 자신이 이에 능숙하고, 또한 그의 생각이 사람들의 주목을 끌었을 수 있었겠지만 이것은 그저 또 다른 형태의 내성법에 불과하다. 내성법은 비과학적인 것으로 여겨져 이미 거절된 방법이다.

존 왓슨(John Watson)은 행동주의자들의 선두에 있었다. 왓슨은 1878년에 사우스캐롤라이나에서 태어났다. 그는 어렸을 때 농장에서 자랐는데, 이것은 왜 그가 대학원생으로서 동물 행동에 대한 연구에 관심을 갖게 되었는지, 그리고 시카고대학교와 존스홉킨스대학교에서 교수로 재직하면서 그 연구를 계속하였는지 설명해준다(Stewart, 2008; Wozniak, 1997). 그는 영향력 있는 행동주의자 '선언문'을 썼는데, 거기에서 그는 "심리학에서의 목표는 (정신 과정이 아닌) 행동의 예측과 통제이다. 내성법은 연구방법으로서는 본질적인 형태를 전혀 갖추지 못하고 있다"(Watson, 1913, p. 158)고 선언하였다.

스키너(위)와 왓슨(아래)은 행동주의의 개척자였으며 내적 정신 과정에 대한 관찰 가능한 행동을 강조했다.

1920년대와 1930년대에 행동주의는 왓슨의 지속적인 노력에 힘입어 급성장하였다. 또한 처음으로 러시아의 연구자인 이반 파블로프(Ivan Pavlov)의 개를 대상으로 한 조건형성 연구가 영어로 발표되었다. 동물 행동에 대한 파블로프의 연구는 인간에게도 시사하는 바가 있었기 때문에 미국의 행동주의자들도 적극적으로 이 방법을 받아들였다(Goodwin, 2012). 행동주의 운동의 새로운 얼굴이 된 스키너(B. F. Skinner)의 연구 덕분에 1900년대 중반까지 행동주의는 계속 번창하였다. 스키너는 연구자이자(그는 주로 쥐, 비둘기, 혹은 기타 동물을 대상으로 강화와 행동의 관계에 초점을 두었다), 행동주의의 대표자였다. 또한 1960년대와 1970년대에 그는 베스트셀러 작가이자, 정규적인 TV 토크쇼의 출연자였으며, 학문적 유명 인사였다(Coleman, 1997; Mills, 1998; Rutherford, 2009; Smith, 1996).

행동주의의 전성기는 지났지만 심리학에서 행동주의의 영향력은 여전히 남아 있다. 특히 (서비스견 훈련에서와 같이) 동물의 행동 변화에 관심이 있는 사람들에게나, 또는 (자폐스펙트럼의 가장 심각한 수준에 있는 아동의 원치 않는 행동을 치료하는 경우와 같이) 자신의 생각을 식별하고 전달할 수 있는 능력이 제한적인 사람에게 관심이 있는 사람들에게는 특히 그러할 것이다. 정신분석학과 마찬가지로 행동주의도 다른 나라들보다는 미국에서 더 많은 인기를 얻었다. 사실, 대부분의 유럽 지역에서는 행동주의가 거의 영향을 미치지 못했다. 영적이고 신비한 것을 강조하는 인도에서는 행동주의가 이러한 것들을 결코 따라잡지도, 심지어 함께 섞이지도 않았다(Brock, 2006; Paranjpe, 2006).

인본주의   1900년대 중반까지 심리학에는 두 가지 주도적인 학파가 있었다 —정신분석학과 행동주의. 이 두 가지 중 어느 것도 인간 본성을 호의적으로 본 학파는 없다. 무의식은 정신분석학적 조

행동주의
내적인 정신 과정보다 관찰 가능한 행동을 강조하는 심리학적 조망

칼 로저스는 인본주의의 개척자로서 인간의 본성이 일반적으로 좋고 사람들은 자연스럽게 자신의 잠재력을 향해 성장하도록 동기부여된다는 개념을 강조한다.

인본주의
인간 본성이 일반적으로 좋고, 사람들은 자연스럽게 자신의 잠재력을 향해 성장하도록 동기화된다는 생각을 강조하는 심리학적 조망

망의 중심이었다. 그리고 정신분석학적 조망은 우리 각자의 무의식에 담겨 있는 파괴적인 동물적 충동에 대한 생각에 기초하였다. 인간 본성에 대한 행동주의자의 생각은 그렇게 부정적이지는 않았지만 긍정적이지 않았다는 것도 분명하다. 행동주의자는 인간이 인간 주변에 있는 환경의 산물에 불과하기 때문에 (만일 있다고 한다면) 인간의 본성은 중립적이라고 믿었다. 심리학은 우리 모두가 갖고 있는 좋은 것이 무엇인지에 대해 관심을 갖는 세 번째의 접근을 맞이할 만큼 성숙되었다. 그것은 바로 인본주의 접근이다(Cain, 2010). **인본주의**(humanism)는 인간 본성이 일반적으로 좋고, 사람들은 자연스럽게 자신의 잠재력을 향해 성장하도록 동기화된다는 개념을 강조하는 심리학의 조망이다.

칼 로저스(Carl Rogers)는 인본주의 운동을 주도하였다. 로저스가 심리학과 대학원에 다닐 때는 당시 대부분의 다른 대학원생들처럼 그도 프로이트의 정신분석을 수행하도록 훈련받았다. 그러나 그의 치료 경력 초기에 내담자에 대한 그의 경험은 프로이트식 훈련과는 일치하지 않았다. 로저스가 보기에 심리적 문제를 경험한 사람들은 억제되지 않는 공격성이나 무절제한 욕구 충족을 향한 무의식적 추동(drive) 때문에 괴로워하는 것이 아니었다. 로저스는 사람들이 단지 스스로의 성장을 모색하는 과정에서 힘들어하고 있다고 생각하였다. 다시 말해 사람들은 단지 진정한 자기(self)의 꽃을 피우고 진정한 자기가 되고자 원하지만 — 로저스는 이것을 **자아실현**(self-actualization)이라고 불렀다 — 그러한 자연스러운 과정을 뭔가가 방해한다는 것이다(Bohart & Tallman, 1999; Rogers, 1959, 1961).

로저스에 따르면, 다른 사람들에 의해 부과된 **가치 조건**(conditions of worth)이 그러한 방해를 가져올 수 있다. 가치 조건이란 사람들이 진정한 자기가 되는 것과 자신이 사랑하는 사람들이 받아들일 수 있는 누군가가 되는 것 사이에서 선택을 하도록 강요받는다는 것을 말한다. 예를 들어 열 살 먹은 소년 데숀을 생각해 보자. 데숀은 발레를 좋아하지만 그의 부모는 축구와 같은 전통적으로 남성적인 취미를 가져야 한다고 생각한다. 실제로, 그의 부모는 아들로서 그를 받아들이는 것은 이러한 활동들 중에서 그가 무엇을 할 것인지 선택하는 것에 달려 있다는 것을 분명히 밝혔다. 데숀은 축구를 하기는 했지만, 불행하게도 그는 그것을 즐기지 못했다. 뿐만 아니라 자기 정체성의 핵심적 부분이라고 느끼고 있는 발레를 계속하지 못하는 자신의 무능력에 대해 극심한 불행감을 경험한다. 이러한 경험(즉 인생에서 자신에게 중요한 사람들로부터 받아들여지기 위해 진정한 자기의 모습을 희생해야만 하는 것)이 지속된다면 데숀은 우울증, 불안, 혹은 다른 심리적 문제에 취약하게 될 것이다. 여기에서의 핵심은 데숀의 원래 동기는 악하거나 역겨운 것이 전혀 아니라는 점이다. 단지 자기 자신에게 진실되고자 하는 욕구뿐이었다. 로저스와 그를 따르는 인본주의자들에 따르면, 이것은 우리 모두를 위한 근본적인 욕구이다.

인본주의 운동의 또 다른 선구적 인물인 에이브러햄 매슬로(Abraham Maslow)는 좀 더 기본적인 욕구가 충족된 이후에 비로소 자기 자신에게 진실하고자 하는 욕구가 생길 수 있다고 지적하였다. 매슬로는 굶주림, 갈증, 안전 및 다른 사람들과 연결된 느낌 등과 같은 전제조건들을 목록화한 **욕구위계**(hierarchy of needs)를 만들었다(Maslow, 1968).

인본주의는 1960년대와 1970년대에 눈에 띄게 성장하였다. 사실, 그 당시에 인본주의는 제3세력의 심리학이라고 불리곤 하였는데(Murray, 1988; Stagner, 1988), 이러한 별칭은 인본주의가 정신분석학적 접근(제1세력)과 행동주의적 접근(제2세력)에 어떻게 필적할 수 있게 되었는지 보여주는 것이다. 이후(특히 1987년에 로저스가 사망한 이후) 인본주의의 영향은 점차 퇴색하기 시작하였다. 그러나 인본주의의 기본적 생각은 여전히 생명력을 유지하고 있는데, 심리치료를 실행하는

많은 심리학자들과 인간 본성에 대해 근본적으로 긍정적인 시각을 갖고 있는 사람들 사이에서는 특히 더 그렇다.

현대의 심리학 학파

지난 수십 년 동안 심리학에서 완전히 새로운 사고의 학파들이 등장했다. 그렇다고 이전의 학파들이 오래전에 사라졌다는 것을 의미하지는 않는다. 사실, 그들 모두는 하나 또는 또 다른 형태로 심리학자 집단들 사이에서 여전히 큰 영향을 미치고 있다. 그러나 특히 다문화주의, 진화심리학, 인지심리학, 신경과학, 생물심리사회이론과 같은 새로운 학파들은 심리학의 현재와 곧 다가올 미래를 특징짓는 움직임을 보다 정확하게 드러내고 있다.

다문화주의 다문화주의(multiculturalism)는 행동과 정신 과정에 미치는 문화의 영향을 강조하는 심리학의 한 조망이다. 다문화주의는 인간 행동에 대한 설명이 모든 인간에게 똑같이 적용된다는 이전 심리학 학파(거의 모든 학파가 미국과 유럽의 백인 남성에 의해 창설되었다)의 가정에 도전한다. 그것은 사실이 아니다. 문화적 변인이 우리가 생각하고, 느끼고, 행동하는 것에 강한 영향을 미친다는 사실을 심리학자들이 점차 인식하고 있다(Kirmayer et al., 2018; Matsumoto, 2003; Van de Vijver & Matsumoto, 2011).

 심리학자들이 문화에 대해 말할 때 정확하게 무엇을 의미하나요?

심리학자들은 **문화**(culture)를 고유한 규범, 기대 및 가치를 가진 공유된 생활양식이라고 생각한다. 문화가 중심이 될 수 있는 특성은 실제로 많이 있다. 우리 대부분에게는 인종이나 민족이 먼저 떠오를 것이다(Mio et al., 2009). 그러나 성(gender), 종교와 영성, 연령, 사회경제적 지위, 성적 취향, 지리적 영역, 장애와 능력 상태를 포함한 많은 다른 특성들도 문화적으로 중요할 수 있다(Artman & Daniels, 2010; Lyons et al., 2010; McGoldrick et al., 2005; McKitrick & Li, 2008; Robinson-Wood, 2009; Sewell, 2009). 문화에 대한 이러한 폭넓은 이해는 우리 각자에게 문화적 특징이 상당히 많다는 것을 의미한다. 실제로, 여러분의 모든 문화적 변인을 함께 고려하면 여러분을 문화적으로 특징짓는 조합이 훨씬 더 독특할 수 있다. 행동을 설명하기 위한 이론을 개발하는 연구심리학자 또는 어려움에 처한 사람에 대해 치료를 시행하는 실천심리학자는 모든 것에 적용되는 단 하나의 접근법을 적용하기보다 독특한 문화적 변인들의 독특한 조합을 고려해야 한다(Johnson et al., 2011; Leong & Kalibatseva, 2013).

모든 심리학 분야에서 다문화주의가 부상하고 있다는 증거가 있다. *Cultural Diversity & Ethnic Minority Psychology, Culture & Psychology*, 그리고 *Psychology of Sexual Orientation and Gender Diversity* 등과 같은 다문화 문제에 초점을 맞춘 수십 개의 전문적 심리학 저널이 전문가들 사이에서 빠른 인기와 인정을 얻고 있다. 미국심리학회 산하에도 분과 44: 레즈비언, 게이 및 양성애 문제와, 분과 45: 민족적 소수집단 문제 연구 등과 같은 새로운 분과가 설립되었다. 우리의 직업윤리

다문화심리학은 우리의 사고, 감정 및 행동에 대한 문화의 영향을 강조하는 접근이다. 문화는 인종, 민족, 성, 나이, 종교, 영성, 사회경제적 지위, 성적 취향, 지역, 장애 또는 능력을 포함한 다양한 변인에 의해 정의될 수 있다.

다문화주의
행동과 정신 과정에 대한 문화의 영향을 강조하는 심리학적 조망

진화심리학
행동에 미치는 영향으로서 찰스 다윈의 진화론을 강조하는 심리학적 조망

인지심리학
사고, 언어, 주의, 기억, 그리고 지능 등의 인지 과정을 강조하는 심리학적 조망

강령은 심리학자가 치료, 평가 또는 연구를 수행할 때 다양한 문화적 변인을 고려하도록 요구하는 새로운 표준을 추가하였다(American Psychological Association, 2002). 미국심리학회가 인정한(즉 승인한) 심리학 대학원 프로그램의 요구사항은 문화적 다양성을 이전보다 더 많이 강조하고 있다 (American Psychological Association, 2005).

인구 구성에서의 다양성 증가에 따라 미국의 심리학자들에게 다문화주의의 중요성이 부각되었다. 미국 인구조사국(U.S. Census Bureau)에 따르면, 지금 인구의 16%를 차지하는 히스패닉계 미국인이 2050년까지는 인구의 30%를 차지할 것이라고 한다. 동일한 기간에 아시아계 미국인 인구는 4.5%에서 7.6%로 증가할 것이다. 반면 백인 유럽계 인구는 64.7%에서 46.3%로 감소할 것이다. 이것은 어떠한 단일 민족도 인구의 대다수를 차지하지 않는다는 것을 의미한다(Leong & Kalibetseva, 2013). 앞으로의 이러한 인구 추세는 심리학에서 다문화주의의 중요성이 더욱 증가할 것임을 시사한다.

진화심리학   진화심리학(evolutionary psychology)은 행동에 미치는 영향으로서 찰스 다윈의 진화론을 강조하는 심리학의 한 조망이다. 진화론은 100년도 훨씬 넘은 이론이고 심리학에 미친 영향은 윌리엄 제임스의 기능주의까지 거슬러 올라갈 수 있지만, 심리학에 미치는 진화론의 영향은 계속 커지고 있다. 현대 심리학자들이 다양한 인간 행동을 설명하고 예측하기 위해 진화론에 의존하고자 하는 추세는 점차 증가하고 있다.

예를 들어 심리학자들은 이타주의(altruism)를 설명하기 위해 진화론을 사용한다. 이타주의는 완전히 비이기적인 방식으로 타인에 대해 염려하고 그들을 돕는 것을 말한다. 자신에게는 아무런 도움이 되지 않을 때에도 왜 남에게 도움을 주겠는가? 진화론에 기초한다면 우리의 선조들 중에서 타인에게 도움을 준 사람들은 나중에 그들로부터 도움(아마도 생명을 구해주는 도움까지)을 받았을 가능성이 더 높다. 따라서 도움을 제공하는 사람들이 가졌던 호의가 친구와 가족들 사이에 축적되었기 때문에 그들의 생존 가능성이 더 높았을 것이다(de Waal, 2008; Neuberg et al., 2010). 또한 우리의 유전자가 다음 세대로 전달된다는 다윈의 가정을 기초한다면 최소한 일부라도 우리의 유전자를 공유하고 있는 사람들에게 이타적 행동을 하는 것이 더 바람직할 것이다. 다시 말해 진화론에 따르면, 친족을 돕는 것은 마치 자신의 일부를 돕는 것과 같다(Neyer & Lang, 2003; Van Vugt & Van Lange, 2006).

진화심리학은 심리장애에 대한 설명도 제공한다. 예를 들어 대부분의 흔한 공포증(높은 곳, 뱀, 곤충, 작은 동물, 어둡고 밀폐된 공간 등에 대한 공포증)은 오늘날 우리의 생존에 가장 큰 위협이 되는 것은 아니다. 그러나 우리 조상의 생존에는 이러한 공포증들이 가장 큰 위협이었다. 그러한 것들을 무서워했던 조상들은 그렇지 않았던 사람들보다 자신의 자녀를 가질 수 있을 만큼 더 오래 생존할 수 있었다. 그들의 자녀들은 부모의 두려워하는 기질을 물려받은 후 그것을 다시 자신의 자녀들에게 전달하였다. 오늘날까지 많은 세대가 이어지면서 우리 세대의 많은 사람들은 실제로는 더 이상 그렇게 위협적이지 않은 공포증을 여전히 가지고 있다(Bracha & Maser, 2008; Debiec & LeDoux, 2009; Öhman & Mineka, 2001).

인지심리학   인지심리학(cognitive psychology)은 사고, 언어, 주의, 기억, 지능과 같은 과정을 강조하는 심리학의 한 조망이다. 이러한 과정들은 정보를 획득하고 사용하는 과정이다. 어떤 인지심리학자들은 이러한 기능이 어떻게 정상적으로 이루어지는지 알아보기 위해 연구를 수행한다. 다른 사람들은 이러한 과정들이 어떻게 잘못되거나 혹은 이와는 반대로 어떻게 향상될 수 있는지에 초

점을 맞춘다(Sternberg & Sternberg, 2010).

인지적 관점은 주로 이에 앞서 제기되었던 행동적 관점에 대한 반작용으로 등장하였다. 특히, 인지적 관점을 갖는 심리학자들은 관찰 가능한 행동과 외적 조건과 같이 마음의 바깥에 있는 문제들을 강조하는 행동주의에 반대한다. 그 대신 인지심리학자들은 마음속에서 일어나는 것이 인간을 이해하는 데 필수적이라는 사실을 강조한다. 인지심리학자들은 우리가 어떻게 문제를 해결하고, 의사결정을 내리며, 언어를 배우는지, 혹은 무엇이 창의적 사고를 이끌고, 무엇이 지능에 영향을 미치는지 등과 같은 광범위한 마음 내부의 질문들을 다룬다.

신경과학　신경과학(neuroscience)은 행동과 뇌의 생물학적 기능 사이의 연결고리를 강조하는 심리학의 한 조망이다. 이러한 연결고리는 항상 심리학의 중요한 부분이기도 하였지만 최근 수십 년 동안 연구자들로 하여금 뇌 안에서 발생하는 내적 작용을 좀 더 직접적으로 살펴볼 수 있도록 해준 기능적 자기공명영상(functional magnetic resonance imaging, fMRI), 컴퓨터 단층촬영(computed tomography, CT), 그리고 양전자방출 단층촬영(positron emission tomography, PET)은 신경과학적 조망이 폭발적인 인기와 영향력을 얻을 수 있도록 해주었다(Gerber & Gonzalez, 2013). 신경과학은 종종 신경심리학(neuropsychology)이나 생물심리학(biopsychology) 같은 다른 이름으로도 불린다.

신경과학은 모든 종류의 행동에 대한 설명을 제공한다. 예를 들어 뇌의 특정 부분들은 (모르핀, 크랙 또는 메스암페타민과 같은) 중독성 약물과 (도박과 강박적 섭식 같은) 중독성 행동에 반응한다(Everitt & Robbins, 2005; Kelley & Berridge, 2002; Potenza, 2006; Reuter et al., 2005). 조현병 환자들에게서 흔한 환각은 정상적인 시각 자극과 청각 자극에 의해 활성화되는 것과 동일한 뇌의 시각 영역과 청각 영역을 활성화시킨다(Allen et al., 2008; McGuire et al., 1993; Shergill et al., 2000; Silbersweig et al., 1995). 일부 살인자를 포함하여 통제할 수 없는 공격성을 지닌 사람들의 특정 뇌 영역은 비정상적으로 높은 활동성을 보인다(Miczek et al., 2007; Raine et al., 1998). 특정 유형의 지능은 특정 뇌 영역에서 비롯된 것으로 보인다. 예를 들어 수학 능력과 언어 사용 능력은 서로 다른 뇌 영역의 활동에 달려 있다(Dehaene, 2011; Dehaene et al., 1999).

신경과학이 최근 몇 년 동안 너무 뜨겁게 달아오르는 것에 대해 일부 전문가들은 반발을 보이기 시작했다. 신경과학에 대한 몇몇 비판자들은 PET 스캔과 fMRI가 이전에는 상상할 수도 없었던 뇌의 내적 영상을 보여주기는 하였지만, 그러한 영상은 뇌와 행동 사이의 매우 복잡한 연결고리를 지나치게 단순한 것처럼 보일 수 있다고 지적한다. 이와 유사하게, 특정 뇌 활동이 특정 행동과 관련된다 하더라도 그러한 뇌 활동이 행동을 유발하는 것은 아니라는 지적도 있다(Burton, 2013; Halpern, 2017; Satel & Lilienfeld, 2013; Shulman, 2013).

긍정심리학　긍정심리학(positive psychology)은 사람들의 강점과 성공을 강조하는 심리학적 조망이다. 1990년대와 2000년대에 인기를 누렸던 긍정심리학은 심리학의 대부분 영역이 장애, 약점 그리고 실패의 형태로 사람들의 문제들에 초점을 맞춘 것과는 대조를 보였다. 대부분의 주류 심리학은 여전히 그러한 측면들에 대해 초점을 유지하고 있기는 하지만 긍정심리학 운동과 관련된 사람들은 매우 다른 생각을 개진하고 있다. 긍정심리학자들은 사람들이 자신의 심리적 자산과 장점을 극대화하는 것을 돕기 위한 연구를 수행하고 서비스를 제공한다. 긍정심리학자들은 심리학을

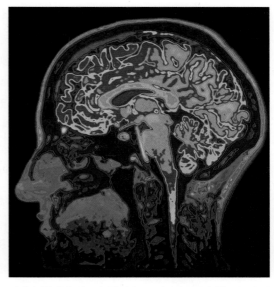

신경심리학 혹은 생물심리학이라고도 알려진 신경과학은 행동과 뇌의 생물학적 기능 사이의 연결을 강조한다. 뇌영상 기술에서의 큰 발전은 신경과학을 크게 진보할 수 있게 했다.

SpeedKingz/Shutterstock

신경과학
행동과 뇌의 생물학적 기능 사이의 연결을 강조하는 심리학적 조망

긍정심리학
사람들의 강점과 성공을 강조하는 심리학의 조망

생물심리사회이론
행동에 영향을 주는 생물학적, 심리적, 사회적 요인을 강조하는 독특하고 포괄적인 심리학의 조망

사람들이 불행과 장애를 극복할 수 있도록 돕는 도구의 범위를 넘어 사람들이 번영하고 행복하게 할 수 있도록 하는 일종의 기회로 생각한다(Gable & Haidt, 2005; Seligman, 2018; Seligman et al., 2005; Seligman & Czikszentmihalyi, 2000; Snyder et al., 2011).

예를 들어 긍정심리학자들은 행복감을 포함한 다양한 긍정적 감정을 광범위하게 연구하였다. 그들은 어떻게 하면 삶에 더 진정한 행복을 가져올 수 있는지, 행복에서 건강이 주는 이점은 무엇인지, 그리고 직무 수행, 대인관계의 질, 그리고 자존감과 같은 일상생활에서의 여러 측면과 행복 사이의 연결성은 무엇인지와 같은 질문을 탐구하였다(Frederickson, 2001; Lyubomirsky et al., 2005; Schiffer & Roberts, 2018; Seligman, 2004).

생물심리사회이론   생물심리사회이론(biopsychosocial theory)은 행동에 영향을 미치는 생물학적, 심리적, 사회적 요인을 강조하는 심리학에서는 독특하게 포괄적인 조망이다. 생물심리사회이론은 심리학의 어느 학파에도 포함될 수 있을 만큼 포괄적이다. 이전의 혹은 새로운 접근과는 달리, 생물심리사회이론은 하나의 요인만으로 행동을 설명할 수 있다고 주장하지 않는다. 그보다는 뇌와 유전적 영향(생물학적 요인), 생각과 감정(심리적 요인), 그리고 가족과 문화(사회적 요인)가 모두 상호작용한다고 생각한다(Campbell & Rohrbaugh, 2006; Gask, 2018; Melchert, 2011).

공황발작을 보이는 대학생 레오를 생각해보자. 그가 갖고 있는 공황발작의 원인은 무엇인가? 생물심리사회이론은 우리에게 다양한 요인을 고려해볼 수 있게 한다. 생물학적 요인의 측면에서 보면, 레오가 공황 상태에 쉽게 빠지는 장애가 있는 부모로부터 공황발작의 경향을 유전적으로 물려받았을 수 있을 것이다. 이러한 유전은 편도체(amygdala)라고 불리는 영역에서의 과잉활동과 같은 독특한 두뇌 활동의 형태를 가질 수 있다(Debiec & LeDoux, 2009; Faravelli et al., 2009; Forsyth et al., 2009; Liverant et al., 2007). 심리적 요인의 측면에서 보면, 레오는 특히 자신의 몸에 사소한 변화가 있을 때 그것을 침소봉대하여 최악의 상황을 상상하는 경향이 있을 수도 있다. 그는 계단 몇 개를 오른 후에 심박수가 조금 올라가는 것을 깨닫고 심장발작이 일어나고 있다고 잘못 생각할 수 있고 이것이 그로 하여금 공황발작을 일으키도록 할 수도 있을 것이다(Clark & Beck, 2010). 사회환경적 요인에서 보면, 레오는 부모뿐만 아니라 형, 누이, 할아버지가 공황발작을 겪는 것을 보았고 어린 시절에 걸쳐 이러한 공황발작이 모델링되었을 수 있을 것이다(Ehlers, 1993; Mineka & Cook, 1993). 생물심리사회이론은 이 세 가지 요인 모두가 동등한 비중을 갖고 있다고는 생각하지 않는다. 특정 사례(예를 들어 레오의 사례)에서는 특정한 요인이 다른 요인들에 비해 더 큰 비중을 가질 수도 있을 것이다. 그러나 생물심리사회이론은 심리학자들이 단지 하나의 요인이 아닌 여러 요인을 모두 고려할 수 있게 한다. 이를 통해 실제 진행되고 있는 상황에 대한 보다 정확하고 완전한 설명을 제공할 수 있다.

학습 확인

1.8 심리학의 발전에 영향을 미친 2개의 오래된 학파는 무엇인가?

1.9 구조주의, 기능주의, 정신분석학, 행동주의 및 인본주의와 같은 초기

심리학 학파들의 강조점은 각각 무엇인가?

1.10 다문화주의를 포함한 현대 심리학 학파의 강조점은 각각 무엇인가?

심리과학

이 장의 시작 부분에서 우리가 심리학을 어떻게 정의했는지 기억하라 — 심리학은 행동과 정신 과정에 대한 과학적 연구이다. 이 정의에서 과학적(scientific)이라는 부분이 중요하다. 그것은 심리학자들이 단지 숙고, 짐작 또는 상식에만 기초하여 답을 얻는 것이 아님을 의미한다. 그보다, 심리학자들은 그러한 답이 실제로 얼마나 합리적인 것인지 결정하기 위해 가능한 모든 답을 검증(test)한다. 따라서 유전자가 양극성장애를 유발하는지 여부를 결정하는 데 임상심리학자는 자신의 육감에 의존하지 않는다. 부모 모두와 자녀가 함께 양극성장애를 갖고 있는 가족에 대한 개인적 경험에만 기초하여 쉽게 답을 내놓지도 않는다. 그보다는 분리되어 성장한 일란성 쌍둥이 혹은 생물학적 부모는 양극성장애지만 입양한 부모는 그렇지 않은 입양아의 양극성장애 발병률을 모두 측정해본다. 다시 말해 임상심리학자는 신중하고 의도적으로 수집한 자료에 기초하여 답을 찾고자 한다(Craddock & Jones, 1999; Lichtenstein et al., 2009; McDonald, 2018).

발달심리학자는 폭력적인 비디오 게임을 하는 아이들은 그렇지 않은 아이들보다 실생활에서 더 폭력적으로 행동하는지 여부를 결정하기 위해 단지 직감에 의존하지 않는다. 혹은 폭력적 비디오 게임을 한 다음 개한테 돌을 던지는 이웃집 아이에만 기초하여 답을 찾으려 하지도 않는다. 그들은 수백 명의 아이들을 대상으로 비디오 게임을 하는 것과 폭력적인 행동을 각각 엄밀하게 측정한 후, 이 두 가지가 서로 얼마나 강하게 관련되는지 계산한다(Bushman & Huesmann, 2010; Carnagey et al., 2007; Polman et al., 2008; Verheijen et al., 2018).

심리학에서 과학의 필요성

1800년대 후반에 심리학이 시작되었을 때, 심리학은 비과학적 사고의 바다에서 헤엄치고 있었다(Cattell, 1895). 이 때문에 분트, 티치너, 제임스와 같은 개척자들은 그들의 새로운 학문을 과학으로서 다른 것들과 구별해내기 위해 열심히 노력해야 했다. 이러한 초기 심리학자들은 존 로크(John Locke), 데이비드 흄(David Hume), 존 스튜어트 밀(John Stuart Mill)의 이론을 강조한 철학을 포함하여 비과학적 학문들로부터 그들의 새로운 과학적 학문을 떼어놓고자 노력하였다. 이러한 철학자들은 사람들이 어떻게 학습하는지, 우리가 생득적으로 갖고 태어나는 지식과 능력은 무엇인지, 그리고 경험에 따라 우리는 어떻게 변화되고 만들어지는지 등의 중요한 주제를 다루었지만 그들은 검증보다는 논쟁을 통해 이러한 문제를 다루었다(Benjamin, 2007).

가짜심리학 그러나 심리과학에 대한 더 큰 적은 그 당시의 대중심리학(popular psychology)이었다. 대중심리학은 오늘날의 우리도 접하고 있는 점성술, 별자리 운세, 백신-기인 자폐증 이론 등과 같이 일반인들이 믿기는 하였지만 과학적 기초가 없는 생각들이었다. 1800년대 후반, 대중심리학에는 골상학, 관상학, 메스메르 최면술, 그리고 심령술 등이 포함되었다(Benjamin, 2007).

골상학 골상학(phrenology)에 따르면 두개골의 융기는 성격 특질과 정신 능력을 나타낸다(그림 1.2). 골상학자들은 이 마을 저 마을로 옮겨 다니면서 마을 사람들의 머리 위로 손을 문질러가며 그들의 오른쪽 귀 밑의 융기는 이기적이라는 것을, 정수리의 융기는 친절하다는 것을, 그리고 뒤쪽 머리의 융기는 우호적이고 다정하다는 것을 의미한다고 말해주었다고 한다.

학습 목표

1.11 왜 심리학에서 과학적 접근이 필요한가?

1.12 심리학자의 세 가지 주요 연구 유형 : 기술연구, 상관연구, 실험연구

1.13 과학적 방법의 단계들

1.14 심리학자들은 어떻게 결과를 공유하는가?

1.15 심리학 연구의 윤리적 의무

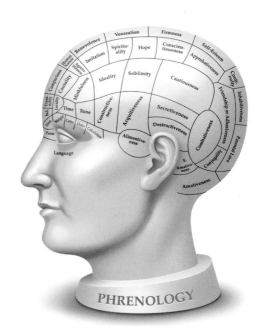

그림 1.2 가짜심리학과 골상학 1800년대 후반, 많은 일반 대중들이 두개골의 융기가 성격 특성과 정신 능력을 드러낸다는 생각을 믿었다. 이러한 유형의 근거 없는 가짜심리학을 파헤치는 것이 심리학이 과학이 되어야 하는 중요한 이유이다.

가짜심리학
그럴듯해 보이기는 하지만 과학적으로 지지되지 않는 심리학적 정보

비판적 사고
생각이나 가정에 대해 호기심을 가지고 도전적으로 생각하는 것

관상학   관상학(physiognomy)은 골상학과 유사하지만 두개골보다는 얼굴에 대한 것이었다. 예를 들어 눈꺼풀은 얼마나 동정심이 많은지, 입술 주위는 얼마나 애국적인지를 알려준다는 식이다.

메스메르 최면술   이것의 발명자인 프란츠 안톤 메스메르(Franz Anton Mesmer)의 이름을 따서 이름 붙여진 메스메르 최면술(mesmerism)은 치료사가 자석을 이용하거나 때로는 맨손으로 신체 부위를 옮겨 다니면서 체액의 균형을 조절하거나 최면 상태를 유도한다고 알려졌다.

심령술   심령술(spiritualism)은 일반적으로 영혼이나 죽은 사람과 소통하는 것을 포함하여 여러 형태를 갖는다. 천리안이 있는 사람, 점쟁이, 손금 보는 사람, 그리고 강령회 안내자 등은 기법에 따라 여러분의 과거, 현재 및 미래에 대한 모든 것을 말해줄 수 있다고 여겨졌다.

이러한 근거 없는 기법들은 얼마 동안은 인기가 있었지만 이들은 가짜였고, 이후에는 사람들이 이것들을 믿지 않게 되었다. 초기 심리학자들은 이러한 비과학적 기법들에 비해 심리학은 더욱 타당하고 믿을 만한 과학이라는 것을 확신시키기 위해 열심히 싸웠다.

오늘날 대중심리학에서 근거 없는 이론이나 실천을 **가짜심리학**(pseudopsychology)이라 부른다. 즉 가짜심리학은 그럴듯해 보이기는 하지만 과학적으로 지지되지 않는 심리학적 정보인 것이다. (pseudo는 그리스어로 거짓 혹은 가짜를 의미한다.) 그러나 불행히도 가짜심리학은 아직도 우리 주변에 있고, 많은 사람들을 현혹시키고 있다. 어떤 사람들은 점쟁이가 미래를 예측할 수 있다고 믿는다. 일부는 운세 또는 숫자로 보는 점에 대해 믿음을 갖고 있다. 또 다른 사람들은 자신의 꿈을 정확하게 해몽할 수 있고, 또는 자신이 보는 TV 광고에 어떤 제품을 사도록 유도하는 역하 메시지(subliminal messages)가 포함되어 있다고 확신한다. 다행스럽게도 '진짜' 심리학(즉 과학적 심리학)은 지금은 잘 확립되어 매년 경험적인 연구를 만들어내고 있고, 가짜심리학이 요란하게 그리고 자주 떠들어댔던 가공의 생각들이 잘못되었음을 반증하고 있다(예 : Lawson, 2007; Lilienfeld, 2010, 2018; Lilienfeld et al., 2015).

비판적 사고   아마도 가짜심리학의 최대의 적이면서 '진짜' 심리학의 가장 중요한 친구는 생각이나 가정에 대해 호기심을 가지고 도전적으로 접근하는 **비판적 사고**(critical thinking)일 것이다. 비판적 사고는 모든 유형의 과학이 진보하는 데 필수적인 요소이다. 어쨌든 누군가는 "잠깐만. 어쩌면 지구는 평평하지 않을 수도 있을 거야" 혹은 "이봐, 어쩌면 어떤 유형의 웹에 모든 컴퓨터를 연결할 수 있는 방법이 있을지도 몰라"라고 말해야 하는 것이다. 심리학에서 비판적 사고는 매우 중요하다. 이것 없이는 심리학자들은 성격이 어떻게 형성되었는지, 기억이 어떻게 작동하는지, 뇌의 다양한 영역이 어떤 기능을 하는지, 기분과 건강이 서로 어떻게 영향을 미치는지, 혹은 어떻게 하면 심리장애를 가진 사람들을 도울 수 있는지 등에 대한 새로운 생각을 결코 만들어내지 못할 것이다.

비판적 사고를 할 때는 '상식(common sense)'[혹은 '민간 지혜(folk wisdom)'나 누구나 사실이라고 '알고 있는' 속담(proverbs) 등]에 덜 의존하게 된다. 상식이 서로 모순되는 경우에는 비판적 사고가 더욱 도움이 된다. 상식이나 속담이 서로 모순되는 경우는 꽤 많이 있는 것 같다. 다음 두 가지 속담 중에서 어느 것이 사실인가? "제 집보다 좋은 곳은 없다"(there's no place like home) 혹은 "남의 떡이 더 커 보인다"(the grass is always greener on the other side), "나중에 후회하는 것보다 조심하는 것이 더 낫다"(better safe than sorry) 혹은 "모험하지 않으면 아무것도 얻을 수 없다"(nothing ventured, nothing gained), "겉보기로 판단해서는 안 된다"(you can't judge a book by its cover) 혹은 "옷이 날개다"(the clothes make the man), "끼리끼리 모인다(유유상종)"(birds of a feather flock together) 혹은 "서로 달라야 끌리는 법이다"(opposites attract). 상식은 분명히 나름대로 존재할 여지가 있지만 비판적 사고에 의해 힘을 얻는 과학은 우리가 접하는 상식적 설명을 확증하거나 혹은 반증하는 데 도움을 준다.

확증편파 비판적 사고는 실제로는 거짓이지만 사실이라고 결론짓도록 하는 사고에서의 몇 가지 흔한 오류를 피하는 데도 도움이 된다. 그러한 오류 중 하나가 **확증편파**(confirmation bias)이다. 확증편파는 처음에 생각한 것을 확증해주는 정보를 선호하는 경향을 말한다. 여러분은 실제 생활에서 확증편파를 여러 번 경험했을 것이다. 예를 들어 여러분이 어떤 식당에 처음 가보고 그곳에 실망한 경험이 있을 것이다. 나중에 맛집 검색 사이트를 방문했다가 그 식당에 대해 리뷰가 100개나 있음을 발견한다. 이때 여러분은 그 식당을 극찬하는 별 다섯 개짜리의 (많은) 리뷰는 빠르게 스크롤하여 넘겨버리지만 (몇 개 안 되는) 별 한 개짜리 리뷰에 대해서는 열정적으로 그 리뷰에 동의하면서 그것을 읽는 데 많은 시간을 할애한다. 다른 페이지로 넘어갈 때쯤에는 그 식당의 평균 평점이 4.5점인 것이 현실임에도 불구하고 그 식당은 참으로 끔찍한 식당임을 이전보다 더 확신한다. 다시 말해, 확증편파 때문에 여러분은 여러분이 원래 생각했던 것을 확증해주는 정보를 검색해보았고 그것을 발견했던 것이다.

과학자로서 심리학자들은 확증편파를 극복하기 위해 노력한다. 즉 (비록 자신의 생각이 완벽하지 않았다는 것을 인정하는 것이 될지라도) 자신의 생각과는 다른 생각에도 개방적이어야 한다. 예를 들어 1960년대 후반과 1970년대에 잠시 동안 많은 임상심리학자들은 공포증과 외상후 스트레스장애와 같은 불안장애가 있는 사람들을 위한 치료법의 한 형태로 홍수치료(flooding therapy)의 효과를 높이 평가하였다(Boulougouris et al., 1971; Emmelkamp & Wessels, 1975; Levis & Carrera, 1967; Willis & Edwards, 1969). 홍수치료는 사람들이 두려워하는 것에 (조금씩이 아니라 한꺼번에 모두) 노출시키는 절차를 포함한다. 개를 두려워하는 내담자를 개들이 가득 들어 있는 방 안에 집어넣거나, 비행기 타는 것을 두려워하는 내담자를 실제 비행기에 태우는 것 등이 여기에 해당한다.

10년 정도가 지나면서 홍수치료를 지지하는 연구의 수는 감소하였지만 그렇다고 모두 사라진 것은 아니었다. 1980년대와 심지어 최근 몇 년 사이에도 홍수치료가 특정 내담자들에게 효과가 있다는 것을 주장하는 몇 개의 연구들이 종종 튀어나왔다(Keane et al., 1989; Levis, 2008; Marshall, 1985; Rychtarik et al., 1984; Zoellner et al., 2008). 핵심은 이것이다. 처음부터 홍수치료의 지지자였던 임상심리학자들은 확증편파와 좁아진 시야에 빠져 치료 기법으로서 홍수치료를 아직도 지지하는 몇 안 되는 연구들을 찾는다는 것이다. 이렇게 되면 임상심리학자들은 홍수치료가 비효과적이거나 심지어 해로울 수 있다는 것을 발견한 많은 연구들은 무시할 것이다. 마찬가지로 다른 치료 기법들(특히 노출이 점진적이고 인도적으로 이루어지는 체계적 둔감화)이 훨씬 더 효과적이라는 것을 보여준 다른 연구들도 무시하게 될 것이다(Barlow et al., 2007; Gamble et al., 2010; Head & Gross, 2009; Morganstern, 1973; Pitman et al., 1991).

신념고수 비판적 사고를 통해 극복할 수 있는 또 다른 오류는 **신념고수**(belief perseverance)이다. 신념고수는 신념이 정확하지 않다는 것을 증거가 보여주어도 그 신념을 유지하려는 경향을 말한다. 즉 신념고수는 여러 정황에 비추어 그 신념이 틀렸다는 것이 증명되어도 어쨌든 그 신념에 매달릴 때 일어난다. 앞에서 언급했던 식당을 다시 예로 들어보자. 여러분의 친구 중 몇 명이 그 식당은 지금까지 가 보았던 식당 중 최고의 식당이라고 말한다면 여러분은 '이 친구들, 좋은 음식에

확증편파
처음에 생각한 것을 확증해주는 정보를 선호하는 경향

신념고수
신념이 틀렸다는 것을 증거가 보여주더라도 그 신념을 유지하려는 경향

표 1.1 사고 오류들

사고 오류	정의	예시
확증편파(confirmation error)	자기가 이미 믿고 있는 것을 확증해주는 정보를 선호하는 것	자동차를 구입할 때 자신이 선호하는 자동차에 대한 긍정적인 리뷰만 인터넷에서 찾고자 하는 경우
신념고수(belief perseverance)	자신의 신념이 잘못된 것이라는 증거가 있어도 그 신념을 유지하는 것	몇 시간 동안 비가 억수같이 쏟아지고 있어도 오늘 밤 야구 경기가 우천으로 취소되지는 않을 것이라고 믿는 경우
편승 오류(bandwagon fallacy)	다른 많은 사람들이 그렇게 믿으니까 여러분도 그렇게 믿는 것	길가의 모든 집 마당에 같은 후보를 지지하는 홍보판이 세워져 있는 것을 보고 여러분도 그 후보에게 투표하는 것이 옳다고 생각하는 경우
감정적 추리(emotional reasoning)	얼마나 논리적인지가 아니라 어떻게 느끼게 하기 때문에 그렇게 믿는 것	여러분의 친구가 이번 학기에 벌써 몇 번이나 주먹 싸움을 했더라도 그 친구가 비폭력적이고 행동이 바른 사람이라고 믿는 경우
권위 오류(authority fallacy)	권위 있는 누군가가 믿기 때문에 여러분도 그렇게 믿는 것	최저임금 전문가의 이야기를 듣고 그것에 대한 여러분의 생각을 바꾸는 경우
구태의연 오류(antiquity fallacy)	사람들이 오랫동안 믿어 왔기 때문에 여러분도 그렇게 믿는 것	인구가 과밀한 도시의 도로가 이전 세대들에게도 충분했기 때문에 그 도로를 확장할 필요가 없다고 믿는 경우
흑백사고 오류(black-or-white fallacy)	중간 정도의 생각이 더 정확할 수 있더라도 극단적이거나 절대적인 신념을 취하는 것	여러분의 체중이 증가하는 이유가 실제로는 다른 많은 요인들 때문이라 할지라도 전적으로 여러분이 먹고 있는 약의 부작용 때문이라고 믿는 경우

출처 : Lepper et al.(1986), Wason & Johnson-Laird(1972), Tindale(2007).

대해 제대로 알고 있기는 한 거야? 내가 볼 때는 정말 형편없는데 말이지…'라고 생각할 것이다. 혹은 그 식당이 지역 식당 평가단으로부터 상을 받았다면 "식당 평가단은 바보들이야"라고 말하며 더 고집스럽게 자신의 신념을 지키려 할 것이다.

심리학자들도 자신이 틀렸다고 인정하는 것을 좋아하지 않는다. 그들도 때로는 반대 증거의 무게로 부서지고 있는 신념을 고수하려 한다. 그러나 궁극적으로 모든 신념고수를 극복하고 비판적 사고가 군림하도록 하는 것은 그들의 책임이다. 이러한 과정은 1900년대 중반에 제기되었던 '조현병 유발 어머니(schizophrenogenic mother)'라는 생각에서 찾아볼 수 있다. '조현병 유발 어머니'란 어머니가 보이는 어떤 형태의 육아 방식이 아이에게 심각한 정신장애인 조현병이 발병하게 할 수 있다는 생각이다(Fromm-Reichmann, 1948; Jackson, 1960; Lidz et al., 1965; Zuckerman et al., 1958). 일부 심리학자들은 조현병이 어떤 유형의 육아방식에 의한 것이 아니라 실제로는 (가장 중요하게) 유전자를 포함한 여러 요인의 조합에 의해 야기된다는 증거가 제시되었음에도 불구하고 그러한 생각을 고수하였다. 다시 말해 처음부터 조현병 유발 어머니 이론에 동의했던 일부 심리학자들은 그것이 틀렸고 다른 이론이 맞다는 많은 증거가 있었음에도 불구하고 그 이론에 머물렀던 것이다(Cardno & Gottesman, 2000; Hartwell, 1996; Kendler & Diehl, 1993). 결국에는 비판적 사고가 신념고수를 극복하였다. 조현병 유발 어머니 이론은 신뢰를 잃었고 폐기되었다(Neill, 1990, Seeman, 20009).

과학자로서 심리학자들이 비판적 사고를 사용하여 극복하고자 하는 사고에서의 오류들은 확증편파와 신념고수 외에도 많이 있다. 표 1.1에서 그중 일부를 설명하고 있다.

심리학 연구의 목표

심리학자들은 과학적 연구를 수행할 때 세 가지 목표 중 하나를 갖고 있다 ─ (1) 특정 변인의 관점에서 사람들을 기술(describe)하는 것, (2) 두 변인이 서로 어떻게 상관(correlate)되어 있는지 확인하는 것, (3) 하나의 변인을 조작한 후 다른 변인이 어떻게 달라지는지 측정하기 위한 실험(experiment)을 실시하는 것. 이러한 목표들 각각에 대해 개별적으로 살펴보자.

기술연구 기술연구(descriptive research)는 전집의 특성을 단순히 기술하는 것을 목표로 하는 연구이다. 심리학자는 사람들의 특정 집단을 정하여 그 집단의 사람들이 보이는 어떤 자질, 행동 또는 그 밖의 다른 특징을 측정한다. 여러분이 미국 대학생들의 소셜미디어 사용에 대해 관심이 많은 심리학자라고 상상해보자. 이 주제에 대한 기술연구는 대학생이 하루에 소셜미디어에 얼마나 많은 시간을 소비하는지 측정하는 것이다. 그 이상도 그 이하도 아니다.

이러한 기술연구의 결과는 평균(mean), 중앙값(median) 또는 최빈값(mode)과 같은 집중경향 측정치(measure of central tendency)의 형태로 보고할 것이다. 또한 표준편차(standard deviation)와 같은 집중경향 측정치 주변 점수들의 산포(scatter) 혹은 변량(variance)도 보고하게 될 것이다.

상관연구 상관연구(correlational research)는 두 변인 사이의 관련성을 결정하는 것을 목표로 하는 연구이다. 기술연구는 변인들을 따로 떼어서 살펴보는 데 초점을 맞추는 반면, 상관연구는 한 변인의 변화가 다른 변인의 변화와 어떻게 관련되는지, 혹은 한 변인이 다른 변인을 얼마나 잘 예측(predictive)할 수 있는지와 같이 변인들을 함께 고려한다. 다시 말해 어떤 사람이 보인 특정 변인에서의 점수를 알고 있다면 그 사람의 다른 변인에 대한 점수도 확신을 가지고 예측할 수 있는지 확인하는 것이다.

예를 들어 여러분이 대학생의 소셜미디어 사용에 대한 기술연구를 완료했다고 가정해보자. 그리고 이제는 대학생의 소셜미디어 사용과 자존감(자신에 대해 얼마나 긍정적으로 생각하거나 느끼는지)의 관련성에 대한 상관연구에 관심이 있다고 하자. 다시 말해 어떤 사람이 하루 동안 소셜미디어에 얼마나 시간을 보내는지 알고 있거나 혹은 그 사람이 어느 정도의 자존감(질문지에 대한 수량화된 응답으로 측정)을 갖고 있는지 알고 있다면 여러분은 각 변인의 점수를 통해 다른 변인의 점수도 얼마나 정확하게 예측할 수 있을지 관심이 있을 것이다.

상관관계를 측정하기 위해 심리학자는 **상관계수**(correlation coefficient)를 사용한다. 상관계수는 두 변인 사이의 상관관계를 매우 정적인(+1) 수준에서부터 매우 부적인(−1) 수준까지 보여주는 통계치이다(그림 1.3). 정적 상관계수(positive correlation coefficient)는 한 변인의 점수가 증가함에 따라 다른 변인의 점수도 함께 증가한다는 것을 의미한다. 여러분의 연구에서 정적 상관관계는 어떤 학생이 소셜미디어에 더 많은 시간을 소비할수록 그 학생의 자존감 점수가 높다는 것을 의미한다. 정적 상관관계가 강할수록(+1에 근접할수록) 그러한 예측에 더 많은 확신을 가질 수 있다. 따라서 +.9 근처의 상관계수(이러한 크기의 상관계수는 심리학에서는 매우 드물게 관찰된다)가 있다면 두 변인이 매우 밀접하게 관련되어 있어 서로 같이 증가하거나 서로 같이 감소한다고 결론을 내릴 수 있지만 +.4 근처의 상관계수(이러한 수준의 상관계수는 심리학에서 좀 더 흔하게 관찰된다)는 두 변인이 연결되어 있기는 하지만 그 연결의 강도는 좀 더 느슨하다고 결론지을 수 있다.

부적 상관계수(negative correlation coefficient)는 어떤 변인의 점수가 증가함에 따라 다른 변인의 점수는 감소한다는 것을 의미한다. 여러분의 연구에서 부적 상관계수는 소셜미디어에 소비하는 시간이 길수록 자존감 수준은 더 낮아진다는 것을 의미한다. 부적 상관관계가 강할수록(−1에 근접할수록) 이러한 예측에 대해 더 강한 확신을 가질 수 있다. 따라서 −.9 정도의 상관계수(심리학에서는 매우 드물게 관찰된다)가 관찰된다면 두 변인은 서로 반대 방향으로 변하는 경향이 매우

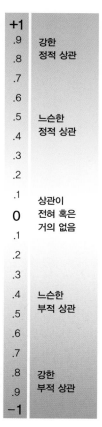

그림 1.3 상관계수 상관계수는 두 변인이 서로 얼마나 관련되어 있는지 보여주는 통계치로서 +1.0에서 −1.0까지의 범위를 갖는다. 상관계수가 이러한 극단치에 근접할수록 두 변인 사이의 관련성이 강해진다. 가운데 수준의 상관계수(0)에 근접할수록 두 변인 사이의 관련성이 약해진다.

상관-인과 오류
두 변인들 사이에 강한 상관이 있을 때 한 변인이 다른 변인의 원인이 될 것이라고 잘못 생각하는 오류

실험연구
하나의 변인을 조작한 후 다른 변인의 변화를 관찰함으로써 두 변인 사이의 인과관계를 확인하는 것을 목표로 하는 연구

강하다고 결론지을 수 있다. 그러나 상관계수가 −.4 근처(심리학에서는 좀 더 흔하게 관찰된다)라면, 두 변인은 서로 반대 방향으로 느슨한 관련성이 있다고 결론지을 수 있다.

정적 상관계수와 부적 상관계수 사이에 **상관계수가 0인 경우**가 있는데, 이것은 두 변인 사이에 상관관계가 전혀 없다는 것을 의미한다. 여러분의 연구에서 상관계수가 0이라면 어떤 학생이 소셜미디어에 소비한 시간은 그 학생의 자존감에 대해 말해주는 것이 전혀 없다는 것을 의미하고 이와 반대의 방향도 마찬가지이다. 즉 두 변인은 서로 아무런 관련성이 없는 것이다. 상관계수가 +1 또는 −1에 매우 근접하는 경우와 마찬가지로 심리학자는 0에 매우 근접하는 상관계수에 대해 상관관계가 없는 것으로 간주한다. 0의 상관계수가 정적 혹은 부적인 값으로 약간씩 기울어지는 경향이 있을 수도 있지만 그러한 변화가 크지 않다면 실제로 그러한 상관계수의 예측적 가치는 없는 것이다.

(정적 방향이든 아니면 부적 방향이든) 상관관계가 강한 경우, 한 변인이 다른 변인을 변화시켰다고 생각하게 하는 유혹에 빠질 수 있다(Dickter, 2006; Thompson, 2013). 그러나 그것은 심리학자들이 **상관-인과 오류**(correlation-causation fallacy)라고 부르는 오류에 빠지는 것이다. 즉 두 변인이 서로 강하게 관련될 때 한 변인이 다른 변인의 원인이 되었을 것이라는 잘못된 믿음을 갖게 된다는 것이다. 간단히 말해, 상관관계가 반드시 인과관계를 의미하는 것은 아니다. 예를 들어 여러분의 연구에서 강한 정적 상관계수가 관찰되었다고 가정해보자―소셜미디어에 소비하는 시간이 증가할수록 자존감 점수도 증가하였다. 이것은 소셜미디어에 더 많은 시간을 소비하는 것이 자존감이 높아지도록 했다는 것을 의미할까? 꼭 그런 것은 아니다. 반대 방향의 인과관계는 어떠한가? 즉 높은 자존감은 사람들로 하여금 소셜미디어에 더 많은 시간을 소비하도록 했는가? 이것 역시 꼭 그런 것은 아니다. 상관계수로는 이러한 인과관계에 대해 전혀 알 수가 없다. 상관계수는 무엇이 무엇과 함께 변화하는지는 알려주지만 무엇이 무엇의 원인이 되는지에 대해서는 전혀 알려주지 않는다. 강한 정적 상관관계가 있는 경우 첫 번째 변인이 두 번째 변인의 원인이 되거나, 혹은 두 번째 변인이 첫 번째 변인의 원인이 되거나, 혹은 두 변인이 함께 서로의 원인이 되거나, 혹은 두 변인 어느 쪽도 각각에 대한 직접적 원인이 아닐 수 있다(아마도 이때는 연구에서 관심을 두지 않았던 제3의 변인이 두 변인 모두에서 변화를 가져왔을 것이다). 변인들 사이의 인과관계를 확인하려면 상관연구에서부터 실험연구로 연구방법의 수준을 높여야 한다. 지금부터는 실험연구에 대해 살펴보자.

실험연구 실험연구(experimental research)는 하나의 변인을 조작한 후 다른 변인의 변화를 관찰함으로써 두 변인 사이의 인과관계를 확인하는 것을 목표로 하는 연구이다. 소셜미디어와 자존감에 대한 여러분의 연구에서 두 변인 중 하나의 변인에 대해 이미 존재하는 점수를 단순히 측정하는 것이 아니라 그것을 통제한다면(즉 참가자가 갖고 있는 두 변인의 점수 중에서 하나의 변인이 갖는 값을 여러분이 정한다면) 여러분은 실험연구를 수행하는 것이 된다. 이 경우 두 변인 모두 조작하기가 쉽지 않지만 소셜미디어 사용 시간을 조작하는 것이 최선의 선택이 될 것이다. 어떤 사람의 자존감을 변화시키는 것은 실제적으로나 윤리적으로 너무 큰 도전이다. (참가자의 자존감을 효과적으로 낮출 수 있겠는가? 그렇게 해 놓고 앞으로 어떻게 살려고?) 또한, 여러분은 이 주제에 대한 전문가의 이론이나 이와 유사한 연구의 결과들에 기초하여 자존감이 소셜미디어 사용 시간에 영향을 미친다기보다는 소셜미디어 사용 시간이 자존감에 영향을 미칠 것이라는 근거를 찾을 수도 있을 것이다. 이러한 변인들 중 하나를 완전하게 조작하는 것에서의 어려움은 심리학자들이 공

통적으로 경험하는 문제를 확실하게 보여준다. 즉 사람을 대상으로 실험하는 것은 어렵다. 화학물질에 대해 실험하는 화학자나 물체에 대해 실험하는 물리학자와 달리 심리학자는 자신이 연구하는 연구대상자들에게 현실적으로 행할 수 있는 것과 도덕적으로 허용할 수 있는 것 모두를 고려해야 한다(Hock, 2013; Wampold, 2006).

소셜미디어 사용 시간에서의 변화가 자존감에서의 변화를 가져온다는 생각에 기초한 연구 설계에서는 소셜미디어 사용 시간이 **독립변인**(independent variable, IV)이 된다. 실험연구에서 독립변인은 연구자에 의해 조작되는 변인이다. 이와는 대조적으로, 자존감은 **종속변인**(dependent variable, DV)이 될 것이다. 실험연구에서 종속변인은 독립변인에 따라 달라질 것으로 기대되는 변인이다. 여러분의 연구에서 여러분은 처음에 참가자의 소셜미디어 사용 시간과 자존감을 모두 측정한 다음 일주일 동안 소셜미디어 사용 시간을 2배로 늘린 후 이러한 증가로 인해 자존감이 변화되는지 측정해볼 수 있을 것이다. (소셜미디어 사이트에서 시간을 제한할 수 있는 앱이 있다는 것을 알고 있는가?)

실제로 여러분은 참가자의 절반에 대해서만 소셜미디어 사용 시간을 2배로 늘리는 반면, 나머지 절반에 대해서는 소셜미디어 사용 시간을 그대로 유지하고자 할 것이다. 이때 소셜미디어 사용 시간을 2배로 늘린 집단은 **실험집단**(experimental group)이 된다. 실험연구에서 연구의 초점이 되는 처치가 주어지는 참가자 집단을 실험집단이라 부른다. 소셜미디어 사용 시간이 동일하게 유지되도록 한 집단은 **통제집단**(control group)이 된다. 실험연구에서 통제집단은 연구의 초점이 되는 처치가 주어지지 않는 참가자 집단을 말한다.

물론 여러분은 **무선할당**(random assignment)을 통해 참가자들을 두 집단으로 나누고자 할 것이다. 실험연구에서 무선할당이란 참가자들이 실험집단이나 통제집단에 할당되는 것이 전적으로 우연하게 결정되도록 하는 절차이다. 실험집단이나 통제집단에 참가자들을 할당하면서 어떤 요인(예: 성별)에 대해서는 우연적인(즉 무선적인) 할당이 이루어지지 않았다면 여러분이 조작한 변인이 아니라 그러한 요인이 집단 사이에서의 차이를 가져올 수 있고 이에 따라 실험 결과를 혼란스럽게 할 수 있다(Meltzoff, 1998). 참가자들을 실제로 두 집단에 무선적으로 할당했다고 가정하자. 그리고 실험의 마지막 단계에서 통제집단에서는 관찰되지 않았던 변화가 실험집단에서는 관찰되는지 여부를 확인하고자 할 것이다. 다시 말해 소셜미디어 사용 시간을 2배로 증가시킨 실험집단에서는 자존감 점수에서의 변화를 보였던 반면, 소셜미디어 사용 시간을 동일하게 유지하였던 통제집단에서는 자존감 점수에서 변화가 없었는가?

심리학자들은 가능하다면 **이중맹목 절차**(double-blind procedure)를 사용하여 실험을 진행하고자 한다. 이것은 참가자와 연구자 모두 어떤 참가자가 어떤 집단에 속해 있는지 알 수 없도록 하면서 실험연구를 수행하는 절차이다. 참가자와 연구자 모두 '맹목'을 유지하도록 하는 것의 목적은 **위약효과**(placebo effect)를 최소화하기 위해서이다. 위약효과란 실험 조작에 의한 효과보다는 기대에 의한 효과를 말한다. 소셜미디어 사용 시간과 자존감에 대한 연구에서는 이중맹목 절차가 가능하지 않을 수도 있는데, 왜냐하면 참가자가 소셜미디어 사용 시간에서의 어떤 변화도 쉽게 눈치챌 수 있기 때문이다. 그러나 다른 연구들, 특히 위약효과가 실제로 영향을 미칠 수 있는 연구에서는 이중맹목 절차가 가능하고 또한 바람직하다. 예를 들어 우울증에 대한 새로운 치료법의 효과를 검증하기 위해 실험이 수행된다고 가정해보자. 그 실험을 총괄하는 임상심리학자는 참가자들의 절반에게는 새로운 치료법을 시행하는 반면(실험집단) 나머지 절반의 참가자들에게는 이미 효과가 있다고 밝혀진 치료법을 시행할 수 있을 것이다(통제집단). 이 과정에서 그 임상삼리학자는 참

독립변인
실험연구에서 연구자에 의해 조작되는 변인

종속변인
실험연구에서 독립변인에 따라 달라질 것으로 기대되는 변인

실험집단
실험연구에서 연구의 초점이 되는 처치가 주어지는 참가자 집단

통제집단
실험연구에서 연구의 초점이 되는 처치가 주어지지 않는 참가자 집단

무선할당
참가자들이 실험집단이나 통제집단에 할당되는 것이 전적으로 우연하게 정해지도록 하는 실험연구 절차

이중맹목 절차
참가자와 연구자 모두 어떤 참가자가 어떤 집단에 속해 있는지 알 수 없도록 하면서 실험연구를 수행하는 절차

위약효과
실험연구에서 실험적 조작의 효과보다는 기대에 의한 효과

가자들에게 자신이 어떤 집단에 속해 있는지 말해주지 않을 것이다. 또한 그 임상심리학자는 연구의 마지막 단계에서 다른 임상심리학자들에게 참가자의 우울 수준을 평가하기 위한 면담을 실시해줄 것을 요구할 수 있을 것이다. 이때도 그 임상심리학자는 각각의 참가자들이 어떤 치료를 받았는지에 대해 다른 임상심리학자들이 알 수 없도록 할 것이다.

과학적 방법

과학적 방법(scientific method)은 미리 정해진 일련의 단계들(질문 제기, 문헌 개관, 가설 설정, 자료 수집을 통한 가설 검증, 자료 분석 및 결론 도출)을 따라 질문하고 답하는 방법이다(그림 1.4). 다른 학문의 과학자들과 마찬가지로 심리학자들도 연구하고 있는 주제에 대해 더 많이 알기 위한 일차적 방법으로 과학적 방법을 사용한다(Hershey et al., 1996, 2006). 소셜미디어의 시간과 자존감에 대한 연구에 적용하여 과학적 방법의 각 단계에 대해 고려해보자.

그림 1.4 과학적 방법의 단계 심리학자들이 과학적 연구를 수행할 때는 특정 순서에 따라 특정 단계를 거친다 ─ 질문 제기, 문헌 개관, 가설 설정, 자료 수집을 통한 가설 검증, 자료 분석 및 결론 도출.

질문 제기   연구가 초점을 맞추는 질문은 수행하고 있는 연구의 유형에 따라 달라진다(Leong et al., 2012). 연구가 조사연구나 기술연구인 경우 질문은 단순히 "학생들이 하루에 몇 시간씩 소셜미디어에 시간을 소비하는가?"일 것이다. 만일 연구가 자존감 점수가 포함된 상관연구인 경우의 질문은 "소셜미디어 사용 시간과 자존감은 서로 얼마나 관련이 있는가?"가 될 수 있을 것이다. 만일 연구가 자존감 점수가 포함된 실험연구라면 질문은 "소셜미디어에 소비하는 시간은 자존감에 얼마나 영향을 미치는가?"가 될 수 있을 것이다.

문헌 개관   물론 연구자가 제기하는 질문은 이전에 다른 연구자가 발견한 것에 기초해야 한다. 따라서 **문헌 개관**(literature review)이 필요하다. 문헌 개관은 연구자가 자신이 연구하고자 하는 주제에 대해 어떤 선행연구가 이미 수행되었는지를 알아보는 과학적 연구의 한 단계이다. 여러분은 아마도 소셜미디어 사용 시간과 자존감을 연구하는 첫 번째 연구자가 아닐 수도 있다. 실제로, 이 주제에 대한 연구가 많이 있을 수 있는데, 만일 그렇다면 기존 연구를 반복하기보다는 이미 밝혀진 것에 새로운 지식을 추가하는 것이 가장 좋은 기여다(Baumeister, 2013; Marczyk et al., 2005; Rothstein, 2012). (소셜미디어와 자존감 사이의 관련성을 다룬 연구들에 대해서는 Andreassen et al., 2017; Chou & Edge, 2012; Cingel & Olsen, 2018; Gonzalez & Hancock, 2011; Junco, 2013a, 2013b, 2012; Kalpidou et al., 2011; Rozgonjuk et al., 2018 등을 참조하기 바란다).

가설 설정   심리학 연구는 전형적으로 **이론**(theory)에 기반한다. 이론이란 관찰된 사상(event)에 대해 제안된 설명을 일컫는다. 예를 들어 소셜미디어 사용 시간과 자존감에 대한 여러분의 실험연구는 소셜미디어 사용 시간이 길수록 자존감이 낮아진다는 이론에 기초할 수 있다. 이상적으로, 이론은 특정 주제에 대한 이전 연구들의 결과에 기반하여 구축된다(Gelso, 2006). 이론이 얼마나 강한지 확인하려면 그 이론은 **가설**(hypothesis)로 변환되어야 한다. 가설은 검증 가능한 일종의 예측인데 전형적으로 이론에 근거하여 설정된다.

이론을 가설로 변환할 때 중요한 부분은 이론에 포함된 개념을 좀 더 구체적이고 측정하기 용이하도록(대개의 경우 수량화하여) 다시 정의하는 것이다. 즉 각각의 개념에 대해 **조작적 정의**(operational definition)가 요구된다. 조작적 정의란 과학적 연구를 위해 변인들을 구체적이고 측정 가능한 방식으로 정의한 것이다. 예를 들어 하루에 몇 시간 동안 소셜미디어를 사용하는지의 질문에 대한 참가자의 응답으로 소셜미디어 사용 시간을 조작적으로 정의할 수 있다. 혹은 참가자가 소셜미디어 활동을 위해 사용하는 장치를 검색하여 그 장치로부터 참가자의 소셜미디어 사용 시간을 직접 측정할 수 있도록 허락받았다면 그 장치에 기록된 소셜미디어 사용 시간이 소셜미디어 사용 시간에 대한 조작적 정의가 될 것이다. 자존감의 경우 10개 문항의 질문지에 대한 참가자의 응답 총점이 자존감에 대한 조작적 정의가 될 수 있을 것이다.

자료 수집을 통한 가설 검증   소셜미디어와 자존감 연구를 위한 자료를 수집할 때 여러분은 누구의 소셜미디어 사용 시간과 자존감에 대해 가장 관심이 많은지 결정해야 한다. 즉 연구의 **전집**(population; 모집단이라고도 한다)을 확인해야 한다. 전집은 연구가 관심을 갖고 있는 사람들의 전체 범위이다. 앞에서도 언급되었듯이, 이 경우에서의 전집은 미국 대학생들이다. 그러나 연구에 이들 모두를 포함시킬 수 없다는 것은 분명하다. 전집에서 빠져나가는 사람들도 있을 것이고 여러분이 모든 사람을 모두 만날 수도 없기 때문이다.

이 때문에 전집으로부터 **표본**(sample)을 설정해야 한다. 표본은 실제로 연구에 참여하는 전집의 하위집합이다. 표본은 전집과 대응시키는 것이 중요하다(그림 1.5). 표본이 전집과 크게 다르다면 연구의 결과는 표본에는 적용될 수 있겠지만 전집 전체에 걸쳐 일반적으로 적용되지는 못할 것이다. 예를 들어 특정 종교, 인종, 성별 또는 전공 학생의 비율이 높은 어떤 대학에서만 표본을 모집한다면, 이러한 학생들로부터 얻어진 자료는 표본에만 특정적으로 해당될 수 있지만 모든 대학생들에게는 일반화되어 적용될 수 없다. 전집에 표본을 대응시키기 위한 가장 좋은 방법은 연구에 참여하는 참가자들의 표본을 전집으로부터 무선적으로 모집하는 것이다. 이렇게 모집된 표본을 **무선표본**(random sample)이라 부른다. 무선표본을 얻는 것이 항상 가능한 것은 아닐 수 있지만 그럼에도 불구하고 심리학자들은 무선표본을 얻을 수 있도록 노력해야 한다.

이 소셜미디어 연구는 일련의 질문들을 통해 사람들의 행동이나 태도에 대한 자료를 수집하는 **설문조사법**(survey)을 사용해서 수행될 수도 있을 것이다. 설문조사법은 대개의 경우 사람들이 자신에 대한 질문 문항에 대해 스스로 응답하는 **자기보고**(self-report) 형식으로 수행된다. 그러나 때에 따라서는 부모가 자신의 자녀에 대한 질문에 응답하는 경우와 같이 다른 사람의 행동이나 태도를 기술하는 질문 문항에 대해 응답하기도 한다.

기술연구를 위한 또 다른 방법에는 **실험실 관찰법**(laboratory observations)과 **자연 관찰법**(naturalistic observations)이 있다. 실험실 관찰법의 경우 심리학자는 실험실에서 참가자들의 행동을 관찰함으로써 그들의 자료를 수집한다. 자연 관찰법의 경우 심리학자는 사람들의 행동이 자연스럽게 나타나는 실제 세계의 장소를 방문하여 그곳에서 사람들이 보인 자료를 수집한다. 실험실 관찰법이나 자연 관찰법은 모두 소셜미디어 연구에는 이상적이지 않을 수 있다. 왜냐하면 참가자들을 실험실에 계속 머물게 하거나 그들이 생활하는 데 며칠 동안 따라다니면서 관찰하는 것은 현실적이지 않기 때문이다.

가설
전형적으로 이론에 근거하여 설정된 검증 가능한 예측

조작적 정의
과학적 연구를 위한 변인들의 구체적이고 측정 가능한 정의

전집
연구가 관심을 갖고 있는 사람들의 전체 범위

표본
실제로 연구에 참여하는 전집의 하위집합

그림 1.5 무선표집의 중요성 가운데에 있는 다양한 색깔의 사탕들이 각각 어떤 맛인지 알고자 한다고 하자. 오른쪽 봉지에 있는 녹색 사탕만 맛을 본다면 녹색 사탕의 맛은 알 수 있겠지만 다른 사탕들의 다양한 맛은 알 수 없을 것이다. 반면 왼쪽 봉지에 있는 사탕들은 큰 봉지에 담겨 있는 사탕들의 혼합과 대응되도록 무선적으로 선택되었기 때문에 다양한 사탕의 맛에 대해 좀 더 나은 감각을 제공한다. 전집이 갖고 있는 어떤 특성을 측정하고자 하는 심리학자에게도 같은 논리가 적용된다. 즉 표본이 무선적으로 선택될수록 여기서 얻어진 자료가 전집에 포함된 사람들 모두에게 더 잘 적용될 수 있을 것이다.

반복검증
연구 결과를 확증하거나 반증하기 위해 연구를
다시 수행하는 것

그럼에도 불구하고 실험실 관찰법이나 자연 관찰법은 자료 수집을 위한 훌륭한 방략이 될 수 있다. 예를 들어 어린이들의 신체적 공격적 행동에서 성별 차이가 있는지 알아보기 위해 연구를 수행하는 심리학자들을 상상해보자. 그들은 소집단의 어린이들을 실험실에 데려와 어린이들이 서로 상호작용하는 동안 보이는 행동을 관찰할 수 있을 것이다. 또는 자연 관찰법을 사용하는 경우 심리학자가 직접 초등학교를 방문하여 쉬는 시간, 점심식사 시간, 그리고 교실에서 수업을 받는 동안 어린이들을 관찰할 수 있을 것이다. 자연 관찰법이 갖는 특별한 이점은 심리학 실험실이라는 독특한 환경에서 보이는 행동과 실생활에서 보이는 실제 행동 사이의 차이를 배제할 수 있게 해준다는 점이다.

심리학자들 중 소수는 단지 한 사람으로 (혹은 아주 작은 규모의 집단으로) 구성된 표본을 통해 매우 심도 있게 연구를 수행하기도 한다. 이러한 유형의 연구는 **사례연구**(case study)라고 불린다(Davison & Lazarus, 2007, Kazdin, 2011). 종종 사례연구는 일어난 일에 대해 숫자보다는 말로 자세하게 기술(description)함으로써 과학적 연구라기보다는 마치 이야기를 전달하는 것과 같은 방식을 취한다. 예를 들어 지그문트 프로이트는 그의 내담자에 대한 사례연구의 기록을 상세하면서도 사람들의 관심을 끄는 매력적인 글로 작성하였다고 알려진다(Gay, 1995). 사례연구는 경험적(empirical) 방식을 따르기도 한다. 예를 들어 어떤 임상심리학자는 자신의 내담자가 특정 유형의 치료를 번갈아가며 받거나 받지 않을 때 그 내담자가 보인 특정 행동의 빈도(예 : 분열적 행동장애를 갖고 있는 아동이 수업 중에 보이는 언어의 폭발적 분출 빈도)를 측정할 수 있을 것이다(Freeman & Eagle, 2011; Gallo et al., 2013; Photos et al., 2008).

자료 분석 및 결론 도출   일단 자료가 수집되면, 그것을 해석해야 한다. 대부분의 경우 이러한 과정은 통계 프로그램의 자료 파일에 숫자를 입력하고 적합한 통계적 검증을 사용하여 **자료 분석**(data analysis)을 수행하는 것으로 시작된다. 최상의 통계적 검증은 가설을 직접적으로 다룰 수 있는 검증이다. 예를 들어 소셜미디어 사용 시간과 자존감에 대한 상관연구를 수행했다면, 이 경우에는 상관계수가 우리가 원하는 것을 정확히 알 수 있게 해줄 것이다. 통계치를 얻었다면 그다음 단계는 통계치를 해석하거나 혹은 그러한 통계치가 무엇을 의미하고 왜 중요한지 다른 사람들이 이해할 수 있는 방식으로 설명해야 한다.

종종 이러한 자료 분석의 마지막 단계에서는 **반복검증**(replication)에 대한 제안도 포함한다. 반복검증은 결과를 확증하거나 반증하기 위하여 연구를 다시 수행하는 것이다. 단일한 연구의 결과도 의미가 있지만 유사한 방식으로 수행되어 동일한 결론을 도출한 다수의 연구들이 훨씬 더 많은 의미를 가질 것이다. 만일 여러분의 실험연구가 소셜미디어에 더 많은 시간을 소비할수록 자존감이 떨어지게 된다는 결론에 이르렀다면 그러한 결론은 약간의 영향을 미친 것이다. 그러나 여러분 혹은 다른 연구자들이 여러분의 연구를 (아마도 다른 표본으로 혹은 좀 더 큰 표본으로) 반복검증한 결과 동일한 결과를 반복적으로 얻었다면 여러분이 내린 결론의 영향력은 점점 더 커질 것이고, 이에 따라 이러한 결론이 시간과 장소에 걸쳐 진실일 것이라는 여러분의 확신감도 더 커질 것이다.

심리학 연구에서의 윤리

심리학자가 연구를 수행할 때는 윤리적으로 수행해야 한다(Fisher & Vacanti-Shova, 2012, Fried, 2012; Koocher, 2013). 이러한 요구사항은 생명윤리위원회(Institutional Review Board, IRB)와 미

국심리학회(American Psychological Association, APA)를 포함한 다양한 출처에서 나온 것이다. 각 대학이나 연구센터의 IRB는 심리학자의 연구가 참가자를 위험에 빠뜨리지 않는다는 것을 확실히 하고자 한다(Dell et al., 2006; Miller, 2003). (IRB가 일반적으로 개입하기 이전인 심리학 역사의 초기에는 윤리적으로 의심스러운 몇몇 연구가 수행되기도 하였다.) APA는 윤리적인 심리학 연구 수행의 지침을 제공하는 윤리강령을 발행한다(American Psychological Association, 2002).

2002년도 APA 윤리강령에서는 연구에 관한 기준들이 해야 하는 것과 해서는 안 되는 것들의 목록으로 제시되었다. 연구를 윤리적으로 수행하기 위해서 심리학자들은 다음과 같이 해야 한다.

- 연구를 시작하기 전에 연구자는 자신이 소속된 기관의 자체 IRB로부터 연구 수행에 대한 승인을 받아야 한다. IRB는 참가자가 해를 입지 않는다는 것을 증명하도록 요구한다.
- 연구에 참여할 가능성이 있는 모든 참가자에게 그들이 연구에 참여할지 여부를 풍부한 정보에 기초하여 결정할 수 있도록 연구에 대한 충분한 설명을 사전에 제공해야 한다(Fischman, 2000). 연구자들은 이것을 **정보에 입각한 연구 참여 사전동의**(informed consent to research)를 얻는 절차라고 부른다. 즉 심리학자들이 준수해야 하는 이러한 윤리적 요구사항은 심리학자들이 사람들에게 연구에 대한 정보를 제공하고 연구에 참여하기 이전에 연구 참여에 대한 동의를 얻어야 한다는 것을 의미한다.
- 참가자들이 불편함을 느끼면 아무런 불이익 없이 연구 참여를 철회할 수 있도록 허용한다.
- 참가자들로부터 수집된 정보에 대해서는 기밀을 유지한다.
- 연구가 끝나면 참가자들에게 연구의 목적이 무엇이었고, 연구의 결과 및 결론을 알기 위해 어떠한 기회가 가능한지에 대해 설명한다. 이것을 **사후설명**(debriefing)이라고 부른다(Eyde, 2000).
- 동물을 대상으로 연구를 수행하는 경우 동물들을 인도적으로 취급한다.
- 연구에 중요한 기여를 한 사람들은 모두 연구 결과물의 저자로 포함시키되, 기여의 크기에 따라 저자 표기의 순서를 정한다. 기여도가 가장 큰 연구자가 제1저자가 된다.

연구를 윤리적으로 수행하기 위해서 심리학자들이 해서는 안 되는 것들은 다음과 같다.

- 사람들을 자신의 의지에 반하여 억지로 연구에 참여시켜서는 안 된다.
- 참여자에게 고통이나 스트레스를 주지 않고, 연구에 필수적이며, 연구 참여 이후에 연구 내용이 공개되고, 또한 그것이 유일한 선택일 수밖에 없는 경우(즉 다른 대안이 없는 경우에만)를 제외하면 연구에 대해 참가자들을 속여서는 안 된다.
- 자료를 위조하거나 가공의 자료를 만들어내서는 안 된다.
- 다른 사람의 아이디어나 말을 표절하거나 자신의 것이라고 주장해서는 안 된다.

정보에 입각한 연구 참여 사전동의
사람들에게 연구에 대한 정보를 제공하고 연구에 참여하기 이전에 그들로부터 동의를 얻어야 한다는 심리학자들에 대한 윤리적 요구사항

학습 확인

1.11 심리학은 왜 과학적 접근을 요구하는가?
1.12 심리학 연구의 세 가지 주요 유형인 기술연구, 상관연구 및 실험연구의 차이점은 무엇인가?
1.13 과학적 방법의 다섯 단계는 무엇인가?
1.14 심리학 연구자가 지켜야 하는 윤리적 의무는 무엇인가?

요약

심리학이란 무엇인가

1.1 심리학은 행동과 정신 과정에 대한 과학적 연구이다. 이것은 심리학이 외적 행위와 내적 경험 모두에 초점을 맞추고 있다는 것을 의미한다.

1.2 심리학은 단지 치료만 하는 것도, 오직 정신장애가 있는 사람만을 대상으로 하는 것도, 모든 것이 지그문트 프로이트에 관한 것도, 정신의학도, 그리고 연구에 의해 뒷받침되지 않는 수많은 아이디어도 아니다.

1.3 심리학 분야에서의 세 가지 큰 질문은 다음과 같다 — 선천성 대 후천성, 변화 대 안정성, 보편성 대 독특성.

심리학의 다양한 하위영역

1.4 심리학 분야는 넓고 다양하다. 수만 명의 사람들이 미국심리학회에 가입되어 있고, 미국심리학회 산하에는 다양한 주제영역에 초점을 맞춘 54개의 분과가 있다.

1.5 응용심리학은 심리학자들이 실생활의 문제에 자신의 전문성을 적용하는 영역이다. 기초심리학은 심리학자들이 행동과 정신 과정을 더 잘 이해하기 위해 연구를 수행하는 영역이다.

1.6 응용심리학은 임상심리학, 상담심리학, 지역사회심리학, 법정심리학, 교육심리학, 산업/조직심리학을 포함한다.

1.7 심리학의 기초 연구영역은 발달심리학, 성격심리학, 생리심리학, 비교심리학, 사회심리학, 건강심리학을 포함한다.

심리학 : 어제와 오늘

1.8 심리학은 훨씬 더 오래된 두 가지 학문영역으로부터 진화하였다. 하나는 마음의 내적 작용에 대한 질문에 초점을 맞춘 철학이고, 다른 하나는 뇌와 신체의 생물학적 기능에 초점을 맞춘 생리학이다.

1.9 구조주의는 정신 과정을 그것의 구조 또는 기본 요소로 분해하는 것에 초점을 맞춘 심리학의 조망이었다. 기능주의는 정신 과정과 행동의 기능을 강조한 심리학의 조망이었다. 정신분석학은 무의식적 정신 활동과 어린 시절 경험의 장기적 · 지속적 영향에 초점을 맞춘 심리학의 조망이다. 행동주의는 내적인 정신 과정보다는 관찰 가능한 행동을 연구해야 한다고 주장하는 심리학의 조망이다. 인본주의는 인간의 본성이 일반적으로 좋고 사람들은 자연스럽게 자신의 잠재력을 향해 성장하도록 동기화된다는 개념에 집중하는 심리학의 조망이다.

1.10 다문화주의는 행동과 정신 과정에 대한 문화의 영향을 강조하는 심리학의 조망이다. 진화심리학은 행동에 미치는 영향으로서 찰스 다윈의 진화론을 강조하는 심리학의 조망이다. 인지심리학은 사고, 언어, 주의, 기억력, 지능과 같은 인지 과정을 강조하는 심리학의 조망이다. 신경과학은 뇌의 생물학적 기능과 행동 사이의 연관성을 연구하는 심리학의 조망이다. 긍정심리학은 사람들의 강점과 성공을 강조하는 심리학의 조망이다. 생물심리사회이론은 심리학에서는 대중적이고 포괄적인 조망으로, 행동에 영향을 미치는 생물학적 요인, 심리적 요인 및 사회적 요인을 모두 강조한다.

심리과학

1.11 심리학은 주장을 더 타당하고 인정받을 수 있도록 하기 위해 가짜심리학의 모든 비과학적 기법보다 과학적 접근을 필요로 한다.

1.12 기술연구의 목표는 단순히 인구의 특성을 기술하는 것이다. 상관연구의 목표는 두 변인 사이의 관련성을 확인하는 것이다. 실험연구의 목표는 하나의 변인을 조작하고 이에 따른 다른 변인의 변화를 관찰함으로써 두 변인 사이의 인과관계를 확인하는 것이다.

1.13 과학적 방법의 다섯 단계는 (1) 질문 제기, (2) 문헌 개관, (3) 가설 설정, (4) 자료 수집을 통한 가설 검증, 그리고 (5) 자료 분석 및 결론 도출이다.

1.14 심리학 연구자들은 참가자에게 해를 끼치지 않고, 정보에 입각한 사전동의를 얻으며, 참가자가 연구 참여를 철회하는 것을 허용하고, 수집된 정보를 기밀로 유지하며, 참가자에게 사후에 설명해야 하는 윤리적 의무가 있다.

주요 용어

가설	비판적 사고	이중맹목 절차
가짜심리학	사회심리학	인본주의
건강심리학	산업/조직심리학	인지심리학
과학적 방법	상관계수	임상심리학
교육심리학	상관연구	전집
구조주의	상관-인과 오류	정보에 입각한 연구 참여 사전동의
긍정심리학	상담심리학	정신분석학
기능주의	생리심리학	정신의학
기술연구	생물심리사회이론	조작적 정의
기초심리학	성격심리학	종속변인
다문화주의	신경과학	지역사회심리학
독립변인	신념고수	진화심리학
무선할당	실험연구	통제집단
문헌 개관	실험집단	표본
반복검증	심리학	행동주의
발달심리학	위약효과	확증편파
법정심리학	응용심리학	
비교심리학	이론	

뇌와 행동

우리는 두뇌를 연구하는 흥미로운 시간에 살고 있다. 기술의 급속한 발전은 심리학자와 다른 연구자들로 하여금 뇌와 그 안에서의 작동을 이전보다 더 생생하게 관찰할 수 있게 해주었다. 이러한 연구자들은 특정한 행동이나 경험과 관련된 뇌의 특정 구조나 뇌 활동을 매우 정확하게 찾아내는 놀라운 발견을 하였다. 그들의 연구는 종종 작동 중인 뇌에 대한 놀랍도록 화려한 영상도 함께 제공해주고 있다. 그러나 내가 발견한 가장 놀라운 것은 이러한 뇌에 대한 발견이나 뇌 영상이 아니다. 그보다는 뇌 연구팀의 생활 속으로 걸어 들어온 병들고 길을 잃은 새끼 고양이에 대한 단순한 이야기이다.

안타깝게도 고양이 헤르페스 감염으로 양쪽 눈을 잃은 4주 된 새끼 고양이에게 연구팀은 디젤이라는 이름을 지어 주었다. 그러나 디젤은 눈먼 고양이처럼 행동하지 않는다. 실제로, 디젤은 실험실에 대한 심적 지도(mental map)를 신속하게 발달시켜 놀라운 속도로 달리고 점프할 수 있다. 이러한 능력은 부분적으로는 "수염을 통해 전달되는 정보를 빠르게 처리함으로써 가능하였는데, 이러한 처리는 디젤이 움직이기 직전에 항상 먼저 이루어지는 단계이다"(Yeshurun et al., 2009, p. 321). 그러나 디젤의 가장 놀라운 능력은 파리를 잡는 것이다. 이 눈먼 고양이는 실험실을 돌아다니는 파리의 윙윙거리는 소리를 들을 수 있고 실제로 볼 수는 없지만 그것을 추적하는 것처럼 보인다. 이렇게 파리를 추적하다가 정확한 순간에 디젤은 "공중으로 솟아오른 후 박수치듯이 앞발을 모아 파리를 잡는다"(Yeshurun et al., 2009, p. 321)

디젤은 이러한 모든 것을 어떻게 할 수 있을까? 더 구체적으로 말하면, 디젤의 뇌는 이 모든 일을 할 수 있도록 어떻게 그를 도울 수 있을까? 시력이 없이, 그의 뇌는 청각과 촉각 같은 나머지 감각을 어떻게 그렇게 예민하게 사용할 수 있을까? 시력이 없이, 그의 뇌는 어떻게 방의 심적 지도를 어떻게 만들까? 시력이 없이, 어떻게 그의 뇌는 방 안의 가구를 돌아 곧바로 파리로 향해 갈 수 있도록 그의 다리를 움직인 다음, 파리를 잡기 위한 정확한 위치와 시점에서 그의 두 앞발이 마주치도록 조종할 수 있을까? 그리고 보니, 디젤이 볼 수 있다 하더라도 그의 뇌가 그러한 것들을 할 수 있는 능력은 매우 놀라운 것이다. 무엇보다 파리를 잡는 고양이라니! 우리의 뇌가 우리에게 부여한 다양한 능력, 예를 들어 말하기, 계획, 추론, 창조, 계산 및 기타의 능력을 생각해보면 우리의 뇌가 갖고 있는 능력은 놀라울 따름이다.

이 장에서는 심리학자들이 뇌에 관해 무엇을 알아냈는지 검토할 것이다. 그리고 뇌가 신체의 나머지 부분과 어떻게 상호작용하는지, 뇌의 여러 부분이 각각 어떤 기능을 담당하는지, 그리고 뇌 안에서의 미세한 활동이 어떻게 사고와 행동으로 변환되는지 배우게 될 것이다. 또한 뇌에 대한 이러한 지식을 밝히기 위해 연구자들이 사용하는 도구와 기술에 대해서도 배우게 될 것이다.

개요

뇌와 행동 사이의 연관성 : 서론

뇌 안에서의 활동

뇌와 그 부분들

신경계와 내분비계

뇌 들여다보기

뇌와 행동 사이의 연관성 : 서론

오늘날 우리는 뇌와 행동이 밀접하게 연관되어 있다는 사실을 당연한 것으로 받아들인다. 그러나 몇 세기 전에는 그러한 연관성에 대해 그렇게 분명하게 알지는 못했다. 뇌가 어떻게 행동에 연관되는지에 대한 이해를 향상시킨 몇 가지 역사적인 사건을 살펴보자.

피니어스 게이지의 사고와 폴 브로카의 발견

1848년 9월 13일의 일이었다. 한 철로 작업자가 버몬트의 작은 마을을 가로지르는 새로운 철로를 놓고 있었다. 철로에 주변에는 언덕이나 산의 바위들을 폭발하여 부수는 데 사용하는 발파용 폭약과 그 폭약을 구멍에 집어넣기 위해 사용하는 철제 막대가 있었다. 작업 중 예기치 못한 폭발이 있었고, 바로 25세의 작업반장 피니어스 게이지(Phineas Gage)의 고통스러운 비명이 뒤따랐다. 작업반원들이 피니어스에게로 달려갔고, 그들은 폭약 폭발 사고로 인해 주변에 있던 철제 막대(굵기는 2.5센티미터, 길이는 1미터 정도였다) 중 하나가 튕겨 나와 피니어스의 입천장과 **뇌를 관통**하여 두개골 위로 튀어나온 것을 발견하였다. 피니어스는 잠시 의식을 잃었지만 이윽고 의식이 돌아왔다. 심지어 그는 말할 수도, 일어설 수도, 그리고 동료들의 도움을 받아 걸을 수도 있었다.

이 사고가 발생했을 때—그렇다, 사고는 정말 그렇게 일어났다—사람들은 그가 멀쩡하게 살아남았다는 것에 놀랐다(Macmillan, 2000a, b). 그러나 몇 달, 몇 년이 흐르면서 더 놀라운 일이 일어났다. 그것은 피니어스의 뇌손상이 피니어스를 다른 사람으로 바꾸어 놓았다는 점이다. 몇 가지 측면에서 그가 변한 것은 없었다. 그는 기본적인 능력(움직이고, 걷고, 말하는 것 등)을 유지했고, 지능과 기억도 영향을 받지 않은 것으로 보였다. 그러나 다른 측면에서는 매우 달랐다. 특히 그의 성격이 바뀌었다. 사고 이전에 피니어스는 믿을 수 있고, 침착하며, 친절한 남자였다. 그러나 사고 이후 그는 무책임하고, 성급하며, 심술궂은 사람이 되어 버렸다. 그는 이전에 갖고 있었던 사고 이후에 자기통제가 결여된 것이 확실하였고, 이것은 그가 일을 계속하고 독립적으로 생활하기가 매우 어려웠다는 것을 의미한다(Wilgus & Wilgus, 2009).

피니어스 게이지가 사망했을 때 그에 대한 부검이 이루어지지 않았지만 몇 년 후 그의 두개골은 발굴되어 좀 더 진보된 기술로 다시 검사되었다. 연구자들은 뇌의 손상 부위가 주로 의사결정과 감정조절에 영향을 미치는 영역에 한정되었다는 것을 발견하였다. 이러한 발견은 사고의 영향으로 피니어스 게이지에게서 무엇이 변하지 않았고 또 무엇은 그대로 남았는지를 고려해보면 그렇게 놀랄 일은 아니다(Damasio et al., 1994). 사고로 인해 피니어스 게이지가 부상을 입은 뇌의 정확한 부분이 어디인지, 사고로 인해 그의 행동에는 정확하게 어떠한 영향이 있었는지, 그리고 그 영향이 얼마나 오래 지속되었는지는 여전히 논란이 되고 있다(Griggs, 2015; Kean, 2014; Macmillan & Lena, 2010). 그러나 사고로 인해 그에게 어떠한 변화가 있었다는 기본적인 가르침에는 논쟁의 여지가 없다. 즉 뇌의 특정 부분은 특정 기능이나 능력과 관련이 있는 것이다. 결국, 현실적으로 건강한 사람이 뇌의 특정 부위를 상실하는, 그리고 그러한 뇌 부위의 상실이 행동에서의 특정 변화와 대응되는

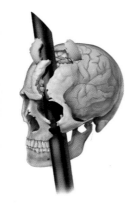

1848년, 피니어스 게이지라는 철도 노동자가 끔찍한 부상을 입었다. 예기치 못한 폭발 사고로 인해 철제 막대가 그의 입천장과 뇌를 관통하여 두개골 위로 튀어나왔다. 그는 사고에서 살아남았고, 걷고, 말하고, 기억하는 것과 같은 많은 능력을 그대로 유지할 수 있었다. 그러나 그의 성격은 크게 바뀌었다. 피니어스 게이지의 사례는 뇌의 특정 부분이 특정한 특질이나 능력에 영향을 미친다는 초기 증거를 제공하였다.

상황을 만들어내는 것은 매우 드물다. 물론, (제1장에서 논의한) 골상학자도 그와 유사한 주장을 하기도 하였지만(즉 두개골의 어떤 융기가 특정한 특성이나 경향과 연결된다) 그들의 주장은 어찌되었건 근거 없는 추측일 뿐이었다. 피니어스 사고는 두개골이 아닌 그 안에 있는 뇌에 대한 탐색에 초점을 맞추도록 한 것이다.

피니어스 게이지가 사망한 지 1년 후, 폴 브로카(Paul Broca)라는 프랑스의 한 의사가 뇌졸중으로 말하는 능력을 상실한 한 남자를 부검하였다. 브로카는 좌뇌의 앞부분 근처에 있는 작은 부위 한곳에만 손상이 있음을 발견하였다(LaPointe, 2013). 오늘날까지 브로카 영역(Broca's area)이라고 불리는 이 부위를 찾아낸 것은 초기 뇌 연구에서 특정 뇌 영역과 특정 행동 사이의 연관성을 확인할 수 있는 또 다른 진보였다. 1900년대 초에는 저명한 지그문트 프로이트조차도 심리학이 모든 종류의 뇌와 행동 사이의 연관성을 발견하는 경로에 들어섰다는 것을 인식하였다. 그는 이렇게 말했다고 한다 —"우리는 심리학에서의 잠정적인 모든 생각이 아마도 언젠가는 유기적 하부구조를 기반으로 할 것임을 기억해야 할 것이다"(Freud, 1914/1989, p. 549).

오늘날까지 대략 100년에 걸쳐, 우리는 뇌와 행동 사이의 연관성을 이해하는 길을 상당히 많이 걸어 왔다(Kandel & Hudspeth, 2013). 사실, 피니어스 게이지가 사고에서 살아남아 이후에 극적인 성격에서의 변화를 보인 것에 놀라워했던 사람들은 뇌 내부에서의 작동을 볼 수 있게 해주는 현대 기술에 대해서는 상상도 할 수 없었다. 또한 오늘날 이루어지고 있는 뇌 연구의 급격한 증가를 예측할 수도 없었다. 학술지와 대중지 모두에서 뇌와 행동 사이의 연관성을 다룬 논문과 서적들이 급속도로 널리 퍼지고 있다(Aminoff et al., 2009).

뇌에 대해 학습하기 : 세 단계 방략

뇌와 행동 사이의 연관성에 대해서는 배울 것이 많다. 이 장에서 뇌를 이해하기 위해 3개의 단계를 거치고자 한다.

먼저, 뇌와 다른 신체 부위 사이의 의사소통을 가능하게 하는 뇌 안에서의 미시적인 (microscopic) 활동에 대해 알아보는 것부터 시작할 것이다.

두 번째 단계에서는, 뇌와 그 부위를 좀 더 넓게 전체적으로 보면서 이들과 행동 사이의 다양한 연관성을 살펴볼 것이다.

세 번째 단계에서는, 신경계와 내분비계를 포함하는 신체 체계들을 좀 더 큰 그림으로 살펴보고자 한다. 이러한 체계들은 뇌와 직접적이고 지속적으로 상호작용한다.

학습 확인

2.1 피니어스 게이지의 이야기는 어떤 것이고, 왜 이것이 뇌와 행동 사이의 관계에서 중요한가?

2.2 이 장에서는 두뇌를 이해하기 위해 좁은 수준으로부터 좀 더 넓은 수준으로 접근하고자 한다. 이러한 뇌 이해의 세 가지 단계는 무엇인가?

뇌 안에서의 활동

학습 목표

2.3　뇌에서의 뉴런 연결망
2.4　뉴런
2.5　축색에서 수초막의 중요성
2.6　수상돌기
2.7　시냅스
2.8　신경전달물질
2.9　재흡수 과정
2.10　활동전위

미시적 수준에서 보면 뇌는 많은 활동들로 인해 매우 부산하게 보인다. 이에 대해 자세히 살펴보자. 구체적으로, 정보가 뇌 안에서 어떻게 이동하는지 알아보자.

뉴런

뇌 활동의 기본적 구성요소는 **뉴런**(neuron)이다. 뉴런은 신경계 안에서 의사소통을 촉진하는 세포이다. 뇌의 뉴런은 뇌 외부의 신체 부위들을 연결한다. 예를 들어 손으로부터 감각입력을 받아 발로 운동출력을 보내는 식이다. 그러나 실제로 뉴런은 서로 간에 엄청난 양으로 의사소통한다(Schwartz et al., 2013). 실제로, 뇌에 있는 대부분의 뉴런은 **간뉴런**(interneuron)이다. 간뉴런은 신체의 다른 부위에 도달하기보다는 이웃하는 다른 뉴런들끼리 서로 연결시켜주는 일만 하는 뉴런이다. 간뉴런은 그것이 갖는 기능을 나타내는 명칭으로서 **연결뉴런**(connector neurons) 혹은 **중계뉴런**(relay neurons)으로도 불린다. 마치 교실에서 자신의 앞에 있는 아이로부터 노트를 전달받아 자신의 뒤에 있는 아이에게 그것을 전달해주는 중간에 위치한 아이와 같은 기능을 하는 것이다(Kandel, Barres, & Hudspeth, 2013).

　뇌 안에서는 엄청난 수의 뉴런들이(거의 1,000억 개) 활발하게 활동한다(Azevedo et al., 2009; Nolte, 2008; Pakkenberg & Gundersen; 1997; Post & Weiss, 1997). 이러한 수십억 개의 뉴런들이 서로 연결되어 정보가 전달의 매우 효율적이고 복잡한 망을 형성한다는 것을 깨닫는다면 더 놀랄 것이다. 미국에 있는 100개의 도시와 이들을 서로 연결하는 고속도로가 표시된 지도를 그려보자. 지도에 표시된 십자형 교차로의 수를 세어보는 것도 힘들겠지만 이제는 도시의 수가 100개가 아닌 1,000개 혹은 10,000개라고 생각해보자. 얼마나 복잡해지는지 상상이 가는가? 그러나 그렇다 하더라도 뇌가 포함하고 있는 뉴런의 수에 비하면 이것은 훨씬 적은 수이다. 미국의 모든 집을 서로 연결한다 하더라도 겨우 1억 개 정도의 집을 연결하는 것이다. 이것도 1.4kg 정도의 무게와 16.5cm 정도의 길이를 갖는 뇌에서 서로 연결되는 뉴런의 수보다는 여전히 1,000배나 적은 수이다.

감각뉴런과 운동뉴런　뇌를 넘어 뻗어 있는 많은 뉴런들은 메시지를 뇌로 전달하는 뉴런과 뇌로부터 메시지를 전달하는 뉴런의 범주로 구분된다(Kandel et al., 2013; Schwartz et al., 2013). **감각뉴런**(sensory neuron)은 다양한 감각(시각, 청각, 후각, 미각, 촉각)으로부터 뇌로 정보를 전달한다. 그리고 **운동뉴런**(motor neuron)은 두뇌로부터 근육으로 메시지를 전달한다. [때로 감각뉴런은 구**심성뉴런**(afferent neurons)으로, 그리고 운동뉴런은 원**심성뉴런**(efferent neurons)으로 불린다]. 예를 들어 실수로 뜨거운 난로를 만진 경우 감각뉴런과 운동뉴런이 얼마나 빠르게 메시지를 전달할 수 있는지 알 수 있을 것이다. 감각뉴런이 "앗 뜨거워!"라는 메시지를 뇌에 전달하면, 운동뉴런은 손을 제어하는 근육에 "빨리 손을 떼!"라는 메시지를 전달한다. 이 모든 과정은 1초도 안 되어 일어난다(Pearson & Gordon, 2013). 이러한 유형의 즉각적이고 생각이 필요없는 반응을 **반사**(reflex)라고 부른다. 즉 반사는 감각입력에 대한 자동적인 운동반응이다.

　물론, 감각뉴런과 운동뉴런 사이의 정보 교환은 대부분 그렇게 반사적이지는 않다. 그보다 이러한 상호작용은 여러분의 통제를 조금 더 포함하고 있다. 예를 들어 깜깜한 영화관에서 배낭에 있는 휴대전화를 찾으려 한다고 상상해보자. 배낭 속을 직접 볼 수 없기 때문에 손을 배낭 안에 넣고 뭐가 만져지는지 느끼면서 이것저것 만져본다. 손에 다양한 물건들(예 : 펜, 선글라스, 껌 등)이 만

뉴런
신경계 안에서 의사소통을 촉진하는 세포

간뉴런
신체까지 멀리 뻗어 가기보다는 바로 옆에 있는 뉴런들만 서로 연결해주는 뉴런

감각뉴런
감각들(시각, 청각, 후각, 미각, 촉각)로부터 뇌로 정보를 전달하는 뉴런

운동뉴런
뇌로부터 근육으로 메시지를 전달하는 뉴런

반사
감각입력에 대한 자동적인 운동반응

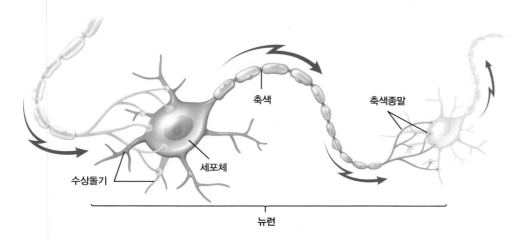

그림 2.1 뉴런과 그 연결 세포체는 각 뉴런의 중심적 부분이고 뉴런의 기능을 유지한다. 세포로부터 뻗어 나온 축색은 이것과 연결되는 다음 뉴런을 향해 정보를 이동시킨다. (이 그림에서는 화살표가 나타낸 바와 같이 정보가 왼쪽에서 오른쪽으로 이동하는 것으로 제시되어 있다). 각 축색의 끝부분에서는 축색종말들이 분화되는데, 이러한 작은 가지들이 다음 뉴런과의 연결을 형성한다. 다음 뉴런에서, 정보를 받아들이는 가지들인 수상돌기가 축색종말이 전달하는 것을 받아들인다.

져질 때의 감각은 감각뉴런을 통해 그것들의 형태, 크기, 질감 혹은 기타의 촉각적 특질에 대한 메시지를 뇌로 전달한다. 손이 휴대전화 이외의 물건들을 만질 때마다, 뇌는 운동뉴런을 통해 여러분의 손에 "계속 만져"라는 메시지를 보낸다. 그러다가 손이 전화기 화면의 매끈한 직사각형 유리 표면에 우연히 닿았을 때, 그때의 감각은 감각뉴런을 통해 뇌로 전달되고 뇌는 다시 운동뉴런을 통해 손으로 하여금 그것을 잡도록 메시지를 전달한다.

뉴런의 부분들 그림 2.1에서 볼 수 있듯이 각 뉴런의 중심은 **세포체**(cell body 혹은 soma)이다. 세포체는 뉴런의 기능을 유지하기 위해, 에너지 생성을 비롯한 기본적인 활동을 수행하는 뉴런의 큰 중심 영역이다. 각 뉴런에서 뻗어나온 통로는 **축색**(axon)인데, 이것은 다른 뉴런으로 정보를 전달하는 부분이다. 축색의 끝부분에서 축색은 가지 모양의 **축색종말**(axon terminal)로 나뉜다. 즉 축색종말은 다음 뉴런과 연결을 형성하는 축색의 끝부분에서 뻗어 나온 것으로 마치 작은 가지가 뻗어 나온 형태를 하고 있다. (종말이라는 단어는 이전 뉴런의 끝부분임을 의미한다). 그다음의 뉴런에는 이전 뉴런의 축색종말로부터 처음으로 정보를 받아들이는 작은 통로들이 있는데, 이 부분이 **수상돌기**(dendrite)이다. 즉 수상돌기는 이전 뉴런으로부터 신호를 받아들이는 뉴런의 끝에 있는 가지들이다. 따라서 신호는 축색을 통해 축색종말로 들어가고, 이후 다음 뉴런의 수상돌기로 이동하는 것이다.

많은 뉴런에서, 축색은 **수초막**(myelin sheath)라고 불리는 절연층으로 덮여 있는데, 수초막은 축색을 감싸고 있는 지방질의 보호막이다(그림 2.2). 수초는 **신경교세포**(glial cell)가 만들어내는 많은 물질 중 하나인데, 신경교세포는 뇌 안에서 뉴런을 지원하고 보호하는 세포이다(Jessell & Sanes, 2013). 수초막은 뉴런의 의사소통에 중요한 역할을 한다. 경우에 따라서는 메시지가 축색을 통해 상당히 길게 이동하기도 하는데 수초막은 최대의 속도와 최소의 손실로 축색에서 메시지가 이동하도록 한다(Bauman & Pham-Dinh, 2001; Filley, 2013). 수초막의 손상에 의한 한 가지 문제는 다발성경화증(multiple sclerosis, MS)으로, 이것은 운동과 감각 모두에 영향을 줄 수 있는 질병이다. 특히, MS가 있는 사람의 경우 운동뉴런을 통해 전송되는 신호가 움직여야 하는 신체 부위에 의도한 대로 전달이 되지 않거나, 감각뉴런을 통해 전송되는 정보가 뇌에 의도한 대로 도달하지 않는다(Hurley et al., 1999; Kuhlmann et al., 2017; Laflamme et al., 2018).

뉴런 사이의 의사소통

한 뉴런으로부터의 신호가 축색을 통해 성공적으로 이동하면 신호는 축색종말을 거쳐 그다음 뉴

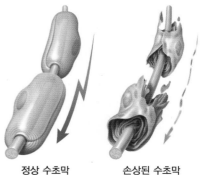

정상 수초막   손상된 수초막

그림 2.2 수초막 수초막은 축색을 둘러싸고 있는 지방질의 보호막이다. 수초막은 뉴런 사이의 의사소통이 최대의 속도와 최소의 손실로 이루어지도록 한다. 수초막의 손상은 다발성경화증을 가져오는데, 이것은 신체로부터 뇌까지의 신호 전달속도가 느려져 운동에서 손상이 발생하는 질병이다.

세포체
에너지 생산을 포함하여 뉴런이 기능할 수 있도록 하기 위한 기본적 활동을 수행하는 뉴런의 큰 중심 영역

축색
다른 뉴런에 대한 정보를 전달하는 뉴런의 부분

축색종말
다음 뉴런과 연결을 형성하는 축색의 작은 가지들

수상돌기
다른 뉴런으로부터 신호를 전달받는 뉴런의 끝부분의 작은 가지들

수초막
축색을 감싸고 있는 지방질의 보호막

신경교세포
뇌 안에서 뉴런을 지원하고 보호하는 세포

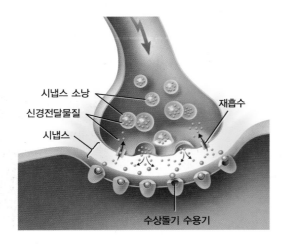

시냅스 소낭

신경전달물질

시냅스

재흡수

수상돌기 수용기

그림 2.3 시냅스 시냅스는 연결된 두 뉴런 사이의 작은 틈이다. 신경전달물질은 시냅스를 가로질러 수상돌기의 수용기(자물쇠에 꼭 들어맞는 특정한 열쇠가 있는 것처럼 특정 신경전달물질의 분자구조에 꼭 들어맞는 일종의 열린 구멍)에 착상한다. 수용기에 착상하지 못하는 신경전달물질은 재흡수라고 불리는 과정을 통해 원래의 뉴런으로 되돌아갈 수 있다.

런의 수상돌기로 전달된다. 이러한 전송은 뉴런 사이의 의사소통에서 핵심적 부분이다(Siegelbaum & Kandel, 2013a; Siegelbaum et al., 2013b). 축색종말과 수상돌기가 서로 만나는 공간을 **시냅스**(synapse)라고 한다. 즉 시냅스는 2개의 뉴런을 연결하고 있는 작은 틈이다(그림 2.3).

신경전달물질 시냅스를 가로질러 실제로 이동하는 물질은 **신경전달물질**(neuro-transmitter)이다. 즉 신경전달물질은 하나의 뉴런에서 다음 뉴런으로 시냅스를 가로질러 이동하는 화학적 메신저이다. 여러분은 아마도 몇 개의 특정한 신경전달물질에 대해 알고 있을 것이다. 예를 들어 **엔도르핀**(endorphin)은 통증을 줄이고 쾌감을 증가시키는 신경전달물질이다. 엔도르핀은 음식, 재미, 성교, 운동과 같은 기분 좋은 것들에 대한 반응으로 우리의 뇌에서 자연적으로 방출된다. [엔도르핀은 모르핀(morphine), 코데인(codeine)과 같은 진통약물의 효과와 매우 유사한 효과를 갖는다.] 다른 신경전달물질로는 도파민(dopamin; 보상체계와 운동에 관여), 세로토닌(serotonin; 기분, 그리고 아마도 수면이나 식욕에 관여), 에피네프린(epinephrine; 투쟁-도피 반응에 관여), 히스타민(histamine; 면역체계에 관여) 등이 있다(Schwartz & Javitch, 2013). 이들을 포함한 몇 개의 중요한 신경전달물질은 표 2.1을 참조하기 바란다.

어떤 약물은 신경전달물질의 효과를 향상시킨다. 이러한 약물은 **효능제**(agonists)라고 불리는데, 앞에서 언급한 모르핀이 여기에 해당한다. 다른 약물은 신경전달물질의 영향을 억제하거나 방해한다. 그러한 약물을 **길항제**(antagonists)라고 부른다. 길항제의 예로는 베나드릴(Benadryl), 클래리틴(Claritin), 그리고 지르텍(Zyrtec)과 같은 일반적인 항히스타민제들이 포함된다.

신경전달물질은 시냅스에 도달할 때까지 **시냅스 소낭**(synaptic vesicle)이라고 불리는 작은 자루 모양의 주머니 안으로 먼저 이동한다(Kaeser & Regehr, 2017; Siegelbaum et al., 2013a). 시냅스를 가로지르는 이동을 완료하기 위해 신경전달물질은 시냅스 소낭에서 나와 **수상돌기 수용기**(receptor site)로 이동해야 한다. 수상돌기 수용기는 자물쇠가 특정 열쇠에 들어맞는 것처럼 특정한 신경전달물질에 들어맞는 수상돌기의 작은 구멍들이다. 이러한 자물쇠-열쇠 관계는 신경전달물질이 한 뉴런의 축색종말에서 다음 뉴런의 수상돌기까지 이동할 때 이것이 모두 수상돌기의 수용기에 의해 받아들여진다는 것을 의미하지는 않는다. 실제로, 신경전달물질이 자물쇠에 맞더라도

시냅스
연결된 두 뉴런 사이의 틈

신경전달물질
한 뉴런에서 다음 뉴런으로 시냅스를 가로질러 이동하는 화학적 전달물질

엔도르핀
통증을 줄이고 쾌감을 증가시키는 신경전달물질

시냅스 소낭
신경전달물질을 담아두는 작은 자루 모양의 주머니

수상돌기 수용기
자물쇠가 특정 열쇠에 들어맞는 것처럼 특정한 신경전달물질에 들어맞는 수상돌기의 작은 구멍들

표 2.1 주요 신경전달물질

신경전달물질	일상생활에서의 효과
엔도르핀	통증을 감소시키고, 쾌감을 증가시킴
도파민	뇌의 보상체계와 신체의 운동에 영향을 줌
세로토닌	기분, 그리고 아마도 수면이나 식욕에 영향을 줌
에피네프린(아드레날린)	투쟁-도피 반응을 도움
히스타민	면역체계에 영향을 줌
아세틸콜린	근육 활성화에 도움을 줌
GABA(감마아미노부틸산; gamma-aminobutyric acid)	불안 통제에 도움을 줌
글루타메이트	기억, 학습 및 뇌 발달에 도움을 줌

때에 따라서는 수용기가 충분하지 않아 모두를 받아들일 수 없는 경우도 있다.

 신경전달물질이 시냅스를 성공적으로 통과하지 못하고 다음 뉴런의 수상돌기 수용기를 찾지 못한다면 어떠한 일이 발생하나요?

이러한 과도한 신경전달물질의 일부를 처리하기 위해 첫 번째 뉴런은 수상돌기의 수용기와 결합하지 못한 신경전달물질을 **재흡수**(reuptake)한다. 즉 재흡수 과정은 수신뉴런에 안착하지 못한 신경전달물질이 송신뉴런으로 다시 복원되는 과정이다. 일부 신경전달물질은 성공적으로 수신뉴런에 도달하는 반면 다른 신경전달전달물질은 송신뉴런으로 다시 재흡수되는 이러한 작은 화학적 상호작용은 우리의 일상생활 경험에서는 중요한 영향을 줄 수 있다. 예를 들어 앞에서 언급하였듯이 신경전달물질인 세로토닌은 기분에 강력한 역할을 미치고, 아마도 수면과 식욕에도 영향을 미치는 것으로 보인다. 몇몇 경우에 낮은 세로토닌 수치는 우울감과 관련이 있다. 우울증에 일반적으로 처방되는 약물의 종류는 SSRI(selective serotonin reuptake inhibitors; 선택적 세로토닌 재흡수 억제제) 계열이다. [이러한 약에는 팍실(Paxil), 셀렉사(Celexa), 졸로프트(Zoloft), 렉사프로(Lexapro)와 같은 익숙한 브랜드가 포함된다.] 이 이름에서 알 수 있듯이 SSRI는 시냅스를 통과하지 않는 세로토닌의 재흡수를 억제한다. 이러한 방식으로, SSRI 계열의 약물들은 뇌를 통해 흐르는 세로토닌의 양에 영향을 미쳐 궁극적으로 기분을 향상시킨다.

활동전위 뉴런 사이의 의사소통에서 중요한 또 다른 부분은 뉴런이 신호의 전송을 개시하는 방식이다. 축색을 따라 전기적 충격이 순차적으로 이동하게 되는데 이러한 전기적 충격의 방출 혹은 발화(firing)를 **활동전위**(action potential)라고 한다. 활동전위는 완전하게 일어날 수도 있고 혹은 반대로 전혀 일어나지 않을 수도 있다. 이러한 현상은 일종의 **실무율적 반응**(all-or-none response)으로 알려져 있다. 대부분의 경우 뉴런은 발화되지 않고 휴식 상태에 있다(Kandel et al., 2013). 이때를 뉴런이 **안정전위**(resting potential) 상태에 있다고 말한다. 다시 말해 안정전위 상태의 뉴런은 발화하기에는 너무 낮은 수준의 전위를 갖고 있는 것이다(Koester & Siegelbaum, 2013a). 전위가 특정 수준의 **역치**(threshold)에 도달하면 뉴런은 휴식 상태에서 활동 상태로 전환된다. 역치는 활동전위를 유발하기 위해 요구되는 최소한의 전하량이다(Koester & Siegelbaum, 2013b). 각각의 활동전위 이후에는 **불응기**(refractory period)가 뒤따른다. 불응기는 또 다른 활동전위가 시작되기까지 대기하는 시간인데 이 시간 동안 뉴런이 재설정된다.

뉴런이 연결되는 방식에 대한 마지막 언급은 다음과 같다. 인간의 경우 이러한 연결은 경험, 특히 삶의 초기 경험에 크게 영향을 받는다. 그러나 다른 종의 경우 뇌는 출생 당시부터 이미 상당 부분 '고정화된 상태'에 있는데, 이것은 출생 당일부터 특정 축색종말이 시냅스를 가로질러 특정 수상돌기에 이미 연결되어 있다는 것을 의미한다. 이 때문에 인간에 비해 그러한 동물들은 태어나자마자 많은 것을 할 수 있는 것이다. 예를 들어 갓 태어난 망아지는 몇 시간 안에 걸을 수 있다. 인간의 뇌는 출생 시 상대적으로 발달이 미약하지만, 이것은 독특한 상황에 적응할 수 있도록 뇌가 조성될 수 있다는 것을 의미한다. 이러한 적응성을 통해 우리의 뇌는 우리가 살아가면서 달라지는 필요에 따라 시냅스 연결을 맞춤형으로 구성할 수 있다(Sanes & Jessell, 2013a, b, c). 인간과 다른 종 사이의 이러한 차이는 마치 공장에서 출고되기 이전에 이미 탑재된 소프트웨어로 하드 드라이브가 꽉 차 있는 컴퓨터와 특정 목적에 따라 소프트웨어를 설치할 수 있는 충분한 하드 드라이브 공간을 가진 컴퓨터 사이의 차이로 비유할 수 있다.

재흡수
수신뉴런의 수용기에 도착하지 못한 신경전달물질이 송신뉴런에 의해 다시 흡수되는 과정

활동전위
축색을 통해 이동하는 전기적 충격의 방출 또는 발화

안정전위
발화하지 않는 뉴런에서의 낮은 수준의 전하량

역치
활동전위를 유발하기 위해 요구되는 최소한의 전하량

불응기
다른 활동전위가 시작되기 전에 뉴런이 재설정되는 대기 시간

학습 확인

2.3 뉴런이란 무엇이고, 대략 얼마나 많은 뉴런들이 뇌에 포함되어 있는가?

2.4 감각뉴런과 운동뉴런은 어떻게 다른가?

2.5 수초막이란 무엇이고 이것의 기능은 무엇인가?

2.6 수상돌기의 기능은 무엇인가?

2.7 시냅스란 무엇인가? 시냅스는 뉴런 사이의 의사소통에 어떻게 관여하는가?

2.8 신경전달물질이란 무엇이고, 이들은 어떠한 일을 하는가?

2.9 재흡수 과정은 어떻게 이루어지는가?

2.10 뉴런 사이의 의사소통에서 활동전위의 역할은 무엇인가?

뇌와 그 부분들

학습 목표

2.11 국재화

2.12 인간의 뇌와 다른 동물의 뇌 사이의 차이

2.13 뇌간의 위치와 기능

2.14 소뇌의 위치와 기능

2.15 시상의 주요 기능

2.16 변연계와 주요 기능

2.17 변연계에 포함된 뇌의 부분들

2.18 인간 뇌에서 대뇌와 대뇌피질의 중요성

2.19 뇌량

2.20 분할뇌 수술에서 뇌량을 절단하는 이유는 무엇인가?

2.21 대뇌의 네 가지 엽

2.22 연합영역과 기능

2.23 가소성과 가소성의 발생 시기

지금까지 뇌 안에서 뉴런이 보이는 미세한 활동을 살펴보았다. 이제부터는 전체 뇌와 그 부분으로 우리의 초점을 확장하고자 한다. 여기에서는 두 가지의 주요 아이디어를 염두에 두자. 첫 번째는 **국재화**(localization)에 대한 것이다. 국재화란 뇌의 특정 부분이 특정 작업을 수행한다는 개념이다. 국재화에 대한 몇 가지 예를 들겠지만 너무 단순하게 생각하지 않도록 주의하기 바란다. 뇌의 여러 부분이 무엇을 하는지 알아볼 때는 뇌의 어떤 부분도 그 자체로만 모든 기능을 수행하는 것은 아니라는 것을 기억하는 것이 중요하다.

사실, 뇌는 아마도 인간이 접했던 그 어떤 것보다 협력과 조정을 가장 멋지게 보여준다. 특정 뇌 부분이 특정 행동에 대해 중요한 역할을 하기는 하지만 뇌의 구성요소들은 성공적인 행동을 위해 다른 뇌 부분들에도 여전히 의존하는 방식으로 서로 상호작용한다. "과학자들이 어떤 행동을 통제하는 뇌 부분을 발견했다"와 같은 언론보도의 헤드라인처럼 뇌의 복잡성을 간과하는 말에 속지 않기 바란다. 뇌의 부분들은 그렇게 고립되거나 일대일 연결로 축소하여 말하기에는 너무 조밀하게 상호 연결되어 있다(Krakauer et al., 2017; Rose & Abi-Rached, 2013; Satel & Lilienfeld, 2013).

예를 들어 캔에 들어 있는 음료수를 마시는 간단한 행동을 생각해보자. 그렇게 하려면 뇌의 다른 부분들이 많은 일을 해야 한다. 갈증을 경험하고, 냉장고가 어디에 있는지 기억하며, 거기까지 다리를 걷도록 명령하고, 냉장고를 열도록 손에게 명령하며, 음료수 캔을 보고, 손을 캔 방향으로 이동시키며, 캔을 잡고, 캔 위에 있는 탭을 당기며, 입의 위치에 맞게 적절한 각도로 캔을 들어 올리고, 맛을 즐기며, 갈증 해소를 경험하는 것 등을 모두 해야 하는 것이다. 우리가 일상에서 쉽게 하는 이러한 행위 안에도 수많은 미세 행동들이 포함되어 있고, 각각의 미세 행동들은 뇌 부분의 다양한 조합에 의존해야 한다(Amaral & Strick, 2013; Rizzolatti & Kalaska, 2013). (여기에서는 심장이 뛰게 하고 폐가 움직이도록 하는 것과 같이 음료수를 마시는 데 정신이 팔린 동안 뇌가 자동적으로 처리하는 드러나지 않는 신체 활동에 대해서는 아예 고려하지도 않았다.) (음료수 캔이 어디 있는지 기억하는 것과 같이) 행동이 신체적인 것인 아닌 정신적인 것이라 해도 거의 항상 뇌의 여러 부분들이 함께 관여한다(Schacter & Wagner, 2013; Siegelbaum & Kandel, 2013b).

뇌와 그 부분을 고려할 때 염두에 두어야 하는 두 번째 주요 아이디어는 인간의 뇌와 다른 동물의 뇌 사이의 차이를 비교하는 것이다. 인간의 머리 모양과 다른 동물들의 머리 모양을 보라. 눈에 띄는 것은 우리의 머리는 다른 동물들의 머리에 비해 머리의 맨 위(꼭대기) 부분과 앞쪽의 윗부분이 더 크다는 것이다(그림 2.4에서 볼 수 있듯이, 그 차이는 우리와 가까운 영장류와의 비교에서도 분명해 보이고, 파충류와 조류와 비교하면 그 차이는 훨씬 더 분명해진다). 이것은 우리의 뇌가 맨 위 부분과 앞쪽의 윗부분에서 더 커졌다는 것을 의미한다. 이러한 특징은 뇌 안에서 특정 기능들

국재화
뇌의 특정 부위가 특정한 일을 한다는 것

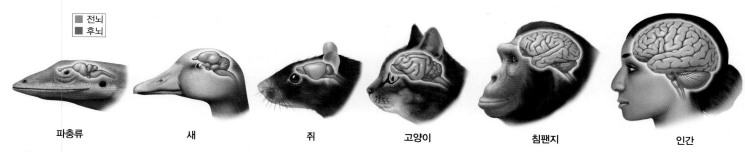

■ 전뇌
■ 후뇌

파충류　　　　새　　　　쥐　　　　고양이　　　　침팬지　　　　인간

그림 2.4　종에 따른 머리와 뇌의 비교　다른 종의 머리와 비교해보면 인간의 머리는 맨 위(꼭대기) 부분과 앞쪽의 윗부분이 더 크다. 이것은 우리의 뇌도 맨 위 부분과 앞쪽의 윗부분이 더 크다는 것을 반영한다. 일반적으로 뇌의 맨 위 부분과 앞쪽의 윗부분은 계획, 의사결정 및 복잡한 인지 과제와 같은 인간에게 독특한 능력에 관여한다. 이와는 대조적으로, 모든 종이 가지고 있는 뇌의 뒤와 바닥 근처의 부분은 호흡, 균형, 배고픔, 수면 및 심장박동 등 인간과 다른 동물이 공통적으로 갖고 있는 능력에 관여한다.

이 통제되는 특정 영역에 대한 큰 암시를 제공한다(Preuss, 2009).

　대략적으로 보면 우리 뇌의 맨 뒤쪽 아래(척추와의 연결 부위 근처)에 있는 부분들은 우리가 다른 종과 공유하는 기본 기능들(특히 심장박동, 배고픔, 각성, 호흡, 그리고 균형 유지)을 제어한다. 따라서 우리가 그러한 것처럼 다른 동물들도 이러한 뇌 부분들을 가지고 있다(Saper et al., 2013). 뇌 위쪽의 바깥쪽으로, 특히 뇌의 앞부분을 향하여 좀 더 옮겨 갈수록 의사결정, 계획하기, 말하기, 정서와 학습을 포함한 인간에게 좀 더 독특한 기능을 제어하는 뇌 부분들을 더 많이 만나게 된다. 그리고 우리는 다른 동물보다 뇌의 그러한 부분들을 훨씬 더 많이 갖고 있다. [그러한 차이는 주로 진화에 기인한 것이다. 특히 인간은 다른 종에 비해 보다 최근에 출현하였다(Schneider, 2014; Sousa et al., 2017)].

　뇌의 구조에 대한 이러한 대략적인 특징을 이해하는 것만으로도 특정 유형의 행동에 뇌의 어떤 부분이 관여하는지를 알아내는 데 종종 도움이 된다. 예를 들어 뇌의 어떤 부분이 우리가 졸음을 느끼고 깨어 있게 하는 것과 관련되는지 질문한다면, 모든 동물들도 졸음과 각성을 보인다는 사실에 기초하여 인간과 다른 동물들이 모두 갖고 있는 뇌의 뒤쪽 밑바닥 근처에 있는 뇌 부분들에서 답을 찾으면 될 것이다. 이와는 대조적으로 뇌의 어떤 부분이 복잡하고 장기적인 행동 방략(예 : 앞으로 6개월 동안의 운동 계획을 수립하는 것)을 수립하는 데 관여하는지 질문한다면, 인간 이외의 동물들은 이러한 방략을 수립하지 않는다는 사실에 기초하여 인간만이 갖고 있는 뇌의 앞쪽이나 윗부분에 있는 뇌 부분들에서 답을 찾으면 된다. 이러한 뇌 구조의 특성에 대한 대략적인 이해와 뇌의 부분들은 그것의 위치를 알 수 있게 하는 명칭을 갖고 있다[예를 들어 **뇌간**(brainstem)은 뇌의 뒤쪽 아래에 위치하고, 척추 근처이다. 그리고 **전두엽**(frontal lobe)은 뇌 앞부분에 위치하고 이마 바로 뒤에 있다]는 사실과 결합하면 뇌의 어느 부분이 어떤 기능을 담당하고 있는지 학습하는 데 도움을 얻을 수 있을 것이다.

　지금부터는 뇌의 뒤쪽 아래 부분부터 시작하여 뇌의 앞쪽 위 부분으로 옮겨 가면서 뇌의 특정 부분에 대해 살펴보고자 한다.

뇌간

뇌간(brainstem)은 척추에 연결되어 있고 생명을 유지하는 가장 중요한 기능을 제어한다(그림 2.5). 이러한 기능들에는 호흡 및 심장박동과 같이 항상 나타나는 행동뿐만 아니라 생식, 삼키기, 재채기, 그리고 구토와 같은 특정한 시간에만 나타나는 다른 신체 기능도 포함된다(Anderson et al., 2013; Hurley et al., 2010). *brainstem*이라는 단어에 줄기를 의미하는 *stem*이 포함되어 있듯이 뇌간

뇌간
척추에 연결되어 있고 생명을 유지하는 데 가장 중요한 기능을 담당하는 뇌 부분

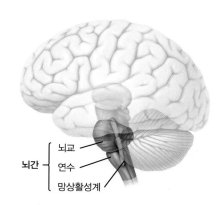

뇌교
연수
망상활성계
뇌간

그림 2.5　뇌간　뇌간은 척추와 연결되어 있고, 호흡, 심장박동, 생식 및 삼키기와 같이 생명을 유지하는 데 가장 필수적인 기능을 담당하는 뇌의 부분이다. 뇌간에는 망상활성계, 뇌교 및 연수가 포함된다.

망상활성계
뇌간에서 각성에 관여하는 뉴런들이 모여 있는 부분

뇌교
정보 전달, 수면, 호흡, 삼키기 및 평형을 담당하는 뇌간 부분

연수
심장박동과 호흡에 가장 특정적으로 관련된 뇌간 부분

소뇌
주로 균형과 운동 협응에 관여하는 뇌의 뒤쪽 아래 부분

시상
뇌의 중심 근처에 위치한 뇌의 주요 감각 처리 센터

이라는 명칭을 통해 뇌간과 뇌의 다른 부분들이 구조적으로 어떤 형태를 이루고 있는지 알 수 있다. 즉 마치 꽃이 줄기를 둘러싸고 위쪽으로 피어나는 것처럼 뇌의 나머지 부분들도 뇌간을 중심으로 그 주변과 위쪽 방향으로 발달하였다.

뇌간은 몇 가지 중요한 뇌 구조를 포함하고 있다. 이 중 하나는 각성에 관여하는 뉴런들이 마치 그물망처럼 모여 있는 **망상활성계**(reticular activating system)이다. 이 용어에서 활성계라는 부분은 깨어 있는 것과 잠자는 것을 활성화시킨다는 것을 의미하지만 망상활성계는 각성 및 주의와 같은 다른 기능에도 관여한다(Saper et al., 2013). 뇌간은 **뇌교**(pons)도 포함하고 있는데, 이 부분은 정보 전달, 수면, 호흡 및 신체 평형과 관련된 기능을 담당한다. 뇌교는 뇌간의 상단 근처에 있는데, 이러한 구조적 특성에 기초하여 뇌교는 뇌의 고차적 영역들과 뇌간 사이에서 메시지를 전달한다. 뇌간의 바닥 근처에는 **연수**(medulla)가 위치하고 있다. 연수는 심장박동 및 호흡에 특정적으로 관여한다. 뇌교와 연수는 모두 삼키기도 제어한다.

소뇌

뇌간의 옆(뇌의 뒤쪽 밑부분)에 위치하고 있는 것이 **소뇌**(cerebellum)이다. 소뇌는 균형과 운동의 협응을 주로 담당한다(그림 2.6). 소뇌의 주요 역할은 운동과 관련이 있지만, 소뇌는 주의와 기억을 포함한 다른 기능에도 관여하는 것으로 보인다(Dum & Strick, 2009; Graybiel & Mink, 2009; Sokolov et al., 2017). 소뇌는 운동을 개시하지는 않지만 운동을 조절한다. 예를 들어 운전 중에 차를 현재 속도의 약 절반으로 감속해야 한다고 상상해보자. 소뇌는 "브레이크를 부드럽게 밟아라"라는 메시지는 보내지 않지만 적절한 힘과 일관적인 방식으로 브레이크를 밟도록 한다. 소뇌가 없다면 브레이크를 밟는 것과 같은 단순한 행동도 여러 가지 방식으로 잘못 이루어질 수 있다. 예를 들어 브레이크를 너무 약한 힘으로 밟는다면 차의 속도는 느려지지 않을 것이고, 반대로 너무 강한 힘으로 갑자기 밟는다면 차가 갑자기 거칠게 멈출 것이다. 혹은 브레이크를 밟는 힘을 일관적으로 유지하지 않으면 차는 움찔거리듯이 앞뒤로 요동칠 것이다.

소뇌는 작은 주먹 크기 정도로 뇌 전체 크기의 약 10%에 불과하지만 뇌 안에 있는 뉴런의 50% 이상을 포함하고 있다. 이러한 사실은 아직도 연구자들을 혼란스럽게 만들고 있지만 뇌에서 소뇌의 역할이 중요하다는 것을 나타낸다고 할 수 있다(Lisberger & Thach, 2013). 소뇌 손상은 떨림과 경련에서부터 걷기와 말하기에서의 심각한 손상에 이르기까지 일상생활에서의 다양한 운동 관련 과제에 심각한 문제를 야기한다(Manto, 2010; Shakkottai et al., 2017).

시상과 변연계

이제부터 우리는 뇌의 '바닥층'(뇌간과 소뇌 포함)에서부터 '중간층'까지 한 단계 위로 올라간다. 이 중간 수준의 중심적 부분은 **시상**(thalamus)이다. 시상은 뇌의 중심부 근처에 위치하고 있으며 뇌의 주요 감각 처리 센터이다(그림 2.7). 작은 알 모양을 하고 있는 시상은 눈, 귀, 입 및 피부를 통해 전달되는 정보를 받아 그러한 정보를 처리해야 하는 뇌 부분으로 보낸다. 감각정보를 전달하는 것이 시상의 주요 역할이지만 시상은 제한된 방식으로 각성과 운동에도 관여한다(Amaral, 2013; Gardner & Johnson, 2013; Taber et al., 2004). 시상이 운동에 관여할 때는 근처의 뇌 구조 중 하나인 기저핵(basal ganglia)과 협력한다.

뇌의 중심 근처에 위치하고 있으면서 시상을 둘러싸고 있는 부분이 **변연계**(limbic system)이다. 변연계는 주로 감정과 관련된 뇌 영역들이 모여 있는 부분이다. (변연이라는 단어는 경계를 의

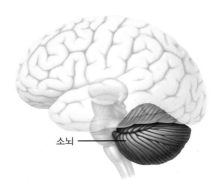

그림 2.6 소뇌 소뇌는 뇌의 뒤쪽 아래에 위치하고 있다. 소뇌는 균형과 운동의 협응을 주로 담당한다. 소뇌는 뇌 공간의 약 10%를 차지하지만 뇌 안에 있는 뉴런의 절반 이상을 포함하고 있다.

소뇌

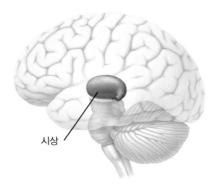

그림 2.7 시상 시상은 뇌의 중심부 근처에 위치한 뇌의 주요 감각 처리 센터이다. 시상은 눈, 귀, 입, 그리고 피부를 통해 전달되는 정보를 뇌의 다른 부분으로 보내 추가적으로 처리되도록 한다.

시상

미하는데, 실제로 변연계의 구성요소들은 시상 주위와 경계를 형성하고 있는 것처럼 보인다.) 뇌를 연구하는 사람들 사이에서 오래된(그러나 사실인) 농담이 하나 있는데, 그것은 변연계가 담당하는 기능들이 '네 가지의 f'가 전부라는 것이다. 네 가지의 f는 도망(fleeing), 투쟁(fighting), 먹기(feeding), 그리고 성교이다(Pinel, 2011; Pribam, 1960). 이러한 네 가지 f는 모두 인간의 일차적 동기로 여겨진다. 감정(emotion)과 동기(motivation)라는 단어가 동일한 어근, 즉 '움직인다'는 것을 나타내는 -mot-에서 나왔다는 것을 인식하면 변연계가 우리가 움직일 수 있도록 하는 충동과 감정을 촉발시키는 데 가장 책임이 많은 뇌 부분이라는 것을 쉽게 알 수 있다.

그림 2.8에서 볼 수 있듯이 변연계는 시상하부, 해마, 편도체와 같은 몇 가지 독특한 부분들도 포함하고 있다.

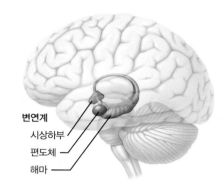

그림 2.8 변연계 뇌 중심부 근처에 위치한 변연계는 주로 감정과 관련된 뇌 영역들이 모여 있는 부분이다. 변연계에는 시상하부, 해마 및 편도가 포함된다.

시상하부 시상하부(hypothalamus)는 신체 기능의 안정성을 유지하는 데 관련된 변연계의 한 부분이다. 시상하부가 이러한 안정성을 달성하는 한 가지 방법은 뇌하수체(pituitary gland)를 통제하는 것이다. 뇌하수체는 (이 장의 뒷부분에서 좀 더 자세하게 기술된 바와 같이) 내분비계의 주요 분비샘이기 때문에 호르몬의 방출에 큰 영향을 미친다. 시상하부는 심장박동, 호흡 및 기타 비자발적 기능을 담당하는 자율신경계에도 상당한 영향을 미친다(Horn & Swanson, 2013). 시상하부는 또한 먹거나 마시고 싶은 느낌이 들도록 하는 데 영향을 미친다. 이러한 방식으로 시상하부는 신체가 항상성(homeostasis)을 유지하거나 비교적 일정한 수준으로 내부 환경을 유지하도록 하는 데 도움을 준다(Richerson et al., 2013; Shizgal & Hyman, 2013). 예를 들어 항상성은 운동기구를 사용하여 운동하는 동안에는 심장박동이 증가하고 운동이 종료된 다음에는 심장박동이 바로 정상으로 돌아오도록 한다. 항상성은 또한 자연적으로 (또는 에어컨이나 난방장치에 의해) 여러분이 위치한 곳의 온도가 큰 폭으로 변화된다 하더라도 체온이 거의 동일하게 유지될 수 있다는 것을 의미하기도 한다.

해마 해마(hippocampus)는 기억, 특히 공간기억이나 장기기억과 관련된 변연계의 한 부분이다. 공간기억은 자신이 자란 집의 구조적 배치나 자신이 다닌 고등학교의 복도와 같은 물리적 공간에 대한 기억이다. 그러한 심적 지도는 해마의 도움을 받아 공간들에 대한 감정적 연결을 포함한 장기기억이 된다(Siegelbaum & Kandel, 2013b). 장기기억은 우리가 일시적으로 집중하는 것(즉 단기기억에 있는 것)이 무기한 지속되는 방식으로 저장될 때 발생한다. 해마는 그러한 변환과 그 변환에 대한 자각에 가장 큰 영향을 미치는 뇌의 부분이다(Aly & Ranganath, 2018; Kandel & Siegelbaum, 2013; Sekeres et al., 2018; Shrager & Squire, 2009; Squire, 1992; Suzuki, 2009).

해마가 손상되면 단기기억을 장기기억으로 변환하는 능력, 즉 기억이 단순히 사라지지 않도록 하는 능력을 손상시킨다. 손상이 심한 경우에는 순행성 기억상실증(anterograde amnesia)이 야기될 수 있다. 순행성 기억상실증은 특정 시점 이후에 새로운 장기기억을 전혀 형성할 수 없는 기억상실증이다(Winocur et al., 2001). 제5장에서 순행성 기억상실증을 포함한 다른 기억 문제들을 좀 더 자세히 다룰 것이다. 여기에서는 순행성 기억상실증이 관찰하기는 흥미롭지만 그것을 갖고 살기에는 매우 가혹하다는 것만 기억해두자. 순행성 기억상실증을 갖고 있는 사람은 이것이 발병하기 이전까지의 장기기억은 회상해낼 수 있지만 발병 이후부터는 새로운 장기기억을 만들 수 없다. 예를 들어 55세의 여성이 해마에 이런 종류의 손상을 입었다면 그녀는 30년 전에 결혼한 사람을 알아보거나 그때의 결혼식이 어떠했는지 회상해내는 것에는 아무런 문제가 없지만, 다음 주에 태어날 그녀의 손주에 대한 기억은 새롭게 형성할 수 없을 것이다.

변연계
뇌의 중심부 근처와 시상 주위에 위치하고 있고, 주로 감정과 관련된 뇌 영역들이 모여 있는 뇌 구조

시상하부
신체 기능의 안정성을 유지하는 데 관여하는 변연계의 한 부분

해마
기억, 특히 공간기억 및 장기기억과 관련된 변연계의 한 부분

헨리 몰레이슨(Henry Molaison)은 해마와 순행성 기억상실증 사이의 관련성에 대한 우리의 지식에 가장 영향을 많이 미친 사람 중 한 명이다. 헨리가 연구자로서 그러한 공헌을 한 것은 아니다. 그는 매우 심한 간질로 고통을 받던 사람이었다. 1953년에 헨리는 27세였는데, 그는 간질 증상을 완화하고자 필사적이었다. 그리고 그는 해마를 제거하는 실험적인 뇌수술을 받았다. 그 수술을 통해 간질 증상은 개선되었지만 예상치 못한 다른 부작용이 발생하였다. 수술 이후 55년 동안의 그의 생애에서 헨리는 새로운 기억을 형성할 수 없었던 것이다. 수술 이후, 그는 사람들의 이름을 학습하거나 그가 들은 새로운 정보를 기억할 수 없었다. 그는 전혀 지루하지 않게 똑같은 퍼즐을 반복해서 완성했는데, 그것은 그가 퍼즐을 할 때는 매번 그 퍼즐이 그에게는 새로운 것이었기 때문이다. 헨리(그리고 그의 가족)는 그가 살아 있는 동안 수백 건의 연구를 수행할 수 있게 허락하였고, 사망 후에는 뇌를 과학계에 기증하였다. 그의 기여는 해마의 기능에 대한 우리의 이해를 크게 향상시켰다(Corkin, 2013; Ogden, 2012; Scoville & Milner, 1957).

해마가 손상될 수 있는 한 가지 원인은 스트레스 때문이다. 특히, 오랜 시간 동안 지속되는 높은 수준의 스트레스는 해마를 손상시키고 이 때문에 새로운 공간기억 및 장기기억을 형성하는 능력에서 손상이 올 수 있다(McEwen, 1999; Shields et al., 2017). 노인을 대상으로 수행된 한 연구는 코르티솔 수준(코르티솔은 이 장의 뒷부분에서 설명할 '스트레스 호르몬' 중 하나이다), 해마에서의 손상, 그리고 간단한 기억 과제에서의 저하 사이에서 강한 정적상관을 발견하였다(Lupien et al., 1998). 다른 연구들은 아동기 학대 또는 전쟁 중 치열한 전투(이 두 가지는 분명 스트레스가 매우 높은 경험이다)를 경험한 사람들은 해마에서의 물리적 손상과 새로운 기억을 형성하는 능력에서의 결함이 있다는 것을 발견하였다(Bremner, 1999; Calem et al., 2017; Nelson & Tumpap, 2017).

편도체 편도체(amygdala)는 감정, 특히 두려움과 가장 직접적으로 관련된 변연계의 한 부분이다. (amygdala는 아몬드를 의미하는 라틴어 단어에서 유래된 것으로 이 부분의 형태가 아몬드를 닮았기 때문에 붙여진 명칭이다). 뇌의 다른 부분들도 감정에 관여하고 있다는 것도 확실하지만 최근의 연구는 편도체가 감정의 측면에서는 특히 더 중요한 부분(아마도 가장 중요한 부분)이라는 것을 명료하게 확인하였다(LeDoux & Damasio, 2013; Phelps, 2006; Phelps & LeDoux, 2005). 예를 들어 뇌의 다른 부분들은 투쟁-도피 반응(fight-or-flight response)이 어떻게 수행되는지에 영향을 줄 수 있지만(투쟁인가, 도피인가, 아니면 다른 것인가) 편도체는 우리의 신체가 투쟁 혹은 도피 반응을 준비하도록 하는 신호를 처음으로 보내준다(LeDoux et al., 2009; Schafe & LeDoux, 2004).

편도체의 손상은 감정적 처리, 특히 두려움 경험과 관련된 모든 종류의 문제들을 야기한다(Wang et al., 2017). 예를 들어 한 사례연구는 손상된 편도체를 갖고 있는 사람은 자신이 알고 있는 사람들의 얼굴은 알아볼 수 있지만 그러한 얼굴들에서 두려움이 나타나는지 여부는 식별하지 못한다는 것을 발견하였다(Adolphs et al., 1994). 편도체 손상을 갖고 있는 9명을 대상으로 수행된 또 다른 연구는 이들이 다른 사람들의 얼굴표정에서 두려움을 인식하는 데 어려움을 경험한 반면 그 얼굴에서 행복감을 인식하는 것에서는 아무 문제가 없음을 발견하였다(Adolphs et al., 1999). 또 다른 연구에서 연구자들은 갑작스럽고, 시간적으로 예측할 수 없으며, 시끄러운 소음을 사용하여 편도체가 손상된 사람(그리고 8명의 통제집단 실험 참가자들도)을 놀라게 하였다. 연구자들은 비자발적이고 즉각적인 두려움 반응인 놀람 반사(startle reflex)가 통제집단 실험 참가자들에 비해 편도체가 손상된 사람에게서 약하게 나타난다는 것을 발견하였다(Angrilli et al., 1996).

다른 연구자들은 이타주의자들을 연구함으로써 편도체에 대한 또 다른 발견을 하였다. 이타주

편도체
감정, 특히 두려움 경험과 가장 직접적으로 관련된 변연계의 한 부분

의자들은 자신에게는 아무런 보상이 따르지 않음에도 불구하고 다른 사람들을 위해 친절을 베푸는 사람들이다. 구체적으로, 이 연구자들은 자신들이 '극단적 이타주의자'라고 부른 19명의 뇌를 검토하였다. 19명의 이타주의자들은 자신과는 아무런 관계가 없는 낯선 사람들에게 신장을 기증한 사람들이었다. 통제집단의 평균적 구성원과 비교했을 때 평균적인 극단적 이타주의자는 편도체의 크기가 더 컸을 뿐만 아니라 다른 사람이 보인 두려운 표정에 대해 높은 수준으로 공감을 보였다. 이러한 결과는 극단적 이타주의자가 다른 사람들(예 : 신장을 필요로 하는 환자)의 두려움에 대한 인식 능력을 향상시키는 편도체에 의해 동정심을 가지고 어떤 도움 행동을 하도록 동기화된다는 것을 시사한다(Marsh et al., 2014).

대뇌와 대뇌피질

뇌간과 소뇌가 뇌의 바닥층을 나타내고, 시상 및 변연계가 중간층을 나타낸다면, 이제는 맨 위층으로 올라갈 시간이다. **대뇌**[cerebrum, **전뇌**(forebrain)라고도 함]는 2개의 반구로 구성되어 있는데, 대개의 경우 다른 동물에게서는 잘 볼 수 없는 인간만의 독특한 정교한 능력에 관여한다. 대뇌는 마치 머리를 덮는 두꺼운 헬멧처럼 우리가 이미 논의한 뇌의 부분들(뇌간, 소뇌, 시상, 변연계)을 감싸고 있다. 따라서 우리가 주름이 있고 호두처럼 생긴 뇌의 사진을 볼 때 우리는 실제로는 대뇌를 보고 있는 것이다. 마치 우리가 보는 것은 미식축구 선수의 헬멧이지만 헬멧 밑에 선수의 머리가 있다는 것을 알고 있는 것과 같다(그림 2.9). 좀 더 정확하게 말하면, 우리가 보는 것은 **대뇌피질**(cerebral cortex)이다. 대뇌피질은 감각정보가 처리되는 대뇌의 바깥층이다. *Cortex*는 나무껍질을 의미하는 라틴어에서 유래한 것으로, 이를 통해 대뇌피질이 대뇌의 바깥층에 위치하고 있다는 것을 알 수 있다(뇌 전문가들은 종종 대뇌와 대뇌피질이라는 용어를 서로 혼용하기도 한다).

뇌의 다른 어떤 부분들보다 대뇌(특히 대뇌피질)는 인간을 인간답게 한다. 다른 동물과 비교해도 우리는 다른 동물들에 비해 훨씬 더 큰 대뇌를 가지고 있다 — 짧은꼬리원숭이보다는 10배, 쥐보다는 1,000배 더 많다(Rakic et al., 2004). 인간의 대뇌는 뇌의 대부분을 차지하지만 다른 많은 동물의 대뇌는 뇌의 작은 일부만 차지한다. 이렇게 큰 대뇌는 인간을 지적인 존재로 만든다. 인간의 대뇌는 인간만이 가질 수 있는 사고, 추론, 계획, 창조, 의사소통, 계산, 중다과제 수행 등을 포함한 많은 능력을 제공한다(Premack, 2010; Rakic et al., 2009).

대뇌에는 많은 **연합령**(association area)이 있다. 연합령은 단순히 정보를 받아들이는 것이 아니라 정보를 종합하고 해석하는 데 사용되는 대뇌피질이다. 연합령에서 어떤 일이 일어나는지 이해하려면 여러분의 차 뒤에서 구급차가 접근하는 상황을 상상해보라. 뇌에는 룸미러로 보이는 구급차의 번쩍거리는 경광등의 불빛을 처리하고 가까워질수록 크게 들리는 사이렌 소리를 처리하는 부분들이 있다. 그러나 이러한 정보들의 의미를 이해할 수 있도록 하기 위해서는 뇌의 어딘가에서 이들이 통합되어야 할 것이다. 그것이 연합령이 하는 일이다. 연합령들은 이러한 다양한 정보들이 의미를 가질 수 있도록 정보를 연합하거나 조합한다. 예를 들어 "내 차 뒤에서 구급차가 급하게 다가오고 있구나. 이 근처에 어딘가에서 응급상황이 발생했나 보다. 도움이 필요한 사람에게 구급차가 빨리 갈 수 있도록 하려면 내가 차를 옆으로 비켜 줘야 되겠네!" 연합령이 제공하는 그러한 정보의 종합이 없다면, 정보들이 전체적으로 무엇을 의미하는지 이해하기보다는 분리된 정보를 각각 처리하거나 각 정보에 별도로 반응하는 것으로 제한될 것이다.

대뇌
뇌의 앞과 윗부분에 위치하며 2개의 반구로 구성되어 있음. 대개의 경우 다른 동물에게서는 잘 볼 수 없는 인간만의 정교한 능력에 관여함

대뇌피질
감각정보가 처리되는 대뇌의 바깥층

연합령
정보를 단순히 받아들이기보다는 정보를 종합하고 해석하는 데 관여하는 대뇌피질 영역

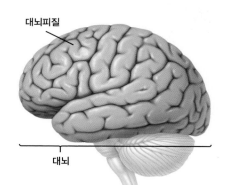

그림 2.9 대뇌와 대뇌피질 대뇌(전뇌라고도 알려져 있음)는 뇌의 앞과 윗부분에 위치한다. 2개의 반구로 구성되어 있고, 주로 인간의 독특한 정교한 능력에 관여한다. 대뇌에는 많은 연합령들이 있는데, 연합령들은 정보를 단순히 받아들이기보다는 정보를 종합하고 해석하는 데 관여한다. 대뇌피질은 감각정보가 처리되는 대뇌의 바깥층이다.

대뇌반구
대뇌의 왼쪽 부분과 오른쪽 부분

뇌량
2개의 대뇌반구를 서로 연결하고 소통하도록
하는 신경섬유 다발

분할뇌 수술
전형적으로 간질 발작을 줄이기 위해 뇌량을
절단하는 수술

대뇌반구와 뇌량

대뇌는 2개의 **대뇌반구**(cerebral hemisphere), 즉 좌반구와 우반구로 나뉠 수 있다. (실제로 뇌의 아랫부분도 이와 유사하게 반으로 나뉠 수 있지만 반구는 특히 대뇌와 관련이 있다.) 두 대뇌반구를 연결해주는 부분을 **뇌량**(corpus callosum)이라고 하는데, 뇌량은 두 대뇌반구를 연결하고 서로 의사소통할 수 있도록 해주는 뉴런들의 다발이다.

뇌량은 뇌의 두 반구들과 신체의 두 반쪽 사이에서 흥미로운 관계가 발생할 수 있게 한다. 두 반구와 신체의 각 반쪽은 반대로 연결되어 있다. 즉 좌반구는 신체의 오른쪽 절반과 짝을 이루고 우반구는 신체의 왼쪽 절반과 짝을 이룬다. 따라서 왼발에 볼링공을 떨어뜨리면 이 때문에 생기는 통증에 대한 메시지를 받는 것이 바로 우반구이다. 혹은 누군가에게 오른손으로 하이파이브를 주고자 한다면 그 손을 들어 올리도록 메시지를 보내는 것이 바로 좌반구이다. 뇌와 신체의 사이의 이러한 교차적 관계는 뇌졸중과 같이 뇌 한쪽에서 발생한 질병이나 부상이 왜 신체의 반대쪽에만 영향을 미치는지도 설명한다. 뉴잉글랜드 패트리어츠의 프로 풋볼 라인백 선수였던 테디 브루스키(Tedy Bruschi)는 흔치 않게도 31세라는 젊은 나이에 가벼운 뇌졸중을 경험하였다. 그의 뇌졸중은 우반구에 생긴 혈전 때문이었고 왼쪽 신체 전체에 손상을 야기하였다. 뇌졸중이 발생한 당일 그의 왼쪽 팔과 다리가 완전히 마비되었다. 5살짜리 아들이 그의 왼쪽에서 다가 왔는데 그 아들을 전혀 볼 수 없었다. 응급실로 급히 옮겨진 후 브루스키는 혈전이 생긴 원인을 고치기 위한 수술을 받았다. 그가 회복 기간 동안 한 일은 몸의 왼쪽을 어떻게 하면 다시 사용할 수 있는지 배우는 것이었다(Bruschi, 2014).

드문 경우기는 하지만 두 반구 사이의 잘못된 의사소통으로 인해 심각한 문제가 발생하기도 한다. 그러한 경우 중 하나는 **분할뇌 수술**(split-brain surgery)이라고 하는 심각하면서도 잘 시행되지 않는 수술을 받은 환자들에게서 관찰할 수 있다. 분할뇌 수술은 전형적으로 간질 발작을 줄이기 위해 뇌량을 절단하는 수술이다(그림 2.10). 뇌의 간질 발작은 전형적으로 한 반구에서 시작되어 뇌량을 통해 두 반구 사이를 오가면서 점점 더 심해진다. 뇌량이 절단되면 발작이 하나의 반구로 제한되어 간질 발작이 훨씬 덜 심각해진다(Roland et al., 2017). (간질을 갖고 있는 대다수의 환자들은 발작억제 약물로 증상이 호전된다. 분할뇌 수술은 최후의 수단이고, 그러한 약물이 장기간 효과가 없는 경우에만 분할뇌 수술이 고려된다.)

분할뇌 수술의 부작용 중 일부는 매우 흥미있는 것으로 밝혀졌다. 수술을 받는 사람들은 일반적으로 대부분의 성격 특질과 지능은 유지한다. 그러나 뇌의 양측이 서로 의사소통할 수 없다는 것

뉴잉글랜드 패트리어츠의 프로 풋볼 선수로서 세 번이나 슈퍼볼 경기에서 우승을 경험했던 테디 브루스키는 뇌의 우반구에 가벼운 뇌졸중을 경험했다. 이것은 그의 신체 왼쪽에 손상을 가져왔다.

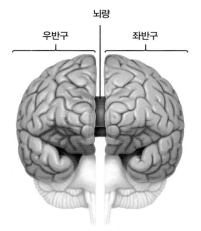

뇌량

우반구   좌반구

그림 2.10 분할뇌 수술 대뇌는 2개의 반쪽 또는 반구로 구성된다. 좌반구와 우반구는 뇌량으로 알려진 뉴런 다발을 통해 서로 의사소통한다. 각 반구는 반대쪽 신체의 움직임을 제어한다. 드물게 (전형적으로 매우 심한 간질 발작을 줄이기 위한 최후의 수단으로) 시행되는 분할뇌 수술은 뇌량을 절단한다.

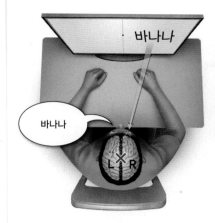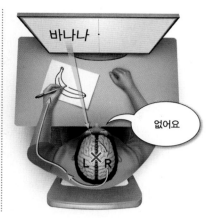

그림 2.11 분할뇌 수술의 후유증 분할뇌 수술을 받은 환자의 경우 두 반구 사이의 의사소통이 손상되어 매우 독특한 효과가 나타난다. 많은 연구들이 여기에서 소개하는 것과 같은 결과를 뒷받침하고 있다. 만일 바나나라는 단어가 오른쪽 시야에 제시되면(따라서 좌반구에 의해 처리된다) 환자는 바나나라고 올바르게 말할 수 있다. 반면 바나나라는 단어가 왼쪽 시야에 제시되면(따라서 우반구에서 처리된다) 환자는 바나나를 말할 수 없지만 왼손으로는 바나나를 그릴 수 있다. 이러한 결과는 뇌반구 사이의 의사소통이 중요하다는 것뿐만 아니라 특정 과제가 특정 반구에 의해 우세적으로 이루어진다는 것을 시사한다. 예를 들어 좌반구는 단어 읽기와 같은 언어과제에 대해 우세하지만 우반구는 대상 재인에 대해 우세하다(Gazzaniga, 1998, 2005; Gazzaniga et al., 1962).

때문에 이들은 특이한 능력과 무능력을 모두 보여준다. 예를 들어 어떤 경우에는 신체의 각 반쪽은 상대 쪽이 무엇을 하고 있는지에 대한 분명한 자각 없이 각각의 일을 수행한다. 두 반구는 서로 협응할 수 없기 때문에 우반구는 왼쪽 신체에 대해, 그리고 좌반구는 오른쪽 신체에 대해 각각 무엇을 수행해야 하는지 별도로 명령한다. 말 그대로, 오른손이 하는 일을 왼손이 모른다. 특별한 사례를 예로 들면, 분할뇌 수술을 받은 어떤 여성은 슈퍼마켓에서 자신의 두 손이 서로 경쟁하는 것을 발견했다고 한다. 오른손은 시리얼 상자를 집어 카트에 넣으려 했지만 왼손은 그녀가 그렇게 하지 못하도록 했다는 것이다(Wolman, 2012).

분할뇌 수술의 효과는 손뿐만 아니라 신체의 다른 많은 부분에서도 분명히 나타난다. 몇몇 실험에서 연구자들은 분할뇌 환자들에게 화면 중앙에 있는 점을 응시하도록 한 후 응시점의 오른쪽 또는 왼쪽에 단어들을 짧은 시간 동안 제시하였다. 따라서 제시된 단어는 한쪽 눈의 시야에만 있게 된다. 예를 들어 제시된 단어가 바나나라고 해보자(그림 2.11). 그들에게 보았던 단어가 무엇인지 물으면, 단어가 오른쪽에 제시되었을 때(즉 단어가 좌반구에 의해 처리될 때) 그들은 "바나나"라고 잘 말한다. 그러나 같은 단어가 왼쪽에 제시되었을 때(즉 단어가 우반구에서 의해 처리될 때) 그들은 "바나나"라고 제대로 말할 수 없었다. 흥미로운 발견은 단어가 왼쪽에 제시된 조건에서는 왼손으로 바나나를 그릴 수 있었다는 점이다. 이러한 흥미로운 발견은 연구자들이 각 반구가 특정 과제에 대해서 상대적으로 더 우세할 수 있음을 이해하는 데 도움이 되었다. 이 예시가 보여주듯이, 좌반구는 단어 읽기와 같은 언어과제에 우세하다. 이와는 대조적으로, 우반구는 물체와 얼굴을 재인하는 데 우세하다(Gazzaniga, 1998, 2005; Gazzaniga et al., 1962).

엽

그림 2.12는 대뇌가 4개의 독특한 영역, 즉 **엽들**(lobes)로 구성되는 방식을 보여주는데, 각각의 엽들은 모두 오른쪽 반쪽과 왼쪽 반쪽을 갖는다. [귀엽(*earlobe*)과 마찬가지로, *lobe*라는 단어는 단순히 둥글거나 곡선이 있는 부분을 의미한다.]

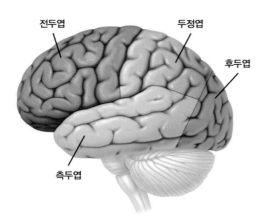

전두엽   두정엽

후두엽

측두엽

그림 2.12 엽 대뇌는 4개의 엽으로 구성된다. 후두엽은 시력과 관련된다. 측두엽은 듣기 및 말하기와 관련된다. 두정엽은 촉각과 지각에 관여한다. 전두엽은 복잡한 사고과제, 계획 및 기타의 진보된 기능에 관여하는데, 이들 대부분은 다른 종과 비교해 인간에게 독특한 것들이다.

후두엽 우리가 뇌의 뒤쪽에서 시작하여 앞쪽으로 나아가면, **후두엽**(occipital lobe)을 맨 처음 만나게 된다. 후두엽은 뇌의 아래쪽 뒷부분으로 시력과 관련되어 있다. 후두엽은 (시상을 통해) 눈과 연결되고, 보이는 원시 이미지를 가져와서 처리하기 시작한다(즉 의미를 추출하기 시작한다). 후두엽 손상은 시야의 특정 부분을 보는 것에서의 어려움, 특정 움직임이나 색상을 보는 것에서의 어려움, 시각적 환각(실제로 존재하지 않는 것을 보는 것), 또는 완전한 실명을 포함한 다양한 시각 관련 문제를 일으킬 수 있다(Anderson & Rizzo, 1994; Beniczky et al., 2002; Ferber & Karnath, 1999; Werth, 2006).

측두엽 뇌의 앞쪽을 향해 좀 더 나아가면 **측두엽**(temporal lobe)에 도달한다. 측두엽은 뇌의 밑 부분 가운데에 위치하고, 청각 및 언어 산출과 관련되어 있다. 측두엽의 위치는 대략 귀 사이에 있는데, 이것은 측두엽이 소리 지각에 얼마나 중요한지 고려한다면 꽤 그럴 듯한 위치인 셈이다. 측두엽은 소리가 귀를 통해 이동한 후 맨 처음으로 도달하는 뇌 영역이고, 여기에서 소리의 의미를 이해하기 시작한다.

측두엽은 **베르니케 영역**(Wernicke's area)을 포함한다. 이 베르니케 영역은 말을 이해하는 것에 특별히 관여하는 측두엽의 일부이다. 연구자들은 베르니케 영역에서 손상을 입은 사람들이 **베르니케 실어증**(Wernicke's aphasia)을 보인다는 것에 기초하여 베르니케 영역이 존재한다는 것을 알고 있다. 베르니케 실어증 환자는 베르니케 영역의 손상에 의해 다른 사람의 말을 이해하지 못하거나 조리있게 말을 하지 못하는 것이다. 베르니케 실어증 환자들은 다른 사람들의 간단한 말조차 이해하지 못한다. 그들은 단어를 산출할 수는 있지만 그 단어는 비단어인 경우가 많고, 문장을 만들 수도 있지만 그 문장은 이해할 수 없거나 대화와 관련이 없는 문장들인 경우가 많다. 측두엽은 청각적 처리뿐만 아니라 물체의 식별을 포함한 시각적 처리와 언어적 재료에 대한 장기기억에도 어느 정도의 역할을 하는 것으로 보인다(Albright, 2013; Kandel & Siegelbaum, 2013; Schacter & Wagner, 2013; Wagner et al., 1998).

두정엽 후두엽과 측두엽 위, 머리의 상단 뒤쪽에 **두정엽**(parietal lobe)이 있다. 두정엽은 촉각과 지각에 관여한다. 두정엽에서 특히 중요한 부분은 **체감각피질**(somatosensory cortex)이다. 이것은 두정엽 앞 부근에 위치하고 있고, 감각정보를 받아들이는 것과 관련이 있다. 체감각피질은 후두엽으로부터 전달된 시각정보와 측두엽으로부터 전달된 청각정보를 받아들인다. 그러나 체감각피질의 주요 기능 중 하나는 신체의 모든 부위로부터 전달되는 촉각정보(접촉, 압력, 통증, 온도 및 가려움을 포함하여)를 직접적으로 감시하는 것이다(Amaral, 2013). 실제로, 체감각피질의 특정 지점은 신체의 특정 부분과 대응된다.

어떤 신체 부위의 크기가 크면 체감각피질에서 여기에 해당하는 부위의 공간도 큰가요?

흥미로운 질문이지만 그렇지 않다. 체감각피질의 각 지점 크기는 이에 해당하는 신체의 크기와 대응되지는 않는다. 그보다, 체감각피질의 각 지점 크기는 신체 부분의 **민감도**(sensitivity)와 대응된다(Gardner & Johnson, 2013; Nakamura et al., 1998).

그림 2.13은 다양한 신체 부위에 대응되는 체감각피질의 지점이 얼마나 많은 공간을 차지하는지 보여주고 있다. 가장 먼저 눈에 띄는 것은 그림에 제시된 신체 부위의 비율과 실제 신체 부위의 비율이 매우 다르다는 것이다. 예를 들어 왜 신체에서 작은 부분인 입술에 대한 체감각피질 공

후두엽
시력과 관련된 뇌의 뒤쪽 아랫부분

측두엽
청각 및 언어 산출에 관여하는 뇌의 중간 아랫부분

베르니케 영역
말을 이해하는 데 특별하게 관여하는 측두엽의 한 부분

베르니케 실어증
베르니케 영역의 손상으로 인한 언어 이해 또는 언어 산출에서의 장애

두정엽
촉각과 지각에 관여하는 머리의 위쪽 윗부분

체감각피질
감각정보를 받아들이는 것과 관련된 두정엽 앞쪽의 뇌피질

간이 이보다 훨씬 더 큰 부분인 몸통에 대한 체감각피질 공간보다 더 큰가? 대답은 입술이 훨씬 더 민감하기 때문이라는 것이다. 다원도 이렇게 말하겠지만, 입술에 닿는 (그리고 입술을 통과하는 것) 것은 복부나 등에 닿는 것보다 인간의 생존에 훨씬 더 많은 영향을 줄 수 있다. 예를 들어 파리가 등에 앉으면 우리는 그것을 눈치챌 수도 있고 그렇지 못할 수도 있다. 그러나 같은 파리가 입술에 앉으면 그것을 즉시 느낄 수 있다. 다른 종을 보더라도 체감각피질이 신체 부위의 진화적 중요성을 잘 드러낸다는 것을 알 수 있다. 예를 들어 쥐의 경우 상당히 큰 공간의 체감각피질이 수염에 할당되어 있는데 심지어 각각의 수염에 대응하는 엄청난 크기 공간이 따로 할당되어 있을 정도이다(Pinto et al., 2000).

전두엽 뇌 앞쪽에 있는 엽은 위치에 걸맞게 **전두엽**(frontal lobe)으로 불린다. 전두엽은 이마 바로 뒤에 있는 대뇌피질 부분으로 복잡한 사고과제, 계획, 의도적 행동 및 기타 고급의 기능에 관여한다. 이 장 초반부에서 언급했던 핵심 중 하나를 기억해보자. 즉 다른 종과 비교하여 인간에게 가장 독특한 능력들을 담당하는 뇌 부분은 뇌의 특정한 부위에 모여 있는 경향이 있다. 그 부위는 다른 아닌 전두엽이다.

　전두엽은 많은 기능들을 수행한다. 그러한 기능 중 일부는 아직도 발견되고 있는 중이다. 그러나 전두엽이 하는 기능들의 대부분은 여러 정보를 통합하고, 그러한 정보에 기초하여 무엇을 어떻게 해야 하는지 결정하며, 실제로 과제를 수행하는 등 다른 종과 비교하여 인간에게만 독특하게 나타난다는 것은 분명하다. 예를 들어 자동차를 구매하고자 한다고 가정해보자. 여기에서는 많은 단계들을 거칠 것이다. 즉 여러 자동차 제조사와 자동차 모델에 대한 정보(가격, 연비, 안전등급 등)를 수집하고, 하나의 자동차 모델을 선택하기 전까지 각각의 자동차 모델이 갖는 장단점을 비교하며, 어떻게 구매할지를 결정하고(자동차 판매점에서 직접 구매할 것인지, 웹사이트에서 구매할 것인지, 혹은 자동차를 구매하기 위해 대출을 받을 것인지 등), 실제로 차량을 구입하기 위해 필요한 과정(판매점에 가는 것, 가격을 협상하는 것, 필요한 서류를 작성하는 것 등)을 거치는 것 등이다. 이러한 각 단계들은 모두 인간에게 독특한 전두엽의 기능에 의존한다.

　전두엽의 맨 위 앞쪽에 위치하고 있는 부분인 **전전두엽**(prefrontal) 영역은 인간에게서 독특한 이러한 유형의 행동들과 특히 더 많이 관련되어 있다. 전전두엽은 인간 대뇌피질의 29%를 차지하는데, 이것은 인간과 가장 가까운 영장류 친척보다 2배 더 큰 것이다(Rilling, 2006; Schoenemann, 2006; Schoenemann et al., 2005; Semendeferi et al., 2001). 전전두엽 영역은 종종 **집행 제어**(executive control)의 측면에서 중요한 것으로 여겨진다(Olson & Colby, 2013). 집행 제어가 무엇을 의미하는지 이해하기 위해서 회사에서 집행부가 하는 일을 생각해보라. 집행부는 일상적이고 자동적으로 이루어지는 작업을 수행하지 않는다. 이것은 하위 수준의 종업원들이 하는 것이다. 대신, 집행부는 일상적이고 자동적인 작업을 감독하고, 그러한 작업 과정 중에 발생하는 비정상적인 문제들을 처리한다. 집행부의 직무에는 문제가 무엇인지 확인하여 정의하고, 여러 가지 해결책을 모색하며, 어려운 결정을 내리고, 전략을 세우며, 그러한 전략을 어떻게 구현할 것인지에 대해 다른 사람들에게 지시하는 것 등이 포함될 수 있을 것이다.

　전두엽의 전전두엽 영역은 집행부와 유사한 과제를 수행한다(Arciniegas, 2013; Banich, 2009). 즉 뇌의 다른 부분이 수행하는 일상적이고 자동적인 작업들을 감독하고, 비정상적인 상황을 사례

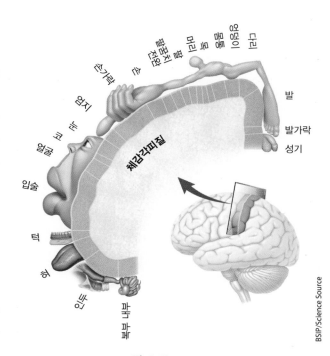

BSIP/Science Source

그림 2.13 체감각피질 두정엽 안에 체감각피질이라 불리는 피질영역이 있는데, 이것은 감각으로부터 정보를 받아들이는 것과 관련이 있다. 특정 신체 부위에 할당되는 체감각피질의 공간 크기는 신체 부위의 크기가 아닌 그 부위의 민감도에 의해 결정된다. 예를 들어 입술은 몸통에 비해 더 민감하기 때문에 입술이 훨씬 작음에도 불구하고 몸통보다 더 많은 공간을 차지한다.

전두엽
이마 바로 뒤에 있는 대뇌피질의 일부로 복잡한 사고과제, 계획, 의도적 행동 및 기타 고급 기능에 관여함

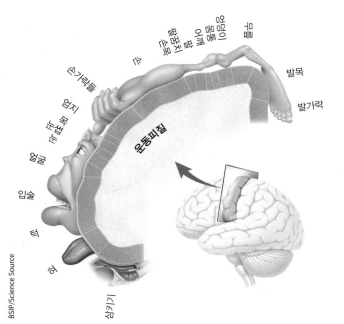

그림 2.14 운동피질 체감각피질의 공간 크기가 그러한 것과 마찬가지로 운동피질도 신체 부위의 크기가 아니라 운동 제어의 필요성에 따라 공간의 크기가 달라진다. 예를 들어 손가락들, 엄지손가락 및 혀는 모두 작은 부위들이지만 이들은 상당한 수준의 운동 제어를 요구하기 때문에 이들에 대한 운동피질 공간은 매우 크다.

별로 평가하고 통합하며, 그러한 상황에 대해 어떻게 해야 할지 결정한다. 예를 들어 여러분이 의사와의 중요한 진료예약 때문에 병원에 가고 있는 도중에 교통 체증이 발생했다고 가정해보자. 이때 뇌의 많은 부분들은 일상적이고 자동적인 작업을 수행한다. 예를 들어 후두엽은 도로 위에 쭉 줄지어서 꿈쩍하지 못하는 차량들을 보고, 측두엽은 라디오에서 교통정보를 듣는다. 또한 편도체는 진료시간에 늦어 검사를 받지 못할 수 있다는 두려움을 느끼고, 심지어 초기의 투쟁-도피 반응 신호를 보내기도 한다. 그러나 그러한 모든 정보원을 통합하고, 이에 대해 숙고하며, 가능한 선택 방안들을 만들어내고(예 : 다른 경로로 운전할 것인지, 내비게이션에 의존해서 내비게이션이 안내하는 경로로 운전할 것인지, 아니면 약속을 다시 잡던지 등), 그중 하나를 선택하여, 결정한 바에 따라 행동하는 것이 바로 전두엽, 특히 전전두엽 영역이다.

전두엽의 또 다른 중요한 부분은 **운동피질**(motor cortex)이다. 운동피질은 전두엽 뒤쪽 근처, 체감각피질 바로 앞에 있는 피질이다. 운동피질은 수의적 운동과 관련이 있다. 체감각피질과 마찬가지로 운동피질도 신체 전체의 부분들과 연결되지만 신체의 부분들로부터 (감각의 형태로) 정보를 받아들이기보다는 신체의 특정 부분에 (운동 지시의 형태로) 정보를 내보낸다(Chang et al., 2018; Rizzolatti & Strick, 2013; Wolpert et al., 2013). 체성신경계(somatic nervous system)의 도움을 받아, 문자 메시지를 보낼 때 엄지손가락이 움직이도록 하고 춤을 출 때 발이 움직이도록 하는 것이 바로 운동피질이다.

그림 2.14에 제시된 것처럼, 체감각피질과 마찬가지로 운동피질도 신체의 크기보다는 필요에 따라 그것의 공간을 할당한다. 즉 더 많은 운동 제어가 필요한 신체 부위는 그것의 실제 크기와는 상관없이 운동피질의 더 큰 공간을 통해 표상된다. 이 때문에 (작지만 상당한 수준의 기민함과 유연성을 가지고 있는) 손가락, 엄지, 혀와 같은 신체 부위는 운동피질에서 많은 공간을 차지한다. 마찬가지로 훨씬 더 크지만 운동 범위가 훨씬 더 제한적인 엉덩이와 허벅지가 운동피질의 공간을 거의 차지하지 않는 것도 이러한 이유 때문이다. 인간 이외의 동물에서 운동피질은 해당 종의 전형적 운동을 반영한다(Brown et al., 2013; Peters et al., 2017). 예를 들어 원숭이의 경우 발의 운동피질 공간은 사람의 발에 해당하는 공간보다 훨씬 더 크다. 원숭이가 발을 사용하여 물체를 잡고, 발을 사용하여 나뭇가지에 매달려 몸을 흔들거리는 것을 생각하면 그 이유를 알 수 있을 것이다. 이에 비해 인간은 발을 사용하여 걷거나 발가락을 꼼지락거리는 것 이외에는 발을 사용하여 하는 일이 그렇게 많지는 않다(Kalaska & Rizzolatti, 2013).

전두엽은 **브로카 영역**(Broca's area)도 포함하고 있다. 브로카 영역은 전두엽의 왼쪽에 위치하고 있는데 이것은 말하기와 관련성이 매우 높다. 앞서 설명했듯이 이 영역은 1800년대 중반 프랑스의 외과의사 폴 브로카(Paul Broca)가 뇌졸중 이후 말하는 능력이 심하게 제한된 사람을 부검하면서 발견되었다. 브로카는 이러한 전두엽의 특정 부분(운동피질 근처에 위치하기는 하지만 운동피질의 범위 안에는 포함되지 않는 부분)이 손상을 입은 유일한 뇌 부분이라는 것을 발견하였다. **브로카 실어증**(Broca's aphasia)은 브로카 영역의 손상으로 인한 언어장애이다. 브로카 실어증이 있는 사람들은 (베르니케 영역은 그대로 유지한다고 가정하면) 말을 이해하는 것에서는 아무런 문제가 없지만 말을 하는 것에서 어려움을 보인다(Kuhl & Damasio, 2013). 그들이 말할 때는 단어 사이에 매우 긴 시간 동안 정지가 있고, 문장을 구성하여 말해야 할 때도 가장 핵심적인 단어만 말하는 경

운동피질
전두엽 뒤쪽 근처의 대뇌피질로 자발적 운동에 관여함

브로카 영역
전두엽의 왼쪽 부분에 해당되고, 주로 말하기에 관여함

브로카 실어증
브로카 영역에서의 손상으로 인한 언어장애

우가 많다. 예를 들어 "빵을 더 사려면 상점에 가야 해."라고 말해야 할 때 "가야 해… 빵… "이라고 말하는 식이다. 브로카 실어증은 종종 **표현성 실어증**(expressive aphasia)이라고도 불리기도 하는데, 왜냐하면 브로카 실어증의 문제가 주로 말을 내보내는 것과 관련이 있기 때문이다. 이와는 대조적으로, 베르니케 실어증은 **수용성 실어증**(receptive aphasia)이라고 종종 불리는데, 이 실어증의 문제가 주로 언어를 받아들이는 것에서 나타나기 때문이다.

*Parks and Recreation*과 *Legion*을 비롯하여 많은 TV 프로그램과 영화에 출연했던 여배우 오브리 플라자(Aubrey Plaza)는 20세에 뉴욕대학교에 다닐 때 뇌졸중으로 일시적인 표현성 실어증을 겪었다. 그녀는 자신의 주변에서 일어나는 모든 것을 이해할 수는 있었지만 자신의 생각은 전달할 수 없었다. 그녀는 "당신이 무언가를 말할 때 나는 그것이 무슨 뜻인지는 알지만 내 생각을 표현하거나 글로 쓸 수 없었어요. 그게 가장 이상한 부분이었어요. 누군가 나에게 종이와 펜을 주었을 때 나는 단어 대신 줄만 계속 긋고 있었지요"(Patterson, 2016).

뇌 가소성

이 장의 앞부분에서 소개했던 뇌졸중을 경험한 미국 프로 풋볼 선수 테디 브루스키에 관한 예시를 기억하는가? 그는 회복하기 위해 자신의 신체 왼쪽을 다시 사용하는 법을 배우는 것이 필요했다고 말했다. 여기에서 주목해야 하는 것은 그가 그의 목표를 단 몇 개월 만에 달성했다는 점이다. 그의 몸만 변한 것이 아니었다. 뇌도 변하였다. 치료 전후에 걸쳐 테디 브루스키의 뇌영상을 비교해 보면 뇌졸중이 그에게서 앗아갔던 것을 되찾을 수 있도록 뇌의 특정 부분이 크기, 모양 또는 능력에서 실제로 변화가 있었다는 것을 알 수 있었다(Liepert et al., 2000). 다시 말해 그의 뇌는 **가소성**(plasticity), 즉 뇌가 손상이나 경험에 반응하여 구조나 기능을 적응시키는 능력을 보여주었다. plasticity라는 단어는 플라스틱(plastic)이 얼마나 융통성 있고 적응성이 좋은지 생각해보면 그 의미를 좀 더 잘 이해할 수 있다. 우리는 플라스틱을 음료수 병에서 쓰레기 봉투, 비디오 게임 콘솔, 보철 팔다리에 이르기까지 다양한 목적을 위해 다양한 형태로 성형할 수 있다. 놀랍게도, 우리의 뇌도 플라스틱과 같은 융통성과 적응성을 보여준다(Bavelier et al., 2009; McEwen, 2004; Neville & Sur, 2009).

뇌졸중 이후 뇌 가소성 측면에서 보면 테디 브루스키는 그가 젊었다는 것이 이점이 되었다(Kolb & Gibb, 2011; Kolb & Whishaw, 1998; Van Horn, 2004). 나이가 어릴수록 뇌의 가소성이 높아진다. 어린아이들의 뇌는 특히 더 가소성이 높다. 그렇다고 아이들이 뇌손상에서 완전히 회복된다는 것을 의미하는 것은 아니다. 다만 비슷한 수준의 뇌손상일 경우 성인보다 상대적으로 더 잘 회복된다는 것을 의미한다. 어린이의 두뇌는 덜 발달되어 있기 때문에 가소성이 더 높은 것이다. 구체적으로 말하면, 뇌의 여러 부분이 아직 전문화를 마치지 않았다는 것은 적어도 어느 정도는 뇌 부분들이 (손상된 뇌 부분은 더 이상 할 수 없는) 다른 기능을 할 수 있도록 전환될 수 있음을 의미한다.

신경생성   젊은 뇌가 오래된 뇌보다 더 좋은 또 다른 장점은 **신경생성**(neurogenesis) 역량, 즉 새로운 뉴런을 생성하는 역량이다. 신경생성은 뇌의 일부분에 손상이 있을 때 이를 해결하는 데 특히 유리한 전략이다. 기존의 뉴런을 취하여 그것의 작동 방식을 바꾸는 대신, 신경생성은 이전에 없던 뉴런을 새롭게 만드는 과정을 포함한다. 수년 동안 전문가들은 어린이만이 신경생성이 가능하다고 믿었다. 그러나 이제는 비록 훨씬 제한적이고 뇌의 특

가소성
뇌손상이나 경험에 반응하여 구조나 기능을 적응시키는 뇌의 능력

신경생성
새로운 뉴런의 생성

여배우 오브리 플라자(Aubrey Plaza)가 흔하지 않게 20세의 어린 나이에 뇌졸중을 일으켰을 때, 그녀는 자신의 생각을 말이나 글로 표현할 수 없는 일시적인 표현성 실어증을 앓게 되었다. 젊다는 것이 그녀가 빠르게 회복할 수 있는 열쇠가 되었다. 그녀의 뇌는 나이가 많은 뇌졸중 희생자들이 전형적으로 보이는 가소성보다 더 큰 가소성을 보였던 것이다.

Hahn Lionel/ABACA/Newscom

줄기세포
아직 전문화되지 않았기 때문에 필요에 따라 다양한 다른 세포가 될 수 있는 세포

정 부분(예 : 해마)에 국한되기는 하지만 성인도 신경생성이 가능하다는 것이 분명하다(Eriksson et al., 1998; Ming & Song, 2011; van Praag et al., 2002, 2004). 이것은 특정 기억손상과 심리장애를 포함하여 성인(특히 노인)에게서 흔히 나타나는 뇌 기능 문제에 대한 답을 찾는 연구자들에게 고무적인 발견이다(Deng et al., 2010).

아마도 뇌 안에서 (그리고 신체의 다른 부분에서도) 가장 가소성이 있는 요소는 **줄기세포**(stem cell)일 것이다. 줄기세포는 아직 전문화가 되지 않아 필요에 따라 다양한 다른 세포가 될 수 있는 세포이다. 줄기라는 단어가 시사하듯이, 줄기세포는 자라기 시작했지만 성장이 아직 끝나지 않은 세포이다. 줄기세포는 도움을 필요로 하는 어떤 뇌 부분의 요구에 민감하다(Woodbury & Black, 2004). 이에 따라 줄기세포는 기능을 상실할 수 있었던 손상된 뇌 영역을 회복시켜 그것의 기능을 되찾을 수 있도록 할 수 있다(do Nascimento & Ulrich, 2015; Gage, 2000; Zhao, 2015).

뇌손상 이후의 가소성 뇌졸중의 경우와 마찬가지로, 뇌는 때로 손상에 반응하여 가소성을 보인다(Sanes & Jessell, 2013d). 한 연구에서 연구자들은 연구 참가자의 두 손가락, 특히 약손가락과 집게손가락에 마취제(치과의사가 입을 마취시키기 위해 주입하는 것과 동일한 물질)를 주입하여 손가락 절단을 모사하였다. 그 결과 그들은 연구 참가자의 체감각피질에서 마취되었던 두 손가락에 해당하는 공간의 양이 감소한 반면 새끼손가락과 가운뎃손가락 및 엄지손가락에 해당하는 공간의 양은 증가한다는 것을 발견하였다. 기능할 수 있는 부분이 기능할 수 없는 부분을 대신할 수 있도록 뇌가 신체적으로 적응한 것이다(Rossini et al., 1994).

쥐를 대상으로 한 연구에서 연구자들은 콧수염을 움직이도록 명령을 전달하는 안면 뉴런을 절단하였다. 연구자들은 곧바로 각 쥐의 운동피질에서 흥미로운 반응이 나타난다는 것을 관찰하였다. 즉 콧수염에 해당하는 운동피질의 공간 크기는 감소한 반면 앞발에 해당하는 공간 크기는 증가한 것이다(Donoghue et al., 1990; Sanes & Donoghue, 2000; Sanes et al., 1990, 1992). 그것은 마치 뇌가 더 이상 콧수염을 움직일 수 없다면, 앞다리의 기민함을 높이는 차선책을 시도하는 전략을 채택한 것처럼 보였다. 그것은 주변에 무엇이 있는지 감지하기 위해 콧수염을 구준히 움직여야 하는 쥐들에게는 생사가 걸린 적응이라 할 수 있다. 이러한 상황에서, 쥐의 운동피질이 보인 가소성은 (음식을 찾고 위험을 피함으로써) 사는 것과 죽는 것 사이에 차이를 만들어낸 것이다.

생활 경험 이후의 가소성 뇌는 손상에 대한 가소성을 보여주는 것 이외에도 일상의 경험에 대한 가소성도 보여준다(Sanes & Jessell, 2013c). 한 연구에서는 점자(작은 점이나 융기의 패턴으로 글자가 표상되어 시각장애인이 손가락을 움직여 가며 만져봄으로써 글을 이해할 수 있도록 한 표기체계)를 읽는 사람들의 뇌를 검토하였다(Pascual-Leone & Torres, 1993). 연구자들은 이 사람들의 '판독 손가락'(오른쪽 집게손가락)에 해당하는 체감각피질 공간이 왼쪽 집게손가락에 해당하는 공간보다 상당히 커졌다는 것을 발견하였다. 또한 그러한 공간은 점자를 전혀 읽지 않는 사람의 양쪽 집게손가락에 해당하는 체감각피질 공간보다도 더 컸다.

빈곤도 시간이 지남에 따라 뇌를 변화시킬 수 있는 또 다른 경험이다. 특히, 빈곤한 삶을 오래 산 사람들의 해마, 후두엽, 전두엽, 그리고 기타 뇌 영역의 평균 크기는 부유한 조건에 사는 사람들에 비해 더 작다. 이러한 뇌 부분들은 크기에서의 차이뿐만 아니라 기능에서의 차이도 존재한다. 예를 들어 이러한 뇌 부분들은 가난한 조건에서 사는 사람들의 경우 부유한 조건에 사는 사람들만큼 빠르거나 잘 작동하지 않는다(Hanson & Hackman, 2012). 이러한 결과는 사회경제적 지위, 가족소득 및 교육수준을 포함한 다양한 빈곤 측정치들에 걸쳐 일관적으로 관찰된다. 빈곤과 뇌 사

이의 이러한 관련성에 대한 구체적인 이유가 무엇인지에 대해서는 아직 연구 중이지만 높은 스트레스 수준, 환경 자극 부족 혹은 기타의 요인들이 가능한 이유가 될 수 있을 것이다(Hanson et al., 2012).

특정 문화집단에서의 생활 경험도 뇌를 변화시킬 수 있다(Dominguez et al., 2009; Freeman et al., 2009b; Rule et al., 2013). 여러 연구에 따르면 개인주의 경향이 있는 서구 문화 구성원(미국 및 여러 유럽 국가들)과 집단주의 경향이 있는 동아시아 문화 구성원(많은 아시아 국가들) 사이에 특정한 뇌 차이가 있음을 발견하였다(Tang & Liu, 2009). 예를 들어 한 연구자 집단은 전전두엽피질(구체적으로는 내측 전전두피질)의 일부를 포함하여 보상의 느낌(feeling of reward)과 관련된 뇌의 일부가 대비적인 신체언어에 대해 다른 방식으로 반응한다는 것을 발견하였다. 구체적으로, 연구자들은 일본과 미국 참가자들 모두에게 두 가지 종류의 그림을 보여주었다. 한 종류는 복종적인 자세를 취하는 사람(집단 문화에서 더 선호됨)의 그림이고, 다른 종류는 지배적인 자세를 취하는 사람(개인적 문화에서 더 선호됨)의 그림이었다. 그 결과 일본인 참가자의 뇌에 있는 보상 시스템은 복종적인 인물을 보았을 때 더 활발했지만 미국 참가자의 뇌에 있는 보상 시스템은 지배적인 인물을 보았을 때 더 활발하였다(Freeman et al., 2009a)(그림 2.15).

언어조차도 뇌에 상이한 영향을 줄 수 있다(Bolger et al., 2005; Chen et al., 2009; Gandour, 2005). 예를 들어 한 연구에 따르면 제시된 자극이 영어 단어(낱자열로 형성됨)인지 혹은 한자(전체적인 시각 자극으로 형성됨)인지에 따라 후두엽에서 서로 다른 부분이 활성화된다는 것을 발견하였다(Tan et al., 2000). 다른 연구에는 영어의 경우 동사와 명사가 각각 뇌의 특정 부분에서 따로 처리되지만, 동사와 명사를 구별하지 않는 언어인 중국어의 경우는 하나의 단어가 그것이 사용되는 맥락에 따라 뇌의 많은 상이한 부분들에서 처리된다는 것을 발견하였다(Li et al., 2004).

심리치료 이후의 가소성 뇌를 변화시키는 또 다른 경험은 심리치료이다. 심리적 문제에 대한 약물치료가 뇌에서의 변화를 가져올 수 있다는 것은 별로 놀라운 일이 아니다. 어찌되었건 자낙스(Xanax), 졸로프트(Zoloft), 콘서타(Concerta)와 같은 약물은 뇌를 변화시키도록 설계된 것이기 때문이다. 그러나 연구들은 (약물치료가 없는 대화치료인) 심리치료도 마치 약물치료를 한 것처럼 종종 뇌를 변화시킨다는 것을 보여주었다(Cozolino, 2010; Linden, 2012). 예를 들어 공포증

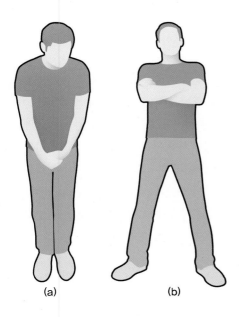

(a)   (b)

그림 2.15 지배적이고 복종적인 신체언어에 대한 문화적으로 독특한 뇌 반응 문화 경험은 뇌 활동에 영향을 줄 수 있다. 한 연구에서 참가자들은 복종적(일반적으로 집단주의 문화에서 더 선호됨) 또는 지배적(일반적으로 개인주의 문화에서 더 선호됨) 자세를 보이고 있는 사람의 그림을 보았다. 보상의 느낌과 관련된 뇌 부분(전전두엽피질 부분을 포함)은 일본인 참가자가 복종적인 인물을 모습을 보았을 때, 반면 미국인 참가자가 지배적인 인물을 보았을 때 더 활발하였다(Freeman et al., 2009a).

(제13장에서 더 자세히 다루는 불안장애)을 가진 내담자들은 약물치료를 받았는지 아니면 인지행동 심리치료를 받았는지에 관계없이 변연계와 뇌의 다른 부분의 활동에서 비슷한 변화를 보였다(Linden, 2006; Paquette et al., 2003; Johanson et al., 2006; Straube et al., 2006). 심리치료와 약물치료가 동일한 방식으로 뇌의 동일한 부분을 변화시킨다는 이와 유사한 결과들이 강박장애, 공황장애, 우울증 및 기타 장애가 있는 내담자들에게서도 발견되었다(Baxter et al., 1992; Brody et al., 2001; DeRubeis et al., 2008; Furmark et al., 2002; Goldapple et al., 2004; Mancke et al., 2018; Nakatani et al., 2003; Nascimento et al., 2018; Penades et al., 2002; Sakai et al., 2006; Steiger et al., 2017; Wykes et al., 2002).

학습 확인

2.11 얼마나 특정 뇌 기능이 뇌의 특정 부분에 국한하여 전문화될 수 있는가?

2.12 일반적으로, 인간 뇌의 바닥층에 있는 부분들은 바깥층에 있는 부분들과 어떻게 다른가?

2.13 뇌간은 어디에 위치하고 하는 일은 무엇인가?

2.14 소뇌는 어디에 위치하고 주요 기능은 무엇인가?

2.15 시상의 주요 기능은 무엇인가?

2.16 변연계란 무엇이고 주요 기능은 무엇인가?

2.17 뇌의 어떤 부분이 변연계에 포함되어 있고, 각 부분의 주요 기능은 무엇인가?

2.18 대뇌와 대뇌피질의 주요 기능은 무엇인가?

2.19 뇌량이란 무엇이고 주요 기능은 무엇인가?

2.20 왜 뇌량이 분할뇌 수술에서 절단되는가?

2.21 대뇌의 4개의 엽은 무엇이고 각 엽의 특징적 기능은 무엇인가?

2.22 연합령이란 무엇이고 이것이 하는 일은 무엇인가?

2.23 가소성은 무엇이고 이것은 언제 일어날 가능성이 가장 높은가?

신경계와 내분비계

학습 목표

2.24 신경계
2.25 중추신경계와 말초신경계의 차이
2.26 말초신경계
2.27 자율신경계
2.28 내분비계
2.29 주분비선

신체에는 다양한 정보를 받고 보내도록 설계된 두 가지의 미세하게 조율된 의사소통체계가 있다 ―신경계와 내분비계.

신경계

신경계(nervous system)는 뇌를 신체의 다른 모든 부분과 연결하는 신경의 전체 집합이다. 신경계는 뇌로 하여금 신체의 모든 부분으로부터 메시지를 받고 보내는 지휘본부의 역할을 할 수 있게 한다. 이 장의 앞부분에서 기술하였듯이, 신경계의 기본적인 구성요소는 뉴런, 즉 신경계 안에서 의사소통을 촉진하는 세포이다.

중추신경계와 말초신경계   신경계의 핵심은 뇌와 척수로 구성되는 **중추신경계**(central nervous system)이다. 뇌와의 모든 의사소통은 중추신경계를 통해 이루어져야 한다. 그러나 어두운 곳에서 스마트폰을 찾는 경우와 같이 때에 따라서는 뇌와 척수를 넘어 손이나 발과 같은 신체 부위의 범위까지로 의사소통이 확대될 수 있다(Brodal, 2010). 이러한 종류의 의사소통에는 중추신경계뿐만 아니라 중추신경계를 신체의 다른 부분에 연결하는 뉴런인 **말초신경계**(peripheral nervous system)도 필요하다. 이 용어에서 말초(peripheral)라는 단어의 의미는 중심에서 벗어난 주변이라는 것을 나타낸다. 따라서 말초신경계는 중심(뇌와 척추)에서부터 주변(신체의 다른 모든 부분)으로 뻗어가는 신경적 연결을 의미한다.

체신경계와 자율신경계   말초신경계는 체신경계와 자율신경계의 두 부분으로 구성된다. **체신경계**

신경계
뇌를 신체의 다른 모든 부분과 연결하는 신경의 전체 집합

중추신경계
뇌와 척수

말초신경계
중추신경계를 신체의 다른 부분에 연결하는 뉴런

체신경계
자발적으로 조절되는 신체 부위들로 중추신경계를 연결하는 말초신경계의 부분

(somatic nervous system)는 말초신경계의 한 요소이고 자발적으로 제어하는 신체 부분으로 중추신경계를 연결한다. 배낭 안에 손을 넣어 휴대전화를 찾는 것이 체신경계가 하는 일의 한 가지 예시이다. 사실, 우리가 자각하는 감각이나 행동은 체신경계를 통해 이루어진다.

이와는 대조적으로, 말초신경계의 또 다른 요소인 **자율신경계**(autonomic nervous system)는 무의식적으로 제어하는 신체 부위에 중추신경계를 연결한다. 자율신경계는 심장박동이나 음식 소화와 같이 생각할 필요가 전혀 없는 신체 기능을 조절한다. 신체 전체에 퍼져 있는 체신경계와는 달리, 자율신경계는 대부분의 장기가 있는 신체 내부에 주로 연결된다(Amaral & Strick, 2013; Horn & Swanson, 2013).

그림 2.16에 예시되어 있듯이, 자율신경계에는 두 가지 부분이 있다. 하나는 여러분이 흥분되거나 각성되도록 하는 데 도움이 되는 반면 다른 하나는 여러분이 이완되거나 억제되도록 하는 데 도움이 된다(Garrett, 2015). 구체적으로, **교감신경계**(sympathetic nervous system)는 스트레스에 대한 반응으로 신체를 각성시키는 자율신경계의 한 부분인 반면, **부교감신경계**(parasympathetic nervous system)는 스트레스원이 감소하였을 때 신체를 진정시키는 자율신경계의 한 부분이다. 제10장에서는 스트레스에 대해 좀 더 자세히 논의하면서 투쟁-도피 반응에 대해 탐구할 것이다. 투쟁-도피 반응(fight-or-flight response)이란 지각된 위협에 대해 공격하거나 피할 수 있도록 준비시키는 자율적, 정서적, 신체적 반응이다. 여기에서는 교감신경계는 투쟁-도피 반응을 활성화하는 반면, 부교감신경계는 그것을 억제한다는 것을 알아두는 것이 중요하다.

스트레스원(특히 갑작스러운 스트레스원)에 대한 신체 반응은 대부분 통제를 벗어난다는(즉 자율적인) 것을 알고 있을 것이다. 예를 들어 집 근처를 혼자 걸어 다니고 있는데 목줄도 하지 않은 거대한 개가 으르렁거리면서 아무런 경고 없이 여러분에게 달려든다면 교감신경계는 일련의 신체 반응을 촉발한다. 즉 심장이 더 강하고 빨리 뛰고, 호흡은 더 가쁘고 헐떡이게 되며, 땀을 흘리기 시작한다. (실제로, 눈에 띄지 않는 다른 변화도 나타난다—동공이 확장되고, 위가 소화를 늦추며, 간과 신장이 특정 물질을 더 많이 생성한다.) 이러한 모든 변화들은 투쟁-도피 반응이라고 불

자율신경계
무의식적으로 제어되는 신체 부위들로 중추신경계를 연결하는 말초신경계의 부분

교감신경계
스트레스원에 반응하여 신체를 각성 혹은 흥분시키는 자율신경계의 부분

부교감신경계
스트레스 요인이 줄어들 때 몸을 진정시키는 자율신경계의 부분

교감신경계	부교감신경계

눈—시각을 민감하게 하기 위해 동공을 확장시킨다.
허파—호흡률을 증가시킨다.
심장—심박률을 증가시킨다.
위/내장—에너지가 신체의 다른 부위로 갈 수 있도록 소화를 억제시킨다.
피부—땀 분비를 촉진한다.

우악!!!

휴우!

눈—동공을 수축(좁게)한다.
허파—호흡률을 감소시킨다.
심장—심박률을 감소시킨다.
위/내장—소화를 재개한다.
피부—땀 분비를 억제한다.

그림 2.16 교감신경계와 부교감신경계 자율신경계 내에서 교감신경계는 동공을 넓히고, 심박률을 증가시키며, 호흡속도를 높여 스트레스원에 대한 반응으로서 신체가 각성되도록 한다. 부교감신경계는 스트레스원이 감소했을 때 모든 신체 부위를 휴식 상태로 되돌림으로써 신체가 이완되도록 한다.

내분비계
혈류를 통해 몸 전체에 호르몬을 보내는 분비
선들의 집합

호르몬
내분비계 분비선에서 만들어진 화학물질로 신
체 전체의 특정 조직에 영향을 미침

뇌하수체
인간의 성장호르몬을 생성하고 신체의 다른 모
든 분비샘들을 제어하는 뇌의 '주분비선'

리는 것을 할 수 있도록 돕기 위해 설계된 것이다. 즉 위협에 맞서 싸우거나 가능한 빨리 그것으로부터 도망가도록 한다. 여러분이 긴장하고 있던 바로 그 순간, 개가 여러분의 바로 앞에서 갑자기 멈춘다. 개가 있던 마당에는 보이지 않는 전기 울타리가 있다는 것을 알려주는 표지가 보인다. 몇 초도 되지 않아 여러분은 그 집, 그 개, 그리고 그 위협을 빠르게 지나친다.

이때는 부교감신경계가 활성화되어 교감신경계가 흥분시켰던 신체 상태를 원래의 이완된 상태로 되돌린다. 부교감신경계는 심장, 폐, 위 그리고 그 밖의 모든 것을 정상으로 회복시킨다. 그러나 이 과정은 즉각적으로 이루어지는 것은 아니다. 위협이 더 이상 존재하지 않는다는 것을 알고 있더라도 신체가 정상으로 돌아오기까지는 몇 분이 걸릴 수 있다. 실제로, 그 개로부터 몇 블록 떨어진 곳에 있어도 여러분은 아직도 땀이 나고, 심장이 두근거리며, 심호흡이 지속되는 것을 알 수 있을 것이다. 그림 2.17에 제시되어 있듯이, 그것이 바로 자율신경계, 그리고 이것의 두 가지 하위 요소인 교감신경계와 부교감신경계가 하는 일이다. 즉 생존 가능성을 극대화하기 위해 스트레스원이 있을 때 (혹은 스트레스원이 없을 때에도) 자동적으로 신체의 반응을 제어하지만 이러한 과정에서 우리가 자발적으로 할 수 있는 일은 많지 않다.

내분비계

뉴런을 통해 뇌와 나머지 신체 사이에 메시지를 보내는 신경계와는 달리, **내분비계**(endocrine system)는 혈류를 통해 신체 전체에 호르몬을 보내는 분비선들로 구성된다. 내분비계의 분비선에서 만들어진 화학물질인 **호르몬**(hormone)은 신체 전체의 특정 조직에 영향을 미친다. 호르몬은 식욕, 기분, 에너지 수준, 수면시간, 성욕, 신진대사, 소화 등을 포함한 신체 안에서 이루어지는 거의 모든 중요한 기능에 영향을 준다.

 내분비계는 신경계와 같은 속도로 작동하나요?

아니다. 내분비계는 신경계보다 훨씬 더 느리게 작동한다. 신경 메시지는 뉴런을 통해 매우 빠른 속도로 이동하지만 호르몬은 혈류를 통해 흘러나오기 시작하여, 효과를 발휘하고, 그리고 궁극적으로 효과를 멈추는 것에서 시간이 오래 걸린다. 성적 발달(사춘기)과 가장 밀접하게 관련된 친숙한 호르몬인 **테스토스테론**(testosterone)과 **에스트로겐**(estrogen)을 고려해보자. 사춘기였던 중학교 시절을 떠올려보면 그러한 호르몬들은 몇 초가 아닌 몇 개월에 걸쳐 효과를 발휘했다는 것을 기억할 수 있을 것이다. 남학생들의 수염이 즉시 자란 것은 아니었고, 여학생들의 가슴이 즉시 발달한 것도 아니었다. 이보다는 점차적으로 증가하는 방식으로 남학생들의 내분비계는 테스토스테론을, 여학생들의 내분비계는 에스트로겐을 방출한 것이다. 그러한 호르몬들은 해당되는 신체 부위에 기대했던 효과를 조금씩 미쳤고, 이후 (일부의 경우 시작한 지 몇 년이 지난 후에) 그 효과가 느려져 궁극적으로는 멈추게 되었다.

내분비계에는 많은 분비선이 있지만 그중에서 뇌 안의 **뇌하수체**(pituitary gland)가 '주분비선(master gland)'이다. 이것은 인간 성장호르몬을 생성하고 신체의 다른 모든 분비선을 제어한다. 연필 끝의 지우개보다 작은 크기지만 뇌하수체는 직접적으로 또는 다른 분비선의 제어를 통해 성장, 신진대사율, 신체의 지방과 근육의 비율, 사춘기의 시작 시점, 혈압, 체온, 출산 후 모유 생산 등을 포함한 매우 중요한 기능들을 담당한다.

그림 2.18은 뇌하수체를 포함하여 내분비계의 중요한 분비선들의 목록을 보여주고 있다. 이 목

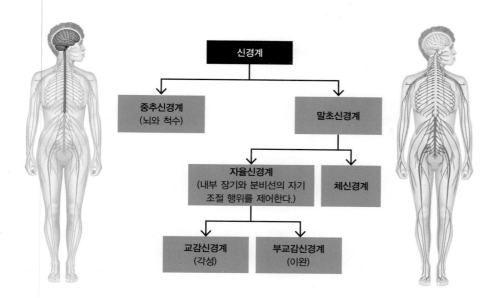

그림 2.17 신경계 조직 인간 신경계의 가장 기본적인 구분은 중추신경계와 말초신경계이다. 말초신경계는 다시 체신경계와 자율신경계로 더 나뉜다. 자율신경계는 다시 교감신경계와 부교감신경계로 나뉜다.

록에는 **부신**(adrenal gland)도 포함되어 있다. 이것은 신장 위에 위치하고 있는데 스트레스에 반응하여 신체를 각성시키는 호르몬들을 생성한다. 이러한 호르몬들 중에 우리가 잘 알고 있는 것 하나가 아드레날린(adrenaline)이다. 큰 경기를 치르거나, '귀신들렸다'고 알려진 집 안을 걸어 다니거나, 혹은 산악자전거를 타고 가파른 경사면을 내려오는 경우와 같이 여러분이 '아드레날린이 뿜어져 나오고 있다'는 것을 알아차리는 때는, 실제로 부신이 그 기능을 발휘하고 있는 때이다. 아드레날린은 에피네프린(epinephrine)으로도 알려져 있다. 에피네프린 주사제인 에피펜(EpiPen)은 알레르기 반응에 의해 호흡에 장애가 발생했을 때 생명을 구할 수 있다. 에피네프린 주사제는 부신에서 이미 생산된 에피네프린과 결합하여 위기에 대해 신체가 충분하게 대처할 수 있도록 신체의 자연스러운 스트레스 반응(특히 기도 확장과 심박률 증가)을 활성화하도록 돕는다. 에피네프린 주사제는 또한 심장마비 환자를 구하는 데도 사용된다.

부신에서 생성되는 또 다른 호르몬은 스트레스 호르몬이라는 별칭을 갖고 있는 코르티솔

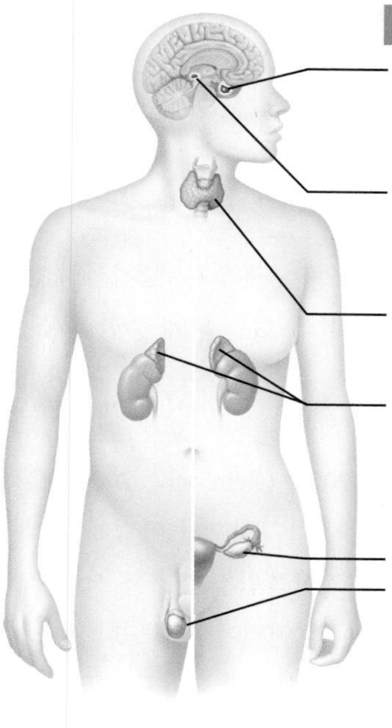

부신

신장의 위쪽에 위치한 분비선으로 스트레스에 반응해 신체를 각성시키는 호르몬을 생성함

분비선	위치	기능
뇌하수체	뇌	'주분비선' : 다른 분비선들을 제어하고 인간의 성장호르몬을 생성한다.
송과선	뇌	수면과 각성의 순환에 영향을 주는 세로토닌과 관련된 호르몬인 멜라토닌을 생성한다.
갑상선	목	신진대사, 체온, 혈압에 영향을 미치는 호르몬을 생성한다.
부신	신장	스트레스에 반응하는 아드레날린과 기타 호르몬을 생성한다.
난소(여성) 고환(남성)	생식계	성적 발달과 성욕에 영향을 미치는 테스토스테론과 에스트로겐을 생성한다.

그림 2.18 내분비계의 대표적 분비선 내분비계에는 다양한 분비선이 포함된다. 어떤 것은 뇌에 있고 어떤 것은 신체의 여러 부분에 위치하고 있다. 뇌하수체 또는 '주분비선'은 다른 분비선들을 제어한다.

(cortisol)이다(Cozolino, 2008). 스트레스를 연구하는 심리학자들은 종종 스트레스를 측정하는 객관적인 방법으로 코르티솔 수치를 사용한다. 코르티솔 수치는 스트레스 수준에 대한 좋은 지표일 뿐만 아니라 측정하기 용이하기 때문이다. 코르티솔 수치를 측정하기 위해 혈액검사가 필요한 것은 아니다(물론 혈액검사를 통해서도 코르티솔 수치를 확인할 수 있다). 머리카락이나 타액을 분석하기만 하면 된다. 예를 들어 한 연구에 따르면 (높은 스트레스 수준으로 악명 높은 시간인) 임신 3기에 있는 여성의 머리카락에는 임신하지 않은 여성에 비해 코르티솔이 2배 정도 더 많이 포함되어 있는 것을 발견하였다(Kirschbaum et al., 2009). 유아를 대상으로 수행된 한 연구는 엄마와의 분리나 예상하지 못한 육체적 고통을 포함한 유아에게는 스트레스가 될 수 있는 일을 경험한 직후에는 유아의 타액에 더 많은 양의 코르티솔이 포함되어 있다는 것을 발견하였다(Kirschbaum & Hellhammer, 1994; Larson et al., 1991; Lewis & Thomas, 1990). 최근에는, 연구자들은 심지어 타액 샘플을 실험실로 보내는 시간과 비용을 피하면서 사람들이 자신의 타액에 포함된 코르티솔의 양을 테스트할 수 있는 스마트폰 앱(현재 미국식품의약품국의 승인을 기다리고 있다)을 개발하기도 하였다(Choi et al., 2014).

학습 확인

2.24 신경계는 어떻게 뇌를 신체 모든 다른 부위들과 연결하는가?

2.25 중추신경계와 말초신경계의 차이점은 무엇인가?

2.26 말초신경계의 두 부분은 무엇이고 각 부분의 기능은 무엇인가?

2.27 자율신경계의 두 부분은 무엇이고 각 부분의 기능은 무엇인가?

2.28 내분비계란 무엇인가?

2.29 어떤 분비선이 주분비선이라고 불렸고, 그 이유는 무엇인가?

뇌 들여다보기

학습 목표

2.30 뇌전도

2.31 컴퓨터 단층촬영법

2.32 자기공명영상법

2.33 양전자방출 단층촬영법

2.34 기능적 자기공명영상법

뇌의 부분들과 뇌 안에서의 활동을 포함하여 뇌에 대한 이러한 모든 지식을 우리는 어떻게 얻었을까? 심리학은 어떻게 골상학(두개골의 모양에 기초하여 뇌 영역과 능력 사이의 연관성을 추측하는 것)에서부터 100년 정도 만에 뇌의 내부 작용에 대한 생생하고 상세하며 놀라운 영상을 얻을 수 있기까지 진화할 수 있었을까? 그 대답은 기술의 진보와 밀접한 관련이 있다(Van Horn, 2004). 여기에서는 오늘날에도 여전히 사용되는 가장 오래된 형태의 뇌 관찰 기술로부터 시작하여 가장 최신의 뇌 연구방법으로 진행하면서 뇌 연구방법에 대해 소개하고자 한다.

뇌전도

뇌전도(electroencephalography, EEG; 뇌파검사법)는 두피에 전극을 부착한 후 뇌 안에서의 전기적 활동을 기록하는 기법이다. 이 기법은 1920년대에 처음 사용되었다. EEG는 뇌에 대한 그림은 만들지 않는 대신 뇌의 두 지점 사이의 전기적 활동을 나타내는 그래프를 생성하여 보여준다(Millett, 2001). 구체적으로, EEG는 뇌의 두 지점 사이의 전압 차이를 측정하는데, 이러한 차이는 두 지점 사이의 뉴런 활동을 나타낸다(Coburn et al., 2006; Frey & Spitz, 2013; Olejniczak, 2006). EEG를 사용하는 심리학자와 다른 전문가는 뇌의 특정 지점 사이의 정상적인 그래프가 어떻게 나타나는지 알고 있다. 이러한 정상적인 그래프와 환자의 EEG가 보이는 비정상적인 그래프를 서로 비교함으로써 비정상을 확인할 수 있다. 이러한 비교가 어떤 뉴런들 사이의 연결에서 과도한 전기 활동이 있다는 것을 나타낸다면 그것은 발작의 가능성을 나타낼 수 있다. 이러한 이유로, EEG는 간질

뇌전도(EEG)

뇌의 전기적 활동을 기록하기 위해 전극을 두피에 부착하여 뇌파를 검사하는 기술

과 같은 발작과 관련된 장애를 평가하는 데 매우 적합한 것으로 여겨진다(Westbrook, 2013).

컴퓨터 단층촬영법

심리학자가 뇌를 들여다보는 능력, 특히 뇌의 특정 부위에 위치를 찾는 능력은 1970년대에 **컴퓨터 단층촬영법**(computed tomography, CT)의 도입으로 크게 발전하였다. 뇌전도와 비교한다면 큰 걸음을 내디딘 것이다. CT는 중다의 X-선을 결합하여 뇌에 대한 3차원 영상(이미지)을 만들어내는 기법이다. CT를 통해 각각의 X-선이 만들어내는 영상을 독립적으로 관찰할 수 있는데, 각각의 X-선은 뇌의 단면에 대한 2차원 영상을 제공해준다. 컴퓨터는 이러한 2차원 영상들을 여러 개 결합하여 3차원 영상을 만들어낼 수 있다(이 과정은 실제로 3D 프린터가 작동하는 방식과 유사하다. 즉 어떤 물체의 2차원적 단면들을 결합하여 3차원적인 전체 형태를 만들어내는 것과 유사하다). CT 스캔은 뇌에 대한 영상을 회색 음영으로 생성한다. 이러한 영상을 통해 심리학자들은 뇌실 또는 뇌의 빈 공간(이러한 것들은 검은색으로 나타난다)과 뇌질(brain matter, 조밀하고 흰색에 가깝게 보인다)을 구별할 수 있다. 이러한 차이는 환자가 알츠하이머병 또는 조현병과 같이 뇌실이 커지는 특징이 있는 질병이 있는지 여부를 평가할 때 중요하다(Hurley et al., 2013). 심리학자는 회색 음영의 미묘한 차이에 기초하여 **병변**(lesion)의 위치, 즉 손상되거나 파괴된 뇌 조직의 위치도 탐지할 수 있다. CT 스캔을 통해 병변을 탐지하는 것은 다음부터 소개할 좀 더 정교한 형태의 기술에 비하면 다소 조잡하다.

자기공명영상법

1980년대에 등장한 뇌영상 기술의 다음 단계는 **자기공명영상법**(magnetic resonance imaging, MRI)으로, 이것은 자기장과 라디오파(라디오 주파수대의 전자기파)를 통해 뇌 구조에 대한 영상을 만드는 데 사용되는 기술이다. MRI는 CT 스캔보다 훨씬 자세한 영상을 제공한다. 자기공명영상법이라는 명칭에서 **자기**(magnetic)가 의미하는 바는 MRI가 뇌 주위에 강한 자기장을 쏘아 수소원자에서 자연적으로 나오는 라디오파를 측정하는 방식으로 작동한다는 것을 나타낸다. (다른 신체와 마찬가지로 뇌도 H_2O, 즉 물을 함유하고 있다.) MRI로 뇌를 촬영할 때는 대개의 경우 자기장을 발생시키는 큰 자석통 안에 환자가 눕게 된다(최신의 일부 MRI는 환자가 서거나 혹은 앉은 상태에서 촬영이 이루어지기도 한다). 그러나 이 절차는 자석통 안으로 들어가 눕기에 몸집이 너무 크거나 혹은 가만히 안정된 상태로 있지 못하고 몸을 자꾸 움직이는 환자에게는 문제가 될 수 있다. CT 스캔과 마찬가지로 MRI는 병변뿐만 아니라 종양이나 기타 뇌 구조에서의 비정상을 찾는 데 우수한 기능을 발휘한다. 비록 MRI는 CT 스캔보다 시간이 오래 걸리고(전형적으로 30~60분) 비용도 많이 들지만, MRI가 제공하는 높은 해상도는 심리학자로 하여금 뇌를 좀 더 잘 관찰할 수 있도록 해준다(Erhart et al., 2005; Gupta et al., 2004; Symms et al., 2004).

양전자방출 단층촬영법

MRI의 한계 중 하나는 이것이 뇌 구조(brain structure)를 보여주는 것이 전부라는 것이다. 즉 MRI는 뇌의 부분을 보여주기는 하지만 그러한 뇌 부분 안에서 어떠한 활동이 이루어지고 있는지는 보여주지 않는다(이러한 한계는 CT 스캔도 마찬가지다). 이것은 마치 건물의 건축 청사진을 볼 수는

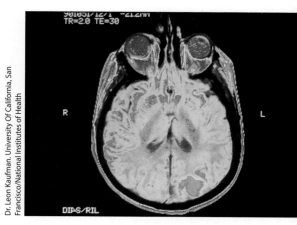

자기공명영상법은 뇌 구조에 대한 영상을 만들어내기 위해 자기장과 라디오파를 사용하는 기술이다. MRI는 컴퓨터 단층촬영(CT) 스캔보다 훨씬 더 세밀한 영상을 제공해준다.

컴퓨터 단층촬영법(CT)
여러 개의 X-선을 조합하여 뇌에 대한 3차원 영상을 만드는 기술

병변
뇌 조직의 손상 또는 파괴

자기공명영상법(MRI)
뇌 구조에 대한 영상을 만들기 위해 자기장과 라디오파가 사용되는 기술

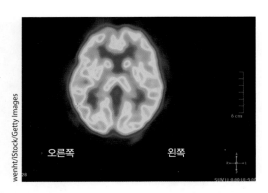

양전자방출 단층촬영법(PET)은 방사능 물질이 포함된 포도당을 신체에 주입한 후 뇌 부분들에서 포도당이 어떻게 소비되는지를 관찰함으로써 뇌 구조에서의 활동을 보여주는 기술이다. MRI나 CT 스캔과 달리 PET 스캔은 뇌 구조뿐만 아니라 뇌 기능도 보여준다.

있지만 그 건물 안에서의 사람들의 움직임 패턴은 볼 수 없는 것과 유사하다. 뇌영상 기술에서 가장 최근의 두 가지 혁신적 기술은 뇌 구조만을 볼 수 있게 하는 수준에서부터 뇌 기능까지 살펴볼 수 있게 하는 수준으로 뇌영상 기술을 도약하게 하였다. 이것은 이제 뇌 안에서의 활동도 보여줄 수 있게 되었다는 것을 의미한다. 최근의 한 가지 혁신적인 뇌영상 기술은 **양전자방출 단층촬영법**(positron emission tomography, PET)이다. 이것은 신체에 방사능 물질이 섞인 포도당을 주입한 후 뇌의 여러 부분에서 이 포도당이 어떻게 소비되는지 촬영함으로써 다양한 뇌 구조들에서의 활동을 살펴볼 수 있는 기술이다. 방사능 물질이 섞인 포도당은 일반적으로 팔꿈치 근처의 정맥에 주입되지만 필요한 경우 가스로 흡입될 수도 있다. 그러한 포도당이 일단 혈류 속에 들어가면 뇌를 포함한 신체 전체로 이동한다. 뇌의 각 부분에 공급되는 혈액의 양은 그 부분이 얼마나 많이 사용되고 있는지에 따라 달라진다. 즉 많이 사용되는 뇌 부분에 더 많은 혈액이 공급된다.

혈액에 방사능 포도당이 섞여 있으면 PET 스캐너는 이것을 탐지할 수 있다. 따라서 PET 스캔은 뇌의 특정 활동과 뇌의 특정 부분을 연결하여 살펴보는 데 훌륭한 방법이다(Little et al., 2013; Miletich, 2009). 예를 들어 TV에서 흥미진진한 농구경기를 볼 때 활성화되는 특정 뇌 부분이 어디인지 PET 스캔을 통해 확인할 수 있을 것이다. 마찬가지로 배가 고프거나 혹은 어린 시절의 기억을 떠올릴 때 각각 활성화되는 또 다른 뇌 부분들에 대한 영상도 PET 스캔으로 알아볼 수 있다. 한 연구는 좋아하는 음악을 듣는 사람들의 뇌에 대한 PET 스캔은 전전두엽 피질과 편도체를 포함한 보상과 감정에 관여하는 뇌 부분에서 매우 높은 수준의 활동을 특징적으로 보인다는 것을 발견하였다(Blood & Zatorre, 2001). 다른 연구는 하프 마라톤 코스를 주행한 장거리 주자 10명의 뇌에 대한 PET 스캔을 통해 장거리 달리기 이후 주자들이 경험하는 일종의 희열감이 전전두엽 피질과 변연계를 포함한 뇌의 특정 부분에서의 증가된 활동과 관련이 있다는 것을 보여주었다(Boecker et al., 2008).

기능적 자기공명영상법

뇌 구조보다는 뇌 기능을 보여주는 능력에서 PET와 유사한 기법이 **기능적 자기공명영상법**(functional magnetic resonance imaging, fMRI)이다. 이 기법에서는 뇌 활동에 대한 영상을 만들기 위해 자기장이 사용된다.

  fMRI와 MRI는 어떻게 다른가요?

fMRI는 일반적인 MRI와 마찬가지로 자석을 활용한 기술을 사용하기는 하지만, 이것은 특정 시간에 뇌의 특정 부분에서 일어나는 뇌의 대사(즉 에너지의 사용)를 탐지할 수 있다(Dickerson, 2007; Small & Heeger, 2013). 그러한 대사는 혈액 속의 산소 변화량으로 알 수 있다. 특정 뇌 영역에서 산소량의 변화는 fMRI의 자기장에 반응하는 독특한 속성을 가지고 있다. fMRI는 이러한 특성을 이용하여 우리가 말하거나 생각하거나 다른 활동을 수행할 때 가장 활동적인 뇌 부분이 어디인지 식별할 수 있다(Bandettini, 2012). 한 fMRI 연구에서는 연구 참가자들을 다른 사람들과의 게임에서 배제했는데, 그 결과 이러한 사회적 거부로 인한 고통이 육체적 고통을 경험할 때 활성화되는 것과 동일한 뇌 부분(대뇌피질과 전두엽피질을 포함)을 활성화시킨다는 것을 발견하였다(Eisenberger et al., 2003). 또 다른 연구에서는 이성애 남성과 여성이 성적으로 노골적인 사진

양전자방출 단층촬영법(PET)
방사능 물질이 포함된 포도당을 신체에 주입한 후 특정 뇌 부분이 소비한 혈액 속의 포도당의 양을 관찰함으로써 다양한 뇌 구조에서의 활동을 설명하는 기술

기능적 자기공명영상법(fMRI)
뇌 활동에 대한 영상을 만들기 위해 자기장이 사용되는 기술

을 볼 때 이들의 뇌 활동에 대한 fMRI는 대개의 경우 유사한 패턴을 보이기는 했지만(즉 두 집단 모두 후두엽, 두정엽 및 측두엽에서 높은 활성화를 보였다), 다른 경우에서는 두 집단에서 차이가 관찰되었다(남성은 여성에 비해 편도체와 시상하부가 더 많이 활성화되었다)(Hamann et al., 2004).

현재로서는 fMRI가 뇌의 내부 작용에 대한 가장 놀랄 만한 영상을 제공하는 것으로 보인다. 그러나 이 기술은 비교적 새로운 것이고 한계도 가지고 있다. 예를 들어 fMRI는 시간 경과에 걸쳐 완전하게 신뢰할 수 있는 것은 아니다(Caceres et al., 2009). 한 연구에서는 세 가지 시점(초기 회기, 2주 후, 8주 후)에서 두려운 얼굴을 보는 참가자에 대해 fMRI를 수행하였는데, 그 결과 각 시점에서 유의하게 상이한 결과가 관찰되었다(Johnstone et al., 2005). 또한 일부 연구자들은 탐색적인(exploratory) fMRI 연구를 수행하였다. 여기서 탐색적이라는 것은 뇌의 특정 영역이 활성화될 것이라는 가설을 미리 설정하기보다는 참가자들에게 특정한 행동을 수행하게 한 후 뇌의 어떤 영역이 활성화되는지 살펴본다는 것을 의미한다. 어떤 단일 연구에서는 행동과 특정 뇌 영역의 활성화 사이에서 강한 관련성이 발견될 수 있다. 그러나 이러한 결과는 변인들 사이의 실제 관련성이 아닌 우연에 의해 얻어졌을 수 있기 때문에 이것이 다시 반복검증되지 못할 수도 있다. 탐색적 연구는 행동과 뇌 활성화 사이의 이러한 연결을 확인할 수 있는 방안이 될 수 있다(Yarkoni, 2009).

fMRI가 갖는 또 다른 문제는 연구자들이 때때로 뇌의 3차원 fMRI 영상을 입방밀리미터만큼 작은 크기의 아주 많은(일반적으로 40,000~500,000개) 입방 영역들로 나눈다는 점이다. 연구자들은 이러한 입방 영역을 복셀(voxels)이라고 부른다. (복셀은 TV나 컴퓨터 화면에 포함되어 있는 것과 같이 픽셀들의 3차원적 형태 혹은 용적을 갖는 형태라고 할 수 있다). 뇌의 3차원 fMRI 영상을 복셀로 만든 다음, 연구자들은 이러한 수많은 복셀들 중 어느 복셀이 특정 행동과 상관이 있는지 찾으려 한다. 이렇게 하면 연구자들은 비록 요행이라 할지라도 뭔가를 발견할 수도 있을 것이다(Vul et al., 2009). 이것은 마치 단지 몇 장의 복권을 사는 것보다 수백만 장의 복권을 살 경우 복권에 당첨될 가능성이 높아지는 것과 다름없는 것이다.

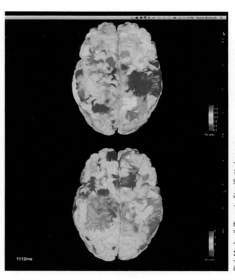

기능적 자기공명영상법(fMRI)은 뇌 활동에 대한 영상을 만들어내기 위해 자기장을 사용하는 기술이다. PET 스캔과 마찬가지로 fMRI는 뇌 구조뿐만 아니라 뇌 기능도 보여준다.

Rick Madonik/Toronto Star/Getty Images

학습 확인

2.30 뇌전도는 어떻게 작동하는가?

2.31 컴퓨터 단층촬영법은 어떻게 작동하는가?

2.32 자기공명영상법은 어떻게 작동하는가?

2.33 양전자방출 단층촬영법은 어떻게 작동하는가?

2.34 기능적 자기공명영상법은 어떻게 작동하는가?

요약

뇌와 행동 사이의 연관성 : 서론

2.1 피니어스 게이지의 비극적인 뇌손상은 그의 성격과 행동이 바뀌었고, 뇌졸중 환자에 대한 폴 브로카의 부검은 인간 뇌의 특정 부분에서만 손상이 있음을 보여주었다. 이러한 두 가지 발견은 연구자들이 뇌의 특정 부분이 특정 기능이나 능력과 관련되어 있음을 이해하는 데 도움을 주었다.

2.2 뇌를 이해하는 좋은 방법은 작은 부분부터 시작하여 점차적으로 큰 부분으로 확장해보는 것이다. 이 장에서는 뇌 안에서의 미세한 활동부터 시작하였다. 그다음 뇌 자체와 뇌 부분들에 초점을 맞추고 상이한 뇌 부분이 상이한 행동과 어떻게 연결되어 있는지 살펴보았다. 마지막으로, 신체 전체를 다루면서 그것이 뇌와 어떻게 상호작용하는지 살펴보았다.

뇌 안에서의 활동

2.3 뇌에는 약 1,000억 개의 뉴런들로 이루어진 연결망이 있는데, 이것이 뇌 활동의 기초가 된다.

2.4 감각뉴런은 감각정보를 뇌로 전달하는 반면, 운동뉴런은 뇌에서 근육으로 정보를 전달한다. 뉴런은 축색을 통해 메시지를 보낸다. 축색의 끝을 축색종말이라고 한다.

2.5 축색은 지방질로 이루어진 수초막으로 둘러싸여 있다. 수초막은 메시지가 전달되는 동안 그것이 손실되지 않도록 보호한다.

2.6 수상돌기는 이전 뉴런의 축색종말로부터 메시지를 전달받는다.

2.7 한 축색의 축색종말과 그다음 축색의 수상돌기 사이에는 두 뉴런이 연접하는 시냅스라는 작은 공간이 있다.

2.8 시냅스를 가로질러 이동하는 물질을 신경전달물질이라고 한다. 신경전달물질은 시냅스 소낭으로부터 수상돌기에 있는 특정 수용기로 이동한다.

2.9 신경전달물질이 시냅스를 성공적으로 통과하지 못하면 재흡수라고 불리는 과정을 통해 수신뉴런으로 다시 되돌아간다.

2.10 뉴런 사이의 메시지 전송 과정은 활동전위로부터 시작되는데, 활동전위는 전하량이 특정 역치를 초과할 때 발생한다.

뇌와 그 부분들

2.11 특정한 뇌 기능은 뇌의 특정 부분에 국한하여 나타날 수 있지만, 뇌의 어떤 부분도 그 자체로는 어떤 것도 하지 않는다.

2.12 대략적으로 보면, 대부분의 다른 동물이 할 수 있는 기능을 제어하는 인간의 뇌 부분들은 뇌의 바닥 근처에 위치하고 있다. 반면에, 인간의 독특한 기능을 제어하는 뇌 부분들은 뇌의 외부 영역, 특히 뇌의 앞쪽에 더 가깝게 위치한다.

2.13 뇌간은 척추에 연결되어 있고, 생명을 유지하는 데 가장 중요한 기능들을 제어한다.

2.14 소뇌는 뇌의 바닥 근처에 위치하고, 주로 운동의 균형과 협응을 조절한다.

2.15 시상은 뇌의 주요 감각처리 센터이다.

2.16 변연계는 시상을 둘러싸고 있는 뇌 영역들의 집합체이다. 이것은 주로 감정과 관련되어 있다.

2.17 변연계에는 신체 기능의 안정성을 유지하는 시상하부, 기억에 관여하는 해마, 그리고 두려움과 기타의 감정을 통제하는 편도체를 포함한다.

2.18 뇌와 대뇌피질은 정교한, 그리고 대개의 경우 인간에게 독특한 능력에 관여한다.

2.19 뇌량은 뇌의 좌측 영역과 우측 영역, 즉 두 반구들을 연결하여 두 반구가 서로 의사소통할 수 있게 해주는 뉴런의 다발이다.

2.20 드문 경우지만, 뇌량을 절단하는 수술이 시행되기도 하는데 이것을 분할뇌 수술이라고 부른다. 분할뇌 수술을 통해 발작은 완화시킬 수 있지만 종종 두 반구 사이의 의사소통을 감소시키는 부작용이 나타나기도 한다.

2.21 대뇌는 4개의 엽으로 구성되어 있다 — (1) 후두엽은 시각과 관련된다. (2) 측두엽은 청각 및 언어 산출과 관련된다. (3) 두정엽은 촉각 및 지각과 관련된다. 그리고 (4) 전두엽은 복잡한 사고과제와 기타의 고급 기능을 담당한다.

2.22 대뇌와 그 엽 안에는 많은 연합령들이 집중적으로 모여 있다. 연합령은 뇌의 다른 부분에서 전달된 정보를 종합하고 해석한다.

2.23 가소성은 뇌가 그것의 구조나 기능을 적용시키는 능력을 말한다. 이것은 심리치료나 문화적 경험을 포함하여 부상이나 생활 경험 이후에 나타날 수 있다. 가소성은 나이 든 사람의 뇌보다는 어리거나 젊은 사람의 뇌에서 더 잘 나타난다. 그것은 부분적으로는 뇌가 젊을수록 새로운 뉴런을 만들어내는 능력, 즉 신경생성 능력이 더 좋기 때문이다.

신경계와 내분비계

2.24 신경계는 뉴런을 통해 뇌를 신체의 다른 모든 부분과 연결한다.

2.25 중추신경계는 뇌와 척수로 구성된다. 말초신경계는 중추신경계를 신체의 다른 부분에 연결하는 뉴런으로 구성된다.

2.26 말초신경계는 (1) 자발적 운동을 담당하는 체신경계와 (2) 무의식적 운동을 담당하는 자율신경계의 두 부분으로 구성된다.

2.27 자율신경계는 (1) 몸을 각성 또는 흥분시키는 교감신경계와 (2) 몸을 진정시키는 부교감신경계의 두 부분으로 구성된다.

2.28 내분비계는 호르몬을 사용하여 혈류를 통해 신체의 다양한 조직과 의사소통하는 분비선들의 집합이다.

2.29 분비선들 중 뇌하수체는 신체의 많은 체계를 제어하는 '주분비선'이다.

뇌 들여다보기

2.30 뇌전도는 두피에 전극을 부착하여 뇌의 전기적 활동을 기록하는 기술이다.

2.31 컴퓨터 단층촬영법은 여러 X-선을 조합하여 뇌에 대한 3차원 영상을 만드는 기술이다.

2.32 자기공명영상법은 자기장과 라디오파를 사용하여 뇌의 구조에 대한 영상을 만들어내는 기술이다.

2.33 양전자방출 단층촬영법은 방사능 물질이 포함된 포도당을 신체에 주입한 후 다양한 뇌 구조 안에서의 활동을 관찰하는 기술이다.

2.34 기능적 자기공명영상법은 뇌 활동에 대한 영상을 만들기 위해 자기장을 사용하는 기술이다.

주요 용어

가소성
간뉴런
감각뉴런
교감신경계
국재화
기능적 자기공명영상법
내분비계
뇌간
뇌교
뇌량
뇌전도
뇌하수체
뉴런
대뇌(전뇌)
대뇌반구
대뇌피질
두정엽
말초신경계
망상활성계
반사
베르니케 실어증
베르니케 영역
변연계

병변
부교감신경계
부신
분할뇌 수술
불응기
브로카 실어증
브로카 영역
세포체
소뇌
수상돌기
수상돌기 수용기
수초막
시냅스
시냅스 소낭
시상
시상하부
신경계
신경교세포
신경생성
신경전달물질
안정전위
양전자방출 단층촬영법
엔도르핀

역치
연수
연합령
운동뉴런
운동피질
자기공명영상법
자율신경계
재흡수
전두엽
줄기세포
중추신경계
체감각피질
체신경계
축색
축색종말
측두엽
컴퓨터 단층촬영법
편도체
해마
호르몬
활동전위
후두엽

2013년 4월 15일, 보스턴 마라톤 결승선 근처에서 폭탄이 터져 3명이 사망하고 수백 명이 부상을 입었다. 폭탄을 설치한 테러리스트들을 체포하고 이들 중 살아남은 테러리스트에 대한 재판과 함께 이 끔찍한 사건이 몇 달 동안 뉴스를 지배했다. 끔찍한 공격은 그것을 경험한 모든 사람에게 정서적·육체적으로 고통스러운 흉터를 남겼다.

심리학의 많은 하위영역들은 보스턴 마라톤 폭발 사건의 공포와 그 여파를 이해하는 데 도움을 줄 수 있다. 예를 들어 제5장에서 다루는 기억이 그중 하나이다. 폭발을 직접 경험한 사람에게는 잊히지 않는 광경, 소리, 느낌이 평생 동안 기억에 남게 된다. 제11장에서는 스트레스와 이것이 신체 및 정신건강에 미치는 영향에 대해 살펴볼 것이다. 이러한 스트레스는 그 사건에서 살아남은 사람들과 그들의 사랑하는 사람들에게 너무 익숙한 것이 되었을 것이다. 제13장과 제14장은 심리장애와 이에 대처하기 위한 심리치료를 다룬다. 이와 같은 비극을 경험한 사람들에게는 심리장애와 심리치료 모두 삶의 일부가 될 것이다.

보스턴 마라톤 폭발이 기억되거나, 스트레스를 유발하거나, 혹은 심리적 장애를 유발하기 이전에 사람들은 이것을 먼저 감각하고 **지각**해야 한다. 좀 더 일반적으로 말하면, 사람들의 감각기관은 주위의 광경, 소리, 냄새 및 기타 자극을 받아들인 후 그러한 정보를 뇌에 전달해야 한다. 일단 뇌에 정보가 전달되면, 뇌는 그러한 가공되지 않은 감각재료들을 이해할 수 있고 의미 있는 것으로 빠르게 변환한다. 보스턴 마라톤 폭발 사건의 많은 목격자들에 대한 기록은 감각과 지각의 과정을 부각하여 보여준다. 그들의 대부분은 그들이 보고 들었던 것에 대해 기술하였다. 폭발로 양쪽 다리를 모두 잃은 제프 바우만은 "번쩍이는 무엇인가를 보았고, 서너 번에 걸친 폭발음을 들었다"고 기술하였다. 그는 "나는 땅에 쓰러져 있었다… 아래를 보니, 내 다리가 보였다. 그것은 정말 전쟁터 같았다"라고 했다(Valencia, 2015). 몇몇은 그들이 맡은 냄새에 대해 말하였다. 여덟 살짜리 아들 마틴이 폭발로 사망하고 딸과 아내는 부상을 입은 윌리엄 리처드는 폭발 현장에서 "화약 냄새, 유황 냄새, 머리카락이 타는 것 같은 냄새가 났다… 정말 지독했다"라고 증언하였다(Gessen, 2015).

이 장에서는 감각기관(눈, 귀, 코, 혀 및 피부)이 어떻게 공포의 순간과 기쁨의 순간, 그리고 이 두 가지 사이의 모든 순간에 주변 세상을 감각하고 지각하기 위해 뇌와 협력하는지 살펴볼 것이다. 그리고 새로운 감각은 알아차리는 반면, 오래 지속된 일정한 감각은 억제하는 능력을 탐구할 것이다. 이후에는 감각이 서로 어떻게 상호작용하는지뿐만 아니라, 기대와 이전 경험이 지각에 미칠 수 있는 영향을 살펴볼 것이다. 또한 시각, 청각, 후각, 미각 및 촉각과 같은 특정 감각에 대해 깊이 있게 알아보고자 한다.

개요

감각과 지각의 기초

시각

청각

후각과 미각

기타 감각

감각과 지각의 기초

학습 목표

3.1 감각과 지각의 차이
3.2 진화는 감각과 지각에 어떻게 영향을 미쳤는가?
3.3 감각 능력과 역치
3.4 불변자극에 대한 감각순응
3.5 변화자극에 대한 지각
3.6 동시적 중다감각 사이의 경쟁과 통합
3.7 감각과 지각에 대한 기대와 경험의 영향

감각과 지각은 우리가 어떻게 우리 주변의 세상을 받아들이고 이해하는지 결정한다. 이 두 가지 개념을 정의하고 구별하는 것부터 시작해보자.

감각과 지각의 차이

감각(sensation)은 감각기관이 주변환경으로부터 물리적 에너지를 받아들여 이것을 뇌로 전달하는 능력이다. 즉 감각은 주변환경이 우리에게 제공해야 하는 정보를 흡수하는 방식인 것이다. 감각은 매우 빠르고 자동적으로 발생하기 때문에 우리는 감각을 당연한 것으로 받아들일 수 있다. 신체와 뇌가 어떻게 하는지 더 잘 이해하기 위해 휴대전화가 주변환경을 지속적으로 '감지'하는 방법에 대해 생각해보자. 휴대전화는 인터넷 신호(Wi-Fi, LTE 등)가 있는지, 그리고 있다면 그 강도는 얼마나 되는지 감지한다. 전화나 문자와 같은 무선 신호가 있는지, 있다면 그 신호는 얼마나 강한지 감지한다. 블루투스 장치가 연결 범위 내에 있는지 감지하고 전원 코드가 충전 포트에 꽂혀 있는지 여부도 감지한다. (휴대전화는 화면 가장자리에 그것이 감지한 것을 작은 기호로 표시해준다.) 신체의 감각도 거의 같은 방식으로 작동한다. 눈, 귀, 코, 혀 및 피부는 지속적으로 환경을 감시하여 그것이 탐지한 것에 대한 다양한 메시지를 뇌로 동시에 전달한다.

감각의 필수적 단계가 **변환**(transduction)이다. 변환은 빛이나 소리와 같은 신체 외부의 물리적 에너지를 뇌 활동과 같은 신경 에너지로 전환하는 것을 말한다. 변환을 통해 테이블 위의 노란 바나나가 뇌에서 노란 바나나 모양의 이미지로 전환되고, 혹은 다가오고 있는 트럭이 울리는 경적이 뇌에서 트럭의 경적 소리로 전환된다. 이것은 마치 디지털 카메라가 변환을 사용하여 물체의 사진을 만들거나, 음성메일이 변환을 사용하여 사람의 음성을 녹음하는 것과 유사하다. 이와 유사한 방식으로, 우리의 감각과 뇌는 주위에서 일어나는 일을 정신적으로 표상하기 위해 변환을 사용한다(Eatock, 2010; Gegenfurtner, 2010; Levine, 2001).

그러나 감각은 가용한 정보를 탐지한 것에 불과하다. 그 이상은 없다. 그러한 정보에 대해 이루어지는 다음 단계가 **지각**(perception)이다. 지각은 감각된 정보를 해석하는 단계이다. 지각은 시각, 소리, 그리고 냄새를 의미 있고 이해할 수 있는 무엇인가로 해석하는 두뇌의 능력이다. 예를 들어 여러분은 7월 4일(미국 독립기념일)에 하늘에서 화려한 색들의 폭발과 함께 폭발음도 들을 수 있을 것이다. 이러한 광경과 소리는 처음에는 눈과 귀를 통해 단순한 감각(빛의 밝기와 소리의 크기)으로 받아들여진다.

광경과 소리에 대한 그러한 감각은 그것이 무엇인지 이해하기 시작할 때 지각이 된다. 지각은 감각된 시각과 청각정보를 별개의 생소한 자극이 아니라 그것이 무엇인지 재인하여 맥락에 맞게 이해하는 것이다. 불꽃놀이의 한 폭발이 일단의 곡선을 그리며 마치 폭포처럼 내려오는 불빛들을 보여준다면 여러분은 "아, 저것은 버드나무처럼 보이네!"라고 말할 수 있을 것이다. 또 다른 폭발에서 여러 개의 불빛들이 꼬리를 흔들면서 움직이는 모습이 보인다면 여러분은 "이번에는 물고기 떼가 헤엄치는 것 같네!"라고 말할 수 있을 것이다. 불꽃놀이의 마지막 부분에서 수십 개의 불꽃이 한꺼번에 폭발하는 것을 보게 된다면 "와, 이제는 피날레를 장식하는구나!"라고 말할 수 있을 것이

스마트폰이 Wi-Fi, 무선신호 또는 블루투스를 감지하는 것처럼 신체도 광경, 소리, 냄새, 촉각 및 맛을 추출하기 위해 환경을 감각한다.

다. 불꽃들의 형태와 소리를 듣고 이렇게 말하기 위해서는 그러한 불빛과 소리가 무엇인지 지각하고 그 의미를 파악해야 한다. 이것이 감각과 지각의 차이다. 감각은 좀 더 수동적인 것으로, 단순히 환경으로부터 정보를 탐지하여 뇌에 제공한다. 이와는 달리 지각은 좀 더 능동적인 것으로, 감각정보를 사용 가능한, 의미 있는 것으로 바꾼다.

감각과 지각의 진화　감각과 지각은 진화했다. 인류의 역사에서 적자생존이란 것은 세상을 감각하고 지각하는 능력이 가장 진보된 존재들의 생존을 의미하기도 하였다. 결과적으로, 뇌는 감각과 지각을 위해 점차 더 많은 공간과 에너지를 할애하게 되었다. (제2장에서 뇌의 많은 부분들이 보고, 듣고, 냄새 맡고, 맛보고, 촉각을 느끼는 것과 관련이 있음을 상기하라). 감각과 지각은 중요한 목적을 위해 사용되어야 한다(Huber & Wilkinson, 2010). 많은 심리학자들은 행동을 취할 수 있도록 하기 위해 사람들이 뇌의 모든 힘을 감각과 지각에 할애했다고 주장하였다. 우리의 조상들은 주변 세계를 정확하게 감각하고 지각함으로써 생존 가능성을 높이는 행위를 취할 수 있었을 것이다(Zanker, 2010). 바나나에 대한 예를 기억하는가? 여러분이 일단 그것을 감각하고 지각해야 그것에 손을 뻗어 잡아 껍질을 벗기고 먹을 수 있다. 다가오는 트럭의 경적 소리에 대한 예를 기억하는가? 여러분이 그것을 먼저 감각하고 지각해야, 트럭이 다가오는 경로를 피해 운전할 수 있다. 이 두 가지 행동 모두는 여러분이 살아있게 도와주는 것들이다.

흥미롭게도, 동물계에서 다양한 종의 감각과 지각 능력은 생존 가능성을 높이는 시각, 청각 및 기타 감각의 자극들과 완벽하게 대응된다. 예를 들어 코끼리의 귀는 멀리 떨어진 코끼리 무리가 이동할 때 들리는 낮은 주파수의 소리를 포착하는 데 완벽하게 적합하도록 진화되었다. 이와 대조적으로, 곤충의 귀는 불과 1cm 떨어진 지점에서 다른 곤충의 날개가 빠르게 움직일 때 들리는 높은 주파수의 소리를 포착하는 데 완벽하게 적합하도록 맞춰져 있다(McBurney, 2010a). 개구리 눈에는 벌레 탐지기의 역할을 하는 특수한 세포들이 있다. 이러한 세포들의 유일한 기능은 개구리가 혀가 튀어나올 수 있는 범위 안의 작고 빠르게 움직이는 대상의 위치를 파악하여 먹이 잡기를 제어하는 뇌 부분으로 이 정보를 곧바로 전달하는 것이다(Ewert, 1987; Goodale & Humphrey, 2001). 우리의 인간 조상들은 나무에서 익은 과일을 더 잘 탐지할 수 있는 것뿐만 아니라, 화가 난 사람의 얼굴색이 미묘하게 변하는(예를 들어 얼굴색이 붉어진다) 것도 감지할 수 있는 색채 시각 능력을 발달시켰다(Changizi et al., 2006; Dominy & Lucas, 2001; Greenlee et al., 2018; Jacobs, 2009; Nakajima et al., 2017; Regan et al., 2001).

초감각 지각과 초심리학　감각과 지각이라는 단어를 반복해서 읽다 보면 **초감각 지각**(extrasensory perception, ESP)이라는 용어가 머리에 떠오를 수도 있을 것이다. 초감각 지각이란 감각이 없음에도 불구하고 지각이 가능하다는 것을 의미하는 것으로, 이것은 논란의 여지가 있는 개념이다. 과학자로서 심리학자들은 ESP에 대해 논쟁하지 않는다. 심리학자들은 대부분 ESP의 개념을 거부한다. ESP는 여러 가지 형식을 취할 수 있다. '정신적 텔레파시(mental telepathy)'는 독심술을 통해 다른 사람의 생각을 알 수 있다는 것이고, '천리안(clairvoyance)'은 단순히 상상하는 것만으로도 미래에 어떤 일이 일어날지 알 수 있다는 것이다. 이뿐만 아니라 다른 사람들은 보거나, 듣거나, 느낄 수 없는 유령을 볼 수 있다는 특별한 능력도 ESP의 한 형태이다. ESP에 대한 논쟁은 심리학자들과 **초심리학**(parapsychology)을 다루는 사람들 사이의 대립을 의미하기도 한다. 초심리학은 주류 심리학의 범위를 벗어난 주제에 대해 연구하는 것이다. 초심리학은 과학에 의해 지지받지 못하지만 그럴듯하게 보이는 가짜심리학(pseudopsychology)과 상당 부분 겹치는 부분이 있다. ESP를 믿

감각
감각기관이 신체 주변환경에서 물리적 에너지를 흡수하여 뇌로 전달하는 능력

변환
빛이나 소리와 같은 신체 외부의 물리적 에너지를 뇌 활동과 같은 신경 에너지로 전환하는 것

지각
두뇌가 받아들인 원래의 감각정보를 해석하는 능력

초감각 지각(ESP)
감각이 없는 지각으로 논란의 여지가 있는 개념

초심리학
주류 심리학의 범위를 벗어난 주제에 대한 연구

불꽃의 밝기와 소리를 포함하여 눈과 귀가 받아들이는 감각은 그것이 무엇인지 이해하기 시작할 때 지각이 된다.

는 사람들은 ESP를 여섯 번째 감각이라고 할 수도 있지만, 심리학자를 포함하여 그것을 연구한 과학자들은 거의 한결같이 ESP는 감각이 아니라고 결론짓는다(McBurney, 2010b).

역치 : 감각이 할 수 있는 것과 할 수 없는 것

감각과 지각 능력이 고도로 진화되었다 하더라도 이들은 한계를 가지고 있다.

절대역치   예를 들어 여러분의 감각 중 하나가 무언가를 알아차리려면, 그것을 감각할 수 있을 만큼 충분히 커야 한다. 다시 말해 자극의 크기는 **절대역치**(absolute threshold)를 초과해야 한다. 절대역치란 전체 시행 중 최소한 반 이상에서 자극의 존재를 탐지하는 데 필요한 자극의 최소 수준이다(그림 3.1). 조용한 방에서 개가 짖는 소리는 들리지만 숨 쉬는 소리도 들을 수 있을까? 아주 깜깜한 밤에, 30m 앞에서 달리고 있는 앞 차량의 브레이크등은 볼 수 있겠지만, 1.6km 앞에서 달리고 있는 차량의 브레이크등은 볼 수 있을까? 여러분이 마시는 물속에 누군가 소금 한 숟가락을 넣었다면 여러분은 그것을 알아차릴 수 있겠지만, 물속에 소금 알갱이 하나를 넣었다면 그것을 알아차릴 수 있을까? 이러한 질문들은 모두 절대역치에 관한 것이다.

 인간의 여러 감각에서 절대역치란 무엇인가요?

절대역치
전체 시행 중 최소한 반 이상에서 자극의 존재를 탐지하는 데 필요한 자극의 최소 수준

심리학자가 각 감각에 대한 절대역치의 특정 측정치를 이미 결정해 놓았다고 생각할 수도 있을 것이다. 그러나 그러한 측정치는 개인마다, 심지어는 같은 개인이라 할지라도 그 개인이 처한 상황에 따라 매우 다양하게 변할 수 있기 때문에 특정한 수치로 절대역치를 제시하는 것은 그것을 너무 단순화한 것이다. 예를 들어 청각 주파수의 절대역치에 대한 일반적 추정치는 대략 20Hz 정도이다(Krumbholz et al., 2000; Moller & Pedersen, 2004; Pressnitzer et al., 2001). 그러나 이러한 추정치는 몇 가지 요인에 따라 달라진다 — (1) (남성은 여성에 비해 가장 낮은 주파수대에서 더 잘 들을 수 있기는 하지만) 일반적으로 여성은 남성에 비해 보다 잘 듣는다. (2) 일반적으로 젊은 사람들이 나이 든 사람들보다 더 잘 듣는다. (3) 청력 손실은 흑인 미국인보다 백인 미국인에서 더 높은 비율로 발생한다. (4) 총기를 사용하거나, 흡연을 많이 하거나, 혹은 당뇨병을 앓고 있는 사람들의 경우 청력이 더 떨어지는 경향이 있다(Agrawal et al., 2008, 2009; Dement et al., 2018; Feder et al., 2017; Helzner et al., 2005; Morrell et al., 1996; Pearson et al., 1995).

냄새에 대한 절대역치도 몇 가지 요인에 따라 달라진다 — (1) 젊은 성인은 나이 든 성인보다 냄새에 더 민감하다. (2) 여성은 남성보다 (심지어 신생아 때에도) 더 민감한 코를 가지고 있다. (3) 여성의 후각은 배란기에 가장 민감하다. (4) 우울하거나 심지어 일시적으로 슬픔에 빠진 사람도 냄새에 대해 저하된 민감도를 보인다(Doty et al., 1985; Doty & Kamath, 2014; Flohr et al., 2017). 또한 모든 감각에 대한 절대역치는 특정 시점에서 개인이 갖는 동기와 기대에 따라 달라진다. 예를 들어 "이게 무슨 소리야?" 혹은 "냄새 맡을 수 있어?"와 같이 누군가 어떤 자극의 존재 여부에 대해 물으면 그렇지 않은 경우에 비해 시각, 청각, 혹은 냄새와 관련된 자극들을 더 잘 탐지할 수 있을 것이다(Pagliano, 2012).

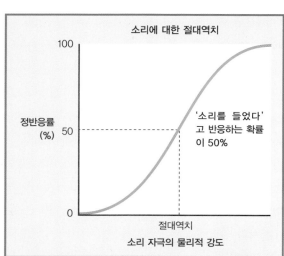

그림 3.1 절대역치 절대역치는 전체 시행 중 50% 이상으로 자극을 탐지할 수 있을 만큼 강한 수준의 자극강도(예 : 빛의 밝기 또는 소리의 크기)이다.

차이역치   감각과 관련하여 절대역치에 대한 일반적인 질문은 "뭔가가 있는가?"이다. 즉 자극이 제시되었는지 여부에 대한 질문이다. 만일 뭔가가 있다는 것을 안다면 그다음 제기할 수 있는 또 다른 일반적 질문은 "자극 사이에 차이가 있는가?"이다. 이러한 질문이 바로 **차이역치**(difference threshold) 혹은 **최소가지차이**(just noticeable difference)에 대한 것이다. 차이역치란 전체 시행 중 최소한 반 이상에서 차이를 탐지하는 데 필요한 자극에서의 최소한의 변화이다. 고화질의 TV와 표준화질의 TV에서 경험할 수 있는 것과 같이 자극 사이의 차이가 차이역치보다 훨씬 크면 곧바로 그 차이를 알아차릴 수 있다. 그러나 같은 상자에 들어 있는 두 장의 화장지 사이의 미세한 부드러움 차이와 같이 자극 사이의 차이가 차이역치보다 훨씬 낮으면 그 차이를 탐지하기 어려울 것이다.

차이역치와 관련된 가장 흥미로운 질문들은 차이역치 그 자체에 대한 것들이다. 예를 들어 배터리가 방전됨에 따라 몇 시간 동안 켜두었던 손전등이 점차 어두워지고 있다고 가정해보자. 손전등의 밝기가 감소하고 있다는 것을 알아차리려면 손전등이 얼마나 더 어두워야 하는가? 혹은 오래된 냉장고가 점차 기능을 상실해서 냉장 온도가 점차 높아진다고 가정해보자. 혀로 맛보는 아이스크림의 차가움이 이전에 비해 덜하다는 것을 알아차리려면 냉장고의 온도가 얼마나 더 상승해야 하는가?

절대역치와 마찬가지로 다양한 감각의 차이역치 역시 연령과 성별을 포함한 여러 요인에 따라 달라진다(Kidd, 2010). 또 다른 중요한 요인은 경험이다. 구체적으로 말하면, 대상에 대해 경험이 풍부할수록 그것에서 발생하는 차이를 훨씬 더 잘 탐지한다(Green & Bavelier, 2007; Li et al., 2006). 예를 들어 여러분이 오래전부터 콜라를 많이 마셔 왔다면 다양한 종류의 콜라 중에서 여러분이 특별히 선호하는 특정 브랜드(코카콜라 vs. 펩시콜라), 특정 유형(다이어트 vs. 카페인프리 vs. 일반), 또는 심지어 특정 용기(알루미늄 캔 vs. 플라스틱 병 vs. 유리병 vs. 종이컵)가 있을 것이다. 이러한 선호에 대한 전제조건은 평생 동안 콜라를 마셔온 것에서 비롯된 낮은 차이역치이다. 콜라를 드물게 마시면 차이역치는 훨씬 높아진다. 본질적으로, 어떤 콜라든지 같은 맛으로 느껴지는 것이다. 이와 유사하게, 연구들은 우유를 마시는 사람들도 일반적으로 지방 함량 수준이 다른 우유(탈지유, 1% 혹은 2%의 저지방 우유, 일반우유 등)를 구분할 수 있고, 우유에 비타민이 추가되어 강화되었는지 여부를 알아차릴 수 있다는 것을 발견하였다(McCarthy et al., 2017; Schiano et al., 2017).

특정 자극에 대한 차이역치는 베버-페히너 법칙(Weber-Fechner law)에 기초하면 어느 정도 예측이 가능하다(Hoagland, 1930; Sobkowicz et al., 2013). 이 법칙은 1800년대에 차이역치를 주제로 연구한 두 연구자인 언스트 하인리히 베버(Ernst Heinrich Weber)와 구스타프 테오드르 페히너(Gustav Theodor Fechner)의 이름을 딴 것이다. 베버-페히너 법칙에 따르면 차이역치는 처음에 제시된 자극강도에 비례한다. 따라서 처음 자극의 강도가 크다면 처음 자극의 강도와 그다음에 제시되는 자극의 강도 사이의 차이가 커야 비로소 그 차이를 알아차릴 수 있다. 예를 들어 패스트푸드점에서 500g짜리 햄버거를 빈번하게 주문하여 들고 갔다면 햄버거가 30g만 더 무거워져도 그것을 금방 알아차릴 수 있을 것이다. 그러나 헬스클럽에서 45kg짜리 역기를 빈번하게 들어 올렸다면 역기가 더 무거워졌다는 것을 알아차리기 위해서는 50g보다 훨씬 더 무거운 무게가 필요할 것이다.

감각순응   차이역치가 감각 자극이 변화할 때 중요하지만, 자극들이 동일하게 유지되면 어떻게 될까? 이러한 상황에서는 **감각순응**(sensory adaptation)을 경험하게 된다. 감각순응이란 자극이 일정

차이역치(최소가지차이)
전체 시행 중 최소한 반 이상에서 차이를 탐지하는 데 필요한 자극에서의 최소한의 변화

감각순응
자극이 일정하게 유지될 때 그 자극에 대한 감각이 감소하는 경향

그림 3.2 지각항등성 이 태블릿이 점점 더 아래를 향함에 따라 노트북 화면에 대한 이미지도 점차 변화된다. 즉 점차 좁아지는 사각형으로 변하다가 결국에는 하나의 가로선이 된 것처럼 보인다. 그러나 지각항등성에 의해 태블릿이 어느 정도 수직으로 있는지에 관계없이 우리는 태블릿의 화면이 실제로 동일한 모양을 유지한다는 것을 알고 있다(Goldstein, 2010a).

하게 유지되면 자극에 대한 감각이 감소하는 경향을 말한다. 오랜 시간 동안 변화가 없는 자극을 보거나, 듣거나 혹은 접촉한다면 그러한 자극에 대해 익숙해져 결국에는 자극의 존재를 알지 못하게 된다(He, 2010; Webster, 2010). [감각순응은 반복되거나 일정하게 유지되는 자극에 대한 반응이 감소하거나 반응이 중단되는 습관화(habituation)와 밀접하게 관련되어 있다.] 감각순응의 예를 들어보자. 고속도로에서 운전을 시작할 때 듣는 소리에 대해 생각해보라. 고속도로 진입로에서부터 고속도로로 막 진입하여 시속 100km가 될 때까지 가속을 시작하면 이때 들리는 엔진 소리는 상당히 크게 들릴 것이다. 이후 고속도로에서 시속 100km로 일정하게 속도를 유지하면서 오랜 시간 동안 운전을 계속하다 보면 엔진 소리가 더 이상 들리지 않게 된다. 물론 엔진은 여전히 시속 100km에 해당하는 것과 동일한 수준의 소음을 내고 있지만 여러분은 엔진의 윙윙거리는 소음에 익숙해진 것이다. 또 다른 예를 들어보자. 빵집에 막 들어갔을 때는 갓 구운 빵의 강하고 훌륭한 냄새를 즉시 맡을 수 있을 것이다. 하지만 여러분이 그 빵집에서 일하는 사람이라면 (빵집에 새로 들어오는 손님들과는 달리) 여러분은 8시간 근무가 끝날 때까지 빵 냄새를 전혀 맡지 못한다.

지각항등성   때로는 감각하는 물체가 원래 그대로 동일하게 유지되는 경우에도 감각에 주어지는 자극은 변화하는 것처럼 보일 때가 있다. 우리는 어떤 대상의 모양, 소리 또는 기타의 물리적 속성이 다르게 감각되더라도 그 대상은 변화되지 않고 그대로 남아 있다고 재인하는 놀라운 능력을 갖고 있다(Goldstein, 2010a). 이것이 **지각항등성**(perceptual constancy)이다. 지각항등성이란 대상의 주변환경에 의해 그 대상이 상이한 감각을 유발할 때에도 그 대상에 대해 동일한 지각을 유지할 수 있는 뇌의 능력이다(그림 3.2). 예를 들어 여러분이 발야구를 하고 있는데, 이 경기에서 외야수를 맡고 있다고 상상해보자. 상대편의 힘이 아주 센 선수 하나가 공을 높이 차 올린다. 외야수 자리에서 여러분이 보기에는 처음에 공이 그 선수의 발을 떠날 때 아주 작게 보인다. 그러나 공이 여러분에게 도달하여 전체 시야가 공으로 거의 다 채워질 때까지 공은 여러분에게 다가올수록 점점 더 커지는 것으로 보인다. 여러분의 눈에는 공이 실제로 점점 더 커지는 것으로 보이지만 뇌는 그러한 변화하는 감각을 일정한 지각으로 전환시킨다. 공이 멀리 있거나 혹은 팔로 잡고 있더라도 항상 같은 크기라는 것을 뇌는 알고 있다.

이번에는 청각을 예로 들어보자. 여러분이 캠퍼스의 한 건물에서 다른 건물로 걸어갈 때 같이 걷고 있는 친구의 음성 소리를 고려해보자. 구체적으로, 두 사람이 천장이 낮고 작은 강의실에 있다가, 건물 밖으로 나와 걸어간 후, 천장이 높은 대형 강의실에 들어갔다고 상상해보자. 여러분의 귀에 들어오는 친구의 음성은 세 가지의 환경이 갖는 상이한 음향 조건 때문에 서로 다르게 들릴 것이다. 즉 친구의 음성은 작은 공간에서는 더 크게, 야외에서는 더 조용하게, 그리고 대형 강의실에서는 울리는 음성으로 들릴 것이다. 그러나 그렇다고 여러분은 친구의 음성이 변했다고는 생각하지 않는다. 음향 조건에 따라 친구의 음성에 대한 감각이 변화되었더라도 여러분은 그것을 일정하게 지각한다(Watkins et al., 2011; Watkins & Makin, 2007).

감각 과부하 : 주의를 끌기 위해 감각이 서로 경쟁할 때

감각은 한 번에 하나씩 돌아가면서 경험되는 것이 아니다. 감각은 동시에 일어난다. 이것은 감각이 뇌에 서로 경쟁적인 메시지를 전달한다는 것을 의미한다. 이때 뇌는 이러한 감각 입력에 대해 우선순위를 어떻게 둘 것인지 혹은 모든 감각 입력을 어떻게 혼합할 것인지 결정해야 한다.

선택주의   많은 감각 정보들이 눈, 귀, 코, 혀 및 피부로부터 지속적으로 전달되기 때문에 뇌는 항

지각항등성
자극 주변의 조건에 따라 자극이 상이한 감각을 유발하더라도 대상에 대해 동일한 지각을 유지하도록 하는 뇌의 능력

상 어떤 감각에 집중해야 하는지 결정해야 한다(Dosher & Lu, 2010; Knudsen, 2018). 뇌는 이것을 **선택주의**(selective attention)에 기초하여 수행한다. 선택주의는 다른 감각 채널에 비해 하나의 감각 채널에 더 많은 주의를 기울이는 것이다. 대부분의 상황, 특히 모든 감각이 동시에 관여하는 상황에서는 선택주의가 요구된다. 여러분이 카니발에 갔다고 상상해보자. 여러분의 눈은 놀이기구, 게임, 동물, 광대 혹은 군중들의 광경을 본다. 코는 솜사탕과 팝콘 냄새를 맡는다. 혀는 케이크와 이제 막 짜낸 신선한 레모네이드의 맛을 본다. 여러분의 피부는 따뜻한 햇빛을 받아들인다. 하지만 친구가 여러분에게 무언가를 물어보려 하고 있기 때문에, 그 순간 뇌는 선택주의를 사용하여 눈, 코, 혀 및 피부로부터의 입력은 '배제'하고 귀로부터의 입력에 '집중'한다. 물론 그러한 모든 감각은 여전히 뇌로 전달되기는 하지만 이전처럼 강력하게 등록되지는 않는다. 친구가 "관람차 타러 갈까?"라고 묻는 것을 들었다면 그 말을 듣자마자 뇌는 선택적으로 주의를 기울였던 청각에는 더 이상 주의를 기울이지 않고 그 대신 모든 감각에 다시 주의를 기울인다. (전화나 음악에 집중하기 위해 눈을 감을 때와 같이, 감각 중 하나를 차단하여 뇌의 선택주의 능력을 높이고자 하는 경우도 있다.)

때로는 뇌가 주의를 기울이는 것에서의 경쟁이 같은 감각 안에서 발생하기도 한다. 카니발의 예시에서, 친구가 말할 때 들리는 친구의 목소리는 그 순간 여러분이 듣는 유일한 소리는 아니다. 그 순간에 여러분의 귀는 근처의 놀이기구에서 들리는 아이들의 외치는 소리, 회전목마에서 흘러나오는 음악, 날아가는 새들의 짹짹거리는 소리, 혹은 기타 여러 가지 소음을 받아들인다. 이러한 청각적 경쟁에도 불구하고 친구의 말을 들을 수 있는 것은 **칵테일파티 효과**(cocktail party effect) 때문이다. 칵테일파티 효과는 동일한 감각(예 : 청각) 안에서 다른 자극보다 특정 자극에 주의를 기울일 수 있는 능력을 반영한다.

칵테일파티에 가 있으면 사방에서 시끄러운 대화가 들리지만 여러분은 여러분 바로 앞에 있는 사람에게만 주의를 기울이면서 대화를 이어갈 수 있을 것이다. 칵테일파티 효과라는 명칭은 바로 이러한 경험에서 따온 것이다(Cherry, 1953). 한 가지 흥미로운 상황이 그러한 상황에서 종종 발생하기도 한다. 즉 그러한 상황에서 여러분은 배제해야 하겠다고 생각한 대화 속에서 의미 있는 (대개의 경우 자신과 관련된) 무엇인가를 들을 수 있는 것이다(Loebach et al., 2010; Wood & Cowan, 1995; Yost, 2001). 예를 들어 파티에서 친구 몇 사람들과 이야기를 나누는 도중 옆에서 이야기를 나누고 있던 또 다른 사람들 중 누군가가 여러분의 이름(또는 여러분의 친한 친구나 가족의 이름, 고향 또는 여러분과 개인적으로 관련있는 어떤 것)을 언급하는 것을 들을 수 있다. 사실, 그전까지는 옆 사람들이 어떤 내용의 대화를 나누고 있는지 전혀 알지 못했지만 여러분의 이름이 그 대화 속에서 갑자기 튀어나오는 것처럼 보인다. 주의를 기울이지 않은 소리는 알아듣지 못하기는 하지만 개인적으로 의미가 있는지 여부를 결정하는 데 충분할 만큼 그것을 처리할 수 있기 때문에 그러한 소리는 최소한 얕은 수준으로는 어느 정도 등록되는 것이 분명하다.

한 연구에 따르면 칵테일파티 효과에 기저하는 원리(즉 개인적으로 의미 있는 것에 더 주의를 기울인다는 것)는 심지어 완전한 의식 상태가 아니더라도 적용될 수 있다는 것을 발견하였다. 연구자들은 수술 후 마취로부터 막 회복되기 시작하는 수술 환자를 깨우기 위해 두 가지 방법을 사용하였다. 한 가지 방법은 환자들에게 매 10초마다 헤드폰을 통해 "환자분 일어나세요"라는 메시지를 반복하여 들려주는 것이었다. 다른 방법에서는 환자들은 같은 속도로 같은 메시지를 들었지만 '환자분'이라는 말 대신 환자의 이름을 사용하였다(예 : "펠리시아씨 눈을 떠 보세요"). 그 결과, 환자의 이름을 사용한 조건에서는 그렇지 않은 조건에 비해 환자들이 더 빠르게 눈을 떴고 의식

선택주의
다른 감각 채널에 비해 하나의 감각 채널에 더 많은 주의를 기울이는 것

칵테일파티 효과
동일한 감각(예 : 청각) 안에서 다른 자극보다 특정 자극에 주의를 기울일 수 있는 능력

칵테일파티 효과는 하나의 감각(예 : 청각) 안에서 다른 자극보다 특정 자극에 주의를 기울일 수 있는 능력이다. 시끄러운 무리 속에서 자기 부모의 목소리를 선택하여 들을 수 있는 아기 펭귄을 포함한 다른 종들도 이 능력을 가지고 있다(Aubin & Jouventin, 1998, 2002).

AWL Images/Masterfile

회복도 더 빨랐다(Jung et al., 2017). 여러분이 누군가를 깨울 때 그 사람의 이름을 함께 사용했다면 여러분은 이러한 전략이 갖는 이점을 활용한 것이다.

인간은 칵테일파티에 가는 유일한 종이기는 하지만 칵테일파티 효과를 보이는 유일한 종은 아니다. 연구자들은 곤충, 새 등을 포함한 많은 동물들이 다른 소리는 무시하면서 한 소리에만 주의를 기울일 수 있는 놀라운 능력을 보인다는 것을 발견하였다(Bee & Micheyl, 2008; Brumm & Slabbekoorn, 2005). 수십 종의 서로 다른 개구리 종들로 가득 찬 늪에서 암컷 개구리는 자신의 종으로부터 들려오는 구애 소리만을 선택하여 들을 수 있는 엄청난 능력이 있다(Gerhardt & Bee, 2006; Hulse, 2002). 어디로 정확하게 날아가야 하는지 결정하기 위해 자신이 낸 음성의 반향에 의존하는 박쥐는 같은 동굴에서 주변에 있는 수백 마리의 박쥐들이 내는 음성들로부터 자신의 음성을 구별해낼 수 있다(Moss & Surlykke, 2001). 그리고 수백 마리의 펭귄이 붐비는 서식지에서 아기 펭귄은 부모 펭귄이 멀리 떨어져 있고 또한 근처에서 들리는 다른 펭귄들의 목소리에 비해 자기 부모의 목소리가 상대적으로 작게 들리더라도 수많은 다른 펭귄들이 끊임없이 내는 목소리에서 자기 부모의 목소리에 초점을 맞출 수 있는 놀라운 능력을 가지고 있다(Aubin & Jouventin, 1998, 2002).

감각 상호작용   선택주의와 칵테일파티 효과로 설명되는 것처럼 감각에서는 여러 다른 감각은 배제하고 하나의 감각을 선택하는 것만 이루어지는 것은 아니다. 감각은 때에 따라 서로 혼합되기도 한다. 그 혼합이 일어날 때, 감각은 흥미로운 방식으로 서로 영향을 줄 수 있다. **감각 상호작용**(sensory interaction)은 감각이 서로 영향을 줄 수 있다는 것을 의미한다. 감각 상호작용의 한 가지 대표적 예는 공연자(대개의 경우 코미디언)가 인형이 말하는 것처럼 보이게 하는 복화술(ventriloquism)이다. 인형의 입이 움직이는 것과 타이밍이 맞춰져 들려오는 소리를 우리는 (공연자의 입이 아닌) 인형의 입에서 나오는 것으로 듣는다. 적어도 인형이 말을 할 수 없다는 것을 다시 상기할 때까지는 그렇다. 우리가 보는 것은 듣는 것에 영향을 미친다. 스크린의 왼쪽과 오른쪽에 스피커가 배치되어 있는 극장에서 영화를 볼 때도 비슷한 일이 발생한다. 배우들의 음성은 실제로는 스크린의 왼쪽과 오른쪽에 있는 스피커에서 나오지만 우리는 우리 바로 앞의 스크린에서 보이는 배우의 입으로부터 음성이 나오는 것으로 지각한다(Shams, 2010).

외국 영화의 음성 더빙이 배우의 입 움직임과 일치하지 않을 때와 같이 감각 입력이 서로 일치하지 않는 경우, 우리는 종종 **맥거크 효과**(McGurk effect)를 경험한다. 이 효과는 다른 사람이 말하는 것을 지각할 때 청각뿐만 아니라 시각에 의해서도 영향을 받는다는 것이다(MacDonald, 2018; Moore, 2012; Soto-Faraco & Alsius, 2009; Summerfield, 1992). 맥거크 효과를 확인한 고전적 연구에서 연구자들은 참가자들이 "ma ma"라고 말하는 사람의 말을 들으면서 이와 동시에 그 사람의 입술은 "ta ta"라는 소리를 내는 것으로 보이는 간단한 영상을 제작하였다. 이러한 특별한 경우에서 많은 참가자들은 "na na"라고 하는 소리를 들었다고 보고하였다. 참가자들이 보고 들은 것이 신기하고 독특한 방식으로 혼합된 것이다(McGurk & MacDonald, 1976). 다른 경우에는, 눈으로 들어오는 것이 귀로 들어오는 것을 실제로 압도하기도 한다. 이 경우 소리와 보는 것은 분명히 다르게 제시되더라도 사람들은 본 것을 "들었다"고 보고한다. (앞의 연구를 빌려 예시하면 이 경우에 사람들은 "ta ta"라는 소리를 들었다고 보고할 것이다.)

감각 상호작용
감각이 서로 영향을 줄 수 있다는 생각

시각이 다른 감각에 비해 우세하다는 증거는 맥거크 효과뿐만 아니라 다른 많은 상황에서도 잘 나타난다(Zellner, 2013). 예를 들어 연구자들은 시력이 미각에 영향을 미치고 심지어 맛을 능가할 수도 있다는 것을 발견하였다. 사탕을 사용한 한 연구에서 참가자들은 자주색으로 착색된 레몬 사탕을 먹은 뒤 사탕이 포도맛이라고 자주 보고하였다(Doty, 2010; Zellner et al., 1991). 음료에 대한 연구에서는 오렌지색으로 된 체리맛 음료를 마신 참가자는 종종 음료를 오렌지맛 음료라고 잘못 표시하였다(Zellner, 2010). (음식과 음료에서 시각이 얼마나 중요한지, 그리고 식음료 제조업체는 이것을 얼마나 잘 알고 있는지는 게토레이 홈페이지의 '묻고 답하기'에 잘 드러나 있다. 여기에 게시된 한 질문 중 하나는 "게토레이 음료에 왜 인공 색소를 넣습니까?"였는데, 이에 대해 회사는 "게토레이의 색상은 시각적 매력을 제공하고 풍미 지각을 강화하는 데 도움이 됩니다"라고 답하였다.)

여러 감각이 상호작용할 때 시각은 특히 강력한 영향을 미친다. 음식이나 음료의 색은 맛을 지각하는 방식에 큰 영향을 미칠 수 있다.

일부 연구자들은 특정 상황에서 감각적 상호작용이 메스꺼움과 멀미감을 유발할 수 있다는 아이디어를 이론화하였다. 이것이 **감각갈등 이론**(sensory conflict theory)이다. 이 이론에서는 멀미가 감각 상호작용의 부산물이라고 여겨진다. 물론 감각갈등 이론이 운동멀미(motion sickness)에 대한 유일한 설명도 아니고, 이 이론을 지지하거나 혹은 반박하는 연구가 모두 존재한다(Oman, 1990; Stoffregen & Riccio, 1991; Warwick-Evans et al., 1998; Yardley, 1992). 기본적으로, 감각갈등 이론은 우리가 움직일 때 우리의 시각과 신체 감각(특히 신체의 균형, 위치 및 촉각 등의 측면에서) 사이에 불일치가 있을 때 멀미를 경험한다고 제안한다(Bos et al., 2008; D'Amour et al., 2017). 이 때문에 자동차에 승객으로 탑승하여 책을 읽거나, 화면을 보거나, 혹은 눈을 감고 있으면 멀미의 위험이 더 커진다. 차 안에서 이러한 행동들을 할 경우 눈으로는 움직임을 거의 감각할 수 없기 때문에 뇌에는 여러분이 움직이지 않는 정보가 전달된다. 반면 신체 감각은 차의 움직임으로 인해 신체가 앞쪽으로 이동하는 것, 움직임의 속도가 감소 혹은 증가하는 것, 왼쪽 혹은 오른쪽으로 회전하는 것, 차가 갑자기 가속했을 때 신체가 기울어지는 것 등에 대한 정보를 뇌에 전달한다.

상향처리와 하향처리

여러분이 신생아였을 때 광경, 소리, 냄새, 미각 및 촉각은 모두 새로운 것이었다. 즉 여러분은 세상을 완전한 **상향처리**(bottom-up processing)를 통해 경험한 것이다. 상향처리는 기대나 경험의 영향을 받지 않고 감각한 것이 지각이 되는 정보처리 방식이다. 그러나 매일매일, 여러분은 삶 속에서 다양한 경험을 하게 되었고 이러한 경험은 기억으로 저장되었다. 얼마 지나지 않아 여러분의 마음은 더 이상 '빈칸'이 아니라 주어진 상황에서 어떤 것을 감각할 것인지에 대한 기대로 가득 차게 되었다. 그리고 그러한 기대는 가장 친한 친구가 말하는 경향에 대한 이전의 경험에 비추어 그 친구가 무슨 말을 할 것인지 미리 추측할 수 있는 것과 동일한 방식으로 여러분은 여러분이 지각한 것을 형성(shape)하기 시작했다. 이것은 **하향처리**(top-down processing)이다. 하향처리는 기대 또는 이전 경험이 지각하는 것에 영향을 주는 정보처리 방식이다.

일상생활 경험은 상향처리와 하향처리가 서로 조합되어 이루어진다(Chun & Wolfe, 2001; Lewkowicz, 2010). 한 번도 경험하지 못한 세계의 맛, 냄새, 광경 혹은 소리를 특징으로 하는 식당을 처음으로 갈 때와 같이 익숙하지 않은 상황에서는 상향처리가 더 우세하게 이루어진다. 반면, 여러분이 오래전부터 좋아하는 식당에서 '여러분의' 테이블에 앉아 여러분을 아는 식당 종업원에게 평소대로 주문할 때와 같이 보다 친숙한 상황에서는 하향처리가 더 우세하다.

때로는 두 가지 유형의 처리 모두 쉽게 식별할 수 있다. 친구와 만난 후 헤어졌는데, 그 친구가 자기 차를 운전해서 가면 15분쯤 후에 집에 도착한다고 가정해보자. 그런데 날씨가 매우 좋지 않다. 그래서 여러분은 친구에게 작별인사를 하면서 "친구야, 집에 도착하면 나에게 문자 보내"라고

감각갈등 이론
감각 상호작용의 부산물로 멀미를 설명하는 이론

상향처리
기대나 경험의 영향을 받지 않고 감각한 것이 지각되는 정보처리 방식

하향처리
기대 또는 이전 경험이 지각하는 것에 영향을 주는 정보처리 방식

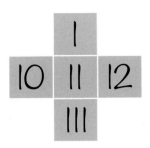

그림 3.3 하향처리와 지각 갖춤새 가운데 칸에 있는 것은 2인가, 아니면 11인가? 만일 숫자들이 아라비아 숫자가 되도록 좌우 방향으로 읽으면 그것은 11인 것으로 보인다. 반면 로마 숫자가 되도록 상하 방향으로 읽으면 그것은 2처럼 보인다. 이것은 자극 맥락이 하향처리와 지각 갖춤새에 어떻게 영향을 미치는지 보여 준다.

지각 갖춤새
이전 경험이나 주의 방략으로 인해 사물을 특정 방식으로 지각하는 경향

변화맹
단순히 다르게 기대하고 있다는 것 때문에 시야에서 벌어지는 변화를 알아차리지 못하는 것

부주의맹
단순히 다른 곳에 주의를 집중하는 것만으로도 시야에서 무언가를 알아차리지 못하는 것

말한다. 그리고 약 15분 후, 휴대전화로 문자가 도착한다. 이 경우에는 즉각적으로 상향처리가 이루어진다. 예를 들어 휴대전화가 진동하는 것을 피부로 느끼거나 문자알림 소리를 들을 수 있다. 이러한 감각들은 여러분이 그 시간 쯤에 휴대전화로 문자가 들어올 것이라는 것을 기대하지 않더라도 경험할 수 있는 감각이다. 그러나 이 상황에서 여러분은 문자가 올 것을 분명히 기대하였고, 이에 따라 거의 즉각적으로 하향처리도 발생한다. 문자를 읽기 위해 휴대전화를 눈으로 가져오기도 전에 친구가 무사히 집에 잘 도착했다는 문자일 것이라는 생각을 하게 된다. 여기에서 요점은 하향처리는 여러분이 실제로 문자를 보기 이전이라도 무엇을 볼 것인지 예측하기 위해 기대와 경험을 사용한다는 점이다. 때로 그러한 예측은 여러분이 보는 것(혹은 보고 있다고 생각하는 것)에 영향을 줄 수도 있다.

하향처리의 예는 청각에서도 찾아볼 수 있다. 예를 들어 여러분이 전화로 통화하고 있는데 전화기에서 누군가의 음성이 한 번에 1초 이상으로 자꾸 삽입되어 들린다고 생각해보자. 이 경우에도 여러분은 하향처리를 사용하여 포착할 수 없었던 대화 상대의 음성을 놀라울 정도의 정확성으로 추측하여 이해할 수 있다(Loebach et al., 2010).

지각 갖춤새 하향처리는 **지각 갖춤새**(perceptual set)에 영향을 미치는 주요 요인이다. 지각 갖춤새는 이전 경험이나 주의 방략으로 인해 사물을 특정 방식으로 지각하는 경향을 의미한다(그림 3.3). 지각 갖춤새는 마치 어떤 것을 지금까지 경험하지 못한 것처럼 모든 세부사항에 대해 느리고 체계적으로 검토하는 것이 아니라, 상황에 대해(특히 개인에게 가장 중요한 부분에 대해) 신속하게 평가할 수 있도록 무엇을 기대해야 하는지 알 수 있도록 도와준다. 예를 들어 보스턴 마라톤 폭탄테러 사건의 목격자인 힐러리 앤더슨에게 지각 갖춤새가 그녀의 반응에 어떠한 영향을 미쳤는지 생각해보자. 그녀는 첫 번째 폭발음을 들었을 때의 기억에 대해 다음과 같이 말했다. "나는 고개를 들어 하늘을 올려다보면서 비행기가 날아오고 있는지 찾아보았다. 나는 9/11 사건이 발생한 시점에 내가 어디에 있었는지 정확하게 기억하고 있고, 내가 맨 처음 보인 본능적 행동은 하늘을 올려다보면서 무엇이 다가오고 있는지 살펴보는 것이었다"(*New York Times*, 2013).

변화맹과 부주의맹 지각 갖춤새는 특정 시점에서 어떤 기대나 목표가 없었던 경우에 비해 필요한 정보를 더 빠르고 정확하게 추출할 수 있게 해줌으로써 정보를 처리하는 데 이점을 제공할 수 있다. 그러나 때로 지각 갖춤새는 정보의 추출과 처리를 상당히 잘못된 방향으로 이끌 수 있다. 예를 들어 **변화맹**(change blindness)이라는 것에 대해 고려해보자. 변화맹은 단순히 다르게 기대하고 있다는 것 때문에 시야에서 벌어지는 변화를 알아차리지 못하는 것이다. 변화맹에 대한 최초의 사례는 1930년대에 제작된 할리우드 영화에서 찾아볼 수 있다. 이때는 영화 필름의 릴에서 문자 그대로 클립들을 잘라 붙여 넣는 방식으로 장면이 합쳐졌다. 이러한 방식을 따르다 보니 때에 따라 실수가 발생하기도 하였다. 예를 들어 한 영화에서는 배우가 대사의 첫 부분을 말할 때 배우가 입은 옷의 단추가 하나만 풀려 있었는데, 같은 대사의 마지막 부분을 말할 때는 2개의 단추가 풀려 있는 것으로 보였다. 이러한 실수는 이 두 장면이 다른 날에 촬영되었기 때문에 발생한 것이었다. 여기에서 흥미로운 부분은 영화 편집에서 실수가 있었다는 아니라 영화제작자와 관객 거의 대부분이 그러한 실수를 알아차리지 못했다는 점이다(Rensink, 2010). 오늘날에도 이와 같은 종류의 연속성 오류(continuity errors)가 여전히 발생하고 있다. 그러나 우리들 대부분이 이러한 변화를 알아차리지는 못하더라도 수많은 인터넷 사용자들은 결국에는 변화의 내용을 알 수 있게 될 것이다.

변화맹과 밀접하게 관련되어 있는 것이 **부주의맹**(inattentional blindness)이다. 부주의맹은 단순

히 다른 곳에 주의를 집중하는 것만으로도 시야에서 무언가를 알아차리지 못하는 것이다. 변화맹은 무엇이 변화되었는지 알아차리지 못하는 것이지만 부주의맹은 무엇인가를 전혀 보지 못하는 것이다(Mack, 2003; Rensink, 2000, 2013). 예를 들어 운전 중에 친구로부터 전달된 문자 메시지를 읽는 데 모든 주의가 기울여진 운전자는 비록 정지신호 표지판이 그 운전자의 시야 안에 있더라도 그것을 전혀 보지 못할 수 있다. 동일한 결과가 보행자에게도 적용된다. 많은 연구에 따르면 스마트폰을 사용하여 문자를 보내는 사람들은(혹은 스마트폰을 다른 목적으로 사용하는 사람들도) 스마트폰을 전혀 사용하지 않는 사람들에 비해 위험하고 때로는 생명을 위협하기까지 하는 도로 횡단의 결정을 내리고 '횡단금지' 표지판을 알아차리지 못하는 비율이 유의하게 더 높다는 것을 발견하였다(Lin et al., 2017; Schwebel et al., 2012).

변화맹과 부주의맹은 모두 많은 심리학적 연구의 초점이 되어 왔다(Simons & Levin, 1997; Simons & Rensink, 2005). 또한 이들은 실제 세계에서의 여러 문제에 중요한 시사점을 준다. 예를 들어 변화맹과 부주의맹은 법정 재판에서 목격자 증언의 타당성을 훼손할 수 있다(Davies & Hine, 2007; Hyman et al., 2018; Jaeger et al., 2017). 또한 경찰관이나 경비원이 어떤 현장이나 상황을 검사할 때 그들이 보거나 보지 않는 것에 영향을 줄 수 있고(Davis et al., 2018; Durlach, 2004; Graham et al., 2018), 이와 유사하게 스포츠 경기 중에 선수와 심판이 보는 것에도 영향을 줄 수 있다(Pazzona et al., 2018; Werner & Thies, 2000).

변화맹과 부주의맹에 대한 몇몇 연구들은 주의산만의 역할에 초점을 맞춘다. 구체적으로 말하면, 어떤 장면의 한 부분에 시선이 가 있으면 그 장면의 다른 부분에서 무엇인가를(심지어 큰 무엇인가마저도) 놓칠 가능성은 얼마나 될까? 한 영향력 있는 연구는 변화맹과 부주의맹이 얼마나 강력한지 보여주기 위해 '흙탕물 튀기기' 기법(mudsplash technique)을 사용하였다. 연구자들은 참가자들에게 3초 동안 화면상에 사진을 보여준 다음, 사진의 임의의 지점에 마치 흙탕물이 여기저기 '튀기는' 것처럼(예를 들어 자동차 앞 유리에 흙탕물이 여기저기에 튀기는 것처럼) 몇 개의 작은 얼룩들을 1초보다 훨씬 짧은 시간 동안 제시하였다. 연구자들은 몇 개의 얼룩을 제시함과 동시에 사진에서 특정 부분의 형태를 변화시켰고, 이렇게 변화된 사진이 3초 이상 화면에 남아 있도록 하였다. 첫 번째 사진과 두 번째 사진에서의 차이가 분명하게 드러나는 조건에서 대부분의 참가자는 얼룩에도 불구하고 그러한 차이를 알아차렸다. 그러나 그러한 변화가 약간 미묘하게 이루어졌을 때(이러한 수준의 변화는 얼룩이 제시되지 않았다면 완전하게 눈에 띄게 된다), 대부분의 참가자는 변화를 알아차리기 위해 두 번 이상 사진들을 번갈아 비교해보아야 했다. 그리고 이 변화 조건에서, 실험 자극의 약 4분의 1에 대해서는 실험 참가자들이 그 변화를 전혀 알아차리지 못했다(O'Regan et al., 1999). 이러한 결과는 실제 세계에서의 많은 활동들에 대해 중요한 시사점을 제공해준다. 예를 들어 운전 중에 앞 유리에 어떤 것이 부딪치거나 혹은 운전자가 전체 시야 중 일부에만 눈을 주시하고 있는 경우 운전자 전방의 도로 위에 있는 중요한 어떤 것을 놓칠 수도 있는 것이다(Simons & Ambinder, 2005).

변화맹과 부주의맹에 대한 또 다른 연구에서 연구자들은 각각 흰색과 검은색의 셔츠를 입은 두 집단의 사람들이 각 집단의 구성원에게 공을 서로 패스하는 동영상을 보여주었다. 그리고 실험 참가자들에게 두 집단의 사람들이 여러 방향으로 옮겨 가면서 공을 서로 패스할 때 흰색 셔츠를 입은 사람들이 몇 번이나 패스하는지 세어 보도록 하였다. 몇 초 후, 고릴라 복장을 한 사람이 등장하여 장면의 가운데 지점에서 멈춘 후 가슴을 치는 것 같은 동작을 보인 다음 떠났다. 20초짜리 동영상을 보면서 대부분의 참가자는 흰색 셔츠를 입은 사람들이 몇 번 패스했는지는 정확하게 보고

했지만 참가자들의 약 절반(!)은 고릴라 복장을 입은 사람을 알아차리지 못했다. 참가자들은 흰색 셔츠의 사람들이 몇 번 패스하는지 세는 것에 집중한 나머지 장면에서 그들이 보고 있지 않았던 일어난 다른 일에 대해서는 알아차리지 못한 것이다(Simon & Chabris, 1999). 이러한 변화맹과 부주의맹 연구를 통해 우리가 알 수 있는 것은, 운전 중에 휴대전화를 사용하는 것과 같이 특정 감각에 주의를 기울이면 다른 감각들에 대해서는 그것이 얼마나 분명한지와는 상관없이 그것들을 전혀 알아차리지 못할 정도로 취약하다는 점이다.

학습 확인

3.1 감각과 지각의 차이는 무엇인가?

3.2 진화에서 감각과 지각은 어떠한 역할을 하였는가?

3.3 절대역치와 차이역치의 차이는 무엇인가?

3.4 감각순응이란 무엇인가?

3.5 지각항등성은 감각에서 변화를 가져오는 자극의 지각에 어떻게 도움이 되는가?

3.6 선택주의와 감각 상호작용의 차이는 무엇인가?

3.7 상향처리와 하향처리의 차이는 무엇인가?

시각

학습 목표

3.8   시각 우세성

3.9   눈의 구조와 기능

3.10 안구운동

3.11 깊이지각

3.12 색채지각

3.13 대상의 분리와 집단화

3.14 특별 모드를 통한 시각처리

3.15 문화는 시각처리에 어떻게 영향을 미치는가?

시각
눈으로 보는 감각

시각(vision), 즉 보는 것은 인간의 감각 중에서 가장 우세하다(Goodale & Milner, 2013). 물론 다른 모든 감각들도 중요하지만 우리는 듣거나, 냄새 맡거나, 맛보거나, 혹은 만지는 것보다 더 자주 그리고 더 강력하게 보는 것에 의해 영향을 받는다. 시각의 이러한 우세성은 여러 측면에서 나타난다. 예를 들어 시각은 다른 어떤 감각보다 뇌 공간을 더 많이 차지한다(Medina, 2014). 한 온라인 설문조사에서 "만일 감각을 포기해야 한다면 어느 감각을 포기하겠습니까?"라고 질문했을 때 4,000명 이상의 응답자 중 시각은 가장 낮은 순위(전체 응답자의 4%)를 보였다(quibblo.com). 우리의 언어조차도 우리의 시각적 감각이 우리의 사고방식에 어떻게 영향을 미치고 있는지 보여준다. 우리는 실제로 시각과는 아무런 관련이 없는 뇌의 활동들을 은유적으로 표현하기 위해 시각적 용어를 사용한다. 영어에서의 몇 가지 표현을 예로 들어, 우리가 무언가를 이해했을 때는 "I see"(무슨 의미인지 알았다)라고 한다. 또는 무언가를 무시할 때는 하면 "turn a blind eye"(눈 감고 모른 척한다), 그리고 무언가가 (좋지 않은 일이) 일어날 것이 예상되면 "see the writing on the wall"(불길한 조짐이 보인다)라고 한다. 또한 어떤 한 가지 목표에만 집중하고 있을 때는 "tunnel vision"(터널 시각)에 빠졌다고 표현한다.

이 장의 앞부분에서 감각과 지각이 진화했다고 언급한 바 있는데, 이것은 우리의 감각과 지각이 생존 측면에서 어떤 이점을 제공한다는 것을 의미한다. 시각 측면에서, 일부 연구자들은 시각의 장점이 식별(identification)과 행위(action)라는 두 가지 독특한 기능을 포함한다고 주장하였다(Goodale & Westwood, 2004; Milner & Goodale, 2008). 어떤 대상을 식별한다는 것은 우리가 그것을 재인하고, 분류하며, 그것에 대해 생각할 수 있도록 한다는 것을 의미한다. 행위는 그 대상에 대해 반응하여 무언가를 향해 움직이거나, 그것으로부터 달아나거나, 그것을 들거나, 그것을 치거나, 혹은 그것에 대해 말하는 것 등을 의미한다.

흥미롭게도, 신경학적 연구들은 인간과 영장류의 뇌 안에 이 두 가지 독특한 기능을 반영하는 두 가지 시각정보 경로가 있다는 것을 발견하였다(Goodale, 2011; Goodale & Milner, 1992, 2013). 그중 하나는 배쪽 경로(ventral stream)이다. 이 경로는 대상의 식별을 제어하여 그것이 무엇인지

(what it is) 결정한다. 두 번째는 **등쪽 경로**(dorsal stream)이다. 이 경로는 대상으로의 행위를 제어하여 그것이 어디에 있는지(where it is) 결정한다. 배쪽 경로가 손상되면 대상을 재인하지는 못하지만 그것을 집어 올릴 수가 있다. 등쪽 경로가 손상되면 대상을 재인할 수는 있지만 그것을 집어 올릴 수가 없다(Goodale & Humphrey, 2001). 따라서 종이상자 안에 12개의 설탕이 뿌려진 동그란 대상을 본다면 배쪽 경로를 통해 그것이 도넛이라는 것을 식별할 수 있게 되고, 등쪽 경로를 통해서는 그것을 집어 들어 입으로 가져올 수 있게 된다. 분명히 두 가지 경로는 도넛을 먹는 능력에 모두 중요하다.

눈 : 구조와 기능

우리 눈의 하드웨어는 공학적 경이다. 빛이 눈에 도달하기 시작하여 분석되는 순서, 즉 눈의 바깥 표면에서부터 뇌로 가는 경로가 시작되는 뒤쪽으로 이동하면서 눈에 대해 살펴보자.

각막   먼저, 빛이 각막에 닿는다. **각막**(cornea)은 눈 전체를 뒤덮고 있는 얇은 투명막이다(그림 3.4). 각막은 시각을 향상시키기 위해 이미지를 굴절시키지만(혹은 구부리지만) 그렇게 하기 위해 각막 자체의 모양이 변경되는 것은 아니다(근시와 원시를 교정하기 위한 굴절 수술의 목적은 각막의 모양을 바꾸는 것이다). 각막은 또한 눈의 보호덮개 역할을 하고, 약간의 긁힘이 생겨도 빠르게 회복되는 경향이 있다. 각막의 긁힘은 그것이 비록 작은 것이라 하여도 이를 방지하지 않을 경우 눈의 내부에 심각한 영향을 줄 수 있다. 그러나 각막에서의 심각한 상처는 각막에 흉터를 남겨 시각을 방해할 수 있다. 여러 측면에서 각막은 '내장된' 콘택트렌즈의 기능을 한다. 실제로 1900년대 중반에 개발된 원래의 콘택트렌즈는 '각막 렌즈'라고 불렸다(Barr, 2005).

홍채   각막 바로 뒤에 **홍채**(iris)가 있다. 홍채는 눈 중앙에 위치한 색이 있는 원형의 근육이다. 홍채는 눈이 독특한 색을 갖는 것처럼 보이게 한다. 따라서 파란색의 눈을 가지고 있다고 한다면 그 사람은 실제로는 홍채가 파란색이라는 것을 의미한다. 홍채는 열리거나 닫히는 일종의 조리개 역할을 하는데, 홍채 중앙의 둥글게 열린 부분을 **동공**(pupil)이라고 부른다. 동공의 크기에 따라 눈이

각막
안구 전체를 감싸고 있는 얇고 투명한 막

홍채
눈 중앙에 위치한 색이 있는 원형의 근육

동공
홍채 중앙의 둥글게 열린 부분

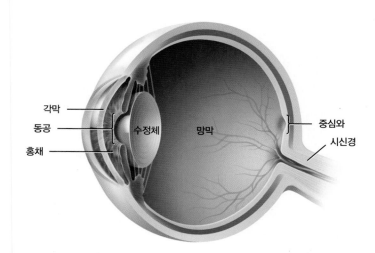

그림 3.4 인간 눈의 구조 인간의 눈에는 다음과 같은 부분들이 포함되어 있다 — 각막(얇은 투명막), 홍채(눈이 독특한 색을 갖게 하는 원형의 근육), 동공(홍채 안에 있는 둥글게 열린 부분), 수정체(초점을 맞추기 위해 모양을 변경하는 투명층), 망막(시각자극을 받아들이는 안구의 뒷부분), 중심와(추상세포를 포함하지만 간상세포는 포함하지 않는 망막의 중앙 영역), 시신경(시각정보를 망막에서 뇌로 전달).

시얼샤 로넌(Saoirse Ronan)과 우리 모두의 눈 색깔은 실제로는 홍채의 색깔이다. 홍채는 눈 중앙에 위치한 원형의 근육이다.

수정체
자체적으로 모양을 변경하면서 대상에 대한 초점을 맞추는 눈의 표면 아래에 있는 투명층

시각 조절
눈으로부터 다양한 거리에 있는 대상에 대해 초점을 맞추기 위해 수정체의 모양이 변화되는 과정

망막
시각 자극을 받아들이고 시신경을 통해 이것을 뇌로 보내는 안구의 뒤쪽 부분

간상세포
회색 음영을 감지하고 어두운 곳에서 볼 수 있도록 하는 망막의 수용기 세포

추상세포
빛이 풍부할 때 색을 탐지하는 망막의 수용기 세포

중심와
추상세포는 많이 포함하고 있지만 간상세포는 포함하고 있지 않는 망막의 중앙 영역

얼마나 많은 빛을 통과시킬 수 있는지 결정된다. 어두운 곳에서는 동공이 약 8mm 정도로 확장되어 적은 양의 빛이 가능한 많이 들어오도록 한다. 밝은 곳에서는 동공이 약 2mm 정도로 수축되어 들어오는 빛의 양이 너무 많지 않도록 한다. 동공은 또한 성적으로 혹은 지적으로 흥분되는 경우에도 확장된다(Fong, 2012).

수정체 빛이 동공을 통과한 후에는 **수정체**(lens)로 이동한다. 수정체는 눈의 표면 아래에 위치한 투명한 층으로, 모양을 다양하게 변화시킴으로써 대상에 대해 초점을 맞춘다. 특히 수정체는 초점을 최대화하기 위해 그 자체의 곡률(곡선의 정도와 모양)을 변경한다. 이것은 안경이나 카메라를 선택할 때 렌즈를 고려하는 것과 매우 유사하다. 가장 선명하고 초점이 잘 맞은 이미지를 만들어내기 위해 정확한 곡률을 선택해야 하는 것이다. 그러나 곡률을 조절할 수 없는 안경이나 카메라의 고정된 렌즈와는 달리 눈의 수정체는 필요에 따라 모양을 조절함으로써 근거리와 원거리로 초점을 전환할 수 있다. 이것을 **시각 조절**(visual accommodation)이라고 한다. 즉 시각 조절은 눈으로부터 다양한 거리에 있는 대상에 초점을 맞추기 위해 수정체가 모양을 바꾸는 과정이다. 나이가 들어 감에 따라 수정체의 신축성이 떨어지기 때문에 콘택트렌즈나 안경을 착용해야 하거나 혹은 필요한 경우에는 수술을 해야 하는 경우도 발생한다. 또한 나이가 들어 감에 따라 백내장(cataracts)이 생기기도 한다. 백내장은 자동차 앞 유리의 흐린 지점이 있는 경우처럼 수정체가 뿌옇게 혼탁해져서 시각에 문제가 발생하는 것이다(Artal et al., 2006).

망막 수정체를 통과한 빛은 그다음에 **망막**(retina)에 도달한다. 망막은 안구의 뒤쪽 부분에 위치하고 있다. 이것은 시각 자극을 받아 시신경을 통해 뇌로 전달한다. 망막은 기본적으로 눈 뒤쪽에 있는 일종의 화면이다. 눈의 모든 부분들의 총체적인 목표는 그 화면에 초점이 맞춰진 선명한 이미지를 투사하는 것이다. 그러한 이미지에는 시야에 있는 모든 항목들이 작은 형태로 포함되어 있다. 예를 들어 팔을 뻗어 닿을 수 있을 정도의 거리에 있는 신문 헤드라인의 한 글자는 망막에서 약 1.5mm 높이의 이미지를 만든다(Mather, 2011).

　　망막은 시각적 **변환**이 시작되는 지점이다. 이것은 외부의 자극(빛)이 내부의 뇌 신호(신경 활동)로 전환된다는 것을 의미한다(Gegenfurtner, 2010). 망막에서 뇌로 가는 통로가 **시신경**(optic nerve)이다. 시신경에 의해 전달되는 시각정보는 시상에서 첫 번째로 정지한 다음 후두엽까지 더 멀리 이동한다(Goldstein, 2010b; Lee, 2010).

간상세포와 추상세포 망막에는 특정 조건에서 특정 종류의 시각 자극을 탐지하도록 특별하게 설계된 간상세포와 추상세포라는 수용기 세포가 포함되어 있다(Gordon & Abramov, 2001). **간상세포**(rods)는 회색 음영을 감지하고 우리가 어두운 곳에서 볼 수 있도록 하는 망막의 수용기 세포이다. **추상세포**(cones)는 빛이 풍부할 때 색을 탐지하는 망막의 수용기 세포이다. 인간 눈의 망막에는 두 종류의 수용기 세포가 엄청나게 많이 있는데 추상세포(약 600만 개)에 비해 간상세포(약 1억 개)가 훨씬 더 많다(Frishman, 2001).

중심와 망막에서 작은 부분을 차지하고 있는 것이 **중심와**(fovea)이다. 중심와는 망막의 중앙에 위치하고 있는 영역이다. 여기에는 추상세포는 포함되어 있지만 간상세포는 포함되어 있지 않다. 중심와(fovea는 작은 구덩이를 의미하는 라틴어에서 유래되었다)에는 추상세포가 가장 많이 밀집되어 있기 때문에 눈의 다른 부분들은 가능한 많은 시각적 정보(특히 색상과 세밀한 특징을 포함하는 정보)를 중심와로 보낸다(Artal, 2010). 독수리의 눈에 있는 중심와는 인간의 중심와에 비해 더

많이 밀집되어 있기 때문에 1.6km 이상 떨어진 곳의 먹이를 찾아낼 수 있다(Livingstone, 2014).

맹점 망막 안에는 **맹점**(blind spot)도 있다. 맹점은 추상세포나 간상세포를 포함하고 있지 않은 망막상의 한 부분인데, 이것은 맹점 부분에서는 빛을 감각할 수 없다는 것을 의미한다. 맹점은 기본적으로 시신경이 연결되는 망막의 한 부분이라 할 수 있다. 다행히도 우리의 두 눈은 서로 약간 다른 각도에서 대상에 대해 초점을 맞추기 때문에 한쪽 눈의 맹점에 맺히는 이미지는 다른 눈을 통해 정상적으로 볼 수 있게 된다. 각 눈의 맹점에 대한 시범은 그림 3.5를 통해 확인해보자.

R   **L**

그림 3.5 맹점 시범 한쪽 눈을 가리고 뜬 눈으로는 문자 중 하나에 초점을 맞추자. 즉 오른쪽 눈을 뜨고 있다면 'R'에 초점을 맞추고, 왼쪽 눈을 뜨고 있다면 'L'에 초점을 맞추어보라. 그 상태에서 얼굴을 앞뒤로 천천히 움직여보면 초점을 맞추고 있지 않은 문자가 갑자기 사라지는 것을 경험하게 될 것이다. 이때 사라진 문자는 맹점 부분에 그 이미지가 맺힌 것이다.

우리는 어떻게 보는가 : 안구운동, 색채지각, 운동지각 및 기타

지금까지 눈의 구조와 기능에 대해 살펴보았다. 지금부터는 어떻게 눈의 여러 부분이 우리가 볼 수 있도록 하는지 살펴보자.

안구운동 무언가를 보기 위해서는 먼저 그것이 시선을 끌어야 한다. 좀 더 정확하게 말하면 먼저 눈이 그것을 봐야 한다. 고맙게도, 눈은 필요에 따라 응시의 초점을 매번 맞추어 갈 수 있는 정교하고 잘 조정된 운동체계를 갖추고 있다. 안구운동은 자동적으로 발생하기 때문에 이것을 거의 알아차리지 못한다. 그러나 눈 안에서의 운동은 항상 지속적이고 인상적으로 이루어지고 있다.

시각 연구자들은 많은 종류의 안구운동을 확인했지만, 대부분의 안구운동은 세 가지 범주 중 하나에 포함된다―(1) 도약 안구운동(saccadic eye movement), (2) 보정 안구운동(compensatory eye movement), (3) 수렴 안구운동(vergence eye movement)(Kowler & Collewijn, 2010). 도약 안구운동은 시선이 특정 지점에서 다른 지점으로 '도약하듯이' 이동하는 것이다. 이러한 도약 사이에는 응시(fixation)라고 알려진 일시적인 정지 단계가 있다. 여러분이 공항 게이트에서 비행기가 이륙할 때를 기다리고 있다고 상상해보자. 몇 초도 되지 않는 짧은 순간이라 할지라도 여러분의 눈은 과자를 먹고 있는 어린아이로부터 전화하고 있는 여자, 책을 읽는 남자, 그리고 탑승권을 들고 있는 여러분의 손에 이르기까지 많은 장면으로 도약하듯이 움직인다. 그러한 도약 안구운동 사이에는 1초 동안에도 여러 번 혹은 몇 초 동안 응시가 이루어진다.

 하지만 페이지를 가로질러 가면서 단어들을 읽는 것과 같은 시각적 운동은 도약적이라기보다는 부드럽게 움직이는 것이 아닌가요?

꼭 그러한 것은 아니다. 글을 읽을 때는 페이지의 한쪽에서 다른 쪽으로 시각적으로 부

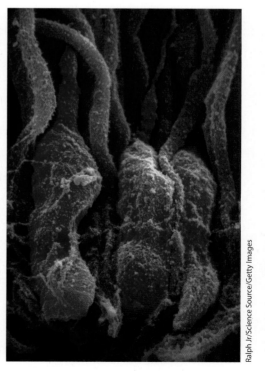

Ralph Jr/Science Source/Getty Images

간상세포(이 사진에서 빨간색)는 회색 음영을 탐지하고 어두운 곳에서 볼 수 있도록 하는 망막의 수용기 세포이다. 추상세포(이 사진에서 보라색)는 빛이 풍부할 때 색을 탐지하는 망막의 수용기 세포이다.

드럽게 이동하는 것처럼 보이지만 실제로는 짧은 시간이라도 미세한 도약운동(약 20~30msec 정도의 시간)과 응시(약 200~300msec 정도의 시간)가 많이 일어난다. 응시시간은 익숙하지 않거나 어려운 단어의 경우에는 조금 더 길지만 기대하고 있던 단어에 대해서는 조금 더 짧다. 실제로, 눈은 도약운동 동안에는 시각을 억제했다가 응시가 이루어질 때 시각을 다시 시작한다. 이렇게 하면 도약운동 중에 시각적으로 흐려져 보이는 것(예를 들어 비디오를 촬영하면서 한 장면에서 다른 장면으로 카메라를 빠르게 움직일 때 화면이 흐려지는 경우를 생각해보자)을 막을 수 있다. 영어의 경우, 각 응시에는 표적 단어와 함께 왼쪽으로는 약 3~4개의 낱자들이, 그리고 오른쪽으로는 14~15개의 낱자들이 포함된다(전체적으로 보면 대략 3~4개의 단어). 오른쪽에서 왼쪽으로 읽는 히브리어인 경우에는 왼쪽과 오른쪽의 패턴이 반대가 된다. 문자가 일반적인 영어보다 밀도가 높은 중국어에서는 표적 단어와 함께 왼쪽에 하나의 문자, 그리고 오른쪽에 2~3개의 문자를 포함하여 응시 범위가 더 좁다(Rayner, 1998; Rayner & Pollatsek, 2010; Snell et al., 2018; Snowling & Hume, 2005).

두 번째 유형의 안구운동은 보정 안구운동이다. 이것은 머리의 움직임을 눈이 보정하는 것이다. 지금 이 책을 읽을 때 단어들에 집중하면서 머리를 상하로 움직여보라. 그다음에는 좌우로도 움직여보라. 머리가 상하로 혹은 좌우로 움직일 때에도 특정 단어, 심지어 특정 낱자에 집중하는 것이 얼마나 쉬운지 주목하라. (머리에 장착된 카메라를 착용한 경우, 특히 이 카메라에 떨림 보정 기능이 없는 경우에는 머리가 약간만 흔들리더라도 촬영된 영상이 얼마나 많이 '뛰어다니는지' 생각해보라). 머리의 움직임에도 불구하고 특정 자극에 눈을 지속적으로 응시할 수 있는 것은 바로 보정 안구운동 덕분이다. 보정 안구운동은 머리의 움직임으로 인해 눈이 계속 움직이더라도 선택한 시각 자극에 눈이 지속적으로 초점을 맞출 수 있도록 해준다.

세 번째 유형의 안구운동은 수렴 안구운동이다. 수렴 안구운동은 선택한 하나의 이미지에 초점을 맞추기 위해 두 눈이 함께 움직이는 것이다. 예를 들어 두 손에 각각 손전등을 들고 여러분의 바로 앞에, 가까이에, 멀리, 위에, 아래에, 왼쪽에 혹은 오른쪽에 있는 다양한 대상에 대해 두 손전등의 불빛이 모이도록 비추어보라. 특정 대상에 두 불빛이 모이도록 조절하기 위해 손목과 손을 움직이는 것은 수렴 안구운동의 작동 방식과 동일하다고 할 수 있다.

깊이지각   깊이지각(depth perception)은 대상에 대한 거리와 깊이를 판단하는 능력이다. 깊이지각은 소파에서 일어나지 않고도 소파의 다른 쪽 끝에 있는 리모컨을 손을 뻗어 잡을 수 있는지 여부를 알려준다. 이것은 또한 방금 도착한 초대형 피자 상자를 부엌의 좁은 조리대 위에 올려놓을 수 있는지 여부를 알려준다. 깊이지각은 평행 주차를 할 때 주차공간의 앞뒤에 있는 다른 두 차량과 부딪치지 않으면서 얼마나 멀리 후진한 다음 전진해야 하는지 정확하게 결정할 수 있도록 도와준다.

단안 깊이단서와 양안 깊이단서   깊이지각은 시각정보가 갖고 있는 다양한 특질의 영향을 받는다(Peterson, 2001). 이러한 특질 중 하나가 **단안 깊이단서**(monocular depth cues), 즉 한쪽 눈만으로도 깊이를 지각하게 하는 시각 자극의 특질이다. 단안 깊이단서들은 2차원적인 그림이나 사진을 볼 때 3차원을 볼 수 있게 하는 것들이다. 예를 들어 대상들에 대해 지각되는 상대적 크기(relative size)에서의 차이는 장면에서 깊이가 있음을 시사한다.

어떤 사진사가 야구장 관중석의 맨 앞줄에서 홈플레이트로부터 앞쪽을 향해 사진을 찍었다고 상상해보자. 사진에서 타자는 투수보다 더 크게 보이고, 투수는 중앙 수비수보다 훨씬 크게 보인다. 물론, 선수들의 키와 몸무게는 서로 비슷할 것이다. 그럼에도 불구하고 선수들이 서로 다른 크

깊이지각
대상과의 거리와 깊이를 판단하는 능력

단안 깊이단서
한쪽 눈만 사용할 때 깊이를 나타내는 시각 자극의 특질

기의 이미지로 사진에 찍힌 것(혹은 망막에 서로 다른 크기의 이미지로 투사된 것)은 그들의 실제 신체 크기가 달라서가 아니라 이들이 관찰점으로부터 서로 다른 거리에 떨어져 있기 때문이다. 또 다른 단안단서들에는 선형조망(linear perspective; 예를 들면 도로가 멀어질수록 도로의 끝부분이 점점 더 좁아진다), 표면결(surface texture; 예를 들면 멀리 있는 것은 작고 조밀하게 보이지만 가까이에 있는 것은 크고 성기게 보인다), 그리고 음영(shading; 예를 들면 육면체 상자에 빛을 비출 때 상자의 각 측면에 빛이 서로 다른 각도로 닿기 때문에 각 측면들은 음영에서 약간 차이가 있어 보인다) 등이 포함된다.

단안 깊이단서들이 깊이지각에 도움이 되기는 하지만, 두 눈을 사용할 때 제공되는 시각적 특질인 **양안 깊이단서**(binocular depth cues)는 훨씬 더 강하게 깊이를 지각할 수 있게 해준다. 양안 깊이단서는 3차원 공간에서 대상을 관찰할 때 도움이 된다. 일반적인 영화와 3D 안경을 착용하고 보는 입체 영화 사이의 차이점을 고려해보자. 양안 깊이단서는 **망막부등**(retinal disparity) 또는 **입체시**(stereopsis)에 따라 달라진다. 단일 대상을 볼 때는 (두 눈이 서로 떨어져 있기 때문에) 두 눈이 각각 전송한 이미지 사이에는 차이가 발생한다. 이러한 차이가 망막부등이다. 뇌는 망막부등을 측정한 후 이를 기초로 대상까지의 거리를 계산한다. 망막부등은 멀리 있는 대상보다 가까이 있는 대상에서 더 크다. 뇌는 다양한 대상에 대한 망막부등의 크기를 비교한 후 망막부등이 클수록 대상은 더 멀리 있어야 한다는 논리적 규칙을 적용한다.

휴대전화로 찍은 사진을 통해 망막부등을 확인해볼 수 있다. 예를 들어 방문의 손잡이를 촬영한다고 생각해보자. 이때 휴대전화를 오른쪽 눈 바로 앞과 왼쪽 눈 바로 앞에 각각 위치시켜 두 장의 사진을 촬영하자. 방문 손잡이에 얼굴을 바로 근접하여 촬영하는 것을 포함하여 방의 여러 곳을 돌아다니면서 같은 방법으로 사진을 촬영해보자. 나중에 사진들을 비교해보면 방문 손잡이를 멀리서 촬영한 경우에 비해 가까이에서 촬영한 경우에 왼쪽 조망과 오른쪽 조망 사이의 차이, 즉 부등이 더 크다는 것을 알 수 있을 것이다. 연구자들은 망막부등을 이용하여 깊이를 지각하는 인간의 능력이 상당히 인상적이라는 것을 발견하였다. 예를 들어 거리 사이의 부등이 손톱 두께 정도만 되더라도 대부분의 사람들은 (커피 컵들이 팔을 뻗어 닿을 수 정도의 거리에 있다고 가정했을 때) 어떤 커피 컵은 다른 커피 컵보다 더 자신에게 가까이에 위치해 있다는 것을 구별해낼 수 있다(Wilcox & Allison, 2010).

깊이지각은 인간 이외의 동물들에게도 유용하다. 새들이 창가에 내려앉거나, 기린이 나뭇가지 위의 잎을 향해 목을 뻗거나, 개가 픽업트럭 뒤에서 땅으로 뛰어내리는 것 등에 깊이지각이 모두 도움을 준다. 그러나 각 눈의 시야에 겹치는 일부의 동물만이 양안 깊이단서를 사용할 수 있다(Fox et al., 1977; Timney, 2010). 고양이, 개, 그리고 영장류가 여기에 포함된다. 말들의 눈은 서로 다른 곳을 향하고 있기는 하지만 그렇다고 완전히 반대 방향을 향하고 있는 것은 아니라는 것을 고려해보면 말들도 부분적으로는 양안 깊이단서를 사용한다고 할 수 있다(Timney & Keil, 1999). 이와는 달리 대부분의 물고기처럼 눈이 완전히 반대 방향을 향하고 있는 동물들은 각 눈으로부터 각각의 개별적인 입력만 있는 반면 두 눈 사이의 중첩되는 입력은 없기 때문에 양안 깊이단서를 거의 사용할 수 없다(Sedgwick, 2001).

색채시각 교통신호등의 녹색등과 적색등을 서로 구분하는 것이나, 여러 가지 색의 사탕 중에서 여러분이 좋아하는 맛의 사탕을 선택하는 능력은 기본적으로 파장에 의해 결정되는 빛의 색채인

The Banks of the Seine or, Spring Through the Trees, 1878 (oil on canvas), Monet, Claude (1840–1926)/Musee Marmottan Monet, Paris, France/ Bridgeman Images

클로드 모네(Claude Monet)는 단안단서를 사용하여 깊이감을 전달한 대가였다. 'Springtime through the Trees'라는 제목의 이 그림에서 나뭇가지는 앞에 있고 건물은 뒤에 있다는 것을 보여주기 위해 모네가 (다양한 단안 깊이단서 중에서) 상대적 크기에서의 차이를 어떻게 사용했는지 주목하라.

양안 깊이단서
두 눈을 사용할 때 깊이를 나타내는 시각 자극의 특질

망막부등(입체시)
단일 대상에 대해 두 눈이 각각 전송한 이미지들 사이의 차이를 뇌가 측정하는 것

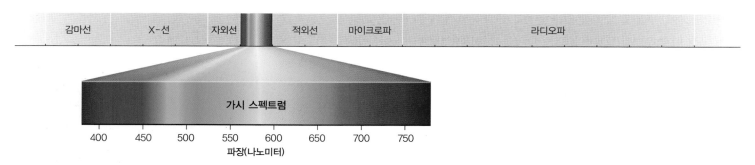

그림 3.6 가시광선과 파장 스펙트럼 눈이 감각할 수 있는 무지개 색들은 환경에 존재하는 모든 파장 중에서 매우 작은 일부에 불과하다.

색상
파장에 의해 결정되는 빛의 색채

색상(hue)을 탐지하는 능력이다.

 눈이 탐지할 수 있는 파장의 범위는 빛이 갖고 있는 파장의 전체 범위 중에서 극히 일부분이다. 그림 3.6에서 볼 수 있듯이 눈은 400~750나노미터 범위의 파장을 감각할 수 있다. 가시 범위의 위와 아래로 바로 밖에 있는 파장들에 대해서는 그것이 이웃하고 있는 색채가 무엇인지에 따라 이름이 붙여졌다. 따라서 빛의 스펙트럼에서 자색(보라색)으로 지각되는 파장보다 더 짧은 바로 아래 범위의 파장들은 자외선으로, 반면 빨간색(적색)으로 지각되는 파장보다 더 긴 바로 위 범위의 파장은 적외선이라고 불린다.

 색상은 완전히 객관적인 것처럼 보일 수 있다. 즉 보라색은 보라색이고, 노란색은 노란색인 것이다. 그러나 색상은 실제로 맥락에 따라 달라진다. 예를 들어 대상을 둘러싸고 있는 색채, 즉 주변색은 대상의 색상을 지각하는 방식에 영향을 줄 수 있다(Webster, 2010). 그림 3.7에 예시되어 있듯이, 같은 색의 사각형이라도 주변 원의 색에 따라 그 색이 달라진다. 우리는 이러한 주변색의 효과를 실생활에서도 경험한다. 예를 들어 그림이나 사진에 어울리는 색의 프레임을 고르거나, 혹은 여러분의 눈 색깔을 돋보이게 하는 색의 셔츠가 어떤 것인지 결정하기 위해 여러 색의 셔츠를 입어보는 것 등은 모두 주변색을 고려하는 행동들이다.

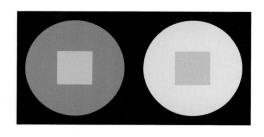

그림 3.7 주변색 효과 원 안에 있는 사각형은 정확히 같은 색이지만 그 주변에 있는 서로 다른 색의 원 때문에 사각형의 색이 약간 다르게 보인다. 이것이 주변색 효과이다.

 색채지각에 영향을 줄 수 있는 또 다른 요인은 색채를 보는 데 투여한 시간의 양이다. 이 장의 앞부분에서 기술하였던 감각순응(sensory adaptation)을 기억하는가? 오랫동안 지속적으로 노출될 경우, 귀가 에어컨 소리에 익숙해지거나 코가 커피 냄새에 익숙해지듯이 어떤 색을 지속적으로 오래 응시하면 그 색에 눈도 익숙해진다. 예를 들어 그림 3.8의 빨간색 사각형 안에 있는 초록색 원을 30~60초 동안 응시한 다음, 눈을 오른쪽의 흰색 사각형으로 이동한 후 가운데의 작은 점을 응시해보라. 그렇게 하면 초록색 사각형 안에 빨간색 원이 있는 것처럼 보일 것이다. 이러한 현상의 이유는 특정 색을 오랫동안 지속적으로 응시할 경우 그 색을 감각하는 시각세포가 피로해져 더 이상 그 색을 볼 수 없게 되기 때문이다. 초록색과 빨간색은 서로 대비되는 색이다. 따라서 초록색과 빨간색을 지속적으로 오래 응시할 경우 초록색과 빨간색을 감각하는 시각세포들이 피로해진다. 이 상태에서 흰색을 보게 되면 초록색으로 보이던 부분은 초록색의 대비색인 빨간색으로, 반면 빨간색으로 보이던 부분은 빨간색의 대비색인 초록색으로 보이는 것이다(Gordon & Abramov, 2001; Livingstone, 2014).

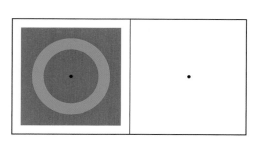

그림 3.8 시각에서의 감각순응 왼쪽의 중심점을 30~60초 동안 응시한 후 오른쪽의 중심점으로 시선을 이동시켜보라. 그렇게 하면 흰색 사각형 안에서는 왼쪽에 있던 색과는 서로 대비되는 색들이 보일 것이다. 즉 왼쪽의 초록색과 빨간색은 오른쪽에서는 각각 빨간색과 초록색으로 보이게 된다. 이것은 오랫동안의 지속적인 응시 때문에 특정 색채를 감각하는 추상세포가 피로해져서 각각의 색에 대한 대비색이 잔상으로 나타나기 때문이다.
출처 : Zanker(2010).

색채시각의 삼원색 이론 앞에서는 추상세포가 색채를 감각하는 망막의 특수한 수용기 세포라는 사실에 대해 논의한 바 있다. 실제로 세 가지 유형의 추상세포가 있는데, 각각은 특정 범위의 색채들만 감각할 수 있다. 즉 (1) 단파장(short-wavelength)에 민감한 S-추상세포(S-cones)는 파란색 계통의 색채들을, (2) 중파장(middle-wavelength)에 민감한 M-추상세포(M-cones)는 초록색 계통의 색채들을, 그리고 (3) 장파장(long-wavelength)에 민감한 L-추상세포(L-cones)는 빨간색 계통의 색채들을 각각 감각한다(Gegenfurtner, 2010; Lee, 2010). 세 가지 추상세포들이 각각 짧거나(short) 중간(middle)이거나 혹은 긴(long) 파장에 대해 상대적으로 더 민감하다는 점을 기억하면 S-추상세포, M-추상세포, L-추상세포라는 명칭을 쉽게 기억할 수 있을 것이다. 세 가지 유형의 추상세포가 존재한다는 것이 색채시각에 대한 **삼원색 이론**(trichromatic theory)의 기본이다. 삼원색 이론은 추상세포들이 빨강, 초록 혹은 파랑을 감각하는 데 각각 전문화되어 있다는 생각에 기초하여 색채시각을 설명하는 이론이다. 실제로, TV 화면과 컴퓨터 모니터는 이와 동일한 방식으로 작동한다. 즉 단지 몇 가지 색채만을 서로 혼합하여 매우 다양한 색채를 나타내준다(Stockman, 2010).

세 가지 유형의 추상세포 중 하나만이라도 결함이 있으면 특정 색채를 (혹은 어떤 경우에는 여러 색채들을) 볼 수 없는 색맹이 나타난다. 가장 일반적인 형태의 색맹은 적녹 색맹이다. 이것은 M-추상세포 혹은 L-추상세포 중 하나에서 결함이 있는 경우에 나타난다(이 두 가지 추상세포 모두에서 결함이 있는 경우는 여기에 해당하지 않는다). 적녹 색맹은 서유럽 출신 남성에서 비교적 흔하다(7~10%). S-추상세포에 결함이 있는 경우에는 청록 색맹(혹은 제3색각 이상)이 나타나는데 이것은 적녹 색맹에 비해 더 드물게 발생한다(대략 10,000명 중 1명). 추상세포가 전혀 작동하지 않는 경우에는 완전한 색맹, 즉 전맹(achromatopsia)이 나타난다. 완전한 색맹인 경우 세상을 회색 음영(즉 흐릿한 명암)으로만 볼 수 있다. 완전 색맹은 다른 유형의 색맹에 비해 훨씬 더 드물게 나타나는데 대략 30,000명 중 1명의 빈도이다(Mollon et al., 2003; Tait & Carroll, 2010).

색채시각의 대립과정 이론   삼원색 이론만이 색채시각을 설명하는 유일한 이론은 아니다. 색채시각에 대한 또 다른 이론은 **대립과정 이론**(opponent-process theory)이다. 이 이론은 시각체계가 서로 대립되는 색채들의 특정한 쌍(즉 빨강-초록, 파랑-노랑)을 감각하는 데 전문화되어 있다는 생각을 기반으로 색채시각을 설명한다. 색채시각을 연구하는 연구자들 사이에서 이 두 가지 이론은 1800년대로 거슬러 올라갈 정도의 오랜 역사 속에서 서로 경쟁적인 관계에 있다(Goldstein, 2001a; Helmholtz, 1852; Hering, 1878, 1964; Young, 1802). 대립과정 이론의 지지자들은 특정한 색채 쌍들은 서로 혼합되어 다른 색채를 만들어낼 수 있지만 다른 색채 쌍은 그렇지 않다는 점을 강조한다. 예를 들어 빨강과 파랑이 혼합된 보라나 빨강과 노랑이 혼합된 주황은 있지만 불그레한 초록이나 푸르스름한 노랑은 없다(이것은 마치 지도에서 동북 또는 남서와 같은 특정한 방위의 결합은 가능하지만 북남 또는 동서와 같은 다른 방위의 결합은 불가능한 것과 유사하다). 따라서 대립과정 이론에 따르면 혼합되지 않는 색채 쌍들은 서로 **대립적인** 색채들이다. 그것은 우리가 보는 색채는 빨강-초록 또는 파랑-노랑의 서로 대립되는 색채 쌍들에 반응한 특정한 과정에 따라 결정된다는 것을 의미한다.

색채시각 전문가들은 삼원색 이론과 대립과정 이론이 모두 색채시각에 기여한다는 것을 받아들이고 있다. 여기에서의 문제는 어떤 이론이 옳은지가 아니라 두 이론이 함께 어떻게 작용하는지에 대한 것이다. 연구 결과에 따르면, 두 이론은 시각 처리에서 서로 다른 수준에서 작동한다. 즉 시각 자극이 추상세포에 도달하여 색채시각 처리가 이루어지기 시작하는 수준에서는 삼원색 이론이

삼원색 이론
추상세포가 빨강, 초록 또는 파랑을 감각하도록 전문화되어 있다는 생각을 기반으로 한 색채시각에 대한 설명

대립과정 이론
추상세포가 서로 대립되는 색채들의 특정한 쌍(즉 빨강-초록, 파랑-노랑)을 감각하는 데 전문화되어 있다는 생각을 기반으로 한 색채시각에 대한 설명

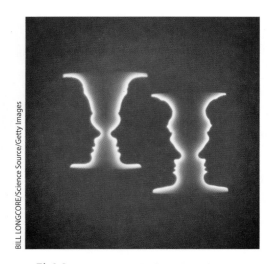

BILL LONGCORE/Science Source/Getty Images

그림 3.9 배경으로부터 전경을 구별해내기 때에 따라서는 배경으로부터 전경(초점 항목)을 구별해내기가 쉽지 않다. 얼굴이 보이는가, 아니면 꽃병이 보이는가?

적용되는 반면, 시각 자극이 추상세포를 지나 시신경을 통해 뇌를 향해 가는 색채시각 처리 수준에서는 대립과정 이론이 적용된다(Buchsbaum & Gottschalk, 1983; Gegenfurtner & Kiper, 2003).

대상의 분리와 집단화   어떤 장면을 볼 때 어떤 항목이 서로 관련이 없고, 또 어떤 항목은 집단의 일부인지 어떻게 알 수 있을까? 이것을 가능하게 하는 중요한 역량 중 하나가 **전경-배경 체제화**(figure-ground organization)이다. 즉 대상과 배경을 시각적으로 구별하려는 경향이다. 대개의 경우 전경(figure, 앞에 있는 항목)과 배경(ground, 뒤에 있는 것)은 쉽게 구별할 수 있다. 예를 들어 우리는 벽돌 담 앞에 있는 자동차를 보고, 접시 위에 놓여 있는 샌드위치를 본다. 그러나 그림 3.9에서와 같이 이러한 구별이 때로는 어려울 수 있다. 연구자들은 전경과 배경이 분명하지 않은 경우 몇 가지 간단한 규칙에 의존하여 전경과 배경을 체제화하려는 경향이 있음을 발견하였다. 즉 우리는 종종 전경은 배경에 비해 크기가 좀 더 작고, 대칭적이며, 더 가까워 보이고, (밖으로 튀어나온) 볼록한 형태일 가능성이 높으며, 혹은 뭔가 움직인다면 그것은 배경보다는 전경일 가능성이 높다고 판단하는 것 등이다(Goldstein, 2001b; Lass et al., 2017; Pomerantz & Portillo, 2010; Vecera & Lee, 2010).

전경과 배경의 체제화 문제는 항목들을 분리하는 것과 관련이 있고 이것은 쉽게 이루어질 수 있다. 그렇다면 항목들을 집단화하는 것은 어떨까? 항목들을 분리하는 것과 마찬가지로 항목들이 어떤 집단으로 서로 묶이는지 판단하는 것도 그렇게 어렵지 않다. 예를 들어 공항에서 일단의 승객들이 짐을 찾기 위해 수하물 수취 지점으로 몰려가고 있다고 가정해보자. 그러한 승객들 중에는 십여 명의 젊은이들도 함께 있었는데, 이들은 모두 파란색의 동일한 유니폼을 착용하고 있고 또한 동일한 흰색 가방을 어깨에 메고 있다. 이들은 대략 20세 전후로 보이고, 모두 키가 컸으며 운동으로 단련된 듯한 몸을 갖고 있다. 그들은 모두 같은 방향으로 같은 시간에 서로 가까이 붙어서 걷고 있다. 이 젊은이들은 서로 전혀 모르는 사람들인데 우연하게도 한결같이 키가 크고, 모두 파란색의 운동복을 착용하였으며, 흰색 가방을 어깨에 메기로 결정하였고, 거기에다 지금 같은 방향으로 함께 모여 걸어가기로 했을까? 그보다는 이들은 모두 특정 대학교 농구팀의 선수들이라고 생각하는 것이 더 타당한 판단이지 않을까? 이렇게 여러 개별적 항목들을 하나의 집단으로 묶는 것을 지칭하여 **게슈탈트**(gestalt)를 형성했다라고 표현한다. 게슈탈트란 부분들의 합 자체와는 다른 것으로 지각한 (대개의 경우 부분의 합 이상의) 체제화된 전체(organized whole)를 의미한다.

    우리가 보는 것에서 어떠한 특질들이 게슈탈트를 형성하게 하나요?

시각 체제화를 연구하는 연구자들은 단지 부분들의 집합이 아닌 전체 또는 게슈탈트를 볼 가능성을 높이는 시각 자극의 몇 가지 특질을 확인하였다(Goldstein, 2010b; Pomerantz & Portillo, 2010; Schirillo, 2010).

- **근접성**(proximity)   대상들이 서로 근접해 있을수록 그러한 대상들은 함께 묶어 지각할 가능성이 높아진다. 대상들 사이의 공간이 넓다면, 특히 그러한 공간에 다른 대상들이 섞여 있다면 게슈탈트를 형성할 가능성이 감소한다. 양떼들이 특정 공간에 서로 밀집해 있는 경우와 양들이 넓은 초원에서 듬성듬성 떨어져 있거나 혹은 양들 사이의 공간에 다른 동물들이 섞여 있는 경우를 비교해서 생각해보라.

전경-배경 체제화
대상과 그것의 배경을 시각적으로 구별하는 경향

게슈탈트
부분의 합 자체와는 다른 것으로 지각되는 체제화된 전체

- **유사성(similarity)** 대상들이 동일한 색, 크기, 방향(같은 방향을 향함)을 공유하거나 또는 여러분으로부터 같은 거리에 있다면 그 대상들은 개별적 대상들의 단순한 집합이 아닌 하나의 집단일 가능성이 높다. 동일한 복장을 한 군인들이 대열에 맞춰 행진하는 장면을 생각해보라.

- **일반적인 운명(common fate)** 대상들이 각각 변화되는 것보다 함께 변화된다면 이 대상들은 하나의 전체로 묶여 지각될 가능성이 높다. 날아가는 새의 무리를 생각해보라. 새들이 함께 날아오르고, 함께 회전하며, 또 함께 땅에 내려앉는다면 이 새들은 하나의 무리로 지각된다.

- **연결성(connectedness)** 대상들이 서로 맞닿아 있으면 이들은 하나의 집단으로 지각된다. 콘서트장에서 바로 옆에 앉아 있는 두 사람은 서로 모르는 낯선 사람들일 수 있지만 이들이 손을 잡고 있으면 이들은 커플일 가능성이 높다.

- **폐쇄(closure)** 완전한 형태일 것 같은데 어느 한 부분이 빠져 있다면 빠진 부분은 무시하고 부분들이 전체를 구성하고 있는 것으로 지각한다. 예를 들어 그림 3.10을 보라. 그림에는 단지 검은 오각형들이 모여 있는 것처럼 보이지만 우리의 눈은 이 그림에서 빠진 부분을 채우고 완전한 형태의 축구공으로 지각한다.

그림 3.10 게슈탈트와 폐쇄 게슈탈트는 부분의 합과는 다른 것으로 지각한 체계화된 전체이다. 예를 들어 흰색 바탕에 있는 검은색 패턴을 보면 우리의 눈은 축구공이라는 게슈탈트를 형성한다.

특별 모드를 통한 시각처리 최근 몇 년 동안 심리학자들은 우리가 어떤 시각적 객체들, 예를 들어 얼굴, 몸, 그리고 (아마도) 단어를 특수하고 독립적인 방식으로 지각한다는 증거를 점점 더 많이 발견해내고 있다(Gauthier, 2010, 2018; Goldstein, 2010b; Grill-Spector et al., 2017; Spunt & Adolphs, 2017; Stevens et al., 2017; Yeo et al., 2017). 스마트폰의 앱이 QR코드, 바코드, 명함 그리고 기타 특별한 종류의 시각 자극을 한 단위로 처리하도록 특수하게 설계된 기제를 갖고 있는 것과 마찬가지로, 우리의 뇌에도 얼굴을 특수하게 처리하도록 설계된 기제가 있다. 이러한 처리 방식은 **모듈형 지각(modular perception)** 혹은 특별 모드(particular mode)를 통한 지각으로 알려져 있다. 이러한 방식의 지각에 대한 증거 중 하나는 일부 사람들이 이러한 특별한 지각적 처리를 수행하지 못한다는 것에서 찾을 수 있다. 예를 들어 다른 지각 능력에는 전혀 문제가 없는 어떤 사람들은 얼굴을 지각하거나 재인하지 못하기도 하고(안면실인증, prosopagnosia), 또 어떤 사람들은 단어를 지각하거나 재인하지 못한다(난독증, alexia) (Humphreys & Riddoch, 2001).

모듈형 시각의 가장 강력한 증거 중 일부는 얼굴 지각과 관련이 있다(Kanwisher, 2017; Kanwisher et al., 1997; Morton & Johnson, 1991). 심지어 일부 연구자들은 뇌에 **얼굴 처리기(face processor)**가 있다고 주장하기도 한다. 얼굴 처리기는 측두엽 안의 **방추상 얼굴 영역(fusiform face area)**이라고 불리는 작은 부분에 해당하는데, 이 영역이 여러분이 관찰하는 얼굴의 이미지를 받아들인다는 것이다(Nakayama, 2001; Sinha et al., 2010). 그림 3.11에 제시되어 있는 마가렛 대처(Margaret Thatcher)의 사진은 얼굴 처리기가 만들어내는 지각에서의 차이를 예시해준다. 오른쪽에 있는 2개의 사진은 정상적인 얼굴인데, 오른쪽 위에는 바로 선 얼굴이, 그리고 오른쪽 아래에는 얼굴의 위아래가 뒤집혀 제시되어 있다. 왼쪽에 있는 2개의 사진은 모두 원래의 눈, 코, 입의 위아래가 거꾸로 보이도록 제시되어 있다. 4개의 사진을 모두 비교해보자. 아래에 제시되어 있는 뒤집혀 있는 2개의 사진은 약간 다르게 보일 뿐이다. 이와는 달리 위에 제시되어 있는 2개의 바로 선 얼굴을 비교해보면 매우 상이하게 보인다. 특히 왼쪽 위에 있는 사진의 거꾸로 제시된 눈, 코, 입

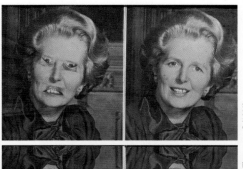

Courtesy of Peter Thompson, from Thompson, P. (1980). Margaret Thatcher: A new illusion. Perception, 9, 383–384.

그림 3.11 마가렛 대처 효과 마가렛 대처의 얼굴에서 보이는 불규칙성은 위아래가 뒤집어진 사진들(아래의 두 사진)을 비교할 때보다 바로 선 사진들(위의 두 사진)을 비교해보면 훨씬 더 분명해진다. 이러한 차이는 얼굴 지각에 대한 특수한 모듈형 처리가 있음을 시사한다.

은 괴상하게 보인다. 얼굴에 대한 모듈형 지각 때문에 얼굴 처리기가 활성화되지 않은 경우에 비해 이것이 활성화되었을 때(즉 사진의 위아래가 바로 제시되어 있을 때) 기대에 맞지 않은 얼굴의 세부특징들(뒤집혀져 제시된 눈, 코, 입)이 더 강하게 지각된 것이다. 이러한 효과를 시범하기 위해 사용된 사진들에 영국 전 총리의 사진이 포함되고 있었기 때문에 이 효과는 **마가렛 대처 효과** (Margaret Thatcher effect)라고 불린다(Thompson, 1980).

이와 유사하게, 다른 연구들은 인간의 신체와 특정 신체 부위(팔, 다리 등)도 모듈형 방식으로 지각된다는 것을 보여주기 위해 거꾸로 된 사진을 사용하였다. 구체적으로, 이러한 연구들은 두 신체(혹은 두 팔 또는 두 다리)를 비교하는 데 걸리는 시간은 거꾸로 제시된 사진들에 비해 바로 제시된 사진들의 경우에 훨씬 더 짧다는 것을 발견하였다. 주택(또는 주택의 일부)과 같은 다른 자극에 대해서는 이러한 차이가 관찰되지 않았다. 이러한 결과는 우리의 뇌가 얼굴뿐만 아니라 인체를 지각적으로 빠르게 처리하는 특별한 방식을 가지고 있다는 것을 시사한다(Reed, 2010; Reed et al., 2003, 2006; Taylor et al., 2017).

문화와 시각처리

심리학자들은 우리가 어떻게 지각하는지, 그리고 심지어 무엇을 지각하는지에 문화적 배경이 영향을 미치고 있음을 점차 더 많이 인식하게 되었다(Nisbett & Miyamoto, 2005). 이것은 시각에 대한 문화 간 연구에서 더 분명하게 드러난다(Masuda, 2010).

색채 명명에서의 문화 간 차이   색채 명명에서의 문화 간 차이는 색채시각을 포함한다. 어떤 면에서, 전 세계의 문화들은 서로 유사하게 색채를 명명하는 경향이 있다. 즉 거의 모든 언어에 11가지의 색채 이름이 동일하게 나타난다 — 검정, 하양, 빨강, 노랑, 초록, 파랑, 회색, 주황, 갈색, 분홍, 자주(Berlin & Kay, 1969; Kay & Regier, 2007; Lindsey & Brown, 2006; Regier et al., 2005). 흥미롭게도, 색채 이름은 어린아이들이 배우는 어휘 순서에도 나타난다. 즉 검정과 흰색이 가장 먼저 나타나는 반면 분홍과 자주는 가장 늦게 나타난다(Hansen, 2010).

다른 면에서 보면, 문화에 따라 색채 명명에 약간의 차이가 있다(Caskey-Sirmons & Hickerson, 1977; Roberson et al., 2000). 예를 들어 영어를 사용하는 일단의 연구자들은 파푸아뉴기니의 한 작은 문화에서는 다섯 가지 색채 이름만으로 색채의 전체 범위를 다루는 것을 발견하였다. 이와 유사하게, 남아프리카의 한 부족은 일반적인 영어 범주와는 대응되지 않는 색채 범주의 목록을 사용한다(Roberson et al., 2004, 2005a, b). 또 다른 연구는 이탈리아어, 러시아어 및 폴란드어에서는 영어 사용자가 연한 파랑과 진한 파랑이라고 부르는 색채가 완전히 독특한 색채로 여겨진다는 것을 발견하였다. 즉 영어에서는 이 두 가지 색채가 단일한 색채(파랑)의 변형들이지만 이러한 언어들에서는 단일 색채의 변형이 아닌 완전히 독특한 기본 색채들인 것이다(Winawer et al., 2007). 이와는 달리 또 다른 연구는 일부 언어에서는 파랑과 초록이 구별되지 않는다는 것을 발견하였다. 연구자들은 초록(green)과 파랑(blue)이라는 색채 이름을 조합하여 그 색채를 그루(grue)라고 부른다. 연구자들은 이러한 언어가 전형적으로 햇볕이 매우 강한 지역, 특히 높은 수준의 단파장 자외선에 많이 노출되는 지역에서 사용된다는 것을 발견하였다. 강한 자외선은 파랑과 초록 주변의 스펙트럼에 걸쳐 있는 색채들의 지각에 관여하는 추상세포들을 손상시키는 경향이 있다(Lindsey & Brown, 2002).

여기에서 중요한 점은, 다양한 문화가 색채 명명에서 고유한 방식을 갖고 있을 뿐만 아니라, 색상 명명 방식이 세상을 어떻게 보는지에도 영향을 줄 수 있다는 것이다(Kay & Regier, 2006; Roberson, 2005; Roberson & Hanley, 2010). 예를 들어 파랑이라고 부르는 것과 초록이라고 부르는 것에 대해 그루라는 한 가지 색채 이름을 사용하는 문화에서는 파란색 셔츠와 초록색 셔츠가 같은 색으로 보일 가능성이 높다. 반면에, 연한 파랑의 셔츠와 진한 파랑의 바지를 입고 있다면 "같은 색의 상하의를 입고 있어" 아니면 "다른 색의 상하의를 입고 있어"라고 판단할지 여부는 영어를 사용하는지 아니면 이 두 가지 색채를 완전히 독특한 색채로 부르는 언어 중 하나(이탈리아어, 러시아어, 혹은 폴란드어)를 사용하는지에 따라 달라질 것이다.

집단주의, 개인주의 그리고 시각 시각에서의 또 다른 문화적 차이는 개인주의 문화와 집단주의 문화의 차이와도 관련이 있다. 일반적으로 개인주의 문화는 개인의 웰빙을 강조하는 경향이 있는 반면, 집단주의 문화는 가족이나 좀 더 큰 집단의 웰빙을 강조하는 경향이 있다. 집단주의 문화에서는 사람이나 사물 사이의 독립성보다는 이들 사이의 연결 혹은 관계를 더 우선시한다. 이것은 일반적으로 맥락(context)이라고 불린다. 몇몇 연구자들은 개인주의 문화 혹은 집단주의 문화의 구성원이 보이는 시지각에서의 차이가 이러한 우선순위를 반영한다는 것을 발견하였다(Chiao & Harada, 2008).

그림 3.12와 같은 막대-틀 검사(rod and frame test)를 사용한 연구들을 고려해보자. 이 연구들의 참가자들은 틀 안에 들어 있는 막대를 수직으로 만들라는 간단한 지시를 받았다. 때에 따라 틀은 막대와 같은 방향으로 제시되지만, 다른 경우에는 틀이 막대의 각도와 약간 다른 각도로 기울어져 제시되었다. 연구 결과, 이 과제에서 아시아인 참가자는 미국인 참가자에 비해 더 많은 실수를 범하였다. 이러한 실수는 틀이 한쪽으로 기울어져 있는 경우에도 막대의 방향을 틀의 방향과 맞추려는 경향에서 비롯되었다. 즉 막대의 방향을 틀의 측면에 대해서는 평행하게, 그리고 틀의 상하 부분에 대해서는 직각인 방향으로 정렬하려는 경향을 보였기 때문이다. 이러한 결과에 대해 연구자들은 집단주의 문화에서 온 아시아인 참가자들은 개인주의 문화에서 온 미국인 참가자들에 비해 맥락(틀)으로부터 막대를 분리하는 데 더 어려움이 있었다고 해석하였다(Ji et al., 2000; Kitayama et al., 2003).

더 많은 연구들은 집단주의 문화에서 온 사람들은 (개인주의 문화에서 온 사람들에 비해) 맥락은 더 많이 보는 반면 맥락 안에 포함되어 있는 특징적인 항목은 덜 보는 경향이 있다는 것을 보여주었다(Nisbett & Masuda, 2003). 예를 들어 한 연구에서는 일본에 사는 참가자와 미국에 사는 참가자에게 수중 장면이나 야생 장면에 대한 짧은 비디오 클립을 본 뒤 몇 개의 퀴즈 문제에 답하도록 하였다. 그 결과, 미국 참가자는 그림 3.13의 큰 물고기와 같이 눈에 띄는 항목에 관한 질문에 더 잘 응답했지만 일본 참가자는 배경에 있는 항목에 대한 질문에 더 잘 응답하였다(Masuda & Nisbett, 2001). 이와 유사하게, 또 다른 연구에서는 빠르게 제시되는 사진에서 동아시아인 참가자들은 배경에서의 변화를 더 잘 알아차렸지만 서구 국가의 참가자들은 정면에 있는 주요 대상의 변화를 더 잘 알아차렸다(Masuda & Nisbett, 2006). 안구 추적을 측정한 연구에 따르면 서양인과 동아시아인이 동일한 사진을 볼 때에도 서양인의 눈은 초점 항

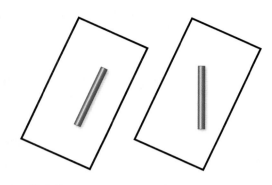

그림 3.12 막대-틀 검사 막대-틀 검사에서 참가자의 과제는 틀의 방향과는 관계없이 막대를 완전히 수직으로 만드는 것이다. 맥락과 관계에 대한 인식이 강조되는 집단주의 문화의 사람들은 독립성이 강조되는 개인주의 문화의 사람들에 비해 이 과제의 수행에서 더 많은 어려움을 겪는다(Ji et al., 2000; Kitayama et al., 2003).

Takahiko Masuda and Richard E. Nisbett

그림 3.13 시각의 문화 차이 : 배경과 초점 항목 이와 같은 이미지를 볼 때 집단주의 문화의 사람들은 배경에 있는 항목에 더 많은 주의를 기울이는 경향이 있는 반면, 개인주의 문화의 사람들은 눈에 띄는 큰 물고기에 대해 더 많은 주의를 기울이는 경향이 있다.

목을 응시하는 데 더 많은 시간을 소비한 반면, 동아시아인의 눈은 배경에 있는 물체를 응시하는 데 더 많은 시간을 소비하였다(Chua et al., 2005). Rayner et al., 2007). 종합하면, 이러한 연구들은 집단주의 문화의 사람들은 개인주의 문화의 사람들에 비해 맥락적 특징이나 관계적 특징에 대해 시각적으로 더 많은 주의를 기울이는 경향이 있음을 시사한다.

학습 확인

3.8 대부분의 사람들에게 다섯 가지 감각 중 어느 것이 가장 우세한가?

3.9 각막, 홍채, 수정체, 망막 및 중심와를 포함한 눈의 다양한 부분의 기능은 무엇인가?

3.10 다음 세 종류의 안구운동의 차이점은 무엇인가－도약 안구운동, 보정 안구운동, 수렴 안구운동?

3.11 깊이지각이란 무엇인가? 그리고 깊이지각에 영향을 미치는 자극의 세부적 특징들은 무엇인가?

3.12 색상이란 무엇이고, 색채시각에 대한 두 가지 경쟁적 이론은 무엇인가?

3.13 사람들이 함께 보이는 대상들이 같은 집단에 속할 것이라고 생각하게 하는 데 영향을 미치는 요인들은 무엇인가?

3.14 어떤 유형의 대상들이 특수한 방식으로 처리되는가?

3.15 문화는 시각에 어떻게 영향을 미치는가?

청각

학습 목표

3.16 청각이란?

3.17 귀의 구조

3.18 음고 지각

3.19 소리 위치지각

3.20 음성지각과 소리지각의 차이

3.21 문화는 청각에 어떻게 영향을 미치는가?

청각(audition)은 듣는 감각이다. 청각의 이점이 무엇인지 생각해보면 무언가를 들을 때 느낄 수 있는 즐거움이 가장 먼저 떠오를 것이다. 귀는 아기의 웃음소리, 파도소리, 고양이의 가르랑거리는 소리, 그리고 헤드폰을 통해 좋아하는 음악을 들려준다. 그러나 청각은 필수적인 삶을 유지하는 데도 중요하다. 사실, 인류 역사상 청각은 시력과 마찬가지로 생존에 필수적이었다. 보기 싫으면 (눈만 감으면) 쉽게 보지 않을 수 있지만 (손가락으로 귀 속을 틀어막지 않는 이상) 듣지 않을 수 없다는 점이 흥미롭다. 이와 유사하게, 우리는 우리 바로 앞에 있는 것만 볼 수 있지만 소리는 어느 방향에서 들려오는 것이든 모두 다 들을 수 있다. 이러한 방식으로, 청각은 인간과 다른 종에게 포식자나 근처에 있는 위험에 대해 항상 경고해주었다. 이러한 청각 경보는 소리가 들리는 방향으로 향하게 하여 그것이 무엇인지 우리가 볼 수 있게 함으로써 우리의 생존 가능성을 더욱 높인다(Moore, 2001a, 2010). 동네를 걸을 때 뒤에서 어떤 개가 으르렁거리는 소리를 들은 후 그 개가 이빨을 하얗게 드러내고 있는 것을 보았는가? 자동차 타이어에서 들리는 날카로운 파열음 때문에 차를 왼쪽으로 급히 돌렸는데, 차가 미끄러지고 있는 것을 보았고, 충돌 직전에야 겨우 차를 멈출 수 있었는가? 그렇다면 여러분은 온전한 청각이 제공해주는 생존 가치를 알 수 있었을 것이다.

귀 : 구조와 기능

이제 소리가 귀의 각 부분들을 통과하는 순서로 귀의 부분들에 대해 살펴보자(그림 3.14). 귀의 바깥 표면에서부터 시작하여 귀가 궁극적으로 뇌와 연결되는 내부 영역 쪽으로 향할 것이다. 먼저, 소리가 정확히 무엇인지 생각해보자. 본질적으로 소리는 공기의 진동(vibration)이다. 때로, 마치 기타 줄 하나를 튕겼을 때 그 줄이 진동하면서 소리를 내는 것을 볼 수 있듯이, 진동이 소리를 보내는 것을 실제로 볼 수 있다. 이러한 진동 또는 좀 더 흔하게는 음파(sound wave)라고 불리는 것은 공기를 통과하여 귀의 가장자리에 도달한다. 외이(outer ear)는 음파를 귀의 안쪽으로 향하게 한다. 귀 바깥에서 시작된 진동은 귀 내부의 작은 부분들이 진동하도록 하는 연쇄 반응으로 이어진다(자세한 내용은 곧 설명할 것이다). 귀의 작은 부분들이 일으킨 그러한 진동은 **변환**(transduction)을 통

청각은 듣는 감각이다. 귀는 눈과는 다른 독특한 장점이 있다. 예를 들어 귀는 닫히지 않고 (눈이 바로 앞에 있는 것만 볼 수 있는 것과는 달리) 모든 방향으로부터 전달되는 소리를 포착할 수 있다. 귀의 이러한 장점은 우리 조상들의 생존 가능성을 높였다.

Merla/Shutterstock.com

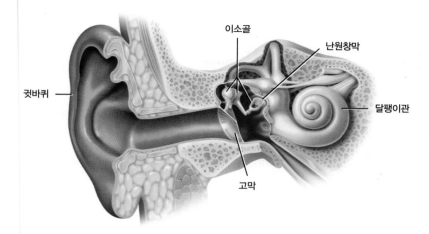

그림 3.14 귀의 구조 귀에는 귓바퀴, 이소골, 난원창막 및 달팽이관이 포함된다.

해 뇌가 처리할 수 있는 신경 활동으로 전환된다(Eatock, 2010). 간단히 말해, 우리가 소리를 들을 수 있는 것은 우리 주위에서 발생한 진동을 귀가 귀 안의 진동으로 전환하기 때문이다.

이러한 진동 중 일부는 다른 진동보다 훨씬 더 크게 들린다. 음량(loudness)은 데시벨(decibels, dB)이라고 하는 단위로 측정된다. 너무 높은 수준의 데시벨에 (특히 너무 오랜 시간 동안) 귀를 노출시키면 청력이 손상될 수 있다. 천둥소리와 같이 여러분이 제어할 수 없는 어떤 소리든 헤드폰의 볼륨과 같이 제어할 수 있는 어떤 소리든 마찬가지이다. 시끄러운 헤드폰을 오랫동안 착용하는 것은 많은 사람들에게서 (심지어 어린 나이의 사람들에게서조차) 청력 손상을 야기하는 실제로도 위험한 일이다(Breinbauer et al., 2012; Sulaiman et al., 2013, 2014). 다양한 데시벨 범위에 있는 소리의 예시는 그림 3.15를 확인하라.

외이 소리가 귀 쪽으로 이동하여 가장 먼저 도달하는 부분이 **귓바퀴**(pinna)이다. 귓바퀴는 손가락으로 쉽게 만질 수 있는 외이(outer ear)의 부분이다. 귓바퀴는 청각적 작업이 실제적으로 이루어지는 내이(inner ear) 쪽으로 소리를 안내하는 일종의 깔때기 역할을 한다. 손을 귓바퀴에 컵처럼 모아서 붙여보면 귓바퀴가 항상 자동으로 수행하는 작업(즉 소리를 모으는 일)이 향상되어 더 잘 들을 수 있게 된다. 어떤 동물은 귓바퀴가 매우 크다. 예를 들어 박쥐와 여우를 생각해보자. 이 두 가지 동물은 어둠 속에서 돌아다니는 야행성 동물이기 때문에 시각보다는 청각에 과도하게 의존해야 했고, 이 때문에 두 동물 모두 귓바퀴가 매우 커진 것이다. 말이나 고양이와 같은 동물들은 소리를 더 잘 듣기 위해 소리가 나는 방향으로 귓바퀴를 움직일 수 있다(Wallace, 2010).

중이 귓바퀴가 모은 소리는 외이도(ear canal, 귓구멍)를 지나 **고막**(tympanic membrane 혹은 eardrum)으로 이어진다. 고막은 외이도를 가로질러 외이도의 끝부분에 위치한 팽팽한 표면으로 외이와 중이(middle ear) 사이의 경계를 형성한다. 고막의 안쪽에는 연속적으로 서로 연결된 매우 작은 3개의 뼈가 있는데, 이 뼈들을 **이소골**(ossicle)이라고 부른다. 이소골의 마지막 뼈는 **난원창막**(oval window membrane)이라고 불리는 중이와 내이 사이에 있는 또 다른 막과 연결된다. 고막과 난원창막 사이에 있는 이소골은 귀로 들어오는 소리의 크기를 약 17배까지 증폭시킨다(Hackney, 2010).

내이 소리가 중이를 통과한 후 내이로 들어간다. 내이의 주요 부분은 **달팽이관**(cochlea, 혹은 와우관)이다. 달팽이관은 액체로 채워진 나선 모양의 기관으로 청각 신경을 통해 음파를 뇌로 보낸

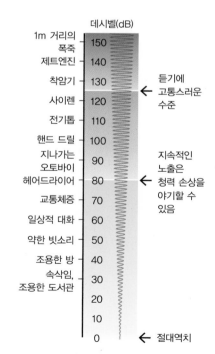

그림 3.15 일반적인 소리의 크기 데시벨 수준이 높아질수록 (특히 큰 소리를 오랫동안 듣는다면) 청력 손상의 위험도 커진다.

출처: American Speech-Language-Hearing Association(ASHA), http://www.asha.org/public/hearing/noise/.

달팽이관의 장애는 청력 상실을 유발할 수 있지만 인공 달팽이관 이식술을 통해 치료가 가능하다. 인공 달팽이관은 귀의 내부와 외부에 이식되거나 부착되는 작은 전기장치이다.

다. 달팽이관 안에 있는 액체가 진동하는 것이 귀 안에서 이루어지는 청각의 마지막 단계이다. 그다음의 다른 모든 것은 뇌에서 이루어진다. 뇌에서의 청각은 중뇌(midbrain)에 있는 주요 청각 핵(auditory nucleus)에 청각정보가 도착하는 시점부터 시작된다.

태어나면서부터 있었거나 혹은 과도한 소음에 노출되어 나타날 수 있는 달팽이관 장애는 청력 손실의 흔한 원인이다(Gomersall & Baguley, 2010). 이러한 장애는 인공 달팽이관 이식술(cochlear implants)을 통해 치료가 가능하다. 인공 달팽이관은 신체의 내부나 외부에 이식하거나 부착하는 작은 전기장치들로 구성된다. 구체적으로, 인공 달팽이관에서 청각정보는 일반적인 보청기처럼 보이는 마이크로폰을 통해 수집되는데, 이것은 귀 뒤에 일반적 보청기와 같은 형태로 부착할 수 있다. 마이크로폰을 통해 수집된 청각정보는 프로세서로 전달되는데, 이러한 프로세서는 마이크로폰과 함께 붙어 있는 경우도 있고, 아니면 주머니에 넣어 들고 다닐 수도 있다. 프로세서는 다시 청각정보를 귀 근처의 두개골 피부 아래에 이식된 수신기로 정보를 보낸다. 수신기는 전극을 통해 달팽이관과 청각 신경에 연결되는데, 궁극적으로 달팽이관과 청각 신경은 그 자체로 할 수 있는 것보다 더 큰 강도로 청각정보를 받아들인다. 약 100,000명 이상의 사람들이 인공 달팽이관 이식술을 받았고, 이들 중 약 6,000명은 각각의 귀에 인공 달팽이관을 이식하였다(Houston et al., 2010; National Institute on Deafness and Other Communication Disorders, 2017).

우리는 어떻게 듣는가 : 음고, 소리의 위치 및 기타

앞에서는 귀의 각 부분들에 대해 알아보았다. 지금부터는 우리가 소리를 들을 수 있도록 이러한 부분들이 어떻게 작동하는지 살펴보자.

음고　음고(pitch)는 소리가 얼마나 '높거나' 혹은 '낮은지' 말할 때 사용되는 용어이다. 음고는 진동의 주파수에 의해 결정된다. 즉 진동이 자주 발생할수록 음고가 높아진다. 음고는 초당 진동수를 의미하는 헤르츠(Hz) 단위로 측정된다. 기타 줄을 생각해보자. 먼저 기타의 프렛(fret)을 손가락으로 누르지 않고 줄을 튕기면 어떤 특정의 음고가 생성될 것이다. 그러나 손가락으로 프렛을 누른 후 다시 줄을 튕기면(이렇게 하면 기타 줄의 진동하는 부분이 짧아진다) 줄이 진동을 완료하는 데 시간이 더 짧아지기 때문에 음고가 올라간다. 이와 동일한 원리를 통해 왜 바이올린이나 우쿨렐레가 첼로나 업라이트 베이스보다 음고가 높은 악기인지 설명할 수 있다. 즉 현이 진동하는 데 걸리는 시간이 음고를 결정한다는 것이다.

음고를 지각하지 못하면 모든 음악은 같은 드럼에서 들리는 울림처럼 들릴 것이고, 모든 말소리는 매우 단조롭게 들릴 것이다. 여러분은 여전히 소리의 크기나 길이에서의 차이는 경험할 수 있지만 소리가 얼마나 높거나 낮은지에 대해서는 차이를 경험하지 못할 것이다(Moore, 2012; Yost, 2010). 인간이 음고를 탐지하는 능력은 다른 종의 능력과 다르다. 여러분이 개를 부르는 호각 소리에 개가 반응하는 것을 보았지만 여러분은 정작 그 소리를 듣지 못했다면 이 사실을 알았을 것이다. 여러분이 음고를 탐지하는 능력은 여러분의 부모나 조부모의 능력과도 다를 수 있다. 나이가 들어 감에 따라 처음으로 나타나는 청각 능력에서의 저하 중 하나가 높은 음을 듣는 능력이 떨어지는 것이기 때문이다.

음고
소리의 높거나 혹은 낮은 수준

어떻게 음고를 정확하게 지각하는지에 대해서는 두 가지의 유명한 이론이 있다—장소이론과 빈도이론(Moore, 2001b). **장소이론**(place theory)은 달팽이관 안에서 다른 위치에 있는 작은 섬모들이 음고에 따라 차별화되어 자극되기 때문에 상이한 음고를 지각한다는 생각에 기초한다. **빈도이론**(frequency theory)은 소리가 만들어낸 신경충격이 청각 신경을 통해 서로 다른 빈도로 이동하기 때문에 상이한 음고를 지각한다는 생각에 기초한다. 각 이론의 이름 자체가 두 이론 사이의 차이를 잘 반영하고 있다고 할 수 있다. 즉 장소이론은 소리가 음고에 따라 자극하는 달팽이관의 특정 **장소**가 상이하다는 점을 강조하고, 빈도이론은 소리가 음고에 따라 달팽이관으로부터 청각 신경을 통해 이동하는 신경충격의 속도 혹은 빈도를 다르게 발생시킨다는 점을 강조한다.

음고에 대한 두 이론 사이의 큰 차이점은 소리가 처리되는 위치이다. 장소이론에 따르면, 소리는 내이에서 처리된 다음 뇌로 보내진다. 그러나 빈도이론에 따르면, 소리는 내이와 청각 신경을 통해 처리되지 않은 채로 이동한 다음 뇌에서 처리된다. 장소이론과 빈도이론이 모두 음고 지각을 설명한다는 증거가 있지만 이 두 이론이 각각 더 잘 설명할 수 있는 방식에서는 차이가 있다. 즉 저주파 소리에 대해서는 빈도이론이 상대적으로 더 잘 설명하지만 고주파 소리에 대해서는 장소이론이 더 많은 지지를 받는다. 그리고 고주파 소리와 저주파 소리의 중간 수준에 있는 주파수의 소리에 대해서는 이 두 이론 모두 중요한 역할을 한다(Horowitz, 2012; Moore, 2012; Pickles, 2013; Schnupp et al., 2012).

소리 위치지각 소리 위치지각(sound localization)은 소리가 발생한 위치를 지각하는 능력이다. 뇌우가 발달하고 있을 때 800m 떨어져 있는 친구와 전화통화를 하고 있다고 상상해보자. 이때 번개가 쳤고 곧이어 즉시 큰 천둥소리가 들린다. 그 천둥소리를 듣고 여러분은 친구에게 "와, 천둥소리 들었어?"라고 말하려 한다. 그런데 여러분이 "와"라는 말을 끝내기도 전에 친구도 자기 집에서 같은 천둥소리를 들었고, 여러분에게 "와, 천둥소리 들었어?"라고 말한다. 천둥소리가 여러분의 귀에 도달한 것과 천둥소리가 친구의 귀에 도달한 것 사이의 짧은 시간 차이는 그 번개가 발생한 위치에 대해 많은 것을 말해준다. 즉 여러분이 천둥소리를 친구보다 더 먼저 들었기 때문에 번개는 친구보다는 여러분과 더 가까운 위치에서 발생한 것이다.

왼쪽 귀와 오른쪽 귀가 각각 여러분의 집과 친구의 집이라고 생각해본다면, 뇌가 소리의 위치를 결정하기 위해 사용하는 방식도 위에서 언급한 예시와 동일한 방식으로 설명할 수 있다. 즉 뇌는 각 귀에 소리가 도착하는 시간 사이의 불일치를 측정하여 소리가 위치한 지점을 결정하는 것이다. 귀는 몇 센티미터밖에 떨어져 있지 않기 때문에 뇌는 동일한 소리를 받는 두 귀의 차이를 마이크로 초(100만 분의 1초) 단위로 탐지할 수 있다. 물론, 소리가 바로 앞이나 바로 뒤에서 발생한 경우 두 귀에 도달하는 시간 사이의 불일치는 0이 된다. 그러나 소리가 오른쪽이나 왼쪽에 약간이라도 치우쳐 발생한다면 뇌는 그 차이를 등록하고 소리가 발생한 위치를 찾기 위해 그것을 사용한다(Brand et al., 2002; Yost, 2001).

왼쪽에서 들리는 소리는 오른쪽 귀보다 빨리 왼쪽 귀에 닿을 뿐만 아니라 왼쪽 귀에 더 크게 들릴 것이다. 뇌는 소리 크기 사이의 이러한 불일치도 소리의 위치를 결정하는 데 사용한다. 뇌는 소리 크기에서의 이러한 차이에 매우 민감하다. 소리가 어느 한쪽 귀보다 다른 쪽 귀에서 더 크고, 따라서 그 소리가 어느 한쪽 귀에 더 가깝다는 것을 결정하기 위해서는 음량에서의 약간의 차이만 있어도 충분하다(McAlpine, 2010).

장소이론
달팽이관 안에서 다른 위치에 있는 작은 섬모들이 음고에 따라 차별화되어 자극되기 때문에 상이한 음고를 지각한다는 생각에 기초한 음고 지각 이론

빈도이론
소리가 발생시킨 신경충격이 청각 신경을 통해 서로 다른 빈도로 이동하기 때문에 상이한 음고를 지각한다는 생각에 기초한 음고 지각 이론

소리 위치지각
소리가 발생한 위치를 지각하는 능력

음성지각   최근 수십 년 동안, 인간의 음성이 다른 모든 소리와 다른 방식으로 지각되는지 여부에 대한 방대한 양의 연구가 증가하고 있다. 몇몇 증거에 따르면 사람들이 음성을 듣는 방식은 전문화된 과정일 수 있음을 시사한다(우리가 얼굴, 신체, 혹은 단어를 보는 방식에 관해 앞에서 논의하면서 언급했던 것과 같이, 이러한 음성지각은 시각지각에서의 모듈형 방식과 유사한 것일 수 있다). 그러나 이러한 전문화가 어느 정도로 이루어지는지에 대해서는 아직 분명하지 않다(Bowers & Davis, 2004; Fitch, 2018; Fowler & Magnuson, 2012; Hickock & Poeppel, 2007).

음성의 전문화된 지각에 대한 흥미로운 증거는, 참가자에게 이어폰을 착용하게 한 후, 각 귀에 서로 다른 청각자극을 제공하는 연구들로부터 얻어졌다. 이러한 연구들은 청각자극에 음악이 포함되어 있는 경우에는 참가자는 왼쪽 귀에서 들리는 것을 듣는 경향이 있지만, 청각자극에 음성이 포함되어 있는 경우에는 참가자는 오른쪽 귀에서 들리는 것을 듣는 경향이 있다는 것을 보여주었다. 이러한 결과는, 최소한 음악과 비교해볼 때, 뇌의 특정 반구에 있는 어떤 영역이 음성지각을 담당하고 있음을 시사한다(Broadbent & Gregory, 1964; Kimura, 1967; Moore, 2012). 아직 말을 시작하지 않은 3개월 된 아기가 말을 들을 때는 뇌의 특정 부분이 다른 부분보다 더 많이 활성화된다는 일부 fMRI 증거도 있다. 이것은 어떤 전문화된 음성지각 기제가 출생 시부터 나타날 수 있음을 시사한다(Dehaene-Lambertz et al., 2002).

문화와 청각처리

앞에서는 문화적 변인이 사람들의 시각처리에 어떻게 영향을 미치는지 살펴본 바 있다. 청각에 대해서도 동일한 질문이 검토되었다. 청각연구의 수는 그렇게 많지는 않지만 그 증거는 유사하다. 즉 적어도 몇몇 측면에서는 문화가 어떻게 듣고 무엇을 듣는지에 영향을 미친다.

어떤 문화 안에서 (특히 어린 나이에) 특정 소리에 노출되는 것은 청각에 영향을 미치는 것으로 보인다. 많은 연구들이 음악을 사용하여 이러한 것을 뒷받침해주었다(Dowling, 2001; Hannon & Trainor, 2007; Lynch et al., 1990, 1991; Morrison & Demorest, 2009). 여러 문화에 걸쳐 음악이 구성되는 방식에는 어떤 유사점이 있다. 예를 들어 2개의 음들은 정확하게 한 옥타브의 차이로 들릴 때 가장 듣기 좋은 조합을 만들어낸다. 즉 듣기 좋은 음의 조합은 음들이 갖는 주파수의 배수로 구성된다(Levitin & Tirovolas, 2010). (예를 들어 서양 음악 체계에서 '라'음은 어떤 옥타브에 해당하는지에 따라 110, 220, 440 또는 880Hz의 주파수를 가질 수 있다).

그러나 하나의 옥타브 안의 음역에서 나뉘는 음들의 수는 문화에 따라 다르다. 즉 문화에 따라 한 옥타브 안에 5~15개까지의 음이 있다(Levitin & Tirovolas, 2010). (서양 음악에서는 한 옥타브 안에 7개의 음이 있다.) 각각의 음들을 합해 **음계**(scale)라고 부른다. 문화에 따라 차이를 보이는 것이 바로 이러한 음계이다. 다른 문화권의 음계로 만들어진 음악을 들을 때에 비해 자신의 문화권에서 사용하는 음계로 만들어진 음악을 들을 때 음계에 더 민감하다. 한 연구는 서구 문화권의 성인과 어린이(10~13세)들은 친숙하지 않은 인도네시아 음계에 비해 친숙한 서구 음계에서 음정에 맞지 않은 음을 훨씬 더 잘 알아차린다는 것을 발견하였다(Lynch & Eilers, 1991). 후속연구 결과, 1세 정도의 아이들에게서는 같은 결과를 얻었지만 6개월 된 아기의 경우에서는 그렇지 않았다. 이 것은 아이가 특정 문화의 음계 안에 있는 음들의 높낮이에 대해 민감해지기 위해서는 그 음계에 대해 최소한 반년 정도의 노출이 필요하다는 것을 시사한다(Lynch & Eilers, 1992).

이와 유사한 결과가 리듬에 대해서도 발견되었다. 한 연구는 서구 문화의 (적어도 1세 이상인) 아이들은 자신에게 친숙하지 않은 발칸 음악에 비해 친숙한 서구 음악을 들을 때 잘못된 리듬(즉 박자에서 벗어난 것)을 더 잘 알아차린다는 것을 발견하였다(Hannon & Trehub, 2005a). 흥미있는 결과는 발칸 음악을 반복해서 들을 경우 1세의 아이들은 이전에 익숙하지 않았던 리듬에 대해서도 동등한 민감도를 얻었지만 성인들은 그렇지 않았다는 점이다(Hannon & Trehub, 2005b).

성별은 청각에 영향을 미치는 것으로 보이는 또 다른 요인이다. 전 세계에 걸쳐 남성은 여성에 비해 청력 손상을 경험할 가능성이 더 높다. 이에 대한 가능한 설명 중 하나는 남성이 여성에 비해 청력을 손상시킬 수 있는 높은 데시벨 수준의 작업(예 : 건설)을 더 많이 수행하기 때문이라는 것이다(Mathers et al., 2000; Nelson et al., 2005). 그러나 신생아 중에서도 남아에 비해 여아의 청력이 더 우수하다는 증거도 있다. 이러한 결과는 작업장이나 다른 곳에서의 경험으로는 설명할 수 없는 것이다(Popple, 2010).

학습 확인

3.16 청각이란 무엇인가?

3.17 귀의 각 부분의 기능은 무엇인가?

3.18 음고란 무엇이고, 음고를 설명하는 두 가지 경쟁적 이론은 무엇인가?

3.19 소리가 나는 곳을 어떻게 아는가?

3.20 음성지각은 다른 소리지각과 어떻게 다른가?

3.21 문화는 청각에 어떻게 영향을 미치는가?

후각과 미각

인간에게는 시각과 청각이 핵심적인 감각이기는 하지만 시각과 청각이 모든 종에게 가장 보편적인 감각인 것은 아니다. 이에 비해 냄새와 맛을 감각하는 능력은 거의 모든 종에 걸쳐 나타나는 가장 보편적인 능력이다. 단세포 아메바와 같이 매우 작고 단순한 유기체라 할지라도 냄새와 맛을 감각할 수 있다. 단순한 유기체들이 냄새나 맛을 감각할 수 있는 코나 입을 갖고 있는 것은 아니지만 주변의 화학물질(냄새)과 섭취 가능한 물질(맛)을 감각할 수 있는 방법은 분명히 갖고 있다(Sell, 2014). 후각과 미각에 대해 살펴보자.

코는 알고 있다 : 냄새에 대한 감각

후각(olfaction)은 냄새에 대한 감각이다. 다른 종(예 : 개)이 인간보다 후각이 더 좋다는 것은 잘 알려져 있지만, 그렇다고 인간이 갖는 냄새 감각에서의 정교함을 과소평가해서는 안 된다. 눈의 수용기 세포에 대해 논의한 것을 기억하는가? 간상세포와 세 가지 유형의 추상세포를 포함하여 눈에는 4종류의 수용기 세포가 있다. 이에 비해 코에는 적어도 350~450종류의 수용기 세포가 있고, 전체적으로는 약 600만 개에서 1,000만 개 정도의 수용기 세포가 있는데, 이것은 시각을 제외하면 가장 많은 수치이다(Doty, 2010; Munger, 2010). 매우 다양한 종류와 많은 수의 수용기 세포를 갖추고 있는 코는 약 1조 가지의 서로 다른 냄새를 탐지할 수 있다(Bushdid et al., 2014).

후각 수용기 세포의 작동방식　매우 다양한 종류의 후각 수용기 세포가 존재한다는 것은 단순한 냄새라 할지라도 실제로는 여러 가지 냄새가 복잡하게 조합되었다는 것을 의미한다. 이것은 망막에 있는 세 가지 유형의 추상세포들이 빨강, 초록 및 파랑을 서로 혼합하여 다양한 색채를 만들어내는 것과 유사하다. 그러나 후각의 경우는 수백 가지 종류의 수용기 세포가 냄새들을 혼합하는 데 관여한다. 따라서 계피 향이나 초콜릿 향과 같은 기본적인 냄새조차 다양한 종류의 수용기 세포들

학습 목표

3.22 후각이란?

3.23 후각 수용기 세포

3.24 후각과 성

3.25 후각 능력에서의 개인차

3.26 미각이란?

3.27 미각 수용기 세포는 어떻게 작동하는가?

3.28 경험은 맛에 어떻게 영향을 미치는가?

후각
냄새에 대한 감각

-101PHOTO-/iStock/Getty Images

후각은 냄새를 맡는 감각이다. 인간은 350~450개 종류의 수용기 세포가 있고 이를 이용하여 대략 1조 가지의 서로 다른 냄새들을 탐지할 수 있다.

이 함께 관여하여 만들어낸 산물인 것이다. 초콜릿 냄새에 관한 한 연구에서는 냄새를 쫓아 사냥하는 동물과 같이 인간은 초콜릿 향의 위치를 추적하기 위해 후각을 사용할 수 있다는 것을 보여주었다. 이 연구에서는 참가자들에게 눈가리개와 귀마개를 착용하도록 한 후 열린 공간에서 초콜릿 향(실제로는 초콜릿 향이 나는 오일)이 나는 지점을 찾아 이동하도록 하였다. 그 결과, 참가자들은 초콜릿 향이 위치한 지점을 찾아내었을 뿐만 아니라, 그 지점까지 지그재그 패턴으로 이동하였는데, 이것은 사냥개가 꿩을 추적하면서 보인 지그재그 패턴과 유사한 것이었다(Porter et al., 2005).

또한 이 연구의 연구자들을 포함한 많은 연구자들은 사람들이 비강 간 비교(internostril comparison)를 사용하여 냄새의 근원지를 알아낸다는 것을 발견하였다. 우리의 뇌가 두 귀에 전달되는 소리의 시간 차이와 강도 차이에 기초하여 소리의 근원지를 파악한다고 언급했던 것을 기억하는가? 비록 두 비강(즉 콧구멍)이 서로 바로 옆에 있기는 하지만 뇌가 냄새의 근원지를 파악하는 것도 이와 동일한 방식을 사용한다. 즉 뇌는 어떤 비강으로 더 빨리 그리고 더 강하게 냄새가 도달하는지 알 수 있고, 이 정보를 사용하여 냄새가 어떤 방향으로부터 전달되고 있는지 추론한다(Arzi & Sobel, 2010; Porter et al., 2005). 비강 간 비교를 사용하여 냄새의 위치를 파악하는 것은 인간이 유일한 존재는 아니다. 어떤 상어 종도 작은 물고기를 찾기 위해 비강 간 비교를 사용한다는 증거가 있다. 일부 연구자들은 귀상어의 비강이 비정상적으로 넓은 머리의 양쪽에 위치하고 있는 것은 귀상어가 이러한 능력을 극대화하기 위해 진화적으로 적응한 결과일 것으로 추측하고 있다(Gardiner & Atema, 2010).

코 안쪽의 깊은 곳에 위치하고 있는 수백만 개의 후각 수용기 세포 각각은 후각 점액층까지 뻗어 있는 머리카락 모양의 **섬모**(cilia)까지 연결된다. 섬모들은 본질적으로 냄새물질의 분자를 모아 수용기 세포를 통해 2개의 **후각구**(olfactory bulb)로 운반한다. 후각구는 뇌의 아래쪽(콧등의 뒤쪽)에 있는 뇌 구조로 섬모로부터 냄새정보를 받는다. 그다음 후각구는 **후각피질**(olfactory cortex)로 후각정보를 보낸다. 후각피질은 냄새를 맡는 것과 관련된 뇌 영역들의 집합으로 편도체와 그 밖의 뇌 피질의 일부를 포함한다(Cowart & Rawson, 2001; Doty, 2010; Shah et al., 2010). 편도체가 감정(특히 두려움)과 관련하여 두드러진 역할을 한다는 것을 기억하는가(제2장)? 후각의 측면에서 보면 편도체는 특정 냄새가 어떤 감정적 의미를 갖고 있는지 결정한다. 편도체는 냄새가 어떤 느낌(특히 두려움이나 불안감)과 연합되어 있을 때 강하게 반응하지만, 이와는 반대로 냄새가 감정적으로 중요하지 않은 경우에는 약하게 반응한다(Winston et al., 2005; Zald, 2003). 따라서 할머니가 만들어 주신 오트밀 쿠키의 냄새가 할머니 댁에서 보낸 일요일 오후의 즐거움을 생각나게 하거나, 혹은 잔디 깎는 냄새가 어느 여름 날인가 여러분이 잔디를 깎으면서 느꼈던 피로감을 다시 떠오르게 한다면 그것은 모두 편도체 덕분에 가능한 것이다.

후각과 성   냄새와 관련된 감정은 때로 성적 흥분에도 영향을 미친다. 많은 종들에서 후각은 성적 매력에 중요한 역할을 한다. (개가 서로 냄새를 맡는 것을 본 적이 있는가?) 도마뱀, 들쥐, 거미 그리고 꿀벌과 같은 일부 종의 수컷은 암컷이 숫처녀인지, 그리고 숫처녀가 아니라면 몇 번이나 짝짓기를 했는지 판단하기 위해 후각을 사용할 수 있다는 증거가 있다. 나방과 같은 다른 종의 경우 방금 짝짓기를 마친 암컷은 수컷을 끌어들이는 냄새의 분비를 멈추고 수컷을 쫓아버리는 냄새를

섬모
코의 후각 수용기 세포로부터 점액층까지 뻗어 있는 머리카락 모양의 구조로 냄새물질의 분자를 받아들임

후각구
섬모로부터 냄새정보를 받아들이는 뇌의 아래쪽(콧등의 뒤쪽)에 있는 뇌 구조

후각피질
편도체와 그 밖의 뇌 피질의 일부를 포함하여 냄새를 맡는 것과 관련된 뇌 영역들의 집합

내기 시작한다(Thomas, 2011).

인간도 성교나 데이트 과정에서 후각이 역할을 한다. 두 가지 유형의 후각정보가 영향을 미친다. 첫 번째는 **체취**(odor)이다. 체취는 우리가 자각할 수 있는 냄새이다. 체취가 나면 여러분은 그것의 냄새를 맡을 수 있고, 그것이 여러분에게 어떠한 효과를 갖는지에 대해서도 알 수 있다. 파티에서 만난 어떤 사람의 체취가 역겹기보다 상쾌하다고 느껴진다면 그 사람은 단순히 파티에서 만난 사람이 아닌 그 이상의 누군가가 된다. 후각정보의 두 번째 유형은 **페로몬**(pheromone)이다. 페로몬은 의식적 자각 없이 코로 탐지할 수 있는 화학적 신호이다. 즉 적어도 체취를 맡는 것과는 다르게 페로몬에 대해서는 냄새를 정확하게 맡지 못한다. 페로몬은 의식적으로 자각하지는 못하지만 여러분의 행동(특히 타인에게 매력을 줄 수 있는 행동)에 영향을 미칠 수 있다.

물론, 인간의 경우 페로몬은 매력을 경험하게 하는 많은 요인 중 하나일 수 있지만(매력을 경험하게 하는 많은 요인은 시각적 혹은 언어적인 것들이다), 다른 종들에게서 페로몬은 중요한 매력 요인이다. 예를 들어 수컷 누에나방은 암컷으로부터 전달되는 특정 페로몬 분자의 8개만 냄새 맡더라도 짝짓기 행동의 전체적 과정에 돌입할 수 있다(Brennan, 2010). 인간의 특정 페로몬과 그 효과에 대한 연구는 계속되고 있지만 현재 가장 널리 알려진 것은 안드로스타다이에논(androstadienone)이다. 이것은 남성의 땀에서 발견되는데, 이성애 여성에게서 긍정적인 기분과 성적인 흥분을 증가시킨다(Lundström et al., 2003; Wyart et al., 2007). 안드로스타다이에논에 대한 또 다른 연구는 이 페로몬이 동성애 남성에서도 이성애 여성과 유사한 반응을 일으킨다는 것을 발견하였다(Zhou et al., 2014).

후각 능력에서의 차이　미국 인구의 약 1~2%는 후각저하증(hyposmia)이나 무후각증(anosmia)을 경험한다. 이러한 것들은 대개의 경우 독감이나 축농증을 앓을 때 일시적으로 나타나는 증상들이다(Gilbert, 2008). 후각저하증과 무후각증은 나이가 들어 감에 따라 증가하고 이에 따라 위험성도 증가한다. 노인들의 후각 능력 저하는 알츠하이머병 또는 파킨슨병과 같은 더 심각한 질병의 초기 징후일 수 있다(Amrutkar et al., 2015; Doty, 2010, 2012; Picillo et al., 2015; Velayudhan et al., 2013). 한 연구에서는 60세 이상 연령의 1,600명 이상을 대상으로 후각 능력을 검사하였다. 5년 후, 후각 능력이 정상이었던 사람들은 10% 미만으로 사망하였던 반면, 후각에 장애가 있던 사람들은 21.8%가 사망하였다(Gopinath et al., 2012). 좋은 소식은 규칙적인 운동이 (다른 많은 능력과 함께) 노인의 후각 능력을 유지하고, 경우에 따라서는 개선한다는 것이다(Schubert et al., 2013).

후각 능력의 상대적 저하에 영향을 미치는 변인으로 연령의 증가가 유일한 것은 아니다. 또 다른 예측변인은 성별이다. 남성은 냄새를 알아차리고 식별하는 능력에서 여성에 비해 더 떨어진다(Ferdenzi et al., 2013). 한 연구에서는 남녀 모두에게 각 성별에 따라 어떤 냄새를 더 잘 식별할 수 있을 것인지 예측해보도록 하였다. 참가자들은 남성이 자동차 오일, 맥주, 그리고 시가와 같은 전형적인 '남자 것'의 냄새를 더 잘 식별하는 반면, 여성은 감자 칩, 포도 주스, 그리고 수분이 많은 과일 껌과 같은 음식뿐만 아니라 매니큐어 제거제, 베이비파우더 그리고 아이보리 비누와 같은 전형적인 '여자 것'의 냄새를 더 잘 식별할 것이라고 추측하였다. 결과는? 여성은 '남자 것' 냄새까지 포함한 모든 냄새를 식별하는 데 남성에 비해 더 우수하였다(Cain, 1982).

또 다른 연구에서는 4개의 문화집단(미국 흑인, 미국 백인, 미국계 한국인, 일본인)으로부터 모집한 수백 명의 남성과 여성에게 냄새 식별 검사를 실시하였다. 4개의 문화집단 모두에서 거의 동일한 정도로 여성은 남성에 비해 더 우수한 수행을 보였다(Doty et al., 1985). 냄새와 성별에 대한

wildestanimal/Moment/Getty Images

사람들은 냄새의 위치를 결정하기 위해 비강 간 비교, 즉 냄새가 각각의 비강에 도달하는 시간에서의 불일치를 사용한다. 다른 종들도 마찬가지이다. 일부 연구자들은 두 비강이 서로 멀리 떨어져 있는 귀상어는 이러한 능력이 특히 더 발전했을 것이라고 주장한다(Gardiner & Atema, 2010).

미각
맛에 대한 감각

추가적 연구는 여성(특히 가임기 여성)이 남성보다 후각의 중요성을 더 높게 평가한다는 것을 발견하였다(Murr et al., 2018).

후각 능력에는 민족적 요소도 있을 수 있다. 3,000명의 미국 노인을 대상으로 수행한 한 연구는 백인 미국인에 비해 아프리카계 미국인과 히스패닉계 미국인은 후각 능력이 더 저조하다는 것을 발견하였다. 사회경제적 지위, 교육수준 및 전반적인 신체건강과 같은 기타의 변인들은 히스패닉계 미국인의 저조한 후각 능력에 대해 부분적으로만 설명할 수 있었고, 아프리카계 미국인들의 저조한 후각 능력에 대해서는 이러한 변인들의 관련성이 관찰되지 않았다(Pinto et al., 2014).

미각

미각(gustation)은 맛(taste)에 대한 감각이다. 맛이 얼마나 좋은지는 즐거움뿐만 아니라 건강에도 중요하다. 미각은 섭취했을 때 질병이나 불편함을 유발할 수 있는 독소나 다른 물질을 감각하고 뱉을 수 있게 한다. 예를 들어 여러분이 상한 우유를 마셔본 적이 있다면 이 반응을 이해할 것이다. 미각은 또한 항상성이나 신체의 필수 요소의 균형을 유지하는 데 필요한 것을 섭취하도록 해준다. 이 때문에 땀을 많이 흘린 다음에 마시는 스포츠 음료의 맛이 더 좋게 느껴지는 것이다. 땀을 많이 흘리면 몸의 염분을 많이 잃게 되는데 나트륨이 많이 함유된 스포츠 음료는 몸의 염분 수준을 적정한 상태로 되돌려 놓는다(Di Lorenzo & Rosen, 2010).

미뢰 : 미각 수용기 세포   맛에 대한 수용기 세포는 미뢰(taste buds)이다. 미뢰는 약 10일마다 재생된다. 그림 3.16과 표 3.1에서 볼 수 있듯이, 미뢰는 적어도 네 가지의 (그리고 아마도 다섯 가지의) 기본 맛을 탐지할 수 있는데, 이러한 기본 맛들이 조합되어 우리가 섭취하는 음식과 음료의 특징적인 맛이 만들어진다. 네 가지의 확실한 맛은 단맛, 신맛, 짠맛, 쓴맛이다. 다섯 번째 맛은 감칠맛이다(Mather, 2011). 미각의 세계에서, 감칠맛에 대해서는 그것이 그 자체로 기본 맛인지 아니면 다른 맛들의 조합인지에 관한 논란이 있다(Fleischman & Nguyen, 2018; Lawless, 2001; Yamaguchi & Ninomiya, 1999). 감칠맛은 글루탐산모노나트륨(monoodium glutamate, MSG)이 들어 있는 음식을 먹을 때 느낄 수 있는 맛이다. MSG는 몇몇 음식(일부 감자, 버섯, 토마토, 치즈 등)에 자연적으로 함유되어 있기도 하고, 제조되어 많은 식품에서 향미를 강화하기 위해 사용되기도 한다(Di Lorenzo & Rosen, 2010).

우리는 모두 같은 종류의 미뢰를 갖고 있지만 그렇다고 미뢰가 갖는 맛에 대한 민감도까지 같은 것은 아니다. 사람들 중에는 초미각자들(supertasters)이 있

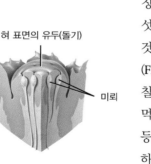

혀 표면의 유두(돌기)

미뢰

그림 3.16 미뢰 미뢰는 미각의 수용기 세포이다. 미뢰는 혀의 표면에 있는 각각의 유두(papilla) 혹은 작은 돌기의 가장자리에 위치하고 있다.

표 3.1 미각 수용기 세포와 이것을 활성화시키는 음식

미각 수용기 세포	탐지된 맛	예시 음식물
단맛	설탕	설탕이 든 시리얼, 쿠키, 케이크, 단맛의 요구르트
짠맛	소금	감자칩, 크래커, 마카로니 치즈
신맛	산	레몬, 라임, 신맛 나는 사탕
쓴맛	식물염기	커피, 다크 초콜릿, 루콜라
감칠맛	풍미 있는 단백질(MSG)	소고기, 닭고기, 버섯, 대두

다. 초미각자는 극히 민감한 미각을 가진 사람이다. 초미각자는 쓴맛에 대한 높은 민감도를 조사한 연구자들에 의해 처음 발견되었지만 동일한 사람이 다른 맛에 대한 감각에도 매우 민감하다는 것이 곧 분명해졌다(Duffy & Bartoshuk, 2000). 초미각자는 남성보다는 여성일 가능성이 높은데, 여성이 남성보다 더 많은 미뢰를 갖고 있다는 것을 생각하면 놀라운 일이 아니다(Bartoshuk et al., 1994). 실험에서, 초미각자는 음식 성분에서의 작은 변화("이 쿠키는 다른 쿠키보다 설탕이 약간 더 많이 들어 있다")를 탐지할 수 있을 뿐만 아니라, 맛의 혼합물에 특정 맛이 존재하는지 혹은 존재하지 않는지("이 칠리소스에는 카이엔 고추가 들어 있다")의 여부도 훨씬 더 잘 알 수 있다(Dinehart et al., 2006; LaTour et al., 2017).

초미각자가 되는 것에는 장점과 단점 모두 있다. 좋은 측면에서 보면, 맥주의 쓴맛이나 위스키 혹은 다른 독한 술의 '타는 듯한' 맛은 더욱 강렬하게 경험되어 알코올 섭취의 가능성과 알코올 섭취에 의한 부정적 결과를 줄여줄 것이다. 또한 맛있는 음식은 '너무' 맛있게 경험될 것이다. 사실, 이것은 그렇게 좋은 것은 아니다. 초콜릿 칩 쿠키의 맛이 단순히 좋은 것을 넘어 저항할 수 없을 정도라면 초미각자는 적당한 양보다 훨씬 더 많이 먹게 될 가능성이 있다. 또 다른 단점은 시금치나 케일과 같은 녹색 잎 채소와 관련이 있다. 이러한 채소들이 갖는 독특한 쓴맛은 초미각자에게는 매우 쓴맛으로 경험될 것이다. 이 때문에 초미각자가 이러한 채소를 먹을 가능성이 줄어들 것이다. 이것은 초미각자가 이러한 채소가 제공해주는 건강상의 이점을 누리지 못할 수 있다는 것을 의미한다(Prescott, 2010).

맛에 대한 경험의 영향   경험이 보고, 듣고, 냄새 맡는 방식을 형성할 수 있는 것처럼, 경험은 맛을 느끼는 방식도 형성할 수 있다(Prescott et al., 1997; Wardle et al., 2003). 다른 문화권의 사람들이 다른 음식을 즐기는 것은 비밀이 아니다. 사람들이 특정 음식을 선호하게 되는 이유는 주로 어릴 때 먹었던 음식에 대한 노출 때문이다. 커피, 알코올, 고급 초콜릿 또는 치즈와 같이 일반적으로 인생의 후반기에 경험하는 특정한 맛에 익숙해지는 데 왜 시간이 걸리는지에 대한 가능한 설명 중 하나는 바로 그러한 맛에 대한 노출(또는 노출의 부족) 때문이다.

여러분의 식단이 완벽하지 않다면, 이에 대한 좋은 소식이 하나 있다. 즉 먹는 음식을 바꾸고 오랜 시간 동안 그렇게 바꾼 식단으로 식사를 꾸준히 하게 되면 실제로 음식들에 대한 선호도가 바뀔 수 있다는 것이다. 예를 들어 짠 음식을 일정 시간 동안 섭취하지 않으면 그러한 음식에 대한 입맛이 감소한다(Mattes, 1997; Tuorila, 2010). 한 연구에서는 4살과 5살짜리 아이들에게 단맛, 짠맛, 그리고 담담한 맛의 두부 중 한 종류의 두부만을 몇 주에 걸쳐 15번씩 먹게 하였다. 연구가 종료될 무렵, 아이들은 자신이 먹었던 두부에 대해서는 더 높은 선호도를 보였지만 다른 두부에 대해서는 그렇지 않았다. 이러한 결과는 자녀와 자신이 어떻게 먹어야 하는지에 대한 중요한 교훈을 제공한다(Sullivan & Birch, 1990).

학습 확인

3.22 후각이란 무엇인가?

3.23 후각 수용기 세포는 어떻게 작동하는가?

3.24 후각은 성과 어떻게 관련되는가?

3.25 후각 능력은 사람에 따라 어떻게 다른가?

3.26 미각이란 무엇인가?

3.27 미뢰가 탐지할 수 있는 네 가지 기본 맛은 무엇인가? 그리고 다섯 번째 기본 맛이 될 수 있는 맛은 무엇인가?

3.28 경험은 맛의 경험에 어떻게 영향을 미치는가?

기타 감각

학습 목표

3.29 체성감각
3.30 운동감각
3.31 전정감각

단지 머리만이 중요한 감각정보를 받아들이는 것은 아니다. 신체 전체가 그렇게 한다. 피부가 받아들이는 정보부터 시작하여 신체 감각들에 대해 살펴보자.

체성감각

체성감각(somatosense)은 피부를 통해 주로 접촉, 온도, 그리고 통증을 경험하는 감각이다. 가려움, 간지러움 그리고 따끔거림과 같은 다른 감각도 체성감각이지만 심리학자가 너무 드물게 연구하기 때문에 여기에서는 자세하게 다루지 않겠다(Carstens, 2010).

촉각 피부는 외부에서 볼 수 있는 표피(epidermis)와 그 아래에 있는 진피(dermis)의 두 가지 주요 피부층으로 구성된다(Linden, 2015; Weisenberger, 2001). 피부에는 접촉(mechanoreceptor : 기계적 감각 수용기), 온도(thermoreceptor : 온도 수용기) 및 통증(nociceptor : 통각 수용기)에 대한 별도의 수용기 세포가 있다(Klatzky & Lederman, 2010). 따라서 눈뭉치를 얼굴에 대고 있는 경우와 같이 세 가지의 감각을 모두 느끼는 것은 세 종류의 수용기 세포가 모두 활성화되기 때문이다. 우리는 이러한 수용기 세포들을 사용하여 우리가 접촉하고 있는 대상의 크기, 모양, 무게, 질감 등을 포함한 많은 정보를 매우 빠르게 탐지한다. 이 때문에 우리는 직접 보지 않더라도 촉각을 통해 대상을 능숙하게 재인할 수 있다. 실제로, 연구에 따르면 가정에서 사용하는 일반적인 물체는 3초 이내에 약 95%의 정확도로 재인될 수 있다(Hsiao, 2010). 어떤 시각장애인이 자신이 사랑하는 사람의 얼굴 윤곽을 만지는 것과 같이 다른 감각 이외에 촉각에만 의존하는 사람들에게서 볼 수 있는 촉각을 통한 재인 능력은 매우 인상적이다.

촉각 수용기는 피부가 무엇인가와 접촉하고 있는지 여부뿐만 아니라, 얼마나 강한 압력으로 피부를 누르고 있는지, 혹은 그러한 접촉이 움직임을 수반하고 있는지 여부도 탐지한다(Cholewiak & Cholewiak, 2010). 촉각을 연구하는 사람들은 피부를 통해 느낄 수 있는 많은 변인들을 고려한다. 이러한 변인들에는 얼마나 거칠거나 매끄러운지(사포 vs. 비단), 얼마나 딱딱하거나 부드러운지(화강암 조리대 vs. 소파 쿠션), 그리고 얼마나 끈적끈적하거나 미끌미끌한지(씹다 뱉은 껌 vs. 버터) 등이 포함된다. 또한 연구자들은 피부의 융기, 돌기 및 기타 패턴에서 표면이 어떻게 오르내리는지도 고려한다(Hollins, 2010).

촉각의 강도를 측정하는 한 가지 방법으로 **격자방향 변별검사**(grating orientation discrimination test)라는 것이 있다. 이 검사를 할 때는 먼저 눈을 가리고 난 후 융기와 홈이 다양한 패턴을 이루고 있는 물체를 만진다. 이 검사에서의 과제는 물체의 융기와 홈이 어느 방향으로 되어 있는지 판단하는 것이다. 물체가 스테이크를 구울 수 있는 전기 그릴이라면 손가락을 롤러코스터 타듯이 움직일 수 있을 만큼 융기와 홈이 크기 때문에 이 물체에 대한 과제 수행은 쉬울 것이다. 그러나 융기와 홈의 크기가 작아질수록 과제는 더욱 어려워진다. 일반적으로 홈이 1mm보다 좁을 때가 변별의 한계 수준이다(Bensmaia, 2010).

촉각 능력을 측정하는 또 다른 방법은 **2-지점 역치검사**(two-point threshold test)이다. 이 검사에서는 제도용 컴퍼스와 같은 형태의 도구를 사용하여 2개의 뾰족한 부분으로 피부를 가볍게 누른다. 이 검사에서 촉각 능력은 눌리는 지점이 한 지점이 아니라 두 지점으로 감각되기 위해 두 지점이 얼마나 떨어져야 하는지로 결정된다. 신체의 부위에 따라 상이한 결과가 도출되었다. 손가락,

얼굴에 눈뭉치를 대면 피부에 있는 세 가지 유형의 수용기 세포가 모두 활성화된다 – 접촉(기계적 감각 수용기), 온도(온도 수용기) 및 통증(통각 수용기).

Jamie Kingham/Cultura RM/Alamy

체성감각
피부를 통해 주로 접촉, 온도, 그리고 통증을 경험하는 감각

입술, 뺨과 같이 촉각이 매우 민감한 부위는 몇 밀리미터 정도의 거리만 필요하다. 이와는 달리 등, 종아리 그리고 상완과 같이 촉각이 덜 민감한 부위는 몇 센티미터가 필요하다(Bensmaia, 2010; Mather, 2011). 자세한 내용은 그림 3.17을 확인하라.

온각 피부는 두 가지 유형의 온도 수용기를 통해 온도를 감각하는데, 각각의 온도 수용기는 고온 또는 저온(둘 다는 아님)을 감각하도록 특별하게 설계되어 있다. 피부의 특정 부위에 이들이 모여 있는 지점을 냉점(cold spot) 또는 온점(hot spot)이라고 부른다. 전반적으로 피부에는 온점보다는 냉점이 더 많다. 전완을 포함하여 우표 크기 정도의 신체 특정 부위에는 온점이 전혀 존재하지 않는다(Green, 2004). 차가움을 감각하는 온도 수용기는 따뜻함을 감각하는 온도 수용기보다 약 10배 정도 빠르게 입력을 뇌에 전달한다. 온도 변화에 대해 얼굴(특히 입술과 뺨)은 가장 민감한 반면, 사지(특히 발)는 가장 둔감하다(Jones, 2010).

통각 촉각이나 온각과는 달리 통각을 측정하는 것은 어렵기 때문에 이를 연구하는 연구자들에게는 큰 어려움이 있다(Cervero, 2013; Turk & Melzack, 2011). 촉각의 경우 피부를 누르는 압력을 측정할 수 있고, 온각의 경우 온도를 측정할 수 있지만 통각을 객관적이고 정확하게 측정할 수 있는 방법은 없다. 통각은 매우 주관적인 것이다.

소아과 의사로부터 같은 주사를 맞는 같은 나이의 두 어린이가 전혀 다른 반응을 보이는 것과 같이, 때로는 같은 통증에 대해 어떤 사람은 극심한 고통을 느끼는 반면 다른 사람은 그렇지 않을 수 있다. 또한 군인이 전장에서 부상을 입었지만 자신이 안전해진 경우가 되었을 때 비로소 통증을 느끼는 경우와 같이, 통증은 부상을 입은 이후에 즉시 경험되는 것도 아니다. 자신이 수행하던 어떤 것으로부터 부상으로 주의를 옮길 수 있을 때 비로소 부상에 의한 통증이 경험될 수 있다. 그리고 전날의 격렬한 운동 때문에 다음 날 경험하는 통증과 분명한 이유 없이 경험하는 통증 사이에는 차이가 있는 것처럼 통증은 기대에 따라서도 달라질 수 있다. 통증은 우리를 해치거나 죽일 수 있는 상황으로부터 멀어지게 함으로써 진화적 관점에서 적응의 목적으로 작용한다는 것은 분명해 보인다. 그러나 왜 우리가 그러한 특유의 방식으로 통증을 경험하는지는 확실하지 않다(Eccleston & Crombez, 1999).

심리학자와 다른 연구자들은 통증을 설명하기 위해 많은 이론을 제안하였다. 완벽한 이론이 있는 것은 아니지만 수십 년 동안 통증에 대한 우리의 이해에 강력한 영향을 미친 것은 **통증 출입문 제어 이론**(gate control theory of pain)이다(Melzack & Wall, 1967; Moayedi & Davis, 2013; Nathan, 1976). 이 이론의 기본적인 생각은 통증이 세 가지 차원을 갖고 있다는 것이다(Melzack & Casey, 1968; Melzack & Wall, 2008; Rollman, 2010).

1. 감각 — 변별 시스템은 통증이 어디에 있는지, 그리고 그것이 얼마나 나쁜지를 식별한다(통증이 어떻게 느껴지는가).
2. 동기 — 정서 시스템은 통증에 대한 감정을 유발한다(고통을 경험하는 것이 어떠한 감정을 주

출처 : Mather (2011) and Bensmaia (2010).

그림 3.17 피부 각 부위의 촉각 민감도 동시에 눌리는 피부의 두 지점이 한 지점이 아닌 두 지점으로 탐지되기 위해서 두 지점은 얼마나 떨어져 있어야 하는가? 손가락과 얼굴처럼 피부에서 민감한 부위는 몇 밀리미터의 거리만 떨어져 있으면 된다. 그러나 다리, 등과 같이 피부에서 덜 민감한 부위는 두 지점의 거리가 훨씬 더 떨어져야 한다.

는가).

3. 인지 — 평가 시스템은 통증에 대한 해석과 반응을 결정한다(통증에 대해 어떻게 생각하고 어떻게 반응하는가).

이러한 세 가지 통증 차원의 존재는 적어도 부분적으로는 왜 통증이 그렇게 주관적인지 이유를 설명할 수 있다. 통증은 발목을 얼마나 심하게 삐었는지, 찢긴 피부 상처를 몇 바늘이나 꿰맸는지, 혹은 타박상의 크기가 얼마나 큰지와 같은 신체에서 일어난 것에만 해당하는 것은 아니다. 통증은 통증에 대한 생각과 느낌에 관한 것이기도 하다("세상에, 이것은 재앙이야!" vs. "며칠만 지나면 통증이 없어질 거야!"). 또한 통증은 반응에 대한 것이기도 하다("정말 무력하네, 통증을 없애기 위해 내가 할 것이 없어!" vs. "통증치료를 받고, 왜 통증이 생겼는지 알아내고, 통증을 줄이기 위해 할 수 있는 일은 해야지!"). 통증 출입문 제어 이론은 1960년대에 도입된 이래 약간의 갱신이 필요했고, 기술 발달 덕분에 통증의 신경학적 기초에 대해서는 좀 더 자세하게 알 수 있게 되었지만, 이 이론은 여전히 우리가 통증을 이해하기 위한 강력한 지침으로 남아 있다(Mendell, 2014).

통증 출입문 제어 이론(또는 다른 이론들)이 완전히 설명할 수 없는 통증에 대한 특히 까다로운 질문 중 하나는 **환상지통**(phantom limb pain)이다. 환상지통은 이미 절단된 팔이나 다리에서 통증을 느끼는 것과 같이 더 이상 존재하지 않는 신체 부위에서 통증을 느끼는 것이다. 사지가 절단된 환자들은 절단된 사지로부터 다른 감각도 느끼지만, 불행하게도 통증은 비교적 흔하게 나타나고 경우에 따라서는 통증이 극심하게 경험되기도 한다. 사지는 여전히 붙어 있지만 뇌나 척수의 손상으로 인한 마비 때문에 사지가 기능하지 않는 사람들에게서도 비슷한 경험이 종종 보고되기도 한다(Brugger, 2010; Chien & Bolash, 2017; Lackner, 2010a).

환상지통에 대한 연구는 매우 드물기는 하지만 이러한 연구들은 환상지통이 아마도 뇌의 가소성(제2장)과 관련이 있거나, 혹은 사지 손실 후 뇌가 재조직화하려는 시도와 관련이 있을 가능성을 제시하였다(Flor et al., 2006; Ramachandran & Hirstein, 1998). 또한 환상지통은 사지가 상실되기 전에 그 사지에서 경험한 통증의 정도와도 관련이 있는 것으로 보인다. 즉 사지가 있을 때 경험한 통증이 심할수록 그 사지를 상실한 이후에 경험하는 환상지통이 더 클 가능성이 높다(Flor, 2002). 해당 신체 부위에 대해 뇌가 계속 활성화되도록 하는 기능적 보철물을 삽입하거나 혹은 상실된 신체 부위를 다른 신체 부위로 시각적으로 대체하는 훈련을 한다면 환상지통을 경감시키는 데 도움이 될 수 있다(Brugger, 2010; Foell & Flor, 2013; Lotze et al., 1999).

운동감각과 전정감각

운동감각(kinesthetic sense)은 신체 부위의 위치와 움직임에 대한 감각이다. 운동감각은 신체의 근육, 힘줄 및 관절의 감각기관에서 전달된다(Lackner, 2010b; Reed, 2010). 운동감각과 밀접하게 관련되어 있는 것이 **전정감각**(vestibular sense)이다. 전정감각은 신체의 균형에 대한 감각이다. 전정체계는 주로 내이에 위치하고 있다(Lackner, 2010c). 운동감각과 전정감각은 신체의 위치와 각 부분의 움직임에 대한 방향과 운동속도를 포함하여 신체의 각 부분에 대해 지속적인 피드백을 제공한다.

여러분은 일반적으로 운동감각과 전정감각에 대해 충분히 의식하지 않고 생활할 수도 있지만 그것들을 알아차릴 때가 있다. 예를 들어 높이를 조정할 수 있는 의자에 앉아 있는데 갑자기 의자의 높이가 낮아지면 여러분은 눈을 감고 있더라도 여러분의 신체가 밑으로 가라앉는 듯한 느낌을

운동감각
신체 부분들의 위치와 움직임에 대한 감각

전정감각
신체 균형에 대한 감각

경험한다. 알람시계가 울리고 있지만 일어나고 싶지 않은 경우, 여러분은 손이 어디에 있는지 알고 있기 때문에 눈을 뜨지 않고도 알람시계 쪽으로 손을 뻗어 그것을 멈출 수 있다. 지진 때문에 방이 흔들린다면 그때 지진이 발생했다는 것을 알려주는 시각적 혹은 청각적 정보가 없더라도 여러분의 신체가 여러분이 흔들리고 있다는 것을 알려줄 것이다.

시각정보를 받아들이는 경우라 할지라도 운동감각과 전정감각은 자신이 위치한 지점에 대한 추가적 정보, 특히 자신이 지나간 이정표의 위치에 대한 정보를 제공한다(Chance et al., 1998). 한 연구에서 연구자들은 첫 번째 참가자 집단으로 하여금 낯선 대학 캠퍼스 안의 분수대, 마당, 울타리, 화장실 및 계단과 같은 일단의 이정표들을 지나치도록 하면서 정해진 경로로 참가자와 함께 걸어 다녔다. 이 연구의 참가자들은 자신이 지나치는 환경을 직접 보는 대신 헤드-마운티드 디스플레이(head-mounted display, HMD)를 통해 제공되는 환경정보에 기반하여 이동하였는데, HMD에 제시되는 환경정보는 HMD에 부착된 카메라를 통해 온라인으로 전송되었다. 나중에 다른 참가자 집단은 실험실에 앉아 첫 번째 참가자 집단이 생성한 환경 장면 비디오를 시청하였다. 그다음 두 참가자 집단은 모두 자신이 경험한 경로에 대한 지식에 대해 검사받았다. 그 결과 실제로 경로를 걸었던 첫 번째 참가자 집단의 수행이 더 좋은 것으로 나타났다. 이들은 이정표들의 위치를 표시하도록 하거나, 혹은 경로에 대한 지도를 그려보도록 요구한 과제에서 두 번째 참가자 집단에 비해 오류를 더 적게 범하였다. 두 참가자 집단 모두 동일한 경로를 경험하였지만 첫 번째 참가자 집단만이 그것을 자신의 신체감각들(즉 운동감각과 전정감각)과 함께 경험하였는데, 이것이 두 집단 사이의 수행 차이를 만들어냈을 것이다(Waller et al., 2004).

연구자들은 어떤 경험이 운동감각이나 전정감각에 영향을 줄 수 있음을 발견하였다. 예를 들어 부상을 반복적으로 경험하면 이것은 운동감각을 억제할 수 있다. 한 연구는 한쪽 발목만을 2~20번까지 반복적으로 삐었지만 다른 발은 그렇지 않았던 참가자들을 대상으로 연구를 수행하였다. 참가자들에게 의자에 앉도록 한 후 하체를 볼 수 없도록 가렸다. 실험자는 각 발목의 각도를 약간씩 돌렸는데 참가자들은 한 번도 다치지 않은 발목에 비해 반복적으로 다쳤던 발목에 대해서는 그것의 위치가 바뀌는 것을 알아차리기 위해 훨씬 더 큰 각도가 필요하였다. 즉 반복적인 발목 부상으로 인해 발목의 운동감각 민감도가 감소한 것이다(Garn & Newton, 1988). 그러나 특정한 훈련 경험은 운동감각이나 전정감각을 향상시킬 수 있다. 예를 들어 태극권 무술을 연습하면 운동감각과 균형감각이 향상될 수 있다(Jacobson et al., 1997; Wu, 2002).

줄타기에는 각 신체 부분의 위치와 움직임을 정확하게 파악하기 위한 운동감각과 신체의 균형을 유지하기 위한 전정감각이 매우 중요하다.

학습 확인

3.29 체성감각이란 무엇인가?

3.30 운동감각이란 무엇인가?

3.31 전정감각이란 무엇이고, 이것의 감각기관은 어디에 있는가?

요약

감각과 지각의 기초

3.1 감각은 감각기관이 주변 환경에서 물리적 에너지를 받아들여 뇌로 전달하는 능력이다. 지각은 두뇌가 받아들인 원래의 감각을 해석하는 능력이다.

3.2 인간의 감각과 지각은 생존에 중요한 방식으로 진화했다.

3.3 절대역치는 전체 시행 중 최소한 반 이상에서 자극의 존재를 탐지하는 데 필요한 자극의 최소 수준이고, 차이역치(최소가지차이)는 전체 시행 중 최소한 반 이상에서 차이를 탐지하는 데 필요한 자극에서의 최소한의 변화이다.

3.4 감각순응은 자극이 일정하게 유지될 때 그 자극에 대한 감각이 감소하는 경향이다.

3.5 지각항등성은 자극 주변의 조건에 따라 자극이 상이한 감각을 유발하더라도 대상에 대해 동일한 지각이 유지되도록 하는 뇌의 능력이다.

3.6 선택주의는 다른 감각 채널에 비해 하나의 감각 채널에 더 많은 주의를 기울이는 것이다. 감각 상호작용은 감각이 상호작용하는 방식으로 서로 영향을 줄 수 있다는 생각이다.

3.7 상향처리는 기대나 경험의 영향을 받지 않고 감각한 것이 지각이 되는 정보처리 방식이다. 하향처리는 기대 또는 이전 경험이 지각하는 것에 영향을 주는 정보처리 방식이다.

시각

3.8 각각의 감각은 모두 중요하다. 그러나 사람들은 듣거나, 냄새 맡거나, 맛보거나 혹은 만지는 것보다 보는 것에 의해 더 많은 영향을 받는다.

3.9 각막은 눈 전체를 뒤덮고 있는 얇은 투명막으로 시각을 향상시키기 위해 이미지를 굴절시킨다. 각막 바로 뒤에 홍채가 있다. 홍채는 눈 중앙에 위치한 색이 있는 원형의 근육이다. 홍채는 눈의 중앙에서 동공을 열거나 닫는다. 수정체는 눈의 표면 아래에 위치한 투명한 층으로, 모양을 다양하게 변화시킴으로써 대상에 대해 초점을 맞춘다. 망막은 안구의 뒤쪽 부분에 위치하고 있다. 이것은 시각 자극을 받아 시신경을 통해 뇌로 전달한다. 망막에는 특정 조건에서 특정 종류의 시각 자극을 탐지하도록 특별하게 설계된 간상세포와 추상세포라는 수용기 세포가 포함되어 있다. 중심와에는 추상세포는 포함되어 있지만 간상세포는 포함되어 있지 않다. 맹점은 추상세포나 간상세포를 포함하고 있지 않은 망막상의 한 부분이다.

3.10 도약 안구운동은 시선이 특정 지점에서 다른 지점으로 '도약

하듯이' 이동하는 것이다. 보정 안구운동은 머리의 움직임을 눈이 보정하는 것이다. 수렴 안구운동은 선택한 하나의 이미지에 초점을 맞추기 위해 두 눈이 함께 움직이는 것이다.

3.11 깊이지각은 대상에 대한 거리와 깊이를 판단하는 능력이다. 깊이지각은 단안단서, 양안단서 및 망막부등에 의존한다.

3.12 색상은 파장에 의해 결정되는 빛의 색채이다. 색채시각을 설명하기 위해 두 가지의 서로 경쟁적인 이론이 제안되었다. 삼원색 이론은 추상세포가 빨강, 초록 또는 파랑을 감각하도록 전문화되어 있다는 생각을 기반으로 색채시각을 설명한다. 반면 대립과정 이론은 추상세포가 서로 대립되는 색채들의 특정한 쌍(즉 빨강-초록, 파랑-노랑)을 감각하는 데 전문화되어 있다는 생각을 기반으로 한다.

3.13 근접성, 유사성, 공통 운명, 연결성 및 폐쇄와 같은 요인들은 대상이 서로 분리되어 있는지 아니면 집단의 일부인지를 결정하는 데 도움이 된다.

3.14 사람들은 어떤 시각적 객체들, 예를 들어 얼굴, 몸, 그리고 (아마도) 단어를 특수하고 독립적인 방식으로 지각한다.

3.15 문화는 사람들이 어떻게, 그리고 무엇을 지각하는지에 영향을 미친다. 문화는 색채시각에 영향을 미친다. 그리고 문화에 따라 고립적인 대상에 초점을 주로 맞추는 경향이 있는지, 아니면 서로 관련이 있는 대상에 초점을 맞추는 경향이 있는지가 달라진다.

청각

3.16 청각은 듣는 감각이다.

3.17 외이는 손으로 만질 수 있는 귀의 부분으로 외이에는 소리를 모으는 귓바퀴가 포함된다. 중이는 고막, 이소골 및 난원창막으로 구성된다. 내이의 중요 부분은 달팽이관인데 이것은 청각신경을 통해 음파를 뇌로 보낸다.

3.18 음고는 소리가 얼마나 '높거나' 혹은 '낮은지' 말할 때 사용되는 용어이다. 음고를 지각하는 방식을 설명하는 두 가지 경쟁적 이론이 있다 — 장소이론과 빈도이론.

3.19 소리의 위치 또는 소리가 나오는 위치를 결정하기 위해 뇌는 왼쪽 귀와 오른쪽 귀에 소리가 도착하는 시간에서의 불일치를 측정한다.

3.20 연구에 따르면 음성지각은 인간의 전문적인 능력이다.

3.21 성별이나 특정한 문화적 소리에의 노출을 포함하여 많은 변인이 청각에 영향을 미친다.

후각과 미각

3.22 후각은 냄새에 대한 감각이다.

3.23 수백 종류의 후각 수용기 세포가 냄새 입력을 혼합하여 각각의 냄새에 대한 감각을 만들어낸다.

3.24 후각은 인간을 포함한 많은 종에서 성적 매력과 짝짓기에 중요한 역할을 한다.

3.25 연령과 성별은 후각에 영향을 미치는 변인이다.

3.26 미각은 맛에 대한 감각이다.

3.27 혀의 미뢰는 최소한 네 가지 기본 맛(단맛, 신맛, 짠맛, 쓴맛)과 (기본 맛으로서 논란의 여지가 있기는 하지만) 다섯 번째 맛인 감칠맛을 탐지한다.

3.28 경험은 사람들의 미각에 영향을 미친다. 문화권에 따라 선호하는 음식이 다른데, 이것은 주로 음식에 대한 노출 때문이다.

기타 감각

3.29 체성감각은 피부를 통해 주로 접촉, 온도, 그리고 통증을 경험하는 감각이다.

3.30 운동감각은 신체 부위의 위치와 움직임에 대한 감각이다. 운동감각은 신체의 근육, 힘줄 및 관절의 감각기관에서 전달된다.

3.31 전정감각은 신체의 균형에 대한 감각이다. 전정체계는 주로 내이에 위치하고 있다.

주요 용어

각막	변화맹	전정감각
간상세포	변환	절대역치
감각	부주의맹	중심와
감각갈등 이론	빈도이론	지각
감각 상호작용	삼원색 이론	지각 갖춤새
감각순응	상향처리	지각항등성
게슈탈트	색상	차이역치(최소가지차이)
고막	선택주의	청각
귓바퀴	섬모	체성감각
깊이지각	소리 위치지각	초감각 지각
난원창막	수정체	초심리학
단안 깊이단서	시각	추상세포
달팽이관	시각 조절	칵테일파티 효과
대립과정 이론	양안 깊이단서	하향처리
동공	운동감각	홍채
망막	음고	후각
망막부등(입체시)	이소골(귓속뼈)	후각구
맹점	장소이론	후각피질
미각	전경-배경 체제화	

여러분은 매머드 동굴 국립공원을 찾을 수 있다. 루이빌과 내슈빌 중간쯤 되는 켄터키 (Kentucky) 남부의 공원. 이 동굴은 매년 수천 명의 방문객들을 끌어들이며 400마일 미로의 칠흑같은 길을 탐험한다. 이 동굴을 찾는 외지 방문객들은 100년 넘게 매머드(Mammoth) 동굴 호텔에 머물렀는데, 이 호텔에는 미니 냉장고, 커피 메이커, 위성 TV가 있다.

1938년 6월 나다니엘 클라이트먼(Nathaniel Kleitman)과 브루스 리처드슨(Bruce Richardson)은 매머드 동굴을 방문했지만 매머드 동굴 호텔에 머물지 않았다. 그들은 동굴 안에 머물렀다. 어둠 속에서. 한 달 넘게.

클라이트먼은 시카고대학교 교수이자 수면 연구의 선구자였으며, 리처드슨은 그의 제자였다. 우리가 잠을 잘 때 왜 잠을 자는지 이해하기 위한 초기 시도에서, 그들은 매머드 동굴에 살았다. 그들은 궁금해했다. 만약 우리가 낮과 밤을 나타내는 햇빛이나 별들이 없는 동굴 속 깊은 방에 몇 주 동안 머무른다면, 우리는 여전히 24시간 같은 스케줄로 잠을 자고 깨어날 것인가? 예를 들어 22시간이나 26시간마다 반복되는 다른 일정으로 바꿀 수 있을까? 만약 그렇다면, 그러한 변화의 결과는 무엇인가? 이 연구는 젊은 리처드슨이 수면-각성(sleep-wake) 패턴에 유연성이 더 높은 반면 나이 든 클라이트먼은 24시간 표준 일정과 더 밀접하게 연관되어 있는 엇갈린 결과를 낳았다. 하지만 더 중요한 것은 이 연구가 대체로 미개척된 수면 과학에 대한 주요한 초기 단계였다는 것이다. 클라이트먼은 이후의 실험에서 1주일 동안 연속 깨어 있고, 잠수함에서 2주를 보내고, 북극권 위 노르웨이의 마을로 가족을 데리고 가서 일정한 햇빛을 받으며 두 달 동안 사는 등 수면 연구에서 더욱 모험적인 단계를 밟았다(Gottesmann, 2013; Kleitman, 1963; Kleitman & Kleitman, 1953; Wolf-Meyer, 2013).

매머드 동굴 실험 이후 수면 연구는 크게 진전되었다. 물론, 수면에 대한 연구는 이 장의 초점인 의식에 관한 연구의 한 종류에 불과하다. 의식은 기본적으로 여러분 주위와 여러분 내면에서 일어나고 있는 일에 대한 인식이다. 그리고 수면은 단지 의식의 한 상태일 뿐이다. 이 장에서 우리는 다양한 의식을 다룰 것이다. 우리는 현대 연구자들이 수면과 그것에 영향을 미치는 생물학적 리듬에 대해 무엇을 배웠는지 살펴볼 것이다. 우리는 불면증 및 수면과 관련된 문제들, 왜 그것들이 발생하는지, 그리고 그것들이 어떻게 치료될 수 있는지 등 다른 문제들을 탐구할 것이다. 우리는 합법적이든 불법적이든 의식에 영향을 미치는 약물을 모두 고려할 것이다. 그리고 우리는 최면, 명상, 마음챙김, 기시감, 그리고 임사체험 등 의식과 관련된 다른 주제들도 고려할 것이다.

개요

수면

꿈

최면

향정신성 약물 및 의식

다른 변화된 의식 상태

의식
자기 자신과 주변 환경에 대한 사람의 인식

의식(consciousness)은 여러분 자신과 주변환경에 대한 여러분의 인식이다. 이 정의는 그 개념을 단순하게 보이게 할 수도 있지만, 많은 다른 전문가들이 의식에 대해 다른 정의를 제공한다(Gazzaniga, 2018; Revonsuo, 2018; Velmans, 2009; Vimal, 2009). 일부 전문가들은 의식의 주성분이 마음 안팎에서 일어나는 일을 감시하고 통제하는 능력이라고 말한다(Kihlstrom, 2007). 다른 전문가들은 (여러분과 타인의) 생각을 생각하는 능력이 의식의 핵심이라고 말한다(Corballis, 2007). 여전히 다른 사람들은 여러분을 의식하게 하는 것은 의도를 알아차리는 능력이라고 말한다—여러분이 의도한 것과 다른 사람들이 의도하는 것(Bering & Bjorklund, 2007). 일부 전문가들은 심지어 동물이나 기계가 의식의 형태를 가질 수 있는지 궁금해했다(Dehaene et al., 2017; Godfrey-Smith, 2017; Grinde, 2018). 의식의 많은 정의를 가로지르는 공통적인 줄기는 인식, 즉 여러분 내부와 주변에서 일어나고 있는 일을 인식하고 이에 반응하는 능력이다. 심리학자와 다른 연구자들이 가장 광범위하게 연구해 온 의식 상태, 즉 수면 상태를 좀 더 자세히 살펴보자.

수면

학습 목표

4.1 왜 잠을 자는가?

4.2 수면부족이 여러분에게 어떤 영향을 미치는가?

4.3 순환 리듬이란 무엇이고 순환 리듬에 영향을 미치는 것은 무엇인가?

4.4 정상수면의 단계

4.5 수면은 다양한 사람들의 집단에 따라 어떻게 다른가?

4.6 공동수면이란 무엇이고 얼마나 흔한가?

4.7 수면장애의 유형

4.8 수면장애의 예방 및 치료

모두가 잠을 잔다. 사람뿐만 아니라 다른 포유류, 새, 파충류도 잠을 잔다. 양서류와 물고기 또한 잠을 자거나 최소한 비슷한 일을 한다는 증거가 있다(Lesku et al., 2006; Rattenborg, 2007; Rattenborg et al., 2009). 심지어 곤충들도 많은 활동 이후에 적은 활동 또는 휴식을 취하는 일상의 패턴을 가진다. 실제로 수면은 모든 살아있는 유기체들에게 회복을 제공하는 것으로 보인다. 심지어 식물도 시간관리가 있다… 그들이 빛과 온도의 매일의 변화를 '기대'할 수 있는 메커니즘이다(Espie & Morin, 2012, p. 1).

특정 종의 새, 고래, 돌고래, 그리고 알락돌고래를 포함한 몇몇 동물들은 실제로 한쪽 눈을 뜨고 잘 수 있다(Lyamin et al., 2008; Peigneux et al., 2012; Siegel, 2005). 예를 들어 청둥오리 등을 생각해보자. 그들이 함께 모여서 잠을 잘 때, 무리의 왼쪽 가장자리에 있는 청둥오리들은 그들의 왼쪽 눈을 뜨고 자고, 오른쪽 청둥오리들은 오른쪽 눈을 뜨고 자는데, 모두 그쪽에서 다가오는 포식자들을 경계하기 위한 목적이다. 한쪽 눈을 뜨고 자는 것을 **단일반구수면**(unihemispheric sleep)이라고 하는데, 눈을 감고 있는 반대쪽 뇌의 절반은 쉬게 하고, 반대쪽 뇌의 절반은 깨어 있게 하는 것이다. 그런데 중간에 있는 청둥오리들은 가장자리에 있는 파트너들이 자신을 보호하고 있다고 확인하면서 두 눈을 감고 잠을 잔다[**생물학적 수면**(bihemispheric sleep)](Lima et al., 2005; Rattenborg et al., 1999).

인간에게 있어서, 우리의 오랜 역사를 통해 수면의 몇 가지 중요한 변화들이 있었다. 네안데르탈인(기원전 7~4만 년)에게 수면은 아마도 인간이 아닌 영장류들이 현재 잠자는 방식과 비슷했을 것이다. 즉 낮 시간 동안 많은 잠을 포함한 많은 잠깐의 잠들이다(동물원에 가서 햇볕이 잘 드는 오후 내내 졸고 있는 침팬지나 개코원숭이를 발견한 적이 있는가?). 신석기 시대(기원전 1만 년경)까지, 인간은 점점 더 하나의 큰 야간 시간에 그들의 수면의 모든 것을 얻고 전부는 아니더라도 하루의 대부분은 깨어 있었다(Espie & Morin, 2012). 그것은 최근의 인간 타임라인인 전구의 발명이 있기 전까지 사실이었다. 인공 조명은 태양의 설정이 하루의 활동 종료를 필요로 하지 않는다는 것을 의미했다. 그래서 우리는 인간이 이전에 할 수 있었던 것보다 더 밤까지 잘 자고 아침까지 잘 잤다(Thorpy, 2010).

왜 잠을 자는가

우리는 인생의 3분의 1을 자면서 보내지만, 연구자들은 왜 그런지에 대해 명확한 설명을 하지 못하고 있다(Frank, 2006a). 수면 이론에는 부족함이 없으나, 지금까지 이 이론들 중 어느 것도 수면의 기능을 충분히 설명할 수는 없다. 분명한 대답은 우리가 휴식을 취하기 위해, 몸과 뇌가 바쁜 날에 그들이 받는 과중한 사용으로부터 얼마간의 휴식을 주기 위해 잠을 잔다는 것이다. 그러나 잠은 휴식 그 이상이다. (만약 의심스럽다면, 잠을 자지 않고 그저 쉬면서, 깨어 있는 채로 오늘 밤을 보내면, 얼마나 상쾌한 기분인지, 그리고 그다음 날 얼마나 잘 기능하는지 알 수 있다.)

수면 이론과 진화   많은 수면 이론들이 진화를 강조한다(Blumberg & Rattenborg, 2017; Keene & Duboue, 2018; Miyazaki et al., 2017). 결국, 이 광범위한 행동은 우리 종족들에게 적응적인 이점을 제공했을 것이다. 하지만 정확히, 어떤 장점이 있을 수 있을까?

  가만히 있기.   비활동 이론은 수면의 주된 이점은 단지 우리 조상들이 위험에서 벗어나게 한 어두운 밤 시간 동안 가만히 있는 것이라는 것을 암시한다. 밤의 어둠 속에서, 초기 인류는 사냥이나 채집 면에서 큰 도움이 되지는 못했지만, 그들은 부상을 입거나, 길을 잃거나, 밤에 잘 보는 동물들의 먹잇감이 되는 면에서 많은 해를 끼칠 수 있다(Siegel, 2009). 그러나 비활동 이론은 왜 우리가 대부분 환경을 인식하지 못하게 만드는 수면이 단순히 깨어 있는 동안 쉬는 것보다 나은지를 설명하지 못한다.

  에너지 절약.   에너지 절약 이론은 우리가 잠을 잘 때 깨어 있을 때보다 훨씬 적은 칼로리를 소비한다는 사실을 강조한다. 이것은 음식으로 가득 찬 냉장고나 길 아래쪽에 있는 24시간 식료품점이 없는 우리 조상들에게 결정적인 차이점이었다(Penev, 2007; Schmidt, 2014). 에너지 절약 이론은 수면을 야간 미니 동면의 한 종류로 간주한다.

  신체 재충전.   회복 이론은 수면이 신체를 재충전하고 강화할 수 있게 한다고 제안하는데, 이는 좋은 수면은 면역체계를 강화하고, 부상과 질병으로부터 빨리 회복할 수 있게 하며, 인간의 성장 호르몬을 활성화시킨다는 사실에 의해 뒷받침된다(Bryant et al., 2004; Siegel, 2005). 잠을 제대로 못 자면 몸이 스스로 회복할 기회가 줄어들게 되는데, 이것은 왜 비정상적인 수면 패턴을 가진 사람들이 많은 질병에 걸릴 더 큰 위험에 처해 있는지, 그리고 그중 일부는 치명적일 수 있는지 설명하는 데 도움이 된다(Abbott et al., 2018; Åkerstedt et al., 2017; Kwok et al., 2018; Lin et al., 2018; Liu et al., 2017).

  뇌 발달.   뇌 가소성 이론은 수면이 뇌를 변화시키고 성장시키고 재편성하게 한다는 사실을 강조하는데, 뇌가 그렇게 빨리 자라는 초기 몇 달 동안 신생아들이 얼마나 잠을 자는지 알게 되면 말이 된다(Frank, 2006b; Page et al., 2018).

  기억력 향상.   진화론은 수면이 기억을 통합하고 시각 시스템을 쉬게 하는 데 필수적이라고 지적한다(Diekelmann & Born, 2010; Kavanau, 2004, 2005, 2006, 2008; Walker, 2012). 여러분이 잠잘 때 완전히 차단되는 유일한 감각은 시각이라는 것은 주목할 만하다. 청각, 후각, 미각, 촉각은 최소한 제한적으로 유지된다. 잠을 잘 때 시각을 차단시킴으로써, 여러분의 뇌는 낮에 찍은 모든 시각적 이미지들을 처리할 시간을 갖게 된다. 그것은 여러분이 잠에서 깨는 순간부터 쉬지 않고 휴대전화로 비디오를 찍은 다음, 그 많은 시간 연속 비디오가 클라우드 기반 스토리지 시스템에 업로드되는 동안 밤에 휴대전화 녹화를 중단하는 것과 같다. 흥미롭게도, 특정 종의 물고기를 연구한 연구자들은 빛을 볼 수 있는

모든 인간은 잠을 잔다. 포유류, 새, 파충류, 그리고 다른 많은 형태의 생명체들도 잠을 잔다.

수면 박탈
이유여하를 막론하고 충분한 수면을 취하지 못한 것

수면 근처에 사는 물고기 종들이 어둠이 시야를 막는 동굴에 사는 물고기들보다 훨씬 더 많이 잠을 잔다는 것을 발견했다(Duboué et al., 2011). 다른 연구자들은 일부 동물들은 시각 시스템에 크게 의존하지만 기대했던 만큼 잠을 자지 않는다고 지적하면서 이 생각을 반박했다(Capellini et al., 2008; Harrison, 2012).

수면 박탈 이 모든 수면 이론들은 이치에 맞으며, 각각은 몇 가지 과학적인 증거에 의해 뒷받침된다. 하지만, 어떤 수면 이론도 다른 이론들을 능가하지 않기에, 수면의 퍼즐은 풀리지 않은 채로 남아 있다. 아마도 완전한 해답은 연구자들에 의해 아직 확인되어야 하는 다른 것들과 더불어 이러한 장점들의 조합을 포함한다(Frank, 2010; Walker, 2017). 하지만 한 가지 확실한 것이 있다. 잠을 충분히 자지 못할 때, 여러분은 그 결과를 느낀다는 것이다. **수면 박탈**(sleep deprivation)은 이유여하를 막론하고, 충분한 수면을 취하지 못하는 것이다.

수면 박탈은 성인의 약 35%가 규칙적으로 너무 적은 수면(하루 7시간 미만으로 정의됨)을 취하는 미국에서 두드러지게 흔하다(Centers for Disease Control and Prevention, 2017). 불행하게도, 수면 박탈의 결과는 여러분이 어떻게 느끼고, 어떻게 행동하는지에 있어서 매우 다양하다. 예를 들어 수면 박탈은 짜증과 심한 기분 변화를 유발한다(Hall et al., 2012). 750명의 10대들을 대상으로 한 연구에서, 밤잠을 설친 다음 날은 잠을 푹 자고 난 다음 날보다 상당히 높은 수준의 불안감을 나타냈다(Fuligni & Hardway, 2006). 대학생과 의대생의 연구에서도 비슷한 결과가 나왔다(Galambos et al., 2009; Zohar et al., 2005).

수면 박탈은 여러분의 감정뿐만 아니라 여러분의 성과도 망친다. 여러분의 뇌는 너무 적은 수면으로 작동할 때 그렇게 예리하지 않고 빠르지도 않다. 왜 그런지는 다음의 네 가지 이유가 있다(Monk, 2012).

1. **인지능력 저하.** 수면 박탈일 때 뉴런과 뉴런들 사이의 연결은 그렇게 빠르게 기능하지 않는다. 여러분은 테트리스나 반복적인 빠른 대응이 수반되는 다른 게임을 할 때 이것을 알아차릴 것이다. 전날 밤 잠을 잘 못 자면 게임이 잘 되는 경우는 거의 없다.
2. **인지적 경직성.** 수면 박탈은 여러분의 창의력을 죽인다. 잠을 제대로 자지 못했다면 친구들과 대화할 때 원작의 걸작을 만들거나 재치 있는 발언을 할 가능성이 적다.
3. **동기부여 감소.** 졸리면 단지 좋은 성적을 내지 못하는 것뿐만이 아니라 성적이 좋지 않은 것에 대해 그다지 신경 쓰지 않는다는 것이다. 그 결과 여러분의 노력 감소는 여러분의 부진한 실적을 악화시킨다.
4. **의도하지 않은 수면 가능성.** 잠 못 이루는 밤 다음 날, 여러분이 졸을 가능성이 더 크며, 아니면 적어도 성과에 지장을 주는 공상에 잠기거나 많은 시간을 허비한다.

가끔 밤샘을 하는 것과는 별개로, 완전한 수면 박탈은 감사하게도 우리 대부분에게는 비교적 드문 일이다. 훨씬 더 흔한 것은 부분적인 수면 박탈인데, 너무 늦게 자러 가거나, 너무 일찍 일어나거나, 밤새 잠을 설치는 것 때문이다. 부분적인 수면 박탈과 함께 일련의 밤을 함께 묶으면, 부정적인 영향이 누적된다(Krause et al., 2017; Lim & Dinges, 2010). 한 연구는 일주일 내내 매일 수면시간이 5시간으로 제한된 사람들을 추적했고 그들의 경각심, 기억력, 주의력, 추론이 모두 일주일 내내 악화되었다는 것을 발견하였다(Dinges et al., 1997). 또 다른 연구는 부분적인 수면 박탈을 2주로 연장시켰고, 그 효과는 더 심했다. 둘째 주 동안 매일 6시간씩 잔 사람들은 방금 밤을 새운 사람처럼, 둘째 주 동안 매일 4시간만 잔 사람들은 방금 두 번 밤을 새운 사람처럼 형편없는 성적을 보였다(Van Dongen et al., 2003). 보다 최근의 연구는 부분적인 수면 박탈을 3주까지 연장시켰고 그 결과 인종적(ethnic) 편견과 부정적인 대인관계 평가의 수준이 현저히 높았다는 것을 발견했다. 구체적으로, 수면 박탈에 빠진 참가자들은 아랍계 이슬람교도들에 대해 부정적인 시각을 더 많이 보였으며, 잠을 충분히 잘 때보다 특정한 얼굴을 가진 사람들이 더 위험하다고 판단했다(Alkozei et al., 2017, 2018).

특히 이러한 수면 박탈 연구에서 무서운 점은 수면 박탈이 있는 사람들이 종종 그들이 어떻게 영향을 받는지 인식하지 못한다는 것이다(Pilcher & Walters, 1997; Van Dongen et al., 2003). 잠이 부족한 사람이 차를 운전할 때, 그 인식 부족은 위험해진다(Horne & Reyner, 1999; Howard et al., 2004). 5,000명 이상의 운전자를 대상으로 한 연구에서, 수면 박탈이 가장 많은 운전자가 전문적인 (트럭 또는 버스 운전자) 또는 비전문적인 운전자인지 상관없이 가장 충돌할 가능성이 높은 것으로 나타났다(Carter et al., 2003). 한 연구에 따르면 미국에서는 6,400건의 치명적인 자동차 사고를 포함해 매년 328,000건의 자동차 사고가 졸음 운전자와 관련되어 있다고 한다(Tefft, 2014).

일주기리듬 : 여러분의 생체 시계

수면을 잘 이해하려면 수면이 포함되는 일상 패턴에 대한 폭넓은 이해가 필요하다. 그 패턴은 여러분의 뇌와 신체가 기능하는 24시간 주기인 **일주기리듬**(circadian rhythm)에 의해 조절된다. [만약 여러분이 스페인어를 안다면, 그것은 이 용어를 기억하는 데 도움이 될 것이다—circadian은 주변(또는 대략)을 의미하는 circa-와 하루를 의미하는 -dia로 나뉘기에, 일주기는 하루를 의미한다.] 여러분의 순환 리듬은 하루 중 특정 시간에 예상할 수 있는 졸림과 다른 사람들에게 예상할 수 있는 경각심을 갖게 하는 것이다. 우리들 대부분은 서로 보조를 맞추며, 태양의 리듬과도 보조를 맞추는 일주기 리듬을 가지고 있지만, 약간의 변동성이 있다. 예를 들어 여러분은 아마 몇 명의 올빼미와 몇 명의 아침형 사람들을 알고 있을 것이다.

그림 4.1에서 알 수 있듯이, 우리가 깨어났을 때, 우리의 각성은 중간쯤에서 시작해서 오전 내내 상승하고, 정오쯤에 절정에 달하고, 오후까지 감소하며 우리가 다시 잠자리에 들 때까지 저녁 내내 최저 수준으로 떨어지는 경향이 있다.

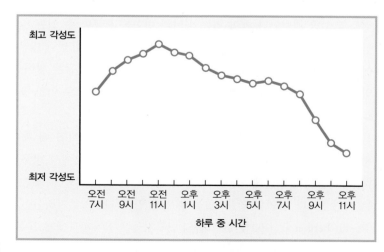

그림 4.1 밤낮의 각성도 오전 7시부터 오후 11시까지 깨어 있는 시간 동안 각성수준은 아침까지 올라가 오전 11시나 정오쯤 정점을 찍고 오후 내내 약간 희미해지고 취침 전 최저 수준으로 떨어진다. 출처 : Monk(2012), Monk et al.(1994).

일주기리듬
뇌와 신체가 기능하는 24시간 주기

수면연구   수면연구 초기부터, 과학자들은 자유작동(free-running) 수면연구를 실시하면서 일주기 리듬에 대해 배우려고 노력해 왔다(Duffy & Dijk, 2002; Lack & Wright, 2012). 이러한 수면연구에서는, 사람들은 햇빛이나 어둠을 드러낼 창문, 내부 조명의 변화, 벽(탁상)시계나 손목시계 등의 시간 단서가 없는 환경에서 며칠 또는 몇 주를 보낸다. 단지 그들을 안내하는 생체 시계만 있다면, 이 참가자들은 어떻게 그들이 시간을 계획할 것인가? 동굴, 벙커, 지하실에서 행해진 자유작동 수면연구를 위한 초기 시도는 다양한 결과를 보여주었다. 어떤 사람들은 24시간 시계를 바짝 붙들고 있었다. 다른 수면연구에서는, 사람들은 25시간 리듬에 빠졌고, 기본적으로 매일 약 1시간 늦게 일어나며, 몇몇은 그보다 훨씬 더 많은 하루를 연장했다(Aschoff, 1965; Czeisler & Dijk, 2001 ; Kleitman, 1963 ; Webb & Agnew, 1974 ; Wever, 1984).

엄격히 통제된 조건하에 전문적인 수면연구실에서 행해진 보다 최근의 연구들은 자유작동 연구에 종사하는 사람들이 하루를 연장하는 경향이 있지만, 많이는 그렇지 않다는 것이 밝혀졌다. 대신에, 이 참가자들은 평균 약 24.2시간의 주기로 잠을 자고 깨는데, 이것은 그들이 매일 약 12분 늦게 일어난다는 것을 의미한다(Czeisler et al., 1999; Dijk et al., 1999; Duffy et al., 2001). 생쥐와 쥐를 대상으로 한 자유작동 연구가 수행될 때 발견되지 않은 결과인, 왜 이 일정이 24시간부터 걸리는지는 수면연구자들이 설명해야 할 과제로 남아 있다(Dijk & Lazar, 2012).

일주기리듬과 내부 힘   여러분의 일주기리듬은 (1) 내부 힘과 (2) 외부 신호 두 가지에 의해 결정된다(Borbély, 1982; Saper et al., 2005). 내부 힘은 여러분의 뇌의 특정 부분에 의해 움직인다 — 시상하부 내에 있는 **시교차상핵**(suprachiasmatic nuclear, SCN)(그림 4.2). 이 작은 구조물은 시간을 잘 지킨다. 만약 여러분이 하루 중 특정 시간에는 더 밝고 다른 시간에는 더 어둡게 설정하는 조광기의 램프 타이머를 맞춰본 적이 있다면, 여러분은 어떻게 SCN이 여러분의 뇌와 몸을 낮추는지 알 수 있을 것이다. SCN은 실제로 소화관, 간, 근육, 지방 조직을 포함하여 여러분의 신체 전체(주변 신체 시계라고 함)에 걸쳐 메커니즘과 같은 시계의 전체 시스템을 제어한다(Froy, 2010). 드물지만 SCN이 손상되거나 장애가 발생한 경우 주요 수면 관련 문제가 발생한다(Menaker et al., 2013; Van Erum et al., 2017).

일주기리듬과 외부 신호   SCN은 자체 내부 시계에 따라 작동하지만, 주변환경에 민감하게 반응하기도 한다(Asher & Sassone-Corsi, 2015). 즉 여러분의 SCN은 여러분의 수면 패턴이나 깨어 있는 패턴의 변화를 요구할 수 있는 빛과 같은 외부 신호를 포착한다(Dijk & Lazar, 2012). 만약 여러분의 눈이 밤에 많은 빛을 받아들이면(또는 낮에는 어둠이 많은 경우) 여러분의 일주기리듬은 빛이 있을 때 깨어 있는 쪽으로 당겨지고 그렇지 않을 때는 잠을 자는 쪽으로 약간 조정된다(Duffy & Wright, 2005; Stothard et al., 2017).

이러한 빛과 어둠에 적응하는 것은 아마도 태양이 비칠 때 깨어 있고 그렇지 않을 때 잠을 자려는 진화에 기반을 둔 인간의 경향에서 비롯된 것일 것이다. 흥미롭게도 시골에 사는 사람들은 인공적인 빛을 피할 수 없는 대도시에 사는 사람들보다 자연의 일출-일몰 패턴과 일치하는 일주기리듬을 가지고 있다(Roenneberg et al., 2007). 한 그룹의 연구자들은 참가자들에게 일주일 동안 캠핑을 하게 했는데, 그들의 눈은 태양(그리고 야간 캠프파이어) 이외에는 빛을 보지 못했다. 캠핑족들의 일주기리듬은 그 주 동안 태양의 흥망성쇠와 일치하기 위해

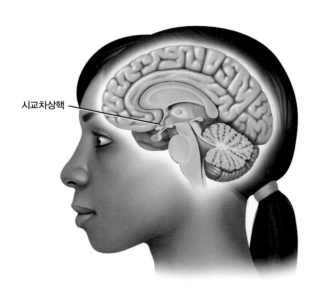

시교차상핵

그림 4.2 시교차상핵 시상하부에 있는 작은 구조인 시교차상핵은 여러분의 몸 안에 있는 주요한 시간 관리인이다.

눈에 띄게 변화했는데, 그것은 그들이 아침형 인간이 되어 해질녘에 더 가까이 잠을 자고 집에서 흔히 하는 것보다 새벽 틈에 더 가까이 일어난다는 것을 의미했다(Wright et al., 2013).

여러분에게, 빛에 대한 이러한 일주기 반응의 가장 중요한 결과는 일상생활에서 자신을 둘러싸고 있는 밝기일 것이다. 이 불빛은 머리 위의 전등과 램프뿐만 아니라 여러분이 잠들기 전에 응시할 수 있는 TV, 컴퓨터, 스마트폰을 포함한다. 여러분의 SCN에게, 그 밝은 빛은 아직 낮이라는 것을 의미하기 때문에 여러분의 뇌와 몸을 깨어 있게 하려고 노력한다. 흥미롭게도, 일주기리듬 장애 치료는 흔히 밝은 빛 치료법을 포함하는데, 이 치료법은 사람들이 하루 중 적절한 시간에 자신의 생체시계를 재설정하기 위해 단순히 밝은 빛에 노출되는 것이다(Figueiro et al., 2018; Lack & Wright, 2012).

여러분의 일주기리듬에 영향을 줄 수 있는 또 다른 외부 신호는 음식이다(Asher & Sassone-Corsi, 2015; Vetter & Scheer, 2017). 여러분이 먹는 시간은 하루종일 얼마나 졸리거나 기분이 어떤지를 결정할 수 있다. 이런 효과는 새벽 3시에 밤샘식당에서 샌드위치를 먹는 것과 같은 이상한 시간대의 식사를 한 번 하고 나면 분명하지 않을 수 있다. 하지만, 다른 식사시간으로 계속해서 바꾸는 것은 여러분의 일주기리듬을 방해할 수 있다(Wehrens et al., 2017). 쥐 연구에서, 연구자들이 1주일 동안 식사 시간을 변경했고 그 결과 쥐들의 일주기리듬이 방해받아 활동 수준뿐만 아니라 혈당 수치와 신진대사에도 영향을 미친다는 것을 발견했다(Yoon et al., 2012).

물론, 쥐보다 인간의 식사시간을 조작하는 것이 더 어렵지만, 한 연구팀이 그 불편함을 극복하기 위해 혁신적인 방법을 사용했다. 그들은 많은 이슬람교도들이 일출과 일몰 사이에 먹거나 마시지 않는 라마단을 관찰하는 사람들을 연구했다. 연구자들은 라마단 기간 동안 특정 호르몬의 양과 시기 등 여러 가지 일주기리듬의 징후가 연중 다른 시기와 다르다는 것을 발견했다(Bogdan et al., 2001). 그러나 이 주제에 대한 보다 최근의 연구는 라마단 기간 동안 일어나는 다른 일시적인 생활방식 변화들(예 : 운동, 일, 그리고 기타 활동의 양과 시기의 변화 등)이 간헐적인 단식만큼이나 일주기리듬 변화를 설명할 수 있다는 것을 시사한다(Qasrawi et al., 2017).

일부 연구자들은 식사 일정이 에너지 수준의 자연 최고와 최저와 일치하지 않는 지속적인 열악한 시간영양(chrononutrition)은 건강 문제를 초래할 수 있다고 제안했다. 불행하게도 시간영양은 많은 서구 생활양식에 흔하며 비만, 당뇨병, 수면장애, 심혈관 질환에 영향을 미친다(Crispim & Mota, 2018; Froy, 2010; Huang et al., 2011; Maury et al., 2010; Portaluppi et al., 2012; Pot, 2018).

여러분의 일주기리듬을 현저하게 떨어뜨릴 수 있는 한 가지 활동은 교대 근무, 특히 야간 교대 근무를 하는 것이다(James et al., 2017; Richardson, 2006). 여러분이 먹고 자고 거의 모든 것을 할 수 있을 때 교대 근무 스케줄이 정해진다. 수면 및 기상과 관련된 심각한 문제를 겪고 있는 교대 근무자의 수는 주목할 만하다 — 지속적으로 야근하는 사람 중 14~32%와 야간 및 다른 시간 사이에 교대하는 사람 중 8~26%(Drake et al., 2004). 분명한 이유는 인간의 몸은 진화가 우리를 위해 선택한 어두운 전략인 수면에서 벗어나는 일정에만 너무 많은 것을 조절할 수 있기 때문이다. 하지만, 이러한 혼란에는 다른 이유들도 있다. 예를 들면 교대 근무는 종종 중요한 관계에 부담을 준다(Newey & Hood, 2004; Vallières & Bastille-Denis, 2012). (만약 너희 중 한 명이 밤에 일하고 다른 한 명은 낮에 일했다면, 얼마나 오래 연애나 결혼을 유지할 수 있을까?)

낮 동안 잠을 다 자려고 노력하는 것에도 역시 현실적인 문제들이 따른다 — 시끄러운 이웃들, 관심을 요구하는 아이들, 그리고 창문을 통해 스며드는 햇빛. 비만, 심장병, 뇌졸중, 궤양, 그리고

REM
수면 중 빠른 안구 운동, 또는 눈꺼풀 뒤쪽에서 안구가 튕기는 소리

REM 수면
강렬한 두뇌 활동과 생생한 꿈이 일어날 가능성이 가장 높은 수면 단계

NREM 수면
빠른 눈 움직임이 있을 때 REM 수면 이외의 수면. 강렬한 뇌 활동, 꿈은 일어나지 않을 것 같음

REM 마비
REM 수면 중 일시적으로 움직이지 않는 것

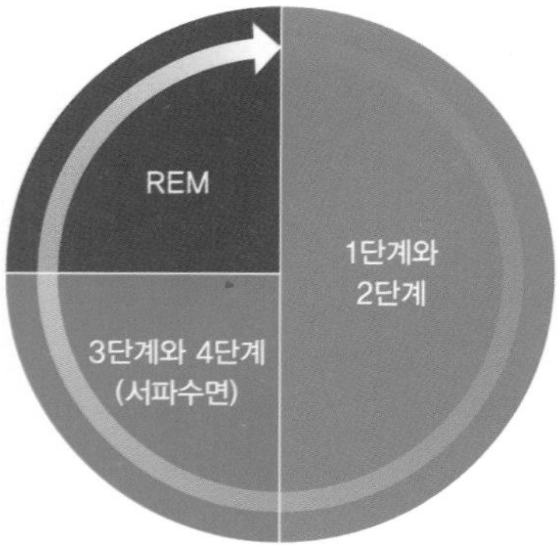

그림 4.3 매일 밤 수면 유형 전형적인 8시간 수면은 약 5번의 수면 사이클로 이루어져 있으며, 각각은 90분간 지속된다. 여기에 예시된 바와 같이, 각 사이클의 약 절반은 1단계와 2단계 수면으로 구성된다. 약 4분의 1 정도는 3단계와 4단계 수면이고, 4분의 1 정도는 REM 수면이다.

암을 포함한 다양한 심각한 건강 문제들이 교대 근무자들 사이에서 높은 비율로 발생한다(Haus & Smolensky, 2013; Manenschijn et al., 2011; Newey & Hood, 2004; Reid & Zee, 2004; Vyas et al., 2012). 여성의 경우, 훨씬 더 많은 건강과 관련된 문제들이 교대 근무와 연관되어 있다 — 생리통 및 출혈 증가, 생리주기의 불규칙한 시기, 조산, 자연낙태(Chung et al., 2005; Cone et al., 1998; Knutsson, 2003; Labyak et al., 2002; Mahoney, 2010; Nurminen, 1998). 교대근무가 일주기리듬을 방해할 때, 그 결과는 단지 약간의 낮 졸음보다 훨씬 더 나쁠 수 있다.

정상수면

우리는 이미 수면 문제를 언급했고, 곧 훨씬 더 자세히 다룰 것이다. 여기서 정상적인 수면 중에 어떤 일이 일어나는지 집중해보자.

수면의 단계 가장 기본적으로, 여러분의 수면은 REM 수면과 NREM 수면 두 가지 유형으로 나눌 수 있다. **REM**은 빠른 눈 움직임, 또는 잠자는 동안 눈꺼풀 뒤에 있는 안구가 빠르게 움직이는 것을 말한다. **REM수면**(REM sleep)은 강렬한 두뇌활동과 생생한 꿈이 가장 많이 일어나는 수면 단계이다. 반대로, **NREM 수면**(non-REM sleep)은, 빠른 안구 운동, 강렬한 뇌 활동 및 꿈이 일어날 것 같지 않은 REM 수면 이외의 수면이다.

그림 4.3과 같이, NREM 수면은 단계별로 더 나눌 수 있다(Moore, 2006; Rama et al., 2006 ; Silber et al., 2007). 1단계 수면은 가장 가벼운 수면으로, 잠들었을 때 바로 그리고 잠시 후에 일어난다(Carskadon & Dement, 1996; Ohayon et al., 2004). 1단계 수면에 있을 때, 막 잠에 빠져들고 있다. 사람들이 여러분의 이름을 부를 때 여러분은 대답을 멈추지만, 만약 여러분이 정말로 잠에서 깬다면 여러분은 여러분이 아직 잠을 자지도 않았다고 말할지도 모른다. 2단계 수면은 조금 더 깊다. 체온이 떨어지고 심박수가 느려지며 깨우는 데 더 많은 시간이 걸린다.

3단계와 4단계는 수면의 가장 깊은 단계로서 함께 흔히 서파수면(slow-wave sleep)이라고 부른다. 서파수면에서 EEG는 뇌 활동이 다른 어떤 수면 단계나 깨어 있는 상태와는 현저하게 다른 크고 느린 파동을 만들어낸다는 것을 보여준다. 서파수면에서는 깨어나기 어렵다. 만약 여러분이 서파수면에서 일어난다면, 여러분은 짧은 시간 동안 혼란스럽고 방향감각을 잃기 쉬운데, 상태 수면 연구자들은 이를 때때로 수면무력증(sleep inertia)이라고 부르거나, 혹은 '잠에 취한 상태'라고 부르기도 한다(Jewett et al., 1999; Silva & Duffy, 2008 ; Wertz et al., 2006).

3단계와 4단계 다음 수면은 REM 수면이다. REM 수면 후, 전체 주기가 다시 반복된다. 전형적인 깊은 수면을 취하는 동안, 이 주기는 약 90분 동안 지속되며 약 5회 정도 반복된다. 그 주기는 밤 내내 약간씩 다르다. 초기 주기는 3단계와 4단계 수면에서 무겁지만, 이후 주기는 REM 수면에서 더 무겁다(Feinberg & Floyd, 1979; Peigneux et al., 2012).

1900년대 중반 REM 수면의 발견은, 매일 밤 우리 모두가 빠져드는 보편적인 의식 상태를 드러내는 초기 수면 연구의 획기적인 사건이었다(Aserinsky & Kleitman, 1953). REM 수면은 다음과 같은 특성들의 매혹적인 조합을 특징으로 한다. 즉 뇌는 매우 활동적이지만(깨어 있는 시간 동안과 비슷한 EEG파를 생성함), 신체는 완전히 활동적이지 않다(그림 4.4). 그것은 REM 수면 중에 일시적인 부동성, 즉 **REM 마비**(REM paralysis) 때문이다. 뇌의 높은 활동 수준과 신체의 완전한 비활동 사이의 이러한 불일치는 초기 수면 연구자들이 REM 수면을 역설적 수면(paradoxical sleep)이라고도 부르는 이유이다. 뇌와 몸의 활동량 사이에 역설, 즉 모순이 있다는 것이다(Jouvet et al.,

1959).

REM 수면 중에 뇌에서 일어나는 그 작용은 아마도 꿈일 것이다. 만약 수면 연구원들이 REM 수면 중에 누군가를 깨운다면, 잠자는 사람이 꿈을 떠올릴 확률은 80%로, NREM 수면 중에 깨어났을 때보다 훨씬 더 높다(Nielsen, 1995, 2000, 2004; Vogel, 1991). 여러분은 아마 이런 경험을 했을 것이다. 어느 날 아침에, 알람은 여러분을 강렬하게 생생한 꿈에서 깨운다. 다른 날 아침엔, 잠을 자다가 NREM 지점에서 알람이 울리면, 여러분은 밤새 꿈도 꾸지 못한 것처럼 멍하니 깨어난다. 초기 수면 연구자들은 꿈이 REM 수면 동안만 일어난다고 주장했다. 하지만 최근의 연구에 따르면 적어도 어떤 종류의 꿈 같은 활동은 다른 단계에서도 일어난다고 한다(De Koninck, 2012; Dement, 1960).

REM 반동   하룻밤에 꿈 꾸는 시간이 충분하지 않을 때, 다음 날 밤 여러분은 REM 수면 부족 기간 후에 REM 수면이 증가하는 REM 수면의 반동을 경험한다. **REM 반동**(REM rebound)은 수면 반동의 보다 일반적인 경험의 일부분으로, 잠을 거의 자지 못한 하룻밤(또는 그 이상) 후에 몇 시간씩 잠을 보충하는 것이다. 여러분의 몸이 이런 식으로 부족했던 수면에 반응할 때, 그것은 여러분의 수면 총량을 증가시키고 그 시간들을 평소보다 더 높은 REM 수면의 퍼센트로 채운다(Endo et al., 1998; Ocampo-Garcés et al., 2000). 이런 일이 일어나면, 여러분의 몸은 REM 수면을 빨리 하기 위해 평소보다 더 빨리 NREM 수면을 지나간다.

보다 일반적인 수면 반동 관점에서, 여러분은 잃어버린 수면 시간을 완전히 회복하지 못한다. 보통 하룻밤에 8시간씩 자지만 일요일 밤에 밤을 새운다면, 월요일엔 16시간을 자지 못하고, 나머지 주중에는 부족한 8시간을 어떻게든 채우지 못할 것이다. 한 연구는 하룻밤을 깨어 있다가 24시간 내내 침대에 누워 있는 사람들이 겨우 5~6시간의 추가 수면만을 회복했다는 것을 발견했다. 이는 그들이 잃어버린 8시간에 훨씬 못 미치는 것이다(Rosental et al., 1991).

REM 반동
REM 수면 박탈 기간 이후 REM 수면이 증가하는 것

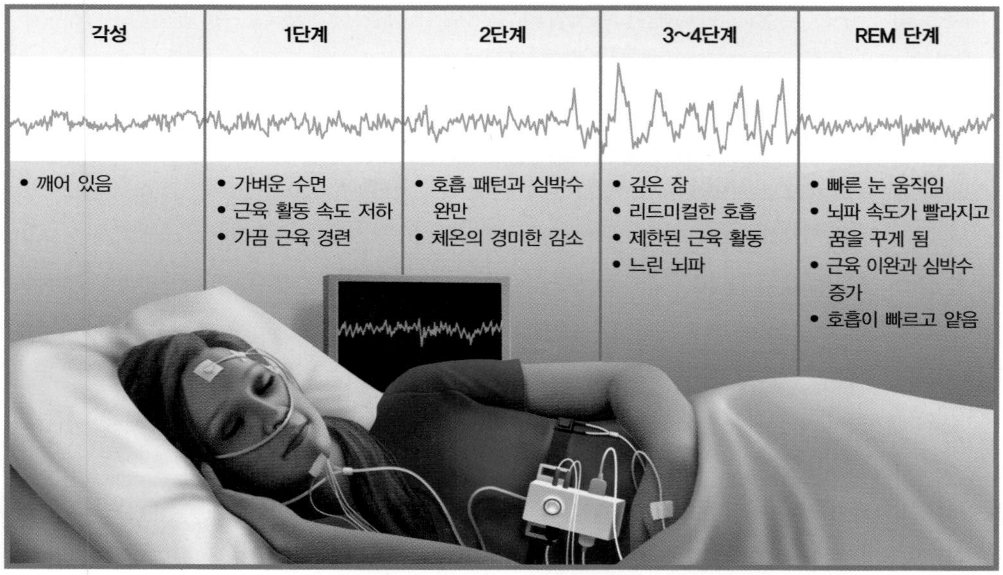

각성	1단계	2단계	3~4단계	REM 단계
• 깨어 있음	• 가벼운 수면 • 근육 활동 속도 저하 • 가끔 근육 경련	• 호흡 패턴과 심박수 완만 • 체온의 경미한 감소	• 깊은 잠 • 리드미컬한 호흡 • 제한된 근육 활동 • 느린 뇌파	• 빠른 눈 움직임 • 뇌파 속도가 빨라지고 꿈을 꾸게 됨 • 근육 이완과 심박수 증가 • 호흡이 빠르고 얕음

그림 4.4 수면파 3단계와 4단계 수면은 EEG 판독에서 더 느리고 더 큰 패턴 때문에 서파수면이라는 별명을 얻었다. 또한 깨어 있는 파장과 REM 수면 파장의 유사점을 주목하라.

정상수면의 다양성

우리 모두 같은 방식으로 NREM과 REM 수면의 단계를 진행한다. 하지만, 우리 수면의 많은 측면들은 서로 다른 그룹의 사람들에게서 다양하다.

성별과 수면   수면에서 성별 차이를 고려하라. 여성의 수면은 일반적으로 남성의 수면보다 서파수면을 더 많이 포함하고 있다(Dijk & Lazar, 2012). 여성은 일반적으로 남성보다 약간 더 긴 시간 동안 잠을 잔다. 하지만 그들은 또한 남성들보다 더 많은 수면 문제를 경험하기도 한다(Groeger et al., 2004; Morgan, 2012; Ursin et al., 2005; Yager, 2010). 여성들은 또한 임신, 간호, PSM(월경전 증후군) 경험, 또는 폐경을 겪을 때 잠을 자거나 잠드는 데 어려움을 포함하여 더 많은 파괴적인 수면 패턴을 경험한다(Baker & Driver, 2004, 2007; Driver, 2012; Manber & Bootzin, 1997; Moline et al., 2003).

인종과 수면   다양한 인종들 사이에서 수면이 어떻게 다른지 생각해보자. 전 세계의 특정 집단에서, 수면은 거의 독점적으로 하나의 긴 밤잠에 제한된다. 그것은 단상(monophasic) 수면이라고 불리며, 미국과 다른 서구국가들에서 가장 흔하다. 다른 지역에서는 전형적으로, 하루에 두 번 일어난다는 뜻인, 이상(biphasic) 수면으로, 하룻밤에 오후 낮잠이 더해진다. 스페인과 멕시코를 포함한 스페인어를 사용하는 많은 나라들은 이러한 '시에스타(siesta)' 문화의 좋은 예다. 전 세계의 많은 다른 장소들은 단상적이거나 이상적이 아니라 다상적인데, 이것은 그들이 밤과 시에스타 시간뿐만 아니라 다른 여러 시간에 잠을 잔다는 것을 의미하며, 종종 짧은 토막잠(catnap)들을 잔다는 것을 의미한다. 다상 수면이 보편적인 문화로는 일본, 중국, 그리고 세계 여러 곳이 있다(Arber et al., 2012; Brunt, 2008; Richter, 2003; Steger, 2003; Steger & Brunt, 2003).

    낮잠이 많은 문화권에서 흔히 볼 수 있는 것처럼 들립니다. 낮잠이 유익한가요?

대부분의 연구는 낮잠이 여러분이 어젯밤의 잃어버린 잠을 (적어도 일부) 만회하고 오후와 저녁 내내 정신을 초롱초롱할 수 있게 해준다고 말한다(Milner & Cote, 2009). 낮잠의 또 다른 덜 분명한 이점은 늦은 오후의 활동을 피하는 것일 수도 있다. 인류 역사 초기에, 사람들은 주로 따뜻한 기후에서만 살았고, 최고 기온은 종종 위험 수준에 도달하는 경우가 많았기 때문에, 그 기간 동안 활동이 줄어들면 사람들이 안전하게 살아남을 수 있었을 것이다(Takahashi & Kaida, 2006). 하루 중 늦은 오후 또는 시에스타 시간이 낮잠에 가장 인기 있는 시간이고, 전 세계 사람들이 늘어지는 시간이다(Dinges & Broughton, 1989). 미국에선 커피 한 잔 마실 것 같고, 에너지 음료를 들이키거나, 아니면 그냥 그걸 통해 힘을 얻는다. 그러나 다른 지역에서는 낮잠이 해답이고 수면 연구자들은 그 이유를 배우고 있다.

낮잠의 영향을 조사하기 위해, 한 연구팀이 밤낮을 가리지 않고 시각적 차별 과제에 대한 대학생들의 능력을 조사했다. 이 과제는 비교적 간단했다. 기본적으로 참가자들은 복잡한 격자의 특정 막대가 수직인지 수평인지 결정해야 했다. 낮잠을 자지 않은 학생들은 하루가 지날수록 악화되었다. 오후 2시에 30분 정도 낮잠을 잔 학생들은 잠에서 깬 뒤에도 더 이상 나빠지지 않았다. 오후 2시에 한 시간 동안 낮잠을 잔 학생들은 실제로 잠에서 깬 뒤부터 좋아졌다. 그리고 서파수면과 REM 수면을 모두 포함하는 90분간 낮잠을 잔 학생들은 그중 가장 좋은 성적을 거두었다(Mednick et al., 2002, 2003). 또 다른 연구는 10분간의 짧은 낮잠도 인지 능력과 피로감 모두에 상당한 긍정적인 영향을 미친다는 것을 발견했다(Tietzel & Rapid, 2002). 다른 연구자들도 유사한 결과를 발견했다(Debarnot et al., 2011; Hayashi et al., 1999; Ji et al., 2018; Karni et al., 1994; Scullin et al., 2017). 사실, 일부 연구원들은 전략적인 낮잠이 조종사, 응급실 의사, 기차 차장과 같은 전문가들을 위한 일일 요법 중 하나가 되어야 한다고 제안했다(Cheng et al., 2014; Hartzler, 2014; Hursh & Drummond, 2017). 일부 전문가들은 심지어 대학 도서관이 대학생들이 수면 박탈을 극복하거나 피하도록 돕기 위해 '낮잠정거장(nap station)'을 설치할 것을 제안했다(Wise et al., 2018).

세계 많은 지역에서, 낮잠은 흔하다.

연령과 수면　성별과 문화 외에도, 연령은 일반적인 수면 패턴이 어떻게 생겼는지 결정할 수 있는 또 다른 요인이다. 물론 아이들은, 특히 그들이 매우 어릴 때, 더 많이 잔다. 출생 후 처음 몇 주 동안, 아기들은 하루에 약 16시간 동안 푹 잠들어 있다. 그 16시간은, 유감스럽게도, 24시간 내내 고르게 분포되어 있고, 이것은 그들이 밤에 자주 깬다는 것을 의미한다. 하지만 약 4개월 정도가 되면, 대부분의 아기들의 수면은 밤에 일어나며, 약 6개월쯤 되면 대부분의 아기들은 부모에게 6시간 동안 숙면을 취하게 해준다(Lee & Rosen, 2012; Rivkees, 2003). 하루에 두 번 낮잠은 생후 2년차 대부분의 아이들에게 일반적인 것으로, 첫 번째 낮잠은 보통 오전 10시쯤, 두 번째 낮잠은 보통 오후 3시쯤이다. 2살짜리 아이들은 보통 아침 낮잠을 자는데, 3~5살 사이에 대부분의 아이들은 더 이상 낮잠을 잘 필요가 없다(Sadeh et al., 2009).

아이들이 사춘기에 접어들면 중요한 변화가 일어난다. 아이들이 더 많은 잠을 필요로 하지 않는 것처럼 보이지만, 그들은 수면 시간을 하루의 늦은 시간으로 바꾸는 것 같다(Carskadon & Tarokh, 2013; Feinberg & Campbell, 2010; Wolfson & O'Malley, 2012). 10대가 시작되면서, 아이들은 더 늦은 취침 시간과 더 늦은 아침 기상 시간을 선호한다. 이러한 선호는 조기 기상 시간을 요구하는 대부분의 고등학교 스케줄과 상충된다. 이 충돌은 고등학교 시작 시간에 대한 정책에 관한 중요한 논쟁으로 이어졌다(Au et al., 2013).

이른 시작 시간이나 다른 이유로 인해 발생했든, 10대들의 불충분한 수면은 모든 종류의 의심스러운, 심지어 위험한 결정을 내리는 것과 관련이 있다(Hershner, 2013). 미국 전역의 12,000명 이상의 고등학생들을 대상으로 한 연구에서, 하룻밤에 8시간 미만으로 잠을 자는 아이들은 흡연, 음주, 약물 복용, 자살을 고려하는 경향성이 훨씬 더 높았다(McKnight-Eily et al., 2011). 자세한 내용은 표 4.1을 확인하라. 물론, 이 데이터는 상관관계로, 수면 박탈이 잘못된 의사결정을 유발한다는 것을 확신할 수 없다는 것을 의미한다. 이는 이러한 위험한 행동들이 불충분한 수면(너무 바쁜 파티 때문에 잠을 잘 수 없음)을 유발하거나, 또는 세 번째 요인(스트레스, 우울증 등)이 위험행동과 불충분한 수면을 유발하는 것이라고 설명될 수 있다.

건강한 노인의 경우, 수면의 양은 일반적으로 그들이 어렸을 때와 같다. 하지만 거기서 핵심 단어는 건강이다. 노인들의 부상과 질병 발생 빈도가 증가하면, 밤에 더 자주 깨고 낮에 졸음을 동반하는 등 수면 박탈과 수면 질이 떨어지는 경우가 많다(Dijk et al., 2010; Foley et al., 2004).

단독수면과 공동수면(부모와 아이들이 한 침대에서 함께 자는 것)　우리는 사람들이 얼마나 많이 자고 언제 잠을 자는지에 대한 차이점에 대해 많이 논의해 왔지만, 하지만 그들이 누구와 함께 자는 것은 어떨까? 미국 주류문화에서 성장한 많은 사람들에게, 어린 시절 규범은 혼자 자는 것이다. 여러

이 대규모 조사는 불충분한 수면과 마약, 성관계, 자해에 대한 위험한 결정 사이의 연관성을 보여준다. 졸음이 10대들에게 다른 결정을 내리게 하는지 여부는 여전히 불분명하다.

표 4.1 10대, 수면 및 위험한 결정

위험 활동	평균 학교 밤 수면 시간이 8시간 미만인 비율	평균 학교 밤 수면 시간이 8시간 이상인 비율
지난 달 흡연	24.0	15.0
지난 한 달 동안 마신 술	50.3	36.7
지난 한 달 동안 사용한 마리화나	23.3	15.6
지난 3개월 동안 성관계	39.1	27.8
2주 동안 거의 매일 느꼈던 슬픔과 절망	31.1	21.6
지난 12개월 동안 심각하게 고려한 자살	16.8	9.8

출처 : McKnight-Eily et al.(2011).

공동수면
같은 방이나 같은 침대에서 다른 사람과 자는 것(보통 돌보는 사람)

표 4.2 전 세계 공동수면

국가	3개월 된 아기 중 부모와 같은 침대에서 자는 비율
중국	88
스웨덴	65
칠레	64
미국	34
독일	23
캐나다	23
아르헨티나	15
터키	2

출처 : Hauck et al.(2008), Nelson et al.(2001).

분의 침대나 방에서 여러분만이 유일한 사람일 때 잠을 잔다. 이와는 대조적으로, 많은 문화에서 유년기의 규범은 **공동수면**(co-sleeping, 아기나 어린아이들이 부모와 한 침대에서 함께 자는 일)이다. 이는 다른 사람(대부분 양육자)과 같은 방이나 같은 침대에서 자는 것이다.

공동수면은 여러 가지 형태를 취할 수 있다(Ball et al., 1999; Worthman, 2011). 특히 아주 어린 아이들에게 가장 흔한 것은 아이와 부모가 함께 자는 가족 침대다. 다른 배치에는 손이 닿는 거리에 있는 다른 침대 또는 같은 방의 반대편에 있는 다른 침대가 포함된다. 전 세계적으로 공동수면은 실제로 혼자 자는 것보다 더 흔하다(Burnham & Gaylor, 2011; Shweder et al., 1995). 사실, 수면 연구자들은 미국과 다른 서구문화에서 혼자 자는 것에 대한 강조가 인류 역사에서 비교적 최근의 발전이라고 믿는다. 인간의 아이들은 보통 자기 방에서 혼자 잠을 자지 않는다(Super & Harkness, 2013).

표 4.2에서 알 수 있듯이, 공동수면 비율은 전 세계적으로 다양하지만, 아시아 문화권에서 특히 흔한 경향이 있다(Sourander, 2001). 한 연구에 따르면 6개월에서 6살 사이의 어린이들 중 일본 어린이의 59%가 정기적으로 부모님과 함께 잠을 잤지만, 미국 어린이의 오직 15%만이 정기적으로 부모님과 함께 잤다(Latz et al., 1999). 일부 연구자들은 개별적으로 잠들기보다는 함께 자는 것이 아시아 문화에서 매우 흔한 집단주의적 사고방식의 영향(그리고 어쩌면 원인일 수도 있다)이라고 믿는다. 그러나, 각 가족 구성원에게 별도의 침실이 있는 집을 마련하기 위한 돈을 포함한 많은 다른 요소들은 아시아와 다른 문화에서 가족들이 함께 잠을 잘 가능성에 영향을 미친다(Brenner et al., 2003; Giannotti et al., 2008; Weimer et al., 2002; Willinger et al., 2003). 이런 다양한 요인 때문인지, 미국 내 공동수면 비율은 인종에 따라 차이가 있다. 예를 들어 아프리카계 미국인 어린이의 비율이 적어도 백인의 2배 이상이다(Landrine & Klonoff, 1996; Wolf et al., 1996).

일부 미국 부모들은 공동수면이 아이들에게 너무 많은 의존을 조장할 것이라고 믿는다. 잠잘 시간이 되면, 이 부모들은 아이들이 편안함을 위해 엄마나 아빠에게 의존하기보다는 스스로 잠을 자길 원한다. 이러한 믿음은 아기들이 잠잘 때 스스로 달래거나 '소리쳐'라고 요구하도록 하는 부모의 결정을 지지한다. 이는 서구의 육아 서적의 61%가 지지하는 접근법이다(Jenni & O'Connor, 2005; Ramos & Youngclarke, 2006). 그러나 수면 연구는 그런 믿음을 뒷받침하지 못한다(Burnham, 2013). 예를 들어 한 연구는 태어날 때부터 공동수면자였던 미취학 아동들이 실제로 혼자 자는 친구들보다 스스로 친구를 사귀고 혼자 옷을 입는 데 더 뛰어나다는 것을 발견했다(Keller &

Goldberg, 2004). 출생부터 고등학교까지 추적한 또 다른 종단연구는 어렸을 때 함께 잠을 잔 아이들은 자기 방에서 혼자 잠을 잔 또래들보다 정서적, 행동적, 관계적, 범죄적, 약물 관련, 성적 문제가 더 크지 않다는 것을 발견했다(Okami et al., 2002).

다른 미국 부모들은 공동수면이 아기에게 부상이나 갑작스런 사망(예 : 질식사)의 위험을 증가시킬 수 있다고 믿는다. 연구에 따르면 이 역시 강력한 뒷받침이 없는 가정이라고 한다(McKenna & McDade, 2005; Nelson et al., 2001).

수면이상

잠을 제대로 못 잔다는 것이 무슨 뜻인지 직접 경험을 통해 알 수 있다. 아마도 당신은 슬래서 영화 정주행 후에 때때로 무서운 꿈을 꾸었거나, 커피에 카페인이 없다고 생각했기 때문에 가끔 스르르 잠이 드는 것이 힘들었을 것이다. 그러나 어떤 사람들은 일상 생활을 방해하는 지속적인 수면장애를 가지고 있다. 그것들이 무엇이고 왜 발생하는지 살펴보자.

불면증 불면증(insomnia)은 수면장애로, 잠이 들거나, 잠을 자거나, 질 높은 수면을 취하는 데 일관된 어려움을 특징으로 한다. 불면증이 있는 사람들은 잠을 잘 수가 없다. 친구나 가족으로부터 아무리 많은 충고를 받고, 얼마나 많은 자조 책을 읽었든, 어떤 종류의 약을 복용했든 간에, 그들은 며칠 밤을 연속으로, 아니 어떤 경우에는 몇 시간 연속해서 잠을 잘 수 없다. 그 결과는 끔찍하다. 천장을 응시하는 밤 동안뿐만 아니라, 그다음 날 낮 동안에도.

심한 불면증이 야기한 고뇌에 관한 책을 썼던(Greene, 2008), 스크립스칼리지의 영어 교수 게일 그린(Gayle Greene)을 생각해보자.

> 시계를 보니 아침 6시 5분이다. 마지막으로 본 건 4시 30분이었는데, 내가 3시에 잤다는 걸 고려하면 좋지 않은 것이다. 수업 전에 마신 그 차였나 봐—아니, 차 한 잔으로는 이렇게 되지 않는다. 아마도 내가 저녁과 함께 먹었던 와인이었을 것이다—아니, 그건 몇 시간 전이었다. 이유는 내가 한 일이 될 수도 있고, 내가 한 일이 아닐 수도 있다. 나도 모르겠다—수업은 좋았고, 친구와 저녁을 먹었고, 아무 생각이 없다. ⋯ 나는 포기하고 일어나는데, 최악의 숙취처럼 나쁘고⋯머리가 아프고, 눈이 따갑고⋯ 허리가 아프다⋯ 밖을 내다본다. 텅 빈 죽은 날의 창문⋯. 나는 스스로에게 말한다. 아침에 더 좋아 보일 것이다. 내일 아침, 즉 이날은 죽은 목숨이다. ⋯ 이를 '수면장애'라고 부르는데, 실제로는 하루 종일 걸리는 질환이다. 불면증은 단지 밤에 일어나는 것이 아니다; 그것은 낮에 일어난다(pp 26-28).

불면증은 불행하게도 흔하다. 우리 중 3분의 1은 적어도 불면증 증상을 경험하지만, 10%는 전면적인(full-blown) 사례가 있다(Ohayon et al., 2002). 많은 요인들이 불면증에 기여한다(Gehrman et al., 2012; Perlis et al., 1997; Taylor et al., 2014). 그림 4.5에서와 같이, 심신의 장애는 불면증의 흔한 원인이다. 허리가 아프거나, 속이 메스꺼워지거나, 걱정으로 밤을 보낸 적이 있다면 알 수 있듯이 말이다. 일이 그 걱정의 근원이 될 수 있다. 연구에 따르면 직업에 대해 걱정하는 것, 혹은 직장을 잃는 것을 걱정하는 것은 불면증에 대한 가능성을 높인다고 한다(Åkerstedt & Kecklund, 2012). 31개국의 24,000명 이상을 대상으로 한 한 연구는 고용 불안이 증가함에 따라 불면증도 증가했다는 것을 발견했다(Mai et al., 2018). 마찬가지로, 돈도 그러한 걱정의 근원이 될 수 있다. 사회경제

불면증
잠이 들거나, 잠을 자지 않거나, 고품질의 수면을 달성하는 데 지속적인 어려움을 겪는 수면장애

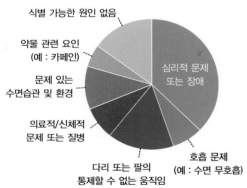

식별 가능한 원인 없음

약물 관련 요인
(예 : 카페인)

문제 있는
수면습관 및 환경

심리적 문제
또는 장애

의료적/신체적
문제 또는 질병

다리 또는 팔의
통제할 수 없는 움직임

호흡 문제
(예 : 수면 무호흡)

그림 4.5 불면증의 원인 불면증의 원인은 여러 가지가 있는데, 심리적인 장애가 가장 흔하다. 출처 : Ohayon and Guilleminault(2006).

적 지위가 낮은 사람들은 부자들보다 더 많이 불면증을 가지고 있다 — 집세를 어떻게 할지 걱정만 하는 것이 아니라, 더 붐비고 시끄러운 집에서 살고 있고 잠을 방해할 수 있는 것에 대한 교육이 부족한 경우가 많기 때문이다(카페인이나 담배 등)(Anderson et al., 2017; Arber et al., 2009; Friedman et al., 2007; Paine et al., 2004).

불면증의 대가는 엄청난데, 불면증의 개인적인 후유증뿐만 아니라, 금전적 (경제적) 손실을 입는다(Leger, 2012; Reynolds & Ebben, 2017). 수면 문제는 결근, 현장사고, 생산성 저하, 의료비 증가와 같은 직장 문제가 된다(표 4.3)(Kleinman et al., 2009; Leger, 1994; Stoller, 1994). 통틀어 불면증과 관련된 업무 문제로 인해 미국은 연간 1,000억 달러 이상의 손실을 입는다(Wickwire et al., 2016).

몽유병 몽유병(sleepwalking, somnambulism)은 잠든 상태에서 걷는다. 몽유병자들은 보통 쉽게 깨어날 수 없다. 몽유병자들이 잠에서 깨면, 그들은 방금 무슨 일이 일어났는지(어떻게 거실, 지하실, 뒷마당까지 갔는지)에 대해 종종 혼란스러워한다. 가끔 몽유병은 우리 중 약 3%에게만 일어나며, 적어도 일주일에 한 번 이상 몽유병은 더욱 드물다(0.5% 미만)(Hublin et al., 1997). 그러나 몽유병이 생기면, 그것은 몽유병자와 보는 사람 모두에게 기이한 경험이다. 스탠드업 코미디언 마이크 버비글리아(Mike Birbiglia)가 영화를 만들고, 지퍼를 풀지 못하도록 손에 장갑을 낀 채 지퍼가 달린 침낭에서 잠을 자게 한 몽유병과의 고군분투에 관한 책(나와 같이 한 **몽유병**이라고 불리는)을 썼다(Birbiglia, 2011). 그는 심지어 폐쇄된 2층 호텔 창문을 통해 몽유병자처럼 걸어다니기도 했고(미사일 한 대가 자기 방으로 향하고 있는 꿈을 꾸면서), 아래 잔디밭에서 일어난 다음, 프런트 데스크 직원에게 방금 한 일을 설명하기 위해 피투성이가 되어 현관 입구를 걸어갔다.

몽유병의 원인은 아직 연구되고 있지만 유전이 하나의 요인임은 분명하다(Cartwright, 2006; Petit et al., 2015). 거의 3,000쌍의 쌍둥이들을 조사한 한 연구는 이란성 쌍둥이에 비해 일란성 쌍둥이에서 훨씬 더 높은 몽유병 발병률을 발견했다. 이는 몽유병 환자 중 절반만이 아니라 모든 유전자가 몽유병자와 공유될 때 몽유병 확률이 더 높다는 것을 의미한다(Hublin et al., 1997; Hublin & Kaprio, 2003). 더 일반적으로, 몽유병자의 약 80%는 몽유병을 앓고 있는 적어도 한 명의 생물학적 친척이 있다(Zadra & Pilon, 2012). 몽유병과 불안, 우울증, 그리고 기타 정신 질환의 중첩이 시사하는 바와 같이, 스트레스와 심리적 문제 또한 몽유병에 기여하는 것 같다(Gau & Soong, 1999; Laganière, 2018; Lam et al., 2008; Ohayon et al., 1999; Zadra et al., 2018).

몽유병
잠자고 있는 동안 걷는 것

이 연구는 약 30만 명의 미국인을 조사했다. 불면증 진단을 받거나 치료를 받은 사람들과 그렇지 않은 사람들을 비교했다. 1년 동안, 불면증이 있는 사람들은 3일 더 일을 하지 못했고 그들의 고용주에게 의료비와 다른 비용에서 약 2,000달러를 더 지불했다.

표 4.3 잃어버린 수면, 잃어버린 돈	
비용의 종류	**고용주의 연간 평균 인상된 불면증 환자 충당 비용**
의료	$751
처방약	$735
병가	$208
장 · 단기장애	$189
근로자 보상금	$170
합계	$2,053

출처 : Kleinman et al.(2009).

좀 더 최근에는, 잠자는 동안 다른 장애 활동의 드문 몇 가지 변형이 더 널리 인식되어 왔다. 수면과 관련된 식습관에서 잠을 자는 사람은 잠을 자면서 먹는다. 이것은 일반적으로 밤의 처음 몇 시간 동안 일어나며 젊은 여성들에게 가장 흔하다(Auger & Morgenthaler, 2006; Chiaro et al., 2015; Howell et al., 2009; Schenck & Mahowald, 1994). 잠자는 동안 먹는 사람들은 상대적으로 높은 비율로 다른 수면, 식사 및 심리적 장애가 있다(Auger, 2006; Inoue, 2015; Schenck et al., 1993; Winkelman, 1998).

수면과 관련된 성행위(sexsomnia라고 알려져 있음)에는, 잠자는 동안 다른 사람을 더듬거나 성교를 시도하거나 자위하거나 다른 성행위를 한다. 전형적으로, 이러한 행동들은 깨어 있는 동안 하는 성적 행동보다 더 제한되지 않고, 사려 깊지 못하다(Andersen et al., 2007; Dubessy et al., 2016; Organ & Fedoroff, 2015; Schenck et al., 2007; Shapiro et al., 2003). 그들이 무엇을 했는지 깨닫는 순간, 수면과 관련된 성행위가 있는 수면자들은 종종 부끄러워하고 당황스러워하며 친밀한 관계는 종종 고통을 겪는다(Guilleminault et al., 2002; Mangan, 2004).

기면증 기면증(narcolepsy)은 잠에서 깨어나 REM 수면으로의 즉각적이고 예상치 못한 변화로 특징지어지는 '수면공격'의 장애다(단어 -lepsy는 간질과 동일하며, 그것은 수면의 '발작'을 암시한다). 기면증은 드문데, 인구의 4분의 1 미만으로 발생한다(Dauvilliers et al., 2007; Ohayon et al., 2002). 그런 일이 생기면, 그것은 전형적으로 10대 또는 초기 성인기에 시작되며 기면증이 지속되는 경향이 있다(Dauvilliers et al., 2001).

기면증은 명백한 장애다. 그 사람은 긴 시간 동안 거의 즉시 완전히 깨어있다가 완전히 잠든다. 이러한 수면공격에는 근육의 톤이 절룩거려지고, 그래서 그 사람은 자리에서 처지거나 땅에 넘어지게 된다. 때때로, 수면공격은 웃음이나 놀라움과 같은 어떤 강한 감정 반응에 의해 촉발되기도 한다. 수면공격은 보통 15~20분으로 짧고, 그 후에 정상적인 각성 상태가 나타난다(Pelayo & Lopes, 2006). 기면증의 원인은 밝혀지지 않았으며, 아직 치료법이 없다. 어떤 약들은 수면공격의 빈도를 약간 감소시키는 것 같다. 하지만, 좋은 수면 습관과 기면증 공격을 유발하는 상황의 회피도 그렇다(Dauvilliers & Bayard, 2012).

야경증 야경증(sleep terrors)은 그 사람이 겁을 먹고 혼란스러워하는 짧은 갑작스러운 각성이다. 야경증은 종종 **야간 공포증**이라고 불리지만, 많은 연구자들은 이러한 경험이 낮잠에서도 일어날 수 있기 때문에 야경증이라는 용어를 선호한다(Zadra & Pilon, 2012). 야경증은 우리를 깨우는 무서운 꿈들인 악몽과 구별된다. 악몽은 일반 대중에게 꽤 흔하다(Germain, 2012; Robert & Zadra, 2008). 한 설문조사에 참여한 대학생의 80%가 전년에 적어도 한 번의 악몽을 경험했고, 15% 정도는 한 달에 한 번 정도 경험했다(Belicki, 1992a, 1992b; Belicki & Belicki, 1982). 이와는 대조적으로, 야경증은 성인의 약 2%에게만 일어났다(Zadra & Pilon, 2012). 아이들의 약 4분의 3이 악몽을 꾸지만, 야경증이 있는 사람은 1~6%에 불과하다(Ivanenko & Larson, 2013; Mindell & Owens, 2015). 또 다른 차이점은, 악몽은 REM 수면 중에 발생하지만 야경증은 REM 수면이 아닌 수면 중에 일어난다는 것이다.

야경증을 겪는 사람은 기본적으로 잠을 자는 동안 공황 발작을 일으킨다. 이는 강렬한 공포, 비명, 땀, 빠른 호흡, 두근거리는 심장 등이 특징이다. 그것은 일반적으로 수면의 처음 90분 이내에 발생하며 단 몇 분 동안 지속된다. 그것이 끝나면, 잠자는 사람은 보통 잠에서 깨기 보다는 정상적인 수면으로 돌아간다. 그리고 그들이 깨어날 때 야경

기면증
깨어 있는 상태에서 REM 수면으로 즉각적이고 예상치 못한 전환이 특징인 '수면공격' 장애

야경증
그 사람이 두렵고 혼란스럽다고 느끼는 짧고 갑작스러운 각성

Marcos Mesa/Sam Wordley/Shutterstock.com

야경증은 REM 수면이 아닌 수면 중에 잠깐 잠에서 깨는 것으로, 그 사람이 겁을 먹고 혼란을 느끼는 것이다.

수면 무호흡증
반복적인 호흡의 방해로 인한 수면장애

수면 위생
건강한 수면을 촉진하는 일상적인 행동.

증을 기억하지 못하는 경우가 많다. 야경증의 원인은 완전히 알려져 있지 않지만, 유전학이 상당한 역할을 하는 것으로 보인다(Abe et al., 1993; Nguyen et al., 2008). 야경증이 있는 부모를 둔 아이들은 야경증이 없는 부모를 둔 또래 아이들보다 야경증이 발생할 확률이 2배 더 많다(Abe et al., 1984). 야경증은 또한 불안과 우울증과 같은 심리적 문제와 겹치는 경향이 있다. 야경증은 유년기에 시작되어 청소년기나 성인 초기에 치료 없이 사라지는 경향이 있다(LaBerge, 2000; Ophoff et al., 2018; Petit et al., 2015; Thiedke, 2001).

수면 무호흡증   수면 무호흡증(sleep apnea)은 호흡이 중단되어 반복적으로 깨어날 수 있는 수면장애다. 수면 무호흡은 성인의 20% 정도에서 발생하지만 약 5%만이 심각한 수준의 호흡장애나 주간 졸음을 경험한다(Franklin & Lindberg, 2015). 수면 무호흡은, 크게 코고는 소리, 코 고는 소리, 헐떡이는 소리, 질식하는 소리, 그리고 숨이 멎는 듯한 증상들과 함께 잠을 자는 사람을 보거나 들을 수 있는 사람에게는 명백하다(그리고 종종 방해가 된다)(Sanders & Givelber, 2006). 그러나 수면 무호흡증이 수면자 자신에게 항상 분명한 것은 아니다. 왜냐하면 수면 무호흡증은 대개 주변환경을 충분히 인식할 수 있을 정도로 충분히 깨어 있지 않기 때문이다. 수면 무호흡증으로 고통 받는 사람들은 다음 날 졸리지만, 매일 밤 수면 무호흡증이 일어나기 때문에 졸음이 정상으로 보이기 시작한다. 남성은 여성보다 수면 무호흡증을 더 자주 경험하며, 노인은 젊은이들보다 더 많이 경험하지만 가장 큰 위험요소는 비만이다. 그것은 상부 기도 주위의 과도한 질량이 폐를 드나드는 호흡의 흐름을 좁히거나 차단하기 때문이다(Eckert et al., 2009; Peppard & Hagen, 2018; Weaver & Ye, 2012; Young et al., 2004; Young & Peppard, 2005).

수면 무호흡의 가장 흔한 치료법은 지속적인 양압술(CPAP) 기계이다(Ferguson et al., 2006; Gay et al., 2006; Hirshkowitz & Lee-Chiong, 2006). CPAP는 일반적으로 잠자는 사람 침대 머리맡 테이블에 놓여 연속적인 공기 흐름을 뿜어내는데, 이는 잠자는 사람이 밤새 착용하는 마스크에 연결된 튜브를 통해 전달된다. 마스크는 코와 입을 완전히 가려 기도가 닫히지 않도록 일정한 기류를 전달한다. CPAP 치료는 수면 무호흡으로 밤과 낮이 황폐해진 사람의 삶을 변화시킬 수 있다. "15년 동안 잠을 못 잤을 것 같은 한 남자가 CPAP 기계를 사용하기 시작했다. 그는 연구실에서 일어난 일을 '놀라운 일'이라고 묘사했다. "나는 커피 한 주전자를 닦아낸 열 살짜리 아이처럼 느껴졌어요. 얼마나 완전히 상쾌한 기분이었는지 믿을 수가 없었어요!"(American Sleep Apnea Association, 2015).

수면 무호흡증에 대한 또 다른 일반적인 치료법은 기도를 열어주는 입 보호장치 같은 하악증진장치(mandibular advancement device)이다. 다른 치료법으로는 수술과 체중감량 프로그램이 있다(Bailey, 2006; Chan & Cistulli, 2009; Kapen, 2006; Schwartz et al., 2018; Sher, 2006).

수면 문제 치료 및 예방   수면문제를 해결하는 가장 좋은 방법은 좋은 **수면 위생**(sleep hygiene)을 하는 것이다. 즉 건강한 수면을 촉진하는 일상적인 행동이다. 좋은 수면 위생을 위해, 전문가들은 일반적으로 여러분이 해야 할 행동과 하지 말아야 할 행동을 모두 포함한다(Gradisar & Short, 2013; Lichstein et al., 2012).

해야 할 것
- 매일 같은 시간에 일어나고 잠을 자야 한다.
- 낮 시간에는 운동을 한다.

- 잠잘 때 가벼운 스낵 이상은 허용하지 않는다.
- 편안하고, 조용하고, 어둡고, 적당한 온도의 수면환경을 조성한다.

하지 말아야 할 것
- 정오 이후 카페인을 마신다.
- 늦은 오후나 저녁에 낮잠을 잔다.
- 담배를 피우거나, 술을 마시거나, 밥을 많이 먹거나, 잠자리에 가까운 시간에 운동을 한다.
- 취침 전에 밝은 화면(TV, 컴퓨터, 스마트폰 등)이 있는 기기를 사용한다.

이 조언들 중 마지막 팁인, 취침 전 스크린을 피하는 것은 우리 중 많은 사람들, 특히 10대들과 어린이들에게 점점 더 문제가 되고 있다. 수십 년 전, 밤에 침실에서 본 가장 밝은 것은 야간 조명이었다. 그리고 TV가 나왔다. 1970년에는 6학년생의 6%만이 그들의 침실에 TV를 가지고 있었다. 그러나 1999년에는 77%로 급증했고 2010년에는 76%를 유지했다(Rideout et al., 2010; Roberts et al., 1999). 2009년까지, 심지어 17%의 유아들도 그들의 침실에 TV를 가지고 있었다 (Mindell et al., 2009). 연구에 따르면 침실에 TV가 있는 것은 다른 수면 관련 문제 발생 비율이 더 높을 뿐만 아니라, 더 적은 수면 시간과 더 높은 수준의 낮잠과 관련이 있다는 것을 발견했다 (Gentile et al., 2017; Shochat et al., 2010; Van den Bulck, 2004).

오늘날, 우리들 중 많은 사람들은 TV뿐만 아니라 스마트폰과도 침실을 공유한다. 2011년 한 연구에 따르면, 10대의 72%가 잠을 자려고 할 때 전화를 사용했다고 한다. 이는 아마도 그 이후 몇 년 동안 증가했을 것이다(National Sleep Foundation, 2011). 같은 연구 결과에 따르면 10대 중 28%가 밤새 휴대전화의 벨을 켜놓고 있고, 18%는 전화, 문자, 또는 기타 경보에 응답하기 위해 일주일에 최소 몇 번은 잠을 깬다고 한다. 2017년 조사 결과 우리 중 약 80%는 취침 전 1시간 안에 휴대전화를 체크하고, 50%는 한밤중에 휴대전화를 체크하는 것으로 나타났다(Deloitte, 2017).

취침 시간에 스마트폰이 수면을 방해하는 많은 원인이 있다. (1) 스마트폰 활동(문자, 소셜미디어, 동영상 등)을 하면서 보내는 시간은 실제로 잠든 시간을 늦출 수 있다. (2) 스마트폰에 보는 내용(소셜미디어 사이트의 흥분되거나 속상한 뉴스, 재밌는 유튜브 동영상, 여러분의 이전 글에 대한 친구의 답신 등)은 긴장을 푸는 것도 잠이 드는 것도 어렵게 만들 수 있다. (3) 여러분의 눈에서 밝은 빛은 여러분의 순환 리듬을 방해할 수 있다. (4) 한밤중에 일어나 휴대전화의 경고에 응답하면 전반적인 수면 시간을 줄일 수 있다(Gradisar & Short, 2013). 확실히, 태블릿(아이패드 등)과 기타 스크린 기기들의 존재감이 증가함에 따라 TV와 스마트폰으로 인한 문제가 배가되고 있다.

만약 수면장애 예방이 효과가 없다면, 수면 문제에 대한 많이 인기 있는 치료법들이 있다 (Burman et al. 2015; Lee-Chiong & Sateia, 2006). 그중 하나는 멜라토닌 정제로, 수면 및 흥분과 관련된 천연 신체 호르몬을 추가로 전달한다. 그러나 멜라토닌에 대한 데이터는 빈약하다. 수백 명의 수면자를 대상으로 한 메타 분석 결과, 평균적으로, 멜라토닌은 사람들이 단지 4분 더 일찍 잠들고 총 13분만 더 잘 수 있게 해주었다(Brzezinski et al., 2005). 비록 부작용은 많은 약들보다 일반적으로 덜 위험하다는 것을 언급할 가치가 있지만, 다른 연구 결과는 멜라토닌의 사용에 대해 유사한 결과를 보여준다(Feracioli-Oda et al., 2014).

또한 많은 사람들이 카모마일, 카바, 발레리안과 같은 잠을 잘 수 있도록 도와주는 약초 물질로 눈을 돌렸지만, 그들의 효과에 대한 과학적 자료는 부족하다(Ferracioli-Oda et al., 2014). 1,600명 이상의 수면자를 대상으로 한 메타 분석 결과, 약초 수면제를 사용하는 사람들과 그렇지 않은 사

잠자리에 들어 밝은 화면을 보면 수면을 방해할 수 있다.

람들 사이에는 아무런 차이가 없었다(Leach &Page, 2015). 요컨대, 적어도 장기간은, 더 나은 수면을 알약병에서 찾을 수 없다는 것이다.

그 결과, 많은 졸린 사람들이 비의료적인 해결책을 찾고 있다. 그 첫 번째 단계는 앞서 열거한 바와 같이 수면 위생의 단점을 개선하는 것이다. 그 밖에 수면을 향상시키기 위한 의식적인 기술에는 특히 취침 시간에 일어나는 걱정이나 수면 자체에 대한 걱정 등을 줄이는 데 초점을 둔 상담이나 심리치료가 포함될 수 있다(Belanger et al., 2007; Hertenstein et al., 2018; Jacobs et al., 2004; Sivertsen et al., 2006).

수면 개선 기법에는 자극 조절과 수면 제한도 포함될 수 있다(Kaplan & Harvey, 2013; Lacks et al., 1983; Means & Edinger, 2006; Spielman et al., 1987). 자극 조절을 통해, 침대는 오직 수면 전용으로 사용된다(TV를 보거나, 전화 통화를 하거나, 숙제를 하거나, 밤새 잠을 못 이루고 뒤척이기 위해서가 아니다). 수면 제한을 통하여, 잠자는 사람은 잠을 짧은 시간만 집중해서 자고(침대가 매일 밤 짧고, 엄격하게 통제되고, 일관된 기간 동안에만 '개방'된 것처럼), 그러고 나서 필요에 따라 개방 시간을 점차 늘린다. 연구에 따르면 일반적으로 수면 문제에 대한 비약물치료는 약물치료만큼 효과적이며(그리고 훨씬 더 효과적이고 오래 지속될 수 있음), 원치 않는 부작용이 없다(Jacobs et al., 2004; Murtagh & Greenwood, 1995; Smith et al., 2002).

학습 확인

4.1 우리는 왜 잠을 자는가?

4.2 수면 박탈은 사람들에게 어떤 영향을 미치는가?

4.3 여러분의 일주기리듬은 무엇이며, 그것에 영향을 미치는 것은 무엇인가?

4.4 정상 수면의 단계는 무엇인가?

4.5 어떤 그룹의 사람들 사이에서 다른 수면 패턴이 발견되었는가?

4.6 공동수면이란 무엇이며, 얼마나 흔한가?

4.7 불면증, 몽유병, 기면증, 야경증, 수면장애, 수면 무호흡증 등의 수면 이상은 서로 어떻게 다른가?

4.8 수면 문제를 예방하고 치료하기 위해 사용할 수 있는 전략은 무엇인가?

꿈

학습 목표

4.9 어떤 꿈 이론들이 제안되었는가?

4.10 꿈은 일상생활의 기능에 어떻게 영향을 미칠 수 있는가?

지그문트 프로이트(Sigmund Freud)의 유명한 책 꿈의 해석이 출판되었을 때, 1900년 이전까지도 꿈은 심리학자들의 초점이었다. 자는 것, 숨쉬는 것, 먹는 것, 마시는 것 외에, 꿈은 역사상 모든 문화에서 다른 모든 사람들과 공유하는 몇 안 되는 경험 중 하나이다. 그리고 꿈도 자주 꾼다. 여러분은 매일 밤마다 꿈을 꾼다. 그렇다면 심리학자들이 꿈꾸는 것에 대해 많이 알고 있을 거라고 생각할 것이다. 사실은 그들은 그렇지 않다.

꿈 이론

꿈은 수면 연구자들에 의해 광범위하게 연구되어 왔다. 하지만 그 연구의 대부분은 이론적이었다. 많은 수면 전문가들은 꿈꾸는 이유와 꿈의 의미에 대한 의견을 제시해 왔다. 그러나 꿈에 대한 과학적 연구는 비교적 최근에 이루어졌다(Girvad, 2016).

역사적으로, 세계의 많은 다른 부족들과 문화들은 그들 자신의 꿈 이론을 제시했다. 이 중 상당수는 과학적 증거보다 믿음과 전통이 뒷받침하는 '민속 이론(folk theories)'이지만, 여전히 이를 받아들이는 사람들의 삶에 강력한 영향을 미치고 있다. 이러한 민속 꿈 이론(Lohmann, 2007) 중에는 다음과 같은 것이 있다.

- **넌센스 이론**(허튼소리 이론)(nonsense theory). 꿈은 그저 가치 있는 것으로 즐기다가 잊혀지는 상상 속 허구의 이미지와 이야기들이다.
- **메시지 이론**(message theory). 꿈에는 아마도 다른 사람들(가족, 조상 등)이나 자신의 일부로부터 온 (들을 필요가 있는) 중요한 메시지가 들어 있다.
- **생성 이론**(generative theory). 꿈은 미래를 예측할 뿐만 아니라 미래를 생성하거나 결정한다.
- **영혼 여행 이론**(soul travel theory). 꿈은 여러분의 영혼이 여러분의 몸 밖에서 방황하는 경험이다.
- **방문 이론**(visitation theory). 꿈은 초자연적인 영혼이 꿈꾸는 사람을 방문하는 것이다.

나는 여덟 시간의 수면을 꿈꿨어.

프로이트의 꿈 이론은 1900년대 초에 소개되었으며, 그때보다는 정도가 덜하지만 오늘날까지도 지속적으로 사회에 엄청난 영향을 끼쳤다. 프로이트는 꿈은 무의식적인 마음, 특히 깨어 있는 동안 대부분 모르고 있는 깊은 소망을 드러냈다고 주장했다. 프로이트에 따르면, 그 소망은 직접적으로 자신을 드러내지 않고 많은 상징성을 이용하는 이야기로 전환된다. 프로이트의 용어로는, 꿈의 **잠재된 내용**(무의식적인 소망)은 꿈의 **발현된 내용**(manifest content of dream)으로 번역되는데, 이것은 바로 여러분이 본 실제 이야기가 여러분 마음 속에서 작용하는 것이다. 그는 번역 과정을 꿈의 작업이라고 불렀고, 치료에서 프로이트와 그의 클라이언트들은 꿈이 무엇을 의미하는지 알아내기 위해 그 꿈의 작업을 되돌리려고 노력했다(Cabaniss et al., 2011; Freud, 1900). 불행히도 과학의 관점에서 프로이트의 꿈 이론은 검증 가능성이 부족하고 따라서 경험적 뒷받침이 부족하다. 아직도 일부 사람들은 꿈의 분석이 심리치료의 주요 부분이 될 것으로 예상하지만, 사실은 프로이트의 이론이 쇠퇴하면서 꿈 분석도 쇠퇴하여 현재는 비교적 흔치 않은 치료 도구가 되었다(Hill & Knox, 2010; Leonard & Dawson, 2018; Pesant & Zadra, 2004).

꿈의 과학적 연구

꿈에 대한 과학적 연구는 1950년대 후반 REM 수면 중에 주로 꿈을 꾸는 것이 일어났다는 관찰과 함께, 프로이트 이후의 시대에 시작되었다. 이 연결고리는 연구원들이 잠자는 사람의 눈을 관찰한 후 눈이 눈꺼풀 아래로 눈이 빠르게 움직였을 때 눈을 뜨게 함으로써 형성되었다. 그 빠른 눈 움직임 중에 깨어난 사람들은 다른 수면 단계에 있는 사람들보다 그들이 꿈을 꾸고 있었다는 것을 보고할 가능성이 훨씬 더 높았다(Dement, 1960; Dement & Kleitman, 1957; Nielsen, 1995, 2000, 2004; Vogel, 1991).

눈의 움직임과 꿈 사이의 이러한 연관성은 일부 연구자들이 REM 수면 중에 뇌의 다양한 부분이 어떻게 기능하는지 결정하려고 시도하면서, 꿈에 대해 신경심리학적 접근법을 시도하게 만들었다. 이러한 신경심리학적 연구는 1970년대에 꿈은 뇌의 구조인 뇌간(pons)에 의해 시작된다는 영향력 있는 활성화-합성 가설을 이끌어냈다(Hobson & McCarley, 1977). 그러면 후두엽은 꿈에 어떤 구조를 주기 위해 임의의 시각적 요소를 추가하면서 관여하게 된다. 그 무작위(임의의) 시각적 요소들은 잠자는 사람이 깨어나 그들에게 어떤 의미를 부여할 때까지 무의미하다.

최근 몇 년 동안, 기술이 크게 발전하면서, 꿈의 신경심리학적 이론은 활성화-합성 가설에서 확장되었다. 사실, 한 연구자는 REM 수면 중의 꿈은 다른 유형의 수면과는 다른 수준의 의식을 나타낸다고 제안했다. 그의 이론은 꿈은 세계의 가상현실 모델을 제공하므로 꿈꾼 사람은 일상에 반응할 수 있는 이미지, 개념, 감정들의 확장된 도서관을 가지고 있다는 것이다(Hobson, 2009). 꿈에 관한 또 다른 신경학적 발견은 꿈꾸는 동안 편도체와 시상하부가 상당히 활발하다는 사실인데, 이는 감정(특히 공포와 같은 부정적인 감정)이 특히 꿈과 관련이 있음을 시사한다(Maquet et al., 1996). 다른 신경심리학자들은 뇌의 그 부분들이 기억 형성에 관여한다고 지적했는데, 이것은 꿈이 기억을 만들고 굳히는 기능, 특히 감정을 수반하는 기억들에 영향을 미칠 수 있다는 것을 암시한다(Nishida et al., 2009; Wagner et al., 2001).

꿈이 일상기능에 미치는 영향

다른 꿈 연구들은 꿈이 잠에서 깬 후에 어떻게 사람의 기능을 돕는지에 초점을 맞추고 있다. 몇몇 연구들은, 특히 기분 조절 측면에서 야간 꿈이 아침에 더 잘 기능하도록 돕는다고 제안한다. (아침이면 모든 것이 좋아진다는 옛말에는 사실 그 이면에 과학이 숨어 있다.) 우울증을 앓고 있는 사람들을 대상으로 한 연구에서, 그들의 꿈의 주제는 밤 전반기에 더 부정적이었고, 후반전에는 더 긍정적이었다. 참가자들이 자신의 기분을 평가했을 때, 전날 밤보다 아침에 훨씬 더 긍정적인 반응을 보였다. 이 발견은 꿈이 새로운 시작 기능을 수행한다는 것을 암시한다(Cartwright, 2005; Cartwright et al., 1998a).

어떤 연구는 꿈이 정신 건강을 호전시킬 수 있다고 제안한다(Cartwright et al., 1998b). 반복되는 악몽을 꾸고 있는 많은 참전용사들을 포함하여 외상후 스트레스장애(PTSD)를 겪는 사람들 중 일부는 이미지 리허설 치료(imagery rehearsal therapy)의 혜택을 받았다. 이미지 리허설 치료는 악몽으로 고통 받는 사람이 치료사나 상담자에게 악몽을 다시 말해주면서 더 좋은 결말로 마무리하는 간단한 기법이다. 참전용사는 깨어 있는 시간 동안 꿈을 통제하는 운동을 한다. 보통 악몽이 시작되는 것과 같은 방식으로 시작할지 모르지만, 참전용사는 행복한 결말로 마무리를 한다. 그리고 나서 참전용사는 잠자기 직전을 포함하여 하루에 몇 번씩 새롭고 개선된 버전의 꿈을 검토하거나 리허설 한다. 예를 들어 한 환자는 이미지 리허설 치료를 사용하여 나쁜 남자에게 쫓기는 악몽을 어린 시절 형제들에게 쫓기며 쾌활하고 장난스럽게 노는 이야기로 바꾸어 놓았다. 많은 참전용사들이 외상후 스트레스장애(PTSD) 악몽의 발생이 없어지거나 급격히 감소되면서 이미지 리허설 치료의 결과는 고무적이다(Belleville et al., 2018; Krakow et al., 2001; Krakow & Zadra, 2006; Moore & Krakow, 2007).

 깨어 있는 시간의 측면을 통제함으로써 꿈에 영향을 줄 수 있다는 것은 흥미롭습니다. 하지만 꿈을 꾸는 동안 꿈을 통제할 수 있을까요?

자각몽

일부 수면 전문가들은, 비록 그것은 훈련과 연습이 필요하지만, 꿈을 꾸는 동안 꿈을 통제할 수 있다고 믿는다(LaBerge, 1985). 그들은 이것을 **자각몽**(lucid dreaming)이라고 부른다—잠자는 동안 꿈을 어느 정도 통제할 수 있는 꿈을 꾸는 경험. 자각몽은 REM 수면 중에 가장 자주 발생하지만, 때때로 1단계 또는 2단계 수면에서도 발생한다(LaBerge, 1988). 수면의 처음 한 시간 동안 깨어났다가 다시 잠들었을 때 가장 가능성이 높다. 그때조차도, 자각몽은 여전히 많은 훈련과 연습을 필요로 하고, 많은 사람들에게 불가능할 수도 있다(LaBerge, 1985).

자각몽
자는 동안 꿈을 어느 정도 통제할 수 있는 꿈의 경험

자각몽의 핵심 요소는 여러분이 꿈꾸고 있다는 인식이다. 그것을 통제하는 결정은 선택 사항이다(LaBerge, 2007). 그것은 손에 리모컨을 들고 TV쇼를 보는 것과 같다. 쇼를 보고 있다는 것을 알고 있기 때문에, 일시 중지, 빨리 감기 또는 되감기를 결정할 수 있다. 그러나 자각몽을 꾸면 마치 영화감독인 것처럼 내용을 통제할 수도 있다. 여러분은 꿈속의 등장 인물들이 무엇을 하거나 말하는 것뿐만 아니라 어떤 일이 일어나는지 결정할 수 있다. 자각몽을 경험하는 사람들을 대상으로 한 조사에서, 대부분은 하늘을 나는 것, 춤추는 것, 즐기는 것, 또는 성관계하는 것과 같은 소원을 성취하는 기회를 이용하는 것으로 보고되었다. 대부분의 사람들은 또한 자각몽이 그들의 깨어 있는 기분에 긍정적인 영향을 미친다고 보고했다(Stumbrys & Erlacher, 2016). 이미지 리허설 치료처럼 자각몽은 사람들이 반복되는 악몽을 극복하는 데 도움이 되는 치료 도구로 이용되어 왔다. 자각몽은 테니스 선수, 하이 다이버(high divers), 장거리 주자와 같은 선수들이 스포츠를 '연습'하기 위해 사용되어 왔다(Erlacher, 2012; Spoormaker & Lancee, 2012). 그러나 이러한 자각몽의 적용은 아직 비교적 새롭고 현 시점에서는 성공의 증거가 거의 없다.

학습 확인

4.9 다양한 이론이 어떻게 꿈을 설명하려고 했는가?

4.10 꿈의 주제는 취침시간과 기상시간 사이에 어떻게 다른 경향이 있는가? 그리고 꿈이 정신 건강에 어떻게 영향을 미칠 수 있는가?

최면

최면(hypnosis)은 한 사람, 즉 참여자가 다른 사람, 즉 최면술사에게 매우 암시적이 되는 변화된 의식 상태이다. 심리학을 처음 접하는 많은 사람들은 최면이 심리학자들이 하는 일의 큰 부분을 차지한다고 추측하는데, 아마도 프로이트가 고객과 함께 최면을 사용했다고 널리 알려져 있기 때문일 것이다(Tinterow, 1970). 하지만 사실 그렇지 않다. 소수의 연구자들만이 연구하며, 소수의 실무자들만이 의뢰인(client)과 함께 그것을 사용한다. 그러나 최면은 그 분야가 시작된 이래 심리학 역사의 한 부분이었다. 그것을 연구하고 적용하는 사람들에게 최면은 강력한 기술이다.

최면의 뿌리는 수백 년 전으로 거슬러 올라가며 동물자력(animal magnetism) 사상으로까지 이어진다[1700년대 후반과 1800년대 초에 최면술 명성이 자자한 프란츠 메스머(Franz Mesmer)에 의해 발표됨], 그리고 심지어 수십 년 전의 요한 가스너(Johann Gassner)의 퇴마법(exorcism procedures) 절차도 그랬다(Pattie, 1994; Peter, 2005). 그러나 오늘날 최면은 그러한 구시대적인 관습이나 대부분의 사람들이 그것에 대해 믿는 신화들 중 하나와 거의 유사하지 않다. 최면은 의심스럽거나 사악한 인물이 무력한 희생자에게 손을 건네거나 혹은 즉시 누구를 아래에 두는 것(put under)을 포함하지 않는다. 최면은 최면술사에게 특별한 재능이나 성격을 요구하지 않는다. 최면에 걸린 사람들은 약하지 않고, 어리석거나, 가짜도 아니다(Barnier & Nash, 2008; Kihlstrom, 2008a). 대신 최면은 한 사람이 다른 사람의 의식을 바꾸는 기술일 뿐이다. 그러면 최면술사는 최면이나 의뢰인이 최면상태에서 나온 후 시도할 수 있는 새로운 행동(대개 의뢰인을 도울 목적으로)을 제안한다(Kihlstrom, 2005; Kirsch & Braffman, 2001).

학습 목표

4.11 최면의 정의와 작동방식

4.12 최면의 사용 목적

4.13 최면에 걸릴 수 있는 사람은 누구인가?

4.14 최면에 대한 사회인지 이론

최면
한 사람, 즉 참가자가 최면술사에게 매우 암시적이 되는 변화된 의식 상태

Savage Chickens

지루한 최면술사

© 2010 Doug Savage
www.savagechickens.com

최면의 절차

최면의 절차는 최면술을 받는 사람의 의식을 바꾸려는 시도인 유도(induction)로부터 시작된다. 최면술사는 일반적으로 잠에 가까워질 정도로(단, 잠에 빠져들지 않는다) 긴장을 풀고 마음을 가라앉히도록 지시하는 대본을 읽거나 암송함으로써 유도를 행한다. 유도하는 동안, 고객은 그들의 시선을 목표물에 집중시키거나 그들의 근육이 이완되는 것을 느낀다. 눈에 초점을 맞춘 유도의 예는 다음과 같다. 최면술사는 일반적으로 잠이 들 정도로(수면에 가까워지지만 잠들지는 않는다) 긴장을 풀고 마음을 가라앉히도록 지시하는 대본을 읽거나 낭독함으로써 유도를 행한다. 유도하는 동안, 클라이언트는 대상에 눈을 집중시키거나 근육이 이완되는 것을 느낀다. 눈에 초점을 맞춘 유도의 예는 다음과 같다.

이제 벽에서 점이나 물체를 찾아 주셨으면 좋겠는데요⋯. 눈이 편안하고 무거워요⋯. 목표물에 집중해서 제 말을 잘 들어, 점점 더 긴장을 풀 수 있게 해주세요. ⋯ 눈꺼풀이 점점 무거워지기 시작한다는 것을 알게 될 거예요⋯ 곧 당신의 눈은 감길 것이고, 눈이 감길 때, 당신은 완전히 긴장을 푸는 것을 허락할 수 있습니다⋯ 당신의 눈은 지금 감겨 있고, 우리가 함께 작업하는 동안 계속 감겨 있을 겁니다⋯. 잠시 후 손으로 머리 끝을 만질 것입니다.. 제가 그럴 때, 저는 당신이 당신의 머리 꼭대기로부터 나오기 시작하고 당신의 몸 전체를 통과하는 이 따뜻한 이완의 파도를 알아줬으면 합니다⋯. 이마의 근육, 눈, 얼굴이 축 늘어지고 긴장이 풀어집니다. ⋯ 당신의 호흡은 점점 더 느리고 규칙적이 되어가고 있습니다. ⋯ 그렇게 깊이 최면에 걸리고 긴장을 풀 수 있다는 것은 너무나 편안하고 즐거운 일입니다⋯"(Nash, 2008, pp. 490-491).

일단 유도가 완료되면 최면의 다음 단계는 최면술사가 사람에게 어떤 행동을 하라고 말하는 제안이다. 예를 들어 최면술사는 그 사람에게 그의 팔을 앞으로 뻗고 헬륨 풍선에 의해 그것이 들어올려지는 것을 상상하라고 말할지도 모른다. 최면술사는 그 사람이 단순히 팔이 올라가서가 아니라 무의식적으로 느끼는 방식으로 팔이 올라가기 때문에 최면에 걸린다는 것을 알 수 있다. 그 사람은 팔을 위로 옮기는 것을 선택하기보다는 그냥 스스로 위로 올라간다고 믿는다(Barnier & Nash, 2008a; Kihlstrom, 2008). 일단 제안이 완료되면 최면술사는 최면을 종료한다. 흔히 1을 세면(10부터 거꾸로 세면) 최면상태에서 나와 완전히 의식을 차릴 것이라고 간단히 말하는 것으로 이런 일이 일어난다(Nash, 2008).

종종, 첫 번째 제안(팔 공중 부양과 같은)은 유도가 효과가 있고 그 사람이 제안할 수 있는 상태에 있는지 확인하기 위한 시험일 뿐이다. 일단 그 테스트가 통과되면, 최면술사는 모든 종류의 문제를 개선하기 위해 모든 종류의 제안을 할 수 있다. 예를 들어 최면은 공포증이 있는 사람을 돕는 데 사용될 수 있다(Bryant, 2008). 비행기 공포증이 있는 사람을 생각해보자. 최면술사는 최면에 걸린 동안 비행기를 타는 동작부터 공항을 거니는 것부터 시작해서 게이트에 도착하는 것, 비행기에 오르는 것, 자리에 앉는 것, 이륙하는 것 등을 그려볼 수 있다고 제안할 수 있다. 최면술사는 또한 최면에서 나온 후에 곧 다가올 실제 비행을 위해 이러한 행동을 완성할 것을 제안할 수 있다. (그것은 **최면 후의 제안**이다.)

만약 그것이 상상력의 운동처럼 들린다면, 그것은 그렇다. 하지만 의식의 변화에서 오는 여분의 힘으로 말이다. 최면이 적용된 다른 문제들로는 우울증, 만성 통증, 흡연, 음주, 과식 등이 있다(Elkins & Perfect, 2008; Jensen & Patterson, 2008; Yapko, 2008). 최면은 스포츠와 같은 다른 분야에서 경기력 향상에도 사용될 수 있다(Morgan & Stegner, 2008). 그러나 이러한 최면요법에 대한 증거는 일반적으로 제한되어 있다(Moore & Tasso, 2008). 가장 좋은 증거는 통증치료(Montgomery et al., 2000) 및 금연(Green & Lynn, 2000)이다.

누가 최면에 걸릴 수 있는가

사람이 최면에 걸릴 수 있는가에 대해서는 큰 차이가 있다(Friedlander & Sarbin, 1938; Laurence et al., 2008; Piccione et al., 1989). 최면에 걸리기 싫거나 최면이 효과가 있을 것이라고 강하게 의심하는 사람은 최면에 걸릴 수 없다. 최면에 걸리기 쉬운 사람은 보다 일반적 개방성이 있고, 흡수력이 높거나 즉흥적인 감각 경험에 사로잡히는 경향이 있다(Glisky et al., 1991; Roche & McConkey, 1990). 남성과 여성은 똑같이 최면에 걸릴 가능성이 있다(Kihlstrom et al., 1980).

 최면에 걸린 사람이 따를 수 있는 가장 극단적인 제안은 무엇일까요?

몇몇 연구들은 최면의 한계를 시험했다(McConkey, 2008). 한 연구에서 최면술사들은 참가자들에게 성별의 변화를 제안했다(Noble & McConkey, 1995). 예를 들어 그들은 최면에 걸린 남성 참가자들에게 다음과 같이 말했다. "한 순간에 여러분은 더 이상 남자가 될 수 없을 것이고, 모든 면에서 여성이 될 것입니다.…" [30초 지난 후] 여러분에 대해 이야기해보겠습니까? 여러분 성함이 어떻게 되십니까?"(pp. 70-71). 대다수의 참가자들은 그 제안을 따르지 않았지만, 최면에 걸릴 가능성이 가장 높은 사람들 중 일부는 심지어 이름을 바꾸기까지 했다. (그런데, 이 연구에는 최면 후의 제안은 없었다. 어떤 영향도 그 사람이 최면상태에서 나왔을 때 끝났다!)

또 다른 연구에는 최면 후 제안이 포함되었다(Barnier & McConkey, 1998). 이번 건은, 연구자들이 참여자 1인당 120장의 엽서를 나눠주고 연구자에게 매주 1장씩 보내라고 했다. 참가자 중 절반은 최면 후 제안으로 이 지시를 받았다. 나머지 절반은 전혀 최면에 걸리지 않았고 본질적으로 호의를 위한 요청으로 이 지시를 받았다. 비최면 참가자들이 더 많은 엽서를 보냈지만, 그들은 일을 하는 것에 대한 그들의 태도를 마치 그들이 완성해야 하는 집안일처럼 묘사했다. 최면에 걸린 참가자들은 마치 자동으로 일어나는 것처럼 엽서를 쉽게 보냈다고 말했다.

최면에 관한 마지막 한 가지 언급 : 최면에 걸린 사람에 의한 역할극만이 아니다(Barabasz & Barabasz, 2008; Oakley, 2008). 그 설명은 **최면의 사회인지 이론**(social-cognitive theory of hypnosis)에 의해 제시되었다. 이는 최면에 걸린 사람에게 주어진 역할을 하도록 압력을 강조하는 최면 이론이다. 사회인지 이론은 '최면에 걸린' 사람이 실제로 최면을 행하라는 사회적 압력(최면술사나 다른 사람이 지켜보는 것)에 따르는 사람일 뿐이라는 것을 암시하지만, 뇌 연구는 달리 말한다. 그러나 신경심리학적 증거는 최면술이 흥분과 주의를 조절하는 부위를 포함한 뇌의 많은 부분에 영향을 미친다는 것을 보여준다(Rainville & Price, 2003; Speigel, 2003). 한 연구에서, 참가자의 절반은 왼쪽 다리가 마비됐다는 암시를 받는 최면을 받았다. 나머지 반은 똑같은 최면을 걸었지만, 미리 최면에 걸린 척하고 다리 마비를 위장하라는 말을 들었다. PET 스캔을 통해 두 그룹의 의해 뇌의 완전히 다른 부분이 활성화되었다는 것이 밝혀졌는데, 이는 진정으로 최면에 걸린 사람들이 단순히 최면상태에 있는 사람의 사회적 역할을 따라 노는 것과는 전혀 다른 어떤 일에 종사하고 있었음을 암시한다(Ward et al., 2003).

최면의 사회인지 이론
최면에 걸린 사람에게 주어진 역할을 하도록 압력을 가하는 최면 이론

학습 확인

4.11 최면이란 무엇이며, 어떻게 작용하는가?

4.12 최면은 어떤 종류의 문제를 치료하는 데 사용되었는가?

4.13 어떤 특징이 더 큰 최면성과 관련이 있는가?

4.14 최면의 사회인지 이론은 무엇이며, 신경심리학 연구에 의해 얼마나 강하게 뒷받침되고 있는가?

향정신성 약물 및 의식

학습 목표

4.15 향정신성 약물의 정의

4.16 향정신성 약물의 작용 방식

4.17 내성과 금단현상의 정의

4.18 중독의 정의

4.19 진정제의 효과

4.20 자극제의 효과

4.21 아편 유사제의 효과

4.22 환각제의 효과

향정신성 약물(psychoactive drug)은 정신 기능을 변화시키는 물질이다. 향정신성 약물을 복용하면 의식뿐만 아니라 사고, 기분, 기억, 지각과 같은 다른 뇌 활동을 변화시킨다. 어떤 정신 활동적인 약들은 불법인 반면, 다른 것들은 합법적이다. 몇몇 합법적인 약들은 처방전이 필요한 반면, 다른 약들은 처방전 없이 판매된다. 어떤 것들은 눈에 띄게 흔한 반면, 어떤 것들은 불명확하다. 우리가 특정한 범주의 정신 활성 약들을 고려하기 전에, 그 약들이 여러분의 몸 안에서 어떻게 작용하는지 생각해보자.

향정신성 약물은 어떻게 작용하는가

뉴런의 수준까지 확대하면, 우리는 모든 향정신성 약물이 신경전달물질에 작용하는 것을 본다. 신경전달물질은 뉴런 사이의 시냅스를 가로질러 이동하는 화학적 전달물질(엔도르핀, 세로토닌, 도파민 등)이라는 제2장을 떠올려보라. 향정신성 약물은 네 가지 방법 중 하나로 신경전달물질에 영향을 줄 수 있다(Brick & Erickson, 2013).

1. 송신 뉴런으로부터 신경전달물질의 방출 증가
2. 수신 뉴런에서 신경전달물질의 수용체를 차단하거나 활성화
3. 시냅스를 가로질러 다시 전송되는 뉴런으로 여행을 완료하지 못한 신경전달물질의 재흡수 억제
4. 신경전달물질을 분해할 뉴런 내부 또는 그 근처에 있는 효소 억제

신경전달물질에 대한 이 네 가지 특별한 효과에 있어 한 가지 공통점이 있다. 한 뉴런에서 다음 뉴런으로 성공적으로 이동한 신경전달물질의 양 변화이다. 그 변화가 증가하건 감소하건 상관없이, 그것은 뇌의 기능을 변화시킨다.

내성과 금단증상 많은 향정신성 약물은 시간이 지남에 따라 반복적으로 복용할 경우 사용자가 **내성**(tolerance, 특정 양의 약물 효과 감소)을 갖게 된다. 내성은 사용자가 이전에 얻었던 것과 동일한 효과를 얻기 위해 점점 더 많은 약물을 필요로 한다. 이것은 신체가 건강한 방식으로 감당할 수 없는 수준으로 양이 증가할 때 위험해질 수 있다.

시간이 지남에 따라 특정 약물을 반복적으로 사용할 경우 발생할 수 있는 또 다른 결과는 **금단**(withdrawal), 즉 습관화된 약물을 끊음으로써 생기는 스트레스와 불편한 증상이다. 금단증상은 약물에 따라 다르지만 종종 졸림, 떨림, 두통, 메스꺼움, 불면증, 불안, 자극성, 피로감 등이 있다. 약물에 따라 금단 증상은 몇 시간, 며칠, 몇 주 또는 그 이상 지속될 수 있다.

금단은 종종 약물 의존의 부산물로, 신체적·심리적 두 가지 형태를 취할 수 있다. **신체적 의존**(physical dependence)은 정상적으로 기능하기 위한 특정 약물에 대한 신체적 요구이다. **심리적 의존**

향정신성 약물
정신 기능을 바꾸는 물질

내성
특정 양의 약의 유효성 감소

금단
습관화된 약을 끊어서 생기는 스트레스성의 불편한 증상

신체적 의존
정상적으로 기능하기 위한 특정 약물에 대한 신체적 요구

심리적 의존
정상적으로 기능하기 위한 특정 약물에 대한 정신적 요구

(psychological dependence)은 정상적으로 기능하기 위한 특정 약물에 대한 정신적 요구이다. 한 번도 의존을 경험해 본 적이 없는 사람들에게는 상상하거나 이해하기도 어려울 수 있다. "꼭 술이 필요하다는 것은 무슨 소리야? 그냥 어떤 의지력을 좀 가지고 그만 둬!" 라고 생각하기 쉽다. 의존을 이해하려면 일상적 기능의 중요한 부분인, 그것을 잃으면 당황하게 만드는 무언가가 없는 삶을 상상해보라. 스마트폰? 인터넷? TV 또는 차? 비디오 게임이나 도박? 대부분의 정신 활성 약물들처럼, 이러한 것들과 활동들은 필수품이 아니다. 사람들은 그들에게 내재된 욕구를 가지고 태어나지 않는다. 사실, 전 세계의 많은 사람들은 한 번도 하지 않고 충만하고 행복한 삶을 살아간다. 하지만 우리 중 몇몇에게는, 이러한 이러한 활동들이 우리 삶에 너무 깊이 뿌리내려 꼭 필요한 것처럼 보인다. 그것이 특정한 정신 활성 약물을 지속적으로 사용하는 사람들에게 신체적 또는 심리적 의존이 어떤 느낌인가 하는 것이다. 약물이 필요하게 되고, 그것을 사용하는 사람들은 그들의 뇌와 체질을 위해 화학적으로 강화된 새로운 정상 상태를 확립한다.

중독 신체적, 정신적 의존은 **중독**(addiction, 심각한 부정적인 결과에도 불구하고 지속되는 문제 있는 약물 사용)의 주요 원인이다. 사람은 일, 관계, 가족, 심지어 그들 자신의 삶까지 모든 것들보다 정신 활동 약물의 지속적인 사용을 우선시함으로써 중독자가 된다. 그들의 행동은 그들에게 개입하거나 멈추라고 간청하는 주변 사람들에게 이치에 맞지 않는다. 불행하게도, 중독은 사람들에게 다음 히트(hit), 다음 최고(high), 다음 번 버즈(buzz)에 초점을 제한하는 일종의 터널 비전을 제공한다.

TV(The Grinder, Parks and Recreation, The West Wing, Code Black, The Lowe Files 등의 드라마)에서 봤을 법하고 1980년대와 1990년대 히트한 영화들에도 출연한 배우 로브 로우(Rob Lowe)의 이야기를 생각해보자. 1990년에 그는 26세였고 할리우드의 떠오르는 스타였다. 그러나 그는 알코올에 중독되어 있었다 — 같은 날 밤에 그의 음주가 여자친구와 가족과의 관계를 위협하고 있다는 것을 알았을 때 그에게 큰 충격을 준 사실.

LA로 돌아와서 이 관계를 파괴하는 데 24시간도 걸리지 않았다…나는 내 짝을 찾았다, 셰릴(Sheryl)… 하지만 할리우드 힐스의 나의 독신남 집에서 살던 시절로 돌아가면, 그 장면은 두려움과 습관의 힘에 의해 즉시 당황하게 한다. 평소처럼 남자애들과 함께 놀러 나간 그 밤은 데킬라와 파티로 이어진다.… 나는 내가 찾을 수 있는 가장 귀여운 여자애를 찾는다… 나는 술에 취해서 완전히 낯선 사람과 함께 우리 집으로 돌아왔다… 자정 무렵 [내 여자친구] 셰릴이 내가 어떤지 확인하기 위해 전화를 한다. 그녀는 전화기 너머로 여자애의 웃음소리를 듣는다… 나는 장난쳐서 넘겨보려 하지만, 그녀는 무슨 일이 일어나고 있는지 알고 있다. "난 네 여자친구가 될 수 없어… 잘 있어, 로브." …

…몇 시간 후, 나는 73개의 응답하지 않은 메시지가 있는 자동 응답기를 보며 옆에 서 있다. "로브, 제발, 거기 있니?" 분명히 당황한 어머니가 애원한다. 하지만 난 전화를 받기엔 너무 엉망이다. … "네 할아버지는 병원에 계셔. 엄청난 심장마비가 왔단다." …나는 어머니가 전화를 끊을 때까지 얼어붙은 채 자동응답기를 응시한다. 수치심과 죄책감이 나의 변화된 상태를 관통하기 시작하자, 나는 공격 계획을 세우기 시작한다. 데킬라 한 잔을 더 마셔야겠어라고 내 스스로에게 말한다. 그래야 나는 잠을 잘 수 있고, 그래야 최대한 빨리 일어나서 이 일을 처리할 수 있어. 이 미친 논리는 욕실 거울에 비친 내 모습을 볼 때까지 그대로 유지된다… 내가 사랑하는 그녀가 방금 나를 떠났어… 우리 할아버지는 죽어가고 계셔. 어머

중독

심각한 부정적 결과에도 불구하고 지속되는 문제 있는 약물 사용

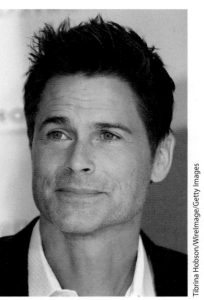

로브 로우는 20대였을 때 배우로서 명성을 얻고 있었지만, 알코올 중독으로 인해 사생활이 손상되었다.

니는 도움과 위로가 절실한 매우 힘든 상황에 계시고, 나는 위축되어 수치스러운 회피 속에 숨어 있다. 나는 밑바닥에 이르렀다(Lowe, 2011, pp. 249-251, 고딕체는 원문).

로브 로우는 많은 중독자들이 그렇듯이 재활원에 들어가면서 바닥을 치는 것에 반응했다. 어떤 사람들에게는, 중독은 그들이 행동을 취하기 전에, 그들의 삶에 훨씬 더 심각한 피해를 입혀야 한다.

향정신성 약물의 종류

많은 물질들이 뇌에 영향을 미친다. 가장 잘 이해되는 네 가지 범주를 생각해보자 ─ 진정제, 흥분제, 마취제, 환각제.

진정제　진정제(depressants)는 신체 기능을 느리게 하는 약물이다. 진정제 중 하나인 벤조디아제핀(benzodiazepines)은 긴장감을 줄이고 종종 불안이나 불면증과 관련된 문제에 대해 처방된다. 또 다른 진정제인 바르비튜레이트(barbiturates)는 진정 효과가 있는 진정제 약물이다. 바르비튜레이트는 수년 동안 수면과 불안의 처방약으로 사용되었다. 그러나 최근 몇십 년 동안 그들의 인기는 감소해 왔다. 왜냐하면 수면과 불안요법의 최근 세대는 더 효과적이고 부작용이 적기 때문이다.

지금까지 미국과 전 세계에서 가장 많이 사용되는 안정제는 알코올이다.

 잠깐만, 술이 진정제라고요? 술을 마시는 사람들을 보면 우울해 보이지 않아요.

알코올의 효과는 편안하고 즐거운 느낌(또는 윙윙거림)을 가져다줄 수 있는 것처럼 보일 수 있지만, 그것은 대개 낮은 용량이다. 높은 용량에서 알코올의 억제 효과는 훨씬 더 명백하다 ─ 말, 움직임, 조정, 추론, 반응 시간이 모두 느려진다. 알코올은 음주자의 충동을 따라가지 못할 정도로 음주자의 억제를 지연시킨다. 이것은 종종 음주자들이 술이 깼다면 반대하기로 결정했을 행동으로 이어진다. 때때로, 이러한 행동은 공격적이거나 성적인 행동으로 나중에 후회, 법적 문제 또는 더 외상적인 결과를 초래한다.

예를 들어 알코올과 성폭력의 연관성을 생각해보자. 알코올은 모든 성폭행의 절반에 해당하는 요인이다(Abbey et al., 1996, 2004). 여러 연구 결과 술을 더 많이 마시는 대학생일수록 성폭행을 저지를 가능성이 더 높은 것으로 나타났다(Abbey et al., 1998, 2001, 2014; Abbey & McAuslan, 2004). 사실, 그러한 연구 결과, 성폭행을 저지른 남자 대학생들에게, 그렇게 한 그들의 가장 일반적인 정당성은 그 여성이 술을 마셨다는 것이었다(Wegner et al., 2015).

불행히도, 알코올의 위험은 성폭행을 넘어선다. 알코올의 지속적인 사용은 간, 췌장, 심장, 위, 그리고 뇌를 포함한 많은 필수적인 신체 부위에 독성이 있다. 임신 중 음주를 하는 여성의 아기에 선천적 결함을 일으키는 요인으로 잘 자리 잡고 있다. (제9장의 태아알코올증후군 내용을 참조하라). 알코올은 아스피린, 항히스타민제(알레르기 치료제), 항우울제, 항불안제 등을 포함하여 일반적으로 복용하는 수십 가지 약물과 위험하게 상호작용한다. 미국에서 알코올 과다 복용(알코올 중독이라고도 함)은 매년 미국에서 수백 명의 사람들을 죽인다(Brick & Erickson, 2013; Room et al., 2005). 그림 4.6에서 알 수 있듯이 음주운전은 수천 명의 사람들을 죽인다.

알코올은 매우 다양한 형태로 나타나기 때문에, 알코올 함량 면에서 그러한 형태들이 서로 어떻게 비교되는지를 이해하는 것은 중요하다(그림 4.7). 일반적으로 12온스 맥주, 5온스 와인, 1.5온스 독한 술의 양은 대략 같다. 그러나 이러한 음료의 영향은 음료를 소비할 수 있는 속도가 다르기 때

진정제
신체의 기능을 저하시키는 약물들

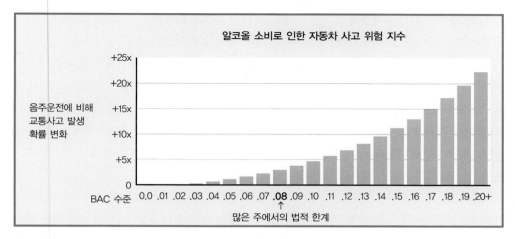

알코올 소비로 인한 자동차 사고 위험 지수

음주운전에 비해
교통사고 발생
확률 변화

BAC 수준

많은 주에서의 법적 한계

그림 4.6 충돌 가능성과 혈중 알코올 농도 몇 잔만 마시면 자동차 충돌 확률이 높아진다. 더 많은 확률을 곱하라.
출처 : Ingraham(2015), Compton and Berning(2015).

문에 달라질 수 있다. 보통 맥주 한 병을 통째로 마시거나 와인 한 잔을 홀짝홀짝 마시는 것보다 시간이 더 오래 걸린다. 그 차이는 여러 잔(또는 많은 음료)을 곱한 것으로, 신체에 의한 알코올 흡수율이 다르다. 알코올이 체내에 빨리 들어갈수록 혈중 알코올 농도(BAC)의 최고치가 높아진다.

BAC도 사람의 크기에 따라 달라진다. 더 작은 사람들은 더 큰 사람들보다 더 빨리 술의 효과를 느낀다. 어렸을 때 어린이용 약을 액체 형태로 복용했던 것을 기억하는가? 적절한 복용량은 아이가 얼마나 큰지에 따라 다르기 때문에, 그 병은 몸무게(또는 아이들의 체중과 관련이 있는 나이)에 근거한 복용량 차트를 가지고 있었다. 알코올도 마찬가지다. 더 큰 사람들은 더 작은 사람들과 같은 효과를 느끼기 위해 알코올이 더 많이 필요하다. 그것이 알코올이 보통 크기의 남성과 보통 크기의 여성에게 다른 영향을 미치는 한 가지 이유다.

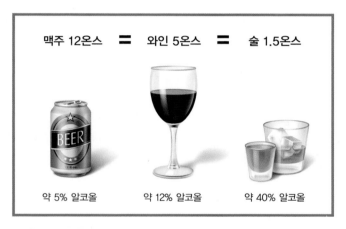

맥주 12온스 ＝ 와인 5온스 ＝ 술 1.5온스

약 5% 알코올   약 12% 알코올   약 40% 알코올

그림 4.7 다양한 음료의 알코올 함유량 12온스짜리 맥주 한 캔, 5온스짜리 와인 한 잔, 1.5온스짜리 술 한 잔은 거의 같은 양의 알코올을 함유하고 있다.

흥분제 흥분제(stimulants)는 신체의 기능을 빠르게 하는 약물이다. 가장 잘 알려져 있고 아마도 가장 중독성이 강한 것 중 하나는 코카인인데, 코카인은 일반적으로 가루나 고체 형태로 복용된다('크랙'). 흥분제 범주에는 암페타민(amphetamines)도 포함되는데, 암페타민은 ADHD에 대한 처방약[애더럴(Adderall), 리탈린(Ritalin), 콘서타(Concerta), 바이반스(Vyvanse)]와 필로폰(메스암페타민)에서 가장 흔하게 발견된다. 커피, 차, 에너지 드링크, 많은 탄산음료, 그리고 심지어 초콜릿에서 발견되는 카페인도 낮은 등급의 자극제다. 낮은 용량에서 적당한 용량으로, 흥분제는 사람들을 더 활기차게 만든다. 그들은 심장 박동수와 호흡수를 빠르게 할 뿐만 아니라 피로와 싸우는데 도움을 준다.

이러한 이점들은 왜 카페인이 우리 사회(그리고 세계의 많은 다른 나라들)에 항상 존재하는지를 설명해준다. 그들은 또한, 특히 대학 캠퍼스에서 ADHD 처방약의 남용이 최근 몇 년 사이에 그렇게 만연하게 된 이유를 설명한다. 다양한 대학에서 수천 명의 학생들을 대상으로, 이 주제에 대해 30개 이상의 연구들을 메타분석한 결과 대학생의 17%가 흥분제를 잘못 사용하거나 남용한 것으로 나타났다(Benson et al., 2015). 같은 연구팀은 최근에 ADHD 약물을 오용하거나 남용하는 학생들이 실제로 상당한 ADHD 증상을 가지고 있다는 것을 발견했다. 그러나 처방전 없이 또는 처방전

흥분제
신체 기능을 빠르게 하는 약물들.

과는 다른 방식으로 약을 복용하고 있었다(Benson et al., 2017, 2018).

흥분제의 오용이나 남용에 대한 이유들을 철저히 조사한 연구들은 학업 성취도가 주요한 이유들 중 하나라는 것을 발견한다. 이 약들은 학생들이 공부를 하고, 하고, 논문을 쓰고, 시험을 볼 때 깨어 있고 정신을 차릴 수 있도록 돕는다(Bennett & Holloway, 2017; DeSantis et al., 2008; Prosek et al., 2018; White et al., 2006). ADHD 자극제를 오용하거나 남용하는 급우들의 비율을 추정하도록 요청받은 대학생들은 일반적으로 실제 비율을 과대평가하고, 그것을 과대평가하는 양은 자신의 확률과 관련이 있다(Kilmer et al., 2015). 학생들이 모든 사람들이 그것을 한다고 생각할 때, 학생들이 스스로 그것을 시도하기로 결정하는 것이 더 쉽다.

하지만 스스로 시도하는 것은 위험할 수 있다. ADHD 약물은 화학적으로 코카인과 비슷한 자극제라는 것을 기억하라. 의학적으로 자격을 갖춘 의사의 감독 없이 어떤 처방전 흥분제를 복용하면, 불규칙한 심장박동, 근육 떨림과 경련, 편집증, 환각, 과도한 땀, 고혈압, 그리고 불면증과 같은 건강 문제를 초래할 수 있다. (심지어 카페인을 과다 섭취해도 비슷한 증상이 나타날 수 있다.). 게다가, 흥분제의 중독성 성질은 금단이란 두통과 피로에서 우울증, 통증, 구토에 이르기까지 모든 것이 악몽이 될 수 있다는 것을 의미한다.

 저는 가끔 카페인이 든 음료를 마십니다. 너무 많은 건 어느 정도인 건가요?

연구원들은 여전히 이 문제에 대해 연구하고 있지만, 카페인 섭취량을 하루 400mg 이하로 유지하는 것이 건강에 가장 좋은 것으로 보인다는 증거가 증가하고 있다. 카페인의 부작용은 섭취량이 그보다 많아질 때까지 나타나지 않는다는 연구 결과가 나왔다(de Mejia & Ramirez-Mares, 2014; Mayo Clinic Staff, 2017; Nawrot et al., 2003). 물론, 그 양은 평균적인 크기의 성인을 기준으로 한 것이다. 작은 성인이나 어린이, 임산부의 경우 건강한 카페인 섭취량은 더 적다. 만약 여러분이 총 400mg을 카페인이 함유된 음료로 바꾸려고 한다면, 여러분의 음료에 카페인이 얼마나 들어 있는지 아는 것이 관건이다. 표 4.4는 탄산음료, 에너지 드링크, 커피, 차 등과 같은 일반적인 카페인 공급원을 나열한다. 그럴 때는 카페인의 양뿐만 아니라 서빙 크기에도 주의를 기울이도록 한다. 만약 여러분이 큰 음료수 병, 벤티 컵 커피, 혹은 레드 불 캔을 마신다면, 여러분은 곱셈을 해야 할 것 같다.

흥분제에 대한 마지막 메모는 담배의 핵심 성분인 니코틴도 각성제로 꼽힌다는 것이다. 분명히 여러분은 이미 흡연과 씹는 담배의 건강상의 위험에 대해 충분한 지식을 가지고 있다. 예를 들어 니코틴은 중독성이 매우 높으며, 담배를 끊은 많은 사람들은 결국 다시 시작하게 된다. 그것은 미국에서 예방 가능한 주요 사망 원인이다. 미국에서는 매년 수십만 명의 사람들이 사망하고, 전 세계에서는 수백만 명이 사망한다. (평생 담배를 피우는 사람들의 약 절반은 그 습관이 그들을 죽일 것이다.) 담배를 피우는 임산부는 태아에게 심각한 피해를 주고, 간접흡연은 그것을 흡입하는 사람들에게 피해를 준다.

3차 흡연(thirdhand smoke)에 대해 아십니까? 3차 흡연은 연기 자체가 아니라 연기가 남기는 암을 유발하는 잔여물이다. 그 잔여물은 연기가 닿는 거의 모든 것, 즉 옷, 카펫, 커튼, 소파, 베개, 카시트, 심지어 사람의 머리카락에도 저절로 스며든다. 그리고 그 잔류물은 연기자체가 사라진 후에도 오랫동안 그곳에 남아있다(Dreyfuss, 2010; Matt et al., 2017, 2018; Sleiman et al., 2010). 따라서 만약 여러분이 누군가의 재킷, 차, 아파트, 그리고 어디든 담배 냄새를 맡는다면, 여러분은

표 4.4 카페인은 얼마나?		서빙 크기	카페인 양(MG)
콜라, 펩시, 다이어트 콜라, 다이어트 펩시	Constantin Iosif/Shutterstock.com	12온스	23~47
마운틴 듀, 다이어트 마운틴 듀	Keith Homan/Alamy	12온스	42~55
레드불, 록스타, 앰프	Steve Stock/Alamy	8온스	70~80
홍차	kugasahagy/Shutterstock.com	8온스	14~70
커피	Stockforlife/Shutterstock.com	8온스	100~200
에스프레소	Barbara Dudzinska/Shutterstock.com	1온스	50~75
5시간 에너지 샷	Helen Sessions/Alamy	2온스	200

하루에 카페인을 얼마나 섭취하는가? 많은 전문가들은 하루에 400mg에 가까울수록 건강 위험에 더 가까이 다가간다고 제안한다는 것을 기억하라. 또한, 이 서빙 크기를 실제 음료 크기와 비교하는 것을 잊지 말라.

비록 더 이상 연기가 보이지 않더라도, 3차 흡연에 노출되는 것이다.

불행히도 간접흡연보다 3차 흡연의 위험성을 인식하는 사람이 훨씬 적다(Dz-Izquierdo et al., 2018a; Winickoff et al., 2009). 아마도 그것은 3차 흡연의 위험성에 대한 증거와 대중의 인식이 이제 막 커지기 시작했기 때문일 것이다(Tuma, 2010). 그러나 연구원들이 이미 그러한 위험에 대해 알아낸 것은 불안하다(Díez-Izquierdo et al., 2018b). 예를 들어 한 연구에서, 이전에 흡연자가 거주했던 아파트로 이사한 비흡연자들은 비록 그 아파트가 주민들 사이에서 청소되어 2개월 동안 비어있었더라도 자신의 니코틴 수치에서 상당한 점프를 보였다(Matt et al., 2010). 또 다른 연구는 두 종류의 '비흡연(nonsmoking)' 호텔 객실에 투숙했던 사람들의 간접흡연을 측정했다. 완전히 금연인 호텔의 객실 및 흡연실이 있는 호텔의 금연실이다. 일부 흡연실이 있는 호텔의 금연 객실에 묵은 사람들은 완전히 금연 호텔에 묵은 사람들보다 호텔의 다른 객실과 복도에서 나오는 3차 흡연으로 인한 니코틴 수치가 더 높았다(Matt et al., 2014).

맥 밀러의 죽음은 아편 유사제 과다복용과 관련된 것 중 하나 이다.

아편 유사제   아편제와 아편 유사제는 뜻이 비슷한 용어지만, 어떻게 만들어지는지에 대해서는 구분이 있다. **아편제**(opiates)는 양귀비 식물에서 자연 유래한 진통제다. **아편 유사제**(opioids)는 자연적으로 파생된 아편제와 뇌의 동일한 수용체에 결합하고 유사한 효과를 갖는 합성 물질 모두를 포함하는 약물의 범주이다. 아편제는 수천 년 동안 세계 각지의 사회에서 사용되어 왔지만, 합성 아편 유사제들은 1세기도 채 되지 않았다. (이 시점부터 단순성을 위해 우리는 아편 유사제라는 용어를 사용하여 이 모든 약물을 설명할 것이다.) 아편 유사제에는 헤로인 및 아편과 같은 길거리 약물과, 모르핀, 코데인, 펜타닐, 하이드로코돈, 바이코딘, 그리고 옥시코돈(옥시콘틴, 퍼코셋, 퍼코댄)과 같은 처방 진통제도 포함되어 있다. 아편 유사제는 우리 뇌에서 **엔도르핀**과 같은 수용체를 활성화시킨다. 제2장에서 배운 대로, 엔도르핀은 우리가 쾌락을 증가시키거나 고통을 줄일 때 자연적으로 발생하는 뇌의 신경전달물질이다. 그래서 아편 유사제를 사용하는 것은 좋은 성관계, 좋은 음식, 좋은 운동, 또는 좋은 웃음으로부터 자연적으로 오는 쾌락의 강력한 주사를 맞는 것과 같다.

그것이 바로 아편 유사제들이 중독성이 강한 주된 이유다. 아편 유사제를 복용하는 사람들은 너무나 격렬한 쾌락(혹은 고통으로부터의 안도감)을 경험하기 때문에 이전의 정신 상태가 바람직하지 않은 것 같기도 하고 어쩌면 참을 수 없는 것 같기도 하다. 그들은 종종 아편 유사제를 복용했을 때 그들이 가졌던 행복감, 종종 반의식적인 상태로 되돌리기 위해 또 다른 양의 아편 유사제를 찾는 데만 집중한다.

수십 년 전, 아편 유사제 중독은 전형적으로 헤로인이나 모르핀과 같은 불법 약물에 중독된 사람들의 형태를 취했다. 그러나 최근 수십 년 동안 처방전 아편 유사제 중독은 미국에서 연간 비용이 약 500억 달러이고 위기와 전염병으로 분류될 정도로 훨씬 더 흔해졌다(Fischer et al., 2014; Katz, 2017; Oderda et al., 2015; Popova et al., 2009). 한 추정(U.S. Department of Health and Human Services, 2018)에 따르면, 2016~2017년에

- 하루 평균 130명이 아편 유사제 관련 약물 과다 복용으로 사망하는 것으로 나타났다.
- 1,100만 명 이상의 사람들이 처방전 아편 유사제를 잘못 사용했다.
- 200만 명의 사람들이 처음으로 처방전 아편 유사제를 잘못 사용했다.

아편 유사제(뉴스에서 흔히 페인킬러라고 불렀던) 중독이나 약물 과다 복용으로 사망한 유명인사로는 맥 밀러, 프린스, 톰 페티, 히스 레저, 필립 세이모어 호프만, 안나 니콜 스미스 등이 있다. 마약에 관한 자신의 문제를 공개적으로 설명한 다른 유명인사로는 래퍼 에미넴과 맥클모어, 배우 매튜 페리, 라디오 진행자 러쉬 림보, 그리고 축구선수 브렛 파브르와 월터 페이턴 등이 있다.

아편 유사제 중독이 경우 심한 요통이나 수술 후 통증 등 정해진 이유로 약을 복용한 후 중독되는 경우도 있다(Volkow et al., 2018). 한 연구는 요통으로 아편 유사제 처방전을 받은 사람들의 약 4분의 1이 지시사항과 일치하지 않는 방법으로 약을 복용했다는 것을 발견했다(Martell et al., 2007). 다른 경우에, 그 사람은 합법적인 아편 유사제 사용의 이력이 없는 중독이 된다. 그들은 친구, 가족, 비윤리적인 의료 전문가 또는 길거리에서 그 약을 얻는다. 실제로 만성적인 통증 환자를 치료하는 의사들 사이에서 중요한 도전은 진정한 환자와 약을 사기치는 아편 유사제 중독자를 구별하는 것이다(Fields, 2011; Haller & Acosta, 2010). 점점 더 많은 사람들이 나중에 헤로인이나 다른 길거리 형태의 마약에 중독된다(Jones, 2013).

아편제
양귀비 식물에서 자연 유래된 통증 완화제

아편 유사제
자연적으로 유도된 아편제와 뇌의 동일한 수용체에 결합하고 유사한 효과를 갖는 합성 물질 모두를 포함하는 약물

Mauricio Santana/Getty Images

아편 유사제 중독에 대한 확실한 치료법은 없다. 일반적인 치료법은 메타돈(methadone)으로 그 자체가 아편 유사제인 물질이다. 그것은 일반적으로 치료하는 약보다 안전하지만 완전히 안전한 것은 아니며, 그것의 오용은 더 많은 문제를 일으키거나 심지어 죽음을 초래할 수도 있다. 그럼에도 불구하고, 많은 사람들이 메타돈, 다른 물질, 또는 비의료 요법의 도움으로 아편 유사제 중독에서 회복되었다.

환각제 환각제(hallucinogens)는 환각과 같은 비현실적인 감각을 만들어내는 약물이다. 환각제는 과거 세대에 '환각제(psychedelic)' 약물로 알려져 있었는데, 가장 흔한 예로는 LSD(lysergic acid diethylamide, 또는 'acid'), PCP, 그리고 특정 향정신성 품종의 버섯이 있었다. 최근 몇 년 동안에, 실로시빈(psilocybin)과 같은 '환각제'는 다양한 심리학적·의학적 이익을 달성하기 위해 잠재적으로 합법적인 방법(법적으로, 책임감 있게, 적절하게 감독된다면)으로 새로운 관심을 받았다(예 : Carroll, 2017; Holson, 2018; Pollan, 2018). 현재, 흔한 환각제는 MDMA('엑스터시')로, 이것은 또한 약간의 흥분제 성질을 가지고 있다. 화학적으로 환각제로 적합하거나 그렇지 않을 수도 있지만 가끔 환각효과를 일으키는 약으로는 '목욕용 염제(bath salts)', 대마초(마리화나, 'weed', 또는 'pot'), 그리고 합성 대마초('K2' 또는 'spice')가 있다.

환각제는 사람들이 실제로 존재하지 않는 것들을 보고 듣고 느끼도록 만든다. 이 약을 복용하는 동안, 어떤 사람들은 냄새를 보거나 색깔을 듣는 것과 같은 특이한 감각 간 왜곡(cross-sensory distortions)을 경험한다고 주장한다. 환각제는 또한 현실과 강한 괴리감(흔히 몽환적인 상태로 묘사됨)을 유발하고 사람들의 판단과 추리를 손상시켜, 그렇지 않으면 결코 하지 못할 노골적으로 위험한 일을 하게 한다. 예를 들어 환각제에 걸려 넘어지는 사람들은 높은 층의 건물에서 날아오르려고 하거나 벽을 통해 차를 운전하려고 할 수도 있다. 때때로 사람들은 이러한 환각을 공포를 느끼는 '나쁜 여행'으로 경험하며, 그 사람은 그들이 정신을 잃을까봐 두려워한다.

마리화나는 이 범주에 포함되지만, 그것은 많은 면에서 더 '강력한' 환각제와는 다르다. 첫째, 항상 환각을 일으키는 것은 아니다. 많은 사람들은 마리화나를 피울 때와 그렇지 않을 때 느낌이 전혀 다르다고 보고하지 않는다. 그 대신 일차적인 효과는 종종 기분 좋게 편안한 느낌으로 묘사되는데, 어떤 감각적 변화도 존재한다면 이차적인 것으로 묘사된다. 둘째, 마리화나는 훨씬 덜 독성이 있다. MDMA, LSD, 또는 다른 환각제를 한 번 과다 복용하면 심각한 손상이나 사망을 초래할 수 있지만, 마리화나에 대한 그러한 위험의 증거는 거의 없다. 실제로 일부 전문가들은 마리화나를 알코올이나 니코틴과 같은 합법적인 약물보다 안전한 것으로 묘사하고 있다(Brick & Erickson, 2013). 셋째, 마리화나는 녹내장(눈을 과도하게 압박하는 질환)과 항암치료로 인한 메스꺼움 등 여러 질환에 대해 의사들이 처방한다. 넷째, 마리화나는 점점 더 많은 주에서 오락용으로 합법적이다. 그러나 마리화나가 위험이 없는 것은 아니다. 그것은 중독될 수 있다. 더 많은 용량에서 또는 장기간 사용 후, 그것은 종종 기억력 상실을 야기하고, 운전 능력을 손상시키며, 전반적인 동기부여를 감소시킨다. 마리화나를 장기간 피우면 폐암도 생길 수 있다.

향정신성 약물에 대한 마지막 메모는 정신 질환을 치료하는 데 사용되는 약도 향정신성 약물이라는 것이다. 그것이 그들이 하도록 고안된 것이다. 그들은 환각과 다른 기괴한 경험을 돕기 위한 **항정신병** 약물들을 포함한다. 공포와 신경과민에 도움이 되는 **항불안제**, 슬픔과 절망에 도움을 주는 **항우울제**(그리고 불안도), 그리고 극도의 감정 고조와 저하의 강도를 낮추는 데 도움이 되는 **기분안정제**도 있다. 이 모든 약들은 제14장에서 심리장애 치료제로 기술되어 있다. 표 4.5에는 다양한 종류의 향정신성 약물의 효과가 요약되어 있다.

환각제
환각과 같은 비현실적인 감각을 만들어내는 약물들

표 4.5 향정신성 약물의 종류

종류	예시	공통효과
진정제(억제제)	알코올, 벤조디아제핀, 바르비튜레이트	느린 신체 기능, 이완 강화
흥분제	코카인, 암페타민(많은 ADHD 약물 포함), 필로폰, 카페인, 니코틴	신체 기능 가속화, 에너지 향상 및 피로 극복
마약성 진통제	헤로인, 아편, 모르핀, 코데인, 하이드로코돈, 옥시코돈, 펜타닐	고통 감소, 즐거움 증진
환각제	LSD('acid'), PCP, MDMA('엑스터시'), '목욕용 소금', 대마초, 합성 대마초, 페요테(메스칼린), 실로시빈	환각이나 꿈 같은 '여행'

학습 확인

4.15 향정신성 약물은 무엇인가?

4.16 향정신성 약물은 어떻게 작용하는가?

4.17 내성과 금단현상의 차이점은 무엇인가?

4.18 중독이란 무엇인가?

4.19 진정제는 무엇을 하며, 일반적인 예는 무엇인가?

4.20 흥분제는 무엇을 하며, 일반적인 예는 무엇인가?

4.21 아편 유사제는 무엇을 하며, 흔한 예는 무엇인가?

4.22 환각제는 무엇을 하며, 흔한 예는 무엇인가?

다른 변화된 의식 상태

학습 목표

4.23 명상의 정의

4.24 마음챙김의 정의

4.25 기시감의 정의

4.26 임사체험의 정의

수면과 깨어 있는 것 외에도 최면과 향정신성 약물을 넘어서도 다른 의식 상태가 있다. 어떤 사람들에게, 어떤 사건이 일시적으로 정신을 다른 방식으로 만든다. 예를 들어 무아지경, 유체이탈, 발작, 단식 또는 열로 인한 기절, 신비한 계시, 영적 또는 종교적 비전 등이 포함된다(Barušs, 2003). 이 중 몇 가지를 생각해보자 — 명상과 마음챙김, 기시감, 그리고 임사체험.

명상과 마음챙김

명상(meditation)은 여러분의 정신 상태를 향상시키기 위한 궁극적인 목적으로 집중적인 관심을 높이기 위해 고안된 활동이다. 역사적으로 정신 상태의 개선은 부처나 신과 같은 더 높은 존재나 정신과의 보다 직접적인 연관성을 강조했다. 더 최근에는, 특히 미국과 다른 서양 문화에서 행해진 것처럼, 영적인 연결에 대한 강조는 스트레스 수준 저하나 불안이나 우울증 증상의 개선과 같은 개인적 또는 심리적 이득에 대한 강조와 함께 종종 신체적 건강의 향상에 대한 관점을 가지고 있다(Das, 2014; Eberth & Sedlmeier, 2012; McMahan & Braun, 2017; Shapiro & Walsh, 2003).

명상은 종종 종교적 또는 정신적 관습에 얽매여 전 세계의 문화에서 수천 년 동안 존재해 왔다(Harrington, 2008; West, 1987). 그 긴 역사 동안 명상은 많은 다른 형태를 취했지만, 대부분은 두 가지 주요 목표 중 하나를 가지고 있다. 첫 번째 유형의 명상에서는 마음속에서 모든 생각을 비우는 것이 목표다. 명상하는 사람은, 생각이나 감정에 사로잡히지 않는 마음인 완전히 맑은 마음을 얻으려고 한다. 그리고 이 맑은 마음에 사람이 도착할 때 삶의 감각을 경험할 수 있게 해준다. 명상을 사람은 시간이나 공간의 감각을 잃어버리고, 그 사람 주변의 세계는 하나의 연결된 실체처럼 느끼기 시작한다.

명상

사람의 정신 상태를 향상시키는 궁극적인 목적을 가지고 집중적인 관심을 증가시키기 위해 고안된 활동

두 번째 유형의 명상에서, 목표는 특별히 선택된 자극에 전적으로 마음을 집중시키는 것이다. 이 자극은 그 사람이 반복해서 말하는 단어나 구절 또는 소리('Om, om, om…'과 같은 만트라), 그 사람이 보거나 상상하는 시각적인 물체, 또는 그 사람이 마음속에 품고 있는 개념이 될 수 있다. 그 사람은 이 자극에 완전히 흡수됨으로써 초월적이고 변화무쌍한 상태에 도달한다는 생각이다. 이 자극을 계속 심사숙고함으로써 다른 모든 생각들과 충동은 사라지고, 마음은 내면의 경험에 집중할 수 있게 된다(Gunaratana, 2014; Newberg, 2010; Simpkins & Simpkins, 2009; van Vugt, 2015).

명상은 종종 스트레스 수준을 낮추고 정신 및 신체 건강을 향상시킨다.

명상은 최근 수십 년간 인기가 높아졌으며, 사용 가능한 방법의 책들이 풍부해 각각 명상을 실천하는 자신만의 방법을 제공하고 있다(예 : Hanh, 1975; Kabat-Zinn, 2018; Siegel, 2018). 이 책들 중 하나는, 현재와 역사적으로 명상 연습과 밀접하게 관련된 종교인 모든 티베트 불교의 정신적 지도자 달라이 라마에 의해 쓰여졌다. 명상 시작을 위한 달라이 라마의 통찰력과 제안은 다음과 같다(His Holiness the Dalai Lama, 2011).

- 명상이 새로운 것이면 도전적일 수 있으며, 광범위한 연습이 필요하다.
- 처음에는 하루에 10~15분씩 명상을 하라. 몇 분간의 성공적인 명상은 초기 단계에서 큰 성취이다.
- 가능하다면 마음이 가장 맑아지고 그날의 사건에 가장 영향을 받지 않은 경향일 때, 이른 아침 시간에 명상하라.
- 명상은 어디에서나 수행할 수 있지만, 처음에는 시각과 청각의 산만함이 없는 조용한 장소를 찾는 것이 좋다.
- 어떤 편안한 자세라도 좋지만, 가부좌가 선호되는데, 편안하고 똑바른 자세여서 잠에 빠져들 확률을 낮추기 때문이다.
- 호흡을 알아채면서 명상을 시작하고, 일부러 그것이 어떻게 안으로 들어가고 나서 코로 나가는지 집중하면서 명상을 시작하라.

명상의 목표는 일상생활에 대한 산만한 생각에 사로잡히지 않을 정도로 즉각적인 내적 감각을 직접 경험하는 중립적이거나 공허한 마음 상태를 달성하는 것이다. 물론 그런 생각들은 여러분이 원하지 않더라도, 적어도 이따금씩 일어날 것이다. 하지만 여러분은 그것들을 놓을 수 있고, 호흡에만 전념할 수 있도록 자신을 부드럽게 상기시킬 수 있다. 달라이 라마는 정신적 사건들이 그들과 싸우기보다는 제 갈 길을 가게 하는 과정뿐만 아니라 그렇게 하는 것의 이점을 묘사한다(His Holiness the Dalai Lama, 2011).

이 명상에 처음 참여하게 되면 필연적으로 마음이 방황하거나, 생각과 이미지가 의식을 통해 떠돌거나, 뚜렷한 이유 없이 기억이 불쑥 나타나는 것을 발견하게 될 것이다. 이런 일이 있을 때, 이러한 생각과 이미지의 기운들을 억누르거나 강화하려고 애쓰면서, 이러한 생각들과 이미지들의 에너지에 휘말리지 않도록 하라. 마치 하늘에 구름이 나타나서 시야에서 사라지는 것처럼 그들을 관찰하고 놓아주기만 하면 된다… 때때로 여러분은 여러분의 마음이 특별한 내용을 가지고 있지 않을 때, 부재나 진공처럼 느껴지는 짧은 간격을 경험하게 될 것이다. 여러분의 첫 번째 성공은 덧없을 뿐이다. 그러나 끈기를 가지고… 여러분은 마음이 거울이나 맑은 물과 같다는 것을 이해하기 시작할 수 있을 것이다. 이미지가 나타나고 사라지는 것을 보는 분리된 구경꾼처럼, 여러분은 그것이 무엇에 대한 여러분의 생각, 즉 마음의 구성물을 보는 법을 배울 것이다. 그래서 우리의 많은 문제들이 발생하는 것은, 우리의 순진한 훈련되지 않은 상태에서, 우리는 우리의 생각을 실제 현실과 혼동하기 때문이다. … 그렇게 함으로써, 우리는 본질적으로 우리 자신의 창조물인 세계에 스스로를 더욱 촘촘히 묶어 그 세계에 갇히게 된다. 마치 그 자신의 매듭에 얽힌 밧줄의 길이처럼(pp. 169-170).

달라이 라마가 묘사한 이 설명의 여러 부분은 명상이 **마음챙김**(mindfulness) 개념에 크게 의존한다는 것을 보여준다 ─ 순간 대 순간 경험에 대한 인식은 완전히, 고의적으로, 그리고 산만하지 않게. 원래 마음챙김에 대한 동양의 원래 정의와 서양에서 더 최근에 사용되는 용어 사이에는 약간의 차이가 있지만 본질은 대체로 동일하다(Carmody, 2015; Davis & Thompson, 2015; Gethin, 2015; Grossman, 2011; Grossman & Van Dam, 2011; Quaglia et al., 2015). 마음챙김의 본질은 현재 일어나고 있는 일을 경험하는 것이다. 이것은 또한 마음가짐이 있는 사람이 과거에 일어났던 일에 집중하지 않고(단 1분이나 1일 전이라도), 미래가 어떤 결과를 가져올지 걱정하지 않는다는 것을 의미한다. 현재의 경험도 판단력이나 희망적인 생각이 없다. 찬성도, 반대도 없고, 무슨 일이 일어나도 변하거나 남고 싶은 욕구도 없다. 다만 그것을 받아들이기만 하면 기분이 좋아진다(Bishop et al., 2004; Brown & Ryan, 2004; Germer, 2005; Hick, 2008; Kabat-Zinn, 1994; Roemer & Orsillo, 2009).

마음챙김의 예로 양치질을 고려해보라. 마음챙김이 없다면, 여러분은 그것을 무심코 할 것이다 ─ 로봇처럼, 구역을 벗어나, 움직임을 거치며, 그 과정에 대해 전혀 알아차리지 못할 것이다. 마음챙김으로 주목할 것이 많다 ─ 치약 튜브의 색깔, 칫솔모의 단단함, 혀에 있는 치약의 박하 맛, 물이 배수구로 내려가기 전에 세면대 주변을 휘젓는 방법. 마음챙김이 없으면 양치질을 할 때 라디오를 듣거나 스마트폰을 봄으로써 정신을 산만하게 할 수 있다. 마음챙김으로, 양치질하는 것은 여러분의 모든 주의를 집중시킨다. 마음챙김이 없다면, 여러분의 마음은 과거나 미래로 방황할지도 모른다("어젯밤 내가 보낸 문자 내용을 내 친구가 이해했나?" "내가 오늘 늦게 그 시험을 치를 준비가 되었는가?"). 마음챙김으로, 여러분의 마음은 오늘날, 이 순간, 양치질하는 느낌에 대해 계속 확대된다.

마음챙김에 대한 근본적인 생각은 1990년대 이후 미국에서 인기가 급격히 상승했다(Brown et al., 2015; Crane, 2017). 심리학자와 다른 종류의 치료사들은 여러 가지 문제에 대한 치료의 기초로서 마음가짐을 사용했고, 그것을 다른 형태의 치료에도 엮어 왔다(Hayes-Skelton & Wadsworth, 2015; Irving et al., 2015; Segal et al., 2012; Shapiro, 2009). 그리고 그 치료들은 인상적인 결과를 보여주었다. 생물학적 관점에서 마음챙김은 뇌를 변화시킨다(Zeidan, 2015). 한 특정한 연구에서, 참가자들은 장례식, 우는 사람, 화상 환자, 죽은 동물을 포함한 부정적인 감정을 불러일으키도록 고안된 사진을 보여주었다. 참가자들의 fMRI 이미지는 마음챙김이 높은 사람들이 사진을 볼 때, 전두엽 피질의 활성화는 더 크고 편도체의 활성화는 더 낮다는 것을 보여주었다(Modinos et al., 2010). 이러한 결과들(그리고 다른 연구에서 나온 유사한 결과들)은 마음챙김이 사건을 해석하는 뇌의 부분이 불안을 유발하는 뇌의 부분을 진정시키는 데 도움이 된다는 것을 암시한다(Brown et al., 2012; Creswell et al., 2007; Vago & Silbersweig, 2012; Zeidan et al., 2011). 이와 같은 뇌의 차

마음챙김
완전히, 의도적으로, 그리고 주의를 산만하게 하지 않는 순간적인 경험에 대한 인식

이는 최소한의 마음챙김 훈련 후에 얻을 수 있다—4일 동안 하루에 20분만(Zeidan et al., 2013).

마음챙김의 힘의 증거는 뇌 스캔에만 국한되지 않는다. 많은 연구들은 여러분의 삶에 마음챙김을 포함시키는 것이 여러분을 훨씬 더 행복하고 건강하게 만들 수 있다는 것을 보여준다(Arch & Landy, 2015; Carsley et al., 2018; Chiesa & Serretti, 2011; Gu et al., 2015; Khoury et al., 2013; Schumer et al., 2018). 구체적으로 마음챙김에 근거한 정신 요법들이 불안, 우울증, 섭식장애, 성격장애, 중독, 그리고 그 밖의 여러 가지 심리학적 진단을 가진 사람들에게 큰 혜택을 준다는 증거가 있다(Baer, 2006; Bowen et al., 2015; Goldberg et al., 2018; Hedman-Lagerlöf et al., 2018; Hofmann et al., 2010; Piet & Hougaard, 2011; Sedlmeier et al., 2012; Vøllestad et al., 2012).

마음챙김은 심리적 장애가 없는 사람들에게도 심리적 이익을 가져다준다(Brown, 2015; Shapiro & Jazaieri, 2015). 부부 사이의 마음챙김 수준이 높을수록 적대감(논쟁 직후에도) 수준이 낮고 관계 만족도가 높은 것과 관련이 있다(Barnes et al., 2007; Carson et al., 2004). 8주간의 마음챙김 훈련 프로그램을 받은 대학생들은 그것이 끝난 지 3개월 후 일상의 번거로움, 스트레스, 그리고 의학적 증상의 비율이 현저히 낮았다(Williams et al., 2001). 심리장애가 없는 중장년층도 비슷한 8주간의 마음챙김 훈련 과정을 거쳤으며 긍정적인 감정과 전반적인 삶의 질이 크게 향상되었다고 보고했다(Nyklíček & Kuijpers, 2008). 마음챙김 명상을 실천한 수감자들은 전반적인 행복이 크게 향상되었다(Auty et al., 2017). 마음챙김 기반 프로그램은 또한 의사들의 스트레스와 정서적 소진 수준을 현저히 낮추는 데 도움을 주었다(Schroeder et al., 2018). 또한 마음챙김은 암, 만성통증, 당뇨병, 고혈압, 심장질환, HIV/AIDS 등 많은 신체적·의료적 문제를 치료하는 데 도움을 준다는 점도 주목할 만하다(Anheyer et al., 2017; Carlson, 2015; Grossman et al., 2004; Haller et al., 2017; Keng et al., 2011).

명상은 완전히, 고의적으로, 그리고 주의 깊게, 여러분의 순간적인 경험에 대한 인식이다.

기시감

기시감(Déjà vu)은 비록 그렇지 않았지만, 이미 일어난 일처럼 막연하게 느껴지는 경험이다. 여러분이 새로운 영화관에 들어서면 얻을 수 있는 이상하고 다른 세계의 감각이지만 여러분은 전에 그곳에 가본 적이 있는 것 같다. 그럴 때, 여러분은 불가능하다는 것을 알면서도 스스로에게 (아마도 친구에게) '이거 정말 이상하지만, 나는 이미 여기에 와본 것 같다'고 생각한다. 그 극장에 가본 적이 없는지 기억을 다시 확인하면, 맞다, 안 가봤다. 여전히, 그곳뿐만 아니라 모든 경험에 대한 친숙함이 남아 있다—티켓을 사고, 로비를 걸어 다니며, 자리를 찾는 것은 모두 여러분이 제자리를 찾을 수 없는 또 다른 경험의 반복인 것 같다.

기시감에 대한 과학적 연구는 몇 가지 흥미로운 발견들을 보여준다(Brown, 2003, 2004).

- 보통 한 달에 한 번에서 1년에 한 번 정도 기시감을 경험한 사람이 약 3분의 2에 달한다.
- 가장 일반적인 방아쇠는 방이나 건물과 같은 물리적 환경이지만 다른 방아쇠는 구어("나 전에도 이 이야기를 들은 것 같아….")를 포함한다.
- 스트레스와 피로는 기시감이 일어날 확률을 높인다.
- 기시감 에피소드는 전형적으로 30초 정도 지속되지만, 에피소드 동안 시간이 종종 느려지는 것 같아서(다소 초현실적으로 느껴지기 때문에) 더 길게 보일 수도 있다.
- 기시감을 경험하는 사람들은 전형적으로 기시감이 놀랍거나 혼란스럽다고 생각한다.
- 기시감은 고학력, 고소득, 자유주의 신념, 그리고 젊은 연령층의 사람들에게 더 흔하다.

기시감
비록 그렇지 않았지만 이미 일어난 일처럼 어렴풋이 느껴지는 경험

● 기시감 경험(체험)과 심리적 장애 사이에는 아무런 연관성이 없다.

여러분은 아마도 직접 기시감에 대해 들어봤을 것이고, 경험했을 것이다. 그러나 여러분은 미시감(jamais vu)에 대해 아는가? 미시감은 기시감과는 정반대다. 익숙해야 할 상황에 대한 부적절한 낯선 모습이다(Burwell & Templer, 2017). 예를 들어 이전에 수백 번 샤워를 했던 욕실에서 샤워를 하는데, 새로운 호텔 방에서 샤워를 한 것처럼 이상한 느낌이 든다면 그것은 미시감이다. [프랑스어로 기시감(déjà vu)는 이미 본 것을 의미하고, 미시감(jamais vu)은 본 적이 없다는 것을 의미한다.] 2,500명을 대상으로 한 한 설문조사는 미시감이 기시감보다 현저히 덜 흔하다는 것을 발견했다(Ardila et al., 1993).

기시감, 미시감, 그리고 이와 유사한 경험의 원인은 광범위하게 연구되지 않았고 알려져 있지 않다. 일부 전문가들은 신경학적, 기억력 또는 인지적 과정에 사소한 이상이 있다고 믿는다(Brown, 2003; Brown & Marsh, 2010; Cleary, 2008; Cleary & Claxton, 2018; Wild, 2005).

임사체험

임사체험(near-death experience)은 죽음이 곧 일어날 것이라는 믿음에 의해 발생한 의식의 변화된 상태를 말한다. 임사체험은 임상적으로 사망 판정을 받았지만 생존한 사람의 약 10~20%에 의해 보고되고 있다(Greyson, 2012). 또한 병으로 인해 죽음에 가까워지고 있거나, 설사 그런 믿음의 이유가 없다고 하더라도 곧 죽을 것을두려워하는 많은 사람들에게도 일어난다(Owens et al., 1990).

임사체험 경험은 종종 유사한 구성요소를 가지고 전 세계에서 일어난다(Lake, 2017; McClenon, 1994). 임사체험을 한 사람들은 종종 자신의 몸 밖에 있는 것을 묘사하고("나는 병원 침대 위에 있었고, 나에게 무슨 일이 일어나고 있는지 지켜보고 있었다"), 그들의 삶의 경험에 대한 리뷰("내 인생이 눈앞에서 번쩍였다"), 느린 시간의 감각, 그들이 점점 더 가까이 움직이고 있는 밝은 빛의 비전, 다른 차원에 있다는 느낌, 영혼이나 죽은 친척에 대한 환영, 삶의 의미에 대한 엄청난 계시나 통찰력,그리고 모든 것들과 모든 사람들과의 평화, 기쁨, 그리고 단결이라는 압도적인 느낌(Greyson, 1985; Marshall et al., 2017). 그들이 임사체험을 회상할 때, 그것을 무시하지 않는다. 대신에 그들은 대개 임사체험에 대한 기억을 실제 사건에 대한 기억보다 더 생생하고 '실제(realer)'라고 묘사한다(Moore & Greyson, 2017, p 116). 다음은 심장병 전문의가 의학을 그만둔 후 환자의 이야기를 듣고 임사체험을 공부하기 시작한 예다.

> 멀리서 나는 지구상에서 본 적이 없는 빛을 보았다. 너무 순수하고, 너무 강렬하고, 완벽하다. 나는 내가 가야 할 존재라는 것을 알았다. …모든 것의 정점이다. 에너지의, 특히 사랑의, 따뜻함의, 아름다움의. 나는 완전한 사랑의 감정에 빠져 있었다. … 바로 그 순간, 순식간에 나는 풍부한 지식, 완전한 지식과 이해에 접근할 수 있었다. 모든 지식. 보편적인 지식. 나는 우주의 기원과 우주가 어떻게 작동하는지 그리고 왜 사람들이 그들이 하는 일을 하는지를 이해했다. … 나는 이 거대한 계획이 나뿐만 아니라 모든 것, 모든 사람, 모든 영혼, 모든 동물, 모든 세포, 지구와 다른 모든 행성, 은하계(universe), 우주(cosmos), 빛도 포함한다는 것을 깨달았다. 모든 것이 연결되어 있고 모든 것이 하나로 되어 있다(pp. 34-35).

임사체험의 원인에 대해서는 아직 설명이 없다. 전문가들은 저산소 수치, 비정상적인 신경전달물질 수치, 중약 부작용 등 사망자의 신체 건강 악화에 초점을 맞춘 이론을 제시했다(Greyson,

임사체험
죽음이 곧 일어날 것이라는 믿음에 의해 발생한 의식의 변화된 상태

2012). 흥미롭게도, 기대는 그것과 아무 상관이 없는 것처럼 보인다. 임사체험을 한 사람들은 단지 종교적 또는 문화적 신념 때문에 일어날 것으로 기대했던 어떤 것의 동작을 거치고 있는 것이 아니다. 너무 어려서 그런 기대를 알 수 없는 아이들은 어른들의 경험과 일치하는 임사체험을 한다(Bush, 1983; Herzog & Herrin, 1985; Morse et al., 1986). 임사체험에 대해 아무것도 모르는 사람들, 죽어가는 과정에 대해 매우 다른 신념을 갖고 있는 사람들, 그리고 다른 종교적 배경을 가진 사람들 모두 거의 비슷한 임사체험을 가지고 있다(Athappilly et al., 2006; Greyson, 1991; Greyson & Stevenson, 1980; McLaughlin & Malony, 1984).

임사체험은 사람들의 영성을 주요한 방식으로 변화시킨다. 한 연구자가 임사체험을 한 50명의 사람들을 인터뷰한 결과 자신을 영적이라고 묘사한 사람이 그 경험 전 16%에서 그 경험 이후 76%로 급증한 것으로 나타났다. 흥미롭게도, 스스로를 종교적이라고 묘사했던 사람들의 숫자는 실제로 조직적인 종교에 관여했던 것과 마찬가지로 떨어졌다(Sutherland, 1990).

임사체험은 사람들의 행동을 또한 크게 변화시킨다. 임사체험을 한 사람들을 인터뷰를 한 또 다른 연구에서, 대다수는 그들이 다른 사람들에 대한 더 많은 도움과 동정심을 갖게 되었고, 삶에 더 감사하게 되었고, 감정적으로 더 강해지고, 목적의식을 갖게 되었고, 죽음에 대한 두려움을 덜게 되었다는 것에 동의했다(Musgrave, 1997). 임사체험은 또한 그들을 가진 사람들의 친구와 가족에게 강력한 간접적인 영향을 끼칠 수 있다. 친구와 가족은 종종 삶에 대한 더 큰 감사와 두려움, 정서적인 힘을 얻는다(Flynn, 1986; Ring, 1984, 1996; Ring & Valarino, 2006).

학습 확인

4.23 명상이란 무엇이며, 명상이 어떤 목적에 도움이 되는가?
4.24 주의란 무엇이며, 어떤 영향을 미칠 수 있는가?

4.25 기시감이란 무엇인가?
4.26 임사체험이란 무엇인가?

요약

수면

4.1 수면의 기능이 완전히 명확하지는 않지만, 많은 이론들은 해를 피하기 위해 가만히 있고, 에너지를 절약하고, 신체를 재충전하고, 두뇌를 발달시키고, 기억력을 향상시키는 것과 같은 진화적 이점을 강조한다.

4.2 부분적인 수면 박탈은 상당히 흔하며, 감정과 수행 면에서 강한(그러나 종종 인식되지 않는) 부정적인 결과를 가지고 있다.

4.3 여러분의 일주기리듬은 여러분의 내부 신체 시계로, 매일의 각성과 졸음에 영향을 미친다. 그것은 주로 여러분의 시교차상핵에 의해 제어되지만, 빛 노출, 식사, 교대 근무, 시차 등 외부 신호에 의해 영향을 받을 수 있다.

4.4 정상적인 수면은 REM 수면과 NREM 수면으로 나눌 수 있다. REM 수면은 강렬한 뇌 활동과 꿈을 포함한다. NREM 수면은 1단계, 2단계, 3단계 및 4단계(서파수면)를 포함하며, 이는 깊이가 깊어질 때 발생한다.

4.5 성별, 인종, 연령대가 다른 사람들은 다른 종류의 수면 패턴을 보인다.

4.6 공동수면은 가족 구성원들이 같은 방이나 같은 침대(보통 어른과 함께 있는 아이)에서 자는 것을 포함한다. 어린아이들을 위해, 공동수면은 대부분의 미국보다 아시아와 세계의 다른 지역에서 훨씬 더 흔하다.

4.7 수면 이상으로는 불면증(수면장애), 몽유병, 기면증(수면발작), 야경증(공포와 혼란으로 얼룩진 짧은 각성), 그리고 수면무호흡증(호흡곤란으로 인한 수면장애)이 있다. 신체적 질병은 종종 이러한 수면 이상과 관련이 있다.

4.8 수면 문제를 치료하거나 예방하려면, 일관된 수면 스케줄을

유지하고, 매일 운동하며, 밤에 많이 먹지 않고, 편안하고 어둡고 조용한 방에서 잠을 자라. 또한 취침시간 가까이에는 카페인, 낮잠, 담배, 술, 운동, 밝은 빛을 피한다.

꿈

4.9 꿈에 대한 이론은 여러 가지가 있는데, 여기에는 민속 이론, 꿈이 무의식적인 소망을 드러낸다는 지그문트 프로이트 이론, 신경심리학적 기능에 초점을 맞춘 이론 등이 포함된다.

4.10 꿈의 주제는 잠자는 시간보다 일어나는 시간에 더 긍정적인 경향이 있다. 어떤 경우에 꿈은 이미지 리허설 치료와 명쾌한 꿈을 통해 정신 건강을 향상시킬 수 있다.

최면

4.11 최면은 한 사람, 즉 참여자가 다른 사람, 즉 최면술사에게 매우 암시적이 되는 의식의 변화된 상태를 말한다. 최면의 절차는 유도, 제안(그중 일부는 최면 이후일 수 있음) 및 종료를 포함한다.

4.12 최면은 그동안 다양한 행동 문제와 정신장애를 치료하고 스포츠 등 다른 분야에서의 성과 향상을 위해 사용되었지만 그 효과에 대한 증거는 제한적이다.

4.13 어떤 사람들은 다른 사람들보다 훨씬 더 최면에 잘 걸릴 수 있는데, 특히 마음이 더 개방적이고 감각 경험에 몰두하는 경향이 있는 사람들이 더욱 그렇다.

4.14 최면에 걸린 사람이 실제로 최면에 걸린 행동을 하라는 사회적 압력에 순응하고 있을 뿐이라는 최면의 사회인지 이론은 뇌의 일부가 실제로 최면에 의해 영향을 받는다는 것을 보여주는 신경심리학 연구에 의해 확인되지 않는다.

향정신성 약물 및 의식

4.15 향정신성 약물은 정신 기능을 변화시키는 물질이다.

4.16 향정신성 약물은 뉴런 사이를 이동하는 신경전달물질의 양을 변화시켜 작용한다.

4.17 내성은 그 약물의 반복적인 사용으로 인해 특정 양의 약물의 효과가 감소하는 것이다. 금단증상은 습관화된 약물을 중단함으로써 생기는 스트레스와 불편한 증상을 수반하는데, 종

종 사람이 그 약물에 신체적으로나 심리적으로 의존하게 된 후에 발생한다.

4.18 중독은 심각한 부정적인 결과에도 불구하고 지속되는 문제가 있는 약물 사용이다.

4.19 진정제는 신체 기능을 느리게 하는 약으로 알코올, 벤조디아제핀, 바르비튜레이트 등이 포함된다. 알코올은 음주운전, 성폭행, 약물 과다 복용, 일반 약물과의 위험한 상호작용, 선천적 결함 및 중요한 장기 손상 등 다양한 부정적인 결과와 관련이 있다.

4.20 흥분제는 신체의 기능을 빠르게 하는 약물이다. 흥분제에는 코카인, 암페타민(ADHD 처방약에서 발견되는 것 등), 필로폰('meth'), 니코틴, 카페인이 있다.

4.21 아편 유사제는 아편, 즉 그 약의 합성 버전으로 만들어진 약으로, 뇌의 엔도르핀 수용체를 활성화시켜 고통을 완화시킨다. 그들은 중독성이 강하며 헤로인, 모르핀, 코데인, 하이드로코돈, 옥시코돈, 펜타닐을 포함한다.

4.22 사이키델릭(psychedelics)으로 알려진 환각제는 환각과 같은 비현실적인 감각, 즉 '트립스(trips)'를 만들어내는 약물이다. 여기에는 LSD('acid'), PCP, 특정 품종의 버섯, 엑스터시(MDMA) 및 실로시빈이 포함된다. 가끔 환각을 일으키는 다른 약으로는 '목욕용 소금'과 '대마초'가 있다.

다른 변화된 의식 상태

4.23 명상은 정신 상태를 개선하기 위한 궁극적 목적으로 집중적인 관심을 높이기 위해, 종종 영적 또는 심리적 이득을 위해 고안된 활동이다.

4.24 마음챙김은 여러분의 순간적인 경험을 완전히, 고의적으로, 그리고 산만하지 않게 인식하는 것이다. 마음챙김은 정신 질환이 있는 사람들과 그렇지 않은 사람들의 정신 건강을 향상시키는 데 사용되어 왔다. 신경심리학 연구는 그것이 뇌에 변화를 일으킨다는 것을 보여준다.

4.25 기시감은 아직 일어나지 않았음에도 불구하고 이미 일어난 것처럼 어렴풋이 느끼는 경험이다.

4.26 임사체험은 죽음이 곧 일어날 것이라는 믿음에 의해 발생한 의식의 변화된 상태다.

주요 용어

공동 수면	수면 위생	진정제
금단	신체적 의존	최면
기면증	심리적 의존	최면의 사회인지 이론
기시감	아편 유사제	향정신성 약물
내성	아편제	환각제
마음챙김	야경증	흥분제
명상	의식	NREM 수면
몽유병	일주기리듬	REM
불면증	임사체험	REM 마비
수면 무호흡증	자각몽	REM 반동
수면 박탈	중독	REM 수면

여러분의 어린 시절을 떠올려본다면, 어린 시절 거의 납치될 뻔한 기억이 난다. 구체적으로 기억하는 바는 다음과 같다. 2살경 베이비시터가 유모차를 밀고 사람이 많은 거리를 향해 가고 있던 중, 납치범이 나타났다. 여러분은 유괴범이 유모차에서 여러분의 안전벨트를 풀려고 노력하던 모습과 그가 여러분을 안고 달리던 모습을 본다. 여러분의 베이비시터는 그를 중지시키려고 노력하다가 얼굴에 상처를 입었다. 많은 사람들이 여러분의 유모차 주위로 모여들고 경찰이 나타난다. 범인은 도망가고 경찰은 그를 쫓아갔다. 현재에도 그날의 모든 장면은 여러분의 마음에 생생하게 남아 있다.

그러나 실제로는 아무런 일도 발생하지 않았다. 13년 후 여러분의 베이비시터는 자신이 모든 이야기를 만들어냈다고 고백했다. 그 당시는 여러분이 청소년일 때이며, 여러분은 그 이야기를 여러 번 들었기 때문에 그 이야기가 만들어졌음에도 불구하고 실제로 아주 생생한 기억을 가지고 살고 있었다.

터무니없이 들릴 수 있으나, 수년간 그 이야기를 반복적으로 들어 거짓된 기억이 진짜 같이 느껴지고 실제로 발생한 것으로 여겼으나, 13년 후 베이비시터의 고백으로 만들어진 납치 이야기임을 알게 되었다. 이 일은 실제로 장 피아제라는 가장 영향력 있고 전 시대를 아우르는 심리학자에게 있었던 일이다(Haggbloom et al., 2002; Loftus, 1979; 또한 Macknik & Martinez-Conde, 2010 참조). 피아제는 발달심리학의 대부로서 그의 작업은 발달심리학의 기반을 이루고 있지만, 그의 기억은 여러분과 나의 기억처럼 완벽하지 않다.

피아제의 경험과 유사하게 매우 정확하다고 생각한 기억이 사실이 아니라고 밝혀지는 상황은 기억과 관련하여 중요한 질문을 제공한다. 우리의 기억은 어떻게 만들어지는가? 기억은 어떻게 저장되고, 우리는 어떻게 기억을 되돌리는가? 어떤 기억들은 지속되고, 또 어떤 기억들은 사라지는가? 무엇이 기억을 강화하고, 방해하는가? 이 장에서는 기억에 관한 이와 같은 질문을 탐색한다.

개요

기억의 정의

기억의 3단계

기억의 유형

무엇이 기억에 영향을 미치는가

기억에 관한 문제

기억의 정의

학습 목표

5.1 기억의 정의
5.2 개인 정체성에서의 기억의 역할
5.3 비범한 기억 능력

기억(memory)이란 정보를 받아들이고, 시간이 지나도 저장되며, 나중에 마음으로 불러내는 과정이다. 기억은 매우 근본적인 것이라 기억이 없는 인간의 삶이란 상상하기 어렵다. 오늘 하루 첫 2분 동안 잘 정리된 기억이 없는 상황을 상상해보자. 아침에 여러분의 침대에서 일어났지만, 여러분이 있는 곳이 어디인지에 대한 기억이 없다면, 방은 완전히 낯설고, 혼란에 빠져 다른 방으로 헤매고, 세면대에 서서 거울에 비친 얼굴을 바라보지만, 누군지 알아보지 못한다. 아래를 내려다보니 끝에 뻣뻣한 털이 달려 있는 작은 플라스틱 막대가 있고, 그 옆에 '크레스트'라고 적힌 튜브가 있지만 여러분은 이 물건들이 무엇인지 알 수가 없고, 어떻게 사용해야 하는지 기억할 수 없다. 침대 옆에서 무엇인가 울리는 진동을 느끼고 당황하여 그 소리를 찾으려고 한다. 그 물건은 일종의 유리 화면으로 된 작은 직사각형 모양으로, 벽면에 있는 전기코드에 연결되어 있으며 불빛이 반짝인다. "이 직사각형은 뭐고, 나는 이 물건을 가지고 무엇을 해야 하는 거지?"라며 의아해하고, 침실 거울에 비친 자신의 모습을 바라보니, 몇 분 전에 바라본 적이 없었던 것처럼 자신의 얼굴이 완전히 낯설다.

기억과 정체성

기억은 우리의 기능뿐 아니라 우리의 정체성에 없어서는 안 된다. 여러분의 기억이 여러분을 다른 사람과 차별되는 독특한 사람으로 정의한다. 다른 사람들은 여러분이 알고 있는 것을 알지 못하고, 여러분이 가지고 있는 경험을 하지 못하였으며, 여러분이 하는 일을 어떻게 해야 하는지 알지 못한다. 이 측면에서 여러분의 기억과 여러분의 성격은 겹쳐진다. 여러분이 과거로부터 기억하는 내용은 여러분이 오늘날 생각하고 느끼고 행동하는 방식을 결정한다. 넬슨 델리스(Nelson Dellis)는 역사적 기록에 남은 기억력이 좋은 사람인데, 그는 국가 기억대회에서 우승하였고, 끝없이 적혀 있는 긴 이름과 숫자를 기억한다. 그러나, 델리스도 기억이 사실로 채워진 것보다 훨씬 더 많다는 것을 알고 있다.

> 제가 무서워하는 것은… 기억을 잃는다는 것이 제가 배운 내용들을 모두 잊어버린다는 것이 아니고, 그것은 우리가 사랑한 사람들과 함께한 순간들과 우리가 누구인지를 알아가도록 우리를 챙겨주던 사람들을 잃는다는 거죠. 만약 여러분이 기억을 잃게 된다면, 여러분은 누구이며, 어떻게 여러분의 인생을 즐길 수 있겠어요? (Dellis, 2012)

기억과 정체성의 관계는 개인적으로 가족 중에 알츠하이머를 앓고 있는 할머니의 마지막 생을 보살피면서 확실히 알게 되었다. 할머니는 죽음이 가까워질수록 자신의 자녀들과 자신의 이름을 기억하기 위해 싸워야 했고, 이러한 광경을 보는 것은 고통스럽고 슬펐다. 우리 가족은 서로를 위로하면서 할머니 상태를 이야기하였는데, 우리 친척 중 한 명이 "할머니의 기억은 지금 실제로 빠져나가고 있는 중이야"라고 슬프게 말했다. 우리 모두는 할머니를 동일한 존재로 의미 부여하였지만, 우리는 그녀의 기억과 할머니를 혼용해 쓰고 있었다. 의식하지 못했지만 우리는 평생의 그녀 기억 안에 존재하는 그녀의 가족, 친구가 누구이고, 그녀가 자신의 치킨수프에 어떤 재료를 넣고, 그녀가 가장 좋아하는 노래 가사가 무엇인지 등 모든 내용이 그녀가 누구인지를 구성하는 내용이라고 강조하였다.

기억
정보가 들어오고, 시간이 흐름에 따라 저장되고, 후에 다시 떠올릴 수 있는 과정

기억연구의 극단적인 결과

심리학자가 기억연구를 할 때, 그들은 우리 할머니의 기억상실과 같은 문제에 집중하곤 한다. 이러한 결손은 단순히 알츠하이머에서 유발될 수 있을 뿐 아니라 다른 뇌질환, 뇌손상 혹은 부상으로부터 발생할 수 있다. 때때로 연구자들은 흔하지 않지만 모든 경험을 거의 다 기억하는 지나친 기억력의 소유자들에게 관심을 갖기도 한다(Lockhart, 2000). 아주 드문 경우지만 어떤 사람들은 그런 능력을 타고났다. 예를 들어 더스틴 호프만이 연기한 〈레인맨〉의 실제 주인공인 킴 픽(Kim Peek)은 사실을 기억하는 데 거의 완벽하며 한계가 없었다. 그는 역사, 음악, 운동, 영화, 종교 등 다른 영역에 관한 아주 잘 알려지지 않거나 사소한 질문들에 대해서도 대답하였다. 그는 9,000권이 넘는 책의 단어를 기억하였으며, 이는 킨들이 저장할 수 있는 내용보다 많았다. 그는 미국 전역의 우편번호와 지역번호를 모두 기억하고 있었으며, 각 지역의 TV 방송국도 알고 있었다. 그는 한 세기 전의 달력도 기억하였으며, 누군가 자신의 생년월일을 이야기하면 그날이 몇 번째 주 무슨 요일인지를 바로 정확하게 말할 수 있었다. 또한 그는 셰익스피어 연극의 모든 대사를 이해하고 있었으므로, 그의 가족은 그를 데리고 연극 구경을 갔었는데, 만일 배우가 대사를 잊어버리면 그가 일어서서 대사를 말해주곤 했다(Treffert & Christensen, 2009; Weber, 2009).

언론인 죠슈아 포어는 미국 기억력 챔피언대회에 대한 책을 저술하면서, 그 자신이 대회 참여자들이 사용하는 기억력 향상 기법을 배웠다. 그다음 해에, 포어는 직접 대회에 참여하여 우승하였다.

만일 우리가 킴 픽과 같은 기억력을 가지고 태어나지 않았다면, 우리는 기억력이 좋아지는 훈련을 할 수 있다. 아인슈타인과 달빛 걷기(*Moonwalking with Einstein*, Foer, 2011)라는 책에서는 매년 세계에서 많은 참가자가 뉴욕에 모여 진행하는 미국 기억력 챔피언대회에서 사람들이 다양한 종류의 정보를 가장 빠르고 성공적으로 기억하는 내용들을 기술하고 있다. 그들은 무작위 번호와 놀랄 만큼 긴 단어목록을 외우고자 노력하거나, 그들이 한 번도 보거나 들은 적 없는 50줄에 이르는 시를 외우기도 한다. 또한 많은 분량의 타인 얼굴과 이름을 외우기도 한다. 이 중 가장 인상적인 사람이 벤 프리드모어(Ben Pridmore)로 그는 무작위로 구성된 숫자의 목록을 1,500개 이상 기억하고, 파이(π)의 첫 50,000자리 숫자를 암송하며, 막 섞어 놓은 카드의 순서를 보고 30분 후에 정확하게 말할 수 있었다. 그는 이러한 능력을 선천적으로 타고난 것이 아니라, 우리가 사용할 수 있는 기법들을 훈련하여 후천적으로 기억력을 향상시켰다. 아인슈타인과 달빛 걷기의 저자인 조슈아 포어(Joshua Foer)는 기억력대회에 참여하는 참가자들에게 관심이 생기고 영감을 얻어서 자신도 대회에 참가하여 우승하였다.

그러나 심리학자가 진행하는 연구의 많은 부분은 이 극단적인 예시보다 중간 정도로 우리가 매일매일을 살아가는 내용을 다룬다(Bower, 2000, Kahana, 2000). 기억연구자들은 어떻게 기억이 만들어지고, 우리가 어떻게 기억에 접근하며, 종류가 다른 기억들이 어떻게 작동하는지, 그리고 우리의 기억 능력을 돕거나 방해하는 요인들을 연구한다. 아직 많은 질문이 남아 있지만, 심리학자들은 기억에 대해 많은 부분을 이해할 수 있었다. 우리가 알아낸 많은 부분은 정보가 우리의 마음에 어떻게 남고(입력), 유지되며(저장) 그리고 나중에 다시 되돌릴 수 있는지(인출)의 3단계를 포함한 근원적인 사실을 다루고 있다. 우리는 이 과정에 대해 자세히 검토할 것이다.

학습 확인

5.1 심리학자들은 기억을 어떻게 정의하는가?

5.2 개인의 정체성에 있어서 기억의 역할은 무엇인가?

5.3 엄청난 기억력의 소유는 훈련에 의해 가능한가? 아니면 선천적으로 타고나는 능력인가?

기억의 3단계

학습 목표

5.4 정보처리모델에 따른 기억의 세 단계

5.5 부호화는 무엇이고 이것은 감각기억과 어떠한 관계가 있는가?

5.6 반향기억과 영상기억

5.7 처리수준에 따른 부호화에서의 차이와 처리수준의 향상 방법

5.8 부호화는 뉴런의 장기증강과 어떠한 관계가 있는가?

5.9 저장은 무엇이고 이것은 어디에서 이루어지는가?

5.10 인출은 무엇이고 회상과 재인에 따라 인출은 어떻게 이루어지는가?

5.11 인출과 인출단서

5.12 부호화 특수성과 점화가 인출에 미치는 영향

우리가 알고 있는 기억에 관한 내용은 대부분 **정보처리모델**(information processing model)을 기반으로 한다. 기억에 관한 모델은 부호화, 저장 그리고 인출의 3단계를 포함한다(그림 5.1). 우리는 이 3단계를 자세하게 살펴볼 예정이다. 정보를 우리 마음속으로 가져오는 과정을 부호화라고 하고, 정보를 보유하고 있는 것을 저장, 그리고 후에 정보를 다시 살려오는 것을 인출이라고 한다(Baddeley, 2002; Brown & Craik, 2000; Cowan, 1988). 우리가 인간의 기억을 이해하는 방식은 컴퓨터 기억체계를 이해하는 것과 거의 유사한 방식이다. 우선, 예를 들어 여러분이 카메라의 사진 파일이나, 이메일에 서류를 첨부하는 등과 같이 컴퓨터에 정보를 입력해야 하고, 그 이후 저장이 가능한 메모리에 정보를 저장한다. 그리고 이 정보는 우리가 필요할 때 언제나 꺼내 쓸 수 있게 남아 있다.

인간의 기억과 컴퓨터의 기억 간 비유는 매우 적절하지만, 그 둘이 정확하게 동일한 것은 아니다(Draaisma, 2000; Randall, 2007). 부호화, 저장, 인출의 3단계는 확실하게 우리의 기억 과정에 포함되지만, 인간의 마음은 컴퓨터보다 훨씬 더 복잡하다. 그러므로 컴퓨터에 비유한 내용은 인간의 기억에 대하여 아주 간단한 단계로 이해하고, 전체를 포괄하지 못하지만 기억에 대한 이해를 시작하기에 적절하다. 심리학자들이 정보처리 실재라기보다는 정보처리모델이라고 부르는 이유이기도 하다. 이는 우리의 기억이 어떻게 작동하는지에 대한 간략한 설명일 뿐 완벽한 기술은 아니다.

그림 5.1 기억의 3단계 기억 처리의 3단계는 부호화(기억을 받아들이는 것), 저장(기억을 붙들고 있는 것), 그리고 인출(기억을 밖으로 끄집어내는 것)이다.

부호화

부호화(encoding)는 정보를 기억에 넣는 것이다. 부호화 없이 우리는 아무것도 저장할 수 없으며, 나중에 아무것도 인출할 수 없다(Brown & Craik, 2000; Shields et al., 2017). 무엇이든 우리가 지각하고 감지한 내용에 따라 우리의 저장이 달라진다. 이러한 이유로 부호화는 **감각기억**(sensory memory)과 밀접하게 관련되어 있다 ― 가장 초기에 발생하는 기억의 단계로서 감각은 아주 짧은 시간 동안 정보를 가져오고(take in) 유지한다. 다시 컴퓨터 비유로 돌아가서 설명하면, 우리의 컴퓨터 외면에는 다양한 기기를 접속할 수 있는 포트가 여러 개 있으며 이를 통해 컴퓨터는 다른 기기로부터의 정보를 '지각'하거나 가져올 수 있다. 컴퓨터는 꽂혀 있는 USB에 저장된 사진들을 '볼' 수 있으며, 미니잭에 꽂힌 마이크로폰을 통해 목소리를 '들을' 수 있다.

우리의 머리도 컴퓨터 포트와 같이 우리의 눈, 귀, 코, 그리고 입을 통해 정보를 가져올 수 있다. 이러한 감각기관은 지속적으로 우리를 감싸고 있는 모든 시야, 소리, 냄새와 맛을 모니터링한다. 들어오는 많은 양의 정보는 버려진다. 예를 들어 사람이 붐비는 극장에서, 우리는 에어컨이 돌아가는 소리, 의자의 삐그덕거리는 소리, 팝콘봉지가 버스럭거리는 소리, 다른 사람들이 기침하는 소리 등 다양한 소리를 듣더라도, 우리가 영화에 집중하고 있기 때문에 영화 이외의 소리는 우리의 관심 밖으로 사라진다. 보다 자세하게, 이러한 소리는 우리의 감각기억에 3초나 4초 정도 유지

정보처리모델
기억에 대한 모형으로 부호화, 저장, 인출의 세 단계를 포함하고 있음

부호화
정보가 기억으로 들어오는 것

감각기억
기억 단계의 초기 부분으로 감각기관으로 정보를 가져오고 아주 짧은 순간 간직하는 것

될 수 있고, 시각적 정보의 경우 0.5초 정도 유지되다가 사라진다(Turkington & Harris, 2001). 그러나 영화 내용에 관한 소리는 감각기억에서 빠르게 처리되고, 완전히 부호화되어 마음에 남기 때문에 영화가 끝난 다음에도 내용을 떠올릴 수 있으며, 영화를 본 지 한참 지나서도 기억할 수 있다.

반향기억   극장 내 주위의 소리에 대한 간략한 감각기억은 **반향기억**(echoic memory)에 대한 예시이다. 반향기억은 청각적인 감각기억으로 귀에 맴도는 몇 초간의 모든 정보를 의미한다. 다른 사람이 말할 때, 우리가 잠시 딴생각을 하거나 순간적으로 집중하지 않았다는 점을 반향기억을 이용하여 감출 수 있다. 언젠가 내담자가 눈물을 흘리며 자신의 남자친구가 이전 여자친구와 데이트하는 장면을 목격했음을 이야기하였다. "제가 레스토랑을 걸어 들어가는데, 그가 테이블 너머 그녀의 손을 잡고 있었어요. 저는 믿을 수가 없었고요. 처음에는 무엇을 해야 할지 모르겠더라고요. 그러나 저는 결심을 하고…" 갑자기 개 짖는 소리가 들렸다. 갑자기 개 짖는 소리가? 내 사무실에서? 무슨 일이지? 나는 몇 초 동안 이런 생각을 하였지만, 그 짖는 소리가 내담자의 휴대전화 소리라는 것을 알아차렸다(나중에 그 내담자는 자신이 개를 너무 좋아하여, 발신음으로 개 짖는 소리를 지정해두었다고 말했다). 나는 내담자가 계속 이야기하는 몇 초 동안 집중할 수 없었지만, 지난 몇 초 사이에 그녀가 했던 말이 떠올라서 나는 그녀의 이야기를 놓치지 않고 말하였다. "그래서 여러분은 바로 테이블로 걸어가서 그의 얼굴에 물을 뿌렸군요. 그 사람은 어떻게 반응했나요?" 나의 반향기억에 감사한 순간이었다.

영상기억   시각을 통해 들어오는 정보가 임시적으로 보관되는 것을 **영상기억**(iconic memory)이라고 한다. 영상기억은 눈을 통해 들어오는 모든 정보를 몇 초 동안 보관한다(Coltheart, 1980; Hollingworth, 2009; Jiang et al., 2009; Long, 1980).

조지 스펄링(George Sperling, 1960; 또한 Irwin & Thomas, 2008 참조)의 고전적인 연구는 기존의 연구자들이 믿던 것보다 훨씬 더 많은 정보를 영상기억으로 보관할 수 있음을 보여주었다(그림 5.2). 스펄링은 3×4 빙고판에 서로 다른 철자를 넣어 총 12글자를 참여자에게 아주 짧은 순간 보여주었다(1/20초). 그 이후 참여자에게 기억하는 글자를 모두 나열해보라고 요청하였다. 자유 연상 상황에서 참여자들은 제시되었던 글자의 절반 정도를 기억하였다. 그러나 스펄링은 절반 이상의 글자가 영상기억으로 존재한다는 점을 예감하였고, 참여자가 처음 떠오른 글자를 기억하여 회상하는 순간 특정한 글자에 대한 기억은 사라진다는 사실을 추측하였다. 그래서 스펄링은 자신의 직감을 확인하기 위하여, 글자를 잠깐 보여준 후 바로 소리를 제공하여 참여자가 특정한 열(맨 윗줄, 가운데 줄, 마지막 줄)을 기억할 수 있도록 하였다. 그 결과 참여자들의 지정된 열에 대한 회상률이 76%까지 증가하여 스펄링의 가정을 지지하였다. 후속연구(Averbach & Sperling, 1961)에서

L	G	Q	W
D	T	N	R
P	M	Z	K

그림 5.2 스펄링의 영상기억 과제 위의 글자들을 아주 짧은 순간 보여준 다음 회상하도록 했을 때, 대부분의 참가자들은 절반 이상 회상하지 못했다. 그러나 참가자들에게 특정한 줄을 회상하도록 했을 때, 회상률은 놀랄 정도로 향상되었으며, 이는 영상기억의 용량을 보여주는 것이다.

반향기억
청각적인 감각기억으로 귀를 통해 들어오는 모든 정보를 몇 초간 유지하는 것

영상기억
시각감각기억으로 눈을 통해 들어오는 모든 정보를 몇 초 동안 담고 있음

소리가 아니라 더 큰 격자판을 이용하여 시각적 신호(특정한 열 옆에 막대를 그림)를 제공하였을 때도 유사한 결과가 도출되었다.

처리수준   감각기억을 지난 정보가 부호화되고, 장기기억에 저장되었다가 인출되는 정도는 정보의 **처리수준**(level of processing)에 달려있다 — 정보가 얼마나 깊이 처리되었는가? '처리의 깊이'라고 알려진 이 단어의 중요한 의미는 우리가 가볍고 얕게 생각한 정보는 금새 잊히지만, 우리가 깊이 생각한 정보는 기억하는 경향이 있다(Baddeley & Hitch, 2017; Craik, 2002, 2007; Craik & Lockhart, 1972; Craik & Tulving, 1975). 여기서 '얕다'는 피상적이라는 의미이며 '깊다'는 의미로 가득하다는 뜻이다. 우리가 정보에 더 많은 의미를 추가할수록(예를 들어 새로운 정보를 다른 정보와 연결하거나, 감정과 연결하는 것), 우리의 기억에 더 잘 남겨진다.

예를 들어 결혼 초대장을 결정하기 위한 쇼핑을 상상해보자. 여러분은 아마 수많은 샘플을 살펴보면서, 초대장에 적혀 있는 문구(폰트, 크기, 잉크색, 첫글자 등)에 집중하면서, 그 문구의 의미에 신경 쓰지 않는다. 만일 모든 초대장이 결혼 당사자, 결혼날짜, 장소에 대한 동일한 내용을 담고 있더라도 여러분은 그 내용을 금세 잊어버릴 것이다. 그 이유는 여러분이 문구의 깊은 내용보다 문구의 겉으로 드러난 측면에 집중했기 때문이다.

결혼 초대장 쇼핑과 반대의 예로서, 만일 여러분이 실제 친구로부터 결혼 초대장을 받게 되었을 때, 그 결혼이 여러분에게 어떠한 의미가 있는지 생각하게 될 것이다. 즉 여러분은 장거리 여행을 해야 하고, 결혼선물을 사야 하고, 휴가를 내야 하고, 결혼식에서 옛 친구들을 본다는 의미이다. 이러한 의미 있는 생각들은 결혼 초대라는 정보에 대한 여러분의 기억을 확장시킨다. 표 5.1은 얕은 처리와 깊은 처리의 차이에 대해 설명하고 있다.

처리수준의 효과에 대한 실제적인 예를 살펴보면, 테드는 미국인으로 영어를 사용하는데 처음으로 멕시코 여행을 갔다. 테드는 스페인어를 전혀 알지 못하고, 자신이 필요한 몇몇 문장만 암기하려고 애를 썼다. 한 문장은 '물이 있습니까'(¿Tiene agua?)였는데, 테드가 만일 이 문장을 의미를 이해하지 않고 글자의 나열로 이해하려고 한다면, 그는 얕은 처리를 하는 것이고, 그는 그 문장을 기억하는 데 어려움을 겪을 것이다.

단어의 숨은 뜻과, 이 단어가 영어와 어떻게 연결되는지에 대한 더 깊은 처리는 테드를 도울 수 있다. 만일 테드가 스페인어의 tiene이 영어의 –tain과 같이 영어에서 '가지다'의 의미와 유사함을 알아차릴 수 있다. 또한 테드는 agua라는 단어가 영어 단어에서 aquatic이나 aquarium(수족관)에 들어간 단어를 참고하여 동일한 라틴어 근원을 가지고 있음을 알아차릴 수 있다. 단어가 단순히 어떻게 소리 나는지 알기보다 무엇을 의미하는지를 이해함으로써 테드는 얕은 처리에서 깊은 처리로 이동한 것이며, 결과적으로 테드가 더 잘 기억할 수 있게 돕는다.

표 5.1 지문의 얕은 처리와 깊은 처리

*얕은 처리*는 자료의 표면적인 특성에 대해 던지는 다음 질문과 같다.	*깊은 처리*는 자료의 중요성에 대해 던지는 다음 질문과 같다.
• 글자의 폰트는 무엇이었는가?	• 그 뜻은 무엇인가?
• 글자의 색깔은 무엇이었는가?	• 가장 중요한 부분은 무엇인가?
• 글자는 대문자인가, 소문자인가?	• 내가 이미 알고 있는 정보와 어떻게 연결되는가?
• 얼마나 많은 단어가 포함되었는가?	• 나의 인생에 어떻게 영향을 주었는가?

처리수준
얼마나 깊은 수준으로 정보가 처리되는가

뇌 스캔기술이 포함된 연구에서 서로 다른 뇌의 영역에서 다른 수준의 처리가 발생하는 결과가 나타났다(Rose et al., 2015). 연구자가 참여자에게 단어를 제시하고, 절반의 대상에게는 단어에 알파벳 A가 있는지 물어보고(얕은 처리), 다른 절반의 대상에게는 이 단어가 생명체인지 물체인지를 물었다(깊은 처리). 예상한 대로, 깊이 처리한 참여자들이 더 많은 단어를 기억하였으며, 이 연구로 새로운 결과를 알게 되었다. 깊이 처리하는 사람들은 얕은 처리를 하는 사람보다 왼쪽 전전두엽피질(prefrontal cortex)를 더 많이 사용하였다(Kapur et al., 1994). 얕은 처리와 깊은 처리가 두뇌의 다른 부분과 관련 있다는 결과는 서로의 기능이 다름을 의미한다.

의도적인 처리   우리는 들어오는 정보에 대해 어느 정도 의식적으로 처리의 깊이를 조절할 수 있다. 이는 의도적인 처리(Harsher & Zacks, 1979, 1984)이다. 의도적인 처리의 가장 효과적인 유형은 **군집화**(chunking), 즉 정보의 조각들을 의미 있도록 그룹으로 연결하여 기억을 확장하는 것이다(Thalmann et al., 2018). 예를 들어 여러분이 철자의 나열(NBCHBOCNNMTVTNTCBS)이 길어 기억하기 어려움을 알게 되었을 때, 만일 여러분이 이 정보를 미국의 텔레비전 방송국인 NBC, HBO, CNN, MTV, TNT, CBS로 세 글자씩 군집화하면 주어진 과제는 더욱 쉬워진다. 표 5.2는 시장 보기의 군집화에 대한 예시이다.

군집화는 정보의 조각을 하나의 의미 있는 방법으로 그룹화하는 작업을 포함한다. 군집화는 기억을 강화하고, 체스 전문가(다른 분야도 마찬가지지만) 체스를 둘 때 다양한 조각들을 복잡한 패턴으로 이해할 수 있도록 돕는다.

우리는 때때로 기억을 향상시키기 위하여 의도적으로 군집화를 시도하지만, 군집화는 때때로 우리의 의식 너머에서 자동적으로 발생하기도 한다(Gobet et al., 2001). 이러한 상황은 얼굴에 대한 기억에서 발생하는데, 우리는 각각의 얼굴에서 눈, 코, 입, 머리카락, 피부톤에 대한 각각의 정보를 기억하기보다 얼굴의 특성을 패키지화한다(Thornton & Conway, 2013). 군집화는 또한 한 분야의 전문가가 복잡한 패턴을 기억하고 이해할 때 자동적으로 발생한다. 예를 들어 장기 우승자는 군집화를 하는데, 그는 각각의 장기 말들의 집합으로 기억하지 않고, 장기판 전체를 하나의 의미 있는 패턴으로 이해한다(Chase & Simon, 1973; Gobet & Simon, 1998; Sala & Gobet, 2017). 경험이 많은 축구, 농구, 야구선수들이 각각 자신의 경기를 인식하고 기억할 때 군집화가 확인된다(Allard & Burnett, 1985; Garland & Barry, 1990, 1991; Weber & Brewer,

표 5.2   슈퍼마켓 물건의 군집화

군집화하지 않았을 때 여러분이 기억해야 하는 것	군집화했을 때 여러분이 기억해야 하는 것
양상추 드레싱 크루통 당근 토마토	샐러드 재료
피자빵 토마토소스 치즈가루 오레가노 페퍼로니 버섯	피자 재료
세탁세제 섬유유연제 건조유연제 표백제	세탁용품

군집화
정보의 조직을 의미 있는 그룹으로 함께 연결하여 기억을 높임

2003; Williams et al., 1993).

또 다른 유형의 의도적인 처리는 **시연**(rehearsal)이다. 시연은 신중하게 정보를 반복함으로써 기억량이 증가한다. 시연은 일반적으로 언어로 된 자료를 큰 소리를 내거나 조용하게 반복적으로 읊조리는 형태이다. 예를 들어 생활용품 구입을 위해 쇼핑을 갔다가 룸메이트가 전화해서 땅콩버터, 바나나, 빵을 사다 달라는 요청을 받았을 때, 우리는 요청받은 그 물건을 구입할 때까지 계속해서 '땅콩버터, 바나나, 빵'의 목록을 되뇔 것이다. 시연은 언어적인 내용뿐 아니라 비음성적 소리도 포함할 수 있는데, 기타리스트는 악절을 마음속으로 반복하여 연주한다. 시연은 시각적인 자료도 포함하는데, 풋볼의 와이드 리시버 선수가 자신이 던지는 공의 경로를 그려본다거나, 치어리더가 동작들을 암기하기 위하여 반복적으로 그려보는 경우이다(Awh et al., 1998, 1999; Godijn & Theeuwes, 2012).

기억에 관해 연구하는 심리학자들은 두 종류의 시연을 구분하는데, 그중 한 가지가 유지 시연이고 다른 한 가지는 정교화 시연이다(Craik & Watkins, 1973). **유지 시연**(maintenance rehearsal) 중 정보는 처음에 부호화된 형태 그대로 반복된다. 반대로 **정교화 시연**(elaborative rehearsal)은 정보와 관련된 추가적인 의미나 관련성을 포함시켜 기억을 확장한다. 유지 시연은(식품점 경우를 예로 들면) 큰 도움이 되지 않지만, 정교화 시연은 더 큰 도움을 제공한다(Gardiner et al., 1994; Greene, 1987; Naveh-Benjamin & Jonides, 1984). 이유는 처리수준에 달려있는데, 유지 시연은 얕은 처리를 하는 반면, 정교화 시연은 깊은 처리를 한다(Craik & Tulving, 1975).

두 종류 시연의 차이를 보여주기 위하여, 여러분이 미네소타주 미니애폴리스 서부지역으로 이사를 가서 거리를 익히기 원한다고 상상해보자. 한 가지 전략은 여러분이 서쪽으로 움직이는 순서에 따라 거리 이름을 반복해보는 것이다(유지 시연) — Aldrich Avenue, Bryant Avenue, Colfax Avenue. 여러분은 천천히 지도 전체를 훑어보지만, 여러분의 시연은 원하는 만큼 예리하지는 못하다. 그러나 만일 여러분이 미니애폴리스 거리가 알파벳 순서로 이루어졌음을 깨닫게 되면, 어린 시절에 배웠던 알파벳과 연결하여 시연하고(정교화 시연), 효과적으로 암기할 수 있다.

정교화 시연의 다른 예는 고등학교 역사 수업에서 2008년 대통령선거를 배운 몰리와 엘리라는 두 학생의 경우로 살펴볼 수 있다. 몰리는 기억에 별로 도움이 되지 않는 정보들에 접근하였다 — 오바마는 민주당 후보였고, 맥케인은 공화당 후보였으며, 오바마의 러닝메이트는 조 바이든이었고, 맥케인의 러닝메이트는 세라 페일린이었다. 선거는 11월 4일에 있었다. 반대로 엘리는 다른 전략을 사용하였는데, 그녀는 이러한 사실에 관한 맥락을 찾으려 노력했고, 그 당시에 그 내용들이 투표자들에게 어떤 의미가 있었는지 알아보고자 하였다. 다소 외향적이었던 조지 부시에 대한 사람들의 태도와, 건강보험, 이라크전쟁 및 경제적 위기와 아프리카계 미국인 대통령 후보의 역사적 의미에 대한 논쟁들을 살펴보았다. 엘리는 이런 주제에 대한 책을 읽어보고, 인터넷에서 정보를 찾아보면서 같은 내용이 서로 다르게 보고되고 있음을 알았다. 몰리가 동일한 양의 시간을 단순 암기하는 데 사용하였지만, 그녀의 유지 시연은 엘리의 정교화 시연만큼 깊이 있는 처리가 이루어지지 않고, 효과도 없다.

장기증강   부호화가 발생하면 기억과 관련하여 뇌의 신체적인 변화가 시작된다. 한 가지 신체적 변화가 **장기증강**(long-term potentiation)인데, 이는 기억과 관련된 동시에 자극받은 뉴런들끼리 연결성이 늘어나는 것이다. 장기증강은 기억이 뉴런의 차원에서 아주 가까이 있는 것처럼 보이는 것을 말한다(Bliss & Collingridge, 1993; Malenka & Nicoll, 1999; Nicoll, 2017). 장기증강은 자주 사

시연
의도적으로 정보를 반복하여 기억을 증진함

유지 시연
정보를 원래 부호화하는 동일한 방식으로 의도적으로 반복함

정교화 시연
정보에 의미를 추가하거나 연합하여 기억을 증진함

장기증강
동시에 자극받은 뉴런 간의 연결성을 높이는 것으로 기억의 생물학적 기초를 구성함

람들이 다녀서 평평해진 편하고, 빠르게 여행할 수 있는 숲길과 같다. 이는 장기증강이 축 색돌기가 뉴런을 서로 연결하는 방식과 거의 유사하다.

흥미로운 사실은 신체 운동이 장기증강에 도움이 된다는 점이다(Miller et al., 2018; Tsai et al., 2018). 연구 결과에서 휠(wheel)을 도는 운동을 한 쥐들이 운동을 하지 않은 쥐들에 비해 미로를 더욱 빨리 학습하였으며, 뇌 중 특히 기억에 중요한 역할을 하는 해마에 장기 증강에 대한 증거가 발견되었다(van Praag et al., 1999). 이후 연구에서도 동일한 결과가 발견되었는데, 특히 임신 중 알코올을 섭취한 어미 쥐에게 미친 영향이 큰 것으로 나타났 다. 이 결과는 임신 중 엄마가 알코올을 섭취하여 태아알코올증후군을 가진 자녀들에게 긍 정적인 시사점을 제공하는데(제9장 참조), 태아알코올증후군을 가진 아이들은 기억용량의 한계가 발생하는 인지적 장애로 어려움을 겪기 때문이다(Christie et al., 2005).

최근 연구는 장기 우울증 과정을 밝혀냈는데(우울증이란 용어는 몇 달 동안 지속되는 우 울함을 설명하지만, 현재 기억에 관한 생물학적인 근거에서의 논의와는 관련이 없다) 장 기 우울은 장기증강과 반대로 뉴런 간의 연결성이 감소하면서 기억이 감소한다(Bear & Abraham, 1996; Linden, 1994; Linden & Connor, 1995; Malenka & Bear, 2004; Pinar et al., 2017). 장기적인 우울증은 망각과정의 중요한 부분과 관련성이 높으며, 이는 사소한 정보에 대해서는 실제적으로 잘 기능한다(Mallerret et al., 2010; Nicholls et al., 2008).

SolStock/E+/Getty Images

운동은 장기증강을 강화하고, 기억에 대한 생물학적 기초를 이루는 뇌의 뉴런 간 연결성을 향상시킨다.

 망각은 기능적인 것일까요? 잊어버리는 것은 나쁜 것은 아닐까요?

사실 더 이상 중요하지 않은 사안을 잊는 것은 도움이 된다. 망각을 통하여 기억을 높이기 위하 여 중요한 내용과 관련 있는 뉴런을 위해 여유를 확보한다(Bjork, 2011, 2014; Bluck et al., 2010; Hupbach et al., 2018; Smith, 2011).

저장

저장(storage)이란 기억 속에 정보를 유지하는 것이다. 저장은 기억의 기본적인 3단계의 두 번째 단계로, 정보를 받아들이는 부호화와 출력하는 인출의 중간 과정이다. 이 과정은 하드 드라이브, USB, 클라우드 저장고에 파일을 저장하는 과정과 흡사하며, 우리에게 필요한 정보를 보유하고 있 다가 필요할 때 열어보는 과정과 같다.

전통적으로 심리학자들은 기억저장고에 얼마나 오랫동안 저장되는가에 따라 두 가지 기억으로 구분하였다(어떤 연구자들은 실제적으로 앞서 언급했던 **감각기억**, 즉 감각기관으로 들어와 아주 잠시 머물다 사라지는 정보를 제3유형의 저장고라고 주장하지만, 여기서는 많은 연구자들이 동의 하는 두 종류의 기억에 초점을 맞춘다). 첫 번째 유형의 저장은 **단기기억**(short-term memory)으로, 새로 들어온 제한된 양의 정보가 잠시 저장되었다가 이후 사라지거나 오랫동안 보관된다. 두 번째 유형의 저장은 **장기기억**(long-term memory)으로 이는 무한한 양의 정보가 오랫동안 보관된다.

단기기억 단기기억 속의 정보는 사람이 붐비는 식당에 들어가 대기장소에서 기다리는 고객과 같 다. 그 고객이 여러분이라고 상상해보자. 여러분이 식당에 들어가기는 했으나, 실제적으로 머무른 것은 아니다. 다음에 두 가지 상황이 발생하는데, 잠시 기다린 후, 여러분은 대기장소를 지나 식당 으로 바로 들어가 자리에 앉을 것이며, 그곳에서 오랜 시간 보낼 것이다. 또는 여러분은 식당이 너

저장
정보를 기억 속에 유지하는 것

단기기억
한정된 수의 새로운 정보가 장기기억으로 보관 되거나, 혹은 쇠퇴하기 전에 잠시 보관하는 것

장기기억
거의 제한이 없는 정보를 시간의 제약 없이 저 장하는 것

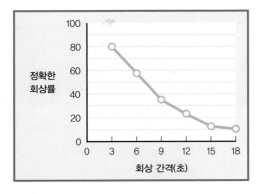

그림 5.3 단기기억의 짧은 생애 제시된 그래프는 단기기억이 얼마나 빨리 사라지는지 보여준다. 연구 참여자들은 무작위로 제시된 숫자들을 거꾸로 세면서 3글자 코드를 기억하려 애쓰지만, 3초 이후에는 유의미하게 회상률이 떨어지고, 15초 이후에는 거의 성공한 경우가 없었다 (Peterson & Peterson, 1959).

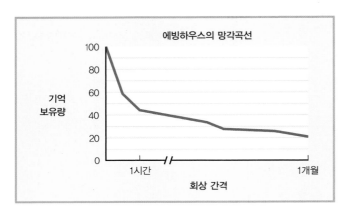

그림 5.4 우리는 얼마나 빨리 잊는가(에빙하우스 망각곡선) 고전적인 기억연구에서, 사람들이 세 문자로 구성된 문자열을 외운 후 한 시간 이내에 외운 내용의 절반을 잊어버리고, 하루가 지나면 4분의 3을 잊으며, 한 달이 지나면 더 많은 정보를 잊는다는 것을 발견하였다(Ebbinghaus, 1885).

무 붐비고, 다른 손님들을 응대하느라 여러분에게 신경을 쓰지 못하기 때문에 재빨리 돌아 나와 식당을 떠날 것이다. 두 경우 모두 긴 시간은 아니지만, 여러분은 대기공간에 머물러야 한다.

단기기억 속의 정보도 오랫동안 머무르지 않는다(Baddeley, 2000). 몇 초 사이에 단기기억은 사라져버리거나, 정보가 충분히 처리된다면 이 정보는 장기기억으로 넘어간다 (Atkinson & Shiffrin, 1968; Baddeley et al., 2009; Brown, 1958; Peterson, 1966). 전통적인 연구는 참여자들에게 세 글자로 이루어진 부호(PQC)를 기억하게 시키고, 바로 그들의 관심을 돌릴 수 있는 과제를 수행하도록 요구하였다. 관심을 돌리는 과제는 실험자가 이야기한 3개나 4개의 세 자리 숫자(예 : 309)를 거꾸로 암송하는 것이었다. 그 이후 참여자들은 세 자리 부호를 시연하도록 요청하였다. 만일 실험자가 참여자들에게 15초 동안 숫자를 세도록 요청한 경우 거의 모든 참여자가 부호를 기억하지 못했다. 만일 3초간 지연이 있었을 경우, 회상은 단지 50%에 이르렀다(Peterson & Peterson, 1959).

정신을 산만하게 하는 과제가 없더라도, 정보는 금세 사라진다. 에빙하우스(Ebbinghaus, 1885)는 일반적으로 사람들이 세 글자로 된 부호를 익힌 후 1시간 전에 절반 이상을 잊어버리고, 하루가 지나기 전에 4분의 3을 잊어버린다는 사실을 발견하였다. 다음 달이 되면, 인출할 수 있는 비율은 줄어들지만, 결코 0에 이르지는 않는다. 그림 5.4는 '망각곡선'을 보여준다.

단기기억의 한정된 시간 동안 지속될 뿐 아니라 용량도 제한적이라는 특징이 있다(마치 식당 대기장소에 들어올 수 있는 사람의 수가 정해지는 경우와 같다). 초기 기억에 관한 연구에서 밀러(Miller, 1956)는 반복적으로 단기기억의 용량이 7개의 정보에 두 정보를 더하거나 빼는 만큼이라는 결과를 발견하였다. 다시 말해, 밀러는 대부분 우리의 단기기억은 한 번에 7개의 정보를 저장할 수 있으며 사람에 따라 그 정도는 5~9개의 범위를 갖는다고 결론내렸다. 밀러는 이것을 기억용량의 '매직넘버(magic number)'라고 명명했다. 그러나 최근 매직넘버에 대한 의문을 가지고 연구한 결과, 연구에 따라서는 우리가 지닌 한계의 수치가 좀 더 높을 수도

있으며 다른 연구에서는 밀러가 예상한 것보다 더 낮은 한계치를 보고하였다(Adam et al., 2017; Braddeley, 1994, 2000; Gobet & Clarkson, 2004; Green, 2017; Schweickert & Boruff, 1986; Shiffrin & Nosofsky, 1994). 예를 들어 연구자들은 단기기억의 매직넘버가 존재하지만, 연구 증거들은 7개가 아니라 3개 또는 4개의 정보라고 논쟁 중이다(Cowan, 2001, 2005, 2010; 또한 Adams et al., 2018 참조).

연구자들의 단기기억 용량의 매직넘버에 대한 논쟁에서 중요한 결정자는 우리가 어떻게 정보를 정의하는지다. 즉 정보가 어떻게 저장되는가는 어떻게 군집화되는지다(Mathy & Feldman, 2012). 앞에서 언급했던 것처럼 군집화는 많은 조각의 정보들을 하나의 단위로 범주화할 수 있다. 군집화를 통하여 우리는 기억하는 정보의 양을 늘릴 수 있다. 전화번호가 좋은 예가 될 수 있는데, 우리는 각각의 숫자를 각각의 정보라고 할 수 있는데, 예를 들어 3-1-4-5-5-5-9-7-4-2라는 10개의 정보를 기억할 수 있으나, 군집화를 하면 314-555-9742로 단지 3개의 정보가 된다. 만일 여러분이 이 숫자를 하나의 의미 있는 정보로 인식한다면, 이 정보는 단지 1개가 된다. 많은 기업들이 사람들로 하여금 기업의 전화번호를 용이하게 기억하게 하기 위하여 숫자를 단어(가급적 한 단어)로

번역하는 이유가 여기에 있다. 가령 1-800-FLOWERS는 1-800-356-9377보다 기억하기 훨씬 더 쉬운데, 그 이유는 FLOWERS가 하나의 유의미한 단위인 반면 일곱 자리의 뒤섞인 숫자들은 단지 뒤섞인 숫자이기 때문이다.

 제 전화가 다 알아서 처리하기 때문에, 저는 전화번호를 외울 필요가 없어요.

사실 그렇다. 이는 현재 우리 기억의 활용에 큰 변화이다. 컴퓨터, 태블릿, 외장하드, 휴대전화 등의 디지털 기기를 통해 우리는 기존에 두뇌에 저장하던 것을 디지털로 저장하고 있다. 이러한 사실은 식상한 이야기일 수 있지만, 인류 역사에 이러한 상황은 없었다.

작업기억 최신의 연구에서는 단기기억을 다르게 이해하도록 제안하고 있다. 새로운 연구들은 많은 경우에서 단기기억이 단순히 정보가 처리되거나 잊히는 것을 수동적으로 기다리는 것은 아니라고 설명한다. 반대로 단기기억은 활동적으로 분주하다. 단기기억에 들어와 머무는 짧은 시간 동안 정보들은 가공되고, 다듬어지고, 다른 방식으로 활용된다(Alloway & Alloway, 2013; Baddeley, 2000, 2003, 2007; Baddeley & Hitch, 1974; Christophel et al, 2017; Cowan, 2008; Gathercole, 2007; Oberauer et al., 2018). 그러므로 이 의견을 받아들여 일반적으로 **작업기억**(working memory), 즉 잠시 머무르는 정보를 처리하거나 작업하는 기억의 종류라고 명명한다.

우리의 작업기억은 우리가 깨어 있는 거의 모든 시간 동안 작동한다. 예를 들어 텔레비전을 시청하는 동안에도 우리가 앉아서 듣고 보는 단어나 광경들과 작업한다. 우리는 그 말이 무슨 뜻인지, 현재의 장면을 이전 내용과 연결하여 이해한다거나, 앞으로 전개될 이야기의 구성을 미리 예측해보기도 하거나, 배우의 연기와 각본을 평가하는 등 다양한 일을 한다. 다시 말해서, 어떤 장면에 관한 단어가 아주 짧게 머문다 하더라도, 우리는 있는 동안 그 내용을 가지고 작업한다.

작업기억은 학습과 학업성취에 중요한 역할을 한다(Alloway & Gathercole, 2005; Alloway et al., 2005; Dehn, 2008; Gathercole et al., 2004; Morgan et al., 2018; Peng et al., 2018; Simone et al., 2018; Swanson & Beringer, 1996). 첫째, 교사의 지시사항을 따라갈 수 있는 능력을 고려할 수 있다. 연구에 따르면, 일반적인 아동들은 수업시간에 교사의 언어적 지시사항의 구체적인 내용에 대해 5개의 정보를 처리할 수 있는 능력이 있지만, 학습장애가 있는 아동들은 단지 3개의 정보를 처리할 수 있다(Henry, 2001). 다음으로 교사의 지시사항에 포함된 활동을 고려해볼 수 있다. 예를 들어 부르는 철자 듣기, 철자가 정확한지 생각해보기, 이 글자들을 순서대로 적어보기, 영어문장 듣기, 정확하게 번역하기, 프랑스어로 말해보기, 긴 지문 읽어보기, 지문 이해하기, 지문을 이해하면서 질문 던져보기 등이다. 수업시간에 많이 활용하는 이런 활동들은 학생들에게 단기기억의 정보를 단순히 받아들이는 것을 요구하는 것이 아니라, 이 정보를 가지고 단기기억에 머무르는 동안 무엇인가 작업하기를 요구한다(Gathercole & Alloway, 2008; Levin et al., 2010).

연구자들은 작업기업을 다양하고 복잡한 과제들, 즉 언어적 이해, 유추, 의사결정, 문제 해결과 연결시켰으며(Engle, 2002; Hambrick et al., 2005), 구체적인 예로서 작업기억의 용량이 초보와 전문 피아니스트의 악보 읽는 능력에 차이가 있음을 발견하였다(Hambrick & Meinz, 2011; Meinz & Hambrick, 2010). 악보를 보고 음악을 연주하는 활동은 매우 복잡하다. 피아니스트는 페이지의 악보를 읽어야 하고, 각각의 음을 손가락,

작업기억
정보를 처리하거나 순간 저장하는 유형의 기억

skynesher/E+/Getty Images

그림악보를 보고 피아노를 치는 활동은 들어오는 정보를 처리하는 작업기억을 기반으로 이루어진다.

팔, 그리고 발의 움직임으로 전환해야 하며 그리고 각각의 움직임이 타이밍과 강도에 맞게 정확하게 수행해야 한다. 따라서 음악 악보를 읽는 일의 전문성이 높은 사람들은 한번에 보고 성공적으로 연주하는 일이 쉽게 이해될 수 있다.

피아노 연주에 관한 연구에서 설명하는 것처럼, 작업기억은 여러 가지 일을 동시에 진행하는 멀티태스킹과 관련성이 높다. 다시 텔레비전 시청으로 돌아가서, 여러분은 이메일을 보거나, 문자 메시지를 보내면서 텔레비전 내용을 이해할 수 있는가? 또는 전화통화를 하면서 텔레비전을 보거나, 공부를 하면서 텔레비전 내용을 이해할 수 있는가? 연구에 따르면 멀티태스킹의 속도와 정확도를 측정해본 결과 작업기억의 용량과 밀접한 관련성이 있었다(Bühner et al., 2006; Covre et al., 2018; Hambrick et al., 2010; Pollard & Courage, 2017; Redick et al., 2016). 비행기 운행조정자들의 훈련과정에서 멀티태스킹을 살펴본 결과, 일반적인 지능보다 작업기억이 성공적인 멀티태스킹 수행을 예측하는 것으로 보고되었다(Colom et al., 2010). 또한 응급실 의사들의 멀티태스킹이 처방 오류를 증가시키는 것으로 나타났는데, 오류의 정도는 의사들의 작업기억 용량의 차이에 기인하는 것으로 나타났다(Westbrook et al., 2018).

장기기억   단기기억과 작업기억 다음에는 장기기억이 있다(Bahrick, 2000). 장기기억의 용량에 대한 연구는 많지 않은데, 이는 대부분의 연구자들이 장기기억의 용량이 무한대라고 가정하기 때문이다. 기억체계를 컴퓨터로 비유했을 때 맞지 않는 부분이 장기기억이다. 모든 컴퓨터의 메모리 저장 장비는 아주 오래전 사용하던 플로피 디스크로부터 현재 고사양 외장하드까지 용량의 제한이 있으며 그 한계를 넘을 수 없다. 인간의 장기기억은 이런 제한은 없다(Dudai, 1997; Voss, 2009).

어떤 정보가 단기기억에서 처리되고 장기기억에 이르는 것이 대표적인 경로이다. 만약 정보가 주의집중을 받지 못하거나, 생각하지 못하거나, 어떤 방법으로 이용되지 않으면, 이 정보는 장기기억에 도달하지 못한다. 그러나 가끔 정보는 장기기억에 이르는 지름길을 택하기도 한다(Delorme et al., 2018; Hasher & Zacks, 1979, 1984). 심리학자들은 이러한 지름길을 **자동적 처리**[automatic processing, **자동적 부호화**(automatic encoding)]라고 지칭한다. 어떤 정보는 의식적인 과정 없이 장기기억으로 들어간다. 우리가 앞에서 설명한 자동적 처리와 의도적인 처리는 비유하면 영양관 사용과 직접 먹는 행동과 같다. 영양관 속의 내용물은 입에서 씹거나 삼키는 활동이 없다. 이처럼 자동처리되는 정보는 단기기억에서 발생하는 일반적인 과정을 건너뛴다. 연구자들은 우리가 사건이 발생한 빈도를 자동적으로 처리하는 것을 알아냈다(Zacks et al., 1982; Zacks & Hasher, 2002). 예를 들어 얼마나 자주 롤러코스터를 타거나, 호박파이를 먹거나, 바다에서 수영한 경험을 하는지 신중하게 계산하지 않더라도, 의식 없이 최소한의 어림값을 제공할 수 있을 정도로 기억할 수 있다.

인출

인출(retrieval)은 기억 속의 정보를 끄집어내는 것이다. 인출이 기억의 기본 3단계의 세 번째이며 마지막 단계이다(Brown & Craik, 2000; Gardiner, 2007; Spear, 2007). 장기기억의 방대함을 생각해볼 때, 기억을 신속하고 정확하게 인출하는 것은 놀라운 일이다. 만일 여러분이 6살 때 찍은 핼러윈 날의 옛 사진을 우연히 보게 되었다고 상상해보자. 오랫동안 기억 속에 보관하고 있던 핼러윈과 관련된 내용들[친구가 입었던 의상, "마법에 걸리겠어요, 아니면 사탕을 주겠나요(Trick or

자동적 처리(자동적 부호화)
어떤 정보가 의식적인 처리를 거치지 않고 장기기억으로 들어오는 것

인출
정보를 기억으로부터 이끌어내는 것

Treat)"라고 하면서 다녔던 일, 옆집에서 공연하던 'The Monster Mash', 플라스틱 호박에 가득 찬 사탕을 뒤지던 일 등]이 순식간에 애쓰지 않아도 살아난다. 이런 종류의 저장되었던 정보의 인출은 최신의 사용자 친화적인 컴퓨터라도 경쟁이 되지 않는다. 심리학자들은 두 종류의 인출인 **회상**과 **재인**으로 구분하고 있다(Foster, 2009; Lockhart, 2000; Mandler, 1980; Tulving, 1976). **회상**(recall)은 외부의 정보와의 비교 없이 저장되었던 정보에 접근하여 인출하는 방식이다. **재인**(recognition)은 제공되는 외부 정보와 저장한 정보가 일치하는지 결정하여 인출하는 방식이다.

 우리는 서로 다른 종류의 시험 문제에 따라 서로 다른 인출방법을 사용하나요?

맞다. 사실상 회상과 재인을 구분하는 가장 좋은 방법은 에세이와 객관식 시험문제를 생각해보는 것이다. 미국 역사에 관한 구체적인 시험 문제를 생각해보자—남북전쟁 중 미국의 대통령은 누구였는가? 질문이 짧고, 선택할 수 있는 기회 없이 백지에 응답을 해야 하는 상황이라면 우리는 회상에 의존해야 한다. 정답을 찾기 위하여 우리는 정답을 연상시키는 유리한 기회를 갖지 못하고 우리의 기억만을 훑어야 한다. 정답 가능성의 목록은 객관식 시험에서 제공된다. 객관식 질문에서는 회상이 아니라 재인에 의존하면 된다. 따라서 동일한 문제에 대하여 다음과 같은 선택지가 제공된다—(1) 조지 워싱턴, (2) 토머스 제퍼슨, (3) 에이브러햄 링컨, (4) 테어도어 루스벨트. 따라서 우리는 우리의 기억에 의지하여 정답을 만들어낼 필요는 없으나, 우리의 기억 속에 저장된 내용과 일치하는 선택을 찾아내야 한다(정답은 에이브러햄 링컨).

시험 문제만이 회상과 재인의 차이를 보여주는 일상생활의 예시가 아니다. 우리가 결혼식에 참여하여 신랑 쪽 친구들 중 익숙한 얼굴을 발견하고 '저 사람 내가 아는 얼굴인데'라고 혼잣말을 하지만, 그 사람이 누구인지 이름이 떠오르지 않을 때가 있다. 제공된 신랑 친구의 명단을 훑어보면서 그 사람의 이름을 찾아내는 경험이 있을 수 있다. 비록 회상은 하지 못하지만, 내 눈앞에 이름이 제공되면 그 사람의 이름을 바로 알아차릴 수 있다.

다른 경우에는 친구가 전화해서 "네가 시카고에서 일리노이주 에핑엄이라는 도시로 이동하다가 들렀었는데, 엄청 좋았다고 말했던 식당 이름을 알고 있니? 우리가 그 근처인데 그 식당 이름을 알 수 있을까?"라고 질문을 했을 때, 나는 머릿속이 하얗게 된다. "어 글쎄… 내가 바로 다시 전화해줄게"라고 말한다. 그러고는 '에핑엄 식당'이라고 옐프에 검색하고, 몇몇의 상황들을 연결시켜 ("Ruby는 아니고", "목요일, TGIF는 아니었고… 아, 맞아! Firefly Grill") 검토해본다. 나의 회상은 실패했지만, 재인은 성공적이었으며 바로 친구에게 전화하여 식당 이름을 알려줄 수 있다.

인출단서   회상이나 재인을 하더라도 인출은 몇 가지 요인에 의해 결정된다. 첫 번째 요인은 인출단서이다. **인출단서**(retrieval cues)는 기억으로부터 인출을 수월하게 할 수 있게 해주는 상기물이다. 시각적인 자료, 소리, 또는 냄새가 인출단서가 될 수 있으며, 이들은 더 잘 기억나도록 돕는다. 인출단서가 없을 경우 생각하지 못할 수 있지만, 인출단서로 인하여 저장되었던 정보가 갑자기 생각날 수 있다(Bower, 2000; Thomson & Tulving, 1970; Tulving & Osler, 1968; Wiemers et al., 2014).

앞에서 이야기했던 일리노이주에서 내가 가장 좋아하는 에핑엄의 Firefly Grill의 예시로 다시 돌아가서, 내가 그 식당에 다시 들를 수 있는 기회가 있기 몇 달 전에 나는 그 식당을 무척 좋아했다는 기억을 하고 있었지만, 그 식당에서 무엇을 주문했었는지 기억할 수 없었다. 그런데 내가 그 식

회상
외부의 정보와 비교 없이 저장된 정보에 접근하여 인출하는 방식

재인
외부의 정보와 비교하여 저장된 정보와 잘 연결되는지 살펴본 후 인출하는 방식

인출단서
기억 속의 정보 인출을 돕는 단서

부호화 특수성
기억이 부호화될 때 존재했던 맥락정보(예 : 물리적 환경)가 인출에 영향을 주는 것

당 주차장에 들어갈 때, 주위의 광경이 낯익었고, 인출단서들이 사방에 있었으며, 그 단서들이 내 기억을 돌아다녔다. 식당의 로고, 식당의 정문, 크지만 공개된 조리 공간, 높은 천장, 독특한 테이블과 의자, 벽에 걸려 있던 큰 사진, 종업원들의 독특한 복장 등을 보는 순간 나는 노력하지 않았지만, 디지털 사진을 끄집어내듯 내가 먹었던 첫 번째 음식이 아주 자세하게 떠올랐다. 식당에서 한참 떨어진 곳에 있을 때는 내가 그 식당에서 처음에 무엇을 먹었는지 인출할 수 없었다. 마치 속담에서 말하듯이 '눈에서 멀어지면, 마음에서 멀어진다'. 그러나 식당의 광경을 보자마자, 나는 모든 정보를 연결할 수 있었고, 그 정보들이 아주 강력한 인출단서가 되었다. 사실상 그 정보들이 나로 하여금 확신을 가지고 정보를 인출할 수 있도록 만들었고, 나는 그 식당에 다시 방문했을 때 무엇을 먹어야 좋을지 결정하기 위하여 메뉴판을 보지도 않았다.

이러한 예처럼, 우리는 우연히 인출단서를 마주치게 된다. 그러나 우리는 일부러 인출단서를 이끌어낼 수 있다. 가령 모임에 참석하고 있다고 상상해보면, 나와 건너편 벽 쪽의 여인을 보면서 이전에 만난 적이 있다는 생각이 들지만 이름이 생각나지 않을 수 있다. 자신에게 '저 여자 분이 누구지'라고 자문하기도 하고, "내가 저 여자 분을 어디서 알지?"라고 묻지만 기억이 충분히 떠오르지 않는다. 그러나 보다 구체적으로 어떤 장소, 상황을 떠올려보면 여러분이 필요한 인출단서를 제공하게 된다. "우리 동창인가?", "우리 같은 동네에 살고 있나?", "야외공연에서 만난 적이 있나?", "내가 운동을 같이 한 적이 있나?" 마침내 그녀가 지난주에 있었던 소프트볼 경기에서 우리를 이긴 상대 팀 선수였음을 기억하게 된다. 내가 좌측 외야로 나가는 뜨는 공을 쳤을 때 그녀가 잘 잡아냈고, 그다음 회기에서는 내가 그녀를 아웃시켰다. 경기 이후 우리는 서로가 서로를 얼마나 힘들게 했는지 가볍게 농담을 주고받았으며, 그녀의 이름은 '타미샤'였다. 만일 소프트볼 경기를 마음속에 인출단서로 떠올리지 않았더라면, 타미샤와 그녀에 대해 아는 모든 정보는 마음의 저장고에 묻힌 채 남아 있었을 것이다.

부호화 특수성   인출단서와 연결 지을 수 있는 아이디어가 **부호화 특수성**(encoding specificity)이다. 기억을 부호화할 때 제공되는 맥락적인 정보(물리적인 환경)가 인출에 영향을 미친다. 부호화 특수성(맥락의존적 기억이라고도 불린다)은 여러분이 어디에, 언제 있었는지 떠올리려고 노력할 때 차이를 가져온다. 구체적으로 이야기하면, 만일 우리가 주어진 정보를 습득한 장소나 상황에 있을 때 그 정보를 더 잘 기억한다(Brown & Craik, 2000; Fisher & Craik, 1977; Koriat, 2000; Smith et al., 2018; Tulving & Thomson, 1973). 예를 들어 새로운 직장에 처음 출근하는 직원 크리스틴이 사무실로 가는 엘리베이터 안에서 드루라는 동료를 만나게 된 경우, 그녀는 그다음 날에도 엘리베이터에서 그를 만났을 때 회의실에서 만난 경우나 주차장에서 만났을 때보다 그의 이름을 더 잘 기억할 수 있다.

연구 결과에 따르면 부호화 특수성은 모든 경우에 해당한다. 초기 연구에서는 참가자들이 물속에서 단어목록을 외우고, 다른 절반의 참여자들은 해변에서 동일한 단어목록을 외우게 하였다. 이후 퀴즈를 냈을 때, 두 그룹 모두 자신이 단어목록을 외우던 장소에서 더 많이 기억해냈다(Godden & Baddeley, 1975). 다른 연구에서는 방에서 나는 냄새(꽃향기, 페퍼민트, 소나무향)를 바탕으로, 어떤 종류의 음악이 연주되었는지(재즈, 클래식), 참여자들이 운동자전거를 타고 있었는지, 아니면, 담배를 피우고 있었는지, 또는 어떤 종류의 검을 씹고 있었는지를 확인해보니 유사한 결과를 발견하였다(Baker et al., 2004; Balch & Lewis, 1996; Balch et al., 1992; Herz, 1997; Larsson et al., 2017; Mead &

Pascal Broze/ONOKY/Getty Images

부호화 특수성(맥락의존적 기억)은 우리가 그 내용을 학습한 맥락에 있을 때 내용을 더 잘 기억할 수 있음을 의미한다. 예를 들어 여러분이 엘리베이터에서 누군가를 만났다면, 다른 장소에 있을 때보다 엘리베이터 안에서 그 사람의 이름을 더 잘 기억할 수 있다.

Ball, 2007; Miles & Hardman, 1998; Peters & McGee, 1982). 대학생들에게는 자신이 나중에 시험을 치는 교실과 거의 유사한 환경에서 공부할 필요가 있다. 동일한 자리, 수업에 참여하고 집중했던 경험들이 기억을 도울 수 있다.

단지 동일한 장소에 있음이 인출을 도울 수 있는 것처럼, 동일한 마음의 상태를 갖는 것도 인출을 도울 수 있으며 심리학자들은 이를 **상태 의존적 학습**이라고 부른다. 자신이 새로운 것을 학습하던 상태의 기분이나 심리적 상태에 있을 때 더 잘 기억할 수 있다(Bower, 1981; Eich, 1995a, b, 2007; Ucros, 1989). 예를 들어 한 연구에서는 참여자들에게 좋은 기분과 나쁜 기분을 갖도록 하고 자신에 대하여 긍정적인 문장과 부정적인 문장을 만들라고 요구하였다. 이 기분 상태에서 그 문장들을 모두 외우게 하였다. 이틀 후, 참여자들에게 그 문장 목록을 외우도록 요구하였을 때 그들의 회상 수행은 테스트받는 상황에서의 기분에 따라 달라졌다. 자신의 기분이 좋았거나 나빴거나 상관없이, 자신이 문장을 외울 때와 회상할 때의 기분상태가 다른 경우보다 두 지점 기분이 일치하는 경우 놀랄 만큼 더 많이 기억하였다(Beck & McBee, 1995).

점화   기억인출에 영향을 주는 마지막 요인은 **점화**(priming)이다. 즉 최근의 경험이 특정 기억을 회상할 가능성을 증가시키는 것이다. 예를 들면 한 해변에서 시간을 보낼 때 이것이 해변과 연관된 우리의 모든 기억들을 쉽게 소환할 수 있게 해준다. 점화는 심지어 개별적인 단어들이 우리 머릿속에 들어오는 방식에도 영향을 줄 수 있다(Lukatela & Turvey, 1994a,b). 예를 들어 영어단어 marry와 merry(동음이의어)의 철자를 각각 말해보라는 요청을 받게 되면, 전자는 웨딩플래너와 연관지어 쉽게 떠올리게 되고, 후자는 산타클로스로 분장한 사람들(특히 12월에 보이는)을 떠올려 더 쉽게 그 철자를 말할 수 있게 된다. 다양한 일상적인 경험들(가장 중요하다고 생각하는 경험들과 일상생활에서 사람들 마음속에 자리 잡고 있는 말들과 생각들)이 이러한 동음이의어 철자에 대한 각기 다른 회상을 쉽게 하게 한다.

점화를 연구할 때, 연구자들은 종종 참가자들에게 일련의 단어목록을 보여주고, 얼마간 정신을 딴 데로 돌리게 한다. 그 후에 단어들의 어간(단어의 첫 몇 글자)을 제공하고 그 단어를 완성해보라고 요청한다. 만약 단어의 어간이 tel-이라면, 참가자들은 tell, television, 또는 telephone 등을 주어진 목록에 상관없이 쉽게 떠올릴 수 있다. 그러나 만약 본래 목록에 telescope가 포함되어 있다면, 참가자들은 더욱 쉽게 그 단어를 선택하게 된다. 점화에 대한 흥미로운 부분은 만약 목록에 telescope(망원경)가 직접적으로 포함되지 않고 그 단어와 의미상으로 연결된 별, 달, 행성, 별자리와 같은 단어들이 포함되어 있다면, 참가자들은 telescope를 쉽게 떠올릴 수 있다는 점이다(Turkington & Harris, 2001).

이러한 방법을 변형하여, 다른 연구자들은 참가자들에게 일반적인 단어와 발음이 동일한 이름을 가진 유명인사들의 사진을 보여준다. 예를 들면, 'pit(복숭아 등의 씨)'와 동음이의어의 성을 가진 브래드 피트(Brad Pitt)의 사진을 사용했다(그림 5.5). 참가자들이 이 유명인사를 올바르게 맞출 수 있는 가능성은 동음이의어가 정답인 빈칸 채우기 문제를 통해 기억의 점화가 이루어졌는지에 달려있다. 다시 말해 이전에 참가자들이 체리나 서양자두 속에 있는 딱딱한 부분의 이름은 무엇인가라는 질문을 받아 본 경험이 있다면, 그들은 더 쉽고 정확히 "이 사람은 브래드 피트지!"라고 대답할 수 있다(Burke et al., 2004).

점화에 관한 개인적인 사례가 있다. 한번은 어느 추운 겨울 날, 우리 집 차도에서 무릎까지 쌓인 눈을 치우고 있었다. 그러는 동안 계속 생각난 것은, 얼마나 추운지 그리고 이러다가 동상에 걸

점화
최근의 어떤 경험이 특정한 기억의 회상을 높이는 원인이 되는 것

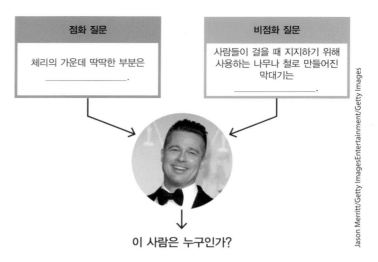

점화 질문	비점화 질문
체리의 가운데 딱딱한 부분은 _____.	사람들이 걸을 때 지지하기 위해 사용하는 나무나 철로 만들어진 막대기는 _____.

이 사람은 누구인가?

Jason Merritt/Getty ImagesEntertainment/Getty Images

그림 5.5 브래드 피트와 체리 씨앗(Cherry Pits) 연구자들은 만약 참가자들이 브래드 피트와 연관 없는 단어(Cane과 같은)에 관한 질문보다 체리의 씨(pit)에 관한 질문을 받은 적이 있다면, 브래드 피트를 정확히 생각해낼 가능성이 높다는 것을 알아 냈다. 단어 'pit'와 발음이 유사한 단어들을 기억해내도록 점화시킨 것이다(Burke et al., 2004).

리는 것은 아닌지였다. 마침내 눈 치우기가 끝났을 때, 전화벨이 울려왔다. 가까스로 눈으로 떡 진 장갑을 벗고 꽁꽁 언 손을 주머니에 넣자마자, 전화벨은 멈췄고 새로운 음성메시지가 남겨져 있었다. 옆집에서 온 메시지였다. 이웃이 남긴 "춥죠(Chilly)?"라는 메시지를 들었을 때, '이분이 농담 하나?' 아니면 '따뜻한 거실에 앉아서 나를 놀리고 있는 건가?'라는 생각이 들었다. 밖이 엄청나게 춥다는 것을 이웃도 분명히 알고 있다. 나는 화가 난 채로 전화기를 주머니에 쑤셔 넣고 터벅터벅 방으로 가고 있었다. 그때 그 이웃이 자신의 집 부엌 창으로 우리집을 향해 노크하는 소리를 들었다. 내가 쳐다보았을 때, 그분은 스푼이 꽂힌 채 김이 나고 있는 냄비를 들고서 나에게 입모양으로 다시 한 번, "칠리(Chili)?"라고 말하고 있었다. '아, 춥죠(Chilly)가 아니라 칠리수프(Chili)였군.' 이 웃은 나를 놀리는 게 아니라 점심을 권한 것이었다. 너무나 추위에만 집중하다 보니 이웃의 음성 메시지를 들었을 때 'Chilly'가 먼저 떠오르도록 점화된 것이었다. 만약 춥지 않은 날이고, 그러한 기억의 점화가 없었다면, 이웃이 말한 의미를 쉽게 유추할 수 있었을 것이다.

학습 확인

5.4   정보처리모델에 따른 기억의 3단계는 무엇인가?

5.5   무엇이 부호화이고, 감각기억이 어떻게 관련성을 갖는가?

5.6   반향기억과 영상기억의 차이는 무엇인가?

5.7   부호화는 정보처리수준과 어떻게 관련있는가?

5.8   무엇이 장기증강이며, 이는 부호화와 어떻게 관련성을 갖는가?

5.9   저장은 무엇이며, 두뇌의 어느 부분에서 발생하는가?

5.10   인출은 무엇이며, 두 종류의 인출은 어떻게 발생하는가?

5.11   인출단서는 무엇이며, 인출에 어떻게 영향을 주는가?

5.12   부호화 특수성과 점화는 무엇이며, 이는 인출을 어떻게 강화하는가?

기억의 유형

심리학자들은 많은 기억의 유형들을 구별해 왔다. 한 전설적인 기억연구자는 어떤 논문이나 책에 서 정의한 그가 본 모든 기억의 유형들을 기록하였다. 그의 최종 목록에는 특정한 정치적 기억, 화 학적 기억, 그리고 심지어 모순어법적인 망각기억처럼 분류된 265가지 유형의 기억들이 포함되어 있다(Tulving, 2007). 우리가 모든 유형의 기억들을 살펴볼 수 없기 때문에, 기억 전문가들에 의해 가장 널리 연구되고 있는 유형들에 집중해보자.

기억을 범주화하는 방법의 하나는 기억에 대한 의식적 지각에 초점을 맞추는 것이다. 즉 우리가 알고 있음을 지각하는 (그래서 잘 설명할 수 있는) 기억들과 우리가 알고 있음을 지각 못하는 (그래서 잘 설명할 수 없는) 기억들이 있다. 여기서 우리는 몇몇 연관된 개념들뿐 아니라 위에 말한 것처럼 분류된 기억, 즉 외현기억과 암묵기억에 대해 생각해보자.

학습 목표

5.13 외현기억의 정의

5.14 외현기억의 두 종류 : 의미기억과 일화기억

5.15 암묵기억의 정의

5.16 암묵기억의 유형

외현기억

외현기억(explicit memory)이란 우리가 의식적으로 인지하고 있는 기억을 말한다. 이것은 또한 서술기억이라고도 하는데, 이것은 우리가 타인에게 서술할 수 있는, 즉 단순히 말해줄 수 있는 기억을 의미한다(Baddeley et al., 2009; Lockhart, 2000; Squire & Zola, 1996). 외현기억은 우리가 알고 있음을 인지하는 기억이다. 그것은 우리가 쌓아둔 개인적 경험뿐만 아니라 지금까지 축적해 온 사실적 지식들로 구성된다.

의미기억 외현기억의 하위유형으로 의미기억과 일화기억이 있다(Ryan et al., 2008; Tulving, 1983). **의미기억**(semantic memory)은 사실들, 수치, 단어 의미와 다른 일반적인 정보들로 구성되어 있는 외현기억이다. 의미기억은 퀴즈쇼 '제퍼디!(Jeopardy!)' 참가자들이 퀴즈의 주제와 관련된 모든 대답을 할 수 있게 도와준다. 그것은 우리의 내적 저장소에 저장된 이용가능한 모든 정보(기본적으로 사소한 정보들)의 보관소이다. 즉 학교에서 배운 세계 7대륙, 팀 삼촌이 작년에 어떤 차를 샀는지 가족이나 친구들로부터 알게 된 것, 또는 NHL팀 중 가장 많은 스탠리컵 우승을 차지한 팀은 몬트리올 캐너디언스라는 등의 사소한 정보들이다.

의미기억이란 어떤 종류의 사실, 숫자 및 일반적인 정보에 대한 외현기억으로 우리가 제퍼디!와 같은 퀴즈게임을 성공적으로 해결할 수 있다.

일화기억 반면에, **일화기억**(episodic memory)은 개인적인 직접경험들로 구성된 외현기억이다. 일화기억은 우리 삶의 일화들을 기록한 우리 내면의 자서전이다(Gershman & Daw, 2017; Mace, 2010; Neisser & Libby, 2000; Tulving, 1972, 1983, 1998; Wheeler, 2000). 이것은 우리가 살면서 무엇을 알게 되었는지보다는 우리 자신에게 무슨 일이 있었는지에 대한 기억들이다. 우리의 일화기억에는 어제 먹었던 저녁식사나 지난주 치과에 갔었던 일과 같이 사소한 사건들을 재생하는 것이 포함된다. 마찬가지로, 고등학교 졸업식이나 고인이 된 친척과의 마지막 대화 같은 우리 삶에서의 중요한 일들도 담고 있다. 아주 사소한 일들은 종종 더 최근의 사건들에 의해 빠르게 일화기억에서 사라지게 되지만, 대형 사건들은 일화기억 속에 오래 남아 있는 경향이 있다(Conway, 2008).

연구에 따르면, 뇌의 다른 영역들이 각각 의미기억과 일화기억을 담당하고 있다고 한다(Brown et al., 2018; Moscovitch et al., 2016; Takashima et al., 2017). 뇌의 해마에 손상을 입은 세 아이에 대한 연구가 있다. 3명 모두 심하게 제한된 일화기억을 가지고 있다. 그들의 삶 속에서 어떤 일들이 있었는지 기억할 수 없었지만, 여전히 학교생활을 잘 하고 있으며 언어 능력, 읽고 쓸 수 있는 능력, 그리고 사실적 지식과 같은 영역에서 평균 또는 평균보다 다소 낮은 학업성취도를 달성하고 있다. 이들의 경험으로 미루어볼 때, 해마가 의미기억보다는 일화기억에 훨씬 더 많이 관여하고 있음을 알 수 있다(Vargha-Khadem et al., 1997). 다른 연구에서는 의미기억이 뇌의 전전두엽에 더 많이 연관되어 있다고 한다. 이것은 전전두엽이 의미기억을 만들기 위해 사용되는(하지만 일화기억과는 관련이 적은) 의도적 사고들과의 관련성이 더 많기 때문이다(Gabrieli et al., 1998; Martin & Chao, 2001).

외현기억
의식적으로 기억하는 내용

의미기억
외현기억의 한 종류로 숫자, 단어 의미 또는 일반적인 정보를 내용으로 구성됨

일화기억
외현기억의 한 종류로 개인에게 있었던 경험에 대한 내용으로 구성됨

암묵기억

개인이 의식적으로 인지하지 못하는 기억

절차기억

암묵기억의 종류로 어떠한 과제를 자동적으로 수행할 수 있는 내용으로 구성되어 있음

암묵기억

암묵기억(implicit memory)은 우리가 의식적으로 인지하지 않는 기억이다. 이것은 또한 비서술적 기억이라고도 한다. 왜냐하면 우리가 쉽게 다른 사람에게 서술하거나 또는 말로 전달할 수 없기 때문이다. 암묵기억은 우리가 알고 있음을 인지하지 못하는 기억이다. 우리가 명백히 말할 수는 없지만 행동에 의해서 그것의 존재를 암시할 수 있기 때문에 이것을 암묵적이라고 표현하는 것이다 (Baddeley et al., 2009; Lockhart, 2000; Squire & Zola, 1996). 예를 들어 우리가 숙련된 운전자라 할지라도, 자동차를 움직이는 것과 관련된 정확한 단계를 설명 못할 수도 있다(즉 점화스위치에 열쇠를 꽂아 돌리고, 브레이크를 밟고, 기어를 넣고, 엑셀러레이터를 밟으며 핸들 조작을 한다). 그러나 우리가 운전석에 앉은 후 얼마 지나지 않아 엔진시동을 걸고 나면 차가 도로를 달린다는 그 사실이 우리가 확실하게 어떻게 운전하는지 알고 있음을 암시한다.

절차기억 암묵기억의 상당수는 **절차기억**(procedure memory)이다. 즉 우리가 자동적으로 하게 되는 일들이 어떻게 발생되는지에 대한 암묵기억의 한 유형이다. 여기서 중요한 것은 어떻게이다. 절차기억은 우리가 어떻게 작업을 하는지를 회상하는 것이다(Schacter et al., 2000). 예를 들면 자전거 타는 방법, 양치하는 방법, 벨트를 채우는 방법, 도구들을 사용하는 방법, 전화기의 소리를 높이는 방법, 그리고 자동적으로 할 수 있는 많은 행동들이 우리의 절차기억에 따른 것이다. 절차기억은 대상보다는 행동을 기억하는 것이다.

중요한 것은, 처음으로 한 행동이 바로 절차기억 속으로 들어가는 것은 아니라는 점이다. 우리가 하는 행동들이 깊이 배어들어 더 이상 숙달하기 위한 고의적인 노력이 필요 없기 위해서는 수많은 반복이 필요하다(Gupta & Cohen, 2002; Ofen-Noey et al., 2003). 예를 들면 새로 차차차 댄스를 배우고자 하는 댄서들은 먼저 반드시 '하나, 둘, 차차차'라는 박자(지도자, 파트너 혹은 스스로에게서 나오는 박자 소리)를 듣고 고의적으로 모든 박자에 맞춰 올바른 스텝을 밟기 위해 집중해야 한다. 그러나 얼마간의 경험을 한 후, 그 박자 소리는 사라지게 된다. 수많은 연습 후에, 마치 한때 낯설었던 동작들이 지금은 완전히 직관적인 것들이 된 것처럼, 자동적으로 그 춤을 추게 된다.

때때로 다른 사람에게 동일한 절차를 가르쳐줄 필요가 있을 때까지 우리는 우리의 절차기억이 매우 깊이 뿌리 박혀 있다는 사실을 깨닫지 못한다. (만약 네 살짜리 아이가 어떻게 신발 끈을 묶는지 물어본다면, 모든 단계를 설명해줄 수 있을까?) 한번은, 내가 차에 기름 넣고 있었을 때, 반대편에 아버지와 함께 있는 초보 면허증을 가진 15살 아들이 보였다. 아버지는 아들에게 신용카드를 건네며 말했다. "기름을 가득 채워봐!" 아들은 완전히 어리둥절한 표정을 짓고 있었고, 거기에 맞서 아버지도 아들이 그런 표정을 짓는 모습에 똑같이 어리둥절한 표정을 지었다. 아들이 "어떻게요?"라고 묻자 아버지가 대답했다. "어떻게라니? 그냥 채우면 되잖아. 굉장히 쉬워." 결국, 아버지는 수없이 여러 번 차에 기름을 넣다 보니 아무 생각 없이 자동적으로 그렇게 할 수 있다는 사실을 깨달았다. 그의 절차기억에 깊이 새겨진 것이었다. 하지만 아버지는 초보인 아들에게 전 과정을 단계별로 가르쳐야만 할 것이다. 즉 차 옆에 있는 작은 주유구를 열어서, 안에 있는 기름통 입구를 돌려 열고, 주유기에 신용카드를 꽂고, 화면창에서 주유에 필요한 버튼을 누른 다음, 휘발유 종류를 선택하고, 노즐을 들어 주유구에 넣고 휘발유가 나오도록 핸들을 움켜쥐라는 식으로 말이다. 주유를 마쳤을 때, 아버지는 아들이 단지 차에 주유만 한 것이 아니라, 처음에는 복

절차기억이란 주어지는 과제를 자동적으로 처리할 수 있는 암묵기억이다. 어떤 종류의 춤 스텝을 따라가는 것과 같은 과제는 반복을 통해 절차기억으로 존재한다.

잡해 보이지만 나중에는 기억에 위임하게 되는 절차를 배웠다는 것을 알게 되었다.

암묵기억과 외현기억은 뇌에서 매우 별개의 과정이라고 연구조사는 보여준다(Loonis et al., 2017). 실제로, 뇌에서 서로 다른 영역을 사용하고 있다(그림 5.6). 외현기억은 주로 전두엽과 해마가 담당한다. 구체적으로 말하면, 언어적 정보(소셜미디어 계정의 비밀번호 같은)는 전두엽과 해마의 왼편에 저장되지만, 시각적 정보(가지고 있는 배낭의 모양 같은)는 오른편에 저장된다. 반면에, 암묵기억은 주로 소뇌와 기저핵(최소한 동작과 연관된 암묵기억에 대하여)이 담당한다(Eichenbaum, 2010; Squire, 2004).

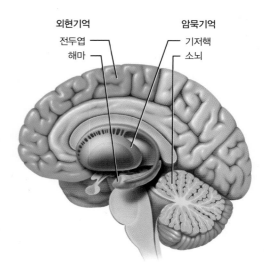

외현기억 암묵기억
전두엽 기저핵
해마 소뇌

그림 5.6 암묵기억과 외현기억의 배치 암묵기억은 소뇌와 기저핵이 담당하지만, 외현기억은 전두엽과 해마가 담당한다.

학습 확인

5.13 외현기억은 무엇인가?

5.14 외현기억의 기본적인 두 가지는 무엇이며, 서로 어떻게 다른가?

5.15 암묵기억은 무엇인가?

5.16 절차기억은 무엇인가?

무엇이 기억에 영향을 미치는가

때때로 우리의 기억은 놀랍다. 수년 전에 깊이 묻어두고 한 번도 생각하지 않았던 그다지 중요하지 않은 사실이나 사소한 경험들을 끄집어낸다. ("세상에! 내가 유치원 때 선생님 이름이 기억나다니 믿을 수 없군.") 다른 한편으로, 기억은 우리를 우울하게도 한다. 중요한 사실("내 휴대전화 비밀번호가 뭐였지?")이나 최근까지 규칙적으로 사용해 왔던 정보들("내 연구실 파트너 이름이 뭐였지?")에 대해 더듬더듬 기억 속을 헤매게 된다. 심리학자들은 왜 기억이 이렇게 변덕스러운지에 대해 완전하게 설명하지 못했지만, 기억에 영향을 미치는 특정 요인들을 밝혀냈다.

시간과 기억

일반적으로 시간은 기억의 적이다. 심리학자들은 시간이 기억을 감퇴시키는 과정을 **쇠퇴**(decay)라고 불렀다. 즉 시간의 흐름에 따라 기억 속의 정보가 감소되거나 손실되는 것이다. 쇠퇴는 종종 정보가 더 이상 사용되지 않을 때 발생한다. 예를 들어 만약 정보가 사용되지 않는다면, 감각기억에 들어간 정보는 그것이 단기기억 속으로 들어가기 전에 쇠퇴하게 될 것이다. 마찬가지로, 단기기억 속 사용되지 않은 정보는 장기기억으로 들어가기 전에 쇠퇴할 것이다.

일단 정보가 장기기억 속에 있으면, 그것의 회상은 사용 유무에 달려있다. 우리가 가끔씩 그 정보를 끄집어낸다면(오랜 기간 방치하기보다는), 나중에 필요할 때 더 쉽게 사용할 수 있다 (Barrouillet et al., 2009; Brown et al., 2007; Carrier & Pashler, 1992). 예를 들어 5년 동안 안부를 전하지 않던 사촌을 우연히 만나게 된 가족 모임을 생각해보자. 만약 사촌의 이름을 그동안 듣지

쇠퇴

시간이 지남에 따라 기억 속의 정보가 사라지는 것

도 못하고 생각해 본 적도 없다면, 그의 이름이 장기기억 속에서 쇠퇴되어 결국 그의 명찰을 살짝 엿봐야 할 것이다. 그러나, 가끔씩 가족들과 그에 대해 이야기하거나 그의 인스타그램에 게시된 글을 봐 왔다면, 기억의 쇠퇴를 감소시킬 만큼 충분히 우리의 기억이 충전될 것이다.

상황과 기억 : '또 다른' 정보

특정한 정보를 기억해내는 우리의 능력은 그것의 상황에 달려있다. 즉 주변에 어떤 다른 정보가 존재하는가에 달려있다(Dewar et al., 2010; Roediger et al., 2010; Wixted, 2010). 일반적으로, 마치 주머니에 가득 찬 동전들 속에서 필요한 동전을 찾기 어렵듯이, 다른 정보들이 목표로 정한 정보를 간섭하게 된다.

이런 간섭의 한 특정한 형태가 **역행간섭**(retroactive interference)이다. 즉 새로운 정보 때문에 더 오래전 정보를 기억하는 데 어려움이 있는 경우이다. 역행간섭은 우리가 영화를 연달아 두 편을 본 후 첫 번째 영화의 세부사항들을 기억하는 데 어려움이 있는 경우에 발생한다. 우리의 생각으로부터 두 번째 영화가 첫 번째 영화와 다소 충돌하게 된다(또는 적어도 그 일부가). 이런 간섭의 반대 형태를 **순행간섭**(proactive interference)이라고 한다. 즉 오래된 정보로 인해 새로운 정보를 기억하는 데 어려움을 겪는 것이다. 순행간섭은 역시 영화를 연달아 두 편을 본 후, 이번에는 두 번째 영화를 회상하는 데 어려움이 있을 때 발생한다. 이 경우는, 첫 번째 영화가 두 번째 영화를 위한 기억의 공간을 내주지 않아서, 두 번째 영화의 일부가 기억 속으로 들어오는 과정이 진행되지 않게 되는 것이다(Bäuml, 1996; Fatania & Mercer, 2017; Keppel & Underwood, 1962; Underwood, 1957).

역행간섭은 주로 문제가 되는 것으로 여겨진다. 하지만, 연구에 따르면, 괴롭거나 속상한 기억으로 고통 받는 사람들에게 도움을 줄 수 있다고 한다. 한 무리의 연구자들이 2005년 허리케인 카트리나를 겪었던 아이들의 부정적인 기억들을 연구하고 있었다. 그러나, 연구 중이던 2008년, 동일한 지역을 허리케인 구스타프가 강타했다. 비록 허리케인 구스타프에 대한 경험이 아이들에게 그다지 가혹한 것은 아니었지만, 그 경험으로 인해 아이들이 허리케인 카트리나에 가졌던 기억들을 감소시켰음을 발견하였다(Weems et al., 2014).

다른 연구자들은 좀 더 통제된 방식으로 2008년의 연구를 반복하고자 노력했다. 연구자들은 참가자들에게 먼저 매우 끔찍한 사진들을 보여준 다음, 다시 두 번째 끔찍한 사진들을 보여주었다. 그런 다음, 참가자들에게 첫 번째 사진들의 이미지를 회상하도록 요청했다. 비록 두 번째 사진들이 덜 끔찍했지만, 첫 번째 사진들의 기억들이 두 번째 사진들을 봄으로써 감소되었다. 매우 좋지 않았던 사건들을 잊고 싶은 사람들이 새로운 그러나 덜 혹독한 부정적 사건들을 겪음으로써 최소한 부분적으로 그 사건들의 기억을 바꿀 수 있는 역행간섭을 만들 수 있다고 보았다(Hensley et al., 2018). 물론 이것이 얼마나 효과적인지 결론 짓기 위해서는 추가적인 연구가 필요할 것이다.

위치효과 연속적인 것들 사이에서, 중간에 있는 것보다 맨 처음과 마지막 것을 기억하는 경향을 의미하는 **계열위치효과**(serial position effect)는 바로 순행간섭 및 역행간섭과 관련이 있다. 연속적인 것들의 처음과 마지막에 대한 특정한 효과를 나타내는 용어들이 있다. **초두효과**(primacy effect)는 연속적인 것들 속에서 특히 처음에 있는 것을 잘 기억하는 경향을 말한다. **최신효과**(recency effect, 최신효과)는 연속적인 것들 속에서 특히 마지막에 있는 것을 잘 기억하는 경향을 말한다. 목록에서 맨 처음에 나온 항목은 이전의 항목이 없기 때문에 순행간섭이 발생하지 않는다. 반면

역행간섭
새로운 정보로 인하여 기존의 정보를 기억하는 데 발생하는 어려움

순행간섭
기존의 정보로 인하여 새로운 정보를 기억하는 데 발생하는 어려움

계열위치효과
처음과 마지막에 제시되는 정보를 중간에 있는 다른 정보보다 더 잘 기억할 수 있는 경향성

초두효과
목록의 처음에 있는 정보를 특별히 잘 기억하는 경향

최신효과
목록의 마지막에 있는 정보를 특별히 잘 기억하는 경향

에, 마지막 항목은 그 뒤에 이어지는 항목이 없기 때문에 역행간섭이 발생하지 않는다[단, 회상 전에, 역행간섭이 발생해서 최신효과가 약해질 수도 있는 지체상태(delay)가 없다면](Postman & Philips, 1965). 하지만, 중간에 있는 항목들은 순행간섭과 역행간섭에 취약해서 더 자주 잊혀지는 경향이 있다(Feigenbaum & Simon, 1962; Greene, 1986; Murdock, 1962; Raffel, 1936; Tzeng, 1973).

계열위치효과, 초두효과, 그리고 최신효과는 오래전 심리학사에서 에빙하우스(1885)가 설명한 것이다. 한 세기 이상 동안, 이런 효과에 대한 그의 발견들은 반복해서 연구되어 왔다(Bower, 2000; Craik & Watkins, 1973; Crowder & Greene, 2000). 12개의 항목으로 구성된 목록을 들은 후 자유롭게 회상하는 상황에서, 참가자들은 전형적으로 마지막 항목들로 시작하는데, 약 80~90% 올바르게 마지막 3개의 항목들을 말한다. 그다음, 목록 앞부분의 2개 항목을 약 60~70% 올바르게 말한다. 마지막으로, 대략 30~40%의 정확성을 가지고 목록의 중간 항목들을 (그것들을 기억할 수 있는) 참가자들이 말한다(그림 5.7).

연구자들은 종종 구두로 또는 서면으로 된 목록을 참가자들에게 제공하고 나서, 할 수 있는 한 모두 회상해보라고 요청함으로써 계열위치효과를 연구한다(Crowder & Greene, 2000). 하지만, 계열위치는 일련의 자극이 있는 모든 종류의 상황에서 차이가 있다. 예를 들어 만약 파티에서 10명의 사람을 만났다면, 중간에 만났던 사람들보다는 맨 처음과 마지막 만났던 몇 명을 더 쉽게 기억할 수 있다. 만약 콘서트에서 20곡의 노래를 들었다면, 이번에는 중간에 공연했던 곡들보다는 맨 처음 밴드의 시작 곡과 마지막 앙코르 곡을 더 쉽게 기억할 수 있다.

최근의 연구는 계열위치효과, 초두효과, 그리고 최신효과의 현실 적용 사례들을 탐구하고 있다. 초두효과의 예로서, 5개 와인을 감정하는 와인 감정사들은 종류에 상관없이 그들이 맛본 첫 번째 와인을 선호하는 경향이 있다. 아마도 첫 번째 와인에 대한 기억이 나머지 것들보다 더 강하기 때문일 것이다(Mantonakis et al., 2009). 음식 선호에 대한 11개 연구들의 메타 분석도 동일한 결과를 보였다. 항목의 순서가 무작위였음에도 불구하고, 압도적으로 처음 시식한 음식을 가장 선호하는 음식으로 채택하였다(Dean, 1980). 반면에, 최신효과는 피겨스케이팅 대회 결과의 연구로 설명된다. 선수들의 이전 점수로 출전순서가 무작위로 정해졌지만, 마지막 순서인 선수가 심사위원들로부터 가장 최고 점수를 받았다(Bruine de Bruin, 2005, 2006).

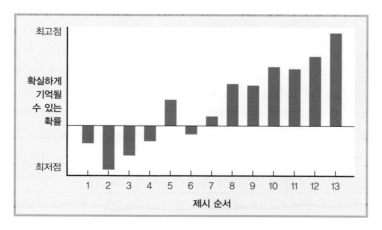

그림 5.7 계열위치효과 연속된 항목들을 들은 직후 회상을 하게 될 때, 중간 항목보다는 맨 처음과 마지막 항목을 더 쉽게 기억해낸다(Postman & Phillips, 1965).

재학습 때때로 우리의 기억은 '다른' 정보의 존재보다는 특정 정보를 이미 기억하거나 잊었다는 사실에 의존한다. 심리학자들은 이것을 재학습(relearning)이라 부르는데, 특정 정보를 잊은 후 재사용을 위해 기억에 위임하는 과정을 말한다. 앞서 우리는 가족 친목회에서 사촌의 이름을 잊어버린 경우를 생각해보았다. 만약 사촌이 자신을 다시 소개한다면("그 사촌의 이름은 조니였다!"), 일주일 후에 그날 처음 만나 이름을 알게 된 조니의 아기보다 우리는 사촌의 이름을 더 잘 기억할 수 있다. 우리는 조니의 아기 이름을 학습했지만 조니의 이름은 재학습한 것이기 때문에 그 이름이 더 쉽게 기억에 남을 수 있다(MacLeod, 1988; Nelson, 1985).

섬광기억 때로 우리의 기억은 우리가 학습한 정보의 정서적 상황에 영향을 받는다. 명백히 강력한 감정을 일으키는 정보나 사건들이 특히 더 쉽게 마치 어제 일인 것처럼 회상된다(Fivush et al., 2009; Schmidt, 2007; Schooler & Eich, 2000). 이런 유형의 기억을 **섬광기억**(flashbulb memory)이라 한다. 즉 감정이 몰입된 새로운 사건들을 명확하고 생생히 기억하는 것을 말한다(Brown & Kulik, 1977; Curci & Luminet, 2009).

섬광기억은 종종 그런 사건을 경험하고 목격한 사람들에 의해 공유된다. 예로 9·11 테러, 코네티컷주 뉴타운에 있는 샌디훅 초등학교 총기사건, 뉴올리언스의 허리케인 카트리나와 푸에르토리코의 허리케인 마리아, 보스턴 마라톤대회 폭탄테러, 라스베이거스 야외 공연장에서 있었던 총기난사 사건, 대통령 선거와 취임식, 그리고 심지어 좋아하는 스포츠팀의 우승 같은 사건들을 들어볼 수 있다. 이런 주요사건들은 매우 강한 감정적인 힘에 의해 세부적으로 그것들을 기억할 수 있을 뿐 아니라, 정확히 그날 우리가 어디에 있었으며, 무엇을 하고 있었는지 회상할 수 있다.

 섬광기억이 되기 위해서는 사회 전반에 걸친 사건이어야 하나요?

아니다. 우리 섬광기억의 다수는 개인적인 것들이다. 모두에게 일어난 것이 아니라 여러분에게만 일어나는 일들이다. 교통사고, 강도, 성폭력, 또는 사랑하는 사람을 잃는 것과 같은 불행한 사건들이 섬광기억을 만들 수 있다. 하지만 친목회, 졸업식, 또는 깜짝 파티와 같은 좋은 일들도 충분히 생생하고 중요하며 강렬한 감정이었다면, 이 또한 섬광기억을 만들 수 있다(Davidson, 2008; Lanciano et al., 2018; Stone & Jay, 2018). 예를 들면 대규모 주립대학의 학생클럽에 서약하는 여학생들이 여학생회의 입회권유를 받는 순간이 그들이 경험할 수도 있는 부정적 사건만큼이나 섬광기억을 만들 수 있다는 사실을 알아냈다(Kraha & Boals, 2014).

섬광기억은 보통 기억보다 더 생생하지만, 더 정확한 것은 아니다(Talarico & Rubin, 2009). 섬광기억 신뢰도의 중요한 점은 그것이 얼마나 직접적인 경험인지다. 만약 직접 경험을 했다면, 뉴스에서 보거나 듣는 것보다 기억을 잊거나 왜곡하는 경우가 적다(Er, 2003; Pillemer, 2009). 한 연구에서, 연구자들은 참가자들에게 60명 이상의 사망자와 3,000명 이상의 부상자를 낸 1989년 10월에 일어난 샌프란시스코 대지진을 회상해보도록 요청했다. 우연히도, 메이저리그 야구팀 중 해안 지역에 위치한 샌프란시스코 자이언츠와 오클랜드 A의 월드 시리즈가 그 시간 그곳에서 있었다. 이러한 이유로, 수백만 명이 TV와 라디오를 통해 지진을 목격하였다. 바로 발로 전해 오는 지진을 느낄 수 있었던 캘리포니아 사람들은 지진에 대한 자신들의 경험과 그날의 뉴스보도를 매우 정확히 회상했다. 애틀랜타처럼 간접적으로 지진을 겪은 먼 지역의 사람들은 그 사건에 관한 훨씬 낮은 회상률을 보였다(Neisser et al.,1996).

섬광기억
감정이 몰입된 새로운 사건들을 명확하고 생생히 기억하는 것

문화 역시 섬광기억에 대해 강한 영향력이 있다(Wang & Aydin, 2018). 좀 더 쉽게 말하면, 특정 문화의 구성원들에게 일어난 사건의 중요성이 섬광기억 형성 유무 차이를 보여준다. 예를 들면 다른 나라 국민들보다 미국인들이 9 · 11 테러에 대한 더 많은 섬광기억을 갖게 되며, 그 기억들은 수년이 흘러도 구체적이고 정확하게 남게 된다(Curci & Luminet, 2006; Luminet et al.,2004). 또한, 2013년 교황 베네딕토 16세가 사임했을 때, 성당을 나가지 않는 이탈리아 가톨릭 신자나 비가톨릭 신자보다도 성당을 다니는 이탈리아 가톨릭 신자들이 더 쉽게 섬광기억을 가질 수 있다(Curci et al., 2015)

특정 사건에 대한 섬광기억을 형성하는 것이 특정 사회집단 사이의 결속력을 강화한다고 주장하는 연구가들도 있다. '그 사건이 일어났을 때 내가 무엇을 하고 있었는지 정확히 기억하지'라고 주장하는 사람은 그 사건으로 특히 영향을 받은 집단의 구성원으로 확인된다(Bernsten, 2018; Demiray & Freund, 2015; Hirst & Meksin, 2018). 예를 들면 2009년 마이클 잭슨의 갑작스러운 죽음으로 섬광기억을 갖게 되고 그것을 공유함으로써, 그 가수의 한 팬은 전 세계의 더 많은 팬들과 밀접한 유대감을 형성할 수 있다(Demiray & Freund, 2015).

섬광기억의 형성은 문화의 성향이 얼마나 개인주의적인지 아니면 집단주의적인지에 따라 다르다. 즉 '우리'에게 얼마나 중요한 사건인가와, '나'에게 얼마나 그 사건이 중요한가에 따라 차이를 보인다. 한 연구에 따르면, 미국처럼 개인주의 국가 출신의 참가자들과 중국처럼 집단주의 국가의 참가자들에게, 어떤 사건의 국가적 중요성으로 인해 섬광기억을 형성할 가능성은 대략 동일하다. 반면에, 어떤 사건의 개인적 중요성은 두 집단에 각각 다른 영향력을 가진다. 즉 미국 참가자들보다 중국 참가자들에게는 뚜렷하게 덜 중요한 문제로 비춰진다(Kulkofsky et al., 2011).

기억을 향상시키기 위한 노력들

지금까지 기억에 영향을 미치는 것에 대한 논의는 시간의 흐름과 우리가 기억하고 싶은 정보를 에워싼 환경 같이 우리가 통제할 수 없는 요인들에 집중했다. 그러나 특정 사실이나 사건들의 기억을 강화하기 위한 의도적인 노력을 통해 상당한 정도까지 통제할 수 있는 요인들에 의존적인 기억도 있다.

기억술   기억술(mnemonic)은 기억을 강화하기 위해 의도적으로 사용되는 특정한 기술이나 전략을 말한다. 기억술은 이 장 초반에서 설명했던 미국 기억력 챔피언대회의 경쟁자들처럼 기억력 챔피언들에 의해 주로 사용되는 멘탈도구나 기술이다(Worthen & Hunt, 2011). 우리도 아마 이것을 사용해본 적 있을 것이다. 예를 들어 과학시간에 무지개색을 그 순서에 맞춰 '빨주노초파남보'(무지개색 차례를 직접 빨간색, 주황색, 노란색, 초록색, 파란색, 남색, 보라색이라고 외우기보다)라고 외웠을지 모른다. 만약 그랬다면, 기억술로서 **두문자어**(acronym)를 사용한 것이다(Stadler, 2005). 수학시간에는 연산의 순서를 암기하기 위해 두문자어를 사용하여 괄호(parentheses), 지수(exponents), 곱하기(multiplication), 나누기(division), 더하기(addition), 빼기(subtraction)를 각각 영어의 첫 자만으로 'Please excuse my dear Aunt Sally'라는 식의 문장을 만들어 외웠을지 모른다.

글자나 단어와 관련된 기억술 이외에도, 많은 기억술은 미국 50개 주와 그 주도를 노래로 만들어 외우는 것처럼 리듬과 운율에 의존하기도 한다. 다른 경우에는 새로운 정보를 뚜렷한 시각적 자극과 연관시키면서 시각적 이미지에 의존하는 경우도 있다. 미국 기억력 챔피언대회의 우승자인 벤 프리드모어는 **장소법**(method of loci)이라 불리는 시각화 방법에 근거한 기억술을 설명

기억술
기억 능력을 향상시키기 위해 의식적으로 활용하는 구체적인 기술이나 전략

간격두기효과
한 번에 벼락치기로 공부할 때보다, 시간의 간격을 두고 공부했을 때 장기기억에서 정보를 더 잘 기억하는 경향

했다(Moe & DeBeni, 2004, 2005). 그는 한 벌의 카드 순서를 순식간에 암기하기 위해 이 기억술을 사용한다. 마음속으로 각각의 카드를 사물이나 사람과 같은 마음 속 이미지로 바꾸고 그것들을 각각 다른 지점(장소)에 대입하여 시각화한다. 이번에는 그의 할머니 옛집과 방들을 떠올렸다(Pridmore, 2007). 예를 들어 첫 카드가 하트(heart) 킹이라면, 어떤 왕이 두근거리는 마음(heart)으로 할머니 집 현관을 열고 있는 모습을 시각적으로 그려본다. 다음 카드가 다이아몬드 3이라면, 현관을 통해 들어온 후 할머니 집 거실 탁자에 놓여 있는 거대한 3개의 빛나는 다이아몬드를 상상한다. 또 다음 카드가 클로버(club) 7이라면, 주방에 있는 실제 7개의 타봉(club)을 떠올리는 식이다.

장소법과 유사한 것이 페그워드법(pegword method)인데, 이것은 기억해야 할 항목들의 이미지들을 이미 우리가 기억하고 있는 연속된 어떤 것들과 짝을 이루게 하는 것이다. 예를 들면 간단히 5개 단어 run, blue, bee, door, drive를 차례로 one, two, three, four, five의 운율에 맞춰 외우는 것으로 시작해보자(Elliott & Gentile, 1986; Massen & Vaterrodt-Plunnecke, 2006; Wang & Thomas, 2000). 그러고 나서, 연속된 5개 또는 그 이하의 것들을 기억할 필요가 있을 때마다, 이미 기억하고 있는 5개의 연속된 단어들과 짝을 이루어주면 된다. 조깅하는 동안 파티 초대장을 보내야 하는 5명의 친구들을 생각한다고 가정해보자. 집에 도착하기 전까지 그들을 기억하기 위해서, 단지 그들 각각을 이전에 기억해둔 항목들과 상호 연관시켜 주면 된다. 즉 달리고 있는(running) 티나, 파란색(blue)을 칠한 그렉, 벌(bee)에 쏘인 데번, 문(door)을 쾅 닫는 대런, 운전하는(driving) 디야. 집에 도착한 후, 기억한 항목들을 열거할 때, 그 5명의 친구들에 대한 이러한 이미지를 쉽게 회상할 수 있다.

간격두기효과 학습은 또 다른 기억 강화 노력이다. 학업적인 경험에서, 우리는 의심의 여지없이 다양한 학습전략을 시도했다. 어떤 전략은 다른 것보다 우수함이 연구자들에 의해 밝혀졌다. 특히 그들은 간격두기효과를 발견하였다. **간격두기효과**(spacing effect)란 학습을 주입식으로 한꺼번에 하려는 시도보다는 시간적 간격을 두고 할 때 학습된 정보가 장기기억에 더 잘 저장되는 경향을 말한다. 간격두기효과(집중된 연습보다 분포된 연습의 장점으로 알려져 있다)는 시험응시자에게 한 가지 중요한 사실로 전달된다. 즉 벼락치기 학습은 지속적이고 반복적인 학습보다 효과적이지 않다는 것이다. 확실히 주입식 벼락치기 학습이 어느 정도까지는 효과적일 수 있다. 하지만, 며칠 동안 반복된 학습으로 얻은 정보는 장기기억 속에 더 깊이 새겨지게 되고, 시험 당일에 더 쉽게 회상되며, 그 이후에도 오랜 기간 유지될 수 있다(Bahrick, 2000; Geller et al., 2018; Landauer, 2011; Landauer & Bjork, 1978; Roediger & Karpicke, 2011).

간격을 두고 하는 학습보다 벼락치기 주입식 학습이 효과적이지 않다는 것은 자주 드러난다. 시간 간격을 두고 학습할 수 있고, 벼락치기 학습의 결과가 좋지 않음에도 불구하고, 많은 사람들은 벼락치기 주입식 방법을 선택한다(Son, 2004,2005; Son & Kornell, 2008). 한 연구에서 참가자들은 컴퓨터 키보드의 숫자패드 속 무작위 패턴을 기억하라는 지시를 받았다. 그들은 둘 중 한 가지 방법으로 그 패턴들을 학습했다 — 집중된 연습(벼락치기 주입식과 유사하게 한 번에 수차례 반복하기) 또는 분할된 연습(여러 시간에 걸쳐서 반복하기). 집중된 연습으로 학습한 참가자들에게 더 높은 수행 성과가 예상되었지만, 분할된 학습을 통해 학습한 참가자들보다 낮은 수행성과를 보여주었다(Simon & Bjork, 2001).

Joseph Galev/iStock/Getty Images

정보의 목록에서 기억을 향상시키기 위한 기억술의 한 가지는 장소법으로, 여러분이 이미 기억하고 있는 특별한 장소의 물건을 그려보는 것이다. 만일 부엌을 기억하고 있다면, 여러분은 부엌에서 왼쪽 첫 번째부터 조리대, 그리고 싱크대, 스토브와 냉장고로 기억한다. 그리고 만일 이 네 가지를 특별한 순서로 외워야 한다면, 부엌의 각 대상을 특별한 순서대로 그려본다 — 조리대에 재스민(Jasmine)이 있고, 싱크에서 엘라(Ella)는 머리를 감고 있고, 칼레브(Caleb)는 스토브를 켜고 있으며, 디에고(Diego)는 냉장고를 열고 있다.

간격두기 학습에 대한 한 가지 더 중요한 사실: 대학생들은 얼마나 자주 그들의 친구들이 이 학습전략을 사용하는지에 대해 과소평가한다. 구체적으로 한 연구에 따르면, 대학생들은 대략 57%의 학생들이 의도적으로 그들의 학습을 시간의 간격을 두고 한다고 생각했지만 실제로는 약 71%가 그렇게 하고 있었다. 연구가들은 학생들이 간격두기 학습이 이루어지고 있다는 사실을 더 정확하게 인지한다면, 그들 스스로도 더 쉽게 간격두기 학습을 할 수 있다라고 말한다(Anthenian et al.,2018).

문화와 기억

기억의 기본 과정, 특히 부호화-저장-인출 과정은 전 세계적으로 동일하다. 하지만, 무엇을 기억하는가는 특수한 문화적 배경에 달려 있다(Cappeliez &Webster, 2017; Göz et al., 2017; Nakayama et al., 2017). 점점 더 많은 최근의 연구들이 개인주의적이고 자기중심적인 삶을 지향하는 유럽계 후손들(특히 미국인)과 집단주의적이며 이타적 성향의 아시아계 후손들과의 사이에서 흥미로운 차이점을 발견했다(Ross & Wang, 2010; Wang, 2013; Wang & Aydin, 2009).

한 연구집단이 중국과 미국에서 온 참가자들에게 그들의 삶 속에서 특정한 기억 20개를 자유롭게 회상하도록 했다. 미국 참가자들의 기억은 본인의 이야기로만 이뤄진 기억이 2배 정도 되었지만, 중국 참가자들의 기억은 2배 정도가 사회적 상호작용과 집단 활동에 대한 언급들이 주를 이루었다(Conway et al.,2005; Wang & Conway, 2004). 또 다른 연구에서, 아시아계 미국인들에게 자신을 아시아인 또는 미국인이라고 생각하는지 생각해보도록 요청했다. 그런 다음, 과거의 경험들로부터 여러 사건을 기억하게 하였다. 스스로를 미국인이라고 생각한 사람들은 자신에게 집중된 사건들을 쉽게 회상하고 사회적 상관관계에 관련된 일들은 거의 회상하지 못했다(Wang, 2008). 이런 유사 문화로 생기는 차이는 아주 어린 아이들에게서도 발견된다. 그들에게 일어난 일들에 대한 기억을 공유하라는 요청을 받으면, 유럽계 미국 미취학 아동들은 압도적으로 자신의 개인 감정들, 선호하는 것들, 개인 의견들을 포함시키는 반면 아시아 미취학아동들은 타인과의 토론(특히 권위 있는 사람과의 토론)과 사회적으로 올바른 일들을 담은 내용 상당히 많았다(Wang, 2004; Wang et al., 2000).

우리가 말하는 언어조차 우리의 기억에 영향을 줄 수 있다. 한 쌍의 연구에서, 러시아어와 영어를 말할 수 있는 사람들을 대상으로 둘 중 하나의 언어로 면담을 실시하고, 그들의 개인적 기억들을 공유하도록 요청했다. 당연하게도, 러시아어로 면담한 사람들은 주로 러시아어로 생활했을 때의 사건들을 더 많이 기억했다. 반면에, 영어로 면담한 사람들은 주로 영어로 생활했을 때의 사건들을 더 많이 기억했다. 하지만, 그들의 기억 속 내용의 차이가 현저했다. 영어로 면담을 한 사람들은 자신에 대한 기억들을 아주 많이 제공하는 반면 러시아어로 면담한 사람들은 상당수 다른 사람에 대한 기억들 그리고 관계에 대한 기억들을 제공하였다(Marian & Kaushankaya, 2004; Marian & Neisser, 2000).

어떤 사건을 기억하는가에 영향을 주는 것뿐 아니라, 문화는 어떻게 사건들을 기억하는지에 영향을 줄 수 있다(Wang et al., 2017, 2018). 연구에 따르면, 유럽계 후손들은 어떤 사건을 회상할 때, 명백하게 자신의 관점에서 이야기하는 경향이 있다. 반면에, 아시아계 후손들은 타인의 관점에서 더 많이 이야기한다(Cohen & Gunz, 2002; Leung & Cohen, 2007). 예를 들어 그들이 살고 있는 도시의 농구팀이 대회에서 우승한 날을 회상한다면, 유럽계 사람은 각각 개별적으로 그때 어떤 상태였는지를 설명하기 쉽다. "제가 마지막 순간에 슛이 들어가는 것을 봤을 때, 완전 황홀했어요! 전

펄쩍 뛰고 소리치고 감동의 물결이었죠!" 반면에, 아시아계 사람은 동일한 사건의 기억에 대해 더 집단적인 관점을 혼합할지 모른다. "우리가 마지막 숏이 들어가는 것을 봤을 때, 체육관의 모든 사람이 환호했지요. 관중석 팬들은 축하해주고 선수들과 코치들은 뛰어나와 코트에서 서로 부둥켜안고 기뻐했어요!"

수면과 기억

기억에 영향을 주는 요인인 수면은 중요하지만 종종 간과된다. 수면과 기억 사이의 관계에 대한 흥미로운 점은 부호화와 인출의 시간간격에 수면이 투입된다면, 그렇지 않을 때보다 전형적으로 더 강한 기억들이 만들어진다는 점이다(Brown & Lewandowsky, 2010). 즉 수면을 취하는 것이 기억에 도움이 된다. 연구자들에 따르면, 수면은 기억과 연관된 두 가지 중요한 기능을 수행한다 — (1) 수면은 기억 형성을 증진시키면서 기억의 **강화**를 허용한다(Feld & Born, 2017; LeDoux, 2007). 그리고 (2) 수면은 여러 가지 간섭들이 일어나지 않도록 해준다(Born et al., 2006; Ellenbogen et al., 2006; MacLeod & Hulbert, 2011). 만약 수면이 인출하는 지점보다 부호화하는 시기에 근접하여 발생한다면, 이러한 효과는 가장 크다. 학습 후 바로 수면하면, 학습자료에 대한 기억을 강하게 형성할 수 있도록 해준다(de Bruin et al., 2017; Ekstrand, 1972). 기억을 돕는 수면의 다른 면은 수면 부족이 기억을 손상시킨다는 것이다(Gais et al., 2006; Marshall & Born, 2007; Mu et al., 2005; Ratcliff & Van Dongen, 2018; Whitney & Rosen, 2013). 아마도 우리는 직접적으로 이것을 알고 있다. 시험을 위해 밤새워 공부한 다음 날 우리의 기억은 멍해진다. 멍한 상태는 쉽게 기억나던 것들(열쇠를 둔 곳, 주방에 온 이유, 몇 시에 친구가 픽업하러 오는지 등)까지 이어진다. 이런 졸린 듯한 날에는 모든 종류의 기억이 안개 속에서 길을 잃는다. 하지만, 휴식을 잘한 날에는 모든 것이 쉽게 기억난다. 흥미로운 점은, 수면이 부족했던 밤 직전에 학습된 정보들은 비록 그다음 이틀 동안 숙면을 취하더라도 자주 망각된다는 것이다(Peigneux et al., 2010). 만약 월요일 밤에 잠을 설쳤다면, 그날 낮 동안 습득한 정보들이 쉽게 망각될 수 있다. 그리고 화요일과 수요일에 숙면을 하더라도 그 정보들은 돌아오지 않을 것이다.

수면과 기억 사이의 연관성은 연구자들에게 아이들의 학습 관련 장애를 진단하기 전에 학습 문제가 있는 아이들을 다시 살펴보도록 즉각 권장하였다. 수면과 연관된 문제가 힘든 학교생활의 밑바탕이 된다고 생각한다(Curcio, 2006; Maski et al., 2017; Steenari et al., 2003; Taras & Potts-Datema, 2005). 이런 연관성은 학교 시작 시간에 대한 논쟁을 불러일으켰는데, 오전 늦게 수업을 시작하는 것이 수업시간에 학습한 것에 대한 높은 기억증진 등 많은 이점들을 촉진한다는 주장도 있다(Wahstrom, 2002; Wolfson & Carskadon, 2003).

학습 확인

5.17 쇠퇴는 무엇인가?

5.18 기억은 어떻게 맥락의 영향을 받는가?

5.19 역행간섭과 순행간섭의 차이는 무엇인가?

5.20 초두효과와 최신효과는 어떻게 다른가?

5.21 정서는 기억, 특히 섬광기억에 어떻게 영향을 주는가?

5.22 기억술, 간격두기 그리고 수면은 기억을 어떻게 향상시키는가?

기억에 관한 문제

이 절에서 우리는 잘못된 기억들에 대해 살펴본다. 우리는 기억에 관한 문제들을 꽹장히 잘 알고 있다. 왜곡된 기억, 침습적 기억 그리고 기억력 감퇴 등 많은 형태들의 문제가 있다. 심지어 일상적으로 연령과 연관되어 기억력 감소를 보이는 노년층 사이에서도 이런 문제들은 그 자체가 특정 시기와 특정 장소에 국한되어 있다(Anderson & Craik, 2000). 하지만, 심각한 경우에는, 이런 기억력의 문제들은 여생의 삶을 붕괴시킬 수도 있다(Hodges, 2000; Mayes, 2000).

학습 목표

5.23 기억상실증의 정의

5.24 역행성 기억상실증과 순행성 기억상실증의 차이

5.25 오정보 효과와 이로 인한 기억 오류의 유형

5.26 기억에 대한 심리장애의 부정적 영향

기억상실증

기억상실증(amnesia)은 일시적으로 또는 영구적으로 정보의 일부나 전부를 기억하지 못하는 것을 말한다. 대부분의 기억상실증은 뇌손상이나 질병에 의해 발생하지만, 때로는 물리적 원인 없이 발생하기도 한다(O'Connor & Verfaellie, 2002). 해리성 기억상실로 알려진 기억상실증은 심리적인 정신적 외상, 심한 학대 또는 과도한 스트레스의 여파로 발생한다(Brand & Markowitsch, 2010; Brand el al., 2009; Staniloiu et al., 2018). 때때로, 모든 기억이 사라지는 총체적인 기억상실증이 있는가 하면, 상황별 기억상실증이 있는데 이것은 사라진 기억들이 삶에서 제한된 특정 부분인 경우이다. 예를 들면 심인성 기억상실증을 앓고 있는 사람들은 이전에 있었던 정신적 외상이나 학대에 대하여 어떤 것도 기억하지 못할 수 있지만, 관련이 없는 요소들에 대한 기억은 여전히 남아 있다(Kopelman, 2002a).

기억상실증에 걸린 사람들이 외현기억 손실에도 불구하고, 종종 암묵기억을 보유하는 경우가 있는데 이것은 의미가 없다. 심리학 초창기의 연구에서, 스위스 정신과 의사인 에두아르 클라파레드(Edouard Claprède)가 기억상실증 환자들과 악수를 할 때 손에 압정을 들고 그 환자들의 손바닥을 찔렀다. 클라파레드는 이전에도 (압정 없이) 악수를 했었지만, 날마다 환자들은 그가 누구인지 기억하지 못했다. 그러나, 압정을 사용한 후에 환자들은 그와 악수하는 것을 거부하였다. 환자들은 여전히 명백하게 그를 알아보지 못하고 압정에 대하여 의식적으로 기억하고 있지 않지만, 고통에 대한 암묵기억이 그들을 주춤하게 했다(Claparède, 1911).

역행성 기억상실증 역행성 기억상실증(retrograde amnesia)은 특정한 시점 이전에 발생한 정보들을 인출하지 못하는 것이다. 교통사고 생존자가 "그 사고 전에 있었던 일들이 전혀 기억나지 않아요"라고 말한다면, 이 사람은 역행성 기억상실증을 보이는 것이다. 예를 들면 유명 미식축구 선수인 스콧 볼잔(Scott Bolzan)은 욕실에서 넘어져 머리를 부딪치는 사고 때문에, 넘어지기 이전의 모든 기억들(아내, 아이들, NFL 선수로서의 경력, 비행사, 그리고 사업가라는 기억들)을 잃고 말았다.

회고록 *My Life, Deleted*(작가의 아내와 다른 한 명의 작가와 공동 집필함)에서, 볼잔은 그의 경험을 이렇게 묘사하고 있다. "저는 제가 알고 있는 것들, 경험들, 심지어 정체성까지 모두를 잃어버렸죠. 머리를 타일 바닥에 부딪쳐 병원에 실려 가는 동안, 모든 머릿속 정보들이 빠져나가는 것을 느낄 수 있었고, 온통 안개로 둘러싸여 방향을 잃은 것 같았었죠. 그때부터 제 삶은 완전히 바뀌었어요"(Bolzan et al., 2011, p. 4). 그는 또한 아내에 대하여 언급하면서, "사랑에

기억상실증
일시적으로 또는 영구적으로 정보의 일부나 전부를 기억하지 못하는 것

역행성 기억상실증
특정한 시점 이전에 발생한 정보들을 인출하지 못하는 것

연구에 따르면, 기억력 감소는 뇌진탕에 의해서만 발생하는 것이 아니라, 축구의 헤딩과 같이 뇌진탕이 발생하지 않더라도 반복적인 접촉에 의해서도 발생할 수 있다.

John Patriquin/Portland Press Herald/Getty Images

순행성 기억상실증
특정 시점 이후 새로운 기억을 형성하지 못하는 것

출처 기억상실증
정보를 기억하는 데 전혀 어려움이 없지만, 어떻게 그 정보를 얻게 되었는지 회상할 수 없는 상태

오정보 효과
기억 속에 실수로 통합된 정보가 그대로 잘못된 채로 또는 오해하기 쉽게 반영되는 것

빠져 결혼하고 나를 세 아이의 아빠로 만들어준 그런 아내였는데 그녀와 관련된 모든 기억들이 사라졌죠. 그 후, 나는 도대체 누구인가라는 의문이 계속 저를 괴롭혔어요"(p. 9).

볼잔의 역행성 기억상실증은 오래 지속되었지만, 다른 경우에는 단지 몇 분, 몇 시간 혹은 며칠 정도인 경우도 있다(Papagno, 1998). 주로 머리를 심하게 부딪치거나 머리에 가벼운 부상을 입어서 일시적으로 자신들에 관한 간단한 정보가 기억나지 않는 운동선수들에게서 볼 수 있는데, 보통의 경우 곧 완전히 회복된다(Kapur et al.,1998; Kopelman, 2002b).

순행성 기억상실증   역행성 기억상실증과 대조적으로, **순행성 기억상실증**(anterograde amnesia)은 특정 시점 이후 새로운 기억을 형성하지 못하는 것이다. 이 경우에는, 삶의 변화 이전에 발생한 기억들은 고스란히 남아 있다. 순행성 기억상실증에 걸린 사람들은 어린 시절이나 가족, 직장 등의 일들은 기억할 수 있지만, 새로운 기억들을 형성할 수 없다. 그들은 기억상실증의 발병 이후로 무슨 일이 있었는지 기억하지 못한다. 즉 방금 말하거나 실행한 행동 또는 다른 사람이 방금 그들에게 말하고 행동한 일들을 기억하지 못한다는 것이다. 결과적으로 순행성 기억상실증에 걸린 사람들은 동일한 질문이나 동일한 이야기 또는 동일한 행동들을 반복하게 된다. 왜냐하면 그들이 이미 그런 행동들을 했다는 기억이 없기 때문이다(Mayes, 2002). 순행성 기억상실증의 잘 알려진 사례가 있다. 영국 출신의 음악 제작자이자 지휘자인 클라이브 웨어링(Clive Wearing)이 바이러스로 인한 뇌손상으로 고통 받았다. 1985년, 웨어링은 자신이 몇 번이고 깨어난 느낌을 받았지만, 그날 아침에 이미 깼었다는 기억은 할 수 없었다. 그는 입원이 필요한 상태였고, 비록 수년에 걸쳐 약간의 기억력 회복은 있었지만, 그의 경력에 피해를 주게 되었다(Wearing, 2005).

출처 기억상실증   때로는 정보를 기억하는 데 전혀 어려움이 없지만, 어떻게 그 정보를 얻게 되었는지 회상할 수 없는 사람들이 있다(Chen et al., 2018; Mitchell & Johnson, 2000). 이것이 **출처 기억상실증**(source amnesia)인데, 특정한 기억을 얻게 된 출처를 기억할 수 없는 것을 말한다. 완전한 출처 기억상실증은 기억의 출처를 완전히 기억하지 못하는 것이지만, 잠시 이것을 경험했을 수도 있다. 어떤 기억에 대해 자신감을 가지고 있지만, 다른 사람들이 출처를 설명해보라고 강요할 때 어떻게 알게 된 것인지 기억나지 않는 경우가 있을 것이다. 예를 들면 친구들과 파티에 초대를 받아 차를 타고 가고 있다고 상상해보자. 친구들은 파티가 있는 곳의 주소를 알지 못하는데, 여러분은 알고 있다. '7476 Gannon Avenue'. 친구들이 어떻게 알고 있냐고 물어봤을 때, 여러분은 대답한다. "몰라, 그냥 아는 거야." 파티장소에 도착했을 때, 여러분의 기억이 확실했음을 알게 된다. 하지만, 여전히 주소를 어떻게 알게 된 건지 기억이 나지 않는다. 파티 주선자가 문자를 보냈나? 전화를 했었나? 이메일을 보내왔나? 직접 말해준건가? SNS에 올렸나? 아니면, 다른 친구가 말하는 것을 들었던 건가?

출처 기억상실증은 우리의 기억이 올바르게 작동할 때, **출처 추적**에 몰두한다는 것을 보여준다. 우리는 정보뿐만 아니라 그것이 흘러나온 출처까지도 집중하고 있다(Johnson et al., 1993; Ranganath et al., 2012).

오정보 효과

오정보 효과(misinformation effect)는 기억 속에 실수로 통합된 정보가 그대로 잘못된 채로 또는 오해하기 쉽게 반영되는 것을 말한다. 즉 새로운 정보가 우리 머릿속에 들어올 때, 마치 그것이 어떻게든지 원래 있던 기억 속으로 스며드는 것

출처 기억상실증은 어떤 특정한 기억의 정보원을 기억할 수 없음을 말한다. 출처 기억상실증이 발생하지 않는다면 사람들은 스마트폰에서 본 단어나 장면에 대한 기억을 형성할 수 있으며, 그 정보를 어디서 얻었는지에 대한 기억도 형성할 수 있다.

Roberto Westbrook/Tetra images/Getty Images

처럼, 기억이 종종 왜곡된다(Calvillo & Mills, 2018; Pickrell et al., 2004; Volz et al., 2017). 이것은 기억이 사라지게 되는 생략오류가 아니라, 기억이 왜곡되거나 수정되거나 또는 사실이 아닌 정보로 보충되는 관여오류이다(Roediger & McDermott, 2000).

여름 어느 날, 난 네 살 난 아들을 데리고 마트에 갔다. 얼마 전 아들에게 기프트 카드가 생겼고, 빨리 그것을 쓰고 싶었다. 하지만, 그 작은 손에 공룡 레고 장난감을 든 채 계산대에 서 있을 때, 아들은 나를 쳐다보며 울음을 터뜨렸다. "기프트 카드를 잃어버렸어!" 계산대 점원이 돕고 싶어 이렇게 말했다. "어제 어떤 꼬마 여자아이도 그랬단다. 하지만 그 아이는 주머니에서 기프트 카드를 꺼냈을 당시에 어디에 있었는지 기억했지. 그런 후에, 기억한 곳으로 가서 찾았단다. 너는 기프트 카드를 주머니에서 꺼냈을 때 어디에 있었니?" 아들은 훌쩍이며 잠시 생각하더니, "장난감 코너. 레고 장난감 옆!"이라고 말했다. 아들을 따라 그곳으로 다시 가서 꼼꼼하게 살펴보았지만 기프트 카드는 없었다. 오랫동안 찾아본 후에, 빈 손으로 차로 돌아왔다. 차에 타자, 아들의 슬픔은 기쁨으로 바뀌었다. "아빠, 내 기프트 카드가 여기 있어! 뒷좌석에!" 아들은 작은 손에 그것을 꽉 쥔 채로, 나를 다시 마트 쪽으로 끌어당겼다. 그때, 아들의 반바지와 티셔츠에는 주머니가 없음을 알아챘다. 마트에서 아들이 주머니에서 기프트 카드를 꺼낸다는 것은 있을 수 없는 일이었다. 사실 아들은 집에서 나올 때 그 카드를 손에 쥐고 있다가, 마트에 들어가기 전에 그것을 떨어뜨린 것이었다. 그러나, 점원의 '매장 안 어디선가에서 카드를 꺼냈을거야'라는 암시가 강력하게 잘못된 오정보를 만들어낸 것이다.

우리의 기억이 불완전함을 의미하는 오정보 효과를 인정하는 것은 놀랍고 불안감을 주는 것일 수 있지만, 사실이다. 기억연구를 선도하는 대니얼 섹터(Daniel Schacter)는 이렇게 설명한다.

> "우리는 우리의 경험들이 카메라에 기록되는 방식처럼 기록되지는 않는다는 것을 알고 있다. 우리의 기억은 다른 방식으로 작동한다. 우리의 경험으로부터 핵심 요소들을 뽑아내어 그것들을 저장한다. 그런 다음, 그대로 복사한 기억을 인출하기보다 우리의 경험이 재구성된다. 그러는 중에, 우리의 감정, 신념, 또는 심지어 그 경험 후 얻게 된 지식을 첨가한다. 다른 말로 하면, 우리는 어떤 사건 이후에 얻게 된 감정이나 지식의 원인을 그 경험으로 돌리면서 우리의 기억은 편향된다"(Schacter, 2001, p. 9).

오정보 효과는 만약 기억이 중요한 요소가 되는 법정에서라면 특히 중요할 수 있다. 실제로, 오정보 효과는 특히 목격자 증언의 타당성과 관련 있고 그래서 위험하기도 하다. 이 주제의 수석 연구가 엘리자베스 로프터스(Elizabeth Loftus)와 그녀의 동료는 목격자 증언의 한계에 대해 이렇게 설명한다.

> "아무리 정직하고 진실한 목격자라도 완전히 정확하다고 추정할 수 없다. 인간의 정보 프로세서는 유입되는 정보의 양과 그것을 정확하게 처리하고 기억하고자 하는 노력에 의해 압도되면서 오류에 취약하다. 어떤 정보는 필연적으로 사라지기도 하고, 어떤 정보는 거부되거나 왜곡된다"(Davis & Loftus, 2007, pp. 223-224).

클라렌스 엘킨스의 부당한 판결과 수감은 목격자의 증언이 얼마나 신뢰할 수 없는 것인지를 보여준다(Neuschatz et al., 2007). 엘킨스는 1998년 그의 장모를 살해하고 6세 조카를 강간 및 구타한 혐의로 유죄선고를 받았다. 엘킨스가 그 범죄와 관련 있다는 물증은 없었다. 그의 유죄선고는 엘킨스가 그의 장모를 살해하는 것을 목격했다고 추정되는 조카의 증언에 기초했다. 물론 그녀는 자신이 직접 정신적 외상이 생길 일을 경험했다. 유죄선고를 받은 후에, 엘킨스는 계속하여 무죄를 주장했다. 어느 날 감옥에서 동료 수감자 얼 만이 버린 담배꽁초를 손에 쥐었다. 범행이 있던 당시, 만은 엘킨스의 옆집에 살고 있었고 성범죄자였다. 담배꽁초에서 나온 DNA 감식 결과가 그 범죄현장의 것과 일치했다. 살인자는 바로 엘킨스가 아닌 만이었다. 엘킨스는 혐의를 벗게 되었지만, 잘못된 정보로 얼룩진 목격자 증언 때문에 억울하게 7년간 수감된 후였다. 엘킨스의 판례처럼, 1992년 이후, 중범죄에서 유죄선고를 잘못 받은 수많은 사람들을 돕기 위하여 DNA 증거를 사용해 온 인권단체 Innocence Project에 의해 판례가 뒤집힌 경우가 많았다. 많은 사건에서, 잘못된 증언이 본래의 잘못 내려진 선고의 원인이 되었다(Medwed, 2017). 어린아이들, 특히 미취학 아동들은 그들이 어떤 사건을 기억할 때 새로운 정보에 영향을 받기 쉽다고 한다(Melnyk et al., 2007). 연령대로 살펴보면 노년기 사람들이 목격자로서 역할을 할 때 특히 쉽게 기억의 오류를 범한다(LaVoie et al., 2007). 그런데 이러한 사실은 법정에서 자신의 해석대로 사건을 이야기함으로써 우려되는 상황이 발생할 수 있다. 정신분열, 외상후 스트레스장애 혹은 알코올 중독 같은 정신 질환이 있는 사람들 역시 부정확한 기억을 만들기 쉽다(Soraci et al., 2007). 또한 감정의 각성도 중요하다. 매우 감정적인 상태에 있는 사람들은 기억의 핵심적인 것들은 정확하게 파악하지만, 종종 주변에 있는 세부사항들은 망각하거나 왜곡한다(Reisberg & Heuer, 2004, 2007). 예를 들면 어떤 폭행을 목격한 사람은 사용된 무기(총, 칼 등)의 종류는 정확하게 묘사하는 반면, 폭행한 사람의 옷이나 눈 색깔은 부정확하게 설명한다.

기억 오류의 유형 심리학자들은 오정보 효과에 기초하여 많은 기억 오류의 종류를 구별하였다. 예를 들면 '모세는 방주에 몇 마리의 동물을 태웠을까요?'와 같은 유명한 질문의 이름을 따서 명명한 모세 착각(Moses Illusion)이 있다. 많은 사람들은 모세가 각각의 동물 한 쌍씩 태웠다고 생각하지만 그것은 틀렸다. 숫자가 아니라 인물이 잘못된 것이다. 방주에 동물을 태운 것은 모세가 아니라 노아이다. 하지만, 질문에 표기된 잘못된 정보가 우리를 다른 식으로 확신하게 한다(Park & Reder, 2004).

방향착각(orientation illusion)은 우리가 부정확하게 어떤 대상의 방향이나 물리적 특성을 기억하고 있을 때 발생한다(그림 5.8). 예를 들어 일반적인 동전이 어떻게 생겼는지 기억해보라고 하면, 사람들은 종종 잘못된 방향이나 다른 잘못된 특징들에 마주하고 있는 동전 앞면을 기억한다(Johnes & Martin, 2004).

연합착각(association illusion)은 우리가 특정한 것에 대해 듣거나 보지 못했지만 보거나 들었던 것과 연관 지어서 기억하는 것이다. 연합착각에 대한 연구에서, 전형적으로 연구자들은 타깃 단어와 연관되지만 그 단어는 빠져 있는 단어들의 목록을 제공한다. 예를 들면 단어목록이 cola, drink, pop, bubbles, bottle, can, cup, machine, beverage이고 모두 soda와 연관되어 있지만, soda는 목록에서 빠져 있다. 실험 참가자들이 아무 단어나 순서에 상관없이 회상하게 했을 때, 55%가 타깃 단어를 회상했다. 단어를 하나씩 보고 그 단어가 목록에 있었는지 물어보는 인지 테스트를 실시했을 때, 57%가 타깃 단어를 목록에서 보았다고 대답했다(Roediger & Gallo, 2004). 기억하고 있던 그 단어가 사실은 목록에 없었단 것을 고려해보면 상당히 높은 회상률이다. 연합착각은 우리의 기억이 실제로 우리가 목격한 것과 목격하지 않았지만 그것과 밀접하게 연관된 것을 구별하는 데 어려움이 있음을 보여준다. 이 밖의 다른 기억 오류들은 표 5.3으로 요약했다.

이러한 기억왜곡은 연관된 단어목록들에 실제로는 제공되지 않은 단어를 잘못 기억하는 단순

그림 5.8 방향착각 흔한 기억 오류 중 하나가 방향착각인데, 이것은 사람들이 어떤 대상이 어떤 방향을 향하고 있는지 잘못 기억하는 것이다. 예를 들어 25센트 동전의 경우, 조지 워싱턴이 왼쪽을 바라보고 있지만, 사람들은 종종 그가 오른쪽을 향하고 있다고 잘못 생각한다(Rubin & Kontis, 1983).

표 5.3 일상적 기억 오류들

기억 오류	설명	예시
모세착각	질문에 잘못된 정보를 집어넣어서 기억에 즉각적으로 영향을 주는 것	"드레이크는 뉴욕 어디서 자랐을까?"라는 질문을 받게 되면, 브루클린이라고 '기억하지만', 사실은 토론토에서 자랐다.
방향착각	어떤 것이 향하고 있는 방향처럼 공간적 방향의 측면들을 기억하는것	1센트와 5센트에 있는 얼굴들이 어디를 향하고 있는지 질문을 받으면, 각각 왼쪽과 오른쪽이라고 잘못 대답한다.
연합착각	비슷한 것들을 보거나 들었기 때문에 실제로는 전혀 보거나 들은 적 없는 것들을 기억하는것	Sandals, sneakers, high heels, clogs, cleats, pumps, boots가 포함된 단어 목록을 들었을 때, shoe도 역시 들었다고 '기억한다'.
라벨효과	다른 사람들이 어떤 상황에 사용하는 라벨 때문에 다르게 상황을 기억하는것	자동차사고 영상을 본 후, "두 차가 접촉했을 때 얼마나 빨리 그 차들이 달리고 있었나요?" 대신에 "두 차가 충돌했을 때 얼마나 빨리 그 차들이 달리고 있었나요?"라는 질문을 받으면, 엄청난 속도였다고 대답하기 쉽다.
후판단 편파	결과가 나온 후 그전 예측을 잘못 기억하는 것	농구 시즌이 끝난 후, 실제로는 우승팀을 다르게 예측했음에도 올바르게 예측했었다고 기억하는 것

출처 : Park and Reder(2004), Jones and Martin(2004), Roediger and Gallo(2004), Pohl(2004a, b), Loftus and Palmer(1974).

한 것일 수 있다. 하지만, 거짓기억이라 말하는 더 많고 더 정교한 기억 오류가 될 수 있다(Loftus, 2005). 1990년대, 엘리자베스 로프터스의 연구는 가족이나 친구들에 의해 학대당했거나 희생당했다고 주장하는 사람들의 재판을 다룬 뉴스보도에 집중했다. 몇몇 경우, 그들의 이야기는 길고 세부적이었지만, 증거에 따르면 매우 가능성이 낮거나 불가능한 경우였다(Loftus & Cahil, 2007).

예를 들어 악마를 숭배하고 수백 명의 아이들을 살해한 사람들에 의해 학대당했다고 주장한 사람들이 있었다. 하지만, 악마숭배에 대한 증거는 발견되지 않았고, 그들의 이야기를 뒷받침해줄 단 한 명의 아이에 대한 살해 증거도 나오지 않았다. 이러한 피고인들은 후에 그들의 이야기를 철회했다. 많은 경우, 그 사건이 일어났다고 암시함으로써 그것이 사실이라고 확신시킨 임상의들과 치료를 받을 때, 이전에 '억압된 기억들'을 회복했던 것으로 밝혀졌다. 즉 이러한 거짓기억은 내담자들이 어떤 기억을 형성하도록 시도하는 사람들의 주입으로 만들어진다(Bottoms et al., 1996; Goodman et al, 2007).

거짓기억 현상에 관련된 한 연구에서, 로프터스는 참가자들에게 어린 시절 실제로 그들에게 일어났던 사건들(참가자들의 가족들에게 미리 수집함)을 말해주었는데 거짓 이야기를 섞어서 말했다. 거짓 이야기는 이런 식이었다. "한번은 여러분이 5, 6살 때, 쇼핑몰에서 길을 잃고 울고 있었는데, 한 노부인이 여러분을 도와 집으로 돌아갈 수 있었다." 실제로 일어난 일이 아니지만, 참가자들의 4분의 3이 전부 혹은 일부가 '기억'난다고 했다(Loftus & Pickrell. 1995). 유사한 연구에서, 발생하지 않은 사건이지만, 동물에게 공격을 받거나 구조원에 의해 물 밖으로 나왔다고 '기억'하는 사람들도 비슷한 퍼센트였다.

다른 연구자들은 동일한 효과를 설명하기 위하여 변조된 사진을 사용하였다. 참가자들의 가족들에게 그들이 열기구를 타본 적 없다는 확답을 받은 후, 연구자들은 참가자들의 어린 시절 이미지를 열기구가 배경이 되도록 포토샵 처리를 했다. 그런 후에 세 번이나 참가자들과 그 경험에 대해 면담했다. 대부분의 참가자들이 처음에는 전혀 열기구 탄 것을 기억할 수 없었지만, 세 번째 면담에서는 대략 절반 정도가 전체나 부분적으로 '기억'했다. 몇몇 참가자들은 거짓기억에 세부사항을 첨가하기도 했다. "기본 10달러 정도 내고 열기구를 타면 대략 20미터 올라간다"(Wade et al.,

연구에서 참여자들에게 포토샵 처리된 어린 시절 열기구 탄 사진을 보여줌으로써 거짓기억을 만들어낼 수 있음을 보여주었다(참여자들은 그의 가족이 연구진들에게 그런 일들이 있었음을 이야기하지 않았다는 사실을 알지 못했다). 연구 참여자들의 절반은 몇 번의 인터뷰를 통하여 전혀 발생하지 않았던 열기구 상황을 기억한다고 했으며, 그중 몇몇은 구체적인 내용을 기억하기도 했다(Wade et al., 2002). 출처 : Springer Science and Bus Media B V from "A picture is worth a thousand lies: Using false photographs to create false childhood memories", Kimberly A. Wade, Maryanne Garry, J. Don Read, and D. Stephen Lindsay. Psychonomic Bulletin & Review 2002, 9 (3), 597-603, Springer; permission conveyed through Copyright Clearance Center, Inc.

2002, p. 600). 주목할 점은, 이러한 연구에서 연구자들은 참가자들이 그 사건에 대해 기억할 수 있는 모든 것을 기억해내도록 활발하게 장려하는데, 사실 이것은 거짓기억이 암시적 기억들과 그들이 다른 사람에게서 받은 암시로 형성되기 때문이다.

로프터스가 수행한 거짓 및 회복된 또는 억압된 기억에 대한 연구가 최근에는 주춤하고 있다. 그러나 최소한 동기화된 망각과 연관된 주제 또는 어떤 경험이 너무 불쾌하고 정신적 외상이 커서 사람들이 무의식적으로 그것들을 망각하려 한다는 사고에 대한 관심은 지속되고 있다. 한 연구는 게임에서 속임수를 쓰는 사람들은 단순히 그들이 규칙을 기억하면, 더 죄책감을 느낀다고 생각하면서 그들이 어긴 규칙을 망각했음을 알게 되었다(Shu et al., 2011). 몇몇 연구자들은 만약 망각된 사건이 사랑하는 사람의 배신이거나 부모로부터 받았던 어린 시절 학대라면, 동기화된 망각은 발달적 감각이 된다고 생각했다. 이러한 상황에서, 학대에 대한 정확한 기억은 아이에게 즉각적으로 부모에게 맞서거나 도망칠 수 있게 할 수도 있는데, 이것은 어느 쪽이든 아이의 행복과 생존에 위협적일 수 있다. 부모에 대한 현실적이지 않은 시점으로 아이가 남더라도, 학대의 기억을 지우는 것이 어쩌면 그 아이에게 최선일 수 있다(DePrince et al., 2012).

기억과 심리장애

심리장애는 주로 기억의 문제들로 규정된다. 해리성 기억상실증은 이미 자서전식 정보를 망각하는 것에 중점을 두어 논했던 기억상실증에 대한 임상적 병명이다. 알츠하이머, 뇌손상, 과도한 약물 사용, 그리고 다양한 질병으로부터 발생할 수 있는 주요 신경인지장애와 경도 신경인지장애가 심각한 기억의 문제들로 특징지어진다(American Psychological Association, 2013; Becker & Overman, 2012). 종종 간과되지만, 기억에 기반한 장애들이 다른 심리적 문제들의 원인이 될 수 있다. 우리의 기억이 상당히 손상된다면 우리의 삶에 얼마나 많은 영향을 미칠지 상상해보라. 우리는 수차례 기억의 어려움에 대한 비애나 학구적, 전문적 또는 사회적으로 기능할 수 있는 능력에 대한 우려를 경험할지 모른다. 우리가 스스로 무능하다고 생각하기 시작하면서 우리 자신의 이미지는 악화될 수 있다. 실제로, 사람들이 두드러진 기억장애를 경험하면, 빈번한 우울증과 불안장애가 증가한다(Tate, 2002).

기억은 심리장애에 중요한 역할을 한다. 예를 들어 우울한 사람들은 과거의 불행했던 기억들을 반복적으로 반추하는 경향이 있다.

불안감, 우울증 그리고 기억 기억의 문제가 규정하는 증상이 아닌 더 일반적인 심리적 문제들에서 기억은 중요한 역할을 한다(Burt et al., 1995). 예를 들면 많은 연구들은 불안감을 기억과 연관 지었다. 구체적으로, 불안감이 높은 사람들의 작업기억 능력이 굉장히 낮음을 발견하였다. 특히 기억해야 할 대상이 구두(시각적인 것에 반대로)에 의한 것이고 빠르게 대답해야 한다는 압박을 느낄 때 그러하다(Crowe et al., 2007; Hayes et al., 2008; Ikeda et al., 1996; Leigh & Hirsch, 2011; Visu-Petra et al., 2011). 불안감에 따른 주의력은 사람들이 작업기억에 전념할 수 없는 주의력과 동일하기 때문에, 주의 산만이 발생한다(Rapee, 1993; Visu-Petra et al., 2013). 이러한 발견은 불안감이 있는 아이들에게 특히 중요한데, 그 이유는 작업기억이 학습과 학업수행 능력에 중요하기 때문이다(Alloway & Gathercole, 2005; Alloway et al., 2005; Dehn, 2008; Gathercole et al., 2004; Swanson & Berninger, 1996).

흥미롭게도, 불안장애가 있는 사람들이 오히려 정확하게 자신의 삶에서 일어난 사건들을 기억하는 경향이 있다. 현재의 감정과는 다르게, 그들의 기억은 불안감을 중심에 두고 있지 않는다(MacLeod & Mathews, 2004). 그러나 우울증이 있는 사람들에게는 다른 이야기이다. 많은 연구에서 우울한 감정의 사람들은 우울한 것들만을 기억한다는 사실을 보여준다(Dalgleish & Cox, 2002; Hertel, 2004; Urban et al., 2018). 예를 들면 긍정적 감정을 나타내는 단어들과 부정적 감정을 나타내는 단어들의 목록을 제공했을 때, 우울한 감정의 사람들이 긍정적 단어들보다 부정적인 단어들을, 심지어 그 목록에 없는 부정적 단어들도 상당히 많이 회상했다(Bower, 1981; Howe & Malone, 2011; Wakins et al., 1996). 우울증을 겪고 있는 사람들은 좋았던 일들은 회상하지 못하고 그들의 불행한 경험과 감정들을 자주 회상하는 경향이 있다(Hertel, 2004; Wakins et al., 1992; Wenzlaff et al., 2002). 심리학자들은 이것을 성향적 반추(rumination)라고 말하며, 없애기 힘든 습관이며 오랜 시간 사람들을 우울한 심적 사고 속에 가둬둔다(Connolly & Alloy, 2018; Nolen-Hoeksema, 2000).

기억과 우울증의 관계에 대한 메타 분석에서 우울증이 있는 사람들은 불균형적으로 우울한 일들을 기억하며, 덧붙여서 우울하지 않은 사람들은 불균형적으로 행복감을 주는 일들을 기억하는 것을 확실히 보여준다(Matt et al., 1992). 몇몇 연구자들은 우울증의 치료에 더 긍정적 기억들을 회상하는 의도적 노력이 포함되어야 한다고 말한다(Josephson, 1996; Rusting & DeHart, 2000; Werner-Seidler et al., 2017). 하지만, 다른 연구자들은 그들 자신을 우울함으로 제일 먼저 끌고 가는 성격의 사람들에게는 그것은 힘든 일이라고 말한다(Joormann & Siemer, 2004).

외상후 스트레스장애와 기억   외상후 스트레스장애(PTSD)는 기억이 중요한 역할을 하는 또 다른 심리장애이다. 물론, 몇몇 경우에 정신적 외상을 주는 사건이 기억을 손상시킬 수 있다(Levin & Hanten, 2002). 하지만, PTSD가 있는 사람들은 지나치게 많이 그리고 빈번하게 기억한다. 즉 **비자발적 기억**(involuntary memory)에 의해 괴로워한다. 비자발적 기억이란 정보를 인출하려는 의도 없이 그 정보가 자동적으로 인출되는 것을 말한다. 예를 들면 비록 다시 재생하고 싶은 마음이 없더라도, 몇 주 전, 살인자를 목격한 사람이 머릿속에서 그 총소리를 다시 듣거나, 끔찍한 교통사고의 생존자가 몇 달 후에 달려오는 그 차를 다시 보는 것이다. 때때로, 이러한 비자발적 기억은 광경이나 소리 같은 외부적인 신호에 의해서 혹은 생각이나 감정 같은 내부적인 신호에 의해 촉발된다. 하지만 그냥 그 사람의 머릿속에서 떠오르는 경우도 있다(Bernsten, 1996, 2001; Helstrup et al., 2007; Kvavilashvili & Mandler, 2004; Mace, 2004; Williams & Moulds, 2010). PTSD의 기억은 종종 플래시백처럼 그들에게 정신적 외상을 주었던 그 사건의 현장으로 그들의 바람과 상관없이 데려간다. 한 번 폭행, 강도, 사고 또는 트라우마를 경험했지만, 생생한 기억들을 반복 회상하면서, 그 한 번의 사건이 악몽의 연장이 될 수 있다. PTSD로 고통 받는 사람들은 그 기억이 그들의 일상을 방해하는 시점을 통제할 수 없다(Grey & Holmes, 2008; Holmes et al., 2005; Iyadurai et al., 2019; Krans et al., 2010).

PTSD는 본래의 정신적 외상을 입은 후 그들이 살면서 생긴 추가적인 부정적 사건들에 대한 비자발적 기억을 경험하도록 만든다. 한 연구가 이전에 PTSD를 가진 사람들이 9·11 테러에 대해

비자발적 기억
정보를 인출하려는 의도 없이 그 정보가 자동적으로 인출되는 것

느끼는 반응을 측정했다. 첫 달 정도에는, 테러에 대한 그들의 기억은 PTSD가 없는 사람들의 기억과 매우 유사했다. 그러나 10개월 되는 시점에서 PTSD가 있는 사람들이 비자발적 기억을 경험했고, 이 기억들에는 객관적이지 못하고 두려워하는 감정들이 있었다. 시간이 갈수록, 이전에 정신적 외상을 입었던 사람들은 그렇지 않은 사람들보다 9 · 11 테러를 덜 통제되고, 정확하지 않게 그리고 냉정하지 못하게 기억한다(Budson & Gold, 2009; Qin et al., 2003).

조현병과 기억   연구자들은 조현병, 환각과 망상을 특징으로 하는 심신 약화 그리고 현실과 괴리된 증상을 가진 사람들에게서 현저한 기억장애를 발견하였다(Aleman et al., 1999; Danion et al., 2004). 조현병이 있는 사람들은 눈에 띄게 명백한 낮은 수준의 일화기억과 장기기억뿐 아니라, 다소 낮은 수준의 단기기억을 보인다. 하지만, 절차기억과 암묵기억은 보통 수준을 유지한다(Aleman et al., 1999; Bazin & Perruchet, 1996; Brebion et al., 1997; McKenna et al., 2000). 따라서 조현병이 있는 사람들은 재킷의 버튼을 어떻게 채우는지 등의 방법들은 기억하지만, 재킷을 어디에 두었는지처럼 그들이 무엇을 했는지 기억 못할 수 있다. 이러한 기억의 결함은 일상생활에서 심각한 문제를 일으킬 수 있다. "그 사람이 보통 물건을 둔 곳을 망각하거나 잘못된 장소에서 물건들을 찾았나요?"와 같은 설문을 조현병 환자를 돌보는 간호사들에게 했다. 설문에 따르면, 조현병이 없는 사람들보다 그런 경우가 훨씬 높았으며, 뇌졸중으로 인한 뇌손상을 입은 사람들과 비슷했다(McKenna et al., 2002).

학습 확인

5.23 기억상실증은 무엇인가?

5.24 역행성 기억상실증과 순행성 기억상실증의 차이는 무엇인가?

5.25 오정보 효과는 무엇이며, 기억에 어떠한 영향을 주는가?

5.26 불안, 우울증, 외상후 스트레스장애와 조현병은 각각 기억에 어떠한 영향을 주는가?

요약

기억의 정의

5.1 기억이란 정보가 들어오고, 그것을 시간이 지나면서 저장하고, 나중에 인출해내는 과정이다.

5.2 기억은 각 개인을 독특한 사람으로 정의한다.

5.3 기억 우수성에 대한 연구는 어떤 사람들은 거의 모든 것을 기억하는 능력을 가지고 태어나고 또 다른 사람들은 놀라운 기억 작업을 하도록 그들의 정신을 훈련시킬 수 있다는 것을 보여준다.

기억의 3단계

5.4 기억 정보처리모델은 부호화, 저장, 인출의 세 단계를 포함한다.

5.5 부호화는 기억 속으로 정보가 들어오는 것이다. 그것은 감각기억에 따라 달라지는데, 감각기억에서 감각은 정보를 받아들이고 아주 잠시 동안 정보를 보유한다.

5.6 반향기억은 청각감각기억이며, 영상기억은 시각감각기억이다.

5.7 정보의 부호화 가능성은 처리수준이 얼마나 심도 있는지에 따라 달라진다. 군집화나 시연과 같은 노력이 필요한 과정을 통해 그 심도를 높일 수 있다.

5.8 부호화가 일어나면 장기증강이 발생하는데, 이것은 기억의 생물학적 기반을 형성하는 뉴런들 간의 연결성 증가를 의미한다.

5.9 저장이란 정보를 기억 속에 보관하는 것이다. 이것은 단기(또는 작업)기억과 장기기억에서 발생한다.

5.10 인출은 기억에서 정보를 빼내는 것이다. 외부 정보와 비교하는 재인과 비교 절차 없는 회상의 두 가지 방식으로 발생한다.

5.11 인출단서는 기억에서 정보를 쉽게 인출할 수 있는 신호이다.

5.12 부호화 특수성으로 인해 유사한 상황 정보가 존재할 때 기억

을 인출하기가 더 쉬워진다. 점화 덕분에, 최근의 경험은 특정한 기억을 떠올릴 수 있는 가능성을 증가시킨다.

기억의 유형

5.13 외현기억은 의식적으로 인식하는 기억이다.

5.14 외현기억에는 의미기억과 일화기억이라는 기본적인 두 가지 유형이 존재한다. 의미기억은 사실들, 수치, 단어의 의미, 그리고 일반적 정보들로 구성되며, 일화기억은 개인들의 직접 경험들로 이루어진다.

5.15 암묵기억은 의식적으로 인식하지 못하는 기억이다.

5.16 절차기억은 자동적으로 수행되는 작업들이 이루어지는 방식들로 구성된 암묵기억의 한 유형이다.

무엇이 기억에 영향을 미치는가

5.17 쇠퇴는 시간의 경과 때문에 기억에서 정보가 감소하거나 손실되는 것이다.

5.18 정보의 특정 부분을 기억하는 능력은 상황에 따라 달라진다. 주변 정보는 목표 정보를 기억하는 데 방해가 될 수 있다.

5.19 역행간섭은 새로운 정보로 인하여 오래된 정보를 기억하는 데 어려움이 있는 것이다. 순행간섭은 오래된 정보로 인해 새로운 정보를 기억하는 데 어려움이 있는 것이다.

5.20 초두효과는 연속된 것들의 첫 번째 항목을 특히 잘 기억하는 것이며, 최신효과는 연속된 것들의 마지막 항목을 특히 잘 기억하는 것이다.

5.21 강력한 감정을 불러일으키는 기억은 특히 회상되기 쉬운데 이것을 섬광기억이라 한다.

5.22 기억력 향상을 위한 세 가지 방법은 기억술, 간격을 둔 학습 시간, 그리고 충분한 수면이다.

기억에 관한 문제

5.23 심리학자들은 기억상실증을 일시적 또는 영구적으로 일부 또는 모든 정보를 기억할 수 없는 것으로 정의한다.

5.24 역행성 기억상실증은 특정 시점 이전에 획득한 정보를 회상할 수 없는 것이고, 순행성 기억상실증은 특정 시점 이후 새로운 기억을 형성할 수 없는 것이다.

5.25 오정보 효과는 거짓되거나 그릇된 정보가 기억에 잘못 통합되는 것을 말한다. 오정보 효과에 근거한 다양한 유형의 기억 오류는 방향착각, 연합착각, 수많은 거짓기억 등이 있다.

5.26 불안, 우울증, PTSD, 조현병은 각각 특정한 심리장애에 특유한 방법으로 기억을 손상시킨다.

주요 용어

간격두기효과	순행성 기억상실증	작업기억
계열위치효과	시연	장기기억
군집화	암묵기억	장기증강
기억	역행간섭	재인
기억상실증	역행성 기억상실증	저장
기억술	영상기억	절차기억
단기기억	오정보 효과	점화
반향기억	외현기억	정교화 시연
부호화	유지 시연	정보처리모델
부호화 특수성	의미기억	처리수준
비자발적 기억	인출	초두효과
섬광기억	인출단서	최신효과
쇠퇴	일화기억	출처 기억상실증
순행간섭	자동적 부호화	회상

6 학습

멕시코 음식 전문점에 들어서면, 식당 주인이 미소지으며 여러분을 환영한다. 여러분은 미소로 대답하면서 손가락 두 개를 들어 올려 보인다. 식당 주인은 여러분과 여러분 친구를 빈자리로 안내하고 과자와 살사 소스와 함께 차가운 물 한 잔을 제공한다.

곧 종업원은 여러분이 메뉴판을 접는 것을 본다. 종업원은 여러분에게 다가가 파히타(fajita) 2인분을 주문받는다. 여러분은 과자에 살사 소스를 찍어 먹으면서 물을 다 마신다. 여러분은 종업원과 눈을 맞추고 여러분 앞에 있는 빈 잔을 가리킨다. 얼마 지나지 않아, 종업원은 물통을 들고 와 여러분을 위해 잔을 다시 채워준다.

10분 뒤, 종업원이 주방에서 갓 만들어진 파히타 2인분을 가지고 여러분이 앉아 있는 자리로 다가온다. 음식에서 나는 지글거리는 소리는 음식을 한 입 먹기도 전에 여러분의 입안에 침이 고이게 만든다.

언뜻 평범하게 보이지만, 여러분이 멕시코 음식 전문점에서 한 행동들은 우리가 경험으로부터 학습해야 하는 굉장한 능력들을 보여준다. 생각해보자. 여러분은 어떻게 식당에 들어서면서 2명이 앉을 수 있는 자리를 몸짓으로 표현하면 시원한 물, 과자와 살사 소스가 동반된 편한 자리를 제공받을 것임을 알고 있었는가? 여러분은 어떻게 빈 잔을 가리키는 행동이 물을 더 가져다줄 것임을 알고 있었는가? 또한 파히타의 지글거리는 소리를 들었을 때 여러분의 입안에 왜 침이 고이는가?

이러한 모든 질문에 대한 해답은 학습(learning)이다. 심리학자들은 학습이라는 단어를 사용할 때 꼭 학교에서 교과서를 읽거나 강의를 들음으로써 일어나는 의도된 학습만을 가리키지는 않는다. (당연히 여러분은 거기서 어떻게 행동해야 하는지 멕시코 요리 전문점과 관련한 지침서를 읽음으로써 배우지는 않았을 것이다). 학습은 일상 속에서 일어나는 일들이 미래의 행동에 영향을 미치는 과정을 뜻한다. 이러한 종류의 학습은 어떠한 일들이 거의 동시에 일어난다는 사실에 주목했을 경우 발생될 수 있고, 음식에서 나는 지글거리는 소리와 음식의 맛을 연결짓는 것과 같이 특정한 일들을 연합(associate)할 수 있다. 또는 물을 더 받기 위해 빈 잔을 가리키는 것과 같이, 어떠한 동작이 어떠한 결과를 불러일으킨다는 점에 주목했을 때에도 학습이 일어날 수 있다. 이러한 행동들은 여러분이 태어날 때부터 알고 있던 것이 아니지만(식당에서 여러분 옆자리에 앉아 있었을 아기는 여러분과 같은 행동을 하지 못했을 것이다), 살아가면서 점차 습득하게 되는 것이다. 인간만이 학습이 가능한 유일한 종은 아니다. 사실 모든 종은 경험으로부터 학습할 수 있다. 동물의 학습을 좌우하는 일반적 규칙들은 인간의 학습 또한 좌우한다. 이러한 유사성은 심리학자로 하여금 학습 과정을 보다 잘 이해하기 위하여 동물 또는 인간을 대상으로 하는 실험을 진행할 수 있도록 해준다. 이 학습에 관한 연구들이 이 장의 토대를 형성한다.

개요

학습이란 무엇인가

고전적 조건형성

조작적 조건형성

관찰학습

학습에서 생물학적 영향

학습에서 인지적 영향

학습이란 무엇인가

학습 목표

6.1 학습의 정의
6.2 유전-양육 논쟁과 학습
6.3 종에 따라 보편적으로 나타나는
      학습

학습
삶의 경험이 한 유기체의 행동이나 사고방식에
변화를 일으키는 과정

학습(learning)이란 삶의 경험이 한 유기체의 행동이나 사고방식에 변화를 일으키는 과정을 의미한다. 여러분은 특히 여러분이 한 행동으로 인하여 일어난 결과에 따라 여러분의 행동을 조절한다. 삼촌이 2명 있는 아홉 살 제니를 생각해보자. 조 삼촌은 제니를 만나러 왔을 때마다 자신의 붉은색 스포츠카에 제니를 태우고 아이스크림을 사주러 나간다. 이제 제니는 그녀의 집 근처로 붉은색 스포츠카가 지나갈 때마다 신이 난다. 칼 삼촌이 제니를 만나러 왔을 때 제니에게 아이스크림을 사주지는 않지만, 제니는 뭔가 다른 점을 눈치챘다. 제니가 칼 삼촌에게 같이 농구를 하자고 할 때마다, 삼촌은 곧 마당으로 나와 제니와 농구를 했다. 이제 제니는 삼촌이 도착하면 삼촌에게 농구를 하자고 한다.

제니는 두 가지 상황에서 무엇과 무엇이 함께 발생하는지 배웠다. 제니는 자신의 경험으로부터 어떤 두 가지 사건을 **연합**하는 법을 학습하였다. 또한 제니는 두 삼촌으로부터 무엇을 학습하였는지도 기억한다. 여러분이 학습한 것은 새로운 경험이 변화를 일으키지 않는 한 지속된다. 여러분의 친척들을 생각해보자. 그중에는 여러분이 오랫동안 만나지 못했던 사람도 있지만, 여러분이 친척들로부터 배운 것들을 완전히 잊은 채 다음에 만날 때 마치 처음 본 사람처럼 반응할 가능성이 얼마나 될까?

학습은 모든 인간 행동과 관련한 유전-양육 논쟁에서 환경적인 측면의 핵심이다. 유전적인 측면에서 **성숙**(maturation)은 특정 동물의 생물학적 시계(biological clock)에 따라 발생하며 몇몇 행동의 변화를 일으킨다고 주장한다. 예를 들어 배변 훈련은 대부분 2~3세(그 이전에는 일어나지 않는다) 유아에게 가능한데, 왜냐하면 이보다 더 어린 유아는 부모의 노력과 관계없이 배변행동을 학습할 만큼 정신적 또는 물리적으로 충분한 능력을 갖고 있지 못하기 때문이다. 연애를 하는 것도 이와 비슷한 양식으로 나타나는데, 연애가 청소년기에 나타나는 이유는(그리고 유치원에 다닐 시기에는 나타나지 않는 이유는) 사춘기 때문이다. 물론 성숙과 학습—즉 유전과 환경—은 자주 상호작용한다. 예를 들어 걸음마를 뗀 아기가 배변 훈련을 받을 때나 혹은 청소년이 연애를 시작할 때 일어나는 긍정적인 경험은 그 과정을 한층 수월하게 하겠지만 부정적인 경험은 그 과정을 지체시킨다.

지금까지 모든 예시에서 인간을 주로 다뤘지만, 학습이 인간에게만 특별한 것은 아니다. 모든 생물종은 학습한다. 미국과 멕시코에 걸친 서부 해안가 너머 바다에서 발견되는 캘리포니아 바다민달팽이(Aplysia californica)를 생각해보자. 연구자들은 길이 15~20cm에 450g도 채 안 나가는 바다민달팽이를 연구했는데, 왜냐하면 인간과 같은 큰 동물들이 삶의 경험으로부터 학습하는 것처럼 이 작은 동물도 삶의 경험을 통해 학습하기 때문이다. 예를 들어 연구자들이 바다민달팽이의 몸통 한 부분을 찌르고 나서 바로 다른 부분에 전기 충격을 가하자, 곧 바다민달팽이는 몸통의 한 부분이 찔리는 순간 다른 부분을 뒤로 빼는 법을 학습하였다(Carew et al., 1983, 1981). 다른 연구에서 연구자들은 바다민달팽이가 어느 정도의 높이 아래로 자신의 아가미를 내려놓았을 때에만 바다민달팽이에게 전기 충격을 가하였다. 이 경우 바다민달팽이는 보통보다 더 오랜 시간 동안 아가미를 높이 들었는데, 이는 전기 충격을 피하기 위해 바다민달팽이가 학습한 것으로 보인다(Hawkins et al., 2006).

모든 생물은 학습한다. 캘리포니아 바다민달팽이는 태평양에서 살아가는 생물학적으로 가장 작은 동물이지만, 특정한 상황에서 특정한 방식으로 반응함으로써 전기 충격을 피해 갈 수 있는 능력을 보여주었다.

캘리포니아 바다민달팽이와 관련한 연구들이 의미하듯, 연구자들은 학습을 연구할 때 종을 그다지 구분하지 않는다. 몇몇 생물학적 특성들은 종 고유의 특성(이는 나중에 논의될 것이다)이지만, 한 종류의 동물에게 학습이 일어나도록 하는 과정은 다른 종류의 동물에게 학습이 일어나도록 하는 과정과 기본적으로 같다. 그러므로 많은 연구에서 연구 결과를 인간의 학습 방식에도 적용할 수 있을 것이라는 가정하에 비둘기에서 쥐, 개에서 고양이까지 동물들을 실험 대상으로 삼았다. 학습과 관련하여 초기에 이루어진 가장 중요한 연구 중 몇몇은 우연하게 이반 파블로프(Ivan Pavlov)가 개를 대상으로 한 실험으로부터 이루어졌다. 이제 파블로프의 선구적인 연구를 살펴보도록 하자.

학습 확인

6.1　심리학자들은 학습을 어떻게 정의하는가?

6.2　학습은 유전-양육 논쟁에 어떻게 부합하는가?

6.3　학습은 인간만의 특성인가?

고전적 조건형성

심리학 역사상 가장 유명한 인물 중 한 명인 이반 파블로프는 정작 심리학자가 아니었다. 파블로프는 러시아 태생 의학 연구자(구체적으로는 생리학자)로 19세기 후반에 소화계통 연구 전문가로서 자신의 삶을 바쳤다. 그는 소화기관 여러 부분에서 발생하는 분비물들을 연구하였는데, 여기에는 소화 과정을 시작하기 위하여 입에서 분비되는 침도 포함되었다. 그가 우연한 발견을 하게 되었을 무렵, 그는 음식물이 개의 입에 들어갈 때 분비되는 침의 양을 측정하였다.

파블로프의 우연한 발견

초기에 파블로프의 소화 연구는 전반적으로 문제없이 진행되었다. 파블로프는 개들을 목줄로 묶어두었다. 파블로프의 조수가 음식을 개에게 주고, 연구자들은 특수한 장비를 사용하여 개가 얼마나 침을 흘렸는지 측정할 예정이었다. 그러나 문제가 생겼다. 개들이 너무 빨리 침을 흘리기 시작했던 것이다. 원래 계획대로라면 음식이 온 이후에 개들은 침을 흘려야 하고, 음식이 나오기 전에는 침을 흘리지 않았다. 처음에 파블로프는 이 문제 때문에 화가 났고 당혹스러웠다. 개들은 음식을 들고 오는 조수의 모습 혹은 조수가 문을 열고 들어오는 소리와 같이 음식이 오고 있다는 신호를 감지하고, 음식을 예상하며 침을 흘리고 있었다(Mook, 2004). 파블로프는 개들이 음식을 기다리며 군침을 흘리는 것이 그의 소화 연구에 문제가 된다는 사실을 인식하면서도, 동시에 이 '문제'가 사실 개뿐만 아니라 인간과 다른 종에게서도 나타나는 흥미로운 현상임을 알아차렸다. 20세기 초반에 파블로프는 스스로 조건 반사(conditioned reflex)라고 부른 것으로 자신의 연구 방향을 바꾸었고, 이는 소화와 관련된 연구들로 노벨상을 받은 연구자로서는 과감한 시도였다(Fancher & Rutherford, 2012). 학습과 관련하여 파블로프가 실시한 연구들은 심리학의 한 분야를 형성하였다.

파블로프는 자신의 연구에서 **고전적 조건형성**(classical conditioning)에 초점을 두었는데, 이는 학습의 한 형태로, 동물들 또는 사람들이 동시에 일어난 두 가지 자극 사이에서 한 자극이 다른 자극을 예측한다고 연결짓는 것을 의미한다. 핵심적으로, 파블로프는 원래라면 우연하게 일어났던

학습 목표

6.4　이반 파블로프가 누구이고 파블로프의 개 실험이 왜 중요한가?

6.5　고전적 조건형성이 무엇이고 이것은 생활 속에서 어떻게 일어나는가?

6.6　고전적 조건형성의 구성요소

6.7　변별과 일반화

6.8　연합의 획득과 소거

6.9　중다의 학습된 연합과 고차 조건형성의 생성

6.10　대리학습

고전적 조건형성

학습의 한 형태로 동물 또는 인간이 동시에 일어난 두 가지 자극 사이에서 한 자극이 다른 자극을 예측한다고 연결짓는 것을 의미함

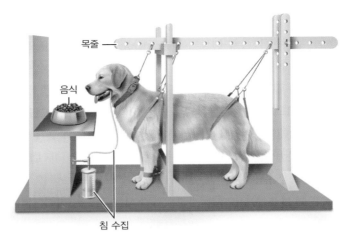

목줄

음식

침 수집

그림 6.1 파블로프의 고전적 조건형성 고전적 조건형성 연구에서 파블로프는 침 분비를 측정할 수 있게 하는 실험기구에 개들을 넣었다. 처음에 개들은 음식이 앞에 놓일 때만 침을 흘렸지만, 파블로프가 음식과 종소리를 반복적으로 동시에 제시하자 개들은 결과적으로 종소리만 들어도 침을 흘렸다.

Sovfoto/UIG via Getty Images

이반 파블로프와 그의 동료들은 1800년대 후반 러시아에서 소화기에 대한 연구를 진행하던 중, 연구의 중심을 학습 중 고전적 조건화로 이동하였다.

침 분비에서 무엇인가 예상함으로써 일어나는 침 분비로 만들고 이를 개들로부터 이끌어내려는 의도로 실험을 설계하였다. 실험의 첫 단계는 **중성 자극**(neutral stimulus)을 설정하는 것이었고, 중성 자극은 아무런 반응도 이끌어내지 못하는 자극이다. 파블로프는 종소리 등 소리를 중성 자극으로 설정했는데, 소리는 개들로부터 침 분비(또는 다른 자극들)를 이끌어내지 못했기 때문이다. 이후 파블로프는 음식을 **무조건 자극**(unconditioned stimulus)으로 설정하였고, 무조건 자극은 학습 없이도 자동적으로 반응을 이끌어내는 자극이다. 개는 본능적으로, 음식을 보면 생물학적으로 자연스러운 반응으로 침을 흘리므로 음식은 확실히 적절한 무조건 자극이다. 음식에 대한 반응으로서 침 분비는 개의 무조건 반응이고, **무조건 반응**(unconditioned response)이란 자극에 대해 학습 없이도 자연스럽게 일어나는 반응을 의미한다.

이후, 조건형성이 일어난다. 다르게 말하면, 파블로프는 종을 울리고 바로 개의 입에 음식을 넣어줌으로써 중성 자극과 무조건 자극을 짝지었다. 개는 결과적으로 종소리-음식, 종소리-음식, 종소리-음식의 반복을 인식하였다. 곧 개는 음식이 없어도 종소리에 침을 흘렸다. 이 과정을 통하여 종소리는 중성 자극에서 **조건 자극**(conditioned stimulus)으로 바뀌고, 조건 자극이란 이전에 중성 자극이었으나 지금은 무조건 자극과의 연결로 인하여 반응을 유발하는 자극이다. 침 분비, 특히 음식이 아니라 종소리에 반응하여 일어나는 침 분비는 **조건 반응**(conditioned response)이라 부르고, 조건 반응이란 조건 자극에 대하여 학습을 통하여 획득된 반응이다.

즉 파블로프는 불과 수 시간 전에는 개들에게 아무런 영향을 주지 못했던 종소리에 개가 반응하여 침을 흘리도록 만든 것이다. 이는 아무런 조건형성도 되지 않은 상태에서 침 분비를 유발하는 음식이 제시되기 이전에 종소리가 울렸기 때문에 일어났다. 종소리 이후에 음식이 주어지게 된다고 개들이 학습을 하게 되었을 때, 개들은 의도치 않게 음식이 주어졌을 때 자동적으로 언제나 그래야 했듯이 종소리에 침을 흘렸다(Gottlieb & Begej, 2014; Kehoe & Macrae, 1998; Pavlov, 1927, 1928; Weiss, 2014).

중성 자극
아무런 반응도 이끌어내지 못하는 자극

무조건 자극
학습 없이도 자동적으로 반응을 이끌어내는 자극

무조건 반응
학습 없이 자극에 대해 자연스럽게 나타나는 자동화된 반응

조건 자극
이전에는 중성 자극이었던 것으로, 무조건 자극과의 연결로 인하여 반응을 유발하게 된 자극

조건 반응
조건 자극에 대해 학습을 통해 얻어진 반응

  실험연구에서 개들한테 그런 일이 일어날 수는 있겠지만, 현실에서 인간에게도 같은 일이 발생하나요?

조건형성 이전

US(입 속 음식) → UR(음식에 대한 침 분비)

무조건 자극이 무조건 반응으로 이어진다.

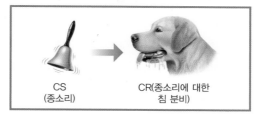

NS(종소리) → 침 분비 일어나지 않음

중성 자극은 침 분비 반응으로 이어지지 않는다.

조건형성 도중

NS (종소리) + US (입 속 음식) → UR(음식에 대한 침 분비)

무조건 자극이 중성 자극 제시 이후에 반복적으로 제시된다.
무조건 자극은 계속 무조건 반응으로 이어진다.

조건형성 이후

CS (종소리) → CR(종소리에 대한 침 분비)

이제 중성 자극만으로도 조건 반응으로 이어지고,
이에 따라 중성 자극이 조건 자극이 된다.

그림 6.2 파블로프의 고전적 조건형성 실험 조건형성이 되기 전에 개는 음식에 침을 흘린다. 다르게 말하면, 음식은 무조건 자극이고 음식에 침을 흘리는 것은 무조건 반응이다. 조건형성 이전에, 종소리는 개에게 아무런 반응을 이끌어내지 못한다. 조건 형성 과정에서 음식과 종소리가 동시에 반복적으로 제시된다(종소리–음식, 종소리–음식, 종소리–음식…). 조건형성 이후에는 연속적으로 짝지어진 종소리와 음식으로부터 학습한 것으로 인하여 개가 종소리에 침을 흘린다. 이전에는 중성 자극이었던 종소리가 이제 조건 자극이 되고, 종소리에 침을 흘리는 것은 조건 반응이 된다.

　그렇다! 탄산음료 캔을 땄을 때 나는 '피식'하는 소리에 입에 군침이 돈다는 걸 눈치챈 적이 있는가? 이것 또한 같은 현상이다. 탄산음료는 자동적으로 입에 군침이 돌게 만든다. 이는 맛있는 액체가 여러분의 입안에 들어갈 때, 학습되지 않고도 나타나는 생물학적 반응이다. 이 경우, 탄산음료가 무조건 자극이 되고, 탄산음료에 대한 여러분의 침 분비가 무조건 반응이 된다. 여러분은 그동안 탄산이 피식 하고 빠지는 소리가 혀에서 느껴지는 탄산음료의 시원하고 달콤한 감각에 선행한다는 것을 배웠다. 파블로프의 개가 경험한 종소리–음식, 종소리–음식, 종소리–음식처럼, 여러분은 피식 소리–탄산음료, 피식 소리–탄산음료를 경험한 것이다. 그 결과, 탄산이 빠지는 소리는 중성 자극에서 조건 자극으로 변화하였고, 탄산이 빠지는 소리에 대한 여러분의 침 분비는 조건 반응이 된다.

　고전적 조건형성의 다른 예들은 우리 주위에서 쉽게 찾아볼 수 있다. 탄산음료 예시와 같은 많은 예시들은 음식 또는 음료수와의 연합을 동반하는데, 초콜릿 바 포장이 보일 때나 얼음이 유리잔에 떨어지는 소리에 즉각적으로 일어나는 반응을 생각해보자.

　또 다른 많은 예시들은 성적인 것과의 연합을 동반한다(Brom et al., 2014; Hoffman, 2017). 예를 들어 하이힐을 생각해보자. 많은 사람이 하이힐에 성적으로 이끌리지만, 하이힐은 처음부터 성적으로 매력을 느끼게끔 하는 신발이 아니다. 사실 하이힐은 고전적 조건형성과 관련이 없다면 그저 또 다른 신발 종류 중 하나일 뿐이다. 그러나 고전적 조건형성과 관련되어 하이힐이 여러 번 반복적으로 성적으로 매력적인 사람과 짝지어져 나타난 이후에는, 하이힐이 중성 자극이 아닌 조건 자극이 된다. 이는 특정 종류의 모습(특정 종류의 옷 또는 특정 브랜드에서 나온 옷), 소리(특정 음악), 또는 냄새(특정 향기나 향수)에도 똑같이 적용된다(Brom et al., 2015; Hoffman et al., 2012, 2014). 만약 이러한 종류의 것들이 성적인 것과 짝지어진다면, 그것들은 곧 성적인 매력으로 느꺼지게 되고, 몇몇 경우에는 성 도착증으로도 나타난다(Darcangelo, 2012; Hoffman et al., 2004; Lalumiere & Quinsey, 1900). 한 연구 결과에서는 동전 저금통과 매력적인 여성의 누드 사진을 짝 지어 이성애자 남성들에게 제시한 후에는, 남성들이 동전 저금통의 모습만으로도 성적으로 흥분 하게 되었음을 보였다(Plaud & Martini, 1999). 다른 연구에서는 초기에 아무런 반응도 일으키지 않았던 단순한 흑백만화가 성적으로 흥분한 상태의 여성들에게 지속적으로 제시되었을 시, 여성 들은 이후 그 만화를 자극적이라고 느끼게 되었음을 밝혔다(Both et al., 2011).

고전적 조건형성과 관련된 과정들

고전적 조건형성의 기초를 세우고 난 뒤에 파블로프는 이와 관련된 다양한 과정을 시험함으로써 고전적 조건형성이 어떻게 이루어지는지를 더 명확히 이해하고자 하였다(Babkin 1949; Fancher & Rutherford, 2012; Windholz, 1997).

일반화와 변별   예를 들어 파블로프는 특정 종소리에 침을 흘리도록 조건화된 개가 거의 비슷하 게 들리는 종소리에도 똑같이 침을 흘리는 것을 발견하였다. 다르게 말하면 조건화된 개는 **일반화** (generalization)를 보였고, 일반화란 조건 자극과 비슷한 다른 자극들이 조건 자극과 동일하게 조 건 반응을 일으키게 되는 과정이다. 한편, 만약 개가 거의 비슷하게 들리는 종소리로부터 조금 다 른 점을 눈치챘다면 개는 그 종소리에 침을 흘리지 않았을 것이다. 이는 **변별**(discrimination)을 보 여주는 예시이고, 변별이란 조건 자극과 다른 형태의 자극들이 조건 반응을 일으키지 못하게 하는 과정이다.

일반화와 변별은 상호보완적인 과정이다. 일반화가 멈출 때 변별이 시작된다(Brown, 1965; Wyrwicka, 2000). 한 고전적 연구[Shenger-Krestovnikova, 1921, Gray(1979, 1987)의 연구에서 묘 사된 것 같이]는 동물들이 얼마만큼 거의 똑같을 정도로 닮은 자극들을 변별하는 법을 학습할 수 있는지 보여준다(그림 6.3). 먼저, 개들에게 음식이 주어지기 바로 이전에 원 하나가 제시되었다. 그 결과 개는 원의 모습만 보고도 침을 흘리기 시작했다. 개들에게 음식이 주어지기 직전에 타원

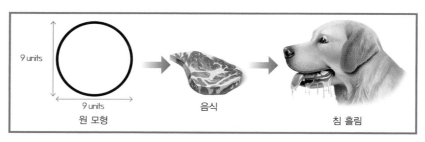

일반화
조건 자극과 비슷한 다른 자극들이 조건 자극과 동일하게 조건 반응을 일으키게 되는 학습 과정

변별
조건 자극과 다른 형태의 자극들이 조건 반응을 일으키지 못하게 되는 학습 과정

그림 6.3 일반화와 변별 일반화와 변별과 관련된 고전적 연구에서, 개들은 매우 비슷한 두 자극에 각각 다르게 반응하는 법을 학습하였다(원과 원에 가까운 타원). 이 두 도형은 개에게 의미 있는 예측변수로 작용하였는데, 원은 음식이 온다는 의미였지만 타원은 그렇지 않았다(Shenger-Krestovnikova, 1921, Gray, 1979, 1987에서 재인용).

(가로보다 세로가 더 긴)이 제시되었고, 예상대로 개들은 타원에도 침을 흘렸다. 개들은 원에 대하여 학습한 것을 원과 비슷한 모양에도 일반화하였다. 그다음 연구자들은 원과 타원을 여러 번 제시하였지만 중요한 차이점이 있었는데, 원 이후에는 언제나 음식이 주어진 반면 타원에는 음식이 절대 주어지지 않았다는 것이었다. 개들은 곧 변별을 학습하였다. 개들은 원에는 계속 침을 흘렸지만 타원에는 침을 흘리지 않았다. 마지막으로 연구자들은 새롭게 점점 더 원에 가까운 타원들을 개들에게 제시하였다. 개들은 타원들에 침을 흘리지 않다가 제시된 타원의 높이가 길이와 거의 같아진 경우(높이와 길이의 비가 9대 8이었을 때)에만 침을 흘리기 시작했다.

심리학 역사상 고전적 조건형성에서 일반화와 변별 과정을 알아보기 위하여 진행된 연구는 가장 유명하면서도 논란이 되는 연구 중 하나이다. 이 연구는 미국의 심리학자 왓슨(John B. Watson)이 진행하였는데, 왓슨은 20세기 초 미국에서 **행동주의**가 형성될 시기에 파블로프의 연구 결과들을 소개한 사람이었다(Benjafield, 2015, 1914; Buckley, 1989; Watson, 1913). 1920년 왓슨의 아기 앨버트(Little Albert) 연구에서, 왓슨과 그의 제자 레이너(Rosalie Rayner)는 11개월 난 남아 앨버트를 연구 대상으로 삼았다. 둘은 앨버트와 함께 바닥에 앉아 앨버트가 여러 물건을 보고 만질 수 있게 하였다. 그중에는 흰 쥐도 있었는데, 앨버트는 쥐를 무서워하지 않았다. 오히려 앨버트는 흰 쥐에게 호기심을 갖고 만져보려고 했다. 그러나 다음에 왓슨은 앨버트에게 흰 쥐를 보여준 뒤 갑작스럽게 강철 막대를 망치로 치며 큰 소음을 냈다. 당연히 앨버트는 소음에 대한 자연스러운 반응으로 깜짝 놀람과 동시에 울면서 두려움을 표시했다. 왓슨은 반복적으로 쥐와 소음을 짝지었고(쥐-소음, 쥐-소음, 쥐-소음), 마지막에는 흰 쥐만을 앨버트에게 보여주었다. 예상할 수 있듯이 앨버트는 쥐에게 두려움을 보이며 울었는데, 처음에는 전혀 두렵지 않던 것을 무서운 소음과 함께 연합시킴으로써 이렇게 되어버린 것이다.

이 연구는 고전적 조건형성을 명확히 보여주는 초기 연구지만, 여기서 일반화와 변별에 가장 관련이 있는 부분은 앨버트가 흰 쥐와 비슷한 물체도 두려워했다는 것이다. 토끼, 개, 털옷, 심지어 (어느 정도는) 왓슨 자신의 머리카락과 같이, 왓슨과 레이너가 제시했던 흰 쥐처럼 하얗고 털이 있는 물체를 보고서 앨버트는 거의 대부분의 경우 울음을 터뜨렸다. 그러나 장난감 블록과 같이 흰 쥐와 닮지 않은 물체는 앨버트로부터 부정적인 반응을 이끌어내지 못했다. 앨버트는 흰 쥐와 같지 않은 물체들에는 조건형성 이전처럼 긍정적으로 대했다. 다르게 말하면, 앨버트는 털이 있고 하얀 (실험에서의 흰 쥐처럼) 물체를 두려워함으로써 일반화를 보였고 그렇지 않은 물체는 두려워하지 않음으로써 변별을 보였다.

강조해야 할 중요한 사실은 왓슨과 레이너가 사용한 방법이 오늘날의 연구윤리위원회가 절대 허용하지 않을 것이라는 점이다. 두 연구자가 아기 앨버트에게 가했던 처치는 정당화하기엔 너무 위험하다. 사실 이 방법은 현저하게 논란이 되었는데, 두 연구자가 앨버트에게 조건형성을 일으킨 것뿐만 아니라 이후에 앨버트에게 형성된 공포감을 줄이기 위한 시도를 하지 않았기 때문이다(Fridlund et al., 2012). 정말로, 이러한 연구들은 기관 심사위원회로 하여금 비윤리적이고 위험 부담이 있는 연구들을 사전에 검증하고 또한 금지할 수 있는 규정을 마련할 것을 요구하는 움직임을 촉발하였다(Ceci et al., 1985; Rosnow et al., 1993).

획득 일반화와 변별에 덧붙여 파블로프는 고전적 조건형성 과정의 구체적인 요소들을 밝혔다. 예를 들어 파블로프는 동물이 초기에 두 가지 자극 사이의 연결을 만들어내는 특정

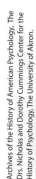
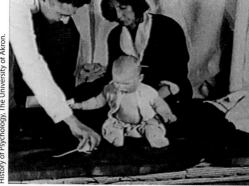

아기 앨버트 연구(현재에는 윤리적인 문제로 허용되지 않지만)에서, 아기는 하얗고 털이 있는 물체(쥐)에 공포감을 느끼도록 고전적 조건화되었으며, 다른 털 있는 물체에도 공포감을 느낀다. 그 아기는 하얗지 않고 털 있는 물체에 대해서는 공포심을 보이지 않음으로써 변별을 보였다.

순간이 있음을 인식하였다(Gleeson, 1991). 우리는 이를 **획득**(acquisition)이라고 하고, 획득이란 학습과정에서 중성 자극이 조건 반응과의 연결로 인하여 조건 자극이 되는 순간을 의미한다. 획득과 관련하여 중요한 부분은 한 자극이 다른 자극을 예측할 수 있게 한다는 점에 기반한다. 구체적으로, 조건 자극(이전에 중성 자극이었던 것)은 무조건 자극을 예측하게 한다. 파블로프의 개에게 종소리는 음식을 예측하게 한다. 앞서 예시로 제시한 제니에게 붉은색 스포츠카는 아이스크림을 예측하게 한다. 어떤 예측이든 간에 자극의 제시 순서가 지켜져야 한다. 만약 파블로프의 개가 음식을 받은 뒤 종소리를 들었거나 제니가 아이스크림을 먹은 뒤 붉은색 스포츠카를 봤다는 등 거꾸로 자극이 제시된다면, 중성 자극이 무조건 자극을 예측하는 역할을 하지 못하게 되어 조건형성이 일어날 가능성도 매우 낮아진다(Rescorla, 1988a, b).

획득이 일어나기 위해서는 두 자극이 거의 동시에 제시되어야 한다는 점이 중요하다. 만약 중성 자극과 무조건 자극 사이에 긴 시간 간격이 생기게 되면, 두 자극이 서로 연합되지 못할 것이고 학습이 일어나지 않을 것이다. 저금통과 매력적인 여성의 누드 사진이 짝지어진 이후 남성들이 저금통에 성적인 흥분을 느끼게 만든 연구를 기억하는가? 연구자들은 저금통을 제시한 후 곧바로 누드 사진을 제시함으로써 그러한 연구 결과를 얻을 수 있었다(Plaud & Martini, 1999). 만약 연구자들이 저금통과 누드 사진 사이에 긴 시간 간격을 두었다면, 두 자극이 연결되지 못했을 것이고, 또한 저금통이 성적인 흥분을 일으키지 못했을 것이다. 비슷한 예시로, 여러분의 반려견이 동물병원에서 고통스러운 주사를 맞기 전에 반려견에게 새로운 종류의 음식을 주었다고 상상해보자. 반려견은 음식의 맛과 주사를 맞은 뒤의 고통 사이에 5시간 정도의 시간 간격보다 5초 정도의 시간 간격이 있었을 때 더욱 고통과 음식을 연결 지으려 할 것이다.

소거 획득과 정반대의 시점에는 소거가 있는데, **소거**(extinction)는 학습과정에서 조건 자극이 더 이상 무조건 자극과 연결되지 않아 조건 반응을 일으키지 못하게 되는 순간이다. 소거를 연구하기 위하여, 파블로프는 개들을 종소리에 반응하도록 조건형성을 일으키고 난 이후에 종소리를 반복적으로 음식 없이 개들에게 제시하였다. 결과적으로 종소리는 음식을 예측하지 않았다. 오히려 종소리는 음식이 없다는 사실을 예측하게 했다. 그 결과 개들은 종소리에 침을 흘리지 않았고 조건 반응도 소거되었다.

인간이 경험하는 소거를 보여주는 예시로, 허쉬 초콜릿 바를 좋아하는 여덟 살 소년 데이비드를 생각해보자. 사실상 파블로프의 개에게 종소리에 침을 흘리도록 하는 학습이 일어난 것과 마찬가지로, 데이비드에게도 허쉬라는 단어를 듣게 되면 즐거움을 느끼도록 하는 학습이 일어났다. 그러나 데이비드의 가족이 펜실베이니아주에 위치한 허쉬라는 소도시로 이사를 갔을 때, 데이비드가 허쉬라는 단어에 보이는 반응 또한 달라졌다. 이사를 간 도시에서 데이비드는 확실히 초콜릿 바를 떠올리는 즐거움 없이 허쉬라는 단어를 매일 보고 들었고, 이 새로운 경험들로 인하여 데이비드는 더 이상 허쉬라는 단어로부터 초콜릿 바를 먹었을 때의 즐거움을 예측할 수 없었다. 시간이 흘러 데이비드가 허쉬라는 단어에 보인 즐거운 반응은 소거되었다.

 소거는 돌이킬 수 없는 과정인 것처럼 들리는데요. 소거가 일어난 뒤에는 학습된 것 또한 사라지나요?

자발적 회복 그렇지만은 않다. 두 자극 사이에서 형성된 학습된 연합은 영원히 제거되기보다 숨겨진 것처럼 보인다. 이는 파블로프가 발견한 자발적 회복으로부터 알 수 있는데, **자발적 회복**

획득
학습과정에서 중성 자극이 조건 반응과의 연결로 인하여 조건 자극이 되는 순간

소거
학습과정에서 조건 자극이 더 이상 무조건 자극과 연결되지 않아 조건 반응을 일으키지 못하게 되는 순간

자발적 회복
일시적으로 조건 자극이 주어지지 않다가 어느 순간 다시 주어졌을 때, 소거되었던 조건 반응이 다시 돌아오는 현상

(spontaneous recovery)이란 일시적으로 조건 자극이 주어지지 않다가 어느 순간 다시 주어졌을 때, 소거되었던 조건반응이 다시 돌아오는 현상이다. 종소리에 반응하는 데 대한 조건 반응을 파블로프가 소거시킨 뒤, 파블로프는 어느 정도 기다렸다가(적어도 몇 시간 정도) 다시 종소리를 제시하였다. 개는 침을 흘렸지만, 이는 종소리-먹이 연결이 가장 강했을 때보다는 덜했지만 확실히 종소리가 먹이랑 연결되기 이전보다는 더 많았다. 이러한 반응은 잠깐의 정지 이후 제시된 종소리가 예전처럼 음식을 예측하는 것인지 아니면 비교적 최근과 같이 음식이 없음을 예측하는 것인지 개가 확신을 할 수 없었다는 것을 시사한다. 그 결과 파블로프의 개는 두 가지 극단적 예측 사이 어딘가에 속하는 반응을 보이게 된다(Falls, 1998; Pavlov, 1927, 1928; Rescorla, 1997; Vurbic & Bouton, 2014).

자발적 회복은 인간에게도 발생한다. 이제 막 노모를 어텀 뷰(Autumn View) 노인 요양원에 입주시킨 55세 남성 론을 예로 들어보자. 론은 어텀 뷰의 원장 데비가 자신의 휴대전화로 연락을 해오면 옛날 전화기 소리같은 '따르릉' 소리가 나도록 벨소리를 설정했다. 처음 몇 번 데비는 론에게 연락해 그의 어머니가 떨어져서 팔을 다쳤다든지, 숨을 쉬는 데 어려움을 겪고 있다든지, 가슴 통증을 호소한다든지 같은 불안한 소식들을 전달했다. 고전적 조건형성에 따라 론은 곧 데비의 전화를 받기 전 들리는 따르릉 소리에 공포를 느끼게 되었다. 그러나, 이후 데비는 전화로 전혀 걱정할 필요 없는 소식들을 전했다. 오히려 데비가 전하는 소식들은 론이 요양원에 옷을 두고 갔다든지, 다가오는 어버이날에 열리는 파티 소식이라든지, 요금 지불에 관한 사소한 연락 같은 지루한 소식이었다. 곧 론에게 따르릉 소리는 그다지 공포심을 예측하도록 하지 못하게 되었다. 그때부터 따르릉 소리에 대한 론의 공포감은 소거되었다. 론은 따르릉 소리에 다른 벨소리와 다를 바 없이 반응했다. 이후 데비는 론에게 연락을 하지 않았는데, 몇 주가 흐른 뒤 어느 날 아침에 론은 처음으로 따르릉 소리를 다시 들었다. 론은 미약한 불안감을 보였는데, 예전만큼은 아니지만 따르릉 소리와 걱정스러운 소식들을 연합하지 않았다면 확실히 느끼지 않았을 감정이었다.

고차 조건형성 또한 파블로프는 고전적 조건형성 과정에 관여하는 자극들은 두 가지로 한정되지 않는다는 사실을 발견했다. 세 가지 이상의 자극들이 연쇄적으로 연결될 수도 있다. 세 가지 이상의 자극들로 이루어지는 고전적 조건형성을 **고차 조건형성**(higher-order conditioning)이라고 한다[고차 조건형성은 이차적 조건형성이라고도 알려져 있다(Holland & Rescorla, 1975; Nairne & Rescorla, 1981; Rescorla, 1976, 1980)]. 구체적으로 설명하자면, 이차적 조건형성에서 이전 학습과정으로부터 학습된 조건자극은 다른 학습과정에서 무조건 자극이 된다. 이 무조건 자극은 새로운 조건자극을 형성하는 데 기여하고 이때 조건 반응은 이전 학습과정에서의 조건 반응과 같다. 탄산음료 캔을 딸 때 피식 하고 김 빠지는 소리에 군침이 도는 원리를 다시 생각해보자. 침이 나오는 반응은 탄산음료의 맛을 느끼기 전에 피식 소리를 들었던 적이 여러 번 있었기 때문에 가능하다는 점을 상기시키고자 한다. 이 과정은 두 단계를 거치지만(피식 소리-탄산음료), 세 단계를 거치도록 할 수는 없을까? 다르게 말하면, 피식 소리가 나기 전에 반복적으로 제시된(피식 소리를 예측하게 하는) 다른 자극을 생각해볼 수 있을까? 평소에 자동판매기에서 탄산음료를 살 때, 음료수 캔이 쿵 하고 떨어져 나오는 소리가 세 번째 자극이 될 수 있을 것이다. 쿵 소리-피식 소리-탄산음료로 이어지는 세 가지 단계에서 쿵 소리는 피식 소리를 예측하게 한다. 이 과정이 충분히 반복된 이후에는 쿵 소리가 침 분비 반응을 이끌어내게 된다. 나아가 자동판매기 동전투입구에 동전을 넣을 때 짤랑 하고 나는 소리까지 연계시키면, 짤랑 소리-쿵 소리-피식 소리-탄산음료로 이어지

고차 조건형성
세 가지 이상의 자극들로 이루어지는 고전적 조건형성

는 네 가지 단계로 확장시켜 짤랑 소리에 침 분비 반응이 일어나도록 할 수도 있을 것이다.

대리 조건형성   고전적 조건형성과 관련해서 마지막으로 언급할 특징이 있는데, 그것은 고전적 조건형성이 자기 자신에게 일어나는 일들뿐 아니라 주변 사람들에게 일어나는 일을 관찰함으로써 이루어질 수도 있다는 사실이다. 이를 **대리 조건형성**(vicarious conditioning)이라 하고, 대리 조건형성은 자기 자신의 삶 속 경험이 아닌 다른 사람의 삶 속 경험을 관찰함으로써 일어나는 조건형성이다. 조 삼촌이 붉은색 스포츠카에 태워 아이스크림을 사준다는 제니에게는 세이코라는 친한 친구가 있다. 제니는 세이코에게 조 삼촌이 붉은색 스포츠카에 자신을 태우고 아이스크림을 사준다는 이야기를 해주었고, 세이코도 아이스크림 가게에 혼자 갔을 때 제니가 조 삼촌과 함께 근처에서 멈추어 서 있는 모습을 보았다. 세이코는 제니와 제니 집 마당에서 같이 놀고 있었을 때 붉은색 스포츠카가 지나가면 제니가 즐거워하는 모습을 몇 번 보게 되었다. 이제 세이코가 제니보다 앞서 붉은색 스포츠카를 보게 된다면, 비록 붉은색 스포츠카에 타 본 적이 한 번도 없지만 세이코 또한 즐거워할 것이다.

고전적 조건형성을 실생활에 적용하기

고전적 조건형성은 사람들이 더 나은 삶을 살아갈 수 있도록 하는 데 중요한 부분이다. 예를 들어 심리학자들은 환자가 **공포증**을 극복하기 위해 고전적 조건형성의 원리를 이용한다. 공포증은 특정 물건이나 상황에 비정상적으로 강하게 느껴지는 공포감을 가리킨다. 대부분의 심리학자들은 공포증이 극단적인 불쾌감과 특정 물건이 짝지어져 학습된 것으로 보고, 공포증을 극복하는 최선의 방법은 이 연합을 끊는 것이라고 믿는다(Duits et al., 2015; Fanselow & Sterlace, 2014; Hazlett-Stevens & Craske, 2008; Spiegler & Guevremont, 2010). 예를 들어 젊은 여성 테레사는 버스에서 강도를 당한 뒤 버스공포증을 호소하게 되었다. 테레사는 버스-강도로 짝지어지는 경험을 통해 버스를 기피하게 되었는데, 이는 직장에 가려면 버스를 타야 하는 그녀에게 문제가 되었다. 테레사를 담당한 심리학자는 테레사가 버스에 가까이 가게 하고, 이후에 잠깐 동안 버스 안에 머물게 한 뒤, 점차 버스 안에 머무는 시간을 늘려가는 방식을 통해 점진적으로 테레사가 버스를 마주할 수 있도록 조력하였다. 그렇게 함으로써 테레사는 버스-강도로 짝지어지는 경험이 일어나지 않는다는 사실을 반복적으로 인지하였다. 다르게 말하면, 테레사는 강도에 대한 공포감 없이 버스에 탔다. 강도를 당할 걱정 없이 버스를 타는 데 시간을 할애할수록 테레사의 버스공포증 또한 점차 사라져 갔다(공포증과 그 치료법에 관해서는 심리장애와 그 치료법에 대한 장에서 보다 자세히 다룬다).

고전적 조건형성은 물리적인 장애를 치료하는 데도 사용된다. 만약 어떠한 약이 장애 증상을 호전시킨다면, 이 약과 짝지어진 다른 어떤 것 또한 비슷하게 증상을 호전시킨다는 것이 기본 아이디어이다. 이는 음식과 짝지어진 종소리에 침을 흘리게끔 학습한 파블로프의 개와 비슷하지만, 인간의 경우 그 반응이 다른 물리적인 형태로도 나타날 수가 있다(Ader & Cohen, 1982; Cohen et al., 1994; Exton et al., 2000; Longo et al., 1999; Tekampe et al., 2017).

예를 들어 여러 연구에서 공기 중 알레르기 유발 물질로 인한 심각한 알레르기 반응을 호소하는 환자들로 하여금 실제로 효과가 있는 알레르기 약을 먹도록 한 뒤 바로 특이한 음료를 마시도록 하였다. 여기서 이 음료를 파인애플맛 탄산음료라고 상상해보자. 알레르기 약과 파인애플맛 탄산음료가 여러 번 반복적으로 짝지어진 이후, 연구자들은 환자들에게 파인애플맛 탄산음료만을 제

대리 조건형성
자기 자신의 삶 속 경험이 아닌 다른 사람의 삶 속 경험을 관찰함으로써 일어나는 조건형성

공하였다. 이때 파인애플맛 탄산음료만 먹은 환자들은 알레르기 약을 먹은 것과 비슷한 반응을 보였다. 환자들이 알레르기 약을 먹은 것과 동일한 증상 호전이 일어났다고 밝힌 것뿐 아니라, 공기 중 알레르기 유발 물질에 대한 항생물질이 생성되는 신체적 반응 또한 환자들에게 일어났다. 이전에는 중성 자극이었던 파인애플맛 탄산음료가 실제로 효과가 있는 약과 지속적으로 짝지어져 환자들에게 학습된 까닭에 파인애플맛 탄산음료 또한 약처럼 기능하게 된 것이다(Gauci et al., 1994; Goebel et al., 2008).

이 연구는 약리적 효과가 없는 물질이 어떠한 이유로 환자의 증세 호전에 영향을 주는 위약(placebos)에 관하여 의문을 제기하였다(Peiris et al., 2018; Vits et al., 2011; Wager & Atlas, 2015). 한 연구에서, 연구자들은 건선(psoriasis, 팔꿈치나 무릎 또는 다른 부위가 붉어지는 현상과 가려움증을 동반하는 일반적인 피부병)이 있는 환자들을 치료하였다. 먼저, 연구자들은 참여한 환자들에게 특이한 냄새와 색깔이 특징인 연고를 반복적으로 처방했다. 이후 연구자들은 환자들을 두 집단으로 나누었다(환자들은 자신이 어떤 집단에 속하는지 몰랐다). 집단 1은 이전에 사용한 것과 똑같은 연고를 스테로이드를 포함하여 처방받았다. 집단 2 또한 같은 연고를 처방받았지만, 이 연고에는 실제 효과가 있는 성분이 이전보다 25~50% 정도밖에 함유되어 있지 않았다. 예상할 수 있듯이 집단 1의 증세가 호전되었다. 보다 구체적으로, 집단 1에 속한 환자 중 78%의 건선 증상이 완치되었다. 집단 2는 실험 참여 기간 동안 대부분 약리적 효과가 거의 없었던 연고를 처방받았지만, 집단 1과 비슷한 정도로 건선 증상이 완치되었다(73%). 고전적 조건형성을 통하여 집단 2에 속한 환자들은 스테로이드를 연고의 특이한 냄새와 색깔에 연결하여 학습하였다. 이 연결은 연고의 냄새와 색깔이 환자들의 피부가 진짜 약을 처방받은 것처럼 반응하게 만들 정도로 강했다(Ader et al., 2010).

최신 연구에서는 5~12세 사이 수면에 어려움을 호소하는 아동들을 돕기 위해 멜라토닌(melatonin)을 처방하였다. 매일 밤 잠들기 전에 멜라토닌을 먹었는데, 그들은 독특한 음료(레모네이드에 페퍼민트를 섞은 음료)를 마시고, 독특한 장면(흐린 붉은 등)을 보도록 하였다. 몇 주간의 멜라토닌 처방이 끝난 후에, 한 집단의 아동들은 계속하여 잠자리에 들기 전에 독특한 음료와 흐린 붉은 등을 쳐다보게 하였고, 다른 집단은 그런 자극을 제공하지 않았다. 첫 번째 집단에 있는 아동들이 두 번째 집단의 아동보다 그 주에 혜택을 유지할 수 있었다. 더 이상 멜라토닌이 제공되지 않는 상황에서도, 음료와 광경이 멜라토닌과 연합되어 플라시보 효과를 가져왔다(van Maanen et al., 2017).

학습 확인

6.4 이반 파블로프는 누구이며, 파블로프의 개 실험은 왜 중요한가?

6.5 고전적 조건형성이란 무엇이고, 고전적 조건형성이 일상 속에서 어떻게 일어나는가?

6.6 고전적 조건형성의 다섯 가지 핵심 요소는 무엇인가?

6.7 고전적 조건형성에서 일반화와 변별은 무엇을 의미하는가?

6.8 고전적 조건형성에서 획득과 소거는 무엇을 의미하는가?

6.9 고차 조건형성이란 무엇인가?

6.10 학습은 어떻게 대리 조건형성을 통해 일어나는가?

조작적 조건형성

학습 목표

6.11 조작적 조건형성의 정의

6.12 조작적 조건형성과 효과의 법칙 사이의 관계

6.13 B. F. 스키너는 누구이고 스키너의 조작적 조건형성 연구는 왜 중요한가?

6.14 강화의 정의

6.15 강화의 유형과 차이

6.16 강화계획의 유형과 차이

6.17 처벌의 정의

6.18 조작적 조건형성에 대한 변별자극의 영향

6.19 조성

6.20 조작적 조건형성에 적용되는 고전적 조건형성의 개념들

여러분은 아마 고전적 조건형성을 통한 학습이 꽤나 수동적임을 알아차렸을 것이다. 파블로프의 고전적 실험에서 개들은 실제로 아무것도 자발적으로 하지 않았다. 개들에게 여러 가지 자극이 주어졌을 뿐이다. 음식은 입 가까이에 놓았고 종소리가 귀에 들렸지만, 개들의 역할은 그저 가만히 서서 아마도 일어날 비자발적 반응들(침 분비)을 보이는 것이었다.

많은 경우 학습은 보다 능동적으로 이루어진다. 학습이 일어날 때 우리는 우리가 무엇을 할 때 어떤 결과가 일어나는지를 연결짓는다. 심리학자들은 이를 조작적 조건형성이라고 부른다. **조작적 조건형성**(operant conditioning)이란 학습의 한 형태로서, 자발적 행동에 따른 결과들에 따라 이후 같은 행동이 반복해서 일어날 가능성 또한 영향을 받는 것을 뜻한다. 조작적이라는 단어가 조작과 같은 의미에서부터 나왔듯이, 조작적 조건형성은 여러분이 주변 환경을 조작하면서 얻는 것을 가리킨다(Flora, 2004; Murphy & Lupfer, 2014). 주변 환경을 조작함으로써 여러분은 자신의 과거 행동을 설명하고 자신의 미래 행동들에 영향을 줄 개인적인 조건명제들(if-then statements)을 얻어낼 수 있다. 이 조건명제는 만약의 경우(contingency)를 의미한다. 만약의 경우에 대한 예시는 다음과 같다 — (1) 만약 내가 신발을 신지 않고서 바깥을 뛰어다닌다면, 내 발에 상처가 날 것이다. (2) 만약 내 친구 스티브의 전화를 내가 받는다면, 나는 스티브의 농담에 웃게 될 것이다. (3) 만약 내가 수학 숙제를 빼먹는다면, 나는 수학 시험을 완전히 망칠 것이다.

만약 파블로프의 개들이 낑낑 울었을 때 간식을 받거나 혹은 문을 긁었을 때 체벌을 받았다면, 파블로프는 아마도 고전적 조건형성보다 조작적 조건형성에 더 집중했을 것이다. 그렇지만, 공교롭게도 조작적 조건형성은 에드워드 L. 손다이크(Edward L. Thorndike)가 발견하게 된다. 손다이크는 미국의 심리학자로 19세기 후반과 20세기 초반에 걸쳐 동물 행동에 관하여 많은 연구들을 진행하였다(Thorndike, 1898, 1900). 그의 연구 중 가장 유명한 연구에서, 손다이크는 고양이를 수수께끼 상자(puzzle box)라고 명명한 작은 상자에 넣고 실험을 진행하였다. 그림 6.4에 그려져 있듯이

상자 문

상자 문이 열리는 장치

음식

그림 6.4 손다이크의 수수께끼 상자 에드워드 손다이크가 배고픈 상태의 고양이들을 그의 수수께끼 상자에 집어넣었을 때, 고양이들은 어떤 행동을 해야 출입문이 열리고 바깥에 있는 음식을 먹을 수 있는지를 학습하였다. 손다이크는 고양이들이 행동을 학습한 과정이 효과의 법칙, 또는 바람직한 결과를 가져온 행동이 더욱 반복되고 그렇지 않은 행동은 덜 반복된다는 원리를 예시한다고 설명하였다(Thorndike, 1911, 1927).

조작적 조건형성
학습의 형태로서, 자발적인 행동에 따른 결과가 이후 행동이 반복될 가능성에 영향을 주는 것

고양이는 상자 바닥에 있는 버튼을 누르거나 상자 천장에 매달린 무게추를 당기는 특정 행동을 수행해야지만 수수께끼 상자의 출입문을 열 수 있었다. 손다이크는 고양이가 상자를 탈출하면 음식을 주었고, 고양이가 탈출하는 데 얼마나 시간이 걸렸는지를 측정하였다. 처음에 고양이들은 상자 안을 아무렇게나 돌아다닌 까닭에 꽤 오랜 시간이 지난 뒤에 탈출했지만, 실험이 반복될수록 고양이들은 점차 더 빠른 시간 안에 탈출하게 되었다. 고양이들은 시행착오를 통해서 만약 버튼 위에 올라가면 문이 열리고 탈출해서 음식을 먹을 수 있다는 것을 학습한 것처럼 보였다.

손다이크는 실험에 참여한 고양이들이 **효과의 법칙**(law of effect)을 보여주었다고 설명했다. 효과의 법칙이란, 특정 행동이 바람직한 결과를 이끌어내는 데 효과적이었다면 이후에 그 행동이 자주 반복되고, 바람직한 결과를 이끌어내지 못한다면 그 행동이 덜 반복된다는 것을 의미한다 (Thorndike, 1911, 1927). 효과의 법칙은 인간을 포함한 여타 동물들이 따르며 살아가는 간단하지만 강력한 법칙이다. 우리는 행동에 따른 결과에 주목하기 때문이다. 만약 행동에 따른 결과물이 만족스럽다면 우리는 그 행동을 반복하겠지만, 만약 그렇지 않다면 그 행동을 다시 하지 않을 것이다.

B. F. 스키너 : 모두를 위한 조작적 조건형성

B. F. 스키너(B. F. Skinner)는 미네소타대학교, 인디애나대학교, 하버드대학교 심리학 교수였다. 스키너는 손다이크에게 영향을 받아 광범위하게 동물 행동을 연구하는 데 그의 학문적 생애를 바쳤고, 당시에 효과의 법칙과 조작적 조건형성에 관하여 알려진 바를 보다 확대하고자 하였다 (Mills, 1998; Richelle, 1993). 손다이크의 연구가 상대적으로 학계 내부에서만 알려진 편에 속한다면, 스키너는 자신의 연구업적으로 유명인사가 되었다. 1960년대와 1970년대에 걸쳐 스키너는 심리학 교수로서는 대중적으로 가장 유명해졌다. 스키너는 자주 TV 토크쇼에 출연했다. 또한 그가 쓴 두 권의 책은 수백만 권이 팔려 각각 **뉴욕타임스** 베스트 셀러 리스트에 실렸고, 에스콰이어지의 1970년대 100대 중요 인물 리스트에 스키너의 이름이 올라갔으며, 1971년 9월 타임지 커버 스토리에도 스키너에 관한 내용이 실렸다(Mills, 1998; Rutherford, 2009; Smith, 1996). 스키너의 유명세는 대부분 동물 행동에 관하여 그가 찾아낸 바를 인간 행동에도 적용해 보이는 능력에 따른 것이었다. 아마도 이 중 가장 논란이 될 만한 것은 모든 행동이 결과에 따라 결정되기 때문에 우리가 원하는 대로 행동할 자유가 없다는 주장이다. 인간보다는 동물에게 더 그럴듯한 이 주장은 지금도 논란이 되고 있다(Altus & Morris, 2009; Baer et al., 2008; McKenna & Pereboom, 2016).

스키너는 손다이크의 수수께끼 상자를 개선하면서 연구자로서 첫 단추를 꿰었다. **스키너 상자** [skinner box, 원래 이름은 **조작실**(operant chamber)]는 비둘기나 쥐 등 동물들을 넣어 그들의 행동과 이에 따른 결과들을 관찰하고 기록하기 위해 마련된 상자이다. 스키너 상자의 여러 이점들은 자동화와 전기의 사용에 있었다. 예를 들어 스키너 상자는 동물들이 올바른 지렛대 또는 버튼을 눌렀을 때 자동으로 음식을 급여하였다. 스키너 상자는 동물들이 지렛대를 누르는 행동을 (전자 기기를 통해서) 자동으로 기록하였고, 사람이 계속 관찰하고 있을 필요가 없었다. 그리고 스키너 상자에 달린 불빛을 통해 동물들이 행동을 수행하는 경우 보상이 허용됨을 나타낼 수 있었다. 또한 스키너 상자는 동물들을 계속 가두어두기 때문에 (손다이크의 실험에서 탈출한 고양이를 잡아넣듯) 연구자들이 다음 차시 실험을 위해 탈출한 동물들을 다시 잡아넣는 수고를 하지 않아도 되었다(Ator, 1991; Toates, 2009).

효과의 법칙
특정 행동이 바람직한 결과를 이끌어내는 데 효과적이었다면 이후에 그 행동이 자주 반복되고, 바람직한 결과를 이끌어내지 못한다면 그 행동이 덜 반복된다는 법칙

스키너 상자
(원래 이름은 조작실) 비둘기나 쥐 등 동물들을 넣어 그들의 행동과 이에 따른 결과들을 관찰하고 기록하기 위해 마련된 상자

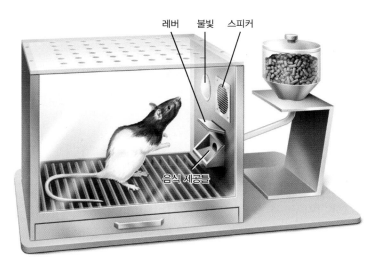

레버 불빛 스피커

음식 제공틀

그림 6.5 스키너 상자 B. F. 스키너가 고안한 스키너 상자들(또는 조작실)은 손다이크의 수수께끼 상자를 개선한 것이다. 스키너 상자는 내부에 있는 동물들이 지렛대나 버튼을 작동시켜 음식이나 물을 상자 내부로 가져올 수 있도록 설계되었다. 또한 상자에 전선이 연결되어 있어 자동적으로 동물들의 행동을 기록하고, 켜져 있는 동안 보상이 허용됨을 알리는 불빛을 제어할 수 있었다.

s5iztok/E+/Getty Images

강화란 동물훈련에 아주 중요한 요소이다. 개는 물건을 물거나, 앞발을 들고 흔들거나, 구르거나 장대를 넘는 행동을 이러한 행동과 행동 뒤에 따라오는 보상물과 같은 강화물과 연합하여 학습한다.

강화
행동에 따른 결과들 중 이후에도 행동이 반복될 가능성을 높이는 것

정적 강화
강화의 한 종류로, 바람직한 무언가를 얻게 하는 것

부적 강화
강화의 한 종류로, 바람직하지 않은 무언가를 제거하는 것

강화   스키너는 자신이 고안한 새로운 상자를 가지고 결과가 어떻게 동작을 형성하는지에 관한 다수의 실험을 진행하였다. 행동의 결과들 중 스키너가 가장 주목한 것은 **강화**(reinforcement)였는데, 강화는 행동에 따른 결과들 중 이후에도 행동이 반복될 가능성을 높이는 것이다. 일반적으로, 강화는 동물들이 만족스러운 경험을 하게 만들거나 고통을 피할 수 있게 도와주는 것들이라고 말할 수 있다 (Donahoe, 1998; Flora, 2004). 보통 하나의 종에 속하는 한 개체를 강화할 수 있는 것이라면 그 종에 속하는 모든 개체를 강화할 수 있다. 하지만 가끔 한 명의 인간이나 한 마리의 동물을 강화할 수 있는 것이 모든 인간이나 한 개체가 속하는 종 전체에게 적용되지 않을 수도 있다. 다르게 말하면, 강화는 미적 감각과 마찬가지로 받아들이는 주체에 달려 있는 것이다. 예를 들어 여름 캠프 지도 선생님인 조디는 열세 살 애비와 비앙카가 사물함을 정리하게 만들려고 땅콩버터 쿠키를 주었다. 땅콩버터 쿠키는 애비가 사물함을 정리하게끔 강화했고, 애비는 자기 사물함을 빠르게 정리하였다. 한편 비앙카는 땅콩 알레르기가 있었기 때문에, 땅콩버터 쿠키는 비앙카가 사물함을 정리하게끔 강화하지 못했고 비앙카는 땅콩버터 쿠키를 받은 걸로는 동기화되지 않았다.

강화는 다양한 방법으로 유형화될 수 있다. 예를 들어 강화를 **정적 강화**와 **부적 강화**로 분류할 수 있다. **정적 강화**(positive reinforcement)는 바람직한 무언가를 얻게 하는 강화이다. **부적 강화**(negative reinforcement)는 바람직하지 않은 무언가를 제거하는 강화이다. 정적 강화는 여러 가지 형태로 나타난다. 예를 들어 좋은 서비스를 제공했기에 팁을 받은 종업원이나, 신발끈을 성공적으로 묶어 포옹을 받은 다섯 살 아이, 축구 대회에서 우승하여 트로피를 받은 대학 축구팀이 있다. 부적 강화 또한 여러 가지 형태를 취한다. 부적 강화를 나타낸 예로는 해충 박멸 업체를 불러 벌레들을 제거한 집주인이나, 접근 금지 명령을 얻어내 자신을 희롱하는 전화를 멈추게 한 여성, 항생제를 먹음으로써 인후염을 극복한 아이가 있다. 이러한 맥락에서 **정적**(positive)과 **부적**(negative)은 좋고 나쁨을 의미하지 않는다는 것을 기억해야 한다. 강화에 있어서 정적은 더하기(구체적으로 말하면, 무언가 바람직한 것을 더하기)를 의미하고 부적은 빼기(구체적으로 말하면, 무언가 바람직

하지 않은 것을 빼기)를 의미한다. 두 가지 모두 행동이 미래에도 다시 발생할 가능성을 높이므로 강화임을 명심하라.

일차 강화와 이차 강화   강화는 또한 일차적 또는 이차적으로 분류될 수 있다. **일차 강화**(primary reinforcer)는 생물학적 욕구를 충족시켜주기 때문에 강화 효과를 가지기 위한 학습을 따로 요구하지 않는 선천적 강화이다. 몇 가지 기본적인 것들이 인간뿐 아니라 대부분의 종들에게 일차적 강화물이 되는데, 음식이나 물, 스킨십, 성교, 불편감 감소 또는 고통 감소는 우리를 살게 하고 건강을 유지하기에 가치가 있기 때문이다. 여러분의 인생 경험(그리고 고전적 조건형성)을 통해 여러분은 다른 자극들을 이러한 핵심 일차 강화물과 연합하게 된다.

일차 강화와 짝지어진 자극을 **이차 강화**(secondary reinforcer)라고 부르는데, 이차 강화는 강화 효과를 가지기 위해서 일차 강화에 대해 학습된 연결고리를 가져야 하는 강화물을 의미한다. 돈은 궁극적인 이차 강화이다(Bell & McDevitt, 2014; Delgado et al., 2006). 초록색 직사각형 종잇조각과 작은 은색 원이 여러분에게 주는 어떤 의미든 간에, 그 의미는 여러분이 학습해야 했던 것이다. 여러분은 달러 지폐와 동전의 가치에 대한 인식을 가지고 태어나지 않았다. 예를 들어 한 살 아이와 열두 살 아이를 상상해보자. 할머니가 둘에게 똑같은 아마존 기프트 카드를 준다. 열두 살 아이는 즐겁게 반응한다. 열두 살 아이는 경험을 통해 기프트 카드가 온라인에서 책, 음악, 장난감 및 수많은 멋진 것들로 교환될 수 있다는 사실을 학습하였다. 한 살 아이는 기프트 카드를 잠깐 먹어보려고 하다가 아주 무관심하게 기프트 카드를 무시한다. 한 살 아이에게 기프트 카드는 아직 그것이 가져다줄 수 있는 여러 가지 재미있는 것들과 연결되지 않았기 때문에, 기프트 카드는 이차 강화가 될 수 없었다. 박수로부터 성적과 상패까지, 일상에서 볼 수 있는 수많은 다른 강력한 강화물들은 일차 강화라기보다 이차 강화이다.

이차 강화의 다른 예시로는 개 훈련사가 클리커를 사용하는 것을 들 수 있다. 구체적으로, 개 훈련사는 행동에 따라 간식(일차 강화)을 제공하는 것뿐 아니라 클릭 소리를 이용하여 개가 어떤 행동을 수행하도록 가르친다(서기, 앉기 등). 곧, 개는 클릭 소리 하나만으로도 강력한 강화가 되게끔 클릭 소리와 간식 사이에 강한 연합을 형성한다(Pryor, 2009). (사실, 클릭 소리는 평범한 '좋았어'나 '옳지' 같은 이차 강화보다 더욱 강력할 수 있는데, 개들은 사람들이 그러한 단어들을 다양한 맥락에서 사용하는 걸 엿듣게 되므로 오히려 헷갈릴 수 있기 때문이다).

즉시 강화와 지연 강화   강화를 즉시 제공하느냐와 지연하여 제공하느냐의 관점에서 기술할 수 있다. 이는 하나의 행동이 매우 다른 단기적 효과와 장기적 효과를 가질 수 있기 때문에 중요한 구별이다. 예를 들어 피자 한 판을 다 먹는 것은 잠깐 동안은 훌륭한 사치로 느껴질 수 있지만 나중에 가서는 체중 증가(복통은 물론이고)를 유발한다. 나중 결과(체중 증가와 복통)는 처음 결과(피자의 좋은 맛)보다 더 중요히 여겨져야 할 것이다. 그러나 나중 결과의 지연과 짝지어졌을 때 처음 결과의 즉시성은 여러분으로 하여금 나중에 후회하는 방식으로 행동하게 할 수 있다. 즉각적 강화와 지연된 강화가 어떤 이유에서 서로 순서가 바뀌었다고 상상해보라. 체중 증가와 복통이 즉시 나타났지만 피자의 좋은 맛은 며칠 뒤에 나타났다면 여러분의 행동 또한 바뀔 것이다.

강화와 다양성   한 문화권 출신 사람에게 강화로 작용하는 것이 다른 문화권 출신 사람에게는 강화로 작용하지 않을 수도 있다(Gelfand et al., 2007; Pantalone et al., 2010; Spiegler, 2016). 예를 들어 돈을 생각해보자. 돈은 강력한 강화물이지만, 다른 종류의 돈은 서로 다른 사람들에게 각자 다른

일차 강화
생물학적 욕구를 충족시켜주기 때문에 강화 효과를 가지기 위한 학습을 따로 요구하지 않는 선천적 강화

이차 강화
강화 효과를 가지기 위해서 일차 강화물에 대해 학습된 연결고리를 가져야 하는 강화

의미로 여겨진다.

개인주의와 집단주의 또한 다양한 문화권에서 강화가 인식되는 방식에 차이를 보인다. 구체적으로, 개인적인 성과에 따른 수상은 아시아, 히스패닉, 아메리카 원주민 등 집단주의를 강조하는 문화권보다는 미국, 호주와 몇몇 유럽 국가 등 개인주의를 강조하는 문화권에서 보다 높게 평가된다(Baruth & Manning, 1992; Kallam et al., 1994; Nelson, 1995). 사실, 더 많은 집단주의적 문화권에서는 개인적으로 상을 받게 된 사람이 혼자서 눈에 띈다는 이유로 주변 동료에게 놀림을 받거나 폄하될 수도 있다. 교사, 코치, 고용주 또는 다양한 문화권 출신 사람들의 행동에 영향을 주기 위해 강화를 사용하려는 누구에게든 이 부분은 명심해야 할 중요한 점이다(Moran et al., 2014; Pierangelo & Giuliani, 2008).

고용주와 강화를 말한 김에, 한 연구에서는 3개국(미국, 호주, 멕시코) 출신 경영학과 학부생을 대상으로 입사 제의에 대해 가장 강화가 되는 것이 무엇인지 조사하였다. 거기에는 좋은 월급과 높은 수준의 성과를 인정받는 것 같은 몇몇 공통 선호가 있었다. 그러나 집단 간에 약간의 차이도 있었다. 특히 멕시코 출신 학생들은 그들의 친척들을 위한 직업을 가질 수 있는 기회 및 사회와 다른 사람들의 행복에 기여할 수 있는 기회에 더욱 강한 선호를 보였다. 이 선호는 멕시코가 미국이나 호주보다 더욱 집단주의적이고 보다 덜 개인주의적이라는 사실을 반영하는 것일 수도 있다(McGaughey et al., 1997). 다른 국가 출신(이번에는 미국과 칠레) 학부생들을 대상으로 한 다른 연구에서는 문화 간 차이와 성별 간 차이를 발견하였다. 구체적으로, 남성과 비교하였을 때, 두 국가 출신 여성 모두 좋은 직장 조건과 편리한 근무 시간에 보다 강화 가치를 두었다(Corney & Richards, 2005).

고등학생의 강화 지각에 대한 연구는 보다 더 넓은 범위의 문화권들을 다루었다(Homan et al., 2012). 연구자들은 7개국(미국, 호주, 탄자니아, 덴마크, 온두라스, 한국, 스페인) 출신 고등학생 750명에게 스포츠, 사회활동, 인터넷 사용, 게임, 수면 등 수십 개의 활동들에 1점에서 5점까지 점수를 매기도록 요청했다. 높은 점수는 그 활동이 더욱 강화로 작용한다는 것을 의미한다. 예를 들어 탄자니아에서는 모든 활동 중 쇼핑이 가장 높은 점수를 얻었으나 다른 국가들에서는 8위 이상의 점수를 얻지 못하였다. 온두라스에서는 친척들을 방문하는 것이 두 번째로 높은 점수를 얻은 활동이었으나 다른 국가들에서는 이에 가까운 점수를 얻지 못하였다. 덴마크에서는 활강 스키가 가장 높은 점수를 얻은 스포츠였지만 다른 국가들에서는 상위 5개 스포츠에 들지 못하였다. 미국에서는 상위 5개 스포츠 중 두 종목(미식축구와 낚시)이 다른 국가들에서의 상위 5개 스포츠에 나타나지 않았다. 한편, 축구는 미국에서 상위 5개 스포츠에 들지 못했지만, 가장 많은 국가에서 상위 5개 스포츠에 들어갔다. 여기서 어떤 특정 물건이나 활동의 강화 가치는 그것을 받아들이는 개인의 문화적 배경에 좌우된다는 것을 알 수 있다.

강화계획

강화를 제공할 때 제공하는 시간이 중요하다. 즉시 강화와 지연 강화 사이의 간단한 구별은 그저 시작점의 차이일 뿐이다(Lattal, 1991). 물론, 스키너는 다양한 종류의 특정 **강화계획**(reinforcement schedules)을 발견하였는데, 강화계획이란 한 특정 행동에 대한 반응으로 강화되는 방식을 의미한다. 기본적인 구분은 연속 강화와 부분 강화이다. **연속 강화**(continuous reinforcement)는 매번 행동이 일어날 때마다 강화가 되는 양식을 의미한다. 이에 반하여, (간헐적 강화라고도 알려진) **부분 강화**(partial reinforcement)는 행동이 일어났을 때 몇몇 경우에만 강화되는 양식을 의미한다. 예를 들

강화계획
한 특정 행동에 대한 반응으로 강화가 발생하는 양식

연속 강화
매번 행동이 일어날 때마다 강화가 되는 양식

부분 강화
행동이 일어났을 때 몇몇 경우에만 강화가 되는 양식

어 어머니 앨리시아는 자신의 10대 아들 자흐가 잔디 깎기를 원한다고 하자. 만약 자흐가 잔디를 깎은 날마다 앨리시아가 자흐를 그가 좋아하는 레스토랑으로 데려가 저녁을 먹는다면, 이는 연속 강화이다. 만약 자흐가 잔디를 깎은 날 중 몇몇 날에만 앨리시아가 자흐를 그가 좋아하는 레스토랑으로 데려간다면, 이는 부분 강화이다.

　연속 강화와 부분 강화 사이의 구분은 이전에 우리가 언급한 획득과 소거 측면에서 중요하다. 이 용어들은 고전적 조건형성 부분에서 나왔지만, 조작적 조건형성에도 적용될 수 있다. 획득은 연속 강화에서 더 빨리 일어나는데, 두어 번 정도 잔디를 깎은 후 자흐는 '내가 잔디를 깎으면 내가 좋아하는 레스토랑에 간다'는 사실을 고정불변의 법칙이라고 학습할 것이다. 그러나 연속 강화는 또한 더 빠른 소거를 일으키는데, 만약 앨리시아가 한두 번 자흐를 강화하는 걸 잊어버리면, 자흐는 더 이상 강화가 발생하지 않는다고 인식하고, 잔디 깎는 일을 소홀하게 할 가능성이 높다.

　부분 강화에서는 획득이 다소 느리게 발생하는데, 그 이유는 행동과 결과의 연합을 감지하기 어려울 수 있기 때문이다. 하지만 둘 사이의 연합이 획득된 뒤에는, 부분 강화계획상의 행동은 소거가 어렵다. 만약 자흐가 잔디를 깎는 상황 몇몇의 경우에 자신이 좋아하는 레스토랑에서의 식사로 이끈다는 사실을 학습한다면, 그는 다음에 잔디를 깎았을 때 레스토랑으로 보상을 받지 못하더라도 잔디 깎는 행동을 꼭 그만두지 않을 것이다. 다음에 두 번, 혹은 열 번 잔디를 깎는 행동이 보상을 가져다주지 않았더라도 자흐는 잔디 깎는 행동을 그만두지 않을 수 있다. 이는 다음번 잔디를 깎는 행동이 여전히 보상을 가져다줄 수 있을지도 모르기 때문이다. 요컨대 연속 강화는 초기에 획득이 일어나도록 하는 데 최고지만, 부분 강화는 시간이 지나도 행동을 유지시키는 데 최고이다.

　부분 강화의 넓은 범주 안에서 스키너는 네 가지 구체적인 강화계획을 정의하였다(Skinner, 1961). 고정비율(fixed-ratio), 변동비율(variable-ratio), 고정간격(fixed-interval), 그리고 변동간격(variable-interval) 강화계획이다(표 6.1). 이 네 가지 강화계획은 각각 두 가지 중요한 방식에서 차이가 있다. 첫 번째 중요한 방식은 강화가 예측 가능한가(고정) 예측 불가능한가(변동)이며, 또 다른 방식은 행동의 반복 횟수에 기반하는가(비율) 혹은 시간의 흐름에 기반하는가(간격)에 따라 서로 구별될 수 있으며 이 모든 차이점은 행동에 강력한 영향을 줄 수 있다.

비율 계획　고정비율 계획(fixed-ratio schedule)은 일관성 있고 예측 가능한 횟수의 행동 발생 후 행동이 강화되는 강화계획이다. 이와 대조적으로, **변동비율 계획**(variable-ratio schedule)은 일관성 없고 예측 불가능한 횟수의 행동 발생 후 행동이 강화되는 강화계획이다. 음료수 자동판매기와 슬롯머신을 비교해서 생각해보자. 음료수 자동판매기의 경우, 여러분은 돈을 한 번 넣고 버튼을 한 번 누르면 강화를 얻을 수 있다는 것을 강한 확신과 함께 알고 있다. 여기에 신비로움이나 불확실함이 없음이 고정비율 계획 예시이다. 슬롯머신의 경우, 여러분은 돈을 넣고 버튼을 누를 때(혹은 손잡이를 당길 때) 무슨 일이 일어날지 알지 못한다. 여기에는 여러분이 아무것도 얻지 못하거나 무언가 조금 얻거나 많이 얻을 수 있는 신비로움과 불확실함이 있다. 고정비율과 변동비율 간의 차이는 특히 행동이 보상을 가져다줄 확률에 따라 행동을 포기하게 됨을 핵심으로 하는 소거 측면에서 중요하다. 음료수 자동판매기의 경우, 여러분이 여러분의 돈을 넣고, 버튼을 누르고, 아무것도 얻지 못한다면, 여러분은 절대로 한 번 더 돈을 넣으려고 하지 않을 것이다. 하지만 슬롯머신의 경우, 여러분이 여러분의 돈을 넣고, 버튼을 누르고(혹은 손잡이를 당기고), 아무것도 얻지 못하더라도, 여러분은 아마 돈을 넣고 또 넣을지도 모르는데 왜냐하면 여러분은 다음 시도에 잭팟을 맞을 수도 있기 때문이다(Horsley et al., 2012).

고정비율 계획
일관성 있고 예측 가능한 횟수의 행동 발생 후 행동이 강화되는 강화계획

변동비율 계획
일관성 없고 예측 불가능한 횟수의 행동 발생 후 행동이 강화되는 강화계획

표 6.1 강화계획 정리표

	고정	변동
비율	예측 가능한 횟수의 행동을 수행했을 때 강화가 주어짐 예 : 음료수 자동판매기  Graham Oliver/Alamy	예측 불가능한 횟수의 행동을 수행했을 때 강화가 주어짐 예 : 슬롯머신  Folio Images/Alamy
간격	예측 가능한 정도의 시간이 지난 후에 행동을 수행했을 때 강화가 주어짐 예 : 우편  Huntstock/DisabilityImages/Getty Images	예측 불가능한 정도의 시간이 지난 후에 행동을 수행했을 때 강화가 주어짐 예 : 전자우편  m-imagephotography/iStock/Getty Images

간격 계획 **고정간격 계획**(fixed-ratio schedule)은 일관성 있고 예측 가능한 시간 간격 이후에 행동이 강화되는 강화계획이다. 이와 대조적으로, **변동간격 계획**(variable-interval schedule)은 일관성 없고 예측 불가능한 시간 간격 이후 행동이 강화되는 강화계획이다. 우편과 전자우편을 비교해서 생각해보자. (논의를 위해서, 우편과 전자우편이 각각 여러분에게 주는 기쁨이 동일하게 여러분을 강화한다고 가정하자.) 우편의 경우, 예를 들어 여러분은 일요일을 제외한 매일 오후 2시 이후와 같은 특정 시간에 우편함을 확인해야 한다는 것을 안다. 다르게 표현하면, 우편은 고정간격 계획으로 배달된다. 만약 여러분이 월요일 오후 2시 30분에 우편을 받는다면, 여러분은 2시 45분에 메일함을 다시 확인하겠는가? 혹은 오후 7시에? 또는 화요일 오후 9시에? 당연히 그렇지 않을 터인데, 여러분은 다음 우편 다발을 화요일 오후 2시 이전까지 아마도 받지 못할 것을 알기 때문에 그때까지 기다린 후 다시 확인할 것이다. (오후 2시에 가까워질수록 여러분은 자주 확인할 수도 있고, 우편이 도착했을 때 완전히 그만둘 것이다.)

반대로 전자우편은 예측 가능한 시간에 도착하지 않는다. 이것은 변동비율 계획에 따른다. 만약 여러분이 월요일 오후 2시 30분에 전자우편을 받는다면, 여러분은 이메일을 2시 45분에 다시 확인할 것인가? 어쨌든 화요일 오후 2시 30분, 또는 여타 다른 정해진 시간까지 기다릴 필요가 없으므로 여러분은 특정한 시간을 기다리지 않는다. 다음 전자우편이 언제 도착할지 절대 알지 못하기 때문에, 여러분은 달팽이처럼 느린 일반 우편을 확인하는 것보다 더 자주 전자우편을 확인할 것이다. (이러한 사실은 우리가 사용하는 인스타그램, 트위터, 스냅챗, 페이스북, 보이스메일 등 하루 중 다양한 시간에 연락이 닿은 매체에서도 적용될 수 있다. 전화 확인과 비교해서 얼마나 자주 확인하는지 상상할 수 있는가?)

고정간격 계획
일관성 있고 예측 가능한 시간 간격 이후에 행동이 강화되는 강화계획

변동간격 계획
일관성 없고 예측 불가능한 시간 간격 이후에 행동이 강화되는 강화계획

처벌

지금까지, 조작적 조건형성에 관한 우리의 논의는 강화가 뒤따르는 행동에 초점을 맞추어 왔지만, 물론 많은 행동에는 강화가 수반되지 않는다. 여러 행동에는 **처벌**(punishment)이 뒤따르는데, 이는 행동의 결과로서 행동 발생 이후에 덜 반복되도록 만드는 것이다.

 잠깐, 헷갈려요. 처벌과 부적강화의 차이는 뭔가요?

많은 학생이 이 둘의 정의를 헷갈린다. 간단한 방법은 만약 용어가 강화라는 단어를 포함한다면 이는 행동이 더욱 자주 일어나도록 만드는 것이고, 만약 용어가 **처벌**이라는 단어를 포함한다면 이는 행동이 덜 자주 발생하도록 만드는 것이다(표 6.2). 강화와 유사하게, 처벌도 정적(바람직하지 못한 무언가를 더하는 것)이거나 부적(바람직한 무언가를 제거하는 것)이 있다. 예를 들어 아이가 욕설을 해서 아이의 엉덩이를 때린 부모는 정적 처벌(positive punishment)을 사용하고 있다. 그러나 아이에게서 휴대용 게임기를 뺏어간 부모는 부적 처벌(negative punishment)을 사용하고 있다. 물론, 두 가지 처벌 모두 욕설 행동을 줄이기 위한 것이다.

어떤 경우 처벌이었어야 할 결과들이 실제로 별다른 영향을 주지 못하거나(행동의 횟수에 영향이 없음) 혹은 오히려 강화(행동의 빈도를 증가시킴)로 경험될 수도 있다. 만약 아이의 방에 TV와 컴퓨터가 있는 경우, 아이가 거짓말을 했을 때 자신의 방으로 돌려보내 '처벌한' 부모는 아이의 거짓말 행동의 감소를 보지 못할 것이다. 반 친구를 때린 아이를 따로 복도로 불러내 야단치며 '처벌한' 유치원 교사 역시 그 아이에게 일대일로 많은 관심을 기울이고 있으므로, 그 아이는 이 관심을 사실상 처벌보다는 강화로 여길 수도 있다.

처벌의 문제점　조작적 조건형성을 연구한 스키너와 다른 연구자들은 행동을 변화시키기 위한 처벌 사용은 강화를 사용했을 때 발생하지 않는 상당수 문제점을 갖고 있다고 경고한다. 예를 들어 처벌은 인간(그리고 동물들)에게 어떤 행동을 피해야 하는지를 가르쳐주지만 대신 어떤 행동을 선택해야 하는지는 가르쳐주지 않는다(Lerman & Toole, 2011). 처벌은 또한 개인들(특히 아이들)이 다른 사람들의 행동에 영향을 줄 차례가 되었을 때 공격성(그리고 몇몇 경우 폭력)의 모델을 제공한다. 실제로, 신체적 체벌을 받은 아이들은 특별히 신체적으로 공격적이 된다(Elgar et al., 2018; Gershoff, 2002, 2008, 2010; Gershoff & Bitensky, 2007; King et al., 2018). 그리고 처벌은 거짓말이나 다른 종류의 속임수를 부추기는데, 처벌받은 행동을 없애는 것이 아니라 숨기는 것이다("내가 하지 않았어!")(Rotenberg et al., 2012).

처벌은 의도한 행동 변화를 방해할 수 있는 정도로 높은 수준의 불안과 두려움을 자아낼 수 있다. 예를 들어 쓰레기를 치우지 못했다는 이유로 가혹하게 처벌을 받은 아이는 이 일을 완수하기

	강화	처벌
정적	무언가 좋은 것을 얻음으로써 행동의 빈도를 증가시킨다	무언가 나쁜 것을 얻음으로써 행동의 빈도를 감소시킨다
부적	무언가 나쁜 것을 제거함으로써 행동의 빈도를 증가시킨다	무언가 좋은 것을 제거함으로써 행동의 빈도를 감소시킨다

표 6.2 행동 횟수에 영향을 주는 반응

처벌
행동의 결과로서 향후 그 행동의 발생을 감소시킴

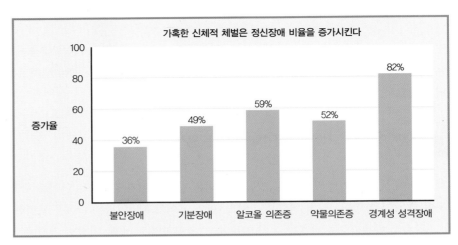

그림 6.6 가혹한 신체적 처벌은 정신장애 비율을 증가시킨다 어린 시절 가혹한 신체적 처벌을 경험한 성인은 그렇지 않은 성인보다 정신장애를 호소할 위험성이 상당히 크다. 이들은 불안장애를 겪을 가능성이 36%가량 높았고, 기분장애를 겪을 가능성은 49% 더 높았으며, 경계성 성격장애를 겪을 가능성은 82% 더 높았다. 출처 : Afifi et al.(2012).

보다 아예 그만둘 수도 있다. 가혹한 처벌이 흔한 가정에서, 아이들은 그림 6.6에서 보여주는 것과 같이 성인기에 불안장애 및 다른 종류의 정신장애를 갖게 될 위험에 크게 노출되어 있다(Afifi et al., 2012; Österman et al., 2014). ['가혹한 신체적 체벌'은 밀치기, 떠밀기, 잡기, 후려치기 등 엉덩이 때리기를 훨씬 넘어선 것들을 포함한다. 엉덩이 때리기는 아이들에게 위에서 언급한 부정적인 효과들과 연합되지 않는데, 특히 부모가 이를 적당한 수준으로 사용하고 타임아웃 등 다른 처벌이 실패했을 때 사용한 경우에만 그러하다(Ferguson, 2013; Larzelere & Kuhn, 2005; Oas, 2010).]

처벌과 동반된 메시지는 아주 명확해야만 한다. 그렇지 않으면, 어떤 행동이 이것을 유발했는지에 관해 혼란이 생길 수도 있다(Johnston, 1972; Wacker et al., 2009). 예를 들어 10대 청소년이 가족 공용 컴퓨터로 소셜 서비스를 확인하거나, 유튜브 동영상을 보고, 음악을 듣고, 옷 쇼핑을 하느라 저녁 시간을 보냈다고 생각해보자. 이 청소년은 그 후 '어젯밤 컴퓨터로 한 것' 때문에 부모님으로부터 외출 금지를 당했다. 이 청소년은 자기 행동을 정확히 어떻게 바꿔야 하는지 알 수 있었을까? 어쩌면 이는 한 온라인 활동으로부터 그런 것이었을 수도 있고, 두 가지 활동 때문에 그랬을 수도 있으며, 또는 그러한 모든 활동을 하기 위해 소모한 시간의 총량 때문일 수도 있다. 부모님의 분명하지 않은 설명은 구체적으로 그가 무엇을 잘못했는지 알아내는 데 충분한 정보를 제공하지 않는다.

이러한 모든 이유로부터, 조작적 조건형성에 관한 전문가들은 원하지 않는 행동의 처벌보다 원하는 행동의 강화를 권장하는 경향이 있다. 예를 들어 자폐증이 있는 아이들을 대상으로 강화는 바람직한 행동들을 증가시키는 데 성공적으로 적용되었고(Kern & Kokina, 2008; Thompson, 2014), 기업 직원들의 컴퓨터 보안 절차 준수에도 적용되었다(Villamarin-Salomon & Brustoloni, 2010).

처벌의 효과적 사용 처벌은 현명하게 사용되면 분명히 효과적이다. 예를 들어 어떤 행동을 처벌할 때, 더 나은 행동을 제안하고, 더 나은 행동이 일어날 때 강력히 강화시켜라(Hanley et al., 2005; Mayhew & Harris, 1979; Murphey et al., 1979; Petscher et al., 2009). 나쁜 행동이 일어난 직후에 처벌하도록 했는지 확인하고, 구체적으로 무엇을 위해 처벌한 것인지 설명하라(Tanimoto et al., 2004; Walters & Demkow, 1963). 이는 처벌받은 개인으로 하여금 행동과 결과 사이에 올바른 연관성을 만들 가능성을 높인다. 만약 여러분이 처벌로 위협한다면, 이를 여러분이 약속한 대로 처벌했는지 확인하라. 그렇지 않으면 개인은 처벌받을 것이라는 위협이 무의미하다고 느낄 것이다.

마지막으로, 나쁜 행동이 발생할 때마다 일관되게 처벌하라. 예를 들어 욕설을 한 아이에 대한 처벌로써 아이의 휴대용 게임기를 압수한 부모를 생각해보자. 만약 공격적인 단어들이 발화된 이후 바로 처벌을 하고, "이건 욕설을 했기 때문이야"라고 설명하며, "욕 대신 '에이 참'이라고 말해"라며 제안하고, 미래의 경우에도 비슷하게 대처한다면, 이 처벌은 효과적일 것이다. 만약 부모가 휴대용 게임기를 압수하기 위하여 몇 날 며칠을 기다린다면, 이는 왜 이러한 일이 일어나는지에 관한 설명을 제공하지 못하고, 더 나은 행동에 관한 대안들을 제공해주지 못하며, 이후 비슷한 욕설을 무시한다면, 처벌은 효과적이지 못할 것이다.

올바른 방식으로 사용되었을 경우, 처벌은 대리 효과도 가질 수 있다. 다른 말로 하면, 효과적인 처벌은 원하지 않는 행동을 처벌을 받는 당사자뿐 아니라 처벌을 관찰하는 사람들로부터도 감소시킨다(Malouff et al., 2009). 이전 문단에서 나쁜 언어를 사용해서 휴대용 게임기를 압수당한 아이를 생각해보자. 만약 이 아이의 형제자매가 처벌 장면을 보게 된다면, 그도 마찬가지로 나쁜 언어를 스스로 덜 사용하게 될 것이다.

변별자극

처벌과 관련한 문제점 중 하나는 사람들이 들킬 것을 아는 특정 상황에서만 자신들의 행동을 바꾸도록 학습할 수도 있다는 것이다. 이 특정 상황들을 구별하는 능력은 **변별자극** (discriminative stimulus)의 존재 여부에 달려있는데, 변별자극은 특정 행동이 특정 결과를 수반할 것임을 알려주는 신호이다. 변별자극은 처벌뿐 아니라 다른 어떤 종류의 학습에서도 중요하다.

변별자극을 인식하는 것은 우리로 하여금 가장 강화 가능성이 높을 때와 가장 처벌 가능성이 낮을 때 행동할 수 있도록 해준다. 예를 들어 제프는 전문 드러머로 큰 소음을 금지하는 방침이 있는 작은 아파트에 산다. 집주인은 과거에 제프가 드럼을 친 것 때문에 벌금을 물렸지만, 제프는 집주인의 노란색 포드 머스탱 자동차가 아파트 주차장에 있는지 확인하는 법을 학습하였다. 만약 자동차가 주차장에 있으면, 그는 벌금에 대한 두려움 때문에 드럼을 치지 않는다. 만약 자동차가 사라졌다면, 그는 드럼을 친다. 자동차는 제프에게 변별자극으로 기능한다. 자동차의 존재는 드럼을 치면 경제적 손실이 발생한다는 것을 시사하지만, 자동차의 부재는 동일한 드럼 치기 행동이 즐거움을 가져온다는 점을 시사한다.

변별자극은 제프의 경우처럼 시각적일 필요는 없다. 동물과 인간은 특정 소리, 냄새, 맛과 촉감에도 특정 종류의 피드백을 시사한다는 점을 학습할 수 있다. 예를 들어 여러분은 주머니에서 진동이 느껴지는 순간, 여러분의 휴대전화를 확인하면 새 문자메시지를 받은 것임을 알고 있다. 한 흥미로운 실험 연구에서는 쥐들이 노래를 변별자극으로 사용하는 법을 배울 수 있었다고 밝혔다. 먼저, 연구자들은 쥐들을 스키너 상자에 넣고 쥐들이 지렛대를 당길 때마다 음식을 제공하였다. 그리고 연구자들은 새 규칙을 추가하였다. 지렛대 누르기는 비틀스의 '예스터데이'가 재생될 때 음식을 가져다주었지만, 모차르트의 '마술피리'가 재생될 때는 음식을 제공하지 않았다. 충분히 경험한 이후, 쥐들은 당연하게 음악 감정가가 되었고 모차르트가 아닌 비틀스 노래를 들을 때에만 지렛대를 눌렀다(Okaichi & Okaichi, 2001).

크리스피크림 도너츠의 '지금'이라는 간판은 도너츠를 좋아하는 사람들에게 새로 뜨거운 도너츠가 나왔음을 알게 하는 변별자극이 된다.

변별자극
특정 행동이 특정 결과를 수반할 것임을 알려주는 신호

동물이나 사람들에게 복잡한 행동을 학습하도록 하는 데 조성이 가장 효과적이며, 조성은 행동을 소단위로 구분하고 강화를 제공한다.

조성

가끔 학습될 행동이 지렛대를 누르거나 버튼을 쪼는 것만큼 간단하지 않다. 이런 경우, 행동은 단번에 학습되지 않고 조금씩 조성된다(Krueger & Dayan, 2009; Pryor & Ramirez, 2014; Skinner, 1938, 1974). **조성**(shaping)은 각 작은 단계들에서의 강화를 통하여 복잡한 행동을 점진적으로 학습하는 과정이다. 특히 동물들이 공연하는 서커스나 동물원에서 조련사로 일하는 사람들은 조성에 관한 전문가이다. 예를 들어 돌고래로 하여금 수영장을 돌고 물에서 튀어나와 고리를 통과하도록 해야 한다면 조련사들은 그 과정의 첫 단계로서 수영장의 절반을 돌며 헤엄치기를 강화한다. 그리고 조련사들은, 돌고래들이 수영장의 4분의 3 정도를 돌며 헤엄을 쳤을 때만 강화하며 강도를 높인다. 다음에, 돌고래들은 강화를 얻기 위해서 수영장을 돈 뒤 입을 물 위로 살짝 노출시켜야 하고, 다음에는 지느러미를, 그 다음에는 몸 전체를, 이후에는 고리에 접촉해야 하고, 이 뒤에는 고리를 통과해야 한다. 각 소단계에 대한 강화를 통하여, 돌고래들은 기술 전체를 학습하게 된다.

 조성은 동물에서와 마찬가지로 인간에게서도 일어나나요?

인간 행동 또한 조성될 수 있다. 1학년 농구선수 데릭에게 레이업 슛을 가르치려 하는 유소년 농구 코치 드앙드레를 생각해보자. 레이업 슛은 일견 쉬워 보일 수 있으나, 사실 특히 어린아이에게는 복잡한 행동이다. 부분들을 생각해보면, 적절한 때에 뛰어올라, 올바른 손동작으로 공을 던져, 농구 골대의 백보드에서 튕겨내야 한다. 만약 데릭이 자발적으로 완벽한 레이업 슛을 해내기까지 기다리고 그걸 위해 데릭을 강화하는 게 드앙드레 코치의 계획이라면, 그는 영원히 기다려야 할지도 모른다. 데릭은 이것을 스스로 해내지 못할지도 모른다. 대신, 드앙드레 코치는 첫 부분, 농구 골대에 가까워질 무렵 적절한 때에 뛰어오르기만을 가르친다. 데릭이 이것을 올바르게 해낼 때마다 코치로부터 진심이 담긴 "잘했어!"를 듣는다. 발동작을 몇 번 반복하고 성공한 뒤 드앙드레 코치는 다음 단계, 올바른 손동작으로 공 던지기를 추가하고 두 단계 모두 데릭이 잘 해냈을 때만 칭찬한다. 데릭이 이를 완벽히 숙지했을 때, 드앙드레 코치는 데릭이 맞춰야 할 농구 골대 백보드의 부분을 보여주고 발동작, 손동작, 백보드 정확히 맞추기까지 데릭이 모두 잘 해냈을 때만 칭찬을 한다. (골대 그물이 휙휙 움직이는 것도 문제가 되지 않는다. 이것은 데릭이 레이업 슛의 모든 부분을 성공적으로 해냈을 때 추가적인 보상이다!)

몇몇 고전적 조건형성 개념의 조작적 조건형성 버전

이 장의 앞부분에서 고전적 조건형성 제목 아래에 소개했던 많은 용어들이 조작적 조건형성에도 적용된다. 예를 들어 **일반화**와 **변별**이 조작적 조건형성에서 일어난다. 다시 한 번 1학년 농구선수 데릭을 생각해보자. 데릭이 레이업 슛과 각 모든 부분을 성공적으로 수행해서 칭찬을 받을 때, 데릭은 특정 체육관 속 특정 코치에게서 칭찬을 받는다. 데릭의 다음 레이업 슛 기회가 다른 체육관 속 다른 코치와 함께 일어난다고 상상해보자. 데릭이 이 새로운 환경에서 비슷한 칭찬을 받을 거라 예상할 것인가? 그렇게 예상하는 정도에 따라, 그는 드앙드레 코치에게서 학습한 것을 일반화하고 있다. 그렇게 예상하지 않는 정도에 따라, 그는 원래 상황과 새로운 상황을 변별하고 있다.

조성
각 작은 단계들에서의 강화를 통하여 복잡한 행동을 점진적으로 학습하는 과정

획득과 소거는 조작적 조건형성에서도 중요한 개념이다. 이러한 맥락에서 획득은 학습자가 특정 행동과 그 결과 사이에 연결을 형성하는 시점을 의미한다. 소거는 더 이상 연결이 적용되지 않는다고 학습자가 인식하는 시점을 뜻한다. 탄산음료 자판기가 포함된 조작적 조건형성에 관한 논의를 기억하는가? 획득은 우리가 '만약 내가 돈을 넣고 버튼을 누르면 탄산음료를 얻는다'를 학습할 때 발생한다. 소거는 우리가 나중에, 고장 난 탄산음료 자판기로부터 '만약 내가 돈을 넣고 버튼을 누르면 탄산음료를 얻지 못한다'를 학습할 때 발생한다.

조작적 조건형성에서 소거는 예상 가능한 양식에 따라 발생하는데, 그림 6.7에서 보이는 바와 같이 행동이 확실히 처음에 증가했다가 나중에 소멸된다. 심리학자들은 이 양식의 첫 번째 부분, 행동이 심화되고 자주 발생하게 되는 때를 소거 폭발(extinction burst)이라고 부른다. 고장 난 탄산음료 자판기를 마음속에 그려보자. 여러분이 돈을 넣고, 버튼을 누른 뒤, 아무것도 얻지 못했을 때 여러분은 버튼을 계속 누르고, 다른 버튼을 눌러보고, 탄산음료 자판기를 흔들어보기도 한다. 이 모든 노력이 실패했을 때만 탄산음료를 얻어내려는 여러분의 노력은 소거된다.

여러분의 격렬한 행동이 탄산음료가 나오게끔 했다고 잠깐만 상상해보자. 여러분은 원하는 강화를 얻어내지 못하는 경우 더 열심히 시도해서 얻어낼 수 있음을 학습할 것이다. 이 상황에서 탄산음료 자판기였을 경우처럼, 여러분이 다른 사람에게 강화의 원천이 될 때 기억해야 할 강력한 교훈이다. 예를 들어 여러분이 6살 남자아이의 정기적 보모 역할을 맡는다고 하자. 아이는 여러분이 이불을 덮어준 뒤에, 아이가 "피곤하지 않아요"라고 말하면 침대에서 일어나 TV를 보게 놔둔다는 사실을 배웠다. 만약 아이의 부모가 여러분에게 더 엄격해질 것을 지시한다면, 여러분은 처음으로 TV를 보지 못하게 했을 때 아이가 무엇을 하리라 기대해야 하는가? 아이는 분명 지지 않으려고 싸울 것이다. 아이는 반복적으로 요청하고, 소리 지르고, 울고, TV 보기라는 강화를 얻어내기 위해서 적절한 것이라면 무엇이든 시도해볼 것이다. 만약 여러분이 단호한 태도를 보인다면, 아이는 결국 새로운 규칙이 생겼다는 것을 학습하고 그만둘 것이다. 하지만 만약 여러분이 포기한다면, 아이는 단순히 자신이 얻고 싶은 것을 얻기 위해 자신의 노력을 배가해야 한다는 사실을 학습할 것이고, 이는 앞으로 아이가 취할 행동이 될 것이다.

조작적 조건형성을 실생활에 적용하기

개인이 하나의 행동에 따라 어떤 결과를 받게 되는 걸 여러분이 찾아낼 수 있는 곳이라면 조작적 조건형성이 적용된다. 많은 심리학자들이 원하지 않는 행동을 줄이게끔 조작적 조건형성을 이용

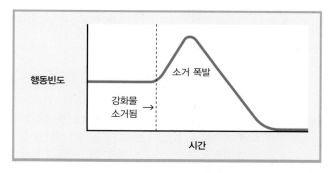

그림 6.7 소거 소거가 어떻게 일어나는지는 다음과 같다―이전에 여러분에게 강화를 가져다주었던 행동이 더 이상 강화를 가져다주지 못한다는 사실을 학습했을 때, 여러분은 결국 그 행동을 감소시킬 것이다. 그러나 감소가 시작되기 전에, 여러분의 첫 번째 반응은 행동의 빈도와 강도를 증가시키는 것이고, 이 증가가 소거 폭발이다. 이 증가가 강화로 이어지지 못한다면, 소거가 일어난다.

Taylor Weidman/Getty Images

조작적 조건형성은 여러 독창적 방식으로 적용되어 왔다. 예를 들어 동물 훈련사는 조작적 조건형성을 사용해 거대한 아프리카 쥐로 하여금 지뢰에서 발견되는 폭약인 TNT의 냄새에 특정한 방식으로 행동하도록 가르쳤다. 이렇게 하여 아프리카 쥐들은 사람들이 지뢰의 위치를 특정할 수 있게 도와줌으로써 지뢰를 무력화시키거나 제거할 수 있게 한다.

해 사람들을 돕는다. [유관관리(contingency management)라고도 알려진 이 기법은 치료 장에서 더 자세히 논의된다.] 내담자 행동에 따른 결과로 인해 특정 방식으로 행동하고 있으므로 만약 결과가 변한다면 행동도 변할 것이라는 논리이다(Davis et al., 2016; Drossel et al., 2008; Kearney & Vecchio, 2002; Sayegh et al., 2017; Villamar et al., 2008).

예를 들어 학교에 가길 거부하는 일곱 살 남자아이 브레이든을 생각해보자. 브레이든의 부모가 아침에 그를 침대에서 일어나게 하려고 시도할 때, 브레이든은 "가고 싶지 않아!" 하며 소리를 지르고, 이불을 머리끝까지 뒤집어쓴다. 브레이든의 어머니는 브레이든의 비명에 대하여 브레이든의 아버지가 아침을 직접 가져올 때까지 30분 동안 침대에서 브레이든을 꼭 안아주는 것으로 반응한다. 그들이 알고 있거나 그렇지 않거나, 브레이든의 부모가 하는 행동들은 브레이든의 학교 거부 행동에 대한 정적 강화가 된다. 브레이든 가족을 전담한 심리학자 애브램스 박사는 부모에게 안아주는 방식의 강화를 제공하는 것을 멈추고 가능한 한 학교 거부 행동에 타당한 처벌(TV 시청 시간을 잃어버리게 하는 등)로 대체하길 제안한다. 또한 애브램스 박사는 침대에서 나오기, 옷 입기, 가방 챙기기 등 올바른 방향을 향한 각 소단계마다 브레이든의 부모가 강화를 제공하여 브레이든의 행동 조성을 할 것을 제안하였다. 짧은 조정 기간 이후, 브레이든은 새로운 결과를 학습했고 그의 행동도 변화하였는데, 학교를 훨씬 덜 거부하고 훨씬 자주 학교에 등교하게 되었다.

때때로 인간이 조건형성의 대상이 아닐지라도 조작적 조건형성은 인간의 삶에 영향을 줄 수 있다. 예를 들어 개는 조작적 조건형성을 통해 시각장애, 청각장애, 거동 불편 등 다양한 신체적 장애를 갖고 있는 사람들을 도와주도록 훈련될 수 있다. 이를 위한 도우미견 훈련은 장애인의 요구에 부합하는 특정 행동들에 대한 강화와 처벌로 구성된다. 예를 들어 훈련사는 강화의 사용을 통해 도우미견이 주인의 휠체어나 다리 곁에 서 있는 것에 보상을 제공한다. 특정 냄새를 맡았을 때 짖거나 주인에게 알리도록 강화된 폭발물 탐지견과 마약 탐지견의 훈련에도 강화와 처벌이 존재한다.

심지어 연구자들은 거대한 아프리카 쥐들이 지뢰를 찾을 수 있게 훈련시켰다! 쥐들의 뛰어난 후각은 대부분의 지뢰에 사용되는 폭약인 TNT 냄새를 맡을 수 있게 도와준다. 연구자들은 쥐들이 5초 동안 지뢰에 코를 가져다 대면 음식을 주는 방식으로 강화시켰다. 쥐들은 이후 종종걸음으로 들판을 돌아다니다가, 지뢰를 발견하면 자신들의 주인이 지뢰를 무력화시키거나 없앨 수 있게 멈추도록 동기화되었다. 이는 70개국이 넘는 나라에서 지뢰가 발견되고 또한 많은 부상과 사망을 야기하는 걸 생각하면 아주 중요한 조건형성의 활용이다(Poling et al., 2010, 2011).

학습 확인

6.11 조작적 조건형성이란 무엇인가?

6.12 조건형성은 효과의 법칙과 어떻게 연관되는가?

6.13 B. F. 스키너는 누구이고, 왜 그의 조작적 조건형성 연구가 중요한가?

6.14 심리학자들은 강화를 어떻게 정의하는가?

6.15 정적 강화와 부적 강화의 차이점은 무엇인가?

6.16 다음과 같은 한 쌍의 강화계획들 사이의 차이점은 무엇인가―연속 대 부분, 고정비율 대 변동비율, 고정간격 대 변동간격.

6.17 심리학자들은 처벌을 어떻게 정의하는가?

6.18 변별자극은 조작적 조건형성에서 어떤 역할을 하는가?

6.19 조작적 조건형성에 관하여 조성이란 무엇인가?

6.20 고전적 조건형성의 개념 중 어떤 것들이 조작적 조건형성에서도 나타나는가?

관찰학습

그동안 학습에 대한 우리의 논의는 개인의 직접적인 경험들에 초점을 맞추었는데, 이를 다르게 말하면 여러분에게 발생한 상황들로부터 여러분이 어떻게 학습하는지다. 그러나 사실 여러분은 다른 사람에게서 발생하는 것들을 보는 것으로도 많이 학습한다. 우리는 이를 **관찰학습**(observational learning)이라고 부르는데, 이는 자신보다 타인의 행동과 결과들을 관찰하면서 일어나는 학습을 의미한다. 예를 들어 여러분의 가까운 친구가 새 스마트폰에 대하여 짧은 배터리 수명, 갑자기 끊긴 전화 등 짜증나는 경험들을 가지고 있다면, 여러분은 새로운 스마트폰을 살 때 그 기종을 피할 것이다. 만약 여러분의 손위 형제가 공정한 대우, 후한 급여 등 특정 회사에서 근무하며 가진 좋은 경험들이 있다면, 여러분 또한 그 회사에 지원할 것이다. 다른 사람들의 경험 또한 여러분에게 적용된다.

학습 목표

6.21 관찰학습의 정의

6.22 앨버트 반두라는 관찰학습을 어떻게 연구하였는가?

6.23 거울 뉴런과 관찰학습 사이의 관계

보보 인형 연구

앨버트 반두라와 그의 동료들이 진행한 일련의 고전적 연구, 보보 인형 연구라고도 알려진 연구들은 관찰학습의 영향력을 보여준다(Bandura et al., 1961, 1963). 연구 장면은 다음과 같다 — 장난감을 갖고 놀던 미취학 아동이 보보 인형이라고 하는, 광대 얼굴이 그려진 큰 공기 주입식 펀치백과 어른(모델)이 상호작용하는 모습을 본다. 미취학 아동들의 절반은 모델이 보보 인형을 무시하는 것을 보고, 나머지 절반은 모델이 인형에 신체적으로 공격적인 모습을 보이는 것을 본다. 공격적인 모델은 인형을 발로 찼고, 인형에게 소리쳤고, 주먹질을 했고, 망치로 때렸다. 그다음 상황에서 아이들에게 좌절감을 주려는 의도에 따라 아이들은 예상치 못하고 장난감을 빼앗긴 채 보보 인형과 함께 방에 혼자 남겨졌다. 아이들은 이 좌절감에 어떻게 대처할 것인가? 이는 아이들이 모델로부터 무엇을 관찰했는지에 달려 있었다. 보보 인형에게 공격적인 행동을 한 모델을 본 아이들은 보보 인형을 무시한 모델을 본 아이들보다 더 공격적으로 행동했다. 그들은 모델이 조금 전에 했던 것을 본 것처럼 인형을 발로 찼고, 소리를 질렀고, 주먹질을 했고, 망치로 보보 인형을 때렸다.

 연구에서 보보 인형에게 공격적으로 행동했던 모델들은 그 이후에 강화라든가 처벌 등 무언가를 받았나요?

이 초기 보보 인형 연구에서, 모델의 공격적 행동은 어떠한 결과도 가져오지 않았다. 하지만 만약 결과가 있었다면 어떻게 되었을까? 만약 모델이 보보 인형을 때린 뒤 강화나 처벌받는 것을 아이들이 보았다면 어떻게 될까? 대리 조건형성이 일어날까? 반두라는 이 질문을 조사했고 관찰된 결과가 정말로 차이점을 만들어낸다는 것을 발견했다. 즉 모델이 공격적 행동으로 보상받는 것을 본 아이들은 모델이 처벌을 받는 것을 본 아이들보다 더욱 스스로 공격적으로 행동했다. 그러나 반두라는 이후 모델이 처벌받는 것을 본 아이들에게 스티커북과 주스를 제공했는데, 모델이 처벌받은 공격적 행동을 아이들이 되풀이했을 때에만 그렇게 했다. 그들은 그렇게 하는 데 아무런 문제도 없었다. 이는 처음에 그러한 행동을 보이지 않겠다고 선택했더라도 아이들이 모델의 공격적인 행동을 자신들의 행동 레퍼토리에 넣었다는 것을 암시한다(Bandura, 1965).

보보 인형 연구는 흔하게 과소평가되는 모델링, 혹은 관찰된 행동을 따라 하는 영향력을 입증한다. 우리가 관찰하는 행동은 우리가 보이는 행동에 강하게 영향을 미칠 수 있다. 그리고 우리는

관찰학습

자신보다 타인의 행동과 결과들을 관찰하면서 일어나는 학습

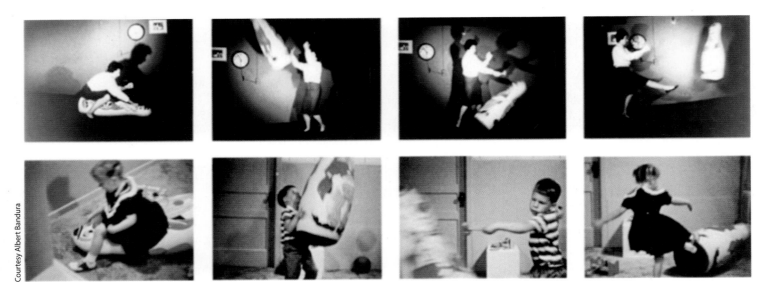

반두라가 진행한 고전적 보보 인형 연구는 아이들이 보보 인형과 상호작용을 하는데, 어른들이 인형과 어떤 방식으로 상호작용하는지를 관찰함으로써 영향을 받는다는 결과를 보여주었다. 위의 짝지어진 사진에서, 위 사진은 어른들이 보보 인형을 다루는 방식이며, 아래 사진은 아이들이 보보 인형을 다루는 방식이다.

TV, 영화, 유튜브, 비디오 게임 등 실제 사람들뿐 아니라 다양한 종류의 화면 또한 많이 본다. 예를 들어 아동들이 흡연을 묘사한 영화에 노출되는 것은 그들이 10대 후반이 되었을 때 형성된 흡연 습관을 유의미하게 예측한다(Dalton et al., 2009; Heatherton & Sargent, 2009). 다른 연구에서는 8~12세 사이의 아이들에게 20분간 아동관람가의 짧은 영화를 보여주었는데 한 영화에서는 총이 등장하지 않았고, 다른 영화에서는 총이 등장하였다. 그 아이들은 방에서 장난감이 가득한 상자를 가지고 놀았다(레고, 체커 및 보드게임 등), 그리고 다른 상자 안에는 고장 난 38구경 총이 있었다. 영화에서 총을 본 아동들이 상자에서 총을 더 자주 찾았으며, 그 총을 가지고 있는 시간도 길었고, 총의 방아쇠를 더 많이 당겼다(Dillon & Bushman, 2017).

관찰학습은 학습자 관점뿐 아니라 모델의 관점을 고려하는 것 또한 중요하다. 여러분은 어떤 행동을 모델링하고, 누가 그것을 보는가? 만약 여러분이 부모 중 한 사람(또는 이모, 삼촌, 손위 형제 등)이라면, 이는 특히 관련 있는 질문이다. 여러분은 여러분 주변 아동들의 모델이라고 스스로 확인하지 않을 것이고, 그들이 여러분을 따르도록 요청하지도 않겠지만, 그들은 어쨌든 그렇게 할 것이다. 예를 들어 폭식을 하는 부모는 폭식을 하는 자녀를 가질 가능성이 보다 높고, 흡연을 하는 부모는 흡연을 하는 자녀를 가질 가능성이 보다 높으며, 언어적 또는 신체적 폭력을 사용하는 부모는 그렇게 하는 자녀를 가질 가능성이 보다 높다(Francis et al., 2007; Gilman et al., 2009; Hiemstra et al., 2017; Lydecker & Grilo, 2017; Pagani et al., 2004, 2009).

다른 한편, 책을 읽는 부모는 책을 읽는 자녀를 가질 가능성이 보다 높고, 봉사 활동을 하는 부모는 봉사 활동을 하는 자녀를 가질 가능성이 높으며, 건강하게 식사하는 부모는 건강하게 식사하는 자녀를 가질 가능성이 높다(Anzman et al., 2010; Bekkers, 2007; Bus et al., 1995; Martire & Helgeson, 2017; Skibbe et al., 2008; van Bergen et al., 2017). 간단히 말해서, 관찰학습은 좋고 나쁘거나, 생산적이거나 낭비적이거나, 사회적이거나 반사회적인 행동으로 이어질 수 있다. 우리가 부모의 가르침이 아니라 부모의 **행동**에 대해 이야기하고 있다는 것에 주목하라. (책을 읽으라고 말하는 부모가 아니라 실제로 책을 읽는 부모가 책을 읽는 자녀를 가질 가능성이 보다 높을 것이다). 물론 부모의 가르침은 강력한 메시지를 전달한다. 그러나 때로는 그들이 설정한 예만큼 강력하지 않을 수 있다.

일련의 연구들로부터, 반두라(1986)는 모델로부터 학습하기 위하여 관찰자에게 나타나야 할 네 가지 특정 능력을 확인하였는데, 주의(attention), 기억(memory), 모방(imitation), 동기(motivation)가 그것이다. 관찰자에게 네 가지 능력 중 어느 한 가지의 부재는 모델이 무엇을 하든 간에 관찰학습을 하지 못하게 할 것이다. 예를 들어 어머니가 뜨개질을 하는 세 살짜리 다니엘을 생각해보자. 다니엘은 뜨개질하는 법을 학습할 것인가? 먼저, 다니엘은 자기 어머니의 뜨개질 행동에 주의를 기울여야 할 것이다. 만약 어머니가 뜨개질할 때, 다니엘이 자거나 항상 TV를 본다면, 다니엘은 뜨개질하는 행동을 알아내지 못할 것이다. 두 번째로, 다니엘은 뜨개질 행동을 모방하기 위해 뜨개질을 할 때 어떤 재료가 필수적인지, 그것이 어디에 있는지 등 무엇이 필요한지를 기억해야 할 것이다. 세 번째로 다니엘은 어머니의 행동을 모방할 수 있는 능력이 요구된다. 세 살짜리 아이로서 다니엘은 자신의 어머니와 같은 유능성이나 참을성이 없을 수도 있다. 네 번째로, 다니엘은 뜨개질하는 행동에 동기화되어야 할 것이다. 이것은 아마도 어머니가 자신의 작업에 자부심을 보이거나 어머니가 다른 사람으로부터 돈 또는 칭찬으로 뜨개질 행동을 보상받는 것을 보았을 때 일어날 수 있다.

거울 뉴런

최근 뇌 생물학에 집중하는 연구자들은 관찰학습에 직접적으로 연결되는 특정 세포를 발견하였다. 이 **거울 뉴런**(mirror neuron)이라고 알려진 뇌세포들은 공감과 모방의 기저를 이루고 사람이 특정 행동을 수행하거나 관찰할 때 활성화된다고 생각한다(그림 6.8). 이 정의에서의 핵심 내용은 수행이나 관찰이다. 다르게 말하면, 여러분 뇌 속의 같은 뉴런이 스스로 행동을 수행하거나 누군가 다른 사람이 그것을 하는 것을 관찰할 때 활성화된다. 만약 볼링공이 여러분 발가락에 떨어진다면, 여러분은 움츠러든다. 만약 여러분이 몇 차선 떨어진 곳에 있는 사람의 발가락에 볼링공이 떨어지는 것을 본다면, 여러분은 마찬가지로 움츠러든다. 물론, 여러분은 그 사람이 느끼는 정도만큼 그 사람의 고통을 느끼지는 못하겠지만, 거울 뉴런 덕분에 여러분은 그 고통을 조금이나마 느낄 수 있다 (Ferrari & Coudé, 2018; Heyes, 2010; Iacoboni, 2009; Rizzolatti & Craighero, 2004).

거울 뉴런은 사실 원숭이들로부터 발견되었고, 원숭이 뇌에 있는 거울 뉴런들에 대한 이해는 인간 뇌에 있는 거울 뉴런에 대한 이해보다 훨씬 더 앞서고 있다(Fabbri-Destro & Rizzolatti, 2008; Rizzolatti, 2008; Keysers & Gazzola, 2018). 이 연구들에서, 원숭이들의 전두엽에 있는 운동피질에

뉴런 활성화 　　　　 뉴런 활성화

원숭이가 직접　　　　 원숭이가 다른 원숭이가
행동했을 때　　　　　 행동하는 것을 보았을 때

그림 6.8 뇌 속 거울 뉴런 거울 뉴런의 발견은 여러분이 스스로 행동을 수행하든 다른 누군가가 그 행동을 하는 것을 관찰하든 뉴런들의 매우 비슷한 활성화를 발생시킨다는 것을 밝혔다. 거울 뉴런은 상대적으로 최근 발견이지만, 연구자들은 관찰학습, 공감, 모방에 거울 뉴런들이 중요한 역할을 할지도 모른다고 믿고 있다.

거울 뉴런
우리의 공감과 모방의 근간을 이루고 있다고 생각되는 뉴런으로, 사람이 특정 행동을 수행하거나 관찰할 때 활성화됨

전선을 직접 연결하였다. 이는 연구자로 하여금 원숭이 B가 땅콩 껍질을 까거나 공을 잡는 등 특정 행동을 수행하는 것을 원숭이 A가 보았을 때, 원숭이 A의 뇌 속에서 활성화된 특정 거울 뉴런을 확인할 수 있게 한다. 연구자들은 거울 뉴런들을 확인하고 뇌에서 이들의 위치를 지정하였으나, 여전히 연구자들에게는 연구할 내용이 많이 남아 있다. 연구자들은 우리가 보는 것이 우리가 하는 것이 되는 생물학적 기제를 이해하는 데 더욱 가까워졌다. 어쩌면 '원숭이가 보고, 원숭이가 한다(monkey see, monkey do)'라는 옛말에서 한 단계가 생략되었을지도 모른다. '원숭이가 보고, 원숭이 거울 뉴런이 활성화되고, 원숭이가 한다(Monkey see, monkey mirror neurons fire, monkey do)'가 덜 익숙하지만 좀 더 정확할 것이다.

학습 확인

6.21 관찰학습이란 무엇인가?

6.22 누가 보보 인형 연구들을 수행하였고, 이 연구들이 가장 명확히 입증

한 개념은 무엇인가?

6.23 관찰학습에서 거울 뉴런은 무슨 역할을 하는가?

학습에서 생물학적 영향

학습 목표

6.24 생물학적 준비란 무엇이고 이것은 어떻게 학습에 영향을 미치는가?

6.25 존 가르시아와 동료들은 생물학적 준비를 어떻게 연구했는가?

6.26 학습은 향본능 표류에 의해 어떻게 제한되는가?

학습 연구 초기에 파블로프, 스키너, 그리고 다른 연구자들의 인상적인 연구 결과로 몇몇 전문가들은 어떤 동물이든 조건형성을 통해 특정한 행동을 학습할 수 있다고 믿었다(Kimble, 1981). 그 당시에 연구자들은 동물들(사람들도 마찬가지로)이 조건형성이 일어날 수 있는 백지상태로 세상에 태어난다고 가정하였으나 이는 전적으로 사실이 아님이 밝혀졌다. 우리는 특정 학습 경험들, 특히 우리가 건강하고 안전하게 머물 수 있는 가능성을 증가시키는 것들을 추구하는 선천적 유리함을 갖고 세상에 태어난다(Krause & Domjan, 2017; Logue, 1979; Seligman, 1970; Seligman & Hager, 1972). 심리학자들이 선천적 유리함을 서술하기 위해 쓰는 단어가 **생물학적 준비**(biological preparedness)이며, 이는 특정 종의 생존에 무엇이 가장 관련성이 있는지를 학습하려는 동물들의 진화적 성향을 뜻한다. 이는 마치 비록 우리가 아무런 경험을 갖고 있지 않더라도, 이전에 우리 조상들에 의해 거의 학습된 특정 연결들을 갖추게 되는 것과 같다. 그러므로 약간의 조건형성만으로도 연결을 완성시키는 데 충분하다.

맛 혐오

여러분이 먹은 것과 여러분의 배가 어떻게 느끼는지 사이를 연결시키는 것을 학습하는 게 얼마나 쉬운지 생각해보자. 여러분이 아프기 전에 여러분이 먹은 것(블루베리 요거트라 하자)에 즉각적이고 강력한 반감, 또는 맛 혐오(taste aversion)를 형성할 가능성은 충분히 있다. 하지만 여러분이 식사를 하면서 본 것(식탁이나 의자, 여러분과 같이 있는 사람들)이나 들은 것(대화의 주제, 노래)에 즉각적이고 강력한 반감을 가질 가능성은 거의 없다. 아마도 여러분은 블루베리 요거트가 (방에서 보는 광경이나 들는 소리보다는) 여러분을 아프게 만들었다고 학습할 것이다. 그 이유는 진화가 여러분을 그렇게 준비하도록, 혹은 생물학적으로 대비하게 만들었기 때문이다. 여러분의 조상은 이러한 맛−아픔 연결을 만드는 성향을 가졌다. 조상들은 여타 적자생존적인 특성들을 물려준 것처럼, 여러분을 포함한 미래 세대에게 그러한 성향을 물려주었다(Parker, 2014).

생물학적 준비
동물의 진화적 성향으로 특정 종의 생존과 가장 깊은 관련성이 있음

존 가르시아와 동료들은 쥐를 사용하여 맛 혐오 경험과 유사한 고전적 연구들을 수행하였다. 그들의 연구는 생물학적 준비로 인하여 특정 학습된 연결이 다른 연결에 비해 생길 가능성이 높음을 보여준다(예 : Garcia et al., 1966, 1989). 연구자들은 '달콤한 물'(설탕을 섞은 물)과 '밝고 시끄러운 물'(아무 맛도 나지 않지만 밝은 빛과 큰 소리를 수반하는 물)을 급여하기 시작했다. 물을 마신 뒤 곧 쥐들은 둘 중 한 가지 결과, 메스꺼움(방사선으로 발생된)이나 약간 아픈 전기 충격을 받았다. 달콤한 물을 마시고 메스꺼움을 경험한 쥐들은 달콤한 물이 다시 급여되었을 때 이를 거부하였다. 그러나 달콤한 물을 마시고 약간 아프거나 전기 충격을 받은 쥐들은 다시 급여된 달콤한 물을 망설이지 않고 마셨다. 쥐들은 신체적 고통이 아니라 메스꺼움과 달콤한 맛을 연결하도록 하는 성향을 가지고 있는 것처럼 보인다.

다른 한편, 밝고 시끄러운 물을 먹고 메스꺼움을 경험한 쥐들은 다시 밝고 시끄러운 물을 먹으려고 했지만, 밝고 시끄러운 물을 먹은 뒤 약간 아픈 전기 충격을 받은 쥐들은 그 시점부터 밝고 시끄러운 물을 거부하였다. 그들은 메스꺼움보다는 신체적 고통에 광경과 소리를 연결시켰다(Garcia & Koelling, 1966). 이 두 가지 발견 모두 쥐의(그리고 대부분의 다른 동물들의) 진화와 부합한다. 다르게 말하면, 가르시아의 쥐들은 음식을 메스꺼움과 연결시킴으로써 야생에서 살아남기 위한 능력을 높이며, 광경 또는 소리와 신체적 고통을 연결시키는 유리함을 유전적으로 갖추고 태어난 것으로 보인다.

가르시아와 다른 연구자들은 맛 혐오에 관한 연구들을 실용화했다(Garcia & Gustavson, 1997; Gustavson et al., 1974, 1976). 현실에서 실제적인 문제는 목양업자들이 많은 수의 양떼들을 근처 늑대 무리에게 빼앗긴다는 사실이었다. 늑대들의 양에 대한 공격을 멈추기 위하여, 연구자들은 늑대들을 매우 아프게 만들 물질로 오염된 양 시체를 늑대들에게 주었다. 당연히 늑대들은 양 시체를 먹었지만, 그 과정에서 양에 관한 맛 혐오를 형성하였다. 목양업자들이 원하는 바대로 늑대들은 매우 빠르게 양 사냥을 그만두었다. 또한 너구리들이 닭을 사냥하지 못하게 막거나 찌르레기들이 해바라기 작물을 약탈해가는 것을 막기 위해 비슷한 맛 혐오 전략이 사용되었다(Gustavson et al., 1982; Nicolaus et al., 1982).

맛 혐오 학습의 기저에 있는 생물학적 준비에 대한 또 다른 실제 예시는, 화학 요법을 받고 있는 암환자이다. 화학 요법은 여러 다른 부작용 중 하나로 메스꺼움을 유발한다. 많은 환자들이 화학 요법 처방 바로 이전에 먹은 음식에 관하여 맛 혐오를 형성한다. 이성적으로 생각했을 때 화학 요법 처방이 메스꺼움을 유발한다는 사실을 깨달을지도 모르지만, 위장 문제와 음식을 연결짓는 생물학적 성향은 다른 자극들보다 강력하므로, 위장 문제와 음식을 연결짓지 않도록 만드는 것은 어렵다(Bernstein, 1978; Bernstein & Webster, 1985; Hong et al., 2009; Wang et al., 2017). 다행히도 의사들은 환자들이 화학 요법으로 인하여 자신들이 좋아하는 음식에 맛 혐오를 형성하지 않는 기법을 개발했는데, 그것은 대부분 특이한 종류의 아이스크림이나 사탕, 또는 한 번도 먹어보지 않은 과일주스와 같은 '희생양 음식'을 환자들에게 제공함으로써, 기존에 좋아하던 음식보다 새로 제공된 음식에 혐오를 형성하도록 하는 방법이다(Bernstein, 1999; Broberg & Bernstein, 1987; Kwok et al., 2017; Scalera & Bavieri, 2008).

음식 혐오가 생물학이 학습에 영향을 미치는 유일한 방법인가요?

화학 요법이 메스꺼움을 유발할 수 있다는 걸 의사들이 아는 경우, 그들은 보통 환자들에게 매우 특이한 음식, 어쩌면 오이로 만든 아이스크림 같은 것을 희생양 음식으로 준다. 이러는 의도는 환자들로 하여금 일상적으로 먹는 음식보다는 앞으로 다시 먹지 않을 음식에 대신 맛 혐오를 형성하도록 하는 데 있다.

© Larissa Veronesi/Westend61/Agefotostock

가장 흔한 공포증들은 거미, 뱀, 높은 곳과 같이 더 이상 우리 일상을 위협하지 못하는 물체들과 연관된다. 인간들은 최근에 더 큰 위험에 노출됨으로써 발생하는 공포증보다 여전히 앞서 언급한 특정 공포증들을 형성하려는 성향을 갖추고 있다는 사실은, 학습에 대한 생물학적(그리고 진화적) 영향을 예시한다.

향본능 표류는 선천적이고 유전적으로 프로그램된 양식으로 돌아가려는 동물 행동의 경향성이다. 너구리들이 가느다란 구멍에 동전을 집어넣도록 훈련시키려 시도한 연구자들은 어려움을 겪었는데, 너구리들이 자연스럽게 물에 음식을 씻는 것처럼 동전들을 맞비비거나 가느다란 구멍에 넣고 빼는 것을 멈출 수가 없었기 때문이다.

음식 혐오가 생물학적 준비의 유일한 증거는 아니다. 공포증(제13장 참조), 특히 거미, 뱀, 높은 곳, 둘러싸인 공간, 어둠, 개, 그리고 다른 동물들과 같이 사람들이 흔히 무서워하는 것들을 생각해보자. 우리는 여전히 이러한 물체들에 두려움을 느끼는 것을 빠르게 학습하는데, 이는 진화가 생물학적으로 우리가 그렇게 하려는 성향을 갖도록 했기 때문이다. 오랜 시간 동안 그들은 생명을 위협하는 것이었고, 우리의 조상들은 그들을 피해 잘 살아남게 해준 준비성을 똑같이 물려받았다. 이러한 것들과 상황들이 더 이상 생명을 위협하지 않고 새로운 것들과 상황이 최근 세대에 그 자리를 차지했다는 사실은 아직 우리의 집단적 DNA에 등록될 시간을 가지지 못하여, 우리는 여전히 필요 없는 공포증을 형성하도록 남아 있다. 총, 휴대용 칼, 과속 차량이 현대의 삶에서는 더 큰 위협임에도 불구하고 이러한 것들에 대한 공포증은 희귀하다(Cook et al., 1986; Flannelly, 2017; Gamble et al., 2010; Gerdes et al., 2009; Hoehl et al., 2017; McNally, 1987; Rakison, in press; Scher et al., 2006; Seligman, 1971).

향본능 표류

생물학이 학습에 끼치는 영향력에 대한 마지막 예시로 **향본능 표류**(instinctive drift)를 생각해볼 수 있는데, 이는 선천적이고 유전적으로 프로그램된 양식으로 돌아가려는 동물 행동의 경향성을 의미한다. 만약 여러분이 동물에게 본능과 맞지 않는 방식으로 강화를 제공한다면, 강화는 일시적으로 작동할 수 있겠지만, 동물은 원래 자연스럽게 하던 행동으로 이끌려 되돌아갈 것이다. 스키너의 옛 제자이자 동물원 조련사가 되려던 두 사람이 어떻게 동물로 하여금 원하는 행동을 수행하도록 훈련을 시키는 데 실패했는지 논문에서 설명하고 있다(Breland & Breland, 1961). 언제나 문제는 강화와 하라고 지시하는 행동이 아니라 본능에 따른 동물들의 행동과 관련이 있다. 예를 들어 두 조련사가 너구리에게 동전을 집고 이를 저금통에 넣도록 훈련을 시도했을 때, 너구리들은 그저 동전을 안에 넣는 게 아니라 그들이 음식을 먹기 전에 하는 것과 같이 동전들을 맞비비거나 저금통에 넣었다 뺐다 반복하기를 그만두지 못했다. 이와 유사하게, 두 조련사가 저금통에 동전 넣기 기술을 똑같이 돼지에게 가르치려고 했을 때, 돼지들은 먹이를 찾기 위해 자연스럽게 하던 행동으로 동전을 너무 자주 바닥에 떨어뜨리며 코로 밀고 돌아다녔다.

체중 감량 프로그램을 계속 지키는 데 실패한 사람이라면 누구나 향본능 표류 현상을 인식할 수 있을 것이다. 여러분은 건강한 식사와 운동 행동에 따라 자기 스스로에게 약속한 새 옷이나 여러분의 새로운 모습에 대해 다른 사람들의 친절한 말로부터 같은 강화를 받는다. 그러나 오늘날처럼 음식이 풍족할 때가 드물었던 진화적 역사 덕분에, 여러분의 본능은 살찌는 음식을 먹는 것이다. 그래서 여러분은 처음에 여러분을 과체중으로 이끌었던 건강하지 않은 식사와 운동 습관으로 되돌아가는 자기 자신을 발견할 수도 있다. 여기서 배울 점은 동물이나 사람의 행동에 영향을 주기 위하여 조작적 조건형성을 사용하려는 어떠한 시도는 몇몇 강력한 생물학적 경향성을 이겨내야 할 수도 있다는 사실이다. 호랑이는, 혹은 너구리 또는 돼지 또는 사람이, 자신의 줄무늬를 바꾸지 않는다라는 옛말이 어쩌면 적어도 약간의 진실이 있을 수 있다는 점을 향본능 표류가 시사하고 있다.

향본능 표류
선천적이고 유전적으로 프로그램된 양식으로 돌아가려는 동물 행동의 경향성

학습 확인

6.24 생물학적 준비란 무엇이고, 이것이 학습과 어떻게 관련이 있는가?

6.25 존 가르시아와 다른 연구자들은 어떻게 생물학적 준비를 연구했는가?

6.26 향본능 표류란 무엇이고, 이것이 학습과 어떻게 관련이 있는가?

학습에서 인지적 영향

학습 연구의 선구자들은 생물학의 중요성뿐 아니라 학습에 대한 인지, 또는 **생각**의 중요성을 간과하였다. 초기 연구자들은 고전적 조건형성에서 자극들의 연합이나 조작적 조건형성에서 행동과 결과의 연합이나 모두 우리가 기계적이며, 자동적으로 생각하지 않고 학습을 한다고 믿은 듯 보인다. 만약 우리가 이 장 초기에 제시된 몇 가지 예시를 다시 생각해본다면, 어떻게 인지가 실제로 학습에서 중요한 역할을 하고 있었는지 쉽게 알 수 있다. 조 삼촌이 붉은색 스포츠카를 몰고 데려가 아이스크림을 사준다는 제니를 기억하는가? 제니가 본 붉은색 스포츠카의 모습과 제니의 즐거운 기분 사이에서, 붉은색 스포츠카가 제니에게 어떤 의미인지에 대한 **빠른** 생각이 불가능한 것은 아니다. 잔디를 깎았을 때 아들이 좋아하는 레스토랑으로 데려감으로써 강화해준 아버지와 아들을 기억하는가? 아들이 학습한 만약의 경우("만약 내가 잔디를 깎는다면, 내가 좋아하는 레스토랑에 가게 될거야")는 실제로 그의 행동과 결과 사이의 연결을 설명하고자 하는 해석, 즉 생각이다. 우리가 동물이 학습하는 방법을 논의할 때에도, 우리는 **연합하다**(associate)나 **기대하다**(expect)나 **예측하다**(predict)와 같은 동사를 사용했고, 이 모든 단어는 동물들의 마음속에서 일어나는 인지적 활동이 학습 과정에 영향을 준다는 점을 시사한다.

인지도

에드워드 톨만(Edward Tolman)은 인지에 근거한 학습 과정을 설명하는 몇몇 중요한 초기 연구들을 수행하였다(Tolman, 1932, 1948; Tolman & Honzik, 1930). 톨만은 쥐 A를 미로에 넣어두고 아무런 강화도 주지 않았다. 쥐 A는 미로의 다양한 골목과 모퉁이를 탐색했다. 톨만은 이후 쥐 A를 쥐 B로 바꾸고 출구에 먹이를 두었다. 머지않아, 쥐 B는 먹이에 도달하기 위해 미로를 거쳐 가는 법을 학습하였다. 마지막으로, 톨만은 쥐 B를 쥐 A로 바꾸고 출구에 먹이를 두었다. 이때가 바로 톨만이 이 연구의 핵심 결과를 관찰했던 순간이었는데, 쥐 A가 쥐 B보다 **훨씬 더 빨리** 첫 먹이에 도달한 것이다. 이는 쥐 A가 이전에 미로 속을 돌아다니면서 정신적인 노트를 기록했던 듯했다. 쥐 A는 초기에 강화가 주어지지 않았을 때 돌아다니면서 물리적 환경에 대한 정신적 도표인 **인지도**(cognitive map)를 형성했던 것으로 보였다(Epstein et al., 2017; Schiller et al., 2015).

　쥐 A의 인지도는 먹이에 도달하기 위해 미로에서 길을 찾는 능력을 명확히 상승시켰다. 쥐 A와 쥐 B가 먹이에 도달하는 처음 능력을 비교하는 것은 공항에 새로 생긴 푸드코트를 찾아가기 위해 시도하는 두 사람의 비교와 같은데, 즉 터미널에 처음 방문한 외지인(쥐 B)과 터미널을 손바닥 보듯이 알고 있는 현지인을 비교하는 것이다. 톨만의 결론은 쥐 A, 그리고 다른 쥐, 동물, 인간 모두 인지를 사용하여 학습 과정을 촉진하는 능력을 갖고 있다는 것이다.

　쥐 A는 미로를 조사하면서 어디가 막다른 길인지, 특정 지점에 도달하기 위해 어떤 순서대로 오른쪽 왼쪽을 선택해야 하는지 등, 배운 것들을 정신적으로 비축해둔 것으로 보인다. 먹이가 주어진 뒤에만 쥐 A가 자신이 아는 것을 보여줄 기회를 얻을 수 있었다. 먹이가 주어졌을 때 쥐 A의 재빠른 미로 풀이는 처음 미로 속에 있을 때 **잠재학습**이 관여했다는 증거를 보여주었다. **잠재학습**(latent learning)은 이미 발생하였지만 직접적으로 관찰되지 않는 학습이다.

　인지도와 잠재학습을 동시에 보여주는 예시로, 여기 처음 자동차를 몰아보는 10대 소녀가 있다. 소녀는 이전에 운전대를 잡아본 적이 없지만 15년 이상 소녀는 보행자였고 자기 지역 거리의 배

학습 목표

6.27 학습에 대한 인지 혹은 사고의 영향

6.28 인지도는 학습에 어떻게 도움을 주는가?

6.29 잠재학습

6.30 시행착오를 통한 학습과 통찰의 차이

6.31 통제감 상실과 학습된 무기력

인지도
강화물의 제공 없이, 처음 탐색하게 된 실제적인 세계에 대한 인지적인 도표

잠재학습
직접적으로 관찰되지 않지만, 이미 발생한 학습의 한 종류

Shannon Fagan/The Image Bank/Getty Images

잠재학습은 이미 학습했지만, 아직 드러나지 않은 것이다. 예를 들어 10대 소녀가 운전을 하기 전까지 나타나지 않았지만, 첫 운전을 하면서 기존에 알고 있던 지식이 드러난다.

치, 핸들 주위에 있는 다양한 조작 장치의 기능, 그리고 각 페달이 무엇을 하는지를 어느 정도 학습하였다. 소녀의 어머니가 불안해하면서 "짧게 공원까지 가보자"라며 교습을 시작했을 때, 소녀는 자동차 키를 돌려 시동을 걸고, 자동차를 몰고, 자신의 오른쪽 발을 브레이크에서 가속으로 옮기고, 공원에 도착하기 위해 한 번 왼쪽으로 돌고 이후 두 번 오른쪽으로 돌아야 한다는 등, 적어도 어느 정도 무엇을 해야 하는지에 관한 개략적인 아이디어를 갖고 있었다. 소녀의 어머니는 해야 할 것들을 상세하게 말해주기 위해 같이 있었지만, 소녀는 그동안 해온 잠재학습 덕분에 한 번도 차를 몰아보지 않은 다른 15세 또래보다 훨씬 더 짧은 시간에 자동차 운전을 배우게 되었다. 인지도 또한 여기에 관여하는데, 즉 소녀가 공원으로 가기 위해 한 번 왼쪽으로 돌고 두 번 오른쪽으로 돌아야 한다는 사실을 안 이유는 구글 지도에서 찾아봤기 때문이 아니라 오랜 기간 어머니와 같이 이웃 거리를 자동차로 돌아다니면서 얻은 자신만의 내부 GPS가 있었기 때문이다.

통찰

학습에 영향을 미칠 수 있는 다른 종류의 인지적 활동은 **통찰**(insight)인데, 이는 문제 상황에서 시행착오가 아닌 인지적인 이해로부터 나온 해결 방법에 대한 지각을 뜻한다. 쉽게 말하면, 가끔 여러분이 분명하게 무언가를 파악해내는 것은 여러분이 해결법을 도출하기 위해 자신의 지성을 사용했기 때문이다. 사람이 많은 카페에서 여러분의 주치의로부터 중요한 연락을 받는 상황을 마음속으로 그려보자. 주치의가 검진 결과를 알려주고 있을 때, 여러분의 휴대전화 배터리가 거의 다 되어간다. 여러분의 충전기는 없어졌고, 주치의의 근무 시간은 10분 뒤에 끝난다. 무엇을 해야 하는가?

만약 학습에 인지가 아무 역할도 하지 않는다면, 우연히 휴대전화가 충전될 때까지 여러분은 되는대로 환경을 아무렇게나 조작해야 할 것이다. 어쩌면 여러분은 휴대전화 재충전을 바라며 카페 테이블에 손가락을 두드리는 행동을 할 것이다. 물론 여러분에게 인지능력이 있기 때문에 그런 일은 하지 않는다. 여러분은 해결법을 생각한다. 시간이 조금 지나 여러분은 카페가 번화가 상가에 위치하고 있음을 기억해낸다. 여러분은 카페를 빠져나와서, 바로 옆이 충전기를 파는 전자제품 매장이라는 것을 발견한다. 여러분은 그곳으로 뛰어들어가, 충전기를 사고, 휴대전화에 꼽고, 다시 주치의에게 전화한 뒤, 연락을 마친다. 이 갑작스럽게 해결법을 생각해내는 경험은 아하 순간(aha moment, "아하! 알아냈다!"에서의 아하)이라고 한다.

1,000명의 성인이 참여한 설문조사에서 80% 이상이 아하 순간이 일반적으로 밤에, 일하던 중 혹은 샤워하는 중간에 발생한다고 응답하였다(Ovington et al., 2018). fMRI를 사용한 신경심리학 연구들은 아하 순간이 다른 종류의 학습보다 전두엽 피질(prefrontal cortex), 전측 대상회(anterior cingulate) 등 전두엽에 있는 부분을 포함한 특정 뇌 부분에서의 활동에 더 많이 의존한다는 것을 보여주었다(Aziz-Zadeh et al., 2009; Kounios & Beeman, 2009; Tik et al., 2018; Topolinski & Reber, 2010).

1920년대 베를린에서, 볼프강 쾰러(Wolfgang Kohler)는 비슷한 방식으로 문제들을 풀기 위해 스스로의 인지를 사용하는 침팬지들을 연구하였다. 쾰러가 침팬지 우리 바깥에, 침팬지의 손이 닿지 않을 정도의 거리를 두고 바닥에 바나나를 놔두었을 때 침팬지는 우리 안에 있던 막대를 사용해 바나나를 가까이 끌고 왔다. 쾰러가 조금 더 멀리, 막대조차 닿지 않을 거리에 다른 바나나를 두었

통찰
문제에 대한 해결책의 인식이며 시행착오가 아닌 문제에 대한 인지적 이해로부터 발생함

을 때 침팬지는 길이가 두 배인 막대를 만들기 위해 두 막대를 같이 묶었고, 이 막대는 바나나를 얻을 수 있게 해주었다. 보다 쉬운 노력이 보상을 가져오지 못해 좌절감을 느끼는 순간 이후와 또한 침팬지가 상황에 대하여 생각을 하고 있느라 움직이지 않는 것처럼 보이던 순간 이후 침팬지의 행동이 나타났다. 각각의 전략을 적용하는 과정에서 실패하였지만 결과적으로 성공적이라고 증명된 시도도 있었다(Gould & Gould, 1994; Kohler, 1924). 핵심은 쾰러의 침팬지들이 무작위한 행동을 수행하거나 그저 바나나가 자기 무릎에 떨어지기를 기다리지 않았다는 점이다. 침팬지들은 그들의 행동에 따른 결과로부터 배운 것을 보조하기 위하여 인지, 또는 생각을 사용하였다.

학습된 무기력

많은 수의 동물 연구들은 학습에서 인지의 영향을 보여주었지만, 마틴 셀리그만(Martin Seligman)과 동료들이 진행한 연구들은 인간의 고통 및 건강과 가장 관련이 높다(Overmier & LoLordo, 1998; Overmier & Seligman, 1967; Seligman, 1975; Seligman & Maier). 셀리그만은 자신의 연구에서 개들을 사용하였고, 그는 그림 6.9에 나온 바와 같이 개들을 셔틀 상자(shuttle box)라고 알려진 장치에 집어넣었다. 이 셔틀 상자는 개가 쉽게 넘어 다닐 수 있는 낮은(개의 다리 길이보다 낮은) 벽을 기준으로 하여 두 부분으로 나뉘어 있었다. 셔틀 상자의 한 편(충격 쪽)에는 셀리그만이 개들에게 전기 충격을 가할 수 있도록 전기가 흐르는 바닥이 포함되었지만, 나머지 한 편(안전한 쪽)에는 그렇지 않았다.

이 중 가장 잘 알려진 연구에서(Maier et al., 1969), 셀리그만과 그의 동료들은 개들을 세 집단으로 나누었고 각 집단은 연구의 각 두 단계를 거쳤다. 첫 번째 단계에서 집단 1은 통제 가능한 전기 충격을 받았는데, 즉 개들은 충격 쪽에 배치되었지만 자유롭게 안전한 쪽으로 넘어갈 수 있었고, 개들은 전기 충격의 첫 번째 신호에 그렇게 하도록 빠르게 학습하였다. 집단 2는 통제 불가능한 충격을 받았고, 이는 개들이 전기 충격을 받을 때 안전한 쪽으로 넘어가지 못하게 목줄로 묶인 채 충격 쪽에 구금하였다. 집단 3은 아무런 전기 충격도 받지 않았다.

두 번째 단계에서, 모든 개는 통제 가능한 전기 충격을 받았다. 아마도 예상했듯이 집단 1은 첫

여러분이 무작위한 시행착오 대신 해결법을 발견함으로써 문제를 해결하려고 한다면, 그것이 통찰이다. 동물들 또한 어느 정도의 통찰을 보여준다. 예를 들어 이 챔팬지는 상자를 쌓아 일종의 사다리처럼 만들어 먹이에 닿을 수 있다고 인식했다(Gould & Gould, 1994; Kohler, 1924).

그림 6.9 학습된 무기력 일련의 고전적 연구에서 개들은 학습한 대로 경고등을 보았을 때 자유롭게 전기 충격을 피할 수 있었다. 그러나 전기 충격을 피하지 못하게 되어 있던 개들은, 비록 피할 수 있게 된 상황에서도 전기 충격을 피하려는 시도를 하지 않게 되었다. 이러한 전기 충격을 피하려는 시도의 불이행은 *학습된 무기력*이라 명명되었다. 몇몇 심리학자들은 학습된 무기력이 삶에서 부정적인 경험들을 통제할 수 없다고 학습한 사람들의 우울을 설명한다고 믿는다(Maier et al., 1969; Seligman, 1975).

번째 단계에서 했던 것과 마찬가지로 두 번째 단계에서도 빠르게 안전한 쪽으로 넘어가는 법을 학습하였다. 하지만 집단 2, 즉 첫 번째 단계에서 전기 충격을 받았을 때 아무것도 할 수 없었던 개들은 두 번째 단계에서 전기 충격을 피하는 법을 학습하지 못했다. 개들은 그저 충격 쪽에 남아 전기 충격을 받았다. 전기 충격을 피하기 위해 빠르게 작은 벽을 뛰어넘어가야 함에도 불구하고, 가끔 개들은 훌쩍이거나 울기만 할 뿐 그들의 고통을 줄이기 위한 노력을 전혀 하지 못했다.

셀리그만(1975)은 이후에 실험에서 낮은 벽을 없애거나, 안전한 쪽에서 부르거나, 아예 소시지를 안전한 쪽에 두기까지 하면서 안전한 쪽으로 유도했지만 개들은 스스로 거기서 벗어나려 하지 않았다고 설명했다. 셀리그만은 그 상황에서 개들의 반응을 **학습된 무기력**(learned helplessness)이라고 불렀는데, 이는 그러한 시도들이 쓸모없다는 사실을 학습한 결과 자기 스스로 무엇인가 하려는 시도의 부재를 말한다. 셀리그만은 첫 단계에서 개들이 그들의 고통이 완전히 자기 자신의 통제 범위 바깥에 있다는 경험을 통해 학습하였다고 설명했다. 여기서 배운 것은 상황이 바뀌고 그들이 어느 정도 통제력을 행사할 수 있었음에도 불구하고 이를 깨닫지 못하거나 사실을 받아들이려 하지 않을 만큼 강렬한 것이었다. 다르게 말하면, 그들은 어쩔 수 없다고 계속 믿었으며 그 인지는 그들의 학습에 강한 영향력을 행사하였다.

 개들을 대상으로 한 학습된 무기력 연구들이 사람과 무슨 상관이 있나요?

셀리그만과 다른 연구자들은 학습된 무기력 연구에서 발견한 결과를 인간의 우울에 적용하였다. 연구자들은 우울감을 호소하는 사람들이 집단 2의 개들과 닮았다고 제안하는데, 다시 말해 이러한 사람들은 통제 불가능하다고 지각한 고통(보통 물리적이기보다는 감정적인)을 경험했다. 이 과정을 통해 그들은 무기력함을 학습한다. 그 결과, 친구와 가족으로부터의 격려와 생활 환경의 변화에도 불구하고 그들은 스스로 여기서 벗어나려 노력하지 않고 영원히 슬픔과 무감각함에 빠져 지낸다. 제13장에서 논의하는 내용대로, 많은 요인이 우울에 관여할 수 있으며 학습된 무기력은 어쩌면 많은 사람들에게 우울을 설명하는 한 가지 요인일 수도 있다(Smallheer et al., 2018).

최근 연구자들은 학습된 무기력이 환경에 대해 반응하지 않음도 설명할 수 있는지 의문을 제기하였다. 어떤 사람들은 환경에 대해 무척 높은 관심을 가지고 있지만, 인생에 있어서 학습된 무기력을 경험한 이후 환경을 개선하고자 하는 행동에 참여하지 않으려고 한다는 점이다. 다시 말해 이들은 환경 개선에 도움이 되는 재활용이나 재활용물품 구입이나 기후변화에 대한 높은 지각, 또는 환경보호를 위한 기부금 제공 등의 행동에 소극적으로 참여한다. 400명의 대학생이 참여한 연구 결과가 이 가설을 지지하였다 — 높은 수준의 학습된 무기력이 학생들의 환경에 대한 걱정과 환경을 개선하기 위한 행동 사이의 걸림돌로 작용하였다(Landry et al., 2018).

다른 연구는 32개국을 대상으로 환경에 대한 걱정과 환경을 보호하기 위한 활동 간의 상관관계를 분석하였다. 연구자들은 참여자들이 외재적 통제에 대해 어떻게 지각하는지에 따른 상관관계를 발견하였다. 자세히 설명하면, 외재적 통제가 강하다고 인식하는 거주민들이 사는 국가에서는, 비록 환경에 대한 걱정의 수준이 높다 하더라도 환경운동에 덜 참여하는 것으로 나타났다(Tam & Chan, 2017). 외재적 통제는 학습된 무기력과 유사하다 — 둘 다 현재 처한 상황을 벗어날 수 있는 개인의 능력이 없음을 시사한다는 점이 동일하다.

학습된 무기력
스스로 문제를 해결하려는 어떠한 시도조차 하지 않는 상태로, 이전에 노력해도 소용없었음을 학습한 결과로 발생함

마지막 첨언 : 셀리그만은 이후에 학습된 무기력의 반대쪽인 **학습된 낙관성**(learned optimism)으로 자신의 주의를 돌리는데, 즉 사람들이 우울을 피하고 행복을 증진시키기 위해 자신의 인

지를 통하여 삶의 경험들에 대한 긍정적인 해석을 강조할 수 있다는 것이다(Kobau et al., 2011; Seligman, 1991, 2011). 예시로, 공장 노동자가 해고를 해석하는 방식을 생각해보자. 노동자는 자기 자신을 탓하며 해고를 절대 변하지 않는 시련이라고 생각할 수 있고, 이는 자기 자신이 여기서 벗어나기 위해 아무것도 할 수 없다는 신념을 기반으로 한 우울로 이어질 수 있다. 아니면 노동자는 자기 자신보다 외부 상황(회사, 경제)을 탓하며 해고를 일시적인 문제로 생각할 수도 있다. 이러한 설명은 무엇인가 될 일이 있을 수 있으며 따라서 노동자는 그것이 이루어지도록 적극적인 역할을 할 수도 있다는 점을 시사한다. 셀리그만(1991)은 '무기력함' 해석이 노동자에게 가장 먼저 일어난 것이라 할지라도, 노동자는 그 해석을 거부하고 보다 긍정적인 방식의 생각으로 해석을 교체할 수 있도록 자기 스스로를 훈련할 수 있다고 주장한다. 이는 노동자가 자기 자신의 문제를 해결하고자 노력할 가능성을 증가시킬 뿐만 아니라 그러는 동안 그가 행복을 느낄 수 있게끔 한다.

학습 확인

6.27 인지는 학습에 어떻게 영향을 미치는가?

6.28 인지도는 무엇이며, 학습과 어떤 관련성을 갖는가?

6.29 잠재학습이란 무엇인가?

6.30 통찰은 무엇이며, 인지 및 시행착오와 어떤 관련성을 갖는가?

6.31 학습된 무기력은 무엇이며, 어떠한 경험이 학습된 무기력을 만들어내는가?

요약

학습이란 무엇인가

6.1 심리학자들은 학습을 삶의 경험이 종의 행동과 생각에 대한 변화를 발생시키는 과정이라고 정의한다.

6.2 학습은 인간 행동을 둘러싼 유전-양육 논쟁에서 환경 쪽의 핵심이다.

6.3 학습은 인간에게만 일어나지 않고, 모든 종에게 일어난다.

고전적 조건형성

6.4 이반 파블로프는 개의 소화기 시스템을 연구하던 의학 연구자였다. 파블로프의 학습과정에 대한 우연한 발견은 심리학 분야를 조성한 연구들로 이어졌다.

6.5 고전적 조건형성은 동물들이나 사람들이 하나가 다른 하나를 예측하는 방식으로 동시에 일어난 두 가지 자극을 연합함으로써 일어나는 학습의 형태이다. 고전적 조건형성은 일상에서 매일 일어난다. 사람들은 그들이 보고 듣는 것에 대하여 온갖 종류의 조건형성된 반응을 갖고 있다.

6.6 고전적 조건형성의 구성요소에는 중성 자극, 무조건 자극, 무조건 반응, 조건 자극, 그리고 조건 반응이 있다.

6.7 일반화는 조건 자극과 비슷한 자극들이 같은 조건 반응을 일으키게 되는 과정이다. 변별은 조건 자극과는 다른 자극들이 같은 조건 반응을 일으키는 데 실패하게 되는 과정이다.

6.8 획득은 중성 자극이 조건 반응과 연결되어 조건 자극이 될 때 발생한다. 소거는 조건 자극이 더 이상 무조건 자극과 연결되지 않아 조건 반응을 일으키지 못하게 될 때 발생한다.

6.9 고차 조건형성은 학습 과정으로서, 이전 학습 과정에서의 조건 자극이 무조건 자극처럼 기능하여, 같은 조건 반응을 일으키는 새로운 조건 자극을 형성하는 것이다.

6.10 대리 조건형성은 자기 자신보다 다른 사람의 삶 속 경험을 관찰함으로써 이루어지는 조건형성이다.

조작적 조건형성

6.11 조작적 조건형성은 학습의 한 형태로, 자발적 행동에 따른 결과가 이후에 같은 행동을 반복할 가능성에 영향을 주게 되는 것이다.

6.12 효과의 법칙은 행동을 반복할 가능성은 행동의 효과에 따라 달라짐을 시사한다.

6.13 B. F. 스키너는 미국의 심리학자로서 동물 행동에서의 조작적 조건형성에 관하여 광범위한 연구를 수행하였다. 조작적 조건형성에 대한 스키너의 연구는 그를 유명인사로 만들었고, 동물 행동에서 발견한 것들을 인간 행동에도 적용하였기 때문에 유명해진 부분도 있었다.

6.14 강화는 행동이 다음에 보다 반복되어 일어나도록 하는 행동

의 결과이다.

6.15 정적 강화는 바람직한 것을 얻는 것과 관련되고, 다른 한편으로 부적 강화는 바람직하지 못한 것을 없애는 것과 관련된다.

6.16 강화계획은 특정 행동에 대한 반응으로 강화가 일어나게 하는 양식이다. 연속 강화는 행동이 일어날 때마다 강화가 주어지는 양식인 반면, 부분 강화는 행동이 일어났을 때 몇몇 경우에만 강화가 주어지는 양식이다. 고정비율 계획은 일관성 있고 예측 가능한 횟수만큼 행동이 발생한 이후에 행동에 강화가 주어지는 강화계획이다. 이에 반하여, 변동비율 계획은 일관성 없고 예측 불가능한 횟수만큼 행동이 발생한 이후에 강화가 주어지는 강화계획이다. 고정간격 계획은 일관성 있고 예측 가능한 시간 간격 이후 행동에 강화가 주어질 수 있게 되는 강화계획이다. 이에 반하여, 변동간격 계획은 일관성 없고 예측 불가능한 시간 간격 이후 행동에 강화가 주어질 수 있게 되는 강화계획이다.

6.17 처벌은 행동의 결과로서 행동이 보다 덜 반복되게끔 하는 것이다.

6.18 변별자극을 인지하는 것은 개인으로 하여금 강화를 얻게 될 가능성이 가장 클 때와 처벌을 받게 될 가능성이 가장 낮을 때 행동할 수 있도록 해준다.

6.19 조성은 각 작은 단계의 강화를 통하여 복잡한 행동을 점진적으로 학습하는 과정이다.

6.20 일반화, 변별, 획득, 그리고 소거는 고전적 조건형성과 조작적 조건형성 모두에서 발생하는 개념이다.

관찰학습

6.21 관찰학습은 자기 자신보다 다른 사람의 행동과 그 결과를 관찰함으로써 일어나는 학습이다.

6.22 앨버트 반두라의 보보 인형 연구들은 모델링, 관찰된 행동의 모방이 가진 영향력을 보여준다.

6.23 거울 뉴런들은 모방과 공감의 기저를 이루고 개인이 특정 행동을 하거나 관찰할 때 활성화되는 것으로 여겨지고 있다.

학습에서 생물학적 영향

6.24 생물학적 준비는 종의 생존에 가장 관련이 있는 것을 학습하고자 하는 진화적 성향이다.

6.25 맛 혐오에 대한 존 가르시아의 연구는 생물학적 준비에 확실한 증거를 제공한다.

6.26 향본능 표류는 유전적으로 프로그램된 양식으로 돌아가고자 하는 동물 행동의 경향성으로, 본능과 맞지 않는 행동을 동물들에게 가르치는 것을 어렵게 만든다.

학습에서 인지적 영향

6.27 인지, 또는 생각은 기존 학습 연구자들이 믿었던 것보다 더욱 학습에 영향을 미친다.

6.28 인지도는 물리적 환경에 대한 정신적 도표로, 학습과정을 촉진할 수 있는 것이다.

6.29 잠재학습은 일어났으나 수행될 기회가 주어지기 이전에는 직접적으로 관찰될 수 없는 학습이다.

6.30 통찰은 인지적 이해에 따른 결과로부터 나온 문제 해결법에 대한 자각으로 시행착오 학습에서 몇몇 단계를 무시하고 넘어갈 수 있게 해주는 것이다.

6.31 학습된 무기력은 자기 스스로 무엇인가 하려는 시도의 부재로, 이전에 상황이 자신의 통제 범위 바깥에 있음을 학습한 결과에 따른 것이다.

주요 용어

강화	대리 조건형성	부적 강화
강화계획	무조건 반응	생물학적 준비
거울 뉴런	무조건 자극	소거
고전적 조건형성	변동간격 계획	스키너 상자
고정간격 계획	변동비율 계획	연속 강화
고정비율 계획	변별	이차 강화
고차 조건형성	변별자극	인지도
관찰학습	부분 강화	일반화

일차 강화	조성	학습된 무기력
자발적 회복	조작적 조건형성	향본능 표류
잠재학습	중성 자극	획득
정적 강화	처벌	효과의 법칙
조건 반응	통찰	
조건 자극	학습	

7

인지 :

사고, 언어, 지능

여러분의 재킷을 교실에 놔두고 왔다고 상상해보자. 최악의 상황은 여러분의 지갑이 그 재킷의 주머니에 있다는 사실이다. 밤늦게 이런 사실을 알게 되어 서둘러 재킷을 찾으러 건물로 돌아갔을 때 건물은 열려 있지만, 교실문은 잠겨 있었다. 교실문에 달린 창문으로 엿보았을 때, 여러분의 재킷은 바로 두고 나온 곳에 있었다. 여러분에게는 문제가 생기고, 다행스럽게도 여러분은 문제를 해결할 수 있는 **인지 능력**(사고력, 지능, 언어 능력)이 있다. 여러분은 가능한 해결책을 생각해낼 필요가 있다. 교실에 들어갈 수 있는 다른 방법이 있을까? 건물에서 근무하는 사람이 있다면 여러분을 교실 안으로 들여보내 줄 수 있을까? 여러분은 가급적 많은 해결방안을 생각해낼 필요가 있고, 그중 가장 적절하다고 생각하는 방안으로 줄일 필요가 있다.

문제 해결이나 의사결정과정 동안 여러분은 여러분의 문제와 관련된 다른 사람과 의사소통할 필요가 있다. 만일 여러분이 건물 내에 근무하는 사람이 있음을 알게 되었을 때, 여러분은 그들에게 여러분의 문제 상황을 충분히 설득력 있게 설명하여 교실문을 열고 안으로 들어갈 수 있다. 만일 여러분이 친구에게 도와달라고 문자를 보낼 경우, 여러분은 현재의 상황을 정확하고 구체적으로 설명하여 친구들을 이해시켜야 한다.

여러분은 여러분의 문제에 대해 몇 분 동안 생각한 다음, 적절한 방법을 결정한다 — 교내 경찰에게 연락하기. 여러분은 여러분이 할 수 있는 한 최대한 명확하게 여러분의 곤란한 상황과 위치를 설명하여, 그들이 교실로 경찰을 보낼 수 있도록 만들어야 한다. 경찰이 도착했을 때, 여러분은 지갑 안에 무엇이 들어 있는지 이야기하고 특히 그 안에 신분증이 들어 있어 얼굴을 대조해보면 알 수 있다고 다시 설명하게 된다. 경찰이 상황을 이해하고 교실문을 열어 신분증을 확인한 후 여러분 지갑과 재킷을 건네주면 문제는 해결된다.

곤란한 상황에 대한 성공적인 해결책은 여러분이 정보를 생산적으로 사용할 수 있는 **인지**의 중요한 가치를 보여준다. 많은 심리학자들이 관심을 갖는 부분은 우리가 정보를 어떻게 사용하는지, 특히 우리가 생각할 수 있는 용량과 언어를 어떻게 지능적으로 사용하는지다. 이것이 이 장의 핵심이다.

개요

사고

언어

지능

인지
뇌가 정보를 이해하고, 정리하고, 분석하고, 의사소통하는 일

개념
비슷한 것들, 행동 또는 사람들의 범주가 정신적으로 표현된 것

인지(cognition)는 여러분의 뇌가 이해하고, 조직화하고, 분석하고, 의사소통하는 등 정보를 다루는 일이다. 간단하게 말해서, 인지는 여러분이 다루는 그 모든 지식에 대한 것이다. 사실상 어원 *cogn*-은 라틴어에서 안다를 의미한다. 여러분은 이미 다른 단어, 이를테면 '재인하다(*recognize*)', '깨달은(*cognizant*)', '감춤(*Incognito*)'이라는 단어에서 동일한 어원을 알 수 있다.

인지는 우리가 늘 하고 있는 그 무엇이며, 자동적으로 발생하므로 너무 당연하게 여기게 된다. 아마 우리가 인지에 감사하게 되는 가장 좋은 방법은 인지 문제를 경험하는 사람들에게 어떤 일이 발생하는지 관찰하는 것이다. 때때로 인지적 문제는 무상함이다. 예를 들어 여러분의 친구나 가족이 몇 시간의 수술을 한 후 아직 마취가 모두 풀리기 전에 '명확하게 생각'하지 못하는 상황을 볼 수 있다. 또 다른 경우 알츠하이머가 진행되거나 치매를 겪게 되면 인지 문제는 좀 더 오래 지속된다. 인지 문제가 있는 사람들과 상호작용하는 동안, 그들이 지식을 사용하는 능력이 제한적이라는 점이 충격적이다. 그들은 상황을 이해하지 못하는 듯하고, 의사소통도 잘 되지 않으며, 여러분이 기대하는 수준으로 총명하게 추론하지 못한다. 인지를 연구하는 심리학자들은 사고, 언어, 지능 세 영역에 관심을 갖는다. (인지를 연구하는 심리학자는 기억도 당연히 다루지만, 이 부분은 앞 장에서 다루었다.) 우리는 이 장에서 세 주제를 다루며, 사고부터 시작하려 한다.

사고

학습 목표

7.1   인지의 정의와 연구방법
7.2   개념이란?
7.3   개념의 세 가지 주요 유형
7.4   개념 체계화의 세 가지 수준
7.5   문제 해결과 의사결정의 차이
7.6   연산과 발견법의 차이
7.7   문제해결에서의 한계
7.8   발견법의 유형
7.9   이중처리 이론과 연관된 사고의 두 유형
7.10 사람들은 감정적 예측을 잘하는가?
7.11 창의성이란?
7.12 발산적 사고와 수렴적 사고의 차이
7.13 기능적 고착
7.14 창의성의 기타 요인들

사고(thinking)에 대한 논의는 개념에 대한 설명과 함께 시작해야 한다. **개념**(concept)이란 유사한 것들, 행동들 그리고 사람들의 범주에 대한 심적 표상이다. 개념은 사고의 가장 기본 구성요소인데, 이것은 우리가 사고를 결합하기 위해 사용하는 것이다. 예를 들면 '내 사촌이 내 후드티를 빌렸어'라는 간단한 사고를 위해서, 먼저 우리는 '사촌'의 개념, '빌리다'의 개념, 그리고 '후드티'의 개념을 이해해야 한다. 이러한 개념들은 우리 기억의 목록 속에 오랫동안 저장되어 있어서 그것들을 가지고 있지 않았던 사실을 기억하지 못할 수 있다. 하지만 우리가 최근에 사용했다는 사실을 기억할 수 있는 다른 개념들도 있다 — '실시간 트윗', 'Binge-watching(짧은 시간 안에 다수의 TV채널을 보는 것)', 'Vaping(불연성 흡연)', '오른쪽/왼쪽으로 터치화면 넘기기(Swiping)' 등의 개념들은 항상 이해하고 있었는가?

개념은 사고를 두 가지 중요한 방식으로 촉진한다. 먼저, 개념들은 우리가 이미 알고 있는 것을 새로운 것에 적용하게 해준다(Markman & Rein, 2013). 다시 '후드티'의 개념으로 돌아가보자. 일단 우리가 그 개념을 알게 되면, 어떤 항목이 그 개념에 속하는지에 대한 의미를 잘 알게 된다. 즉 그 항목은 의류이고, 우리 몸의 상반신을 덮으며, 모자가 달려 있다라는 식으로 말이다. 그러므로 만약 새로운 후드티를 선물받더라도 당황해하지 않을 것이다. 우리는 그것을 '후드티'로 인지하고, 용도가 무엇인지, 어떻게 해야 하는지 정확히 알고 있다. 둘째로, 개념은 의사소통을 용이하게 한다(Rips et al., 2012). 선물받은 것에 대해 친구와 전화통화한다고 상상해보자. 만약 '후드티'의 개념이 없다면, 효과적일 수도 있고 아닐 수도 있는 긴 설명으로 어려움을 겪을 수 있다. "내 가슴과 팔을 가리는 옷인데, 그 일부가 머리를 덮어. …" 하지만, '후드티'의 개념을 둘 다 이해하고 있다면, 한 단어로 정확히 의미 전달이 될 것이다.

표 7.1 개념의 유형		
개념의 유형	개념을 하나로 묶어주는 것	예
특성 기반	유사한 특성 또는 형질	비글, 불도그, 치와와, 허스키는 모두 *개*다.
목표 기반	동일한 목표와 목적	현금, 수표, 신용카드, 직불카드, 기프트카드, 페이팔, 애플페이는 모두 *지불방식*이다.
관계 기반	사람들과 사물들 사이의 동일한 관계 또는 연관성	우버, 택시, 버스, 리무진은 모두 *운송 서비스*이다.

출처 : Markman and Rein(2013).

개념들 : 무엇이 그것들을 지탱하게 하는가

각각의 개념은 그것을 하나로 묶어주는 '접착제'가 있어야 하며, 개념이 담고 있는 것들 중에 유사성이 있어야 한다. 그 접착제는 정확히 무엇인가? 심리학자들은 이것을 광범위하게 연구해 왔다. 가장 많이 주목했던 것은 바로 항목들의 특성, 즉 공통적으로 가지고 있는 형질들이었다. 또 다른 대답은 그 항목들이 공유하는 목표와 항목들 사이의 관계를 포함하고 있다(Markman & Rein, 2013). 개념 내 세 가지 유사점을 생각해보자(표 7.1).

특성 기반 개념   본질적으로, 심리학자들은 모든 개념은 특징적인 특성의 항목에 의해 정의된다고 생각했다. 이것은 개념의 구성들을 이해하는 양단간의 방법이었다. 만약 어떤 항목이 모든 특성을 가지고 있다면, 개념에 포함시키지만, 어느 것 하나라도 빠져 있다면, 제외시키게 된다(Smith & Medin, 1981). 논리적으로는 개념을 이렇게 이해하는 것이 말이 되지만, 현실적으로는 잘 들어맞지 않았다. '공'이라는 개념을 예로 들어보자. 만약 어떤 것이 이 개념에 속하기 위한 필수적인 특성들의 항목을 만든다고 하면, 이런 것들이 포함될 것이다—둥글고, 튕기며, 스포츠에서 사용됨. 이것은 분명히 대부분의 공을 포함시킬 것이다—축구공, 농구공, 야구공, 배구공, 테니스공.' 하지만 전부는 아니다. 미식축구공은 둥글지 않다. 럭비공도 마찬가지다. 볼링공과 메디신 공은 튕기지 않는다. 그리고 레킹 볼, 코튼 볼, 미트볼 등의 많은 공들은 스포츠에서 사용되지 않는다.

그래서 심리학자들은 사람들이 어떻게 개념을 형성하는지 이해하기 위한 다른 방법을 찾기 시작했다. 1970년대에 엘리너 로쉬(Eleanor Rosch)라고 하는 연구자는 어떤 개념의 한 구성이 되기 위해서는 모든 특성보다는 가장 대표적인 특성만 있으면 된다고 했다(Hampton, 1995; Kinsella et al., 2015; Rosch, 1975; Rosch & Mervis, 1975; Rosch et al., 1976). 로쉬는 우리의 마음은 하나의 **원형**(prototype), 즉 개념 안에서 가장 전형적이거나 가장 좋은 보기가 되는 것을 형성한다고 주장했다. 우리가 형성하는 원형은 그 범주 안에 있는 최상의 구성요소들의 평균, 즉 관념적 조합물이다. 이것은 원형이란 우리가 실제로 마주친 특정한 것이 아니라 우리가 상상하는 것임을 의미한다(Posner & Keele, 1970; Reed, 1972). 그래서 우리는 공의 원형 역할을 하는 특정한 공을 농구공, 테니스공, 축구공 등의 사이에서 고르지 않는다. 그 대신에, 이러한 예들의 중심적 특성에 부합하는 정신적 창조물 형태로 만들게 된다. 그런 다음 새로운 공 모양의 것들이 공의 개념에 속하는지 알아보기 위해 그 원형과 비교한다.

다른 연구자들은 로쉬의 원형 이론, 특히 원형의 '상상된' 또는 '변형된' 특성에 동의하지 않았다(Brooks, 1978; Hampton, 2016; Kruschke, 2005; Medin & Schaffer, 1978; Murphy, 2002, 2016b; Murphy & Hoffman, 2012; Nosofsky et al., 1989; Nosofsky & Johansen, 2000; Smith & Minda,

원형
개념 내 가장 전형적이거나 예시가 되는 것

그림 7.1 흐릿한 경계들 : 이것은 채소인가? 어떤 음식들은 다른 음식들보다 더 채소스러운 맛이 날 뿐이다. 즉 야채의 개념은 확실히 어떤 항목은 경계 안으로 그리고 다른 항목은 어쩌면 경계 안이거나 밖일 수 있는 흐릿한 경계를 가지고 있다. 그림에서 가장자리 근처의 음식은 때때로 야채보다는 과일로 여겨진다.

1998, 2000). 상상의 원형을 만들기보다는 개념의 정의에 대한 교과서적 보기들, 즉 실제로 보고, 듣고, 만져본 적 있는 최상의 보기들을 선택해야 한다고 주장한다. 그들은 이러한 최상의 예들을 원형과 구별할 수 있는 '모범적 본보기'라고 부른다. 이러한 모범적 본보기 이론은 우리가 실제로 마주한 공(축구공을 예로 들자)의 한 유형이 공의 개념에 대하여 마음속에 전형적인 모습으로서 역할을 한다고 한다. 우리가 그 개념에 새로운 공 같은 물체(골프공이나 라켓볼을 생각해보자)를 포함시킬지 여부는 그 새로운 물체가 축구공과 얼마나 밀접하게 닮았느냐에 달려 있다.

특성 기반 개념을 형성하는 것은 심리학자들에게 복잡하고 도전적인 연구 영역으로 입증되었다. 결과적으로, 개념의 형성 방법에 대한 논쟁은 끝이 없다. 하지만 몇 가지 결론은 확실하다. 한 가지는 개념들이 종종 모호한 경계를 가지고 있는데, 어떤 항목은 분명히 경계 안에 있고, 어떤 것들은 분명히 경계에서 벗어나며, 그리고 어떤 것들은 그 사이에 있다(그림 7.1). 이것은 어떤 항목이 다른 항목보다 단순히 더 좋거나 더 전형적인 개념의 구성요소라는 것을 의미한다(Hampton, 1995). 예를 들어 수프의 개념을 생각해보자. 토마토 수프는 그 개념에 확실히 들어맞는다. 그러나 햄버거는 분명히 그렇지 않다. 그럼 칠리는 어떨까? 아마 수프 개념에 속할지도 모르지만, 그렇다 하더라도, 가장 전형적인 요소는 아니다.

목표 기반 개념 개념의 요소들이 공유하는 가장 뚜렷한 것은 그것들의 특성이 아니라 성취하고자 하는 목표일 수 있다. 즉 대상들이 어떤 목적으로 수행되는가에 따라 함께 묶일 수 있다(Barsalou, 1983, 1985, 2003, 2012; Chrysikou, 2006). 예를 들어 운동 장비에 대해 생각해보자(Markman & Rein, 2013). 이 범주 내의 항목은 광범위한 보기들에 걸쳐 있으며 대조적인 특성까지 가질 수 있다. 러닝머신이나 일립티컬 같은 몇몇 운동기구들은 우리가 일어서서 하게 되는, 많은 돈을 지불하는 대형 기구들이다. 반면에 아령이나 줄넘기 같은 기구들은 손에 들고 하는, 돈이 적게 드는 작은 물건들이다. 또한, 앉아서 운동하는 실내자전거와 로잉머신 또는 활동 추적기(FitBit, Garmin 등) 그리고 우리가 운동할 때 신는 러닝화 등이 있다. 그러나 이들 항목들은 모두 운동과 체력단련의 촉진이라는 목표를 공유하고 있기 때문에 운동장비의 개념에 속한다.

관계 기반 개념 때때로, 어떤 개념은 그 안의 항목들이 사물이나 사람 사이의 유사한 관계나 상호작용을 묘사하기 때문에 함께 묶인다(Gentner & Kurtz, 2005; Goldwater et al., 2011; Kurtz et al., 2013 ; Markman, 1999). 예를 들어 '교습'이라는 개념은 특정한 유형의 관계를 환기시킨다. 즉 특정 과목 영역에 대해 더 많은 지식을 가진 사람이 덜 아는 다른 사람과 그 지식을 공유하는 것이다. 이 개념에는 유치원 교사, 고등학교 하키 코치, ACT 튜터, 로스쿨 교수 등 다양한 예들이 포함되지만, 모든 경우에 이 예들은 동일 종류의 관계에 바탕을 두기 때문에 '교습' 개념에 속한다.

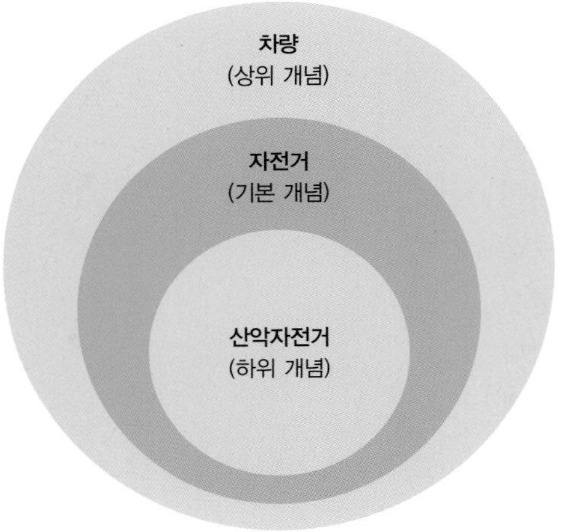

전문지식, 문화 그리고 개념들

심리학자들은 종종 개념을 상위, 기본, 그리고 하위 수준으로 분류하였다(Johnson, 2013; Neisser, 1987). 그림 7.2에서 알 수 있듯이, 여기서 중심어는 우리가 사고할 때 가장 자주 사용하는 '중간 크기'의 기본 개념으로 훨씬 더 광범위하고 상위적인 개념에 속하며, 또한 더 많은 구체적이고 하위적인 개념들을 포함하고 있다는 것이다(Bauer & Just, 2017;

차량
(상위 개념)

자전거
(기본 개념)

산악자전거
(하위 개념)

그림 7.2 상위, 기본, 하위 개념 상위 개념(차량)으로 확대하거나 하위 개념(산악자전거)으로 좁혀가기보다는 기본 개념(자전거)에 우리의 사고를 집중시키는 경향이 있다. 그러나 산악자전거에 대한 특정 전문지식을 가진 사람에게는 산악자전거가 기본 개념이 될 수 있으며, 특정한 종류의 산악자전거들이 하위 단계 안에 포함될 수 있다.

Murphy, 2016a). 예를 들어 자전거의 기본 개념을 생각해보자. 자전거는 자동차, 트럭, 오토바이, 보트, 우주선과 함께 차량의 상위 개념 안에 들어간다. 자전거는 또한 산악자전거, 로드바이크, 경주자전거, BMX자전거, 크루즈 바이크와 같은 많은 하위 개념을 포함한다.

우리가 기본 개념이라고 생각하는 것, 즉 우리가 전형적으로 생각하는 개념적 수준은 우리의 전문성과 경험의 수준에 따라 달라진다. 특정한 주제에 대한 전문가라면 대부분의 사람들에게 하위 수준인 개념을 기본 수준의 개념이 되도록 확대하려는 경향이 있다(Hajibayova & Jacob, 2017; Johnson & Mervis, 1997; Medin et al., 2002; Tanaka & Taylor, 1991). 산악 자전거 전문점을 운영하는 제이드의 입장에서 자전거를 다시 한 번 생각해보자. 산악자전거에 관하여 매일 읽고 토론하고 수리하고 타는 제이드에게 산악자전거는 하위 개념이 아니다. 즉 기본 수준의 개념인 것이다. 제이드는 일반 자전거보다는 **산악자전거**에 너무 몰입해 있어서 산악자전거가 그의 전형적인 사고 수준을 나타낸다. (그는 심지어 몇 년 동안 다른 종류의 자전거를 타지 않았을지도 모른다.) 제이드에게 자전거의 하위 개념은 크로스컨트리, 다운 힐, 트레일 또는 더트점프와 같은 산악자전거의 특정 하위 유형일 것이다.

문화는 문화 밖의 사람들은 단순히 할 수 없는 범위까지 사고를 집중시키는 지식을 제공하면서 전문지식과 같은 방식으로 작용한다(Park et al., 2018). 예를 들어 인도 전통이 없는 그리고 거의 인도 음식을 먹지 않는 사람을 생각해보자. 이 사람에게 인도 음식은 기본 개념인 아시아 음식(중국 음식 및 일본 음식과 함께) 아래에 있는 하위 개념일 수 있다. 그러나 매일 인도 음식을 먹거나 요리하는 인도 전통을 가진 사람에게는 인도 음식은 기본 개념이 될 수도 있고, 심지어 상위 개념이 될 수도 있다. 그것은 인도의 북쪽 요리와 남쪽 요리 같은 더 구체적인 개념을 포함할 수 있으며(그중 후자는 일반적으로 더 맵다), 그러한 개념들 중 하나는 하이데라바드 요리, 비하르 요리, 마하라슈트라 요리, 그리고 고아 요리처럼 인도의 구체적인 지역이나 주에 기초한 개념을 포함할 수 있다. 여기서 중요한 점은 문화가 가져오게 되는 전문성 때문에 특정한 개념이 상위 또는 기본 또는 하위의 개념으로 우리에게 강력한 영향력을 미칠 수 있다는 것이다.

또한 문화는 다른 방식으로 개념 형성에 영향을 줄 수 있다. 연구자들은 아시아 혈통의 사람들과 유럽 혈통의 사람들이 종종 그들의 여러 항목을 어떻게 개념으로 구성하는지에 대해 차이가 있다는 것을 알아내었다. 일반적으로 어떤 대상을 개념으로 구성할 때, 아시아계 혈통의 사람들은 보다 관계 기반 접근법을 취하는 반면, 유럽계 혈통의 사람들은 특성 기반 접근법을 취하는 경향이 있다(Chiu, 1972; Nisbett, 2003). 이러한 차이점이 유럽 문화보다는 더 큰 아시아 문화의 집단주의 강조 때문에 비롯한 것이라고 생각했다(Miyamoto & Wilken, 2013).

연관된 한 연구에서 중국과 미국의 대학생들에게 세 가지 항목의 목록을 주고 개념적으로 한 쌍의 항목들로 그룹화하게 했다(Ji et al., 2004). 그 항목들의 일부는 관계 기반 방식으로 서로 연관이 있고 그리고 다른 일부는 특성적인 면에서 유사한 그런 항목들로 구성되었다. 중국 학생들은 서로 연관 짓거나 상호작용을 하기 때문에 관계 중심으로 그룹화하는 경향이 있었다. 미국 학생들은 비슷한 특성을 가지고 있기 때문에 특성 중심으로 그룹화하는 경향이 있었다. 예를 들어 원숭이, 팬더, 바나나가 포함된 항목이 있다(그림 7.3). 중국 학생들은 원숭이와 바나나를 함께 묶을 가능성이 더 높았다(원숭이가 바나나를 먹는다는 관계성에 기초한다). 미국 학생들은 원숭이와 팬더를 함께 묶을 가능성이 더 높았다(원숭이와 팬더 둘 다 동물이라는 공통 특성에 기초한다).

특성에 기반한 개념 구성

관계에 기반한 개념 구성

그림 7.3 개념 형성에 미치는 문화의 영향 한 연구에서, 중국 학생들은 원숭이와 바나나를 개념적으로 함께 묶을 가능성이 더 높았고, 반면에 미국 학생들은 원숭이와 팬더를 개념적으로 함께 묶을 가능성이 더 높았다. 개념 형성의 차이는 관계 기반 개념(원숭이는 바나나를 먹는다) 대 특성 기반 개념(원숭이와 팬더는 둘 다 동물이다)의 경향으로 나타날 수 있다.

구글지도(다른 GPS 및 내비게이션)는 a지점에서 b지점까지 경로를 찾기 위하여, 논리와 합리성을 기반으로 문제를 해결하는 방식의 알고리즘을 이용한다. 그러나 인간은 알고리즘에 개인의 선호나 가치를 연합하여 문제를 해결한다. 이것이 가장 빠른 길을 선택하기보다 경관이 아름다운 길을 선택하는 이유이다.

문제 해결
목표를 달성하기 위하여 인지를 사용하는 것

의사결정
가능한 선택들 중 하나를 채택하기 위해 인지를 사용하는 것

연산
공식 같은 문제 해결 방법

마음 갖춤새
과거에 효과가 있었던 것에 근거하여 발생하는 문제 해결 접근의 제약

확증편파
처음의 생각을 확실하게 해주는 정보를 더 선호하는 경향

문제 해결과 의사결정

문제 해결(problem solving)은 목표를 달성하기 위한 방법을 찾기 위해 인지를 사용하는 것이다. 문제 해결은 **의사결정**(decision making)과 밀접하게 관련되어 있는데, 이것은 이용 가능한 선택 사이에서 하나를 선택하기 위해 인지를 이용하고 있는 것이다. 문제 해결과 의사결정을 구분하기 위하여 명심해야 할 것이 있다: 문제를 해결할 때는 대개 처음부터 답을 만들어야 하지만 결정을 내릴 때는 가능한 답이 이미 제시되어 있다.

문제 해결과 의사결정의 또 다른 차이점은 얼마나 제대로 된 답이 필요한가 하는 것이다. 문제 해결에 있어서 그 필요성은 긴급한 것이지만, 의사결정에 있어서 필요성은 긴급한 것이 아니거나 심지어 없을 수도 있다(Bassok & Novick, 2012; Mayer, 2013). 예를 들어 만약 자동차 타이어가 펑크 났는데 면접도 봐야 한다면, 우리는 문제 해결 모드로 가능한 해결책을 만들어내고 적절한 것을 선택하려고 노력한다(타이어 수리? 친구나 길거리 도움 요청? 버스? 우버? 자전거? 일정 변경?). 하지만 직장 면접을 위해 운전하면서 미리 맞춰 둔 라디오 버튼 중 어느 것을 택할지 결정하려고 한다면, 우리는 의사결정 모드에 있는 것이다(팝? 힙합? 컨트리? 메탈? 토크쇼?).

연산 문제 해결과 의사결정 연구의 핵심적 의문점은 그것들이 추론에 기초하는 정도이다. 최근 수십 년 동안 심리학자들은 의사결정이 단지 추론 이상의 것을 포함한다는 것을 인정해 왔다. 우리가 캔디바를 선택할지, 대학을 선택할지에 대하여, 우리의 가치도와 선호도는 결정하기 위한 합리적 추론과 혼합된다(Chater et al., 2005; Oaksford et al., 2012). 그러나 오랫동안 심리학자들은 문제 해결에 대해서는 모두 추론에 관한 것이라고 추측했다(Evans, 2012). 사실, 그들은 우리가 **연산**(algorithm)이나 공식 같은 문제 해결 방법을 사용하여 기계처럼 문제를 해결한다고 믿었다. 연산은 구글 지도나 기타 GPS/내비게이션 앱이 우리에게 A지점에서 B지점으로 가는 방향을 제시하기 위해 사용하는 것이다. 이것은 가장 합리적이며 실용적인 경로를 만들어내는 필수 데이터(거리, 도로, 교통)에 기초한 전적으로 논리 기반인 원칙인 것이다. 하지만 심리학자들은 곧 사람들이 문제 해결자로서 완전히 연산만을 하는 것이 아님을 알게 되었다(Arkes, 1991; Evans, 2013; McKenzie, 2005; Speekenbrink & Shanks, 2013).

문제 해결의 문제점들 많은 다른 요소들이 우리가 문제를 해결할 때 합리적 추론을 못하게 할 수 있다. 그러한 요인 중 하나는 바로 **마음 갖춤새**(mental set), 즉 과거에 효과가 있었던 것에 근거하여 문제 해결에 접근할 때 생기는 한계이다. 앞서 들었던 펑크 난 타이어의 예로 돌아가보자. 과거에 항상 스스로 예비 타이어를 장착함으로써 펑크 난 타이어를 해결해 왔다면, 그것은 마음 갖춤새 안에서 유일한 가능성일지도 모른다. 하지만 (옷에 땀이나 얼룩 없이) 취업 면접에 빨리 가야 하는 특별한 상황이라면, 이것이 최선의 선택은 아닐 수도 있다.

많은 문제 해결 상황에서 합리적 추론보다 우선시되는 또 다른 요인은 **확증편파**(confirmation bias), 즉 애초에 생각한 것을 더 분명히 해주는 정보를 선호하는 경향이다. 예를 들어 만약 여러분이 새 휴대전화를 사려고 할 때, 첫째로 든 생각은 '동생이 가지고 있는 종류의 휴대전화를 사야지'라는 것일지 모른다. 왜냐하면 동생이 계속해서 그 휴대전화에 대해 격찬했기 때문이다. 온라인에서 약간의 검색을 한 후, 그 휴대전화에 대한 많은 긍정적인 평가들 역시 있고, 부정적인 평가들도 많이 있다는 것을 발견하게 된다. 또한 부정적인 평가가 적고 긍정적인 평가가 많은 다른 휴대전화도 눈에 띄게 된다. 그러나 경쟁 휴대전화의 좋은 평들(그리고 동생 휴대전화의 나쁜 평들)을 폄하하고, 동생 휴대전화의 좋은 평들(그리고 경쟁 휴대전화의 나쁜 평들)을 중시하는 자신을 발견

하게 된다. 결국, 맨처음 반신반의했던 것을 스스로에게 납득시키며, 합리적 추론과는 달리 동생과 같은 휴대전화를 사게 된다.

소셜미디어는 확증편파가 자주 발생하는 또 다른 곳으로, 특히 우리가 아이디어, 신념, 선호하는 것들의 '거품' 안에 있을 때 그러하다(Westerwick et al., 2017; Workman, 2018). 사실 확증편파는 트위터나 페이스북을 채우는 '가짜 뉴스'를 받아들이고, 이미 믿고 있던 것을 입증할 때 이를 반박하는 팩트체크자들을 거부하는 역할을 할 수 있다(Lazer et al., 2018; Sunstein, 2018).

우리의 추론은 또한 **틀 만들기**(framing)에 의해 좌우될 수 있다. 즉 질문이나 문제가 제시되는 특정한 방식이 그것에 대응하는 방법에 영향을 줄 수 있다. 논쟁의 양쪽에 있는 사람들이 논쟁 자체를 정의하려고 하는 방식에서 틀 만들기의 중요성을 알 수 있다. 예를 들어 수압 파쇄법(fracking)에 대한 논쟁에서, 이것에 찬성하는 사람들은 일자리를 창출하고 경제를 활성화할 수 있는 자가생산의 석유자원 탐사로 틀 만들기를 하는 반면, 이것에 반대하는 사람들은 수질과 인간의 건강을 해칠 수 있는 천연자원에 대한 위협이라고 틀 만들기를 한다(Lakoff, 2016; Mercado et al., 2014; Thompson, 2013; Wehling, 2018).

수많은 연구들은 틀 만들기 되는 방식이 실제로 사람들이 문제를 해결하는 방식에 강력한 영향을 미칠 수 있다는 것을 발견했다(Brugman et al., 2017; LeBoeuf & Shafir, 2012; Slovic, 1975; Thibodeau et al., 2017a, 2017b; Tversky & Kahneman, 1981, 1986). 한 연구에 따르면, 많은 사람들은 치료의 실패 가능성(예 : "이 수술의 실패 가능성은 15%입니다.")보다는 그 치료가 얼마나 성공적이었는지에 대해 들었을 때(예 : "이 수술은 성공률이 85%입니다.") 의학적 치료를 기꺼이 받으려고 한다(Levin et al., 1988). 또 다른 연구에서는 갈아 놓은 쇠고기 포장에 '25% 지방'이 아닌 '75% 지방 적음'이라고 라벨을 붙였을 때 더 긍정적으로 보는 것으로 나타났다(Levin, 1987).

더 최근에는, 연구자들이 참가자들에게 '암 발병에 싸우는 방법'과 '암 발병 위험을 줄이는 방법'을 물었을 때, 서로 다른 행동 계획으로 대답한다는 것을 발견했다. 구체적으로, 암을 '싸워야' 하는 적으로 틀 만들기를 하면, 실제로 술을 적게 마시고 건강한 식단을 섭취하는 등 중요한 예방행동(많은 사람들이 '싸우기'와 연관 짓지 않을 수 있음)의 가능성을 감소시킨다(Hauser & Schwartz, 2015, p. 69). 또 다른 연구는 참가자들에게 앨런 튜링(Alan Turing)이 어떻게 현대 컴퓨터를 발명했는지에 대해 간단히 기술해 놓은 것을 읽어보라고 참가자들에게 요청했다. 틀에 맞춰진 발명의 방식은 참가자들의 발명에 대한 사고방식에 영향을 주었다. 구체적으로, 튜링이 '전구에 번쩍 불이 들어오듯 생각이 문득 났다'라고 쓰인 것을 본 참가자들은 창의적인 아이디어가 갑자기, 그리고 쉽게 나타난다고 믿는 경향이 더 강했다. 반면에, 튜링의 생각은 '결국 열매를 맺게 된 씨앗'이라고 쓰인 것을 읽은 사람들은 창의적인 아이디어가 천천히 발전하고 지속적인 노력과 양육을 필요로 한다고 믿는 경향이 강했다(Elmore & Luna-Lucero, 2017, p. 200).

발견법　우리의 추론은 우리가 이전에 했던 것(마음 갖춤새), 애초에 생각했던 것(확증편파), 그리고 문제가 어떻게 제시되는가(틀 만들기)와 같은 문맥적 요인에 의해 영향을 받을 수 있다. 추론이 이러한 문맥적 요인에 의해 영향을 받지 않더라도, 우리는 여전히 문제를 해결할 때 빠른 방법을 사용하는 경향이 있다. 우리가 일반적으로 인지하지는 못하더라도, 우리의 마음은 일반적으로 더 정확할 수 있고 더 많은 시간을 투자해서 얻어야 하는 답을 만들어내기보다는, 빠르고 논리적으로 결함이 있는 사고 과정으로 되돌아간다. 문제를 해결할 때 연산에 의존하기보다는, 우리는 종종 더 많이 **발견법**(heuristic)에 의존한다. 즉 학식에서 나오는 추측이나 경험에 근거한 문제 해결 방

틀 만들기
질문이나 문제가 제시되는 특정한 방식으로, 이것에 의해 사람들이 어떻게 반응하는가에 영향을 줄 수 있음

발견법
문제 해결에서 경험에서 나오는 추측 또는 경험적 방법

법에 의존한다. 1970년대 초에 이 분야의 선구적인 연구자 대니얼 카너먼(Daniel Kahneman)과 아모스 트버스키(Amos Tversky)가 최초로 발견법의 역할을 규명했다. 그 이후로, 그들의 많은 연구는 종종 우리가 깨닫지 못하게 얼마나 비논리적일 수 있는지에 대한 설득력 있고 종종 당황스러운 증거를 제시한다(Ceschi et al., 2018; Griffin et al., 2012; Kahneman & Tversky, 1972, 1973, 1979, 1996, 2000; Rakow & Skylark, 2018; Tversky & Kahneman, 1971, 1974, 1986). 카너먼, 트버스키, 그리고 다른 연구자들로부터 가장 많은 관심을 받은 네 가지 발견법, 즉 대표성 발견법, 가용성 발견법, 감정 발견법, 기준점 발견법에 대해 살펴보자.

　　대표성 발견법(representativeness heuristic)은 원형과의 유사성에 기초한 경험적 추측이다. 대표성 발견법에 따르면, 우리는 비록 그 결론이 너무 이르거나 비논리적일지라도, 그들이 특정 범주의 '교과서적 사례'와 얼마나 밀접하게 닮았는지에 기초하여 사람이나 사물에 대한 결론을 도출하는 경향이 있다(Gilovich & Savitsky, 2002; Gualtieri & Denison, 2018; Tversky & Kahneman, 1982). 그것은 기본적으로 "오리처럼 생겼고, 오리처럼 헤엄치고, 오리처럼 꽥꽥거리면 아마도 오리일 것이다"라고 예부터 알려진 '오리 테스트'를 더 학구적으로 표현한 것이다. 이 표현에서 핵심 단어는 '아마도'인데, 이것은 적절한 비약일 수는 있지만 항상 그런 것은 아니다. 예를 들어 만약 어떤 반에서 키가 6피트인 여학생을 보게 된다면, 우리는 그녀와 비슷한 키의 여자들이 농구를 하므로, 아마도 그녀도 학교 농구팀에 있다고 추측할 수 있다. 하지만 그녀와 잠시 얘기를 한 후에 그녀가 전혀 농구를 하지 않는다는 사실을 알게 된다. 마음속에 가지고 있는 농구선수의 이미지에 근거하여 내린 지레짐작에 대한 부정확함을 증명하는 것이다.

　　가용성 발견법(availability heuristic)은 우리 마음속에 가장 빠르고 쉽게 떠오르는 정보에 기초한 경험적 추측이다. 어떤 답이 갑자기 떠올랐다고 해서 반드시 그것이 좀 더 파고들 필요가 있는 다른 답보다 더 정확한 것은 아니다. 가용성 발견법에 대한 한 연구에서 카너먼과 트버스키(1973)는 참가자들에게 R로 시작하는 단어 또는 세 번째 글자가 R인 단어 중 어느 것이 더 많을지 물어보았다. 대부분의 참가자들은 R로 시작하는 단어가 더 많다고 빠르게 대답했지만, 사실은 세 번째 글자가 R인 단어가 3배 더 많았다. 이것은 R로 시작하는 단어들이 더 가용성이 높고, 쉽게 떠올릴 수 있다는 것을 보여준다.

　　가용성 발견법에 대한 또 다른 예로서 트버스키와 카너먼(1973)은 남자 이름보다 여자 이름이 더 많이 포함된 리스트를 큰 소리로 읽었다. 만약 이 연구를 오늘날에 했다면, 아마도 그 리스트는 이런 식이었을 것이다. '린다 제닝스, 토냐 브라운, 라키샤 스미스, 가브리엘라 로드리게스, 무하마드 알리, 테레사 맥키, 캐서린 메이어, 데이비드 템플턴, 미셸 골드먼, 맷 데이먼' 그러고 나서 그들은 참가자들에게 남자 이름이 많은지 여자 이름이 더 많은지 물었다. 유명인의 이름이 소수 포함된다면 참가자들은 올바르지 않게 대답할 가능성이 높다. (이 리스트에 있는 7명의 여자 이름은 전혀 유명인이 아니었지만, 3명의 남자 이름은 스포츠 챔피언, 영화 배우 같은 유명인이다.) 이러한 실수는 유명한 이름들이 낯선 이름들보다 더 가용성이 높고 기억하기 쉽기 때문에 발생한다.

　　기준점 발견법(anchoring heuristic)은 출발점이 궁극적인 결론에 큰 영향을 미치는 경험적 추측이다. 우리가 무엇을 생각해야 할지 확실치 않을 때, 누군가가 제안(기준점)을 하게 되면, 우리의 생각이 그들의 것과 큰 차이가 없게 될 가능성이 크다. 트버스키와 카너먼(1974)은 기준점 발견법을 설명하기 위해 UN에 아프리카 국가들이 몇 퍼센트나 되는지 미국 참가자들에게 물어보았다(사실 대부분이 알지 못했다). 참가자들이 대답하기 전에, 그들은 참가자에게 가능한 대답으로 고려할 만한 퍼센트들을 제공하기 위해 룰렛 바퀴를 돌렸다. 이러한 무작위 퍼센트가 기준점이 되고,

대표성 발견법
원형과의 유사성에 기반 한 경험적 추측

가용성 발견법
빠르고 쉽게 떠오른 정보에 기반 한 경험적 추측

기준점 발견법
시작점이 궁극적인 결론에 강한 영향을 미치는 경험적 추측

이것이 참가자들의 예상에 많은 영향을 미쳤다. 기준점이 10%일 때 참가자의 중간 예상치는 25%였다. 기준점이 65%일 때 참가자의 중간 예상치는 45%이었다. 기준점이 무작위로 정해지는 것을 알면서도 참가자들의 추측은 그들이 제공한 기준점에서 멀리 벗어나지 않았다. 또 다른 연구에서 참가자들의 절반에게는 마하트마 간디가 140살 전에 죽었는지 아니면 후에 죽었는지 물었고, 나머지 절반에게는 9살 전에 죽었는지 아니면 후에 죽었는지 물었다. 물론 두 기준점 모두 매우 부정확했지만(간디는 78세에 죽었다), 그럼에도 불구하고 간디의 실제 사망 연령에 대한 참가자들의 추측을 각각 기준점 방향으로 끌어냈다. 즉 140살 기준점을 들은 사람은 평균적으로 67살이라고 추측을 했으며, 9살 기준점을 들은 사람은 평균적으로 50살이라고 추측을 했다(Strack & Mussweiler, 1997).

기준점 발견법은 심지어 우리가 가게에서 물건을 사는 데 얼마를 지불할 것인지에 대해서도 강력한 영향력을 미친다. 한 연구는 학생들에게 완전 무작위로 00부터 99(기준점)로 되어 있는 그들의 사회보장번호 중에서 마지막 두 자리를 사용하게 했다. 그런 후 그 학생들에게 무선 컴퓨터 키보드에서 고급 초콜릿까지 다양한 제품을 보여주었다(표 7.2). 먼저, 그들은 그 물건들에 대하여 그들의 기준점에 해당하는 금액으로 지불할 것인지에 대한 질문을 받았다. 그리고 나서, 그들이 지불할 수 있는 최대 가격을 물었다. 두 번째 질문에 대한 그들의 대답은 무척 놀라웠다. 높은 기준점의 사람들은 낮은 기준점 사람들보다 훨씬 더 많은 돈(2배나 3배까지)을 기꺼이 지불하겠다고 했다. 예를 들어 기준점이 20 미만인 참가자들은 무선 키보드에 16.09달러, 초콜릿에 9.55달러를 기꺼이 지불하고, 기준점이 80 이상인 참가자들은 무선 키보드에 55.64달러, 초콜릿에 20.64달러를 기꺼이 지불한다고 말했다(Ariely et al., 2003).

감정 발견법(affect heuristic)은 어떤 것의 가치가 그것에 대해 어떤 감정을 가지는가에 의해 강하게 영향을 받는 경험적 추측이다. 그래서 어떤 것을 많이 좋아하면 그것이 가치 있고 좋다고 결론짓지만, 만약 많이 싫어한다면, 그것은 가치 없고 나쁘다고 결론짓는 경향이 있다(Kahneman & Fredrick, 2002). 한 연구에서, 연구자들은 참가자들에게 원자력 발전은 매우 위험하고, 두려움을 유발한다고 설명하거나, 아니면 원자력 발전은 유익하고 긍정적인 느낌들을 이끌어낸다고 설명했다. 참가자들에게 원자력 발전을 그들의 공동체를 위한 선택사항으로 평가하도록 요청했을 때, 그들의 평가는 그들의 감정을 밀접하게 반영했다(Finucane et al., 2000).

또 다른 연구에서 참가자들의 수돗물 또는 생수에 대한 선호는 환경적 영향, 맛, 화학물질 또는

감정 발견법
어떤 것의 가치가 그것에 대하여 갖는 감정에 의해 강하게 영향을 받는 경험적 추측

Jim Cumming/Moment/Getty Images

여러분이 만일 이것을 오리라고 생각했다면, 여러분은 대표성 발견법에 의해 오인하는 것이다. 대표성 발견법은 원형의 유사성을 바탕으로 지식에 의해 추측하려는 경향성이다. 이 동물은 오리처럼 보이지만, 사실은 아비라는 새이다.

표 7.2	기준점	
사회보장번호의 마지막 두 자리	무선 키보드에 지불할 수 있는 가격	초콜릿 한 상자에 지불할 수 있는 가격
00-19	$16.09	$9.55
20-39	26.82	10.64
40-59	29.27	12.45
60-79	34.55	13.27
80-99	55.64	20.64

출처 : Ariely et al.(2003).

사회보장번호의 두 자리가 일치하는 물건에 돈을 지불하도록 요구받았다고 상상해보자. 자신의 사회보장번호를 기억에 떠올린 상태에서 주어진 물건에 얼마를 지불할 수 있는가를 물었다. 한 연구에서 최댓값은 본인의 사회보장번호 두 자리에 가깝게 기준점을 제공하였다. 자신의 사회보장번호 두 자리에서 높은 수치를 가진 사람들은 낮은 수치를 가진 사람에 비해 동일한 물건에 2~3배 가격을 지불한다고 응답하였다.

기타 오염물질에 대한 우려, 건강상의 이점 및 물 선호에 대한 사회적 기준들보다 물 종류에 대한 긍정적이거나 부정적인 감정에 따라 달랐다(Etale et al., 2018). 감정 발견법은 의심할 여지없이 우리가 좋아하는 것이 판단에 많은 역할을 한다. 특정한 것에 대한 열정은 그것을 긍정적으로 판단하게 만든다. 예를 들어 시카고 컵스의 팬이라면, 순전히 객관적이고 논리적인 분석(예를 들어 컵스는 지금까지 형편없는 시즌을 보내고 있고 그들의 최고 선수들 중 몇 명이 부상을 당했다)이 더 부정적이고, 더 정확한 결과로 나오더라도 컵스가 승리할 것으로 예상한다.

인지와 감정

감정 발견법은 감정이 사고에 미칠 수 있는 영향을 설명하기 위한 하나의 시도일 뿐이다. 감정과 추론의 조합을 가장 잘 포착하는 현대 이론은 **이중처리 이론**(dual-process theory)이다. 즉 우리들 각자가 하나의 자동적 사고와 하나의 의도적 사고라는 두 가지 분리된 유형의 사고를 가지고 있다는 것이다. 대니얼 카너먼의 베스트 셀러 **생각에 관한 생각**(2011)에서처럼, 이중처리 이론은 우리가 어떤 문제나 결정에 직면했을 때 두 가지 뚜렷한 방법으로 대응할 수 있다고 말한다. 하나는 빠른 사고를 기반으로 하고 다른 하나는 느린 사고를 기반으로 한다(Evans & Over, 1996; Helm et al., 2018; Sloman, 1996; Stanovich, 2011).

유형 1과 유형 2 사고   유형 1은 빠른 사고를 의미한다. 이것은 즉각적이고, 손쉽게, 그리고 종종 완전히 인식하지 못한 채 발생한다. 이것은 충동적이며 직감적인 것이다. 그것은 주로 감정에 의해 촉진될 수 있는 빠른 반응을 만들어낸다(표 7.3). 사실 이것은 자주 우리가 논의했던 발견법들을 종종 활성화시킨다. 유형 2는 느린 사고를 의미한다. 이것은 더 의도적으로 발생한다. 이것은 어떤 것을 분석하고 평가해서 철저한 사고를 할 수 있는 능력을 말한다. 이것은 유형 1 사고보다 더 많은 시간과 노력이 요구되지만, 감정보다 추론을 강조할 때 더 요긴하다(Evans, 2018; Evans & Stanovich, 2013; Laird-Johnson, 2012; Toplak, 2018).

문제를 해결하거나 결정을 내릴 때, 두 가지 유형의 사고는 모두 유익할 수 있다. 유형 1 사고가 우선 발생하고 더 설득적일 수 있다. 유형 2 사고는 때때로 더 나은 해결책을 가져오지만, 아마도 그때가 되면 이미 유형 1 사고의 지시를 따르기 시작했을지 모른다(Kahneman & Fredrick, 2005). 예를 들어 친구가 사업 기회(대학 캠퍼스 근처에 컵케이크 가게를 여는 것)를 제안한다고 가정해보자. 즉각적인 반응은 유형 1에 의해 만들어진다. 아마도 유형 1 사고는 긍정적인 방향으로 기울게 하여 친구와 컵케이크 가게를 여는 것이 좋은 생각일 것이라고 생각하게 된다. 왜 유형 1 사고는 이런 반응을 만들어낼까? 아마도 추론들(돈을 벌 수 있다는 것 또는 더 이상 학자금 대출이 필

이중처리 이론
모든 사람이 하나의 자동적 사고와 하나의 의도적 사고방식을 가지고 있다는 개념

표 7.3 이중처리 이론 : 유형 1 사고 vs 유형 2 사고

유형 1 사고	유형 2 사고
빠르다	느리다
자동적이다	노력이 필요하다
인지할 수 없다	통제 가능하다
더 감정적이다	더 논리적이다
즉각적인 충동이다	세심한 분석이다

출처 : Evans(2013), Evans and Stanovich(2013).

요 없다는 것) 때문이겠지만, 더 많게는 감정(새로운 가게를 차린다는 흥분감 또는 성공적인 사업가가 되는 자부심) 때문일 것이다. 만약 유형 1 사고가 더 부정적이면, 그것 역시 추론(손해 볼 수 있는 자금 또는 떠맡을 수 있는 빛)과 감정(새로운 사업을 시작함으로써 악화될 수 있는 것들 또는 사업에 실패했을 때 당혹감)에 근거할 것이다.

그러나 시간을 조금 낸다면, 유형 2 사고가 끼어들 기회를 줄 수 있다. 유형 1 사고처럼 유형 2 사고도 컵케이크 사업 아이디어에 찬성하거나 반대할 수 있다. 유형 2 사고가 무엇을 결정하든, 그 결정은 추론에 더 근거할 것이고, 그러한 과정이 감정에서 벗어날 수 있게 해준다. 유형 2 사고는 다음과 같은 질문을 생각해보게 만든다. 얼마나 많은 돈을 투자해야 할까? 중소기업 대출이자가 얼마나 될까? 컵케이크 몇 개를 팔아야 이윤이 남을까? 얼마나 많은 다른 컵케이크 가게들과 경쟁해야 하고 우리 가게만의 이점은 무엇일까? 어떻게 광고하고, 비용은 얼마나 들까? 이렇게 감정보다는 데이터를 바탕으로 한 철저한 분석으로 유형 2 사고는 좀 더 합리적이고, 어쩌면 더 나은 결정을 도출할 수 있다.

유형 1 사고는 위험을 피하기 위해 큰 소리에 반응하거나 빠르고 적절한 방법으로 다른 사람의 인사에 반응하는 것과 같이 많은 생각이 도움이 되지 않는 상황에서 신속한 반응을 만들어주기 때문에 상당히 가치가 있을 수 있다. 하지만 많은 연구들은 유형 2 사고가 더 논리적인 답을 만들어 낼 수 있을 때에도, 감정적인 영향력으로 유형 1 사고가 어떻게 추론 과정을 넘겨받을 수 있는지를 보여준다. 예를 들어 한 연구에서 참가자들은 다양한 색깔의 젤리빈이 들어 있는 유리병 2개를 보았다(Denes-Raj & Epstein, 1994; Epstein, 1991). 더 작은 유리병에는 10개의 젤리빈이 있는데, 그중 하나는 초록색이다(그림 7.4). 더 큰 유리병에는 100개의 젤리빈이 있는데, 그중 9개가 초록색이다. 연구자들은 이 사실을 참가자들에게 말해주고, 눈을 감은 채 초록색 젤리빈을 고르기 위해 그들의 손을 유리병 하나로 가져가게 했다. 유형 2 사고는 큰 유리병(확률 9%)보다 확률이 높은 작은 유리병(확률 10%)으로 가라고 말한다. 그러나 61%의 참가자들이 더 큰 유리병을 선택했는데, 아마도 9개라는 확률의 유혹을 뿌리치지 못했기 때문일 것이다. 그러고 나서 연구자들은 큰 유리병의 초록색 젤리빈의 수를 5개로 줄였다. 작은 유리병에서 초록색 젤리빈을 꺼낼 확률이 2배(10% 대 5%)인 상황에서도 참가자의 4분의 1은 여전히 큰 유리병을 선택했다. 그들 중 몇몇은 자신들의 결정이 수학적으로 이치에 맞지 않다는 것을 알고 있지만, 선택할 수 있는 기회가 더 많다는 흥분 감이 무시할 수 없을 만큼 강했다고 한다. 추가적인 연구로 사람들이 충동적으로 반응하기보다는 그들의 행동을 철저히 생각하도록 하는 유형 2 사고를 하도록 훈련시키는 것이 긍정적인 영향을 실제로 줄 수 있는지를 알아보았다. 예를 들어 한 연구에서 시카고의 범죄율이 높은 지역 출신 중 경제적으로 혜택 받지 못한 수천 명의 10대 청소년들에게 매주 'Becoming a man'이라는 교내 프로그램을 통해 빠르게 생각하기와 천천히 생각하기에 대해 배우게 했다. 이 프로그램을 통해 배우게 되는 주요 메시지는 자동적으로 사고하고 행동하기보다는 어떤 상황(및 가능한 대응)에 생각과 행동을 늦추고 숙고하는 것이 실생활에서 많이 유익할 수 있다는 것이었다. 결과는 인상적이었다. 즉 체포율은 약 30% 감소했고, 강력 범죄로 인한 체포는 약 50% 감소했으며, 졸업률은 약 15% 증가했다(Heller et al., 2017).

정서예측 인지에서 감정의 역할에 대해 한 가지 더 언급할 것이 있는데 그것은 문제를 해결하거나 결정을 내리려고 할 때, 그 상황이 결과적으로 잘 되기를 바라는 것만은 아니라는 것이다. 그 상황에 대한 우리의 감정이 결과적으로 좋기를 역시 바라고 있는 것이다. 문제는 "내가 …하면 어

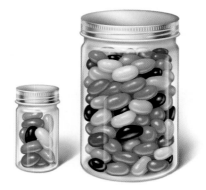

그림 7.4 초록색을 가질 수 있을 것 같은 느낌 초록색 젤리빈을 찾는 것이 목표였던 한 연구에서 참가자들은 10개 중 1개가 초록색 젤리빈인 작은 유리병과, 100개 중 9개가 초록색 젤리빈인 큰 유리병 중에서 자신의 가능성을 선택할 수 있었다. 논리에 따르면, 이것은 아주 간단한 문제다. 즉 확률이 단지 9%에 불과한 큰 유리병보다 10%가 되는 작은 유리병을 선택하는 것이다. 그러나 61%의 참가자들이 큰 유리병을 선택했는데, 아마도 그들에게 더 많은 획득 기회를 준다고 생각했기 때문일 것이다. 실험자들이 큰 유리병에 들어 있는 초록색 젤리빈 수를 5개로 줄였을 때에도 많은 사람들은 여전히 작은 유리병보다 큰 유리병을 선택했다.

떻게 될까?"뿐만 아니라 "내가 …한다면 어떤 기분일까?"도 마찬가지다(Schwartz & Sommers, 2013). 옆 집 아이를 봐주고 있는데 그 아이가 배가 아프다고 말한다고 생각해보자. 어떻게 해야 할까? 그의 부모에게 전화해야 할까? 약을 줘야 할까? 구급차를 불러야 할까? 그냥 무시해야 할까? 물론 그 아이가 괜찮다고 느끼도록 하는 것이 주된 목표일 것이다. 하지만 우리의 감정은 매우 혼란스러울 것이다. 만약 아무 조치도 하지 않았고 그 아이가 심각한 병을 앓고 있다는 것이 밝혀진다면 감정이 어떨까? 만약 병원으로 급하게 데려갔는데, 알고 보니 그 아이가 방금 모기에 배꼽 근처를 물린 것이라면 감정이 어떨까? 심리학자들은 객관적인 결과가 아니라 의사결정의 주관적인 결과에 중점을 두는 것을 **정서예측**(affective forecasting)이라고 했다. 이것은 의사결정의 결과에 대해 어떻게 느낄지 예측하는 것이다.

정서예측에 관한 연구는 우리가 그것을 잘하지 못함을 보여준다(Gautam et al., 2017; Kahneman, 1999, 2000; Kahneman et al., 1993; Redelmeier et al., 2003; van Dijk et al., 2017). 한 연구에서, 연구자들은 봄 방학을 보내는 플로리다 남부의 대학생들에게 그들이 얼마나 즐거운 시간을 보내고 있는지에 대한 평가를 알기 위해 문자 메시지를 반복해서 보냈다(Wirtz et al., 2003). 그들의 평가에 따르면, 대부분이 즐거움의 크기에서 중간 정도인 '그저 그렇다'라고 평가했다. 하지만 학생들이 학교로 돌아왔을 때, 그들의 방학에 대한 기억은 많이 좋음 또는 나쁨에 포함됐고 거의 중간은 없었다. 정서예측과 관련된 핵심은 이것이다. 내년 봄에 같은 장소에 갈 것인가를 물었을 때, 그들의 대답은 그들의 평균적 평가(대부분이 중간 정도로 평가했다)에 달려 있지 않고 더 좋음과 더 나쁨에 달려 있었다. 즉 그들이 내년 동일한 여행에서 어떻게 느낄지 예측했을 때, 학생들은 이용 가능한 모든 자료를 고려하지 않았다. 사실, 그들은 대부분의 데이터를 무시하고, 극도로 좋은 순간과 나쁜 순간에만 집중했다.

정서예측은 한 사람의 특별한 심리적 특성에 의해 특정한 방향으로 유도될 수 있다. 예를 들어 한 연구에서 참가자들에게 축구 경기, 선거, 밸런타인데이, 생일, 영화 등 다양한 일을 경험했을 때 그들이 가질 수 있는 감정을 예측해 달라고 요청했다. 근심과 번민을 느끼는 경향이 있는 사람들은 더 많이 불쾌한 감정을 예측하는 반면 걱정이 덜한 사람들은 더 즐거운 감정을 예측하는 경우가 많았다(Hoerger et al., 2016). 마찬가지로, 심각한 우울증을 앓고 있는 사람들의 정서 예측은 높은 수준의 나쁜 감정과 낮은 수준의 좋은 감정을 포함하는데, 이것은 우울증의 특성이기도 하다(Thompson et al., 2017).

정서예측은 또한 **지속성 편파**(durability bias)에 의해 영향을 받는다. 즉 결정의 결과에 의해 만들어지는 감정의 예상되는 지속 길이를 과대평가하는 것이다. 큰 결정에 대해 미리 생각해볼 때, 그 결과가 오랫동안 우리의 감정에 영향을 미칠 것이라고 예상하지만, 사실은 그렇지 않다. 무슨 일이 일어나든 그것에 익숙해지고, 그때 감정은 사라진다(Gilbert, 2006; Gilbert & Wilson, 2000, 2007; Gilbert et al., 1998). 새로운 머리모양을 한 후, 새 대형 TV를 산 후, 새로운 직장을 얻은 후, 또는 새로이 사랑하는 사람을 만난 후 우리의 삶이 얼마나 멋질 것이라고 예상했는지 생각해보라. '그 이후로도 계속 행복하게'를 상상했을지 모르지만, '행복하게'는 아마도 그렇게 오래 지속되지 않는다. 새로운 것이 일상화되어 결국 기대만큼의 흥분을 가져오지 못한다. 지속성 편파에 대한 한 연구에서, 연구자들은 버지니아대학교와 버지니아공대의 학생들에게 두 학교 사이의 토요일 축구 경기 결과로 그들이 어떤 감정을 갖게 될 것이며, 얼마나 오랫동안 그렇게 느낄 것인지를 물었다(Wilson et al., 2000). 대부분은 축구 결과가 다음 주까지 그들의 행복에 큰 영향을 미칠 것으로 예상했다. 사실은 그렇지 않았다. 승리하든 패하든, 월요일이 됐을 때, 경기 결과는 그들의 행

정서예측
결정의 결과에 대해 어떤 사람이 어떻게 느낄지 예측하는 것

지속성 편파
결정의 결과에 의해 생성되는 감정의 예상 지속시간에 대한 과대평가

복에 더 이상 영향을 주지 않았다.

또 다른 연구(버지니아대학교 학생들도 포함)에서, 1학년 학생들에게 그들이 남은 기간 동안 캠퍼스에서 거주할 곳을 결정하는 주택 추첨의 영향력에 대한 설문조사를 실시했다(Dunn et al., 2003). 이 추첨은 룸메이트를 결정하는 것이 아니라 단지 장소만을 정하는 것이었다. 추첨 전에, 학생들은 그 결과가 앞으로 몇 년 동안 그들의 행복에 큰 영향을 미칠 것이라고 예측했다. 하지만 그들이 틀렸다. 주택 추첨 후 1년 차와 2년 차 후속 설문조사에 따르면 당시 학생들의 행복도는 추첨으로 정한 장소와는 관계가 없음이 드러났다.

인지와 창의성

창의성(creativity)은 어떤 문제에 대한 독창적인 생각이나 접근법을 생각해내는 능력이다. 창조적인 행위는 인터넷의 유명한 '팝콘 후드티'(후드티에 팝콘을 가득 담은 채 앞으로 입는 것)의 발명처럼 작고 개인적인 것이거나 페이스북의 개발만큼 엄청나게 전 세계적으로 변화를 일으키는 것이다(Kaufman & Beghetto, 2009). 어느 쪽이든, 창의성은 어떤 문제에 대한 기존의 해결책 중에서 선택하는 것 이상이다. 창의성은 완전히 새로운 해결책의 발명이다.

창의성은 독특한 아이디어를 생각해내거나, 문제 해결 방법을 찾아낼 수 있는 역량이다. 어떤 경우에는 창의적 해결안이 세상을 변화시켰다. 또 다른 경우에 창의적 해결안은 여러분의 팝콘을 편리한 곳에 보관할 수 있도록 하였다.

창의적인 해결책의 예로서 이런 현실적 문제를 생각해보자. 초기 대응자(경찰관, 소방관, 수색구조대)가 건물에 도착한 후, 어떻게 하면 그 안에 무엇이 있는지 잘 볼 수 있을까? 분명한 해결책은 들어가는 것이지만 때로는 너무 위험할 때도 있다. (안에 저격수가 있지 않을까? 화재라면? 폭탄이 있다면?) 어떤 때는 건물이 너무 심하게 파손되어 잔해가 생존자에게 접근하는 것을 막아버리는 경우처럼 단순히 진입이 불가능할 때도 있다. 또 다른 해결책은 훈련된 개나 로봇을 안으로 들여보내는 것일 수 있지만, 개의 의사소통 능력은 제한되어 있고, 로봇은 비싸고 꽤 무겁고 거추장스럽다. 한 발명가팀이 이 문제의 해결책으로 'Bounce Imaging Explorer'라는 장비를 만들었다. 이것은 6개의 디지털 카메라, 온도계, 산소 센서, 깜빡이는 LED 조명이 장착된 소프트볼만 한 크기의 작은 공이다. 초기 대응자들은 그것을 불타는 건물, 인질 상황, 또는 자연재해로 인한 돌더미 같은 어떤 공간에라도 던질 수 있다. 그러면 파노라마 사진 및 그곳의 환경 정보를 초기 대응자의 스마트폰이나 태블릿과 같은 장비로 자동 전송한다. 이것은 2010년 아이티 대지진 이후 구조 노력에서 영감을 얻었는데, 그때 구조대원들이 외부에서 부분적으로 붕괴된 건물 속에 생존자가 있는지 또는 진입할 수 있을 만큼 건물 구조가 건재한지 판단하는 데 어려움이 많았다. 발명가들은 비교적 저렴하고 잠재적으로 생명을 구할 수 있는 이 장치를 구상했을 때 새롭고 진정한 창의성을 보여주었다.

발산적 사고와 수렴적 사고 Bounce Imaging Explorer의 제작자들이 위험한 상황의 내부를 더 잘 볼 필요가 있다고 생각했을 때, 그들은 아마도 그 특정한 해결책을 정하기 전에 다양한 아이디어를 만들어냈을 것이다. 그들은 다양한 가능한 해결책을 제시하는 문제 해결 전략으로 **발산적 사고**(divergent thinking)를 했다. 발산적 사고는 비록 혼자 해결하는 문제더라도 필수적인 브레인스토밍이다. 최선의 것을 고르는 과정에서 많은 아이디어들이 폐기될 것임을 알지만, 열린 마음으로 생각하고 많은 생각을 만들어내는 것이 목표인 창조적 과정의 초기 단계에서 이것이 가장 뚜렷하게 드러난다(Sternberg, 2006; Sternberg & Lubart, 1991). 발산적 사고의 반대 개념이 **수렴적 사고**(convergent thinking)인데, 이것은 최선의 해결책을 추론하기 위해 논리를 사용하는 문제 해결 전략이다.

창의성
어떤 문제에 대한 독창적인 아이디어 또는 접근 방법을 생각해낼 수 있는 능력

발산적 사고
다양한 가능한 해결책을 제시하는 문제 해결 전략

수렴적 사고
논리를 이용하여 단일의 최선인 해결책을 추론하는 문제 해결 전략

기능적 고착
어떤 것을 다른 가능한 용도보다 가장 전형적으로 사용되는 방식으로만 생각하는 것

예상할 수 있듯이, 창조적인 사람들은 수렴적 사고가라기보다는 발산적 사고가인 경향이 있다(An et al., 2016; Runco, 2018; Smith & Ward, 2012). 창의성을 평가하기 위해 심리학자들은 사람들에게 벽돌의 용도를 최대한 많이 생각해보게 하는 '벽돌 테스트'를 사용한다(Carson et al., 2005; Gallagher & Grimm, 2018; Lichtenfeld et al., 2018; Silvia et al., 2009). 수렴적 사고가들은 벽돌이란 집을 짓기 위해서 사용하는 것이라고 생각한다. 그것은 적절한 생각이지만 확실히 창조적이지는 않다. 발산적 사고가들은 벽돌의 다른 많은 용도들을 생각할지 모른다. 즉 도어스톱, 북엔드, 문진 등의 혁신적인 용도를 생각하거나, 망치, 정원용 발판, 운동도구 등의 상상력 풍부한 용도로, 또는 무기, 캔버스, 보도블록 위에 쓰기 위한 분필 대용 등의 방법들로 생각할 것이다.

기능적 고착 이러한 발산적 사고(벽돌이나 다른 것에 관한 것)에 몰두하기 위해서는 **기능적 고착**(functional fixedness)의 경향을 극복하는 것이 중요하다. 기능적 고착이란 어떤 것을 다른 가능한 용도보다는 가장 일반적으로 사용되는 용도로만 생각하는 것이다. 어떤 대상의 가장 전형적인 용도를 생각하는 것(집을 위한 벽돌)은 창의성을 방해하지 않지만, 거기서 멈추는 것은 창의성을 방해하는 것이다(Glucksberg & Weisberg, 1966; Maier, 1931; Munoz-Rubke et al., 2018; Simonton & Damian, 2013). 만약 우리가 가정용품에 대한 창의적인 사용 방법들을 실은 잡지나 웹사이트를 보고 "와, 정말 좋은 생각이야"라고 생각했다면, 우리는 사람들이 기능적 고착에서 벗어날 때 생길 수 있는 창의성을 높이 평가하는 것이다. 기능적 고착을 극복하는 예로는 빨대를 목걸이 보호 덮개로 사용하여 엉키거나 꼬이지 않도록 하는 것, 또는 조리하지 않은 쌀을 사용하여 젖은 스마트폰을 말리는 것, 또는 스파게티 면을 이용하여 닿지 않는 양초의 심지에 불붙이기, 그리고 못을 빗으로 고정하여 못질할 때 손가락을 보호하기 등이 있다. 이 모든 생각은 원래의 분명한 용도 밖의 것을 생각한 사람들의 머리에서 불쑥 나온 것이며, 기능적 고착에 의해 그 생각들이 저지되지 않았다.

기능적 고착을 벗어나는 것은 흥미진진한 예술적 발전으로 이어질 수 있다. 턴테이블을 생각해 보자. 수십 년 동안, 그것은 오로지 의도된 기능인 음악 재생 용도로만 사용되었다. 그러나 1970년대 후반, 선구적인 DJ였던 쿨 허크와 그랜드마스터 플래시는 턴테이블에 새로운 기능을 구축했다. 바로 음악 만들기였다(Hill, 2013; Piskor, 2013). 그랜드마스터 플래시는 춤추는 사람들이 흘러나오는 노래 중 가장 좋아하는 부분은 보컬과 악기가 빠진 채 리듬 섹션의 그루브만 남은 짧은 그 순간이라는 것을 알았다. 그는 그 순간(그는 이것을 브레이크라 불렀다)이 단 몇 초 동안만 지속되는 것을 안타까워했다. 어떻게 해서든지 이 브레이크가 좀 더 오랜 시간 비트로 합쳐지게 하기 위해 2개의 턴테이블을 사용하였다.

그는 2개의 턴테이블 사이에서 DJ가 원하는 만큼 동일한 브레이크를 저글링하는 루핑과 서로 다른 브레이크를 겹치게 하는 블렌딩 기술을 개발하였다. 이와 같은 턴테이블을 악기로 활용한 혁신은, 현재 모든 장르 음악 제작자들이 사용하는 것처럼 컴퓨터 프로그램으로 다른 노래의 일부분을 결합하여 만드는 샘플 음악 제작 방식의 길을 열었다(McLeod & DiCola, 2011; Schloss, 2004).

창의성과 문화 창의성과 연관된 또 다른 요인은 문화이다(Gocłowska et al., 2018; Lubart, 1999). 여러 문화를 경험하거나 여러 언어를 구사하는 사람들은 창의성이 상대적으로 높다. 아마도 그들의 다양한 경험이 다방면으로 생각하는 데 도움을 주기 때문일 것이다(Fürst & Grin, 2018; Leung et al., 2008; Ricciardelli, 1992; Simonton, 2008). 많은 연구들은 서구 문화권 사람들이 동양 문화권 사람들보다 제각기 다르게 생각하는 경향이 있고, 이것이 더 높은 수준의 창의성으로 이어진

Rick Diamond/WireImage/Getty Images

창의성 향상을 위해서는 기능적 고착이나 또는 물건이 일반적으로 사용되는 방식으로 생각하는 방법을 극복해야 한다. 1970년대에 그랜드마스터 플래시는 기능적 고착을 극복한 DJ 중 한 명으로 턴테이블이 음악을 재생하는 기기가 아니라 음악을 만드는 장치로 사용하였다.

다고 주장한다(Kharkhurin & Motalleebi, 2008; Niu & Sternberg, 2001). 사실, 1인당 특허의 수는 한 문화가 얼마나 많은 새로운 생각을 만들어내는가를 측정하는 흥미로운 방법인데, 일반적으로 동양 문화보다 서양의 두드러진 개인주의 문화에서 더 높다(Shane, 1992, 1993). 하지만 서양 문화와 동양 문화의 창의성 차이는 이전에 생각했던 것보다 작고, 오히려 각 문화권의 사람들이 애초에 어떻게 창의성을 정의하느냐에 따라 달라질 수 있다는 연구 결과도 있다(Adair & Xiong, 2018; Güss et al., 2018; McCarthy et al., 2018; Palmiero et al., 2017).

또한, 개인주의는 많은 창조적인 생각을 촉진할 수 있지만, 그 생각의 실행을 촉진하지는 않는다(Hofstede, 2001). 그래서 만일 천재는 1% 영감과 99% 땀으로 이루어진다고 한다면(옛말처럼), 순수 개인주의는 시작은 좋을 수 있으나 실행하는 데는 그렇지 않을 수 있다. 종종 가장 좋은 결과를 만드는 것은 창조적인 계획을 생각해내는 '아이디어족'과 그러한 계획을 현실로 옮기는 '일벌'의 협력이다. 미국 역사상 최고의 유리 조각가 중 한 명으로 인정받는 데일 치훌리(Dale Chihuly)의 작품을 생각해보자. 그는 크고 복잡한 많은 작품들을 만들었는데, 그중 많은 작품들은 특수하게 만들어진 수백 개의 유리들을 특정한 방식으로 배열한 것이다. 예술가로서 치훌리는 그의 작품의 주요 창조적인 원동력이지만, 마음에 있는 아이디어를 실제 조각된 유리 조각으로 전환하는 예술의 실행은 동료들의 팀워크였다(Chihuly, 2007). 한 조각의 유리를 만드는 데는 종종 수십 명의 사람들의 공동의 노력이 필요하다. 박물관에서 그의 완성된 작품을 조립하기 위해 수백 개의 작은 유리 조각들을 공들여서 배열하여 거대한 예술 작품을 만드는 것도 또 다른 중요한 집단적인 노력이다. 이 팀원들이 없었다면 치훌리의 창작품은 아직 창조되지 않은 채로 남아 있을 것이다.

Johnny Green - PA Images/Getty Images

데일 치훌리의 유리 조각은 개인주의와 집단주의에 의존한 창의성의 산물이다. 개인주의는 창의적인 아이디어를 이끄는 확산적 사고를 촉진하고, 집단주의는 이러한 아이디어를 구현할 수 있는 있는 팀워크를 향상시킨다. 치훌리의 조각품은 많은 수의 사람들이 요구되는데, 유리를 불고, 많은 조각의 유리를 조합하고 연결하는 역할을 한다.

학습 확인

7.1 심리학자는 인지를 어떻게 정의하며, 연구의 주요 세 가지 영역은 무엇인가?

7.2 심리학자들은 용어 개념을 어떻게 정의하는가?

7.3 개념의 세 가지 주요 유형은 무엇인가?

7.4 심리학자들이 개념을 체계화하기 위해 사용하는 3단계는 무엇인가?

7.5 문제 해결과 의사결정의 차이점은 무엇인가?

7.6 연산과 발견법의 차이점은 무엇인가?

7.7 문제를 해결할 때 이성에서 벗어나는 세 가지 방법은 무엇인가?

7.8 발견법의 네 가지 주요 유형은 무엇인가?

7.9 이중처리 이론에 따르면, 사고의 두 가지 유형은 무엇이며, 어떻게 다른가?

7.10 정서예측이란 무엇이며, 일반적으로 사람들은 그것을 얼마나 잘하는가?

7.11 심리학자들은 창의성을 어떻게 정의하는가?

7.12 발산적 사고와 수렴적 사고 사이의 차이점은 무엇인가?

7.13 기능적 고착이란 무엇인가?

7.14 어떤 유형의 요소가 창의성에 기여하는가?

언어

언어(language)는 우리가 단어와 다양한 상징을 규칙에 따라 조합하고 계획하여 다른 이들과 의사소통할 수 있는 능력이다. 언어는 만일 여러분이 생각하기를 멈춘다면 참으로 놀라운 것이다. 여러분이 태어났을 때 단어와 관련된 일(말하기, 쓰기, 읽기, 이해하기)을 전혀 할 수 없었음을 생각해보자. 어찌되었건 단지 몇 년 후 여러분은 이와 같은 일들을 유창하게 할 수 있다. 그리고 지금은 우리가 폐로 숨을 쉬듯이 뇌를 이용하여 자동적이고 쉽게 언어를 사용한다. 한 전문가는 가끔 우리가 간과하는 언어적 능력의 신비를 대화의 단순한 조각 속에서 무슨 일이 일어나는가를 자세

언어
상호 소통할 수 있는 능력으로, 규칙에 따라 단어나 상징 등을 조합하고 조율함

학습 목표

7.15 심리학자들은 언어를 어떻게 정의
하는가?

7.16 연구자들은 언어가 어떻게 진화
했다고 추측하는가?

7.17 언어발달 이론

7.18 아동 언어발달의 단계들

7.19 문법의 네 수준

7.20 의사소통에서 언어 외 정보의 영향

7.21 사고에 대한 언어의 영향

하고, 천천히 묘사하였다.

어떠한 수고로움도 없이 우리는 1초에 12가지 언어음을 알아차릴 수 있으며, 그것이 구성하는 단어들을 거의 즉시 인식한다. 그것이 형성하는 문장에 의해 생성되는 메시지를 이해하고, 종종 말이 끝나기 전에 적절한 언어적 · 비언어적 반응을 자세히 설명한다(Mattys, 2013, p. 391).

언어가 인간에게 어떻게 진화했는지, 어린 시절에 어떻게 발전하는지, 문법적 규칙에 의해 어떻게 구조화되었는지, 그리고 사고와 어떻게 상호작용하는지 등 언어의 많은 측면을 살펴보자.

언어의 진화

인류는 어떻게 언어 사용에 능숙한가? 다른 동물들도 물론 의사소통을 하지만, 우리 인간의 언어 사용은 어떻게 세련화되었는가? 솔직히 우리는 확실히 모른다. 솔직히 언어의 진화는 수천 년에 거쳐 이루어졌으므로 우리는 전혀 알 수 없다(Aitchson, 1996; Bickerton & Szathmáry, 2009; Carstairs-McCarthy, 2001; Christiansen & Kirby, 2003; Gibson & Tallerman, 2012). 그러나 우리는 추론을 멈출 수 없다.

연구자들은 인류 초기에 일종의 '음성어', 즉 단순한 그르렁거림에서 한두 발짝 나아간 형태의 초기 의사소통 방식이 있었다고 믿는다(Bickerton, 1992, 2009; Zywiczynski et al., 2017). 초기 의사소통 언어는 분절적인 소리로 이루어졌으며, 각각의 소리는 그 시대 생존에 근본적인 완벽한 정보를 전달하였다. 예를 들어 한 소리는 "너의 뒤에 맹수가 있으니 조심해"라는 의미이며, 또 다른 소리는 "그것을 먹으면 아프니까 먹지마"라는 의미를 전달한다(Bickerton, 2013). 이러한 소리들은 현재 자동차의 경적과 같은 역할을 하며, 각각의 소리에 구체적인 정보는 없지만 맥락에 따라 중요한 정보를 전달한다. 오랜 시간이 지난 후 인간은 단순음을 작은 부분으로 나누었고, 이것이 기초적인 단어가 되고, 새로운 방식으로 조합되었다(Pleyer et al., 2017; Wray, 1998, 2000). 그러나 초기 언어 이론은 예리한 추측이고, 확인된 사실이 아니며 모든 전문가들이 동의하지 않는다(Arbib, 2008; Bichakjian et al., 2017).

 언어는 어떻게 그 많은 단어들을 포함하면서 성장하나요?

좋은 관찰이다. 우리가 오늘날 사용하는 언어는 우리의 조상이 사용하던 분절된 단음보다 훨씬 더 확대되었다. 일반적인 미국 성인은 6~10만 개의 단어를 보유하고 있다(Pinker, 1994). 그리고 이는 영어 단어에 해당하는 부분이다. 표 7.4는 새로운 단어를 담고 있는데, 영어 단어는 항상 새로운 단어를 만들어내고, 새롭게 사전에 등재되고 있다. 이러한 단어들은 예전 선조들이 사용하던 한 음절의 소리의 다양한 대안을 제공하고 있다.

우리의 언어는 왜 다양한 방법으로 동일한 메시지를 전달하는가? 연구자들이 추론하기를 보다 세련된 언어의 사용은 친구들이나 미래 배우자들에게 더욱 매력적으로 보이며, 사회적으로 좋은 인상을 얻을 수 있기 때문이다. 이 관점에서 설명해보면, 만일 여러분이 고학력자들이 사용하는 단어를 섞으며 풍부한 어휘를 사용하면, 듣는 사람들은 여러분이 전하려는 내용을 더 잘 이해

표 7.4	최근 사전에 추가된 용어들
1. Wordie	a. 슈나우저와 푸들의 혼합된 견종
2. Schnoodle	b. 옆으로 쳐다보는 눈빛으로, 꾸짖거나, 의심이나 인정하지 않음을 의미함
3. Glamping	c. 철저하게 재앙을 초래하는 처참한 상황이나 사건, 재앙
4. Dumpster fire	d. 크게 만들거나 확장하는 것(〈심슨네 가족들〉에서 유래함)
5. Hate-watch	e. 단어를 사랑하는 사람
6. Embiggen	f. 운동경기에서 연패
7. Schneid	g. 좋아하지 않은 TV쇼나 영화에 대해 찾아보고, 조롱하고 비판하는 것
8. Side-eye	h. 기존 캠핑에서 사용하지 않던 비품이나 편리한 물품(침대, 전기, 배수시설)을 설치한 실외 캠핑 형태

위의 조합에서 단어와 의미를 연결해볼 수 있는가?
답 : 1-e; 2-a; 3-h; 4-c; 5-g; 6-d; 7-f; 8-b

출처 : https://www.merriam-webster.com/words-at-play/new-words-in-the-dictionary-march-2018, https://www.merriam-webster.com/words-at-play/new-words-in-the-dictionary-feb-2017, and https://www.merriam-webster.com/words-at-play/new-words-in-the-dictionary-sep-2017.

하고, 여러분의 전달방식을 칭찬한다(Lange et al., 2013; Resenberg & Tunney, 2008). 이렇게 생각해볼 수 있다 — 만일 여러분이 데이트 앱에서 누군가와 메시지를 주고받고 있는데, 누군가가 새로 개봉한 영화에 대한 여러분의 의견을 물었을 때, "네. 전 그 영화 봤어요. 근데 별로였어요. 전 도대체 그 영화가 좋다고 말하는 사람들이 무슨 생각을 하고 있는지 모르겠더라고요"라고 말할 수 있다. 이렇게 말하는 대신 다른 인상을 줄 수 있는 방법이 있을까? "네 그 영화를 봤는데요. 솔직히 전 신경 쓰지 않지만, 평론가로부터 아주 훌륭하다는 평가를 받고 있다는 점을 알고 있었지만, 저는 어떻게 그들이 좋은 평가를 내리게 되었는지에 대해 완전히 이해하지 못했어요." 두 메시지는 동일한 내용을 담고 있지만, 그 내용을 전달하는 방식은 아주 다르다. 그 차이는 그 내용을 말하는 화자의 차이를 보여준다. 이런 방식으로 복잡한 언어는 인간에게 있어 공작새의 화려한 깃털과 같거나 명금의 아름다운 소리처럼 다른 사람들에게 매력을 호소하고, 자신의 지위를 보여주는 방식으로 작동한다(Locke, 2012).

당연히 세련된 언어는 사람마다 다르다. 누군가 세련되고 인상적이라고 생각하는 부분이 어떤 사람은 거만하고 비호감적이라고 생각될 수 있다. 언어는 세련됨의 수준과 관계없이 특정한 문화와 하위문화 내에서 고유한 방식으로 말하는 방법으로 집단 내 구성원임을 알려줄 수 있다(Keblusek et al., 2017). 예를 들어 캘리포니아에 있는 라틴계 갱의 하위문화 속에서 젊은 여성들은 특정한 단어의 사용을 주의를 기울여 배우고, 어떤 고유한 방법으로 발음하고, 다른 갱과 친밀함을 의사소통한다(Mendoza-Denton, 2008). 한 연구에서 다섯 살짜리 아기에게 다른 다섯 살 아기의 사진을 보여주고, 그 아기가 말하는 영어문장을 녹음하여 들려주었을 때, 아기는 사진 속의 아기가 본인과 다른 인종이라 하더라도 프랑스어와 같은 다른 나라의 억양으로 말하기보다 미국의 억양으로 말하는 경우를 훨씬 더 선호하였다(kinzler et al., 2009). 미국 아동들도 단어의 의미가 정확하지 않더라도 스페인어를 사용하기보다는 미국식 억양을 가지고 영어를 사용하는 성인을 더 신뢰하였다(Kinzler et al., 2011).

언어는 함께 사는 집단원들에게 이익을 제공한다는 측면이 인류의 역사 과정에서 언어의 복잡성이 성장하는 이유이기도 하다. 어떤 이론가들은 언어에서 가족 구성원 간에 음식, 장비 그리고

생득론
언어에 대한 이론으로 사람들은 언어 사용에 대한 능력을 타고난다고 주장함

언어획득장치
개인의 뇌 안에 존재하는 언어사용 능력을 제공하는 특정 장치

생존과 관련된 기본적인 정보를 공유해야 하므로 단음을 넘어서 진화해 왔을 것이라고 주장한다 (Gibson, 2012). 단음은 손도끼를 어떻게 가장 잘 사용할 수 있고, 화살촉을 샤프트에 어떻게 연결할 수 있는지를 설명할 수 없다. 단순음은 의사소통이 되지 않는다 — "저 산을 지나면 신선한 물이 없다" 또는 "호수 저편에는 사냥할 동물이 많고, 수확할 열매들이 많다" 등 인류 초기 역사에 아주 중요한 물과 음식을 찾는 정보를 교류하지 못한다. 이와 같은 방식으로 우리는 단순한 비명에서 방대한 단어를 활용하여 우리가 가지고 있는 음식의 질적인 부분과 많은 곳에 분포해 있는 물에 대한 정보를 나누고, 초기 인류는 유사한 정보를 그들의 생존을 돕기 위해 가족들에게 전달하면서 언어적 기술을 확장해 왔다.

언어의 발달

지금까지 우리는 언어가 인류 역사 과정과 함께 진화해 왔음을 논의하였다. 이제 각 인간의 탄생부터의 역사 과정에서 언어가 어떻게 발달하는가 알아보고자 한다. 처음 세상에 태어났을 때, 실제적인 언어기술은 존재하지 않는다. 울음소리는 언어라고 가정할 수 없다. 그러나 몇 개월 지나지 않아 우리는 많은 단어와 문장들을 이해한다. 첫해 생일에 자기 나름대로의 몇 단어를 만들어 말한다. 두 해 정도 지난 이후, 우리는 화자로서 그리고 청자로서 유능해지면서, 단어의 수도 많아지고 모든 종류의 문장을 만들 능력을 갖추게 된다. 이런 일들이 어떻게 가능할까? 어린아이가 어떻게 믿을 수 없는 복잡한 언어 취득의 과제를 그렇게 빨리 숙달할 수 있는가?

언어발달의 생득론   우리는 언어를 습득할 수 있는 능력을 타고난 듯하다. 인간에게는 숨쉬기나 보는 능력과 유사한 기제를 타고나서 언어 습득이 가능한 듯하다. 이것이 **생득론**(nativist theory) — 언어 사용 능력은 타고난 것 — 이론의 기본적인 생각이다. 생득론은 심리학에서 오랜 시간 논쟁의 중심이 되었던 일반적인 문법, 언어적 일반론의 이론들과 중복된다. 세계적으로 유명한 언어학자 노암 촘스키(Noam Chomsky, 1959, 1995)는 오랫동안 생득론을 가장 옹호하는 인물 중 한 명이다. 이와 반대 입장에서 전문가들은 언어 학습은 타고난 부분도 있지만, 후천적인 것이라고 주장한다. 전문가들의 입장에서는 언어는 타고난 능력이 아니라, 배울 수 있는 다른 능력이라는 것이다 (Bybee & McClelland, 2005; Elman et al., 1996). 언어에 대한 논쟁은 심리학에서 다루는 다른 주제와 유사하게 선천적-후천적 논쟁의 중심에 있다.

생득론을 지지하는 사람들은 모든 인간은 뇌 용량의 일부분으로 언어를 사용할 수 있는 능력을 제공하는 **언어획득장치**(language acquisition device)를 타고난다고 믿는다. 새로운 컴퓨터를 구입하면 사전에 입력된 소프트웨어가 제공되듯이, 언어획득장치가 사람들로 하여금 첫날부터 언어를 배울 수 있도록 동기화된다. **장치**라는 용어 때문에, 언어획득장치가 문자 그대로 뇌 안에 삽입된 작은 조각같이 들리지만, 제2장에서 배운 것처럼 그 장치는 실제적으로 언어를 만들기 위해 우리 뇌의 다양한 영역에서 상호작용하는 회로다.

생득론(최소한 우리에게 타고난 언어획득장치가 있다는 일반적인 생각)은 청각장애 학생들을 대상으로 살펴본 연구 결과를 통해 지지받는다. 한 연구에서 청각장애 학생이 부모와 상호작용하는 방식을 살펴보았는데, 부모는 비록 수화를 사용할 수 없었지만, 그 가족들은 자신들만의 독특한 '가족수화'를 만들었다. 이 언어는 인간이 사용하는 다른 언어(말하거나 표현하거나)가 가지고

아기들은 초기 몇 개월 안에 언어를 이해하고, 첫 생일이 돌아올 즈음에 단어를 사용할 수 있다. 2~3년 동안 언어적 능력은 놀랍게 확장된다.

있는 단어를 이야기하는 방식이나, 문장을 구성하거나 연결하는 특징들을 가지고 있었다. 게다가 그들의 언어는 상당히 복잡하고 다양한 감정이나 생각을 표현할 수 있었으며, 인간이 아닌 다른 동물에게서 발견되는 현상 그 이상이었다. 이 가정에서의 아동도 그의 부모보다 가족수화를 더 잘 사용한다는 점이 주목할 만하였으며, 이는 아동이 만들어냈음을 의미하는 부분이다(Goldin-Meadow, 2005). 이 모든 결과들은 존재하기 어려운 환경에서조차 언어는 자연적으로 발생하는 것이라는 점을 시사한다.

1980년대 니카라과에서 청각장애 아동을 위한 학교가 처음 도입되었다. 학교에 입학한 아동들은 표준적인 수화를 전혀 사용할 수 없었으나, 청각장애 아동들이 학교에 와서 자신들의 수화를 발전시켰으며, 이러한 상황은 생득론의 언어습득 능력은 후천적으로 습득되는 것이 아니라 선천적으로 타고난다는 주장을 지지한다.

다른 관찰 결과는 1980년대 니카라과에 살고 있는 청각장애 학생인데, 그는 그 지역에서 처음 생긴 청각장애인 학교에 다녔다. 아무도 표준 수화를 알지 못했으나, 학생들은 빠르고 즉각적으로 자신들만의 수화를 만들어냈다. 처음에 교사들은 그들이 사용하는 수화가 너무 간단하고 제한적이라서 인정하지 않고, 학생들에게 표준 수화를 가르치려고 노력하였으나 실패했다. 그러나 추후 연구에서 학생들이 만들어낸 창의적인 수화는 다른 언어에서 사용하는 유사한 다양한 단어와 복잡한 구조가 있음을 보여주었다(Kegl et al., 1999; Pyers et al., 2014; Senghas et al, 2004). 오늘날 독창적인 수화는 니카라과 수화(Nicaragua Sign Language)라고 인정되었으며, 널리 인정되는 전통적인 수화의 한 종류로 인정받았다. 다시 정리하면, 서로 공유한 언어가 없더라도 다른 방식의 언어는 자연스럽게 생겨난다. 이런 연구 결과들은 인간의 타고난 성향이 있어 언어적 능력을 사용하고 발달시킬 수 있다고 제안한다(Jackendoff, 2012).

비생득론 언어발달 이론   우리의 언어적 능력이 천성적으로 영향을 받는다고 해서, 양육이 포함되지 않는다는 의미는 아니다(Baldwon & Meyer, 2007; Fitch, 2012). 다수의 연구에서 아동의 언어 관련 행동을 보상하였을 때, 그 행동이 증가하고 있음을 보여주었다. 한 연구에서는 심각한 언어지체가 있는 2~4세 아동들이 부모님이 내는 독특한 소리를 듣게 하면서, 부모로부터 아동을 행복하게 하는 간지럼태우기, 박수치기 등의 행동을 반복적으로 했을 때 아동들이 스스로 그 독특한 소리를 만들어냈다(Sundberg et al., 1996). 이런 연구 결과들은 아동은 다른 사람들의 말하는 것을 들으면서 언어를 배운다는 언어발달의 형식주의 입장을 지지한다(Bruner, 1975, 1981).

최근에 연구자들은 비생득론 언어발달 이론에 더 많은 관심을 갖는다. **사회화용론**(social-pragmatic theory)은 아동의 언어 사용은 사회적으로 상호작용하고 싶은 욕구로부터 발달된다고 주장한다. 초기 아동의 비언어적 의사소통으로부터 시작하여, 아동들은 그들의 부모, 조부모, 형제자매들이 진행하는 대화에 참여하고 싶어 한다. 그들이 듣는 언어로부터의 모방이 아동의 언어 능력 향상을 돕는다(Brooks & Meltzoff, 2005; Gopnik & Meltzoff, 1997; Ramirez-Esparza et al., 2014; Tomasello, 2004).

사회화용론은 아이들은 상호작용하고자 하는 욕구로부터 언어의 사용이 발전된다고 주장한다. 아동들과 책을 함께 읽을 때, 책의 내용과 관련하여 그냥 문장을 읽는 것에 그치지 않고, 많은 질문을 던지거나 의견을 덧붙이게 되면 아동들의 언어 사용이 더욱 향상됨을 발견할 수 있다(Whitehurst et al., 1988).

이 과정을 보여주는 연구에서, 한 집단의 부모들은 한 달간 가정에서 아동에게 동화책을 전형적인 방법으로 읽어주었고, 다른 집단에서는 아동이 열린 질문을 많이 제기하기도 하고, 중간에 멈추어 읽은 페이지에서 어떤 일이 있었는지 토론할 수 있도록 하며 아동이 질문에 대답하도록 격려하는 방법으로 동화책을 읽어주도록 하였다. 한 달 이후, 두 번째 집단의 아동이 첫 번째 집단의 아동보다 다양한 언어적 과제에서 뛰어났다. 두 번째

사회화용론
아동들의 언어 사용은 사회적으로 상호작용하기 위한 욕구로부터 발생한다고 주장하는 이론

아기대화법은 노래를 부르듯이 하거나, 톤을 높이거나, 반복적으로 말함으로써 아기와 양육자 간의 관계를 돈독하게 한다.

집단의 아동은 풍부한 언어표현을 사용하였으며, 좀 더 길게 말을 하고 자신의 의견을 전달하는 데 한 단어의 사용보다 문장을 사용하였다(Whitehurst et al., 1988).

아기대화법   자료를 수집해보면 인간의 다른 활동처럼 언어발달도 유전-양육의 영향을 모두 받는다는 사실을 부인할 수 없다. 어떤 부분이 가장 중요한가와 관계없이, 언어발달은 탄생 초기부터 시작한다. 생애 초기에는 부모들이 아기들에게 특별한 방법으로 이야기한다. 즉 노래를 부르거나, 톤을 높이거나, 모음을 길게 늘리는 소리를 내거나 반복적으로 말한다. 많은 사람들은 이것을 아기대화법(Baby Talk)이라 부르고, 심리학자들은 이 용어를 아동을 향한 말투, *motherese*, 그리고 성적 차별 없이 *parentese*라고 명명하기를 선호한다(Fernald, 1994; Mithen, 2012). 음성적 의사소통의 초기 형식으로, 아기대화법은 아기와 양육자 간의 관계를 강화하는 역할을 한다. 때때로 안거나, 가볍게 쓰다듬거나, 입맞춤과 함께 발생하는데, 이는 다른 유인원들과 달리, 엄마에게 안겨 있지 않을 때에도 엄마의 관심을 받을 수 있도록 인간 아기들의 진화된 방식으로 보인다(Falk, 2012).

연구자들은 아기대화법이 아기의 언어발달의 속도를 높이고 범위도 확장하는 데 도움을 준다고 주장한다. 연구에 따르면, 전문가의 지도에 따른 아기대화법을 받은 6~10개월 아기들과 비교집단의 아동들을 비교하였는데 추후에 전문가의 지도를 받는 부모의 아기들이 더 많이 입으로 소리를 내었으며, 14개월이 되었을 때는 많은 수의 단어를 또렷하게 말하였다(Ramírez et al., 2018). 추가적인 연구에서도 아기가 24개월이 되고, 33개월이 되었을 때도 여전히 상당한 수준의 언어발달에서의 뛰어남을 보고하였다(Ramírez-Esparza et al., 2017).

옹알이   옹알이 부모의 아기대화법에 응답하는 역할이 **옹알이**(babbling)다. 옹알이는 말하기 발달의 초기 단계로 아기들이 의미 없는 다양한 소리를 음성으로 내는 것이다. 옹알이는 탄생 몇 개월 이후 '바'와 같은 한 음절 소리로 시작한다. 몇 개월이 지난 후에 아기의 옹알이는 한 음절의 소리를 지속적으로 반복하여 '바'라는 소리는 '바-바-바-바'로 멋지게 바뀐다. 수개월이 지난 후에는 서로 다른 한 음절 소리들을 연결하여 '바-가-미-누' 또는 '파-고-기-바'와 같은 다양한 소리를 낸다(Benders & Altvater-Mackensen, 2017; Fenson et al., 1994; Levey, 2013; Oller, 2000). 옹알거림은 그 자체는 의미 없지만 옹알거림의 과정은 아기의 말로 하는 언어발달의 중요한 과정이다. 옹알이는 돌보는 사람으로부터 언어적 반응을 이끌어내며, 아기는 그 반응의 소리를 듣고 모방한다. 이 과정이 아기가 어떻게 옹알이를 단어, 절, 문장으로 변화시키는지를 배우는 것이며, 이후 자유롭게 사용할 수 있게 된다(Albert et al., 2018; Goldstein & West, 1999; Goldstein et al., 2003; Gros-Louis et al., 2006; Morgan & Wren, 2018).

돌봐주는 사람이 아기의 옹알이에 대해 빨리 그리고 반응적으로 응답하는 것이 가장 좋은 학습과정이다. 성인과의 진정한 **상호작용**(예 : 엄마 아빠와 얼굴을 맞대고 하는 상호교환)일 때 단순히 성인의 목소리를 가끔 듣는 상황(예 : 부모의 대화를 엿듣기 또는 TV나 라디오 소리 듣기)보다 언어발달이 잘 이루어진다(Goldstein & Schwade, 2008). 아기가 성인들과 직접적이고, 주고받는 상호작용을 할 때, 집중적으로 경청한다.

옹알이
언어발달 초기 단계에 아기들이 의미 없는 다양한 소리를 음성으로 만드는 행동

 아기가 열심히 듣는지 우리가 어떻게 알 수 있나요? 아기들은 당신에게 그렇다고 말할 수 없잖아요.

독창적인 연구를 통해 아기들이 언어를 열심히 듣는지 우리는 알 수 있는데, 연구에 따르면 아기들에게 특정한 옹알이를 반복적으로 여러 번 들려주고 익숙해졌을 때, 유사한 종류의 옹알이와 전혀 다른 종류의 옹알이를 들려준 경우 아기들이 전혀 다른 옹알이 방향을 더 오래 응시하면서, 비언어적으로 '뭐지?'라는 방식으로 익숙하지 않은 것들을 들었다(Gerken, 2007; Gómez & Gerken, 2000; Saffran & Thiessen, 2003). 이 상황은 마치 여러분이 친구들과 동일한 언어로 이야기하고 있었는데, 갑자기 한 명이 전혀 다른 외국어로 이야기를 시작하는 상황과 유사하다. 여러분은 그 사람 쪽으로 머리를 돌리고, 한동안 무슨 상황인지 이해하려고 한다.

한 연구에서는 한 집단의 아기들은 A-B-A로 구성된 옹알이를 2분 동안 들었는데, 들려주었던 형식은 '가-티-가' 또는 '리-나-리'였으며, 다른 집단의 아기들에게는 A-B-B 음절로 구성된 '가-티-티' 또는 '리-나-나' 옹알이를 2분 동안 들려주었다. 각 집단의 아기들에게 새로운 옹알이를 들려주었는데, 새로운 옹알이는 이전에 2분 동안 들었던 옹알이 양식과 동일하기도 하고 다른 종류기도 하였다. 아기들이 새로운 옹알이가 이전의 옹알이와 다른 경우 새로운 옹알이를 내는 화자를 마치 다른 옹알이가 흥미롭기도 하고, 당황스럽기도 하다는 듯이 응시하였다(Marcus et al., 1999). 이런 종류의 연구 결과는 아기들이 우리가 인식하고 있는 것보다 더 빠른 방식으로 언어의 형식을 알아차리는 것을 보여주며, 이러한 결과로 아기들은 자신의 모국어에서 어떤 종류의 소리가 공통적인지를 배우게 된다(Koenig & Cole, 2013).

한 단어 단계   옹알이 시기가 끝나면, 일반적으로 첫돌을 지내고 한 단어 단계가 온다. **한 단어 단계**(one-word stage)에서 아기는 한 단어를 한 문장처럼 사용한다. 만일 여러분이 한 살짜리 아기와 함께 지내봤다면 아기들의 한 단어 소리침을 이해하기 위하여 맥락이 중요함을 알 수 있다. 아기들의 완벽하지 않은 발음은 그 상황을 이해하는 데 어렵게 만든다(MacWhinney, 2001). 예를 들어 한 살짜리 메건이 "카"라는 소리를 냈을 때, 그녀는 '고양이'를 언급하면서, "나 고양이를 만지고 싶어" 또는 "나는 고양이가 무서워"를 의미할 수 있고, 또는 그녀의 언니 캐서린을 의미할 수도 있으며, "캐서린이 지금 방에 걸어 들어갔어" 또는 "저건 캐서린의 장난감이야"라는 의미도 될 수 있으며 또는 그녀가 제일 잘하는 박수를 치면, 그 박수는 그녀가 아는 사람이 박수치는 것을 알아차렸다는 의미도 되고, '동요를 부르면서 손벽을 치기'를 하고 싶다는 요청이 되기도 한다. 메건의 마음속에 무슨 일이 있는지 알아야 하고, 그 순간 메건의 주위에 어떤 일들이 발생하고 있는지, 그녀가 최근에 무엇을 배웠는지, 그리고 그녀가 무엇을 바라보고 가리키는지 알아채야 한 단어 발성의 의미를 해독할 수 있다.

세계의 아기들이 말하는 한 단어에는 놀라운 유사점이 있다. 한 연구에서는 3개의 다른 언어를 사용하는 문화(홍콩, 베이징, 미국)에 속한 수백 명의 한 살짜리 아기들의 양육자를 대상을 설문을 실시한 결과, 아기들이 평균적으로 처음 10단어를 보고하였다(Tardif et al., 2008). 표 7.5에 제시된 세 문화에서 나타난 20개의 단어 중 6개는 엄마(mommy), 아빠(daddy), 안녕(hi/hello), 안녕(bye), 오호(uh oh), 멍멍(woof woof)이다. 엄마와 아빠는 세 문화에서 3순위 안에 드는 단어다. 세 문화의 모든 아기들은 동사, 형용사나 다른 단어보다 명사를 첫 단어로 더 많이 만드는 경향이 있었다. 목록에서는 문화 간의 흥미로운 차이를 보여주는데, 베이징이나 홍콩과 같은 집단주의 문화에서는 미국과 같은 개인주의적 문화의 아기들에 비해 누나, 오빠, 할머니, 할아버지, 아주머니, 아저씨 등과 같이 가족 관련 단어를 만들었다. 미국의 아기들은 유일하게 20개의 단어 중 'no'를 만들었다.

언어 사용의 확장   몇 개월이 지나기 전에 한 단어 소리침은 두 단어, 세 단어 소리침으로 변하고,

한 단어 단계
어린 아동들이 한 문장을 대신하여 한 단어를 사용하는 언어발달 단계

다양한 나라의 아기들은 다양한 언어로 말하는데, 첫 몇 단어는 공통인 경우가 있다. 여기 단어순서(영어, 홍콩의 광둥어, 베이징의 표준중국어)를 살펴보면, 아기들이 처음 사용하는 10개 단어는 세 문화에서 공통적으로 나타난다. 세 목록에서 모두 나타난 단어는 굵은 글씨로 표시하였다.

표 7.5 세계 아기들의 첫 단어들

미국	홍콩	베이징
아빠(daddy)	**아빠(daddy)**	**엄마(mommy)**
엄마(mommy)	아하(Aah)	**아빠(daddy)**
바바(baa baa)	**엄마(mommy)**	친할머니(grandma-paternal)
안녕(bye)	얌얌(yum yum)	친할아버지(grandpa-paternal)
안녕(hi)	언니(sister-older)	**안녕(hello)**
오호(uh oh)	**오호(uh oh)**	때리다(hit)
그르(grr)	때리다(hit)	삼촌(uncle-paternal)
병(bottle)	**안녕(hello)**	잡다(grab)
얌얌(yum yum)	우유(milk)	이모(auntie-maternal)
개(dog)	나쁜(naughty)	**안녕(bye)**
아뇨(no)	오빠(brother-older)	**오호(uh oh)**
멍멍(woof woof)	외할머니(grandma-maternal)	와우(wow)
부릉(vroom)	친할머니(grandma-paternal)	언니(sister-older)
새끼고양이(kitty)	**안녕(bye)**	**멍멍(woof woof)**
공(ball)	빵(bread)	오빠(brother-older)
아기(baby)	이모(antie-maternal)	안다/잡다(hug/hold)
오리(duck)	공(Ball)	불빛(light)
고양이(cat)	친할아버지(grandpa-paternal)	외할머니(grandma-maternal)
아야(ouch)	고양이(cat)	계란(egg)
바나나(banana)	**멍멍(woof woof)**	부릉(vroom)

출처 : Tardif et al.(2008).

아기의 나이가 세 살이 되면 완벽한 문장 형태를 구성한다. 아동기에 단어의 확장은 급속하게 이루어지고, 유치원을 다닐 나이에는 10,000개의 기본 단어를 알게 된다(Anglin, 1993). 아동기 동안 언어발달이 계속되면서 아동들은 언어를 효과적으로 사용할 수 있게 되는데 복잡한 문장을 정확하게 구사하거나, 불규칙동사를 완벽하게 이해하고, 심지어 발음이 어려운 단어도 정확하게 발음한다. 부모와 자녀 간의 상호작용은 아기의 단어 확장에 따른 언어발달 시기에도 중요한 역할을 하지만, 휴대전화 사용은 이 과정에 부정적인 영향을 미친다. 연구진들이 보고한 결과에서, 38명의 부모와 두 살짜리 아동이 참여하여 서로 다른 상황에서 새로운 두 단어를 가르치도록 하였을 때, 한 상황에서는 부모가 아이에게 단어를 가르치다가 휴대전화로 전화가 와서 응답하도록 하였다. 연구 결과, 휴대전화로 전화가 걸려오지 않는 상황에서 아기의 두 단어 학습이 뛰어난 것으로 나타났다. 이러한 결과는 휴대전화로 전화가 걸려와서 부모와 아기의 상호작용 시간이 줄어들어서가 아니라, 휴대전화로 인하여 부모와 아기의 상호작용이 중단되기 때문이다. 연구진들은 아기들이 성인들과의 대화 중 잠시 중단되었다가 다시 대화로 돌아오더라도 그 순간 아기들 언어발달의 과정에 부정적인 영향을 준다고 결론을 내렸다(Reed et al., 2017).

비유적인 언어   9세부터 10대 동안, 아동은 비유적인 언어를 이해하게 되어, 문자 그대로가 아닌 내용을 의미하는 은유, 관용어, 속담 등을 완벽하게 이해하게 된다(Cacciari & Padovani, 2012; Levorato & Cacciari, 2002; Levorato et al., 2004; Nippold & Duthie, 2003). 우리의 언어는 비유적 말하기로 가득하다. 우리가 1분간의 대화에서도 6개 정도 사용하는 것으로 어림잡아 추정해볼 수 있으므로, 비유적 언어를 알아야 언어를 충분히 이해할 수 있다(Gibbs et al., 2012; Glucksberg, 1989).

예를 들어 만일 6세 아기에게 유치원의 노래경연대회에 참여하기 전에 "다리를 부러뜨려(Break a leg)"라고 말하면, 아기는 여러분이 대회에 참여하여 부상을 입고 오라는 뜻으로 이해하여 울음을 터뜨릴 것이다. 그러나 10년 후, 동일한 소년이 고등학교 뮤지컬을 하기 전에 동일한 비유적 표현을 듣게 될 때는, 여러분이 "잘하고 와(Break a leg)"라는 의미로 말하는지 이해한다. 유사하게, 나이가 많은 학생들은 어린 학생들에 비해 "내 위장 속에 나비가 있어"라는 말을 진짜 입을 통해 위장 속에 벌레가 들어갔다는 의미로 이해하지 않고, "우리는 모두 한배를 탄 거야"라는 말을 우리가 구명조끼를 입어야 한다는 말이라고 이해하지 않는다. 고등학교가 끝날 무렵, 아동은 수백 개의 비유적 표현의 예시를 이해할 수 있을 뿐 아니라, 단어도 50,000개 수준으로 확장된다(Gabig, 2014).

중요한 사실은 비유적 언어의 예시들은 문화공통적이지 않다는 점이다. 동일한 언어를 사용한다 하더라도, 서로 다른 문화에서 온 사람들은 어떤 비유적 표현을 동일한 방식으로 이해하지 않는다(Yagiz & Izadpanah, 2013). 예를 들어 한 연구에서 미국과 인도에서 온 영어 사용자들에게 특정한 색, 온도, 그리고 다른 설명과 감정용어('행복', '슬픔')가 얼마나 가깝게 연상되는가를 물어본 결과 두 문화에서 행복은 기분이 좋아진다는 점과 슬픔은 기분이 가라앉는다고 말한 점에서는 95% 일치하였다. 그러므로 비유적으로 "나는 기분이 날아갈 것 같아"와 "나는 기분이 가라앉아"처럼 말하면 공통적으로 이해할 수 있다. 그러나 문화 간 차이점도 발견되었는데, 73%의 미국 사람들은 행복은 따뜻함이 연상되는 반면, 인도 사람들은 30%만 연상된다고 보고하였다. 따라서 "그 영화를 보고 내 마음이 따뜻해졌다"라는 표현은 이해하는 데 문화에 따라 혼란을 발생시킬 수 있다. 또한 미국인들은 슬픔을 푸른색과 연결시킨 비율이 66%인 반면, 인도인들은 15%만이 보고하였다. 따라서 "나는 오늘 푸른색을 가졌어"라고 말했을 때, 서로 다른 사람들은 다른 의미로 이해할 수 있다(Barchard et al., 2017).

간접화법의 언어   언어에 있어 기본적인 것 외의 내용들도 있으므로, 10대를 지나서도 언어발달은 지속된다. 예를 들어 간접화법의 사용이 대표적인 예인데, 간접화법은 직접적으로 말하지 않고, 유추나 암시에 의존하는 언어로 성인기에 발달한다(Coolidge & Wynn, 2012). 간접화법을 이해하기 위해서는 행간을 읽을 수 있어야 한다. 즉 노골적으로 말하는 내용보다는 화자가 넌지시 암시하는 내용이 무엇인지 이해하는 것이다. 모임에서 만난 사람이 여러분에게 "여기 너무 시끄러워요. 우리집에 가서 이야기할래요?"라고 말했을 때, 그 사람은 아마 여러분에게 관심이 있음을 전달하는 것이다. 여러분의 음악소리가 크다고 여러 번 불평했던 옆집 사람이 이렇게 물을 수 있다. "아 새 차를 사셨나봐요? 아름다운데요. 아무도 차에 흠집을 내지 않으면 좋을텐데요"라는 말은 '음악 소리를 낮추지 않으면, 내가 네 차에 흠집을 낼거야'라고 직접적으로 말하지 않았지만 일종의 위협이 될 수 있다.

"내 위장 속에 나비가 있어(배가 너무 고프다)"는 대표적인 비유적 표현이며, 이처럼 속담이나 관용구들은 문자 그대로의 내용과 다른 의미를 가지고 있다.

간접화법의 언어는 다양한 전략적 목적을 갖는다(Lee & Pinker, 2010; Pinker, 2007, 2011; Stewart et al., 2018; Terkourafi, 2011). 간접화법은 사람들에게 직접적으로 말했다는 사실을 부인하면서도 자신이 전달하고자 하는 메시지를 전할 수 있도록 한다. 이 방법은 전하려고 하는 정보가 불법적이거나, 비도덕적이거나, 겸손하지 않은 등 어떤 면에서 허용되지 않을 경우 가치가 높다. 간접화법은 청자의 마음상태를 예측할 수 있는 방법이기도 한데, 즉 화자가 말하는 내용을 청자가 잘 따라오고 있는지 알 수 있다. 감정상태가 겉으로 드러나면, 화자는 청자가 미래에도 협조적일지 아닐지를 알 수 있다. 예를 들어 만일 여러분이 옆집 사람이 여러분 차에 생길 흠집에 대하여 말한 이후 여러분이 음악 소리를 낮추게 되면, 옆집 사람은 여러분이 말 속에 숨겨진 정보를 이해했음을 알게 되고, 미래에도 유사한 방식을 더 자주 사용하게 될 것이다.

언어의 규칙 : 문법

문법(grammar)은 언어가 가지고 있는 규칙의 체계이다. 여러분이 한 언어를 유창하게 말한다면, 여러분은 문법을 아주 잘 알고 있는 것이다. 문법책이 도움이 될 수 있지만, 다른 사람들과 상호작용하고, 언어를 말하고, 듣는 다양한 경험을 통해 적절한 문법체계를 배우게 된다. 문법은 언어와 있어서, 우리는 당연하게 받아들이게 된다. 문법이 언어를 통제한다는 점은 누군가 문법을 어긴 상황을 접하게 될 때 잘 알 수 있다. 스페인어나 영어를 모국어로 사용하는 사람들이 다른 언어를 배울 때, 그들의 말하기에는 모국어 사용자들과 다소 다른 점을 포함하고 있다. 영어 단어 중 'st-'로 시작하는 단어를 스페인어 모국어 사용자들은 'est-'로 발음한다. 그러므로 '스터디'를 '에스터디'로 발음한다. 또한 질문의 단어배열 순서도 다른데, "너 배고프니?"와 "배고프니 너?"로 차이가 있다. 이러한 차이는 영어와 스페인어 문법의 차이로부터 기인한다. 사실 이러한 점들은 다른 언어를 사용하는 모국어 사용자들에게는 이상하게 들리는데, 각각의 언어가 작동하는 강력하고 숨겨진 규칙이 따로 있다는 사실이다(Wasow, 2001).

음소   음소 언어는 단어의 구성부터 문장의 구성까지 모든 것을 포함하므로, 문법은 각각의 단계별로 세분화될 수 있다. 가장 작은 단위의 단계가 **음운론**으로 어떻게 소리가 연결되고 단어를 구성하는지 보여준다(Owens, 2014). 각각의 소리는 **음소**(phoneme)라고 불리며, 말하기의 가장 작게 구분되는 단위이다. 자연스럽게 음소를 알파벳 글자와 같이 이해할 수 있는데, 음소는 글자가 만드는 소리지, 글자 그 자체는 아니다. 영어에서는 다양한 글자로부터 동일한 음소가 만들어질 수 있는데, 'ㅋ(K)' 소리의 경우의 단어는 '카(car)', '캥거루(kangaroo)', '코러스(chorus)', '플러크(pluck)', '이라크(Iraq)'가 있다. 또는 동일한 문자가 다른 음소를 만들어낼 수 있다. 예를 들어 'j'가 단어 jump, jalapeño, hallelujah에서 쓰일 때가 그렇다. 또는 복수의 글자가 연결하여 sh(shop), ph(phone), 그리고 ch(chill)처럼 한 가지 음소를 구성하기도 한다. 그러므로 '글자맞추기(Wheel of Fortune)' 게임에서 몇 글자를 보여주고 맞추는 일이 힘든 것은, 여러분이 어떤 음소가 글자들을 대변하는지 항상 알 수 없기 때문이다.

단어가 짧고 간단할 때는 음소를 연결하는 일이 쉽다. 예를 들어 c, u, p의 3개 음소를 결합하여 cup이라는 단어를 만드는 경우가 그러하다. 길고 복잡한 단어는 만만하지 않은데, 음소의 규칙이 그 단어를 소리내어 읽을 수 있도록 돕는다(Cohn, 2001). 영어에 없는 음소를 포함한 다른 언어에서 유래한 단어 역시 어렵다. 예를 들어 프랑스어에서 유래한 genre의 첫 소리는 영어 giant의 g 소리보다 부드러우며, 베트남 수프 pho의 마지막 o는 영어 go의 o보다 짧은데 영어 모국어 사용자들

문법
언어를 구성하는 규칙체계

음소
말을 구별해주는 최소 단위

이 발음하기 어렵다. 다른 언어에서 온 단어 역시 음소적 어려움이 있는데, 예를 들어 글자가 여러분이 익숙한 문법으로 살펴보았을 때 순서에 어긋나는 경우로, 이전 NFL 쿼터백으로 있던 브렛 파브(Brett Favre)의 이름은 영어에 익숙하지 않은 'vr' 나열을 가지고 있다, 비록 브렛 파브에게는 중요한 일이었지만 그의 팬들은 자유롭게 글자를 뒤집어 자신들에게 익숙한 'rv'소리로 발음하여 마치 영어 단어 carve와 동일한 음률을 이루는 듯 발음하였다.

형태소 문법의 다음 단계는 형태소로, 언어의 요소들을 연합하는 일에 관련있으며 음소가 아니라 구체적인 의미의 조각이다(Spencer, 2001). 이러한 각각의 작은 언어의 조각이 **형태소**(morpheme)이며, 언어의 가장 작은 의미적 단위이다. 형태소는 '놀다'와 같은 한 단어 전체가 될 수 있으며, 단어의 한 부분으로 're'와 같은 접두어로 무엇인가 반복된다는 의미를 갖고, 접미사 '-ed'와 같이 이미 과거에 발생했음을 의미하기도 한다. 많은 형태소는 보다 복잡한 단어를 구성하기 위하여 연결되기도 한다.

언어에 낯선 사람들은 어떠한 형태소를 사용하지 않아야 함을 배우는 데 어려움이 있다(Levey, 2013). 예를 들어 영어에서는 일반적으로 복수를 만들 때 −s를 단어 끝에 붙이지만, 어떤 단어에서는 단어에서 −s 앞의 철자를 바꾸고 −s를 붙이기도 하고(칼 : knives, knifes는 아님), 또는 문법적인 규칙을 무시하는 경우도 있다(아기 : child → 아기들 : children, childs 아님).

통사론 문법의 다른 단계는 **통사론**(syntax)으로, 절이나 문장을 만들 때 단어를 놓는 규칙이다. 통사론은 다른 사람들이 이해할 수 있도록 우리의 말하는 순서를 구성하는 데 도움을 주고, 특히 명사, 동사, 형용사와 그 외의 다른 방식의 말하기 순서를 돕는다(Baker, 2001; Garnham, 2005). 예를 들어 만일 여러분이 "신발끈이 풀렸는데"라고 말할 때, 통사론적으로 충분히 이해할 수 있다. 예를 들어 〈스타워즈〉에서 요다가 "풀렸다 너의 신발끈이"라고 말한 것처럼 통사론적 규칙을 살짝 바꾸어도 쉽게 이해할 수 있다. 그러나 만일 여러분이 "신발끈 너의 풀렸다"라고 말한다면, 여러분은 통사론의 규칙을 무시한 것으로 다른 사람들은 혼란스럽다. 통사론의 규칙은 일반적으로 각각의 문장에서 최소한 명사와 동사에 관여하지만, 이 순서는 언어에 따라 차이가 많다. 예를 들어 스페인어 화자는 자신을 소개할 때 "내 자신은 부르기를 에스테반(Myself I call Esteban)"이라고 하지만, 영어에서는 "나는 스티븐이야(I call myself Steven)"이라고 말할 것이다.

의미론 문법의 마지막 단계는 언어의 구성하기보다 언어의 이해와 관련이 있다. 의미론은 단어와 문장의 의미를 추출하는 규칙이다. **의미론**(semantics)은 다른 사람이 말하는 문장이나 단어를 들을 때, 자동적으로 그들이 전달하고자 하는 의미를 번역한다(Lappin, 2001). 예를 들어 여러분의 친구 카라가 "나는 내 머리 염색해야겠어"라고 말했을 때, 여러분은 바로 다섯 가지를 알게 된다. 첫째, 나는 카라, 둘째, 해야겠어…라는 말은 확실하다기보다 행동을 할 가능성이 있음, 셋째, 염색이라는 말이 색깔을 의미한다는 사실(영어의 염색이라는 'dye'는 죽는다 의미인 'die'와 발음이 동일해서 헷갈릴 수 있음, 넷째, 내(나의)라는 말은 카라에게 속한 무엇인가를 의미한다는 말, 그리고 마지막으로 머리는 카라의 머리카락을 의미한다는 것이다. 여러분은 위에서 언급한 다섯 가지의 개별적인 의미를 그녀가 전달하고자 하는 한 가지 개념, 즉 그녀는 자신의 모습을 바꾸고자 생각 중이고, 그녀가 여러분의 의견에 관심 있음으로 종합할 수 있다. 만일 카라의 말이 카라가 여러분에게 전달하고자 하는 하나의 포장된 상품이었다면, 의미론을 통해 여러분은 그 상품을 풀어볼 수 있다. 그녀는 자신이 마음에 담고 있던 생각을 언어로 전환하여, 그 언어를 소리내어 여러분에게

"내가 뭐라고 말하겠어요? 제가 국문과 출신이에요."

형태소
언어의 최소 의미 단위

통사론
구절이나 문장을 구성할 때 단어를 어떻게 배열하는가에 대한 규칙

의미론
단어와 문장으로부터 의미를 추출하는 규칙

그림 7.5 집에 가는 상황에 대한 다양한 감정 목소리 톤과 비언어적 단서와 같은 언어외 정보는 인간의 언어에 중요하다. 우리가 문자로 연락을 할 때, 우리는 이모티콘을 활용하여 우리가 말하는 내용이 어떤 의미인지 전달한다. 위의 이모티콘은 집에 가야 하는 상황에 대해 동일한 단어를 사용하더라도 매우 다른 정보를 제공한다.

언어 외 정보
단어의 문자 그대로의 의미 이외의 언어 구성 요소

방언
특정 집단이 독자적인 특성을 가진 독특한 언어 사용

전달하였다. 여러분은 의미론을 활용하여 그 언어를 해독하고 그녀의 생각을 이해하고, 그녀의 생각을 여러분의 마음에 담아둘 수 있다. 이는 몇 초 사이에 발생하는 의미론의 과정이며 상당히 인상적이다.

언어 외 정보   카라와의 대화에서 카라가 무엇을 말했는지와 어떻게 말했는지를 이해하는 것은 더욱 인상적인 일이다. 그러기 위해서 여러분은 그녀의 말에 집중할 뿐 아니라, 그녀의 **언어 외 정보**(extralinguistic information)에도 집중해야 한다. 언어 외 정보란 단어의 문자 그대로의 정보가 아닌 언어의 구성요소다. 언어 외 정보는 말소리 크기, 음높이와 속도, 말하는 단어를 포함한다. 언어 외 정보는 가끔 화자의 감정이나 의도를 전달하고, 이는 단어 그 자체보다 더욱 강력하다(물론 화자의 얼굴 표정이나 제스처, 눈에 보이는 신호도 포함될 수 있다).

언어 외 정보는 시나리오를 읽는 것과 그 시나리오를 바탕으로 한 연극을 보는 차이다. 화자가 문장을 읽는 것은 그 문장이 쓰여진 상태에서 전달되지 못하는 의미를 가져올 수 있다. 이것이 여러분이 문자 메시지를 하면서 이모티콘이 필요한 이유이다(그림 7.5). 여러분이 전달하는 메시지와 단어에 이러한 정보가 없으면, 받는 사람은 그 메시지를 완벽하게 이해하지 못하거나 오해할 수 있다. 그러므로 때때로 다른 사람이 어떻게 여러분이 그런 단어를 끄집어내게 되었는지 경험하는 일이 중요할 때 단순한 문자연락이 아닌 화상채팅이 필요하다고 느끼는 이유이기도 하다. 카라의 경우에 만일 그녀가 "나는 내 머리 염색을 해야겠어!"라고 흥분하며 서둘러 말했다면, 그녀는 그 일에 대한 의도가 명확하며, 여러분이 찬성해주길 바라는 의미를 여러분이 알아주길 바라는 것이다. 만일 그녀가 "나는 내 머리 염색을 해야겠지이⋯"라고 더듬으면서 말한다면, 이는 뒷말이 흐려지면서 그녀가 염색을 한다는 생각을 고려하고 있지만 아직 확실하게 정한 것이 아님을 알아주기 바라는 것이다.

연구자들은 언어 외 정보가 의사소통에서 강력한 영향력이 있음을 밝혔다. 한 연구에서 정치인들이 C-SPAN에 대한 연설이 담긴 간단한 음성자료를 들려주었는데, 이 음성자료에서는 정치인 말 속의 의미들을 삭제한 후, 단어들로 구성하여 연구 참여자들이 정치인의 목소리에 대한 매력도를 평가하게 하였다. 정치인의 목소리가 더욱 매력적이라고 평가를 받는 경우 덜 매력적인 목소리를 가진 정치인보다 더 유능하고 신뢰성이 높다는 평가를 받았다. 심지어 각각의 목소리에 동일한 사진을 제공했을 때도 마찬가지였다(Surawski & Ossoff, 2006).

다른 연구에서는 이전 미국 대통령의 연설문 녹음에서 음색을 조정한 후, 참여자들에게 대통령의 성격적 특성을 판단하도록 요청하였다. 참여자들은 낮은 음색의 목소리를 높은 음색의 목소리보다 정직하고, 지적이며, 추문에 휩싸일 경우가 적을 것이라고 평가하였다(Tigue et al., 2012). 다른 연구에서는 두 사람의 2초간 전화통화내용(예를 들어 "안녕하세요?")을 듣고 그들의 음색이나 어조를 바탕으로 말하는 사람이 대화하는 사람이 친구인지, 연인인지 추측하도록 하였다(Farley et al., 2013).

방언   어떻게 언어가 말해지는지를 이해하는 데 중요한 점은 방언을 이해하는 것이다. **방언**(dialect)이란 특정 집단의 톡특함이 담긴 언어 사용 패턴이다. 방언은 단순히 억양만 포함하는 것이 아니라 그 이상의 것을 포함한다. 방언은 우리의 문장을 구성하고 동사를 활용하고, 우리가 사용하는 표현과 단어 선택 방식에 영향을 미친다. 미국 영어에는 다양한 방언이 있다. 많은 경우 지역을 기반으로 이루어졌지만, 방언은 민족, 나이, 사회적 지위, 그리고 다른 변인에 의해 구성될 수 있다(Akmajian et al., 2010; Labov et al., 2006).

여러분이 거리 모퉁이에 서 있는데, 거리 너머 한 소년이 잠옷을 입고 있는 모습을 보고 있다고 상상해보자. 만일 여러분이 미국 북부에서 자란 사람이라면, "저기(you guys!) 대각선 모퉁이를 봐, 저 남자 파자마(pa-jah-mas)를 입고 있어!"라고 말할 것이다. 그러나 만일 여러분이 미국 남부에서 자랐다면, "저기(y'all!) 봐봐, 모퉁이 건너 저 사람 파자마(pa-ja-mas)를 입고 있어!"라고 말할 것이다(Katz, 2016; Vaux, 2003). 영어의 방언은 호주, 캐나다, 영국과 같은 다른 나라에서 사용하는 언어와 비교할 때 차이점이 더 확실하게 드러난다(미국은 가솔린이라고 부르고, 영국에서는 페트롤이라고 명명하고, 아파트먼트도 영국에서는 플랫이라고 하고, 엘리베이터도 리프트라고 부른다). 그림 7.6은 언어에 관한 중요한 질문으로 미국에 나뉘어져 있는 방언을 보여준다 — 여러분은 탄산이 들어 있는 음료를 무엇이라고 부르는가?

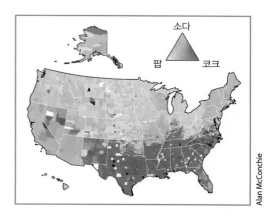

그림 7.6 소다, 팝, 코크? 탄산음료에 대해 어떤 단어를 사용하는가? 미국 전역에서 탄산음료에 대한 용어는 방언에 따라 달라진다. 메인주에서는 소다(soda)라고 하고, 몬태나주에서는 팝(pop)이라고 하고, 미시시피주에서는 코크(coke)라고 부른다. 출처 : popvssoda.com

언어는 사고에 영향을 미치는가

여러분의 단어가 냉장고에 붙였었던 자석으로 된 글자로 가득한 상자라고 가정해보자. 상자 안에 담겨 있는 숫자와 단어 종류에 따라 여러분이 만들어내는 문장에 영향을 미칠 것이다. 그러나 그 단어들이 여러분이 생각하는 사고에 영향을 미칠 것인가? 상자 안에 많은 단어들을 담겨 있으면, 여러분의 사고 폭이 더 넓어지는가? 특정한 영역에 단어를 많이 가지고 있으면 그 영역에 대한 전문가로 만들어주는가? 이러한 질문들이 언어적 상대성을 둘러싼 질문들로, **언어적 상대성**(linguistic relativity)은 언어가 사고에 영향을 준다는 이론이다.

잘 알려진 초기의 언어적 상대성 연구에서는 언어는 생각에 영향을 주고, 생각을 제한한다고 주장하였다(Whorf, 1956). 그러나 최근 전문가들은 이 문제에 대해 계속 논쟁 중이다(Athanasopoulos et al., 2016; Gleitman & Papafragou, 2013; Pederson et al., 1998; Reiger et al., 2010). 언어적 상대성을 반대하는 입장에서 언어는 여러분이 어떤 종류의 단어를 가지고 있더라도 사고를 따라갈 수 없다고 강조한다. 만약에 여러분이 말하는 데 출중하더라도, 여러분의 단어는 순식간에 여러분의 마음을 지나가는 광대한 여러분의 사고 영역에 대한 아주 기초적인 단서이다(Bloom, 2002; Clark, 1992; Gleitman & Papafragou, 2013; Papafragou, 2007). 예를 들어 만일 여러분이 "7시 집 도착"이라고 문자를 보낸다고 할 때, 언어는 여러분이 가지고 있는 전체 생각 중 일부를 축약한 것이다. 여러분의 전체 생각은 "나는 지금 현재 장소에서 떠날 예정이고, 내가 생각하기에 현 장소에서 집까지 걸리는 시간은 대략 25분 정도이고, 지금이 6시 35분이므로 수학적 법칙에 근거하여, 나는 집에 7시면 도착할 것이다"이다.

언어적 상대성의 반대하는 입장에서는 다른 언어를 사용한다는 사실이 언어 사용자가 다르게 생각한다는 내용이 아니라고 주장한다. 사실상 세계의 다양한 언어를 생각해보면, 우리가 생각하는 방식은 상당히 유사하다(McWhorter, 2014). 언어적 상대성에 대한 논쟁을 살펴보기 위하여, 우리는 북부 사미어(North Saami)를 사용하는 사람들을 생각해볼 수 있다. 그들은 북극 인근 스웨덴, 핀란드와 노르웨이 지역에 살며 대륙에서 순록을 기르며 살아간다. 얼음과 눈은 그들의 일상생활에서 많은 부분을 차지하고, 그들은 호수의 얼음이 걸어가도 깨지지 않을 정도로 두껍게 얼었는지를 알 필요가 있으며, 또한 얼음이 두껍지 않아 순록들이 얼음을 깨고 그 밑의 풀을 먹을 수 있음을 알 필요가 있다. 그들은 눈이 고르게 또는 불규칙적으로 내려 앞선 사람들이 지나간 자리가 남아 있는지, 혹은 아무도 건드리지 않은 상태인지 알아야 할 필요가 있다. 놀라울 것 없이, 북부 사미어에는 영어 사용자들이 부르는 얼음에 대해 12가지가 넘는 단어가 있으며, 눈에 대한 단어도

언어적 상대성
언어가 사고에 영향을 준다고 주장하는 이론

언어적 상대성 이론은 언어가 사고에 영향을 준다고 한다. 어느 정도까지 이 이론은 맞다. 개인이 보유한 단어의 규모가 그 사람의 사고 깊이에 영향을 준다.

12가지가 넘는다. 언어적 상대성에서의 중요한 질문은 '얼음과 눈에 대한 언어적 차이가 우리의 얼음과 눈에 대한 생각과 다름을 의미하는 것인가'이다.

언어적 상대성 이론을 지지하는 사람들은 이 질문에 그렇다라고 대답하며, 그들은 언어와 사고 간의 관계에 대한 좋은 예시들을 제공한다(Boroditsky, 2011). 예를 들어 호주의 원주민인 쿠르 세이요르(Kuuk Thaayorre)족의 언어에는 오른쪽과 왼쪽에 대한 단어가 없다. 대신 그들이 위치한 북쪽, 남쪽, 동쪽 그리고 서쪽 방향에 의지하여 자신의 방향을 지정한다. 한 연구자가 쿠르 세이요르족의 다섯 살짜리 소년에게 남동쪽을 가리켜보라고 요청하자, 그들은 즉석에서 정확하게 가리켰다. 나중에 전문가회의에서, 그 연구자가 방 안에 가득한 영어 사용자들에게 남동쪽을 가리켜보라고 하자, 사람들이 주저하거나 방향을 제대로 찾지 못하고 헤매거나, 거의 모든 사람이 틀린 방향을 가리켰다. 그 연구자는 성인 쿠르 세이요르족에게는 그 실험을 하지 않았는데, 연구자는 그들의 여러분의 왼쪽을 가리키는 능력을 실험해보는 것과 같이 그들의 지능을 의심하고 싶지 않았기 때문이다(Boroditsky, 2012).

다른 연구에서는 쿠르 세이요르족을 연구한 동일한 연구자가 참여자들에게 일련의 행동이 만화처럼 순서대로 정리된 카드를 보게 한 후 카드를 첫 장면부터 마지막 장면까지 정리하도록 요청하였다. 예를 들어 5장의 카드에 한 사람이 바나나를 들고, 껍질을 벗기고, 손에 잡고, 조금 입에 물고, 몇 입 먹은 바나나를 손에 들고 있는 장면, 그리고 빈 껍질을 들고 있는 장면 등이다(그림 7.7). 영어 사용자들은 카드를 자동적으로 왼쪽에서 오른쪽으로 정렬하였다. 하지만 쿠르 세이요르족은 카드를 자동적으로 자신의 동쪽에서 서쪽으로 정렬하였다. 그들이 어떤 방향에 있건 간에 시간에 따라 태양이 움직이는 방향과 일치하였다.

다른 언어적 상대성 연구에서는 언어 중 명사에 남성과 여성으로 구분되는 성별이 있는 독일어와 스페인어에 초점을 맞추었다(Borodotsky et al., 2003). 연구진들은 한 문화에서 남성적 명사가 다른 언어에서는 여성적 명사로 되었음을 발견하였고, 각 언어의 모국어 사용자들에게 이 주제에 대해 설명을 요청하였다. 열쇠라는 단어는 독일어에서 남성적 명사였고, 독일인들은 열쇠는 딱딱하고, 무거우면서 톱니모양이 있고, 쓸모가 있다고 기술하면서, 남성적 소리의 형용사를 사용하였다. 스페인어에서 열쇠는 여성적 명사였는데, 스페인어 사용자들은 열쇠를 여성성이 느껴지는 형용사를 이용하여 사랑스럽고, 작으며, 금으로 만들고, 빛나고, 미묘하다라고 설명하였다. 그다음 연구자가 다리를 시도해보았는데, 다리는 스페인어에서는 남성적 명사이고, 독일어에서는 여성적

그림 7.7 왼쪽에서 오른쪽 또는 동쪽에서 서쪽? 영어권 사람들에게 위의 그림과 같은 일련의 카드를 제공하면, 순서를 제시하는 데 어려움을 겪지 않는다. 그러나 쿠르 세이요르 언어를 사용하는 사람들은 다르다. 영어 사용권 문화에서는 일련의 순서를 자동적으로 왼쪽에서 오른쪽으로 정리하지만, 쿠르 세이요르족은 그들이 어떤 방향에 서서 일을 하건 동쪽에서 서쪽으로 정렬한다. 쿠르 세이요르족의 언어에는 왼쪽에서 오른쪽이라는 단어가 없으며, 그들은 태양의 움직임(동쪽에서 서쪽)에 의지하여 자신들의 위치를 정한다. 이러한 예는 언어적 상대성을 부분적으로 지지하는 결과이다. 출처 : Boroditsky & Gaby(2006).

명사이다. 독일어 사용자는 다리를 아름답고, 우아하고, 예쁘고, 깨지기 쉽다고 묘사하였다. 스페인어 사용자들은 다리를 크고, 강하고, 견고하고, 위험하다고 묘사하였다. 이 연구들의 결과를 종합해보면 비록 '언어가 생각을 구속한다'라는 말이 과장된 표현일지라도 언어는 어느 정도 사고에 유의미한 영향을 미친다(Boroditsky, 2012, p. 628).

학습 확인

7.15 심리학자들은 언어를 어떻게 정의하는가?

7.16 연구자들은 언어가 어떻게 진화했다고 생각하는가?

7.17 언어발달에 있어서 생득론과 비생득론 이론의 차이는 무엇인가?

7.18 아기의 언어발달 단계는 어떠한가?

7.19 문법은 무엇이며, 문법의 4단계는 무엇인가?

7.20 어떤 양식의 언어 외 정보가 의사소통에 영향을 미치는가?

7.21 언어적 상대성은 무엇이며, 어떻게 언어영역의 전문가들에게 받아들여졌는가?

지능

지능(intelligence)이란 지식을 습득하고 경험으로부터 학습할 수 있는 능력이다. 능력이라는 용어는 심리학 초기부터 논란의 대상이었다. 구체적으로 논쟁은 단순한 능력인가 아니면 다양한 복수의 능력들인가에 대한 논쟁이 중심 내용이었다(Burkart et al., 2017; Sternberg, 2000; Wasserman & Tulsky, 2005). 다시 말해 지능은 한 가지인가? 혹은 구분된 다수인가?

한 가지 지능 또는 다수의 지능

지능이 한 가지 속성으로 구성되어 있다고 주장하는 사람들은 **일반지능**(general intelligence, g)을 지지한다. 즉 전반적인 지능이 모든 과제나 상황에 적용될 수 있다는 것이다. 일반지능의 반대 입장은 **특수지능**(specific intelligence, s)을 지지하며, 지능은 특정한 영역에 적용될 수 있음을 주장한다. 일반지능의 연구자는 1900년대 유명한 초기 심리학자 중 한 명인 찰스 스피어먼(Charles Spearman)으로, 인간의 정신 능력(읽기, 쓰기, 수학 능력, 감각 능력)을 과학적으로 측정하였다. 스피어먼은 연구 참여자들의 다양한 영역의 능력에서 높은 정적 상관이 있음을 발견하였다. 즉 한 사람이 어떤 정신 능력에서 뛰어나면, 모든 다른 영역에서도 뛰어났다. 스피어먼은 이러한 정신 능력은 한 가지 포괄하는 능력으로 연결되어 있다고 추론하였으며, 포괄하는 그 능력을 g 요인이라고 불렀다(Spearman, 1904, 1923). 과거 고등학교 친구들을 생각해보면, 한 분야에서 뛰어나면서 다른 분야에서도 탁월했던 친구를 떠올릴 수 있다. 만일 그 친구를 생각해낼 수 있다면, 스피어먼과 유사한 결론에 도달할 것이다 — 즉 여러분이 기본적인 영역에서 뛰어난 정도에 따라 모든 영역의 수행이 달라질 수 있다.

그러나 고등학교 친구 중에 한 영역의 수업에서는 우수했지만, 다른 영역의 수업에서 어려움을 경험하던 모습도 기억할 것이다. 그 친구들의 모습은 루이스 서스턴(Louis Thurston)의 관점을 지지하는데, 서스턴은 지능 논쟁에서 스피어먼의 입장과 반대 입장을 취했다. 서스턴은 통계적 과정 중 여러 개의 요인 중 관계성이 높은 요인들이 덩어리로 뭉쳐지는 요인분석을 활용하였다. 만일 지능이 한 가지 속성으로 이루어졌다면, 다양한 인지적 과제를 수행함에 있어서 요인분석의 결과도 단일한 덩어리가 추출되어야 한다. 그러나 만일 지능이 서로 다른 속성으로 구성되어 있다면, 요인 분석에서 여러 개의 덩어리, 즉 언어 능력, 수학 능력, 기억으로 구분될 것이라고 가정할 수 있

학습 목표

7.22 지능의 정의

7.23 일반지능, 특수지능, 지능의 위계 모델

7.24 다중지능의 정의

7.25 정서지능의 정의

7.26 지능과 유전–양육 논쟁

7.27 지능의 측정

7.28 지능검사의 종류

7.29 지능검사와 성취검사의 차이

7.30 예외적 지능

7.31 심리학자들은 지능검사 측정치에 대해 어떻게 평가하는가?

7.32 검사편파란 무엇이고, 왜 이것을 피해야 하는가?

7.33 고정관념 위협이란 무엇이고 이것은 검사를 받는 데 어떻게 영향을 미칠 수 있는가?

7.34 집단지능과 이에 대한 논쟁

지능
지식을 얻고 경험으로부터 배울 수 있는 능력

일반지능(g)
모든 작업 및 상황에 적용되는 전체적인 지능

특수지능(s)
특정 분야에만 적용되는 지능

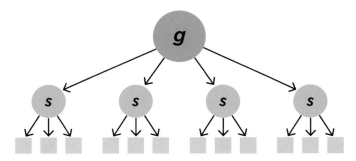

그림 7.8 지능의 위계 모형 지능의 위계 모형에 따르면, 우리는 일반적인 지능을 가지고 있으며, 일반지능(g)은 보다 세부적인 특수지능(s)으로 이루어졌고, 각각의 특수지능은 더 구체적인 능력으로 세분화된다.

으며, 이것이 서스턴의 연구 결과였다. 서스턴의 발견으로 지능을 포괄하는 하나의 속성이 모든 영역의 과제를 수행함에 영향을 미치는 것이 아님을 주장하였다. 그 대신 구체적으로 다른 지능들이 존재하고, 이 지능들 중 어느 한 지능이 다른 영역의 지능보다 강력함이 근본적으로 개인의 능력 간 차이를 가져온다(Brody, 2000; Mackintosh, 2011; Thurston, 1938).

스피어먼과 서스턴 모두 공통적으로 인정한 부분은, 그들의 추론에 따라 지능은 일반지능이거나 특수지능으로 구분될 수 있으나 지능은 위계적 모형을 가지고 있다는 점이다. **지능의 위계 모형**에 의하면 다양한 특수지능이 존재하고, 이 특수지능은 하나의 일반지능과 관련성을 가지고 있다(그림 7.8).

스피어먼과 서스턴의 논쟁 이후 몇몇 전문가들이 위계 모형의 다양한 형태를 제안하였다(Davidson & Kemp, 2011; Willis et al., 2011). 1960년대와 1970년대 제임스 카텔(James Cattell)은 일반지능은 두가지 구체적인 지능으로 이루어졌다고 주장하였다. 구체적인 지능은 **유동적 지능**과 **고정지능**이며, 유동적 지능은 새로운 문제를 해결할 수 있는 능력인 반면, 고정지능은 지식을 저장하는 능력을 의미한다(Cattell, 1971; Horn & Cattell, 1966; Kent, 2017).

1990년대에 들어서, 존 캐롤(John Carroll)은 지능의 **삼계층 이론**(three-stratum theory)을 발달시키며, 맨위에 한 개의 일반지능(g)이 존재하고, 일반지능 하위에 몇 개의 특수지능(big s)이 존재하며, 마지막 계층에는 보다 구체적이고 세부적인 특수지능(little s)이 포함되어 있음을 가정하였다(Carroll, 1993). 예를 들어 여러분은 어떤 포괄적인 지능(g)이 있고, 그 지능 안에 기억 능력(big s)이 있으며, 기억 능력 안에 단기기억 능력(little s)이 존재한다는 것이다.

최근 캐롤의 연구는 다른 연구자의 결과와 통합되어 지능의 Cattell-Horn-Carroll(CHC) 이론을 제안하고 있는데, CHC 이론에서의 지능은 1개의 일반지능(g)과 10개의 특수지능(big s)과 70개가 넘는 세부적인 특수지능(little s)으로 구성되었다(Benson et al., 2018; Flanagan et al., 2000, 2013; Horn & Noll, 1997; Kaufman et al., 2013; Schneider & McGrew, 2018). 중요한 점은 지능의 위계적 모형에서는 모두 포괄적인 일반지능이 있으며, 일반지능 아래 한 단계 혹은 두 단계의 특수지능을 포함하고 있다는 사실이다.

다중지능

앞에서 설명한 지능의 위계 이론에 따르면, 우리의 전체적인 지능은 본질적으로 분리된 지능의 조합으로 되어 있다. 그러나 일부 전문가들은 이러한 분리된 지능이 결합된다는 생각에 동의하지 않는다(Davis et al., 2011). 우리의 분리된 지능들은 사과와 오렌지만큼 분명한 것이라고 말한다. 이것은 다중지능 접근법으로 알려져 있으며, 하워드 가드너(Howard Gardner)가 가장 유명한 지지자이다(Chen & Gardner, 2018; Gardner, 1985, 1995, 1999). 1980년대에 가드너는 우리가 1개 이상씩 보유하고 있는 뚜렷한 지능 여덟 가지를 확인하고 정의 내렸다(최근에 아홉 번째를 추가했다). 가드너는 지능으로 계산될 수 있는 특정한 특징들이 있어야 한다고 주장했다. 예를 들어 지능은 뇌의 특정한 위치(특정 종류의 뇌손상과 특정 종류의 장애 사이의 연관에 의해 설명되어)에 대응해야 하며, 적어도 소수의 사람들(savant)이 선천적으로 특출한 능력을 가지고 있는 어떤 것이어야 한다.

실용적인 지능은 일상생활에서의 과업을 성공적으로 수행할 수 있는 세상 물정에 정통한 능력이다. 예를 들어 길거리 판매자의 경우, 비록 학교 수학시험에서 정답을 풀 수 없다 하더라도 실질적인 지능을 활용하여 잔돈을 틀리지 않고 거슬러준다.

가드너는 표 7.6에서 보듯이 다중지능에 대해 설명해 놓았다. 여기에는 학교 시험 또는 표준화된 시험에서의 우수함과 관련된 지능(언어 지능, 논리-수학 지능 등)의 종류뿐만 아니라 신체적 운동감각성 지능(우수한 운동선수와 무용수가 보유)과 자연주의 지능(농부, 등산가 및 기타 실외에서 뛰어난 지능)과 같은 교육 분야가 아닌 지능도 포함한다(Gardner, 2006).

그러한 일부 전문가들은 가드너의 견해는 지나치게 제한적이라고 주장한다. 그들은 다른 능력들(일부는 학교에서는 별로 중요하지 않지만 학교 밖에서는 중요한)도 지능 퍼즐의 일부로 인정받아야 한다고 말한다(Austin & Saklofske, 2005). 예를 들어 일부는 친구나 가족과 조화로운 관계를 유지하는 능력이 서구 사회가 아닌 많은 곳에서 정의되는 지성의 핵심 요소라고 지적했다(Niu & Brass, 2011). 다른 연구자들은 문화적 지능(문화적 다양성에 얼마나 잘 대응하는가)과 짝짓기 지능(데이트와 로맨틱한 분위기를 얼마나 잘 만드는가)을 제안했다(Ang et al., 2011; Ang & Van Dyne, 2008; Earley & Ang, 2003; Geher & Kaufman, 2011).

또 다른 정보 전문가들은 종종 실용적인 지능 또는 성공적인 지능이라고 불리는 더 실질적인 종류의 지능을 인정해야 한다고 주장한다. 즉 책에서 배우는 지능만큼 일상생활에서 우리가 살아가는 데 필요한, 세상물정에 정통한 지능을 말한다(Sternberg, 1999, 2018; Wagner, 2011; Wagner & Sternberg, 1985). 한 연구에서 브라질에 있는 어린이 노점상들에게 잔돈 바꾸기(즉 손님들이 지폐로 구매할 때 그들이 여러 번 하게 되는)를 요구함으로써 실질적 지능의 분명함을 보여주었다

표 7.6 가드너의 다중지능 이론	
지능	**우수 분야**
언어	언어를 쓰고 말하고 이해하기
논리-수학	수학, 과학, 논리, 문제 해결
공간	3차원 공간의 물리적 물체에 대한 추론
음악	악기 연주, 노래 부르기, 음악창작, 음악감상
신체적 운동감각성	춤, 스포츠, 움직임과 연관된 것들
대인관계	타인의 생각과 감정 이해와 상호작용
자기성찰	자기인식
자연주의	식물, 동물, 날씨 및 환경의 다른 면에 대한 이해와 인식
실존주의	삶의 의미와 깊은 철학적 주제에 대한 숙고

(Carraher et al., 1985). 종이와 연필로 푸는 산수 문제(예를 들어 500−50＝?)가 주어졌을 때는 37%가 정답을 맞혔다. 그러나 실제로 50크루제이루(브라질의 옛 화폐) 물품을 구매하기 위해 손님이 500크루제이루 지폐를 주었을때, 그들 중 98%는 정확히 잔돈으로 450크루제이루를 돌려주었다. 노점상을 하는 아이들은 동일한 계산에 대해 추상적인 서면 문제일 때는 많은 애를 썼지만 실질적으로 필요한 계산을 하는 데는 별 문제가 없었다.

정서지능

연구자들이 제안한 모든 비전통적인 유형의 지능 중에서 가장 두드러진 것은 **정서지능**(emotional interlligence)이다. 즉 자기 자신과 다른 사람들의 감정을 감지하고 관리하는 능력을 말한다. 정서지능은 심리학에서 비교적 최근에 나왔지만(1990년대에 처음으로 이 주제에 대한 글과 서적이 나옴), 그 이후로 많은 관심을 받았다(Fiori & Vesely-Maillefer, 2018; Goleman, 1998, 2006; Mayer & Salovey, 1997; Salovey, 2005; Salovey & Mayer, 1989). 정서지능은 네 부분으로 갈라진다.

- **정확히 자신과 타인의 감정을 인지하기.** 엄마의 얼굴표정이나 목소리 톤을 얼마나 잘 읽을 수 있을까? 우리 자신의 스트레스 정도에 얼마나 민감한가?
- **사고를 촉진하기 위한 감정 사용하기.** 만약 엄마가 슬프다고 느낀다면, 부탁을 할 일을 재고하고, 대신 엄마가 자신의 문제에 대해 얘기할 수 있도록 할 수 있을까? 만약 자신이 스트레스를 받는다고 느낀다면, 우선적으로 어떻게 스트레스를 줄일지 알아볼 수 있을까?
- **감정 이해하기.** 만약 엄마가 정말 슬프다면, 이것이 무엇을 의미하는 것일까? 직업, 친구, 가족, 건강, 혹은 다른 어떤 문제들 때문일까? 만약 우리가 정말로 스트레스를 받는다면, 이것은 우리가 살아왔던 생활방식에 대해 무엇을 보여주려고 하는 것일까?
- **감정 다루기.** 엄마의 슬픔을 덜어드리기 위해 어떤 행동을 의도적으로 할 수 있을까? 우리의 스트레스 정도를 낮추기 위해 의도적으로 할 수 있는 행동은 무엇일까?

정서지능을 옹호하는 사람들은 그것이 학교, 직장, 건강, 대인관계 등 우리 삶의 대부분 영역에서 중요하고 종종 과소평가된 요소라고 주장한다(Neubauer & Freudenthaler, 2005; Schulze et al., 2005; Villanueva et al., 2017). 예를 들어 취업 면접 같은 중요한 상황에서 정서지능의 중요성을 생각해보자. 로버트의 학력, 경험, 이력서 모두가 면접관에게 그가 그 일에 안성맞춤일 만큼 충분히 똑똑하다는 것을 보여준다. 즉 이것이 그가 인터뷰에 응한 첫 번째 방법인 것이다. 그러나 면접하는 동안, 그는 낮은 정서지능의 몇몇 신호를 드러낸다. 어느 순간에는, 로버트는 면접관이 단지 진지하게 생각을 하고 있을 때 그의 대답을 못마땅하게 생각한다고 착각하면서 면접관의 표정을 잘못 읽는다. 그는 이것을 지나치게 신경을 쓰게 되고, 그래서 농담을 하기로 결심하는데 오히려 이것이 역효과로 면접관을 혼란스럽게 한다. 이 정도라도 면접은 여전히 성공적으로 이끌 수 있는 가능성이 있을지 모르지만, 로버트는 자신에게 화가 나서 책상을 치면서 "난 정말 바보야!"라고 소리친다. 그때 그는 면접관에게 또 한 번 기회를 달라고 애원하면서 울기 시작한다. 아무리 그의 이력서가 인상적이더라도 감정을 읽고, 감정을 행동의 단서로 사용하고, 자신의 감정을 조절하는 측면에서 이러한 실수가 그가 그 일에 가장 적합한 사람이 아닐 수도 있다는 것을 분명히 했다.

정서지능은 자신과 타인의 감정을 파악하고 조절할 수 있는 능력이다. 여러분의 정서지능은 취업 면접을 포함한 다양한 상호작용에 성공할 수 있도록 돕는다.

연구에 따르면 정서지능은 직무 수행과 관련이 있다고 한다(Abraham, 2005; O'Boyle et al., 2011; Van Rooy & Viswesvaran, 2004). 정서지능이 높은 직원들은 동료들 사이에서 리더로 떠오를 가능성이 높고, 정서지능이 높은 리더는 정서지능이 낮은 리더보다 근로자를 관리하는 데 더 효과적이다(Côté et al., 2010; George, 2000; Mandell & Pherwani, 2003; Miao et al., 2017a, 2017b, 2018; Rosete & Ciarrochi, 2005). 정서지능은 신체 건강, 정신 건강, 친구 및 가족과의 높은 질적 관계, 학업 성취 그리고 10대들의 술과 담배 회피 등을 포함하여 다른 바람직한 결과와도 상관관계가 있다(Mayer et al., 2008; Petrides et al., 2016; Schutte et al., 2007; Trinidad & Johnson, 2002).

정서지능의 가치는 매우 널리 인식되어 현재 많은 학교들이 의도적으로 학생들에게 그것을 가르치고 있다(Goetz et al., 2005). 예를 들어 캔자스대학교 메디컬센터에서 레지던트 생활을 하는 의대생들이 정서지능 훈련을 받았는데, 이 훈련으로 정서지능의 향상뿐만 아니라 환자로부터 높은 만족도도 받았다(Dugan et al., 2014). 일부 연구자들은 아마도 정서지능이 지능이라기보다는 성격적인 특성일 것이라고 트집 잡지만, 이것이 어떻게 분류되든 간에 그 중요성이나 일상적인 기능에 미치는 영향은 거의 의심할 여지가 없다(Austin & Saklofske, 2005; Perez et al., 2005; van der Linden et al., 2017).

유전, 양육, 그리고 지능

심리학을 통해 진행되는 유전-양육 논쟁은 다른 변수들과 마찬가지로 지능에도 적용된다. 무엇이 우리의 지능을 결정할까? 유전자일까? 환경일까? 둘 다 정답이다. 단순히 우리의 타고난 유전자인지 아니면 우리가 살고 있는 주변 환경이 지능에 영향을 미치는 것인지 일축할 방법이 없다(표 7.7).

그렇다면 더 좋은 질문은 각 요인이 얼마나 많은 영향력을 가지고 있는지다. 이것은 주로 쌍둥이와 입양연구를 통해 답을 얻을 수 있었다. 쌍둥이 실험에서 연구자들은 일란성과 이란성 쌍둥이를 비교하였다. 일란성 쌍둥이는 모든 유전자를 공유하지만, 이란성 쌍둥이는 절반만 공유한다. 일란성 쌍둥이들 간의 지능 수준이 이란성 쌍둥이들 간의 지능 수준보다 더 일치하는 경우가 많다면, 이는 유전자가 강력한 역할을 한다는 것을 보여주는 것이다. 입양연구에서, 연구원들은 입양된 아이들의 지능 수준을 입양한 부모, 그리고 친부모와 비교할 수 있다. 아이들의 지능 수준이 양부모와 비슷하면 환경이 중요하고, 아이들의 지능 수준이 친부모와 비슷하면 유전자가 중요하다. 이러한 연구들은 핵심적인 발견을 이끌어냈다(Bartels et al., 2002; Bouchard, 2013; Bouchard et al., 1990; Bouchard & McGue, 1981, 2003; Deary et al., 2006; Mandelman & Grigorenko, 2011; Neisser et al., 1996; Nisbett et al., 2012; Plomin & von Stumm, 2018; Rizzi & Posthuma, 2013;

표 7.7 Gene-ius

형제의 유형	형제의 지능 간 관계
함께 자란 일란성 쌍둥이	.86
따로 자란 일란성 쌍둥이	.72
함께 자란 이란성 쌍둥이	.60
함께 자란 쌍둥이 아닌 형제	.47
따로 자란 쌍둥이 아닌 형제	.24

출처 : Bouchard and McGue(1981) and Deary et al.(2006).

형제간의 유전적으로 공유한 부분이 증가할수록 형제간 IQ 점수와의 상관이 증가한다. 일란성 쌍둥이의 경우, 상관이 가장 높지만 1에 도달하지는 않으며, 이러한 결과는 IQ 점수가 환경의 영향을 받는다는 사실을 의미한다. 함께 지낸 형제의 경우가 서로 떨어져 양육된 형제에 비해 높은 상관을 보고한다는 결과 역시 환경의 중요성을 강조한다.

지능검사
심리학자들이 지능을 수치로 측정하기 위해 사용하는 평가기법

Sauce & Matzel, 2018).

- **전반적으로 유전자는 지능에 상당한 영향을 미친다.** 지능의 상속성에 대한 추정치는 연구에 따라 다르지만 50~75% 범위에서 맴도는 경향이 있다. 이것은 지능에 관한 한, 상당 부분 가지고 태어난다는 것을 암시한다. 그러나 환경에 의한 영향도 적지 않다.

- **지능의 상속성 정도는 지능 측정 시기에 따라 달라진다.** 어린아이의 지능에 비해 어른의 지능은 유전적 유산에 근거한 예상을 따를 확률이 훨씬 높다. 지능이 친부모의 지능과 일치하지 않는 네 살짜리 아이를 보는 것은 드물지 않지만, 부모와의 지능 불일치를 보여주는 40세 어른을 보는 것은 꽤 드문 일이다.

- **중요한 환경적 변수들이 많이 있다.** 우리가 자라난 방식, 우리가 다니는 학교, 우리의 직업, 우리가 먹는 음식, 우리의 사회경제적 수준, 그리고 우리가 상호 교류하는 사람들 모두 지능에 영향을 줄 수 있는 가능성을 가지고 있다.

- **유전자와 환경은 복잡한 방식으로 상호작용한다.** 지능의 유전적 유산 때문에 한 초등학교에서 가장 똑똑한 아이인 션이란 아이가 있다고 생각해보자. 그의 부모는 그의 지능을 알아차리고 방과 후 활동과 두뇌 훈련 컴퓨터 게임을 통해 그것을 육성한다. 그의 선생님들은 또한 그의 지능을 알아보고 맞춤형 수업 과제와 심화 교육을 통해 훈련시킨다. 이러한 새로운 환경적 영향은 션의 지능을 더욱 높여준다. 청소년이 된 션은 학구적으로 평판이 높은 대학에 입학하여 자신을 더 연마할 수 있게 만드는 친구들과 교수님이 곁에 있게 한다. 션의 유전자는 그의 지능에 직접 영향을 미칠 뿐만 아니라 그가 살고 있는 환경의 종류에도 영향을 미치고, 그러한 환경은 그의 지능에 더욱 영향을 미친다.

앞에서 살펴본 바와 같이 지능을 연구하는 심리학자는 얼마든지 있지만, 그들의 내담자에게서 지능을 측정하는 사람은 훨씬 더 많다. 실제로 임상심리학자들이 지능 측정을 하는 것은 면담 및 치료와 더불어 가장 일반적인 전문 활동 중 하나이다(Archer & Newsom, 2000; Camara et al., 2000; Cashel, 2002; Curry & Hanson, 2010; Watkins et al., 1995; Wright et al., 2017). 임상심리학자들이 **지능검사**(intelligence test)를 실시하는데 이것은 지능을 수치적으로 측정하기 위해 심리학자들이 사용하는 평가기법이다. 심리학자가 내담자에게 지능검사 하는 것을 상상할 때, 그들에게 질문 책자, 답안지, 그리고 연필을 나눠주는 그림을 그리지 말라(어렸을 때 학교에서 치렀던 표준화된 시험 또는 대학 입학시험처럼). 또한, 내담자들이 빠르고 정교함이 덜한 온라인 퀴즈를 풀고 있다고 생각하지 말라. 인터넷상에 떠도는 이른바 많은 '지능검사'들은 심리학자들을 민망하게 만든다. 그것들은 지능을 합법적으로 측정하기보다는 웹사이트 광고로 돈을 벌려고 하는 것이다 (Burnett, 2013).

심리학자들이 내담자에게 제공하는 합법적인 지능검사는 대면을 통한 상호작용이다. 심리검사 하는 법을 배우기 위하여, 심리학자는 이 검사들을 관리하고, 점수를 매기고, 해석하는 것을 배우는 과정을 대학원에서 수강한다(Mihura et al., 2017; Raiford et al., 2010). 전형적으로, 심리학자와 내담자는 탁자나 책상에 서로 마주보고 앉는다. 심리학자는 일반적으로 표준화된 방식으로 검사의 모든 부분 또는 하위 부분을 안내하는 검사 매뉴얼과 내담자의 반응을 기록할 수 있는 기입용지, 그리고 종종 심리학자가 검사 중 여러 포인트에서 내담자와 공유할 그림, 물건 또는 간략한 문자 활동과 같은 것들을 준비한다. 대부분의 하위 검사는 심리학자가 큰소리로 질문을 하고, 내담자가 큰소리로 대답하

"그의 IQ 점수가 숫자로 의미있다는 점이 유감스럽네요."

며, 심리학자가 그것을 기록하는 것을 포함한다. 전형적으로 지능검사는 30분에서 3시간 정도 소요된다. 검사가 끝나면 심리학자는 내담자의 반응에 점수를 할당하고, 그것들을 계산한 후, 그 결과를 보고서의 형태로 작성한다.

지능지수(IQ) 지능검사의 주된 결과는 한 사람의 전체적인 지능을 나타내는 데 사용되는 단일 숫자인 **지능지수**(intelligence quotient, IQ)이다. 지능검사의 창안자들은 심리학자들이 사용할 수 있도록 하기 전에, 그들은 다양한 연령의 수백 또는 수천 명의 사람들에게 이 검사를 실시한다는 점을 알아야 한다. 이런 식으로 그들은 모든 연령대의 사람들에 의해 얻어진 점수 데이터를 수집할 수 있다. 이 과정을 통해 검사에 대한 연령 기반 표준 데이터(또는 기준)가 세워진다. 후에 심리학자가 이 검사를 구매하면, 함께 제공되는 설명서에 이 표준 데이터가 들어 있다.

IQ의 중위값은 100이다. 점수가 100에서 올라갈수록 평균 이상의 지능을 나타내고, 점수가 100에서 내려갈 때 평균 이하의 지능을 나타낸다. 점수들의 차이가 의미를 갖기 위해서는 상당히 상승 또는 하강해야 한다. IQ가 단지 100에서 약간 위 또는 아래에 있는 사람은 여전히 평균 범위에 있다. 그림 7.9에서 보이듯, 3분의 2 이상의 사람들이 100에서 15점 위아래 이내의 IQ를 가지고 있다. 약 95%는 중위값에서 30점 이내에 해당되고, 약 99%는 중위값에서 45점 이내에 해당된다. **정상곡선**(normal curve)이라고 알려진 이 모형은 검사 점수의 빈도가 중간에서 가장 크고 양극단으로 갈수록 감소하는 것을 나타내는 그래프이다. 종 모양을 닮아서 종형 곡선이라고도 한다. 지능의 정상곡선으로 알 수 있는 것은 인구 전체에서 우리가 IQ 범위의 중간쯤에 군집하는 경향이 있다는 것이다. IQ는 그런 면에서 키와 많이 비슷하다. 즉 우리 대부분은 평균 키의 2인치 내외에 해당되며, 우리 대부분은 평균 IQ 주변 내외에 해당된다.

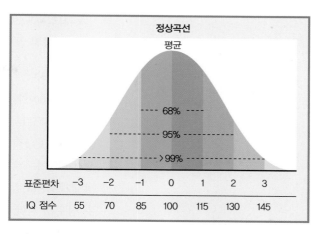

그림 7.9 정상곡선 한 인구의 지능점수가 그래프로 그려질 때, 그것은 정상곡선을 보이는데, 이것은 평균 근처의 점수들이 가장 흔하다는 것을 말한다. 어느 쪽이든 평균에서 멀어질수록 흔하지 않은 점수임을 나타낸다.

웩슬러 지능검사 심리학자들이 사용하는 특정한 지능검사 중에서 가장 유명한 검사는 **웩슬러 지능검사**(Wechsler Intelligence Test)이다. 이것은 데이비드 웩슬러(David Wechsler)에 의해 처음으로 개발되어 널리 사용되며 높이 평가받고 있다(Drozdick et al., 2018; Goldstein, 2008; Lichtenberger & Kaufman, 2009; Raiford, 2018; Wahlstrom et al., 2018). 1900년대 초에 웩슬러가 첫 IQ 검사 세트를 만들었을 때, 그것은 성인만을 위해 고안되었지만, 지금은 거의 모든 연령을 아우를 수 있는 세 가지 버전으로 되어 있다.

- WAIS(Wechsler Adult Intelligence Scale) : 16~90세에게 적합
- WISC(Wechsler Intelligence Scale for Children) : 6~16세에게 적합
- WPPSI(Wechsler Preschool and Primary Scale of Intelligence) : 2.5~7세에게 적합

웩슬러 지능검사 세트는 각각 대략 12개의 하위 검사를 포함하며, 그중 많은 검사들이 세 가지 검사 세트에서 모두 공유된다. 이러한 하위 검사는 4~5개 범주로 분류된다. 성인 버전 검사의 범주는 다음과 같다.

- **언어 이해력.** 단어와 문장을 얼마나 잘 이해하고 사용하는지 평가하는 하위 검사
- **지각 추론.** 무늬 및 퍼즐을 포함한 시각적 문제를 해결하는 능력을 평가하는 하위 검사
- **작업기억.** 단기기억에서 정보를 저장하거나, 다루거나, 인출하는 능력을 평가하는 하위 검사

지능지수
한 사람의 전반적 지능을 표현하기 위해 사용되는 숫자

정상곡선
검사에서 점수의 빈도가 중간에서 가장 크고 극단으로 갈수록 감소하는 것을 보여주는 그래프

웩슬러 지능검사
데이비드 웩슬러에 의해 개발된 널리 사용되고 높이 평가되는 지능검사

- **처리속도**. 간단한 시각적 정보를 얼마나 빠르고 정확하게 검색하고 결정할 수 있는지 평가하는 하위 검사

이 4개의 하위 검사에 대해 내담자는 지수 점수를 받게 되는데, 이는 앞에서 논의한 IQ 점수(중간 점수 100)와 같은 규모이다. 그런 다음 이 4개의 지수 점수를 결합하여 전체(또는 실제) IQ 점수가 정해진다. 네 가지 지수 점수를 서로 비교함으로써 심리학자는 내담자의 일반적인 지능 수준(스피어먼은 *g*라고 지칭함)을 넘어서 내담자의 보다 구체적인 지능 영역(서스턴은 *s*라고 지칭함)을 생각해볼 수 있다(Groth-Marnat & Wright, 2016; Weiss et al., 2010). 예를 들어 나는 30세 여성 엘리에게 WAIS 검사를 보게 했다. 그녀의 전체 지능은 평균 정도인 102가 나왔다. 그러나 그녀의 지수 점수는 언어 이해력 120점, 지각 추론 81점, 작업기억 108점, 처리속도 99점 등 꽤 광범위하게 산재되어 있었다. 내가 쓴 보고서에서 나는 엘리의 전체적인 IQ뿐만 아니라 그녀의 지수 점수까지 다루었는데, 그것이 그녀의 강점과 약점을 이해하는 데 도움이 되었다. (웩슬러 검사가 구성되는 방식은 단일의 전체 IQ 점수, 몇몇의 지수 점수, 그리고 약 12개의 하위 검사 점수를 통해 이 검사가 이전 장에서 다룬 지능의 위계 모형을 따른다는 것을 보여준다.)

스탠퍼드-비네 지능검사   웩슬러 검사의 대안은 **스탠퍼드-비네 지능검사**인데, 이것은 알프레드 비네(Alfred Binet)에 의해 처음 개발되었고 이후 루이스 터먼(Lewis Terman)에 의해 수정된 전 연령에 적합한 검사이다. 구조적인 면에서, 스탠퍼드-비네 검사는 웩슬러 검사와 유사하며, 많은 하위 검사들이 더 적은 수의 범주로 그룹화되고, 이것들이 합쳐져 완전한 IQ 점수를 형성하게 된다. 한 가지 큰 차이점은 스탠퍼드-비네 지능검사는 웩슬러의 연령대에 따른 세 가지 검사가 아니라 2~85세 사이의 내담자를 대상으로 하는 단일 테스트라는 것이다. 또 다른 차이점은 스탠퍼드-비네 검사는 웩슬러 검사에 비하여 가장 어려운 항목은 더 어렵고 가장 쉬운 항목은 더 쉽다는 것이다. 이것은 심리학자가 매우 높은 쪽이나 매우 낮은 쪽 지능 범위에서 있는 내담자를 검사하는 데 있어서 장점이 있다.

성취검사   종종, 내담자가 지능검사를 받을 때, 또한 내담자는 **성취검사**(achievement test)도 받는다. 이것은 심리학자들이 내담자가 획득한 학습 수준을 수치적으로 측정하기 위해 사용하는 평가 기법이다.

   성취검사는 지능검사와 유사해 보입니다. 차이점은 무엇인가요?

주요 차이점은 지능검사는 대상자가 성취할 수 있는 것을 측정하지만, 성취검사는 특히 읽기, 쓰기, 수학 같은 학업 관련에서 이미 성취한 것을 측정한다는 것이다(Mayer, 2011). 일반적으로, 이 두 검사 점수는 꽤 밀접하게 일치한다. 즉 지능이 높은 사람들은 보통 성취도가 높고, 그다지 지능이 높지 않은 사람들은 보통 성취도가 낮다. 때때로, 한 사람의 성취도는 그들의 지능 수준보다 현저히 떨어지게 되는데, 이것은 전형적으로 그 사람이 학교공부에 애를 먹는 경우가 그러하다 ("엘리사는 매우 영리한 아이인데, 학교에서 나눗셈 배우는 것을 왜 어려워하지?").

지능검사와 성취검사를 비교하는 것은 운동 능력과 스포츠에서 성취도를 비교하는 것과 유사하다. 일반적으로, 빨리 달리고, 높이 뛸 수 있고, 반사작용이 좋은 것과 같은 훌륭한 운동 능력을 가진 사람들은 농구, 축구 또는 다른 스포츠에서 그 능력을 적용할 때 잘하게 된다. 하지만 스포츠와

스탠퍼드-비네 지능검사
널리 사용되고 높은 평가를 받는 지능검사로 알프레드 비네와 루이스 터먼에 의해 개발되었으며 전 연령에 적합함

성취검사
심리학자들이 한 사람을 대상으로 달성한 학습 수준을 수치적으로 측정하기 위해 사용하는 평가 기법

지능 모두 예외는 있다. 즉 과도하게 성취도가 높거나 그 반대의 경우이다. 지능검사와 성취검사를 수행하는 심리학자들은 지능에 뒤처지는 성취도를 가진 사람들을 돕는 데 초점을 맞춘다. 지능과 성취도의 차이를 측정한 뒤 이를 좁힐 방법을 찾는다.

지능의 양극단 심리학자들이 지능검사를 하는 이유는 매우 다양하다. 한 가지는 평균 이상의 두드러지는 지능을 가진 **영재**(giftedness)를 검사하기 위한 것이다. '현저하게 평균 이상'이라는 공식적 정의는 지역이나 학군마다 다르지만, 일반적으로 지능검사에서 평균보다 표준편차 급간이 2개나 높다는 것을 의미한다. 웩슬러 검사에서 이것은 적어도 130을 의미하는데, 상위 2~3%의 학생들이 해당된다. (흔히, 영재 지정에 영향을 미치는 것에는 단일 IQ 점수 외에 다른 요소들이 있다.) 영재라고 분류된 아이들은 인지적 과제들을 제공하는 학교 활동에 종종 참여한다(Little, 2018; Reis & Renzulli, 2011). 많은 재능 있는 학생들은 학교에서뿐만 아니라 결국 전문가로서 높은 수준의 성취감을 얻지만, 그러나 어떤 학생들은, 학교공부가 너무 쉬워 재미없다고 생각하거나, 그들에게 요구된 과제에 그들의 지능을 적용하는 데 어려움을 겪거나, 또는 그들의 가정이나 학교 환경의 빈곤함과 장애들로 인하여 성취감을 얻지 못한다(Olszewski-Kubilius & Corwith, 2018; Reis & McCoach, 2000; Renzulli & Park, 2002).

심리학자들이 지능검사를 사용하는 또 다른 이유는 내담자가 **특정학습장애**(specific learning disorder, 예를 들어 읽기, 쓰기 또는 수학에서 성취도가 그 연령에 대한 기대치보다 현저히 낮은 경우)를 가지고 있는지 여부를 보기 위한 것이다. 난독증이란 용어는 읽기에 중점을 둔 특정학습장애를 가리키는 데 자주 쓰인다. 영재와 마찬가지로, '연령 기대치를 크게 밑도는 것'에 대한 공식적인 기준은 지역마다 다르다. 특정학습장애 진단은 종종 아이에게 특별히 설계된 교육이나 교습, 또는 교사에 의한 개별화된 교육프로그램, 그리고 학생의 성취도를 극대화하기 위한 편의 시설과 같은 교육 자원에 접근할 수 있게 해준다. 특정학습장애를 가진 아이들은 주의력결핍 과잉행동장애(ADHD), 불안 및 우울증을 포함한 기타 진단 가능성을 증폭시킨다(McDonough et al., 2017; Tannock, 2013; Willcutt & Pennington, 2000). 하지만 특정학습장애 진단이 반드시 장기적인 어려움을 예측하는 것은 아니다. 배우 키이라 나이틀리와 윌 스미스를 포함한 많은 사람들은 학습장애를 극복하고 큰 성공의 위치에 도달해 있다.

심리학자들이 지능검사를 하는 세 번째 이유는 **지적장애**(intellectual disability), 즉 평균 이하의 지능과 일상 기능에 대한 장애를 검사하기 위한 것이다. 2013년 이전에는 지적장애를 정신지체라고 불렀는데, 지금은 많은 사람들이 부적절하거나 무례하다고 여긴다. 이 진단은 IQ의 표준편차 급간이 평균에서 2개 아래(약 70)에 해당되는 것뿐 아니라 옷을 입고, 의사소통하고, 적절한 사회적 기술을 보여주며, 기타 적응행동과 같은 기본적인 일들을 독립적으로 수행하는 데 어려움이 있는 것에 기반한다. 지적장애는 어린 시절에 발생했을 때만 진단할 수 있다(American Psychiatric Association, 2013). 800~1,000명당 1명 발생하는 다운증후군은 지적장애를 유발하는 가장 흔한 유전적 문제이다.

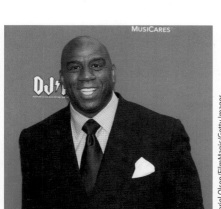

플로렌스 앤 더 머신의 플로렌스 웰치와 매직 존슨은 특정학습장애를 극복하고 성공적인 커리어를 성취하였다.

영재
현저하게 높은 평균 이상의 지능을 가진 것

특정학습장애
읽기, 쓰기 또는 수학의 성취도가 연령 기대치를 크게 밑도는 정신장애

지적장애
평균 이하의 지능과 일상적 기능의 저하에 기반한 정신장애

지능 측정의 평가　심리학자들이 지능(또는 그 밖의 다른 것에 대해서)을 측정할 때 높은 전문 기준에 부합하는 검사만을 사용한다. 구체적으로 신뢰도와 타당도가 높은 것을 추구한다.

　지능검사는 **신뢰도**(reliability)가 높아야 한다. 즉 평가 기법이 일관되고 반복 가능한 결과를 제공하는 범위에 있어야 한다. 신뢰할 수 있는 지능검사는 누가 그것을 실시했는가, 어디서 실시되었는가, 언제 실시되었는가에 달려 있지 않다. 심리학자들이 지능검사를 할 때, 그들이 매뉴얼을 가지고 있다는 것을 기억할 것이다. 매뉴얼은 모든 단계에서 정확히 무엇을 해야 하는지 알려주는데 이것이 신뢰도를 높여준다. 왜냐하면 검사 방법의 차이가 점수 차이로 이어질 수 있기 때문이다.

　지능검사는 또한 측정해야 하는 것을 제대로 측정하는 **타당도**(validity)도 높아야 한다. 타당도 높은 지능검사는 잘 확립된 다른 지능검사와 유사한 결과를 제공하며, 다른 능력검사와는 다른 결과를 제공한다. 우리는 학교에서 타당도의 유무를 알 수 있는 시험들을 충분히 치렀다. 이것은 "그 수학 시험은 우리가 들었던 내용을 정확히 다루었다"와 "그 수학 시험은 우리가 공부했던 것과 연관된 문제가 없었다!"의 차이다. 후자는 그것이 측정해야 하는 것을 측정하지 않고, 교과서에서 얻은 우리의 지식을 실제로 반영하지도 않으며, 그래서 사용되어서는 안 되는 타당도 없는 시험일 것이다.

검사편파　높은 신뢰도와 타당도뿐만 아니라, 최고의 지능검사는 낮은 **검사편파**(test bias, 검사가 특정 그룹의 구성원에 대해 일관되게 부정확한 방식으로 점수를 산출하는 경향)를 보인다. 불행히도, 지능검사의 역사는 검사편파에 대한 논란을 보여주었다. 특히 지능검사에 대한 비평가들은 검사 제작자들이 특정 그룹(전형적인 중상위 계층의 백인들 그리고 역사적으로 이들이 검사 제작자이기도 했다)에게 이점을 주는 항목을 포함시키면서 다른 그룹(일반적으로 소수 민족과 인종 그리고 빈곤층)에 불이익을 주고 있다고 비난했다.

　이러한 유형의 편파는 지능검사가 일부 집단이 다른 집단보다 더 많이 접근하고 친숙한 면을 다룰 때 발생한다(Helms, 2006). 예를 들어 15세 소년이 퀴노아를 지능검사의 어휘 질문에서 정의해야 한다고 상상해보자. 만약 이 아이가 퀴노아(영양성이 높은 곡물 씨앗)가 대중적인 사회의 출신이라면 그는 다른 집단에서 온 사람보다 퀴노아를 먹어 본 적이 있거나 적어도 들은 적이 있을 가능성이 더 높다. 검사 후반에, 같은 소년이 "실사회체험기간(gap year)의 장단점은 무엇인가?"라는 질문에 직면한다고 상상해보자. 다시 한 번, 만약 이 아이가 대학진학이 일반적인 그런 사회적 배경을 가졌다면, 이것이 종종 추가적인 경험이나 교육을 위하여 대학을 진학하기 전에 한 해를 보낸다는 것을 의미함을 충분히 알고 있을 것이다. 그러나 생활 배경이 다르면 실사회체험기간이나 대학과 관련된 어떤 다른 용어도 그에게 친숙할 가능성이 적다. 소수 민족과 소수 인종의 높은 비율이 낮은 사회경제적 범주에 속하기 때문에 더 높은 사회경제적 범주를 반영하는 항목이 많을 때 그 지능검사는 전체 집단에 불공평할 수 있다(Bornstein & Bradley, 2003; Suzuki et al., 2011).

　1970년대에 한 연구자가 검사편파가 어떤 문화집단에 얼마나 불리하게 작용하는지에 대하여 발표하기로 했다. 흑인 심리학 분야의 선구자인 로버트 윌리엄스(Robert Williams)가 전적으로 흑인 사회에서 자란 사람들에게 친숙한 지능검사를 만듦으로써 판세를 뒤집었다. 그는 이것을 문화적 동질성을 가진 흑인 지능검사(BITCH)라고 불렀다. 당연하게도, 백인들은 이 검사를 어렵다고 생각하였으며, 흑인보다 낮은 점수를 받았다. 이 검사는 광범위하게 사용되지는 않았지만, 그 영향력은 상당했다. 분명하게 이 검사는 한 소수집단이 자신의 것보다 타인의 사회문화적 경험을 중시하는 검사로 평가받는 기분이 어떤지를 다수집단에게 보여줄 수 있었다(Thaler et al., 2015;

신뢰도
평가 기법이 일관되고 반복 가능한 결과를 제공하는 정도

타당도
평가 기법이 측정해야 하는 것을 측정하는 정도

검사편파
특정 그룹의 구성원에 대해 지속적으로 부정확한 방법으로 점수를 산출하는 검사 경향

Williams, 1972; Wingate, 2011).

다행히도 오늘날 널리 사용되는 지능검사는 수십 년 전보다 훨씬 덜 편파적이다. 검사지를 만드는 사람들은 검사편파를 줄이기 위해 특별한 노력을 기울이면서 그것들을 반복적으로 수정했다. 그들은 편파를 초래하는 문화적 요인을 줄이거나 제거하는 것을 목표로 하는 지능검사인 **문화-공정 지능검사**(culture-fair intelligence test)를 만들기 위해 노력했다. 최근에 만들어진 몇 가지 검사는 단어가 검사편파의 주요 원천이기 때문에 그 사용을 최소화하려는 전략을 세웠다. 예를 들어 1996년에 발표된 지능검사인 Universal Nonverbal Intelligence Test(UNIT)에는 언어가 전혀 없다(Bracken

문화-공정 지능검사는 언어에 의존하지 않는 과제(미로, 퍼즐, 시각적 기억게임)을 사용하여, 문화적 영향을 받지 않는 지능을 측정한다.

& McCallum, 2009; McCallum & Bracken, 2005). 모든 지시사항은 손동작으로 하고, 대상자들은 답안을 가리키거나 특정한 방법으로 항목을 배열하여 답한다. 어떤 항목도 언어가 포함되지 않는다. 이것의 하위 검사는 미로 찾기, 퍼즐, 시각적 기억 게임 등으로 구성되어 있다. 이런 유형의 다른 검사와 마찬가지로 UNIT은 널리 사용되지 않으며, 제한된 연령대(학령 아동)에게만 적합하며, 그 신뢰도와 타당도에 대한 데이터는 제한적이다(McCallum & Bracken, 2018; Ortiz & Dynda, 2005). 하지만 UNIT과 같은 검사들이 있다는 것은 심리학자들이 검사편파를 최소화하고 문화 공정성을 극대화하기 위한 노력을 증가시키고 있다는 것을 보여준다.

고정관념 위협 검사편파 이외에도, 소수 집단들은 종종 **고정관념 위협**(stereotype threat)에 직면한다. 즉 타인이 속한 집단에 대한 고정관념에 따라 판단할 수도 있다는 것이다. 다른 사람들이 부정적으로 여러분을 고정관념화한다는 것을 감지하게 될 때, 그들이 틀렸다는 것을 증명할 여러분의 능력이 감퇴될 수 있다(Spencer et al., 2016; Steele, 1997; Steele & Aronson, 2004). 그러한 고정관념에 사로잡히고 또는 너무 걱정하여 말하거나 행동하는 것들이 잘못 해석될 수도 있으며, 지성이 빛을 발하지 못할 수도 있다(Lewis & Sekaquaptewa, 2016; Schmader & Johns, 2003; Schmader et al., 2008). 그것은 일종의 자기충족적 예언이다. 그들은 여러분을 지적 능력이 없는 사람으로 편견을 갖고 판단하게 되고, 그 편견에 대한 집중이 사실상 여러분이 실제보다 덜 지적인 것처럼 보이게 만든다. 고정관념 위협이 1990년대에 처음 확인된 이후, 점점 더 많은 연구기관들은 그것이 얼마나 그러한지 입증해 왔다. 독립된 연구들은 사람들이 고정관념적 예측을 가진 사람들에 의해 평가된다고 느낄 때, 흑인들, 라틴계 사람들, 여성, 빈곤층 또는 나이 든 성인들 모두 지능과 관련된 검사에서 훨씬 낮은 점수를 받는다는 것을 발견했다(Armstrong et al., 2017; Cadinu et al., 2005; Croizet & Claire, 1998; Gonzales et al., 2002; Hess et al., 2003; Spencer et al., 1999; Taylor & Walton, 2011).

고정관념 위협은 단순한 지능검사뿐만 아니라 모든 상황에서의 수행 능력에 영향을 줄 수 있다. 예를 들어 한 연구는 여성이 남성보다 자동차에 대한 지식이 부족하다는 성별에 기초한 고정관념에 초점을 맞췄다. 연구자들은 여성들에게 범인이 인질을 잡고 그 인질에게 특정 차를 정확히 어디서 찾아야 하는지 그에게 알려줄 것을 요구하는 비디오를 보여주었다. 그 후 범인은 자신의 차를 몰고 그곳으로 가서 돈을 찾아낸다. 영상을 본 여성들은 두 대의 차(검은색 폭스바겐 골프와 회색 푸조 오픈카)에 대한 자세한 사항을 모두 기억해 달라는 요청을 받았다. 그 여성들 중 절반은 단순히 자동차에 대한 설명을 요구받았지만, 나머지 절반은 여성들이 상대적으로 자동차 지식이 부족하다는 고정관념을 활성화할 수 있는 지침을 받았다. 즉 "이 연구의 목적은 실제로 자동차에

문화-공정 지능검사
편파를 유발할 수 있는 문화적 요인을 줄이거나 제거하는 것을 목표로 하는 지능검사

고정관념 위협
여러분이 속한 집단에 대한 고정관념에 따라 다른 사람들이 여러분을 판단할 수 있다는 예상

대한 여러분의 지식과 자동차에 대한 여러분의 설명 능력을 평가하는 것입니다… 자동차에 대한 여러분의 지식이 여러분이 얼마나 잘하는지를 결정한다는 것을 기억하십시요.” 두 번째 지시를 받은 여성들은 자동차에 대한 설명에서 훨씬 정확하지 못한 정보와 더 많은 실수를 보였다. 이런 종류의 고정관념 위협은 예를 들어 실제로 경찰이나 판사, 변호사로부터 범죄 목격자로 심문받는다면 이것으로 인한 현실적 결과를 초래할 수 있다고 연구자들은 말한다(Brelet et al., 2018).

집단 차이 검사편파나 고정관념 위협 같은 요소들이 혼합되면서, 집단 간(특히 인종 간)의 지능 차이에 대한 많은 발견들이 큰 논쟁의 대상이 되었다. 특히 1990년대 아프리카계 미국인들이 지능검사에서 백인보다 낮은 점수를 받는 경향이 있다는 연구 결과와 이러한 낮은 점수가 환경보다는 부분적으로 유전 때문이라는 주장이 발 빠른 실질적 비판에 부딪혔다(Daley & Onwuegbuzie, 2011; Fraser, 1995; Gardner, 1995; Herrnstein & Murray, 1994; Lind, 1995; Nisbett, 1995).

그럼에도 불구하고, 연구자들은 다양한 그룹들 간의 지능 차이에 대한 의문들을 탐구해 왔다. 특히 남성과 여성의 지능 차이에 초점을 맞춘 균형 잡힌 연구가 있다. 일반적인 지능의 관점에서 보면, 차이가 없다. 즉 평균적인 총 지능(또는 IQ, 또는 g)은 남녀 모두 똑같다. 남성과 여성은 현저하게 많은 지능 분야에서도 유사하다. 하지만, 많은 국가와 문화에서 한 성별이 다른 성별보다 약간, 그러나 일관되게, 더 잘하는 특정한 지능 분야가 몇 가지 있다(그림 7.10). 여성은 읽기와 쓰기를 포함한 대부분의 언어적 능력에서 약간 우위에 있는 반면, 남성은 수학과 시각적 또는 공간적 방향성을 수반하는 과제에서 약간 우위에 있다(Halpern, 2012; Halpern et al., 2011; Hedges & Nowell, 1995; Hegarty & Waller, 2005; Schultheis & Carlson, 2013; Torres et al., 2006).

한 집단이 지능검사에서 특정한 방식으로 점수를 올리는 경향이 있다고 해서, 그 집단의 한 구성원이 반드시 그러한 경향을 따르지는 않는다는 점을 알아야 한다. 즉 한 집단 내의 차이는 집단 간의 차이만큼 크고 중요할 수 있다. 남성이 여성보다 키가 큰 경향이 있지만, 다음에 만나는 남자가 보통 여자보다 키가 작거나, 다음에 만나는 여자가 대부분의 남자보다 키가 클 가능성은 상당히 높다. 마찬가지로, 어떤 여성이 수학이나 시각-공간적 능력에 뛰어날 수 있고, 어떤 남성이 언어 능력에서 뛰어날 수도 있다.

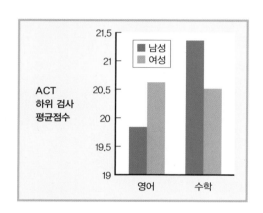

그림 7.10 ACT 하위 검사에서 영어, 수학의 성별 평균 점수 전체적인 지능은 남녀 차이가 없지만, 한 집단으로서 남성들은 수학적인 과제를 약간 더 잘 수행하는 경향이 있고, 한 집단으로서 여성들은 언어적인 과제에서 좀 더 잘 수행하는 경향이 있다(Halpern, 2012; Halpern et al., 2011). 이러한 집단 차이는 영어와 수학에 대한 2013년 ACT 하위 검사에 반영되었지만, 다른 해에도 일반적인 모습이었다.

학습 확인

7.22 심리학자들은 지능을 어떻게 정의하는가?

7.23 일반지능(g)과 특수지능(s)의 차이점은 무엇이며, 지능의 위계 모형에 어떻게 부합하는가?

7.24 다중지능 이론은 무엇인가?

7.25 정서지능은 무엇인가?

7.26 유전-양육 논쟁은 지능에 어떻게 적용되는가?

7.27 심리학자들은 지능을 어떻게 측정하는가?

7.28 심리학자들이 사용하는 두 가지 주요 지능검사는 무엇인가?

7.29 지능검사와 성취검사의 차이점은 무엇인가?

7.30 지능의 양극단은 무엇인가?

7.31 지능 측정에서 신뢰도와 타당도의 역할은 무엇인가?

7.32 검사편파란 무엇이며, 지능검사에 왜 이롭지 못한가?

7.33 어떻게 고정관념이 검사에 부정적인 영향을 미칠 수 있는가?

7.34 지능에 있어서 남성과 여성의 집단적 차이가 있는가?

요약

사고

7.1 심리학자들은 인지를 정보의 이해, 체계화, 분석, 전달 등으로 정의한다. 심리학자들은 사고, 언어, 지능의 세 가지 주요 분야에 초점을 맞춰 인지를 연구한다.

7.2 심리학자들은 개념을 유사한 것들이나 행동 또는 사람들에 대한 범주의 정신적 표상으로 정의한다.

7.3 개념의 세 가지 주요 유형은 특성 기반 개념, 목표 기반 개념 및 관계 기반 개념이다.

7.4 심리학자들은 종종 개념을 상위, 기본, 하위의 세 단계로 나눈다.

7.5 문제 해결은 (선택사항을 알 수 없는 경우) 목표를 달성하기 위한 방법을 찾기 위해 인지를 사용하는 반면, 의사결정은 가능한 방법 중 하나를 선택하기 위해 인지를 사용하는 것이다.

7.6 연산은 공식과 같은 문제 해결 방법인 반면, 발견법은 문제 해결의 경험적 추측이다.

7.7 마음 갖춤새, 확증편파, 틀 만들기 등으로 사람들은 문제를 해결할 때 이성을 벗어나게 된다.

7.8 발견법의 네 가지 유형은 대표성 발견법, 가용성 발견법, 기준점 발견법, 그리고 감정 발견법이다.

7.9 이중처리 이론은 사람들이 하나의 자동적 사고(유형 1 사고)와 하나의 의도적 사고(유형 2 사고)의 분리된 사고 유형을 가지고 있다는 것이다.

7.10 사람들은 결정의 결과에 대해 우리가 어떻게 느낄지 예측하는 정서예측에 능숙하지 않다.

7.11 심리학자들은 창의성을 문제에 대한 독창적인 아이디어나 접근 방법을 생각해내는 능력으로 정의한다.

7.12 발산적 사고는 여러 가지 가능한 해결책을 제시하는 문제 해결 전략인 반면, 수렴적 사고는 논리를 이용해 유일한 최선의 해결책을 추론하는 문제 해결 전략이다.

7.13 기능적 고착은 다른 가능한 용도가 아닌 가장 전형적으로 사용되는 한 가지 방식으로 무엇인가를 생각하는 것이다.

7.14 문화를 포함한 많은 요소들이 창의성에 기여한다.

언어

7.15 심리학자들은 언어를 단어 또는 다른 상징을 사용하여 다른 사람과 의사소통하고 규칙에 따라 배열하는 능력으로 정의한다.

7.16 일부 전문가들은 단절된 소리의 '조어(protolanguage)'가 새로운 방식으로 결합될 수 있는 기본적인 단어로 발전되었다고 생각한다.

7.17 언어발달의 생득론은 언어를 사용하는 능력은 선천적이라고 주장하는 반면, 비생득론자들은 양육이 언어발달에 큰 영향을 미친다고 주장한다.

7.18 아동의 언어발달 단계에는 옹알이, 한 단어 단계, 언어 사용의 확장, 비유적인 언어의 사용 등이 있다.

7.19 문법은 언어 내의 규칙들을 정하고 있으며, 음소, 형태소, 통사론, 의미론의 총 네 가지로 구성된다.

7.20 표정, 몸짓, 언어가 말해지는 방식 등 언어 외 정보는 의사소통에 영향을 미칠 수 있다.

7.21 최근 전문가들은 언어가 사고에 영향을 미친다는 이론인 언어적 상대성에 대한 논쟁을 계속하고 있다.

지능

7.22 심리학자들은 지능을 경험으로부터 지식을 얻는 능력으로 정의한다.

7.23 일반지능(g)은 모든 업무와 상황에 적용되는 전체적인 지능인 반면, 특수지능(s)은 특정 영역에만 적용되는 지능이다. 지능의 위계 모형은 사람들이 수많은 특수한 지능을 포함하고 있음을 암시하며, 각 지능은 하나의 일반적인 지능의 일부로 간주된다.

7.24 가드너에 의해 주로 제시되는 다중지능 이론은 모든 사람이 학교에서 전통적인 성공에 기여하는 지능이나 또는 학문과 연관 없는 생활적인 부분에 초점을 두는 지능처럼 뚜렷이 구별되는 지능을 가지고 있다는 것이다.

7.25 정서지능은 자신과 타인의 감정을 감지하고 관리하는 능력이다.

7.26 전반적으로 유전자는 지능에 상당한 영향을 미치지만 중요한 환경변수가 많다. 유전자와 환경은 지능에 영향을 미치기 위해 복잡한 방식으로 상호작용한다.

7.27 지능검사는 심리학자들이 지능을 수치적으로 측정하기 위해 사용하는 평가 기법이다.

7.28 심리학자들은 지능을 측정하기 위해 웩슬러 지능검사를 주로 사용하는 반면, 높이 평가받는 대안으로 스탠퍼드-비네 지능검사가 있다.

7.29 지능검사는 사람이 성취할 수 있는 것을 측정하는 반면, 성취검사는 사람이 성취한 것을 측정한다.

7.30 지능의 양극단 중 하나는 영재로서, 평균 지능을 크게 상회하

는 반면, 그 반대는 평균 이하의 지능과 일상적인 기능 저하에 기반한 정신장애인 지적장애이다.

7.31 심리학자의 경우 지능의 측정에서 신뢰도와 타당도가 높아야 한다.

7.32 검사편파는 특정 집단의 구성원들에게 지속적으로 부정확한 방법으로 점수를 산출하는 검사 경향이다. 불행하게도, 지능 검사의 역사는 검사편파에 대한 논란을 일으켜 왔다.

7.33 다른 사람들이 부정적으로 그들을 정형화하고 있다고 느낄 때, 이것이 검사에서 그들의 능력을 떨어뜨릴 수 있다.

7.34 일반지능에 있어서는 남성과 여성의 차이가 없다. 그러나 한 쪽이 약간, 그러나 일관되게 다른 쪽을 능가하는 몇 가지 특정한 지능 영역이 있다.

주요 용어

가용성 발견법
감정 발견법
개념
검사편파
고정관념 위협
기능적 고착
기준점 발견법
내용
대표성 발견법
마음 갖춤새
문법
문제 해결
문화-공정 지능검사
발견법
발산적 사고
방언
사회화용론
생득론

성취검사
수렴적 사고
스탠퍼드-비네 지능검사
신뢰도
언어
언어 외 정보
언어적 상대성
언어획득장치
연산
영재
옹알이
원형
웩슬러 지능검사
음소
의미론
의사결정
이중처리 이론
인지

일반지능(g)
정상곡선
정서예측
정서지능
지능
지능검사
지능지수
지속성 편파
지적장애
창의성
타당도
통사론
특수지능(s)
특정학습장애
틀 만들기
한 단어 단계
형태소
확증편파

8 동기와 정서

자신을 데릭 레드먼드(Derek Redmond)*라고 상상해보라. 여러분은 세계 신기록을 가지고 있는 육상선수이고, 금메달을 따기 위해 올림픽에 출전 중이다.

1992년 올림픽 400m 준결승 경기에서 데릭은 아주 좋은 예감으로 출발선을 박차고 나갔다. 하지만 경기 중반 즈음에 문제가 발생하였다. 그의 오른쪽 허벅지의 뒤쪽 근육이 파열되었고, 데릭은 다리 뒤쪽을 손으로 잡은 채 절뚝거리면서 몇 발짝 더 나아가더니 주저앉았다. 올림픽 관계자들은 데릭이 트랙에 무릎을 꿇고 몸이 넘어지는 것을 보자마자 그를 돕기 위해 달려갔다. 하지만, 데릭은 바로 다시 일어나서 경기를 계속하였다. 다친 오른쪽 다리로는 더 이상 땅을 디딜 수 없었기에 왼쪽 다리만으로 절뚝거리며 나아갔다. 올림픽 메달에 대한 그의 꿈은 산산조각 났지만 결승선까지 가야겠다고 그는 결심하였다. 데릭이 절뚝거리며 앞으로 나아갈 때 누군가 뒤쪽에서 그에게 다가왔다. 다가온 사람은 관중석에서 그의 부상을 보고 있던 아버지, 짐 레드먼드였다. 짐은 결승선을 향해 절뚝거리며 가고 있는 데릭에게 다가와 아들을 감싸 안고 함께 걸었다. 아버지와 함께 결승선을 들어왔을 때 데릭은 눈물을 쏟았다(Redmond, 2012; Weinberg, 2004).

데릭 레드먼드의 이야기는 올림픽 역사상 가장 기억에 남는 인상적인 장면으로 꼽히고 있다. 또한, 이 장면은 이 장의 주요 주제인 **동기** 및 **정서**와 관련된 많은 것을 담고 있다. 이 장면에서 데릭의 동기를 생각해보자. 그는 최정상의 선수가 되기 위해 수년 동안 훈련했고, 심각한 부상과 싸우면서도 이 경기를 완주하고자 하는 동기가 있었다. 이번에는 아버지의 동기를 생각해보자. 아버지는 그의 아들을 위로하고, 이 충격적인 상황에도 불구하고 아들이 세운 목표를 달성하는 데 도움을 주고자 했을 것이다. 데릭의 정서는 어떠한가? 경기 전의 긴장과 불안은 부상을 당하는 최악의 순간에 슬픔과 고통으로 바뀌었을 것이다. 아버지의 정서는 트랙에서 움직이지 못하는 아들을 보고 처음에는 놀랐고, 아들이 경기를 계속하기 위해 일어섰을 때 자랑스러웠으며, 아들이 자신의 팔에 얼굴을 묻고 울었을 때 애처로웠을 것이다.

여러분 역시 살아오면서 특별한 동기와 정서의 순간을 당연히 경험하였을 것이다. 이 장에서는 우리가 왜 그런 방식으로 행동하는지에 대한 동기를 전통적인 관점뿐만 아니라 최근의 관점으로도 설명하고자 한다. 또한 동기들이 어떻게 서로 상호작용하는지와 모든 인간의 욕구인 배고픔과 섭식의 동기도 살펴볼 것이다. 마지막으로 정서가 어떻게 일어나는지, 정서를 어떻게 전달하고 조절하는지, 그리고 인종, 성별, 나이에 따라 정서가 어떻게 달라지는지 등에 대하여 살펴보고자 한다.

Pascal Pavani/Getty Images

데릭 레드먼드의 동기와 정서는 올림픽 경기 도중 부상을 경험하였을 때 강하게 나타났다.

---

* 데릭 레드먼드 : 1988년 서울올림픽에서 육상 400m 국가대표로 참가하였지만 경기 도중 아킬레스건 부상으로 더 이상 선수생활을 할 수 없었다. 22번의 수술에도 불구하고 아버지의 응원과 도움으로 재기하였고 1992년 바르셀로나 올림픽에 다시 국가대표로 참가하였다. 400m를 질주하는 중에 다시 부상을 입게 되어 더 이상 뛸 수 없는 상황에서 아버지와 함께 절뚝거리며 완주한 모습이 전 세계인에게 감동을 주었다.

동기

동기(motivation)란 행동을 불러일으켜 특정 방향으로 이끄는 욕구이다. 여러분의 동기는 여러분이 어떤 행동을 취하도록 자극한다. 동기의 목표가 구체적이고 단기적인 경우가 있는데, 예를 들어 에너지 수준이 떨어지게 되면 카페인이 함유된 것을 찾으려는 동기가 부여된다. 이 동기로 인해 근처 커피숍에 들어가거나, 가게에서 탄산음료를 사는 행동이 나타난다. 또 다른 경우는 동기의 목표가 추상적이고 장기적일 때도 있다. 예를 들면 오랫동안 외로움을 경험하게 되면 사랑하는 사람을 찾게 되는 동기가 생긴다. 이 동기는 애인을 찾기 위해 데이트 앱을 다운받는 행동으로 나타날 것이다. 동기는 행동 자체를 유발하기도 하지만, 단순 행동을 뛰어넘어 목표를 향한 뚜렷한 목적을 가진 행동을 이끌기도 한다(Fiske, 2008; Ryan, 2012).

때로는 행동 그 자체가 동기가 되기도 한다. 여러분이 단지 즐거워서 그 일을 한다면, 이는 **내재적 동기**(intrinsic motivation)이다. 즉 행동 자체가 보상이 되기 때문에 그 행동을 수행하고자 하는 욕구가 생기는 것이다. 하지만 다른 경우도 있다. 행동이 목표의 수단이 되는 것으로, 그 행동이 즐거워서 하는 것이 아니라 그 행동을 통해서 다른 무언가를 얻으려고 하는 경우도 있다. 이것을 **외재적 동기**(extrinsic motivation)라고 한다. 즉 외적 보상을 얻기 위해 행동을 수행하고자 하는 욕구를 일컫는다(Kruglanski 2018; Ryan et al., 1990; Ryan & Deci, 2000a, b). 이러한 외적 보상, 즉 획득하고자 동기부여된 자신의 내부가 아닌 외부의 물건이나 상황을 **유인가**(incentive)라고 한다.

내재적 동기에 대한 다음의 경우를 살펴보자. 고등학교인 다니엘은 JV 농구팀에서 경기하고 싶은 내재적 동기가 있다. 왜냐하면 다니엘은 농구 경기를 너무 좋아하기 때문이다. 하비에르는 교육학을 전공하는 대학교 4학년 학생으로 어린 학생들을 가르칠 때 오는 전율 때문에 그 지역 초등학교에서 근무하고 싶은 내재적 동기가 있다. 두 경우 모두 행동의 시작은 행동 그 자체가 주는 즐거움 때문이다. 이 행동들은 내재적 동기로 인해 계속될 가능성이 있다. 하지만, 같은 행동이 외재적으로 동기화될 수도 있다. 예를 들면 다니엘이 동료들이 인정해주는 사회적 지위와 장학금을 얻기 위해서 농구를 할 수도 있고, 하비에르가 월급, 건강보험 및 3개월이나 주어지는 여름방학 때문에 가르치는 일을 계속할 수도 있다.

 행동의 동기가 내재적인지 또는 외재적인지가 중요한 문제인가요?

답은 '그렇다'이다. 연구에 의하면 내재적 동기인지 아니면 외재적 동기인지에 따라 행동의 유형이 다르게 나타난다고 한다. 구체적으로, 외재적 동기는 내재적 동기를 약화시키는 경우가 종종 있다. 내재적으로 동기부여된 일을 외재적으로 동기부여되도록 바꾸게 되면 그 행동은 감소할 수 있다. 그 감소의 형태는 행동의 빈도가 줄어들거나, 수행의 질이 떨어지거나, 또는 행동에 대한 흥미가 감소하는 방식으로 나타난다(Deci et al., 1999). 예를 들어 은행, 보험, 의학 기술 및 소매점을 포함하여 다양한 영역에서 일하는 수천 명의 노동자들을 조사한 연구에서 직업과 관계없이 내재적 동기가 높을수록 직업 수행이 더 좋았고, 자신의 직장에 더 깊게 헌신하였다. 또한 직무소진, 직장-가정 갈등 및 퇴직하고자 하는 생각도 낮게 나타났다(Kuvaas et al., 2017).

이를 통해 얻을 수 있는 교훈은 여러분이 그 행동을 선택한 처음의 이유, 즉 여러분의 전공, 직업, 취미 등에 흥미를 가지게 된 최초의 동기를 잊지 말라는 것이다. 바로 그것이 내재적 동기이고, 이후 추가되는 그 어떤 외재적 동기보다 그 행동을 오랫동안 지속시켜줄 원동력이 될 것이다.

학습 목표

8.1　동기의 정의

8.2　내재적 동기와 외재적 동기의 차이

8.3　전통적 동기 이론

8.4　현대의 동기 이론

8.5　에이브러햄 매슬로의 욕구위계 이론

8.6　사람들의 다양항 배경에 따른 동기 경험에서의 차이

동기
행동을 불러일으켜 특정 방향으로 이끄는 욕구

내재적 동기
행동 자체가 보상이 되기 때문에 행동을 수행하고자 하는 욕구

외재적 동기
외적 보상을 얻기 위해 행동을 수행하고자 하는 욕구

유인가
획득하고자 동기부여된 자신의 내부가 아닌 외부에 존재하는 물건이나 상황

또한, 내재적 동기로 인한 행동은 외재적 동기와는 반대로 시간이 지날수록 자존감과 행복은 높아지고 우울감과 불안은 낮아지는 결과를 가져온다(Kasser & Ryan, 1993, 1996; Niemiec et al., 2009; Twenge et al., 2010; Williams et al., 2000).

물론, 외재적 동기 역시 중요하다. 외재적 동기는 지루하고 재미없는 행동이지만 그것을 수행하도록 할 수 있다(쓰레기를 치우면 용돈을 벌 수 있는 아이들처럼). 최근의 연구는 월급, 칭찬 또는 상품 등의 외재적 동기를 통해서 얻는 유인가가 내재적 동기를 약화시키는 것이 아니라 보완할 수 있다고 제안한다(Cerasoli et al., 2014; Gerhart & Fang, 2015; Henderlong & Lepper, 2002). 예를 들면 한 연구는 비만한 사람들을 위한 두 가지 체중감량 전략을 비교하였는데, 두 전략 중 한 전략은 참가자가 그들의 목표를 달성하면 적은 금액을 보상으로 지급하였다(일주일에 1~10달러, 연구가 끝날 때 추첨을 통해 50~100달러를 제공). 이를 제외하면 두 전략은 모두 동일하게 진행되었다. 연구 결과, 보상으로 돈을 지급한 외재적 동기부여 집단의 참가자들이 실제로 내재적 동기만 사용한 집단보다 더 많은 체중을 감량하였다. 또한, 돈을 받은 참가자들이 외재적 동기와 내재적 동기 모두 더 높은 수준을 보여주었다(Leahey et al., 2017).

전통적 동기 이론

동기와 관련한 이론들을 살펴보면, 동기에 대한 연구를 시작한 초기에 제안되어 오늘날까지 적용되는 전통적 동기 이론들도 있고, 보다 최근에 제시된 흥미로운 이론들도 있다. 먼저 전통적인 동기 이론들을 살펴본 후, 현대의 이론들을 알아보자.

본능 이론 본능(instinct)은 생물학적으로 타고난 동기이다. 먹기 및 번식과 같은 몇몇 본능은 모든 종에서 볼 수 있는 공통적인 동기이다. 특정 종에 더 잘 드러나는 본능도 있는데, 예를 들면 새끼 캥거루가 어미 캥거루 주머니에 들어가 있는 것이나 새들이 알을 낳기 위해 둥지를 짓는 것이 그것에 해당된다(Keeping, 2006). 이처럼 본능은 단순하고 짧은 행동에만 국한되는 것이 아니라, 때로는 정교하게 이루어지는 일상의 행동이나 몇 시간 또는 며칠 동안 진행되는 본능적 행동들까지 다양하다.

본능은 **본능 이론**(instinct theory)의 핵심으로, 본능 이론은 모든 다른 동물들처럼 인간도 주로 본능에 의해 동기화된다고 설명한다. 본능 이론은 초기 동기 이론들 중 하나로, 1900년대 초·중반에 높은 평가를 받았다(Gillespie, 1971; Moltz, 1965; Tolman, 1923; Wells, 1923). 하지만, 오늘날 이 이론은 불완전한 것으로 받아들여지고 있다. 그렇다고 동기 이론이 틀렸다는 것은 아니다. 인간도 결국 동물이고 모든 동물은 본능이 있다. 하지만, 본능만으로 인간의 모든 행동을 설명할 수 없다는 것을 우리는 안다. 예를 들면 새가 둥지를 트는 본능이 있는 것처럼 인간도 스스로를 위해 집을 짓고자 하는 본능이 있다. 하지만 새들이 둥지를 지을 때의 모습은 마치 자동조절장치를 이용하는 것처럼 경직되어 일관된다면, 이와는 달리 인간의 행동 방식은 아주 적응적이다. 사람들은 건물 자재를 구해서 안전한 곳에 조립하는 것에만 국한하지 않고, 임대아파트를 구하러 다니고, 인터넷으로 매매할 건물을 찾고, 부엌이나 화장실을 리모델링하기 위해 사람을 고용하고, 소파, 탁자 및 의자를 가구점에서 구입한다. 본능이 분명 그 행동들에 영향을 미치지만, 본능뿐 아니라 또 다른 동기들도 인간의 행동에 영향을 준다는 것이다.

추동감소 이론 추동감소 이론(drive reduction theory)에서는 생물학적 추동이 충족되지 않았을 때 유발되는 불쾌감이 그러한 욕구를 충족시키도록 동기를 부여한다고 설명한다. 인간은 배고픔, 목

본능은 마치 새가 둥지를 트는 동기가 있는 것처럼 생물학적으로 타고난 동기이다. 인간 역시 본능에 의해 동기부여가 되지만, 대체로 다른 종보다 훨씬 유연하다.

본능
생물학적으로 타고난 동기

본능 이론
모든 다른 동물들처럼 인간도 주로 본능에 의해 동기화된다는 동기 이론

추동감소 이론
충족되지 않은 생물학적 추동이 불쾌감을 유발하고, 이러한 불쾌감이 그러한 욕구를 충족시키도록 동기화한다고 설명하는 동기 이론

항상성
안정과 균형을 이룬 신체 상태

각성 이론
최적의 각성 상태를 찾아서 유지하려는 동기가 있다고 설명하는 동기 이론

여키스-도슨 법칙
최상의 수행은 각성이 너무 없거나 지나칠 때가 아니라, 적당하고 적절한 수준일 때 이루어진다는 법칙

마름, 성관계, 신체적 편안함을 포함한 기본적인 생물학적 추동이 있다. 추동감소 이론에서는 이러한 추동에 만족하려는 것이 행동에 동기를 부여하는 것이라고 설명한다. 그러한 욕구가 채워지지 않아 생기는 배고픔, 목마름, 고통 등은 기분 나쁜 감정을 불러일으키고, 이 감정은 추동을 만족시키라는 경고를 점점 더 강하게 요구한다. 추동이 만족되면, 우리의 신체 상태는 안정과 균형을 이루는 **항상성**(homeostasis)을 되찾게 된다.

본능 이론처럼, 추동감소 이론도 1900년대 초·중반에 가장 두드러진 이론이었다(Hull, 1943, 1952). 또한, 본능 이론과 마찬가지로 인간의 모든 행동을 설명함에 있어 동기를 너무 단순하고 생물학적인 것으로 축소시켰다고 비난받고 있다(Ryan, 2012). 예를 들면 추동감소 이론은 **호기심**을 설명하지 못한다. 호기심은 친구의 SNS에 있는 사람을 스토킹하는 것에서부터 신발이 필요하지도 않은데 첫 개장한 신발가게를 돌아다니는 것까지 모든 행동에 영향을 준다. 호기심은 추동도 아니고 생물학적 욕구에서 유발된 것도 아니다. 하지만 호기심(과 관심)은 새로운 상황이나 사물에 대하여 정보를 모으고 배워보려는 동기를 부여한다(Loewenstein, 1994; Renninger & Hidi, 2011; Renninger & Su, 2012; Sakaki et al., 2018; Silvia, 2008, 2012).

각성 이론   각성 이론(arousal theory)에서는 인간은 최적의 각성 상태를 찾아서 유지하려는 동기가 있다고 설명한다. 각성이라는 용어는 종종 성적인 흥분 상태를 설명하기 위해 사용되지만, 여기서는 보다 일반적인 흥분 또는 주의를 기울이는 것을 의미한다. 실제로 어떤 사람들은 앞서 얘기한 호기심 동기를 각성으로 설명하면서, 자칫 아주 지루할 수 있는 상황에서도 호기심으로 인해 어느 정도의 각성 상태를 유지할 수 있다고 말한다.

최적의 각성 상태는 사람들마다 그리고 상황마다 다르지만, 양극단보다는 중간 어디쯤인 것은 확실하다. 최상의 수행은 각성이 너무 없거나 지나칠 때가 아니라 적당하고 적절한 수준일 때 이루어진다(Berlyne, 1960; Fiske & Maddi, 1961; Hunt, 1965). 이 발견은 **여키스-도슨 법칙**(Yerkes-Dodson law)으로 설명할 수 있다. 중간 수준의 각성은 높은 각성 또는 낮은 각성일 때보다 더 좋은 수행을 도출한다. 여키스와 도슨은 실제로 각성 이론이 나오기 훨씬 전인 1908년에 쥐에게 특정한 방식의 행동을 훈련시킬 때 전기 충격을 주는 실험을 실시하였다. 그 결과, 높거나 낮은 수준의 전기 충격보다는 중간 수준의 전기 충격을 가하였을 때 훈련 효과가 좋다는 것을 발견하였고, 이후 각성 이론가들은 이 연구 결과를 받아들였다(Teigen, 1994; Winton, 1987; Yerkes & Dodson, 1908).

여키스-도슨 법칙 법칙을 운전면허 시험을 보고 있는 조쉬에게 적용해보자. 그는 이미 필기시험은 통과하였고, 이제 시험관과 함께 하는 실기시험을 앞두고 있다. 여러분이 조쉬를 응원한다면 조쉬가 과한 각성 상태로 너무 긴장하여 정신을 잃거나 주의를 기울이지 못하는 일은 바라지 않을 것이다. 또한 그가 너무 낮은 각성 상태로 열심히 해보려는 시도조차 하지 않기를 바라지도 않을 것이다. 여러분이 원하는 것은 조쉬가 주의를 잘 살피고 최선의 노력을 다하면서도 너무 흥분하지는 않을 만큼의 최적의 각성 상태이기를 원할 것이다. 시험을 치르고, 새로운 사람들을 만나고, 컴퓨터 게임을 하고, 교내 스포츠 경기에 참가하고, 직장에서 일을 마무리하는 등의 일상의 많은 일들 역시 최적의 각성 수준일 때 가장 좋은 결과를 얻는다.

현대의 동기 이론

이제, 지금까지 가장 많은 영향을 주고 있는 현대의 동기 이론 몇 가지를 살펴보자.

자기결정 이론   자기결정 이론(self-determination theory)은 자신의 내부로부터 발생한 동기가 가장 강력하고 건강한 동기라고 설명한다. 자기결정 이론에서는 **자율적인** 것을 최고로 꼽는데, 이는 행동을 통해 외적 보상을 얻으려는 것이 아니라, 행동 그 자체가 이미 보상이 되기 때문에 무언가를 하게 되는 것을 말한다. 이것이 마치 내재적 동기처럼 들린다면, 그럴 수 있을 것이다. 왜냐하면 자기결정적이고 자율적인 동기는 내재적 동기와 거의 같기 때문이다. 하지만 이 둘의 중요한 차이가 한 가지 있는데, 그것은 경우에 따라 어떤 동기는 외재적이지만 자율적일 수도 있다는 점이다. 핵심은 그 외재적 동기가 여러분을 얼마나 **제어**(controlling)하고 있는지다. 외재적 동기가 여러분을 상당히 지배하고 있다고 느낀다면, 그 외재적 동기는 결코 여러분과 통합하지 못하고, 그 결과 내재적으로 여러분을 자극하는 역할은 하지 못할 것이다. 하지만 외재적 동기가 여러분을 제어한다고 느끼지 않는다면, 그 외재적 동기는 여러분과 통합하여 자율적인 동기를 부여하는 데 사용할 수 있을 것이다(Deci & Ryan, 2012; Ryan & Deci, 2003; Ryan et al., 1990).

예를 들어 안토니오는 고등학교 2학년으로 명예학생단체(National Honor Society)의 회원이며, 이 단체의 회원 자격을 유지하기 위해서는 지역사회 봉사활동에 참여해야 한다. 안토니오가 맡은 봉사활동은 매주 수요일 오후, 산수를 잘 못하는 초등학교 2학년들을 가르치는 것이다. 처음 이 일을 시작할 때 안토니오는 이 일이 의미 없고 하찮다고 여겼다. 단순한 덧셈 뺄셈도 모르는 학생들이 봉사활동 첫날 배정되었을 때, 그는 어이없었다. 하지만 얼마 지나지 않아 이 봉사활동이 재미있어지기 시작하였다. 학생들의 실력이 나아지고, 아이들과 좋은 관계를 맺는 것이 기대하지 않았던 만족감을 주었다. 이제 안토니오는 매주 수요일의 봉사활동이 해야 하는 일이 아니라 하고 싶은 일이 되었다. 처음에 외재적 동기로만 느껴졌던 일이 이제는 자율적이고 자기결정적 동기로 그에게 통합되었다.

자기결정 이론에 대한 연구들은 **제어된 동기**(controlled motivation)와 비교하여 **자율적 동기**(autonomous motivation)가 질적·양적으로 최상의 행동을 이끌어낸다는 것을 보여주었다. 예를 들어 단지 좋은 성적을 받기 위해 공부하는 학생보다 자율적으로 동기부여된 학생이 더 심층적이고 지속적인 방식으로 공부하였다(Benware & Deci, 1984; Ryan et al., 1990; Wang, 2008). 건강한 식습관, 운동, 그리고 금연 등의 행동에서도 이와 유사한 결과가 나타났다. 친구나 의사의 경고에 못 이겨서 억지로 행동을 바꾸려는 사람들에 비하여 자신이 원해서 어떠한 변화를 원하는 사람들이 더 나은 향상을 보였고, 그 결과는 오래 지속되었다(Dwyer et al., 2017; Williams et al., 1996, 1998, 2006a, b). 또한, 자율적 동기로 자신의 삶을 살아가는 사람들은 외부의 압력에 의해 살아가는 사람들보다 심리적 건강 수준이 더 높았다(Ryan et al., 2017; Sheldon et al., 2004).

자율적 동기는 행동에 영향을 주는 변인으로 잘 확립되어 몇몇 연구자들은 이를 행동수정 기법으로 사용하고 있다. 예를 들면 한 연구에서 치위생사들이 젊은 성인 환자들을 대상으로 자신의 치아 건강에 대한 자율적 동기를 높이도록 설득하는 개입 프로그램을 실시하였다. 이 프로그램의 목표는 참가자들이 치과 정기검진을 '의사의 지시'나 충치가 발생하는 것을 피하기 위해서라기보다 자신에게 가치 있고 원하는 일이 되도록 하는 것이었다. 연구 결과, 프로그램에 참가자가 프로그램을 받지 않은 사람들과 비교하여 앞으로 치과 방문을 더 많이 할 것이라고 응답하였다(Halvari et al., 2017).

조절초점 이론   조절초점 이론(regulatory focus theory)은 향상(promotion)과 예방(prevention)이라는 두 가지 동기체계가 사람들에게 다른 방식으로 영향을 끼친다고 설명한다. 향상 동기는 발

자기결정 이론
자신의 내부로부터 발생한 동기가 가장 강력하고 건강한 동기라고 주장하는 동기 이론

조절초점 이론
향상과 예방이라는 두 가지 동기 체계가 사람들에게 다른 방식으로 영향을 끼친다고 설명하는 동기 이론

향상 동기는 좋은 것을 얻으려는 것에 초점을 맞추고, 예방 동기는 이미 가지고 있는 것을 잃지 않으려는 것에 집중한다. 우리는 이 두 가지를 모두 가지고 있지만 어느 한쪽으로 기울어 있을 수 있다. 더 강한 쪽의 동기 유형이 세상을 경험하는 방식에 영향을 줄 수 있다. 예를 들면 캠핑을 새로운 도전을 위한 기회로 여길 수도 있지만, 반대로 실수나 고통을 피해야 하는 일로 생각할 수도 있다.

전, 성취, 획득, 극대화처럼 더 좋은 것을 얻는 것과 관련되어 있고, 예방 동기는 경계, 위험회피, 손실 예방 등과 같이 소유한 것을 지키려는 것과 관련되어 있다(Crowe & Higgins, 1997; Higgins, 1997, 2000, 2002, 2011; Scholer & Higgins, 2012). 핵심은 조절 적합성(regulatory fit)을 획득하여 향상 동기와 예방 동기의 균형을 잘 맞추는 삶을 사는 것이다(Higgins, 2008).

향상 동기와 예방 동기의 이해를 돕기 위해 캠핑 여행을 계획하는 오웬과 이반을 상상해보자. 오웬은 향상 동기가 더 크고, 이반은 예방 동기가 더 크다. 캠핑 야영장으로 차를 몰고 들어가자, 오웬은 들떠서 "빨리 밖으로 나가고 싶어. 야생동물을 가까이에서 볼 수 있을지도 몰라! 그리고 밖에서 해 먹는 음식은 항상 맛있어"라고 말하였다. 이와 반대로, 이반은 신중하게 "나는 우리 둘 다 다치지만 않았으면 좋겠어. 캠핑은 위험할 수 있어. 산불은 절대 원하지 않으니까 모닥불은 완전히 꺼졌는지 확인해야 해. 그리고 야생동물을 볼 수 있다면, 충분한 안전거리를 확보했으면 좋겠어"라고 한다. 오웬에게 캠핑(그리고 다른 모든 것)은 기회로, 운이 좋으면 기쁨이나 흥분이 가득한 경험이고, 이반에게 캠핑(그리고 다른 모든 것)은 책임으로, 조심하지 않으면 실망과 고통이 가득한 경험이다.

우리들 대부분은 향상 동기와 예방 동기의 균형을 잘 맞추고 있지만, 일부 사람들은 향상 또는 예방의 어느 한쪽으로 심하게 기울어져 있다. 예상할 수 있듯이, 이반을 비롯한 예방 동기가 강한 사람들은 걱정이나 불안장애에 취약하다(Klenk et al., 2011; Scott & O'Hara, 1993; Strauman, 1989). 반대로 오웬을 비롯한 향상 동기가 높은 사람들은 자신의 소망이 무너지거나 노력이 이루어지지 않게 되면 우울에 빠지기 쉽고 심지어 자살 사고를 경험할 수도 있다(Cornette et al., 2009; Strauman, 2002). 또한 이 두 유형의 사람들은 같은 상황에서 다르게 반응한다. 한 연구는 새로운 컴퓨터 시스템으로 완전히 전환되는 회사에서 일하는 52명의 직원을 면담하였는데, 향상 동기가 높은 사람들이 예방 동기가 높은 직원들보다 이 변화를 더 잘 받아들이는 것으로 나타났다(Stam & Stanton, 2010).

또 다른 연구에서는 두 종류의 금연 광고를 만들었는데, 한 광고는 금연을 하게 되면 호흡이 좋아지고, 치아가 하얘지며, 지구력이 향상되는 등의 긍정적인 결과를 강조하였고, 다른 광고는 금연으로 인해 폐암, 가쁜 호흡 및 치아 착색 등의 나쁜 결과를 피할 수 있는 것에 중점을 두었다. 결과는 광고의 접근법과 참가자들의 향상 또는 예방 동기가 일치할 때 가장 좋은 효과가 나타났다(Kim, 2006). 개인의 성향과 그가 받는 메시지가 일치한다면—긍정 결과의 향상 또는 부정결과의 예방—처방약 복용, 옐프(Yelp, 음식점 리뷰 사이트)의 리뷰 믿기, 또는 온라인 구매 등을 포함한 모든 행동의 가능성은 높아진다(Ashraf & Tongpapanl, 2015; O'Connor et al., 2018; Pentina et al., 2018).

성취목표 이론   성취목표 이론(achievement goal theory)은 목표를 성취하고자 하는 동기가 생겼을 때, 어떤 목표[숙달목표(mastery goal)]가 다른 목표[수행목표(performance goal)]보다 더 나은 결과를 낳는다고 설명하는 동기 이론이다. 성취목표 이론은 사실 1900년대 중반 이후 계속 언급되었던 성취 기반 동기 이론의 가장 최신 버전이다(Atkinson, 1964; McClelland, 1961). 성취 기반 동기 이론의 기본 가정은 목표를 성취하는 것이 인간의 주된 동기라는 것이다. 오늘날에는 이 기본 가정을 바탕으로 관심의 초점이 목표의 종류(숙달 대 수행)와 이에 따른 상이한 결과들로 옮겨졌다

성취목표 이론
목표를 성취하고자 하는 동기가 생겼을 때, 어떤 목표(숙달목표)가 다른 목표(수행목표)보다 더 나은 결과를 낳는다고 설명하는 동기 이론

(Ames, 1992; Dweck & Leggett, 1988). 숙달목표는 잘하는 것 또는 숙달되는 것을 말하는 반면, 수행목표는 내가 잘하는 것을 보여주는 것 또는 어떤 것들을 수행하는 것과 관련된다(Ames & Archer, 1987, 1988; Murayama et al., 2012).

숙달과 수행은 행동에 서로 다른 영향을 미친다는 것이 입증되었다. 여러분이 무언가를 실제로 성취하겠다는 동기를 가졌는지 아니면 성취한 것을 보여주겠다는 동기인지에 따라 여러분이 하는 행동에는 큰 차이가 있다(Senko et al., 2008). 예를 들어 스페인어 입문 수업을 듣는 중학교 1학년인 패트릭과 매튜를 생각해보자. 패트릭은 좋은 성적을 받는 것이 목표이다. 그래서 좋은 성적을 위해 필요한 출석, 단어 암기, 시험 전 벼락치기 등의 행동을 하려는 동기부여가 되어 있다. 이것은 수행목표이다. 반대로 매튜는 스페인어를 실제로 배우는 것에 동기가 부여되어, 사람들과 의미 있는 대화를 하고 그 언어 및 문화를 시험과 상관없이 즐긴다. 이것은 숙달목표이다.

연구들은 매튜처럼 숙달목표로 동기부여된 학생들이 패트릭과 같은 학생들보다 더 오랫동안 과제에 대한 동기가 유지되고, 흥미가 지속되며, 더 깊게 이해하는 경향이 있다는 것을 보여주었다(Elliott & Dweck, 1988; Elliot et al., 1999; Fong et al., 2018; Harackiewicz et al., 2002b; Heyman & Dweck, 1992; Kaplan & Midgley, 1997; Maehr & Midgley, 1991; Matos et al., 2017; Pintrich & De Groot, 1990; Wolters, 2004). 패트릭처럼 수행목표로 동기가 부여된 학생들은 기계적 암기를 통해 피상적으로 과제를 배우고 좋은 성적을 얻기 위해 부정행위를 할 가능성이 있었다(Anderman et al., 1998; Harackiewicz et al., 2000; Meece & Holt, 1993). 그렇기는 하지만, 수행목표의 학생들은 숙달목표의 학생들만큼, 심지어 더 나은 성적을 종종 받았다(Harackiewicz et al., 2002a; Koestner et al., 1987; Miller & Hom, 1990; Senko et al., 2008). 이것은 교육자들에게는 딜레마이다. 교사는 학생이 숙달목표로 동기가 부여되는 것을 원하지만, 학생들의 시험 성적 등을 생각한다면 수행목표로 동기부여가 되는 것을 더 권장하게 된다.

숙달목표와 수행목표의 결과는 단지 교실에서의 성취만 해당되는 것이 아니다. 이것은 자아존중감에도 영향을 미친다. 숙달목표로 동기가 부여된 사람들은 그들의 능력(예 : 지능)과 성격 특성(예 : 수줍음)을 바꿀 수 있다고 보는 경향이 있다. 이들은 실제로 능력과 성격을 향상시킬 수 있다고 믿는다. 결과적으로 그들의 자아존중감은 시간이 지나면서 향상되는 것을 볼 수 있다(Dweck & Grant, 2008). 수행목표의 동기를 가진 사람들은 자신의 능력이 변하지 않는다고 생각한다. 이들은 자신을 향상시키기 위해 더 많은 것을 배울 수 없다고 믿으며, 유일한 희망은 그들의 능력을 시험에서 더 잘 보여주는 것밖에 없다고 믿는다. 결과적으로 이들의 자아존중감은 시간이 지나면서 감소되는 경향을 보인다(Robins & Pals, 2002).

몇몇 연구에서, 연구자들은 학생들을 수행목표보다 숙달목표의 사고를 더 갖도록 훈련시켰다. 참여자들에게 능력은 고정[또는 변하지 않는 본질(entity)]된 것이 아니라 변화[또는 증강 (incremental)]하는 것이라고 가르쳤다. 연구 결과는 놀라울 정도로 긍정적이었다(Cury et al., 2008; DaFonseca et al., 2008; DeBacker et al., 2018; Howell et al., 2016; Miu & Yeager, 2015). 예를 들면 한 연구에서는 중학생들에게 자신의 뇌가 어떻게 점진적으로 향상되고 증강되는지를 알려주었다. 학생들은 그들의 뇌가 무언가를 배우는 매 순간 어떤 방식으로 새로운 연결고리를 형성하는지, 그리고 새로운 일에 도전하는 것이 자신의 뇌의 능력을 어떻게 향상시키는지 등을 학습하였다. 그 결과, 숙달목표를 가지도록 훈련받은 학생들은 이러한 훈련을 전혀 받지 못한 학생들보다 수학 시험의 성적이 향상되었고, 실제로 배움에 대한 동기가 높아졌다(Blackwell et al., 2007).

자기초월
자신을 초월한
대상과의 연결

자기실현
자신의 잠재력을 발휘하여
되고자 하는 사람이 되는 것

존중
스스로에 대한 긍정적 느낌

소속과 애정
다른 사람과 연결되어 있다는 느낌

안전
안전하고 안정적인 일상

생리적
먹기, 마시기, 잠자기, 성관계하기 등

그림 8.1 매슬로의 욕구위계 매슬로의 위계욕구에 의하면, 상위 단계로 옮겨가기 위해서는 그 전 단계의 욕구를 만족해야만 한다.

또 다른 동기 : 매슬로의 욕구위계

어떤 행동을 유발하는 동기는 여러 가지가 있을 수 있기 때문에, 단 한 가지 동기에만 초점을 맞추기보다 여러 동기들을 동시에 고려하는 메타 이론을 생각해볼 수 있다. 1900년대 중반 에이브러햄 매슬로(Abraham Maslow)은 실제로 이러한 메타 이론을 소개하였고, 이후 지금까지 많은 영향을 주고 있다. 매슬로가 주장한 **욕구위계**(hierarchy of needs)의 기본 전제는 어떤 욕구는 반드시 다른 욕구들보다 먼저 만족되어야 한다는 것이다(그림 8.1). 기본 욕구 중 어떤 것은 다른 욕구들보다 여러분의 관심과 집중을 처음에 더 많이 받게 되고, 그러한 욕구들이 충족되어야만 여러분은 다른 욕구들로 관심을 옮길 것이다(Fiske, 2008; Maslow, 1943, 1954, 1967, 1968). 매슬로가 제시한 욕구의 순서를 일부러 따져볼 필요가 없는 이유는 여러분이 이미 자연스럽게 경험하고 있기 때문이다. 2학년 과목을 등록하려면 1학년 과목을 먼저 들어야만 하고 3학년 과목을 수강하려면 2학년 과목을 들어야 하는 것처럼, 이는 마치 대학에서의 선수과목과 같은 것이다. 매슬로는 처음에는 다섯 가지 욕구를 제안하였지만, 이후에 한 가지를 더 추가해 여섯 가지로 정리하였다. 이제 순서대로 이것을 살펴보자.

생리적 욕구 생리적 욕구(physiological needs)에는 음식, 물, 잠, 성관계 등이 포함된다. 이 욕구는 몸에 집중하여 활기와 건강을 유지하려는 것이다. 그러므로 이는 다른 욕구들보다 가장 먼저 충족되어야 할 일차적인 욕구라는 것은 일리가 있다. 몸이 제대로 기능하지 않는다면 다른 어떤 것도 중요하지 않다. 굶주림으로 고통 받는 사람들은 전적으로 생리적 욕구에 의해 움직이고, 다음 번 식사를 어디에서 먹을 수 있는지에 관심이 있을 것이다. 여러분이 음식이나 물을 한동안 먹지 못한 적이 있다면 어떤 기분인지 알 수 있을 것이다. (음식이나 물에 대한 갈망을 느낀 적이 없다면, 화장실이 너무나 가고 싶은 순간을 떠올려보라. 그렇다면 다른 종류의 생리적 욕구가 어떤 느낌인

욕구위계
어떤 욕구는 반드시 다른 욕구들보다 먼저 만족되어야만 한다는 것을 기본 전제로 한, 매슬로가 제안한 동기 이론

지 이해할 것이다.) 생리적 욕구의 압박이 점점 더 강해진다면, 여러분은 그 욕구를 당장 해결하는 것 외에 어떤 생각도 들지 않을 것이다.

안전 욕구   안전 욕구(safety needs)에는 일상에서의 안전과 안정감이 포함된다. 전쟁 지역이나 총기 사고로 끊임없이 위협받는 지역에 사는 사람들은 안전 욕구의 압박을 느낀다. 즉 보호받고 위험하지 않다는 느낌을 받는 삶을 보장받고 싶어 한다. 여러분이 폭력 상황 또는 차가 빙판길에 미끄러졌던 경험이 있다면 이 기분을 알 것이다. 또한 갑작스러운 화재 경보나 태풍 경보 사이렌을 들은 적이 있다면 그 느낌을 알 것이다. 여러분은 모든 것을 멈추고 안전한 곳을 찾는 것에 전력을 다할 것이다.

안전 욕구는 일상에서의 안전과 안정감이 포함된다. 불행히도 여전히 많은 사람들이 안전 욕구를 만족시키기 위해 싸우고 있다.

소속과 애정 욕구   소속과 애정 욕구(belongingness and love needs)는 타인과 관계를 맺고 이를 유지하려는 것을 말한다. 이 욕구는 고립되고 고독하게 사는 것을 거부하고 다른 사람들과 함께하려고 한다. 다른 사람과 관계를 맺으려는 욕구는 모든 사람에게 아주 강하고 보편적인 욕구이다. 모든 사람은 친구나 가족 등의 소규모 집단에 속하여 그들과 함께 자신의 삶을 꾸려가려는 경향이 있다. 이는 인류의 진화 과정을 통해 협조적 집단에 속하는 것이 개인의 생존에 더 적합하다는 것을 습득했기 때문이다(Barash, 1982).

사회적 유대가 일단 형성되면 우리는 이를 유지하기 위해 노력하고, 만일 깨어진다면 고통과 슬픔을 느낀다. 해체되었던 사회적 유대가 다시 이어지면 이 집단은 일반적으로 이를 축하하는 기념 행사를 갖는다(Baumeister & Leary, 1995; Leary et al., 2001; Richman & Leary, 2009). 만일 여러분이 지독한 외로움을 경험해 봤거나, 친한 친구와 사이가 나빠져 봤거나, 또는 사랑하는 사람과 헤어져 봤다면 소속의 욕구가 얼마나 강력한지를 알 것이다. 소속과 애정의 욕구가 충족되지 않는 기간이 길어진다면 스트레스, 우울, 그리고 신체적인 질병이 종종 발생한다(Leary & Cox, 2008; van Winkel et al., 2017). 심지어 죄수들조차도 다른 죄수들과 함께 있는 것보다 독방을 더 두려워한다.

존중 욕구   존중 욕구(esteem needs)는 스스로에 대한 긍정적인 느낌, 즉 자기 자신을 가치 있는 사람으로 느끼는 것, 그리고 유능하고 효율적으로 자신의 삶을 꾸릴 수 있다고 생각하는 자신감을 뜻한다. 이 욕구는 스스로 자랑스럽게 느낄 수 있는 행동을 하도록 유도한다. 아동의 경우, 부모에게 인정받거나 칭찬받을 행동을 하려고 하고, 청소년들은 좋은 성적을 받거나 여러 집단(운동 모임, 학교 동아리, 아르바이트하는 곳)에서 뛰어나 보이려는 것을 의미한다. 성인들에게는 생계를 꾸리거나 사회에 의미 있는 기여를 하는 것이 이에 해당된다. 존중 욕구는 자아의식(sense of self)의 확장을 통해 만족되는데, 자아의식의 확장은 타인이 나를 존중하거나 좋아해주는 것처럼 외부로부터 힘을 받을 수도 있고, 나 스스로가 나를 존중하거나 긍지를 느끼는 등의 내부의 힘으로 향상될 수도 있다.

자기실현 욕구   자기실현 욕구(self-actualization needs)는 진정한 나의 모습으로 삶을 사는 것을 뜻한다. 물론 이 욕구는 자신의 잠재력을 충분히 발휘하여 자신이 되고자 하는 사람이 되는 **자기실현**(self-actualization)을 기본으로 한다. 이 용어가 내포하듯이 자기실현은 자신의 고유한 능력을 실제로 또는 현실로 만드는 것을 의미한다. 자기실현 욕구는 남들이 여러분에게 원하는 것을 한다면

자기실현
자신의 잠재력을 충분히 발휘하여 자신이 되고자 하는 사람이 되는 것

절정 경험
가끔 신비스러운 느낌이 드는, 아주 강한 성취감이 뿜어져 나오는 자기실현의 순간

몰입
고도의 집중과 즐거움이 가득한 행동을 하거나 마치 무아지경의 느낌

충족될 수 없고, 여러분이 진심으로 원하는 것을 해야만 비로소 이 욕구가 충족된다. 만일 여러분이 다른 사람들의 요구를 들어주기 위해 너무 많은 시간을 보내야 했던 직업을 가졌거나 또는 그런 관계가 있었다면 자기실현 욕구가 충족되지 않는 기분을 알 것이다. 반대로 여러분이 진정한 자신을 느낄 수 있었던 직업, 관계, 또는 어떤 경험이 있었다면 자기실현 욕구의 충족 상태를 알 수 있을 것이다.

때로 운이 좋았다면 여러분은 **절정 경험**(peak experience)을 느꼈을 것이다. 절정 경험은 가끔 신비스러운 느낌마저 드는, 아주 강한 성취감이 뿜어져 나오는 자기실현의 순간이다. 이 행복한 순간에는 여러분을 괴롭히는 골칫거리나 걱정뿐만 아니라 시공간에 대한 감각도 상실한다(Maslow, 1970). 절정 경험은 종종 **몰입**(flow)의 기간 동안 일어나는데, 이때는 고도의 집중과 즐거움이 가득한 행동을 하거나 마치 무아지경의 느낌을 받는다. 몰입은 그 활동에 완전히 몰두한 것으로, 그 일이 지루하거나 어찌할 바 모르는 것과는 반대로 그 일에 매우 능숙할 뿐만 아니라 최적의 도전의식을 갖게 한다(Csikszentmihalyi, 1975; Jackson, 2012; Seligman & Csikszentmihalyi, 2000; Yaden et al., 2017). 어떤 활동이든 내재적으로 동기부여가 되었다면 몰입 또는 절정 경험을 느낄 수 있고, 이러한 활동에는 운동, 예술(음악, 시각 예술, 글쓰기 등), 대인관계, 새로운 것 배우기, 심지어 인터넷을 사용하는 것도 포함된다(Chen, 2006; Chen et al., 1999, 2000; Csikszentmihalyi, 1990; Jackson, 1995; Jackson & Csikszentmihalyi, 1999; Mouton & Montijo, 2017).

자기초월 욕구   자기초월 욕구(self-transcendence needs)는 매슬로가 욕구위계 5단계를 제안한 이후 추가하였다(Maslow, 1969, 1971). 이것은 자신을 초월하는 욕구로 종종 종교적 변화나 신비로운 변화, 또는 자신보다 더 큰 어떤 대상과의 연결을 뜻한다. 위계의 가장 최상단에 위치하는 자기초월 욕구는 다른 모든 욕구가 충족되었을 때에만 나타난다. 이것은 소속의 욕구처럼 다른 모든 이들과의 일체감에 초점을 맞추지만 그것과는 다르다. 자기초월은 특정 타인 또는 집단과의 연결이 아니라 우주와 그 안의 모든 존재(인간만이 아닌)와의 연결을 의미한다(Koltko-Rivera, 1998). 사람들은 자기초월 욕구를 다양한 방식으로 충족할 수 있다. 예를 들면 자신의 삶을 영적인 활동에 헌신하여 더 초월적인 힘과 영접하는 느낌을 가질 수도 있고, 그들이 진실로 믿고 있는 사회적이거나 정치적인 명분에 헌신할 수도 있으며, 도움이 필요한 사람들을 위해 헌신적으로 봉사하는 일을 할 수도 있다(Koltko-Rivera, 2006). 때로 사람들은 영화, 책 또는 기타 매체에서 접한 아주 의미 있는 경험을 통해 자기초월을 경험하기도 한다(Dale et al., 2017; Oliver et al., 2018).

동기와 다양성

많은 동기 이론들은 제한점을 가지는데, 그 이유는 모든 사람을 움직이는 동기가 동일하다고 가정하기 때문이다. 하지만 그 가정은 전혀 사실이 아니다. 민족, 성별, 나이 등으로 구별되는 다양한 집단의 사람들은 각자 다른 이유들로 동기가 부여된다. 다행히도 심리학자들은 이 사실을 점점 더 연구하여 알리고 있다.

동기와 민족   매슬로의 욕구위계 이론의 가장 중요한 기반은 존중의 욕구이다. 미국을 비롯한 개인주의 문화에서 자존감을 중요하게 생각한다는 것은 의문의 여지가 없다. 우리는 모든 사람이 자신을 긍정적으로 보려는 자기존중을 원하고, 자존감이 없다면 고통스러울 것이라고 가정한다. 하지만, 자존감에 대한 욕구가 세계 모든 곳에서 동일하게 적용되지 않는다는 증거들이 늘어나고 있다. 구체적으로, 동아시아 국가 및 집합주의 문화에서는 자신을 긍정적으로 보려는 욕구보다 심지

어 자신에 대한 의견이 비호의적이고 비판적일지라도 자신을 정확하게 보려는 욕구가 훨씬 크다 (Crocker & Park, 2004; Heine et al., 1999; Smith et al., 2016).

한 연구에서 서양과 동양의 참가자들이 자신의 미래에 대한 일을 어떻게 예상하는지를 살펴보았다. 서양의 참가자들은 앞으로의 일들을 비현실적 낙관주의의 입장에서 진술하였고(예 : 상당히 높은 연봉을 기대하는 등), 동양의 참가자들은 미래를 보다 있을 법하고 일반적인 일들로 예상하였다(Heine & Lehman, 1995; Ohashi & Yamaguchi, 2004). 하지만, 자기 자신에 대한 평가가 아니라 그들의 인간관계(친한 친구, 가족, 애인 등)에 대한 견해를 물었을 때는, 동양의 참가자들도 서양의 참가자들만큼이나 긍정적으로 대답하였다(Endo et al., 2000). 동양의 참가자들에게 나타난 이 결과는 독립적이고 자기향상(self-promotion)의 개인주의 가치보다는 타인과의 연결성을 강조하는 집합주의의 가치와 일치하는 것이다.

또한 문화적 배경에 따른 자기존중 욕구의 차이는 도전에 반응하는 방식에도 영향을 미친다. 일반적으로 개인주의 문화의 사람들은 자신이 생각하기에 잘할 수 있는 업무를 열심히 하려고 하지만, 집합주의 문화의 사람들은 잘할 수 없다고 생각하는 일을 더 열심히 하는 경향이 있다(Morling & Kitayama, 2008). 한 연구에서 참가자들은 단어 놀이[연결된 세 단어, 즉 잠, 환상, 낮(day)을 듣고 꿈을 맞추는 게임]를 하였다. 연구 주제는 참가자들에게 실패하였다고 피드백을 하였을 때 참가자들의 반응이었다. 미국과 캐나다의 참가자들은 실패했다는 말에 그 문제를 오래 붙잡지 않고 빨리 포기하였다. 반대로 일본 참가자들은 오랫동안 그 게임을 계속하였고, 미국과 캐나다 참가자들보다 그 게임의 중요성을 더 크게 인식하였다. 이 결과에 대한 해석은 서양 참가자들의 경우 자기고양(self-enhancing) 전략과 일치하지만(자아존중감을 유지하기 위한 욕구와 일치), 동양 참가자들의 경우는 자기존중의 욕구가 그리 강하지 않을 때 나타나는 자기개선(self-improving) 전략을 사용한 것이라고 볼 수 있다(Heine et al., 2001).

동기와 성별 성별에서도 자신보다 관계에 집중하려는 동기가 더 큰 집단이 있다. 구체적으로 여성이 타인과 함께 일하거나 남을 돕는 것을 강조하는 목표에 더 동기화되는 것 같다. 반대로 남성은 여성보다 타인이나 물건에 대한 개인의 권력에 더 동기부여가 되는 것으로 보인다. 이 차이는 아마도 성역할, 즉 사회가 여성은 타인을 돌보고 남성은 권위 있는 인물이 되는 것을 장려해 온 역사적 배경에서 비롯되었을 것이다(Eagly, 1987; Eagly et al., 2000; Eagly & Crowley, 1986). 최근 수십 년 동안 남성이 주를 이루었던 직업(특히 리더직)에 여성이 점점 더 많이 진출함에 따라 여성도 남성에게 강조되었던 권력을 목표로 하는 동기가 갈수록 늘어나고 있다. 하지만, 남성의 경우는 그동안 여성에게 강조한 타인과 함께 일하거나 남을 돕는 동기로의 변화는 그다지 강하게 나타나지 않았다(Eagly & Diekman, 2003).

각 성별에 강조된 사회에서 부과한 목표는 여성들이 STEM[과학(science), 기술(technology), 공학(engineering), 수학(mathematics)] 영역의 직업을 선택할 때 중요한 역할을 할 수 있다. 한 연구에서, 수백 명의 여자 대학생들에게 만일 본인이 STEM의 직업을 선택한다면 도움목표(여성에게 더 부과되는)와 권력목표(남성에게 더 부과되는) 중 어떤 목표가 충족된다고 생각하는지를 질문하였다. 도움목표에는 타인을 도와주고, 인류에 봉사하고, 지역사회에 봉사하고, 다른 사람을 돌보며, 타인과의 연계의 중요성이 포함되었고, 권력목표에는 권력, 인정, 성취, 지위, 자신에게 집중 및 경제적 보상 등이 포함되었다. 연구 결과, 참가자들은 STEM 직업을 가진다면 도움목표보다 권력목표를 더 달성할 수 있다고 믿었다. 연구자들은 여성들이 STEM 직업에 대한 관심은 증가하였지만, 이러한 직업들이 도움목표를 방해한다는 생각들 때문에 일부 여성들은 이 관심을 장기적 안목으로 지속하지 못한다고 결론 내렸다(Diekman et al., 2010).

STEM 이외에 정치도 성별에 따른 동기의 차이가 차이가 나타나는 영역이다. 대학생을 대상으로 한 연구에서 정치인을 다음의 두 방식으로 묘사하였는데, 한 가지는 권력과 독립을 강조하였고, 다른 사람은 공동체 조력을 강조하였다. 전자의 방식으로 묘사되었을 때는 남학생이 여학생보다 해당 정치인을 더 매력적이라고 응답하였고, 후자의 경우에는 여학생의 응답이 꽤 많이 증가하여 남녀의 차이가 별로 나지 않았다(Schneider et al., 2016).

동기와 나이   인생의 각 시기마다 사람들은 다른 동기를 경험한다(Heckhausen & Heckhausen, 2018). 초기 성인기의 사람들은 획득의 동기가 더 크지만, 후기 성인기의 사람들은 손실을 회피하려는 동기가 더 크다(Ebner et al., 2006; Freund et al., 2012; Freund & Ebner, 2005; Heckhausen, 2006). 아드리아나(20세)와 그녀의 할머니 메리(70세)를 살펴보자. 아드리아나는 앞으로의 자신의 삶을 계획하고 있다. 그래서 그녀의 주된 동기는 직무 기술, 로맨틱한 관계, 재정적 독립 및 물질적 소유 등과 같은 새로운 것을 얻는 것이다. 메리의 경우는 이미 이러한 것들을 모두 가졌기 때문에 그녀의 주된 동기는 건강과 함께 이것들을 지키는 것이다. 특히 메리는 또래 친구들이나 가족들이 이것들을 잃어가고 있다는 것을 알고 있다.

초기 성인기와 후기 성인기의 개인은 동일한 행동이라도 그 행동의 동기는 다르다. 초기 성인기 사람들은 결과에 가치를 더 두는 반면, 후기 성인기 사람들은 과정을 더 중요하게 여긴다. 성인들을 대상으로 운동의 이유를 물어본 한 연구에서, 젊은이들은 운동으로 발생하는 실질적 결과(성적 매력, 근육 긴장도 및 체중 감량) 때문에 운동을 한다고 대답한 반면, 노인들은 운동하는 그 자체(운동의 즐거움, 사람들과의 상호작용) 때문에 운동을 한다고 응답하였다(Freund et al., 2010). 또한, 사회적 관계와 관련하여 초기 성인기에는 새로운 관계를 만드는 것에 더 동기부여가 된다면, 후기 성인기에는 긴장을 유발하는 현재의 관계는 축소하거나 끊어내는 데 동기가 더 부여되는 경향이 있다(Nikitin et al., 2014; Nikitin & Freund, 2018).

학습 확인

8.1 동기란 무엇인가?

8.2 내재적 동기와 외재적 동기의 차이점은 무엇인가?

8.3 전통적 동기 이론인 본능 이론, 추동감소 이론 및 각성 이론의 기본 생각은 무엇인가?

8.4 최신의 동기 이론인 자기결정 이론, 조절초점 이론 및 성취목표 이론의 기본 생각은 무엇인가?

8.5 매슬로의 욕구위계 이론에서 위계 순서는 무엇인가?

8.6 동기에 영향을 줄 수 있는 다양성에는 어떤 것이 있는가?

1차적 동기 : 배고픔과 섭식

상당히 많은 동기 이론들이 존재하고, 이 이론을 누군가에게 적용할 때 고려해야 할 관련 변인들도 많다. 하지만, 우리 모두에게 해당되는 기본적인 동기가 있다. 바로 먹는 것이다. 이제부터 우리가 왜 먹는지, 특히 가끔은 왜 너무 많이 먹는지에 중점을 두어 살펴보자.

비만과 과체중

비만(obese) 및 과체중(overweight)이라는 용어가 많이 사용되고 있으므로 먼저 이 단어들의 정의를 명확히 살펴보자. 두 용어 모두 체지방 및 전반적인 신체단련 수준으로 정의되는 **체질량 지수**(body mass index, BMI)에 기초하며, 체질량 지수는 키와 몸무게를 바탕으로 계산된다. BMI는 몸무게 (kg)를 키(m)로 나눈 값이다(Centers for Disease Control and Prevention, 2015). 물론 BMI는 신체 활동에 대한 음식 섭취(특히 지방과 설탕)의 비율, 즉 섭취하는 칼로리와 연소시키는 칼로리의 비율에 의해 결정된다(Must et al., 2006).

BMI는 4개의 범주가 있는데(Must & Evans, 2011), BMI가 18.5~24.9까지는 **표준/건강체중** (normal/healthy weight)에 해당되고, 18.5보다 낮을 경우 **표준체중 이하**(under-weight)에 속한다. BMI가 25~29.9까지는 **과체중**(overweight), 30 이상은 **비만**(obesity)으로 분류된다. 예를 들어 딜런은 키가 176.8cm이다. 만일 체중이 65.8kg이라면 BMI는 22로 표준/건강체중 범주이고, 81.6kg이라면 BMI는 27.4로 과체중에 속하게 된다.

몇몇 전문가들은 BMI가 불완전하거나 심지어 중요한 허점이 있는 측정 도구라고 생각한다. 구체적으로 그들은 BMI가 건강을 믿을 만하게 예측하지 못한다고 주장한다(Banack et al., 2018; Maffetone et al., 2017a). 40,000명 이상의 사람들을 대상으로 전반적 건강을 볼 수 있는 혈압, 콜레스테롤, 그리고 그 외 몇 가지 지표를 측정한 연구는 BMI 과체중의 47%와 BMI 비만의 26%에 해당하는 사람들이 건강하다는 것을 발견하였다. 또한 BMI 표준에 해당하는 사람들의 31%는 건강하지 못하였다. 그 이유는 BMI가 측정하는 몸무게는 근육과 지방을 구별할 수 없기 때문에, 동일한 키와 몸무게를 가진 두 사람의 경우, 한 사람의 몸무게가 다른 사람보다 더 많은 근육과 더 적은 지방으로 구성되었더라도 동일하게 분류될 수 있기 때문이다. 그러므로 연구자들은 전반적인 건강의 지표를 BMI만으로 결정해서는 안 되며, 피검사, 규칙적인 신체 활동량 및 체지방 비율 등과 같은 다른 측정도구와 함께 고려할 것을 권장한다(Tomiyama et al., 2016).

BMI가 개인의 건강 상태를 완벽하게 알려주는 것이 아니라는 생각과 관련된 것이 'Health at Every Size(모든 체중은 건강하다)' 운동이다. 이 운동은 몇십 년 전에 시작되었지만 최근에 대중화되기 시작하여, 특히 여성들의 긍정적 자기 이미지를 향상하고 풍만한 것이 부끄럽다는 사회의 관념과 싸우고 있다. 보디 포지티브(body positive) 운동가이자 모델인 애슐리 그레이엄(Ashley Graham)과 같은 유명한 지지자들이 이 운동이 주목을 받도록 도움을 주고 있다. 'Health at Every Size' 운동의 핵심 개념은 체중이 건강을 정의하는 것이 아니라 건강은 균형 잡힌 식습관 및 규칙적인 운동과 같은 건강을 위한 행동으로 정의되어야 한다는 것이다. 심지어 그러한 행동으로 체중이 줄지 않는다고 해도 말이다.

이 운동에서는 특정 사이즈(또는 BMI)로 만들고자 하는 압박과 이를 위한 다이어트는 신체 건강과 정신 건강 모두를 해칠 수 있다고 주장한다. 'Health at Every Size' 운동은 열혈 지지자와 노골적인 비평가들 사이에서 논란이 되고 있다(Bacon, 2010; Bacon & Aphramor, 2014; Bombak et al., 2018; Cara, 2016; Katz, 2012; Mundasad, 2017). 'Health at Every Size' 운동의 영향에 대한 연구는 반비만 태도, 신체 자존감, 직관적 식습관(본능에 따른 식사), 신체 이미지 및 자존감을 포함하여 광범위한 영역에서 상당히 긍정적 결과가 나타났다(Bacon & Aphramor, 2011; Bégin et al., 2018; Humphrey et al., 2015; Penney et al., 2015; Ulian et al., 2018a, b).

과체중과 비만의 결과　　과체중 또는 비만인 사람들에게 나타나는 결과에 대하여 얘기할 때, 그 인과

체질량 지수
체지방 및 전반적인 신체단련 수준을 나타내는 것으로 키와 몸무게로 계산하는 값

과체중
BMI가 25~29.9 사이

비만
BMI가 30 이상

Thomas Concordia/WireImage/Getty Images

보디 포지티브 운동가이자 슈퍼모델인 애슐리 그레이엄은 체중 또는 BMI로 건강을 정의할 수 없다는 개념의 'Health at Every Size' 운동을 지지한다.

관계가 항상 절대적인 것은 아니다. 이 절에서 거론되는 연구들은 과체중과 비만으로 일어날 수 있는 결과의 사례들을 얘기하지만, 이들 중 일부는 원인일 수도 있다.

과체중 또는 비만의 결과 중 가장 확실하고 잘 알려진 것은 아마도 질병일 것이다. 체중이 초과된 사람들은 당뇨, 심혈관 질환, 암, 고혈압, 관절염, 뇌졸중, 담낭 질환, 높은 콜레스테롤을 포함한 많은 의학적 질환들의 위험성이 높다(Adams et al., 2006; Anderson et al., 2007; Bray, 2004; Calle et al., 2003; Lavie et al., 2009; Maffetone et al., 2017b; Maffetone & Khopkar, 2018; Must et al., 1999). 특히 당뇨는 과체중 및 비만과 밀접한 관련이 있으며, 최근의 증가속도를 감안하면 그 비율은 2000년과 비교하여 2030년에는 2배가 될 것으로 예상한다(Hartz et al., 1983; Schwartz & Porte, 2005; Wild et al., 2004).

질병 그 자체에 더해지는 문제가 의료비용이다. 과체중과 비만인 사람들은 일반 체중의 사람들보다 병원 방문, 입원 및 처방이 더 많기 때문에 상당히 많은 의료비용을 지불하게 된다(Finkelstein & Yang, 2011; Quesenberry et al., 1998; Sturm, 2002; Thompson et al., 2001; Tremmel et al., 2017). 전체적으로, 비만 관련 질병은 미국 의료 지출의 20% 이상을 차지하며, 이는 연간 1,900억 달러가 훌쩍 넘는 금액이다(Hruby & Hu, 2015).

과체중 및 비만인 사람들은 신체 건강 외에도 정신 건강과 관련한 고통도 크다(Naslund et al., 2017; Simon et al., 2006). 몇몇 종단연구들에 의하면, 비만으로 우울을 경험하는 경우는 특히 여성들이 높다고 한다(Bjerkeset et al., 2008; Quek et al., 2017; Roberts et al., 2003). 비만과 우울의 종단연구들을 검토한 결과, 우울이 비만의 원인이기보다 비만이 우울의 원인이라는 증거가 더 많이 발견되었다(Faith et al., 2011). 과체중이 우울이라는 심각한 결과로까지 귀결되지 않더라도, 이는 행복을 저해하는 낮은 자존감의 원인이 되기도 한다(Murray et al., 2017; Wardle & Cook, 2005). 불안 역시 과체중 및 비만의 성인들, 특히 여성이나 아주 비만한 사람들에게 비교적 흔하게 나타났다(Baker et al., 2017; Scott et al., 2008). 심지어 비만은 노인기 치매와 관련이 있었다. 한 종단연구는 1만 명의 사람들을 대상으로 30년간의 의료 기록을 조사하여, 40대의 몸무게와 70대의 치매 진단을 살펴보았다. 연구진들은 중년기에 과체중 또는 비만이었던 사람들에게서 노년기 치매 비율이 유의미하게 높다는 것을 발견하였다. 구체적으로, 40대 일반 체중인 사람들과 비교하여, 과체중인 사람의 치매 발병 위험은 35%, 비만인 사람들은 74%가 더 높았다(Whitmer et al., 2005).

과체중 및 비만인 사람들의 우울, 불안 및 다른 정신장애들의 높은 위험성은 아마도 그들이 일상적으로 부딪히는 낙인 및 차별과 관련이 있을 것이다(Moskovich et al., 2011; O'Brien et al., 2013). 예를 들면 'anti-fat bias', 'fat shaming', 'weight stigma', 또는 'sizeism' 등의 이름으로 과체중과 비만인 사람들을 무시하고 혐오하는 태도는 이들에게 심각한 상처를 주게 된다(Chrisler & Barney, 2017; McHugh & Kasardo, 2012). 안타깝게도 많은 집단들이 이러한 부정적인 태도를 보이고 있다.

● 이러한 태도는 아이들에게서도 나타났다. 한 연구에서 5~10세 아동들은 과체중인 아동과(또는 심지어 과체중인 여아 옆에 서 있는 표준체중 여아와도) 친구가 되고 싶지 않다고 응답하

였다(Penny & Haddock, 2007).

- 이러한 태도는 의사들에게도 볼 수 있었다. 의사들의 3분의 1 이상이 비만 환자들은 게으르고, 엉성하고, 의지가 약하며, 매력이 없다고 생각하였다(Foster et al., 2003; Wear et al., 2006). 결과적으로, 많은 비만 환자들(특히 여성)은 건강의료 시스템에 부정적이고 두려운 태도를 지니게 되고 그들이 실질적인 의료의 도움이 필요할 때에도 병원을 방문하는 것을 회피하게 된다(Mensinger et al., 2018).

- 이러한 태도는 고용주와 감독관들도 가지고 있었다. 실제 직장에서도 과체중 또는 비만인 사람은 더 나약하다고 생각하는 경향이 있었고, 감독관들에게 부정적 근무 평가를 받는 경향이 컸다(Polinko & Popovich, 2001; Rudolph et al., 2009). 다른 연구는 참가자들에게 직원이 실수를 하는 글을 읽은 후 그 직원에 대한 처벌로 임금 인상 또는 승진 철회를 해야 한다는 참가자들의 응답을 살펴보았는데, 그 직원이 평균체중일 때보다 비만인 경우가 더 높게 나타났다(Lindeman et al., 2018).

배고픔과 섭식의 생물학적 요인

배고픔을 느끼게 하거나 무언가를 먹고 싶게 하며 또는 특정 상황에서 과식을 유발하는 수많은 요인들이 우리의 내부에 있다. 그중 주요한 몇몇 요인을 살펴보자.

호르몬　몸에는 특정 시간이 되면 음식에 대한 욕구에 반응하는 배고픔과 관련된 호르몬이 있다. 이 중에서 서로 길항작용을 하는 렙틴과 그렐린은 특히 중요하다. **렙틴**(leptin)은 배부름을 알려주는 호르몬이고, **그렐린**(ghrelin)은 배고픔을 알려주는 호르몬이다. 이 두 호르몬은 위 속의 음식량을 체크한 후 어떤 행동을 취해야 하는지를 뇌에 알린다. 음식을 충분히 먹었다면 렙틴이 "그만 먹어, 꽉 찼어"라는 메시지를 보내고, 식사 후 많은 시간이 흘렀다면 그렐린이 "밥먹자, 비었어"라고 뇌에 알린다(Berk, 2008a; Wren et al., 2001). 연구자들은 렙틴과 그렐린이 어떻게 작용하는지 정확하게 판단하고 있지만(이 호르몬들은 1990년대에 발견되었다), 이 두 호르몬은 식사시간과 관계 없이 언제든지 여러분의 식욕에 큰 영향을 줄 수 있다는 것도 분명하다(Cui et al., 2017; Ernsberger, 2008; Zanchi et al., 2017). 실험실 쥐에게 렙틴을 투여하였을 때 섭취량은 줄어들었지만, 이 결과가 사람에게 동일하게 적용되지는 않는다(Margetic et al., 2002; Stein, 2008).

설정점, 설정되는 점, 그리고 절약 유전자　먹는 행동에 영향을 주는 또 다른 생물학적 요인은 **설정점**(set point)이다. 이것은 체중이 증가 또는 감소된 후에 신체가 다시 되돌아가고자 하는 원래의 체중을 의미한다. 설정점은 온도 조절기에 미리 설정해 놓은 온도와 같다. 온도 조절기는 방 안의 온도가 너무 올라가거나 떨어지기 전에 미리 정해 놓은 온도를 유지하기 위해서 방이 조금 뜨거워지면 차가운 공기가, 조금 추워지면 따뜻한 바람이 나온다. 같은 방식으로 신체는 (특히 렙틴과 그렐린을 사용하여) 필요할 때 식욕을 증가시키거나 감소시켜서 체중을 설정점으로 되돌린다.

 잠깐만! 설정점이 있다면, 사람들은 어떻게 체중을 늘리거나 줄이나요?

　사실 설정점은 많은 양의 체중을 줄이는 것이 힘든 이유, 특히 체중을 줄인 후 유지하는 것이 왜 그렇게 어려운지에 대한 이유를 알려준다. *The Biggest Loser*(미국의 체중감량 프로그램)의 참가자들은 그 프로그램이 진행되는 동안에 상당히 많은 체중을 감량하였지만, 이들 중 대부분은 6년 후

렙틴
배부름을 알려주는 호르몬

그렐린
배고픔을 알려주는 호르몬

설정점
체중이 증가 또는 감소된 후에 신체가 다시 되돌아가고자 하는 원래의 체중

에 다시 원래의 체중으로 돌아왔다(Fothergill et al., 2016). 하지만 분명 체중을 줄인 후 유지하는 사람들도 있고, 체중을 늘려서 유지하는 사람들도 있다. 이러한 급격한 체중 변화와 이 체중을 유지하는 것을 설명하기 위해서는 설정점이라는 단어보다 설정되는 점(settling point)이라는 용어가 더 낫다고 몇몇 전문가들은 주장한다. 이들은 설정되는 점이라는 용어에는 설정점보다 외부 요인에 더 유연하고 반응적인 의미가 포함된다고 설명한다. 설정점은 원래 이 용어를 사용하고자 했던 사람들의 생각대로 오로지 몸의 내부 요인에만 초점을 두었고, 외부 요인은 무시하였다. 그래서 설정점의 관점에서 본다면, 우리가 음식이 풍부한 곳에 살든 부족한 곳에 살든 대략 비슷한 체중을 유지하게끔 우리의 몸은 '타고난' 것으로 볼 수 있다. 하지만, 실제로는 그렇지 않다. 사람들이 살이 찌는 환경에 놓이면 체중이 증가하는 경향이 있으므로 설정되는 점은 특히 체중 증가의 측면에서 이러한 환경 영향의 중요성을 제안하는 용어이다(Egger & Swinburn, 1997; Speakman et al., 2011; Pinel et al., 2000).

현재 환경이 사람들에게 주는 영향은 아마도 수천 년 전과 아주 다를 것이다. 인류 역사의 대부분은 식량이 부족하였다. 특히 칼로리, 지방, 그리고 소금이 풍부한 음식을 찾는 것은 힘들었다. (채소와 과일은 더 쉽게 먹을 수 있었다.) 따라서 우리의 조상들은 먹을 것이 풍부할 때, 앞으로 닥칠 음식이 부족할 기간 동안의 생존을 위해 의도적으로 지방을 축적하려고 일단 꾸역꾸역 배를 채웠다. 이는 이후 먹을 것이 없는 상황에서 살아남기 위해 벌이는 잔치였을 것이다.

여러분은 이렇게 기회가 되면 많이 먹으려고 했던 사람들의 후손이다. 이 말은 여러분의 몸과 뇌는 그들과 동일한 전략을 사용한다는 뜻이다. 맛있는 음식을 발견하였다면 음식이 없을 때를 대비하여 가능한 많이 먹고 지방을 축적하려고 할 것이다. 하지만 현재 여러분의 일상은 언제든지 음식을 먹을 수 있다. 심지어 여러분은 패스트푸드점, 24시간 편의점, 무한리필 뷔페 또는 피자배달과 같이 빠르고 쉽게 먹을 수 있다. 그래서 선조들이 간혹 과식을 했던 상황이 아닌 끊임없이 과식을 할 수 있는 상황에 여러분은 놓여 있다. 이러한 식습관 때문에 지방을 태울 수 있는 기근의 시간을 결코 만들 수 없고, 이렇게 축적된 지방은 건강을 위협하는 요인이 될 가능성이 높다. 이 현상을 절약 유전자 가설(thrifty gene hypothesis)이라고 하며, 이는 기회가 있을 때마다 지방을 축적하는 전략을 구사하는 유전자를 물려받았음을 의미한다. 이 전략은 그 옛날 여러분의 조상들에게는 죽음을 면하게 해줬지만, 오늘날 그대로 방치하면 역효과를 일으켜 여러분을 죽음으로 몰아갈 수 있다(Berk, 2008b; Chakravarthy & Booth, 2004; Myles et al., 2011; Neel, 1962, 1999).

절약 유전자 가설에 의하면, 우리의 일상은 조상들의 일상보다 운동을 훨씬 덜 요구한다는 사실 때문에 더 악화된다. 물론, 여러분은 운동을 선택할 수 있지만 조상들에게는 선택이 아니었다. 그들은 먹이를 찾아다니며 매일 운동을 하였다. 오늘날에도 덜 발달된 사회에서는 여전히 하루의 많은 시간을 음식을 구하기 위해 보내고, 저지방, 저염, 저칼로리 식단으로 구성된 마치 우리의 조상들과 유사한 생활 방식으로 살고 있다. 이런 사회에서는 비만, 그리고 그로 인한 많은 건강 문제를 거의 찾아볼 수 없다.

절약 유전자 가설이 비만 경향성에 대한 유일한 설명은 아니며, 비판이 없는 것도 아니다. 절약 유전자 가설에 대한 비판 중 하나는 과체중 또는 비만인 사람들과 마찬가지로 살찌는 음식을 먹을 수 있고 운동을 하지 않는 생활습관을 가지고 있지만, 마른 체중을 유지하는 사람들이 현대 사회에는 많다는 점이다(Qasim et al., 2018; Speakman, 2013).

유전 모든 인간에게 광범위하게 적용되는 절약 유전자 가설 외에 부모로부터 물려받은 특정 유

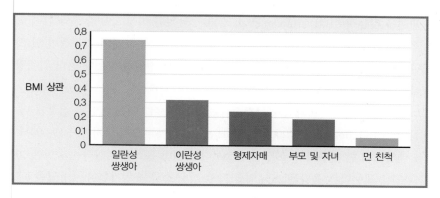

그림 8.2 유전자와 BMI 유전자는 BMI에 중요한 역할을 한다. 더 많은 비율의 유전자를 공유한 사람들 간의 BMI 상관은 더 적은 비율의 유전자를 공유한 사람들 간의 BMI 상관보다 상당히 높다. 출처 : Maes et al.(1997).

전자도 여러분의 식습관과 체중에 중요한 역할을 한다(Bell et al., 2005; Locke et al., 2015). 과체중의 유전 가능성은 40~70%이고, 이는 BMI를 결정하는 변인의 약 절반 이상이 환경보다 유전자에 기인한다는 것이다(Flier, 2004; Samaras, 2008). 입양연구에 의하면, 입양된 아동이 성인이 되었을 때, 그들의 BMI는 생물학적 부모의 체중과 정적 상관이 있었고, 입양 부모의 체중과는 전혀 상관이 나타나지 않았다(Stunkard et al., 1986b; Vogler et al., 1995). 쌍생아 연구의 결과도 비슷하였다. 일란성 쌍생아가 이란성 쌍생아보다 BMI 상관은 더 높게 나타났다(Bouchard et al., 1994; Stunkard et al., 1986a). 사실 누군가와 공유하는 유전자가 많을수록, 그들의 체중과 여러분의 체중의 상관은 높아진다(Maes et al., 1997). 그림 8.2에서 이것을 자세하게 살펴볼 수 있다.

뉴스 기사들은 '지방 유전자' 또는 '비만 유전자' 등으로 마치 단 하나의 유전자만 있는 것처럼 지나치게 단순화해 보도하지만, 체중에 미치는 유전적 영향은 많은 유전자들의 조합으로 일어난다(Alfredo Martínez et al., 2007; Loos & Janssens, 2017; Marti et al., 2004). 이러한 유전자들은 배고픔, 배부름, 영양소 저장 등을 포함한 BMI와 관련된 많은 요인들에 영향을 준다(Stein, 2008).

신진대사율 이러한 유전자는 신체가 에너지를 태우는 속도, 즉 **신진대사율**(metabolic rate/metabolism)에도 영향을 준다. 물론 신진대사율은 상황에 따라 다르다. 쉬고 있을 때는 낮고, 운동할 때는 높으며, 나이에 따라 달라지는 경향이 있다. 또한 사람마다 다르기 때문에 여러분의 신진대사율은 다른 사람보다 높거나 낮을 수 있다. 끊임없이 먹어도 체중이 늘지 않는 사람도 있고, 또는 끊임없이 운동하고 식이조절을 하는데도 체중이 줄지 않는 사람도 있을 것이다. 이것은 신진대사율의 차이로 설명할 수 있다.

성별 식습관에 영향을 주는 또 다른 생물학적 요인은 성별이다. 남성은 여성보다 좀 더 많이 먹는 경향이 있다(Davy et al., 2007; Laessle et al., 2007). 물론, 남성이 여성보다 평균적으로 신체가 더 크지만 음식 섭취의 차이는 그 이상이다. 한 연구에 따르면 남성은 여성보다 체중이 16%가 더 나가지만, 여성보다 33%를 더 많이 먹는다고 하였다(Bates et al., 1999). 남성은 쉬는 동안의 신진대사율이 여성보다 약간 높기 때문에 더 많은 에너지가 필요하다(Herman & Polivy, 2010).

물론 이러한 경향은 사회적 상황에 의해 만들어진다는 주장도 있다. 여성은 살이 찐다는 걱정뿐만 아니라 먹는 동안 게걸스럽게 보이지 않을까 하는

신진대사율
신체가 에너지를 태우는 속도

여성과 남성이 섭취하는 음식의 양과 종류에는 상당한 차이가 있다. 특히 이성이 앞에 있을 때 그 차이가 더 잘 드러난다.

것에 많은 관심을 갖는 편이다(Vartanian et al., 2007). 남성과 여성 모두 누구와 함께 식사를 하는 가에 따라 식습관이 달라진다. 가장 유의미한 변화는 여성의 경우 사귈 가능성이 있고, 매력적이며, 잘 모르는 남성과 함께 식사를 할 때 여성적인 이미지를 전달하기 위해 음식 섭취량이 줄어든다(Mori et al., 1987; Pliner & Chaiken, 1990; Salvy et al., 2007).

일반적으로 여성은 남성보다 과일과 채소를 더 많이 먹는데, 이는 여성이 건강에 더 많은 신경을 쓰기 때문이다(Beer-Borst et al., 2000; Serdula et al., 1995). 23개 국가에서 19,000명 이상의 젊은 성인들을 대상으로 한 연구에서, 여성이 남성보다 고지방 음식을 피한다는 응답은 50% 이상 많았고, 매일 과일을 먹는다는 응답은 25% 이상 많았으며, 소금을 첨가한다는 응답은 6%가 낮았다(Wardle et al., 2004).

심리적 요인

먹는 것은 생물학적인 요인으로 일어날 수도 있지만, 스트레스 및 심리장애와 같은 다양한 심리적 요인에 의해서도 영향을 받는다(Moskovich et al., 2011).

스트레스와 섭식   스트레스가 섭식에 영향을 준다는 것은 의심의 여지가 없다(Greeno & Wing, 1994; Hill et al., 2018; Masih et al., 2017). 여러분은 스트레스가 먹는 양을 증가시킨다고 생각할지도 모른다. 특히 감정적으로 흥분해서 정신이 나간 사람이 아이스크림을 통째로 먹거나 감자칩 한 봉지를 급하게 먹는 장면을 영화에서 본 적이 있다면 말이다. 하지만 스트레스가 항상 먹는 양을 증가시키는 것은 아니다(Steere & Cooper, 1993). 연구에 의하면, 스트레스 상황에 있는 사람들은 식욕이 증가하기보다는 감소하는 것이 더 일반적이라고 하였다. 하지만 이 연구의 추가 분석에서 성별과 스트레스의 수준에 따라 다른 결과가 나타났다. 스트레스 수준이 그리 높지 않다면 남성과 여성 모두 덜 먹었지만, 스트레스 수준이 높을 때는 남성은 여전히 덜 먹었지만, 여성은 더 많이 먹는 경향을 보였다(Stone & Brownell, 1994). 또한 스트레스와 관련된 식사량의 변화는 식이조절을 하고 있는지 여부에 달려 있었다. 식이조절을 하고 있는 사람은 그렇지 않은 사람들보다 스트레스를 받으면 과식을 할 가능성이 더 높았다(Zellner et al., 2006).

스트레스는 **식사량**에 영향을 미치는 것 외에 음식의 **종류**에도 영향을 미칠 수 있다. 일반적으로 스트레스는 건강하지 않은 음식을 선택하도록 하는 경향이 있다(Oliver & Wardle, 1999 ; Wallis & Hetherington, 2009). 교사와 간호사들에게 8주 동안 자신이 먹은 음식과 스트레스 일지를 쓰도록 한 연구에서, 참여자들은 스트레스가 높을 때 패스트푸드 음식을 더 많이 먹는다는 것을 보여주었다(Steptoe et al., 1998). 4,000여 명의 청소년들에게 실시한 설문조사에서 응답자들이 높은 스트레스를 받았을 때 지방이 많은 음식을 더 먹고, 과일과 채소는 덜 먹었으며, 아침은 종종 거르는 것을 발견하였다(Cartwright et al., 2003). 또 다른 연구에서는 부정적인 기분(스트레스에 자주 동반되는)이 건강을 유지하려는 장기적인 목표보다 즉각적인 편안함을 느끼려고 하는 단기적인 목표에 강하게 집중한다는 것을 발견하였다. 단기 목표에 초점이 증가되면 곡물/견과류, 사과, 떡보다는 사탕, 쿠키, 과자를 선택하는 경향이 높았다(Gardner et al., 2014).

 'freshman 15'는 스트레스가 먹는 것에 미치는 영향을 설명할 수 있는 예시가 될 수 있나요?

대학교 1학년은 스트레스를 많이 받을 수 있지만, 'freshman 15'(대학 첫 1년 동안 15파운드

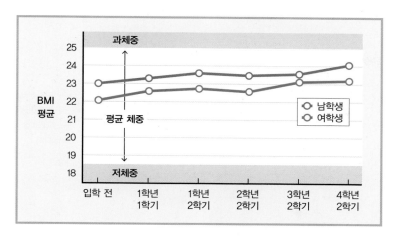

그림 8.3 대학생의 체중 증가 'freshman 15'는 사실이 아니라 미신에 더 가깝다. 대학생의 체중 증가에 대한 연구에 따르면(6개 대학 약 500명의 학생들을 대학 입학 전부터 4년 동안 추적하였다), 남녀 모두 4년 내내 점진적으로 몸무게가 증가하는 양상이 나타났다. 출처 : Girz et al.(2013).

의 체중이 증가하는 것을 일컫는 용어)에 대한 연구는 이것이 그렇게 흔한 현상은 아니라고 한다(Vadeboncoeur et al., 2015). 20개 이상의 'freshman 15'에 대한 연구들(수천 명의 학생의 자료)을 메타 분석한 결과, 대학 첫해 체중 증가의 평균은 3~4파운드 정도에 그쳤다(Vella-Zarb & Elgar, 2009).

대학 1학년 동안 15파운드 또는 그 이상 체중이 증가하는 학생들은 입학 전 BMI 수치가 높으면서 1학년 동안 높은 스트레스를 받았을 경우이다(Boyce & Kuijer, 2015). 그림 8.3에 나타나듯이, 대학 4년간 학생들을 추적 조사한 연구에 따르면, 학생들의 체중 증가는 4년 동안 점진적으로 일어나고, 남학생은 평균 9파운드, 여학생은 7파운드가 증가하였다(Girz et al., 2013). 그러므로 'freshman 15'가 모두에게 적용되는 것은 아니다. 하지만 대학 기간 동안 점진적으로 체중이 느는 것은 꽤 흔한 일이고, 이후에도 계속된다면 건강 문제를 초래할 수 있다.

환경적 · 사회문화적 요인

여러분 내부의 생물학적이고 심리적인 요인 외에 여러분 외부의 요인이 섭식과 체중에 영향을 줄 수 있다. 그중 중요한 몇 가지를 살펴보자.

경제력 및 쇼핑 관련 요인　여러분이 먹는 것은 여러분이 가지고 있는 돈(비용)과 그리고 그 돈을 쓸 수 있는 곳이 어디인지(접근성)에 달려 있다. 특히 사회경제적 지위(SES)가 낮은 사람들은 비용과 접근성 때문에 건강한 식단을 꾸리는 것이 어려울 수 있다. 먼저 비용을 알아보자. 전반적으로 음식 가격은 인플레이션을 감안하면 1970년대 이후 감소한 반면, 건강한 음식(예 : 채소와 과일)의 가격은 상승하였다(Auld & Powell, 2009; Cawley, 2011; Kern et al., 2017). 건강한 식단(채소, 과일, 견과류, 생선 등)과 건강하지 않은 식단(가공식품, 정크 푸드, 설탕이 든 탄산음료 등)의 차이에 대한 메타 분석 결과는 건강한 식단을 먹을 경우 한 사람당 하루에 약 1.5달러가 필요하였다(Rao et al., 2013; Shaw, 2014). 이 가격은 누군가에게는 무시될 만큼 적은 비용이지만, 누군가에게는 현실적으로 큰 비용이 될 수 있다. 건강한 음식의 가격이 높아지는 것은 아동의 BMI가 높아지는 것과 상관이 있는데, 그 이유는 아동과 부모들이 높은 가격의 건강한 음식 대신 더 싸고 살찌는 음식을 구입하기 때문이다(Powell & Bao, 2009; Sturm & Datar, 2005).

그림 8.4 각 주의 비만율과 패스트푸드 미국의 경우, 비만율과 패스트푸드 음식점당 주민 수 사이에는 강한 상관이 있다(패스트푸드 음식점의 밀집도를 측정하는 한 가지 방법). 하와이, 코네티컷, 매사추세츠, 로드아일랜드, 뉴저지의 5개 주는 비만율이 가장 낮은 10개 주이면서 패스트푸드 음식점당 주민 수가 가장 높은 10개 주 모두에 해당되었다. 반대로 비만율이 가장 높은 10개 주이면서 패스트푸드 음식점당 주민 수가 가장 낮은 10개 주에 해당하는 곳은 앨라배마, 루이지애나, 미시간과 인디애나주였다. 또한, 루이지애나의 경우는 패스트푸드 음식점당 주민 수가 8,000명이 안 되었지만, 하와이는 16,000명 이상이었다.
출처 : Maddock, 2004.

더 싸고 살찌는 음식은 패스트푸드 음식점에서 종종 먹을 수 있다. 패스트푸드 음식점이 많은 곳은 BMI가 증가하는 경향이 있다(Niemeier et al., 2006; Polsky et al., 2016). 특히 미국에서는 주(州)의 비만율과 패스트푸드 식당의 밀집도 사이에는 강한 상관관계가 있다(그림 8.4). 맥도날드, 버거킹, 타코벨을 쉽게 발견할 수 있는 주에서는 비만인 사람들을 쉽게 볼 수 있다(Burgoine et al., 201; Maddock, 2004). 반면 패스트푸드와 건강한 음식의 가격이 비슷해지면, 건강한 식습관은 조금씩 증가한다. 구체적으로 패스트푸드 가격이 10% 상승하면(건강한 음식의 가격에 근접하면), 10대 청소년들이 과일과 채소를 자주 먹을 확률이 3% 증가하였고, 과체중 확률이 6% 감소하였다(Powell et al., 2007).

건강한 식품을 구입할 비용의 여유가 있다 할지라도, 그것을 구입하기 위해서는 그런 식품을 파는 가게에 가야만 한다. 그러므로 그것을 제공하는 가게나 식당이 드문 지역에서는 음식 구입이 쉬운 일이 아니다. 만약 여러분이 부유하다면, 건강한 식품을 파는 슈퍼마켓(또는 건강하고 영양가 많은 음식을 전문으로 하는 고급 식료품점)이나 식당이 집 근처에 있을 것이다. 또는 그런 종류의 장소에 갈 수 있는 차나 적어도 버스 요금은 있을 것이다. 하지만 가난할 경우 다른 도시로 가기 위한 교통편을 이용하는 것이 힘들기 때문에 최선의(또는 유일한) 선택이 편의점과 패스트푸드 음식점일 수 있다(Burgener & Thomsen, 2018; Smith & Cummins, 2011). 결과적으로 음식을 구하기 힘든 곳에 사는 사람들은 BMI가 높은 경향이 있다(Fiechtner et al., 2013; Morland et al., 2006).

생활방식 요인 생활방식은 개인 또는 가족의 식습관에 영향을 줄 수 있다. 이 중에서 연구자들은 TV를 보는 시간에 특히 관심을 두었다.

TV(컴퓨터, 또는 기타 스크린들)를 보는 시간이 늘어나는 만큼 허리둘레도 늘어난다(Vandewater & Wartella, 2011). TV 시청은 주로 앉아서 할 뿐 아니라(소파에서 편안하게 TV를 시청하는 사람을 카우치 포테이토라고 한다), 건강하지 않은 음식을 먹으면서 보게 되는 경우가 많다(Crespo et al., 2001; Matheson et al., 2004). 엎친 데 덮친 격으로 여러분이 보는 TV에서는 건강에 좋지 않은 음식을 광고한다. 아동과 흑인들이 보는 프로그램은 특히 패스트푸드, 사탕, 탄산

표 8.1 아동들을 위한 시리얼, 영양소 및 광고

영양소가 낮은 광고 중인 시리얼 순위	TV에서 아동들에게 가장 많이 광고된 순위
1. Cap'n Crunch	1. Cinnamon Toast Crunch
2. Pebbles	2. Honey Nut Cheerios
3. Reese's Puffs	3. Froot Loops
4. Honeycomb	4. Reese's Puffs
5. Smorz	5. Lucky Charms
6. Cinnamon Toast Crunch	6. Pebbles
7. Trix	7. Frosted Flakes
8. Lucky Charms	8. Trix
9. Golden Grahams	9. Cocoa Puffs
10. Froot Loops	10. Cookie Crisp

출처 : http://www.cerealfacts.org/media/Cereal_FACTS_Report_2012_7.12.pdf.

음료 등 건강하지 못한 음식들에 대한 광고의 비율이 높다(Henderson & Kelly, 2005; Tirodkar & Jain, 2003; Vandewater & Wartella, 2011). 아동을 대상으로 한 또 다른 대중화된 광고 제품으로는 설탕이 많이 함유된 시리얼이 있다. 표 8.1을 보면 영양소가 부족한 많은 시리얼들이 아이들이 보는 프로그램에 가장 많이 광고되고 있다. 시리얼의 이름이 사탕이나 다른 단 것들(Cookie Crisp, Reese's Puffs, Count Chocula)의 이름을 따서 지어졌다면, 영양성분이 상위에 속하지 않는다는 것은 확실하다.

아동의 프로그램에 끊임없이 나오는 건강하지 못한 식품의 광고는 아동의 비만을 초래할 가능성이 높다(World Health Organization, 2003). 실제로 그 상관관계는 아주 강하고 많은 관심을 받아 왔다. 아동 옹호 단체들은 아동 프로그램에 건강하지 못한 음식 광고의 제한(또는 전면 금지)을 요구한다. 이는 성인 프로그램에서 담배와 술을 제한하는 것과 유사하다(Institute of Medicine, 2006).

TV 시청과 식습관의 관계에 대한 최근의 연구는 요즘의 TV 시청은 단순히 프로그램이 방송되는 그 시간에 집의 소파에서 보기보다는 다양한 방식으로 이루어지고 있다는 것을 보여준다. 오늘날은 넷플릭스, 훌루, 아마존, 또는 DVR로 녹화된 방송 등을 통해 프로그램을 한 번에 계속 이어서 볼 수 있다. 또한 컴퓨터, 스마트폰, 태블릿 및 기타 기기들을 이용하여 어디서나 시청이 가능하다. 연구들의 결과는 아주 유사하게 나타났는데, 어디서 어떻게 시청하는지와 관계없이, 과도한 TV 시청 시간과 높은 BMI 수치는 강한 상관이 있다는 것이다(예 : Falbe et al., 2017).

운동 기회   칼로리를 소비하는 다른 방법은 운동을 통해 칼로리를 태우는 것이다. 불행하게도 운동의 기회가 다른 사람들에 비해 많지 않은 사람들이 있다. 그러한 이유에는 시간과 돈이 포함된다. 이들은 체육관에 가거나 규칙적인 운동 프로그램에 참여할 만큼의 여유가 없다. 하지만 또 다른 요인으로는 **주변 환경**, 즉 특정 지역의 물리적 환경 및 일상생활 반경에 조성된 운동의 기회들이다. 이상적인 환경은 좋은 공원, 걸을 수 있는 거리(가로등, 적은 교통량, 차와 보행자 모두를 위해 설계된 잘 정비된 거리와 교통신호), 걸어갈 수 있는 거리 내의 상점과 식당 및 낮은 범죄율 등

으로, 이러한 환경들은 운동을 촉진하며, 걷기, 조깅, 자전거 타기 및 여러 방법을 장려한다. 안타깝게도 부유하지 않은 동네(건강한 음식을 파는 슈퍼마켓과 식당이 부족한 곳처럼)는 이러한 그림같이 조성된 환경을 갖지 못하는 경우가 많다(Burke et al., 2009; Morland et al., 2002a, b). 결과적으로 이러한 지역에서는 체중 문제를 해결하는 것이 더 어렵다(Garfinkel-Castro, 2017; Sallis et al., 2011).

제공량   음식이 얼마나 제공되느냐는 여러분이 얼마나 먹는지에 영향을 준다. 제공량의 측면에서 본다면, 우리는 우리에게 할당된 제공량을 모두 먹는 경향이 있다(Wansink, 2011). 이러한 경향성은 제공받은 음식의 양이 우리 몸에 필요한 것보다 많다면 비만이 될 위험을 내포하고 있다. 최근 몇십 년 동안 우리는 패스트푸드 음식점을 가면 우리가 필요한 양보다 더 많은 양을 받았다(Young & Nestle, 2002). 맥도날드를 생각해보자. 조부모님들이 1950년대 후반에 햄버거, 감자튀김, 그리고 탄산음료를 주문하는 것을 생각해보라. 그리고 여러분이 맥도날드를 가서 햄버거, 감자튀김, 탄산음료를 주문한 것을 떠올려보라. 비교해보면, 지금의 이 모든 것의 제공량이 과거보다 거대해졌다. 햄버거는 5배, 감자튀김은 2.5배, 탄산음료는 4.5배가 예전에 비해 증가하였다(Young & Nestle, 2007). 여러분 세대가 조부모의 세대보다 비만 문제가 더 많은 것은 이상한 일이 아니다. 제공량을 다른 사람이 정하게 되는 외식을 예전보다 많이 한다는 사실을 고려하면 이는 맞는 말이다. 실제로 최근에 미국인들이 지출하는 외식비용은 1950년대보다 2배나 증가하여, 집에서 조리하여 먹는 비용과 맞먹는다(United States Department of Agriculture, 2014).

음식량은 집에서도 중요한데, 이때는 포장이나 용기의 크기가 제공량보다 중요하다. 한 연구에서, 참가자들에게 스파게티 면을 담을 상자를 주면서 거기에 2명이 충분히 먹을 수 있을 만큼 담아달라는 요청을 했다. 작은 상자(1파운드)를 받은 참가자들은 평균 234가닥을 담았고, 큰 상자(2파운드)를 받았을 때는 평균 302가닥을 담았다. 이는 거의 30%가 증가된 것이다(Wansink, 2006). 또 다른 연구는 참가자들에게 컵에 주스를 따르도록 하였는데 높고 좁은 컵보다 낮고 넓은 컵에 88%를 더 부었다. 이는 '높은' 것이 양이 많다는 것을 보여준다고 생각하기 때문일 것이다(Wansink & van Ittersum, 2003). [같은 연구에서 바텐더들도 같은 행동을 하였는데, 이들도 하이볼(긴 잔)보다 텀블러(바닥이 평평한 잔)에 술을 26% 더 담았다.]

 제공량이 실제로 먹는 양을 결정하나요?

그렇다. 그 이유가 '접시를 비우기' 위해서든지, 무료함을 달래려고 먹든지, 또는 내가 받은 양이 '적정' 양이라고 생각하든 간에, 제공량이 많아지면 더 많이 먹게 된다(Wansink, 2011). 한 연구에서 슈퍼볼 파티 동안 미식축구 팬들이 먹은 간식(Chex Mix)을 조사하였는데, 작은 상자보다 큰 상자가 제공되었을 때 53%를 더 먹었다고 한다(Wansink & Cheney, 2005). 유사한 결과는 영화관의 팝콘 소비에도 나타났다. 팝콘의 신선도와 상관없이, 큰 상자에 제공되었을 때 더 많이 먹었다(Wansink & Kim, 2005; Wansink & Park, 2001).

제공량이 먹는 양에 영향을 미치는 것 중 특히 무서운 것은 사람들은 대부분 그것을 깨닫지 못한다는 것이다. 슈퍼볼 연구 이후 연구자들은 큰 상자에 담긴 스낵을 먹은 참가자들에게 그 사실을 알렸지만, 이들 중 63%는 자신들은 그렇게 많이 먹지 않았다고 대답하였다(Wansink & Cheney, 2005).

건강한 식습관 기르기

어떻게 먹을 것인지 그리고 무엇을 먹을 것인지에 영향을 주는 많은 요소들이 있고, 그것들이 과체중이나 비만을 불러올 수도 있다면, 건강한 식습관을 위한 가장 좋은 전략은 무엇인가? 전문가들과 연구자들은 개인이 스스로 먹는 것을 관리하는 방법에서 정부를 비롯한 관련 단체가 실시하는 대규모 사회변화의 방법에 이르기까지 다양한 전략을 제안하였다(Roberto et al., 2015).

학교에서 건강한 급식을 제공하는 것은 건강한 식습관을 기를 수 있는 다양한 사회 전략 중 하나이다.

개인의 전략　건강한 식습관을 가질 수 있는 개인이 할 수 있는 몇 가지 전략이 있는데, 여기에는 똑똑하게 장보기, 생활 습관의 변화, 그리고 전문가 도움이 있다.

똑똑하게 장보기　건강한 음식을 선택하는 것은 식탁뿐만 아니라 식료품점에서도 신중하게 이루어져야 한다. 냉장고와 찬장을 건강에 좋은 식품들로 채운다면 늦은 밤 브라우니가 먹고 싶어도 먹을 수 없을 것이다. 또한 1회 제공량에 대한 지식을 활용하라. 즉 가끔 무언가 많이 먹고 싶다면 건강한 음식을 많이 섭취하라. 한 연구에 따르면, 아동들에게 식사 때 2배의 채소가 한 끼 분량으로 제공되자 더 많은 채소를 섭취하였다(Mathias et al., 2012).

빠른 해결이 아닌 생활습관을 바꾸기　속성 다이어트 및 단기간의 운동 프로그램은 장기적인 효과는 없다. 더 좋은 방법은 여러분의 삶의 방식에 대한 변화가 있어야 한다. 이러한 변화에는 무엇을 먹는지뿐만 아니라 체중감량에 대한 친구 및 가족들의 지지를 포함하여, 운동을 우선순위에 두어 하루의 일정을 계획하는 것도 포함되어야 한다(Jeffrey et al., 2003; Perri & Corsica, 2002; Wadden, 1995; Wadden et al., 2007).

전문가의 도움을 고려하기　만일 여러분이 체중감량 때문에 심각하게 고생하고 있다면, 도움을 받을 수 있는 많은 것들이 있다. 예를 들어 여러분이 먹은 것과 운동한 것들에 대한 일지를 적는다거나, 일정 목표에 도달하면 스스로에게 보상을 주는 등의 행동 변화를 기반으로 한 치료가 있다(Jones-Corneille et al., 2011). 또 다른 치료 방법으로는 "나는 결코 체력을 키울 수 없어" 또는 "나는 내가 정한 목표를 달성하지 못한 패배자야"와 같은 체중에 대한 비합리적을 생각을 바꾸는 것이다(Brownell, 2004; Castelnuovo et al., 2017). 물론, 체중감량을 위한 약이나 수술을 선택할 수도 있다. 하지만 불행히도 약이나 수술은 부작용이 잦고, 장기적인 효과가 의심되며, 또한 높은 비용과 합병증을 유발한다(Encinosa et al., 2009, 2011).

사회의 전략　건강한 식생활을 촉진할 수 있는 다양한 사회 전략이 있다. 여기에는 건강에 좋은 음식은 눈에 띄도록 표시를 하고, 그렇지 않은 음식은 광고를 제한하거나 세금을 부과하며, 지역사회의 개입을 증가시키는 것 등이 있다.

보다 눈에 잘 띄고 현실적인 식품 표시를 요구하기　식품 포장지에는 이미 식품에 대한 정보가 표시되어 있지만, 1회 제공량은 비현실적으로 작다. [나초칩(Tostitios) 7개가 1회 제공량이라는 게 믿어지는가?(FritoLay, 2016)]. 또한, 식당 메뉴의 영양 정보를 정확히 하여 이 정보를 보다 쉽게 이용할 수 있도록 한다(Kersh & Morone, 2011).

건강에 해로운 식품의 광고를 제한하기　수많은 전문가와 관련 단체들은 건강하지 않은 식품의 광고를, 특히 아동들이 시청하는 프로그램에서 제한할 것을 요구해 왔다(Ippolito, 2011). 담배, 안전벨트 착용 및 재활용에 대한 행동 변화에도 이와 유사한 방식이 도움이 되었기 때문에, 일부 전문가들은 건강에 해로운 음식에 대해서도 이러한 방법을 사용할 것을 제안한다(Chaloupka, 2011; Economos et al., 2001).

건강에 해로운 식품에 세금을 부과하기   몇몇 주에서는 탄산음료, 감자칩, 사탕과 같은 건강에 좋지 않은 식품들에 이미 세금을 부과하고 있지만, 이 정책은 더 확산되고 개선될 수 있다(Powell & Chaloupka, 2009). 정부는 건강식품을 구하기 힘든 지역에 매장을 개설하는 슈퍼마켓 체인점(그리고 건강식품 판매자)이나, 고객에게 건강한 식품을 공급하는 데 필수적인 장비 및 재고를 확보하려는 기존의 상점들에게 세금 혜택을 줄 수 있다(Roberto & Brownell, 2011).

개입을 지역사회 전반으로 확대하기   이러한 활동에는 각 시도의 문화체육관광부서(parks & recreation department)에서 제공하는 다양한 운동 및 레크리에이션 수업, 지역사회에서 주최하는 건강한 음식 및 요리에 대한 수업, 그리고 건강 교육 캠페인 등이 있을 수 있다(Economos & Sliwa, 2011).

학교나 직장에서 건강한 식습관을 장려하기   학교는 음식과 영양 교육에 더 중점을 두고, 체육수업과 방과후 스포츠를 할 수 있는 기회를 더 많이 제공하며, 식당과 자판기에서 건강한 음식을 제공할 수 있다(Brown, 2011). 고용주는 교육 프로그램을 제공하고, 신체 활동을 촉진하는 직장 환경(체육관을 이용할 수 있게 하고, 엘리베이터보다 계단을 권장하고, 앉아서 일하는 시간을 제한하는)을 만들며, 피트니스 프로그램에 참여하는 직원들에게 재정적 지원을 해주고, 회의시간과 식사시간, 또는 자판기에 비싸지 않은 건강한 간식을 제공하며, 자전거 선반을 설치하거나 근처에 산책로를 만들 수 있다(Goetzel et al., 2011).

학습 확인

8.7 체질량 지수(BMI)란 무엇이고 BMI에 의한 과체중 또는 비만의 정의는 어떻게 내리는가?

8.8 과체중 또는 비만의 부정적인 결과는 무엇인가?

8.9 과체중 또는 비만을 일으키는 생물학적 요인은 무엇인가?

8.10 과체중 또는 비만을 일으키는 환경적·사회문화적 요인은 무엇인가?

8.11 건강한 식습관 전략은 개인 수준에서 일어나는가, 사회적 수준에서 일어나는가, 또는 이 둘 모두의 수준에서 일어나는가?

정서

학습 목표

8.12 정서의 정의

8.13 정서 이론

8.14 정서 소통 방법과 모든 사람에게 통용되는 정서

8.15 정서 조절의 정의와 정서 조절 전략들의 차이

8.16 정서 조절의 중요성

8.17 정서와 나이, 민족 및 성별의 상호작용

정서(emotion)는 신체, 행동, 의식의 변화를 포함한 감정의 모든 측면이다. 정서의 영어 단어에 있는 'mot'(emotion)은 동기를 뜻하는 영어 단어 'mot'(motivation)에도 있다. 두 단어 모두 '움직이다(move)'를 의미하는 같은 뿌리에서 온 말이다. 정서의 목적은 여러분을 움직여서 행동하게 하는 것이다(Frijda, 2008; Solomon, 2008). 그 행동은 아이가 군대에서 돌아온 부모를 향해 너무 기뻐서 달려가 안기는 것처럼 명백할 수도 있고, 화가 났음을 노려보는 것으로 표현하는 것처럼 미묘할 수도 있다. 인류 역사를 통해(그리고 오늘날에도 여전히) 이러한 행동들은 종종 생존에 이로움을 주었다. 무서움을 느꼈을 때 도망치거나, 혐오를 느끼는 음식을 피한 사람들은 더 오래 살았다(Montag & Pankseep, 2017; Plutchik, 2001, 2003). 우리는 정서를 통해 생존에 도움을 받았던 사람들의 후손으로 정서에 따라 행동하도록 하는 많은 유전자들을 물려받았다.

정서 이론들

정서는 정신적 경험이자 신체적 경험이다. 예를 들어 슬픔에 대하여 생각해보자. 나에게 상담치료를 받고 있던 코디는 12년 동안 함께 했던 반려견이 죽은 다음 날 상담을 신청하였다. 코디는 자신이 어떤 마음인지를 설명하려고 노력했다. 그는 절망감을 견디고 있으며, 죽은 반려견을 앞으로 얼마나 그리워할지를 생각했고, 함께 보냈던 좋은 시간들을 기억하였다. 동시에 코디는 눈물, 두통 및 몸이 처지는 것 같은 육체적 피로를 통해 자신의 슬픔을 표현하고 있었다. 그의 슬픔은 마음뿐만 아니라 그의 몸에도 스며들었다.

심리학자들이 수년간 정서를 연구해 오면서, 주요 질문 중 하나는 정서가 만들어내는 마음과 몸의 경험이 어떻게 연관되는가에 초점이 맞추어졌다. 구체적으로 어떤 것이 먼저인가 하는 문제, 즉 정서가 마음과 신체에 영향을 주는 순서에 대한 다양한 이론과 이를 뒷받침하는 연구들이 나왔다. 이제, 스마트폰에 물이 쏟아진 구체적인 상황에서 느끼는 두려움을 예시(비록 여러분이 최근에 방수가 되는 기기로 업그레이드했다고 해도)로 각 이론들의 차이점을 살펴보자(그림 8.5).

제임스-랑게 이론   제임스-랑게 이론(James-Lange theory)은 신체 변화를 먼저 알아차린 후 그것을 어떤 특정한 감정으로 해석함으로써 정서를 경험한다고 설명한다. 제임스-랑게 이론의 제임스는 제1장에서 설명했던 미국 심리학의 아버지인 윌리엄 제임스(William James)이다. 1884년, 제임스는 정서와 관련한 초창기 심리학 논문 중 하나를 썼는데, 이 논문에서 제임스는 신체 감각이 먼저 발생하고 이후에 감정이 뒤따른다고 주장하였다(James, 1884).

스마트폰에 물을 엎질렀을 때의 두려움을 제임스-랑게 이론은 어떻게 설명하는가? 이 이론에 따르면 먼저 여러분의 심장이 뛰기 시작하고, 호흡이 빨라지며, 근육이 긴장된다. 이러한 몸의 반응 후에 여러분은 의식적으로 정서를 인식하게 되고, 마음에서 두려움을 느끼게 된다. 여기서의 핵심은 신체적 반응과 그 반응에 대한 인식이 정신적 반응을 촉발한다는 것이다.

특정 정서는 특정 생물학적 반응을 보인다는 주장을 뒷받침하는 연구가 있다. 예를 들어 불쾌한 사진을 본 대부분의 참가자들은 무의식적으로 눈썹의 '찌푸린' 근육이 움직였고, 피부 내 함유된 전기 에너지의 양에 미묘한 차이를 나타내었다. 그러나 모든 참가자가 이런 반응을 보인 것은 아니었고, 실제로는 많은 참가자에게서 이와 동일한 반응이 나타난 것은 아니었다(Lang, 1994; Lang et al., 1993). 이 사실은 제임스-랑게 이론에 의문을 가지게 되는 이유 중 하나이다. 이 이론에 반대하는 또 다른 이유는 인간의 신체가 그렇게 순식간에 반응하지 않으므로 신체 반응이 정신 반응처럼 빨리 일어날 수 없다는 사실 때문이다. (생각해보라. 스마트폰에 물이 쏟아지는 것을 보았다면, 여러분이 두려움을 느끼기 전에 순간적으로 심장, 호흡, 근육이 반응할 수 있을까?) 그래서 제임스-랑게 이론은 도입 후 오랫동안 지지를 받았지만, 동시에 많은 비판을 받았으며, 이러한 비판은 다음의 정서 이론들을 이끌어냈다.

캐논-바드 이론   제임스-랑게 이론에 대응할 첫 번째 대안 이론은 1900년대 초 월터 캐논(Walter Cannon)과 필립 바드(Philip Bard)가 주장하였다. 캐논-바드 이론(Cannon-Bard theory)은 신체의 변화와 감정에 대한 인식이 동시에 일어나서 정서를 경험한다고 주장한다. 즉 정서의 신체적 영역이 먼저 일어난 후 정신적 영역이 일어나는 것이 아니라 신체와 정신이 동시에 영향을 받는다는 것이다.

스마트폰에 물이 엎질러진 것을 보았을 때, 마음에서 일어나는 두려움의 의식적 경험과 신체에서 일어나는 심장박동, 호흡, 근육의 변화가 동시에 발생한다. 생리학자인 캐논과 바드는 고양이 두뇌 실험을 통해 이 이론을 검증하였고, 이 과정에서 시상(thalamus)이 중요한 역할을 하고 있다

정서
신체, 행동, 의식의 변화를 포함한 감정의 모든 측면

제임스-랑게 이론
신체 변화를 먼저 알아차린 후 그것을 어떤 특정한 감정으로 해석함으로써 정서를 경험한다고 설명하는 정서 이론

캐논-바드 이론
신체의 변화와 감정에 대한 인식이 동시에 일어나서 정서를 경험한다고 설명하는 정서 이론

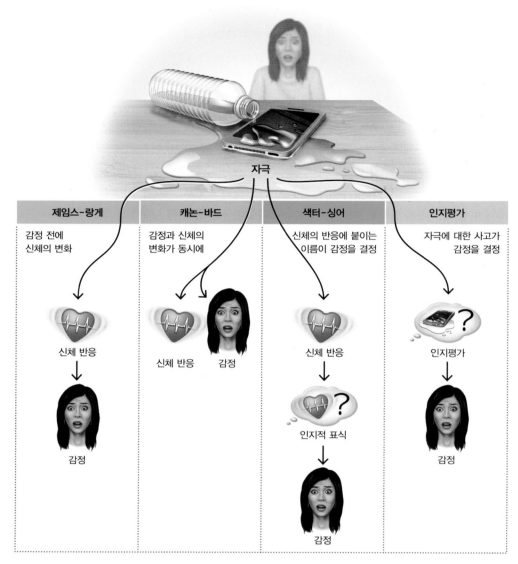

그림 8.5 **정서 이론들** 스마트폰에 물이 쏟아지면 두려움을 느낄 것이다. 하지만 그 정서는 정확히 어떻게 일어날까? 정서의 네 가지 주요 이론은 특히 신체 각성의 역할과 그 순서의 측면에서 다른 설명을 제공한다.

고 설명하였다(Bard, 1934). 구체적으로 뇌의 시상은 자극의 이미지 처리(이 경우, 전화기에 물이 엎질러지는 것)가 2개의 서로 다른 경로를 동시에 자극하여 변화를 일으키는데, 하나는 대뇌 피질로 가서 두려움의 의식 경험을 만들어내고, 다른 하나는 시상하부로 가서 신체의 변화를 일으킨다(LeDoux, 1996).

캐논-바드 이론을 지지하는 연구들을 살펴보면(Bard, 1928; Cannon, 1931; Dror, 2014), 캐논과 바드는 고양이의 감각피질과 운동피질을 제거해도 여전히 정서 반응을 할 수 있음을 발견하였다. 제임스-랑게의 이론이 옳다면 신체의 변화를 인식해야만 감정을 느낄 수 있기 때문에 이러한 결과는 나타나지 않을 것이다(Bard & Rioch, 1937; Cannon, 1927; Dalgleish, 2004).

캐논-바드 이론도 비판을 받았는데, 그중에는 사고가 정서 과정에 영향을 미치지 않는다는 부분 때문이었다. 캐논-바드 이론(제임스-랑게 이론도 마찬가지)에 따르면, 정서는 자동적으로 발생한다. 이는 대부분의 동물에게는 사실이지만, 인간에게는 그렇지 않다. 우리는 너무 많은 생각을 한다. 그렇기 때문에 이 이후의 정서 이론들은 사고가 정서 경험에 어떻게 영향을 미치는지에 집중하였다.

색터-싱어 이론   색터-싱어 이론(Schachter-Singer theory)은 신체 반응에 어떤 이름(label)을 붙이느냐가 정신 반응을 결정한다고 설명한다. (색터-싱어 이론은 또한 2요인 이론으로 알려져 있는데, 2요인은 신체 반응과 그 반응에 대해 여러분이 부여하는 이름이다.) 1900년대 중반 스탠리 색터(Stanley Schachter)와 제롬 싱어(Jerome Singer)가 이 이론을 개발하였을 때, 이들은 다양한 정서에 대한 신체 반응이 꽤 유사하다는 점을 지적하였다. 예를 들어 스마트폰에 물을 엎질렀을 때의 신체 반응을 생각해보자. 심장박동이 빨라지고, 호흡이 가빠지며, 근육이 긴장한다. 지금까지 우리는 이러한 신체 반응을 두려움과 연결시켰지만, 실제로 이런 반응은 너무나 일반적이어서 놀람, 화남, 흥분 등 그 외에 많은 정서와도 연관시킬 수 있다.

다른 예로, 고교 농구 선수 로니는 경기를 들어가기 직전에야 이번 경기를 관람하는 관중들이 자신의 대학 스카우트, 구체적으로 장학금을 받고 지역 대학팀에 스카우트되는 것을 결정하는 사람들이라는 것을 알게 되었다고 생각해보자. 로니는 심장이 두근거리는 것을 알아차리고, (아마도 무의식적이고 순간적으로) 그 이유가 궁금할 것이다. 심장 박동이 빨라진 이유로는 충격(스카우트 결정과 관련한 것을 지금 막 알게 된 것), 초조함(이 경기에서 그의 성과에 대한 평가), 흥분(대학 등록금을 받을 수 있는 기회), 또는 짜증(스카우트에 대한 정보를 사전에 못 받은 것) 등이 있을 수 있다. 로니가 정신적으로 그것을 어떻게 경험하는지를 결정하는 것은 신체적인 반응 그 자체가 아니라, 그가 그것을 알아차린 후에 그 신체 경험에 어떤 이름을 부여하는지다.

색터와 싱어는 한 연구에서 비타민 주사가 시각 능력에 어떤 영향을 미치는지에 대한 실험을 할 것이라고 참가자들에게 알렸다. 하지만 이 연구의 목적은 그것이 아니었다. 참가자들은 비타민이 아니라 에피네프린 주사를 맞았는데, 이는 (제2장에서 설명하였듯이) 알러지 반응에 대한 치료제로 호흡과 심박률을 높일 때 사용하는 아드레날린제인 에피펜(EpiPens) 주사였다. 일부 참가자들은 '비타민'이 '부작용'이 있을 수 있음을 들었지만(실제로는 에피네프린의 효과), 나머지 참가자들은 이런 정보를 듣지 못했다. 그런 다음, 모든 참가자들은 자신과 같은 비타민 주사를 맞았다고 생각되는 다른 참가자들과 함께 방에서 기다렸다. 하지만 자신을 제외한 다른 참가자들은 연구 보조원으로, 즐거움(게임을 하거나 즐거워고 행복함을 표현하는 등) 또는 화남(연구원들의 요청을 불평하거나 거절하는 등)을 그럴듯하게 연기하는 사람들이었다.

20분 후, 참가자들에게 그들의 기분이 어떤지 질문하였다. '부작용'에 대한 얘기를 들었던 사람들은 자신의 신체적 반응을 직전에 맞은 주사 때문이라고 하였지만, 그렇지 못한 사람들은 같은 방에 있었던 사람의 감정과 일치하는 기분을 묘사하였다. 자신과 같은 주사를 맞았다고 생각되는 '다른 참가자(연구 보조원)'가 행복한 표현을 하는 것을 보았다면, 참가자도 행복하다고 보고하였고, '다른 참가자(연구 보조원)'가 화내는 것을 보았다면, 참가자도 화가 난다고 보고하였다(Schachter & Singer, 1962; 또한 Cotton, 1981 참조). 여기에서 중요한 것은 신체적 반응이 모호한 경우에는 그것에 대한 해석이 정해져 있지 않다는 것이다. 해석은 상당히 다양하게 내릴 수 있고, 그 해석을 근거로 하여 정신적 정서 경험이 결정될 수 있다.

색터-싱어 이론은 지금까지 꽤 영향력이 있지만, 역시 비판받는 점이 있다(Sinclair et al., 1994; Reisenzein, 1983). 몇몇 연구자들은 색터-싱어의 실험을 동일하게 되풀이하였지만 같은 결과를 도출하지 못했다(Marshall & Zimbardo, 1979; Maslach, 1979). 또한 감정에 반드시 이름을 붙일 필

색터-싱어 이론
신체 반응에 어떤 이름을 붙이느냐가 정신 반응을 결정한다고 설명하는 정서 이론

인지평가 이론
자극에 대한 생각이 정서를 일으킨다고 설명하는 정서 이론

얼굴 피드백 이론
뇌가 얼굴표정을 관찰하여 정서에 영향을 준다고 설명하는 정서 이론

요는 없다. 어휘가 부족한 아기였을 때는 항상 이름을 붙일 수 없었고, 지금도 말로 잘 표현할 수 없는 감정을 느낄 때는 이름을 붙일 수 없을 것이다.

인지평가 이론   인지평가 이론(cognitive appraisal theory)은 자극에 대한 생각이 정서를 일으킨다고 설명한다. 이 이론은 대부분 리처드 라자러스(Richard Lazarus)에 의해 개발되었는데, 다른 정서 이론들과의 중요한 차이점은 신체적 반응을 강조하지 않는다는 것이다. 앞선 세 이론과 달리 인지평가 이론의 정의에는 신체 반응에 대한 언급이 없다. 인지평가 이론에 따르면 일어난 사건에 대한 여러분의 해석 때문에 정서를 경험한다(Folkman et al., 1986; Lazarus, 1964, 1982, 1984; Lazarus & Alfert, 1964). 스마트폰에 물을 엎질렀을 때 나타나는 두려움의 반응은 단순히 여러분이 본 것을 스스로 해석했기 때문이라고 인지평가 이론은 설명한다. 즉 신체 반응을 해석했기 때문이 아니라, 스마트폰을 망가뜨릴 수 있는 엎질러진 물에 대한 해석이라는 것이다.

인지평가 이론은 사건의 해석과 관련하여 많은 여지를 남겨 두는데, 이는 사람마다 다를 수도 있고, 같은 사람이 다른 상황에 처하게 될 때도 달라질 수 있다. 예를 들어 새 스마트폰을 사려고 매장에 있는 동안 스마트폰에 물을 엎질렀을 때를 상상해보자. 그 스마트폰이 헌 스마트폰인가, 아니면 방금 새로 산 스마트폰인가에 따라 여러분의 정서적 반응은 다르지 않겠는가? 또는 그 폰이 방수 케이스에 들어 있었다면, 그렇지 않은 경우와 비교해서 정서적 반응이 다르게 나타나지 않겠는가?

인지평가 접근에 반대하는 이들은 사고가 정서보다 먼저 일어난다는 주장을 비판한다. 실제로 정서가 사고보다 먼저 일어나는 경우도 있다(Zajonc, 1980, 1984). 마음이 사고를 먼저 촉발하기보다 정서를 더 자동적이고 쉽게 발생시키는 상황들이 있기 때문이다. 예를 들어 가끔 어떤 소리를 듣거나(아마도 예전 친구의 목소리) 냄새를 맡을 수도(아마도 어렸을 때 자주 먹었던 음식) 있는데, 이 짧은 순간 동안 여러분이 그것을 인식하기 전에 정서적 반응이 먼저 일어난다("나는 그것이 좋아! 그런데 그것이 뭐지?"). 사고가 아닌 정서가 어떻게 최초 인상을 만드는지를 이해하는 또 다른 방식이 있다.

우리는 누군가의 머리 색깔에 주목하지 못할 수도 있고, 만난 직후에 있었던 일을 거의 기억하지 못할 수 있다. 그러나 우리가 그 사람에 대한 인상이 유쾌했는지 아니면 불쾌했는지, 호의적이었는지 아니면 비호의적이었는지, 호감을 가졌었는지 아니면 거부감이 있었는지 등의 반응은 피할 수 없다. 그리고 이러한 감정적 반응과 이보다 더 중요한 감정을 탐색하는 일은 별다른 노력 없이 일어난다. 이와는 대조적으로 어떤 인지적 판단은 상당한 노력이 필요하다(Zajonc, 1980, p. 156).

얼굴 피드백 이론   얼굴 피드백 이론(facial feedback theory)은 뇌가 얼굴표정을 관찰하여 정서에 영향을 준다고 설명한다. 얼굴 피드백 이론은 여기서 논의하는 정서 이론 중 가장 최근의 이론으로 1970~1980년대부터 개발되어 연구되기 시작하여 1990~2000년대에 많은 연구가 이루어졌다(Buck, 1980; Davis et al., 2009; Söderkvist et al., 2018). 이 이론의 논리는 다음과 같다. 여러분의 얼굴은 미소, 찡그린 얼굴, 움찔함, 가늘게 눈뜨기, 눈썹 치켜뜨기, 콧구멍 벌렁거리기 등의 많은 방식으로 주위의 상황에 민감하게 반응한다. 하지만 이러한 표현들은 정서의 결과가 아니라 정서의 원인이다.

잠깐, 내가 정서를 느끼기 전에 나의 얼굴이 표정을 짓는다고요?

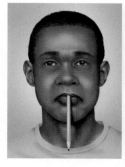

얼굴 피드백 이론에 의하면, 그렇다. 스마트폰에 물을 쏟았을 때를 다시 떠올려보라. 먼저 여러분의 얼굴에는 두려움이 나타난다. 여러분의 눈은 커지고, 눈썹은 위로 치켜 올라가고, 입은 벌어진다. 그 직후 여러분의 뇌는 얼굴의 이러한 움직임을 알아차리고, 여러분이 두려움을 느끼고 있음이 틀림없다는 결론에 이른다. 이는 마치 거울에 비친 여러분의 얼굴에서 다크서클을 보면 '이런, 나 피곤하구나'라고 깨닫는 것과 비슷하다. 단지, 거울이 아니라 여러분의 뇌가 여러분의 얼굴표정을 관찰했다는 것만 다를 뿐이다. 얼굴 피드백 이론의 이런 방식은 제임스-랑게 이론과 유사하지만, 정서를 결정하는 것이 신체 전체가 아니라 얼굴을 강조한다는 차이가 있다(McIntosh, 1996).

얼굴 피드백 이론의 연구자들은 이와 관련한 연구를 진행하려 할 때, 다음과 같은 흔치 않은 문제에 부딪혔다 — 참가자에게 특정 표정을 어떻게 짓게 하고, 또한 그 표정이 정서에 영향을 미쳤다는 것을 어떻게 측정할 것인가? 일부 연구에서는 참가자에게 미소를 짓게 하거나, 찡그리게 하거나, 또는 특정 자세를 취하라고 요구하였다. 예를 들어 한 연구에서는 참가자에게 눈썹을 아래로 처지게 해보라고 하자 참가자는 기분이 나빠졌다고 보고하였다(Lewis, 2012).

정서 연구자들은 참가자의 얼굴표정을 만들기 위해 아주 간단한 방법을 사용하였는데, 그것은 입에 펜을 물게 하는 것이었다(Soussignan, 2002). 방법은 펜을 어떻게 무느냐에 있다. 펜을 입술이 아닌 치아로만 물게 되면 얼굴표정은 강제로 웃는 표현이 되고, 반대로 치아가 아닌 입술로만 물게 되면 삐죽거리는 표정이 되어 웃는 얼굴을 만들 수가 없다. 한 연구에서, 참가자에게 펜을 무는 방식을 달리하여 만화책을 읽고 얼마나 재미있는지 평가하게 하였다. 입 모양이 웃도록 펜을 물었던 참가자는 그렇지 않은 참가자보다 만화책이 더 재미있다고 응답하였다. 이는 아마도 미소가 그들을 더 행복한 분위기로 만들었기 때문으로 추측된다. 참가자들에게 동일한 모음을 반복하도록 하여 얼굴표정을 조절하게 했던 연구에서도 유사한 결과가 나타났다. 'ee' 소리를 반복한 참가자(사진사가 '치즈'를 말하도록 할 때처럼 미소를 짓게 한다)는 그렇지 않은 참가자보다 즐거운 정서 경험을 더 많이 보고하였다(McIntosh et al., 1997; Zajonc et al., 1989).

최근의 몇몇 연구는 심리적이고 행동적인 문제를 치료하기 위해 심지어 억지 웃음이 효과가 있는지를 조사하였다(Magid et al., 2014; Rudorfer, 2018; Wollmer et al., 2014). 한 연구에서 우울한 참가자에게 웃는 표정을 억지로 짓게 하자 기분이 좋아지는 느낌이 든다고 하였고, 다른 연구에서는 ('웃음이 여러분의 갈망을 날려버린다'가 연구 제목임) 웃는 표정을 만든 참가자는 건강하지 않은 음식에 대한 갈망이 줄어드는 것을 경험하였다(Finzi & Rosenthal, 2016; Schmidt & Martin, 2017).

또 다른 연구에서는 '행복한 얼굴 만들기'의 효과가 신체의 다른 부분으로 확장되는지를 살펴보았다. 연구자들은 신체가 비언어적 감정 표현의 자세를 취하면 실제로 그러한 정서를 느꼈을 때와 유사한 영향이 있는지를 실험하였는데, 연구 결과는 이를 지지하였다(Stepper & Strack, 1993). 연구자들은 참가자들이 공포, 슬픔 또는 분노를 몸으로 표현할 수 있도록 의자에 앉는 자세를 구체적으로 알려주었다. 공포를 표현하기 위해 의자 밑에 발을 모으고, 손으로 입을 가리고, 의자의 가장자리에 앉았다. 슬픔의 자세는 몸을 뒤로 젖히고, 다리를 느슨하게 하고, 머리를 푹 숙여서 몸은 축 늘어지게 하였다. 화가 난 것은 발을 바닥에 납작하게 붙인 상태에서, 팔뚝과 팔꿈치를 의자의

얼굴 피드백 이론은 뇌가 얼굴표정을 관찰하여 정서에 영향을 준다고 설명한다. 연구자들은 참가자에게 펜을 무는 방식을 달리하여 뿌루퉁한 표정을 짓게 한 다음 만화책을 읽고 얼마나 재미있는지 평가하게 함으로써 이 이론을 검증하였다. 웃는 표정의 참가자가 뿌루퉁한 표정의 참가자보다 같은 만화책을 더 재미있다고 응답하였는데, 이는 얼굴표정이 그들의 기분에 영향을 주었기 때문으로 추측할 수 있다(Soussignan, 2002).

David Becker/ZUMA Press, Inc/Alamy Stock Photo

비언어적 정서의 교류도 매우 강력하기 때문에 카드게임을 하는 사람은 자신이 쥐고 있는 카드에 대한 정서표현을 숨기려는 '포커 페이스'를 유지하기 위해 엄청난 노력을 한다.

팔걸이에 얹고, 약간 앞으로 기울여서 주먹을 불끈 쥐게 하였다. 각 자세에서 참가자들은 얼마나 공포스럽고, 슬프고, 화가 났는지를 평가하였다. 예측한 대로 자세와 일치하는 감정의 점수가 가장 높게 나타났다(Duclos et al., 1989).

또 다른 연구에서는 참가자들에게 도날드와 관련된 짧은 이야기를 읽게 하였는데, 그의 행동은 모호하게 공격적이었다(물건 구입 후 계산원에게 돈을 요구하거나, 집주인과 갈등을 빚는 등). 참가자들 중 일부는 검지를 이용해서 책장을 넘기게 하였고, 다른 참가자들은 중지를 쓰도록 하였다(그렇다, 중지는 욕을 상징하는 것이다). 결과는 중지를 이용하여 글을 읽은 참가자들이 도날드에게 더 적대적이었고, 그들의 기분도 덜 행복하다고 보고하였다. 이러한 결과는 분노와 불쾌감을 의미하는 손동작이 부정적인 정서를 일으켰기 때문으로 추측할 수 있다(Chandler & Schwarz, 2009; Srull & Wyer, 1979).

정서 주고받기

정서는 서로 주고받을 수 있기 때문에 상대의 정서를 경험할 수 있다. 여러분의 친구가 수업 중에 웃긴 얘기를 속삭인다면, 웃음을 참기 힘들 것이다. 식사 중에 여러분이 실수로 혀를 깨물었다면, 그것을 보는 다른 사람의 표정에도 그 고통이 나타날 것이다. 정서를 전달하는 것은 아주 자동적이어서 심지어 전화를 할 때도 마치 상대방이 옆에 있는 것처럼 몸짓으로 표현을 한다. 심지어 글만으로는 감정을 전달할 수 없기 때문에 텍스트에 이모티콘을 첨가하기도 한다. 카드게임을 하는 많은 사람들은 선글라스나 모자 달린 옷을 입어서 자신의 손에 있는 카드에 대하여 자동적으로 나타나는 얼굴표정의 반응을 숨기려고 한다.

많은 심리학자들은 정서의 공유가 진화의 관점에서 사회적 기능을 가진다고 믿는다(Shiota, 2014). 특히 정서를 서로 소통하는 것은 여러분 주위의 사람들과의 연대를 공고히 한다(Fischer & Manstead, 2008; Gervais & Fessler, 2017). 스마트폰에 물이 엎질러진 예시를 다시 상기해보자. 여러분 얼굴에 나타난 두려움은 여러분 주위 사람들에게 경고로 작용한다. 일반적으로 이러한 두려운 모습은 "무언가 위험한 일이 발생하고 있으니 조심해!"라고 말하는 것이다. 이 경우에는 "여러분의 스마트폰이 이 탁자에 있다면, 얼른 집어!"라고 말하는 것이다. 만일 여러분의 스마트폰에 물이 스며들어 망가졌다면, 여러분의 두려움은 슬픔으로 바뀔 것이다. 슬픔을 표현하는 것은 여러분과 함께 있는 사람들로부터 위로를 받거나, 그들의 스마트폰을 빌려 쓸 수 있거나, 또는 새 스마트폰을 구입하기 위한 도움을 받는 등의 반응을 이끌어낼 수 있다(Batson & Shaw, 1991; Bonanno et al., 2008; Eisesnberg et al., 1989; Keltner & Kring, 1998).

 정서가 전염될 수 있나요? 여러분의 옆 사람이 어떤 감정이 들면, 여러분도 그 감정을 어느 정도 느낄 수 있나요?

그런 일은 일어날 수 있고, 심리학자들은 그것을 **공감**(empathy)이라고 한다. 공감은 타인의 감정과 동일시하면서 어느 정도 그 감정을 경험하는 것을 말한다. 공감은 사람마다 다르다. 왕따 주동자, 아동 학대자 및 폭력 범죄자들은 일반적으로 타인의 감정을 거의 공감하지 못한다(Jolliffe & Farrington, 2006; Miller & Eisenberg, 1988; Perez-Albeniz & de Paul, 2003; Schaffer et al., 2009; Walters & Espelage, 2018). 반대로 너무 공감이 높은 경우에는 자신의 얼굴에 주위 사람들의 얼굴표정을 그대로 반영할 수밖에 없다. 한 연구에서 공감이 높은 사람들은 행복한 얼굴의 사진을 볼 때는 가볍게 미소를 지었고, 화난 얼굴의 사진을 볼 때는 살짝 찡그린다는 것을 발견하였다. 반대로 공감이 낮은 사람들은 어떤 사진을 보여줘도 무표정한 표정을 하고 있었다. 또한 공감이 높은 사람들은 공감이 낮은 사람들보다 사진에 나타난 얼굴표정의 정서를 더 강하게 평가하였다. 즉 그 정서가 격렬하게 그들에게 다가오는 것처럼, 행복한 얼굴은 매우 행복하게, 화난 얼굴은 매우 화난 것으로 받아들였다(Dimberg et al., 2011). 다른 연구에서는 높은 공감 점수를 보인 사람들이 얼굴표정을 따라하는 것은 1초 안에 자동적으로, 무의식적으로, 그리고 정확하게 일어났다(Dimberg & Thunberg, 2012; Rymarczyk et al., 2016; Sonnby-Borgström, 2002).

정서 주고받기의 두 가지 요소인 정서 표현하기와 정서 인식하기에 대하여 좀 더 자세히 살펴보자.

정서 표현하기 태어나자마자 인간은 정서를 표현한다. 아기를 몇 분만이라도 안아본 적이 있다면, 비참함부터 행복함, 주의 집중하는 모습에서 졸린 모습까지 광범위한 감정이 아기의 얼굴에 나타나는 것을 보았을 것이다. 2~3세의 유아는 일반적으로 성인이 표현하는 범위의 감정을 표현할 수 있으며, 이는 생후 첫 달에 비해 훨씬 더 많이 구체화된 것이다(Lewis, 2008). 영아에게는 광범위하게 '슬픔'으로 보이는 것이 유아에게는 구체적인 종류의 슬픔으로 훨씬 더 상세해진다. 엄마나 아빠가 막 집을 떠났기 때문에 가슴이 아프고, 비가 와서 공원에 놀러가지 못해 우울하고, 또는 퍼즐의 마지막 조각을 찾지 못해 낙담한다.

아기들은 자신의 정서를 표현할 뿐만 아니라 인류 보편의 **동일한** 기본 정서를 표현한다(Hess & Thibault, 2009). 이것은 그들이 봤던 얼굴을 흉내 낼 수 없는 시각장애를 가진 아기에게도 나타나기 때문에, 많은 전문가들은 특정 감정을 경험하고 표현하는 능력은 모든 인간이 타고나는 것이라고 결론 내렸다(Camras et al., 1991; Eibl-Eibesfelt, 1973; Valente et al., 2017). 아기의 정서적 표현에 대한 연구는 전 연령대의 정서 표현 방식에 대한 연구의 단지 일부일 뿐이다. 일반적으로, 연구들의 결과는 이 세상 모든 인간은 동일한 기본 정서를 표현한다는 것이다(Matsumoto et al.,

전 세계 모든 사람은 기본적으로 분노, 혐오, 공포, 행복, 슬픔 그리고 놀라움의 여섯 가지 동일한 얼굴표정이 나타난다.

2008a).

정서 표현에 대한 선도적인 연구자인 폴 에크만(Paul Ekman)은 1970년대 초반에 다양한 국가와 문화의 사람들이 동일한 얼굴표정을 표현하는지를 조사하였다. 그중 한 연구에서, 미국과 일본 참가자에게 동일한 영화를 보여주고, 그들의 얼굴 반응을 기록하였다. 실험 결과, 두 국가 참가자 모두 영화의 동일한 장면에서 동일한 얼굴표정이 나타났다. 에크만은 또한 참가자들의 정서 표현을 분노, 혐오, 공포, 행복, 슬픔, 놀라움의 6개 기본 범주로 분류하였다(Ekman, 1972).

최근의 많은 연구들은 전 세계 모든 사람이 표현하는 소수의 기본 정서가 있다는 에크만의 초창기 발견을 지지한다(Celeghin et al., 2017; Ekman, 1974, 1993, 2003; Harris & Alvarado, 2005; Mauss et al., 2005; Ruch, 1995). 한 연구는 전 세계 사람들이 모여서 유사한 정서를 경험할 가능성이 높은 상황, 즉 올림픽을 이용하였다. 연구자들은 2004년 아테네 올림픽의 유도 선수들이 메달을 딴 직후의 얼굴표정을 분석하였다. 이들은 에크만이 사용했던 얼굴 코딩 시스템을 이용하여 35개국, 85명의 선수들의 표정을 세 시점, 즉 메달이 확정될 때, 메달을 받을 때, 그리고 시상대 위에서 포즈를 취할 때를 조사하였다. 주요한 발견은 선수들의 얼굴표정은 매우 비슷하였고, 이는 기본적이고 보편적인 인간 정서가 있음이 틀림없다는 것을 보여준 것이다(Matsumoto & Willingham, 2006).

 사람들은 다른 사람의 정서 표현을 보았기 때문에 그와 유사한 표현을 하게 되는 것인가요?

앞서 언급한 올림픽 선수들을 연구한 연구자들도 사람들의 얼굴표정은 그들이 바라보는 옆 사람들의 얼굴표정에 의해 형성될 가능성이 있는지에 의문을 가졌다. 그래서 그들은 2004년 아테네 패럴림픽에 출전한 시각장애가 있는 선수들을 대상으로 동일한 연구를 실시하였다. 연구자들은 59명의 유도 선수들을 분석하였는데 이들 중 절반은 태어나면서부터 시각장애가 있었다. 연구 결과는 본질적으로 동일하였다. 시합에서 이기고, 메달을 받고, 시상대에 섰을 때의 시각장애를 가진 선수들의 얼굴에 나타난 정서는 올림픽 연구에서 본 선수들과 같았다(Matsumoto & Willingham, 2009). 이 결과는 인간의 기본 정서는 보편적이고 타고난다는 주장을 강력하게 지지하는 결과였다.

모든 인간은 동일한 기본 정서를 표현한다는 생각에 모든 연구자들이 동의하는 것은 아니다. 동의하지 않는 연구자들은 기본 정서가 표현되는 특정한 관습적인 방식에서는 중요한 차이가 존재한다고 주장한다. 이 차이를 설명하기 위해서 연구자들은 종종 **방언**이라는 용어를 사용한다(Elfenbein, 2013, 2017; Elfenbein et al., 2007; Hess & Thibault, 2009). 여러분은 구어체 언어를 설명할 때 사용되는 방언이라는 단어를 들어보았을 것이다. 하지만, 여기서 말하는 방언은 얼굴표정과 정서의 비언어적 의사전달과 같은 무언의 언어를 언급하는 것이다. 예를 들어 행복을 살펴보자. 각 집단에 소속된 모든 사람은 행복을 표현하지만, 행복을 보여주는 구체적인 방식은 그 집단의 기대와 규범에 따라 다양하다(Hareli & Hess, 2017). 이러한 다양한 표현에는 웃음의 종류(크고 환한 웃음 대 입술은 다문 미소), 눈 주위의 작은 움직임, 얼굴표정의 지속성 및 흥분해서 박수를 치거나 점프를 하는 등의 신체 움직임이 동반된 웃음 여부 등이 포함될 수 있다. 자신의 생일에 정말 받고 싶었던 선물을 받았을 때 그 행복을 표현하는 방식에서, 성별, 연령, 민족, 또는 사회적 지위에 따라 나타나는 차이를 생각해보라. 그렇다면 이러한 대화 방식에서의 광범위한 차이를 느낄 수 있을 것이다.

정서 인식하기　정서를 성공적으로 주고받으려면 정서를 표현할 뿐만 아니라 그것을 인식해야 한다. 여러분의 스마트폰에 물을 엎지른 예시에서, 탁자에 둘러앉은 다른 친구들은 여러분의 얼굴표정을 읽고 그들의 스마트폰이 물에 젖기 전에 집어야 한다는 것을 깨닫게 됨으로써 혜택을 볼 수 있다. 이제 그 역할을 바꾸어 여러분이 친구 중 한 명이라고 가정해보자. 누군가의 스마트폰에 물이 쏟아졌다. 그 사람의 정서를 인식하는 것은 얼마나 중요한지 여러분은 알 것이다. 그래야만 여러분의 스마트폰이 물에 닿기 전에 그 탁자에서 신속하게 스마트폰을 집을 수 있을 것이다. 친구의 두려움은 여러분에게 사전경고이다.

한 연구는 여러분이 인식하는 타인의 얼굴표정에 나타난 정서가 여러분의 행동에 강력한 영향을 미칠 수 있음을 보여주었는데, 이를 사회적 참조(social referencing)라고 하였다(Clément & Dukes, 2017; Walle et al., 2017). 생후 12개월의 아기를 그림 8.6에 보이는 시각 절벽(visual cliff)에 올려 두었다. 시각 절벽은 얕은 쪽(유리벽 바로 아래에 무늬가 있는 면)과 깊은 쪽(유리벽에서 공간을 많이 두고 아래에 무늬가 있는 면)을 가진 큰 유리 표면을 말한다. 연구자들은 아기들이 깊은 쪽을 기어서 건너오는 곳을 주저할 만큼 충분히 깊게 깊이를 조정하였지만, 실패한 경우도 있었다. 실험을 시작하기 전에 아기를 얕은 쪽에, 엄마는 깊은 쪽의 끝에 서 있도록 하였다. 연구에서 알고 싶은 것은 아기가 깊은 쪽을 가로질러 엄마에게 기어갈 것인가, 아니면 얕은 곳에 머무를 것인가였다. 결과는 전적으로 엄마의 얼굴표정에 달려 있었다. 엄마가 행복하거나 흥미로운 얼굴표정을 지을 때는 대부분의 아기들이 깊은 곳을 가로질러 엄마에게 기어갔지만, 엄마가 화나거나 슬픈 얼굴표정을 지으면 그들 중 소수만이 건너갔다. 그리고 엄마가 두려운 표정을 지을 때는 아무도 가로질러 가지 않았다(Sorce et al., 1985). 이 결과의 핵심은 아기들, 그리고 우리들 대부분도 우리가 어떤 행동을 취해야 할지를 결정할 때 다른 사람의 얼굴표정을 쳐다본다는 것이다. 정답이 확실하지 않을 때는 특히 그렇다.

실생활에서 타인의 얼굴표정에 대한 영향력을 볼 수 있는 예시는 아이가 다쳤을 때 어른이 어떤 정서를 표현하는지를 살피는 경우이다. 예를 들어 7세 아동이 축구 연습을 하다 넘어져서 무릎이

그림 8.6　얼굴표정의 영향력　주위 사람들의 얼굴에 표현된 정서는 여러분의 행동에 강력한 영향을 미칠 수 있다. 한 연구에서, 대부분의 아이들은 엄마의 얼굴이 행복하거나 흥미로워 보이면 유리로 덮인 시각 절벽의 깊은 쪽(자신의 안전이 확실하지 않다고 여겨지는 곳)을 기어갔다. 엄마의 얼굴이 화나거나 슬퍼 보이면 아주 소수만 건너갔고, 엄마가 두려워하는 표정을 지을 때는 아무도 건너가지 않았다. 출처 : Sorce et al.(1985).

| 표 8.2 | 미소는 누구에게나 미소이다 |

국가	행복한 얼굴의 사진을 보고 정확히 행복이라고 식별한 참가자 비율
에스토니아	90
독일	93
그리스	93
홍콩	92
이탈리아	97
일본	90
스코틀랜드	98
수마트라	69
터키	87
미국	95

출처 : Ekman et al.(1987).

전 세계 각국의 참가자들에게 행복한 표정의 동일한 얼굴 사진을 보여주었을 때, 대다수는 그 정서를 정확히 식별하였다. 그 외 놀라움, 슬픔, 두려움, 혐오 및 분노와 같은 다른 기본적인 정서에 대한 정확성은 행복에 비하여 아주 약간 떨어졌다.

긁혔다고 생각해보자. 넘어진 직후의 그 짧은 순간, 아이는 아무 말 없이 코치를 간절히 쳐다본다. 만약 코치의 얼굴에 공포 상태의 표정이 보이면 아이 또한 공포 상태로 비명과 울음을 터뜨릴 것이다. 그러나 코치의 얼굴이 그 정도 부상은 아무것도 아니라는 것을 의미하듯 평온하고 차분하다면, 아이는 동일한 부상에도 불구하고 소리를 지르거나 울지 않고, 잠시 후 스스로 혼자 일어나 추스르고 경기를 재개할 가능성이 높다. 이는 아이가 자신의 부상이 어느 정도인지를 확신할 수 없어서, 코치의 얼굴표정을 통해 자신의 정서적 반응을 결정하려고 기다리는 것이라 할 수 있다.

정서 표현이 모든 사람에게 보편적인지에 대한 연구가 진행된 것처럼, 연구자들은 정서 인식 역시 모든 사람에게 보편적으로 일어나는지를 살펴보았다. 연구 결과는 정서 인식 역시 '그렇다'로 나타났다. 에크만과 그의 동료들의 연구에서, 유럽, 아시아, 북아메리카의 10개국에서 500명 이상의 참가자들에게 기본 정서(분노, 혐오, 두려움, 행복, 슬픔, 놀라움)를 표현하는 백인 얼굴 사진 18장을 보여주었다. 어떤 정서를 표현하는 것인지를 물었을 때, 참가자들의 다수가 정답을 말하였다. 해당 정서를 정확하게 식별한 사람들은 모든 국가에서 60% 이상이었고, 참가 국가의 3분의 1은 90% 이상이었다. 표 8.2에서 알 수 있듯이 참가자들은 특히 행복 정서를 잘 식별하였다. 대부분의 국가에서 참가자의 90% 이상이 행복 정서를 인식하였다. 또한 참가자들은 각 사진에 보이는 정서의 강도도 상당히 유사하게 응답하였다. 이 연구의 결론은 전 세계 사람들은 대체로 유사하게 얼굴표정을 인식한다는 것을 시사한다(Ekman et al., 1987).

다른 연구들 또한 정서 인식이 전 세계 보편적이라는 것을 지지한다(Ekman & Friesen, 1971; Matsumoto et al., 2002). 앞서 제시한 2004년 올림픽 연구를 기억하는가? 그 연구자들은 또 다른 연구에서 다양한 국가의 참가자들이 선수들의 얼굴표정을 얼마나 정확하게 인식하는지를 알아보기 위해 그들에게 선수들의 사진을 보여주었다. 결과는 대부분의 참가자는 선수들의 표정을 잘 인식하였고, 정서를 정확히 대답하였다(Matsumoto & Willingham, 2009). 아이들 역시 정확한 선택을 하였다. 아이들은 슬픔과 분노 표현에 대해서는 성인과 거의 동일한 정확도를 보였고, 다른 정서들의 정확도는 그것보다는 조금 떨어졌다(Lawrence et al., 2015). 또 다른 연구는 서로 다른 언어(영어, 힌디어, 말라얄라어)를 사용하는 1,200명의 참가자들에게 25개의 다른 정서를 마임을 사용하여 소리 없이 표현하였는데, 참가자들은 그들이 사용하는 언어와 관계없이 최소 23개의 감정을 정확히 인식하였다(Ershadi et al., 2018). 많은 연구들의 메타 분석은 정서 인식이 보편적임을 확인시켜 주었지만, 사람들은 자신의 국가 또는 민족집단인 내집단 사람들의 정서를 외집단 사람들의 정서보다 더 잘 인식한다는 것을 보여주었다(Elfenbein & Ambady, 2002).

모든 연구자들이 인간 정서의 인식이 보편적이라는 생각에 동의하는 것은 아니다. 에크만의 전통적 연구와 비슷한 질문을 다양한 방법으로 조사한 일부 연구자들은 집단마다 얼굴표정을 다르게 해석하는 일이 종종 있다는 것을 발견하였다(Fernández-Dols & Russell, 2017; Gendron, 2017; Gendron et al., 2018; Russell et al., 2017a, b; Yuki et al., 2007). 파푸아뉴기니의 작은 토착 사회의 구성원들에게 낯선 문화에 사는 사람들의 다양한 정서가 표현된 사진을 보여주는 연구를 진행하였다. 이 사진들은 정확히 에크만의 책 인간의 얼굴(1980)에서 발췌하였으며, 정서(행복, 슬픔 등)는 보편적으로 인식된다는 것을 주장하는 책으로 알려져 있다. 이 연구의 참가자는 자신이 원하는 단어로 그 정서를 표현하였고(원 연구는 객관식의 형태였다), 연구자는 토착민의 언어로 소통하였다(토착민의 단어를 다시 영어로 번역하는 것은 크게 문제가 되지 않았다). 연구 결과는 에크만이 예측했었던 보편적 정서 인식과는 상당히 차이가 있었다. 사진에 묘사된 기대했던 정서와 일치한 경우는 참가자들의 절반에도 미치지 못하였다(Crivelli et al., 2017).

연구자들은 정서 인식이 보편적인지를 조사하기 위해 이모티콘에도 관심을 가졌다. 한 연구에서 연구자들은 일본, 카메룬, 그리고 탄자니아에서 온 참가자들에게 다양한 이모티콘을 보여주었다. 모든 참가자는 총 9개의 이모티콘을 보았고, 이는 행복, 중립, 슬픔(왼쪽부터)을 나타내는 기호를 '얼굴기호(Smiley)', '서구식', 그리고 '일본식'으로 구성하였다.

☺	☺	☹
:−)	:−|	:−(
(^_^)	(0_0)	(T_T)

연구 결과, 이모티콘은 각 국가의 참가자들마다 다르게 해석되었다. 구체적으로 각 이모티콘의 행복 또는 슬픔을 평정하도록 하였을 때, 카메룬과 탄자니아의 참가자는 모든 이모티콘의 점수를 비슷하게 평정하였지만(모두 중립에 가깝게), 일본 참가자는 각 이모티콘마다 매우 다르게 평정하였다(원래 기대한 대로, 매우 행복부터 매우 슬픔까지 분포되었다). 연구자들은 다른 문화의 사람들과 의사소통을 할 때는 상대가 보편적으로 동일한 방식으로 이해하고 있다고 가정하지 말고 매우 신중하게 이모티콘을 사용해야 한다고 결론 지었다(Takahashi et al., 2017). 이러한 의사소통은 글이나 이메일에 삽입되는 이모티콘에서부터 설문지, 평정 시스템, 그리고 질문지 등에 들어가는 이모티콘에 이르기까지 다양한 형태로 나타날 수 있다.

정서 조절

정서 조절(emotion regulation)은 자신의 정서 유형, 정서 강도, 정서 지속 및 정서 표현을 다루는 능력을 말한다. 물론, 정서를 완전히 통제할 수는 없다. 예를 들면 친척의 죽음 소식을 들었을 때 억지로 행복해 하거나 토네이도 경보가 울릴 때 침착해질 수 없다. 대신, 여러분이 돌아가신 분의 가족에게 도움을 주어야 하기 때문에 여러분의 슬픔을 애써 참을 수 있고, 토네이도 상황에서 안전한 길을 찾아야 하기 때문에 사이렌 소리에 당황하지 않으려고 노력할 수 있다. 정서에 자신을 휘둘리지 않도록 하는 능력이 정서 조절이다(Gross, 1998a, b; Yih et al., 2018).

정서를 조절하는 방법 정서 조절 연구를 주도한 제임스 그로스(James Gross)는 다섯 가지 정서 조절 전략을 소개하였다(Gross, 2008, 2014). 이 전략들은 각각 다른 시점에서 일어나는데, 정서가 발생하기 전에 시작해서 이미 정서를 느끼기 시작하면 이 전략들은 끝난다. 예를 들어 여러분이 좀 귀찮게 생각하기는 하지만 신세를 지고 있는 사촌 브라이언이 다음 주 토요일에 점심을 함께 먹자고 메시지를 남긴 상황을 통해 이 전략들을 살펴보자.

- **상황 선택.** 정서를 조절하기 위해 상황 선택 전략을 사용한다면, 여러분은 브라이언에게 전화를 걸어 그의 제안을 거절할 것이다. 아니면 아예 그에게 전화를 다시 하지 않을 수도 있다. 상황 선택은 고의적으로 긍정정서를 경험하고 부정정서(브라이언과 함께함으로써 느끼는 귀찮음)를 회피할 수 있는 상황을 선택하는 것을 의미한다. 이것은 많은 계획과 예측이 수반되는 전략이다. 극단적인 경우 하루 일정을 완전히 수정할 수도 있다.
- **상황 수정.** 정서 조절의 방식으로 상황 수정 전략을 사용한다면, 여러분은 토요일에 브라이언을 만나겠지만, 귀찮은 느낌을 최소화할 수 있는 방법으로 시간을 구조화할 것이다. 예를 들면 브라이언에게 점심을 먹기보다는 영화를 보자고 말할 수 있다. 왜냐하면 영화관에서는

정서 조절
자신의 정서 유형, 정서 강도, 정서 지속 및 정서 표현을 다루는 능력

그와 많은 대화를 나누지 않아도 되기 때문이다. 상황 수정은 상황 선택보다는 능동적인 사전 예방 행동은 아니지만 여전히 어느 정도의 계획을 수반한다.

- **주의 분산.** 정서 조절을 위해 주의 분산 전략을 사용한다면, 여러분은 브라이언과 점심을 먹기는 하지만, 집중하지는 않을 것이다. 브라이언이 여러분을 귀찮게 하는 것에 주의를 두지 않고 다른 것들에 관심을 둘 것이다. 아마도 주문한 음식에 집중하거나 음식 리뷰 사이트에 이 음식에 대한 평가를 어떻게 쓸 것인지에 관심을 둘 수 있다. 또는 일요일에는 어떻게 더 즐겁게 놀 것인지를 상상하거나, 점심 먹는 동안 스마트폰에만 집중할 수도 있다. 모든 행동은 그렇게 하지 않으면 귀찮을 수 있는 순간들로부터 주의를 분산시키려는 의도이다.

- **인지 변화.** 정서 조절 방법으로 인지 변화 전략을 사용한다면, 여러분은 브라이언과 함께 점심을 먹을 것이다. 그리고 만약 귀찮다는 느낌이 들기 시작하면, 그 상황을 다시 생각하거나 대처할 수 있는 여러분의 능력을 상기한다. 예를 들면 그가 귀찮다고 생각하는 대신에 가족 관계를 끈끈하게 유지하는 것은 좋다고 생각할 수 있다. 더 이상 못 견디겠다는 생각이 들기 시작하면, 여러분 스스로에게 겨우 두어 시간만 참으면 된다고 상기할 수도 있다. 이 상황을 벗어나거나 바꿀 수 없다면, 지금 상황에 대한 부정적 정서를 무디게 하고 긍정적인 정서로 대체하도록 다시 생각해볼 수 있다.

- **반응 변조.** 반응 변조 전략을 사용한다면, 여러분은 브라이언과 점심을 먹고 귀찮음도 느끼겠지만, 그것을 억제하려고(또는 참으려고) 할 수 있다. 숨을 깊게 쉬고, 얼굴에 가짜 미소를 짓거나, 아니면 그냥 고통을 겪을 수도 있다. 반응 변조는 정서를 이미 느낀 후에 정서를 다루는 전략이다. 여러분은 여러분이 느끼는 정서의 강도를 통제하려고 노력할 뿐이다.

연구에 따르면, 이 5개의 정서 조절 전략 중 어떤 것은 다른 것보다 훨씬 더 효율적인데, 관건은 일상에서 발생하는 정서를 다룰 수 있느냐는 것이다. 한 가지 분명한 것은 반응 변조는 효과적이지 않고, 특히 부정적 감정을 억압할 때는 더 그렇다. 억압은 부정정서를 감소시키는 데 효과가 없으며, 때로는 부정정서들을 뒤섞어서 악화시킨다(Compas et al., 2017; Demaree et al., 2006; Gross & Levenson, 1993, 1997). 억압은 또한 기억을 방해한다. 이는 마치 뇌가 정서를 억압하는 데 에너지를 쓰다 보니 기억을 위해 필요한 에너지를 그만큼 뺏어가는 것과 같다(Richards & Gross, 2000, 2006). 억압은 좋지 않은 사회적 결과를 낳는다. 누군가와 대화 중 여러분이 감정을 억압하는 순간, 상대방은 자신의 행동 때문에 여러분이 감정을 억압을 하고 있다는 것을 종종 알아차리게 된다. 상대가 여러분의 억압을 알아차린 후에는, 자신이 그 행동을 할 때마다 스트레스를 받을 것이고, 결국에는 여러분을 멀리하게 될 것이다(Butler et al., 2003; English et al., 2013; Srivastava et al., 2009).

한편, 억압보다 더 일찍 일어나는, 즉 그 감정을 느끼기 전에 일어나는 정서 조절 전략들은 효과가 있는 편이다. 특히 상황 선택은 바람직하지 않은 상황에 처했을 때 자신의 정서를 조절하려고 애쓰는 사람들에게 많은 도움이 되는 것으로 밝혀졌다(Webb et al., 2018). 인지 변화 또한 다른 전략보다 좋은 결과를 낳는 경향이 있는데, 만일 정서를 다루기 위해 상황을 다시 생각하거나 그것을 다루는 자신의 능력을 상기시키는 상황에서는 더욱 바람직하다(Gross, 1998a; Hayes et al., 2010; Koole, 2009). 실제로 정서 조절의 다섯 가지 전략을 비교한 200여 개의 연구를 메타 분석한 결과는 인지 변화가 다른 전략들보다 전반적으로 더 효과적이었음을 보여주었다(Webb et al., 2012).

정서 조절이 중요한 이유

정서 조절이 일상에서 왜 중요한지는 쉽게 알 수 있다. 정서 조절은 행복, 만족, 열정, 자부심, 기쁨, 경외와 같은 긍정적 감정을 순간적으로 극대화하기 때문이다. 하지만 정서 조절이 중요한 또다른 이유는 순간적으로 느끼는 이러한 긍정정서가 여러분의 삶의 질을 장기적으로 향상시키기 때문이다.

예를 들어 신체 건강을 살펴보자. 그림 8.7에서 알 수 있듯이, 행복 또는 다른 긍정적 감정을 경험하게 되면 신체 건강은 향상되면서 심각한 질병에서 가벼운 감기까지 모든 질병에 대한 취약성을 감소시킨다(Cohen & Pressman, 2006; Cohen et al., 2003; Fredrickson & Cohn, 2008; Frederickson & Joiner, 2018; Moskowitz & Saslow, 2014; Ong & Allaire, 2005). 긍정적인 정서가 더 클수록 뇌졸중이나 심장 질환의 확률이 낮았고(Davidson et al., 2010; Ostir et al., 2001), 만성 질환을 가진 사람들 중 긍정정서를 더 많이 경험하는 사람들은 고통 수준과 장애가 낮았다(Gil et al., 2004). 혼자 사는 노인들의 경우, 긍정정서와 일상 활동과 관련한 기능 수준은 높은 관련성이 나타났다(Cabrita et al., 2017).

긍정정서와 건강과의 관계에 대한 또 다른 연구는, 1952년 야구 프로필 사진에서 미소를 짓고 있었던 야구 선수들은 이후 50년 동안 특정 연도에 사망할 확률이 미소 짓지 않고 있는 선수들의 사망률의 절반이라는 것을 확인하였다(Abel & Kruger, 2010). 긍정정서와 사망률에 관한 연구들을 살펴보면 긍정정서와 사망 연령 간의 강한 정적 상관을 지속적으로 보여주고 있다. 간단히 요약하면, 행복한 사람들이 더 오래 산다(Chida & Steptoe, 2008; Diener & Chan, 2011).

긍정정서는 신체 건강의 개선 외에도, 삶에 대한 개방적인 접근을 촉진하기 때문에 문제 해결 및 타인과의 관계를 더 나은 방향으로 이끈다. 최근의 연구들은 **긍정정서의 확장 및 구축 이론**(broaden-and-build theory of positive emotions)을 지지하는데, 긍정정서는 진화적 관점에서 안전을 의미하고, 안전은 단순한 생존이나 위험을 회피하는 것 이상으로 사고를 확장할 수 있다고 한다. 따라서 사람은 행복할 때 사고 및 인간관계에서 새로운 방식을 탐구할 수 있게 되고, 이로 인해 창의적인 방식의 문제 해결과 도움이 되는 인간관계를 만들 수 있다(Fredrickson & Branigan,

긍정정서는 수명과도 관련이 있다. 한 연구는 1900년대 중반의 야구 프로필 사진에서 웃고 있었던 선수가 웃지 않고 있었던 선수보다 더 오래 산다는 것을 밝힘으로써 그 관련성을 지지하였다(Abel & Kruger, 2010). 예를 들면 로저 마리스(Roger Maris : 위의 사진)는 51세에 사망했지만, 스탠 뮤지얼(Stan Musial : 아래의 사진)은 92세까지 살았다.

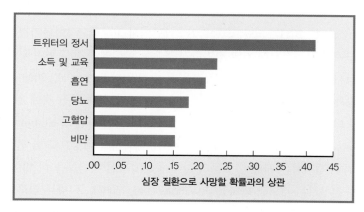

그림 8.7 트위터, 행복 및 심장 질환 연구자들은 1억 4,800만 개의 트윗(10개월 이상 수집)에 사용된 정서 언어와 심장 질환으로 인한 사망률 간의 관련성을 연구하였다. 심장 질환으로 인한 사망률은 미국에서 가장 높았는데, 미국에서의 트윗에는 적대감 및 긴장감[혐오, 괴로움(grrr), 경멸, 질투, 멍청한, 그리고 많은 저주성 단어]과 같은 부정적 정서를 표현하는 단어들이 많이 포함되어 있었다. 심장 질환 사망률이 가장 낮은 나라의 트윗에는 낙관성 및 행복(훌륭한, 최고, 희망, 멋진, 즐거운 등)과 같은 긍정정서를 표현하는 단어가 많았다. 트윗의 정서적 어조는 흡연, 당뇨, 비만 및 기타 변인들보다 해당 국가의 심장 질환 사망률과 상관이 있었다. 정리하면, 부정정서는 질병과 관련이 있는 반면, 긍정정서는 웰빙과 밀접한 관련이 있는 것 같다. 출처 : Eichstaedt et al. (2015).

2005; Isen, 2008; Johnson & Fredrickson, 2005; Tugade et al., 2014).

 긍정정서의 혜택이 이렇게 크다면 어떻게 긍정정서를 극대화할 수 있나요?

여러분은 누구보다 자신을 잘 알고 있기 때문에 아마도 여러분의 행복을 증진시킬 수 있는 다양한 방법을 알고 있을 것이다. 심리학자들은 긍정정서를 증가시키는 여러 가지 구체적인 방법과 관련한 연구를 수행한 결과, 대부분의 사람들에게 효과가 있는 몇 가지 기법을 발견하였다(Myers & Diener, 2018; Nelson & Lyubomirsky, 2014; Seligman et al., 2006).

- 친절행동 실행하기. 타인에게 좋은 일을 하는 사람은 더 행복하다고 느낀다(Lyubormirsky et al., 2005; Lyubomirsky & Layous, 2013; Weinstein & Ryan, 2010). '선행을 앞서 베풀기(paying it forward)'란 말을 들어본 적 있는가? 이것은 모르는 사람의 커피 값을 대신 내주거나, 한동안 잊고 지냈던 친구나 친척들에게 힘이 되는 문자를 보내는 것 같이 무작위로 먼저 친절행동을 하는 것을 말한다. 연구자들은 이것의 효과를 연구하기 위해 수십 명의 대학생 참가자에게 모르는 사람을 위해 친절행동을 하도록 지시하였다. 학생들은 카드와 사탕을 주거나, 무거운 짐을 든 사람을 도와주거나, 칭찬을 하거나, 주차비를 내주는 등의 행동을 하였다(Pressman et al., 2015). 연구 결과 그렇게 선행을 앞서 베풀었던 학생의 긍정정서가 유의미하게 증가하였다. 또 다른 연구는 자신이 이미 다른 사람들에게 베푼 친절행동을 의도적으로 생각하는 것만으로도 행복감이 증가한다는 것을 발견하였다. 다른 사람에게 무언가를 줄 상황이 되지 않는다면, 여러분이 이미 베풀었던 것을 상기시키는 것만으로도 긍정정서에 도움이 된다(Otake et al., 2006).
- 감사 편지 쓰기. 만약 여러분이 친절행동을 받은 사람이라면, 감사를 표현하는 편지를 쓰는 것은 여러분의 긍정정서를 높일 수 있다(Rash et al., 2011; Seligman et al., 2005; Toepfer et al., 2012; Wood et al., 2010). 8개월 동안의 종단연구에서 자신의 삶에서 그동안 감사함을 느꼈던 사람들에게 일주일에 한 번 15분간 편지를 쓰도록 하였을 때(편지를 부치지는 않았다), 참가자들은 아무것도 하지 않은 통제 집단에 비하여 긍정정서를 더 많이 경험하였다(Lyubomirsky et al., 2011). 또한, 초등학교 3학년에서 고등학교 3학년까지의 학생들을 대상으로 한 연구에서 긍정정서를 거의 경험하지 못하는 학생에게 감사 편지를 써서 보내게 하였을 때 긍정정서가 유의미하게 증가하는 것을 볼 수 있었다(Froh et al., 2009).
- 가진 것에 감사하기. 가지지 못한 것에 초점을 두기보다 현재 가진 것에 감사하거나 자신이 받은 축복을 되뇌는 사람은 일반적으로 긍정정서를 더 많이 경험한다(Emmons & McCullogh, 2003; Froh et al., 2008; Lyubomirsky et al., 2005). 대학생을 대상으로 한 연구에서 그들이 받은 축복을 자주 생각하는 사람은 그들의 삶에서 긍정적인 사건들을 더 많이 기억하였고, 이는 행복을 증진시키는 것으로 나타났다(Watkins et al., 2004). 또 다른 연구에서는 자신이 가진 축복을 더 많이 반복하여 생각할수록 우울 증상을 더 적게 경험하였다(Lambert et al., 2012).
- 밝은 미래를 눈앞에 펼쳐보기. 미래가 행복할 것이라고 생각하는 사람은 현재도 행복을 느끼는 경향이 있다(Boehm et al., 2011; Sin & Lyubomirsky, 2009). 대학생들에게 일주일에 한 번씩 자신이 상상하는 가장 최상의 미래에 대한 수필을 쓰도록 한 연구 결과, 그런 과제를 하지

않은 학생보다 행복을 더 많이 느끼는 것으로 나타났다(Layous et al., 2013). 다른 연구에서는 학생들에게 위와 비슷한 글을 단 4일 동안 쓰도록 하였을 때, 심지어 3주 후에도 증가했던 그 행복은 지속되었다(King, 2001).

표현 규칙
한 집단 내에서 수용할 수 있는 언어적 표현과 비언어적 표현에 대한 규범

정서와 다양성

우리 모두는 정서를 경험하지만 모두 다르게 경험한다. 이제 나이, 민족, 그리고 성별에 따른 정서의 차이를 살펴보자. 이러한 각각의 차이점을 짚어 감에 있어 **표현 규칙**(display rules)의 개념을 기억해두어야 한다. 이는 한 집단 내에서 수용할 수 있는 언어적 표현과 비언어적 표현에 대한 규범을 말한다. 민족, 나이, 그리고 성별에 따른 집단 외에도 많은 다양한 집단은 자신들만의 표현 규칙을 가지고 있다(Brody, 2000; Dahling, 2017; Matsumoto, 1990; Nixon et al., 2017; Safdar et al., 2009). 우리는 유아기 동안에 표현 규칙을 받아들이기 시작하여 인생 전반에 걸쳐 이 규칙을 계속 통합한다(Malatesta & Haviland, 1982; Misailidi, 2006). 다양한 집단이 동시에 동일한 사건을 경험하는 것을 본 적이 있다면, 서로 다른 표현 규칙의 영향을 알고 있을 것이다. 예를 들면 붐비는 영화관의 관람객을 상상해보라. 슬픈 장면이 나왔을 때, 대놓고 우는 사람, 조용히 눈물만 흘리는 사람, 살짝 슬픈 표정을 보이는 사람, 전혀 감정을 드러내지 않는 사람 등 다양한 반응이 있을 것이다. 여러분이 어떻게 반응할지는 실제로 여러분이 느낀 슬픔의 정도뿐만 아니라 어떻게 표현할지, 또는 표현을 할지 안 할지를 알려주는 표현 규칙에 달려 있다.

  32개국 5,000여 명 이상을 대상으로 한 대규모 연구에서 참가자들에게 다른 사람 앞에서 특정 정서를 느낀다면 그것을 표현할지를 질문하였다. 연구 결과, 개인주의 성향이 높은 국가(미국, 캐나다, 오스트레일리아 등)의 참가자일수록 집합주의 성향의 국가(인도네시아, 홍콩 등)의 참가자보다 행복과 놀람(슬픔은 아님)의 표현을 하는 것에 더 찬성하였다(Matsumoto et al., 2008b). 성별과 관련한 표현 규칙의 문헌연구는 아동기를 거치는 동안 여아는 남아보다 행복, 슬픔, 공포, 그리고 공감을 더 많이 표현하고, 이에 반해 남아는 여아보다 분노를 더 많이 표현한다고 보고하였다(Chaplin & Aldao, 2013). 또한, 표현 규칙은 누가 나를 지켜보는가에 따라 다르다고 한다. 초등학생들은 혼자 있거나 부모와 있을 때보다 친구들 앞에서 분노, 슬픔 및 고통을 덜 표현한다고 응답하였다(Zeman & Garber, 1996).

정서와 나이 많은 사람들은 노인들이 긍정정서를 덜 느낀다고 추측한다. 실제로 여러 연구들은 나이 든 사람에게 흔히 나타나는 몇몇 얼굴 특징(예 : 주름, 처진 피부)이 젊은 사람들에게 노인들은 불행할 것이라는 인상을 준다는 것을 발견하였다(Ebner, 2008; Hess et al., 2012; Hummert, 2014). 하지만 그 반대가 사실인 것 같다. 죽음을 앞둔 사람을 제외하고, 노인들이 젊은 성인들보다 더 많은 긍정정서를 경험한다(Carstensen & DeLiema, 2018; Carstensen et al., 2000, 2011; Gerstorf et al., 2010; Magai, 2001, 2008; Riedeger et al., 2009). 또한 노인들은 젊은 사람들에 비해 정서의 변동이 적어서 삶의 여러 사건들에 '안정'을 유지하고 덜 반응하는 경향이 있다(Brose et al., 2013; Riediger & Rauers, 2014; Röcke et al., 2009; Steptoe et al., 2011).

  노인들의 이러한 정서 경향성에 대한 몇 가지 가능한 설명이 있다. 젊은이들과 비교하여, 노인들은 삶의 경험을 통해 '싸움을 고르는(choose their battles)' 것을 배웠을지 모른다. 즉 일상의 귀찮은 상황들이 일어났을 때 이 상황을 부풀리기보다는 행복을 유

죽음을 앞둔 사람을 제외하고, 노인들은 젊은 사람보다 더 많은 긍정정서를 경험한다(Carstensen et al., 2000, 2011; Gerstof et al., 2010; Magai, 2001, 2008; Riedeger et al., 2009).

지하는 쪽을 선택할 수 있다(Mikels et al., 2014). 특히 은퇴하여 자녀들이 다 독립하였다면, 직장 및 가족 등의 책임져야 할 것이 많은 젊은 성인들보다 적은 의무를 경험할 것이다(Charles et al., 2010; Riedeger & Freund, 2008). 연구에 의해 가장 지지되는 설명은 앞서 언급한 다섯 가지 정서 조절 전략과 관련이 있다. 노인들은 자신의 정서 조절을 향상시키는 법, 특히 정서가 일어나기 전에 조절하는 법을 알고 있다(Gross & John, 2003; John & Gross, 2004; Riffin et al., 2014). 귀찮은 사촌인 브라이언이 다음 주 토요일에 점심을 먹자고 했던 예시를 기억하는가? 노인들은 다양한 삶의 경험으로 인해 정서 조절 순서의 뒤쪽인 반응 변조보다는 앞쪽인 상황 선택 또는 상황 수정의 기법을 더 많이 사용한다(Morgan & Scheibe, 2014). 노인들은 브라이언을 이미 많이 경험해봐서 그가 얼마나 자신들을 짜증나게 할지 알고 있기 때문에 그 상황을 현명하게 피할 수 있다.

정서와 민족   어떤 문화의 사람들이 행복하다고 느끼는 상황이 다른 문화의 사람에게도 동일하게 적용되는 것은 아니다(Mitamura et al., 2014). 예를 들면 미국과 일본의 유치원생들에게 색깔이 있는 스티커를 동물 그림과 맞추도록 하는(동물마다 정확한 스티커 색깔을 넣어야 하는) 실험을 하였다. 성공하였을 때, 미국 유아들은 자부심을 더 많이 표현하였지만, 일본 아이들은 쑥스러움을 더 많이 표현하였다. 실패하였을 때는 미국 아이들이 슬픔과 부끄러움을 더 많이 표현하였다 (Lewis et al., 2010). 또한 미국 유치원생들은 보다 흥분된 미소를 선호하였고, 반면에 타이완 유아들은 보다 차분한 미소를 좋아하였다(Tsai et al., 2007).

미국과 같은 개인주의 문화에서는 사람들이 일반적으로 그들의 행복을 개인의 성취, 예를 들면 좋은 시험 성적이나 월급 인상 등에서 찾는다. 반대로 집합주의 문화의 사람들은 대체로 가족들과 잘 지내거나 친구관계가 좋아지는 등의 대인관계 조화에서 행복을 느낀다(Diener & Suh, 2003; Uchida et al., 2004). 미국에서는 행복의 극대화를 중요한 목표로 설정하는 반면, 아시아 국가에서는 긍정정서를 일방적으로 강조하는 것은 질투나 대인관계 갈등을 유발할 수 있다고 보고 자제시킨다(Uchida & Kitayama, 2009). 긍정정서와 신체 건강의 상관은 일본보다 미국에서 더 강하게 나타나지만, 긍정/부정정서의 조화와 신체 건강의 상관은 미국보다 일본에서 더 강하게 나타난다 (Miyamoto & Ryff, 2011).

정서 조절에 대한 연구에 의하면, 억압(정서 조절의 5번째 전략인 반응 변조에서 일반적인)은 집합주의 문화(주로 아시아)와 개인주의 문화(주로 미국)에서 아주 다르게 나타난다고 한다. 구체적으로, 집합주의 문화에서 억압은 부정적인 결과가 거의 나타나지 않는다(Butler et al., 2003; Matsumoto et al., 2008b, c; Pilch et al., 2018). 한 연구는 참가자를 두 명씩, 아시아계 미국 여성 두 명과 유럽계 미국 여성 두 명씩 짝을 지어 제2차 세계대전 동안의 폭탄 테러에 대한 충격적인 영상을 보고 토론하도록 하였다. 유럽계 미국 여성은 영상에 대한 자신의 정서를 표현하는 동안 혈압이 내려갔지만, 아시아계 미국 여성들은 억압을 하지 않고 정서를 표현하는 동안 혈압이 올라 갔다(Butler et al., 2003). 결론적으로 억압은 개인주의 문화에서보다 집합주의 문화에서 더 수용 가능하고 심지어 이득이 있는 것으로 보인다(Huwaë & Schaafsma, 2018).

정서와 성별   일반적으로 정서는 남성과 여성의 삶에 서로 다른 역할을 한다. 여성은 남성보다 그들의 정서 경험을 보다 강렬하게 묘사하고, 자유롭게 표현하며, 다른 사람의 정서를 보다 정확하게 포착한다(Briton & Hall, 1995; Brody & Hall, 2008; Robinson & Johnson, 1997; Timmers et al., 2003). 이러한 성별 차이는 아동기 초기에 나타나 청소년과 성인을 거치면서 더 커진다(Chaplin & Aldao, 2013). 민족에 따라 다소 차이가 있지만 성별에 따른 몇몇 기본적인 정서의 차이는 다소 보편적인 경향이 있다(Gong et al., 2018). 37개국의 참가자들을 대상으로 한 연구 결과, 모든 국가에서 여성은 남성보다 감정 표현이 더 강하고, 지속적이며, 공개적이었다(Fischer & Manstead, 2000).

또한 여성은 그들의 정서를 나눌 수 있는 사람들의 범위가 넓었다(Rimé et al., 1991). 예를 들어 제임스와 카산드라는 동시에 직장에서 해고되어 슬퍼하고 있다. 제임스는 자신의 슬픔을 애기할 상대를 애인이나 친한 친구(또는 혼자서)로 제한할 가능성이 높은 반면, 카산드라는 많은 친구 및 가족과 자신의 슬픔을 나눌 가능성이 높다. 누구와 얼마만큼 감정을 공유할 것인지 역시 그것을 함께할 사람의 성별에 달려 있다. 남성과 여성 모두 남성보다는 여성과 감정을 공유하는 것이 더 큰 위안을 준다고 보고한다(Timmers et al., 1998). 여성은 또한 '정서 감염' 또는 다른 사람들과 동일한 정서를 경험할 가능성이 더 크다고 한다(Dimberg & Lundquist, 1990; Doherty, 1997).

모든 나라에서 여성은 남성보다 감정을 공개적으로 표현하는 경향이 있다(Fischer & Manstead, 2000).

학습 확인

8.12 정서란 무엇인가?

8.13 정서의 신체적 측면과 정신적 측면의 관계를 설명하는 다섯 가지 이론(제임스-랑게 이론, 캐논-바드 이론, 색터-싱어 이론, 인지평가 이론, 얼굴 피드백 이론)을 비교하라.

8.14 정서 전달의 진화적 이점은 무엇인가? 얼굴표정의 전달과 인식은 어느 정도까지 보편적인가?

8.15 정서 조절이란 무엇이고 그중 가장 좋은 전략은 무엇인가?

8.16 정서 조절은 왜 중요하며, 특히 긍정정서와는 어떻게 관련되어 있는가?

8.17 정서가 나이, 민족, 성별과 어떻게 상호작용하는가?

요약

동기

8.1 동기는 행동을 불러일으켜 특정 방향으로 이끄는 욕구이다.

8.2 내재적 동기는 행동 자체가 보상이 되기 때문에 그 행동을 수행하고자 하는 욕구이고, 외재적 동기는 외적 보상을 얻기 위해 행동을 수행하고자 하는 욕구를 일컫는다.

8.3 전통적 동기 이론에는 본능 이론(타고난 본능에 의해 행동), 추동감소 이론(불쾌한 생물학적 추동을 감소), 그리고 각성이론(최적의 각성 상태를 유지)이 있다.

8.4 현대의 동기 이론에는 자기결정 이론(자율적으로 행동), 조절초점 이론(향상 동기와 예방 동기 사이의 조절 적합성을 획득), 성취목표 이론(숙달목표 대 수행목표의 추구)이 있다.

8.5 에이브러햄 매슬로의 욕구위계에서는 어떤 욕구는 반드시 다른 욕구들보다 먼저 만족되어야 한다고 설명한다. 구체적으로 생리적 욕구, 안전 욕구, 소속과 애정 욕구, 존중 욕구, 자기실현 욕구, 그리고 자기초월 욕구 순서로 진행된다.

8.6 민족, 성별, 그리고 나이에 따라 사람들은 다른 욕구를 경험한다.

1차적 동기 : 배고픔과 섭식

8.7 체질량 지수(BMI)는 몸무게와 키 값을 산출하며, 체지방 및 전반적인 신체단련 수준을 나타낸다. 과체중인 사람은 BMI가 25~29.9 사이고, 비만인 사람은 30 이상이다.

8.8 과체중 또는 비만이 될 경우 많은 의학적 문제, 정신건강 문제 및 낙인을 겪을 가능성이 증가한다.

8.9 과체중 또는 비만을 일으킬 생물학적 요인에는 호르몬, 설정점 또는 설정되는 점, 유전, 그리고 신진대사율이 있다.

8.10 과체중 또는 비만이 될 환경적·사회문화적인 요인에는 경제 및 쇼핑 관련 요인, 생활방식 요인, 운동 기회 및 제공량이 있다.

8.11 건강한 식습관은 개인 수준과 사회적 수준의 전략을 함께 사용할 수 있다.

정서

8.12 정서는 신체, 행동, 의식의 변화를 포함한 감정의 모든 측면이다.

8.13 제임스-랑게 이론은 신체 변화를 먼저 알아차린 후 그것을 특정 감정으로 해석함으로써 정서를 경험한다고 설명한다. 캐논-바드 이론은 신체의 변화와 감정에 대한 인식이 동시에 일어나서 정서를 경험한다고 한다. 섁터-싱어 이론은 신체 반응에 어떤 이름(label)을 붙이느냐가 정신 반응을 결정한다고 설명한다. 인지평가 이론은 자극에 대한 생각이 정서를 일으킨다고 얘기한다. 얼굴 피드백 이론은 뇌가 얼굴표정을 관찰하여 정서를 결정한다고 설명한다.

8.14 정서의 전달은 자동적으로 일어나고, 이는 사회적 유대를 위해 진화적으로 이득을 가져왔을 것이다. 모든 사람은 태어나면서부터 동일한 기본 정서를 표현하기 위해 얼굴표정을 사용한다. 또한 모든 사람은 타인의 얼굴에 나타난 동일한 기본 정서를 인지한다.

8.15 정서 조절은 자신의 정서 유형, 정서 강도, 정서 지속 및 정서 표현을 다루는 능력이다. 가장 좋은 정서 조절 전략은 부정정서를 실제로 느낀 후에 그 정서를 억압하기보다는 부정정서를 느끼기 전에 그것을 유발하는 상황을 피하든지, 변화시키든지, 또는 다시 생각하도록 하는 것이다.

8.16 정서 조절은 긍정정서를 극대화하기 때문에 중요하다. 긍정정서는 신체 건강, 문제 해결 및 대인관계를 개선한다.

8.17 노인들은 젊은 사람들보다 긍정정서를 더 많이 경험하는 경향이 있다. 인종에 따라 동일한 상황에서 다른 정서를 경험하기도 한다. 여성은 남성보다 더 자유롭게 정서를 표현하고 더 정확하게 정서를 인식한다.

주요 용어

각성 이론	설정점	절정 경험
과체중	성취목표 이론	정서
그렐린	신진대사율	정서 조절
내재적 동기	얼굴 피드백 이론	제임스-랑게 이론
동기	여키스-도슨 법칙	체질량 지수
렙틴	외재적 동기	초절조점 이론
몰입	욕구위계	추동감소 이론
본능	유인가	캐논-바드 이론
본능 이론	인지평가 이론	표현 규칙
비만	자기결정 이론	항상성
섁터-싱어 이론	자기실현	

발달에 관한 수백 권의 책이 발간되었으나 쉘 실버스타인(1964)이 쓴 아동도서의 고전 아껌없이 주는 나무(*The Giving Tree*)보다 더 훌륭한 책은 없다. 이 책은 에너지가 넘치고 열정적인 어린 한 소년의 등장으로 시작한다. 처음 몇 페이지에서 그 소년은 그가 사랑하는 나무 위에 올라가서 흔들고 놀면서 행복해하고 만족해한다.

"그러나 시간이 지나면서 그 소년은 성장한다." 이 문장과 함께 우리는 그 소년이 발달하는 것을 보기 시작한다. 그는 신체적으로 발달한다. 10대와 청년기를 거치면서 키가 자라고 몸이 더 튼튼해지다가 중년기와 노인기를 거치면서 점차 쇠퇴한다. 그는 사회적으로도 발달한다. 아동으로서 또래와 우정관계를 형성하며, 성인으로서 자신을 위해 모험을 무릅쓴다. 그는 심리적으로 발달한다. 놀이에서 가족을 부양하기 위한 일로 일차적 욕구가 이동한다. 이 책의 끝부분에 가면 나무 그루터기에서 야단법석을 떨며 뛰어다니던 소년은 이제 거기에 앉아 휴식을 취하는 근사한 나무를 찾는 노인으로 변하게 된다.

발달심리학자는 **아낌없이 주는 나무**에 예시되어 있는 생애 과정에서 사람들이 어떻게 변하는가라는 날카로운 주제에 초점을 맞춘다. 이 장에서 우리는 발달심리학자들이 나이가 들면서 우리의 신체, 뇌, 그리고 사회적 삶이 어떻게 변하는지를 설명하는 이론과 연구를 고찰한다. 첫째, 우리는 모든 연령의 발달과 관련된 빅 이슈, 즉 발달에 미치는 유전과 환경의 영향, 발달이 점진적으로 나타나는지 아니면 급작스럽게 나타나는지, 또는 우리에 관한 어떤 것이 발달적 변화에서 그대로 유지되는지 등을 다룰 것이다. 그다음 연령적으로 접근하여 전 생애에 걸친 변화를 볼 것인데, 먼저 어머니 뱃속의 태아에서부터 영아기, 아동기, 청년기를 살펴볼 것이다. 그다음 성인진입기에서 인생의 마지막 죽음까지의 성인기를 살펴볼 것이다.

개요

발달심리학에 관한 주요 질문

출생 전 발달

영아기와 아동기

청소년기 발달

성인기

발달심리학에 관한 주요 질문

학습 목표

9.1 발달심리학이란?
9.2 종단연구와 횡단연구의 차이
9.3 발달심리학자들의 3대 주요 질문은 무엇인가?

발달심리학(developmental psychology)은 전 생애에 걸쳐 사람들이 경험하는 신체, 정신 그리고 대인 간 상호작용의 변화에 대한 연구이다. '전 생애에 걸쳐'란 말은 발달이 모든 시기에 일어난다는 것을 의미한다. 이 분야의 역사에서 초기 발달심리학자들은 일단 성인이 되면 더 이상 발달은 끝났다는 가정을 했기 때문에 거의 전적으로 아동에게만 초점을 두었다. 실제로 1890년 심리학의 개척자 윌리엄 제임스는 "마치 석고처럼 우리 대부분은 30세까지 성격이 형성된 후에는 결코 이전처럼 반죽 상태로 돌아가지 않을 것이다"(James, 1890, p. 124)라고 말했다. 발달심리학의 초점이 최근 몇십 년 사이에 급격하게 달라졌다(Bennett, 1999; Cairns & Cairns, 2006). 여전히 아동은 발달심리학자들로부터 엄청난 주목을 받고 있지만, 이제는 성인(대략 20대부터 90대까지)도 주목을 받고 있다(Bennett, 1999; Cairns & Cairns, 2006; Orth & Robins, 2019; Overton, 2006, 2010).

발달심리학자들은 시간이 경과하면서 사람들이 어떻게 변하는지에 초점을 둔다. 이런 변화를 고찰하기 위해, 연구자들은 각기 나름대로 유용한 서로 다른 두 가지 방식으로 연구를 설계한다. **횡단연구 설계**(cross-sectional design)는 특정 어느 한 시점에 연령이 다른 사람들을 서로 비교하는 연구 설계이다. 반면에 **종단연구 설계**(longitudinal design)는 동일한 집단의 사람들을 서로 다른 시점에 비교하는 연구 설계이다(표 9.1). 예를 들어 나이가 들면서 디지털 리터러시(개인이 디지털 미디어를 활용할 수 있는 정도)가 어떻게 변하는지에 관심을 둔 발달심리학자인 커크(Kirk) 박사를 생각해보자. 이 질문에 대한 가장 빠른 대답을 얻는 방법은 커크 박사가 10세, 30세, 50세 및 70세 사람들을 대상으로 디지털 리터러시를 지금 당장 측정하는 횡단연구 설계를 실시하는 것이다. 즉시 연구할 수 있다는 점은 종단연구 설계 대비 횡단연구 설계의 주요 강점이다. 횡단연구 설계는 사람들이 실제로 나이 들 때까지 기다리지 않고도 연구 질문에 즉각적으로 대답할 수 있게 해준다.

물론 종단연구 설계도 장점이 있다. 이 설계는 연구에서 측정하고자 하는 것을 보다 타당하고 보다 더 좋게 측정할 기회가 높다(Little et al., 2009). 만약 커크 박사가 종단연구 설계를 한다면, 현재 10세인 사람들의 리터러시 정도를 측정한 후, 그다음 30세, 50세, 그리고 70세에 다시 반복해서 디지털 리터러시를 측정할 것이다. 이렇게 함으로써 연구자들은 동일한 나이 때문에 특정 집단의 사람들에게 나타나는 고유한 영향인 동시대집단 효과를 줄일 수 있다(Cavanaugh & Whitbourne, 2003). 여러분의 아동기는 컴퓨터, 태블릿, 휴대전화로 넘쳐나지만, 여러분의 할아버지와 할머니의 아동기에는 그렇지 않았다. 각 세대는 서로 다른 시기의 역사적 경험을 하는데, 따라서 어느 한 동시대집단의 구성원들과 다른 세대의 구성원들의 경험은 서로 달라진다. 여러분 세대와 여러분 부모님 세대, 그리고 여러분 조부모 세대를 동시에 비교하는 횡단연구는 전 생애를 거치면서 디지

발달심리학
생애에 걸친 신체, 마음, 대인관계의 변화 연구

횡단연구 설계
특정 시점에서 연령이 다른 사람들을 비교하는 연구 설계

종단연구 설계
연령이 동일한 집단을 서로 다른 시점에 비교하는 연구 설계

표 9.1 횡단연구와 종단연구

	횡단연구	종단연구
장점	• 짧은 시간에 연구 완료 • 각 참여자로부터 자료를 한 번만 수집하기 때문에 중도탈락에 대한 염려 없음	• 타당도에 부정적 영향을 줄 수 있는 동시대집단 효과에 취약하지 않음
단점	• 타당도에 부정적 영향을 줄 수 있는 동시대집단 효과에 취약	• 시간이 오래 걸림 • 처음 참여자 일부 중도 탈락 • 대개 비용이 많이 듦

털 리터러시가 급격하게 낮아질지 모르지만, 그 감소는 진정한 발달적 변화라기보다는 동시대집단 효과일 수 있다. 비록 시간이 오래 걸리지만 종단연구는 동시대집단 효과를 제거할 수 있다. 물론 모든 종단연구가 몇십 년씩 하는 것은 아니며, 단지 몇 달 또는 몇 년 동안 진행하는 연구도 있다. 그러나 연구 지속 기간에 관계없이 동일한 집단의 사람들을 시간을 거치면서 추적하는 방법의 장점은 서로 비슷하다.

발달심리학자는 수많은 횡단연구와 종단연구를 수행한다(Card & Little, 2007). 그러나 연구자는 영아를 관찰하고, 사고와 감정에 관해 추측을 하기도 하고, 시간에 따른 뇌의 변화를 알기 위해 MRI를 사용하기도 한다(Bornstein, 1999; Paus, 2009; Perrin et al., 2008). 연구가 수행되는 방법에 관계없이, 발달심리학자는 안정성 대 변화, 단계적 발달 대 연속적 발달, 그리고 천성 대 환경 등 몇 가지 큰 질문에 초점을 둔다(Lerne et al., 2005).

안정성 대 변화

나이가 들어 가면서 우리는 얼마나 변하며 얼마나 그대로 있을까? 물론 둘 다를 지지하는 연구들이 많다(Bleidorn & Hopwood, 2019; Magnusson & Stattin, 2006; Orth & Luciano, 2018; Roberts et al., 2003). 잠시 여러분이 알고 있는 친척을 한 번 생각해보라. 여러분은 아마도 나이 들면서 그들의 외모 변화를 알아채고, 생각과 감정 그리고 타인과의 상호작용에서 나타나는 새로운 변화를 알아챌 것이고, 또한 시간이 지나고 그대로 유지되는 자질도 알아챘을 것이다. 예를 들어 가족 모임에서 늘 자기 방식의 재능으로 노래하고 춤추던 네 살짜리 남자아이가 친구들과 갈등을 일으키고 드라마를 만드는 14세 청소년이 된다. 4세와 14세 두 연령에서 공통된 것은 타인의 관심을 끌려는 핵심 특성이 그의 행동을 주도한다는 것이다. 그러나 행동은 달라질 수 있다. 예를 들어 타인의 관심을 끌려는 강도는 아마 증가하거나 감소할 수 있고, 아니면 그런 관심을 드러내는 방식이 계속 변할 수 있다.

단계적 발달 대 연속적 발달

우리는 변할 때, 갑자기 변하는가 아니면 점진적으로 변하는가? 애벌레가 나비로 변하는 방식은 갑작스러운 발달, 즉 단계의 좋은 예가 된다(그림 9.1). 애벌레는 잠시 동안 애벌레로 살다가 그다음 갑작스럽게 나비로 바뀐 후, 이후 남은 생애 동안 계속 나비 모습으로 산다. 사춘기의 신체 변화도 같은 변화를 보이는데, 이것은 단계 발달의 예가 된다. 11~13세 무렵에는 소년과 소녀 모두 아동의 체형을 지닌다. 그다음 신체가 성인 체형으로 갑자기 변하는 짧은 청소년기 시기로 들어간다. 그런데 사람들이 거쳐가는 많은 변화는 사춘기에 비해 그리 갑작스럽지 않고 눈에도 덜 띈다.

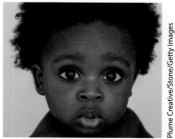

발달심리학은 생애에 걸친 신체, 마음, 대인관계의 변화를 연구한다.

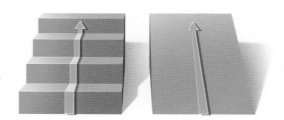

그림 9.1 단계적 발달 대 연속적 발달 발달심리학자들이 궁금해하는 주요 질문 중 하나는 사람들이 단계적으로 발달하는지 아니면 연속적으로 발달하는지다. 단계적 발달은 계단을 올라가는 것과 비슷하여, 잠시 어느 한 단계에 머물다가 그다음 갑자기 새로운 수준으로 점프한 후, 다시 잠시 그 수준에 머무는 것이다. 연속적 발달은 경사로를 올라가는 것처럼 천천히 서서히 계속 위로 움직이는 것이다.

예를 들어 지능에서의 감소(제7장에서 논의)는 하룻밤에 일어나지 않고 성인 후반기에 조금씩 일어난다. 이것이 연속적 발달의 예다.

천성 대 환경

천성 대 환경 질문은 심리학 전 분야에서 핵심이 되는 주제로, 발달심리학에서 중요한 위치를 차지한다(Beauchaine et al., 2008). 무엇이 시간에 따른 우리의 변화 방식을 결정하는 것일까 — 타고난 청사진이 그대로 펼쳐지는 것일까(천성), 아니면 주변 세상의 영향을 받는 것일까(환경)? 물론 천성과 환경의 상호작용은 우리가 경험하는 대부분의 변화에 깔려 있다(Ehrlich & Feldman, 2003; Kandler & Zapko-Willmes, 2017; Marcus, 2004). 우리는 특정 성격 특질을 갖고 태어나지만(천성), 이 특성들은 강력한 경험에 의해 영향을 받는다(환경)(Wrzus & Roberts, 2017). 예를 들어 장기적 직업과 인간관계에서 만족을 느끼는 사람은 정서적 안정성이 높아지는 반면, 장기적 직업과 결혼에서 불만족스러운 사람들은 그 반대 결과를 보인다(Roberts, 1997; Roberts et al., 2003; Robins et al., 2002).

발달에 미치는 환경의 영향은 종종 개인이 살고 있는 문화적 조건에 따라 크게 달라진다(Cole, 2005; Fung, 2011; Quintana, 2011; Schlegel, 2009). 예를 들어 수학 문제를 푸는 능력은 그 문화가 개인에게 요구하는 유형에 따라 달라진다. 거리 노점상으로 일하는 브라질 아이들은 그 직업에서 필요로 하는 수학 유형의 전문가로, 대충 그때그때 상황에 따라 여러분이 알고 있는 더하기, 빼기, 곱하기를 잘한다. 그러나 이 아이들은 숫자로 적힌 같은 유형의 계산 문제를 잘 풀지는 못한다(Carraher et al., 1985; Stenberg, 2011).

발달에 미치는 문화적 영향의 또 다른 예로 아이들이 부모 침대에서 자지 않고 자기 침대에서 자기 시작하는 연령이 몇 살이냐는 질문을 살펴보자. 미국에서 대부분의 경우 그 답은 명백한데, 산부인과에서 퇴원해 집으로 돌아온 즉시 영아는 자기 요람을 갖는다. 실제로 영아는 병원에서조차 생후 며칠 되지 않아 엄마와 분리된 자기 요람에서 자기도 한다. 그러나 다른 나라나 미국의 일부 지역에서는 부모와 같은 침대에서 자는 것이 보통이다(Alexeyeff, 2013; Shweder et al., 1995, 2006). 구체적으로 말하면, 어린아이와 부모가 함께 자는 것은 대부분의 아시아, 아프리카, 남미 지역에서는 흔한 일이다. 다른 방에 침대가 있을 때에도 가족들은 부모와 같은 침대에서 자는 것을 더 선호한다. 일부 종단연구에서 부모와 떨어져 자는 또래에 비해 부모와 함께 자는 영아가 더 나이 든 아동기나 청소년기에 적응을 잘할 뿐만 아니라 좋은 행동을 보여주었다(Beijers, 2018; Okami et al., 2002). 그러나 성인과 함께 자는 영아에게 부상이나 사망의 위험이 있다는 결과와 따라서 그렇게 하지 말라고 권고하는 연구도 있다(Chen et al., 2018; Goldberg & Keller, 2007).

학습 확인

9.1 발달심리학이란 무엇인가?

9.2 종단연구와 횡단연구의 차이는 무엇인가?

9.3 발달심리학자들에게 중요한 3대 질문은 무엇인가?

출생 전 발달

전 생애 발달에 관한 설명을 시작하면서 우리는 태아가 출생하기 전으로부터 시작한다. 임신 중에도 엄청난 중요한 발달적 사건이 일어난다.

학습 목표

9.4　태내 발달의 순서
9.5　기형유발물질
9.6　태아알코올증후군

수정

아마도 여러분은 수정이 어떻게 일어나는지를 알려주는 심리학 교재가 필요하지는 않을 것이다. 여기서 간략하게 알 수 있을 것이다. 여성의 생리 주기 중간쯤에 여성은 수정이 가능한 난자를 방출한다. 이 시기에 여성이 남성과 성관계를 갖게 되면 남성의 사정 시 방출된 수백만 개의 정자가 난자를 향해 달려간다. 가장 빨리 도착한 정자가 난자에 도달하면, 정자는 난자의 외부 벽을 뚫고 들어가는데, 정자의 핵이 난자의 핵과 접합하면서 새로운 하나의 세포를 형성하게 된다. 이 지점에서 수정이 일어나며, 이 새로운 세포는 그 이후 9개월 동안 수백만 번 이상의 회수를 거치면서 배가되어 인간의 신체로 발달한다.

　　정자와 난자가 하나의 새로운 세포로 만들어지는 순간부터 세포는 난자로부터 받은 23개 염색체, 정자로부터 받은 23개 염색체, 총 46개 염색체를 지닌다. 세포가 분열되더라도, 모든 세포는 동일한 염색체를 지니게 된다. 각 염색체는 DNA를 갖고 있다. DNA는 유전자를 포함하고 있는데, 유전자는 전 생애 동안 모든 측면의 발달을 이끌어간다.

태내 발달

태내 발달의 시점에 따라 유기체를 지칭하는 이름이 달라진다(그림 9.2). 가장 첫 번째 용어는 접합체이다. **접합체**(zygote)는 난자가 정자와 접합한 순간부터 약 2주에 해당되는 태내의 인간 유기체를 지칭한다. 이 시점 이후 배아라는 용어를 사용하기 시작한다. **배아**(embryo)는 수정 후 2주부터 약 2개월 동안에 해당되는 태내의 인간 유기체이다. 이후 시기는 태아로 지칭한다. **태아**(fetus)는 수정 후 약 2개월부터 출생까지 해당되는 태내의 인간 유기체이다.

　　접합체가 언제나 배아로 가는 것은 아니다(많은 경우, 여성은 자신의 임신을 모를 것이다). 생존한 접합체 중 일부는 2개로 분열한다(우리는 그 이유를 완전하게 알지 못한다). 새로운 접합체는 각각 배아, 태아, 궁극에는 사람이 된다. 여러분은 이런 쌍을 동일한 쌍둥이로 알고 있을 것인데, 보다 과학적인 이름은 **일란성 쌍생아**이다. 여기서 일란성이란 하나의 접합체로 시작했다는 사실을 의미한다. 반면에 여러분이 알고 있는 이질적(또는 비일란성) 쌍둥이는 **이란성 쌍생아**인데, 이란성이란 것은 2개의 별도의 접합체, 즉 2개의 난자와 2개의 정자가 수정된 것이라는 의미이다.

　　접합기에 비해 배아기 동안 세포는 더 특수화된다. 각 세포는 척수, 심장, 뇌와 같은 가장 핵심적인 기관부터 시작하여 특정 신체 부위로 발달한다. 얼굴과 팔, 다리 역시 발달하기 시작한다. 특별한 문제가 없다면, 온전하게 기능하는 신체 형성이 무난하게 진행된다.

　　마지막 7개월에 해당하는 태아기 동안에는 신체 크기의 발달이 두드러진다. 배아기 말기(임신 후 약 2개월) 배

접합체
정자와 난자가 수정한 후 약 2주까지 태내 인간 조직체

배아
수정 후 2주 이후부터 2개월까지의 태내 인간 조직체

태아
수정 후 2개월 이후부터의 태내 인간 조직체

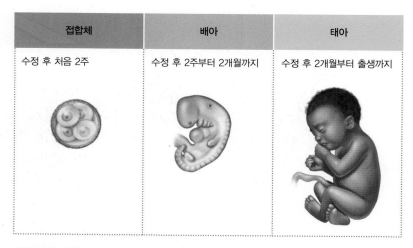

접합체	배아	태아
수정 후 처음 2주	수정 후 2주부터 2개월까지	수정 후 2개월부터 출생까지

그림 9.2　태내 발달 단계　태내 발달 단계는 접합체에서 배아, 그리고 태아로 진행된다.

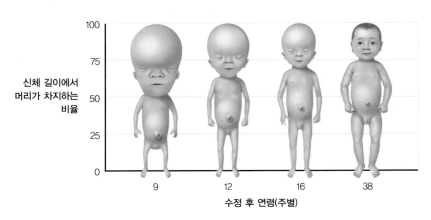

그림 9.3 태아가 형성되는 과정 태내 발달 중 태아 시기가 시작할 때에는 태아의 신체 길이에서 머리가 50%를 차지한다. 시간이 흐르면서 그 비율은 25%까지 낮아진다.

아의 키는 2.54cm, 몸무게는 28.35g 정도 된다. 그런데 임신 9개월 후에는 신생아의 키가 50.8cm, 몸무게는 3.2~3.6kg으로 엄청나게 커진다. 이런 급격한 성장이 일어나면서 태아의 내부 기관들이 각기 독립적으로 기능하기 시작한다. 이 시기에 태아는 이리저리 움직이기 시작하는데, 산모는 태아의 부드러운 발차기가 많아진다는 것을 느낀다(Hepper, 2003). 다양한 신체 부위의 비율도 변하는데(그림 9.3 참조), 다리와 몸통이 조금 더 커지고, 신체 나머지 부분 대비 머리의 가분수 비율은 줄어든다(Adolph & Berger, 2005).

태아에 관한 또 다른 흥미로운 사실은 태아가 주의집중을 한다는 것이다. 태아를 대상으로 수행된 반복 자극을 무시하는 습관화에 관한 연구를 통해 우리는 이미 이것을 알고 있다(제3장에서 다룸). 연구자들은 어떻게 이것을 연구했을까? 연구자들은 태아의 머리 근처에 있는 산모의 배 위에다 작은 스피커를 올려두고 특정 소리를 들려주었다. 태아의 성별 감별을 알 수 있는 초음파를 사용하여, 연구자들은 태아의 반응을 관찰하였다. 처음에 태아는 눈을 깜빡이거나 팔다리를 움직임으로써 반응을 보인다. 그러나 반복 경험을 통해 자동차 오경보를 무시하는 것을 학습하는 것과 동일한 방식으로 소리를 반복해서 듣고 난 후 결국에는 더 이상 반응을 하지 않는다(Bellieni et al., 2005; Hepper et al., 2012; Joy et al., 2012; Leader, 2016). 반응하지 않음으로써 강화를 받아 습관화된 소리에 대한 기억을 태아는 몇 주 후에도 보여주었다(Dirix et al., 2009).

기형유발물질 : 자궁에서의 위험

기형유발물질(teratogen)은 배아나 태아에게 해를 주는 물질이다. 기형유발물질은 다양한 형태로 임산부의 몸에 들어올 수 있다(Fryer et al., 2008; Georgieff et al., 2018; Holbrook & Rayburn, 2014).

- 알코올, 담배 또는 코카인 같은 약물의 남용
- 여드름 약 로아큐탄 관련 약물 처방
- 살충제, 수은, 납과 같은 환경오염
- 수두, 풍진 및 기타 바이러스 관련 질병

일부 여성들은 배아기가 되어서야 자신의 임신을 알아차리기 때문에 임신 사실을 모른 채 기형발생물질에 노출될 수 있다. 이런 사실은 계획하지 않은 임신의 경우에 특히 그렇다. 미국에서는 임신의 반 이상이 계획하지 않은 임신이다(Finer & Zolna, 2011). 표 9.2에는 주요 기형유발물질이 배아나 태아에 미칠 수 있는 효과가 제시되어 있다.

지금까지 가장 많이 연구된 기형유발물질은 알코올이다(Jones & Streissgruth, 2010; Popova et al., 2017). 일반적으로 임산부는 알코올을 피해야 한다고 알고 있지만, 그 구체적 결과에 관해서는 잘 알려져 있지 않다. 가장 심각한 결과는 임신 중 알코올을 과다 섭취하는 산모들의 아기에게 흔히 나타나는 것으로 일련의 신체적·행동적 이상을 보이는 **태아알코올증후군**(fetal alcohol syndrome)이 있다. 태아알코올증후군은 대략 아이 1,000명당 1명 정도지만, 이보다 덜 심각한 태

기형유발물질
배아나 태아에게 해를 끼칠 수 있는 모든 물질

태아알코올증후군
임신 동안 산모가 알코올을 많이 섭취함으로써 태아에게 나타나는 일련의 신체 문제와 행동 문제 양상

표 9.2 배아나 태아에게 영향을 미칠 수 있는 일반적 기형유발물질과 그 결과

기형유발물질	가능한 결과
알코올	심리적 장애, 지적 손상, 얼굴 비정상, 신체 미발달
담배	미숙아 출생, 신체 기형, 신체 미발달
레티노산(비타민A산)	지적 손상, 다양한 기형, 심리적 문제
납	지적 손상, 다양한 신체 질병
수은	지적 손상, 운동장애
풍진 바이러스	지적 손상, 심장, 눈, 귀 이상
수두 바이러스	지적 손상, 저체중, 시각 문제
지카 바이러스	두개골과 뇌의 크기 축소, 발달 지체
암페타민	심리적 장애, 공격성, 규칙 위반 행동
코카인	언어발달 지체, 심리적 장애, 조산아
마약	기억 문제, 지각 문제, 공격성, 충동성, 심장 질환

아알코올효과는 아이 1,000명당 9명 정도가 된다. [일부 연구자들은 임신 중 알코올 사용으로 발생하는 비슷한 문제를 보다 넓은 개념인 **태아알코올스펙트럼장애**로 묶기도 한다(Lange et al., 2018).] 태아알코올증후군은 출생 전과 후 모두 저체중 등 많은 신체 이상을 보이며, 눈이 작고, 윗입술이 얇으며, 인중이 거의 없는 얼굴 특징을 지니고 있다.

태아알코올증후군의 심리적·행동적 이상은 종종 신체적 이상보다 훨씬 더 문제가 심각하다(Popova et al., 2016; Riley & McGee, 2005). 한 연구에서 태아알코올증후군 아동의 87%가 정신장애를 지니고 있는 것으로 나타났다(O'Connor et al., 2002). 가장 흔한 장애는 주의력결핍 과잉행동장애(ADHD), 반항장애, 품행장애, 불안, 우울이다(Fryer et al., 2007; Weyrauch et al., 2017). 이런 장애들은 파괴적 행동이나 불법적 행동과 연결되는데, 따라서 비행청소년들의 23%가 태아 알코올증후군이나 태아알코올효과를 지니고 있다는 사실에 놀랄 것이 없다. 일반 사람들 중에는 이런 증상 중 어느 하나를 갖고 있는 사람이 1% 정도밖에 되지 않는다(Fast et al., 1999; Fast & Conry, 2004). 심리적 장애에 더하여, 태아알코올증후군을 가진 아동은 주의집중, 기억, 수리 능력과 언어 발달에서의 어려움이 있기에 학업 성과에서도 저조함을 보여준다(Fast & Conry, 2009; Mattson & Riley, 1998; Meintjes et al., 2010).

 태아알코올증후군이 있는 아동에게 어떤 일이 일어날까요? 나이가 들면서 더 문제가 될까요?

태아알코올증후군이 있는 아동은 나이가 들어 가면서 심리적 문제나 행동 문제가 없어지지 않는다. 연구는 태아알코올증후군이 있는 성인의 92%는 약물 중독, 알코올 문제, 또는 우울증과 같은 정신 질환이 있는 것으로 진단되었다(Barr et al., 2006; Famy et al., 1998). 특히 아동기 학업에 위험요인이 되는 장애는 계속 지속되고 성인기에 문제를 유발하는 경향이 있다.

보다 최근에 연구자들은 새로 주목받고 있는 기형유발물질인 메스암페타민에 주목하고 있다.

임신 중 알코올을 많이 섭취한 산모는 아이에게 태아알코올증후군이 발생할 수 있는데, 이 경우 심리적 문제와 행동 문제뿐만 아니라 눈이 작고, 윗입술이 얇으며, 인중이 짧은 얼굴을 포함하여 신체적 이상도 나타난다.

연구 결과는 메스암페타민이 알코올만큼 또는 그 이상으로 해를 줄 수 있음을 보여주고 있다. 임신 중에 메스암페타민을 투여한 산모의 아이는 5세 무렵까지 ADHD, 규칙 위반 행동, 사회적 철수 등 행동 문제가 발생할 위험이 2배 이상 된다(LaGasse et al., 2012; Twomey et al., 2013). 또한 이 아이들은 감정과 행위를 조절하고, 주의를 집중하고, 문제를 해결하며, 단기기억을 사용하는 데 상당한 어려움이 있다(Abar et al., 2013).

기형유발물질에 관한 마지막 제언은 교육이 핵심이라는 것이다. 기형유발물질의 위험을 낮추는 데는 임신한(또는 임신할 수 있는) 여성에게 자녀에게 평생 심각한 영향을 주는 문제를 야기할 수 있는 물질에 대해 교육하는 것이 핵심이다(Conover & Polifka, 2011; Shahin & Einarson, 2011). 같은 맥락으로 기형유발물질의 효과를 방지하는 건강한 행동을 하도록 하는 것도 임신했거나 임신할 수 있는 여성에게 도움이 될 것이다. 예를 들어 엽산(시금치나 브로콜리 같은 녹색 야채에 많이 포함되어 있음)을 섭취하는 것은 출생 시 비정상 위험을 낮출 수 있는 것으로 나타났다(Hernandez -Díaz et al., 2000).

학습 확인

9.4 태내 발달은 어떤 순서로 진행되는가?

9.5 무엇이 기형유발물질인가?

9.6 태아알코올증후군이란 무엇인가?

영아기와 아동기

학습 목표

9.7 신생아의 능력

9.8 신체 발달 단계

9.9 피아제 이론에서 아동의 도식 발달 방식 및 동화와 조절

9.10 피아제의 인지발달 단계

9.11 피아제의 일부 결론에 대한 연구자들의 도전

9.12 애착의 세 가지 유형과 안정 애착의 중요성

9.13 부모 양육방식의 차이

9.14 기질의 정의와 기질이 부모-자녀 관계에 미치는 방식

발달심리학자에게 기쁨을 주는 꾸러미는 연구 기회 꾸러미이다. 신생아가 생각하고 느끼는 것을 알기 위해, 발달심리학자는 종종 아이가 소통할 수 있는 것에 근거를 두고 알게 된 추측, 즉 추론에 의존한다(Bornstein, 1999; Cohen & Cashon, 2006). 발달심리학자는 아이가 보여주는 특정 행동—무엇을 응시하는 시간, 얼굴표정과 행위, 울음 등—이 아이의 마음에서 작동하는 무엇을 말해준다고 추론한다. 추론에 근거한 연구를 할 때, 이 접근에는 연구자의 논리적 비약이 일부 있을 수 있기 때문에 결코 완벽할 수 없지만, 이것이 아동을 대상으로 우리가 할 수 있는 최선일 것이다.

신생아의 능력

  신생아는 무력하게 보입니다. 이들은 무엇을 할 수 있나요?

신생아는 많은 것을 할 수 있다. 생후 첫날부터 신생아는 오감이 잘 작동한다(Bornstein et al., 2005). 영아의 후각 능력은 특히 인상적이다. 사람들이 대체로 좋아하는 음식(버터나 바나나 등)을 신생아 코 근처에 놓아두면, 신생아는 미소를 짓는다. 반면에 상한 달걀을 놓아두면 싫어하는 표정을 짓는다(Steiner, 1977).

다른 연구에서 연구자는 생후 2주 된 신생아 엄마들을 대상으로 엄마의 냄새를 확보하기 위해 팔 밑에 거즈를 깔고 잠을 자게 하였다. 그리고 다음 날 신생아의 머리 옆에 신생아 엄마의 냄새가 밴 거즈와 다른 여성의 냄새가 밴 거즈를 두고 테스트하였다. 그다음 연구자들은 신생아가 각 거즈 쪽으로 고개를 얼마나 오랫동안 돌리는지 측정하였다. 일관되게 신생아는 엄마가 아닌 다른 사

람의 거즈보다는 엄마 냄새가 나는 거즈 쪽으로 훨씬 더 오래 고개를 돌렸다. 연구자들은 이 결과를 신생아가 냄새를 구분할 줄 알고, 특정 냄새를 다른 냄새보다 더 선호한다고 해석하였다(Cernoch & Porter, 1985). 미숙아에 관한 보다 최근의 연구에서, 계피 냄새로 코가 자극받았던 미숙아들은 그런 자극이 없었던 미숙아들에 비해 인큐베이터에 있는 수유관에서 모유로의 전환이 훨씬 빨랐고, 더 빨리 집으로 갔다(Van et al., 2018).

신생아의 시각은 후각만큼 우수하지는 않지만, 중요한 것을 파악할 정도로는 좋다. 신생아는 모든 거리에 있는 대상에 초점을 맞추지는 못한다. 그러나 약 20~30cm 정도 떨어진 대상에는 초점을 잘 맞추는데, 이 거리는 아이의 얼굴과 젖을 먹이는 엄마의 얼굴 간 거리가 된다(Slater & Johnson, 1998). 출생 후 며칠 이내, 신생아는 다른 여성의 얼굴보다 엄마의 얼굴을 선호한다. 이런 주장은 엄마의 얼굴을 더 오래 응시한다는 결과를 통해 연구자들이 추론한 것이다(Bushnell, 2001; Bushnell et al., 1989; Pascalis et al., 1995; Sugden & Marquis, 2017; Sugden & Moulson, 2018). 실제로 신생아는 태어난 지 몇 시간이 지나지 않아 다른 이미지보다 얼굴 모양을 선호한다(Legerstee, 1992; Opfer & Gelman, 2011). 구체적으로 보면, 아동은 눈, 코가 없는 얼굴이나 뒤죽박죽 얼굴보다는 사람 얼굴같은 모양을 더 오래 쳐다본다(그림 9.4). 이 결과는 태어난 지 9분 된 신생아에게 나타났다(Fantz et al., 1975; Goren et al., 1975; Johnson et al., 1991; Mondloch et al., 1999; Nelson et al., 2006; Rakison & Poulin-Dubois, 2001; Valenza et al., 1996).

청각과 관련해서 신생아는 제한적이지만 기본적 능력을 갖고 태어난다. 신생아는 엄마의 목소리와 다른 여성의 목소리를 구분할 수 있다. 연구자는 신생아에게 소리를 듣는 장치를 부착한 후 신생아가 소리를 듣고 인공젖꼭지를 빠는 비율을 측정함으로써 이런 결론을 내리게 되었다. 신생아들은 낯선 이의 목소리를 듣는 것보다 엄마의 목소리를 들을 때 인공젖꼭지를 더 빠르게 빤다(DeCasper & Fifer, 1980; DeCasper & Spence, 1986). 또한 신생아는 청각 경험과 감각 경험을 조합할 수도 있다. 한 연구에서 연구자는 태어난 지 1주일이 채 안 된 신생아에게 짧은 비디오를 보여주었다. 스크린의 왼쪽에서 공이 움직여 신생아를 향해 왔다. 동시에 스크린 오른쪽에서는 동일한 공이 신생아로부터 멀어져 갔다. 비디오 소리 크기는 높아지거나 낮아지는 둘 중의 하나였다. 여러분이 예상하는 바와 같이, 신생아들은 소리가 커질 때에는 자기 앞으로 오는 공을 더 오래 응시하였고, 소리가 줄어들 때에는 자기로부터 멀어지는 공을 더 오래 응시하였다. 즉 신생아들은 소리의 변화와 일치하는 공을 더 오래 응시하였다(Orioli et al., 2018).

감각 능력을 넘어, 신생아는 많은 다른 것을 할 수 있다. 그림 9.5에서 보는 바와 같이, 신생아는

신생아는 탁월한 감각 능력을 갖고 있다. 예를 들어 단지 2주 된 신생아는 자기 엄마 냄새와 다른 여성의 냄새를 구분할 수 있다(Cernoch & Porter, 1985).

그림 9.4　신생아가 보는 것　출생 직후 몇 분간, 영아는 오른쪽 도형보다 왼쪽 도형을 더 오래 응시하는데, 이는 영아들이 얼굴같은 도형과 다른 이미지를 구분할 수 있다는 것을 시사한다.

| 빨기 반사 | 잡기 반사 | 걷기 반사 | 근원찾기 반사 | 모로 반사 |

그림 9.5 신생아가 보이는 반사 신생아는 빨기, 잡기, 걷기, 근원찾기(어떤 물체가 신생아의 뺨에 닿으면 고개를 돌리고 입을 여는 것) 그리고 모로 반사(놀라면 팔을 바깥으로 올리는 것)를 포함하여 많은 반사를 보인다.

다양한 반사를 보인다. 신생아는 젖꼭지(또는 손가락, 또는 거의 모든 물체)가 입안에 들어오면 **빤다(빨기 반사)**. 신생아는 자신의 손바닥에 다른 사람의 손가락이 닿으면 **잡고(잡기 반사)**, 신생아를 바로 세워 발이 바닥에 닿도록 하면 다리로 **걷는다(걷기 반사)**. 물체가 신생아의 볼에 닿으면 **고개를 돌려 입을 벌린다(근원찾기 반사)**. 또한 갑자기 놀라게 되면 팔을 들어 올리는 **모로 반사** 반응을 보인다(Adolph & Berger, 2005; Kisilevsky et al., 1991; von Hofsten, 2003). 물론 우리는 신생아가 자신이 필요한 것을 알리기 위해 우는 능력을 갖고 있음을 잘 알고 있다. 신생아의 다양한 능력은 그들의 뇌가 수행을 매우 잘하고 있음을 보여준다.

신체 발달

인생의 어느 시점에서 누군가는 여러분에게 이렇게 말할 것이다. "와, 네가 이렇게 자라다니 믿을 수가 없네!" 영아기와 아동기에 일어나는 신체 발달은 엄청나다. 여기서는 신체 발달의 세 가지 측면, 즉 뇌의 발달, 감각 발달 그리고 운동 발달에 관해 살펴보기로 하자.

뇌의 발달 생후 첫 3년 동안 아동의 뇌는 무게가 3배가 된다. 10세까지는 이보다 조금 더딘 속도로 계속 성장한다. 첫돌과 두 돌 사이에 뉴런을 연결하는 시냅스 수는 초당 40,000개 증가하며, 초기 아동기를 거치면서 총 약 1,000조 개의 시냅스가 형성된다(Zelazo & Lee, 2010).

뉴런의 이러한 엄청난 성장과 연결은 예측 가능한 순서로 발생한다. 첫 번째 급등은 시각피질에서 일어나고, 그다음 듣기와 언어를 담당하는 뇌 영역에서 일어난다. 마지막에는 전두엽 피질이 발달하는데, 이 부위는 사고, 계획 세우기, 문제 해결을 담당하는 부위이다(Huttenlocher & Dabholkar, 1997). 기억체계를 구성하는 전두엽 뉴런은 완전히 발달하는 데 보다 많은 시간이 걸리는데, 이런 사실은 2~4세 전에 일어났던 것을 기억할 수 없는 **영아기 기억상실증**을 설명해준다(Bauer et al., 2011; Madsen & Kim, 2016; Schneider, 2011).

성숙은 뇌 발달을 촉진할 수 있다. 그런데 후천적 경험이 뇌 발달을 이끈다. 인생 초기 경험은 아동의 뇌 성장 방식에 영향을 준다(Cole, 2006; Le Grand et al., 2001; Maurer et al., 2005). 예를 들어 연구자들은 아주 어린 시기에 백내장을 포함하여 심각한 시각 문제를 치료받은 사람들의 시각 능력을 연구하였다(Le Grand et al., 2004). 사람 얼굴을 정확하게 보는 이들의 능력은 인생 후반기에도 여전히 정상 범위에 훨씬 미치지 못했다. 그것은 치료 전 시각 자극의 결핍으로 인해 뇌의 시각 관련 영역이 미발달하여 이 영역들이 온전하게 회복될 수 없었기 때문이다.

이와 유사하게, 영아의 옹알이는 모든 인간 언어의 기본 소리를 포함하고 있지만, 생애 첫해에는 대체로 하나의 언어만 듣는다. 그 결과, 뇌의 사용하지 않는 부분은 사라지면서 그 한 언어를 위한 회로가 강화된다. 나무의 특정 가지를 잘라내고 나머지 부분은 더 잘 자라도록 하는 것과 마찬가지로 뉴런과 시냅스는 자연스러운 가지치기 과정을 거치게 된다(Kuhl, 2004; Nelson et al., 2006). 이는 어린 아동이 성인보다 새로운 언어를 더 잘 배울 수 있는 이유가 된다. 즉 아동은 가지 치기 작업이 아직 완전하지 않기 때문에 여전히 뇌에서 새로운 연결이 가능한 회선을 갖고 있다는 것이다.

일련의 고전적 실험은 환경이 뇌 발달에 미치는 영향을 보여준다(예 : Diamond et al., 1966, 1975; Globus et al., 1973; Krech et al., 1966; Renner & Rosenzweig, 1987; Rosenzweig et al., 1962). 1960년대와 1970년대 연구자들은 어린 쥐를 풍부한 환경 또는 결핍된 환경 중 어느 하나에 두었다. 풍부한 환경이란 상호작용할 수 있는 다른 쥐들과 함께 보고, 듣고, 행동할 수 있는 다양한 물건이 있는 환경이다. 결핍된 환경이란 음식과 물 이외에는 아무것도 없는 환경으로 보고, 듣고, 활동할 수 있는 것이 하나도 없고, 친구 쥐도 없는 경우이다. 연구자들은 이 쥐들의 뇌를 살펴본 결과, 풍부한 환경에 살았던 쥐는 뉴런 수도 많고, 뉴런도 더 크고, 뉴런 간을 연결하는 시냅스도 더 많은 등 뇌의 연결 회선이 풍부한 것으로 나타났다. 가장 중요한 효과는 가장 어린 쥐들에게서 나타났다. 최근 연구는 나이 든 쥐의 뇌도 환경에서 주어지는 자극의 양에 영향을 받을 수 있음을 보여주고 있다(Kempermann et al., 1997; Song et al., 2005; van Praag et al., 2000). 아마도 환경이 그리 풍요롭지 않은 빈곤 가정에서 성장한 아동의 뇌는 잘 사는 가정에서 성장한 아동의 뇌에 비해 덜 충분히 발달한다는 것은 의심의 여지가 없을 것이다(Hair et al., 2015; Johnson et al., 2016; Kim et al., 2019).

감각 발달 영아에게서 급속하게 증가하는 뇌 능력은 감각 기술을 증진시킨다. 생후 한 달 안에 영아는 주변에 있는 사람들의 얼굴표정을 지각하는 능력이 증가한다. 실제로 일부 연구는 우울한 엄마의 영아가 비우울 엄마의 영아에 비해 종종 엄마 얼굴에서 보는 풀이 죽은 얼굴과 일치하는 다양한 강도의 미소와 찡그림을 선호한다는 것을 발견하였다(Kellman & Arterberry, 2006). 비얼굴보다 사람의 얼굴을 더 선호하는 영아의 시각적 선호는 시간이 지날수록 더 분명해져, 생후 2개월이 되면 신생아는 장난감 원숭이보다는 사람을 향해 더 많이 웃고 옹알이를 하며 더 좋아한다(Legerstee et al., 1987). 3개월경에는 마네킹이나 인형보다 실제 사람을 더 오래 응시한다(그리고 심장 박동도 더 빨라진다)(Brazelton et al., 1974; Field, 1979; Klein & Jennings, 1979). 청각을 보면, 영아는 생애 첫 몇 개월 안에 말이 아닌 소리보다는 말소리를 강하게 선호한다(Vouloumanos et al., 2001, 2010; Vouloumanos & Werker, 2004, 2007).

운동 발달 많은 부모들이 잘 움직이지 못하던 아이가 자라서 거의 밤새도록 쉬지 않고 재빨리 움직일 수 있는 아이가 된다고 말한다. 부모는 아동에게 나타나는 운동 기술의 순서를 서술할 수도 있다. 아이가 머리와 몸통을 들어 올리기 위해 일단 손이나 팔꿈치에 기대어 자신을 지탱할 수 있는 능력이 발달하면, 아이는 다음의 순서로 움직여 돌아다니게 된다—뒤집기, 앉기, 기어다니기, 일어서기, 돌아다니기(의자나 낮은 탁자와 같은 정지된 물체를 붙잡으면서 조금 돌아다니기) 그리고 최종적으로 걷기(Adolph & Berger, 2005, 2006). 전 세계 아동의 운동 발달은 가족이나 문화의 영향이 최소한으로 작용하며 거의 비슷한 시기에 동일한 순서를 따른다. 이는 운동 발달이 환경보다는 생물학에, 경험보다는 유전에 의해 더 영향을 받음을 시사한다.

인지발달

아동이 주변 세상에 관해 사고하고 이해하는 방식의 변화를 의미하는 인지발달을 이해하는 데는

아동의 운동 발달은 전 세계적으로 동일한 순서를 따른다. 세 가지 대표적인 것으로 앉기, 기어다니기, 걷기가 있다.

도식
새로운 정보를 의미 있게 만드는 방식을 안내하는 개념이나 정신적 표상

동화
새로운 정보를 기존의 도식에 맞게 분류하는 과정

조절
새로운 도식을 수정하거나 형성하여 새로운 정보를 의미 있게 만드는 분류 과정

장 피아제의 주장이 중심적 역할을 한다(Beins, 2012; Messerly, 2009; Smith, 2009). 1896년부터 1980년까지 스위스에서 살았던 피아제는 100권 이상의 책과 600편 이상의 논문을 통해 아동 발달에 관한 포괄적 이론을 개발하였다(예 : Piaget, 1924, 1926, 1929, 1936/1952, 1983). 그의 이론은 이후 수많은 발달심리학자들의 경험적 연구를 자극하였다. 그의 이론을 지지하는 연구든(대부분의 연구) 아니면 반박하는 연구든(일부 연구), 피아제는 아동의 마음이 어떻게 작동하는지에 관한 연구의 기초를 마련하였다. 도식, 인지발달 단계를 포함한 피아제의 가장 중요한 주장의 일부를 살펴보자. 그다음 피아제 이론을 검증한 보다 최근 연구들과 피아제 이론의 대안을 살펴보기로 하겠다.

도식   피아제가 관찰했던 가장 기본적인 것 중 하나는 우리는 각자 세상에 있는 엄청나게 많은 것을 범주 또는 정신 '상자'로 분류한다는 것이다(Birney et al., 2005; Halford & Andrews, 2006; P. H. Miller, 2011). 피아제에 따르면, 각 범주 또는 정신 상자가 바로 **도식**(schema)이다. 도식은 새로운 정보를 의미 있게 만들도록 안내하는 개념 또는 정신적 표상이다. 일단 도식이 형성되면, 이 도식은 여러분이 접하는 새로운 정보를 이해하는 데 무한 적용된다. 이런 분류 과정이 **동화**(assimilation)이다. 동화는 새로운 정보를 기존의 도식으로 분류하는 것이다. 물론 때로 어떤 항목은 현존하는 도식에 맞지 않거나 세부 분류가 필요하거나 재규정해야 할 경우도 있다(Gelman & Kalish, 2006). 이런 과정이 **조절**(accommodation)이다. 조절은 도식을 수정하거나 새로운 도식을 만들어냄으로써 새로운 정보에 의미를 부여하는 것이다.

도식, 동화, 조절의 예를 들어보자. 샌드위치에 대해 방금 학습한 어린 소년 엘리를 생각해보자. 엘리는 빵 2조각이 있고 그 사이에 무언가가 있는 물체를 처음 보고, 그것의 이름이 샌드위치라는 것을 듣는다. 그때 엘리의 마음에는 '샌드위치'라는 새로운 하나의 도식이 형성된다. 그날 오후 땅콩잼과 딸기잼이 발린 두 쪽의 토스트를 보고 '샌드위치'라고 소리친다. 다음 날 보리빵 사이에 칠면조 슬라이스가 들어 있는 엄마의 점심을 보고, '샌드위치'라고 소리친다. 불과 며칠 전까지 샌드위치라는 이름도 모르고 범주도 몰랐던 엘리가 도식 덕분에 그가 보는 모든 샌드위치를 이 새로운 정신 상자에 동화시킬 수 있는 것이다(Golinkoff et al., 1995; Quinn, 2011; Waxman & Leddon, 2011).

그리고 그다음 날 엘리는 타코를 보고 '샌드위치'라고 말한다. 물론 그의 샌드위치 도식의 잘못된 적용에 대해 엄마는 친절하게 교정해준다. "아니야, 엘리, 저것은 타코란다." 따라서 엘리는 새로운 도식, 즉 '타코' 도식을 형성함으로써 도식을 조절한다. 시간이 지나면서 엘리는 '버거', '칼초네(밀가루 반죽 사이에 고기, 치즈, 야채 등을 넣고 만두처럼 만들어 오븐에 구운 이탈리아 요리)', '사모사(감자, 완두, 다진 고기 등을 향신료로 간을 해서 페이스트리 반죽으로 만든 피 속에 넣고 튀겨낸 인도요리)', '엠파나다(곱게 다진 고기나 생선살을 두 겹의 페이스트리에 싸서 오븐에 굽거나 기름에 튀긴 것)', '키니시(감자, 쇠고기 등을 밀가루 반죽으로 밀어서 싸서 튀기는 것)'라는 분리된 도식을 형성함으로써 새로운 지식을 조절한다. 그리고 엘리는 그가 지녔던 원래 '샌드위치' 도식을 'BLT(빵에 베이컨, 양상추, 토마토가 들어간 샌드위치)', 'sub 샌드위치(길쭉한 빵에 고기, 치즈와 채소 등을 듬뿍 채운 샌드위치)', '필라델피아 치즈스테이크(얇게 저민 스테이크에 녹인 치즈, 튀긴 양파를 얹은 샌드위치)' 등의 보다 작은 도식으로 세분한다.

엘리가 성장하면서, 샌드위치뿐만 아니라 그가 접하는 모든 것에 대해 엘리의 도식은 단순한 것에서 복잡한 것으로 발달한다. 엘리가 도식을 사용하여 분류해야 할 서로 다른 대상들의 예로는 가구(소파, 2인용 소파, 안락의자), 날씨(비, 진눈깨비, 우박), 기술(스마트폰, TV 리모콘, 비디오

표 9.3 피아제의 인지발달 단계

단계	연령	특징	핵심 도전
감각운동기	0~2세	세상을 이해하기 위해 감각 경험(만지기, 맛보기, 보기 등) 사용	대상영속성
전조작기	2~7세	언어와 다른 상징을 사용하지만 정신 조작은 제한되어 있음	가장놀이 보존개념 마음 이론 자아중심성
구체적 조작기	2~11세	구체적 대상에 대해 논리적으로 사고하나 추상적 대상에 대해서는 그렇지 못함	가역성 이행적 추론
형식적 조작기	11세~성인기	추상적 대상에 대해 논리적으로 사고	

게임 조종기), 감정(분노, 질투, 혐오) 등이 있다.

피아제의 인지발달 단계　피아제는 아동의 사고발달이 서로 구분되는 단계를 거친다고 생각하였다. 피아제의 관찰에 따르면, 아동은 몇 년간 동일한 사고방식을 고수하고, 그 후 아주 짧은 시간 동안 새로운 사고방식으로 옮겨 간다. 피아제는 서로 다른 이 단계들은 주로 생물학적으로 결정되며 환경이나 경험에 의해 최소한으로 영향을 받는다고 주장한다. 즉 세상의 아동은 동일한 순서로 비슷한 연령에 동일한 단계를 거친다는 것이다(Keil, 2006; Messerly, 2009; P. H. Miller, 2011). 표 9.3에는 피아제의 네 단계인 감각운동기, 전조작기, 구체적 조작기, 형식적 조작기에 관한 요약이 제시되어 있다. 보다 자세히 살펴보기로 하자.

감각운동기　감각운동기(sensorimotor stage)는 피아제 발달 이론의 첫 단계로, 유아가 감각 경험을 통해 세상을 이해하는 출생 후 2년까지의 시기이다. 유아는 보고, 듣고, 냄새 맡고, 만지고, 맛을 봄으로써 세상을 알아간다. 유아는 아직은 상상을 잘 하지 못하고 많은 것을 기억하지 못하기 때문에 직접 경험이 결정적이다. 예를 들어 유아가 시리얼에 관해 어떻게 학습하는지 생각해보자. 유아는 맛, 촉감, 색깔, 크기, 그리고 모양으로 알게 된다. 유아들은 아직은 시리얼이 없을 때, 시리얼을 상상하는 능력을 갖고 있지 않고, 시리얼을 설명하는 것을 이해하지 못한다. 유아는 눈으로 시리얼을 보아야 하고, 자기 손가락으로 시리얼을 만져야 하고, 혀로 맛을 보아야 한다. 유아는 시리얼 알맹이를 파악하기 위해 직접 시리얼을 경험해야 한다.

 직접 경험의 중요성이 유아가 까꿍놀이를 좋아하는 이유를 설명할 수 있나요?

물론 그렇다. 까꿍놀이가 직접적인 감각 경험을 필요로 한다는 점을 고려해보면, 까꿍놀이가 감각운동기 동안 유아가 좋아하는 놀이라는 것이 이해된다(Parrott & Gleitman, 1989; Singer & Revenson, 1996). 이렇게 생각해보라. 여러분 이모가 오늘 여러분과 까꿍놀이를 한다면, 여러분은 이모가 얼굴을 숨겼을 때에도 이모는 존재한다는 것을 분명히 알고 있다. 그런데 만약 여러분이 어린아이였다면, 여러분은 이모가 여러분 눈 앞에서 잠시 보이지 않으면 이모는 사라진 것이 된다. 그래서 이모가 다시 보이면 이것은 기적이고 놀라운 일이 되는 것이다!

여러분에게는 까꿍놀이가 더 이상 재미있지 않은데, 그것은 **대상영속성**(object permanence) 개념이 발달되었기 때문이다. 대상영속성은 여러분이 사물을 보거나 듣거나 파악할 수 없음에도 불

생후 2년까지 지속되는 감각운동기 동안, 아동은 감각 경험을 통해 세상을 이해한다. 예를 들어 시리얼을 경험하는 방식은 맛보고, 냄새 맡고, 촉감을 느끼고, 눈으로 보는 것이다.

생후 1년 무렵 나타나는 대상영속성은 특정 물체를 볼 수 없음에도 불구하고 그 물체가 계속 존재한다고 이해하는 능력이다. 대상영속성이 없으면, 아동은 그 물체가 사라졌다고 생각하기 때문에 보이지 않는 물체를 찾지 않을 것이다(이 사진에 보이는 천을 들추어 숨겨진 장난감을 찾는 아이와는 다름).

구하고 그 사물이 여전히 존재한다는 것을 아는 능력이다. 피아제는 감각운동기 전반부에는 대상영속성이 획득되지 못하고 첫돌 무렵 획득된다고 주장한다(Piaget, 1936/1952, 1954). 어린 영아의 대상영속성 부족이 보여주는 바와 같이, 피아제는 간단한 방식으로 (천 아래에) 아동의 장난감을 숨기는 실험을 통해 보여주었다. 대상영속성이 아직 발달되지 않은 아동은 장난감을 찾지 않지만(장난감이 사라졌다고 생각), 더 나이가 들면 장난감을 찾는다. 보다 나이 든 아동은 잠시 장난감을 볼 수 없지만 그래도 그 장난감이 여전히 존재한다는 것을 알고 있다.

전조작기   감각운동기 다음은 **전조작기**(preoperational stage)로, 약 2~7세까지에 해당된다. 이 시기에 아동은 언어와 실제 대상을 대신하는 상징을 사용할 수 있지만, 여전히 많은 정신적 조작을 온전하게 하지 못한다. 이 시기에 아동은 사물을 마음에 표상하는 능력을 발달시킨다. 아동은 더 이상 직접적이고 실제적인 감각 경험에 의존하지 않는다. 전조작기의 대표적 지표 중 하나는 가장놀이인데, 이는 아동이 사람들에게 가상적인 역할을 부여하거나(친구에게 "너는 엄마 해라, 나는 애기 할게"라고 말하는 것), 또는 사물에다 가상적 역할을 부여할 때(머리빗을 전화기처럼 사용하는 것) 생겨난다(Lillard, 2017; Müller, 2009; Müller & Racine, 2010). 이 사례들은 아동이 대상의 문자적 의미를 벗어나, 그 대상이 그 이외의 것이 될 수 있음을 상상하는 능력이 있음을 보여준다.

전조작기 동안 아동의 수리 능력이 꽃을 피운다. 그런데 이 시기 내내 아동은 지속적으로 보존개념과 씨름하게 된다. **보존개념**(conservation)은 수나 양이 모양과 관계없이 동일하다는 정신 조작이다. 가장 잘 알려진 피아제의 보존개념 실험에는 동일한 양의 액체가 들어간 2개의 유리잔을 보고 판단하는 실험이 있다. 똑같은 모양의 유리잔에 담긴 액체 중 하나를 가늘고 길게 생긴 유리잔에 부으면, 아직 보존개념이 습득되지 않은 아동은 즉각 새롭게 담긴 긴 유리잔의 액체가 더 많다고(긴 유리잔의 액체 높이가 더 높기 때문) 대답한다. 마찬가지로 보존개념이 습득되지 않은 아동에게는 피자 밀가루 덩어리가 넓게 펼쳐지면 더 많은 것이 된다(Martí, 2003).

전조작기의 또 다른 표시는 아동의 마음 이론 발달이다. **마음 이론**(theory of mind)은 자신과 타인의 사고, 감정, 의도나 정신활동을 이해하는 것이다. 간단하게 말하자면, 전조작기 아동은 더 이전 시기에는 획득하지 못했던 타인의 머릿속으로 들어가는 능력을 습득한다(Carpenter, 2011; Lewis & Carpendale, 2011; Meltzoff, 2011; Perner, 1999; Schaafsma et al., 2015; Wellman et al., 2003). 이 아동들의 언어에는 이런 새로운 능력이 잘 반영되는데, 아동은 이 시기에 원하다, 생각한다, 느낀다와 같은 정신적 사건을 칭하는 단어를 급속하게 사용한다(Bartsch & Wellman, 1997; Wellman, 2011).

마음 이론의 출현을 보여주는 한 연구에서, 6개월 된 아동 또는 18개월 된 아동이 장난감을 갖고 있는 성인 여성 옆에 앉는다. 그런데 이 여성은 아동에게는 장난감을 주지 않았고, 장난감을 실수로 떨어뜨리거나 아니면 여성이 장난감을 갖고 놀았다. 18개월 아동은 여성이 장난감을 떨어뜨릴 때보다는 여성 자신이 갖고 놀 때 더 많은 욕구좌절을 경험했고 더 많은 인내심을 보여주었는데, 이는 두 조건에서 아동이 기다리는 시간이 동일할 때에도 그랬다. 분명한 것은 18개월 아동이 여성의 의도를 읽을 줄 안다는 것이다. 따라서 아동들은 여성이 장난감을 우연히 떨어뜨릴 때보다 장난감을 갖고 놀 때 그 여성의 이기성을 파악하기 때문에 더 속상해하는 것이다. 6개월 된 어린

전조작기
피아제 인지발달의 두 번째 단계로, 2~7세 사이에 해당되며, 아동은 언어와 상징을 사용할 수 있지만 많은 정신적 조작을 할 수는 없음

보존개념
그 모양에 관계없이 양이나 수가 일정하다는 정신적 조작

마음 이론
자신과 타인의 사고, 감정, 의도 및 기타 정신적 활동을 이해하는 것

전조작기는 아동에게 보존개념이 생기거나 모양에 관계없이 양이 일정하다는 것을 이해하게 되는 때이다. 보존개념을 습득하기 전 아동은 (사진의 소녀처럼) 양이 높이가 높거나 모양에 따라 '더 많다' 또는 '더 적다'고 생각하는 오류를 범한다.

자아중심성
자신의 입장이 아니라 타인의 입장에서 상황을 이해하는 능력의 부족

아동은 이런 차이를 보여주지 않았다. 어린 아동은 기다리는 이유에 관계없이 똑같이 화를 냈는데, 아마도 이 아동들은 아직은 여성의 의도를 이해할 수 없었기 때문이었을 것이다(Behne et al., 2005; 또한 Carpenter et al., 1998; Tomasello et al., 2005 참조).

일부 연구자들은 마음 이론의 미발달이 타인과의 사회화와 타인의 눈으로 세상을 보는 것이 어려운 자폐스펙트럼장애와 연관되어 있는지 탐색하였다(Baron-Cohen, 1995, 2000; Bowler, 1992; Leppanen et al., 2018; Perner et al., 1987; Wimmer & Perner, 1983). 이 둘 간의 연결을 살핀 연구들은 그림 9.6에 제시된 바와 같은 틀린 믿음 과제(false-belief task)에 근거한 연구방법을 사용한다. 이 방법은 샐리라는 한 소녀에 관한 이야기를 아동에게 들려주는 것인데, 샐리는 어떤 물건(일반적으로 장난감이나 초콜릿)을 어느 한 상자에 넣은 후 방을 나간다. 그런데 샐리가 방을 나간 후에 다른 소녀가 방에 들어와서 그 물건을 다른 상자로 옮겨 버린다. 샐리는 방에 다시 돌아왔을 때 그 물건을 어느 상자에서 찾을까? 발달장애가 없는 아동들의 경우에는 85%가 정확하게 샐리가 떠났을 때 넣은 상자에서 찾을 것이라고 말한다. 반면에 자폐스펙트럼장애가 있는 아동의 경우에는 80%가 샐리가 현재 물건이 들어 있는 상자에서 찾을 것이라는 틀린 대답을 한다(중요한 점은 이 연구에 참여한 아동들은 전조작기에 해당하는 연령보다 더 나이가 많기 때문에 마음 이론을 어느 정도 기대하는 것이 적절할 수 있다는 것이다).

연구자들은 이 결과를 자폐스펙트럼장애(이 아동의 지능은 장애가 없는 아동과 지능이 비슷하거나 더 높다)가 샐리가 생각하는 상황을 가정할 수 있는 마음 이론이 부족하다는 것을 시사하는 것으로 해석한다. 이는 자폐스펙트럼장애를 가진 아동은 그 상황을 보는 자신의 방식이 모든 사람도(샐리 포함) 그렇게 보는 방식이라고 가정한다는 것이다(Baron-Cohen et al., 1985, 1997). 다른 연구자들은 이런 해석과 달리 자폐스펙트럼장애는 마음 이론의 부족 이상의 보다 복잡한 장애라고 주장한다. 구체적으로 연구자들은 자폐스펙트럼장애를 가진 아동들은 능력보다는 타인의 정신 활동을 이해하려는 동기 부족일 수 있다고 주장한다(Carpendale & Lewis, 2010; Chevallier, 2012; Chevallier et al., 2011; Schultz, 2005).

마음 이론이 발달하기까지, 아동의 사고는 자아중심성에 의해 주도되는데, **자아중심성**(egocetrism)은 자신의 입장이 아니라 타인의 입장에서 상황을 이해하는 능력의 부족을 의미한다. 자아중심성과 마음 이론에 의해 영향을 받는 아동은 종종 두 가지 조망—타인이 세상을 보는 방식으로 보는 것과 자신의 입장으로 보는 방식—이 혼합되어 있음을 보여준다. 예를 들어 3살 된 케니의 할아버지가 미끄러져 넘어져 엉덩이를 다쳤다. 어른들은 구급차가 도착하기까지 케니의 할아버지를 편안하게 해주려고 애를 쓴다. 케니는 할

그림 9.6 틀린 믿음 과제 틀린 믿음 과제는 종종 마음 이론을 검증하는 데 사용되는 연구 방법이다. 틀린-믿음 과제에서 참여 아동은 어느 한 상자에 물건을 넣고 방을 나가는 샐리에 관한 이야기를 듣는다. 샐리가 나간 후 다른 아이가 그 물건을 다른 상자로 옮겨버린다. 샐리가 방에 돌아와서 그 물건을 어디에서 찾을까? 온전한 마음 이론이 있는 아동은 전형적으로 샐리가 처음의 상자에서 찾을 것이라고 이해하고 있지만, 마음 이론이 불완전한 아동(자폐스펙트럼장애 아동 포함)은 샐리가 두 번째 상자에서 찾을 것이라고 잘못 이해할 것이다. 이런 오류는 특정 상황을 보는 자신의 관점과 타인의 관점이 다르다는 것을 알지 못한다는 것을 말해준다.

구체적 조작기
피아제 인지발달의 세 번째 단계. 7~11세 사이에 해당되며, 아동은 구체적 대상에 대해 논리적으로 생각하는 능력을 획득함

형식적 조작기
피아제 인지발달의 마지막 단계. 대략 11세에 시작하여 성인기까지 계속됨. 추상적 대상에 관해서도 논리적으로 생각할 수 있음

아버지에게 자신의 곰 인형과 일회용 밴드를 드리면서 "할아버지, 여기 있어요. 이거 있으면 덜 아플 거예요!"라고 말한다. 케니의 마음 이론은 할아버지가 받고 있을 고통을 인식하게 해주지만, 케니의 자아중심성은 할아버지의 고통을 덜어드리기 위해 어떤 도움을 줄지에 대한 고려에는 한계를 보인 것이다.

구체적 조작기   피아제의 세 번째 단계는 **구체적 조작기**(concrete operational stage)로, 7~11세 사이 아동이 구체적 대상에 대해 논리적으로 생각하는 능력을 습득하는 시기이다. 이들은 보존개념을 온전하게 습득한다. 또한 대상에 대해 정신적 조작을 수행하는 능력이 극적으로 증가하는데, 정신적 조작은 자신의 손에 있는 실제 물건이 아니라 자신의 머릿속에 표상된 대상에 대한 조작을 의미한다(Bibok et al., 2009). 이런 정신적 조작의 하나가 가역성인데, 여기에는 특정 수리적 짝(더하기-빼기)이 어떻게 반대가 되는지를 이해하는 것이다. 자기 방에 현금 10달러가 있었는데 지금은 7.5달러가 남아 있는 11세 소녀를 상상해보자. 이 소녀의 머릿속은 없어진 2.5달러를 계산하기 위해 뺄셈을 사용한다. 이후 이 소녀는 사라진 2.5달러를 며칠 전에 입었던 자신의 청바지 주머니에서 찾아낸다. 이 사실을 알고 난 후에 이 소녀는 자신이 얼마를 가졌는지 확인하기 위해 7.5+2.5=10이라고 다시 계산할 필요는 없다. 이 소녀는 더하기의 반대가 빼기라는 것을 이해하고 있기 때문에, 다시 정확하게 10달러를 갖고 있다는 계산을 하지 않고 넘어갈 수 있다.

구체적 조작기의 또 다른 성취는 이행 추론이다(Halford & Andrews, 2006). 여러분은 수학에서 만약 A가 B와 같고, B가 C와 같다면, A는 C와 같아야만 한다는 이행 원리를 기억할 수 있을 것이다. 구체적 조작기의 아동은 이행 추론의 수리 버전을 이해하게 된다. 예를 들어 김 선생님이 과학 담당 오 선생님만큼 거칠고, 또한 오 선생님이 다른 과목을 맡고 있는 박 선생님만큼 거칠다면, 김 선생님은 박 선생님만큼 거칠어야 한다.

형식적 조작기   피아제의 네 번째 단계이자 마지막 단계는 **형식적 조작기**(formal operational stage)이다. 대략 11세부터 시작되어 성인기까지 지속되는 이 단계에서 개인은 추상적 대상에 대해서도 논리적으로 생각할 수 있게 된다. 형식적 조작기와 구체적 조작기의 핵심 차이는 정신적 조작이 구체적 대상에만 적용되지 않는다는 것이다. 이론적이고, 비유적이며, 개념적·정신적 조작이 가능해진다. 예를 들어 형식적 조작기 동안 개인은 정치적 접근(진보냐 보수냐), 종교적 신념(보이지 않는 대상과 종교의 상징), 그리고 철학적 관점을 이해할 수 있는 능력이 발달한다. 여러분 자신의 경험을 한번 회고해보라. 아마도 여러분은 중학교나 고등학교에 입학하기 전까지는 학교에서나 가족이나 친구와 함께 이런 주제를 논의해보지 않았을 것이다.

피아제는 모든 사람이 다 형식적 조작기에 이르지는 않는다고 주장하였다. 몇몇 경험적 연구들은 피아제의 주장이 옳음을 보여주고 있다(Neimark, 1975; Renner et al., 1976; Sutherland, 1992). 그리고 미국 고등학생의 3분의 1만이 온전하게 형식적 조작기에 도달하는 것으로 추정하는 연구도 있다(Kuhn et al., 1977). 보다 최근의 연구에서는 이런 추상적 추론을 할 수 있는 사람들은 특히 수학과 컴퓨터 과학과 연관된 직업에서 상당한 강점을 발휘할 수 있음을 보고하고 있다(Frorer et al., 1997; Kramer, 2007).

피아제 이론의 대안으로서 비고츠키 이론   경험적 방법에 근거하여 피아제의 이론에 이의를 제기하는 연구자들이 나오기 전, 비고츠키는 피아제 이론에 대항하는 자신의 이론을 구성하였다. 피아제가 스위스에서 태어난 해에 러시아에서 태어난 비고츠키는 사회적 상호작용이 인지발달에 깔

려 있는 주된 힘이라고 주장하였다(Daniels, 2011; Rogoff, 2003; van der Veer & Valsiner, 1994; Vygotsky, 1978, 1986; Yasnitsky, 2012). 피아제도 주변 사람들과의 상호작용이 아동의 사고 발달에 일부 영향을 줄 수 있음을 결코 부인하지는 않았지만, 언제나 그 영향을 부차적인 것으로 간주하였다(Piaget & Inhelder, 1969). 피아제는 생물학을 인지발달의 일차적 힘으로 생각하였다. 반면 비고츠키의 이론은 사고를 변화시키는 데 있어 아동보다 더 나이 든 아동이나 어른과의 상호작용이 주된 힘이라는 데 강조를 두었다. 비고츠키는 아동 주변의 성인들이 아동의 사고 변화를 북돋기 때문에 아동의 사고가 변화한다고 주장하였다.

비고츠키는 아동의 사고방식이 종종 발판화에 의해 추진된다고 설명하였다. **발판화**(scaffolding)는 아동보다 더 많이 알고 있는 사람이 점점 그 도움을 줄여 가면서 아동과 상호작용함으로써 아동이 새로운 단어나 생각, 사고방식을 배우는 과정이다. 예를 들어 어려운 조각그림 맞추기를 하고 있는, 이웃에 사는 나이가 같은 두 아동을 생각해보자. A집에 사는 아동은 그림 맞추기를 완전히 혼자 하고 있는 반면, B집에 사는 아동은 그림 맞추기에 능한 부모와 함께 그림 맞추기를 하고 있다. 그림 맞추기를 하는 과정에서 B집에 사는 아동은 "그것은 가장자리 조각이 될 수 없어. 그 조각은 반듯한 면이 하나도 없잖아", "모서리 조각은 두 면이 반듯해야 해" 등의 말을 듣게 된다. 여기서 부모는 아동을 위해 그림 맞추기를 하지 않지만, 아동의 현재 사고 수준을 조금 넘어선 논리를 사용하도록 아동에게 주의를 환기시킨다는 점을 주목해야 한다. 건설 현장에서 노동자들이 더 높은 곳으로 올라가기 위해 임시 구조물을 제공하는 발판과 마찬가지로, 비고츠키의 발판화는 보다 전문가인 사람들의 도움으로 아동이 보다 높은 지적 수준으로 올라가도록 해준다(Langford, 2005; R. Miller, 2011).

물론 발판화는 첫 걸음이 아동이 도달하기에 너무 높으면 도움이 되지 않는다. 따라서 비고츠키는 **근접발달영역**도 강조하는데, 이 영역은 본질적으로 아동이 혼자서 할 수 있는 것을 넘어 아동이 학습할 수 있는 범위를 지칭한다(Daniels, 1996; Emerson, 1983; Hedegaard, 1992; Wersch & Tulviste, 1992). 이 개념은 교사나 개인교사처럼 아동과 직접 함께 하는 사람들에게 특히 중요한 제안이다. 교사는 아동의 출발점을 알아야 하고, 그다음 그 수준을 넘어선 약간의 도전을 제공하고, 이런 도전에 대처할 수 있도록 지원을 제공해야 한다(Fischer & Bidell, 2006; Rose & Fischer, 2009). 예를 들어 최근에 한 자리 숫자 덧셈을 배운 아동은 아마도 두 자리 숫자의 덧셈 문제를 풀도록 재촉받을 것이다.

피아제 이론의 현재 : 경험적 발견 어떤 점에서 피아제의 처음 아이디어가 제안된 후 거의 100년이 지났음에도, 피아제의 원래 이론은 아주 잘 유지되고 있다. 그런데 보다 최근의 연구자들은 피아제의 아이디어를 집중적으로 검증하였는데, 일부 연구는 그의 예측과 일치하지 않는 것으로 나타났다.

피아제를 지지하지 않는 결과는 종종 피아제가 사용하지 않은 방법을 사용한 연구에서 나온다. 최근 연구자들은 피아제가 했던 것과는 다른 방식으로 피아제 이론을 검증하였는데, 검증 결과 서로 다른 결과가 나타났다(Kesselring, 2009). 한 예로, 피아제의 대상영속성 개념을 살펴보자. 피아제는 자신의 연구에서 천 아래에 장난감을 감추고 아동이 그것을 찾으려고 손으로 더듬는지 아닌지를 알아보는 방법을 사용하였다. 그 결과 아동은 첫돌 무렵에 가서야 대상영속성 개념이 발달된다는 것을 보여주었다(Piaget, 1952,

발판화
아동보다 더 나은 사람이 아동에게 적절한 수준의 도움을 점진적으로 제공하는 상호작용을 통해 새로운 단어, 아이디어, 생각하는 방식을 학습하는 과정

Fancy/Veer/AGE Fotostock

발판화는 도움의 수준을 점진적으로 줄여 가면서 아동보다 더 나은 사람(사진의 어른처럼)과의 상호작용을 통해 아동(사진의 아동처럼)이 새로운 단어, 생각 그리고 생각하는 방식을 학습하는 과정이다. 발판화는 아동의 인지발달은 일차적으로 양육이나 타인과의 상호작용에 의해 영향을 받는다고 생각했던 레프 비고츠키의 아이디어였다. 이와는 대조적으로 장 피아제는 아동의 인지발달은 일차적으로 선천성 또는 생물학적으로 결정된 단계에 의해 영향을 받는다고 생각하였다.

1954, 1983). 그런데 피아제가 측정한 방식에서 대상영속성을 보여주지 않았던 더 어린 아동이 정말로 대상영속성 개념이 있다면 어떨까? 아마도 어린 아동들이 아직은 천을 들어 올릴 수 있는 손과 눈의 협응이 되지 않은 것일 수도 있고, 아니면 그 장난감이 아동이 찾고 싶을 만큼 흥미를 느끼지 못한 것일 수도 있다(Cohen & Cashon, 2006; P. H. Miller, 2011; Muller, 2009).

 어린 영아의 대상영속성 개념을 보여주는 다른 방식이 있나요?

일련의 연구자들은 기대-위반 패러다임이라는 혁신적 방법을 사용하여 피아제의 대상영속성 개념을 검증하였다. 이 방법은 영아가 자신이 기대했던 사건보다는 자신을 놀라게 만드는(또는 영아의 기대에 어긋나는) 사건을 보다 오래 쳐다볼 것이라는 단순한 생각에 근거를 둔 것이었다(Baillargeon, 1987, 2004; Baillargeon et al., 1985, 1990; Baillargeon & Graber, 1987, 1988; Mareschal & Kaufman, 2012). 특히, 이 연구자들은 영아에게 일종의 '도개교' 비디오를 보여주는데, 이 비디오에서 아동은 다리가 점진적으로 움직여 바닥에 도달한 후, 다시 반대편으로 돌아오는 것을 반복적으로 보았다. 마치 휴대용 컴퓨터가 180도로 열리고 닫히는 광경을 생각해보라. 옆면을 보려면 그림 9.7을 참조하라.

바닥에 닿았다 다시 돌아오는 이동 물체에 습관화된 후, 연구자들은 이동하는 물체가 이동하는 길에 블록 이미지를 추가하였다. 그다음 이동하는 물체가 블록에 부딪히면 그 지점에서 멈추거나, 아니면 마치 그 블록이 사라진 것처럼 그 공간을 뚫고 계속 전진하였다. 여기서 핵심 결과가 나온다. 3.5개월 된 영아는 블록에 부딪친 지점에서 이동 물체가 멈추는 경우(영아의 기대에 일치)보다 블록이 있는 공간을 뚫고 통과하는 이동 물체(영아의 기대를 위반하는 사건)를 훨씬 더 오래 응시하였다. 이 결과는 이동 물체 뒤에 있는 블록이 보이지 않음에도 불구하고, 피아제가 주장했던 것보다 훨씬 어린 영아들이 블록에 대한 대상영속성 개념을 갖고 있음을 보여준다(Hespos & Baillargeon, 2008; Keen & Berthier, 2004; Klahr, 2012).

또 다른 종류의 기대-위반 연구에서 영아는 테이블 위에 있는 인형 하나를 본다. 그다음, 영아는 연구자가 담요로 그 인형을 덮는 것을 본다. 그다음 덮여 있는 담요 아래에 두 번째 인형을 넣은 후에 담요를 걷어낸다. 담요를 걷었을 때, 2.5개월 영아는 그 담요 밑에 인형 2개가 있을 때보다 인형이 1개만 있을 때 더 오래 응시하였다. 이렇게 오래 응시하는 것은 자신이 보이지 않지만 두 번째 인형이 거기에 있을 것으로 기대했다는 것을 의미한다. 이는 피아제가 사용한 방법에서 밝혀진 나이보다 훨씬 어린 영아에게서 대상영속성 개념이 나타난다는 것을 다시 한 번 보여주는 것이다(Baillargeon et al., 2011; Wynn, 1992).

현대 연구자들로부터 피아제의 이론이 비판받는 가장 대표적인 이유 중 하나는 피아제가 사용한 방법이 영아에게서 대상영속성 개념이 얼마나 일찍 발달될 수 있는지를 과소평가했다는 것이다. 연구자들이 공통적으로 지적하는 다른 두 가지 비판도 있다. 한 비판은 피아제의 이론은 단계를 지나치게 강조한다는 것이다. 실제로 피아제나 다른 단계 이론가들이 말하는 것처럼 애벌레에서 나비로의 변환 방식으로 아동의 인지 능력이 발달하지 않는다. 어느 시점에서는 인지발달이 급격할 수 있지만, 아동들은 피아제가 서술했던 것보다는 훨씬 더 점진적이고 연속적인 변화를 보인다(Bibok et al., 2009).

습관화 사건

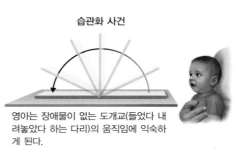

영아는 장애물이 없는 도개교(들었다 내려놓았다 하는 다리)의 움직임에 익숙하게 된다.

검사 사건

가능한 사건

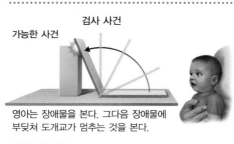

영아는 장애물을 본다. 그다음 장애물에 부딪쳐 도개교가 멈추는 것을 본다.

불가능한 사건

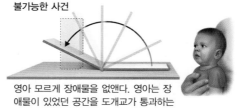

영아 모르게 장애물을 없앤다. 영아는 장애물이 있었던 공간을 도개교가 통과하는 것을 본다.

그림 9.7 도개교 방법을 이용한 대상영속성 검증 도개교 방법은 피아제의 대상영속성을 검증하는 새로운 하나의 방식으로 개발되었다. 도개교는 휴대용 컴퓨터가 열리고 닫히는 것처럼 올라갔다 내려왔다 한다. 3.5개월 된 어린 영아는 장애물이 있어 그곳에서 부딪칠 수밖에 없는 공간을 무난하게 통과하는 도개교를 더 오래 응시하였다. 이는 영아들이 볼 수 없음에도 불구하고 그곳에 장애물이 있었다는 것을 알고 있다는 것을 의미한다. 출처 : Hespos & Baillargeon(2008), Keen & Berthier(2004), Klahr(2012).

두 번째 비판은 첫 번째 비판과 관련되어 있다. 피아제는 그가 제안한 단계가 생물학 또는 태어날 때 정해져 있으며 상대적으로 환경에 덜 영향을 받는 일련의 변화 과정 때문에 발생한다는 것을 강조하였다. 그런데 비고츠키가 제안한 바와 같이, 현대 연구는 환경(특히 아동과 다른 사람들과의 상호작용)이 사고 발달의 속도에 영향을 미칠 수 있음을 보여준다(Birney et al., 2005; Kingsley & Hall, 1967; Legerstee, 1994; Müller, 2009). TV, 컴퓨터 그리고 다른 미디어를 보는 시간은 또 다른 환경적 영향 요인이 될 수 있다.

애착은 어린 아동과 양육자 간의 친밀한 정서적 연대이다. 생애 첫 달은 애착 발달에 결정적이다.

심리사회적 발달

아동의 신체와 뇌가 발달하는 것처럼 타인과의 인간관계도 발달한다. 인간관계 중 가장 최초의 관계이면서 가장 근본이 되는 것이 가족 안에서의 관계이다. 따라서 애착, 양육 방식, 기질과 같은 가족과 관련된 개념으로 설명을 시작하고자 한다. 그다음 친구와의 관계에 관해 설명할 것이다.

애착 애착(attachment)은 두 사람, 특히 어린 아동과 양육자 간의 친밀한 정서적 유대이다. 존 볼비(John Bowlby)와 그 제자 메리 에인스워스(Mary Ainsworths)는 아동과 부모 간의 애착 연구에 평생을 헌신한 연구자들이다. 이 두 연구자의 연구는 애착을 이해하는 기초가 된다(Ainsworth, 1989; Ainsworth & Bowlby, 1965; Bowlby, 1969, 1973). 이들의 연구는 결정적 시기 개념에 근거하고 있다. **결정적 시기**(critical period)란 특정 발달이 외부 사건에 의해 특별히 영향을 받을 수 있는 시기이다. 물론 다양한 종류의 결정적 시기가 있다. 예를 들어 태아는 신체의 특정 부위나 뇌가 형성되고 있는 기간에 기형유발물질에 취약하다. 이 두 연구자가 주목한 것은 생후 첫 몇 개월이 양육자에게 애착이 형성되는 결정적 시기라는 것이었다.

연구자들이 부모-자녀 애착을 살피는 주된 방식은 **낯선이 상황** 방법이었다. 기본적으로 연구자들은 몇 개의 서로 다른 상황, 방에 들어온 낯선이와 함께 있을 때, 양육자와 낯선이가 함께 있을 때, 또는 아이 혼자 있을 때 등에서 아이가 보이는 반응을 관찰하였다. 연구자들은 아이가 방에서 얼마나 탐색을 잘 하는지(장난감을 얼마나 갖고 노는지 등), 엄마가 방을 떠날 때 어떤 반응을 보이는지, 엄마가 없는 상황에서 낯선이가 다가올 때 어떤 반응을 보이는지, 그리고 엄마가 다시 돌아왔을 때 어떤 반응을 보이는지와 같이 아이가 보이는 행동의 여러 측면을 관찰하였다(Bosma & Gerlsma, 2003; Thompson, 2006). 이런 관찰을 토대로, 에인스워스와 그 동료들은 애착을 안정애착, 불안정 회피애착, 불안정 저항애착의 세 가지 유형으로 구분하였다(Ainsworth et al., 1978; Lamb & Lewis, 2005).

- 안정애착. 이 유형의 아이는 가장 안정적이고 잘 적응하는 것으로 보인다. 엄마가 있으면 편안해하고 새로운 장난감을 탐색하고 낯선이와 상호작용을 한다. 대체로 이 유형의 아이는 엄마를 안전 기지로 사용하는 것 같다. 대부분의 경우, 아이들은 안전 기지로 돌아올 수 있다는 것을 아는 한 안전 기지에서 벗어나도 편안함을 느꼈다. 물론 이 아이들은 엄마가 떠나갈 때나 낯선이가 말을 걸면 때때로 울기도 했다. 모든 아이들은 **낯선이 불안(낯가림)**(stranger anxiety)을 보이는데, 낯선이 불안은 대략 8개월경 아이들이 친숙하지 않은 사람들에 대해 보이는 공포이다. 그러나 안정애착을 보이는 아이가 안절부절못할 때에도 울음은 비교적 짧고 엄마가 돌아오면 금방 그친다. 다행스럽게도 대부분의 미국 아이들은 안정애착을 보인다(그

애착
두 사람, 특히 영아와 양육자 간의 밀접한 정서적 연대

결정적 시기
특정 발달 과제가 외부 사건에 의해 특히 영향을 받을 가능성이 높은 시기

낯선이 불안(낯가림)
생후 8개월경 아동에게 나타나는 낯선 사람에 대한 공포

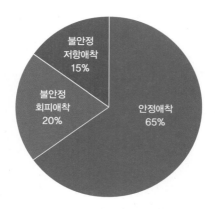

그림 9.8 미국 아동의 애착 유형 대부분의 미국 아동은 양육자에 대해 안정애착을 보인다. 출처 : Teti & Teti(1996), Thompson(1998).

림 9.8).

- **불안정 회피애착.** 이 유형에 속하는 아이들은 엄마가 떠나는 것에 별로 신경쓰지 않고 엄마가 다시 돌아왔을 때 엄마를 피한다.
- **불안정 저항애착.** 이 유형에 속하는 아이는 엄마가 떠날 때 매우 당혹해하지만 다시 돌아왔을 때 전적으로 반가워하지 않았다. 이 아이들은 엄마를 찾으면서도 엄마가 제공하는 편안함에 대해 화를 내면서 저항하는 양가적 반응을 보여주었다.

일부 연구자들은 네 번째 애착 유형으로 **혼란애착**을 제안하였다. 혼란애착에 속하는 아이는 엄마가 떠나고 돌아왔을 때 어떻게 반응해야 할지 혼란을 느끼는 것으로 보인다. 다른 상황에서는 이 아이들은 앞서 언급한 세 가지 유형 중 어느 하나에 속하는 아이들과 비슷할 수 있다(Duschinsky, 2015; Mian & Solomon, 1986, 1990).

아주 어린 아동의 경우 애착 유형은 시간에 따라 달라질 수도 있고 양육자에 따라 달라질 수도 있다. 일반적으로 4세나 5세경 아동들은 어느 하나의 애착 유형으로 안정화된다. 이 애착 유형은 단지 특정 시점의 부모와의 관계만이 아니라 이후 다양한 유형의 인간관계를 다르게 만든다(Baryshnikov et al., 2017; Belsky & Fearon, 2002, O'Connor et al., 2018; Widom et al., 2018). 실제로 볼비는 애착은 "요람에서 무덤까지 우리의 전 생애 동안 인간의 성질을 나타내는 특성이다"(1988, p. 82)라고 서술하고 있다.

아동이 성장하면서 가장 긍정적인 결과를 가져오는 것이 안정애착 유형이다. 안정애착일수록 자기신뢰가 더 높고, 보다 긍정적인 자기개념을 갖고, 또래와 보다 건강한 대인관계를 갖고, 부적 감정을 보다 잘 다루고, 스트레스에 직면하여 보다 탄력적으로 대응하고, 전반적으로 보다 행복한 기분을 느낀다(Brumariu & Kerns, 2011; Gross et al., 2017; Reich & Vandell, 2011; Schore, 2001; Seibert & Kerns, 2015; Sroufe, 2005; Sroufe et al., 2005). 1,000명을 대상으로 한 종단연구에서 3세에 안정애착을 보인 아동들이 초등학교 1학년과 3학년이 되었을 때 친구관계를 포함하여 사회성 발달이 가장 높은 것으로 나타났다(McElwain et al., 2008). 3,500명 이상의 아동을 대상으로 한 메타 분석에서는 취학전 아동의 안정애착과 더 나이들었을 때의 친한 친구의 수 간에 높은 관련성이 있음을 발견하였다(Schneider et al., 2001). 아동기의 안정애착이 성인기의 높은 자기가치감과 낮은 우울감을 예측함을 보고하는 연구도 있다(Kenny & Sirin, 2006).

물론 애착이 인간에게만 일어나는 것은 아니다. 원숭이를 포함하여 많은 종에서 애착이 나타난다. 해리 할로우(Harry Harlow)와 동료들은 2개의 인공 어미, 즉 차가운 철사로 만든 어미와 부드럽고 따뜻한 천으로 만든 어미가 있는 방에 어린 원숭이를 두었다(Blum, 2002; Harlow, 1958; Harlow & Harlow, 1962; Harlow & Zimmerman, 1958, 1959). 철사 어미에게는 우유병이 달려 있어 어린 원숭이에게 우유를 제공하지만, 헝겊 어미는 어떤 먹을 것이나 마실 것도 제공하지 않았다. 연구자들의 핵심 질문은 이것이다 — 어린 원숭이는 어느 어미에게 애착을 형성할까?

이에 대한 답은 분명하다. 어린 원숭이는 필요한 먹이를 제공하지 않았음에도 불구하고 헝겊으로 만든 어미에게 애착을 형성하였다. 어린 원숭이들은 거의 대부분의 시간을 헝겊 어미와 놀았고, 헝겊 어미가 자신과 함께 있을 때 새로운 방을 더 적극적으로 탐색하였다. 어린 원숭이들은 심지어 헝겊 어미에게 달라붙은 채, 목을 빼내어 철사 어미의 몸에

해리 할로우와 동료들이 수행한 고전적 연구에서 어린 원숭이는 먹이를 제공하지 않지만 부드러운 천으로 된 어미에게 애착을 형성하였다. 애착은 특히 이 원숭이들이 두려움을 느끼는 상황에서 명백해진다.

부착된 우유병을 빨기도 하였다. 어린 원숭이의 헝겊 어미에 대한 선호는 두려움이 발생했을 때 특히 두드러졌다. 헝겊 어미가 음식을 제공한 적이 결코 없었음에도 불구하고 재빨리 헝겊 어미에게로 달려가 달라붙었다. 이 연구는 관심을 거의 받지 못하고 고아원에서 길러진 아동들이 청소년과 성인이 되어 정서적 문제와 행동 문제를 보인다는 사실을 할로우가 알게 됨으로써 그 영향을 받아 수행된 것이었다. 할로우의 연구는 인간과 동물에게서 애착이 기본적으로 얼마나 중요한지를 알게 해준다(Kobak, 2012).

양육 방식   여러분의 부모와 여러분 친구의 부모를 생각해보면, 헝겊 어미처럼 부드럽게 대하는 분도 있고, 철사 어미처럼 차갑게 대한 분도 있을 것이다. 여러 부모들에 대한 자신의 경험을 토대로 다양한 양육 방식을 분류해볼 수 있을 것이다. 발달심리학자들도 같은 방식을 해보았다. 연구자들은 각 부모가 자신의 자녀에게 취하는 방식이 고유하다는 것을 인정하지만, 크게 권위주의적 양육, 허용적 양육, 그리고 권위가 있는 양육의 3개 범주로 분류한다(Baumrind, 1966, 1967, 1971, 1978, 1996; Laursen & Collins, 2009).

- **권위주의적 양육**(authoritarian parenting style)은 부모가 자녀에게 엄격한 규칙에 이유 없이 따르도록 요구하는 양육 방식이다. '내가 그렇게 말했기 때문에'라는 식으로 요구하는 부모는 설명도 하지 않고 처벌에 대한 위협을 통해 복종을 요구한다. 권위주의적 아버지가 운전면허를 딴 16세 아들에게 토요일에는 저녁 9시 전까지 집으로 돌아와야 한다고 말하는 경우, 타협도 없고, 논의도 없고, 토론도 없다. 어떤 저항도 처벌을 야기할 것이기 때문에 "네"만 있을 뿐이다.

- **허용적 양육**(permissive parenting style)은 부모가 자녀에게 최소한의 요구를 하고 자녀에게 자기 나름의 삶을 살도록 허용하는 양육 방식이다. '원하는 것은 뭐든지 하라'는 식의 부모는 자녀의 삶에 관여하는 시간이나 에너지가 부족하거나 아니면 자녀가 원하는 모든 것을 다 받아준다. 운전면허를 딴 16세 자녀가 토요일에 외출하려고 하면, 허용적 부모는 자녀가 원하는 만큼 늦게까지 놀다가 오라고 말하거나 아무 말도 하지 않는다.

- **권위가 있는 양육**(authoritative parenting style)은 부모가 규칙을 정하지만 그 규칙을 자녀에게 설명하고 함께 협의하는 양육 방식이다. '왜냐하면' 식으로 대하는 부모는 허용적 부모보다는 자녀의 삶에 훨씬 더 관여하지만, 권위주의적 부모처럼 경직되게 통제하지는 않는다. 부모는 자녀에게 경계나 한계를 제공하고 때때로 힘을 행사한다. 그런데 권위가 있는 부모는 자녀에게 규칙의 근거를 설명하고 의사결정 시 자녀의 의견을 고려한다. 요약하면 이 부모는 영향력과 협응의 균형을 통해 아이를 기른다. 권위가 있는 부모는 운전면허를 딴 16세 아들이 토요일 밤에 외출하려 할 때 저녁 10시 30분까지 귀가하라고 말할 수 있다. 그런데 자녀가 영화가 저녁 10시 45분에 끝난다고 하면 11시까지 오라고 시간을 연장해준다. 그러나 그보다 더 늦으면 아들에게 외출이 금지될 것이라 상기시킨다.

양육 방식에 관한 연구는 권위가 있는 부모의 아이가 가장 잘 적응한다는 것을 보여준다. 권위주의적 부모나 허용적 부모가 기른 아이들에 비해 권위가 있는 부모가 기른 아이들이 보다 독립적이고, 자율적이며, 사회적으로 유능하고, 자기주장을 잘하고, 학업에서 성공적이며, 불안이나 우울 그리고 비행은 거의 나타나지 않았다(Baumrind, 1967, 2013; Hartman et al., 2015; Lamb & Lewis, 2005; Pinquart, 2016, 2017; Sokol et al., 2017; Steinberg et al., 1989, 1991, 1992). 또한 권

권위주의적 양육
부모가 아동에게 어떠한 문제제기도 할 수 없도록 엄격한 규칙 준수를 요구하는 양육 방식

허용적 양육
부모가 아동에게 최소한의 요구를 하며 아동 마음대로 하도록 허용하는 양육 방식

권위가 있는 양육
부모가 아동에게 규칙을 제시하지만 설명을 하고, 아동과 그 규칙에 대해 협의하는 양육 방식

기질
전 생애를 거치면서 개인을 규정하는 기본 정서 반응성

위가 있는 양육을 하는 부모의 10대 자녀는 또래에 비해 건강한 식습관과 체중을 잘 유지하며, 성적인 주제에 관해 더 솔직하고 개방적이다(Askelson et al., 2012; Berge et al., 2010).

일부 연구는 양육에 관한 이런 사실이 아프리카계 미국 가족, 아시아계 가족, 영국을 포함하여 많은 문화에 걸쳐 적용됨을 보여준다(Carlo, 2018; Chan & Koo, 2011; Cheah et al., 2009; Pinquart & Kauser, 2018; Querido et al., 2002). 그런데 다른 연구자들은 일부 문화권에서는 권위가 있는 양육만의 고유한 이점이 나타나지 않음을 보여준다. 예를 들어 1,000명 이상의 스페인 10대에 관한 연구에서 허용적 부모(특히 자녀를 제멋대로 하게 하는 부모)의 자녀들이 권위가 있는 부모의 자녀들만큼 많은 바람직한 특성을 지니고 있는 것으로 나타났다(Garcia & Garcia, 2009). 다른 연구에서는 아프리카계 미국 청년들에게서는 권위주의적 양육이 권위가 있는 양육만큼 이점이 있음을 발견하였다(Baumrind, 1972; Deater-Deckard et al., 1996; LeCuyer et al., 2011; Valentino et al., 2012).

기질

 어머니와 아버지의 양육 방식은 자녀의 기질에 따라 달라질 수 있나요?

당연히 그렇다. 양육은 두 사람 간의 어떤 관계이다. 따라서 관계의 질을 결정하는 것은 어머니나 아버지의 행동만은 아니다. 아이의 행동도 관련된다. 아이 행동의 주된 요인은 **기질**(temperament)이다. 기질은 전 생애에 걸쳐 개인을 규정하는 기본적 정서 반응이다. 여러 명의 자녀를 둔 부모에게 물어보라. 그러면 부모는 태어날 때부터 아이들이 서로 다르다고 말해줄 것이다. 신생아를 둘러싼 세상이 아이에게 영향을 미치기 전 생후 며칠 안에 이미 일부 신생아는 만족해하고 일부 신생아들은 짜증을 낸다. 이런 자질은 생물학적인 것에 기초를 두며, 생후 일찍부터 드러나고, 아동기와 성인기를 거쳐 형성되는 성격의 기초가 된다(Caspi & Shiner, 2006; Kagan & Fox, 2006; Rothbart, 2007; Sanson et al., 2011; Thomas et al., 1970).

모든 아동은 각자 나름의 기질을 지니고 있다. 그런데 알렉산더 토머스(Alexander Thomas)와 스텔라 체스(Stella Chess)가 수행한 고전적 연구에서 대부분의 아동을 순한 기질, 까다로운 기질, 더디게 적응하는 기질의 세 가지 범주로 구분하고 있다(Chess & Thomas, 1986; Thomas & Chess, 1977).

- 순한 기질의 아이는 성격이 좋고 느긋하다. 대체로 이들은 낙천적이고 긍정적이다. 이들은 새로운 상황에 빨리 적응하며 예측 가능하고 다루기 쉽다.
- 까다로운 기질의 아이는 부모를 매우 힘들게 한다. 이들은 낯선 사람이나 사물에 대해 즉각 부정적으로 반응한다(울기, 비명 지르기 등). 이들은 예측 가능한 수면이나 섭식 양상을 보이지 않는다. 이들은 마음 상한 일이 발생했을 때 달래기가 힘들다.
- 더디게 적응하는 기질의 아이는 새로운 사람이나 상황에 적응하는 데 시간이 걸리며, 처음 반응은 수줍어 움츠리는 것이다. 이들은 대체로 조용하고 활동 수준이 낮다.

보다 최근의 연구는 이 세 가지 범주에 깔려 있는 기질의 기초 요인에는, 특히 반응성과 자기조절이 있음을 시사한다. 반응성이란 성가심과 불안과 같은 부정정서에 대한 반응 경향성이며, **자기조절**은 자신의 감정과 행동을 조절하는 것이다(Rothbart, 2007; Rothbart & Bates, 2006). 기질의 이런 기초 요소는 우리를 형성하는 방식을 반영하는데, 전 생애에 걸쳐 비교적 안정되어 있다. 예를 들어 여러 연구에서 반응성이 높은 아이는 성장하여 초등학교, 중·고등학교, 성인기에 불안장

순한 기질의 아동은 까다로운 기질이나 더디게 적응하는 기질의 아동에 비해 쉽게 잘 적응한다.

애를 겪을 가능성이 매우 높은 것으로 나타났다(Clark et al., 1994; Fox & Pine, 2012; Kagan & Snidman, 1999; Rapee et al., 2005).

그러나 우리는 태어나서 죽을 때까지 전적으로 특정 기질에 의해 꼼짝달싹 못하는 것은 아니다. 삶의 경험은 기질을 어느 정도 바꿀 수 있는데, 적어도 원래 나오는 충동으로부터 달리 반응하도록 선택할 수 있을 정도로 그 영향을 느슨하게 만들 수 있다(Fox et al., 2008; Kagan & Snidman, 2004; Kagan et al., 1994). 예를 들어 반응성이 높은 여자아이의 부모는 낯선 사람을 두려워하는 딸에게 새로운 것을 피하게 하기보다는 의도적으로 낯선 사람과 접촉하여 딸이 느끼는 자연스러운 불안을 직면하게 해주어, 주변 사람들에 대해 보다 편안하게 느끼도록 만들 수 있다. 딸에게 새로운 사람을 소개하고 새로운 장소에 데려가는 것은 반응성이 높은 딸을 당혹스럽게 하지 않으면서 도전을 제공하는 것이 된다.

적합도는 부모의 양육 방식과 아동의 기질 간 부합을 의미한다. 적합도가 낮으면 갈등이 발생한다.

이 예에서 볼 수 있는 바와 같이, 중요한 것은 부모의 양육 방식이나 아이의 기질 어느 하나가 아니라 부모의 양육 방식과 기질 간의 상호작용이라는 것이다. 연구자들은 이런 상호작용을 아동과 부모 간의 적합도(goodness-of-fit)라고 부른다(Chess & Thomas, 1991; Mangelsdorf et al., 1990; Newland & Crnic, 2017). 여러분이 어떤 스포츠 팀의 선수라면, 코치와의 적합도를 경험할 것이다. 선수가 누구인지 관계없이 자신이 선호하는 스타일을 요구하는 것보다는 자신의 스타일을 선수들의 능력에 맞추는 코치가 팀의 성공을 가장 잘 이루어낼 것이다. 마찬가지로 자신의 양육 방식을 자녀의 기질에 맞추는 부모는 아이의 성공적 발달을 가장 잘 이끌어낼 것이다. 연구는 교실에서도 사실임을 보여준다. 즉 유치원과 초등학교 아동들의 기질이 교사의 스타일과 적합하면 아동들의 문제행동이 더 적었다(Hipson & Séguin, 2016; Roubinov et al., 2017).

문화는 아이와 부모 간의 적합도에 중요한 역할을 한다. 중국과 캐나다의 2세 아동에 관한 한 연구에서 두 나라 어머니는 아이가 주변의 낯선 사람에게 수줍음을 보일 때(아마도 까다로운 아이나 더디게 적응하는 아이의 경우) 다르게 반응하였다. 캐나다 어머니는 수줍음을 수용하지 않고 아이가 낯선 사람에게 다가가도록 격려한 반면, 중국 어머니는 아이의 수줍음을 수용하여 낯선 사람과 상호작용하도록 강요하지 않았다(Chen et al., 1998). 이 두 나라에 사는 아이들이 초등학생이 되었을 때, 이들은 어머니가 걸음마 시절 자신에게 했던 것과 동일한 방식으로 사람을 대하였다. 캐나다 아이들은 수줍어하는 또래를 싫어하였으나 중국 아이들은 수줍어하는 또래를 좋아하였다(Chen et al., 1992).

친구관계　아동의 심리적 발달은 가족뿐만 아니라 친구의 영향도 받는다. 발달심리학자들은 친구관계를 가족관계만큼 연구하지는 않는다. 그러나 연구들은 여러분이 경험한 바처럼 아동기 동안 친구관계가 매우 중요하다는 것을 입증해준다(Erdley & Day, 2017; Hymel et al., 2011). 친밀한 친구관계가 없는 아동과 비교해볼 때, 친밀한 친구관계가 있는 아동은 자존감이 더 높고 행동 문제와 정서 문제는 더 적었다(Buhrmester, 1990; Ladd et al., 1997; Raboteg-Saric & Sakic, 2014). 친밀한 친구관계가 있는 아동은 외로움, 우울, 또래로부터의 따돌림을 적게 경험하였다(Bukowski et al., 1993; Hodges et al., 1999; Parker & Asher, 1993; van Harmelen et al., 2016). 이들은 학업 관여도 높고 성적도 높았다(Kingery & Erdley, 2007; Kingery et al., 2011). 이들은 유급하거나 비행에 개입할 가능성도 낮았다(Parker & Asher, 1987; van Harmelen et al., 2017). ADHD가 있는 아동을 치료하는 심리학자들에게는 아동의 사회적 기술 증진이 종종 더 나은 친구관계를 이끌어낸다

서로 다른 문화 출신의 아동은 상이한 이유로 친구관계를 중시한다. 서구 문화에서는 상대적으로 친구관계가 자신의 가치에 긍정적 영향을 미치기 때문에 중시한다. 반면에, 동양에서는 타인에게 봉사할 수 있는 기회가 주어지기 때문에 친구관계를 중시한다.

는 사실이 널리 알려져 있는데, 친구관계 증진은 ADHD 증상과 생활의 다른 영역에서의 개선으로 이어진다(Hoza et al., 2003; Mikami, 2010; Normand et al., 2017).

아동기 친구관계에서 누구를 친구로 삼고 싶어 하는지, 어떻게 상호작용하는지는 성별이 관련된다. 3~4세경에 시작하여 사춘기까지 소녀들은 소녀들끼리 놀고 소년들은 소년들끼리 논다. 거의 예외 없이 전 세계 문화에서 이런 현상이 나타난다(Pellegrini et al., 2007; Whiting & Edwards, 1988). 같은 연령에서부터 소년들은 트럭과 총을 선호하고, 소녀들은 인형을 선호한다. 연구자들은 어떤 장난감을 더 오래 응시하는지 확인하는 안구운동 추적을 통해 3~8개월 정도의 어린 영아들에게서도 장난감에 대한 이런 성차가 있음을 발견하였다(Alexander et al., 2009; Jadva et al., 2010; Lauer et al., 2018). 전형적으로 소년들의 놀이는 보다 거칠고, 신체적 공격이 많으며, 야외에서, 큰 집단 안에서 이루어지는 반면, 소녀들의 놀이는 보다 협동적이고, 실내에서, 그리고 작은 집단 속에서 이루어진다(Pasterski et al., 2011). 종종 소녀들의 놀이에도 공격성이 포함되는데, 소년들의 주먹다짐이나 몸싸움과는 달리, 소녀들은 관계를 배신하는 험담이나 뒷담화로 서로에게 상처를 준다(Schneider et al., 2011).

아동기 친구관계에는 민족성도 관련된다. 유럽과 미국의 아동들이 보다 경쟁적인 경향이 있는 반면, 아시아 아동들은 보다 협동적인 경향이 있다(Chen et al., 2011; Farver et al., 1995; Orlick et al., 1990). 동양 문화와 서양 문화가 구분되는 또 다른 점은 친구관계 기능이다. 서구의 아동들은 친구관계가 자존감을 높이기 때문에 친구관계를 중시한다. 동양에서는(미국에 사는 아프리카계 미국인과 라틴계도 마찬가지) 친구관계의 주된 장점은 친구에게 봉사할 수 있는 기회를 갖는 것이다. 따라서 서구의 아동들은 친구가 자신을 위해 할 수 있는 것에 관심을 갖고 친구관계를 추구하지만, 동양의 아동들은 자신이 친구를 위해 할 수 있는 것에 관심을 갖고 친구관계를 추구하는 경향이 있다(Chen et al., 2004; French et al., 2005; Rubin et al., 2006; Way, 2006).

한 예로, 과학 수업을 수강하는 6학년 여학생 2명의 친구관계를 말해보자. 서구 국가에서는 A＋를 받은 여학생이 자신의 성적을 올리는 데 도움이 될 수 있다는 기대를 갖고 있기 때문에 D－학점을 받은 여학생이 친구관계의 주도권을 갖는다. 그런데 동양의 국가에서는 힘들어하는 친구를 돕고자 하는 의도 때문에 A＋를 받은 여학생이 친구관계를 주도할 가능성이 높다.

아동기 친구관계에 관한 마지막 논평은 가장 중요한 친구관계는 형제, 자매와의 관계라는 것이다. 형제와 자매는 가족이지만, 종종 친밀한 친구관계로도 쓰이는데, 특히 형제자매의 나이가 비슷할 경우 그렇다. 형제, 자매관계는 협동, 자기주장, 갈등 해결, 공감 그리고 많은 대인관계 기술을 계발하는 안전한 장소인 '세상에 대해 배우는 자연실험장'이 된다(Howe et al., p. 368; 또한 Dirks et al., 2015 참조). 실제로 한 연구에서 갈등이 있는 기혼자가 이혼이 성사될 가능성은 형제자매의 수가 증가할수록 약간 감소하였다(Bobbitt-Zeher et al., 2016).

학습 확인

9.7   신생아의 능력에는 어떤 감각과 반사가 포함되는가?

9.8   유전과 환경은 신체 발달에 어떻게 영향을 주는가?

9.9   피아제에 따르면, 아동들은 도식 발달을 위해 동화와 조절을 어떻게 사용하는가?

9.10 피아제에 따르면, 아동의 인지발달은 어떤 단계를 거치는가?

9.11 어떤 방식으로 연구자들은 피아제의 일부 결론에 이의를 제기하는가?

9.12 애착의 세 가지 유형은 무엇이며, 안정애착은 왜 그렇게 중요한가?

9.13 대부분의 부모를 세 가지 애착 유형으로 분류할 수 있는 근거는 무엇인가?

9.14 기질은 무엇이며, 얼마나 일찍 나타나는가?

청소년기 발달

청소년기(adolescence)는 아동기에서 성인기로 전환하는 시기를 지칭한다. 일부 사람들은 청소년기를 10대 또는 중 · 고등학교 시기로 규정한다. 일반적으로 이 정의는 옳지만, 청소년기에 대한 공식적 시작점이나 종료 시점은 없다. 일부(특히 소녀들)는 초등학생이지만 청소년기의 신체 징후를 보여준다. 청소년기의 인지적 변화와 심리사회적 변화는 신체 변화에 비해 덜 분명하지만, 일부 아동들은 다른 아동들에 비해 더 일찍 경험한다. 또 다른 극단으로 20대 또는 그 이상까지도 청소년기가 연장되는 사람도 있다.

청소년기의 시작 시점과 종료 시점에 관계없이 청소년기의 특징은 독립성의 출현이다. 어린 아동의 경우 아동을 위한 의사결정이 이루어진다. 그런데 청소년으로 성장하면서 점점 자기에 의해 주도적으로 의사결정이 이루어진다. 무엇을 먹을지, 옷을 어떻게 입을지, 어떤 TV 프로그램을 시청할지, 어느 친구에게 전화를 걸지, 자신이 추구하는 관심을 어디에 둘지 등 자신이 의사결정을 하게 된다. (청소년기 동안 여러분은 이 주제들로 부모님과 다툴 수 있다—즉 삶에 영향을 주는 의사결정이 누구의 통제하에 있는가.) 이처럼 독립성의 확장은 초기 아동기에 비해 청소년기에 발달에서 보다 큰 변이가 있다는 것을 의미한다. 일단 10대가 되면 아동들은 다른 방향으로 나아간다. 청소년들은 서로 다른 스포츠를 하고, 서로 다른 음악을 듣고, 서로 다른 수업을 듣고, 직업에 대한 관심도 달라지기 시작한다. 청소년들의 신체도 키와 체형이 달라지기 시작한다. 이런 변이성으로 인해 청소년집단은 발달심리학자들에게 큰 도전을 주는 집단이 된다. 많은 영역에서 다르게 시작하는 사람들에 대해 일반화하기란 힘든 작업이다. 그럼에도 불구하고 발달심리학자들은 청소년기에 발생하는 신체적 · 인지적 · 심리사회적 변화에 관한 많은 것을 알게 되었다(Jessor, 2018; Kuhn & Franklin, 2006; Lerner & Steinberg, 2009).

신체 발달

여러분은 자신의 중학교, 고등학교 과정을 훑어보면 이 기간에 발생하는 엄청난 신체 발달이 있음을 기억할 것이다. 신체와 뇌에서 일어나는 이런 변화를 살펴보자.

신체 변화　아동기가 끝나고 성인기 시작을 알리는 가장 두드러진 표시는 사춘기의 시작이다. **사춘기**(puberty)는 청소년기의 시작을 알리고 재생산이 가능한 신체적 변화를 보이는 시기이다. 여러분은 자신의 경험(그리고 생물학적 변화 또는 성적 변화)을 통해 사춘기를 외부적으로 드러내는 특징을 알 것이다. 대부분의 신체적 변화에는 성적 성숙을 나타내지만 재생산과는 직접 관련되지 않는 **이차 성징**(secondary sex characteristics)이 포함된다. 예를 들어 소녀의 경우, 엉덩이가 넓어지고, 가슴이 발달하며, 특정 부위의 신체 지방이 증가한다. 소년의 경우, 어깨가 넓어지고, 수염이 자라고, 근육이 발달한다. 양쪽 모두 키가 급성장하고, 겨드랑이와 생식기에 체모가 생기고, 여드름도 생긴다.

외부 관찰자들에게 뚜렷하게 보이지 않는 변화에는 성기, 난소, 고환 등 재생산과 직접 관련된 신체 부위의 변화를 의미하는 **일차 성징**(primary sex characteristics)이 있다. 예를 들어 소년의 음경과 고환은 커지고, 처음으로 사정을 경험한다. 소녀는 자궁과 음핵, 음순이 발달하고 **초경**(menarche)이 시작된다. 일차 성징 및 이차 성징과 관련된 모든 변화는 뇌하수체에서 나오는 호르몬에 의해 영향을 받는다.

학습 목표

9.15 청소년기의 정의

9.16 사춘기 동안 남녀에게 나타나는 변화

9.17 청소년기 뇌의 성장

9.18 청소년기 사고의 특성

9.19 콜버그의 도덕발달 단계

9.20 정체감의 정의

9.21 발달에 관한 에릭슨의 8단계

9.22 청소년기의 부모관계와 또래관계는 왜 핵심적 요소인가?

9.23 성인진입기

청소년기
아동기에서 성인기로 전환하는 발달 시기

사춘기
청소년기 시작을 알리며 성적 재생산을 가능하게 하는 신체적 변화를 보이는 시기

이차 성징
재생산에 직접 관여하지 않지만 성적 성숙을 나타내는 신체 변화

일차 성징
성기, 자궁, 고환 등 성적 재생산과 직접 관련된 신체 변화

초경
소녀의 첫 생리

전형적으로 소녀들은 소년들보다 약 2년 일찍 사춘기를 시작하는데, 소녀들의 경우 대략 10~11세, 소년들의 경우 12~13세경이다. 사춘기의 길이는 약간 다를 수 있는데, 대체로 4~5년 정도 걸린다. 실제로 사춘기가 시작되는 연령은 문화와 시대에 따라 다소 달라진다. 전 세계적으로 지금 소녀들은 100년 전에 비해 사춘기 시작이 더 빠르게 나타나고 있다(Euling et al., 2008). 이것은 미국의 아프리카계 미국 소녀처럼 일부 집단에서 특히 그렇다. 이런 변화가 나오는 이유는 불분명하지만 일부 연구자들은 비만, 스트레스, 내분비 조절을 교란시키는 화학물질을 지적한다(Kaplowitz, 2008; Kelly et al., 2017; Noll et al., 2017; Sun et al., 2017; Toppari & Juul, 2010; Walvoord, 2010; Webster et al., 2014).

사춘기가 되면서 이에 대한 아동의 정서적 반응이 나온다. 연구자들은 또래들에 비해 더 일찍 사춘기에 도달한 아동은 심리적 문제와 행동 문제를 더 많이 경험함을 발견하였다. 또래 친구들보다 더 빨리 사춘기가 온 소년들은 담배 피우고, 알코올과 약물을 사용하고, 높은 적대감과 스트레스를 받을 가능성이 높다. 비슷하게, 또래들에 비해 가장 먼저 사춘기에 도달한 소녀들도 약물 사용이 높고, 우울과 위험행동 비율도 높으며, 데이트 폭력 희생자 및 위험 행동을 할 가능성이 높다(Chen et al., 2017; Dimler et al., 2015; Platt et al., 2017; Susman & Dorn, 2009; Wang et al., 2016). 이런 조숙과 관련된 문제가 발생할 수 있는 이유에는 다음과 같은 내용들이 포함된다―(1) 자신이 너무 빨리 성숙하고 있다고 믿는 소녀들에게 생기는 신체 이미지에 대한 불만, (2) 자신의 신체와 비슷한 더 나이 든 친구들과 시간을 많이 보내고, 더 어린 친구들보다 훨씬 더 앞서 나가는 개인적 활동 가능성의 증가, (3) 자녀의 신체적 성숙과 자율성 요구 증가에 동의하지 않는 부모와의 갈등 증가 등(Collins & Steinberg, 2006; Winer et al., 2016).

뇌 발달   청소년기는 신체뿐만 아니라 뇌에서도 큰 변화가 일어난다. 사춘기의 뇌 성장률은 태내기와 영아기에 비할 바는 아니지만, 청소년기 동안 특히 백질이 계속 증가한다(Paus, 2009). 뇌 크기 증가 이외에 청소년의 뇌는 축색에 있는 수초가 급격하게 증가하는데, 이는 뉴런 간의 연결을 촉진하여 인지적 능력을 증진시킨다(Zelazo & Lee, 2010).

수초화의 증가는 보다 큰 과정의 일부이다. 청소년의 뇌는 가장 자주 사용되는 뉴런 통로를 선택하고 발달되며, 잘 사용하지 않거나 결코 사용되지 않는 통로는 제거된다. 사용하거나 아니면 사라지는 이 책략은 영아와 아동기에 시작했던 가지치기 과정의 또 다른 단계이다. 가지치기는 더 어렸을 때에 비해 뇌에 있는 뉴런 간의 연결을 줄여가는 것이지만, 보다 효율적인 연결이다(Kuhn, 2009). 여기서 핵심 내용은 경험이 뇌를 조성한다는 것이다. 청소년들은 자신의 경험을 선택하는데, 이것은 어떤 뉴런 경로를 활성하고 어떤 뉴런을 없앨지는 청소년이 결정한다는 의미이다(Kuhn & Franklin, 2006; Nelson et al., 2006; Thomas & Johnson, 2008).

예를 들어 중학교 2학년을 끝마친 14세의 가렛과 벤이라는 두 명의 학생을 생각해보자. 이 시기까지 가렛과 벤의 부모는 자녀들이 여름 방학에 무엇을 할지를 포함하여 자녀들을 위한 중요한 결정을 해 왔다. 그러나 이번 해에 부모들은 여름 방학을 어떻게 보낼지 자녀 스스로 결정하도록 허용하였다. 가렛은 방학 동안 캠프에 참여하지 않고, 조직화된 활동도 하지 않고, 다른 사람들과 어울리지 않고, 어두운 지하실에서 다양한 비디오 게임만 하면서 시간을 보낸다. 벤은 몇 주 정도 야영을 하고, 로봇 캠프에도 참여하고, 친구와 함께 수영장에서 어울리고, 자기 야구팀에서 시합을 하고, 그랜드캐니언으로 가족여행을 하고, 소설을 몇 권 읽고, 비디오 게임도 하는 등 많은 것을 하면서 시간을 보낸다. 여름 방학이 끝날 무렵 MRI 결과는 가렛의 뇌에서는 비디오 게임 실행과 관련된 부위에서는 뉴런 간의 연결이 많이 늘어난 반면 뇌의 다른 부위에 있는 뉴런 간의 연결은 약화되거나 사라짐을 보여줄 것이다. 반면 벤의 뇌는 아마도 뇌의 여러 부위에서 뉴런 간의 연결이 의미 있게 성장할 것이지만, 가렛의 비디오 게임 관련 뉴런처럼 어느 한 유형의 뉴런이 발달되지는 않을 것이다. 만약 가렛과 벤이 10대를 거치면서 계속 비슷한 결정을 한다면, 이 두 사람의 뇌는 어느 한 여름철에 생긴 차이보다 훨씬 더 극적인 차이가 나타날 것이다.

이런 생각을 지지하는 연구는 음악을 연주하는 것이 10대의 뇌에 미치는 영향에 관한 것이다. MRI 촬영 결과, 연구자들은 바이올린 연주자가 아닌 사람들에 비해 바이올린 연주자들의 왼손(바이올린 연주자가 정확한 시점에 정확한 음을 연주하기 위해 엄청난 주의를 집중해야 하는 신체 부위)의 네 손가락(엄지 제외)에 해당하는 뇌의 피질 부위가 훨씬 더 넓고, 뉴런의 망이 더 풍부함을 발견하였다(Elbert et al., 1995). 이는 특히 12세 전에 연주를 하기 시작해서 청소년기를 거치면서 바이올린 연주 훈련이 계속 지속된 사람들에게서 두드러지게 나타났다.

경험은 뇌를 조성하는데, 특히 발달 초기에 그렇다. 한 연구에 의하면, 바이올린 연주자의 왼쪽 손의 네 손가락(엄지 제외)에 해당하는 뇌 부위는 바이올린을 연주하지 않는 사람들의 동일한 뇌 부위에 비해 더 크고 더 복잡하다(Elbert et al., 1995).

인지발달

피아제의 시간표에 따르면, 청소년은 최종 인지발달 단계에 도달해야 한다. 형식적 조작 단계의 청소년은 구체적인 것과 추상적인 것 모두에 관해 논리적으로 생각할 수 있다. 물론 청소년과 시간을 보내는 사람이면 누구나 적어도 때때로 청소년들의 사고가 결코 온전히 발달된 것은 아님을 안다. 많은 청소년들은 훨씬 어렸을 때 보여주었던 **자기중심성**을 상기시키는 방식으로 생각한다(Elkind, 1967, 1985; Frankenberger, 2000; Lin, 2016; Smetana & Villalobos, 2009; Somerville, 2013).

자기중심성의 10대 버전은 다양한 방식으로 나타난다. 예를 들어 많은 청소년의 사고는 상상의 관중 특징을 띠는데, 이는 자신들의 삶이 계속 주목받고 있고 다른 사람들에 의해 평가받고 있다고 믿는 것이다. 중·고등학교 시절에 '사람들이 나를 어떻게 생각할까?' 또는 '매우 당혹스러워요!'와 같은 생각이 있다면, 이것이 **상상의 관중**(imaginary audience) 개념에 해당하는 것이다. 종종 이런 관심은 특정 옷에는 어떤 신발이 어울릴지, 특정 날 점심에는 누구 옆에 앉을지, 친구가 몰에서 부모님과 함께 있는 자신을 보았을지 같은 사소한 것에 관한 것이다. 그러나 마치 리얼리티 쇼 진행자가 카메라와 마이크를 갖고 자신들을 따라다니며, 그들의 삶을 수백만 명의 시청자에게 보여주는 것처럼 청소년들에게는 이런 사건들이 매우 중요하며 종종 중요한 드라마가 된다. 오늘날 트위터와 인스타그램 팔로우와 페이스북 친구로 대변되는 상상이 아닌 관중은 자신의 모든 것이 예측되고 세심히 살펴지고 있다는 청소년의 느낌을 강화함에 틀림없다. 한 연구에서 상상의 관중 인식이 높은 10대는 또래에 비해 일광욕용 침대를 사용하는 것이 좋다는 생각을 더 많이 하고 있는 것으로 나타났다(Banerjee et al., 2015; Gambla et al., 2017). 물론 이는 장기적으로 위험이 있는 것으로 잘 알려져 있지만, 실제 관중이나 상상의 관중에게 강한 인상을 심어주고 싶어 하는 과도한 관심을 가진 청소년에게 있을 법한 것으로 보인다.

청소년기 자기중심성의 또다른 예는 **개인 우화**(personal fable)로, 이는 청소년들이 자신을 특별하고 매우 소중한 존재로 믿는 일반적 사고 방식이다. 이는 현실에서는 비극적 결말이 일어날 수도 있음에도 불구하고 마치 자신을 해피 엔딩으로 끝나는 소설 속의 주인공으로 여기는 것과 같은 것이다. 실제로 개인 우화(다른 자기중심적 경향과 마찬가지로)가 포함된 사고를 하는 아동은 그렇지 않은 아동에 비해 모험적 행동을 더 많이 한다(Alberts et al., 2007; Greene et al., 2000; Kim et al., 2018). 예를 들어 개인 우화는 내가 운전하면 내 차는 절대 사고가 나지 않을 것이라거나 선

상상의 관중
청소년들이 자신이 타인들로부터 지속적으로 주목을 받고 평가를 받고 있다고 믿는 사고 방식

개인 우화
청소년들이 자신이 매우 특별하고 소중한 사람이라고 믿는 사고 방식

전인습적 도덕
특정 결정으로 발생할 잠재적 상과 벌에 의해 도덕적 의사결정을 하는 것

인습적 도덕
사회의 규범과 법을 따르는 도덕적 의사결정을 하는 것

후인습적 도덕
기본 권리와 윤리적 원칙에 의해 도덕적 의사결정을 하는 것

생님 책상에서 시험문제를 훔쳐도 들키지 않을 것이라는 확신을 갖게 만들 수 있다. 나쁜 결말이 생길 가능성을 과소추정하는 것 이외에 개인 우화는 좋은 결말을 얻을 것이라는 과대추정을 하게 한다. 예를 들어 학교 미식축구팀에서 이진 공격 라인맨인 고등학생이 자신을 NFL에 진출할 수 있는 핵심 선수라고 확신하거나 노래와 춤을 잘 못하는 여학생이 자신이 경연대회에 나갈 충분한 자격이 있고 그래서 제2의 비욘세가 될 것이라고 확신하는 것이다. 한 연구는 개인적 우화감이 높은 10대는 특히 자신의 정보를 페이스북에 드러내고, 자신의 프로파일을 여러 곳에서 확인하고, 정보를 최신으로 수정하는 것을 즐겨한다는 것을 발견하였다. 이 10대들은 이런 행동들이 자신의 사생활을 위협하여 해가 될 수 있다는 사실에 영향을 받지 않는 것 같다(Cingel et al., 2015).

콜버그와 도덕발달 피아제는 아동의 사고 발달을 고찰하면서 논리적 사고를 강조하였다. 그러나 분명한 것은 논리가 사고 발달의 유일한 측면이 아니라는 것이다. 특히 청소년 시기에는 도덕적 사고도 발달한다(Helwig & Turiel, 2011; Moshman, 2009; Turiel, 2006, 2010). 1927년에 태어나 1987년에 사망한 뉴욕 출신의 로렌스 콜버그(Lawrence Kohlberg)는 많은 발달연구자들에게 영감을 준 도덕발달 이론을 제안함으로써 피아제의 연구를 확장하였다(Carpendale, 2009).

콜버그의 기본 생각은 아동기에서 성인기로 성장하면서 발달하는 도덕 주제에 관해 생각하는 방식, 특히 옳고 그름을 결정하는 방식이다. 구체적으로 콜버그는 전인습적 도덕, 인습적 도덕, 후인습적 도덕의 세 단계 도덕 추론 단계를 거친다고 주장한다(Kohlberg, 1973a, b, 1974, 1984; Kohlberg & Candee, 1984).

- **전인습적 도덕**(preconventional morality)은 벌과 상에 따라 내리는 도덕적 의사결정 전략이다. 이 단계에서는 옳은 것은 이득을 최대화하고 고통을 최소화하는 것이다. 따라서 자신의 욕구가 충족되는 방향의 의사결정을 한다.
- **인습적 도덕**(conventional morality)은 사회의 규범과 법률을 따르는 도덕적 의사결정 전략이다. 이 단계에서 옳은 것은 개인이 속해 있는 문화가 기대하는 것과 일치한다. 여러분은 타인들이 인정할 수 있는 결정을 하며, '누구나 그런 잘못된 행동을 했다면' 그 시스템이 붕괴될 것임을 알고 있다.
- **후인습적 도덕**(postconventional morality)은 기본적인 권리와 윤리적 원칙에 따르는 도덕적 의사결정 전략이다. 이 단계에서는 의사결정이 사회가 선호하는 것과 얼마나 일치하느냐 또는 의사결정으로 발생하는 개인적 결과는 중요하지 않다. 이 단계에서 옳은 것은 보다 큰 의미에서 옳은 것이다. 정의, 존엄, 평등과 같은 집합적 가치를 추구하는 윤리적 원칙이 그렇게 결정하도록 안내한다.

콜버그(1984, pp. 177~178)는 그의 종단연구에 참여한 한 사람인 조의 예를 든다. 조는 "왜 여러분은 상점에서 물건을 훔치지 말아야 하는가?"라는 도덕 문제에 대해 10세, 17세, 그리고 24세에 반복해서 대답하였다. 조는 10세에는 '누군가 여러분을 보고 경찰에 전화할 수 있다'고 대답하였다. 즉 여러분이 훔치면 여러분에게 나쁜 일이 일어나기 때문에 훔치지 않는다는 것이다. 이런 식의 전인습적 도덕 추론은 아동에게 흔하다. 17세까지, 청소년 조는 인습적 도덕 추론 단계에 이르렀다. 이는 그가 사회의 기대를 고려하고 자신과 주변 사람들이 이것을 따르지 않는다면 어떻게 될지를 고려하는 것에서 나

일반적으로 청소년은 자신이 특별한 사람이라고 믿는 개인 우화를 믿는다. 개인 우화는 운전 중에 문자를 보내는 것처럼 위험한 행동을 안전한 것처럼 여기도록 만들기 때문에 위험할 수 있다.

Michael Krinke/iStock/Getty Images

타난다. "그것은 일종의 규칙이다. … 우리가 이 규칙을 따르지 않는다면, 사람들은 훔치고, 일하지 않을 것이고, 사회 전반이 정상 상태에서 벗어날 것이다"라고 대답한다. 24세에 성인 조는 규칙이나 법을 말하는 것이 아니라, "훔치는 것은 타인의 권리, 여기서는 재산권을 훼손하는 것이다"라는 식의 대답을 함으로써 근본적인 것이 무엇인지 보편적인 것이 무엇인지를 언급하는 추론으로 발전한다.

도덕적 의사결정의 또 다른 실례로 디트로이트에서 레코드 가게를 하는 제프 부벡이라는 사람의 이야기를 생각해보자(Saunders, 2012). 제프는 몇 년 전에 어느 창고에서 사망한 전설적인 힙합 프로듀서 제이 딜라가 수집했던 엄청나게 많은 수의 값나가는 레코드와 테이프를 우연히 발견하였다. 제프는 자신이 발견했던 물건들을 팔 수 있는 시장이 있다는 것을 알았다. 그런데 제프는 제이 딜라의 어머니가 아들의 오랜 투병생활로 인해 의료비 빚이 많다

도덕발달은 옳고 그름을 결정하는 방식에서의 변화이다. 예를 들어 여러분의 도덕발달 단계는 가게에서 물건을 훔칠 것인지 말 것인지의 결정에 영향을 미칠 수 있다.

는 것도 알고 있었다. 그는 발견한 물건들을 팔아 이득을 챙길지 아니면 제이 딜라의 어머니에게 모두 돌려줄지에 대한 도덕적 결정을 하였다. 제프는 제이 딜라의 어머니에게 그 레코드를 다 돌려주자는 결정을 하였는데, 그의 도덕 추론은 콜버그의 후인습적 도덕 단계를 보여준다. "나는 단지 옳은 일을 하려고 했다. … 그 물건은 그녀의 아들 것이다. 그렇지 않은가? … 나는 그의 어머니에게 다 가져가시라고 말했다. 이 물건은 당신 것이다. … 나는 '다시 올바른 자세로'"(National Public Radio, 2014).

여기에 콜버그 이론의 몇 가지 중요한 특징이 있다. 첫째, 가장 중요한 것은 여러분이 내리는 결정이 아니라, 그런 결정을 내리는 데 사용한 논리라는 것이다. 둘째, 연령이 언제나 도덕적 사고를 예측하지 않는다는 것이다. 셋째, 모든 사람이 다 세 번째 단계로 나아가지는 않는다는 것이다. 실제로 콜버그는 대부분의 사람들의 도덕적 사고가 이 두 번째 수준에서 멈춘다고 결론 내렸기 때문에 두 번째 단계의 명칭을 '인습적'으로 명명하였다(Kohlberg, 1963, 1984).

콜버그는 교육 시스템에서 초점을 두어야 할 것이 도덕적 추론이라고 믿었다. 전통적인 학습 주제 이외에, 콜버그는 학교에서는 옳고 그름의 이슈에 관해 생각하는 능력을 발전시키는 '인성 교육' 수업을 제공해야 한다고 생각하였다(Snarey, 2012).

콜버그의 생각은 교육 상황에서 적용되어 왔으며, 발달심리학 분야에 지대한 영향을 미쳤다. 콜버그 이론에 대한 한 가지 비판은 피아제 이론에서 받았던 비판과 같은 것으로, 지나치게 단계 지향적이라는 것이다. 그의 이론은 도덕적 추론이 한꺼번에 진전하지 않고 점진적으로 조금씩 나아가며 수년간 시간을 끄는 현실을 반영하지 못하고 있다(Nucci & Gingo, 2011).

두 번째 비판은 도덕 추론(무엇이 옳다고 생각하는지)과 도덕 행동(도덕 상황에서 실제로 행동하는 것)이 언제나 일치하는 것은 아니라는 점이다. 실제로 한 연구에서 도덕 추론과 도덕 행동 간의 상관은 .3으로 나타났다(Krebs & Denton, 2005).

세 번째 비판은 문화에 초점을 둔다. 보편적으로 '옳게' 보이는 것(즉 최고 수준의 도덕 추론에 깔려 있는)이 민족성이나 다른 변인들에 따라서는 전혀 보편적이지 않을 수 있다(Cowell et al., 2017; Menon, 2003; Turiel, 2006, 2002, 2008, 2015). 우리 문화권에서 옳은 것이 다른 문화권에서는 옳은 것이 아닐 수 있다. 한 연구에서는 이런 도덕적 질문을 10세와 11세 학생들에게 제시하였다. 만약 여러분이 학급 학생들보다 시험에서 더 좋은 점수를 받았다면 여러분의 점수를 학급 학생들 전체에게 말해야 하는가? 이에 대한 대답은 문화에 따라 매우 달라진다. 미국 아동의 86%는

전설적인 힙합 프로듀서인 제이 딜라(James Yancey)는 질병으로 2006년에 사망하였다. 1개월 후 레코드 가게 주인인 제프 부벡은 버려진 창고 지역에서 레코드 수집품을 구입하였다. 그는 곧 제이 딜라의 미발표된 곡을 포함하여 제이 딜라의 레코드를 구입하였다는 것을 알게 되었다. 이 물건들은 소장가치가 매우 높으며 힙합 팬들이 찾는 것이었다. 부벡은 자신의 이익을 위해 그 물건을 팔 것인지 아니면 제이 딜라의 어머니에게 돌려줄 것인지라는 도덕적 결정에 직면하였다. 그는 그 물건들을 제이 딜라의 어머니에게 돌려주기로 결정하였는데, 이는 콜버그의 후인습적 단계를 보여주는 도덕 추론이다(National Public Radio, 2014; Saunders, 2012).

정체감
에릭슨의 심리사회적 발달 이론의 일부 개념으로 개인이 누구인지에 대한 안정된 인식

잘 받은 점수를 말하는 것은 자랑하는 것이기 때문에 점수를 말하지 않는 것이 옳다고 생각하였다. 반면에 중국 아동의 68%는 잘 받은 점수를 말하는 것은 학급 친구들에게 정보를 주기 때문에 말하는 것이 옳다고 생각하였다(Heyman et al., 2008).

네 번째 비판은 민족성이 아니라 성에 초점을 둔다. 남성과 여성은 도덕 추론을 달리 할 수 있다. 구체적으로 남성은 공정 처치를 중시하는 경향이 있는 반면 여성은 곤경에 처한 타인에 대한 배려를 중시한다(Eisenberg et al., 2009; Gilligan, 1982, 1987; Gilligan & Wiggins, 1987; Walker, 2006). 이는 콜버그의 연구에 참여한 사람들이 여성보다는 남성이 더 많았다는 사실에 비추어볼 때 특히 중요하다. 따라서 그가 제안했던 도덕 추론 단계들은 여성보다는 남성에게 더 정확하게 들어맞는 것일 수 있다(Heyman & Lee, 2012; Jaffee & Hyde, 2000).

심리사회적 발달

청소년기의 일차 도전은 개인으로서 자신이 누구인지를 이해하는 것이다. 1950년대와 60년대 (그리고 여전히 현재도 영향력이 있음) 발달 이론으로 유명하게 된 독일 심리학자 에릭 에릭슨(Erik Erikson)은 정체감을 형성하는 이 과정에 집중적으로 초점을 맞추었다. **정체감**(identity)은 자신이 누구인지에 대한 개인의 안정된 느낌이다. 실제로 정체감은 전 생애를 아우르는 여덟 단계를 제안한 에릭슨의 심리사회적 발달 이론의 일부일 뿐이다(Coles, 2000; Erikson, 1950, 1959; Erikson & Erikson, 1998). 여기서 우리는 청소년기에 해당되는 단계에 초점을 맞출 것인데, 표 9.4에는 출생부터 성인 후기까지의 여덟 단계에 관한 설명이 제시되어 있다.

표에서 보는 바와 같이, 각 단계는 위기가 있다. 그 위기를 성공적으로 대처하면 그다음 단계 발달에 유리한 덕이 생긴다. 예를 들어 에릭슨은 영아기(0~18개월)의 위기를 신뢰 대 불신으로 규정하였다. 영아는 스스로를 돌볼 수 없다. 따라서 자신을 먹이고, 따뜻하게 해주고, 기저귀를 갈아주고, 울면 달래주는 등 자신의 욕구를 충족시켜줄 수 있는 다른 사람에게 의존해야만 한다. 이 생의 초기 경험은 영아에게 다른 사람을 신뢰할 수 있을지 말지 가르쳐준다. 이때 긍정적인 경험을 하면, 영아는 희망 또는 문제가 해결되고 다른 사람들이 자신을 위해 감당해줄 것이라는 인식이 발현될 것이다.

에릭슨은 청소년기의 도전을 정체감 대 역할 혼미로 규정하였다(Côté, 2009; Erikson, 1959, 1968; Marcia, 1966, 1980). 이 시기의 목표는 근본적인 질문인 나는 누구인가에 대한 대답을 발달시키는 것이다(표 9.4 참조). 물론 그 대답은 개인의 고유성에 핵심이 되는 보다 구체적인 많은 질문에 대한 대답에서 나온다. 종교적 측면에서 나는 누구인가? 민족성에서는? 정치에서는? 성적 지향에서는? 직업에서는? 옷 입는 스타일에서는? 사회적 소속 집단에서는? 음악, 스포츠, 그리고 다른 관심사에서는? 처음에는 이런 많은 선택들로 인해 개인이 압도될 수 있는데, 가족을 넘어 또래집단, 그리고 국가나 세계에 적용되는 광범위한 선택을 살피기 시작할 때 특히 그렇다. 청소년들은 하나씩 답을 찾으면서 계속 질문으로 이어가면서 방대한 선택을 시도한다. 사회는 다른 시기보다 청소년기에 발생하는 이런 일시적 정체감 검증 국면을 훨씬 더 허용한다. 예를 들어 새로운 외모, 새로운 친구, 새로운 패션을 찾는 10대를 보면 친구와 가족들이 눈이 휘둥그레지고 머리를 흔드는 정도겠지만, 똑같은 짓을 35세 성인이 한다면 그 행동을 받아들이기 매우 힘들 것이다. 에릭슨은 급격한 정체감의 전환을 견뎌내는 것을 정체감 유예(모라토리엄)라고 칭하였는데, 이는 사람들이 정체감 형성 과정을 통해 그들 나름으로 나아가는 청소년들에 대한 판단을 보류한다는 것을 시사한다.

표 9.4　에릭슨의 심리사회적 단계

단계	연령	위기	핵심 질문	덕	
영아기	0~18개월	신뢰 대 불신	"내 주변의 사람들은 나를 보살필 것인가?"	희망	oneinchpunch/ Shutterstock
아동 초기	2~3세	자율성 대 수치심과 회의	"나는 내 자신을 통제할 수 있는가?"	의지	Jasper Cole/Blend Images/Getty Images
학령전기	3~5세	주도성 대 죄책감	"스스로 무엇을 할 수 있는가?"	목적	Allen Donikowski/ Moment Select/ Getty Images
초등학교 시기	6~11세	근면성 대 열등감	"또래만큼 잘할 수 있을까?"	역량	Juanmonino/ iStock/Getty Images
청소년기	12~18세	정체감 대 역할 혼미	"내가 누구인지 결정할 수 있는가?"	일관성	lorenzoantonucci/ iStock/Getty Images
성인 초기	19~40세	친밀감 대 고립	"타인과 오래 지속되는 관계를 형성할 수 있는가?"	사랑	KevinDaugherty/ iStock/Getty Images
성인 중기	40~65세	생성감 대 침체	"가치 있는 무언가에 기여할 수 있는가?"	보살핌	GlobalStock/ iStock/Getty Images
성인 후기	65세 이상	자아통합 대 절망	"내 인생은 잘 살아왔는가?"	지혜	Jose Luis Pelaez Inc/ Blend Images/Getty Images

에릭 에릭슨에 따르면, 우리는 출생부터 노인기까지 매 연령에서 삶의 각 시점에 관련된 심리적 위기를 경험한다. 이 질문에 긍정적으로 답을 내리면 그에 해당되는 덕이 발달한다.

　아마 여러분은 에릭슨이 제안했던 것처럼 자신을 포함해 고등학교에서 함께 공부했던 친구들이 정체감을 형성하는 과정에서 역할 혼미를 경험한 많은 사례를 기억할 것이다. 가장 좋은 예는 아주 불안이 높은 아동으로 나에게 심리치료를 받았던 내담자 스티븐이다. 나는 스티븐이 고등학교 시절 고민이 많았을 때 몇 회기의 짧은 기간 동안 만났으며, 몇 달 후 그는 좋아져 치료를 마쳤다. 이는 나에게 10대를 거치면서 여러 단계에서 나타나는 그의 삶을 자세히 살필 수 있는 기회를 제공해주었다. 내가 스티븐을 처음 만났을 때, 그는 매우 학구적이었다. 많은 고급 수업을 듣고, 시험 성적에 대해 관심이 많고, 패션이나 친구 등에는 거의 관심이 없었다. 실제로 스티븐에 대한 치료의 원래 이유는 최고 대학에 훨씬 일찍 입학하는 데 대한 엄청난 불안이었는데, 그때가 중학교 3

학년이었다. 그는 나에게 "나는 성실한 사람이에요", "나는 모든 수업에서 성적이 아주 좋아요"라고 말했다.

그러나 꼭 6개월 후에, 스티븐은 다른 것, 스케이트보딩에 대해서만 말하였다. 그는 새로운 머리를 하고 새로운 옷차림으로 이전과는 다른 모습을 보여주었고, 말하는 내용도 달라졌는데, 주로 스케이트 관련 용어를 사용하였다. 그는 많은 스케이트 친구들이 생겼고, 대부분의 시간을 동네에 있는 스케이트보드 공원이나 스케이트보드숍에서 보냈다. 그의 부모님은 스티븐의 성적을 걱정하게 되었고, 스티븐은 새로 사귄 친구들과 소통하기 위해 발목 다치는 것에 대해 걱정하였다. 고등학생이 되기 전까지 지속되었던 스케이트보드쟁이 스티븐은 고등학생이 되면서 정치적 스티븐으로 바뀌었다. 정치적 스티븐은 CNN을 시청하는 젊은 미국 민주당 고등학교 동아리에 가입하고 향후 직업에 대한 계획을 세웠다. 그는 학생 동아리모임에서 시간을 많이 보내며, 차기 선거에 나오는 민주당 후보를 돕는 방법에 대해 대화를 하면서 함께 점심을 먹었다. 스케이트보드 장비는 모두 옷장 구석으로 보내졌고, 보다 단정한 직업인의 옷이 앞으로 나오게 되었다.

평생 계속될 것 같았던 스티븐의 민주당에 대한 헌신은 고등학교 1학년까지는 지속되었다. 이 무렵 그는 자신에게 여름 농구 캠프에 참여하라고 권유한 학교 농구팀 코치에 대한 관심이 갑자기 높아졌다. 그는 그 캠프에 참여했고 고등학교 2학년 때 학교 대표팀을 만들었다. 이제는 농구 스티븐이 되었다. 농구 스티븐은 완전히 팀 동료들과 시간을 보냈고, NCAA와 NBA팀을 열정적으로 따라다녔으며, 머리에서부터 발끝까지 나이키 제품으로 장식하였고, 자기 농구팀의 성적에 걱정을 하였다. 고등학교 시절 농구를 못하게 만든 무릎 부상이 있기 전까지는 모든 것이 좋았지만, 새로운 것이 그를 사로잡았는데, 그것은 디제잉이었다. 스티븐은 초보자용 턴테이블과 컴퓨터에 사운드 믹스장비를 설치하였다. 디제잉과 관련된 새로운 옷, 새 친구들, 새로운 가치를 따랐다.

이상적으로 청소년기가 끝날 때까지 스티븐은 자신의 나머지 삶을 관통하는 자신이 누구인지에 대한 통일성 있는 감각을 발달시킬 것이다. 이렇게 되면, 그는 자신의 환경이 변하더라도 자신이 진정하게 누구인지를 유지하는 능력인 통일감이라는 미덕을 습득할 것이다. 그렇지 않으면, 계속해서 자신을 탐색하고 다양한 삶의 방식을 점검하는 역할 혼미 상태로 남을 것이다.

이 정체감 대 역할 혼미 단계 성과의 중요성은 에릭슨 이론의 다음 단계인 친밀감 대 소외감을 고려해보면 특히 분명해진다. **친밀감**(intimacy)은 낭만적 파트너와의 장기적인 정서적 가까움이다. 에릭슨에 따르면, 친밀감 대 소외감 단계는 젊은 성인들이 평생 지속할 사랑하는 관계인 일부일처를 추구하는 것이다. 에릭슨은 젊은 성인기의 성공은 주로 청소년기 단계에서의 성공에 좌우되는 것으로 본다. 강력한 정체감을 형성했던 사람들은 성공적 커플이 되기 쉬운 반면, 역할 혼미 상태에 있는 사람들은 어려울 가능성이 높다.(여전히 안정된 정체감을 형성하기 어려운 사람과 결혼하길 원하는가?)

에릭슨의 아이디어에 관한 최근의 연구는 청소년기 정체감 형성의 중요성을 지지해준다. 한 연구에서는 정체감 형성을 고민하는 10대는 또래집단에 비해 훨씬 더 불안이 높음을 발견하였다(Crocetti et al., 2009). 다른 연구에서는 정체감 발달이 낮은 10대는 정신적 고통이 높고 심리치료의 도움을 더 찾는 것으로 나타났다(Wiley & Berman, 2013). 한 종단연구에서는 15~25세 참여자를 대상으로 10대의 정체감 형성 수준이 10년 후의 친밀한 낭만적 관계를 형성하는 능력을 예측하는지 추적하였다. 이 연구자들은 이 두 변인 간에 .33의 유의한 정적 상관을 보여주었다. 상관은 반드시 인과를 의미하지는 않지만(정체감 형성과 낭만적 친밀감 둘 다에 영향을 주는 외부 요인이 있을 수 있다), 이 상관은 청소년기의 성공이 젊은 성인 단계와 함께 간다는 에릭슨의 기본 생각을

친밀성이나 낭만적 파트너와의 장기적인 정서적 친밀감 획득은 성인 초기의 주요 발달과업이다.

지지한다(Beyers & Seiffge-Krenke, 2010).

부모와의 관계   10대는 부모-자녀 갈등에서 악명이 높다. 분명히, 이 시기는 관련된 모든 사람에게 긴장의 시기다. 어린 아동들은 코를 닦아주는 것에서 신발 끈을 묶어주는 것까지 모든 것을 부모에게 의존하는 10여 년을 지난 후에, 청소년들은 많은 큰 것 하기(운전, 데이트)와 자신을 위한 많은 큰 의사결정(대학, 성)을 시작한다. 그러나 이들은 여전히 모든 것을 혼자 할 수는 없다. 따라서 불가피하게 자율성에 대한 10대의 욕구("숙제로 괴롭히지 말라!")와 도움에 대한 욕구("내 숙제를 좀 도와줄 수 있는가?") 간의 밀고 당김이 있다(McElhaney et al., 2009).

이런 밀고 당기기가 청소년이 부모와 아동 간에 전면적 갈등이 있다는 것을 의미하지는 않는다. 실제로 연구는 대략 가족의 85~95%에서는 갈등 수준이 그리 심하지 않다는 것을 보여준다(Lamb & Lewis, 2005). 전형적으로 청소년기 시작 무렵 갈등이 어느 정도 증가하지만, 대체로 이 갈등은 가족관계를 위협하지 않는다(Branje et al., 2009; Steinberg, 1981, 1990). 일반적으로 가족은 청소년의 이런 변화와 가족 구성원의 역할과 책임감을 재협상할 수 있는 적응 방식을 찾는다. (이는 규칙을 정하고 아동의 독립성 증가에 따른 반응으로 자신을 바꾸는 권위가 있는 부모에게 특히 그렇다.) 일반적으로 부모와 청소년 간의 갈등은 첫째 아이보다 둘째 아이에게서 덜 심한데, 이는 부모가 첫째 아이와의 경험으로부터 배운다는 것을 시사한다. 그런 다음 자신의 양육을 더 어린 자녀와의 갈등을 줄이는 방향으로 적용한다(Whiteman et al., 2003).

청소년기까지 가족이 해체될 가능성이 가장 높은 가족은 청소년기 이전에 문제가 시작되었던 가족이다(Laursen & Collins, 2009; Stattin & Klackenberg, 1992). 내가 진행했던 심리치료를 통해, 나는 아빠(릭)와 엄마(로리), 그리고 9살 이란성 쌍둥이(케이티와 카일)로 구성된 롤린스 가족을 생생하게 기억한다. 이들 부모는 쌍둥이들에게 '아이들 자신의 문제를 돕는' 방향으로 양육하려 했지만, 남편과 아내 자신들이 문제를 지닌 채 출발했음이 분명했다. 이 부부는 서로 다른 양육 철학을 갖고 있었다. 엄마 로리는 아이의 요구를 쉽게 들어주는 호락호락한 사람이었고, 아빠 릭은 아이들을 겁먹게 하는 엄격한 사람으로, 두 사람은 결코 양육에서 타협점을 찾을 수가 없었다. 이들의 결혼생활에는 애정 문제와 재정 문제도 있었다. 이 모든 것들이 좋지 않을 때, 로리는 종종 깊은 우울증에 빠졌고, 릭은 술집에 다녔다. 물론 이런 식의 부모 태도는 그 어느 것도 쌍둥이들을 지지하거나 주목하지 않는 방식이었다.

문제가 되는 부모의 양육행동을 고려해볼 때, 9세에 이 쌍둥이들은 서로 간에 간헐적 충돌이 있고 학교에서 문제행동이 조금 있었지만, 대체로 잘 견디며 지냈다. 그런데 몇 년 지난 후, 아동의 행동은 청소년이 되면서 더 문제가 되었다. 카일은 학교에서 몇 번 아이들과 싸웠고, 가끔씩 냉장고에서 맥주를 훔친 반면, 케이티는 자해를 시도하고 있었다. 부모는 서로를 원망했고, 자녀들에 대해 불일치하는 방식으로 대응하였으며, 건강하지 않은 자신들의 방식으로 자녀에게 대응하였다. 이 모든 것은 문제를 더욱 악화시켰다. 마지막으로 자녀들이 15세가 되었을 때, 릭과 로리는 드디어 알게 되었다. 케이티는 자살 시도 후에 정신과 병원에 두 번 입원하였고, 카일은 술에 취한 채 이웃집에 침입하여 구류를 살았다.

케이티와 카일이 경험했던 문제는 심리적 문제에서 성차라는 청소년기의 다른 현상을 보여준다. 청소년기가 시작되면서, (소년에 비해) 소녀는 **내재화** 문제가 증가함을 보여주었다. 내재화 문제는 자신의 심적 고통이 자신의 신체(자해처럼)나 아니면 정서장애처럼 보다 정서적인 것으로 자신에게로 향하는 것이다. 청소년기 소녀는 또한 신체 불만족이 훨씬 높아지는데(전형적으로 자신이 너무 뚱뚱하다고 본다), 다이어트에서부터 폭식증과 거식증과 같은 체중 통제를 하게 된다 (Barker & Galambos, 2003; Karazsia et al., 2017; May et al., 2006; Morken et al., 2018; Phelps et al., 1993).

반면에 청소년기 소년은 심리적 불편이 타인으로 향하는 행동장애, 반항장애, 어느 정도의 주의력결핍 과잉행동장애(ADHD)와 같은 **외재화** 문제를 보다 많이 보여준다. 문제행동에서의 이런 성차는 13세경에 발생하여 18세 정도까지 증가한 후, 성인기 전체 동안 지속된다(Galambos et al., 2009). 이런 심리적 문제는 부모-자녀 관계의 어려움이 원인이 되거나 결과가 될 수 있다는 것을 기억하라. 물론 일부 사례에서는 심리적 문제가 양육과 완전히 무관한 이유에서 일어날 수 있다.

청소년 자녀와 부모와의 관계를 살핀 연구자들은 종종 10대들이 아버지/어머니와 서로 다른 관계를 발달시킨다는 것을 발견한다. 특히 10대들은 아버지와 어머니에 대해 다른 관계를 맺는 경향이 있다. 물론 가족마다 다르지만, 일반적으로 10대는 어머니와 함께 시간을 더 많이 보내고 어머니로부터 지지를 더 많이 찾는다(Doyle et al., 2009; Markiewicz et al., 2006). 10대들은 또한 어머니를 더 가깝다고 느끼고, 자신의 생각과 감정을 어머니와 더 많이 공유한다(Doyle et al., 2009). 또한 10대들은 어머니와 더 많이 갈등하기도 하며, 아버지에 비해 어머니를 덜 존경하고 복종도 덜 한다(Maccoby, 1998; McHale et al., 2003; Steinberg & Silk, 2002).

또래와의 관계   부모와의 관계가 청소년에게 중요한 것처럼 10대는 또래와의 관계도 중요하다. 청소년들은 부모와 보내는 시간의 2배를 또래와 보낸다. 초기 아동기와 비교해보면, 또래와 함께하는 많은 시간이 감독받지 않고, 보다 큰 집단에서, 청소년 자신에 의해 주도되며(아동에게 무엇을 할지 부모가 결정하는 것과 달리), 소년과 소녀가 함께 어울린다(Rubin et al., 2006).

연구자들은 또래관계가 청소년들의 기능과 웰빙에 중요한 영향을 준다는 것을 발견하였다(Hartup, 1999; Lamblin et al., 2017; Rubin et al., 2005). 예를 들어 대인관계로 어려움을 겪는 청소년은 학업성적의 저조, 자신에 대한 부정적 이미지, 우울, 비행, 약물 사용 등 여러 가지 다른 영역에서도 어려움을 겪는 경향이 있다(Gazelle & Ladd, 2003; Ollendick et al., 1992; Sandstrom et al., 2003; Wentzel, 2003; Wentzel et al., 2004). 물론 여기에도 예외는 있다. 사회적으로 고립된 일부 청소년이 잘 지내는가 하면 인기가 높은 일부 청소년이 적응을 잘 못하는 경우도 있다. 사회적 고립이나 문제(저조한 성적, 우울 등)가 종종 함께 나타나기 때문에 어느 것이 먼저인지 구분하기가 어렵다. 많은 경우, 이런 조건은 서로 영향을 준다. 외로운 청소년은 우울하게 되고, 이는 또래들로부터 고립되도록 만들고, 그러면 또 우울이 악화되는 악순환이 계속된다.

일부의 경우 함께 시간을 보내는 특정 소수 친구집단은 청소년기를 지나면서 특정 심리적 문제를 겪을 기회를 높일 수 있다. 약 250개 고등학교를 대상으로 자신을 인기형, 운동형, 두뇌형, 소진형, 비동조형, 보통형으로 명명했던 학생들을 연구한 연구자들이 있다(Prinstein & La Greca, 2003). 연구자들은 소진형 청소년들이 인기형과 운동형 청소년에 비해 우울 비율이 훨씬 높았고, 두뇌형이 인기형과 운동형 청소년에 비해 사회적 불안이 훨씬 더 높으며, 두뇌형, 소진형 그리고 보통의 청소년은 인기형과 운동형 청소년에 비해 더 많은 외로움을 경험하는 것을 발견하였다. 그림 9.9에는 이런 결과가 나타나 있다. 또한 만약 여러분의 친구들 여러 명이 어떤 문제를 겪고 있으면, 여러분도 동일한 문제를 겪을 가능성이 높아질 것이다. 예를 들어 우울한 친구를 사귀

Sam Edwards/OJO Images/Getty Images

또래와의 관계는 청소년기 동안 매우 중요해진다.

고 있으면 자신도 우울해질 가능성이 높아지고, 친구가 섭식장애가 있으면 자신도 섭식장애가 발생할 가능성이 높아진다(Ellis & Dumas, 2019; O'Connor et al., 2016; Schacter & Juvonen, 2017).

청소년기의 특정 소수집단과 그 집단 안에서 친구관계에서 나타나는 한 가지 문제는 청소년들이 불안정하다는 것이다. 청소년들은 중학교에서 고등학교를 지나면서 채팅에서 사용하는 줄임표현이 많아지고 또래집단이 바뀐다(Jiang & Cillesen, 2005). 한 연구는 몬트리올에 사는 청소년들에게 한 달에 한 번 친구들의 이름을 적게 하였다. 소년들의 응답은 소녀들보다는 보다 안정적이었지만, 소년과 소녀 모두 불안정한 비율이 높았다. 전반적으로 어느 달에 친구라고 적은 이름의 3분의 1은 바로 다음 달에는 응답 리스트에 오르지 않았다(Chan & Poulin, 2007). 9개월에 걸친 과정을 보면, 친구 이동이 많았는데, 시작에서 마지막에 이르는 동안 서로 다른 친구집단이 형성된다. 또한 또래관계에 대한 자기지각도 신뢰하기 어렵다. 이는 10대는 친구와 얼마나 친한지를 과대평가하거나 과소평가하기 십상이라는 의미인데, 이러한 과대평가나 과소평가는 사회적 문제로 이어질 수 있다 (Brown & Larson, 2009).

친구관계는 청소년기에 더욱 중요해지지만, 또 다른 유형의 또래관계인 데이트 역시 중요해진다. 여러분 자신의 경험을 회고해보건대, 청소년이 데이트하는 방식은 짧은 고등학교 시절을 거치면서 의미 있게 변한다. 아래에 그 변화 과정이 요약되어 있다(Connolly & McIsaac, 2009).

그림 9.9 **친구관계 유형과 정신 건강** 청소년기 동안 상이한 또래집단은 우울이나 사회불안 같은 상이한 심리적 문제를 경험한다. 소진형은 가장 높은 수준의 우울을 경험하였고, 두뇌형은 가장 높은 사회불안을 경험하였다. 이것이 고등학교 시절의 여러분이나 여러분 친구와 잘 들어맞는가?
출처 : Prinstein & La Greca(2003).

- 14세에 데이트 관계는 거의 단지 몇 주간 지속될 뿐 한 달 이상 지속되기는 어렵다. 데이트는 종종 둘보다는 사람들이 여럿 있는 집단 속에서 이루어지며, 이들의 사회적 지위는 집단의 핵심자들이다. 여러분이 인기 있는 누군가와 어울리기 때문에 여러분이 더 인기 있는 사람이 될 수 있는 것이다. 파트너와 '진짜 사랑'처럼 이야기를 나누기 때문에 갈등도 많고 사랑의 열병도 앓는다.

- 16세에는 데이트가 더 진지해져 집단 속에서보다는 두 사람만의 데이트가 이루어진다. 데이트 관계의 평균 지속 기간은 6개월이다. 친구들이 커플에게 "너희는 서로 좋아하냐?…"라고 그 관계를 배정하려고 돕기 때문에 종종 함께 다니기도 한다.

- 18세에는 다시 진지해져 평균 1년은 지속되는 데이트를 한다. 데이트 활동은 거의 전적으로 커플을 중심으로 이루어진다. 점점 더 타인을 배제하는 관계가 되기 때문에, 커플 간의 정서적 연대가 성인처럼 보다 지속적인 것이 된다. 때때로 이 연령의 커플은 친구, 가족, 또는 개인적 목표도 보이지 않는 낭만적 관계에 휩싸인 자신을 발견할 수 있다. 예를 들어 고등학교 상급생이 자기 진로를 고등학교 시절 데이트 했던 자기 파트너가 가려는 도시나 특정 대학으로 국한시킨다.

중요한 것은 청소년기 동안 변하는 데이트 방식은 민족성을 포함하여 많은 문화적 변인에 따라 달라진다는 것이다. 예를 들어 아시아계 미국 십대는 백인, 아프리카계, 라틴계 십대에 비해 데이트를 늦게 시작하는데, 이는 개인주의와 집단주의에 근거한 문화적 규범이 다르기 때문일 것이다 (Connolly & McIsaac, 2011; Connolly et al., 2004).

청소년 데이트에 관한 대부분의 데이터가 이성관계에 초점을 둔다. 그러나 최근에는 청소년의 동성애와 양성애 관계에 관한 연구가 등장하고 있다. 청소년의 약 5%는 동성에 대한 매력을 보고하였으며, 이들은 이성에 매력을 느끼는 사람들처럼 동성과 많은 데이트 경험이 있는 것으로 나타나고 있다(Carver et al., 2003; Williams et al., 2003). 그런데 자신을 동성애라고 밝힌 청소년의 데이트 경험의 상당수가 실제로 이성 파트너와의 데이트 경험인데, 이는 10대 동안 성적 지향에서의 변동이 있거나 이성애 행동을 해야 한다는 또래압력이 있음을 반영해주는 것이다(Diamond, 2008; Russell & Consolacion, 2003). 6~8학년의 어린 청소년 중 약 3.8%가 게이, 레즈비언, 또는 양성애로, 12.1%는 '잘 모르겠다'로 나타나고 있다(Shields et al. 2013). 불행하게도 청소년의 데이트 관계도 관계폭력에서 자유롭지 않다(Vagi et al., 2013). 놀랄 만한 사실은 매년 여고생의 10분의 1 정도가 데이트 파트너로부터 폭력을 경험한다는 것이다(Howard et al., 2013). 600명 이상의 청소년을 대상으로 한 대규모 연구는 데이트 폭력을 예측하는 몇 가지 요인으로 열악한 생활 조건(가난 등), 폭력에 대한 내성적 태도, 그리고 폭력물 시청 등을 확인하였다(Connolly et al., 2010). 또 다른 연구는 낭만적 관계에 있는 파트너에게 폭력적인 친구를 가진 십대는 자기 파트너에게 폭력적이 되는 식의 또래집단 규범의 중요성을 지적한다(Ellis & Dumas, 2019; Foshee et al., 2013). 아동학대 역시 한 요인이 된다. 학대를 받은 아동은 청소년과 성인이 되었을 때 데이트 폭력의 피해자가 될 가능성이 높다(Gómez, 2011).

보다 희망적인 것은 **긍정적 청년발달**에 초점을 맞추는 일부 연구가 있다는 것인데, 일부 최근 연구에서 청소년이 건설적인 또래 활동에 관여함으로써 10대의 강점을 형성한다는 결과가 보고되고 있다(Grusec et al., 2011; Lerner & Steinberg, 2009). 청소년들에게 사회와 자신 모두를 개선하는 데 도움이 되는 집단 활동이 제시된다(Damon, 2004; Larson, 2000; Lerner et al., 2009; Snyder et al., 2011). 예를 들어 한 고등학생은 지역의 유권자 등록을 높이거나 공원을 아름답게 만드는 동아리를 만들 수 있고, 청소년 종교단체를 통해 자선운동이나 가난한 자를 위해 집짓는 활동에 참여할 수 있다.

긍정적 청년발달을 위한 노력은 다음과 같은 '5C'를 높이려고 하는데, 역량(competence), 자신감(confidence), 연결(connection), 성격(character), 보살핌/사랑(caring/compassion)이 그것이다. 연구는 위험이 높은 청소년이 이런 집단 활동에 참여하는 경우 고위험군 청소년들이 심리적 문제를 덜 겪는다는 것으로 보여줌으로써 이런 노력이 잘 작용한다는 것을 보여준다(Holland & Andre, 1987; Masten, 2004, 2006). 물론 10대를 위한 조직화된 활동의 성공 여부는 그것이 실제로 이용 가능하느냐에 따라 달라진다. 불행하게도, (학교든 그 외 다른 곳에서든) 비교과 활동의 이용 가능성은 사회경제적 수준에 따라 달라진다(Fredricks & Eccles, 2006; Theokas & Bloch, 2006). 예를 들어 가난한 집안 출신의 청소년들은 부유한 가정 출신의 청소년에 비해 조직화된 스포츠에 훨씬 덜 참여하는데, 이는 스포츠 자체가 돈이 많이 들기 때문만이 아니라(등록, 장비 등), 이런 활동을 하려면 부모로부터 자유시간도 필요하기 때문이다(Mahoney et al., 2009).

성인진입기 청소년기에 관해 고려해야 하는 한 가지 질문이 더 있다ー청소년기는 언제 끝나는가? 전통적으로 청소년기는 대략 중학교와 고등학교 시절로 규정한다. 이 아이디어는 고등학교를 졸업할 때까지 또는 20세가 되면 청소년기가 끝나고 성인기가 시작한다는 것이었다. 그러나 J. J. 아네트가 이끄는 일부 발달심리학자들은 **성인진입기**(emerging adulthood)를 주장하는데, 이 시기는 현대 서구 문화권에서 개인이 청소년기부터 성인기까지 가는 과정에서 전형적으로 10대 후반과 20대에 해당하는, 최근에 제안된 발달 단계이다(Arnett, 2000, 2007, 2014; Schwartz, 2016). 성인진입기의 예로 고등학교를 졸업한 후 몇 년간 대학에 갔다가 20대에 부모 집으로 돌아온 조슈아를 생각해보자. 조슈아는 시간 날 때 지역 대학의 수업을 수강하면서 파트타임으로 일을 하면서

성인진입기
개인이 청소년기에서 성인기로 점진적으로 나아가는 시기로 최근에 제안된 발달 단계

도, 여전히 자신의 용돈, 음식, 정서적 지지를 위해 부모님에게 의지하고 있다. 20대를 거치면서 그는 부모님의 도움을 받으면서 가끔 친구와 함께 아파트로 이사해 생활한다. 그리고 친구와 잠시 살다가 다시 집으로 돌아온다. 이제 그는 30대가 다 되어 가는데 여전히 자족을 위해 노력하고 있다.

성인기에 진입한다는 개념은 우리가 조금씩 천천히 성인이 되어 간다는 것을 의미한다. 이 개념은 우리가 특정 연령의 생일(18세? 21세?) 무렵 또는 대학 졸업이나 결혼 또는 첫 번째 직업 등 인생의 특정 이정표에 도달하는 것처럼 보다 급격하게 성인이 된다는 관습적 생각과는 다르다(Kerckhoff, 2003). 만약 성인기가 천천히 진입하는 것이라면, 이는 청소년기가 천천히 사라진다는 의미이다. 20대의 어느 시기(또는 30대 또는 더 이상의 나이)에 온전하게 성인이 되는 것이 아니라면, 개인은 부분적으로 청소년으로 남아 있다는 것인데, 이는 에릭슨이 언급한 것처럼 개인은 여전히 자신의 정체감을 탐색하고 있는 중이라는 것을 의미한다. 그 결과, 성인진입기로 가는 개인은 배우자를 찾고 가족을 구성하는 과제를 지연할 수 있고, 부모나 다른 사람들의 지지에 어느 정도 의존한 채 지내게 된다.

일부 연구자들은 성인진입기를 발달 단계로 간주하는 것에 논란을 제기한다(Côté, 2014; Kloep & Hendry, 2011). 이 연구자들은 성인진입기(만약 존재한다는 것이 사실이라면)는 미국이나 다른 서구 국가의 부유한 지역처럼 20대에게 그것을 허용하고 사회 구성원들이 지지하는 문화에서만 존재한다고 주장한다(du Bois-Reymond, 2016; Galambos & Martinez, 2007; Hendry & Kloep, 2007; Syed, 2015). 이들은 청소년기에서 온전한 성인으로 보다 빠른 이동을 한다는 것이 다소 비정상적임을 내포하기 때문에 성인진입기가 있을 수 있는 한 시기로 인정하더라도 이 시기를 반드시 규범으로 받아들일 필요는 없다고 제안한다(Côté & Bynner, 2008). 10대 후반기와 20대 초반의 영국 웨일스 사람들에 관한 한 연구에서는 자신을 성인진입기에 있다고 명명하기보다는 훨씬 더 완전히 성장한 성인으로 명명한다는 것을 보여주었다(Hendry & Kloep, 2010).

학습 확인

9.15 심리학자들은 청소년기를 어떻게 정의하는가?

9.16 사춘기 동안 소년과 소녀에게 어떤 신체 변화가 발생하는가?

9.17 청소년기 동안 뇌는 어떻게 발달하는가?

9.18 자기중심적 사고, 상상의 청중, 개인 우화는 청소년의 사고와 어떤 관계가 있는가?

9.19 콜버그의 도덕적 사고 단계의 순서는 어떻게 되는가?

9.20 심리학자들은 정체감을 어떻게 규정하는가?

9.21 에릭슨의 심리사회적 발달 8단계 이론은 무엇이며, 이 이론이 청소년에는 어떻게 적용되는가?

9.22 청소년기 동안 부모관계와 또래관계는 어떤 역할을 하는가?

9.23 성인진입기라 불리는 단계는 어떤 단계이며, 청소년기와 어떻게 연관되는가?

성인기

발달의 마지막 단계인 성인기는 그 범위가 엄청나게 넓은데, 10대 후반이나 20대 초에서부터(또는 성인진입기에 따르면 더 이후) 80대와 90대, 그리고 그 이상의 전 생애를 포함한다. 생의 초기 발달에 관심을 둔 발달심리학자는 전적으로 아동들에게 초점을 두고 있으며, 성인이 되면 발달이 중지한다는 그들의 가정은 틀린 것이 되어버렸다. 현대의 발달심리학자들은 발달이 전 생애를 거쳐 지속된다는 것을 알고 있다(Baltes et al., 2006; Elder & Shanahan, 2006; Moshman, 2003).

성인기에 발달에 관해 생각해야 할 한 가지 사항은 이 시기에는 연령은 생각만큼 중요하지 않다

학습 목표

9.24 성인기 단계에 따른 신체와 뇌 기능의 변화

9.25 성인기 단계에 따른 인지적 수행의 변화

9.26 성인기에 걸친 심리사회적 발달에서의 주요 과정들

는 것이다. 발달 초기 단계에서는 연령은 개인의 발달과업에 관해 많은 것을 말해준다. 1세 아동은 누구든 대상영속성 개념을 보이며, 6세 아동은 보존개념을 습득하고, 12~13세 아동은 사춘기 시작으로 인한 신체적·심리적 변화를 경험한다. 그런데 10대는 다양한 방향으로 가기 시작하여 이제는 더 이상 같은 방식으로 성인기로 나아가지 않는다. 이후 이들의 경로는 매우 다양하여 같은 연령의 사람들이 매우 다른 발달적 도전에 직면할 수 있다(Moen, 2003). 예를 들어 35세 성인들이 독신일 수도 있고, 신혼일 수도 있고, 결혼 15년 차일 수도 있고, 이혼했을 수도 있다. 이들은 자녀가 있는 부모가 될 수도 있고 자녀가 없을 수도 있으며, 저소득 노동자일 수도, 아니면 CEO일 수도 있다. 비슷하게, 60세 성인은 지적으로 예리할 수도 있고 지적으로 취약할 수도 있으며, 신체적으로 강건할 수도 있고 연약할 수도 있으며, 은퇴할 수도 있고 새로운 직업을 시작했을 수도 있다. 그럼에도 불구하고 발달심리학자들은 특정 성인기의 공통된 주제를 규명하였다.

신체 발달

성인 초기, 성인 중기, 그리고 성인 후기를 거치면서 우리에게 발생할 것으로 예측되는 신체적 변화를 살펴보자.

성인 초기   성인 초기에 신체와 뇌는 최고조에 이른다. 대부분의 스포츠에서 엘리트 운동선수들은 20대에 최고조에 이르며 그 후 급격하게 감소하며 30대에 은퇴 모드가 된다. (가끔 운동선수가 실제로 30~40대에 증가하는 경우도 있지만, 대부분은 정상적 노화 과정을 속이기 위해 스테로이드나 다른 불법 약물을 사용하는 것으로 확인되고 있다.) 여러분의 운동 기량도 비슷한 경로를 따를 것이다. 여러분이 아직 이것을 경험하지 않았다면, 레크리에이션 센터들이 왜 '30대 이상' 또는 '40대 이상'의 경기를 분리하는지 그 이유를 곧 알게 될 것이다.

  성인 초기는 젊지만, 남아 있는 삶의 시간들이 길기 때문에 성인 초기의 건강 관련 습관은 매우 중요하다. 여러분이 20대에 설정한 일상은—여러분이 무엇을 먹는지, 운동을 얼마나 자주 하는지, 잠을 몇 시간 자는지, 담배, 술, 약물을 얼마나 하는지—30대, 40대, 그 이상이 되었을 때에도 바꾸기가 매우 어렵다(Daniels et al., 2005). 여러분은 젊었을 때 건강하지 않은 습관이 습득되었을 수 있지만, 그 결과는 아마도 비만, 고혈압, 심장병, 또는 기타 심각한 건강 위협을 초래하여 여러분의 발목을 잡을 것이다(Mozaffarian et al., 2011). 예를 들어 15,000명 이상의 성인 초기 사람들을 대상으로 한 연구에 따르면, 10대나 20대 초에 과체중이나 비만인 사람들은 20대 후반과 30대 초에 체중이 더 늘고 당뇨가 발생할 가능성이 현저하게 높았다(Nagata et al., 2018).

성인 중기   뇌와 신체 기능이 점진적으로 감소하는데, 30대에 시작하여 10년 단위로 가속화된다. 검버섯, 주름, 모발의 약화, 관절 손상, 근육 손실이 생기기 시작한다. 뼈 손실은 뼈가 보다 쉽게 부서지게 만들고 치료하는 데는 더 오래 걸리게 만든다. 뼈 손실은 30~70대 사이에 키를 약 2.5~5cm 줄어들게 한다(Sorkin et al., 1999). 또한 우리는 더 살이 찌게 되는데, 보다 구체적으로 말하면 청소년기에 비해 중년기에는 지방으로 인해 체중이 더 늘어난다(Kyle et al., 2001). 눈 기능 감퇴로 인해 40대와 50대에 안경이나 콘택트렌즈 사용은 급격하게 증가한다. 일부 사람들에게는 청각 손상이 시작된다. 물론 섭식, 운동, 수면과 관련된 건강 습관은 적어도 어느 정도는 이런 쇠퇴가 일어나는

성인 초기 운동과 기타 건강 관련 습관은 종종 중년기로까지 연장되기 때문에 중요하다.

비율을 감소시킬 수 있다. 샐러드를 먹고, 5km를 걷고, 매일 8~10시간의 충분한 수면을 취하는 한 40대 성인은 햄버거와 감자튀김을 먹고, 거의 운동을 하지 않고, 밤을 새우는 40대 성인보다는 심각한 신체적 문제를 훨씬 더 잘 피할 수 있다.

여성에게는 중년기의 주요 지표가 생리주기가 멈추는 **폐경**(menopause)이다. 폐경 평균 연령은 51세지만, 아주 일찍 30대 초반이나 50대 후반 정도로 아주 늦게 일어날 수도 있다(Gold et al., 2001; Morabia & Costanza, 1998). 폐경은 에스트로겐 수치가 낮아지는 것과 관련되며, 홍조, 피로, 위염, 심장부정맥을 포함한 다양한 신체적 변화는 사람에 따라 다르다. 전형적으로 이런 변화는 여성의 삶에 심각하거나 지속적인 혼란을 야기하지는 않는다. 또한 일부 연구자들은 우울증 비율은 폐경 이후 증가한다는 것을 발견하였는데, 다른 연구자들은 그런 증거가 없음을 보고하고 있다(Hunter, 1990; Llaneza et

승객을 태우고 다니면서 한 도시의 거리에 대한 방대한 지식을 가진 택시 운전자에 관한 연구는 중년기에도 경험이 계속 뇌를 형성한다는 것을 보여준다.

al., 2012; Matthews et al., 1990). 이런 우울증 증가율의 원인에는 폐경 자체로 인한 생물학적 변화, 여성들이 가진 폐경에 관한 신념과 폐경이 자기정체감에 미치는 영향 또는 자녀가 집을 떠나는 것이나 자신의 건강문제 또는 배우자나 친구와의 문제와 같은 폐경과 관련되지 않은 자신의 삶에서 벌어지는 다른 사건들 등이 있다(Georgakis et al., 2016; Vivian-Taylor & Hickey, 2014).

남성은 여성의 폐경과 같은 결정적인 경험을 하지 않지만, 30대 후반에서 시작하여 50대까지 지속되는 **남성 갱년기**를 경험한다. 남성 갱년기의 점진적인 호르몬 변화는 '테스토스테론 수준의 감소'로 집약된다(발기부전 치료약을 홍보하는 모든 광고의 표적을 생각해보라). 남성 갱년기는 남성의 생식 능력이 없어지는 것이 아니라 그 능력이 감소하는 것이다. 이는 임신을 시도하는 나이든 남성과 의사들이 주목하는 사실이다(Lewis et al., 2006).

경험이 뇌를 조성한다는 개념에 해당되는 유전과 환경의 상호작용은 중년기에도 잘 적용된다. 한 혁신적 연구에서, 연구자들은 중년기의 런던 택시 운전자의 뇌를 고찰하기 위해 MRI를 사용하여 해마의 크기가 통제집단 해마에 비해 유의하게 큰 것을 발견하였다(Maguire et al., 2000). 해마가 길거리와 다른 공간에 대한 지도를 나타내는 공간 표상을 통제하기 때문에 이 결과는 중요하다. 이 연구에 참여한 런던 택시 운전자들의 뇌는 실제로 중년기 동안 런던시를 이동하면서 누적되었던 지식을 반영하여 확장되었다. 2006년 추적연구에서, 연구자들은 런던 택시 운전자들의 뇌와 버스 운전자들의 뇌를 비교하였다. 두 집단 모두 전업 운전자이지만, 버스 운전자는 매일 동일한 경로를 따르지만, 택시 운전자들은 특정 지역에서 다른 곳으로 예측 불가능한 경로로 도시를 가로질러 다닌다. 버스 운전자들의 뇌는 택시 운전자들의 해마만큼 크기가 증가하지 않는 것으로 나타났다. 이 결과는 운전에 관한 다른 어떤 지식이 아니라 공간 지식(택시 운전자가 버스 운전자보다 더 필요한)이 뇌 발달에 영향을 준다는 것을 지지해준다.

성인 후기   일반적으로 60대 이상에 해당되는 성인 후기는 오늘날 과거에 비해 훨씬 더 길어진 인생 단계이다. 현재 미국인의 기대수명은 78세(여성 81세, 남성 76세)이며, 100세 이상 사람들의 수가 지난 몇십 년간에 비해 3배 이상 증가하여, 노인기가 성인 초기나 성인 중기만큼 길어지게 될 가능성이 높아졌다(Xu et al., 2018).

일반적으로 중년기에 시작되는 신체 능력의 감퇴는 60대를 지나면서 계속된다. 노년기에 신체가 위축되듯이 뇌 역시 감소하는데, 90대까지는 최고 시점에 비해 부피가 10~15% 정도 감소한다

폐경
중년기에 여성이 생리를 멈추는 것

규칙적인 운동처럼 건강한 습관은 노년기의 심각한 의학적 문제가 발생할 기회를 낮출 수 있다.

(Shan et al., 2005; Zelazo & Lee, 2010). 가장 축소가 잘 되는 뇌 부위는 전두엽인데, 전두엽은 기억과 다른 인지 능력의 감퇴와 관련되어 있다(Pardo et al., 2007). 녹내장이나 백내장 같은 눈 질환이 발생하고 청각보조 수단이 필요한 내이의 달팽이관 쇠퇴 등 감각 능력이 쇠퇴한다. 관절염과 골다공증 같은 새로운 의학적 질병도 나타난다. 뼈와 면역계가 약화되기 때문에, 단순한 넘어짐으로도 회복하는 데 시간이 오래 걸리거나 수술이 필요한 심각한 손상을 입을 수 있다. 암이나 심장병 같은 심각하고 회복하기 어려운 질병 역시 흔하게 일어난다. 성인 초기와 마찬가지로 건강한 습관은 이런 불행한 일의 발생위험성을 낮출 수 있다(Mattson, 2012).

인지발달

신체 기능과 마찬가지로, 일반적으로 인지 기능은 성인 초기에 정점을 이룬다. 발달심리학자들이 정신의 똑똑함을 측정하는 데 사용되는 기억, 정보처리속도, 창의성, 기타 측정치들은 모두 20대에 최고 수준에 도달한다(Park et al., 2002; Salthouse & Babcock, 1991; Verhaeghen & Salthouse, 1997).

성인 중기에 많은 것들이 변하기 시작한다. 우리는 정보를 약간 더디게 처리하게 되는데, 이는 우리가 보고 듣는 자극에 반응하는 데 시간이 조금 더 필요하다는 것을 의미한다. 또한 작업기억이 조금 더 제한적이 되기 때문에 문제를 해결하고, 타인에게 반응하고, 의사결정을 하는 데 시간이 더 걸리게 된다.

지능은 서로 구분되는 다양한 능력으로 구성되어 있기 때문에 성인 후기 지능에 나타나는 양상은 보다 복잡하다. 연령에 기초한 비교는 종단연구나 횡단연구로 가능하다(O'Connor & Kaplan, 2003; Salthouse, 2009). 한 연구자는 시애틀 종단연구를 수행하였는데, 이 연구에서 연구자는 수십 년에 걸친 수천 명의 사람들의 다양한 지능 관련 능력을 측정하였다(Schaie, 2012). 연구에 따르면, 지능의 일부 요소가—특히 처리 속도와 단어유창성과 수—성인 초기에 최고 수준에 도달한 후 성인 중기, 특히 50대 후반에 감퇴하는 것으로 보인다. 그러나 지능의 다른 요소들(언어 의미, 추론, 공간 능력)은 성인 초기만큼 성인 중기에도 여전히 높은 것으로 남아 있다. 전반적 결과를 보면, 건강한 성인에게는 지능의 두드러진 감퇴는 60~70대가 되어서야 나타난다는 것을 시사한다. 지능 감퇴가 일어난다 하더라도 80대에 가서야 사람들 대부분의 지능이 성인 초기 대비 50% 정도로 떨어지기 시작한다.

뇌의 질병은 인지 과정을 와해시킬 수 있다. 주로 치매에 대한 위험은 노년기 동안 급격하게 증가한다. **치매**는 전반적 정신 기능의 급격한 감퇴가 주증상인 모든 뇌 장애를 포괄하는 명칭이다. **알츠하이머병**은 기억, 언어, 추론과 같은 기본 인지 기능이 회복할 수 없을 정도로 악화되는 특정 유형의 치매이다. 알츠하이머병은 대단히 파괴적이며 불행하게도 증가하는 추세다. 미국에서는 65세 이상 사람들의 10% 이상, 그리고 85세 이상 사람들의 33%가 알츠하이머병을 지니고 있는데, 인구로는 총 500만 명 이상이 된다(Alzheimer's Association, 2013). 연구자들은 비록 더디지만 적극적으로 알츠하이머병을 치료할 수 있는 방법들을 찾고 있지만, 그 효과는 거의 없다. 사람들은 사랑하는 가족이 알츠하이머병을 앓으면 자신들이 할 수 있는 보살핌을 제공하려고 노력하기 때문에, 이 질병은 가족들의 시간과 경제에 엄청난 부담을 준다.

알츠하이머병의 원인에 관해서는 현재 연구 중이다. 가능성이 있는 위험 요인들의 일부는 우리가 통제하기 어렵지만(유전자), 그 이외의 다른 위험 요인들은 적어도 특히 적절하게 운동하고 식사하기 등(비만, 흡연, 다이어트, 콜레스테롤 수준, 심장 건강 등) 부분적으로 우리가 통제할 수 있다(Ahlskog et al., 2011; Daviglus et al., 2011; Li et al., 2011; Lutsey et al., 2018; Shi et al., 2018). 한 연구는 알츠하이머병 사례의 반 정도는 이런 통제 가능한 위험 요인이 원인이 되기 때문에, 통제 가능한 생활습관을 개선함으로써 미래에 수백만의 사례를 예방할 수 있는 것으로 추정한다(Barnes & Yaffe, 2011).

심리사회적 발달

성인 초기에서 성인 후기로 나아가면서, 우리는 심리적 경험과 사회적 경험도 일련의 단계를 거친다. 여기서는 성인 초기에서 성인 중기를 거쳐 성인 후기로의 시간적 순서대로 살펴보기로 한다.

성인 초기   에릭 에릭슨이 강조했던 것처럼, 성인 초기의 주된 과제 중 하나는 사랑을 형성하는 것으로, 이는 친밀감을 제공하고 고립을 피하게 하는 관계를 지속하는 것이다. 전통적으로 이는 결혼을 의미한다. 그런데 최근 몇십 년 동안 결혼율이 감소하고, 결혼시기도 늦어지고 있다(Teachman et al., 2013). 1960년 결혼에서 남성과 여성(신랑과 신부 모두 초혼인 경우)의 결혼연령의 중앙값은 여성은 20.3세, 남성은 22.8세였다. 1980년까지 이 수치는 22.0(여성), 24.7(남성)세로 상승하였고, 2018년까지는 더욱 상승하여 27.8(여성), 29.8(남성)세가 되었다(U.S. Census Bureau, 2018).

결혼 양상의 이런 변화에 대한 이유 중 하나는 결혼하지 않은 채 함께 사는 동거의 증가이다. 1970년 이후 동거 커플의 수는 10배로 증가하였으며, 동거에 따라오던 오명도 크게 사라졌다. 오늘날 적어도 성인 초기 사람들의 75%가 결혼 전에 파트너와 함께 살 것이다(Popenoe, 2009). 동거 가족은 이제 결혼 가정처럼 아이가 있을 가능성이 높은데, 동거 커플에게 아이가 있는 비율이 1980년보다 3배로 증가하였다(Kroeger & Smock, 2014; Sassler & Miller, 2017). 일부 사람들에게는 동거가 결혼을 위한 시운전이지만, 다른 경우에는 동거 후 곧바로 결혼하지 않는다. 동거하다가 결국에는 결혼한 사람들의 경우가 동거하지 않은 사람들에 비해 이혼율이 높고 결혼만족도는 더 낮다(Jose et al., 2010).

독신 기간이 길어지고 동거가 늘어나고 있지만, 미국 성인의 90% 이상이 결혼하며, 결혼의 거의 대부분이 성인 초기에 발생한다(Popenoe, 2009). 그런데 결혼의 상당수가 이혼으로 끝나는데, 가장 많은 경우가 결혼 후 5~10년 사이다(Amato, 2010). 이혼율은 1980~2006년 사이에 거의 3배가 되었지만, 최근에는 그 증가가 멈추었다(Hoelter, 2009; National Vital Statistics, 2010). 표 9.5에는 이혼을 가장 강력하게 예측하는 요인들이 제시되어 있다.

기혼이냐 동거냐 아니면 독신이냐에 관계없이, 자녀가 있다는 것은 성인 초기의 또 다른 중요한

표 9.5 이혼 가능성을 높이는 요인들

여러분의 상황	여러분(또는 파트너)의 특성
이른 결혼	심리적 문제
낮은 교육 수준	알코올이나 약물 사용
낮은 경제 수준	파트너를 향한 폭력
종교적 소속 없음	바람피우기
혼전 출산	집안일의 불공평한 분배
이혼한 부모	

출처 : Hoelter(2009).

도전이 된다(Azar, 2003; Stern et al., 2018). 대부분의 경우 초기 성인은 자녀로 인해 기쁨을 얻지만, 이 과정은 심적 부담도 야기한다. 특히 태어난 아이에 대한 흥분이 사라지고, 도움을 주던 친척들이 떠나고, 부모 중 한 사람 또는 둘 다의 직장에서 일하는 시간이 증가할 때 그렇다(Gross & Marcussen, 2017; Wallace & Gotlib, 1990). 다른 연구들은 초보 부모, 특히 초보 엄마는 자녀를 낳기 전의 사전 기대(부모가 된다는 것을 얼마나 즐거워할 것인지, 부모가 된다는 것이 얼마나 힘들 것인지, 배우자가 얼마나 도와줄 것인지 등)가 실제 자녀를 낳고 키우는 경험과 일치하지 않을 때 우울과 다른 심리적 문제를 겪을 가능성이 높음을 보고하고 있다(Hackel & Ruble, 1992; Harwood et al., 2007; Kalmuss et al., 1992; Riggs et al., 2018).

나의 내담자 중 한 명인 마샤는 기대 미충족에 대해 이런 불행한 반응을 보여주었다. 첫 임신 초기에 그녀는 경미한 강박장애 문제를 극복하는 데 도움을 받고자 나를 찾아왔다. 그녀는 세균에 대한 공포가 있어 하루에 10~20번씩 자신의 손을 씻기 위해 세면대로 갔다. 그녀는 아이(그리고 더러운 기저귀)가 태어나면 엄청난 세균과 접할 수 있기 때문에 나의 도움을 찾았으며 치료는 성공적이었다. 아이가 태어나기 몇 개월 전, 마샤는 더 이상 전혀 손을 씻지 않았으며 엄마 됨이 기쁠 것이라는 낙관적 견해를 갖게 되었다. 그녀가 아이를 낳은 후 6개월까지 나는 소식을 듣지 못했다. 그녀는 즐겁지 않았다. 실제로 그녀는 환멸을 느꼈고 우울했다. 아이를 돌보는 일은 그녀가 예상했던 것보다 훨씬 더 힘들었다. 자신의 아이를 돌보는 일은 친구 아이들을 안거나 이빨 빠진 귀여운 모습으로 웃음을 보일 때까지 아이들을 쳐다보는 것과는 달랐다. 그녀는 자신의 어린 아이가 울거나 물건을 내던지기 시작할 때 다른 이에게 아이를 맡길 수가 없었다. 밤중 수유, 아이의 난리법석, 끝이 없는 세탁물, 그리고 그 무엇보다도 최근 승진한 남편으로부터 양육 도움을 제한적으로 받는 것 등은 그녀가 이전에 기대했던 것 그 어느 것과도 일치하지 않았다. 연민, 그녀의 기대에 대한 일부 조정, 그리고 그녀가 필요한 것을 남편과 소통하도록 하는 제언을 통해 그녀는 만족을 느낄 정도의 방식으로 잘하게 되었다.

성인 중기   성인 중기까지 우리 대부분은 파트너를 만나 부모가 된다. 우리는 에릭슨의 **생성감 대 침체** 단계로 들어가는데, 이는 일이 일차적 중심이 된다는 것을 의미한다(Wapner & Demick, 2003). 여기서 일은 폭넓게 이해되어야 한다. 일에는 우리가 집 밖에서 갖는 직업이나 경력뿐만 아니라 집 안에서 자녀를 양육하거나 보수에 관계없이 수행하는 다른 중요한 역할이 다 포함된다. 성인 중기 동안 일의 목표는 건강하고 행복한 자녀 또는 세상에 미칠 긍정적 변화 또는 이득 등 개인에게 연속성을 부여하고 가치 있게 만드는 어떤 것을 생성하는 것이다.

성인 중기에 의미 있는 일의 추구와 관련된 고유한 환경이 존재한다. 어떤 면에서 일에 대한 헌신은 성인 초기보다 중기에 더 쉬운데, 이는 주로 가족환경 때문에 발생한다. 구체적으로, 10대는 유아나 유치원생 또는 초등학생에 비해 직접적인 보살핌을 덜 필요로 하는데, 이로 인해 부모는 시간과 에너지를 보다 자유롭게 사용할 수 있게 되어 일에 헌신할 수 있다(Moen & Roehling, 2005; Sterns & Huyck, 2001). 한편 성인 중기는 일의 생산성을 방해할 수 있는 나름의 가족 스트레스원이 있다. 예를 들어 직업이 있는 50세 어머니는 집으로 다시 돌아온 25세 아들이 있는 경우, 이 아들의 등록금 대출을 갚기 위해 정기적으로 돈을 빌려주어야 하거나 정기적으로 손자를 돌보는 할머니 역할도 해야 한다. 아니면 그녀는 병든 남편이나 병든 부모를 보살펴야

성인 중기에는 종종 일과 자녀와 다른 가족들에 대한 돌봄을 포함한 다중 의무감으로 인한 스트레스를 받는다.

할지도 모른다(Climo & Stewart, 2003). 그녀가 직장 신입생이든 아니면 인생의 가장 정점에 있는 회사 임원이든 관계없이, 위의 요인들의 조합은 그녀의 효율성을 낮추고 스트레스 수준을 높일 수 있다(Aazami et al., 2018; Michel et al., 2011; Simon-Rusinowitz et al., 1996; Steiner & Fletcher, 2017).

성인기의 다양한 단계에 있는 대규모 근로자들을 대상으로 한 연구는 성인 중기 일과 관련된 현실을 보여준다. 연구자들은 북미, 라틴 아메리카, 유럽, 그리고 아시아의 79개 나라에 있는 글로벌 회사(IBM)에 다니는 41,000여 명의 남성 고용인과 여성 고용인을 조사하였다(Erickson et al., 2010). 이 연구의 주된 결과는 어느 한쪽의 스펙트럼에 있는 근로자들이(자녀가 없거나 자녀가 성장해서 독립한 경우) 일-가정 스트레스 수준이 가장 낮다는 것이었다. 스펙트럼의 중간에 있는 근로자들은 일-가정 스트레스 수준이 가장 높았다. 이 노동자들은 자녀가 어린 30대와 40대 초반(중년기 초기) 부모들로, 이들의 자녀에게는 엄마나 아빠가 자신을 위해 돈을 벌어오는 것도 필요하고 아이의 축구 연습, 댄스 리사이틀 참여하기, 자기 전에 책 읽어주는 것도 필요하다. 이 부모들이 중년기 후반부로 가면서, 자녀들은 보다 독립적이 되며(운전면허 취득), 결국에는 집에서 독립하게 된다. 대부분의 경우, 이런 환경은 근로자의 일-가정 스트레스 수준을 줄여준다.

예를 들어 피비(어머니, 35세), 스콧(아빠, 37세), 사만다(8세), 올리비아(6세)로 구성된 톨리버 가족을 생각해보자. 엄마와 아빠 둘 다 전업 근로자이며, 두 자녀 모두 매우 활동적으로, 학교에 가고, 피아노를 배우고, 야구팀과 축구팀에 참여하고, 많은 생일파티에 참여하고, 부모들끼리 잡은 자녀들의 놀이 약속에도 참여한다. 6세와 8세인 사만다와 올리비아는 아직은 스스로 기능하기는 어렵기 때문에 부모인 피비와 스콧을 필요로 한다. 그러나 이들은 나이가 들어 가면서, 조금씩 부모로부터 자유롭게 되는 기술들을 습득하게 된다. 이들은 스스로 청소하기 시작하여 결국에는 설거지도 하고 세탁도 하게 된다. 이들은 처음에는 한 시간 정도로 시작해서 점점 더 오래 혼자 집에 있을 수 있다. 이들은 간단한 음식을 찾아 먹을 수 있고, 결국에는 요리를 해서 식사할 수 있다. 이들은 곧 자신이 운전하거나 남의 차를 타고서 자기가 원하는 장소에 갈 수 있게 된다. 10년간의 세월을 지나 첫째 아이가 집을 떠나기 직전 피비와 스콧은 일-양육 조합이 가장 필요했던 중년기를 통과하게 될 것이다.

집을 떠나는 자녀들에 관해 말하자면, 여러분은 빈 둥지 증후군에 익숙해져 있을 것인데, 이 증후군은 중년기 부모가 자녀가 떠난 후 우울해지거나 자녀가 없는 것에 적응하기 위해 정서적 노력을 하게 되는 것이다. 매체나 대중 잡지에서는 빈 둥지 증후군이 보편적이라고 말할 수 있을지 모르지만 사실은 그렇지 않다(Raup & Myers, 1989). 최근 자녀가 독립한 밴쿠버에 사는 300여 명의 부모들을 대상으로 한 연구에서 4분의 1 정도(어머니의 32%와 아버지의 23%)만이 빈 둥지 증후군과 연관된 부정적 증상을 경험하였다(Mitchell & Lovegreen, 2009). 실제로, 대부분의 부모는 부모 개인의 성장과 여가시간 증가, 낭만적 관계 질의 개선, 자녀를 양육하고 출발시킨 것에 대한 자부심 등을 포함한 빈 둥지의 긍정적 효과를 보고하였는데, 이 결과는 유사한 다른 연구에서도 나타났다(Dennerstein et al., 2002; Schmidt et al., 2004). 배우 로브 로우의 막내 아이가 대학에 입학했을 때, 그는 빈 둥지를 이렇게 서술하였다. "나는 아내 셰릴과의 관계를 새롭게 찾는 중이다. 나는 아들 모두가 집을 떠나게 되었을 때 우리 둘만이 누릴 수 있는 시간이 많아진다는 것을 알고 있었기 때문에, 들뜬 10대들 같았다…"(Gomez, 2013).

서양 부모에 비해 동양 부모들이 빈 둥지 증후군을 훨씬 더 많이 보고하는 것처럼 문

Savage Chickens

생일
이정표

16번째 생일
이제야 내가 진짜 어른이 된 것 같은 느낌이 들기 시작했어!

21번째 생일
이제야 내가 진짜 어른이 된 것 같은 느낌이 들기 시작했어!

30번째 생일
이제야 내가 진짜 어른이 된 것 같은 느낌이 들기 시작했어!

40번째 생일
이제야 내가 진짜 어른이 된 것 같은 느낌이 들기 시작했어!

50번째 생일
이제야 내가 진짜 어른이 된 것 같은 느낌이 들기 시작했어!

Doug Savage

© 2011 Doug Savage

www.savagechickens.com

조부모가 된다는 것은 생의 중년기 말미로 가면서 발생하는 중요한 사건이다.

화에 따른 차이가 많다. 일부 연구자들은 문화적 영향이 개인주의, 집단주의와 관련된다고 생각한다. 개인주의 문화권의 부모는 졸업을 자녀의 독립된 삶의 출발로 축하할 수 있다. 반면 집단주의 문화권의 부모는 특히 부모의 기대보다 더 빠르게 독립하거나 어려운 환경하에서 독립하는 경우, 자녀의 출발을 가족 연대의 배신으로 애석해한다. 예를 들어 자녀가 부모가 좋아하지 않는 파트너와 결혼하거나 파트너 집으로 이사하거나 가족 갈등으로부터 벗어나기 위해 도망가면 이런 식으로 반응할 수 있다(Goldscheider & Goldscheider, 1999).

일부 중년 성인들에게는 그 둥지가 빨리 비워지지 않을 수 있다. 20대와 그 이상의 나이에도 집에 있는 성인 자녀들의 수가 증가하고 있다. 자신들의 둥지가 자녀로 가득 찬 중년 성인은 종종 친밀감과 이 자녀와의 긴장이 공존함을 보여주는 연구도 있다(Dor, 2013; Kloep & Hendry, 2010). 많은 자녀들이 경제적 여건이 어려워지면 집으로 돌아오는데, 이 현상을 '부메랑 자녀' 또는 '아코디언 가족'으로 부른다(Newman, 2012). 이런 경험 역시 새로운 애착과 부모–자녀 관계의 높아진 긴장의 혼합을 야기하기 십상이다(Mitchell & Gee, 1996).

중년기에 추가되는 부양 부담에 노인돌봄이 있는데, 이는 나이 든 부모나 가족들에게 도움을 제공하는 것이다. 기대수명이 증가하면서, 많은 중년 성인들이 자신의 부모를 보살피기 위해 많은 시간과 에너지, 돈을 사용한다. 특히 중년 세대가 그 위 세대(나이 든 부모)와 아래 세대(성장하는 자녀) 둘 모두를 지원해야 한다는 것은 매우 스트레스를 받는 일인데, 이를 칭하는 명칭이 샌드위치 세대다. 한 연구(Fingerman et al., 2011)는 자녀와 부모 둘 다 있는 40~60세 사이의 필라델피아에 사는 600명의 남성과 여성을 조사하였다. 조사 결과, 이 중년 성인들은 위쪽과 아래쪽 둘 다에게 지원을 제공하였는데, 대부분은 부모보다는 자녀에게 더 많은 지원을 제공하였다. 대부분의 조사 참여자들은 자녀를 부모보다 더 중요하다고 간주하였으며, 자녀들에게 도움이 더 필요하다고 응답하였다. 자녀보다 부모에게 더 많은 지원을 제공하는 사람들은 부모가 병이 있거나 장애가 있는 경우였다.

중년기 성인의 중요한 한 표식은 처음으로 자녀가 자녀를 갖게 되어 조부모가 된다는 것이다(Brown & Roodin, 2003; Taubman-Ben-Ari et al., 2018). 조부모가 된다는 것은 기쁨을 주지만, 도전이 없는 것도 아니다(Shlomo et al., 2010). 한 연구는 처음 조부모가 되는 약 100명의 사람들을 대상으로 손자가 태어난 후 1~2년까지 추적하였다(Somary & Strieker, 1998). 할아버지에 비해 할머니들이 조부모가 된다는 것에 더 많은 기대를 충족하였고, 손자와의 관계에서 개인적 의미를 더 많이 발견하였다. 그런데 할아버지들은 편안하게 양육에 관한 조언을 하였다. 또한 누구의 어머니냐 아버지냐도 관련이 있었다. 아이 엄마의 부모(외조부모)는 아이 아빠의 부모(친조부모)보다 조부모로서 더 만족스러워하였다. 한 연구에서는 조부모의 손자 보살피는 시간의 양과 조부모의 정신 건강 개선과의 정적 상관을 보여주었다(Condon et al., 2018).

성인 후기(노년기)   대개는 60대에 중년기를 벗어나 노년기로 옮겨 간다. 에릭슨에 따르면, 이 단계에서 대응할 위기는 자아통합감 대 절망으로, 이는 이 시기가 자신의 인생이 잘 살아온 삶인지 돌아보고 결정하는 데 많은 시간을 보낸다는 것을 의미한다. 아마도 대학생이 이런 경험을 평가하는 가장 좋은 방식은 졸업식장에 있는 자신을 상상해보는 것이다. 군중 속에 있는 가족을 향해 손을 흔들다가 대학 총장의 축사를 듣다가, 여러분이 대학에서 보낸 시간에 대해 조용히 추억에 잠기는 순간도 있을 것이다. 나는 현명한 선택을 했던가? 나에게 맞는 대학을 선택했는가? 그리고 맞는 전공을 선택했는가? 열심히 공부했는가? 좋은 친구를 사귀었는가? 인간으로서 성장했는가? 여러분의 대답이 부정적이라면, 여러분은 대학에서 시간을 허비한 것에 대해 후회하고 고통스러워할 것이다. 여러분의 대답이 긍정적이라면, 여러분은 자신의 시간을 현명하게 보냈다고 생각하기 때문에 만족스럽고 자부심을 느낄 것이다. 이제 여러분의 대학 시절이 아니라 여러분의 70세, 80세, 그리고 그 이상 여러분 시간의 모든 것에 대해 이런 감정의 힘을 상상해보라.

이런 회상 과정이 노년기 사람들에게 아주 영향력이 있어 임상심리학자들은 이에 근거한 심리치료를 계발하였다. 인생회고(생애회상)라 불리는 이 기법은 나이 든 성인들에게 자신의 삶에서 중요한 사건들을 회상하고 이런 결정이 자신이나 타인들에게 유익했는지 또는 인생에 중요한 교훈이 되었는지 재평가하도록 한다. 인생회고 치료에 관한 메타 분석 결과는 치매 증상 완화를 포함하여 노인들의 웰빙을 높이고 우울을 개선하는 데 유용함을 보여준다(Bohlmeijer et al., 2003, 2007: O'Philbin et al., 2018; Westerhof & Bohlmeijer, 2014).

이런 종류의 인생회고가 있든 없든, 노년기를 성공적으로 거친 성인들은 지혜가 발달한다. 지혜는 자신의 경험에서 얻은 교훈을 토대로 인생에서 접하는 여러 가지 문제를 전문적이고 좋은 방향으로 판단하는 것이다(Kramer, 2003). 따라서 지혜는 나이 든 성인이 젊은 성인을 능가할 수 있는 하나의 인지적 능력이다. 한 연구에서 다양한 연령의 성인들에게 대인관계 갈등에 관한 이야기를 읽고 이런 갈등이 어떻게 전개될지 예측하도록 하였다(Grossman et al., 2010). 갈등의 일부는 미국 이민 정책처럼 정치적 이슈나 사회적 이슈가 포함된 것이었다. 다른 갈등은 돌아가신 부모님을 위해 값비싼 비석을 산 누이와 그 일에 동의하지 않았지만 그 비용을 분담하려는 남동생의 이야기처럼 보다 개인적인 것도 있다. 연구에 참여한 사람들 중 가장 나이가 많았던 성인들은 이야기속에 제시된 갈등에 대해 (일방적 견해가 아니라) 가장 다양한 입장을 취하였는데, 다양한 입장은 타협을 촉진한다. 나이 든 사람들이 이런 갈등 과제를 잘 다룬다는 것이 분명하기 때문에 연구자들은 경쟁집단이나 논쟁이 많은 법률 사례 간 협상처럼 이해관계 대립이 큰 갈등해결에서 노인들이 핵심적 역할을 맡아야 한다고 추천하였다.

많은 성인 후기 사람들이 접하는 또 다른 과제는 은퇴이다. 여러분은 과제라는 말이 은퇴를 서술하기에는 잘못된 단어라고 생각할 수 있는데, 특히 은퇴를 진행 중인 방학으로 본다면 그렇다. 많은 노인들에게 은퇴가 큰 만족을 주고 새로운 기회를 제공하지만, 은퇴는 그 나름의 스트레스가 될 수 있음을 제안하는 연구도 있다(Kim & Moen, 2001; Schwaba & Bleidorn, 2019). 한 연구에서는 남성의 경우, 은퇴한 지 얼마 지나지 않은 짧은 은퇴기간은 높은 의욕과 관련되지만, 길어진 은퇴기간은 보다 심각한 우울 증상과 관련있음을 발견하였다(Kim & Moen, 2001). 물론 은퇴가 길어지면서 나타나는 이런 전환을 어떻게 해석하느냐는 쉽지 않다. 우울 증상의 증가가 은퇴 자체에 대한 불만으로 야기될 수 있지만, 건강 악화, 배우자 상실, 재정적 어려움, 또는 기타 요인에 의해서도 야기될 수 있다. 다른 연구에서는 은퇴와 투쟁 중인 사람들은 이런 요인뿐만 아니라 직업사가 길고, 일과의 강력한 정서적 연결이 있고, 은퇴에 대한 불안과 은퇴 과정에 대한 통제력의 부족이 있을 가능성이 높다는 것을 밝히고 있다. 예를 들어 수십 년간 다녔던 회사에 강한 애착을 가진 근로자나 은퇴 계획 없이 강제로 은퇴당한 근로자는 은퇴와 투쟁할 수 있다(Van Solinge & Henkens, 2005, 2007).

죽음 우리 모두에게 노년기는 죽음으로 끝난다. 흥미로운 것은 죽음불안은 노년기에 최고 정점

노년기에 많은 노인들은 은퇴에 들어가는데, 이는 새로운 스트레스이자 동시에 높은 만족감을 줄 수 있다.

에 이르는 것이 아니라는 것이다. 연구에 따르면, 죽음에 대한 불안은 보다 젊은 성인기에(아마도 죽을 수 있다는 생각이 처음 생길 때, 또는 어린 자녀가 죽을 때) 높고, 또한 중년기에도(심장마비나 다른 심각한 질병이 발생할 때) 높을 수 있다(Gesser et al., 1987; Russac et al., 2007). 죽음 불안을 경험하는 노인들이라도 개인이 신체적으로 건강하고 심리적으로 건강하며, 삶에 대한 감사가 높고, 신과 사후 세계에 대한 강한 믿음이 있는 경우에는 죽음불안이 덜 심각하다(Fortner & Neimeyer, 1999; Harding et al., 2005; Lau & Cheng, 2011; Missler et al., 2011; Neimeyer et al., 2011). 어느 연령이든지 죽음불안은 공황장애와 기타 불안 근거 장애 그리고 우울을 포함하여 다양한 정신 건강 문제에 기여하는 요인이 될 수 있다(Iverach et al., 2014).

많은 이론가들은 자신의 죽음에 대해 어떻게 자각하게 되는지 그 과정을 설명하고 있다. 이 중 가장 잘 알려진 연구자가 죽어가는 환자들을 보살폈던 정신과의사 엘리자베스 퀴블러-로스(Elisabeth Kübler-Ross)이다. 그녀는 우리가 회복 불가능한 불치병에 걸렸다는 것을 알게 되었을 때 보이는 다섯 단계를 제안하였다(Kubler-Ross, 1969). 여기에 시한부 암 진단을 받은 한 사람의 예를 이용한 다섯 단계가 제시되어 있다.

1. 부인 : "아니야. 분명 검사 결과가 잘못된 거야! 검사를 다시 해야지."
2. 분노 : "이건 너무 불공평하잖아. 왜 내가 죽어야 해?"
3. 타협(종종 거대한 힘을 가진 자에게 기도) : "만약 내가 다시는 술 먹지 않고, 담배 피우지 않고, 건강한 음식을 먹고, 운동한다면, 항암치료 받으면, 나는 살 수 있을까?"
4. 우울 : "다 소용없어. 나는 이겨낼 수 없어. 나는 죽은 거나 마찬가지야."
5. 수용 : "죽음을 피할 수 없다는 것을 알아. 나는 준비됐어."

퀴블러-로스의 단계 제안은 건강 전문가와 일반 대중들 사이에서 그 순서를 잘 따르도록 하는 데 도움이 되지만, 특히 다양한 인종 출신이 관련될 경우에는 보편적이지 않음을 보여준다(Boerner et al., 2015; Irish et al., 1993; Klass & Hutch, 1985; Metzger, 1979; Stroebe et al., 2017). 오히려 임박한 죽음에 대해 매우 다양한 반응이 있는데, 이 중 일부는 퀴블러-로스의 단계의 일부와 일치하고 일부는 그렇지 않다. 나는 자신의 죽음에 직면했던 소수의 내담자들과 작업하는 기회를 가졌다. 85세 여성 노인은 자신에게 남아 있는 제한된 시간에 대해서는 염려하지 않았지만 자신이 죽고 난 뒤 주변 사람들에게 자신의 죽음이 얼마나 짐이 될까에 대해서는 걱정하였다. 70세 남성 노인은 자신이 천국에 있을 것으로 기대하면서 자신의 질병에서 구원되는 것을 좋아했다. 췌장암에 걸려 6개월 시한부 인생을 사는 30세 여성은 처음의 분노와 절망을 신속하게 극복하고 용감하게 남아 있는 매순간을 즐겁게 만들겠다고 약속하였다. 이런 다양성은 우리 모두가 경험하는 죽음에 대한 다양한 반응의 작은 표집일 뿐이다.

학습 확인

9.24 우리의 신체와 뇌 기능 수준은 성인기 단계를 거치면서 어떻게 변하는가?

9.25 인지 기능의 수준은 성인기 단계를 거치면서 어떻게 변하는가?

9.26 성인기 단계를 거치면서 심리사회적 발달에서 강조하는 것은 무엇인가?

요약

발달심리학에 관한 주요 질문

9.1 발달심리학은 생애에 걸친 신체, 마음, 대인관계의 변화를 연구한다.

9.2 횡단연구 설계에서는 특정 시점에서 연령이 다른 사람들이 서로 비교된다. 종단연구 설계에서는 연령이 동일한 집단이 서로 다른 시점에 비교되는 것이다.

9.3 발달심리학자는 종종 세 가지 주요 주제로 안정성 대 변화, 단계적 발달 대 연속적 발달, 그리고 천성 대 환경에 초점을 둔다.

출생 전 발달

9.4 태내 발달은 수정에서 접합체, 배아 그리고 태아로 진행된다.

9.5 기형유발물질은 배아나 태아에게 해를 끼칠 수 있는 약물, 오염물질, 질병과 같은 임산부의 몸에 영향을 미치는 물질이다.

9.6 태아알코올증후군은 임신 동안 산모가 알코올을 많이 섭취함으로써 태아에게 나타나는 일련의 신체 문제와 행동 문제이다.

영아기와 아동기

9.7 신생아의 능력에는 빨기, 걷기, 잡기, 근원찾기, 울기, 모로 반사 같은 다양한 반사뿐만 아니라 오감 사용이 포함된다.

9.8 신체 발달은 예측 가능한 단계로 진행되지만 환경에서 제공되는 자극의 양에 의해 영향을 받을 수도 있다.

9.9 피아제에 따르면 아동은 도식이 발달하는데, 도식은 새로운 정보를 기존의 도식에 동화시키거나 새로운 정보를 고려하여 도식을 조절하기도 한다.

9.10 피아제에 따르면, 아동은 감각운동기, 전조작기, 구체적 조작기, 그리고 형식적 조작기의 예측 가능한 사고 방식의 인지발달 단계를 거친다.

9.11 연구자들은 인지 단계가 피아제가 주장했던 것보다 덜 경직되어 있고 생물학적인 것에 덜 기초할 수 있음을 제안함으로써 피아제의 일부 결론에 이의를 제기한다.

9.12 세 가지 애착 유형에는 안정애착, 불안정 회피애착, 불안정 저항애착이 있다. 타인에 대한 안정애착은 건강한 심리사회적 발달에 핵심적이다.

9.13 대부분의 양육 방식을 포괄하는 세 가지 범주는 권위주의적 양육, 허용적 양육, 그리고 권위가 있는 양육인데, 각각은 아동에게 서로 다른 결과를 가져온다.

9.14 기질은 개인의 기본적 정서 반응성으로, 기질은 생의 아주 초기부터 나타나는 것으로 부모-자녀 관계에 지대한 영향을 미칠 수 있다.

청소년기 발달

9.15 심리학자들은 청소년기를 아동기에서 성인기로 전환하는 발달 시기로 규정한다.

9.16 소년에 비해 소녀들이 사춘기에 더 일찍 도달하는데, 둘 다 이 시기에 일차 성징과 이차 성징이 나타난다.

9.17 청소년기 동안 뉴런의 수초화가 현저하게 증가하고 자주 사용하는 뉴런 간의 연결이 증가하는 등 뇌는 계속 성장한다.

9.18 청소년기 사고에는 자기중심적 사고가 포함되는데, 여기에는 종종 상상의 관중이나 개인 우화가 나타난다.

9.19 콜버그의 도덕적 사고 단계는 전인습적 도덕에서 인습적 도덕으로, 그다음 후인습적 도덕으로 진행한다.

9.20 심리학자들은 종종 정체감을 규정하는데, 이는 자신이 누구인지에 대한 개인적 안정감으로서 청소년기 동안 견고해진다.

9.21 에릭슨의 심리사회적 발달 8단계 이론은 영아기부터 노인기에 이르는 매 시기에 직면하는 위기를 설명해준다. 청소년이 정체감 대 역할 혼미의 위기를 다루는 방식은 다음 단계인 친밀감 대 고립감 형성에 중요하다.

9.22 부모관계와 또래관계는 청소년기의 핵심 요소이자 종종 도전을 주는 요소가 된다.

9.23 최근 일부 발달심리학자는 청소년과 성인기를 잇는 전환기로서 성인진입기를 새로운 발달 단계로서 제안하였다. 이 단계의 타당성은 여전히 논란 중이다.

성인기

9.24 우리의 신체와 뇌의 기능은 전형적으로 성인 초기에 정점에 도달한 후, 중년기에 감퇴하기 시작하여 노년기에는 훨씬 더 쇠퇴한다.

9.25 인지적 수행도 신체적 수행과 유사한 양상을 보이는데, 성인 초기에 최고치에 도달한 후, 중년기와 노년기를 거치면서 감퇴한다.

9.26 성인기를 거치는 동안 심리사회적 발달을 보면, 배우자가 되고, 부모가 되고, 직업을 갖고, 자녀를 양육하며, 나이 든 가족이나 친척을 보살피고, 조부모 역할을 하고, 은퇴하고, 죽음에 직면하게 된다.

주요 용어

감각운동기	발판화	정체감
개인 우화	배아	조절
결정적 시기	보존개념	종단연구 설계
구체적 조작기	사춘기	청소년기
권위가 있는 양육	상상의 관중	초경
권위주의적 양육	성인진입기	친밀감
기질	애착	태아
기형유발물질	이차 성징	태아알코올증후군
낯선이 불안(낯가림)	인습적 도덕	폐경
대상영속성	일차 성징	허용적 양육
도식	자아중심성	형식적 조작기
동화	전인습적 도덕	횡단연구 설계
마음 이론	전조작기	후인습적 도덕
발달심리학	접합체	

스트레스와 건강

치과 의사가 스케일링을 마친 후 나에게 거울을 내민다. 내가 하얀 치아를 살피는 동안 치과 의사는 "약간 피가 날 텐데, 걱정할 필요는 없습니다. 날카로운 도구를 사용했기 때문에 발생한 것일 뿐이에요. 모든 사람이 다 그렇습니다"라고 말했다. 나는 "괜찮아요"라고 대답하였다. 나는 잇몸 한두 곳의 상처를 지닌 채 하얀 치아로 치과를 나왔다. 나는 다른 생각을 하지 않았다.

한 시간 후에 나는 스트레스와 건강 간의 관계에 관한 논문을 찾으면서 이 장을 저술하는 중이다. 내 입안에서 혀에 작은 상처 하나가 느껴질 때, 나는, 믿거나 말거나, 연구자가 의도적으로 사람들에게 그런 상처를 제공하는 한 연구를 접하게 되었다(Marucha et al., 1998).

나는 열심히 그 논문을 읽었다. 연구자들은 연구에 참여하는 학생의 입천장에 3.5mm짜리 상처를 냈다. 이런 일은 두 번 행해졌는데, 한 번은 여름방학에, 다른 한 번(입안의 반대쪽)은 두 달 후 가을 학기 시험이 있기 며칠 전이었다. 연구자들은 그 상처가 치유될 때까지 매일 상처에 대한 근접 사진을 찍었다. 어떤 결과가 나타났을까? 모든 학생에게서 입안 상처는 여름방학보다는 시험 직전에 훨씬 더 천천히 아물었다. 여름방학에는 그 상처가 아무는 데 일주일 걸렸지만 시험 직전에는 거의 11일이나 걸렸다. 치유의 차이는 과정 초기부터 분명했다. 가을 시험 직전보다 여름방학에 그 상처는 단지 하루나 이틀만 지나도 눈에 띌 정도로 작아졌다. 동일한 학생의, 동일한 입안에서, 동일한 상처였지만 치유속도는 달랐다. 연구자들은 어떻게 설명하는가? 스트레스로 설명한다. 여름방학 중 스트레스가 적을 때의 상처에 비해 시험으로 인해 야기된 높은 스트레스가 있는 경우에는 학생들의 상처 치유는 훨씬 더디게 이루어졌다.

내 입안에 있는 크기와 똑같은 이렇게 작은 상처가 시험과 같은 스트레스원에 의해 그렇게 크게 영향을 받는 것에 나는 놀랐다. 그때 나는 궁금해졌다. 만약 위험이 더 크다면 어떻게 될까? 신체가 치유하려고 했던 것이 그렇게 작은 상처가 아니고 커다란 상처나 수술 절개였다면 어떻게 되었을까? 신체가 싸우려던 것이 독감이나 HIV와 같은 심각한 질병이라면 어떠했을까? 스트레스원이 사랑하는 사람의 죽음이나 실직처럼 더 심각하고 예측할 수 없는 것이라면 어떠했을까? 특히 위험이 매우 큰 상황에서 스트레스에 잘 대처하기 위해 우리의 역량을 높일 수 있는 것은 무엇일까?

이 장은 이 모든 문제에 깔려 있는 큰 주제로 '스트레스는 건강에 어떤 영향을 주는가'를 소개한다. 우리는 스트레스에 관한 정의와 스트레스를 유발하는 일반적 원인을 밝히는 것으로 시작할 것이다. 그다음 문화의 역할을 포함하여 스트레스가 신체와 마음에 어떤 영향을 주는지 살펴볼 것이다. 끝으로, 우리가 경험하는 스트레스에 대응하는 방식을 논의할 것이다.

개요

스트레스 : 스트레스란 무엇이며, 무엇이 스트레스를 유발하는가

스트레스와 정신-신체 연관성

스트레스와 다양성

스트레스에 대한 대처 : 심리적 전략과 사회적 전략

스트레스에 대한 대처 : 신체적 전략과 의학적 전략

스트레스 : 스트레스란 무엇이며, 무엇이 스트레스를 유발하는가

학습 목표

10.1   스트레스의 정의
10.2   스트레스와 스트레스원의 차이
10.3   투쟁-도피 반응
10.4   상황에 대한 평가 방식이 스트레스에 미치는 영향
10.5   일상의 귀찮은 일들이 누적되는 것은 심각한 스트레스를 유발하는가?

스트레스와 건강 간의 연결을 탐색하기 전에, 스트레스의 정의와 스트레스를 느끼게 만드는 요인들을 고려해보자.

스트레스란 무엇인가

스트레스(stress)는 여러분이 도전적으로 지각하는 환경에 대한 신체적 불편이나 심리적 불편 반응이다. 아마도 여러분은 이런 반응을 아주 잘 알고 있을 것이다. 근육이 긴장되고, 위가 불편해지고, 맥박이 빨라지고, 이를 갈기도 한다. 화가 나기도 하고, 안절부절못하고, 슬프거나 신경이 과민해질 수 있다(Folkman, 2011; Smyth et al., 2018; Theil & Dretsch, 2011).

심리학자들이 스트레스에 관해 말할 때는 스트레스를 초래한 사건이나 상황이 아니라 그에 대한 불편한 반응을 언급하는 것임을 명확하게 하는 것이 중요하다. 때때로 일상 언어로, 우리는 스트레스란 단어를 스트레스에 대한 반응과 그 반응을 초래한 상황 둘 다를 칭하는 단어로 사용하는데, 이는 혼란을 초래할 수 있다(Monat et al., 2007). 여러분은 "내가 해야만 하는 파워포인트 발표에 대해 많은 스트레스를 느낀다", 그리고 "이런 파워포인트 발표 자체가 일종의 스트레스다"라고 말할 수 있다. 심리학자들은 구분을 한다ー파워포인트 발표에 관해 여러분이 보이는 반응이 실제 스트레스이고, 발표 자체는 스트레스원이다. 조금 후에 스트레스원에 관해 더 자세히 살펴볼 것이지만, 지금 중요한 점은 심리학자들은 스트레스에 대한 자각과 그런 자각을 발생시키는 것에 대해 서로 다른 용어를 사용한다는 것이다.

1900년대 중반 이후로, 심리학자들은 스트레스가 건강에 미치는 영향과 그것에 대응하는 방식을 중심으로 스트레스를 연구하고 있다. 그 무렵에 스트레스 연구가 이루어진 큰 이유 중 하나는 제2차 세계대전 후 귀향한 군인들이 전쟁터에서 경험했던 스트레스의 신체적 대가와 심리적 대가를 보여주는 것이었다(Cooper & Dewe, 2004; Lazarus, 1999). 일부 군인들은 이 스트레스로 인해 외상을 경험하기도 하였는데, 이는 결국 심리학자들로 하여금 **외상후 스트레스장애**(PTSD)라는 용어를 만들게 하였다. 외상후 스트레스장애는 나중에 다룰 것이다. 물론 심리학자들은 곧 전쟁이 스트레스를 야기했던 유일한 것은 아님을 알았기 때문에, 스트레스에 관한 연구는 우리 모두에게 공통적인 경험을 포함하는 방향으로 확장되었다.

투쟁-도피 반응   스트레스 경험의 중요한 한 부분은 **투쟁-도피 반응**(fight-or-flight response)이다. 이는 스트레스에 대항하거나 아니면 스트레스로부터 피하도록 준비해주는 지각된 위협에 대한 자동적인 정서적 반응과 신체적 반응이다. 투쟁-도피 반응은 오랜 진화의 산물로 인식되어 왔다(Cannon, 1932). 이 반응은 초기 인간의 생존에 핵심적이었으며, 오늘날도 여전히 유용하다. 기본적으로 우리 몸은 지각된 위험에 싸우거나 아니면 도망가도록 재빨리 반응한다. 보다 구체적으로 말하자면, 제2장에서 배운 것처럼 이런 준비를 하게 만드는 것은 교감신경이다. 심장 박동률과 호흡이 빨라지고, 땀이 나기 시작하고, 근육이 긴장한다. 이 투쟁-도피 반응 후에 실제 투쟁이나 도피가 발생할 때ー실제로 위협에 대항하거나 도망가는 경우ー여러분의 신체는 이 에너지를 효율적으로 사용하고, 그다음 자연스럽게 진정된다. 그러나 투쟁-도피 반응이 억제되면, 그 결과는 스

스트레스
위협적으로 지각되는 상황에 대한 불쾌한 신체적 또는 심리적 대응

투쟁-도피 반응
위협적 상황에 대해 공격하거나 도망가도록 준비하게 만드는 자동적으로 나오는 정서적·신체적 반응

트레스다(McEwen & Lasley, 2002; Taylor, 2011b).

예를 하나 들어보자. 데이비드는 밤중에 누군가 자신의 방으로 침입하려는 소리를 듣는다. 이 위험을 알리는 첫 번째 소리를 듣고 그의 투쟁-도피 반응이 시작된다. 그는 즉각 침대에서 일어나 앉고, 아드레날린이 증가한다. 그의 몸은 그 침입자에 대항할지 아니면 도망갈지 어느 하나를 택할 수 있도록 준비된다. 그런데 이 둘 중 어느 것도 행하지 않으면, 그의 몸은 공회전 될 것이다. 이 불필요한 공회전은 한 번만 일어난다면 그리 큰 해를 입히지 않을 것이다. 그러나 이것이 반복해서 발생하거나 결코 사라지지 않으면(데이비드가 침입자가 계속 그의 뒤에 있다고 느낀다면 일어날 수 있는), 그 몸은 과잉 소모가 일어날 것이다. 이것이 시간이 지나면서 스트레스가 건강을 손상하게 되는 핵심 이유가 된다. 투쟁-도피 반응 차단으로 발생하는 반복되는 소모나 지속적인 소모는 심장에 손상을 주고, 면역체계를 약화시키고, 그리고 대체로 건강을 손상시킨다.

디지털 스트레스　아주 최근에 심리학자들과 다른 연구자들은 새로운 유형의 스트레스 용어를 하나 만들어냈는데, 디지털 스트레스 또는 온라인 상호작용과 인터넷 기반 기술에 근거한 또 다른 방식에서 발생하는 스트레스가 그것이다. 디지털 스트레스에 관한 한 연구에서, 연구자들은 10대와 젊은이들이 또래와 스트레스를 주는 디지털 경험을 공유하는 MTV에서 주도하는 웹사이트 AThinLuine에 달린 수천 개의 익명 댓글을 살펴보았다. 이 댓글을 통해 연구자들은 여섯 가지 서로 다른 디지털 스트레스원을 구분하였다. 적대감과 잔인함에 초점을 맞춘 세 가지 유형에는 (1) 악의적으로 남을 괴롭히는 개인적 공격, (2) 공적 수치심과 창피, (3) 의인화가 있다. 관계 친밀성을 다루는 데 초점을 둔 세 가지 유형에는 (1) 억제된 감정, (2) 요구에 동조하려는 압박, (3) 디지털 계정과 장치에 몰래 개입하기(동의 없이 여러분의 문자를 파트너가 읽는 것 등)이다(Weinstein & Selman, 2016).

동일한 연구자들은 또한 10대들이 이런 디지털 스트레스를 대처하기 위해 서로 어떤 조언을 하는지 탐색하였다. 적대감과 잔인함에 초점을 맞춘 디지털 스트레스를 보면, 가장 흔한 조언은 타인들에게 도움을 구하는 것이었다(부모, 학교 관리자, 경찰 등). 관계 친밀성을 다루는 데 초점을 둔 디지털 스트레스를 보면, 가장 흔한 조언은 관계를 끊는 것(관계 단절, 절교, 개인을 유령 취급하기 등)이었다(Weinstein et al., 2017).

다른 집단의 연구자들은 디지털 스트레스의 또 다른 원천을 확인하였는데, 여기에는 소통 부담(너무 많은 문자, 소셜미디어 메시지, 이메일), 인터넷 멀티태스킹(다른 일을 하면서 온라인상에서 소통하는 것), 24시간 일주일 내내 적용되는 지각된 사회적 압력, 배제되는 것에 대한 공포 등이 있다. 연구자들은 이런 디지털 스트레스원의 수준이 높을수록 소진, 불안, 그리고 우울의 수준이 더 높다는 것을 발견하였다(Reinecke et al., 2017).

무엇이 스트레스를 유발하는가

스트레스원(stressor)이란 여러분에게 스트레스를 주는 삶에서 발생하는 어떤 사건이나 변화이다. 그 어떤 것도 스트레스원이 될 수 있는데, 그것은 여러분이 도전적이라고 인식하는 것이 무엇이냐에 따라 달라진다. 물론 거의 모든 사람이 스트레스원으로 경험하는 특정 사건과 변화도 있다. 사랑하는 사람의 죽음, 이혼이나 별거, 심각한 질병이나 부상, 또는 실직과 같은 불행한 주요 생애 사건들이 그것이다. (은퇴, 새로운 직업을 구한 것, 졸업, 임신, 연애를 시작하는 것처럼 일반적으로 긍정적으로 보이는 주요 생애 사건도 흔한 스트레스원이 될 수 있다.) 1960년대와 1970년대 연

스트레스원
스트레스를 발생시키는 삶에서 나타나는 어떤 사건이나 변화

그림 10.1 평가의 중요성 스트레스원은 직접적으로 스트레스를 유발하지 않는다. 스트레스원과 스트레스 사이에서 그 스트레스원이 얼마나 나쁜 것인지, 그리고 여러분이 그것을 얼마나 잘 대처할 수 있을지에 관한 여러분의 평가가 중요한 역할을 한다.

구자들은 이런 생애 사건들을 토대로 각 사건에 특정 점수를 부여한 주요 스트레스 사건 질문지를 만들었다(Holmes & Masuda, 1974; Holmes & Rahe, 1967). 응답자들은 지난해에 자신들에게 발생했던 사건들을 선택한다. 그다음 점수가 합해지며, 심각한 건강 문제의 발생 위험을 예측하는 스트레스 총점수가 계산된다.

평가   사회 재적응 평가척도인 이 질문지는 스트레스 관련 건강 문제를 잘 예측하였지만 결코 완벽하지는 못했다. 이 척도에서 높은 점수를 받은 사람들이 많았지만 엄청난 스트레스나 건강 문제를 경험하지는 않았다. 또한 척도에서 점수가 낮았지만 스트레스를 많이 받았고 언제나 아픈 사람들도 많았다. 1980년대까지 연구자들은 객관적인 스트레스 총점이 언제나 실제 경험과 일치하지 않을 수 있는 적어도 두 가지 이유를 밝혀냈다. 그림 10.1에서 보는 바와 같이, 첫 번째 이유는 **평가**(appraisal) 또는 여러분에게 발생한 것을 평가하는 방식과 관련된다(Benyamini, 2011; Kemeny, 2011; Lazarus et al., 1985, 1999; Tomaka & Blascovich, 1994). [여러분은 누군가 집을 팔 때 또는 골동품의 가치를 측정할 때 평가(감정)라는 단어를 들어보았을 것이다. 이 단어는 원래 값이 얼마인지를 의미하지만 여기서는 값이 얼마인지보다 스트레스가 어느 정도인지를 의미한다.] 실제로 심리학자들은 스트레스 평가 과정을 두 부분, 즉 일차 평가와 이차 평가로 나눈다. **일차 평가**(primary appraisal)는 그 사건이 자신에게 얼마나 스트레스를 주는지를 결정하는 것이다. **이차 평가**(secondary appraisal)는 자신이 그 사건에 얼마나 대처할 수 있는지를 결정하는 것이다. 이런 식으로 생각해보라. 일차 평가는 몸집이 거대한 늑대가 얼마나 무섭게 씩씩대는지를 생각하는 것이다. 이차 평가는 자신의 집이 짚으로 된 것인지, 나무로 된 것인지, 벽돌로 된 것인지를 아는 것이다.

한 예로, 일리노이주 피오리아시에서 같은 대형 회사에서 몇 년간 대표 외판원으로 근무하고 있는 20대 미혼 테일러와 네비야를 생각해보자. 이 두 사람은 시카고로 발령받을 것이라는 소식을 동시에 들었다. 그러나 둘의 반응은 매우 다르다. 두 사람이 자신의 이동에 관해 어떻게 생각하는지 일차 평가를 생각해보자. 테일러는 이 이동을 큰 스트레스로 보며 "으! 나는 짐을 싸야 하고, 친구들과 작별을 해야 하고, 시카고에서 살 새로운 집을 구해야 할 텐데, 시카고는 집값이 너무 비싸고 사람도 너무 많아. 그리고 새로운 일에 대한 책임감이 너무 클 것 같아"라고 말한다. 이동에 대한 네비야의 일차 평가는 훨씬 더 긍정적이어서, "잘 됐어! 드디어 대도시에 살게 되고, 새로운 친구도 사귀게 되고, 여기보다는 더 성공할 기회도 생겼네"라고 말한다.

이 이동에 대처하는 자신의 역량에 관해 판단하는 이차 평가를 보면, 테일러와 네비야는 또다시 달라진다. 테일러는 "나는 이것에 대처하기 어려워. 새로운 상황이 신경이 너무 쓰인다. 내가 모르는 도시에서 새로운 상사와 잘 지내는 그런 사람은 아니야"라며 걱정한다. 네비야는 보다 자신만만하게 "나는 이것을 할 수 있어. 나는 직무에 능숙해. 조금만 지나면 적응할 거야. 나는 시카고에서 행복하고 성공할 수 있는 방법을 찾을 거라고 확신해. 정말 좋은 기회야"라고 말한다. 여러분이 알 수 있듯이, 이 직업 이동에서 보면, 테일러는 네비야에 비해 훨씬 더 모양이 나쁘다. 테일러는 스트레스를 더 많이 경험할 뿐만 아니라(스트레스원에 대한 지각과 그것에 대처하는 자신의 능력 간에 있는 큰 격차로 인해), 그 결과 신체적 건강 문제를 경험할 가능성도 더 높다.

연구는 스트레스원에 대한 평가는 건강에 영향을 준다는 생각을 지지해준다(Gianaros & Wager, 2015; Kruse & Sweeny, 2018; Petrie & Weinman, 2006). 예를 들어 한 연구에서는 첫 번째 심장발작을 경험했던 65명을 추적하였다. 이들 모두는 정상적인 병원 처치를 받았으며, 이 중 절반은 환자가 자신의 심장 상태와 이 병으로부터 회복할 수 있는 능력에 관한 합리적이고 정확한 평가를

평가
자신에게 발생한 것에 대해 평가하는 방식

일차 평가
자신에게 발생한 스트레스가 얼마나 스트레스를 주는지 결정하는 방식

이차 평가
자신이 스트레스를 주는 사건에 얼마나 잘 대처할 수 있는지를 결정하는 방식

지닌 채 퇴원하는 것을 목표로 삼은 3회기로 구성된 특별 처치도 받았다. 이 환자들은 다음과 같은 생각을 지니고 퇴원하였다. "심장발작은 심각한 것이지만 나는 회복 중이며, 건강하게 오래 살 수 있다." 그러나 추가적 처치를 받지 않았던 사람들은 다음과 같이 생각할 수 있다. "심장발작은 내가 곧 죽을 수 있다는 표시이다. 나는 그에 관해 아무것도 할 수 없다." 심장뿐만 아니라 생각이 포함된 처치를 받은 환자들은 자신의 심장 상태를 통제 가능하며 스트레스를 덜 받는 것으로 인식하였다. 이들은 심장 관련 증상이 줄었고 보다 빨리 직업에 복귀하였다(Petrie et al., 2002). 환자 배우자의 병에 대한 신념 토론이 포함되는 다른 연구에서도 유사한 결과를 얻었다. 이런 경우에 실제로 본인과 배우자 둘 다 스트레스 수준이 낮았다(Broadbent et al., 2009a, b).

평가와 문화   인종, 성, 연령과 같은 문화 변인은 스트레스원을 평가하는 방식에 영향을 줄 수 있다. 예를 들어 ACT나 SAT 같은 대학입학 시험은 많은 고등학생들에게 스트레스가 될 것인데, 학업성취를 지나치게 높게 강조하는 많은 아시아 문화권을 포함하여 특정 문화권 집단 소속 학생들에게 특히 그렇다(Lee, 1997; Lee & Mock, 2005; Sue & Consolacion, 2003). 소년들은 나이 든 할아버지만큼 건강회복에 관해 걱정하지 않기 때문에, 독감에 걸린 16세 소년은 같은 병에 걸린 80세 할아버지보다 스트레스를 덜 경험할 것이다.

일상적 스트레스   여러분의 주요 스트레스원에 대한 단순 목록이나 총점수가 여러분의 실제 스트레스 수준을 언제나 반영하지 못하는 또 다른 이유는 그 목록에는 **일상적 스트레스**(hassles), 즉 매일의 일상적 삶에서 흔히 발생하는 사소하거나 귀찮은 일이나 짜증나게 하는 것을 배제하기 때문이다. 그런데 일상적 스트레스가 합쳐지고 누적되면 이 사건들은 우리의 스트레스 수준을 상당히 높일 수 있다(DeLongis et al., 1988; Kanner et al., 1981; Keles et al., 2017; Mize & Kliewer, 2017; Serido et al., 2004). 커플을 대상으로 한 연구에서 개인의 일상적 스트레스는 낭만적 관계 긴장뿐만 아니라 파트너의 스트레스 수준도 높일 수 있음을 발견하였다(Falconier et al., 2015). 일상적 스트레스는 개인마다 다르지만, 일반적으로 교통 문제(교통체증, 자동차 문제, 버스나 지하철의 지연), 열쇠를 잃어버리는 것, 친구나 가족 간의 갈등, 주택 밀집이나 불편, 과도한 학업이나 직업에서의 책임감, 할 일이 너무 많은 것, 돈, 음식, 수면 부족 등이 포함된다.

이런 일상적 스트레스가 많아지면 거대한 사건이 없더라도 스트레스가 높아지고 건강 문제가 발생할 수 있다. 예를 들어 내 개인적 경험을 보면, 나에게는 상실이나 불화, 대학 전입, 자동차 사고나 부상, 안정된 아르바이트와 가족생활 등 딱히 주요 스트레스원이 없는 대학생인 미켈라라는 내담자가 있었다. 그녀는 면담 약속 전날에 경험했던 일상적 스트레스로 나를 찾아왔을 때, 그녀의 스트레스를 나열하는 것이 쉬웠다. "지난밤에 제 전화기가 꺼졌어요. 그래서 맞춰둔 알람시간에 깨지 못했고 첫 수업을 놓쳐버렸죠. 과제 마감 시간이 되어 교수님께 이메일을 보냈는데, 내가 이해할 수 없는 오류 메시지로 그 메일이 다시 돌아왔어요. 그래서 조금 늦어도 교수님이 받아줄 것으로 기대하고 그 과제를 교수님 연구실로 직접 전달하기 위해 학교로 갔어요. 그런데 비가 쏟아지기 시작했죠. 물론 나는 우산을 집에 두고 왔어요. 나는 비를 흠뻑 맞으면서 함께 점심을 먹기로 한 친구를 기다리고 있었어요. 친구는 나타나지 않았고, 문자도 전화도 아무것도 없었어요. 그날 오후 집에 돌아왔는데, 집주인이 나를 기다리고 있었어요. 집주인은 집세 내는 날짜가 지났다고 말했어요. 내 룸메이트가 분담해서 내는 집값을 내지 않고 시내를 떠났고 연락도 되지 않았어요. 이제 나는 내 룸메이트가 내야 할 방값을 떠맡게 되었는데, 나는 돈이 없었어요. 내가 먹던 마지막 약이 떨어졌기 때문에 나는 처방전을 받으러 약국으로 달려갔어요. 그런데 약사는 잠깐이면

일상적 스트레스
매일의 삶에서 접하는 흔한 사소한 불편이나 짜증

될 것을 한 시간이나 기다리게 했죠. 그날 저녁 나는 공부를 하려고 했는데, 엄마가 나에게 전화를 걸어 지난번 집에 방문했을 때 했던 시시콜콜한 이야기로 싸웠어요. 이제 잠을 자러 침대에 갔는데, 위층에 사는 이웃이 기르는 커다란 골든 리트리버가 계속 짖어댔어요. 으악!" 마켈라는 소진되고 기진맥진해 보였다. 그녀는 감기에 걸렸다. 하루 동안 그녀가 겪은 누적된 일상적 스트레스는 왜 이런 일이 일어나는지 알게 해준다.

학습 확인

10.1 심리학자들은 스트레스를 어떻게 정의하는가?

10.2 스트레스와 스트레스원은 어떤 관계를 갖는가?

10.3 투쟁-도피 반응은 무엇인가?

10.4 평가란 무엇이고, 일차 평가와 이차 평가의 차이는 무엇인가?

10.5 일상적 스트레스란 무엇이며, 이는 스트레스와 어떻게 관련되는가?

스트레스와 정신 - 신체 연관성

학습 목표

10.6 스트레스와 건강

10.7 일반 적응 증후군이란?

10.8 면역체계와 질병에 대한 스트레스의 영향

10.9 성격 유형에 따른 스트레스 효과의 차이

10.10 특정 성격 특질과 스트레스 수준 사이의 관련성

10.11 다양한 심리장애에 대한 스트레스의 영향

정신과 신체 둘 다 스트레스로 인한 결과로 고통을 받는다는 것에는 의심의 여지가 없다. 제1장에서 학습했듯이, 심리학에는 이런 연관성에 집중한 전문가를 갖고 있는데, 건강심리학이 그것이다. 건강심리학은 정신과 신체의 관계에 초점을 둔 심리학 전문분야이다. 대부분의 건강심리학자들은 이 장에 언급된 주제들을 연구하는 연구자들이다. 이 연구자들이 발견한 내용은 종종 심리학 실습과 의학에 적용된다. 따라서 건강심리학은 사람들이 스트레스 관련 문제를 어떻게 다루는지에 지대한 영향을 주게 되었다(행동의학이란 용어 역시 대략 건강심리학과 유사한 것으로 사용된다).

흔히 우리는 정신이 신체에 영향을 준다고 생각하는데, 실제로 정신과 신체의 관계는 그림 10.2에 제시된 것처럼 서로 영향을 주고받는 양방향적 관계이다(Kemeny, 2011). 예를 들어 오른쪽 다리가 골절된 후 몇 주일 동안 목발을 짚고, 집이나 주변을 다니기 힘들고, 운전도 할 수 없는 등 마테오가 느낄 스트레스를 생각해보자. 또는 예고 없이 발생하고, 자신을 완전히 쇠약하게 만드는 제시카의 편두통을 생각해보자. 이런 신체적 문제는 직접적으로 신체적 고통을 야기할 뿐만 아니라 정상적인 생활을 하지 못하게 하거나 예측 불가능성으로 인해 사람을 몹시 화나게 만든다. 때때로 신체적 문제로 야기된 정신적 스트레스는 신체적 문제를 실제로 더 악화시키기도 한다.

우리는 이어질 부분에서 신체와 정신을 분리할 것이다. 한 부분은 스트레스와 신체가 서로 어떻게 영향을 주는지 논의할 것이고, 다른 부분은 스트레스와 정신이 서로 어떻게 영향을 주는지 논의할 것이다.

스트레스와 신체는 서로 어떻게 영향을 주는가

최근 심리학 연구는 스트레스가 우리를 아프게 하는 많은 방식을 확인하고 있다. 크게 세 가지 일반적 범주가 있다(Holroyd & Lazarus, 1982; Monat et al., 2007).

1. **스트레스가 건강을 직접적으로 손상한다.**   이 장의 앞부분에 논의했듯이, 반복되는 투쟁-도피 반응은 이런 반응을 일으키는 스트레스와 연결 없이 여러분의 심장, 순환계, 그리고 신체의 다른 기관들을 과도하게 소모시키게 된다.

2. **스트레스에 대한 반응이 건강을 직접적으로 손상할 수 있다.**   이것은 스트레스 자체에 관한 것이

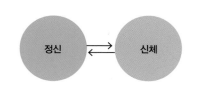

그림 10.2 정신과 신체의 영향 : 양방향 길
셀리에 스트레스 관점에서 보면, 여러분의 정신과 신체는 양방향으로 서로에게 영향을 미친다.

아니지만, 스트레스에 어떻게 대응하느냐에 관한 것이다. 과음, 약물 사용, 지나치게 일을 많이 하는 것, 불량 음식의 과식 등 스트레스에 대한 반응이 여러분을 병에 쉽게 걸리도록 만들 수 있다.

3. 스트레스에 대한 반응이 건강을 간접적으로 손상할 수 있다.   스트레스를 알려주는 지표에 대한 무시나 부인, 또는 절대 도움이 필요하지 않다고 주장하는 것 등 스트레스를 나타내는 지표에 대한 반응은 여러분이 받는 스트레스와 그로 인해 신체에 미칠 부정적 효과를 계속 점검하지 않을 가능성을 높인다.

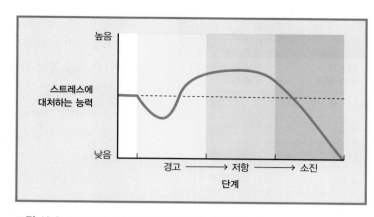

그림 10.3 일반 적응 증후군 셀리에의. 일반 적응 증후군에 따르면, 스트레스의 효과를 피하는 우리 능력은 잠깐 강하게 유지되지만(저항 단계), 결국에는 곤두박질친다(소진 단계).

스트레스원이 오래 지속되면, 이 반응은 예측 가능한 양상을 따른다. 1900년대 초·중반 헝가리 의학 연구자 한스 셀리에(Hans Selye, 1936, 1952, 1956)가 처음으로 밝힌 그 양상은 **일반 적응 증후군**(general adaptation syndrome)으로 알려져 있다 — 진행 중인 스트레스에 대해 신체가 반응하는 방식에 대해 널리 수용되는 알려진 반응으로, 경고, 저항, 소진 세 단계로 구성되어 있다. 앞의 두 단계 경고와 저항은 단기 스트레스원을 다루는 데 도움이 된다(그림 10.3). 다시, 여러분의 투쟁–도피 반응 해결을 위해 분비되는 아드레날린을 생각해보자. 여러분이 직장을 구하기 위한 면접, 중대한 시험, 대중 연설과 같은 어떤 단기 스트레스원(급성 스트레스원이라고도 함)이 있을 때, 경고를 알리고 그 스트레스에 저항하는 여러분 신체에 내재된 전략은 아마도 그 사건을 충분히 대비하도록 할 것이다(또한 어떤 장기적 부정적 효과를 피하려 하는). 문제는 스트레스가 단기가 아니라 수그러들지 않을 때(또는 **만성적**) 발생한다. 만성적 스트레스가 있으면 신체의 경고가 계속되는데 저항은 사라진다는 것이다(적이 수그러들지 않고 계속 몰려오면 군대가 압도되는 것처럼). 그 결과가 소진인데, 이는 질병에 취약하게 만든다.

만성 스트레스   만성 스트레스의 예는 전쟁 지역이나 심하게 폭력적인 이웃과 같은 불안정한 환경에서 사는 것이다. 만성 스트레스에는 다음 끼니가 불확실한 가난 속에서 사는 것, 폭력을 행하는 이웃이나 시도 때도 없이 자녀에게 상처를 주는 부모와 사는 것, 경찰이나 긴급구조원처럼 응급조치를 취하는 것, 거의 매일 소름끼치는 일을 목격하는 것이 포함된다(Davies et al., 2013; Straker, 2013; Straker et al., 1988). 만성 스트레스와 신체 건강 문제의 연계를 보여주는 다음의 예를 살펴보라.

• 9,500명 이상을 대상으로 한 연구에서 아동기에 만성 스트레스를 더 많이 경험하는 것은 성인기에 심장병, 만성 간질환, 당뇨, 암 등 심각한 질병의 비율을 높인다는 것을 발견하였다. 적어도 네 가지 만성 스트레스를 경험하면서(심리적, 신체적 학대 또는 성적 학대, 또는 범죄 활동이나 약물 사용이 있는 가정에서 사는 것, 또는 폭력) 성인이 된 사람들은 심각한 질병이 발생할 비율이 정상 집단에 비해 2~4배까지 높았다(Felitti et al., 1988; 또한 Shonkoff et al., 2009 참조). (보다 자세한 내용은 표 10.1을 보라.)

• 이라크 해방전쟁(2003~2010)에서, 의무 후송된 군인의 83% 이상이 전쟁 부상이 아니라 폐렴과 결핵을 포함한 질병이었다. 이는 스트레스 관련 소진을 경험했던 군인들에게서 나타난 것과 같은 정도였다(Fischer, 2013; Wool, 2013).

일반 적응 증후군
진행 중인 스트레스에 대해 신체가 반응하는 방식에 대해 널리 수용되는 반응으로, 경고, 저항, 소진의 세 단계로 구성됨

표 10.1 아동기의 다중 스트레스원이 성인기 건강 문제가 된다

성인기 건강 문제	발생 가능성의 증가
심각한 비만	1.6배
당뇨	1.6배
암	1.9배
심장병	2.2배
뇌졸중	2.4배
만성 간질환	3.9배
우울	4.6배
알코올 중독	7.4배

연구자들은 아동기에 적어도 4개의 심각한 만성 스트레스원을 경험한 사람들은 성인기에 심각한 건강 문제가 발생할 확률이 증가함을 보여주고 있다 (Felitti et al., 1998).

면역체계
질병이나 죽음을 초래할 수 있는 박테리아, 바이러스, 감염, 부상 등에 대한 신체의 타고난 대항 방법

심리신경면역학
스트레스를 포함한 심리적 요인과 면역체계 간의 관계 연구

정신생리학적 질병
스트레스를 유발하거나 악화시키거나 유지시키는 질병

관상동맥질환
심장으로 가는 동맥을 막아 종종 심각한 결과를 초래하는 흔한 질병

- 감추고 싶은 비밀인 성적 지향을 드러내지 못하고 지속적으로 스트레스를 받는 게이 남성은 자신을 드러낸 게이 남성에 비해 5년 동안 폐렴이나 축농증 등 감염성 질병과 암을 포함하여 심각한 신체 질병 비율이 더 높았다(Cole et al., 1996).
- 만성 스트레스를 겪는 남성은 만성 스트레스가 없는 비슷한 남성보다 정자의 수가 적고 질이 더 낮았다(Nargund, 2015). 임산부의 경우, 만성 스트레스는 고혈압(자간전증 : 임신중독증의 한 시기로 혈압 상승과 단백뇨 등이 따름), 조산, 저체중아 출생과 상관이 있었다(Barrett et al., 2018).
- 미국 대도시에 사는 천식이 있는 850명 이상의 초등학생 연구에서, 폭력에 더 많이 노출될수록 아동이 보이는 스트레스 관련 천식 증후가 더 많았다. 스트레스가 높다는 것은 부모가 잠을 설친 날이 더 많고, 아동에게 상당한 천명(쌕쌕거림)과 놀이 활동 방해가 더 많다는 의미이다. 이 연구는 사회경제적 수준과 비폭력 부정적 생활사건과 같은 다른 변인을 통제하였다(Wright et al., 2004).
- 시카고에서 가장 폭력적인 동네에 사는 아동들은 가장 폭력이 적은 동네에 사는 아동에 비해 천식이 발생할 확률이 2배나 높았다(Sternthal et al., 2010).

면역체계   면역체계(immune system)는 질병이나 죽음을 초래할 수 있는 박테리아, 바이러스, 감염, 부상 등에 방어하기 위해 우리 신체가 지니고 있는 선천적 방법이다. 계속되는 스트레스가 저항보다 더 오래가고 소진이 시작되면, 면역체계는 타협하게 된다. 이런 현상에 관심을 둔 연구자들은 이 분야를 **심리신경면역학**(psychoneuroimmunology, PNI)이라 부른다. 이 분야는 스트레스를 포함한 심리적 요인과 면역체계 간의 관계를 연구한다. 구체적으로, 이 연구자들은 코르티솔, 에피네프린, 노르에피네프린 같은 특정 호르몬이 스트레스와 함께 어떻게 증가하는지, 그리고 몸에서 질병에 대항하여 싸우는 항체 생산을 어떻게 방해하는지를 살핀다(Kaye & Lightman, 2005; Rabin, 2005). 한 연구에서, 장애 아동의 부모(양육 스트레스가 높을 것으로 추정됨)와 장애가 없는 아동의 부모에게 폐렴 예방 주사를 놓았다. 장애 아동의 부모에게서는 폐렴 항체가 적게 나타났는데, 이는 예방주사를 맞았음에도 불구하고 자신이 갖고 있는 스트레스 수준이 폐렴과 싸울 수 있는 세포의 생산을 억제했다는 것을 의미한다(Gallagher et al., 2009).

스트레스와 질병   심리신경면역학자들이 관심을 두는 신체적 문제는 스트레스로 인해 야기되고, 악화되고, 유지되는 질병인 **정신생리학적 질병**(psychophysiological illness)이다. 스트레스와 건강에 관한 연구가 초기 단계였던 1900년대 중반에는 질병이 정신생리학적으로 판명되는 것 자체가 뉴스거리가 되었다. 이제는 질병이 정신생리학적이지 않다는 것을 찾기가 어렵다. 연구들은 우리가 상상할 수 있는 거의 모든 신체 질병이 심리적이거나 스트레스와 관련된다는 것을 확실하게 보여주고 있다(Contrada & Baum, 2011; Segerstrom & Miller, 2004). 아마도 가장 잘 확립된 연결은 **관상동맥질환**(coronary heart disease)(동맥으로 인해 심장이 막히는 흔한 치명적 질병)과 다른 심혈관 상태와의 관계이다(Cohen et al., 2015; Sparrenberger et al., 2009). 물론 그림 10.4에서 보는 바와 같이, 일반 감기에서부터 암, 독감에서 HIV, 관절염에서 폐렴, 편두통에서 과민성 대장 증후군, 당뇨에서 천식 등 스트레스와 관련된 다양한 질병의 엄청나게 긴 목록이 존재한다(Cohen et al., 1991, 1993; Cohen & Williamson, 1991; Irwin, 2008; Marsland et al., 2017; Nagaraja et al., 2016; Segerstrom & Miller, 2004; Snast et al., 2018; Vedhara & Irwin, 2005).

상처 역시 스트레스에 의해 영향을 받는다. 상처는 실제로 이 분야의 연구자들이 좋아하는 주

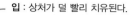

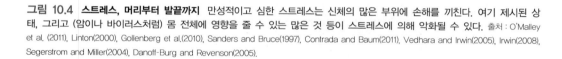

뇌/마음 : 우울, 불안, 기타 심리적 장애가 흔히 나타난다.

입 : 상처가 덜 빨리 치유된다.

등/목 : 이 부위(그리고 다른 부위)의 통증은 스트레스 수준이 높아지면 악화될 수 있다.

심장 : 심장병과 기타 심혈관 문제가 증가한다.

허파 : 천식과 기타 호흡 관련 문제가 악화된다.

피부 : 건선과 부스럼을 포함한 피부 문제가 발생한다.

위/소화관 : 과민성 대장증후군과 유사한 상태가 스트레스 증가에 부정적으로 반응한다.

관절 : 관절염은 종종 스트레스가 증가하는 경우 나빠진다.

생식기관 : 스트레스는 여성의 생식력과 남성의 정자의 질을 낮춘다.

그림 10.4 스트레스, 머리부터 발끝까지 만성적이고 심한 스트레스는 신체의 많은 부위에 손해를 끼친다. 여기 제시된 상태, 그리고 (암이나 바이러스처럼) 몸 전체에 영향을 줄 수 있는 많은 것 등이 스트레스에 의해 악화될 수 있다. 출처 : O'Malley et al. (2011), Linton(2000), Gollenberg et al.(2010), Sanders and Bruce(1997), Contrada and Baum(2011), Vedhara and Irwin(2005), Irwin(2008), Segerstrom and Miller(2004), Danoff-Burg and Revenson(2005).

제인데, 그것은 많은 다른 질병이나 조건보다 부상이 조작 가능하고 측정하기가 훨씬 더 편리하기 때문이다. 연구자들이 사람들에게 신체의 아주 작은 특정 부위에 상처를 내고, 시간이 지남에 따라 상처의 크기가 줄어드는지를 측정하고, 그런 다음 스트레스 수준이 그 감소가 얼마나 빨리 일어나는지를 예측하는지를 살핀 연구가 여럿 있다. (그런데 연구에 참여하는 사람들에게 가하는 상처가 거의 고통을 느끼지 못하는 아주 작은 것이라, 상처라는 말은 실제보다 더 안 좋은 것으로 들리게 만들 수 있다.) 시간이 지나면서, 이 연구들은 스트레스가 상처 치료를 더디게 한다는 것을 발견하였다(Bosch et al., 2007; Ebrecht et al., 2004; Gouin & Kiecolt-Glaser, 2011; Walburn et al., 2009, 2018). 한 연구에서는 스트레스가 적은 사람에 비해 스트레스가 높은 사람이 팔목에 난 상처가 덜 빨리 아물고, 스트레스가 높은 사람의 신체는 상처 치유를 증진하는 세포 단백질의 수가 더 적게 생산됨을 발견하였다(Glaser et aL., 1999). 다른 연구에서는 알츠하이머병을 앓고 있는 친척을 돌보는 13명과 그렇지 않은 13명에게 팔꿈치 근처에 동일한 작은 상처를 냈다. 두 집단은 성, 나이, 사회경제적 수준이 비슷하도록 하였다. 알츠하이머 환자를 돌보는 사람의 상처는 완전히 아무는 데 9일이 걸렸지만, 돌보는 사람이 없는 사람의 상처는 더 빨리 아물었으며, 처음 며칠 안에 이미 눈에 띌 정도로 상처가 더 작아졌는데, 이는 두 집단의 스트레스 수준의 차이 때문으로 추정된다(Kiecolt-Glaser et al., 1995).

　때때로 연구 참여자에게 상처를 낼 필요가 없는 경우도 있다. 그 대신 연구자들은 다른 방식으로 이미 참여자들이 갖고 있는 상처에 관심을 둔다. 예를 들어 한 집단의 연구자들은 절개가 필요한 탈장 수술을 한 사람들을 추적하였다. 연구자들은 자신의 수술에 대해 스트레스가 높았던 환자의 절개 부위가 동일한 수술에 대해 스트레스가 적었던 환자에 비해 훨씬 더 늦게 치유되었음

A유형 성격
경쟁적이고, 밀어붙이고, 참을성이 적고, 적대적인 특성을 지닌 성격

을 발견하였다(Broadbent et al., 2003). 이 결과에 근거하여, 연구자들은 나중에 수술 전후 스트레스를 낮추는 기법을 개발하였다. 환자들은 심리학자가 수술 전 자신들에게 이완과 심호흡을 가르치고, 잘 회복될 것이라고 상상하도록 돕는 45분짜리 면담을 받았고, 환자들에게 수술 전날과 다음 날 환자가 들었던 이완 기록물을 제공하였다. 연구자들은 쓸개 제거 수술을 받는 환자 30명을 대상으로 이 기법을 검증하였다. 동일한 수술을 받았지만 스트레스 감소 처치를 받지 않은 30명의 환자와 비교했을 때, 이 처치를 받은 환자들은 수술 상처가 훨씬 빨리 치유되었다(Broadbent et al., 2012). 그 함의는 중요하였다. 스트레스 완화 노력 덕분에 수술받은 사람들은 병을 빨리 고치고, 집으로 빨리 돌아가고, 병원비를 적게 낼 수 있다는 것이다.

스트레스와 정신은 서로 어떻게 영향을 주는가

스트레스는 신체뿐만 아니라 정신도 손상시킨다. 여러분 삶에서 가장 스트레스가 많았던 시기를 생각해보라. 가장 흔한 것은 여러분의 스트레스는 행복감을 느낄 기회를 가렸다는 것이다. 예를 들어 불행하게도 사랑이 제대로 이루어지지 않았을 때, 관계 갈등의 스트레스가 여러분의 정신 상태를 얼마나 파멸시킬 수 있는지 알 것이다. 연구자들이 이런 종류의 갈등을 경험하는 것(그리고 끝난 이후에도 그런 갈등을 기억하는 것)이 에피네프린과 노르에피네프린 같은 스트레스 호르몬 수준을 높이는 것을 발견했다는 것은 하나도 놀랄 일이 아니다(Kiecolt-Glaser et al., 1997; Malarkey et al., 1994). 더욱 놀랄 만한 사실은 신혼 부부(결혼한 지 1년 이내)에게서 이런 스트레스 호르몬 수준은 이 부부의 행복한 결혼이 10년 이상 지속될 것임을 예측한다는 것이다. 실제로, 이 호르몬들은 커플이 10년까지 결혼한 채로 있을지 아니면 이혼할지를 예측하기도 한다(Kiecolt-Glaser et al., 2003).

스트레스와 가장 연계가 높은 여러분의 성격과 심리적 장애의 역할에 초점을 두고, 여러분의 정신과 여러분의 스트레스가 상호작용하는 다른 방식을 살펴보자.

성격, 스트레스, 그리고 건강 1800년대 후반에 윌리엄 오슬러(William Osler)라는 캐나다 내과 의사가 심장병을 가진 사람들을 치료하였다. 그는 많은 심장질환 환자가 전형적으로 '야망이 많은 … 앞으로 전진하는 최대 속도로 준비된 엔진을 가지고 있음' 비슷한 성격을 소유하고 있음을 알게 되었다(Chesney & Rosenman, 1980, p. 188에서 인용). 이것이 특정 성격 유형이 특정 질병과 연결되어 있다는 의학 전문가가 관찰한 것을 적은 최초의 것 중 하나이다. 세월이 지나면서, 다른 전문가들은 오슬러의 관찰을 보다 정교화하였다. 예를 들어 1930년대 칼과 윌리엄 메닝거(유명한 미국 정신과 의사. 그의 메닝거 클리닉은 이제 휴스턴에서 잘 알려진 정신건강 관리기관임)는 심장질환을 가진 많은 환자들이 매우 공격적임을 지적하였다.

스트레스와 성격 유형 1950년대 후반 메이어 프리드먼(Meyer Friedman)이란 심장병 전문의는 그의 병원 대기실에 있는 의자들 바닥과 팔걸이 앞쪽 모서리 위가 이상하게 닳아 있는 모습을 알아차렸다. 나중에야 그는 심장병 문제가 있었던 그의 환자가 의사 진료를 기다리는 것을 참을 수 없는 것처럼 문자 그대로 좌석 모서리 위에 앉아, 긴장해서 팔걸이를 붙잡고 있었다는 것을 알게 되었다. 이 참을성 없는 환자는 프리드먼과 그의 동료들에게 심장병에 걸리기 쉬운 이런 성격 유형에 공식적인 명칭인 **A유형 성격**(Type A personality)을 부여하도록 영감을 주었다. A유형 성격은 매우 경쟁적이고, 매우 몰아붙이며, 매우 참을성이 없고, 매우 적대적인 특성을 지닌 성격이다(Friedman & Rosenman, 1959). A유형 성격을 지닌 사람들은 자신이 "끊임없이 무엇인가를 하려

Savage Chickens

스트레스 수준 : 낮음

이 리포트를 완성하지 못하면 어떡하지?

스트레스 수준 : 중간

이 리포트를 금요일까지 완성하지 못하면 어떡하지?

스트레스 수준 : 높음

리포트 걱정하느라 내 인생을 소비하면 어떡하지?

©2013 BY DOUG SAVAGE

www.savagechickens.com

Doug Savage

하고, 짧은 시간에 더 많은 것을 하려 하고, 원하는 것을 얻는 과정에서 매우 적대적이고 공격적임"(Friedman, 2011, p. 218)을 알게 될 것이다. A유형 성격의 사람들은 서두르고, 치열하게 자신의 목표를 달성하려 하는데, 이런 자질이 필요할 때뿐만 아니라 언제나 그렇다는 것이다.

언젠가 나는 친척들과 함께 12월 성탄절 쇼핑을 하러 가기로 했다. 이모의 남자친구 콜이 운전을 했다. 나는 그를 전혀 알지 못했는데, 몇 분 지나지 않아 나는 그가 A유형 성격을 갖고 있겠다고 짐작하게 되었다. 사람들이 엄청나게 붐비는 쇼핑센터 주차장으로 들어갔을 때, 그는 앞으로 구부리고 두 손으로 운전대를 꽉 잡았다. 강렬함이 그의 얼굴에 나타났다. 주차 자리 확보 경쟁이 진행되었고, 그는 놓치지 않으려 하였다. 주차장 뒤쪽에 비어 있는 주차공간이 있었지만, 그는 거기에 주차하지 않으려 하였다. 그는 강렬하게 훑어보면서 앞을 향해 속도를 높였다. 그는 여기저기, 위아래, 또 위아래로 휘젓고 다녔다. 그는 화가 나서 "자, 자, 빨리 나와라!"를 혼자 중얼거렸다. 이모는 그에게 뒤쪽 빈 공간에 주차하자고 간청하였지만, 콜은 단호한 목소리와 눈을 반짝거리면서 "나를 방해하지 마. 내가 좋은 자리를 차지할 거야, 약속해"라고 말하며 그녀의 간청을 잘랐다. 이모는 우리가 서두를 필요가 없다고 계속 말했지만 그에게는 아무 소용이 없었다. 결국 그는 쇼핑한 물건을 들고 자신의 차로 걸어가는 한 여성을 보았다. 그는 그 여성이 차를 앞쪽으로 뺄 때까지 살살 따라붙었다. 그는 마치 주차 대회에서 우승한 것처럼 "야 됐다!"라고 소리쳤다. 그 여성에게는 아이도 있고, 물건도 많이 샀고, 그 물건들을 차에 실어야 하기에 주차장을 비우는 데 몇 분 걸렸다. 그러자 콜은 경적을 짜증스럽게 울리면서 "어서 가라고!"라며 고함쳤다.

1900년대 후반기 내내 A유형 성격(콜과 같은)은 연구자들에게 많은 관심을 받았는데, 심장병이 서구에서 조기 사망의 가장 큰 이유가 되었다는 좋은 근거도 있다. 대부분의 초기 연구에 따르면, 심장병과 A유형 성격 간의 연계성이 지지되었다. A유형 성격은 심장병 문제와 관련되었다. 예를 들어 연구자들은 3,500명을 대상으로 8년간의 종단연구를 수행하였는데, 이 연구에서 A유형 성격을 가진 사람들은 유의하게 심장병 질병이 높다는 것을 발견하였다(Rosenman et al., 1964, 1975). 그러나 보다 최근 연구는 그렇게 결정적이지 않다는 결과를 보고하고 있다(Houston & Snyder, 1988; Miller et al., 1991). 이 최근 연구들도 대체로 A유형 성격과 심장병 간의 연계를 지지하고 있지만, 연구자들은 보다 특정의 연결을 찾아내려고 노력하고 있다. 즉 구체적으로 A유형 성격에서 결정적인 요소가 무엇인가? A유형 성격은 일종의 넓은 성격 특질들이 집합된 것이다. 그런데 다른 요소에 비해 심장병에 더 큰 영향을 주는 특정 요소가 있다(Friedman & Booth-Kewley, 1987). 지금까지 결과를 종합하면, 일차적 요소로 적대감과 경쟁심이 추정되고 있다(Booth-Kewley & Friedman, 1098; Cooper & Bright, 2001; Friedman, 2011; Ganster et al., 1991; Lohse et al., 2017). 추진력이 있다는 것, 그리고 심지어 참을성이 없다는 것은 건강에 그리 나쁘지 않다. 실제로 어떤 환경에서는 이 특성이 아주 생산적일 수 있다. 그런데 지속하는 적대적 태도와 타인과의 지속적 경쟁심은 건강에 나쁜 영향을 끼칠 수 있다.

연구자들이 A유형 성격을 확인했을 때, 연구자들은 **B유형 성격**(Type B personality)도 확인했다. B유형 성격은 A유형 성격과는 매우 다른데, B유형 성격의 사람은 비경쟁적이고, 느긋하며, 편안하고, 거의 화를 내지 않는다(Cooper & Dewe, 2004). B유형 성격의 사람들은 A유형 성격에 비해 훨씬 더 차분하다. 예를 들어 앞에서 제시된 콜과는 달리, B유형 성격을 가진 사람은 가까운 곳에 주차하려는 경쟁을 피하려고 붐비는 주차장에서 멀리 떨어진 곳에 주차하거나 아니면 사람들이 붐비는 날을 피할지도 모른다.

보다 최근에 확인된 다른 성격 유형도 있다(Friedman, 2011). **C유형 성격**(Type C personality)은

B유형 성격
비경쟁적이고, 느리고, 느긋하고, 거의 화를 내지 않는 성격

C유형 성격
감정 표현이 적고, 타인에 대해 동의를 잘하며, 무기력을 잘 느끼는 성격

D유형 성격
우울, 불안과 같은 부정 정서가 높고, 이런 정서를 타인과 공유하지 않으려 하는 성격

감정 표현이 적고, 타인들을 향한 우호성이 높지만 무력감을 느끼는 성향을 보이는 성격이다. 예를 들어 피비라는 사람을 보자. 그녀는 가족들과 함께 있을 때마다 가족들이 원하는 것을 잘 알고 행하며 잘 지내지만, 자신이 원하는 자신의 삶에 대한 통제력이 그리 높지 않다는 생각으로 걱정이 많다. **D유형 성격**(Type D personality)(때때로 **괴로워하는 성격**으로 지칭)은 우울과 불안 같은 부정적 정서가 높고, 타인과 그런 정서를 공유하기를 싫어하는 특성을 지닌 성격이다. 예를 들어 라니를 생각해보자. 라니는 걱정과 근심이 많고, 자주 우울해지는데, 이런 감정들을 친구나 가족에게 말하지 않고 자기만 갖고 있다.

연구자들은 B유형 성격은 심장병 위험과는 거의 상관이 없으며, C유형 성격은 암 발병 위험과 높은 상관이 있다고 가설화하였다. 그런데 이 가설을 검증한 연구들이 집중적으로 추진되지 않고, 수행된 연구도 이 가설을 지지하는 연구가 거의 없다(Temoshok, 1986; Temoshok et al., 1985). 그러나 D유형 성격이 높은 심장병 발병과 상관이 있다는 가설을 지지하는 연구들이 점차 늘어나고 있다(Denollet, 2000; Du et al., 2016; Kupper & Denollet, 2018; Lin et al., 2018; Mols & Denollet, 2010; Pedersen & Denollet, 2003, 2006).

스트레스와 성격 요인들   보다 최근에 성격과 스트레스(그리고 건강) 간의 연결을 탐색한 연구는 성격의 5요인 모델 또는 Big 5에 초점을 두고 있다. Big 5에 대해서는 제11장에서 심층적으로 살펴볼 것이지만, 여기서는 최근 심리학자들이 성격을 이해하는 주요 방식임을 아는 것이 중요하다. Big 5는 개인의 성격이 다섯 가지 기본 특질로 구성되어 있다거나 인간 성격에 기본이 되는 다섯 가지 '요소'가 있다는 가정에 근거를 두고 있다. 개인을 서로 구분해주는 것은 각 개인이 지니고 있는 각 요소의 양이다(Digman, 1990; Hunt, 1993; McCrae & Costa, 1996). 다섯 가지 요소는 다음과 같다.

- 신경증 성향 : 불안, 우울과 같은 부정적 정서를 경험하는 경향성
- 외향성 : 사회적으로 사교적인 경향성
- 경험에 대한 개방성 : 새롭고 인습적이지 않은 아이디어를 수용하는 경향성
- 성실성 : 조직화되어 있고, 책임감 있으며, 목적적인 경향성
- 우호성 : 타인과 협력하고 타인의 요구나 부탁을 잘 들어주는 경향성

많은 연구들은 이 성격의 5요인 특질과 건강 관련 문제가 서로 연관되어 있음을 밝히고 있다. 높은 성실성과 외향성은 일반적으로 긍정적인 건강 성과와 관련 있다. 예를 들어 성실성이 높은 사람들은 성실성이 낮은 사람들에 비해 오래 살고 더 건강하게 사는 경향이 있다(Friedman et al., 2003; Kern & Friedman, 2008).

다른 연구에서 연구자들은 883명의 노인들을 5년간 추적하였는데, 이 기간에 182명이 사망하였다. 성실성이 낮은 노인들은 성실성이 높은 사람들에 비해 사망할 확률이 2배 정도 높았다(Wilson et al., 2004). 건강이 좋은 사람들에게서 대체로 높은 외향성이 발견되었지만, 때때로 외향성이 과음, 위험한 성행동, 또는 장기 흡연과 같은 위험한 사회행동과 연결될 때는 건강에 해를 끼칠 수 있다(Booth-Kewley & Vickers, 1994; Friedman, 2011). 경험에 대한 높은 개방성 역시 건강에 좋다. 개방성이 높은 사람들이 심장과 순환계 관련 질병이 낮은 경향이 있음을 발견한 연구들이 있다(Lee et al., 2014; Ó Súilleabháin et al., 2018).

한편, 신경증 성향은 반복적으로 질병과 연관되는 것으로 나타나고 있다. 883명의 나이 든 사람들을 대상으로 한 연구에서 신경증 성향이 높은 사람들은 신경증 성향이 낮은 사람들에 비해 5년

동안 사망할 가능성이 2배 정도로 높았다(Wilson et al., 2004). 추가적 연구에서 신경증 성향은 운동, 과일과 채소 먹기와 같은 건강행동과는 부적으로, 그리고 흡연, 비만, 당뇨, 고지혈, 심장병과 같은 건강하지 않은 행동과는 정적으로 관련 있는 것으로 나타났다(Jokela et al., 2014; Pesta et al., 2012). (신경증 성향과 건강 간의 이 연결에 대한 보다 상세한 내용은 표 10.2 참조).

성격과 건강 간의 연결에 관해 학습할 것이 훨씬 더 많지만, 현재까지 분명하게 드러난 것은 신경증 성향에서 보여주듯이, 대체로 불행하고 짜증이 많은 사람들은 대체로 행복하고 평온한 사람들에 비해 건강에 문제(특히 심장 관련 문제)가 더 많다는 것이다(Cacioppo & Berntson, 2011; Friedman & Martin, 2011; Jokela, 2018; Smith & MacKenzie, 2006). 1950년대 후반 A유형 성격을 최초로 알아냈고 그것을 연구하는 데 50년 이상을 보냈던 심장학자 메이어 프리드먼이 서술한 바와 같이, 성격과 건강에 관한 전체 연구는 우리에게 다음과 같은 내용을 말해준다.

> … 늘 짜증내고, 우울하고, 적대적이고, 충동적이고, 지루해하고, 좌절을 느끼고, 불안정하고, 고독하고, 힘없는 사람은 일반적으로 정서적 균형을 지니고, 효율적이고, …, 안정되고 지지적인 사회적 관계를 맺고, 공동체와 잘 통합하는 사람에 비해 실제로 질병이 생길 가능성이 높고, 따라서 더 일찍 죽을 가능성이 높다(Friedman, 2011, p. 215).

스트레스 관련 심리적 장애   스트레스는 거의 모든 심리적 장애에 영향을 줄 수 있다. 우울증, 불안장애, 섭식장애, 주의력결핍 과잉행동장애(ADHD), 조현병 등 모두가 스트레스가 높을 때에는 더 악화될 수 있다. 그런데 일부 심리적 장애는 실제로 이 개념 중심으로 형성된다. 심리학자들이 사용하는 진단 도구인 정신질환의 진단 및 통계 편람(DSM-5)에서는 이런 장애들이 '외상 및 스트레스 관련 장애'라는 섹션에 나타나 있다(American Psychiatric Association, 2013).

외상후 스트레스장애   DSM-5에 있는 '외상 및 스트레스 관련 장애'에 포함된 장애 중 하나는 외상사건에 의해 야기된 스트레스와 다른 후유증의 연결을 언급하고 있다. 이 장애가 **외상후 스트레스장애**(posttraumatic stress disorder, PTSD)이다. 이 장애는 지속적으로 안절부절못하고, 외상사건을 상기시키는 것을 피하고, 수면과 주의집중장애를 보이고, 종종 그 사건을 회상하는 것이 적어도 한 달 이상 지속되는 심리적 장애이다. PTSD를 겪고 있는 사람들은 다양한 증상을 경험한다. 때때로 이들은 악몽을 꾸거나 생생한 기억을 통해 외상을 재경험한다. 이들은 과다 각성을 경험할 수 있는데, 이는 온종일 경계 상태에 있고, 수면이 어렵다는 것을 의미한다. 이들은 외상을 상기시키는 광경이나 소리에 매우 민감하다. 어떤 경우에는 PTSD를 갖고 있는 사람들은 정서적으로 멍하고 어느 기간 동안 정신이 텅 빈 듯하다(Keane et al., 2009; Weathers, 2018).

 저는 아주 힘든 사건들을 스스로 감당해 왔지만, 그 사건들이 외상인지 확신하지 못합니다. 정확하게 무엇이 외상인가요?

DSM-5는 외상에는 죽음이나 죽음에 대한 위협, 심각한 손상, 성폭력 등에 노출되는 것이 포함된다고 설명하고 있다(American Psychiatric Association, 2013). PTSD 진단은 원래 전장에서 돌아온 군인들의 '전쟁신경증'을 이해하기 위해 만들어졌지만, 오늘날 PTSD로 진단된 사람들은 폭력 행위(총기 사고, 성폭력), 자연재해(토네이도, 지진, 지진해일) 또는 사고(자동차 전복, 비행기 추락) 등을 포함하여 매우 다양한 충격적 사건을 경험한다(Friedman et al., 2007; Kessler, 2018; Krupnick, 2017; Resick et al., 2008; Shalev & Marmar, 2018).

표 10.2 신경증 성향, 스트레스, 그리고 질병	
신경증 성향과의 상관	**정도**
고혈압	.62
심장병	.61
당뇨	.57
고지혈	.53
뇌졸중	.40
비만	.28
활동과 운동	−.50

부정적으로 생각하고 느끼는 경향성으로 규정되는 성격 특질인 신경증 성향은 스트레스 경험에 중대한 역할을 할 수 있다. 신경증 성향은 스트레스 관련 질병과는 강한 정적 상관을 보이며, 운동과 같은 건강 증진 행동과는 강한 부적 상관을 보인다. 출처 : Pesta et al.(2012).

외상후 스트레스장애(PTSD)
지속적으로 안절부절못하고, 외상 사건을 상기시키는 것들을 피하고, 수면과 주의집중에 어려움이 있고, 외상사건이 자주 기억나며 자꾸 생각나는 특성들이 한 달 이상 지속되는 심리적 장애

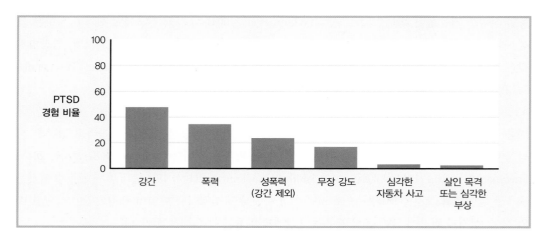

그림 10.5 외상후 회복탄력성 우리 대부분은 외상사건을 견뎌내지만, 아주 작은 비율은 외상후 스트레스장애(PTSD)를 겪는다. 한 연구에서는 이런 끔찍한 사건을 경험했던 여성들 중 50% 이하가 PTSD를 경험했고, 어떤 경우에는 거의 PTSD를 경험하지 않는 것으로 나타났다(Breslau, 2009).

물론 어떤 개인이 외상을 경험한다는 자체가 PTSD(또는 다른 정신장애 등) 발생을 의미하는 것은 아니다(Briere et al., 2016; Fink et al., 2017; Galatzer-Levy et al., 2018). 인간은 외상적 사건 후에 꽤 탄력적일 수 있다. 그림 10.5에서 보듯이, 실제로 일부 연구자들은 90% 정도로 많은 사람들이 평생 어떤 종류의 외상적 사건을 경험하지만, 6.8%만이 PTSD가 나타날 것으로 추정되고 있다(Breslau, 2009; Kessler et al., 2005a, b; McFarlane, 2010).

많은 연구들이 구체적으로 잠정적인 외상 경험을 한 사람들을 추적하였는데, 매우 적은 비율만이 PTSD가 발생하거나 PTSD로 지속적으로 고통 받는다는 것을 발견하였다. 예를 들어 한 종단연구에서는 자동차 사고와 폭력을 포함한 외상적 손상으로 적어도 24시간 이상 병원에 입원했던 1,000명 이상의 사람들을 추적하였다. 이들의 약 4분의 3 정도는 사고 후 추적 시점(3개월, 1년, 2년, 6년)의 어떤 지점에서도 PTSD 증상을 보이지 않았다. PTSD를 보인 사람들 중 4%만이 추적 시점 6년에 걸쳐 심각한 PTSD 증상을 갖고 있었다(Bryant et al., 2015). 또 다른 종단연구는 2008년 교실에서 대량 총기발사 사고로 6명이 죽고 21명이 부상을 입은 노던일리노이대학교 학생들을 사건 직후부터 31개월 동안 추적하였다. 그 결과 그런 엄청난 사건 후에도 대부분의 학생들은 PTSD 증상이 미미하거나 전혀 없는 것으로 나타났다(Orcutt et al., 2014). 그리고 2,000명 이상의 뉴욕 사람들을 대상으로 한 연구에서는 2001년 9 · 11 테러로 사랑하는 사람을 잃은 사람들의 3분의 1 이상이 증상을 전혀 보고하지 않거나 PTSD의 한 증상만을 보고하는 것으로 나타났는데, 그 당시 PTSD에는 적어도 12개 정도의 가능한 증상이 있고, PTSD로 진단받기 위해서는 적어도 6개의 증상이 요구된다는 것을 고려해보면 이 결과는 놀랄 만한 것이다(Bonanno et al., 2007).

급성 스트레스 장애와 적응장애 일차적으로 스트레스 반응에 근거를 둔 두 가지 DSM-5 장애가 더 있다. 하나는 **급성 스트레스장애**(acute stress disorder)인데, 이는 외상 경험 직후 수일이나 수 주 안에 외상을 경험한 사람이 두렵고 불안하고 사건 회상이 나타나는 심리적 장애다. 본질적으로 급성 스트레스장애는 PTSD인데 외상사건 직후에 즉각적으로 발생하는 장애다. (정의상, 급성 스트레스장애는 외상 후 3일에서 1개월 이내에 진단되는 장애이며, PTSD는 외상 후 적어도 한 달이 지난 후에 진단받게 된다.) 관련된 다른 장애는 **적응장애**(adjustment disorder)이다. 이 장애는 확인 가능한 스트레스원에 대한 과다하게 지장을 주는 스트레스 반응이다. 적응장애는 외상 경험을 필요로 하지 않기 때문에 PTSD나 급성 스트레스장애와 다르다. 적응장애는 본질적으로 비외상적 스

급성 스트레스장애
외상을 겪은 직후 멍하고 불안하고 생생한 회상 경험이 며칠 또는 몇 주 안에 발생하는 심리적 장애

적응장애
확인 가능한 스트레스원에 대해 과도하게 와해된 스트레스 반응을 보이는 심리장애

트레스원이나 일반적 스트레스원에 대한 일반적 반응에 벗어난 사람에게 해당되는 진단으로, 적 응장애를 느끼는 사람은 대부분의 사람들은 보다 빨리 그리고 쉽게 극복할 수 있는 것에 의해 심 신이 약화되는 사람이다(American Psychiatric Association, 2013).

내가 치료한 엄청난 충격적 스트레스 수준을 경험한 내담자를 대상으로 PTSD, 급성 스트레스 장애, 그리고 적응장애의 차이를 제시하겠다.

- **외상후 스트레스장애** 비행기 승무원인 홀리는 늦은 시간의 밤 비행을 마친 후 공항 주차장에 서 공격을 받고 강도를 당하고 5개월이 지난 후에 나와 치료 작업을 시작하였다. 그녀는 나 에게 그 사건 이후로 마음이 편안한 적이 없었다고 말하였다. 그녀는 늘 불안했고, 수면도 주 의집중도 힘들었다. 또한 그녀는 벗어나고 싶은 사건에 대한 원하지 않는 백일몽, 즉 그 사건 에 대한 회상이 거의 매일 일어났으며, 그 사건이 일어난 주차장에 주차하는 것이나 공항 안 과 바깥 어디서나 혼자 걸어가는 것도 매우 두려워했다. 그녀는 거의 공황 상태로 정시에 비 행기 탑승이 어려웠고, 승객들에게 적절한 서비스를 제공하는 것이 어려울 정도로 직장 일을 잘 하지 못하고 있었다. 그녀가 보이는 증상의 심각성과 지속기간 때문에 PTSD는 홀리에게 적합한 진단이었다.

- **급성 스트레스장애** 초등학교 선생인 스티븐은 집에서 무서운 사고가 일어난 5일 후에 나에게 연락했다. 그의 집 마당에 있는 6m나 되는 큰 나무가 천둥과 번개를 맞고 넘어지면서 그의 집 을 들이받았는데, 그 당시에 그 붕괴 지점 가까운 부엌에 스티븐과 그의 아내, 아이가 있었다. 나무는 넘어지면서 부엌 식탁을 부숴버렸다. 스티븐은 "만약 우리가 그때 식탁에 있었더라 면, 우리는 모두 죽었을거예요"라고 말했다. 스티븐은 높은 불안과 공포, 긴장 해소와 수면의 어려움, 자신이 보았던 나무가 자꾸 넘어지는 생생한 회상 등 홀리와 비슷한 증상을 경험하 였다. 다시 천둥이 칠 때마다 그의 증상은 더욱 악화되었다. 스티븐은 자신이 경험했던 스트 레스에 의해 상당하게 영향을 받았으며, 외상을 겪으면서 살았지만, 그 경험이 PTSD에는 적 합하지 않은 외상사건 바로 직후(단지 5일 후)였다. 따라서 급성 스트레스장애였다.(만약 스 티븐의 증상이 한 달 이상 지속되었다면, 그의 진단은 PTSD로 바뀌었을 텐데, 다행스럽게도 그렇지는 않았다.)

- **적응장애** 그레이스는 16세의 고등학교 상급생이었는데, 그녀의 스페인어 선생님인 로잘레 스 부인이 그해 중간에 전근을 가셨다. 이후 6주가 지난 후에도, 그레이스는 여전히 엄청난 충격을 받고 있었다. 이것이 그녀 부모가 그레이스를 나에게 데려온 이유였는데, 부모는 특 히 새로 부임한 스페인어 선생님이 아주 유능하고 친절해 보였기 때문에 로잘레스 선생님이 없는 것이 딸에게 그렇게 충격이 되는 이유를 이해하지 못하였다. 물론 부모는 로잘레스 선생 님이 전반기 한 학기 동안 우수 교사였고, 딸 그레이스가 그 선생님께 배우는 것을 즐거워하였 기 때문에 딸이 조금 영향을 받을 수 있다는 것은 이해하였다. 그러나 그레이스는 조금 영향을 받은 것이 아니라 엄청나게 영향을 받았다. 그녀는 자주 울었고, 자신의 성적과 미래에 대해 걱정하였다. 그녀는 괴로워서 가끔 친구와 어울릴 기회를 그냥 보내버리고, 서브웨이의 좋은 아르바이트 자리를 놓치기도 하였다. 그레이스는 외상을 경험하지는 않았지만, 스트레스원에 적응하는 데 상당한 어려움을 갖고 있었다. 따라서 그녀에게 적절한 진단은 적응장애였다.

 주요 스트레스원이 실제로 마음 상태를 개선할 기회가 있나요?

Scott Olson/Getty Images

팔을 잃은 이 군인처럼 외상을 겪은 사람들 중 소수가 PTSD를 경험한다. 다행스러운 것은 외상을 겪은 일부는 그 외상 후에 자신이 더 발전하거나 풍성해지는 방식을 찾음으로써 외상후 성장을 경험하기도 한다.

외상후 성장   다행스럽게도 그렇다. 실제로 최근 심리학자들은 외상 스트레스 후에 오히려 반대로 나타나는 가능성에 대해 더 주목하고 있다. 심리학자들은 일부 외상 생존자들은 실제로 **외상후 성장**(posttraumatic growth)을 경험함을 발견하였다. 이는 사람들이 외상을 경험하지만 그 지점으로부터 자신을 이롭게 하고, 발전시키고, 더욱 풍부하게 하는 방식을 발견하는 것이다(Davis & Nolen-Hoeksema, 2009; Tedeschi et al., 2017; Zautra & Reich, 2011). 가장 두려운 경험을 한 후에라도, 일부 사람들은 철학자 니체가 말한 것으로 가수 켈리 클락슨이 부른 노래 가사 '나를 죽이지 못하는 것은 나를 강하게 만든다'와 일치함을 보여준다.

이런 사람들은 회복탄력성을 정확하게 어떻게 보여주는가? 일부 심리학자들은 강점 발견하기 또는 의도적으로 외상 경험이 주는 **장점 찾기**를 지적한다. 예를 들어 어떤 군인은 폭발물로 다리를 잃었지만, 그는 인생을 보다 감사하게 바라볼 수 있고, 자신을 지지하는 네트워크 사람들과 보다 친밀한 관계를 형성하고, 살아남고 회복하기에 필요한 자기존중이 더 높을 수 있다(Elderton et al., 2017; Lechner et al., 2009; Pakenham, 2011). 장점 찾기는 실제로 다양한 건강 관련 스트레스원에 대한 개선 증가율과 관련된다(Affleck & Tennen, 1996; Danoff-Burg & Revenson, 2005; Tennen et al., 2006).

외상 스트레스를 경험한 또 다른 사람들은 의미 만들기에 관심을 두는데, 이는 처음에는 아무런 의미가 없어 보이는 것으로부터 어떤 **의미를 찾아내려고** 노력하는 것이다(Casellas-Grau et al., 2017; Park, 2011; Zeligman et al., 2018). 사람들은 스트레스 상황을 무슨 이유에서인지는 알 수 없지만 신이나 또 다른 높은 힘이 자신들에게 선을 위해 주신 일종의 검증으로 받아들이는 경우처럼 때때로 종교는 의미 만들기에 중요한 역할을 한다(Pargament, 2011; Tsai et al., 2015). 또한 연구자들은 사랑, 기쁨, 감사, 유머 등 긍정 정서를 지적하는데, 긍정 정서를 많이 느끼면 느낄수록, 스트레스로부터 성장을 더 많이 할 수 있을 것이라는 것이다(Biggs et al., 2017; Bonanno, 2004, 2009; Folkman, 1997, 2011; Folkman & Moskowitz, 2000; Kong et al., 2018; Rabkin et al., 2009; Rzeszutek, 2017; Tugade, 2011; Yu et al., 2014).

개인이 외상사건에서 좋은 점이나 의미를 찾을 수 있다는 생각은 스트레스를 위협보다는 기회로 해석하는 보다 일반적인 '긍정적 결과를 가져오는 스트레스(eustress)' 개념을 보여주는 것이다(Lazarus, 1993; Simmons & Nelson, 2007). (eustress에 있는 eu는 euphoria처럼 좋음을 의미한다. 이는 스트레스를 나쁘거나 위협적으로 해석하는 distress와는 반대 개념이다.) 스트레스원이 미비하거나 중요하거나 관계없이, 스트레스를 위험으로 간주하는 것보다 스트레스를 자신을 발전시키는 기회라고 보고, 새로운 것을 학습하고, 도전에 대응하는 것이 개인에게 더 낫다. 수백 명의 사회복지사를 대상으로 한 연구는 직무책임감을 긍정적 결과를 가져오는 스트레스로 간주하는 사람들은 동일한 활동을 덜 긍정적으로 보는 동료들에 비해 자신의 직업에 대해 소진과 냉소 수준은 낮고 헌신과 열정 수준은 더 높음을 보고하였다(Kozusznik et al., 2015; Rodriguez et al., 2013).

외상후 성장
외상을 겪은 후 그것으로부터 자신에게 도움이 되고, 자신을 발전시키고 질을 높이는 방안을 찾는 것

학습 확인

10.6   스트레스가 개인 건강을 손상시키는 다양한 방식에는 어떤 것이 있는가?

10.7   일반 적응 증후군이란 무엇인가?

10.8   스트레스는 면역체계와 질병에 어떻게 영향을 주는가?

10.9   A유형 성격과 B유형 성격의 주요 특성은 무엇이며 이 성격 유형은

스트레스 경험과 어떻게 관련되는가?

10.10   성실성, 외향성, 신경증 성향 특질은 스트레스 수준과 어떻게 관련되는가?

10.11   스트레스는 심리적 장애와 어떻게 관련되는가?

스트레스와 다양성

서로 다른 사람들은 서로 다른 스트레스원을 경험한다. 동일한 스트레스원을 경험하는 사람들조차 서로 다르게 경험할 수 있다. 동일한 사건일지라도 다양한 집단의 사람들에게는 그 의미나 도전이 다를 수 있다. 성, 인종, 연령 등 다양한 특성이 우리가 경험하는 스트레스를 어떻게 조성하는지 살펴보자.

스트레스와 성

남성과 여성이 직면한 스트레스원에서의 차이를 살피는 한 방식은 이란성 쌍생아를 찾아 남성과 여성 각자의 삶에서 경험하는 스트레스에 관해 살펴보면 된다. 예를 들어 영화배우 스칼렛 요한슨에게 헌터라는 쌍둥이 동생이 있다는 것을 알고 있는가? 동일한 시기에 동일한 가정에서 성장했다는 것은 동일한 여러 가지 스트레스를 접했음에 틀림없다. 그런데 여러분은 스칼렛에게는 어떤 것이 스트레스가 되고, 또 헌터에게는 무엇이 스트레스가 되는지 예상할 수 있는가? 보다 일반적으로 말하자면, 어느 한 성에 비해 다른 성에 더 영향을 줄 수 있는 스트레스원이 있는가?

심리학자들은 실제로 남성과 여성이 경험하는 스트레스에 관해 많은 자료를 수집하였다. 외상 관점에서 보면, 남성은 여성보다 외상적 스트레스원을 더 많이 경험하지만, 오히려 여성이 남성보다 외상후 스트레스장애(PTSD)를 더 많이 경험한다(Olff et al., 2007; Silove et al., 2017; Tang & Freyd, 2012). 구체적으로 남성은 전쟁 관련 외상을 경험할 가능성은 3.5배, 신체 폭력을 경험할 가능성은 1.5배가 된다. 그런데 여성은 성인기에 성폭행을 경험할 가능성은 6배, 아동기에 성폭행을 경험할 가능성은 2.5배이다(Basile, 2005; Dallam, 2005; Tolin & Foa, 2006). 그 스트레스가 외상적인지 아니면 보다 일반적인지 관계없이, 여성은 남성보다 스트레스원을 보다 심각한 것으로 평가하는 경향이 있다(Davis et al., 1999). 그 결과, 여성이 보고한 자신의 전반적 스트레스 수준이 남성이 보고한 스트레스 수준보다 더 높은 경향이 있다(Matud, 2004).

또한 남성과 여성은 서로 다른 것으로 스트레스를 받는 경향이 있다. 일부 사례에서는 생물학이 그 차이를 결정한다. 여성은 특히 임신 및 출산과 관련된 스트레스원에 취약한 반면, 남성은 발기부전과 관련된 스트레스원에 특히 취약하다(Kendall-Tackett, 2005c). 표 10.3에 제시되어 있듯이, 다른 사례에서는 사회 규범이 중요한 역할을 한다. 여성은 보살핌과 관련된 것(자녀나 노인 또는 아픈 사람 등)과 집안일과 관련된 스트레스를 더 많이 경험하는 반면, 남성은 돈과 직장과 관련된 스트레스를 더 많이 경험하는 경향이 있다(Kendall-Tackett, 2005b; Matud, 2004). 한 연구에서 대학생들은 두 종류의 스트레스를 경험하였는데, 하나는 성취 스트레스원(수학 문제와 언어 기억)이며 다른 하나는 사회적 스트레스원(같은 방에 있지만 실제로는 연구 참여자를 무시한 채 서로 말하도록 요구받았던 두 사람에 의해 배제되는 것을 회피하는 것)이었다. 남자 대학생은 성취 스트레스원을 접한 후에 스트레스를 나타내는 호르몬인 코르티솔 수준이 더 높았지만, 여자 대학생은 사회적 스트레스원을 접한 후에 코르티솔 수준이 더 높았다(Stroud et al., 2002).

8~17세 아동을 대상으로 한 연구에서, 소녀들은 사춘기 전에는 거부 기반 경험(다른 소녀에 의해 사회적 상호작용에서 배제되는 것 등)보다 수행 기반 경험(연설하기, 수학 문제에 정확하게 대답하기 등)을 더 스트레스를 주는 것으로 인식하였다. 그런데 소녀들이 사춘기 후에는 그 양상이 정반대로 나타났다. 소년들의 경우, 사춘기는 영향을 미치지 않았다. 두 가지 스트레스원 모두 모

학습 목표

10.12 성차에 따른 스트레스 경험 방식의 차이

10.13 인종에 따른 스트레스 경험 방식의 차이

10.14 문화 적응 전략이 스트레스 수준에 미치는 영향

10.15 연령에 따른 스트레스 경험 방식의 차이

쌍둥이인 배우 스칼렛 요한슨과 그녀의 남동생은 동일한 많은 스트레스원을 경험했음에 틀림없을 것이다. 그러나 성이 다른 경우, 이들은 일부 서로 다른 스트레스원을 경험했을 것임에도 틀림없다.

남성과 여성 2,800명을 대상으로 지난 2년간 자신에게 발생했을 수 있는 31개의 스트레스원의 목록을 제시했을 때, 목록의 반 정도는 남성과 여성 모두 동일하게 스트레스원으로 지적하였다. 그러나 표 10.3에 제시된 항목들은 어느 한쪽 성이 다른 쪽 성보다 유의하게 더 자주 지적된 것으로, 성별에 따라 스트레스 경험이 달라질 수 있는 현실을 보여준다.

표 10.3 여성과 남성이 자주 인정하는 스트레스원

스트레스원 종류	여성이 지적한 비율	남성이 지적한 비율
별거, 이혼	4.4	2.3
종교 참여나 신념의 변경	10.0	7.5
직계가족의 죽음	30.7	27.0
가족 탄생	27.7	20.1
친한 친구나 친척의 심각한 질병	18.1	14.0
약혼	14.8	21.6
(결혼 아닌) 깊은 관계 시작하기	17.8	25.0
(결혼 아닌) 깊은 관계 청산	11.2	23.8
새로운 친구 사귀기	52.7	57.3
경제 상태의 주요 변화	30.6	37.0
직업의 변화	27.5	35.3
직원이나 상사와의 교제	15.1	19.2
일에 대한 압박의 변화	22.6	29.4
업무량의 증가 또는 감소	25.2	30.7

출처 : Matud(2004).

든 연령에서 비슷한 수준의 스트레스를 보여주었다(Stroud et al., 2017).

남성과 여성이 동일한 스트레스원을 경험할 때, 둘은 종종 다르게 반응한다. 예를 들어 결혼한 부부가 다툴 때 여성은 스트레스를 더 느끼는데, 자신의 보고에서뿐만 아니라 혈압과 같은 생물학적 측정치에서도 그렇다(Kendall-Tackett, 2005a). 흥미로운 한 쌍의 연구에서, 연구자들은 남자 대학생과 여자 대학생을 동일한 스트레스원(2분간 얼음물에 계속 손을 담그고 있는 것)을 실제로 체험하게 하였다. 연구자들은 일부 대학생들에게 성공이란 보살핌과 친밀관계 형성처럼 전형적으로 여성들이 가치 있게 여기는 것을 잘하는 것임을 알려주었다. 다른 대학생들에게는 성공이란 의지력과 신체적 강함처럼 전형적으로 남성들이 가치 있게 여기는 것을 잘하는 것임을 알려주었다. 연구 결과, 여성들은 과제가 여성적임을 언급해주었을 때 더 스트레스를 받았고(혈압 증가에서 보여주듯이), 남성들은 과제가 남성적임을 언급해주었을 때 더 스트레스를 받는 것으로 나타났다(Lash et al., 1991, 1995). 따라서 남성과 여성 모두에게서 스트레스를 유발하는 것은 과제 자체가 아니라 그 과제를 어떻게 지각하느냐이다.

스트레스와 인종

다른 성의 사람들이 스트레스를 다르게 경험하는 것처럼 인종이 다른 사람들도 마찬가지이다(Slavin et al., 1991). 미국의 소수 집단이나 이민자 집단은 단순하게 다수 집단의 사람들에 비해 실생활 스트레스원을 직면할 가능성이 더 높다. 예를 들어 라틴계 가족은 가난, 언어장벽, 교육 제한, 실업 등을 접할 위험성이 더 높다(Padilla & Borrero, 2006). 아프리카계 미국인들 역시 비슷하게 높은 비율로 동일한 위험성과 싸우며, 노예 시대로부터 계속 유지되는 인종차별주의에 접하게

된다(McCreary, 2006). 이 인종차별주의는 개인에 의해, 정책에 의해, 제도가 지지하는 관습(법체계와 같은), 또는 문화와 연계된 세계관과 한 세대에서 다른 세대로 전달되는 것을 따르는 일종의 신념이 될 수 있다(Jones, 1997). 인종 요인으로 인해 증가된 스트레스는 신체 건강과 정신 건강 관점에서 해를 끼친다는 것을 발견한 연구도 있다(Perry et al., 2013).

예를 들어 한 연구에서는 약 800명의 아프리카계 미국인들에게서 지각된 인종차별 비율이 높을수록 심리적 장애율도 높다는 것을 발견하였다(Brown et al., 2000). 5,000명이 참여한 또 다른 연구에서도 지각된 인종차별과 우울과 심장병 질환 간에 유사한 관련이 있음을 발견하였다(Chae et al., 2012). 다른 연구에서는 아프리카계 여성들 사이에서 높은 임신 관련 갈등과 출산 관련 갈등은(백인 여성에 비해 거의 2배 정도) 대체로 인종기반 스트레스 때문임을 발견하였다(Rosenthal & Lobel, 2011). 인종 관련 스트레스는 아프리카계 미국인들에게 보다 빠른 노화를 야기할 수 있다. 생물학적인 것에 관심을 둔 한 연구는 나무의 나이테처럼 나이를 나타내는 염색체의 끝부분인 텔로미어를 관찰하였다. 연구자들은 중년 흑인 여성들이 중년 백인 여성에 비해 (텔로미어에 따르면) 평균 7.5세 더 늙었는데, 이 차이가 부분적으로는 흑인 여성이 경험할 가능성이 큰 인종차별과 가난과 같은 스트레스원 탓임을 확인하였다(Geronimus et al., 2010). 52세 이상의 6,000여 명의 성인을 대상으로 한 연구에서, 라틴계 참여자와 아프리카계 참여자들은 백인 참여자들에 비해 만성 스트레스 수준이 훨씬 더 높고 그런 스트레스에 의해 당혹해하는 수준이 더 낮음을 보고하였다(Brown et al., 2018).

집단주의, 개인주의, 그리고 스트레스   민족성에서 중요한 한 가지 특성은 집단주의를 지향하느냐 아니면 개인주의를 지향하느냐이다. 종종 아시아, 아프리카, 그리고 남미 국가 출신에 해당되는 집단주의는 개인보다는 집단, 또는 나보다는 우리의 안녕을 중시한다. 주로 미국, 캐나다, 서유럽 그리고 호주 출신에 해당하는 개인주의는 집단보다는 개인, 즉 우리보다는 나의 안녕을 중시한다(Hofstede, 2001; Hofstede et al., 1997; Kim et al., 1994; Oyserman, 2017; Triandis, 1995, 2001).

연구는 집단주의 문화와 개인주의 문화권 출신의 사람들은 종종 서로 다른 스트레스를 경험한다는 것을 보여준다(Yeh et al., 2006). 예를 들어 개인주의 문화 사람들은 학업이나 직업과 같은 개인적 성취에 관해 스트레스를 더 많이 느끼는 반면, 집단주의 사람들은 얼마나 많은 지지를 받는가 또는 관계가 얼마나 우호적인가와 같은 가족의 조화에 대해 스트레스를 더 많이 느낀다(Chun et al., 2006; Heine & Lehman, 1995; Tafarodi & Smith, 2001). 이전에 나에게 개인 치료를 받은 내담자들 중 두 사람이 모두 의대에 진학하려는 고학년 여대생이었던 적이 있다. 이 둘은 학부 성적과 의학시험 점수를 포함하여 자격 조건이 거의 동일하였다. 백인 여학생은 전국에 지원하였으며 자신을 수락하는 가장 좋은 의대를 선택할 계획이라고 나에게 분명하게 말하였다. 반면 아시아계 미국 여학생은 로스앤젤레스 지역에만 지원하였다. 왜 이런 차이가 나는가? 나이 들어 가면서 건강이 쇠퇴해가는 그녀의 부모를 포함하여 가족들이 모두 그곳 로스앤젤레스에 살았다. 그녀는 의대를 졸업한 후의 자기 목표를 우선시하기보다는 대학을 마친 4년 후 집으로 돌아와야만 한다고 생각하였다. 흥미로운 것은 백인 여대생 역시 병든 가족이 있었지만, 그녀의 결정 과정에는 그것이 변수가 되지 않았다.

스트레스 관련 개인주의와 집단주의 간의 또 다른 차이는 '드러나기'냐 아

아시아, 아프리카, 남미를 포함한 집단주의 문화권의 사람들은 종종 개인주의 문화권의 사람들과 비교해서 서로 상이한 스트레스를 경험한다. 집단주의 문화권에서는 개인적 성취 문제보다는 가족 간의 조화에 대한 위협으로 인해 스트레스가 발생할 가능성이 더 높다. 또한 집단에서 두드러지는 것 역시 개인주의 문화권의 사람들보다는 집단주의 문화권의 사람들에게 스트레스를 유발할 가능성이 더 높다.

Hill Street Studios/Blend Images/Getty Images

니면 '대신하기'냐의 주제이다(Weisz et al., 1984). 기본적으로 개인주의 문화에서는 군중 속에서 드러나는 것, 즉 자신의 성취로 자신을 돋보이게 하는 것이 선으로 간주된다. 반면에 집단주의 문화에서는 돋보이게 하는 것은 상당한 스트레스로 느껴질 가능성이 높다. 집단주의 문화는 보다 관습적이거나 타인과 일치되는 행동을 선호한다. 미국 속담 '삐걱거리는 바퀴가 기름칠 받는다(한국 속담으로는 우는 아이에게 젖 준다)'를 아는가? 일본에서는 '튀어나온 못이 제일 먼저 두들겨 맞는다'라는 앞의 속담과는 다른 속담이 있다(Tweed & Conway, 2006). 한 예로서, 상사가 추가 수당을 받지 않고서 몇 시간 추가로 더 일하기를 기대하는 어떤 직업을 여러분이 갖는다고 가정해보라. 다른 동료들도 모두 이미 이런 기대에 익숙해져 있다는 것을 여러분은 알고 있다. 여러분이 개인주의 문화권 출신이라면, 여러분은 당연히 받아야 하는 추가 수당을 위해 벌떡 일어나서 혼자서라도 선동자로서 자신의 권리를 주장할 것이다. 여러분이 부당하다고 보는 계약을 단순하게 받아들이는 것이 스트레스를 준다. 반면에 여러분이 집단주의 문화권 출신이라면, 동료들, 상사와의 관계에서 조화를 위협하는 그 계약에 대해 싸우는 것보다는 그 계약을 수용하는 것이 스트레스를 덜 줄 것이다. 여러분이 집단주의 문화권 출신이라면, 여러분 주변의 사람들과 평화를 유지한다면 여러분은 기꺼이 자신의 개인적 이득을 희생할 것이다.

　　개인주의 문화와 집단주의 문화권 출신의 사람들에 관한 마지막 고려 사항은 스트레스가 신체와 마음에 서로 다르게 영향을 준다는 것이다. 구체적으로 개인주의 문화권 사람들이 스트레스를 받으면, 스트레스를 정신적으로 느끼는 경향이 있다. 이들은 불쾌한 생각과 감정(슬픔, 절망, 불안, 분노 등)을 호소한다. 반면에 집단주의 문화권 사람들은 스트레스를 받으면 신체적으로 스트레스를 느끼는 경향이 있다. 이들은 두통, 위장장애, 피로, 신체적 고통을 호소한다. 이런 문화적 차이는 적어도 어느 정도는 여러 개인주의 문화권과 집단주의 문화권에 걸쳐 나타난다(Chun et al., 1996; Takeuchi et al., 2002).

문화 적응 스트레스　　어느 한 문화권에서 발생하는 스트레스원을 대응하는 것이 다소 힘들 수 있지만, 때때로 우리는 한 문화가 아니라 두 문화권에 대처해야 할 스트레스에 직면할 때도 있다. 여러분이 어떤 새로운 문화권에 있게 되면, 이미 익숙해져 있는 문화와 이제 새롭게 들어가야 할 문화 둘 다에 어떻게 대처해야 하는지 파악하는 것은 스트레스가 될 수 있다. 심리학자들은 이런 특별한 도전을 **문화 적응 스트레스**로 부른다. 이는 옛 문화와 새로운 문화 둘 속에서 살아가는 과정과 연관된 스트레스이다(Berry, 1970, 2006). 문화 적응 스트레스는 세계 어느 한 나라에서 다른 나라로 이동하는 사람들에게 흔한 것이지만, 한 나라의 어느 한 곳에서 다른 곳으로 또는 도시에서 다른 도시로 이동하는 사람들에게도 어느 정도 존재할 수 있다. 예를 들어 멕시코의 조그만 시골에 사는 25세 청년 미구엘이 미국의 미니애폴리스(미국 미네소타주 남동부의 최대 도시)로 이동하는 것을 생각해보자. 미구엘은 멕시코에서 음식, 입는 옷, 사용하는 언어, 즐겨 보던 TV쇼, 종교활동, 기념일, 중시하는 가치 등 익숙한 삶의 방식을 갖고 있다. 그러나 미니애폴리스에서는 모든 것이 다르다. 물론 그가 만나는 일부 사람들은 미구엘과 비슷한 문화적 배경을 가지고 있지만 대부분은 그렇지 않다. 대부분의 경우, 미구엘은 자신의 인생 처음 25년 동안 했던 것과는 다른 방식으로 먹고, 입고, 말하고, 살아가는 사람들 속에 있는 자신을 발견한다.

　　미구엘은 이런 상황을 어떻게 견뎌낼까? 기본적으로 그는 두 가지 결정을 해야 한다. 자신의 멕시코 문화를 어느 정도 고수할 것인지 그리고 미국 미니애폴리스 문화의 주류를 어느 정도 따를 것인지, 두 가지 결정 중 어느 하나가 높은지 낮은지에 따라 네 가지 문화 적응 전략이 가능해진다.

- 옛 문화를 버리고 새로운 문화를 수용하는 것이 **동화**이다.
- 옛 문화를 고수하고 새로운 문화를 거부하는 것이 **분리**이다.
- 옛 문화와 새로운 문화 둘 다를 거부하는 것이 **주변화**이다.
- 옛 문화를 고수하면서 또한 새로운 문화를 수용하는 것이 **통합**이다.

연구자들은 위의 네 가지 전략이 스트레스와 관련하여 서로 다른 결과를 도출한다는 것을 발견하였다. 구체적으로, 옛 문화와 새로운 문화를 둘 다 조화롭게 융합하는 사람이(통합) 스트레스가 가장 적었다. 옛 문화와 새로운 문화 모두에서 이탈한 개인은(주변화) 가장 스트레스가 많았다. 어느 한 문화는 고수하고 다른 하나는 거부하는 두 가지 전략은 둘 사이 중간 정도에 있었다(Berry, 1997, 2015; Berry & Kim, 1988; Berry & Sam, 1997).

 따라서, 다중 문화를 삶에 통합하는 것이 실제로 스트레스를 낮추나요?

물론 그렇다. 일부 연구자들은 다중 문화를 통합하는 것이 고유의 이점을 제공한다고 주장한다. 다중 문화에 친숙해지는 것은 보다 많은 도구가 들어 있는 도구상자처럼 보다 다양하게 선택할 수 있는 다양한 반응을 제공하며, 이런 적응 융통성은 광범위한 스트레스원에 대처할 수 있는 능력을 높인다(Cheng, 2003; Tweed & Conway, 2006). 한 연구에서 연구자들은 시험과 보고서 같은 학업적 압박에 대한 집단주의 문화권(말레이시아) 대학생과 개인주의 문화권(미국, 캐나다, 독일) 대학생의 반응을 비교하였다. 두 집단이 서로 구분되는 반응 유형을 갖고 있다는 사실은 놀랄 것이 하나도 없다. 대체로, 말레이시아 출신 대학생들은 자신의 감정을 다스리는 데(진정하기 등) 초점을 두지만, 미국, 캐나다, 독일 대학생들은 그 상황을 바꾸는 데(과제를 완수하기 위한 효율적인 계획을 수립하는 것) 초점을 두었다. 놀라운 것은, 연구자들은 가장 스트레스를 적게 받았던 대학생들은 다른 문화권 대학생들의 반응과 가장 비슷한 반응을 보인 사람들이라는 것을 발견했다는 것이다. 개인주의적으로 생각하기도 하는 집단주의 문화권 출신의 대학생들과 집단주의적으로 생각하기도 하는 개인주의 문화권 출신의 대학생들이 어느 한 문화권만을 고수하는 대학생들에 비해 스트레스원을 가장 잘 다루었다(Essau & Trommsdorff, 1996). 하나 이상의 언어에 유창한 사람들이 소통할 수 있는 사람들의 범위가 증가하는 것처럼, 하나 이상의 문화에 유창한 사람들이 대처할 수 있는 상황의 범위가 증가한다.

문화 적응 스트레스는 개인이 이전에 알았던 문화와 현재 살고 있는 문화 둘 다를 다루는 과정에서 발생하는 스트레스이다. 예를 들어 사진에 있는 젊은이가 최근 멕시코의 작은 마을에서 미국 미네소타주에 있는 대도시 미니애폴리스로 이사 왔다면, 그는 말하고, 먹고, 다른 사람들과 상호작용하는 방식에 관해 문화 적응 스트레스를 경험할지 모른다.

스트레스와 연령

여러분이 5세였을 때 무엇이 스트레스를 주었는가? 10세, 15세 때에는? 지금은 무엇이 여러분에게 스트레스를 주는가? 아마도 일부 스트레스원은 아직도 그대로 있겠지만 일부는 바뀌었을 것이다. 적어도 미국의 주류 문화에는 인생의 여러 단계에서 우리에게 영향을 줄 수 있는 특정 스트레스원이 있다(Aldwin, 2011; American Psychological Association, 2014a).

- **학령전기** — 유치원이나 어린이집에서 하라고 요구하는 행동, 부모와 힘 겨루기("내가 원하는 대로 할거야!")
- **초등학교** — 학업성취, 친구 사귀기
- **중학교** — 학업성취, 데이트 시작, 인기
- **고등학교** — 학업성취, 데이트, 부모와 다투기, 인기, 가정경제 문제

나이 든 성인들은 젊은 사람들이나 중년 성인보다 스트레스 수준이 더 낮은 경향이 있지만, 스트레스가 높아지게 되면 건강과 관련해 중대한 부정적 결과가 나타날 수 있다.

- **성인 초기** — 학업 완료, 연애 또는 결혼, 직업, 돈, 자녀 양육
- **중년과 노년** — 본인의 건강 문제, 사랑하는 사람의 건강 문제, 일, 경제 문제, 부양 부담, 부모나 친한 사람들의 죽음

심각하고 만성적인 스트레스가 인생 초기에 발생하면, 그 효과는 오래 지속될 수 있다. 스트레스가 사람들과 동물에게 미치는 생물학적 효과에 관한 여러 연구들을 개관한 연구에서 태내기(태아가 부모의 스트레스를 느낄 때), 생후 1년(종종 부모의 보살핌 결핍에서 스트레스가 발생할 때), 그리고 청년기 등 발달에 결정기가 있음을 발견하였다(Lupien et al., 2009). 여러 연구들이 소녀의 아동기 내내 특히 가족 갈등, 학대, 아버지의 부재 등 주요 스트레스원이 있는 경우, 또래보다 초경이 더 빠름을 보고하고 있다(Belsky et al., 1991; Boynton-Jarrett et al., 2013; Moffitt et al., 1992; Romans et al., 2003; Wierson et al., 1993). 진화론에서는 이른 초경은 이른 출산이 가능하게 만들기 때문에 이런 현상이 나타나는 것으로 주장하는데, 이는 스트레스가 지속적으로 높은 상황에서는 수명이 단축될 수 있기 때문에 필요한 일일 수 있다. 한 연구는 이 이론을 강력하게 지지한다. 아동기 스트레스가 높은 여성들은 아동기 스트레스가 낮은 또래 여성보다 초경이 더 빨랐을 뿐만 아니라 첫 아이 출산도 더 빨랐으며, 자신의 수명은 더 짧을 것으로 기대하였다(Chisholm et al., 2005).

스트레스 수준은 젊은 성인이나 중년보다 노인들에게서 더 낮은 경향이 있다(Birditt et al., 2005; Neupert et al., 2007). 이 결과는 경험의 지혜, 즉 나이 든 사람들을 매일 발생하는 사건으로부터 과도하게 마음이 상하지 않도록 막아주는 '나도 그 마음 이해해, 다 해봤어'식 태도를 반영할 수 있다. 그런데 노인들이 자신이 만성적이고 피할 수 없는 스트레스원에 직면하고 있음을 아는 경우, 그 부정적 효과는 매우 클 수 있다(Esterling et al., 1994). 한 연구에서 연구자들은 노인들에게 인플루엔자 바이러스 백신을 주사하였는데, 이 노인들의 일부는 치매를 앓고 있는 배우자를 돌보고 있었다. 연구자들은 노인들 중 배우자를 돌보고 있는 사람들의 신체에서는 백신에 대한 반응이 원활하지 않아 항체가 거의 생성되지 않았으며, 그 결과 그 연령의 노인들에게 치명적일 수 있는 질병에 취약하도록 만들었다(Kiecolt-Glaser et al., 1996). 66~96세 사이 400여 명의 노인들에 관한 또 다른 연구에서 배우자를 4년 내내 돌보는 심각한 스트레스원을 갖고 있는 노인들은 이런 스트레스원이 없는 동일 연령의 노인들에 비해 사망 가능성이 63%나 되었다(Schulz & Beach, 1999). 그리고 암에 걸린 배우자를 보살피는 노인들에 관한 한 연구에서, 배우자를 보살피는 노인들은 유사한 배우자 보살핌이 없는 동년배들에 비해 심장병이나 뇌졸중을 겪을 가능성이 매우 높았다(Ji et al., 2012).

학습 확인

10.12 남성과 여성은 스트레스를 어떻게 다르게 경험하는가?

10.13 개인주의 문화와 집단주의 문화를 포함하여 인종 배경이 다른 사람들은 스트레스를 어떻게 다르게 경험하는가?

10.14 문화 적응 전략은 스트레스 수준에 어떤 영향을 미치는가?

10.15 연령은 스트레스 경험에 어떻게 영향을 주는가?

스트레스에 대한 대처 : 심리적 전략과 사회적 전략

지금까지 이 장은 여러분에게 스트레스를 주는 것이 무엇인지, 그리고 그 효과는 무엇인지, 달리 말하면 스트레스가 여러분에게 어떤 영향을 주는지에 초점을 맞추었다. 이제는 관심을 돌려 여러 분이 스트레스에 관해 무엇을 할 수 있는지에 초점을 맞출 때가 되었다. 따라서 여러분의 스트레 스 경험을 완화하거나 헤쳐나가는 **대응**(coping)이란 주제로 가보자.

문화와 대응

스트레스에 대응하는 최선의 방법에 대한 단 하나의 공식이란 없다. 여러분의 친구나 가족에게 적 용되는 것이 여러분에게 적용되지 않을 수 있다(그 역도 가능함)(Klienke, 2002). 실제로 대응 전 략은 종종 인종이나 성과 같은 요인에 따라 달라질 수 있다. 집단주의 문화권의 사람들은 자신의 생각이나 자신의 감정과 같이 자신 안에 있는 것을 바꾸는 대응을 하는 경향이 있다(이는 종종 다 른 사람들과의 갈등을 피하도록 만든다). 개인주의 문화권의 사람들은 스트레스원 자체처럼 외부 에 있는 것을 바꾸는 대응을 한다(Chun et al., 2006; Tweed et al., 2004; Yeh & Inose, 2002). 친구 나 가족이 있음에도 불구하고, 집단주의 문화권의 사람들은 그들에게 짐이 되지 않도록 하며(이 는 관계의 조화를 위협할 수 있다), 실제로 그들을 활용하지 않은 채 그들의 도움이 가능하리라고 아는 것만으로 도움을 받는다. 반면, 개인주의 문화권 사람들은 실제로 다른 사람들을 활용하여, 친구나 가족에게 직접 도움을 요청하며, 얻을 수 있는 것을 얻는다(Kim et al., 2008; Taylor et al., 2004).

　성별과 관련하여 살펴보면, 여성은 다른 여성과 자신의 감정에 관해 이야기함으로써 대응하는 경향이 있는데, 자주 그렇다. 남성은 문제 해결 식으로 대응하며 누군가와 자신의 감정에 대해 토 론하는 것을 회피하는 경향이 있다(Brougham et al., 2009; Frydenberg & Lewis, 1993; Helgeson, 2011; Marceau et al., 2015; Rose, 2002; Rose et al., 2007). 실제로, 일부 연구자들은 고전적인 투 쟁 또는 도피를 실제 스트레스에 대한 반응으로 보는 고전적 개념이 남성에게 들어맞는 것만큼 여 성에게는 잘 들어맞지 않는다고 주장한다. 투쟁 또는 도피는 여러분 혼자 스트레스원에 대항하고 있다면 맞지만, 인류 역사를 통해 여성에게 자주 발견되는 것처럼 뒤따르는 여러분의 가족과 함께 스트레스에 대항할 때에는 맞지 않다. 이 연구자들은 여성에게는 **보살핌과 어울림**이 보다 정확한 표현이라고 제안한다(Nickels et al., 2017; Tamres et al., 2002; Taylor, 2002, 2011b; Taylor et al., 200b). 보살핌과 어울림 이론에 따르면, 여성은 경쟁보다는 협동하는 대응 방식을 선호하는 방향 으로 진화되었을 것이라는 것이다. 여성은 전형적으로 일차 양육자 역할을 해 왔기 때문에 이것이 자기 가족, 특히 자녀와 통합되었을 것이다. 따라서 아들, 딸과의 보살핌(양육) 관계와 어울림(또는 사회적 연결을 높이고 사용하는, 특히 다른 여성과의 관계)은 여성을 보호하고 어려움에 처한 자 녀를 보호하기에 충분한 거대한 안전망을 만들어낸다.

　개인 치료를 하는 과정에서, 나는 직장에서 해고된 내담자를 두 번 치료한 적이 있다. 욜란다에 게 나는 그녀가 도움을 얻기 위해 의지한 어머니, 언니, 사촌, 친구 등에 이은 10번째 사람이었다. 그녀가 치료에서 가장 원하는 것은 지지, 즉 자신의 이야기를 경청해주고, 이해해주고, 공감해주 는 것이었다. 반면에 그렉에게 나는 그의 해고 소식을 들은 유일한 사람이었다. 그는 가장 가까운 가족과 친구에게조차 해고당했다는 이야기를 하지 않았다. 그가 치료자에게 가장 원했던 것은 감

학습 목표

10.16 대처란?

10.17 인종과 성에 따른 대처 유형의 차이

10.18 스트레스 평가의 변화를 통한 스트레스 완화

10.19 스트레스 수준에 마음챙김의 영향

10.20 정서 건강과 신체 건강에 대한 사회적 지지의 중요성

10.21 행동 변화를 통한 스트레스 완화

대응(대처)
스트레스 경험을 줄이거나 관리하는 노력

대응 전략은 종종 인종, 성, 또는 기타 변인들에 따라 집단 간 차이가 있다. 예를 들어 여성들은 자기 감정을 말함으로써 스트레스에 대응하는 경향이 있지만, 남성들은 감정 토론을 회피하고 문제를 해결하는 방식으로 스트레스에 대응하는 경향이 있다.

표 10.4 자기 알기 : 스트레스 해소 팁	
어떻게 스트레스를 받고 있는지 이해하기	어떤 스트레스 신호를 알아차리고 있는가?
자신의 스트레스원 확인하기	누가 또는 무엇이 여러분에게 스트레스를 주는가?
자기 나름의 스트레스 표시 알기	두통이나 근육통 같은 신체적 증상인가, 아니면 분노나 피로 같은 정신적 증상인가, 아니면 둘 다인가?
스트레스를 어떻게 다루고 있는지 파악하기	과식이나 흡연 같은 건강을 해치는 행동을 하고 있는가?
스트레스를 다루는 건강한 방법 찾기	운동, 명상, 아니면 화풀이가 필요한가?
자기 돌보기	충분한 수면, 좋은 음식과 물, 휴식이나 휴가 갖기, 좋아하는 것을 할 시간 만들기
도움 요청하기	친구, 가족 또는 정신건강 전문가에게 스트레스 시기를 극복할 수 있도록 도움 받기

출처 : American Psychological Association(2007b).

정이 아니라 전략, 즉 자신의 슬픔을 극복하고 새로운 직업을 구하기 위해 어떤 행동을 해야 하는지에 관한 조언을 듣는 것이었다.

앞서 보았듯이, 다양한 인구에서 엄청나게 다양한 대응 전략이 있다. 심리학자들은 수십 년 동안 대응 전략을 연구해 오고 있으며, 그들의 연구는 여러분이 자신의 스트레스를 보다 효율적으로 다루는 데 도움이 되는 안내 길라잡이를 제공하고 있다. 표 10.4에는 미국심리학회에서 제공하는 요령이 요약되어 있다. 다음에는 달리 생각하기, 관계 증진, 달리 행동하기와 같은 일부 전략을 보다 자세히 살펴보기로 한다.

달리 생각하기를 통한 스트레스 줄이기

우리가 스트레스 평가를 논한 이 장의 앞부분을 기억하는가? 우리는 평가를 여러분에게 발생한 것을 평가하는 방식으로 규정하였다. 만약 여러분이 그 평가를 바꾸려고 의도적으로 노력한다면, 여러분은 스트레스를 덜 느낄 수 있을 것이다. 심리치료의 한 형태로 여러분에게 발생하는 것에 관해 보다 현실적이고 논리적 방식으로 생각하게 하는 개념에 근거한 **인지치료**가 있다(Leahy, 2017). 두 가지 상이한 평가 유형에 따르면, 여러분은 스트레스원에 대해 생각하는 방식을 바꿀 수 있는 두 번의 기회가 있다. 스트레스원이 얼마나 나쁜 것인지(일차 평가), 그리고 그 스트레스에 얼마나 잘 대처할 수 있는지(이차 평가)다. 앞서 시카고로 이전하려는 두 외판원의 예를 기억해보라. 그중 한 사람인 테일러는 그 스트레스가 지대하고, 친구가 없어지는 것에 초점을 맞추고, 경제적 위축, 그리고 추가되는 직업 책임감을 생각하였다. 또한 그는 이 스트레스를 대처할 능력이 미흡하다고 생각하고 자신이 그 압박에 무너질 것으로 예상하였다. 그런데 테일러의 생각이 불필요하게 부정적인 것이라면 어떨까? 그 스트레스가 감당할 만한 것이고, 자신이 적절한 대처 능력을 지니고 있다고 생각하면 어떨까? "나는 시카고에서 실제로 잘 지낼 수 있을지 몰라. 나는 일부 친구를 잃을 수 있지만 새로운 친구를 사귈 수 있을 거야. 잠시 경제적으로 어려움이 있을지 모르지만 새로운 직업으로 인해 돈을 더 벌 수도 있을 거야. 임원진이 내가 성공할 것이라는 예상을 못했다면 나를 이 새로운 곳으로 발령내지 않았을 거야"라고 스스로 생각한다면, 이런 생각은 테일러의 머릿속에 처음 떠오른 생각보다 더 정확한 것일 수 있으며, 그가 이것을 믿으면 그는 불필요한 스트레스를 덜 경험할 것이다.

문제중심 대처와 정서중심 대처　스트레스원 자체에 초점을 맞추거나 그 스트레스에 대한 내적 반응에 초점을 맞춘 현명한 선택을 하는 식으로 우리의 생각을 바꾸는 것 역시 스트레스를 낮춘다. 심리학자들은 대처에 대한 이런 두 가지 접근으로 문제중심 대처와 정서중심 대처를 제안하였다. **문제중심 대처**(problem-focused coping)는 스트레스원 자체 바꾸기를 강조하는 일종의 스트레스 대응 양식이다. 이 대처는 스트레스를 해결하거나 최소화하기 위해 문제에 정면으로 대응하는 것이다(Carroll, 2013). 이와 달리 **정서중심 대처**(emotion-focused coping)는 (스트레스원 자체 바꾸기가 아니라) 스트레스원에 대한 개인의 정서적 반응 바꾸기를 강조하는 일종의 스트레스 대응 양식이다. 정서중심 대처에서는 기본적으로 스트레스원은 바뀔 수 없다는 것을 받아들인다. 그 대신 그 스트레스에 대응할 때 개인이 느끼는 방식을 바꾸는 것에 초점을 둔다(Carver & Connor-Smith, 2010; Carver & Vargas, 2011; Folkman & Moskowitz, 2004). 핵심은 문제중심 대체에만 지나치게 의존하거나 아니면 정서중심 대처에만 지나치게 의존하는 것은 불필요하게 스트레스를 증가시킬 수 있다는 것이다. 오히려 하나의 대처 양식에서 다른 대처 양식으로 융통성 있게 전환하도록 하는 것이 스트레스 완화에 도움이 된다(Carver, 2013; Gilbertson-White et al., 2017).

　대처 전략 간의 전환은 스트레스원의 **통제 가능성**을 고려할 수 있을 때 가장 잘 작동한다(Aldridge & Roesch, 2007; Austenfeld & Stanton, 2004; Clarke, 2006; Penley et al., 2002). 문제중심 대처는 스트레스원이 통제 가능할 때 가장 잘 작동한다. 예를 들어 여러분이 미국 대학에 지원하려고 하고, SAT나 ACT 시험이 곧 다가온다고 하자. 여러분이 SAT나 ACT에 대해 스트레스를 받고 있다면, 그 스트레스에 관해 할 수 있는 것이 매우 많다. 스터디 가이드를 살 수 있고, 예비 강좌를 들을 수 있고, 스터디 일정을 잡고, 관련 웹사이트를 찾고, 검사에 대비한 사전 연습을 하고, 스터디 그룹에 참여하는 등 할 수 있는 것이 많다. 이런 문제중심 행동은 도전 기회에 대한 과도한 위협으로부터 SAT나 ACT에 대한 인상을 바꿀 수 있는 잠재력을 갖게 한다. 문제중심 대처에서 핵심은 여러분이 그 상황에 대해 건설적으로 대처할 수 있는 행동을 할 수 있다는 것이다.

　한편 정서중심 대처는 스트레스가 통제될 수 없을 때 가장 잘 작동한다. 예를 들어 여러분이 원해서는 결코 접할 수 없는 어떤 상황, 이를테면 고등학교 때 친구가 자동차 사고로 죽었다고 생각해보자. 슬프게도 이런 상황에서는 스트레스원을 바꿀 수 있는 것이 하나도 없다. 가장 최악의 일이 이미 발생해버린 것이다. 여러분의 스트레스를 다룰 수 있는 최선의 전략은 그 사건에 대한 여러분의 감정에 초점을 두는 것일 것이다. 이런 감정을 다룰 수 있는 일부 방식은 이 괴로운 상황을 보다 참을 수 있는 상황으로 만들 수 있다. 아마도 그 상황에 대해 친구나 가족 또는 치료자와 이야기하기, 또는 여행을 하거나 자신의 경험을 블로그에 적기, 또는 죽은 친구의 장례식에 관해 따뜻한 글 적기, 또는 잊기 위해 열심히 운동하기 등을 통해 마음이 조금 나아질 수 있을 것이다.(지나친 음주, 그 사건에 대한 끝없는 회고, 벌어진 일에 대한 부인 등과 같은 감정을 다루는 시도는 별로 도움이 안 될 것이다.) 여기서 핵심은 스트레스원 자체에 대한 통제 기회가 지나갔다면, 그 스트레스를 통제하려는 시도는 소용없고 해롭기까지 할 수 있다. 보다 나은 선택은 그것을 수용하지만, 자신의 감정을 가능한 잘 다루는 것이다.

　연구는 이 순차적 과정 — 먼저 문제중심 대처를 고려하고 그다음 필요하면 정서중심 대처에 호소하는 것 — 이 실제로 사람들이 자주 하는 것임을 보여준다(Rothbaum et al., 1982). 예를 들어 한 연구는 류머티즘성 관절염을 앓고 있는 사람들이 사용하는 대처 전략을 치밀하게 살펴보았다. 연구자들은 연구 참여자가 문제중심 대처도 사용하려고 했던 날에 정서중심 대처는 4배 이상 나타난다는 것을 발견하였다. 또한 그 전날 문제중심 대처가 있었던 경우 정서중심 대처가 훨씬 더 많이

문제중심 대처
스트레스원 자체를 바꾸는 데 초점을 둔 스트레스 대응 방식

정서중심 대처
스트레스원에 대한 정서적 반응을 바꾸는 데 초점을 둔 스트레스 대응 방식

나타남을 발견하였다. 종합하면, 이 발견들은 정서중심 대처가 일차적 전략으로는 비교적 흔하지 않고, 효과가 별로 없는 문제중심 대처의 후속 조치로서 훨씬 더 많이 나타남을 시사한다(Tennen et al., 2000).

스트레스원에 대한 통제 가능성에 대해 한 가지 더 주목할 것이 있다. 스트레스가 통제 불가능할 경우, 그 스트레스는 특히 신체적으로도 심리적으로 모두 해를 끼치기 십상이다. 한 연구에서 참가자들은 팔 위쪽에 30번의 짧고 중간 정도의 전기충격을 받았다. 그런데 이들의 반은 언제 전기충격이 가해질지 스스로 결정하였다(통제 가능 스트레스). 반면 나머지 반은 연구자들이 전기충격 시기를 결정하였다(통제 불능 스트레스). 두 집단이 받은 전기충격의 정도는 동일하였음에도 불구하고, 두 번째 집단은 보다 강한 고통을 느꼈음을 보고하였다(Müller, 2013). 다른 연구에서는 회피학습을 할 수 있는 방식으로 쥐의 꼬리에 전기충격을 가하거나(통제 가능 스트레스) 아니면 피할 수 없는 방식으로 전기충격을 주었다(통제 불능 스트레스). 이 전기충격은 청년기에 해당되는 쥐에게 가해졌지만, 심각한 결과는 성인기까지 지속되었다. 구체적으로 보면, 통제 가능한 스트레스를 경험했던 성인 쥐는 전 생애 동안 보다 건강한 뇌 성장을 보여주었다. 또한 청년기에 통제 가능한 스트레스를 경험했던 쥐는 성인기가 되어 통제 불가능한 스트레스에 직면했을 때에도 회복탄력성이 더 높았다(Kubala et al., 2012).

마음챙김   여러분의 스트레스를 줄일 수 있는 달리 생각하기의 마지막 방식은 **마음챙김**이다. 마음챙김은 불교 전통에서 나온 것이지만 지금은 심리학자들은 종교와 무관하게 사용한다. 마음챙김은 자신의 마음속에서 순간순간 일어나는 신체적 경험과 심리적 경험에 대한 자각을 높이는 것으로, 경험을 분석하거나 피하는 것이 아니라 경험에 대한 느낌 자체를 강조한다. 마음챙김의 수준이 높은 사람은 멍하니 살아가는 시늉만 하는 자동조정장치에 의존하여 살지 않는다. 대신 이들은 자신의 경험에 충분히 관여하고 수용하면서 자신에게 일어나는 것에 적극적으로 주의를 집중한다. 자신이 기쁘든 고통스럽든, 분산을 활용하여 그 경험을 억제하거나 피하지 않고 오히려 의도적으로 자신의 감정을 자각한다(Hayes et al., 2011; Hick, 2008; Roemer & Orsillo, 2009; Shapiro, 2009a, b; Shapiro & Carlson, 2017).

많은 연구에서 스트레스는 마음챙김이 증가할수록 감소한다는 것을 발견하였다. 이 연구들에 관한 많은 개관과 메타 분석은 마음챙김에 근거한 치료들이 스트레스 수준을 유의하게 낮출 뿐만 아니라 우울, 불안, 만성 고통, 섬유근육통 같은 스트레스와 관련된 모든 종류의 정신적·심리적 문제를 낮추는 것으로 결론을 내리고 있다(Alsubaie et al., 2017; Baer, 2003; Grossman et al., 2004; Parsons et al., 2017; 또한 Bohlmeijer et al., 2010; de Abreu Costa et al., 2018; Hoffman et al., 2010; Kiken et al., 2017; Pascoe et al., 2017 참조). 나아가 마음챙김의 이런 긍정적 효과는 종종 지속된다. 한 종단연구에서는 장기이식 시기 즈음 마음챙김 훈련을 받은 장기이식자는 6개월 후에 우울, 불안 그리고 불면증이 더 적었다(Kreitzer et al., 2005). 또 다른 종단연구에서는 마음챙김 훈련을 받은 당뇨 환자는 이 훈련을 받지 않았던 유사한 환자에 비해 1년 후에 의학적으로 그리고 심리적으로 유의하게 더 좋은 것으로 나타났다(Hartmann et al., 2012). 즉 이 증거들은 마음챙김에 근거하여 생각을 변화시키는 것이 스트레스와 그로 인한 많은 결과를 줄일 수 있음을 시사한다.

관계 증진을 통한 스트레스 줄이기

일반적으로 말하면, 가족이나 친구와의 갈등이나 그들 모두가 여러분을 배척하는 것과 같은 여러분의 삶에서 중요한 인간관계의 질이 낮으면 여러분의 스트레스 수준은 높아질 것이다. 실제로 연구자들은 장기간의 사회적 격리 또는 외로움은 심각한 신체적, 심리적 건강 문제를 초래하는 모든 스트레스원 중 가장 해로운 스트레스원의 하나임을 발견했다(Brown et al., 2018; Cacioppo et al., 2003; Cohen, 2004; Courtin & Knapp, 2017; Holt-Lunstad et al., 2015; Segrin et al., 2018). 한 연구에서는 사회적으로 고립된 과부들은 다른 사람들과 잘 연결되어 있는 과부들에 비해 심장병이 발생할 가능성이 더 높음을 발견하였다(Sorkin et al., 2002). 또 다른 연구에서는 대학생 신입생들을 대상으로 감기 바이러스를 뿌린 경우, 친구가 많은 대학생들에 비해 친구가 없는 대학생들이 항체가 덜 생겼다는 결과를 발견하였다(Pressman et al., 2005).

단순하게 말하면, 다른 사람들과 연결되는 것은 정서적 건강과 신체적 건강에 매우 중요하다. 심리학자들은 타인과의 이런 연결을 **사회적 지지**(social support)라고 칭한다. 여러분이 친구, 가족, 타인과 맺고 있는 관계는 여러분이 스트레스를 받고 있을 때 도움을 줄 수 있다. 사회적 지지는 다양한 형태를 취하지만, 주로 세 가지 방식으로 분류된다(Taylor, 2011b).

- 정보적 사회적 지지는 여러분이 가족과 친구로부터 지식을 얻거나 이해받을 때 일어난다. 예를 들어 젊은 성인 몰리는 생애 처음으로 세금정산을 하느라 스트레스를 받고 있다. 그녀는 자신을 도와줄 수 있는 큰언니, 삼촌, 나이 많은 친구 앤젤라에게 전화한다. 그들은 서류 양식이 어떤 것인지, 공제받을 수 있는 항목은 무엇인지, 국세청이 제공할 수 있는 도움이 어느 정도인지 등 모든 것을 말해준다. 이런 통화 후에 세금정산을 하는 것이 더 이상 몰리에게는 주요 스트레스원이 아니다. 그녀가 새로운 정보를 얻었기 때문에 그 일은 귀찮지만 너무 걱정할 필요 없이 다룰 수 있는 일이 된다.

- 도구적 사회적 지지는 가족이나 친구로부터 보다 물질적인 것을 얻는 것이다. 예를 들어 몰리가 실직했다고 가정해보자. 정보적 지지(어디서 새로운 직업을 구해야 할지, 이력서 작성 요령에 대한 충고 등)가 도움이 될 수 있지만, 당장에는 어디서 살고, 먹어야 할지, 생활에 필요한 돈과 같은 더 급박한 요구가 있다. 친구 앤젤라가 몰리에게 돈을 빌려주어 몰리가 경제적으로 자립할 수 있을 때까지 몇 주간 살아갈 수 있도록 하면, 앤젤라는 도구적 사회적 지지를 제공하고 있는 것이다.

- 정서적 사회적 지지는 친구와 가족으로부터 따뜻함, 위로 또는 기타 감정표현의 지지를 받는 것이다. 만약 앤젤라가 몰리에게 돈과 살 곳을 제공하지만, 그 일을 불친절하고 무관심하게 한다면, 앤젤라의 사회적 지지는 불완전한 것이다. 앤젤라가 좋은 친구가 하듯 물질적 도움을 제공할 뿐만 아니라 사랑, 친절, 격려도 한다면 그녀는 몰리에게 값진 정서적 사회적 지지를 제공하는 것이다.

많은 연구들은 사회적 지지의 엄청난 이점을 보여준다. 신체 건강과 관련하여, 높은 수준의 사회적 지지는 심장마비, 바이러스에 대한 취약성, 당뇨합병증, 임신 문제 그리고 기타 많은 건강상태에 대한 위험 감소와 연관되는 것으로 나타났다(Heinze et al., 2015; Schwarzer & Leppin, 1991; Taylor, 2011b; Uchino, 2006). 또한 높은 수준의 사회적 지지는 HIV나 유방암으로 진단된 후에 병의 진전을 늦추는 것으로 나타났다(Friedman et al., 2017; Leserman et al., 1999; Leung et al., 2014). 한 연구는 사회적 지지를 제공하는 특정 방식(포용하기)에 관심을 두었다. 연구자들은 400명의 성인들에게 2주에 걸쳐 자신이 받는 포용의 수를 측정하게 하였다. 그다음 이 연구자들은 이 참여자들을 일반 감기를 일으키는 바이러스에 노출시켰다. 보다 많은 포용을 받은 참가자들은 감

친구, 가족, 다른 사람들과의 관계인 사회적 지지는 스트레스와 그 부정적 결과로부터 개인을 보호해주는 중요한 완충 역할을 한다.

기에 잘 걸리지 않았는데, 포옹을 많이 한 참가자들 역시 감기에 잘 걸리지 않았다. 또한 포옹을 보다 많이 받은 참가자들은 심각한 증상도 더 적었다(Cohen et al., 2015).

아마도 사회적 지지와 신체 건강과의 관계에 관한 가장 주목할 만한 연구들은 환자를 수십 년 간 추적한 종단연구들로, 이 연구들은 사회적 지지가 전 생애로 확장된다는 것을 보여준다. 지속적으로 높은 수준의 사회적 지지를 받는 사람들은 일찍 사망할 가능성이 훨씬 줄어드는 반면, 지속적으로 낮은 수준의 사회적 지지를 받는 사람들은 흡연, 비만, 고혈압 등 만성 건강 문제가 높고 일찍 사망하는 것으로 예측된다(Herbst-Damm & Kulik, 2005; House et al., 1988; Olaya et al., 2017; Rutledge et al., 2004; Seeman, 1996). 정신건강과 관련하여, 사회적 지지는 우울, 불안, 섭식장애, 그리고 많은 다른 심리적 문제로부터 보호해주는 강력한 완충자가 될 수 있음을 보여주었다(Ginter et al., 1994; Hakulinen et al., 2016; Rueger et al., 2010, 2016; Stice et al., 2004; Tiller et al., 1997).

스트레스 상황에서 지지를 주는 사람과 받는 사람 모두에게서 여성들은 남성보다 사회적 지지(특히 정서적 사회적 지지)에 더 많이 관여하는 경향이 있다(Tamres et al., 2002; Taylor, 2011a; Taylor et al., 2000b). 흥미로운 한 연구는 겨울방학 내내 자기 거처에서 머물렀던(외로움을 느끼도록 하는 경험) 대학생들을 추적 연구하였다. 연구자들은 많은 대학생들이 실제로 외로움을 느꼈으며, 그들 중 외로움을 적게 느낀 대학생들은 여성과 접촉을 가장 많이 했던 사람들이었음을 발견하였다. 대학생이 남성이냐 여성이냐가 전혀 문제가 되지 않았고, 얼마나 많이 남성과 접촉했는지는 전혀 문제가 되지 않았다. 오로지 여성과의 접촉만이 외로움을 달래주는 것으로 나타났는데, 이는 여성이 스트레스를 주는 상황에서 타인들이 잘 극복할 수 있도록 도움이 되는 독특한 사회적 지지를 이끌어내는 어떤 방식을 갖고 있음을 시사한다(Wheeler et al., 1983). 사회적 지지는 여성의 건강에도 영향을 줄 수 있다(Elliot et al., 2018; Milner et al., 2016). 한 메타 분석에서는 사회적 지지와 건강 간의 상관은 우리 모두에게 긍정적이지만, 특히 남성(.08)보다는 여성(.20)에게 더 강력함을 보여준다(Schwarzer & Leppin, 1991).

전하고자 하는 메시지는 스트레스는 혼자서 참아야만 하는 어떤 것이 아니라는 것이다. 양이든 질이든 타인들과의 관계가 좋으면 좋을수록, 스트레스를 이겨낼 확률은 더 높아진다는 것이다.

달리 행동하기를 통한 스트레스 줄이기

스트레스를 최소화하려는 데는 행동을 대체할 만한 것이 없다. 스트레스가 발생하기 전에 문제가 예상될 때 여러분이 취하는 행동의 종류와 스트레스로 인한 부정적 영향을 최소화하거나 예방할 수 있는 방안 등 초기 행동이 특히 중요하다.

사전행동적 대처
잠재적으로 발생할 수 있는 스트레스원을 제거할 수 있도록 스트레스원과 미래 목표에 초점을 둔 대응 방식

사전행동적 대처   우리가 사전 대책을 마련하는 방식으로 스트레스원에 대처할 때, 심리학자들은 이를 **사전행동적 대처**(proactive coping)라고 부른다. 사전행동적 대처는 미래의 목표와 이 목표를 방해할 수 있는 스트레스원에 초점을 맞추는 일종의 대처 양식이다. 사전행동적 대처의 주요 장점은 아직 발생하지 않은 스트레스원에 주목한다는 것이다. 이는 여러분에게 그 스트레스원을 피하거나 아니면 그것에 대해 준비할 기회를 주는데, 어느 쪽이든 스트레스원이 발생하길 기다리는 것보다 더 효과적인 전략이다(Aspinwall, 1997, 2003, 2005, 2011). 사전행동적 대처는 미래의 문제를 지금 착수하는 것이 그 문제가 발생할 때까지 기다리는 것보다는 시간과 노력이 훨씬 덜 든다는 것을 의미한다(Aspinwall & Taylor, 1997). 대학생들을 대상으로 한 연구는 사전행동적 대처를

더 많이 사용하는 대학생들이 스트레스를 덜 경험하고 자기비난도 낮은 경향이 있음을 보여준다 (Sraud & McNaughton-Cassill, 2018).

사전행동적 대처의 예로, 자신이 첫째 아이를 기대하고 있다는 것을 막 알게 된 젊은 여성 한나를 생각해보자. 한나는 계획자이다. 임신 양성 테스트를 기다리는 동안 한나는 자신이 곧 직면하게 될 스트레스원과 자신이 미리 무엇을 할 수 있을지 생각하기 시작하였다. 실제로 한나가 할 수 있는 첫 번째 일은 어떤 일이 발생할지 알도록 돕는 임신 관련 서적을 읽는 것이었다. 이 서적들에 더하여 친구와 친척 그리고 웹사이트는 한나에게 임신 관련 스트레스원과 아이 관련 스트레스원에 대한 목록을 만드는 데 충분한 정보를 제공해주었다. 이 목록에는 임신복, 아이용 가구 마련하기, 소아과 의사 찾기, 육아 휴직 등이 포함되었다. 처음에는 이 목록에 압도되는 것처럼 보였지만, 한나는 미리 이 과제들을 하나씩 하나씩 제거해 갔다. 그녀는 언니로부터 임신복을 빌렸고, 더 필요한 것은 온라인으로 샀다. 그녀는 중고 요람을 샀고, 자녀가 유치원생이 된 이웃에게서 기저귀 교환대를 얻었다. 그녀는 몇 번의 면담 후 아이의 건강을 담당할 소아과 의사를 선정하고, 직장 상사와 의논하여 육아 휴직에 관한 계획을 세웠다.

반대로 한나와 비슷한 시기에 임신한 한나의 사촌인 테일러를 생각해보자. 테일러는 임신과 아이가 엄청난 스트레스를 준다는 것을 알고 있지만, 일이 생기면 자신은 잘 다룰 것으로 생각한다. 테일러는 도전을 주는 다른 상황에서 늘 대충 그때그때 봐 가며 잘 반응해 왔다. 그녀는 임신에 대해서도 잘할 수 있으리라는 자신감을 갖고 있다. 그녀가 옳을 수도 있지만, 마지막 순간에 엄청난 압박이 있는 의사결정을 해야 할 때 그녀가 마주할 스트레스를 생각해보라. 사전행동적 대처 방식은 테일러가 스트레스를 덜 경험하도록 만들 수 있다.

물론 사전행동적 대처는 특히 그 일이 너무 멀리 있는 경우에 단점이 있다. 예를 들어 아마도 일어나지 않을 것에 관해 너무 많은 걱정을 하고, 설사 일어나더라도 그리 큰 문제가 되지 않을 수 있다면, 여러분은 할 필요가 없는 일을 많이 하게 만들 수 있다(Newby-Clark, 2004). 또한 여러분의 사전행동적 대처 노력에 관해 너무 공개적이라면 다른 사람을 귀찮게 할 수 있다(Ashford et al., 2003; Grant & Ashford, 2008). 전반적으로 보면, 적절한 정도의 사전행동적 대처는 불리한 면보다 유리한 면이 더 많다. 즉 지금의 작은 스트레스는 나중의 엄청난 스트레스를 줄일 수 있다.

강인함과 낙관주의   때때로 여러분이 예상할 수 없는 스트레스원들이 있다. 따라서 사전행동적 대처를 할 수 없는 것이 있다. 이런 상황에서는 강인함으로 반응하는 것이 도움이 된다. **강인함**(hardiness)이란 스트레스를 주는 상황에서 회복탄력성을 보여주는 행동이다. 강인한 사람들은 스트레스를 환영한다. 이들은 스트레스를 실패와 고통이 아니라 발전과 성공의 기회로 간주한다. 강인함은 **외상후 성장**과 긍정적 결과를 가져오는 스트레스 개념과 밀접하게 연관되어 있다. 강인함은 심리학자들에게 3C[관여(commitment), 통제(controlling), 도전(challenge)]로 알려져 있는 세 가지 핵심 요소로 구성되어 있다(Maddi, 2002; Maddi & Harvey, 2006; Maddi & Kobasa, 1984; Ouellette & DiPlacido, 2001).

- 관여는 편안한 도피(또는 어려운 상황 빠져나가기)를 찾기보다는 스트레스가 증가하는 힘든 상황에 개입해 머무는 것이다.
- 통제는 수동적으로 있지 않고 가능한 많이 상황을 통제하고 개인이 줄 수 있는 영향을 동원하는 것이다.

강인함은 스트레스를 주는 상황에서 회복탄력성을 반영하는 일련의 행동들이다. 강인한 사람들은 스트레스를 실패에 대한 위협보다는 성공을 위한 기회로 간주하는 경향이 있다.

낙관주의
희망과 긍정적 결과 기대로 특징되는 미래에 대한 태도

● 스트레스원을 **도전**으로 본다는 것은 두려워 피하고 싶은 위협이 아니라 용기 있게 맞서는 것이다.

자녀가 암을 앓고 있는 부모, 군사훈련을 받고 있는 미육군사관학교의 사관생도, 군사적 의무를 수행하고 있거나 그 활동을 끝내고 돌아온 퇴역군인, 그리고 자유생활에 재적응하려는 전과자를 포함하여 많은 심각한 스트레스원을 경험한 사람들에게서 높은 강인함은 낮은 수준의 스트레스와 관련이 있음을 보고하는 연구들이 있다(Bartone et al., 2017; Maddi et al., 2017; Stoppelbien et al., 2017; Thomassen et al., 2018; Zerach et al., 2017). 다행히도 강인함은 단순히 타고난 것이냐 아니냐의 문제가 아니라 함양될 수 있다. 스트레스원에 직면했을 때, 여러분은 강인한 행동으로 반응하려는 의도적 노력을 할 수 있다. 실제로 심리학자들은 이런 능력을 증진하기 위한 내담자의 강인함 훈련을 성공적으로 수행하였다(Bartone et al., 2016; Khoshaba & Maddi, 2001; Maddi, 1987, 2017; Maddi et al., 2002).

강인함의 한 예로 이런 상황을 고려해보자. 캠퍼스 내 주거 시설에 살고 있는 대학교 2학년인 제이콥은 독방을 요구했음에도 불구하고 학내 기숙사 행정실의 착오로 다른 세 학생과 함께 사용하는 공간에 배정되었다. 처음에 제이콥은 좌절감에 대한 대응으로 그 상황을 벗어나려고 하거나(외부에 자기 아파트를 얻거나, 학교를 옮기거나 학교를 그만두는 것), 낯선 세 사람의 룸메이트와 함께 살 것에 대해 압도적 불안을 느낄지 모른다. 그런데 제이콥이 보다 강인하게 대응할 수 있다면, 그는 이렇게 낯선 사람들과 함께 사는 것을 하나의 축복으로 바꿀 기회를 가진 것으로 생각할 수 있다. 그는 무슨 일이 일어나는지 그냥 보기보다는 함께 살 동료들에게 기회를 주고, 그들과 친구관계를 형성하는 데 최선을 다할 수 있다. 그는 자신에게 이 상황에 충분히 대처할 만한 회복탄력성과 융통성이 있음을 상기할 수 있다. 줄곧 그는 이 낯선 상황에서 발생할 수 있는 가장 좋은 결과, 즉 그들과 함께 지내지 않으면 혼자 살아야 할지도 모르는데, 새로운 친구를 만나 함께 즐겁게 1년을 지낼 수 있다는 것을 유념할 수 있다. 이런 강인한 태도가 제이콥에게 좋은 결과가 나올 것임을 보장하지는 않겠지만, 분명한 것은 그의 스트레스 수준이 낮을 가능성은 매우 높다는 것이다.

강인함과 연관된 것이 희망이나 긍정적 결과에 대한 기대로 규정되는 미래에 대한 태도인 **낙관주의**(optimism)이다. 강인함과 마찬가지로, 낙관주의는 우리를 스트레스로부터 보호해준다(Archana & Kumar, 2016; Kim et al., 2017; Scheier & Carver, 2018; Seligman, 1991). 대학생을 대상으로 한 연구에서 대학생들의 낙관주의 수준과 이들이 겪는 40개의 다양한 신체 증상 정도 간에 강한 부적 상관이 나타났다. 낙관주의가 높을수록 대학생들의 두통, 복통, 피로, 통증이 더 낮았다(Scheier & Carver, 1985). 2011년 토네이도(미국 역사상 최악의 자연재해 중 하나임)를 겪었던 미시시피주와 앨라배마주에 거주했던 사람들에 관한 연구는 낙관주의가 높았던 사람일수록 외상후 스트레스장애와 다른 정신 건강 문제가 더 적었음을 보고하였다(Carbone & Echols, 2017). 추가적 연구에서도 대학에서 학기를 시작하는 것, 알츠하이머병에 걸린 친척을 보살피는 것, 갓 태어난 아이가 있는 것, 암, 류머티즘, 천식, AIDS와 같은 질병과 투쟁하는 것 등 잠재적 스트레스가 있는 다양한 상황에서 스트레스와 스트레스의 부정적 영향을 최소화하는 데 낙관주의가 유용하다는 유사한 결과를 얻었다(Carver & Scheier, 2017; Segerstrom et al., 1998; Segerstrom & Miller, 2004). 낙관주의는 사람들의 강점과 성공을 중시하는 심리학적 조망인 긍정심리학의 흐름 속에서 핵심이 되는 한 부분이다. 여러 긍정적 조망과 낙관주의를 포함하는 이런 측면의 강조는 전반적 신체 건강의 높은 수준과 연결되어 있다(Boehm & Kubzansky, 2012; Gable & Haidt, 2005; Kok et al.,

michaeljung/iStock/Getty Images

낙관적인 사람들은 미래를 희망이 있고 긍정적 결과가 발생할 것이라고 기대한다. 낙관주의가 스트레스를 줄이는 결과가 반복적으로 보고되고 있다.

2013; Taylor et al., 2000a; Wright, 2017).

스트레스를 막아내는 데 낙관주의가 좋지만, 강인함이 더 나을 수도 있다. 낙관주의를 가진 사람들과 강인한 사람들 모두 미래가 암울해 보일 때조차 긍정적 조망을 갖고 있지만, 강인한 사람들은 긍정적 조망이 이루어지도록 보다 적극적으로 일하는 경향이 있다(Maddi & Hightower, 1999). 예를 들어 식당이 문을 닫게 되어 실직한 2명의 종업원 아이넬과 토머스를 생각해보자. 아이넬은 낙관주의자이다. 따라서 '모든 것이 잘 될 것이다, 곧 또 다른 직업을 얻게 될 것이다'라고 확신하고 있다. 토머스는 강인한 사람이다. 따라서 그는 온라인 구직 광고를 점검하고 자신의 이력서를 아이넬보다 더 자주 보내는 등 문제가 해결되도록 그리고 다른 직업을 얻을 수 있도록 노력한다. 물론 낙관주의와 강인함이 함께 작동할 수 있다. 긍정적 결과를 기대하는 것과 이것이 이루어지도록 열심히 노력하는 것 두 가지가 스트레스를 약화시키는 최선의 전략이다.

학습 확인

10.16 심리학자들은 대처(대응)를 어떻게 정의하는가?
10.17 종교나 성에 따라 대처 양식은 어떻게 다른가?
10.18 문제중심 대처와 정서중심 대처의 차이는 무엇인가?
10.19 마음챙김은 스트레스 수준에 어떻게 영향을 줄 수 있는가?

10.20 사회적 지지의 유형에는 어떤 것이 있으며, 사회적 지지는 정서적 건강과 신체 건강에 어떤 역할을 하는가?
10.21 사고와 행동에서 어떤 종류의 변화가 스트레스를 낮추는가?

스트레스에 대한 대처 : 신체적 전략과 의학적 전략

신체를 잘 보살피는 것이 스트레스를 줄이고 신체 건강과 정신 건강을 유지하는 데 핵심이라고 말해주는 심리학 교재가 굳이 여러분에게 필요하지는 않을 것이다. 우리는 충분한 수면, 건강한 식사, 그리고 운동이 스트레스를 줄이는 데 중요한 것을 알고 있지만, 우리의 반 정도만 실제로 이러한 자기관리행동을 '아주 잘거나' 또는 '매우 잘하는' 정도이다(American Psychological Association, 2014a). (보다 자세한 것은 그림 10.6을 참조하라.)

학습 목표

10.22 변화 단계 모델
10.23 운동을 통한 스트레스 완화
10.24 약물과 힐링 기법을 통한 스트레스 완화

 자기관리행동이 스트레스를 줄일 것이라고 알고 있음에도 사람들은 왜 자신의 신체를 더 잘 보살피지 않을까요?

운동할 시간이 없다거나, 건강에 좋은 음식은 너무 비싸거나 구하기 쉽지 않다거나, 아니면 일이 바빠 수면시간이 줄어드는 등 많은 현실적 이유가 있다. 그런데 단지 우리 마음이 이런 종류의 생활방식 변화에 관여할 준비가 되어 있지 않았다는 것이 또 다른 이유가 될 수 있다. 변화 단계 모델은 심리학자들이 큰 변화를 하기 위한 준비에 관한 제안이다. 이 모델은 건강 관련 주제에 초점을 둔 심리학자들에게 널리 수용되는 것으로, 주된 생활 증진을 이루기 위해 개인이 얼마나 준비되어 있는가를 규정한 다섯 가지 구체적 단계가 포함되어 있다(DiClemente & Prochaska, 1982; Mauriello et al., 2017; Prochaska et al., 1992; Prochaska & Velicer, 1997; Schwarzer, 2011). 표 10.5에는 변화의 다섯

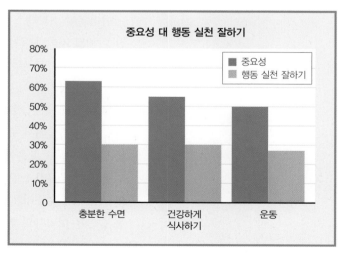

그림 10.6 스트레스 관리에 관해 아는 것과 행동하는 것 스트레스를 줄이는 데 도움이 되는 충분한 수면, 건강한 식사, 그리고 운동에 관해 우리 대부분은 실제로 이런 행동을 지속적으로 하기보다는 그 중요성은 잘 인식하고 있다. 출처: American Psychological Association(2014a).

변화 단계 모델에 따르면, 사람들은 자신의 삶에서 건강 관련 변화를 만드는 준비된 정도에서 다른 일련의 연속적 단계를 통과한다. 개인의 현재 단계에 맞추어 돕는 노력은 큰 변화를 만든다.

표 10.5	변화 단계 모델
변화 단계	**예 : 매일 운동하기를 고려하고 있는 과체중인 사람의 사고**
계획 수립 전	"운동? 왜 해? 나 과체중 아니야. 체형이 괜찮은데."
계획 수립	"조금 전 거울에 비친 내 모습을 보았어. 오늘 아침부터 계단을 걸어 올라가기로 했어. 아마 체중이 몇 kg 빠질 거야."
준비	"대략적이지만 운동을 할 수 있다는 생각이 들어. 내 일정표를 보고 시간을 조정할 수 있을 거야. 피트니스센터에 가입하는 것을 고려하고 있어."
행동하기	"조금 전 가까운 곳에 있는 피트니스센터에 가입했어. 일주일에 세 번 운동할 거야. 친구와 가족에게 그리 이야기했어."
유지하기	"지금까지 3kg 줄었어. 기분이 참 좋아. 계속 운동할 거야."

출처 : Prochaska & Velicer(1997), DiClemente & Prochaska(1982), Prochaska et al.(1992), Schwarzer(2011), Krebs et al.(2018).

단계가 제시되어 있는데, '생각조차 안 하는' 단계에서부터 '변화를 만들어 계속 그런 식으로 유지하고자 하는' 단계가 있다. 연구에서는 다이어트, 운동, 기타 건강 관련 행동에서 생활양식을 변화하도록 돕고자 할 때, 개인의 현재 변화 단계에 맞춘 개인맞춤식 노력이 유용함을 보여준다(Krebs et al., 2018; Noar et al., 2007). 예를 들어 운동에 관해 전혀 생각하지 않는 과체중자는 1단계에 있는 것이다(생각조차 않는 단계). 이 모델의 제안은 이 사람을 4단계(행동하기 또는 운동 스케줄 정하기)로 당장 밀어붙이기보다는 2단계(운동에 관한 생각을 시작하기)로 나아가도록 하는 것이다.

운동을 통한 스트레스 줄이기

운동은 스트레스와 스트레스 관련 건강 문제를 줄인다(Crews & Landers, 1987; Edenfield & Blumenthal, 2011; Puterman et al., 2018; Wang et al., 2014). 특히 오랫동안 심장 박동률 증가를 유지하는 신체 활동인 유산소(에어로빅) 운동이 좋다. **유산소 운동**(aerobic exercise)은 근육에 산소를 제공한다(aero는 공기 또는 산소를 의미). 유산소 운동에는 달리기, 걷기, 하이킹, 수영, 자전거 타기, 노젓기, 밧줄타기 및 칼로리를 태우는 일립티컬 운동 기계 사용 등이 포함된다.

여러분이 스트레스 반응이 투쟁 또는 도피라는 것을 다시 생각해본다면 유산소 운동의 이점이 잘 이해될 것이다. 특히 '도피'는 달리고, 자전거 타고, 수영하고 또는 신체를 연속해서 움직이게 행동과 일치된다(권투나 킥복싱 운동 모양은 '투쟁'과 일치한다). 이는 여러 연구에서 운동이 단기적 이점과 장기적 이점 둘 다 있음을 발견한 이유를 설명할 수 있다. 따라서 긴 시간 조망으로 보면, 일주일에 몇 번 달리는 것은 지속적으로 스트레스 수준을 낮추는 데 도움이 될 것이다. 그런데 어느 특정 시점에서 보면, 내일 아침 일어나서 (지각하지 않도록) 달리는 것은 아침 내내 스트레스를 덜 느끼는 데 도움이 될 것이다(Forcier et al., 2006; Hamer et al., 2006).

물론 과한 유산소 운동도 있다(Ishikawa-Takata et al., 2003; La Gerche & Prior, 2007). 건강 유지와 스트레스 감소라는 관점에서 모든 이에게 어느 정도가 적절한지 그 공식은 없다. 여러분의 운동 습관은 여러분의 현재 체형과 건강 수준에 맞아야 한다. 미국에서는 주로 앉아서 지내는 생활이 증가하고 있어(달리 말하면 너무 많이 앉아 있음), 우리 대부분 운동 수준이 증가해야 한다. 스트레스 관점에서 보면, 운동이 도움이 되기보다 오히려 스트레스를 유발한다면, 그것은 지나친 것이 된다. 운동 습관 자체가 스트레스원이 된다면(압박이나 경쟁으로 인해), 이는 수준을 낮추어야 할 시점일지 모른다(LaCaille & Taylor, 2013).

유산소 운동
지속적으로 심장 박동률을 증가시키는 신체 운동

의학적 기법과 힐링 기법을 이용한 스트레스 줄이기

의학 분야는 스트레스 감소와 관련하여 수없이 많은 제안이 가능하다. 대부분이 기본적으로 의사, 간호사, 병원이 있는 표준적인 주류 서구 의료서비스 시스템인 **전통** 의학에서 나온다. 그런데 최근 급증하고 있는 많은 스트레스 감소 전략은 그 기원이 이 시스템 바깥에 있다. 일부 전략들은 전통적 의학을 보완하는 의료서비스인 **대체** 의학(complementary medicine)에서 나온다. 또 다른 전략들은 전통적 의학 대신으로 사용되는 의료서비스인 **대안** 의학(alternative medicine)에서 나온다. 종합하면, 대체 의학과 대안 의학은 종종 CAM(complementary and alternative medicine)으로 불린다. 최선의 CAM이 최선의 전통 의학과 함께 사용될 때, **통합** 의학이라는 용어로 사용된다.

최근 미국 문화의 주류는 이전보다는 훨씬 더 많이 CAM을 받아들이고 있다. 대부분의 미국 의대는 CAM 과목을 선택적으로 개설하고 있는데, 의대의 약 4분의 1 정도가 필수과목으로 지정하기도 한다(Jacobs & Grndling, 2009). 암환자 중 CAM의 사용률은 40~85%이다(Bardia et al., 2009; Ebel et al., 2015). HIV환자의 약 60%, 심장병환자의 약 36%, 허리통증환자의 약 41%는 CAM을 사용한다(Bloedon & Szapary, 2009; Ghildayal et al., 2016; Tokumoto, 2009). 미국 성인 수십만 명을 대상으로 한 대규모 조사에서 응답자의 36~38%가 지난 1년 동안 어떤 형태로든 CAM을 사용한 것으로 나타났는데(이런 연구에서 가끔 CAM으로 포함되는 기도를 배제), 대부분 감기, 목 통증, 관절 통증, 비염, 천식, 고혈압과 같은 공통문제가 있는 사람들이었다. CAM을 많이 사용하는 사람들은 여성, 고학력, 중산층, 그리고 도시에 사는 사람들이었다(Barnes et al., 2004, 2007; Harris et al., 2012). 대학생을 대상으로 한 연구에서 지난 1년 동안 대학생들의 CAM 사용이 일반인들보다 훨씬 높은 것으로 나타났는데, 어바인에 있는 캘리포니아주립대학교에서 67%, 컬럼비아대학교에서 81%로 아주 높게 나타났다(Nguyen et al., 2016; Nowack & Hale, 2012; Nowack et al., 2015).

일반적으로 CAM은 전통 의학에 비해 예방에 더 기초를 두고 있다. 또한 CAM은 세포나 생화학적 또는 분자 수준에서의 역기능을 중시하는 전통 의학과는 반대로 대부분의 병이 특정 에너지나 신체 부의 간의 불균형이라는 아이디어를 강조한다(Chiappelli, 2012; Ernst er al., 2006; Micozzi, 2011).

가장 일반적인 구체적 CAM 치료에는 **침술**, **명상**, **동종요법**(질병과 비슷한 증상을 일으키는 물질을 극소량 사용하여 병을 치료하는 방법), 그리고 **바이오피드백**이 있는데, 이 방법들은 각각 다양한 스트레스 관련 문제를 해결하는 데 사용된다. **침술**(acupuncture)은 스트레스나 고통이 완화될 수 있도록 신체 특정 부위에 침을 놓는 기법이다.(침술과 비슷하지만 덜 사용되는 기법은 손가락으로 압박을 가하는 지압이 있다.) 고대 중국의 전통 의료에서 나온 침술이 스트레스 관련 증상을 완화시킴을 보여주는 경험적 연구들이 많다. 예를 들어 한 연구에서 침술은 인지행동치료만큼 PTSD 증상을 완화하는 것으로 나타났으며, 그 효과는 적어도 3개월 이상 유지되는 것으로 나타났다(Hollifield et al., 2007). 메타 분석 연구에서 침술은 우울 증상을 개선하는 데 유의한 것으로 나타났다(Wang et al., 2008; 또한 Chan et al., 2015; Zhang et al., 2010 참조). 추가 연구에서는 침술이 불안이 있는 사람들에게 도움이 될 수 있음을 보여준다(Pilkington et al., 2007; Samuels et al., 2008).

명상(meditation)은 정신 상태를 증진하려는 궁극적 목적에 초점을 둔, 주의집중을 높이기 위해 설계된 활동이다. 침술과 마찬가지로 명상은 동양의 영적 훈련에서 시작되었지만, 지금은 종종 특정 종교와 관계없이 서구에서 자주 사용되고 있다. 명상은 다양한 형태를 띠고 있는데, 가장 일반

대체 의학
전통 의학과 함께 사용되거나 보완적인 건강 관리

대안 의학
전통 의학 대신에 사용되는 건강 관리

침술
스트레스나 고통을 줄이기 위해 신체 특정 부위에 침을 꽂는 기법

명상
궁극적으로 정신 상태를 증진하기 위한 목적으로, 초점화된 주의를 높이도록 설계된 활동

점점 더 많은 사람들이 스트레스를 완화하는 대체 의학과 대안 의학을 고려하고 있다. 이런 접근의 대표적 예가 스트레스나 고통을 줄이기 위해 신체 특정 부위에 침을 꽂는 기법인 침술이다.

동종요법
인간의 신체는 자체 치유 능력을 갖추고 있다는 아이디어에 근거하며, 자연 재료에서 추출된 극소량의 약을 사용하자는 건강 관리

바이오피드백
신체 기능이 건강한 방향으로 개선되도록 신체 기능(심장 박동률이나 근육긴장 등)에 관해 제공하는 정보를 모니터하는 것

적인 두 가지가 **집중 명상**과 **마음챙김 명상**이다. 집중 명상은 종종 호흡 양상이나 반복되는 소리 등 특정 개인의 내면에서 나오는 하나의 자극에 집중하는 것이다. 마음챙김 명상은 내적 환경과 외부 환경에 있는 모든 자극에 주의를 집중하는 것이다(Shapiro, 2009a). (마음챙김 명상은 앞서 언급된 마음챙김 기반 사고와 그 강조점을 공유하고 있다.) 정기적으로 훈련을 할 때, 명상은 스트레스를 줄이고 불안이나 우울을 포함하여 스트레스 관련 문제 위험성을 줄여준다(Beauchamp-Turner & Levinson, 1992; Blanck et al., 2018; Goyal et al., 2014; MacLean et al., 1997; Oman et al., 2008; Walsh & Shapiro, 2006). 연구 결과 정기적 명상은 감기에서부터 암에 이르는 다양한 질병과 싸우는 면역 시스템의 역량을 높이고, 건강한 나이 들기를 증진하는 것으로 나타났다(Carlson et al., 2003; Conklin et al., 2018; Davidson et al., 2003). 한 연구는 스트레스 수준이 매우 높기로 이름난 초등학교, 중학교 또는 고등학교에서 일하는 91명의 전임교사를 대상으로 연구를 수행하였다. 이 연구에서 얻는 가장 주된 결과는 한 회기당 20분씩 일주일에 두 번만 실시했음에도 명상 훈련을 시작했던 교사들의 스트레스 수준이 현저하게 낮아졌다는 것이었다(Anderson et al., 1999).

동종요법(homeopathic medicine)은 인간의 신체는 스스로 치유할 수 있는 능력을 갖추고 있다는 아이디어에 기반한 건강 관리로, 천연 재료로 만들어진 약을 적게 사용하는 것이다. 동종요법은 수백 년간 유럽 국가들에서 사용되어 왔지만 미국에서는 여전히 비주류로 취급받고 있다. 동종요법은 전통 의학에서 말하는 인공적으로 합성된 약이나 많은 양의 약이 필요하지 않다고 가정한다. (동종요법에 따르면, 이런 약은 오히려 개인의 건강을 더 악화시킬 수 있다.) 오히려 동종요법은 우리 몸은 스스로 치유할 수 있는 훌륭한 능력을 갖추고 있지만, 종종 저평가되어 있으며, 치유 과정을 시작할 때 식물이나 광물에서 추출된 아주 소량만 필요할 것으로 주장한다. 동종요법을 옹호하는 사람들은 이 아이디어를 강하게 믿고 있지만, 동종요법이 스트레스 수준과 관련 상황을 개선한다는 경험적 증거는 거의 없다(Davidson et al., 2011; Pilkington et al., 2006). 또한 동종요법의 이점이 실질적인 치유 효과보다는 주로 위약 효과나 도움이 될 것이라는 기대 때문이라는 일부 비판도 있다(Shang et al., 2005; Smith, 2012).

바이오피드백(biofeedback)은 건강한 방향으로 기능하는 데 영향을 줄 목적으로 자신의 생리학적 기능(심장 박동률이나 근육긴장 등)에 관한 정보를 볼 수 있도록 일종의 모니터를 사용하는 것이다. 여러분이 스마트폰 앱을 활용하거나 러닝머신 손잡이에 금속 센서를 달거나 또는 자기 손으로 맥박을 재는 등 운동하면서 자신의 심장 박동률을 재본 적이 있다면, 여러분은 바이오피드백을 이해하는 것이다. 실시간으로 자신의 심장 박동률을 아는 것은 그것을 통제할 수 있는 첫 걸음이기 때문에 심장질환 같은 스트레스 관련 문제를 가진 사람들에게는 바이오피드백이 하나의 중요한 수단이 될 수 있다. 바이오피드백은 스크린에 그래프를 보여주거나 기계에서 나는 삑 소리를 통해 사람들로 하여금 자신의 심장이 무엇을 하는지를 보거나 들을 수 있게 해준다. 시각적 이미지를 활용하여 나타나는 그 '무엇'이 숨쉬기를 느리게 하거나 위험하게 높아지고 있는 심장 박동률을 낮추도록 하는 다른 의도적 행동을 하게 할 수 있다(Khazan, 2013; Schwartz & Andrasik, 2005). 스트레스 관련 바이오피드백의 장점에 관한 연구는 특히 최근 몇십 년간은 드물지만, 이를 지지하는 연구도 일부 있다(Leahy et al., 1997; Reiner, 2008; Terfel et al., 2013).

학습 확인

10.22 변화 단계 모델에는 어떤 단계들이 있으며, 이 모델은 스트레스 감소 노력과 어떻게 관련되는가?

10.23 운동은 스트레스에 어떤 효과를 미치는가?

10.24 스트레스를 줄일 수 있는 대체 의학과 대안 의학 기법에는 어떤 것들이 있는가?

요약

스트레스 : 스트레스란 무엇이며 무엇이 스트레스를 유발하는가

10.1 스트레스는 도전적으로 지각되는 조건에 대한 부정적 신체 반응이나 심리 반응이다.

10.2 스트레스원은 여러분의 삶에서 스트레스를 유발하는 사건이나 변화이다.

10.3 투쟁 또는 도피 반응은 지각된 위협에 대해 여러분이 공격하거나 도망가도록 준비하게 하는 자동적인 정서적 · 신체적 반응이다.

10.4 평가는 여러분에게 발생한 어떤 것을 어떻게 평가하느냐 하는 것이다. 일차 평가는 그 사건이 얼마나 스트레스를 주는가를 결정하며, 이차 평가는 그 스트레스를 다루기에 어느 정도 유능한지를 결정한다.

10.5 일상적 스트레스는 매일 삶에서 접하는 사소한 불편함이나 도발인데 이것이 누적되면 큰 스트레스를 유발한다.

스트레스와 정신-신체 연관성

10.6 신체와 정신은 둘 다 스트레스의 결과로 고통을 받는다. 신체와 정신의 관계는 양방향이다.

10.7 일반 적응 증후군은 신체가 진행되고 있는 스트레스에 반응하는 방식으로, 경고 단계, 저항 단계 그리고 소진 단계로 구성되어 있다.

11.8 스트레스는 개인의 면역체계를 손상시킬 수 있는데, 면역체계는 박테리아, 바이러스, 감염, 부상, 기타 원인 등 질병이나 죽음을 일으킬 수 있는 것들에 대해 신체가 방어하는 시스템이다.

10.9 경쟁적이고, 투지가 넘치며, 적대적인 A유형 성격의 사람들은 비경쟁적이고, 느긋하며, 마음 편한 B유형 사람들보다 스트레스 관련 건강 문제를 더 많이 경험한다.

10.10 성실성과 외향성 특질이 높은 사람들은 스트레스를 덜 경험하는 경향이 있는 반면, 신경증 성향이 높은 사람들은 스트레스를 더 많이 경험하는 경향이 있다.

10.11 스트레스는 우울, 불안, 섭식장애, 주의력결핍 과잉행동장애(ADHD), 조현병 등 대부분의 심리적 장애에 영향을 줄 수 있다.

스트레스와 다양성

10.12 남성과 여성은 종종 서로 다른 스트레스원을 경험하며, 서로 다른 것에서 스트레스를 받는다. 남성과 여성은 또한 동일 스트레스원에 대해 달리 반응할 수 있는데, 여성은 남성에 비해 스트레스를 더 심각한 것으로 평가한다.

10.13 미국에서 소수 집단이나 이민자 집단은 주류 집단에 비해 실제 삶과 관련된 스트레스원에 더 많이 직면한다. 집단주의 문화권과 개인주의 문화권 사람들은 종종 스트레스에 대해 서로 다른 기대를 갖는다.

10.14 네 가지 문화 적응 전략은 스트레스와 관련된 서로 다른 결과를 낳는다. 통합은 가장 스트레스가 적은 반면 주변화는 스트레스가 가장 많다.

10.15 미국 주류 문화에서는 연령에 따라 서로 다른 스트레스 원천이 사람들에게 영향을 준다.

스트레스에 대한 대처 : 심리적 전략과 사회적 전략

10.16 대응은 스트레스 경험을 줄이거나 관리하는 모든 노력이다.

10.17 집단주의 사람들은 자신의 생각이나 감정처럼 자신의 내부에 있는 것을 바꾸는 대응을 하는 경향이 있는 반면, 개인주의 사람들은 스트레스원 자체처럼 외부에 있는 것을 바꾸는 대응을 하는 경향이 있다. 여성은 자신의 감정을 다른 사람들과 이야기함으로써 대응하는 반면 남성은 자신의 감정을 토로하기보다는 문제 해결을 통해 대응하려 한다.

10.18 문제중심 대처는 스트레스원 자체를 바꾸는 것을 강조하는 반면, 정서중심 대처는 스트레스원에 대한 개인의 정서적 반응을 바꾸는 것을 강조한다.

10.19 마음챙김 훈련은 순간순간의 신체 경험과 심리적 경험에 대한 인식이 증가함으로써 스트레스를 줄일 수 있다.

10.20 사회적 지지는 종종 정보적, 도구적, 정서적 지지의 세 가지로 구분되며, 정서적 건강과 신체적 건강 둘 다에 중요하다.

10.21 사람들은 사전행동적 대처, 강인함, 낙관주의 같은 긍정적 사고방식과 긍정적 행동하기를 통해 스트레스를 줄일 수 있다.

스트레스에 대한 대처 : 신체적 전략과 의학적 전략

10.22 변화 모델 단계의 5단계는 계획 수립 전, 계획 수립, 준비, 행동, 유지 단계로 되어 있으며, 사람들이 스트레스를 줄일 수 있는 일을 항상 하지 않는 이유를 설명해줄 수 있다.

10.23 운동, 특히 유산소 운동은 스트레스와 그와 관련된 건강 위험을 낮춘다.

10.24 대체 의학과 대안 의학은 침술, 명상, 동종요법, 바이오피드백을 포함하여 스트레스를 줄이는 다양한 기법을 제공한다.

주요 용어

A유형 성격	면역체계	이차 평가
B유형 성격	명상	일반 적응 증후군
C유형 성격	문제중심 대처	일상적 스트레스
D유형 성격	바이오피드백	일차 평가
강인함	사전행동적 대처	적응장애
관상동맥질환	사회적 지지	정서중심 대처
급성 스트레스장애	스트레스	정신생리학적 질병
낙관주의	스트레스원	침술
대안 의학	심리신경면역학	투쟁-도피 반응
대응(대처)	외상후 성장	평가
대체 의학	외상후 스트레스장애(PTSD)	
동종요법	유산소 운동	

11 성격

나는 중학교 1학년 스페인어 수업에서 열심히 잘하고 있었다. 어휘를 배우고, 동사를 활용하고, r발음을 내고, 모든 것이 좋았다. 그런데 is(be 동사)라는 단어를 번역하게 되었는데, 나는 매우 혼란스러웠다. 그 교재에는 está와 es라는 두 가지 해석이 있었다. 영어에서 하나의 동사가 스페인어로 어떻게 서로 다른 두 가지 동사가 될 수 있는가?

내 스페인어 담당 페르난데스 선생님은 스페인어를 구사하는 사람들이 중요하게 구분하고 있는 두 종류의 is를 설명해주었다. 순간적이고 일시적인 개인의 일시적 상태를 나타내는 is에 해당하는 단어가 está이다. 반면 보다 안정적이고 불변하는 개인의 본질적 특징을 나타내는 is에 해당하는 단어는 es이다. 나는 알게 되었다. 이 두 동사(está, es)는 개인에게 지금 당장 발생한 것이 무엇이냐(está) 아니면 개인이 늘 지니고 있는 것이 무엇이냐(es)에 따라 달리 사용된다.

페르난데스 선생님은 두 종류의 is를 쉽게 구분하도록 몇 개의 예를 들어주셨다. 선생님은 '미란다는 말이 없다'란 문장을 예로 들기 시작하였다. 그런데 이 문장은 미란다가 지금 현재 말이 없다는 의미인가, 아니면 미란다는 늘 말이 없는 사람이란 의미인가? 스페인어에서는 이것이 분명하게 구분된다. 'Miranda está callada'는 미란다가 지금 말이 없다는 것을 의미하고, 'Miranda es callada'는 미란다가 늘 말이 없는 내성적인 사람이란 것을 의미한다. 다른 예로는 'Alex is happy'가 있다. 이 문장은 알렉스는 조금 전 친구로부터 기분 좋은 문자를 받아 행복한 것인가, 아니면 알렉스는 항상 낙관적인 행복한 사람이란 뜻인가? 다시 한 번 스페인어 동사는 그 차이를 보여준다. 'Alex está feliz'는 그가 지금 미소를 짓는지를 의미하고, 'Alex es feliz'는 그가 대체로 명랑하고, 컵에 있는 물이 아직도 반이나 남아 있다고 보는 긍정적 시각을 갖고 있다는 것을 의미한다.

나는 그 당시에는 알지 못했지만, 페르난데스 선생님은 이 두 가지 스페인어 동사 간의 차이를 설명할 때 성격에 관한 중요한 내용도 가르쳐주셨다. 심리학자들은 **성격**이란 용어를 개인의 지속적인 특성을 칭할 때 사용한다. 성격은 스페인어를 사용하는 사람들이 누군가를 es 동사로 서술할 경우에 해당하는 것이다. 즉 동사 es는 어떤 개인의 시간과 상황에 걸쳐 나타나는 자신의 본질이라는 것이다. 성격은 개인의 고유하고 지속적인 사고, 감정, 행동 양상을 포함하고 있다.

이 장에서 우리는 심리학자들이 성격이 어떻게 발달되는지, 타인의 성격과 어떻게 다른지를 설명하는 다양한 이론을 살펴볼 것이다. 또한 심리학자들이 성격을 측정하는 데 사용하는 검사와 여러 가지 기법을 살펴볼 것이다.

개요

성격이란 무엇인가

성격의 정신역동 이론

성격의 인본주의 이론

성격의 행동주의 이론과 사회인지 이론

성격의 특질 이론

성격 평가

성격이란 무엇인가

학습 목표

11.1 성격의 정의
11.2 성격 연구 방법
11.3 성격에 대한 생물학적 영향 : 쌍
둥이 연구와 입양아 연구

이 장에서는 시간이 흐르면서 성격이 어떻게 형성되는지 설명하려는 세 가지 시도로서 **정신역동 이론, 인본주의 이론, 행동 및 사회인지 이론**을 살펴볼 것이다. 그리고 시간에 걸쳐 성격이 형성되는 방식보다는 성격을 구성하는 요소를 강조하는 특질 이론을 살펴볼 것이다. 먼저 성격의 정의를 살펴보자.

성격의 정의

성격(personality)은 개인의 사고, 감정, 그리고 행동의 고유하고 안정된 방식이다. 성격은 여러분의 심리적 지문과 같다. 여러분을 다른 사람들과 구분해주고 오래도록 함께하는 고유한 특성들의 집합이다. 예를 들어 여러분이 몇 년 동안 만나지 못했던 친구나 친척과 함께 있게 되었다면, 여러분은 성격이 무엇을 의미하는지 알 수 있을 것이다. 한참 떨어져 지냈어도 그 사람들이 여러분을 놀라게 할 만한 것이 거의 없다. 머리 모양이 바뀌고, 체중이 줄거나 늘고, 주름이 생기는 등 일부 외모가 변했을지라도, 그 사람이 어떤 사람인가에서는 변화가 거의 없다. 개인의 경향성과 성향 그리고 세상을 대하는 독특한 방식인 성격은 일반적으로 그대로 남아 있다(Anusic & Schimmack, 2016).

흥미로운 한 연구에서는 상당한 시간이 지남에도 안정된 성격이 어떻게 유지되는지 보여준다 (Nave et al., 2010). 연구자들은 다양한 인종으로 구성된 하와이 초등학교에서 교사들이 학생들의 성격을 평정한 것을 발견하였다. 이 성격 평정은 1959~1967년 사이에 이루어진 것이었다. 40년 후 연구자들은 이 학생들 중 144명을 찾아 성격 평가를 실시하였는데, 이 평가에는 표준화된 평가 척도 사용에 잘 훈련된 관찰자들이 녹화된 비디오 면접을 채점한 것이 포함되어 있었다. 결과는 참가자의 성격은 많이 변하지 않았다는 것을 보여준다. 말이 많던 아동은 성인이 되었을 때 말이 많았으며, 적응을 잘하던 아동은 40년 후에도 새로운 상황에 잘 대처하였고, 겸손한 아동은 현재도 겸손하며, 충동적 아동은 40대와 50대가 되어도 자발적으로 행동하였다. 유사한 결론이 다른 연구에서도 나왔는데, 거의 1,000명의 사람들을 3세 때 측정하고 26세 때 다시 측정한 연구도 포함되어 있다(Caspi et al., 2003). 결론을 내리자면, 심리학자들이 성격을 이해하는 방식이 아래 문장을 통해 잘 드러난다.

> 성격은 개인 안에 있다. … 수년이 지나도 동일한 개인은 … 동일한 사람으로 남아 있다.(Nave et al., 2010, p. 333)

 사람들이 생각하고 느끼고 행동하는 방식은 개인 안에 있는 성격보다는 주변 상황 때문에 그런 것 아닌가요?

상황은 개인이 행동하는 방식에 중대한 역할을 할 수 있다. 예를 들어 바네사가 교차로에서 자동차를 정지했다면, 그것은 아마도 그녀의 소심한 성격 때문이 아니라 신호등이 빨간 불이기 때문에 멈춘 것이다. 그러나 여러분이 운전석 옆에 앉아 함께 있다 보면, 성격 특질도 바네사의 운전 스타일에 영향을 준다는 것을 알게 될 것이다. 그녀는 갑자기 차선을 변경하거나 차가 많이 붐빌 때 쏜살같이 달릴 수 있는데, 이는 그녀가 대담한 위험감수형임을 시사한다. 그녀가 양보를 많이

성격
개인의 고유하고 안정된 사고, 감정, 행동 방식

하거나 다른 사람들이 주차장을 먼저 사용하게 한다면, 이는 그녀가 타인을 수용하고 갈등을 피하는 강한 성향이 있음을 시사한다. 그녀가 사소한 갈등에 대해 도로에서 다른 운전자들에게 격노할 수 있는데, 이는 뿌리 깊은 충동성과 강한 자만심을 시사한다. 핵심은 여러분이 행동하는 방식은 상황과 그 상황에서 나오는 성격의 상호작용에 따라 달라진다는 것이다. 여러분을 둘러싸고 있는 환경이 여러분 행동에 영향을 줄 수 있지만, 심리학자들은 여러분 안에 있는 것, 즉 여러분의 성격 역시 여러분이 어떤 행동을 할지, 그 행동을 어떻게 할지에 크게 영향을 준다는 것을 알고 있다.

심리학자들은 성격을 **이론**에 기초하여 설명한다. 성격 이론에는 프로이트, 로저스, 반두라 등 여러 학자들이 제안한 많은 성격 이론들이 있다. 불행하게도, 어느 한 이론은 '맞고' 나머지 이론들은 다 틀렸다고 말할 수 없다(Barenbaum & Winter, 2008; Newman & Larsen, 2011). 심리학자들은 여전히 인간의 성격을 연구하고 있는 중이며, 앞으로도 수년 동안 연구가 지속될 것이기 때문에 전문가들은 성격 **사실**(fact)이란 용어보다 성격 **이론**(theory)이란 용어를 사용한다.

성격에 미치는 생물학적 역할

일부 사람들은 개인이 특정 성격을 갖는 이유는 그 성격을 갖고 태어나기 때문이라고 믿는다. 이 생각은 일부는 확실히 맞다(Bouchard, 2004; Floderus-Myrhed et al., 1980; Kendler et al., 2009; Krueger, 2008). 출생 때부터 성격의 일부 측면은 유전적 영향이 뚜렷하다(DeYoung & Allen, 2019; Fish et al., 1991; Rothbart et al., 2000). 여러분이 신생아를 볼 기회가 있다면 이것을 직접 알게 될 것이다. 어떤 신생아는 활달하고, 어떤 신생아는 느릿느릿하다. 어떤 신생아는 신경질적이고, 어떤 신생아는 순하다. 어떤 신생아는 다른 사람들에게 매우 많은 관심을 보이고, 어떤 신생아는 별로 관심을 보이지 않는다. 이런 차이는 신생아에게 영향을 줄 수 있는 경험을 하기 전, 태어난 지 하루 만에도 분명하게 나타난다.

쌍둥이 연구와 입양아 연구 역시 성격에 미치는 생물학적 영향을 보여준다. 이 연구들은 유전(선천성)과 환경(후천성)이 성격과 행동에 미치는 영향을 연구하는 **행동유전학**(behavioral genetics) 분야 연구에서 나온다. 많은 행동유전학 연구는 동일한 유전자를 가진 일란성 쌍둥이가 유전자의 일부만 동일한 이란성 쌍둥이보다 여러 성격 특질에서 서로 일치할 가능성이 높음을 발견하였다(Loehlin & Nichols, 1976; Pedersen et al., 1988; Segal, 2011; Tellegen et al., 1988). 함께 양육되었든 아니면 출생 후 분리되어 따로 양육되었든 이 현상은 사실로 나타났다. 여러 입양 연구 역시 유전자가 성격에 영향을 미친다는 것을 보여준다. 연구자들은 일관되게 입양아들이 양부모보다는 친부모와 성격이 더 비슷함을 보고하고 있다(Daniels & Plomin, 1985; Pedersen et al., 1991; Rhee & Waldman, 2002). 이런 현상은 매일 양부모와 함께 지내고 친부모와는 결코 만나지 못한 입양아에게조차 나타난다.

그림 11.1은 유전이 성격 특성에 미치는 영향을 보여준다(Jang et al., 1996). 일란성 쌍둥이 그래프가 이란성 쌍둥이 그래프보다 훨씬 더 높음에 주목하라. 이는 동일한 유전자를 공유하는 쌍둥이는 유전자의 반만 공유하는 쌍둥이보다 성격 특성에서 일치할 가능성이 높다는 것을 보여준다.

그림 11.1에 제시된 상관에 관한 중요한 사실은 그 어느 것도 최대 상관계수인 1.0에 가깝지 않다는 것이다. 유전자가 동일한 일란성 쌍둥이들의 상관계수가 1.0에 훨씬 못 미치고 있다. 만약 유전이 성격을 전부 결정한다면, 즉 모든 것이 생물학에 영향을 받는다면, 일란성 쌍둥이의 상관은

행동유전학에 관한 연구는 성격에 유전인자가 강력하게 영향을 미침을 밝히고 있다. 모든 유전인자를 공유하는 일란성 쌍둥이(사진의 위쪽)는 유전자의 반만 공유하는 이란성 쌍둥이(사진의 아래쪽)보다 성격의 유사성이 더 높았다.

행동유전학
유전(선천성)과 환경(후천성)이 성격과 행동에 미치는 영향을 연구하는 학문

성격의 정신역동 이론

무의식적 힘과 초기 아동 경험을 중시하는 지그문트 프로이트의 아이디어에 근거한 성격에 관한 설명

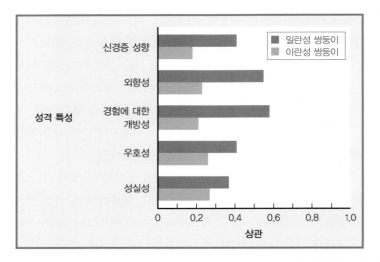

그림 11.1 쌍둥이 간의 성격 특성 상관 이란성 쌍둥이보다 일란성 쌍둥이들 간의 상관이 더 높음을 보여주는 것처럼 유전인자는 성격에 분명하게 영향을 준다. 그러나 일란성 쌍둥이라 하더라도 상관이 1.0이 되지 않는다는 것은 많은 비유전적인 요인들도 성격에 영향을 미친다는 것을 보여준다. 출처 : Jang et al. (1996).

1.0이 될 것이다. 그리고 이란성 쌍둥이의 상관 역시 지금보다 높아야 할 것이다. 이것이 많은 연구자들이 성격의 약 50% 정도가 유전에 의해 결정된다고 추정하는 이유이다(Nettle, 2007; Tellegen et al., 1988). 50%는 매우 높은 수치지만, 50%가 된다는 것은 생물학보다 성격에 더 많은 것이 있어야만 한다는 것을 의미한다. 이 장에 제시된 성격 이론들이 이 비생물학적 영향에 관해 설명하고자 하는 것이다. 먼저 지그문트 프로이트의 정신역동 이론으로 시작하겠다.

학습 확인

11.1 성격이란 무엇인가?

11.2 성격 연구에서 이론은 어떤 역할을 하는가?

11.3 행동유전학 연구(쌍둥이 연구와 입양아 연구)는 성격의 발달에서 유전과 환경의 역할에 관해 무엇을 시사하는가?

성격의 정신역동 이론

학습 목표

11.4 성격의 정신역동 이론

11.5 무의식적 원초아는 무엇이고, 왜 중요한가?

11.6 자아와 초자아는 무엇인가?

11.7 심리성적 발달 단계

11.8 프로이트 정신역동 이론의 수정과 새로운 이론의 제안

11.9 정신역동 이론에 관한 오늘날의 생각

성격의 정신역동 이론(psychodynamic theory of personality)은 무의식적 힘과 초기 아동기 경험을 강조하는 지그문트 프로이트의 아이디어에 근거한 성격에 관한 설명이다. 이 연구는 프로이트의 정신역동 이론에 근거를 두고 있다. 오스트리아 비엔나에서 1800년대 후반부터 1900년대 초기에 제안된 이 이론은 지금까지 학문적 · 대중적으로 엄청난 영향을 주고 있으며, 역사적으로 최초의 성격 이론들 중 하나였다(Routh, 1996, 2011). 그리고 많은 다른 성격 이론들은 실제로 학생으로서 정신역동 이론을 배웠지만 그 이론에 만족해하지 않았던 심리학자들에 의해 제안되었다(Engel, 2008; Hollon & DiGiuseppe, 2011). (용어에 대한 간략한 주석을 달자면, 종종 프로이트의 이론을 지칭할 때 정신분석이란 용어도 사용된다. 그런데 프로이트 학파의 골수 학자 중에는 정신역동과 정신분석을 구분하는 경우도 있지만, 일반적으로 두 용어는 동일하다고 할 수 있다. 단순함을 추구하기 위해 여기서는 정신역동을 고수하기로 한다.)

프로이트의 무의식적 마음 개념을 살피고, 그다음 성격의 구조에 관해 살필 것이다(성격의 요소

와 그 요소들 간의 상호작용). 그 후 아동기 경험이 여러 단계에서 성격 발달에 어떻게 영향을 주는지 논의할 것이다.

무의식

프로이트는 성격 분야의 많은 주요 개념에 영향을 주었지만, 가장 핵심적인 것 중 하나가 개인이 자각하지 못하는 정신활동인 **무의식**(unconsciousness)이다[또한 **무의식적 마음**(unconscious mind)으로도 알려져 있음]. 오늘날은 무의식이란 용어는 흔한 것이지만, 프로이트가 이 개념을 도입한 그 당시에는 급진적인 생각이었다(Kernberg, 2004; Lane & Harris, 2008). 프로이트 시대에 사람들은 일반적으로 우리 마음 안에 우리 의식 밖에서 진행되는 활동이 있음을 알지 못하였다. 프로이트는 사고, 충동, 소망 등 이런 무의식적 활동이 의미 없거나 무시할 만한 것이 아님을 주장하였다. 이 무의식적 활동은 강력하게 우리를 추진시키고 사고와 행위에 영향을 주며 우리의 삶에 영향을 준다(Karon & Widener, 1995; Kris, 2012).

프로이트에 따르면, 무의식의 영향은 매우 지대하여 달리 설명할 수 없는 행위를 설명할 수 있다. 달리 말하면, 우리가 행하는 '무작위적인' 것은 전혀 무작위적이지 않다. 이 행위들은 무의식적 사고, 소망 또는 충동에 의해 발생한다. 프로이트는 모든 사고와 행동, 심지어 우연적이고 임의적으로 보이거나 실수로 보이는 행동조차 심리적 힘에 의해 결정된다는 이 아이디어를 **심리적 결정주의**(psychic determinism)라고 칭하였다. 예를 들어 오늘 중요한 발표를 하는 영업 사원 제이슨을 가정해보자. 그는 고객과의 미팅에 가기 위해 자동차에 타면서 구두끈이 풀려 있다는 것을 알게 된다. 제이슨은 어깨에 걸쳐 있던 노트북이 들어 있는 가방을 땅바닥에 내려놓고, 주저앉아 신발 끈을 맨다. 그런 후 바닥에 있는 노트북 컴퓨터를 내버려둔 채 자동차를 타고 출발하였다. 그런데 제이슨이 자신이 그렇게 행동한(그는 프레젠테이션을 위해 노트북 컴퓨터가 필요함) 이유를 의식적으로 파악하지 못한다 하더라도, 그것이 그가 그렇게 행동한 이유가 없다는 것을 의미하지는 않는다. 프로이트에 따르면, 그 이유는 제이슨의 무의식 속에 있다(Cabaniss et al., 2011; Rycroft, 1968). 아마도 제이슨의 마음 깊은 곳에서는 오늘 프레젠테이션에 대해 두려워하고, 필사적으로 그것을 피하고 싶었을 수 있다. 아니면 아마 그가 다소 자각하지 못하는 자신의 직업에 대한 혐오가 있고, 따라서 엉망이 된 프레젠테이션이 그를 해고당하게 하여 어쩔 수 없이 다른 직업을 찾게 하여, 어느 정도 자신이 원하는 것과 일치하는 결과를 얻을 수 있을지 모른다.

제이슨의 실수가 보여주는 것처럼, 무의식은 여러분이 숨기고 싶어 하는 재료를 막아내려는 작업을 언제나 완벽하게 제지하지는 않는다. 때때로 그런 무의식적 재료는 여러분의 말이나 행동의 실수를 통해 드러나게 된다. 심리학자들은 이런 실수를 **프로이트식 실수**(Freudian slips)라고 부르는데, 이는 무의식적 사고나 소망을 드러내는 언어적 실수나 행동적 실수이다. 여러분이 오래된 TV쇼 〈프렌즈〉의 제니퍼 애니스톤 팬이라면, 레이첼 역을 맡고 있는 그녀와 로스(데이비드 쉬머가 연기)가 시트콤이 시작된 이후 서로 강렬하게 좋아하는 감정을 갖고 있었다는 알았을 것이다. 로스가 다른 여성(에밀리)과 결혼하는 장면에서, 결혼서약을 하면서 멍하니 자신의 신부를 레이첼이라고 부른다("나 로스는 레이첼 당신을 아내로 맞는다…"). 여러분이 상상할 수 있듯이, 에밀리는 로스가 결혼식에서 조금 전에 했던 말을 의미 없어 보이는 실수로 웃어넘기지 않는다. 그 결혼식을 시청하는 모든 사람이 그랬던 것처럼, 에밀리는 로스의 말은 자신의 신부가 에밀리 대신 레이첼이 되길 심층에서 소망했던 로스의 무의식을 반영하는 프로이트식 실수에서 나온 것을 정확하게 알았다.

지그문트 프로이트는 성격의 정신역동 이론을 만들었는데, 이 이론은 무의식적 힘과 초기 아동기 경험을 강조한다.

무의식(무의식적 마음)
개인이 자각하지 못하는 정신활동

심리적 결정주의
모든 사고와 행동, 심지어 우연적이고, 임의적이고 실수로 보이는 것조차 심리적 힘에 의해 결정된다는 신념

프로이트식 실수
무의식적 사고나 바람을 드러내는 언어적 또는 행동적 실수

심리학자들은 때때로 스스로 프로이트식 실수를 범하곤 한다. 내가 했던 개인 치료에서 나는 여러 번 나를 무능하다고 고발했을 뿐만 아니라 면담 약속 전 주에 나를 고발할 것이라고 위협했던 성질이 고약한 내담자 커티스와 예약되어 있던 아침 9시 그와의 면담을 위해 내 사무실에 도착한 적이 있었다. 나는 예약 시간보다 20분 일찍 도착하여 늘 하는 방식대로 옆문을 통해 사무실로 들어가, 불을 켜고, 대기실 방문을 열고, 내담자가 오길 기다리는 식으로 했다. 그런데 9시까지 그는 도착하지 않았다. 나는 잡지를 보고 있었다. 9시 5분, 10분, 15분이 지나 9시 20분이 되어도 커티스는 오지 않았다. 그때 전화벨이 울려 전화를 받았다. 화가 난 커티스는 전화에서 다음과 같이 고함을 쳤다. "당신 도대체 어디 있는 거야! 나 지금 당신 사무실 밖에서 20분을 기다리고 있는데. 망할 놈의 문이 잠겨 있잖아!" 그 순간 나는 알았다. 내가 대기실 문을 연다는 것을 잊어버렸다는 것을. 나는 내담자를 상담하기 위해 내 사무실로 들어가 사무실을 여는 방식을 수천 번 이상 반복했었다. 이번이 내가 이런 실수를 한 유일한 경우였으며, 또한 커티스가 내 첫 번째 내담자였던 유일한 날이었다. 우연의 일치일까? 사고일까? 프로이트는 다르게 생각했음에 틀림없다. 대기실 문을 열지 않은 나의 실수는 커티스로부터 멀어지고 싶었던 나의 무의식적 소망을 드러낸 것이다. (물론 커티스에 대한 나의 실수나 결혼식에서 로스가 한 실수가 **틀림없이** 프로이트식 실수라는 것을 **증명**하는 것은 불가능하다. 이것이 사실일 수 있으나, 그것을 과학적으로 증명할 수 있는 타당한 방식이 없고, 그것이 사실이거나 틀리다는 것을 지지하는 자료 수집 방식도 없다. 과학적 방식으로 아이디어를 검증할 수 없다는 것은 일반적으로 프로이트의 이론의 주요 단점이며, 나중에 좀 더 자세히 살펴볼 것이다.)

성격의 구조

프로이트는 성격이 마음의 세 가지 구성요소인 원초아, 자아, 초자아의 상호작용의 부산물이라고 생각하였다(그림 11.2). 이 세 구조가 전부 다는 아닐지라도 적어도 부분적으로라도 무의식적 마음속에 숨겨져 있다는 것을 기억하라. 프로이트는 이 세 가지 요소가 우리가 통제할 수 없거나 직접 관찰할 수 없는 계속되는 싸움에 관여하고 있다고 생각하였다. 또한 그는 이 싸움이 우리가 생각하고, 감정을 느끼고, 행동하는 방식, 즉 바로 우리의 성격을 상당히 결정한다고 확신하였다

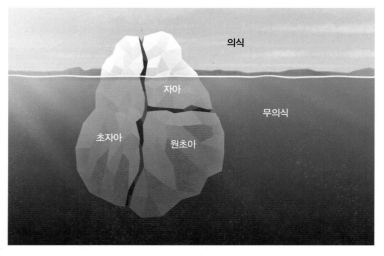

그림 11.2 원초아, 자아, 그리고 초자아의 무의식적 특성 프로이트의 마음을 구성하는 세 가지 요소 모두 적어도 부분적으로라도 '표면 아래' 무의식적 마음 안에 있다.

(Freud, 1923, 1932; Kernberg, 2004; Moore & Fine, 1990; Skelton, 2006).

원초아　첫 번째 요소 **원초아**(id)는 성과 공격성처럼 가장 원초적이고 생물학적인 것에 근거를 둔 충동을 발생시키는 마음의 동물적 측면이다. 원초아를 이해하기 위해 오로지 본능적 충동에 이끌려 심리학과 강의실 밖 복도를 배회하고 있는 야생 곰 한 마리를 상상해보라. 그 곰은 지금 배가 고프다. 자신의 배고픔에 대해 이 곰은 어떻게 행동할까? 몇몇 학생들에게 가방에 먹을 만한 스낵이 있는지 친절하게 물어볼까? 아니면 그 곰은 지폐를 꺼내 자판기에 집어넣을까? 절대 그럴 리가 없다. 그 곰은 학생들의 샌드위치를 집어삼키고 아마도 학생까지 집어삼킬 것이다. 곰은 자판기 유리를 부수고, 이빨과 발톱으로 물건을 끄집어내어 안에 있던 각종 껌, 캔디바, 미니 도넛 등 모든 것을 잔뜩 먹을 것이다. 그리고 분명한 것은 이 모든 일이 벌어진 것에 대해 후에 사과할 필요를 느끼지 못할 것이다.

　프로이트는 우리 각자는 이 야생동물의 본능과 똑같은 충동을 일으키는 원초아에 의해 이끌린다고 믿었다. 실제로 그는 원초아가 마음 중 출생 시 존재하는 유일한 요소라고 주장하였다. 여러분은 이전에는 귀엽고 사랑스러운 신생아가 이런 식으로 행동할 것이라고 생각해본 적이 결코 없을지 모르지만, 이를 부정하기가 어렵다. 어린아이들은 오로지 자신의 즉각적 욕구에 의해 지배되는 것으로 보인다. 신생아는 음식, 새 기저귀 등 자신이 원하는 무언가가 있을 때, 그 순간 기분을 좋게 해줄 것을 얻기 위한 이기적 시도로 비명을 지르고 울부짖는다. 즉각적 만족을 얻도록 원초아를 안내하는 힘인 **쾌락 원리**가 어린 아동의 행동을 전적으로 몰아간다(Moore & Fine, 1990).

그러나 아동이 성장하면서, 이들은 이기적으로 행동하는 것을 멈추고 보다 신중하고 사회적으로 적절한 행동을 하기 시작합니다. 어떻게 그렇게 되나요?

초자아　아동이 자라면서, 아동을 돌보는 사람들, 특히 부모는 점진적으로 아동들이 자신의 원초아 충동을 계속 점검하도록 기대하기 시작한다. 양육자들은 아동들에게 무엇이 옳고 그른지, 무엇이 용납 가능하고 그렇지 않은지 가르친다. 이런 지침은 결국에는 아동들의 마음의 한 부분이 된다. 따라서 타인들의 도움으로 아동들은 규칙, 제한, 도덕성을 부여함으로써 원초아를 반대하는 마음의 부분에 해당하는 **초자아**(superego)를 발달시킨다. 다른 아이의 손에 있는 장난감을 낚아채는 걸음마기 아이는 부모(또는 아이 돌보미, 유치원 교사, 할머니 등)에 의해 "스티븐, 안 돼. 친구 장난감을 빼앗는 것은 나쁜 거야. 친구한테 다음 번에 네 장난감과 바꾸어 놀아도 괜찮은지 물어봐" 등 행동을 인정하지 않는 말을 듣게 될 것이다. 스티븐은 이런 말을 반복해서 듣게 되면서, 이 내용은 특정 상황에서 그렇게 지도하는 사람이 누구냐에 관계없이 그가 지니게 되는 자신의 행위 기준(일종의 당위적 기준)이 된다. 스티븐은 주변 사람들의 인정을 얻는 것이 아니라 자기 스스로 인정할 수 있도록 적절하게 행동할 것이다. 이런 식으로 프로이트의 초자아 개념은 보다 일반적 개념으로 우리의 행위가 용납 가능한 것인지를 구분해주는 내적 검증자에 해당하는 **양심**의 개념과 일치한다.

자아　강력한 원초아 충동의 흐름을 반대하는 초자아의 임무는 어려운 것임에 틀림없다. 즉각적 만족을 추구하려는 원초아 충동과 이에 대한 초자아 제약 간의 이러한 경쟁은 마음에 끊임없는 갈등을 일으킨다. 프로이트는 이 갈등이 마음의 세 번

정신역동 이론에 따르면, 초자아는 양육자로부터 학습한 규칙, 제한, 그리고 도덕성을 강요하는 원초아와 정반대되는 마음의 부분이다. 예를 들어 이 아동은 운동장에서 다른 사람들에게 어떻게 대해야 하는지에 관한 규칙을 배우고 있는 중이다.

Maskot/Getty Images

원초아
프로이트에 따르면, 성과 공격성 같은 원초적이고 생물학에 근거한 충동을 생성하는 마음의 동물적 부분

초자아
프로이트에 따르면, 규칙, 제한, 도덕성을 부여함으로써 원초아를 반대하는 마음의 부분

째 요소인 **자아**(ego), 즉 원초아와 초자아 간의 갈등을 현실적으로 해결해주는 중재자로 작용하는 마음의 부분에 의해 관리된다고 생각하였다. 자아는 타협을 한다. 자아의 역할은 원초아와 초자아 둘 다 충족시킬 수 있는 길을 찾는 것이며, 또한 현실 세계의 요구를 충족시키는 것이다(Gabbard, 2005). 자아는 개인을 합리적이며 현실에 근거한 행동으로 안내하는 힘인 현실 원리를 따라 작동한다.

방어기제　때때로 자아에 의해 형성된 타협은 아주 단순하다. 만약 원초아가 큰 케이크 조각을 먹고 싶다고 하면, 초자아는 안 된다고 말하며, 자아는 조금 작은 조각을 먹자고 한다. 그런데 자아는 원초아–초자아 갈등을 다룰 수 있는 보다 독창적인 방안을 사용하기도 한다. 프로이트와 그의 추종자들(그의 딸 안나 프로이트를 포함)은 이러한 많은 방법을 확인하였고, 원초아와 초자아 간 갈등을 다루기 위해 자아가 사용하는 기법을 **방어기제**(defense mechanism)로 칭하였다. 어느 개인이 특정 방어기제에 크게 의존하는 경우, 그 방어기제는 개인의 성격에 영향을 주거나 주도할 수 있다(Dewald, 1964; Freud, 1905, 1936; Sandler & Freud, 1985).

예를 들어 자신의 여자친구 민디가 자신을 배신하려 한다고 반복적으로 비난하는 릭을 생각해보자. 그런 증거가 결코 없고, 민디도 계속 부정하지만, 릭은 그대로다. 민디는 그를 싫어하게 되고 적극적으로 그를 떠나려고 한다. 프로이트는 민디가 자신을 속이려 한다고 믿는 릭의 신념은 실제로는 릭의 무의식 안에서 '릭이 여자친구를 배반하고 싶어 한다'는 원초아 충동에서 시작했다고 주장할 것이다. 물론 그의 초자아는 그런 충동을 부인하는데("배신은 나쁜 거야!"), 이는 그의 자아에게 원초아 대 초자아 갈등 결과를 해소하도록 하는 임무를 남긴 것이다. 릭의 자아는 **투사**라는 방어기제를 사용하는데, 이는 자아가 릭 안에 그런 충동이 있다는 것을 인정하는 대신 배신하고 싶은 원초아 충동을 다른 사람에게 있다고 투사하는 것이다. (옛날식 영화 프로젝트를 생각해보라. 영화필름이 스크린에 투사되지만 실제 그 영화필름은 프로젝트 안에 있다.) 원초아 대 초자아 갈등을 해소하려는 시도에서 릭의 자아는 '**나는 배신하고 싶다**'가 '**그녀가 배신하려고 한다**'로 바뀐 것이다.

이 예가 보여주는 것처럼, 항상 투사를 방어기제로 사용하는 사람은 신뢰할 수 없는 편집형 성격이 발달할 수 있다. 원초아 대 초자아 갈등을 다양한 방식으로 다루는 다른 방어기제들이 있다. 예를 들어 상사에게 화가 난 남자가 그 상사를 욕하는 대신 상사가 똑똑하다고 칭찬하는 경우처럼 자아가 **반동 형성**을 사용하는 경우는 원래의 충동과 정반대로 행동하는 것이다. 대치는 자아가 원초아 충동을 보다 안전한 다른 목표물로 옮겨 가는 것이다. (이 방어기제는 종종 '강아지 발로 차기'라는 별명으로 알려진 방어기제이다.) 예를 들어 자신의 여성 코치를 신체적으로 희롱하고 싶은 남자 운동선수는 그녀에게로 향한 공격성을 변경하여 그럴 이유가 없는 동료에게 싸움을 건다. 정신역동 이론가들은 승화를 가장 성공적인 방어기제의 하나로 간주한다. 대치와 유사하지만 승화는 원초아 충동을 실제로 다른 사람을 돕는 방향으로 재설정한다(Gabbard, 2005; Karon & Widener, 1995). 다른 사람에게 고통을 주고 싶은 원초아 충동을 치과 의사라는 직업으로 전환한 여성을 생각해보자. 그녀는 타인에게 고통을 주지만, 타인을 이롭게 하는 방식으로 한다. 표 11.1에는 프로이트와 그의 추종자들에 의해 제안된 많은 방어기제에 대한 설명과 예가 제시되어 있다.

프로이트의 마음에 관한 세 가지 구성요소에 관한 마지막 지적은 이 요소들을 보다 쉽게 이해하고 기억하게 만들 것이다. 프로이트는 독일어로 저술하였으며, 그의 저서는 여러 언어로 번역되었다. 그의 아이디어가 영어로 번역될 때, 번역자는 프로이트의 세 가지 구성요소에 대한 이름으로

자아
프로이트에 따르면, 원초아와 초자아 사이를 조절하는 현실적 조정자로 작동하는 마음의 한 부분

방어기제
프로이트에 따르면, 원초아와 초자아 사이의 갈등을 다루기 위해 자아가 동원하는 기법

표 11.1　선택되는 방어기제

방어기제	자아가 하는 일	예
억압	원초아 충동을 자각하지 못하도록 무의식으로 숨기는 것	부모를 욕하고 싶은 원초아 충동을 갖고 있지만 결코 자각하지 못한다.
부인	너무 위협적인 사건이기 때문에 의식적으로 외적 사건을 차단하는 것	친구가 죽을 병에 걸렸다는 것을 알고 있지만 모든 것이 괜찮은 것처럼 행동한다.
퇴행	현재 스트레스가 없었던 인생의 이전 시기로 물러나는 것	새로운 직업으로 스트레스를 받자마자 아동기 때 즐겨 보았던 TV쇼와 편안한 음식을 갈망하는 자신을 발견한다.
투사	자신의 원초아 충동을 타인에게 '투사'하여, 자기가 아니라 타인이 그 충동을 갖고 있는 것으로 보이게 하는 것	자신이 바람피우고 싶은 충동이 있는데, 오히려 상대방이 자신을 배신하여 바람피우고 싶어 한다고 의심한다.
합리화	실제는 원초아 충동에 근거한 행동이지만 겉으로 보기에 용납할 수 있는 그럴듯한 설명을 찾아내는 것	걸스카우트가 판매하는 쿠키를 여러 상자 주문한(그리고 먹으려는) 사람이 걸스카우트 쿠키를 주문한 것은 가치 있는 일을 지지해주기 위해서라고만 말한다.
반동 형성	원초아 충동과 완전히 정반대되는 행동을 함으로써 원초아에 대항하는 과장된 연기를 하는 것	친구의 새 집을 훼손하고 싶은 원초아 충동이 있는 사람이 집들이 선물을 산다.
대치(전위)	자신에게 돌아올 결과를 최소화하기 위해 보다 안전한 대상에게 원초아 충동을 돌리는 것	직장 상사에게 고함치고 싶은 원초아 충동을 가진 사람이 집에 있는 개를 보고 소리지른다.
승화	원초아 충동을 타인에게 도움이 되는 방식으로 방향을 돌리는 것	타인을 해치고 싶은 원초아 충동이 있는 사람이 나라를 지키기 위해 군인이 된다.

표 11.2　프로이트 용어의 다른 해석

표준 용어	대안적 해석	의미
원초아(id)	그것(it)	여러분 안에서 즉각적 쾌락으로 몰아가는 것이 그 또는 그녀(사람)가 아니라 그것(동물이나 사물)임
초자아(superego)	내 위(above-me)	당신을 지배하는 힘에서 나오는 규칙(부모 등)
자아(ego)	나(me)	마음의 다른 두 요소(원초아와 초자아) 간의 갈등을 다루는 방식에 의해 조성되는 당신의 성격

라틴어인 id(원초아), superego(초자아), ego(자아)를 선택하였다. 표 11.2에 제시된 것처럼, 만약 번역자가 라틴어 대신 억지로 일상적 영어 단어를 고집했다면, id는 it, 또는 각자의 내면에 있는 어떤 것이 되었을 것이다[그(he)나 그녀(she)가 아닌 그것(it) — 인간이 아닌 동물을 칭하는 것처럼] 그리고 superego는 above-me로 되었을 것인데, 이는 각 개인보다 위에 있는 힘을 가진 것에서 나오는 규칙이나 제한을 의미한다. ego는 me로 번역되었을 것인데, 이는 양쪽에 있는 원초아와 초자아의 두 가지 강력한 힘 간을 타협하는 개인을 의미한다(Karon & Widener, 1995; Truscott, 2010). 달리 말하면, 프로이트는 여러분의 자아를 여러분이라고 말하고 싶었던 것이었는데, 이는 여러분의 자아가 갈등을 대처하는 방식이 주로 여러분의 성격을 규정한다는 점을 강조하는 것이다.

성격 발달 단계

프로이트에 따르면, 어린 아동기의 경험이 우리의 성격을 형성한다. 그는 생의 초기에 부모가 아동과 상호작용하는 방식을 특히 강조한다. 그는 생의 초기를 **심리성적 단계**(psychosexual stage)라

심리성적 단계
성격 특성이 형성되는 아동기에 생물학적으로 근거를 둔 프로이트가 제안한 다섯 가지 단계

고착
심리적 문제를 특정 심리성적 단계의 성공하지
못한 경험과 직접 연결시키는 프로이트 용어

구강기
출생부터 18개월까지 발생하며, 수유행동으로
인한 심리적 결과에 초점을 둔 프로이트의 심
리성적 발달 단계 중 첫 번째 단계

불리는 몇 개의 시기로 구분하였다. 이 단계들은 성격 특징이 형성되는 생물학 바탕을 지닌 아동기의 5개 발달 단계이다. 그림 11.3에 이 단계들이 제시되어 있다.

프로이트에 따르면, 각 심리성적 발달 단계는 각 시기에 아동의 삶에 핵심이 되는 특정 신체 부위에 집중되어 있다(Freud, 1905). 대체로 아동은 각 심리성적 단계를 성공적으로 통과한다. 그런데 문제가 발생하면, 오래 지속되는 심리적 문제가 특정 심리성적 단계에서 성공적이지 못한 경험과 직접 연결되는 고착이 발생할 수 있다. **고착**(fixation)은 특정 심리성적 단계가 끝난 후에도 오랫동안 개인에게 지속되는 경향이 있고, 성인기까지 심리적 문제(그리고 아마도 성격 형성)를 일으킨다. 이는 마치 여러분이 현관 입구로 걸어가는데 털실로 짠 옷이 무엇인가에 걸린 것과 같은 것이다. 여러분은 계속 앞으로 가려 애쓰지만, 무언가에 걸려 있고, 여러분 스스로 그 털실을 풀기 전까지는 완전히 빠져나갈 수 없는 것이다(Westen, Gabbard, & Ortigo, 2008).

구강기   프로이트의 심리성적 발달 단계의 첫 번째 단계는 **구강기**(oral stage)인데, 이 단계는 출생부터 18개월 정도에 해당되며, 수유행동으로 인한 심리적 결과에 초점을 둔다. 어린아이들은 입을 통해 세상의 많은 것을 경험하며, 모유를 먹거나 분유를 먹는 것이 주활동이다. 어린아이들은 부모가 음식에 대한 자신의 욕구에 대응하는 방식을 통해 타인에게 무엇을 기대할 수 있을지 학습한

단계		연령	핵심 주제
구강기		출생~18개월	음식을 제공하는 양육자에 대한 의존성
항문기		18개월~3세	자기통제(배변 훈련 등)에 대한 새로운 요구
남근기		3~6세	부모 관심의 반영으로서 자기가치
잠복기		초등학교 시절	없음
성기기		사춘기 이후	성숙한 성적 관계

그림 11.3 프로이트의 심리성적 단계 지그문트 프로이트의 이론에 따르면, 사람들은 자신의 성인기 성격 형성에 영향을 주는 아동기 동안 중요한 단계를 거쳐간다.

다. 대부분의 경우 부모가 아동에게 음식을 제공하며, 영아는 음식을 얻고자 요구할 때(울기) 음식을 얻을 수 있다는 것을 학습한다. 그런데 만약 부모가 너무 자주 너무 많은 음식을 제공하면, 영아는 타인들(자신이 성장하면서 관계를 맺는 친구, 연인, 타인들)도 자신에게 그런 식으로 동일하게 대할 것으로 기대할 수 있다. "다른 사람들이 정말 좋아! 그들은 언제나 내가 필요한 것을 정확하게 주네"와 같은 태도는 순진하고 지나치게 낙관적인 성격으로 이끌 수 있다. 반대로 부모가 음식을 거의 제대로 제공하지 않으면, 영아는 자라면서 다른 사람들도 자신에게 동일하게 대할 것이라고 기대할 수 있다. "다른 사람들 너무 싫어! 그들은 나를 배려할 줄 모르네"라는 이런 태도는 타인을 불신하고 지나치게 비관적인 성격으로 이끌 수 있다.

구강기는 프로이트의 심리성적 단계의 첫 번째 단계이다. 구강기는 영아기 동안 경험한 수유행동이 아동에게 장기적으로 미치는 심리적 결과에 초점을 둔다.

항문기　프로이트의 심리성적 발달 단계의 두 번째 단계는 **항문기**(anal stage)인데, 이 단계는 생후 18개월부터 약 3세까지 지속되며, 배변 훈련으로 인한 심리적 결과에 초점을 둔다. 배변 훈련은 모두 통제에 관한 것이다. 아동들은 이전 시기 기저귀에 배변을 했던 식으로 배변을 마음대로 하는 것이 아니라 자연스러운 이 신체 기능을 통제하도록 처음으로 기대를 받는다. 실제로 배변 훈련은 이 연령의 아동들에게 가해지는 많은 자기통제 요구 중 하나일 뿐이다. 또한 아동들은 가만히 있고, 조용히 하고, 더 어린 아이 때 했던 것보다는 더 적절하게 행동하도록 요구받는다.

　대부분의 부모들은 아동에게 적절한 양의 통제 요구를 함으로써 이런 요구를 잘 다룬다. 그러나 과잉통제나 과소통제를 하면 문제가 발생할 수 있다. 지나치게 많은 통제를 요구하는 부모는 아동으로 하여금 모든 것에 완벽해지고자 하는 데 지나친 관심을 갖게 만든다. 완벽에 대한 요구는 배변 훈련에서 시작하여 방을 청소하는 것으로 확장되며, 아동이 성장하면서 개인위생, 계획 지키기, 그리고 삶의 모든 영역으로까지 확장될 수 있다. 결국에 가서 이 아동은 모든 것을 완벽하게 통제하려는 강박적 욕구에 지배되는 '완벽중독자' 어른이 된다. 이와 반대 극단으로 자녀에게 요구하는 것이 거의 없는 부모는 아동에게 통제는 중요하지 않은 것임을 가르친다. 이 태도는 배변 훈련뿐만 아니라 어질러진 방, 지저분한 외모, 뒤죽박죽 계획을 포함하여 삶의 다른 모든 영역이 엉망이 되도록 만들 수 있다.

남근기　프로이트의 심리성적 발달 단계의 세 번째 단계는 **남근기**(phallic stage)인데, 이 단계는 약 3세부터 6세까지 지속되며, 이성 부모를 향한 애정의 심리적 결과에 초점을 둔다. 프로이트는 학령 전 아동이 이성 부모와는 특별한 관계를 맺으려 하지만, 동성 부모는 자신의 경쟁자로 본다고 가정하였다. 소년의 경우에 해당되는 것을 프로이트는 **오이디푸스 콤플렉스**(Oedipus complex)로 칭하였는데, 이는 어머니를 열망하고 아버지를 미워하는 아동기 경험이다. 여성의 경우에 해당하는 것을 프로이트는 **엘렉트라 콤플렉스**(Electra complex)로 칭하였는데, 이는 아버지를 열망하고 어머니를 미워하는 아동기 경험이다. (두 용어 모두 그리스 신화에서 빌려온 개념이다.)

　대부분의 부모는 자신과 특별한 관계를 맺고자 하는 아동의 욕망에 잘 대응하지만, 이에 대해 관심이 지나치거나 거의 없게 반응하는 부모는 아동으로 하여금 자기가치와 관련된 심리적 문제를 야기할 수 있다. 구체적으로 말하면, 아동과의 관계에 투자하기 위해 배우자를 포함하여 모든 것을 포기하는 부모는 아동의 자기가치를 지나치게 부풀리게 된다. 이런 아동은 성장하여 건강한 자기가치감으로 자신을 보는 것이 아니라, 자신을 속이는 지나치게 과장된 허황된 환상을 지닌 어

구강기
출생부터 18개월까지 발생하며, 수유행동으로 인한 심리적 결과에 초점을 둔 프로이트의 심리성적 발달 단계 중 첫 번째 단계

항문기
18개월부터 약 3세까지 지속되며, 배변 훈련으로 인한 심리적 결과에 초점을 둔 프로이트의 심리성적 발달 단계 중 두 번째 단계

남근기
3세부터 6세까지 진행되며, 이성 부모에 대한 사랑으로 인한 심리적 결과에 초점을 둔 프로이트의 심리성적 발달 단계 중 세 번째 단계

오이디푸스 콤플렉스
어머니를 열망하고 아버지를 미워하는 아동기 경험

엘렉트라 콤플렉스
아버지를 열망하고 어머니를 미워하는 아동기 경험

른이 될 수 있다. 반면, 부모와 특별한 관계를 바라는 아동의 소망을 무시하는 부모는 아동의 자기 가치감을 축소시킨다. 이 아동들은 성장하여 자주 자신의 가치를 낮게 보고, 자신감이 결여되고, 불안정감을 느끼는 성인이 된다.

프로이트는 남근기의 성공은 **동일시**(identification)로 드러난다고 생각하였다. 동일시는 아동이 이길 수 없는 동성 부모를 따라하는 것이다. 단순하게 말하면, 아동은 자신이 열망하는 부모는 이미 힘이 너무 강하여 자신이 이길 수 없는 적인 동성 부모에 의해 소유되었다는 것을 알게 된다. 그다음 아동은 "당신을 이길 수 없다면, 그러면 적과 함께 하면 되지"라는 태도를 취한다. 소년은 아빠의 귀여움을 받는 피보호자가 되기로 작정한다. 소녀는 엄마의 피보호자가 되기로 작정한다. 이런 식으로 소년과 소녀는 동성 부모와 닮은 성인으로 발달할 수 있다. 결국에 가서는 자기 자신의 특별한 이성 파트너를 찾게 된다.

잠복기   프로이트의 심리성적 발달 단계의 네 번째 단계는 **잠복기**(latency stage)인데, 이 단계는 초등학교 내내 지속되어, 성적 욕구가 발현되기 전인 사춘기 전까지 지속된다. 아동의 에너지는 일차적으로 프로이트의 심리성적 발달 단계의 다른 단계에서 두드러진 성적인 주제나 신체적 주제와 관련 없는 학교와 과제들에 초점을 둔다. (단계의 이름이 의미하듯, 아동의 성적 욕구는 이 시기에는 잠복되어 있다.) 그 결과, 잠복기 동안 발생하는 심리적 결과는 상대적으로 거의 없으며, 프로이트는 이 단계를 그의 저서에서 중요하게 다루지 않았다(Etchegoyen, 1993).

성기기   프로이트의 심리성적 발달 단계의 다섯 번째 단계는 **성기기**(genital stage)인데, 이 단계는 사춘기부터 성인기 내내 지속되며, 성숙한 성인의 성적 관계에 초점을 둔다. 프로이트는 성격은 성기기로 들어올 때까지 이미 형성된다고 제안하였다. 프로이트는 이전 단계들(특히 처음 세 단계)을 성공적으로 지나온 사람들이 성공 가능성이 가장 높을 것으로 생각하였는데, 프로이트에게 성공은 이성 파트너와의 장기적 애정 관계이다. 반대로 이전의 단계에 고착하였던 사람들은 힘겹게 나아갈 것이다.

프로이트 후속 연구자들

지그문트 프로이트는 많은 제자들을 끌어들였는데, 대부분의 연구자들이 널리 알려진 성격심리학자들이 되었다. 일부 학자들은 프로이트와 개인적 친분이 있는 사람들이었고, 일부 학자들은 그의 사후에 그를 따르게 된 사람들이다. 이들은 프로이트의 원래 정신역동 이론의 기본을 완전히 부정하지 않는 수정된 **신프로이트 학파 이론**(neo-Freudian theory)을 제안하였다. 프로이트를 따르는 가장 유명한 학자들은 그의 핵심 아이디어, 즉 무의식, 초기 아동기 경험의 중요성, 그리고 마음이 원초아, 자아, 초자아로 구성되어 있다는 주장을 고수한다. 그러나 프로이트의 아이디어 중 일부는 버린다. 예를 들어 신프로이트 학파 연구자들은 원초아의 신체적 충동과 남근기 성욕처럼 프로이트 이론에서 강조하는 생물학은 덜 중요시하였다(Orlinsky & Howard, 1995; Skelton, 2006; Terman, 2012).

알프레드 아들러   프로이트의 정신과 동료였던 알프레드 아들러(Alfred Adler)는 초기 아동기 발달에 관해 프로이트와는 다른 관점을 제안하였다. 아들러는 아동들이 자신의 삶에서 자신보다 강하고 유능한 성인과의 비교를 통하여 발달에 심대하게 영향을 주는 **열등감 콤플렉스**가 발달한다는 것을 지적하였다. 실제로 아들러에 따르면, 아동기와 성인기까지 계속되는 우리의 주된 동기는 자

동일시
아동이 자신이 이길 수 없는 동성 부모를 따라하는 과정

잠복기
초등학교 시절 지속되는 프로이트의 심리성적 발달 단계 중 네 번째 단계로, 아동의 에너지가 일차적으로 학업에 초점이 맞추어지고 성적 주제나 신체적 주제에는 거의 관심이 없는 시기

성기기
사춘기부터 성인기까지 지속되며, 성인의 성숙한 성적 관계에 초점을 두는 프로이트의 심리성적 발달 단계 중 다섯 번째이자 마지막 단계

신프로이트 학파 이론
프로이트의 정신역동 이론의 원래 아이디어에 근거를 두면서 그것을 완전히 거부하지는 않지만 수정된 이론들

신이 지각한 약점을 극복하려는 우월성을 향한 노력이라는 것이다(Adler, 1927; Mosak & Maniacci, 1999; Tan, 2018). 예를 들어 자신을 우둔하다고 생각하는 여성은 자신의 지적 능력을 증진시키기 위해 학위를 취득하려고 할 것이고, 사람들이 자신을 싫어한다고 생각하는 남성은 소셜미디어에서 많은 친구나 팔로워를 만들려고 할 것이다. 아동기에 구루병과 거의 죽을 정도의 폐렴을 포함한 심각한 아들러의 질병이 아마도 지각된 약점 극복을 강조하는 아들러 이론을 개발하도록 촉진했을 것이다(Sweeney, 1998).

아들러는 성격이 아동의 **출생 순위** 또는 가족 내에서 위치에 의해 어떻게 영향을 받는지에 관해서도 언급하고 있다(Adler, 1928). 맏이, 중간, 막내 또는 외동에 관한 아들러의 이론은 수백 편의 연구를 생산하였다. 종합해보면, 출생 순위에 관한 연구 결과는 맏이는 보다 보수적이고 인습적인 반면 동생들(자기 위에 형제나 자매가 있는 경우)은 보다 자유롭고 인습적이지 않음을 보여준다. "동생들은 더 위의 형제가 차지하고 있지 않은 가족의 고유한 틈새를 찾으려고 하는데", 이는 보다 독창적인 사고와 위험 감수를 필요로 한다(Sulloway, 2011, p. 107). 동생들이 보다 개방적인 성격을 갖고 진보 진영 후보를 지지할 가능성이 높다는 것은 놀랄 만한 일이 아니다. 역사적으로 보면, 세상을 개혁한 특출난 혁명적 사고가들(지구가 태양계의 중심이 아니라고 주장했던 코페르니쿠스, 인간은 진화에 의해 만들어진 종이라고 주장한 다윈 등)은 맏이가 아니었다. 또한 맏이가 아닌 사람들이 급진적 정치가를 지지할 확률이 2배였다(Booth & Kee, 2009; Paulhus et al., 1999; Sulloway, 1996, 2001, 2009).

맏이가 아닌 사람들은 스포츠에서도 모험을 감수할 가능성이 있다. 그림 11.4에서 보는 바와 같이, 맏이가 아닌 사람들은 맏이에 비해 축구, 럭비, 아이스하키, 체조, 권투, 활강 스키, 자동차 경주 등 위험한 스포츠를 할 가능성이 1.48배 높다. 야구에 대한 보다 자세한 분석에서는 도루처럼 특히 위험한 플레이를 할 경우 그 차이는 더 크다는 것을 보여준다. 구체적으로 보면, 연구자들은 자신의 형제도 그 경기에 야구선수로 참여한 700명의 메이저리그 야구선수들에 관한 자료를 검토한 결과, 형에 비해 동생이 도루를 시도할 가능성이 10.6배라는 것을 발견하였다(Sulloway & Zweigenhaft, 2010). 또한 아우가 형에 비해 투구에 맞을 가능성이 4.7배였는데, 투구에 맞는다는 것은 고통이나 사고를 기꺼이 감당할 의향이 있다는 것을 의미한다.

그런데 출생 순위와 성격에 관한 모든 경험적 연구가 아들러 이론을 지지하는 것은 아님을 언급할 필요가 있다(Rohrer et al., 2015). 고등학생 377,000명을 대상으로 한 대규모 연구에서는 출생 순위와 외향성, 충동성 그리고 리더십 특성과 같은 몇 가지 성격 특질과 상관을 측정하였다. 변인들 간의 평균 상관은 .02였고, 그 어느 상관도 .05 이상을 넘어가지 않았고 −.05보다 더 낮지도 않았다. 달리 말하면, 출생 순위와 특정 성격 특질과의 상관은 거의 0에 가까웠는데(상관은 +1.0에서 −1.0까지 가능하다), 이는 형제들 가운데 여러분이 차지하는 서열이 여러분의 성격을 전혀 예측하지 못할 수 있음을 시사한다(Damian & Roberts, 2015).

칼 융 칼 융(Carl Jung)은 한때 프로이트가 자신의 주장을 이어 갈 후계자로 선택했던 학자였으나, 결국에는 그들의 관점이 너무 달라 프로이트는 그의 마음을 바꾸었다(Bair, 2004; Shiraev, 2011). 두 사람의 사고방식에서의 큰 차이 중에는 무의식에 관한 이해가 있었다. 우리 각자가 자기 나름

출생 순위에 관한 알프레드 아들러의 이론은 관련 주제에 관한 많은 연구에 영향을 미쳤다.

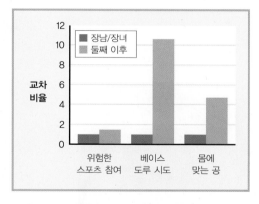

그림 11.4 출생 순위와 스포츠에서 위험 감수 둘째 이후로 태어난 사람들이 첫째로 태어난 사람들보다 더 위험을 무릅쓰는 행동을 취하는 경향이 있다. 운동선수들의 경우, 둘째 이후 출생자들이 더 자주 권투나 체조 같은 위험한 스포츠를 선택하였다. 야구선수의 경우, 이들은 위험이 많은 베이스 도루 시도가 더 많았으며, 부상을 입을 위험이 있는 몸에 공을 맞는 일이 더 많았다. 출처 : Sulloway and Zweigenhaft(2010).

집단무의식
모든 문화 사람들의 마음속에 존재하는 공동으로 유전된 기억

원형
문화나 시대가 달라도 지속적으로 나타나는 집단무의식 안에 있는 특정한 상징이나 양상

의 고유한 무의식을 형성한다는 프로이트의 개념과는 달리, 융은 모든 문화권 사람들의 마음에 공통적으로 내재된 기억인 **집단무의식**(collective unconscious)을 제안하였다. 이 아이디어는 집단무의식이 세대를 거치면서 인간의 삶에 중심이 되어 왔던 기본적이고 원시적인 개념을 모든 사람이 갖고 있다는 것이다(Jung, 1963).

융은 이런 원시적 개념을 **원형**(archetype)으로 칭하였는데, 이는 여러 문화와 시간을 거치면서 지속적으로 나타나는 집단무의식 안에 있는 특정 상징 또는 양식이다. 융의 원형에 속하는 예는 아동, 영웅, 위대한 어머니, 악마, 아니마(남성 안에 있는 여성성)와 아니무스(여성 안에 있는 남성성) 등이 포함된다. 그는 이런 원형들이 모든 지역과 모든 시기에 있었던 여러 문화의 일부 예술 형태(그림이나 이야기 등)에서 발생한다는 점을 지적하였다(Jung, 1964). 예를 들어 영웅 원형은 고대 그리스와 중국에서부터 현대 서구사회에 이르기까지 다양한 형태로 계속 반복해서 나타난다. 영웅의 구체적 모습은 매우 다양하지만, 영웅이 지닌 보편적 핵심은 용기 있고, 옳다고 믿는 것을 위해 싸우는 숭고한 사람이라는 것은 여전히 변하지 않은 채 남아 있다.

또한 융은 사람의 서로 다른 성격 유형을 가진 사람들을 서술하는 내향적 사람과 외향적 사람이란 용어를 최초로 사용한 연구자였다(Jung, 1971). 내향적 사람들은 정신에너지가 자신의 내부로 향하는 경향이 있으며, 타인과의 상호작용을 덜 필요로 한다. 외향적 사람들은 정신에너지가 외부로 향하는 경향이 있으며, 타인들과의 상호작용을 많이 한다.

에릭 에릭슨   제9장(전 생애 발달)에서 소개된 에릭 에릭슨(Erik Erikson)은 신프로이트 학파에 속하는 연구자였다. 에릭슨의 위대한 공헌인 심리사회적 발달의 8단계 이론은 프로이트의 5단계 심리성적 발달 단계와 밀접하게 관련되어 있다. 에릭슨의 8단계 이론 중 처음의 다섯 단계는 프로이트의 다섯 단계와 대응관계에 있지만, 생물학과 성에 대한 강조에서 중요한 타인과의 사회적 상호작용을 강조하는 방향으로 대치되었다. 에릭슨의 그 이후 세 단계는 성인기를 거치면서 전 생애로 확장되는데, 이는 성격이 생의 초기 아동기까지 완전히 형성된다는 프로이트의 아이디어와는 다르다는 것을 보여준다(Erikson, 1946, 1950; Welchman, 2000).

카렌 호나이   카렌 호나이(Karen Horney)는 신프로이트 학파 1세대에서 보기 드문 여성 학자 중 한 사람이었다. 시대를 앞선 그녀의 아이디어 중에는 여성은 남성과 다른 발달을 한다는 개념이 있었는데, 이는 프로이트의 이론이 남성과 여성 모두에게 동일하게 적용된다는 가정이 틀릴 수 있음을 보여주는 것이다. 예를 들어 호나이는 세상 사람들의 절반이 남근을 갖지 않음에도 불구하고 프로이트가 세 번째 심리성적 단계를 '남근기'라고 명명한 것과 같은 남성 중심에 동의하지 않았다.

호나이의 이론은 페미니스트 성격 이론가들의 발판이 되었다. 예를 들어 낸시 초도로우(Nancy Chodorow)는 아동을 양육하는 주양육자는 전형적으로 어머니인데, 이는 자녀가 성장하여 자신의 정체감을 형성할 만한 나이가 될 때 소년과 소녀가 서로 다른 도전에 직면한다는 것을 의미한다. 소년들은 어머니와 분리하여 다른 역할모델(일반적으로 아버지)을 채택함으로써 자신의 정체감을 형성해야만 하지만, 소녀들은 자신의 정체감이 발달될 때까지 어머니와 계속 연결됨으로써 자신의 정체감을 형성해야만 한다(Chodorow, 1978, 1989).

유사하게, 캐롤 길리건은 성장하면서 여성은 남성에 비해 인간관계를 중시하여 여성과 남성은 서로 다른 가치와 도덕성이 발달할 수 있지만, 남성과 여성 모두 법을 지키고 정상

카렌 호나이, 낸시 초도로우, 그리고 캐롤 길리건을 포함한 몇몇 이론가들은 소년과 남성과 달리 소녀와 여성의 성격은 다르게 발달할 수 있음을 강조해 왔다.

적으로 성장함을 주장하였다(Gilligan, 1982, 1992). 예를 들어 잘못을 저지른 친구를 지지하는 도덕적 딜레마에 직면했을 때, 여성은 관계를 유지하는 데 초점을 두는 반면, 남성은 정의에 더 초점을 둘 수 있다.

정신역동 이론에 관한 지금의 생각

정신역동 이론은 여전히 심리학에서 강력한 힘을 유지하고 있지만, 그 전성기는 지났다. 이 이론은 광범위로 날카롭게 비판받아 오고 있으며, 성격에 관한 많은 대안 이론들이 등장하였다.

아마도 정신역동 이론을 겨냥한 가장 큰 비난은 과학적이지 않다는 것이다(Michael, 2018; Tallis, 1996). 정신역동 개념은 쉽게 정의되지 않는데, 이는 검증 가능한 가설로 전환하는 것을 어렵게 만든다. 예를 들어 원초아, 자아, 초자아가 프로이트가 언급한 방식으로 실제로 상호작용한다는 것을 어떻게 알 수 있는가? 이 세 가지 요소가 존재한다는 것만이라도 알 수 있는가? 분명한 것은 성격의 세 가지 구조가 CAT검사나 뇌의 MRI에 나타나지 않는다. 심리학이 태동한 초기인 프로이트 시대에는 마음의 내적 작업과정에 관한 추측이 종종 의심 없이 받아들여졌다. 그러나 심리학이 발전하면서, 심리학은 추측이나 짐작이 아니라 과학의 한 분야가 되었다. 오늘날 많은 심리학자들은 적어도 부분적으로 프로이트 이론을 묵살하는데, 이는 그의 이론은 사실인지 아닌지 검증할 수 없기 때문이다. 이런 이유에서 그의 이론은 종종 과학이라기보다는 일종의 신념으로 불리기도 한다(Gabbard, 2009).

또한 현대 심리학자들은 프로이트가 그의 아이디어를 지나치게 일반화하였다고 비판한다(Grayling, 2002). 그는 프로이트 자신과 같은 사람들에게 특히 잘 들어맞는 성격 이론을 계발하였는데, 프로이트와 비슷한 사람이라 함은 성이 매우 억압되었고, 성역할이 매우 경직되었으며, 아버지와 어머니를 포함하여 모든 가족이 함께 살았고, 동성애가 일종의 병으로 간주되었던 시절에 살았던 사람이다. 문제는 그가 자신의 이론을 제안했을 때, 그는 그 이론이 모든 사람에게, 모든 지역에서, 모든 시기에 적용된다고 주장했다는 점이다. 호나이, 초도로우, 그리고 길리건의 작업은 여성과 소녀, 특히 프로이트와 다른 시기, 다른 장소에서 사는 여성과 소녀에게는 프로이트의 이론이 적용되지 않을 수도 있다는 점을 강조하고 있다.

심지어 프로이트의 핵심 아이디어의 일부는 세월이 지나면서 약화된 것으로 보인다. 오늘날 정신역동 심리학자들은 생의 초기 경험이 성인의 성격에 영향을 준다는 프로이트의 기본 아이디어에 동의하지만, 생의 초기 경험이 성인의 성격을 모두 다 결정하는 것은 아닌 것 같다(Roberts et al., 2008). 신프로이트 학파 연구자들은 무의식이 중요한 힘이라는 것에 동의하지만, 프로이트가 밝혀내지 못한 일부를 포함하여 무의식이 다양한 역할을 한다는 것을 강조한다. 예를 들어 무의식에 관한 현대 논문들은 원초아 대 초자아의 갈등 이외에 우리가 인식하지 못하는 정보처리과정(예를 들어 그렇게 하려고 시도하지 않아도 우리에게 자주 발생하는 사건을 추적하는 것)에 초점을 두는 경향이 있다(Kaufman et al., 2010; Kihlstrom, 2008; Power & Brewin, 2011; Salti et al., 2019; Stadler & Frensch, 1998; Vlassova & Pearson, 2018). 정신역동 심리학자들은 이성애가 인간 동기의 핵심 요소라는 것에 동의하지만, 모든 성적 지향이 동일하게 건강할 수 있다는 것을 주장한다(Erwin, 2002; Lewes, 1995; Malark, 2017; Sand, 2017).

학습 확인

11.4 성격의 정신역동 이론은 무엇인가?

11.5 무의식은 무엇이며, 왜 중요한가?

11.6 원초아, 자아, 초자아는 무엇인가?

11.7 심리성적 발달 단계는 무엇인가?

11.8 지그문트 프로이트 추종자들은 정신역동 이론을 어떻게 수정하였는가?

11.9 정신역동 이론에 관한 현대 관점은 무엇인가?

성격의 인본주의 이론

학습 목표

11.10 성격의 인본주의 이론

11.11 자기실현의 정의

11.12 자아실현에 대한 긍정적 존중과 가치 조건화의 영향

11.13 자기개념 발달

11.14 인본주의 이론에 관한 오늘날의 생각

칼 로저스(Carl Rogers)의 아이디어에 근거를 둔 **성격의 인본주의 이론**(humanistic theory of personality)은 건강한 긍정적 성장과 자기실현을 향한 선천적 경향성을 강조한다. 로저스는 정신역동적 관점이 지배적이었던 시기에 심리학자가 되었지만, 그는 인간 본성에 관한 프로이트의 부정적 관점에 곧 싫증이 났다. 로저스는 단순하게 사람들이 성, 공격성과 같은 생물학적 원초아에 근거한 욕망과 즉각적 쾌를 추구하는 만족할 줄 모르는 추동에 의해 몰려가는 존재로 간주하지 않았다. 로저스는 인간의 성질에 대해 훨씬 긍정적이고 낙관적인 관점을 갖고 있었으며, 사람들이 자신의 잠재력을 충분히 발휘하려는 욕구에 의해 움직이는 존재라고 생각하였다.

칼 로저스는 성격의 인본주의 이론을 개발하였는데, 이 이론은 사람들의 건강한 긍정적 성장과 자기실현을 향한 내재적 경향성을 강조한다.

자기실현

봄철에 땅에서 살짝 나온 새 식물을 상상해보자. 우리는 이 식물이 자라서 봉우리를 맺고 꽃을 피우려는 선천적 경향성을 갖고 있다고 가정한다. 마찬가지로 로저스는 우리도 자신의 잠재력을 충분히 발휘하는 사람이 되고자 하는 **자기실현**(self-actualization)을 향한 선천적 경향성을 갖고 있다고 가정하였다. 식물이 성장하려면 물과 햇빛이 필요하다. 자기실현을 하려면 우리는 로저스가 말하는 **긍정적 존중**(positive regard), 즉 주변 사람들로부터 따뜻함, 수용, 그리고 사랑이 필요하다. 로저스는 긍정적 존중이란 용어 대신 덜 형식적인 소중히 여기기(prizing)란 단어 사용을 더 좋아하였다. 소중히 여기기는 타인의 부드럽고 온전한 공감을 의미한다(Rogers, 1959). 예를 들어 로저스는 할머니 다이나가 손녀 멜리사를 소중히 여긴다고 말할 수 있는데, 이는 다이나가 멜리사에 대해 어떤 평가도 하지 않고 그저 멜리사이기 때문에 소중히 여기는 것이다.

성격의 인본주의 이론
건강한 긍정적 성장과 자기실현을 향한 사람들의 선천적 경향성이 있음을 강조하는 칼 로저스의 아이디어에 근거한 이론

자기실현
개인이 잠재적으로 되고 싶어 하는 사람으로 온전하게 되는 것

긍정적 존중
주변 사람들로부터 받는 따뜻함, 수용, 사랑

가치의 조건화
타인의 긍정적 존중을 얻는 데 적합하도록 해야만 하는 요구사항

 긍정적 존중이 왜 중요한가요?

다이나가 멜리사에게 했던 것처럼 무조건적인 긍정적 존중을 하지 않고, 특정 행동이나 특성에 대해 조건적 긍정적 존중을 할 경우 문제가 발생한다. 달리 말하면, 조건적 존중을 하는 사람들은 가치에 조건화를 부여하는 것이다. **가치의 조건화**(conditions of worth)란 주변 사람들의 긍정적 존중을 얻기 위해 개인이 수행해야만 하는 요구사항들이다. 예를 들어 일부 부모는 자녀에 대한 사랑이 자녀가 받은 성적, 스포츠 활동, 자녀가 선택한 친구 등에 따라 달라진다. 부모의 사랑과 인정이 매우 중요하기 때문에, 자녀는 흔히 자신의 흥미나 열정에서 벗어날지라도 부모가 바라는 가치 조건화를 따르게 될 것이다. 특정 방향의 햇빛만을 받는 식물처럼, 자녀의 특정 '가지'만 번성하고 나머지 가지들은 시들어버리게 되는 것이다. 따라서 부모의 인정을 받기 위해 자녀는 진정

한 자기의 주요 부분을 희생할지 모른다. 아니면 로저스가 언급한 바와 같이, 자녀의 실제 자기와 이상적 자기가 일치하지 않을 것이다. **실제 자기**(real self)는 개인이 매일의 삶에서 실제로 경험하는 자기로, 타인들이 여러분에게 가하는 가치의 조건화에 부응하도록 하는 압박을 느끼는 자기이다. 반대로 **이상적 자기**(ideal self)는 자신이 되고 싶어 자연스럽게 노력하는 실현된 자기이다(Cain, 2010).

불일치　로저스는 자신의 실제 자기와 이상적 자기 간의 부조화인 이런 **불일치**(incongruence)가 불행과 정신병을 유발한다고 생각하였다. 불일치를 경험한 사람들은 자신이 진정한 자신이 될 수 없으며, 대신 타인의 인정을 얻기 위해 자신이 변해야만 한다고(또는 심지어 자신이 아닌 다른 누군가인 것처럼) 느낄 가능성이 크다. 예를 들어 바이올린 연습을 더 좋아하지만 아빠의 사랑을 얻기 위해 하키를 하는 초등학교 3학년 아이, 실제로는 결코 자신이 원하는 것이 아님에도 불구하고 친구들에게 멋지게 보이려고 약물을 사용하는 10대 소녀, 연기를 좋아해서가 아니라 가족이 연기를 하라고 압박을 가하기 때문에 오디션에 참가하는 배우 등, 이 사람들은 모두 결국에는 실제 자기와 누구인 듯이 행동하는 자기 간의 분리를 느끼게 될 것이다(Cain, 2010). (오랫동안 한쪽으로 치우친 상상의 나무가 자신의 모든 가지에서 꽃이 피면 어떻게 느낄지 생각해보라.)

일치　로저스에 따르면, 정신 건강의 근원은 실제 자기와 이상적 자기가 맞아떨어지는 **일치**(congruence)다. 사람들은 자신의 자연적 경향성을 따라 유기체적으로 성장하도록 허용되면 기분이 좋아진다. 앞의 식물의 예를 들면, 햇빛이 모든 방향에서 올 때 일치가 일어난다. 인간에게 적용해보면, 여러분의 삶에서 중요한 사람들로부터 여러분이 어떻게 행동하는지에 관계없이 무조건적 긍정적 존중을 받을 때 일치가 일어난다는 것이다. 이는 여러분에게 중요한 사람들이 여러분의 모든 것을 인정한다는 의미가 아니라, 이들은 여러분의 특정 행동을 인정하지 않을지라도 지속적으로 여러분의 가치를 인정하고 여러분을 소중하게 여긴다는 것이다(Rogers, 1980; Tudor & Worrall, 2006).

　여기서 중요한 점은 여러분의 성격이 대체로 주변 사람들이 여러분의 자기실현 경향성에 반응하는 방식에 따라 달라진다는 것이다. 그들이 여러분의 자기실현 경향성을 격려하여 여러분의 모든 가지가 번성하도록 허용한다면, 여러분은 자신이 되고 싶은 사람으로 충분하게 발달할 수 있다는 것이다. 반면 그들이 여러분의 자기실현 경향성을 억눌러, 여러분의 일부 가지만 번성하도록 한다면, 여러분은 부분적으로만 진짜 자기인 사람이 되거나 아니면 타인들이 원하는 사람의 모습이 되도록 발달할 것이다(Bohart & Tallman, 1999; Rogers, 1961, 1980). 예를 들어 다른 사람들과 협동적인 경향이 있는 중학교 3학년생 헤더를 생각해보자. 그런데 그녀의 부모가 헤더가 다른 사람들과 경쟁해서 이길 때마다(체스 경기에서 경쟁자들을 모두 물리쳤을 경우, 학교 밴드에서 수석 바이올린 연주자가 되었을 경우, 학급 반장으로 선출되었을 경우) 사랑을 준다면, 헤더는 자신의 협동적 스타일은 버리고 경쟁적인 사람으로 발달할 것이다.

에이브러햄 매슬로와 자기실현

제8장에서 소개된 욕구위계 이론을 제안한 에이브러햄 매슬로(Abraham Maslow)는 또 다른 대표적인 인본주의 심리학자였다. 로저스처럼 매슬로도 자기실현이 주된 욕구임을 강조하였다. 그런데 매슬로는 개인이 자기실현을 시도하기 전에 먼저 보다 기본적인 욕구들(음식, 물, 안전, 소속감

칼 로저스는 땅에서 솟아나는 하나의 식물처럼, 각 개인마다 성장하고, 봉우리를 맺고, 꽃을 피우려는 타고난 경향성을 갖고 있다고 생각하였다. 그는 이런 경향성을 자기실현이라고 칭하였는데, 이는 자신이 지니고 있는 잠재력을 충분히 성취하는 사람으로 되어 가는 것이다.

paladin13/iStock/Getty Images

실제 자기
매일 실제로 경험하는 자기

이상적 자기
자연스럽게 되고자 노력하는 자기실현된 자기

불일치
실제 자기와 이상적 자기가 서로 일치하지 않음

일치
실제 자기와 이상적 자기가 서로 일치함

등)이 충족되어야만 한다는 것을 우리에게 말하고 있다(Maslow, 1968). 여러분이 배가 부르고, 안전하다고 느끼고, 사랑을 받고 있다고 느껴야만 여러분은 인간으로서 자신의 잠재력을 충분히 발휘하는 방향으로 옮겨갈 수 있다.

매슬로는 에이브러햄 링컨, 토머스 제퍼슨, 엘리너 루스벨트, 제인 애덤스, 알버트 슈바이처, 올더스 헉슬리처럼 **자기실현**을 했다고 생각되는 유명인들의 자서전과 글을 연구하였다. 그는 이들 성격에서 유사성을 발견하였다. 그들은 자기 주변의 세상과 자신을 현실적으로 그리고 정직하게 판단하였다. 그들은 인내력이 탁월했고, 창의적이었으며, 자신의 활동에 온전하게 몰입하였다. 그들은 자신이 추구했던 것에 열정을 지니고 있었고, 성공 정도에 관계없이 겸손하였다. 그들은 지략이 있었으며 독립적이었다. 그들은 타인들과 강한 연대감을 갖고 있으면서도 또한 혼자인 것에 편안해했다. (이런 특성 목록은 우리에게 상관관계가 반드시 인과관계를 의미하지는 않는다는 것을 알려주는 좋은 기회가 된다. 그들은 이런 특성을 갖고 있었기 때문에 자기실현을 하게 되었는가, 아니면 자기실현을 했기 때문에 이런 특성을 갖게 되었는가? 아니면 이런 특성을 갖고 자기실현을 경험하는 둘 다를 가능하게 하는 다른 요인들이 있었는가?)

매슬로는 또한 자기실현에 근접하면서 **절정 경험**을 보다 많이 경험한다고 생각하였다. 정상 경험은 초월적 기쁨과 충만감을 느끼는 극복의 순간이다. 사람들은 종종 자신의 절정 경험을 표현하기 위해 '신비롭다' 또는 '황홀하다'라는 단어를 사용한다. 또한 이들은 강한 목적의식을 느낄 뿐만 아니라 주변 세계와 특별한 조화를 느낀다고 말한다. 절정 경험을 가져오는 활동은 그 종류가 매우 다양하지만, 음악, 예술, 종교, 스포츠, 또는 친밀한 상호작용이 많은 사람들에게서 가장 흔한 발화장치가 된다(Gabrielsson et al., 2016; Privette, 1983; Yaden et al., 2016). 매슬로(1968)의 설명처럼, 절정 경험은 "여러분의 삶에서 가장 경이로운 경험으로, 아마도 사랑을 받거나 음악을 듣거나 또는 어떤 책이나 그림에서 갑자기 감동을 받거나 또는 어떤 창조적 순간에서 나오는 가장 행복한 순간, 가장 황홀한 순간, 매료된 순간이다"(p. 83).

자기개념

자기개념(self-concept)은 개인이 자신이 어떤 사람인지에 관한 자기 관점이다. 여러분의 삶에서 사람들이 여러분을 대하는 중요한 방식, 특히 여러분의 자기실현 경향성에 대해 그들이 반응하는 방식은 여러분이 자신을 보는 관점을 형성하는 데 엄청난 영향을 준다. 예를 들어 다른 사람들이 여러분에게 부여하는 가치 조건화가 여러분 스스로 자신에게 부여하는 가치 조건화가 되어 버린다(Hattie, 1992; Rogers, 1959). 앞서 소개한 자신은 하키에 대한 열정이 없음에도 불구하고 아빠가 하키를 하도록 몰아가는 초등학교 5학년 소년을 생각해보라. 시간이 지나면서 이 소년은 아빠로부터 학습된 가치[너(소년)는 예술보다는 운동을 계속할 때에만 가치 있는 사람이 된다]는 소년 스스로 자신에게 적용하는 규칙(나는 예술보다는 운동을 계속할 때에만 가치 있는 사람이 된다)이 될 가능성이 높다. 같은 방식으로 무조건적 긍정적 존중을 받는 사람(너는 무엇을 하든 관계없이 가치 있는 사람이다)은 그 메시지를 내면화하여 스스로 자신에게 무조건적 긍정적 존중(나는 무엇을 하든 관계없이 가치 있는 사람이다)을 보낼 가능성이 높다.

로저스에 따르면, 자신에 관한 견해를 지칭하는 용어들, 예를 들어 **자존감, 자기이미지, 자기가치** 등도 동일한 양상을 따른다. 개인이 자신에 관해 생각하는 방식은 타고난 것이 아니라, 우리 삶에서 가장 중요한 타인들로부터 우리가 받는 의견을 따르는 것이다. 우리에게 중요한 사람들은 우리가 어렸을 때에는 부모나 다른 가족들이지만, 성장하면서 친구, 연인, 동료가 될 수 있다. 예를 들

자기개념
자신이 어떤 사람인지에 관한 자기 관점

어 직장 상사로부터 '여러분은 게으르다'라는 피드백을 반복적으로 받는 중간 관리자는 그 메시지가 자기 이미지에 들어맞지 않게 하려고 엄청 노력할 것이다. 반면에 자기 파트너가 말과 행동을 통해 계속해서 '여러분은 대단하다'는 말을 듣는 여성은 그 메시지를 통해 자존감이 높아질 것이다.

인본주의 이론에 관한 오늘날의 생각

정신역동 이론과 마찬가지로, 인본주의 이론도 학술 문화와 대중 문화에 크게 영향을 미쳐 왔다. 인본주의 이론은 자기개념과 자기가치에 대한 강조를 형성하였지만, 1960년대 이전에는 이 개념들은 대부분 무시되었다. 지금은 자기개념과 자기가치는 부모, 교육자, 커플 상담가들로부터 많은 주목을 받고 있다. 또한 인본주의 이론은 긍정심리학 운동을 일으켰으며, 지속적으로 많은 심리치료사들의 훈련 방식에 지대한 영향을 주고 있다(Angus et al., 2015; Cook et al., 2009; Rogers, 2018). 보다 구체적으로 말하자면, 지금은 긍정적 개입이나 강점 기반 상담을 이용하는 치료자들의 수가 점점 더 늘고 있다. 이런 처치는 내담자의 문제와 혼란에 초점을 둔 전통적 치료와 달리 내담자가 지닌 자원과 능력을 강조한다(Magyar-Moe et al., 2015; Nichols & Graves, 2018; Rashid, 2015; Seligman, 2011; Seligman et al., 2005; Snyder et al., 2011)

인본주의 이론 역시 많은 비판을 받고 있다. 아마도 인본주의 이론에 대한 가장 흔한 비판은 지나치게 낙관적이고 순진하다는 것이다. 인본주의의 기반은 사람들이 기본적으로 선하다는 생각에서 출발한다는 것을 기억해보라. 만약 이것이 사실이라면, 사람들은 그저 각자 자기 나름의 진정한 삶을 살기를 원하면 된다. 그런데 왜 한 인간이 다른 인간에 대해 저지르는 끔찍한 범죄가 일상 뉴스가 되고 있는가? 자기실현의 억압이 강간, 살인, 전쟁을 설명할 수 있는가, 아니면 성장하려는 단순한 바람이 아니라 인간 본성에 보다 사악한 것이 있는가? 모든 방향에서 햇빛을 받는 식물이 아름다운 장미꽃이나, 해를 끼치지 않는 양치 식물이 되지 않고, 오히려 해충을 잡는 식충 식물이 될 수도 있다.

정신역동 이론처럼 인본주의 이론 역시 비과학적이라는 비판을 받아 왔다. 인본주의의 핵심 개념인 자기실현 경향성, 실제 자기와 이상적 자기, 일치와 불일치는 로저스가 제안했던 구체적 방식에 대한 검증은커녕 그 존재를 경험적으로 정의내리고 확인하기도 어렵다.

또한 인본주의 이론은 오늘날 개인주의를 강하게 지지하고 있음을 비판받고 있다. 일부 연구자들은 로저스의 건강한 개인을 자신의 성장 잠재력만을 따르는 사람으로 인식하는 것은 일종의 방종이라고 항의한다. 물론 우리는 개인들이지만, 우리는 또한 중요한 집단(커플, 가족, 공동체 등)의 구성원들이며, 우리 자신의 개인적 성장과 집단 안녕 간의 균형을 맞출 의무가 있다. 마찬가지로, 아시아 문화처럼 대인관계에서의 조화와 부모에 대한 복종을 강조하는 집단주의 문화는 로저스가 말하는 불일치에 대해 상이한 입장을 취할 수 있다. 이들은 개인적 성장의 어떤 측면에 대한 희생을 개인적 불행의 원천으로 보는 것이 아니라 타인에 대한 존중을 보여주는 칭찬받을 만하고 이기적이지 않은 결단으로 볼 수 있을지 모른다.

학습 확인

11.10 성격의 인본주의 이론은 무엇인가?

11.11 자기실현이란 무엇인가?

11.12 긍정적 존중은 무엇이며, 이것은 가치 조건화와 어떻게 관련되는가?

11.13 자기개념은 무엇이며, 어떻게 발달하는가?

11.14 인본주의 이론에 관한 현재의 관점은 무엇인가?

성격의 행동주의 이론과 사회인지 이론

학습 목표

11.15 성격의 행동주의 이론

11.16 성격의 사회인지 이론

11.17 상호교류적 결정론 또는 행동, 환경 및 인지의 상호작용

11.18 자기효능감 또는 자신의 능력에 관한 신념

11.19 통제 소재 또는 개인의 운명에 미치는 내적 영향과 외적 영향에 관한 신념

11.20 행동주의 이론과 사회인지 이론에 관한 오늘날의 생각

성격의 행동주의 이론과 사회인지 이론은 정신역동 이론이나 인본주의 이론에 비해 훨씬 더 과학에 근거를 둔 관점을 제공한다. **성격의 행동주의 이론**(behavioral theory of personality)은 환경의 영향과 관찰 가능하고 측정 가능한 행동을 강조한다. **성격의 사회인지 이론**(social-cognitive theory of personality)은 환경, 사고 과정 그리고 사회적 요인의 상호작용을 강조한다.

행동주의 이론 : 환경의 중요성

여러분은 이미 행동주의 이론에 익숙할 것이다. 실제로 행동주의는 우리가 무엇을 하는지에 관한 설명으로 고전적 조건형성과 조작적 조건형성을 강조했던 제6장 학습에서 다룬 주요 주제였다. 학습에 관해 공부한 것을 토대로 보면, 행동주의자들이 성격 같은 것은 없다고 생각하는 것이 전혀 놀라운 일이 아니다.

 잠깐, 행동주의자들은 어떻게 성격이 없다고 말할 수 있나요?

이 장을 시작할 때 언급된 성격의 정의, '개인의 고유하고 안정된 사고, 감정, 행동 방식'을 살펴보자. 행동주의자들은 이 정의에서 적어도 몇 가지 단어에서 어려움을 느낀다. 사고와 감정은 마음 내부에서 발생하는 활동이므로 직접 관찰되거나 측정될 수 없다. 이는 사고와 감정을 경험적으로 연구하는 것이 불가능하다는 의미다. 따라서 행동주의자들에 따르면, 이런 주제에 관심을 가져서는 안 되는 것이다. 오직 행동만이 관찰될 수 있고 측정될 수 있다. 따라서 행동 그 자체가 성격으로 규정되어야만 한다(Hunt, 1993; Kazdin, 1978; Watson, 1924). 행동주의자들이 성격의 정의에 문제가 있다고 보는 다른 단어는 '안정된'인데, 안정된이란 단어에는 한 개인 안에 있는 어떤 것, 즉 특질, 특성, 자질 등이 개인을 특정 방식으로 일관되게 행동하게 만든다는 것을 내포하고 있다. 파블로프의 개는 어떤 내적이고 안정된 특성 때문에 침을 흘리는 것이 아니라 고전적 조건형성, 즉 종소리와 음식을 함께 제시함으로써 침을 흘리게 되는 것이다. B. F. 스키너의 비둘기는 내적이고 안정된 특성 때문에 스키너 상자의 단추를 쪼는 것이 아니라 조작적 조건형성, 즉 쪼는 행동 다음에 강화물이 따라오기 때문에 단추를 쪼는 것이다. 동물들의 행동은 내부의 어떤 것에 의해서가 아니라 바깥에 있는 요인들에 의해 결정되었다(Evans, 1968; Pavlov, 1927, 1928; Skinner, 1938).

행동주의자들에 따르면, 사람들은 파블로프의 개나 스키너의 비둘기와 전혀 다르지 않다. 사람들은 자신의 **내부**에 있는 안정된 힘에 의해서가 아니라 자신 **바깥**에 있는 조건화 때문에 특정 방식으로 행동한다. 조건화가 동일하게 유지되면 행동 양식은 그대로 유지된다. 조건화가 바뀌면 행동도 바뀐다. 행동이 외적 조건에 의해 영향을 받는다면 성격이 존재한다고 생각하는 것이 어렵다(Skinner, 1971).

예를 들어 한부모 가정에서 아버지에 의해 길러진 일곱 살 소년 조쉬를 생각해보자. 조쉬는 많이 칭얼거린다. 성격에 대한 전통적 관점은 조쉬가 그렇게 칭얼대도록 만드는 깊이 뿌리박힌 학습되지 않은 특성인 칭얼거림을 갖고 있다고 제안한다. 그러나 행동주의자들은 조쉬의 아빠가 조쉬가 원하는 것을 줌으로써 칭얼거리는 행동을 강화했다고 지적했을 것이다. 행동주의자들은 조쉬

성격의 행동주의 이론

환경의 영향과 관찰 가능하고 측정 가능한 행동의 중요성을 강조하는 이론

성격의 사회인지 이론

환경, 사고 과정, 그리고 사회적 요인들 간의 상호작용을 강조하는 이론

가 많이 칭얼대는 습관을 갖고 있다는 것에는 동의하겠지만, 이 습관은 조쉬가 그런 행위에 대해 강화 반응을 받았기 때문에 발달된 것이지, 만약 조쉬가 이런 행동에 대해 벌을 받았거나 아니면 무시를 받았다면 그런 행동은 발달하지 않았을 것으로 본다.

　'성격'이 외적 조건에 의해 통제된 습관이라는 생각은 행동주의적 접근의 또 다른 핵심 아이디어인 자유 의지의 부재를 보여준다. 행동주의자들에게 외적 조건은 여러분의 모든 행동을 결정하는 것이다. 여러분이 어떤 것을 하는 것은 뿌리 깊은 '성격' 특성에 근거한 어떤 선택 때문이 아니라 여러분의 조건화 경험이 행동을 결정하기 때문에, 어떤 것을 하는 것이다(Skinner, 1938, 1976). 행동주의자들에 따르면, 여러분은 바람에 날려온 비치볼처럼 자유 의지를 갖고 있지 않은 것이다 (Al-Hoorie, 2015).

사회인지 이론 : 사회적 요인과 사고도 중요하다

완고한 행동주의자라 할지라도 행동, 특히 인간 행동은 외적 조건으로 완전히 다 설명될 수 없음을 인정해야만 한다. 쥐, 비둘기, 개와 비교해볼 때, 우리의 두 귀 사이에서는 많은 생각이 일어나고 있다. 전 생애 동안 우리는 생각 없이 움직이지 않으며, 마치 연체동물처럼 강화와 벌이 우리의 행동을 조성하도록 내버려두지 않는다. 우리는 다른 사람들과 함께 이야기하고, 타인을 관찰하여 자신의 행동을 바꾸기도 한다. 우리는 주변에서 일어나는 것에 자동적으로 반응하는 것이 아니라 기대를 형성하고, 해석하고, 믿고, 계획한다. 사회인지 이론가들에게 성격은 외적 조건화에 대한 행동과 타인과의 상호작용(사회적)과 우리의 사고과정(인지적)에 포함된 정신 활동, 이 두 가지를 잘 혼합하는 것이다. 이런 사회적 재료와 인지적 재료는 엄격한 행동주의자들이 선호할 만큼의 관찰 가능하고 측정 가능한 것은 아니지만, 사회인지 이론가들은 이 재료들이 성격에 강력한 영향을 미침을 인식하고 있다.

알버트 반두라, 상호교류적 결정론, 그리고 자기효능감　가장 탁월한 사회인지 이론가인 알버트 반두라(Albert Bandura)는 성격에는 다양한 힘들의 계속되는 **상호작용**이 포함되어 있다고 주장한다 (Bandura, 1977a, 1986, 2001). 그는 이런 생각을 **상호교류적 결정론**(reciprocal determinism)으로 칭하였다. 이 이론은 여러분의 행동, 여러분의 환경, 그리고 여러분의 생각 세 가지 요인이 지속적으로 서로 영향을 미친다는 이론이다. 그림 11.5에 이 상호작용이 제시되어 있다. 이 그림에는 세 가지 요인 모두 서로 간에 양방향의 화살표가 있음을 주목하라. 이는 행동, 환경, 그리고 인지 간의 관계가 양방향 길임을 보여주는 것으로, 달리 말하면 모두가 서로 영향을 준다는 것이다. 한 예로, 집 근처 체육관에서 신병훈련소 운동 수업을 받고 더 건강한 신체를 만들려고 작정한 욜란다를 생각해보자. 이 수업에 참여함으로써 욜란다는 자신을 운동 행동에 대해 강화를 받을 수 있고(신병훈련 수업에서의 격려) 또한 모델이 될 수 있는 숙달된 수강생 집단을 관찰할 수 있는 환경에 둔다. 이 환경은 그녀의 인지("이것은 정말로 즐길 만한 것이야", 또는 "나는 이것을 할 수 있어")와 그녀의 행동(더 많은 수업에 참여하기) 둘 다에 영향을 줄 가능성이 높다. 그다음에 그녀는 더 자주 이 신병훈련 환경에 들어오게 되며(즉 그녀 행동이 변화한다), 이 순환은 반복된다. 여기서 핵심은 행동주의자들이 주장하는 것처럼 여러분의 행동에 영향을 주는 것이 환경 자체만은 아니라는 것이다. 여러분의 행동 또한 여러분의 환경을 조성하며, 여러분의 인지도 이 과정에 개입한다는 것이다.

　인지에 관련하여, 반두라는 특히 **자기효능감**(self-efficacy) 또는 자신의 역량에 관한 신념을

상호교류적 결정론
행동, 환경, 그리고 인지의 세 가지 요인이 지속적으로 서로 영향을 준다는 이론

자기효능감
자신의 능력에 대한 개인의 신념

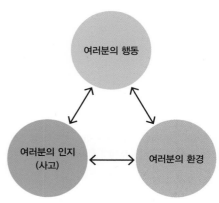

그림 11.5　상호교류적 결정론 알버트 반두라의 상호교류적 결정론 개념에 따르면, 여러분의 생각, 여러분의 환경, 그리고 여러분의 행동은 모두 서로 영향을 준다.

강조하였다(Bandura, 1977b, 1982, 1997; Stajkovic et al., 2018). '나는 할 수 있다'는 욜란다의 인지는 자기효능감의 중요성을 보여준다. 그녀가 신병훈련 첫 수업에서 '안돼, 이건 내가 하기엔 너무 힘들어'란 생각에 당혹해하고 겁을 먹고 그만두었다면, 그녀는 수업에 돌아오지 못했을 것이다. 그런데 자신이 성공할 수 있다는 신념 덕택에 그녀는 수업에 다시 돌아왔다. 여기서 핵심은 욜란다의 자기효능감(자신이 할 수 있다고 생각한 것)이 그녀의 실제 신체적 능력 또는 수업의 난이도만큼 똑같이 중요할 수 있다는 것이다.

줄리안 로터와 통제 소재   또 다른 주요 사회인지 이론가인 줄리안 로터(Julian Rotter)는 성격에 영향을 주는 인지로 **통제 소재**(locus of control)를 제안하였는데, 이는 개인이 자신에게 발생하는 것에 대해 어느 정도의 통제력을 갖고 있는지에 관한 신념이다. 라틴어 소재(locus)는 장소(location)란 단어의 어원이다. 로터에 따르면 통제 소재에는 두 가지 장소가 있는데, 하나는 여러분 안이고, 다른 하나는 여러분 바깥이다. 그는 각 장소에 이름을 붙였는데, **내적 통제 소재**(internal locus of control)는 자신의 삶이 자신 안에 있는 힘의 통제하에 있다고 믿는 신념이며, **외적 통제 소재**(external locus of control)는 자신의 삶이 자신 바깥에 있는 힘의 통제하에 있다고 믿는 신념이다(Galvin et al., 2018; Rotter, 1966, 1975, 1989).

통제 소재는 우리가 무엇을 선택할지에 크게 영향을 줄 수 있다. 자전거 헬멧을 생각해보자. 내적 통제 소재 신념을 갖고 있는 이사벨라는 '자전거를 타다가 부상을 입지 않기 위해 내가 취할 수 있는 행동들이 있다'는 생각으로 헬멧을 쓰기로 결정하였다. 반면에 외적 통제 소재 신념을 갖고 있는 이브는 '날 사고는 나게 되어 있다. 사고에 관해 내가 할 수 있는 것이 정말로 아무것도 없다'는 생각으로 헬멧을 쓰지 않기로 결정하였다. 건강한 음식을 먹을지 말지, 재활용을 할지 말지, 더 좋은 직업을 구해야 할지 말지, 투표를 할지 말지, 어떤 것을 시도할지 말지 등 통제 소재가 영향을 줄 수 있는 일상의 결정 범위가 매우 넓다는 것으로 고려하면, 통제 소재가 이사벨라와 이브의 성격을 구성하는 행동들을 조성할 수 있음을 쉽게 알 수 있다. 이브의 사례에서 외적 통제 소재가 매우 높고, 이것이 삶의 많은 영역에 적용된다면, 이는 학습된 무기력을 닮을 수 있다. (제6장의 셀리그만의 개를 기억하는가?) 그다음에 이 무기감은 자신을 위해 하는 어떤 행동도 소용이 없을 것이라는 신념에 토대를 둔 우울감을 유발할 수 있다.

여기에 여러분의 통제 소재가 일상적 삶의 중요한 주제들을 바라보는 방식에 어떻게 영향을 줄 수 있는지에 관한 보다 많은 예들이 있다.

- 살이 찔까? 여러분이 내적 통제자라면, 여러분은 그렇게 되는 것은 음식과 운동이 좌우한다고 생각할 가능성이 높다. 여러분이 외적 통제자라면, 여러분이 그렇게 되는 것은 부모로부터 물려받은 유전자나 자신이 복용하는 약의 부작용 또는 자신이 통제할 수 없는 다른 요인들이 좌우한다고 생각할 가능성이 높다.
- 부자가 될까? 여러분이 내적 통제자라면, 여러분이 부자가 되는 것은 얼마나 열심히 일하느냐, 얼마나 저축을 잘하느냐, 또는 얼마나 투자를 현명하게 하느냐가 좌우한다고 생각할 것이다. 반면 여러분이 외적 통제자라면, 여러분이 부자가 되는 것은 운(로또 당첨 또는 어쩌다 월급이 많은 것), 여러분이 기대조차 하기 어려웠던 상속, 또는 친구나 가족의 호의가 좌우한다고 생각할 것이다.
- 파트너와의 관계가 지속될까? 여러분이 내적 통제자라면, 그 관계에 얼마나 시간과 노력을 쏟느냐, 또는 먼저 누가 데이트 신청을 할 것인가에 대한 판단에 따라 달라진다고 생각할 것이

통제 소재
자신에게 발생하는 것에 대해 어느 정도의 통제력을 지니고 있는지에 대한 개인의 신념

내적 통제 소재
자신의 삶은 자신 안에 있는 힘의 통제하에 있다고 믿는 신념

외적 통제 소재
자신의 삶은 자신 밖에 있는 힘의 통제하에 있다고 믿는 신념

다. 여러분이 외적 통제자라면, 여러분 파트너의 성격, 파트너에 대한 가족의 인정에 따라 달라지거나 아니면 그냥 우연일 것이라고 생각할 가능성이 높다.

- **대학에서 좋은 성적을 얻게 될까?** 여러분이 내적 통제자라면, 여러분은 여러 가지 활동 중에서 학습을 얼마나 최우선으로 두느냐, 공부를 얼마나 많이 하느냐, 얼마나 효과적으로 공부하느냐가 성적을 좌우한다고 생각할 것이다. 여러분이 외적 통제자라면, 여러분은 교수가 강의를 얼마나 어렵게 하느냐, 어떤 식으로 평가받느냐(시험 대 과제물, 객관식 대 주관식 등), 아니면 다른 사람들이 자신을 얼마나 간섭하느냐 또는 다른 사람들이 자신의 대학생활을 얼마나 지지해주느냐에 따라 성적이 달라질 것이라고 생각할 것이다.

연구자들은 대체로 외적 통제 소재를 지닌 사람들이 우울증과 기타 심리적 장애를 더 많이 경험할 것이라는 생각을 지지한다(Bjørkløf et al., 2013; Garlovsky et al., 2016; Harrow et al., 2009). 그런데 그 상관은 어느 정도 문화에 따라 달라진다. 구체적으로 보면, 개인주의 문화권의 사람들보다 집단주의 문화권 사람들에게서 연결 정도가 더 약하다. 이는 각 문화에서 개인이 자신의 삶을 통제하는 인식의 상대적 중요성을 반영할지 모른다(Cheng et al., 2013).

또한 통제 소재는 우리에게 발생하는 것들을 어떻게 설명하느냐에 강력하게 영향을 줌으로써 성격을 조성할 수 있다. 예를 들어 이사벨라와 이브 둘 다 자신들이 일하는 회사에서 승진에서 탈락했다고 가정해보자. 이사벨라는 '내가 충분히 노력하지 못했구나'라고 자신을 비난할 것이다. 반면에 이브는 '우리 상사가 불공정하다' 또는 '승진한 내 동료가 나를 속였다'라고 그녀 바깥에 있는 힘들을 비난할 것이다. 통제 소재에 관한 보다 최근의 연구는 사람들은 일반적인 통제 소재 신념이 있지만, 특정 영역에서도 통제 신념을 갖고 있음을 보여주고 있다. 예를 들어 여러분은 자신의 직장이나 학교에서의 운명을 통제한다고 느낄 수 있지만, 자신의 건강, 약혼자, 낭만적 삶은 통제할 수 없다고 느낄 수 있다(Hummer et al., 2011; Ng et al., 2006).

행동주의와 사회인지 이론에 관한 오늘날의 생각

성격의 행동주의 이론은 심리학의 모든 측면이 경험적으로 확인할 수 있어야 한다고 주장하는 연구자들에 의해 강하게 제기되는 것이다. 즉 이 이론은 우리가 살펴보았던 성격 이론에서 가장 과학적 방법에 근거를 두고 있다. 그러나 오늘날 많은 심리학자들은 순수한 행동주의는 인간의 전체 그림을 말해주지 못한다는 것을 알고 있다. 이들은 사람들이 동물과 동일하게 행동한다는 가정으로, 환경의 영향을 강조하면서, 고유한 인간적 요인, 특히 우리가 생각하고 상호작용하는 방식을 배제하였다. 그리고 성격이 결코 존재하지 않는다는 행동주의식 개념은 대부분의 현대 심리학자들을 따라가지 못하고 있다. 조건화와 환경이 우리의 행동을 조성하는 주요 요인이긴 하지만, 그것이 유일한 행위 원인이라는 것에 동의하는 사람은 거의 없다(Goldfried, 1995; O'Donohue, 2009).

성격의 사회인지 이론은 환경을 넘어선 요인들을 특히 우리가 생각하는 방식과 사회적으로 상호작용하는 방식을 고려한다. 다른 성격 이론가들에 비해 사회인지 이론은 훨씬 더 성격에 미칠 수 있는 많은 영향을 밝히고 있다. 이런 '다각적' 접근은 강점이 되면서 동시에 단점이 된다. 한편에서 다각적 접근은 사회인지 접근을 포괄적으로 만들지만, 다른 한편에서는 사회인지 접근을 다른 이론에 비해 초점이 분산되도록 만든다. 사회인지 이론의 일부 개념은 경험적 연구들에 의해 잘 지지되어 오고 있다. 예를 들어 자기효능감은 기억 능력, 작업 수행, 운동, 수유, 금연, 체중 줄이기 그리고 암의 극복을 포함하여 다양한 영역에서 상당한 성과를 나타내고 있다(Ashford et al., 2010; Beaudoin & Desrichard, 2011; Brockway et al., 2017; Gwaltney et al., 2009; Herts et al., 2017; Sadri & Robertson, 1993; Teixeira et al., 2015).

학습 확인

11.15 성격의 행동주의 이론은 무엇인가?

11.16 성격의 사회인지 이론은 무엇인가?

11.17 상호교류적 결정론에 따르면, 지속적으로 서로 영향을 주는 세 요소는 무엇인가?

11.18 자기효능감은 무엇인가?

11.19 통제 소재는 무엇인가?

11.20 성격의 행동주의 이론과 사회인지 이론에 관한 오늘날의 관점은 무엇인가?

성격의 특질 이론

학습 목표

11.21 성격의 특질 이론

11.22 성격의 기본 구성요소를 확인하기 위한 특질 이론가들의 접근 방법

11.23 성격의 5요인 모델에 포함된 성격 특질들

11.24 성격의 특질 이론에 관한 오늘날의 생각

성격의 특질 이론(trait theory of personality)은 성격의 기본 구성요소를 발견하고 서술하는 것을 강조한다. 특질 이론을 제외한 모든 성격 이론들은 개인의 성격이 왜 그렇게 발달하는지 설명하고자 한다. 반면에 특질 이론은 성격이 무엇으로 구성되어 있는지 설명하고자 한다(John et al., 2008).

성격 이론, 특히 정신역동 이론과 인본주의 이론은 경험적으로 입증되기도 어렵고 입증되지도 않는 마음의 내적 작동에 관한 주장에 주로 의존하고 있다. 특질 이론, 특히 5요인 모델은 최근 몇십 년 사이에 보다 과학적인 대안으로 떠올랐다. 최근 몇십 년 동안 성격의 일부 다른 접근들에 관한 연구들이 줄어든 반면, 특질 이론에 대한 연구는 더 왕성해졌다.

성격을 이해하는 새로운 접근

여러분이 오트밀 쿠키를 하나 먹을 때, 아마도 그 쿠키와 여러분이 이전에 먹었던 다른 오트밀 쿠키와의 차이를 알아챌 것이다. 쿠키마다 맛이 왜 다를까? 모든 오트밀 쿠키는 동일한 재료, 즉 오트밀, 밀가루, 설탕, 달걀, 버터로 만들어진다. 그러나 오트밀 쿠키 한 개마다 각각의 재료의 양이 조금 다르다. 어떤 쿠키에는 설탕이 더 들어가고, 다른 쿠키에는 버터가 덜 들어감으로써 맛의 차이를 낼 것이다.

특질 이론가들은 오트밀 쿠키처럼 우리의 성격은 몇 개의 동일한 재료로 구성되어 있다고 생각한다. 이들의 연구 목적은 성격을 구성하는 이 재료들을 찾아내는 것이다. 연구자들은 이 재료들을 **특질**(trait)이라 칭한다. 특질은 여러 상황에 걸쳐 개인의 사고, 감정, 행동에 영향을 주는 안정된 성격의 요소이다. 특질 이론가들은 마치 쿠키 재료의 차이로 맛이 달라지는 것처럼, 특질의 양의 차이가 성격의 차이라고 가정한다. 특질 이론가들은 개인의 일생을 거치면서 특정 특질이 어떻게 발달되는지에 대해서는 별로 관심을 갖지 않는다. (이 점이 정신역동 이론과 인본주의 이론, 행동주의 이론, 사회인지 이론과 큰 차이점이다.) 그 대신 특질 이론가들은 성격을 구성하는 특질이 무엇인지 정확하게 알아내려고 하며 따라서 무엇이 인간 성격을 구성하는지 정확하게 이해하고자 한다(Digman, 1996).

인간 성격의 기본 특질을 밝히는 데 있어 중심이 되는 한 가지 도전은 엄청나게 많은 가능한 수를 줄이는 것이다. 여러분이 알고 있는 성격을 나타내는 모든 단어를 생각해보라. 초기 특질 이론가인 고든 올포트(Gordon Allport)는 실제로 영어 사전을 다 읽고, 성격을 서술하는 18,000개의 단

성격의 특질 이론

성격의 기본 구성요소를 발견하고 서술하는 것을 강조하는 이론

특질

여러 상황에 걸쳐 사고, 감정, 행동에 영향을 주는 성격의 안정된 요소

어를 찾았다(Allport, 1937; Allport & Odbert, 1936). 올포트를 따르는 연구자들은 이 엄청난 수의 단어를 다룰 수 있는 몇 개로 줄이는 작업을 수행하였다. (온라인 데이트 신청 서류에 잠정적 데이트를 위해 서로 다른 18,000개의 성격 평가를 했다고 상상해보라!)

엄청나게 많은 성격 특질을 '초특질'에 해당하는 훨씬 짧은 목록의 특질로 줄이는 이 작업은 세월이 지나면서 특질론의 한 주제가 되었다. 예를 들어 1940년대에 레이먼드 커텔(Raymond Cattell)은 성격 서술어들을 16개의 군집으로 줄였다(Cattell, 1943). 이 목록을 토대로 그는 한 때 널리 사용되었던 16요인 성격검사(16PF)로 불리는 성격 검사를 만들었다. 시간이 지나면서, 특질 이론가들은 훨씬 정교화된 통계 절차(그리고 이 분석을 가능하게 하는 성능 좋은 컴퓨터)를 사용하게 되었다. 이 중 가장 중요한 것이 요인분석인데, 이 방법은 엄청나게 긴 변인들을 서로 관련있는 집단으로 구성하는 것이다(Wright, 2017). 요인분석은 성격을 서술하는 특정 단어들이 함께 모인다는 것, 예를 들어 수줍어하는, 위축된, 내성적인, 긴장된 등이 함께 모이는데, 이는 이 단어들이 그 단어들 밑에 깔려 있는 동일한 특질을 나타낸다는 것을 시사한다.

5요인 모델 : 보편적 인간 특질

오늘날 특질론의 주도자인 폴 코스타(Paul Costa)와 로버트 맥크레이(Robert McCrae)는 올포트와 커텔에 의해 시작되었던 성격에 깔려 있는 '초특질'을 확인하는 작업을 계속해 온 연구자들이다. 다른 연구자들의 관련 연구와 더불어, 코스타와 맥크레이의 작업은 **성격의 5요인 모델**[five factor model of personality(흔히 **Big 5**로 알려져 있음)]을 낳았다. 이 모델은 모든 사람들에게 그 정도는 다르지만 공통적으로 다섯 가지 기본적 특질이 있음을 강조하는 것이다. 따라서 커텔이 올포트의 18,000개 성격 재료 목록을 16개의 군집으로 축소한 이후, 몇십 년에 걸쳐 코스타와 맥크레이는 그것을 5개의 특질로 축소하였다(Coata & McCrae, 1985, 1992a, 2008, 2017; McCrae & Costa, 2003, 2008; Widiger & Costa, 2012).

Big 5 모델은 많은 주목을 받았으며, 최근 몇십 년 동안 성격 연구에서 확실한 중심이 되어 버린 엄청나게 많은 연구를 생성하였다(Digman, 1990; McCrae & Costa, 1996; Widiger, 2017). 한 연구자는 대담하게 "대다수의 성격심리학자들은 Big 5가 성격의 기본 차원이라는 것에 동의하게 되었다"(Hunt, 1993)고 말하였다. 여기서 5요인 특질에 관해 조금 더 살펴보기로 하며, 그림 11.6에 5요인이 제시되어 있다(Jackson & Hill, 2019; Schwaba, 2019; Shiner, 2019; Smillie et al., 2019; Tackett et al., 2019).

- **신경증 성향**(neuroticism) — 불안, 우울, 스트레스와 같은 부정적 정서를 경험하는 경향성
- **외향성**(extraversion) — 사람들과 잘 어울리는 사교적 경향성
- **경험에 대한 개방성**(openness to experience) — 새롭거나 인습적이지 않은 생각을 받아들이는 경향성
- **성실성**(conscientiousness) — 조직화하고 책임지고 노력하는 경향성
- **우호성**(agreeableness) — 협동하고 다른 사람들을 따르는 경향성

Big 5 특질과 관련하여(기억을 위해 약자를 모아 OCEAN으로 칭함) 문제가 되는 것은 어떤 개인이 그 특질을 갖고 있느냐가 아니라 개인이 각 특질을 어느 정도 갖고 있느냐이다. 켜고 끄는 스위치로 작동되는 것이 아니라 조광기에 의해 조절되는 전등처럼, 각 특질은 연속선 상에서 어느 한 곳에 위치한다. 예를 들어 우호성을 생각해보자. 요지는 개인이 우호성을 갖고 있느냐 없느냐가

성격의 5요인 모델(Big 5)
모든 사람들에게 존재하는 그러나 그 정도는 달리하는 기본적인 5요인 특질을 강조하는 성격에 대한 설명

신경증 성향
불안, 우울, 스트레스 같은 부정적 정서를 경험하는 경향성에 해당되는 성격 특질

외향성
사회적으로 활발한 경향성에 해당하는 성격 특질

경험에 대한 개방성
새롭거나 인습적이지 않은 아이디어를 수용하는 경향성에 해당하는 성격 특질

성실성
조직화하고 책임지고 열심히 노력하는 경향성에 해당하는 성격 특질

우호성
타인들과 협동하고 따르는 경향성에 해당하는 성격 특질

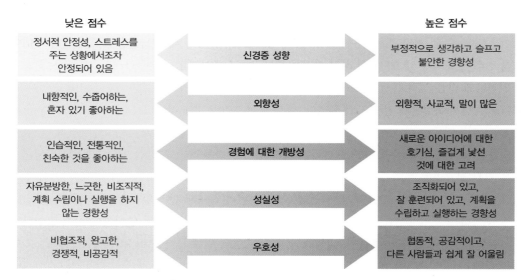

그림 11.6 Big 5 성격 특질의 높고 낮음에 대한 서술 모든 사람들은 성격의 Big 5 특질 각 차원의 어느 곳, 즉 높거나 낮거나 그 중간쯤에 위치한다.

아니라, 개인이 우호성을 얼마나 갖고 있느냐 하는 것이다. 이 접근에 따르면, 여러분이 지닌 이 5개 특질의 고유한 조합이 여러분의 성격을 다른 사람의 성격과 다르게 만드는 것이다.

Big 5는 아동기에 출현하여 전 생애에 걸쳐 비교적 일관되게 남아 있다는 것은 5요인 특질이 생물학적이거나 유전적 뿌리를 갖고 있음을 시사한다(De Pauw, 2017; Jarnecke & South, 2017; McCrae & Costa, 2003; Soldz & Vaillant, 1999). Big 5 밑에 생물학이 깔려 있다는 추가적 증거는 특정 뇌 영역의 크기가 각 특질의 수준과 일치한다는 것을 보여주는 MRI 연구에서 나온다. 예를 들어 성실성이 높은 사람들의 경우, 계획과 자발적 행동을 관할하는 뇌 부위가 확장되어 있다. 신경증 성향이 높은 사람들의 경우에는 위협과 부정적 정서를 처리하는 뇌 부위가 확장되어 있다(DeYoung et al., 2010).

연구자들은 인도, 러시아, 터키, 포르투갈, 필리핀, 이스라엘, 그리스, 짐바브웨를 포함하여 전 세계에 Big 5가 존재한다는 것을 확인하였다. 일부 문화에서는 기본 Big 5 모델에 약간의 변이와 조율이 필요할 수 있지만, 이 결과는 Big 5 특질이 보편적임을 보여준다(Allik & Realo, 2017; McCrae & Allik, 2002; McCrae & Costa, 1997; Schmitt et al., 2007).

Big 5가 성격의 기본 특질로 확립된 이후, 이 분야에서 Big 5와 넓고 다양한 행동과 특성들을 연계하는 연구들이 폭발적으로 증가하였다(Ozer & Benet-Martinez, 2006). Big 5와의 관련성을 탐색한 구체적 연구들 몇 개의 예가 아래에 제시되어 있다.

- **Big 5와 신체 건강 및 정신 건강과의 상관.** 몇몇 대규모 연구에서 성실성이 높은 사람들은 신체 질병이 가장 낮다는 결과가 나타났다(Chapman et al., 2013; Goodwin & Friedman, 2006; Kern & Friedman, 2017). 한 종단연구에서 신경증 성향 정도는 25년 후 만성 통증, 궤양, 심장병, 만성 피로 증상을 포함한 많은 신체 질병과 관련있음을 보여주었다(Charles et al., 2008). 높은 신경증 성향은 우울, 불안, 약물 남용 발생의 높은 가능성과도 상관이 높다(Kendler & Myers, 2010; Kotov et al., 2010). Big 5는 건강 관련 신념과도 상관이 있다. 신경증 성향이 높은 사람들은 (정도는 덜하지만 우호성이 낮은 사람들도) 그렇지 않은 사람들보다 자신이 감염

병에 걸리거나, 다른 사람들 근처에 있거나, 악수하거나, 물을 같이 나눠 마실 경우, 타인들로부터 균이 옮겨질 것이라고 더 강하게 믿고 있다(Duncan et al., 2009).

- **Big 5와 학업 성적과의 상관.** 몇몇 어린 아동부터 대학생을 대상으로 한 연구들에서, 성실성, 우호성, 개방성은 학업 성적과 정적 상관을 보인다. 지금까지 성실성은 5요인 성격 특질 중 학업 성적에 가장 중요한 특질로, 지능이 학업 성적을 정확하게 예측하는 것처럼 실제로 높은 성실성은 높은 학업 성적을 예측한다(Caprara et al., 2011; Poropat, 2009; Rimfield et al., 2015). 또한 성실성은 학업을 잘 하고자 하는 학업 동기를 예측하는데, 이는 여러분이 받는 학업과 연결되는 중요한 부분일 수 있다(Komarraju et al., 2009).

- **Big 5와 직무 수행과의 상관.** 높은 성실성은 높은 직무 수행과 상관이 있음을 보여주는 연구들이 많지만, 보다 최근 연구들에서는 지나친 성실성은 적어도 일부 직무에서는 오히려 직무를 방해할 수 있다는 것을 보여주는 결과가 등장하기 시작하였다(Carter et al., 2014; Judge & Zapata, 2015; Le et al., 2011). 외향성이 높은 사람들은 특히 매니저와 외판원처럼 많은 사회적 상호작용을 포함하는 직무를 잘 수행한다. 새로운 직무 훈련을 가장 쉽게 하는 사람들은 개방성과 외향성이 높다(Barrick & Mount, 1991; Hurtz & Donovan, 2000).

- **Big 5와 낭만적 관계와의 상관.** 메타분석 결과에 따르면, 낭만적 관계에서의 만족을 예측하는 Big 5 요인은 낮은 신경증 성향, 높은 우호성, 높은 성실성, 그리고 높은 외향성이다(Malouff et al., 2010). 또한 결국에는 이혼한 기혼자들이 상대적으로 신경증 성향이 높고, 우호성과 성실성은 낮음을 보여주는 연구도 있다(Solomon & Jackson, 2014).

- **Big 5와 언어 선택과의 상관.** 한 연구자는 약 700개 블로그에 있는 Big 5 특질을 측정하여, 각 블로그가 특정 단어를 얼마나 자주 사용하는지를 계산하였다. 결과는 사용하는 어휘가 성격을 반영한다는 것을 보여준다. 신경증 성향이 높은 사람들의 블로그에는 공포, 슬픔, 분노와 관련된 단어의 비율이 매우 높게 포함되어 있었다. 외향성이 높은 사람들의 블로그에는 대인 간 상호작용과 관련된 단어들로 가득 차 있었다. 우호성이 높은 사람들의 블로그에는 다른 사람들과 함께라는 것을 시사하는 '우리(we 또는 us)'란 대명사가 많이 포함되어 있다(Yarkoni, 2010). 표 11.3에는 Big 5 특질이 높은 사람들이 공통적으로 사용하는 특정 단어들의 목록이 제시되어 있다. 또 다른 연구는 약 70,000명의 페이스북 사용자들에 의해 2,000만 회 이상 업데이트되는 데 사용된 언어를 살핀 결과, 성격 특질과 그들이 사용하는 어휘 간에 흥미 있는 연결을 발견하였다. 예를 들어 외향성이 높은 사람들은 '파티', '주말', '기다릴 수 없다'를 많이 사용하는 반면, 외향성이 낮은 사람들은 '컴퓨터', '인터넷', '아니메(공상과학적

표 11.3　블로거들의 성격과 그들이 사용하는 단어

블로거들의 해당 특질 높음	자신의 블로그에 자주 사용되는 단어들
신경증 성향	끔찍한, 더 나빠지는, 스트레스 받는, 공포스러운, 귀찮은, 부끄러운, 소름끼치는
외향성	술집, 마시기, 레스토랑, 춤, 계산서, 군중
경험에 대한 개방성	예술, 시인, 문화, 성적, 영화, 소설, 문학
우호성	함께, 방문, 공유, 머물기, 안아주기, 경이로운
성실성	완료된, 모험

출처 : Yarkoni(2010).

일본 만화)'를 많이 사용하였다. 개방성이 높은 사람들은 '음악', '예술', '글쓰기', 그리고 '꿈'을 많이 사용하였다. 신경증 성향이 높은 사람들은 '신물이 나는', '우둔한', '우울', 그리고 몇몇 저주의 단어를 많이 사용하였다(Kern et al., 2014).

- Big 5와 인기, 호감도와의 상관. 연구자들은 500명의 10대 학생들에게 서로에 대한 호감도와 인기를 평가하도록 하였다. 또한 이 학생들은 Big 5 상에서 자신을 평가하였다. 학생들은 신경증 성향이 낮고 외향성과 우호성이 높은 또래를 가장 호감 가고 인기가 많은 것으로 평가하였다(van der Linden et al., 2010).

- Big 5와 편견과의 상관. 성격과 편견에 관한 메타분석 결과, 경험에 대한 개방성과 우호성이 낮은 사람들이 다른 집단 사람들에 대한 편견을 가질 가능성이 높았다(Sibley & Duckitt, 2008).

- Big 5와 소셜미디어 사용과의 상관. 페이스북을 사용하는 사람들은 페이스북을 사용하지 않는 사람들에 비해 외향성이 더 높고 성실성은 더 낮다. 외향성이 높은 사람들은 외향성이 낮은 사람들보다 페이스북에 사회적 속성(댓글 달기, 메시지 보내기, 채팅)이 더 많이 나타난다. 신경증 성향이 높은 사람들은 신경증 성향이 낮은 사람들보다 페이스북에 더 많은 시간을 보냈다(Gosling et al., 2011; Ryan & Xenos, 2011). 트위터 사용자들에 비해 페이스북 사용자들은 신경증 성향과 외향성이 더 높다(Hughes et al., 2011). 한 연구에 따르면, 또한 Big 5는 페이스북에서 사람들이 어떤 사람인가와 상관이 있다. 예를 들어 경험에 대한 개방성이 높은 페이스북 사용자들은 음악가, 예술인, 작가와 관련된 것들을 좋아하는 반면, 경험에 대한 개방성이 낮은 페이스북 사용자들은 미국 개조 자동차 경기연맹과 리얼리티 TV쇼와 관련된 것들을 좋아하였다. 외향성이 높은 페이스북 사용자들은 춤, 치어리더, 맥주공 던져넣어 맥주 마시기와 관련된 것을 좋아하는 반면, 외향성이 낮은 사용자들은 역할 대행 비디오 게임, 팬픽션(특정 소설, 영화 등의 팬들이 그 속에 나오는 인물들을 등장시켜 인터넷에 써 올리는 소설), 만화와 관련된 것을 좋아하였다(Kosinski et al., 2013).

- Big 5와 사람들이 좋아하는 개 종류와의 상관. 물론 관련이 있다. 연구자들은 사람들의 Big 5 평정과 자신이 선호하는 개 종류를 비교하였다. 우호성은 낮고, 성실성이 높고, 신경증성향이 높은 사람들은 핏불 테리어(작고 강인한 투견용 개), 독일 셰퍼드, 복서(코가 납작하고 털이 부드러우며 몸집이 큰 개) 같은 공격적인 개를 더 좋아하였다. 반면 이와 반대 양상을 갖는

여러 연구 결과, Big 5 성격 특질이 미국뿐만 아니라 전 세계 많은 다른 국가에서도 사람들의 성격을 서술하는 것으로 나타났다(McCrae & Allik, 2002; McCrae & Costa, 1997; Schmitt et al., 2007).

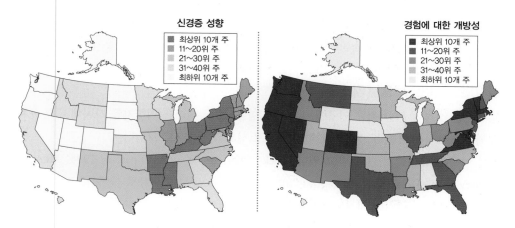

그림 11.7　미국 전역의 Big 5 분포　성격 특질이 지역에 따라 다르다. 뉴욕과 그 인근에서 신경증 성향이 높고, 산이 있는 지역에서는 낮다. 캘리포니아와 그 인근 지역은 중서부보다 개방성 수준이 더 높다. 출처 : Rentfrow(2010), Rentfrow et al.(2008).

사람들은 코카 스파니얼을 좋아하였다(Egan & MacKenzie, 2012).

Big 5 수준이 미국의 지역에 따라 다름을 보여주는 연구도 있다(Rentfrow, 2010; Rentfrow et al., 2008). 그림 11.7에서 보는 바와 같이, 신경증 성향은 서해안 지역보다 뉴잉글랜드 지역에서 더 높다는 것을 알게 될 것이다. 서해안 지역은 개방성이 높지만, 뉴욕과 그 인접 지역도 개방성이 높다. 개방성 수준과 투표 성향 간 관계도 흥미로운데, 일반적으로 가장 개방적인 지역은 가장 진보적이거나 민주당을 지지한다.

정치와 관련해서 보면, 두 연구자가 대통령을 연구하는 역사학자들에게 미국의 대통령들을 Big 5 상에서 묻는 흥미로운 연구를 수행하였다(Rubenzer & Faschingbauer, 2004). (몇몇 대통령의 프로파일은 그림 11.8을 보라.) 이 평가에서 특히 흥미로운 몇 가지가 있다. 우울증에 취약한 것으로 알려진 에이브러햄 링컨은 신경증 성향이 가장 높다. 정치적으로 보다 진보적인 대통령인 에이브러햄 링컨과 빌 클린턴은 정치적으로 보다 보수적인 로널드 레이건과 조지 W. 부시 대통령에 비

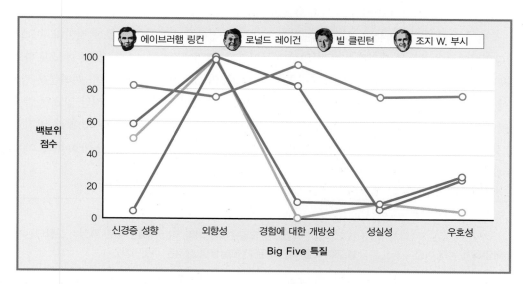

그림 11.8　선출된 미국 대통령들의 Big 5 프로파일　측정된 미국 대통령들의 성격 양상을 보면, 어떤 점에서는 놀랍게 비슷하며(예 : 높은 외향성), 다른 점에서 매우 다르다(예 : 경험에 대한 개방성). 출처 : Rubenzer and Faschingbauer(2004).

해 개방성이 훨씬 더 높다. 모든 대통령들이 외향성은 상당히 높다. 내성적인 사람이 선거운동과 대통령직 수행에 뒤따르는 지속적인 미디어의 주목을 받는 것을 선택하기란 상상하기 어렵다.

특질 이론에 관한 오늘날의 생각

특질 이론은 성격에 관한 최근 연구에 주도적 역할을 한다. 현대 심리학자들 사이에서 특질 이론은 대체로 과학적 근거를 둔 성격에 관한 설명으로 선호되는 것으로 보인다.

특질 이론은 중대한 비판도 받고 있다(Block, 1995; Boyle, 2008; Epstein, 1994; McAdams, 1992; Pervin, 1994; Saucier & Srivastava, 2015). 앞의 오트밀 쿠키 비유로 돌아가보자. 이 비유는 모든 오트밀 쿠키는 동일한 재료로 만들어진다는 가정에서 출발한다. 따라서 쿠키들 간 차이는 이 재료들 양의 차이 때문이어야만 한다. 그러나 사실 오트밀 쿠키는 종종 오트밀, 밀가루, 설탕, 달걀, 버터라는 'big 5'를 넘어선 재료가 포함된다. 예를 들어 오트밀 쿠키의 고유한 맛을 결정짓는 추가적 재료로 계피, 건포도, 초콜릿 조각, 호두 등이 들어갈 수 있다. 같은 방식으로, Big 5는 성격의 모든 맛을 잡아내지 못할 수 있다(Norem, 2010; Shedler & Westen, 2004). Big 5를 넘어설 수 있는 성격 특성의 예로는 개인이 얼마나 재미있느냐, 정직하느냐, 종교적이냐, 겸손하냐, 자기도취적이냐, 다른 사람을 조종하는지 등이 있다(Ashton & Lee, 2008; De Vries et al., 2009; Paunonen & Jackson, 2000; Veselka et al., 2011). 이 장의 앞 부분에서 우리는 농담으로 타인의 성격을 18,000개 단어로 평가하는 것을 학습하는 것이 너무 멀리 나간 것이라고 말한 적이 있다. 그런데 다섯 가지 특질이 너무 적다는 비판이 있다.

특질이 전 생애에 걸쳐 지속된다는 개념 역시 논란하에 있다. 특질이 지속된다는 코스타와 맥크레이의 주장은 지지되기도 하지만(McCrae & Costa, 1994), 그렇지 않다는 것을 지지하는 연구도 있다(Roberts et al., 2006). 예를 들어 연구자들은 21~60세 사이 132,000여 명의 성인을 대상으로 횡단연구를 수행한 결과, 성실성과 우호성 둘 다 나이가 들면서 약간 증가하는 것으로 나타났다(Srivastava et al., 2003). 또한 이 연구자들은 여성의 신경증 성향은 나이가 들면서 조금 감소한다는 것을 발견하였다. 이들은 성격이 '석고처럼 굳는' 것이 아니라(p. 1041) 새로운 단계로 들어가거나 강력한 경험을 거치면서 적어도 일부는 변한다.

특질 이론에 관한 마지막 비판은 외적 환경과 반대되는 특질 자체를 지나치게 강조한다는 것이다. 특질이 그렇게 강력하다면, 사람들은 모든 상황에서 정확하게 똑같이 행동할 것이다. 여러분의 강의실에서의 행동을 생각해보자. 강의실에 들어가고, 자리에 앉고, 조용히 있고, 메모를 하고, 손을 들고 지적을 받은 후에만 말한다. 만약 특질이 행동의 유일한 결정인이라면, 여러분은 강의실에서뿐만 아니라 모든 시간에 모든 곳에서 이런 식으로 행동할 것이다. 나는 지난 일요일 밤 파티에서 여러분이 보인 행동이나 내일 축구 경기에서 여러분이 보일 행동은 이 개념에 잘 맞지 않을 것이며, 여러분의 특질에 더하여 상황의 중요성을 지지해줄 것으로 기대한다(Funder, 2008; Mischel, 1979; Mischel & Shoda, 1995).

학습 확인

11.21 성격의 특질 이론은 무엇인가?

11.22 특질 이론가들은 성격의 기본 구성요소를 확인하기 위해 어떤 시도를 하는가?

11.23 성격의 5요인 모델은 무엇이며, 이 5개에는 어떤 특질이 포함되는가?

11.24 특질 이론에 관한 오늘날의 생각은 무엇인가?

성격 평가

여러분은 매일 성격을 평가한다. 여러분은 다른 사람들과 대화하고, 그들이 무엇을 하는지 관찰하고, 다양한 상황에서 어떻게 반응하는지 본다. 심리학자들 역시 같은 방식으로 성격을 평가한다. 심리학자들 역시 내담자를 면접하고, 그들의 행동을 관찰하고, 상황에 대한 반응을 측정한다. 그런데 측정 방법들이 타당도와 신뢰도가 높아야 하기 때문에 심리학자들이 사용하는 방법은 보다 광범위하고 형식적이다. 성격을 평가하는 모든 도구는 그 도구가 측정하고자 하는 것을 측정해야만 하며(타당도), 일관된 결과를 산출하는 방식으로 측정되어야 한다(신뢰도)(Ayearst & Bagby, 2010; Wood et al., 2007). 타당도와 신뢰도는 심리학자들이 사용하는 전문적 평가 도구는 자격이 확인되지 않은 사람들이 올려놓은 무작위 인터넷 사이트에 있는 아마추어 '성격 검사'와는 구분된다 (Buchanan, 2002; Buchanan & Smith, 1999).

심리학자들은 다양한 목적으로 성격을 평가한다(Butcher, 2010). 많은 경우, 개인 평가는 치료를 위해 사용되며, 성격 평가는 심리학자들로 하여금 내담자의 문제 또는 진단을 결정하는 데 도움을 주는데, 이는 내담자를 위한 적절한 처치를 하도록 한다. 정신의학 관련 기관, 병원, 클리닉, 지역 건강센터, 개인 치료를 포함하여 심리학자들이 치료하는 어느 곳에서든지 이런 성격 평가가 이루어진다. 다른 경우로 법정 사례에 대한 평가도 있다. 법정 주제가 관련된 이런 유형의 심리학적 활동은 법정심리학으로 알려져 있다(Marczyk, Krauss, & Burl, 2012; Ogloff, 2002). 예를 들어 피의자가 정신이상이란 이유로 무죄라고 호소하는 법정에서, 심리학자는 그 피의자가 정말로 정신이상인지를 확인하기 위해 성격 평가 도구를 사용할 수 있다. 마찬가지로 자녀가 있는 부부가 이혼을 하고자 할 때, 양육권 평가의 일부로 성격 평가 도구를 사용할 수 있다(Melton et al., 2018). 나아가 일부 심리학자들은 고용 과정의 일부, 일반적으로 고용주가 고용 여부 또는 부서 배치 결정을 하는 데 도움을 주기 위해 성격을 평가한다. 최근 이런 식의 성격 평가 사용이 점점 많아지고 있다. 미국 회사의 거의 3분의 1 정도가 이런 이유로 성격 검사를 사용하는데, 포춘지에 있는 100대 기업 중에는 40%이고, 영국이 선정한 100대 기업 중에는 100%에 해당된다(Rothstein & Goffin, 2006).

학습 목표

11.25 심리학자들은 성격을 어떻게, 왜 평가하는가?

11.26 임상적 면접의 정의와 사용

11.27 객관적 성격 검사의 정의와 종류

11.28 투사적 성격 검사의 정의와 종류

11.29 행동 평가의 정의와 종류

치약 사용 방식을 통한 성격 검사

충동적,
익살꾼

절약하는,
우울에 취약한

고집불통의,
이해가 느린

반사회적,
심술궂은

Evan Forsch

목적에 관계없이, 심리학자는 내담자의 성격을 평가할 때 몇 가지 도구를 사용한다. 심리학자들은 어느 한 방법만을 사용하기보다는 다중방법을 사용하기를 강조하는 성격 접근, 즉 **다중방법 평가**(multimethod assessment)를 선호한다. 다중방법 평가는 완벽한 하나의 성격 도구는 결코 없다는 것을 인정하는 것이다. 하나 이상의 도구 사용은 각 검사가 지닌 약점을 보완하는 방법이 되며, 많은 경우 검사들은 비슷한 결론으로 수렴한다. (여러분의 삶에서, 누군가의 성격을 알아가게 될 때, 여러분의 인상 형성이 그 사람과 상호작용하는 다양한 유형에 근거를 둔다면, 그 사람의 성격에 대해 더 확신을 내리게 될 것이다.)

또한 성격 평가는 문화적으로 다양한 사회 구성원들에 대해 민감하게 전문적으로 평가할 수 있는 능력인 심리학자의 **문화적 유능성**(cultural competence)에 따라 달라진다. 예를 들어 무르야나가 성격 검사를 받고 외향성에서 낮은 점수를 받았다고 생각해보자. 무르야나를 검사한 심리학자는 무르야나의 낮은 점수의 의미를 해석하기 전에 먼저 무르야나의 인종, 성, 연령, 기타 변인들을 고려했을 때 무엇이 정상인지 그리고 사람들이 무엇을 기대하는지를 알아야만 한다. 특히 정신장애로 진단될 가능성이 있다면 특히 그렇게 해야 한다.

임상적 면접

임상적 면접(clinical interview)은 심리학자가 내담자와 대화를 통해 성격을 평가하는 방법이다. 이 대화는 어느 정도 **구조화**되었느냐에 따라 다양하게 진행된다. 아주 구조화된 면접은 특정 목적(정신장애 진단과 같은)을 위해 일정한 순서로 정해진 질문 목록을 따른다. 비구조화된 면접은 심리학자가 던지는 질문의 즉흥성과 내담자에 의한 훨씬 더 정교화된 대답을 가능하게 해준다(Maruish, 2008; O'Brien & Tabaczynski, 2007). 구조화된 면접의 장점은 신뢰성 있다는 것과 심리학자가 원하는 정보를 정확하게 제공한다는 것이다. 비구조화된 면접의 장점은 내담자를 편안하게 해주고 내담자들이 가장 중요하다고 생각하는 것을 더 확장할 수 있게 해준다는 것이다(Sommers-Flanagan & Sommers-Flanagan, 2009; Villa & Reitman, 2007). 이 두 가지 장점을 잡기 위해, 많은 심리학자들은 **반구조화**된 면접을 사용하는데, 이는 사전에 정해진 계획과 자발적 대화 간의 균형을 잡는 것이다(Morrison, 2008).

문화적 유능성은 특히 임상적 면접 과정에서 중요하다(Dana, 2005; Hays, 2008; Suzuki & Ponterotto, 2008). 일대일 면대면 상호작용에서 심리학자는 해당 내담자의 대화가 그 내담자가 속한 문화 규범에 적절한지를 알고 이해하는 것이 매우 중요하다. 예를 들어 눈 맞추기를 생각해보자. 눈 맞추기는 내담자의 인종, 연령, 성, 그리고 기타 변인에 따라 다를 수 있다(Sue & Sue, 2016). 많은 아시아계 미국 내담자는 눈을 바로 맞추고, 오래 맞추는 것을 피하는데, 심리학자처럼 권위가 있다고 생각되는 사람을 대할 때에는 특히 그렇다. 만약 심리학자가 이런 경향성을 모른다면, 눈 맞추기 부족은 내담자가 흥미가 없다든지, 존중하지 않는다든지, 정직하지 않다는 표시로 오해할 수 있다.

객관적 성격 검사

심리학자들은 다양한 성격 검사를 사용하지만, 일반적으로 **객관적 성격 검사**(objective personality test)와 투사적 성격 검사 중 어느 하나로 분류된다. 객관적 성격 검사에서 내담자는 표준화된 일련의 질문에 대답하는데, 응답 유형은 다중 선다형 아니면 이분형(예 또는 아니요)이다. 성격 검사들은 전형적으로 지필 검사인데(가끔 일부 검사가 컴퓨터에서 실시되는 것도 있다), 먼저 내담자는

다중방법 평가
한 가지 방법이 아니라 여러 가지 방법을 사용하여 성격을 평가하는 접근

문화적 유능성
문화적으로 다양한 사회의 구성원들을 민감하고 전문적으로 다루는 능력

임상적 면접
심리학자들이 내담자와 함께 대화를 통해 성격을 평가하는 방법

객관적 성격 검사
다중 선다형이나 이분형의 표준화된 일련의 질문에 내담자가 반응하는 검사

자신의 생각, 감정, 행동에 관한 일련의 진술문을 읽는다. 각 문장을 읽은 후 내담자는 자신을 가장 잘 나타내는 곳에 응답을 표시한다(Morey & Hopwood, 2008). 응답 선택지는 주로 예-아니요 식이거나 아니면 매우 동의한다, 조금 동의한다, 보통이다, 조금 동의하지 않는다, 매우 동의하지 않는다와 같이 동의 정도를 달리하는 것이 있다. 객관적 성격 검사 채점은 복잡하지 않으며, 가끔 컴퓨터로 계산할 수도 있다.

미네소타 다면 성격 검사-2. 미네소타 다면 성격 검사-2(Minnesota Multiphasic Personality Inventory-2, MMPI-2)는 정신장애를 진단할 수 있는 객관적 검사로 널리 사용되고 있다. 이 검사는 1943년에 처음 개발되었으며, 2판은 1989년에 개정되었다. 이 검사는 성인용으로 사용되고 있으며, 1992년에 별도의 청소년용(MMPI-청소년용 또는 MMPI-A)이 개발되었다(Butcher & Williams, 2009; Williams & Butcher, 2011). 2008년에는 성인용 축약판(MMPI-Restructured Form, 또는 MMPI-RF)도 만들어졌다(Ben-Porath & Tellegen, 2008).

MMPI-2는 자기에게 해당된다고 판단하는 567개 진술문으로 구성되어 있으며, 내담자는 별도의 응답지에 각 문항에 대해 자신에게 해당되는지 여부를 예 또는 아니요로 답하게 된다. 진술문은 행동, 사고 그리고 감정에 관한 광범위한 영역을 포함한다. 수검자가 응답을 완료하면, 심리학자(아마도 컴퓨터나 응답지 스캐너에 도움 받음)는 '예'와 '아니요'의 반응을 토대로 합산한다. 이 개수는 다양한 하위 척도의 각 점수로 전환된다. 가장 중요한 하위 척도는 10개의 **임상 척도**인데, 이 척도들은(어느 하나의 척도 또는 2~3개 척도의 조합) 내담자가 경험할 수 있는 심리적 문제의 유형을 알려준다(표 11.4). 또한 여러 가지 추가 척도 점수가 계산된다.

MMPI-2는 서로 다른 집단에 속한 사람들이 서로 다르게 반응하는 문항들로만 구성하여 객관적 성격 검사를 만드는 **경험적 검사 구성**(empirical test construction)이라는 과정에 의해 만들어졌다. MMPI-2를 만든 저자들은 원래 567개보다 훨씬 더 많은 문항을 생각해냈다. 그다음, 이들은 모든 문항을 심리적 문제가 있는 사람과 없는 사람에게 제시하였다. 특정 심리적 장애가 있는 사람들은 어떤 방식으로 응답하고, 그 장애가 없는 사람들은 다른 방식으로 응답한다면, 저자들은 그 문항은 해당 척도에 해당되는 것으로 간주하였다. 이런 검사 구성 방법은 한 집단과 다른 집단을 구분해주는 경험적 자료, 예를 들어 우울한 사람 대다수와 우울하지 않은 사람 대다수가 '예'라고 응답하는 문항일 경우에는 그 문항을 삭제하기 때문에 다른 것이다(Ben-Porath & Archer, 2008; Graham, 2012).

 MMPI-2 같은 검사에서 내담자는 거짓되게 반응할 수 없을까?

일부 사례에서, 내담자는 MMPI-2 문항에 거짓된 인상을 주는 방식으로 반응할 수 있다(MacCann et al., 2012; Sackett, 2012; Ziegler et al., 2012). 예를 들어 재판에서 정신이상이란 이유로 유죄가 아님을 호소하고 있는 개인은 실제보다 자신을 더 심각하게 혼란되어 있음을 드러내고 싶을 것이다. 이를 검증하기 위해 MMPI-2에는 타당화 척도가 포함되어 있다(표 11.4에서 임상 척도 아래에 제시되어 있음). 타당화 척도는 내담자의 성격이 아니라 이 검사를 받는 태도를 측정한다. 타당화 척도는 내담자가 '잘 보이게 하려거나', '나쁘게 보이려고 하거나', 응답의 무작위 가능성을 보여준다. 타당화 척도 중 어느 한 척도라도 높으면, 심리학자는 임상 척도가 타당하지 않을 수 있음을 고려할 것이고, 이 검사를 토대로 어떤 해석을 내리려 하지 않을 것이다(Butcher, 2011).

미네소타 다면 성격 검사-2(MMPI-2)
정신장애를 강조하는 널리 사용되고 인정받는 성격 검사

경험적 검사 구성
서로 상이한 집단이 다르게 반응하는 문항들만 포함시켜 객관적 성격 검사를 만드는 방식

표 11.4 MMPI-2와 MMPI-A의 임상 척도와 타당화 척도	
척도 명칭	**높은 점수가 의미하는 것**
임상 척도	
건강염려증	신체, 질병에 대한 과도한 관심
우울증	슬픔, 비관주의
히스테리아	스트레스에 대한 애매한 의학적 반응, 갈등과 분노 부인
정신병질적 일탈	반사회적·반항 행동, 타인에 대한 무관심
남성성–여성성	전통적 성역할 거부
편집증	타인에 대한 의심, 감시
정신쇠약증	불안, 신경증
조현병	기괴하고 비인습적인 생각 또는 사고의 와해, 망상
조증	극도로 고양된 기분, 많은 에너지, 빠른 말과 사고
사회적 내향성	수줍음, 고독 선호
타당화 척도	
부인 척도	보다 명확한 방식으로 '좋게 보이려 하는 것' 또는 문제를 부인하는 것
방어적 척도	보다 덜 분명한 방식으로 '좋게 보이려 하는 것' 또는 문제를 부인하는 것
비전형 척도	'나쁘게 보이려고' 하거나 문제를 과장하기
무선반응 비일관성/고정반응 비일관성	무선적 응답 또는 비일관적 반응하기

출처 : Butcher(2011) and Archer(2005).

MMPI-2는 고용 여부를 결정하는 데 가장 흔히 사용되는 성격 검사이다. 1940년대 이후 미군에서 이런 목적으로 MMPI를 사용해 왔지만, 현재는 경찰서, 비행기 조종사, 핵무기 기술자 등 공공 안전과 관련된 직업의 고용 과정에 이 검사가 모두 사용되고 있다(Butcher, 2012; Butcher & Williams, 2009; Sellbom et al., 2007; Zapata Sola et al., 2009). 대규모 경험 연구들은 MMPI-2의 신뢰도와 타당도를 지지해준다. MMPI-2는 여러 나라 언어로 번역되었으며, 심리학자들이 사용하는 검사 중에서 가장 인기있는 검사이다(Butcher et al., 2006; Butcher & Beutler, 2003; Garrido & Velasquez, 2006; Greene & Clopton, 2004; Wright et al., 2017).

NEO–성격 검사 3(NEO-PI-3). Big 5 성격 요인을 측정하는 객관적 성격 검사인 **NEO-성격 검사 3**(NEO-Personality Inventory-3, NEO-PI-3) 역시 널리 사용되는 검사이다. 5요인 모델을 개발했던 연구자들(폴 코스타와 맥크레이)이 만든 NEO-PI-3는 MMPI-2처럼 문제적 특성을 다루지 않고 정상적인 성격 특질을 강조한다. 이런 이유로, 심리학자들은 내담자 진단이 목적일 경우에 NEO-PI-3를 MMPI-2처럼 그리 자주 사용하지 않는다. NEO-PI-3 검사에는 240개 문항이 포함되어 있으며, 각 문항은 매우 동의한다에서부터 전혀 동의하지 않는다까지 그 정도를 달리하는 다중 선다형으로 구성되어 있다. NEO-PI-3는 MMPI-2에 있는 타당화 척도가 없지만, 개인이 5요인 특질에 속하는 각 특질을 어느 정도 갖고 있는지 평가하는 데 사용된다(Costa & McCrae, 1992b, 2008; Simms et al., 2017).

NEO-성격 검사-3(NEO-PI-3)
Big 5 성격 특질을 측정하는 객관적 성격 검사

일반적으로 객관적 성격 검사는 현대 심리학자들에 의해 신뢰성 있고 타당한 평가 도구로 간주되고 있다. 이 검사들은 표준화되어 있는데, 이는 검사 결과가 그 검사를 실시하는 사람이나, 그 검사가 실시되는 시간이나 장소에 따라 달라지지 않는다는 것을 의미한다. 객관적 성격 검사의 일차적 단점은 내담자가 자신에 관해 대답하는 자기보고 양식이라는 것이다. 앞서 논의했듯이, 일부 내담자들은 의도적으로 자신의 성격을 속이기 위해 알고서도 틀린 응답을 할 수 있는데, 타당도 척도와 이것을 확인하는 다른 노력이 있음에도 불구하고 내담자는 어느 정도 이것을 성공할 수 있다. 다른 경우에는 내담자가 단순히 자신에 관해 정확하게 모를 수 있으며, 따라서 자신의 진짜 성격을 반영하지 못하는 대답을 자기도 모르게 할 수 있다는 것이다. 연구자들은 실제로 자기보고 방식과 타인보고 방식(가족이나 친구가 응답하는 것)의 평가가 얼마나 일치하는지 그리고 어느 방식이 개인의 행동을 더 잘 예측하는지를 알아보기 위해, 성격 평가 도구의 자기보고 방식과 타인보고 방식을 실제로 비교하였다(Yalch & Hopwood, 2017). 연구 결과, Big 5에 대한 자기보고 측정치와 타인보고 측정치 간의 상관은 .40~.60으로 높은 정적 상관을 보였지만 완벽한 상관은 아니었다(Vazire & Carlson, 2010). 두 측정치 중 자기보고보다 타인보고 평가가 직무 수행을 포함한 일부 행동을 더 잘 예측하였다. 달리 말하면, 적어도 직업 관련 행동에서는 여러분에 관해 여러분 친구나 가족이 서술하는 것이 여러분 자신이 서술하는 것보다 더 정확하다는 것이다(Connelly & Ones, 2010; Connolly et al., 2007).

투사적 성격 검사

투사적 성격 검사(projective personality test)에서 내담자는 모호한 자극에 대해 자유롭게 반응한다. 투사적 성격 검사는 여러분이 보는 것을 해석하는 여러분의 방식이 여러분의 성격에 관해 무엇인가를 드러낸다는 가정에 근거하고 있다. 여러분은 여러분 주변의 세상, 특히 그 세상이 여러분으로 하여금 다른 사람들과 달리 해석할 수 있는 여지를 주는 경우에, 그 세상에 자신의 성격을 '투사한다'. 내담자들에게 다중 선다형이나 이분형으로 응답하도록 하는 것이 아니라, 투사 검사는 어떤 제약 없이 무엇이든 반응하도록 허용한다(Smith & Archer, 2008; Tuber, 2012).

대부분 그림이 추상적인 현대 미술관으로 야외 학습을 가는 6학년 초등학생 집단을 여러분이 따라간다고 상상해보라. 어느 한 추상화 앞에 서서, 여러분이 학생들에게 무엇을 보는지 물어본다. 케빈은 "붉은 부분은 누군가에 의해 칼에 찔린 후 피가 모인 거예요." 브룩은 "나를 보고 조롱하는 얼굴이 보여요"라고 말한다. 줄리오는 구석에 있는 조그만 검은 달걀을 지적하며, "구석에 있는 작은 점은 벌레 같아 보여요"라고 말한다. 물론, 여러분은 이 한 그림에 대한 반응만 중시하지는 않을 것이다. 그러나 미술관 여행을 계속하다 보면, 동일한 학생은 그림마다 비슷한 반응을 한다는 것을 알게 될 것이다. 케빈은 계속 폭력을 보고, 브룩은 계속 자신을 박해하는 사람들을 보며, 줄리오는 계속 전체 큰 그림보다 그림에 있는 작은 디테일에 초점을 둔다. 투사 검사를 사용하는 심리학자들에게는, 각 개인의 반응 양상은 그 사람 성격의 중요한 무엇을 나타낸다.

로르샤흐 잉크 검사 이런 추상적 예술 시나리오를 닮은 하나의 평가 도구가 내담자가 10장의 잉크점 이미지에 반응하는 **로르샤흐 잉크 검사**(Rorschach inkblot techniqu)이다. 1921년 스위스 정신과 의사인 헤르만 로르샤흐(Herman Rorschach)가 만든 검사로, 두 단계로 실시된다. 첫 단계에서 심리학자는 내담자에게 잉크점을 보여주고 무엇을 보는지

투사적 성격 검사
내담자가 모호한 자극에 대해 자유롭게 응답하도록 하는 성격 검사

로르샤흐 잉크 검사
잉크점 이미지로 구성된 10장의 카드에 대한 내담자의 반응을 측정하는 투사적 성격 검사

일부 심리학자들은 성격이 여기 있는 것과 같은 잉크점에 반응하는 방식에 의해 드러난다고 생각하는데, 이 그림은 로르샤흐 잉크 검사에 있는 것을 닮았다.

Blackspring/Shutterstock

Kenney Mencher

심리학자들이 주제 통각 검사를 할 때, 지금 여기 제시된 것과 같은 일련의 그림카드를 제시하고 내담자에게 각 그림에 대한 이야기를 말해보도록 요구한다. 일부 심리학자들은 이 이야기들의 주제를 고찰함으로써 내담자 성격의 많은 것을 알 수 있다고 생각한다.

말하도록 한다. 두 번째 단계에서 심리학자는 내담자에게 첫 단계에서 보고한 각 반응에 대해, 그런 반응을 하게 된 이유가 무엇인지(그림의 색깔, 모양 등) 말하게 한다. 그다음 심리학자는 내담자의 반응을 분류하고, 내담자의 성격을 서술할 수 있는 다양한 점수를 계산한다.

주제 통각 검사(TAT)   사람들의 성격이 나타나도록 하는 모호한 자극이 잉크점만 있는 것은 아니다. 기본적으로 구체적 설명 없이 단순하게 사람들을 그린 그림도 동일한 목적에 사용될 수 있다. **주제 통각 검사**(Thematic Apperception Test, TAT)는 사람들에게 모호한 상황이 그려진 카드를 제시하고 그 카드에 대해 이야기를 구성하도록 하는 투사적 성격 검사이다. 내담자가 말하는 이야기 안에는 그 장면에서 어떤 일이 벌어지고 있는지, 그 이전에는 어떤 일이 있었는지, 그리고 그다음에는 어떤 일이 발생할지, 그리고 그 장면에 있는 사람들이 무슨 생각을 하고 어떤 감정을 느끼는지 등이 포함된다(Ackerman et al., 2008; Morgan & Murray, 1935; Murray, 1943). TAT검사 실시는 표준화되어 있지 않다. 심리학자들은 내담자의 특성에 맞게 카드를 조합하여 순서대로 제시한다. 또한 채점 과정도 매우 다양하며, 많은 경우에 심리학자들은 체계적 방식으로 채점하기보다는 내담자의 이야기에 대한 주관적 해석을 한다(Moretti & Rossini, 2004).

1943년 TAT가 발간된 이후, 여러 이야기 구성식 투사 검사들이 등장하였다. 이 검사들의 대부분은 보다 표준화된 채점 절차를 따르고, 주로 도시를 배경으로 백인이 주인공인 그림들로 구성되어 있는 TAT에 비해 인물들이 보다 다양한 문화적 배경을 지니고 있다(Malgady & Colon-Malgady, 2008; Teglasi, 2010).

투사적 성격 검사는 객관적 검사에 비해 타당도와 신뢰도가 낮기 때문에 한때 유행했던 것만큼 인기가 있는 것은 아니다. 이것은 심리학자들이 투사 검사가 그것이 측정하고자 하는 성격 특성을 정말로 측정하고 있다고 온전하게 확신하기 어렵다는 것을 의미한다. 또한 이것은 한 심리학자가 내담자의 투사 검사에 대해 내린 결론이 다른 심리학자가 내린 결론과 일치하리라고 확신할 수 없다는 것을 의미한다(만약 현대 미술관에서의 6학년 학생들의 반응을 들은 다른 사람이 그 아동들의 성격에 관해 여러분이 내린 것과 정확하게 동일한 가설을 세울까?) 이런 표준화의 미흡은 큰 비판을 받고 있고, 투사 검사에 대한 논란을 불러일으키고 있으며, 많은 심리학자들에게 투사 검사에서 장애 요인이 된다(Holt, 1999; Lilienfeld et al., 2010, 2000; Wood et al., 2003, 2010).

투사 검사를 지지하는 사람들은 비록 객관적 검사가 신뢰도와 타당도가 높음을 지지하는 자료가 더 많을 수 있지만, 투사 검사도 타당도와 신뢰도가 있음을 지적한다(Meyer, 2004; Mihura et al., 2013, 2015; Rose et al., 2001). 또한 투사 검사는 자기보고에 의존하지 않기 때문에 객관적 검사처럼 속일 수가 없는데, 이는 기저에 깔려 있는 성격 특성을 파악할 수 있는 고유한 방법이 된다.

행동 평가

객관적 성격 검사와 투사적 성격 검사 둘 다 행동의 근원이 될 수 있다고 추측되는 개인 안에 있는 무언가(성격 특성, 특질, 심리적 장애 등)를 밝히려고 한다. 그런데 왜 단순히 행동 자체를 평가하지 않는가? 이것이 내담자의 행동이 보다 깊은 문제의 표시가 아니라 그 자체가 문제라는 논리를 전제로 하는 **행동 평가**(behavioral assessment)에 깔려 있는 논리이다. 행동 평가라는 이름이 암시하듯, 전형적으로 행동 평가는 행동주의자들이 실시하는 방법으로, 이들은 성격이 존재하면서 내

주제 통각 검사(TAT)
모호한 상황 속에 사람들이 있는 카드를 주고 이야기를 구성하도록 하는 투사적 성격 검사

행동 평가
내담자의 행동이 보다 깊은 문제의 표시가 아니라 그 자체가 문제라고 가정하는 평가 방법

적이거나 안정적인 어떤 것이라는 것에 의문을 제기하는 연구자들이다. 행동주의자들은 존재를 경험적으로 확인할 수 없는 행동의 가능한 원인이나 원천보다는 관찰 가능한 행동 자체에 초점을 둔 평가 방법을 고안하고 사용할 것이라고 쉽게 이해된다.

행동 평가 접근을 예로 들기 위해, 등교를 거부하는 8세 된 3학년 초등학생 토머스를 생각해보자. 행동주의자들에게는 토머스의 마음 안에 있는 사회불안, 우울증, 행동장애, 신경증 성향, 또는 기타 등등이 문제가 아니다. 등교 거부라는 토머스의 행동이 문제이며, 우리는 행동보다 더 깊게 보아서는 안 된다. 따라서 토머스의 행동 평가에는 **행동 관찰**이라고 부르는 특정 행동을 직접 관찰하는 것이 포함되어 있다. 이상적으로는 심리학자의 사무실이 아니라 그 문제가 발생하는 실제 환경(주중 아침 토머스의 집에서, 버스 정류소에서, 학교 교문 앞에서)에서 관찰이 일어나야 할 것이다. 그런데 그런 **자연 관찰**이 가능하지 않으면, 심리학자는 사무실에서 그 상황을 반복 검증하려고 하거나 아니면 자연 상황에서 발생하는 토머스의 행동을 기록하기 위해 비디오카메라나 스마트폰 동영상 기록 같은 기술을 사용할 것이다(Heiby & Haynes, 2004; Ollendick et al., 2004; Richard & Lauterbach, 2003).

전형적으로 행동 평가는 문제행동에 대한 정확한 정의와 그 문제행동이 얼마나 자주 발생하는지 체계적으로 측정하는 것이 포함된다. 또한 그 행동을 유지시키는 조건을 이해하기 위해 그 행동 직전과 직후에 나타난 사건들에 주목해야 한다(Cipani & Schock, 2007; O'Brien et al., 2016). (토머스가 등교 거부를 할 때 무엇을 얻는가? 안아주기와 팬케이크인가? 비난과 홀로 두기인가? 학교를 가면 토머스는 무엇을 얻는가?) 또한 행동 평가에 면접과 질문하기가 포함될 수 있지만, 그렇게 한다고 해도, 그것은 문제행동과 그 문제행동이 내담자에게 갖는 기능을 밝히는 방향으로 돌아간다(Haynes & Kaholokula, 2008).

학습 확인

11.25 심리학자들은 성격을 어떻게, 왜 평가하는가?

11.26 임상적 면접은 무엇인가?

11.27 객관적 성격 검사는 어떻게 이루어지는가?

11.28 투사적 성격 검사는 어떻게 이루어지는가?

11.29 행동 평가는 무엇이며, 다른 종류의 평가와 어떻게 다른가?

요약

성격이란 무엇인가

11.1 성격은 개인의 고유하고 안정된 사고, 감정, 행동 방식이다.

11.2 성격이 심리학자들에 의해 완전하게 이해되는 것은 아니다. 따라서 심리학자들은 서로 다른 성격 이론으로 설명하려고 한다.

11.3 쌍둥이와 입양아 가족에 대한 행동유전학 연구는 유전(선천성)과 환경(후천성) 둘 다 성격 발달에 중요한 역할을 한다는 것을 보여준다.

성격의 정신역동 이론

11.4 성격의 정신역동 이론은 무의식적 힘과 초기 아동 경험을 중시하는 지그문트 프로이트의 아이디어에 근거하여 성격을 설명한다.

11.5 무의식은 개인이 자각하지 못하는 정신활동이다. 프로이트에 따르면, 무의식은 달리 설명하기 어려운 행동을 설명할 수 있다.

11.6 원초아는 마음의 동물적 측면으로, 성과 공격성 같은 원초적이고 생물학에 근거한 충동을 생성한다. 초자아는 규칙,

제한, 도덕성을 부여함으로써 원초아를 반대하는 마음의 부분이다. 자아는 원초아와 초자아 사이에서 현실적 조정자로 작동하는 마음의 부분이다.

11.7 프로이트는 초기 아동기를 심리성적 단계로 불리는 다섯 단계로 구분하였는데, 각 단계는 성격에 지속적으로 영향을 줄 수 있다. 다섯 단계는 (1) 구강기, (2) 항문기, (3) 남근기, (4) 잠복기, (5) 성기기이다.

11.8 신프로이트 학파 연구자들은 프로이트의 핵심 아이디어인 무의식, 초기 아동기 경험의 중요성, 그리고 마음의 원초아, 자아, 초자아 구성을 지지하지만, 프로이트 이론에서 그렇게 중요하게 다루어졌던 생물학의 역할을 약화시켰다.

11.9 정신역동 이론은 전성기를 지났다. 현대 비판가들은 정신역동 이론이 과학적 이론이 되기에 미흡하고, 프로이트가 자신의 아이디어를 지나치게 일반화했다고 지적한다.

성격의 인본주의 이론

11.10 성격의 인본주의 이론은 칼 로저스의 아이디어에 근거를 두고 있으며, 사람들이 건강한 긍정적 성장과 자기실현을 향한 선천적 경향성이 있음을 강조한다.

11.11 자기실현은 개인이 잠재적으로 되고 싶어 하는 사람으로 온전하게 되는 것이다.

11.12 긍정적 존중은 주변 사람들로부터 받는 따뜻함, 수용, 사랑이다. 가치의 조건화는 개인이 타인의 긍정적 존중을 얻는 데 적합한 것을 해야만 하는 요구사항이다.

11.13 자기개념은 자신이 어떤 사람인지에 관한 자신의 관점이며, 다른 사람들이 자신을 대하는 방식에 대한 반응에서 발달한다.

11.14 인본주의 이론은 긍정심리학 운동을 태동시켰으며, 너무 낙관적이고 비과학적이라는 비판을 받음에도 불구하고 많은 심리학자들이 내담자를 치료하는 방식에 계속 영향을 주고 있다.

성격의 행동주의 이론과 사회인지 이론

11.15 성격의 행동주의 이론은 환경의 영향과 관찰 가능하고 측정 가능한 행동의 중요성을 중시한다.

11.16 성격의 사회인지 이론은 환경, 사고 과정, 그리고 사회적 요인들 간의 상호작용을 중시한다.

11.17 알버트 반두라의 상호교류적 결정론은 행동, 환경, 그리고 인지의 세 가지 요인이 지속적으로 서로 영향을 준다고 제안한다.

11.18 반두라는 자신의 능력에 대한 개인의 신념인 자기효능감이라는 인지 유형을 중시한다.

11.19 줄리안 로터는 통제 소재로 알려진 인지 유형을 제안하였는데, 통제 소재는 자신의 삶에서 발생하는 것에 대해 어느 정도의 통제력을 지니고 있는지에 대한 개인의 신념이다.

11.20 성격의 행동 이론은 심리학의 모든 것이 경험적 근거를 갖고 있어야 한다고 주장하는 연구자들이 매우 지지하는 이론이지만, 대부분의 현재 심리학자들은 성격보다 환경이 모든 행동을 결정한다는 행동주의 개념을 수용하지 않는다. 다른 이론들에 비해 사회인지 이론은 성격에 영향을 미치는 많은 요인을 확인해내고 있으며, 자기효능감은 다양한 영역에서 성과가 있음을 보여주고 있다.

성격의 특질 이론

11.21 성격의 특질 이론은 성격의 기본 구성요소를 발견하고 서술하는 것을 중시한다.

11.22 인간 성격의 기본 특질을 밝히는 데는 가능한 엄청나게 많은 개수를 훨씬 더 짧은 '초특질' 목록으로 줄이는 작업이 필요하다.

11.23 성격의 5요인 모델은 모든 사람에게 존재하는 그러나 그 정도는 달리하는 기본적인 5요인 특질을 강조한다(Big 5). 5요인 특질에는 신경증 성향, 외향성, 경험에 대한 개방성, 성실성, 우호성이 있다.

11.24 특질 이론은 현대 성격 연구를 주도하고 있지만, 일부 이론가들은 Big 5가 성격의 모든 측면을 다 포괄하지 않을 수 있고, 특질이 전 생애 동안 지속되지 않을 수 있으며, 특질론이 외적 환경의 영향을 과소평가했다는 생각을 갖고 있다.

성격 평가

11.25 심리학자들은 면접, 행동 관찰, 성격 검사 등 타당하고 신뢰성 있는 많은 방법을 통해 성격을 평가한다. 심리학자들은 진단과 치료, 고용, 법적 감정 등 다양한 목적으로 성격을 평가한다.

11.26 임상적 면접은 구조화될 수도 있고 비구조화될 수 있는데, 심리학자들이 내담자와 함께 대화를 통해 성격을 평가하는 방법이다.

11.27 MMPI-2와 같은 객관적 성격 검사에서, 내담자는 다중 선다형이나 이분형의 표준화된 일련의 질문에 반응한다.

11.28 로르샤흐 잉크 검사와 같은 투사적 성격 검사에서, 내담자는 모호한 자극에 대해 자유롭게 반응한다.

11.29 행동 평가는 행동이 보다 깊은 문제의 표시라기보다는 내담자의 행동 자체가 문제라고 가정하는 평가 접근법이다.

주요 용어

가치의 조건화

객관적 성격 검사

경험에 대한 개방성

경험적 검사 구성

고착

구강기

긍정적 존중

남근기

내적 통제 소재

다중방법 평가

동일시

로르샤흐 잉크 검사

무의식

문화적 유능성

미네소타 다면 성격 검사-2(MMPI-2)

방어기제

불일치

상호교류적 결정론

성격

성격의 5요인 모델(Big 5)

성격의 사회인지 이론

성격의 인본주의 이론

성격의 정신역동 이론

성격의 특질 이론

성격의 행동주의 이론

성기기

성실성

신경증 성향

신프로이트 학파 이론

실제 자기

심리성적 단계

심리적 결정주의

엘렉트라 콤플렉스

오이디푸스 콤플렉스

외적 통제 소재

외향성

우호성

원초아

원형

이상적 자기

일치

임상적 면접

자기개념

자기실현

자기효능감

자아

잠복기

주제 통각 검사(TAT)

집단무의식

초자아

통제 소재

투사적 성격 검사

특질

프로이트식 실수

항문기

행동유전학

행동 평가

NEO-성격 검사-3(NEO-PI-3)

유명하고 존경받는 교수가 여러분 동네에 살고 있다. 그는 책을 출간하고, 연구소를 운영하며, 수백만 명이 시청하는 TV 프로그램에 전문가로 출연하는 등 뛰어난 학문적 업적을 가지고 있다. 심지어 타임지가 선정한 '가장 영향력 있는 미국인 25명'도 수상하였다.

어느 날 오후, 여러분은 그 교수가 친구와 함께 자신의 집에 들어가려는 상황을 창문 너머로 보았다. 그는 현관문이 꽉 끼여서 열리지 않자 집 뒤쪽으로 돌아가서 뒷문으로 들어갔다. 들어간 후, 그와 친구는 현관문을 고치려고 애쓰고 있었다. 그때 경찰차가 집 앞에 세워졌다. 지나가던 조깅하는 사람이 현관문을 열려고 시도하는 교수를 도둑이라고 오인하여 경찰에 신고를 한 것이었다. 여러분의 이웃은 경찰관에게 운전면허증과 학교 교원증을 보여주었지만, 경찰관은 여전히 의심하였다. 경찰관이 의심을 거두지 못하고 그에게 질문을 계속하자, 대화는 격해졌다. 여러분의 이웃은 결국 치안문란죄(풍기문란죄)로 자신의 집 앞에서 수갑이 채워진 채 체포되었다.

이 이야기는 2009년 7월 하버드대학교 교수인 헨리 루이스 게이츠(Henry Louis Gates)에게 실제로 일어난 일이다. 여러분은 게이츠 교수를 PBS의 TV쇼 Finding Your Roots라는 프로그램에서 보았을 수도 있다. 게이츠 교수는 흑인이고, 경찰관인 제임스 크로울리(James Crowley)는 백인이다. 이 상황은 '인종 프로파일링'*이라는 제목으로 많은 언론에서 주목하였고, 심지어 대통령과 부통령이 직접 개입하였다. 대통령의 요청으로 이 문제를 의논하기 위해 게이츠, 크로울리, 부통령, 그리고 대통령이 모두 함께 만났고, 고소는 결국 취하되었다(Cooper, 2009).

이 사건 이후 몇 달 동안 TV, 라디오 및 소셜미디어를 통해 많은 의문이 제기되었다(Phillips, 2009). 이 사건은 **사회심리학**의 주요 쟁점들과 관련이 있다. 조깅하던 사람은 왜 경찰에 신고를 했을까? 경찰관은 왜 그렇게 행동했을까? 편견, 고정관념 또는 차별과 관련된 것일까? 그 경찰관의 반응에 대하여 우리는 어떤 의견을 형성하였는가? 경찰관의 행동은 개인의 성격, 특정 상황에 필요한 조치, 또는 상사의 명령 중 어떤 이유에서 비롯된 것이라고 생각하는가? 오바마 대통령의 노력은 두 사람의 관계 개선에 성공적으로 도움이 되었는가? 이러한 긴장 상황을 감소시킬, 또는 예방할 더 좋은 방법은 없는가?

사회심리학자들은 정확히 이런 종류의 의문을 연구한다. 대부분의 심리학자들은 우리 각자가 개인으로서 어떻게 행동하는지를 탐구하지만, 사회심리학자들은 우리가 함께 어떻게 행동하는지를 탐구한다. 즉 우리가 서로에 대하여 어떻게 생각하는지, 서로에게 어떻게 영향을 미치는지, 그리고 서로와 어떻게 관계 맺고 있는지를 연구한다. 여러분의 일상은 사회적일 수밖에 없기 때문에, 이것은 중요한 주제들이다.

개요

사회인지: 우리는 서로를 어떻게 생각하는가

사회적 영향: 우리는 서로에게 어떻게 영향을 주는가

사회적 관계: 우리는 서로와 어떻게 관계하고 있는가

친사회적 행동: 서로 돕기

다양성: 다양한 사람들과 함께 살아가기

---

* 피부색, 인종 등을 기반으로 용의자를 추적하는 수사 기법

사회심리학
사람들이 서로를 어떻게 생각하고, 영향을 주고, 관계하는지에 대한 과학적 연구 영역

사회인지
타인과 세상에 대한 개인의 생각

앞 장에서는 개인에게 초점을 두었다면, 이 장에서는 다른 **사람**에게로 초점을 이동시킨다. 인간 행동은 다른 사람들과 함께 있는 상황에서 발생한다. 여러분의 행동은 여러분 주위 사람들에 의해 영향을 받는 동시에 그들의 행동도 여러분에 의해 영향을 받는다(Funder & Fast, 2010; Ross et al., 2010; Snyder & Deaux, 2012, 2019). 행동을 완전히 이해하기 위해서는 사람들이 서로를 어떻게 생각하고, 어떻게 영향을 주고, 어떻게 관계 맺는지를 과학적으로 연구하는 **사회심리학**(social psychology)이 필요하다.

이러한 과학적 연구는 때로 사회심리학자가 상황을 설계하고 조작하는 실험실에서 진행된다. 참가자는 다른 사람들과 함께 실험실에서 특정 과제를 수행하고, 연구자는 그 상황을 관찰하고 측정한다(Crano & Lac, 2012). 사회심리학자는 특정 방식으로 행동하는 사람들 속에 한 명의 참가자를 배치하여 그 참가자의 반응을 관찰하는데, 예를 들면 참가자를 제외한 다른 사람들이 모두 틀린 답을 말하는 상황에서 참가자는 다른 사람들을 따라 틀린 답으로 반응할지 아니면 틀린 답을 거부할지를 관찰한다. 또는 참가자에게 다른 사람의 사진이나 영상을 보여주고, 그 사람의 매력, 성격, 또는 여러 자질에 대한 평가를 하도록 한다.

잘 통제된 실험실 연구 이외에도, 사회심리학자들은 사람들이 일상의 상황에서 어떻게 행동하는지를 관찰하는 실제 현장(또는 **자연적 관찰**) 연구를 수행한다(Reis & Gosling, 2010; Wilson et al., 2010). 예를 들면 연구자들은 학생들이 식당에서 누구와 함께 앉는지를 관찰하거나 사람들이 공공장소에서 타인에게 가장 많은 도움을 주는 시간과 장소를 관찰한다. 사회심리학자들이 수행한 실험실 연구와 실제 현장 연구는 우리 삶의 많은 영역을 조명하며, 타인이 우리의 여러 행동, 예를 들어 일하거나 놀거나, 도움 주거나 상처 주거나, 또는 좋아하고 싫어하는 등의 많은 행동들에 어떻게 영향을 미치는지를 보여준다(Kruglanski & Stroebe, 2012).

우리의 삶에 녹아 있는 사회적 본성은 새로운 현상이 아니다. 사실, 인류 역사 전체를 살펴보면 실제 삶의 형태는 집단으로 존재해 왔다(Brewer, 2007; Foley, 1995; Gangestad, 2019). 인류 역사 거의 대부분에서 우리 조상들은 약 50~200명의 사람들이 모여 수렵채집을 하는 집단에서 평생을 보냈다(Barrett et al., 2002; Van Vugt & Van Lange, 2006). 집단과 그 집단 내 작은 무리들은 인간의 생존에 필수적이었다(Caporael, 2007; Kenrick, 2012). 다른 사람들과 더불어 사는 것은 항상 중요하고, 심지어 생명을 유지할 수 있는 이점도 있다. 다른 사람들은 여러분이 음식, 물, 쉼터를 찾는 것을 도와주고, 여러분의 아이와 여러분 자신을 돌보는 것을 도와주며, 위험으로부터 여러분을 보호해줄 수 있다. 하지만 사회적 관계는 항상 위험이 따른다. 다른 사람은 여러분을 해칠 수도, 상처 줄 수도, 또는 여러분에게 빌붙어 살 수도 있다(Neuberg & Cottrell, 2006). 오늘날, 우리는 진화의 산물로 좋든 나쁘든 우리 주위의 사람들과 불가분의 관계에 있다. 앞으로 살펴보겠지만, 사회심리학의 많은 핵심 개념은 이러한 진화적 유산과 관련되어 있다.

사회인지 : 우리는 서로를 어떻게 생각하는가

학습 목표

12.1 사회 인지의 정의
12.2 귀인의 정의
12.3 기본 귀인 오류가 나타나는 방식

우리가 가지고 있는 타인에 대한 생각은 우리의 느낌과 행동에 강하게 영향을 미친다. 사회심리학자들은 타인과 세상에 대한 개인의 생각을 **사회인지**(social cognition)라고 부른다. 이 절에서는 사회인지에 초점을 맞추어 이에 해당하는 귀인(attributions), 태도(attitudes), 그리고 인지 부조화(cognitive dissonance)를 살펴볼 것이다.

귀인

우리는 다른 사람이 왜 그렇게 행동하는지에 대하여 자주 생각한다. 사회심리학자들은 행동의 원인에 대한 설명을 **귀인**(attribution)이라는 개념으로 발전시켰다. 예를 들어 여러분이 커피숍에 줄을 서 있다고 상상해보자. 한 여자가 가게 안으로 들어와서, 줄을 서지 않고 '음료 찾는 곳'으로 가서 커피를 집어 들고 나갔다. 여러분은 앞 사람에게 확인 차 물었다. "저 여자가 커피를 훔친 것 아닌가요?" 앞 사람도 그 여자의 행동을 보았다고 얘기한다면, 여러분은 의문을 가질 것이다. "왜?"

귀인 이론 : 사람인가 아니면 상황인가? 왜인지에 대한 대답은 다양할 수 있지만, 사회심리학자들은 2개의 구별되는 범주로 나눌 수 있다고 생각하였고, 이를 **귀인 이론**(attribution theory)으로 구체화하였다. 이 이론은 특정 행동의 발생 원인을 개인이 가진 내적 특성으로 보거나 또는 개인을 둘러싼 상황으로 본다. 사람들은 어떤 때는 그들의 타고난 성격이나 성향 때문에 특정 방식으로 행동하기도 하지만, 다른 때는 외부의 일시적인 요인들 때문에 다른 방식으로 행동하기도 한다(Heider, 1958; Kelley, 1973; Malle, 2006, 2011; Reis & Holmes, 2019). 예를 들어 커피를 가져간 그녀의 행동을 저속하고, 이상하고, 도둑 기질인 그 사람 내부의 타고난 속성으로 돌린다면, 우리는 그녀의 성격 특질을 그 행동의 원인이라고 보는 것이다. 하지만 상황을 기반으로 한 다른 설명이 있을 수 있다. 그녀가 새롭게 처방받은 약이 일시적인 혼동과 엉뚱한 행동을 유발했을 수도 있다. 혹은 그녀는 여러분이 들어오기 전에 벌써 주문과 지불을 마쳤고, 지나가는 친구를 보고 잠시 나갔다 들어온 것일 수 있다. 이렇게 설명한다면, 행동의 원인을 그 사람의 성향이 아니라 상황으로 돌리는 것이다.

Westend61/Getty Images

귀인은 행동의 원인에 대한 설명이다. 어떤 여자가 커피숍을 들어와서 계산하지 않고 커피를 들고 나가는 것을 보았다면, 다양한 귀인으로 그녀의 행동을 설명할 수 있다.

기본 귀인 오류 귀인 이론에 대한 연구는 우리가 타인의 행동을 설명하는 방식과 스스로의 행동을 설명하는 방식에 차이가 있다는 것을 지속적으로 보여주었다(예 : Gilbert & Malone, 1995; Ross, 1977). 특히 다른 사람의 행동을 설명할 때, 개인 특성의 중요성은 과대평가하고 상황의 중요성은 과소평가하는 **기본 귀인 오류**(fundamental attribution error)가 종종 나타난다. 사람들은 기본적으로 나의 행동은 나를 둘러싼 상황 때문이고, 다른 사람의 행동은 그 사람의 성격 특질 때문에 발생한다고 생각한다는 것이다(Funder & Fast, 2010; Ross & Nisbett, 1991). 운전과 관련한 행동을 예로 들어 살펴보자. 내가 과속을 한 것은 교통 체증 때문이고, 그녀가 과속을 한 것은 정신을 차리지 않아서이다. 내가 운전 중에 전화를 한 것은 긴급한 통화였기 때문이고, 여러분이 운전 중에 전화를 한 것은 무책임하기 때문이다. 우리는 자신의 행동에 대해서는 그렇게 행동할 수밖에 없었던 정상 참작이 되는 많은 상황을 고려한다. 우리 자신의 일에 대해서는 '그 일은 단순하지 않아'라고 생각하면서, 다른 사람의 일에 대해서는 그들의 성격 특질로 모든 것을 설명할 수 있다고 단순하게 가정한다.

한 연구에서 참가자에게 당시의 논란이 되고 있는 주제, 예를 들면 차별정책 등에 대한 '찬성' 또는 '반대' 글을 읽도록 하였다(Jones & Harris, 1967). 그런 후 참가자에게 그 글의 저자가 왜 그런 글을 썼다고 생각하는지 의견을 물었다. 참가자들은 대부분 그 이유를 외부적 상황이 아니라 저자의 성향 탓으로 돌렸다. 심지어 참가자들에게 그 저자는 그렇게 쓰도록 요구받은 것이라고 알려주어도 마찬가지였다.

기본 귀인 오류에 대한 연구들은 이러한 오류를 더 많이 보이는 특정 집단이 있다는 결과를 제

학습 목표

12.4 태도의 정의와 태도 변화

12.5 인지 부조화의 정의와 해결 방법

귀인
행동의 원인에 대한 설명

귀인 이론
행동이 개인이 가진 내적 특성으로 발생하거나 아니면 개인을 둘러싼 상황에 의해 발생한다고 보는 이론

기본 귀인 오류
다른 사람의 행동을 설명할 때, 개인 특성의 중요성은 과대평가하고 상황의 중요성은 과소평가하는 것

태도
사고와 정서 모두에 영향을 받아 형성되는 관점으로 사람, 사물, 또는 상황에 대한 개인의 반응을 유발

시하였다. 구체적으로, 기본 귀인 오류는 집합주의 문화(대부분의 아시아 국가)보다 개인주의 문화(미국 및 대부분의 서양 국가)에서 더 자주 나타났다(Bhawuk, 2018; Crittenden, 1991; Shweder & Bourne, 1982). 한 연구에서, 연구자들은 뉴욕 타임스와 보스턴 글로브의 스포츠 기사와 사설, 그리고 홍콩의 사우스 차이나 모닝포스트의 스포츠 기사와 사설을 분석하였다(Lee et al., 1996). 그런 다음 사람들의 행동을 성격 탓으로 돌리는지, 상황 탓으로 돌리는지에 따라 각 기사를 분류하였다. 예를 들어 테니스 선수가 경기에서 이긴 것은 그 선수의 투지와 의지 때문인가, 아니면 상대 선수의 실수나 심판의 오판 때문인가? 연구 결과, 아시아 신문은 상황으로 귀인하는 기사가 훨씬 많았고, 성격으로의 귀인 기사는 적었다. 이 차이는 집합주의 문화에서는 사람들이 타인을 위해 행동을 한다는 일반적 이해가 전제되기 때문에 타인이 저지른 행동은 그 사람의 성격을 정확히 반영하지 못할 수 있다는 생각 때문일 수도 있다.

태도

태도(attitude)란 사고와 정서 모두에 영향을 받아 형성되는 관점으로 사람, 사물, 또는 상황에 대한 여러분의 반응을 유발한다. 태도[사회심리학자들은 **선호도**(preferences)라고 종종 부른다]는 알고 있는 것과 느끼고 있는 것 사이의 어딘가에 있다(Banaji & Heiphetz, 2010; Petty et al., 1997, 2009a). 사형 제도에 대한 여러분의 태도를 생각해보자. 거기에는 사형제도가 범죄율을 감소시키는지 또는 사형과 종신형의 경제적 비용은 어떠한지 등의 단순한 사실만 있는 것이 아니다. 또한 유죄 판결을 받은 사람이 사형에 처해진다는 생각에서 오는 본능적 반응의 순수한 감정만 있는 것도 아니다. 오히려 여러분의 태도는 사실과 감정이 모두 작용하는, 즉 사고와 정서가 혼합된 것이다.

그림 12.1에서 볼 수 있듯이, 태도가 중요한 이유는 태도와 행동의 연관성 때문이다. 태도는 행동을 예측하는데, 특히 태도가 확고할 때는 더 높은 예측력을 갖는다. 특히 태도가 강할 때는 태도는 행위를 예측한다(Fazio, 1990; Howe & Krosnick, 2017; Kraus, 1995; Kruglanski et al., 2015). 운동에 매우 부정적인 태도를 가진 과체중의 40세 남성 로날드를 살펴보자. 로날드는 운동을 번거롭고, 부담스럽고, 재미없고, 땀나고, 지루하며, 시간 낭비라는 전반적으로 좋지 않은 생각을 가지고 있다. 그러므로 그가 오랫동안 운동을 하지 않은 것은 당연한 일이다. 하지만, 만일 아내, 친구, 또는 동료들이 운동은 재미있고 활기를 되찾아준다고 설득하는 것이 효과를 거둔다면, 로날드가 피트니스 센터를 갈 가능성은 높아질 것이다. 또한, 반대의 방법도 효과가 있다. 즉 행동이 태도를 예측할 수 있다. 로날드가 억지로라도 운동을 하려고 스스로 피트니스 센터에 간다고 상상해보자. 그리고 그가 이 행동을 지속한다면, 자신의 행동을 태도에 일치시키기 위해 운동에 대한 그의 태도는 긍정적인 쪽으로 바뀔 수 있다.

연구들은 태도가 강하면 강할수록, 행동은 태도와 더 일치하게 된다는 사실을 지지하고 있다. 수백 명의 시카고 주민들을 대상으로 한 연구에서, 그 당시 대두되었던 다섯 가지 사회적 쟁점(차별철폐 조치, 이민, 교육재정 지원, 젠트리피케이션, 이라크 전쟁)에 대한 설문을 실시하였다. 연구자들은 각 쟁점에 대한 참가자들의 태도만 질문한 것이 아니라, 그 쟁점과 관련한 행동(예 : 그 쟁점에 관한 집회 참석, 청원 서명, 또는 정부 관계자에게 연락)을 하고 있는지도 물었다. 연구 결과는 특정 쟁점에 대한 태도가 강할수록 그와 관련된 행동 역시 많이 한다고 응답하여, 태도와 행동 간의 유의미한 정적 상관이 나타났다(Holbrook et al., 2016).

태도와 행동은 강한 상관이 있지만, 항상 일치하는 것은 아니다(Ajzen, 2000; Sheeran & Webb, 2016; Wallace et al., 2005). 자신이 진술한 태도와 행동이 일치하지 않는 경우들도 있다. 태도-

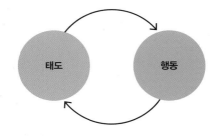

그림 12.1 태도와 행동의 상호 영향 태도와 행동은 서로 영향을 준다. 운동을 예로 들어 보자. 운동에 대한 긍정적 태도는 운동 빈도를 증가시키고, 운동의 빈도가 증가하면 운동에 대한 태도는 더 좋아질 것이다.

행동 관련성에 대한 메타 분석 연구 결과, 자신의 태도에 자신이 없고, 일관되지 않으며, 자신과 반대되는 의견이 존재한다면 태도가 행동을 예측할 가능성은 낮은 것으로 나타났다(Glasman & Albarracín, 2006). 중국인에 대한 편견이 미국 사회에 아주 높았던 1930년대 초반에, 한 중국 커플이 자동차로 미국을 여행하면서 음식점과 숙소를 들렀다. 태도와 행동의 연관성에 관한 연구를 위해 6개월 후에 그 중국 커플이 다녔던 식당과 호텔에 우편으로 설문지를 보내 중국 고객을 받겠느냐고 물었다. 대부분의 설문 참가자들은 받지 않겠다고 대답하여, 그들이 보여준 행동과 반대의 태도를 보였다(LaPiere, 1934). 이 불일치를 완벽하게 설명할 수는 없지만, 이는 그 당시 미국에서 특정 소수집단에 대한 친절한 태도를 갖지 못하게 하는 사회적 압력 때문일 수 있다. 또한 중국 사람들에 대한 태도와 관계없이, 어려운 경제 시기에 돈을 지불하는 고객을 거절하기가 어렵기 때문이었을 수도 있다.

명시적 태도와 암묵적 태도　사회심리학자들은 명시적(explicit) 태도와 암묵적(implicit) 태도를 구별한다(Albarracín & Vargas, 2010). 명시적 태도는 자신이 인식하여 알고 있는 태도로, 스스로 쉽고 정확하게 설명할 수 있다. 암묵적 태도는 보다 자동적이고 무의식적인 것으로, 우리의 인식 조금 아래에 놓여 있어 스스로 알아차리기가 어렵다(Petty et al., 2009b). 명시적 태도와 암묵적 태도의 예시를 위해 타 인종에 대한 여러분의 태도를 알아보자. 여러분의 명시적 태도와 암묵적 태도는 조금 다를 수 있다. 아마도 여러분은 스스로를 열린 사고를 가진 사람이라고 여기고 싶을 것이다. 하지만 여러분은 여러분이 생각하는 것보다 실제로는 더 폐쇄적인 사고를 가졌을 가능성이 있다. 그림 12.2는 명시적 사고와 암묵적 사고에 대한 생물학적 차이를 보여준다. 이 둘은 뇌의 다른 부위를 활성화시킨다. 뇌영상 연구는 명시적 태도는 의도적인 인지처리 과정을 하는 전두엽(특히 안와전두피질)이 관여하지만, 암묵적 태도는 정서를 처리하는 편도체에서 관여한다는 것을 보여준다(Phan et al., 2002; Wright et al., 2008).

　명시적 태도와 암묵적 태도 중 어느 것이 행동의 예측 변인으로 더 나을 것 같은가? 사회심리학자들은 행동을 예측함에 있어 두 변인이 대략 동등하다는 것을 발견하고 다소 놀랐다. 사회심리학자들은 해당 주제에 대하여 진심으로 어떻게 생각하고 느끼는가를 예측할 때 명시적 태도보다 암묵적 태도가 '진정한' 변인으로 더 나을 것이라고 기대하였기 때문이다(Ajzen, 2012; Greenwald et al., 2009; McCartan et al., 2018). 하지만, 행동에 대한 두 태도의 예측력이 동등하지 않은 영역이 있는데, 바로 인종차별과 관련한 영역이다. 이 영역에 대한 수많은 실험에서 타 인종 사람들과의 눈 맞춤, 미소 짓기, 가까이 앉기 같은 비언어적 행동에 대한 암묵적 태도가 명시적 태도보다 더 나은 예측변인으로 나타났다(Fazio & Olson, 2003; Kurdi et al., 2018; Olson & Fazio, 2009).

 왜 사회심리학에서 태도를 다루나요? 태도는 개인적인 것에 해당되는 것 아닌가요?

　태도는 몇 가지 이유로 사회심리학자들에게 중요하다. 첫째, 우리는 다른 사람(개인 또는 집단으로서)에 대한 많은 태도를 가지고 있고, 그들도 우리에 대하여 많은 태도를 가진다. 이러한 태도는 상대를 향한 우리의 행동에 강력한 영향을 미칠 수 있다. 둘째, 사회심리학자들이 태도 연구를 하는 이유는 우리가 서로의 태도를 **바꾸기** 위해 많은 시간과 노력을 들이기 때문이다. 누군가 여러분의 태도를 바꾸기 위해 얼마나 자주 노력하는지 생각해보자. 여러분의 룸메이트는 여러분에게 TV는 클수록 훨씬 돈값을 한다고 설득한다. 이웃집 마당에는 그들이 선호하는 후보에게 여러분이

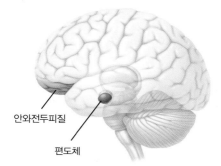

안와전두피질

편도체

그림 12.2 뇌에서의 암묵적 태도와 명시적 태도　의식적인 사고를 하는 명시적 태도는 인지가 발생하는 안와전두피질을 활성화시킨다. 인식하지 못하는 암묵적 태도는 정서를 처리하는 편도체를 활성화시킨다. 출처 : Wright et al.(2008), Phan et al.(2002).

투표했으면 하는 표지판이 꽂혀 있다. 광고에 나오는 목소리는 더 새롭고 더 나은 스마트폰으로 바꾸라고 여러분을 설득한다.

태도 설득 전략들 사회심리학자들은 사람들의 태도를 바꾸기 위해 사용할 수 있는 다양하고 구체적인 전략들을 알아냈다. 예를 들어 **중심경로 설득**(central route persuasion)은 전달하고자 하는 메시지의 내용을 강조하는 설득 전략이다. 반대로, **주변경로 설득**(peripheral route persuasion)은 메시지의 내용보다는 다른 요인들에 중점을 두는 설득 전략이다. 광고주는 의심할 여지없이 두 설득 전략 모두에 여러분을 익숙하게 만든다. 예를 들면 좋은 연비, 높은 안전 등급, 넉넉한 공간 등의 차의 장점을 직접적으로 설명하는 TV 광고는 중심경로 설득을 이용한 것이다. 하지만, 유명인사 또는 유행하는 음악을 차와 함께 광고한다면 이는 주변경로 설득을 사용하는 것이다. 직접적인 접근 방식인 중심경로 설득은 시청자가 그 메시지에 언급된 장점을 곰곰이 생각하도록 유도한다면 장기적으로 더 효과적일 수 있다.

사회심리학자들은 청중들의 이러한 '생각하기' 과정을 정교함(elaboration)이라는 용어로 표현한다. 그리고 이 과정이 더 정교할수록 메시지가 더 효과적으로 전달된다(Petty & Briñol, 2012; Petty et al., 1995). 이 과정에서 메시지 자체가 아니라 메시지 주위의 것('주변')을 강조하면 정교함은 최소화되기 때문에 태도 변화 역시 피상적이고 단기적인 경향이 있다(Petty & Cacioppo, 1986; Wagner & Petty, 2011).

태도 변화의 다른 전략들은 판매 전술과 훨씬 더 비슷하다. **문간에 발 들여놓기 기법**(foot-in-the-door technique)은 먼저 작은 요구에 동의하도록 한 후, 그다음에 큰 것을 부탁하는 설득 전략이다. 물론, 최종목표는 큰 요구이고, 설득하는 사람이 원한 것은 상대방의 태도 변화이다(Cialdini & Trost, 1998; Dillard et al., 1984; Dolinski, 2000; Gorassini & Olson, 1995; Hogg, 2010; Lee & Liang, 2019). 예를 들어 차로 서너 시간 걸리는 도시에서 하루를 묵기 위해 친구의 차를 빌리려고 하는 상황을 생각해보자. 이런 느닷없이 큰 부탁은 친구에게 많이 부담스러울 수 있다. 하지만 2마일 거리에 있는 가게에서 장을 보기 위해 친구의 차를 빌려달라고 한다면, 친구는 수락할 가능성이 높다. 일단 작은 요구에 동의하였다면, 조금 더 큰 요구, 20마일 거리의 병원을 가기 위해 차를 빌려달라고 했을 때 빌려줄 수 있을 것이다. 이런 식의 점진적 전략을 사용한다면 결국에는 하루 이상 차를 빌리는 큰 요구에도 친구는 동의할 가능성이 높아진다.

문간에 발 들여놓기 기법에 대한 연구를 위해 약 1,000명의 참가자에게 전쟁지역의 지뢰로 부상을 당한 아동들을 돕기 위해 개설된 웹사이트 링크의 클릭을 부탁하는 이메일을 보냈다(Guéguen & Jacob, 2001). 절반의 참가자들은 이메일의 링크를 클릭하면 바로 '기부' 페이지가 나타났고, 나머지 절반의 참가자들은 클릭을 하면 먼저 지뢰에 반대하는 청원에 서명하는 페이지로 이동한 이후에 '기부' 페이지로 넘어갔다. 연구 결과는 문간에 발 들여놓기 기법을 사용했던 지뢰 반대 청원에 먼저 서명을 하도록 한 참가자들이 처음부터 기부를 권했던 참가자들보다 3배 이상 기부에 동참한 것으로 나타났다.

문간에 발 들여놓기 기법과 정반대 방법인 **머리부터 들이밀기 기법**(door-in-the-face technique)은 아주 큰 요구를 하여 상대방이 거절하도록 한 후, 그다음 작은 요구를 제안하는 설득 전략이다. 이 경우에는 작은 요구가 설득하려는 사람이 처음부터 염두에 둔 목표이다. 이 용어는 제안을 받는 사람이 설득하려는 사람의 면전(in the face)에서 문을 닫아버린 후, 설득자로부터 보다 합리적인 요구가 제시되면 닫았던 문을 다시 여는 것을 의미한다(Pascual & Guéguen, 2005). 예를 들면

중심경로 설득
전달하고자 하는 메시지의 내용을 강조하는 설득 전략

주변경로 설득
메시지의 내용보다는 다른 요인들에 중점을 두는 설득 전략

문간에 발 들여놓기 기법
먼저 작은 요구에 동의하도록 한 후, 그다음에 큰 것을 부탁하는 설득 전략

머리부터 들이밀기 기법
아주 큰 요구를 하여 상대방이 거절하도록 한 후, 그다음 작은 요구를 제안하는 설득 전략

10대 소년이 자신의 생일 선물로 100달러짜리 신발을 원할 때, 그의 부모에게 처음에 300달러짜리 신발을 요구할 수 있다. 부모가 "절대 안 돼!"라고 말을 하면, 그다음 제안하는 100달러짜리는 앞선 요구와 비교하여 훨씬 더 합리적인 것처럼 보인다.

머리부터 들이밀기 기법에 대한 연구를 위해 참가자들에게 소년원에서 2년 동안 일주일에 2시간씩 자원봉사로 상담을 하는 부담스럽고 장기적인 요구를 제안하였을 때, 이를 수락한 사람은 거의 없었다. 하지만, 바로 뒤이어 작은 요구, 소년원의 아동들을 데리고 동물원으로 소풍을 가는 단발성 봉사를 제안하였을 때는 그들 중 절반이 수락하였다. 처음부터 동물원 소풍을 요구한 경우에는 17%만이 제안을 받아들였다(Cialdini et al., 1975).

마지막 설득 기법은 **저가 기법**(lowball technique)으로, 낮은 가격을 제시하여 초기 계약을 맺은 후, 그다음에 가격을 올리는 설득 전략이다(Burger & Caputo, 2015; Pascual et al., 2016). 자동차 판매원은 낮은 가격으로 광고하여 고객을 가게로 유인한 뒤, 차 도색, 배송, 알 수 없는 다양한 부가 요금 등으로 수백 수천 달러를 무자비하게 추가하는 것으로 악명 높다. 이런 경우는 다른 곳에서도 볼 수 있다. 새 아파트로 이사하는 친구가 여러분에게 소파를 옮기는 것을 부탁하고 피자를 사주기로 했다. 소파를 옮기고 나자, 친구는 침대, 가구, TV, 수십 개의 옷, 책, 잡동사니 박스들을 옮기는 것도 도와달라고 부탁한다. 몇 시간 후 땀에 젖고 지쳐갈 때쯤 여러분은 공짜 피자를 먹기 위해 예상보다 더 열심히, 더 오래 일했다는 것을 알게 된다.

표 12.1은 부동산에서 집을 사도록 설득할 때 사용할 수 있는 태도 설득 전략을 요약하였다.

사회적 역할   우리의 태도는 우리가 누구인지 그리고 무엇을 해야 하는지를 알게 되는 것에 의해서도 형성된다. 우리의 태도와 행동은 종종 우리의 **사회적 역할**(social role)에 의해 영향을 받는다. 즉 사람들이 맡고 있는 직책, 직위, 또는 지위에 따라 그 사람에게 사회가 기대하는 행동이 있다. 사회적 역할이 얼마나 강력한지는 그 역할이 변화한 직후에 가장 명백하게 드러난다. 졸업 또는 취직을 하거나, 부모 또는 사장이 되거나, 은퇴를 하는 등으로 새로운 상황이 되었을 때, 사람들은 그 직책이나 이름에 맞도록 행동해야 한다는 새로운 압력을 느낀다(Hogg et al., 1995; Stryker & Statham, 1986). 예를 들어 최근에 대학을 졸업한 사람은 그가 입는 옷이나 듣는 음악을 다시 생각

표 12.1 부동산 중개인이 사용할 수 있는 태도 설득 전략들		
태도 설득 전략	**설명**	**부동산 중개인의 사용 방법**
중심경로 설득	실질적인 장점을 직접적으로 설명	이 집은 방 3개, 화장실 2개의 140제곱미터이고, 차고에는 2대의 차가 들어갈 수 있습니다.
주변경로 설득	'교묘한 속임수(smoke and mirrors)'를 이용하여 멋지게 보이게 함	이 집 주변에 지역의 유명한 사람들이 살고 있습니다.
문간에 발 들여놓기 기법	큰 것을 요구하기 전에 작은 것에 동의하도록 함	오픈하우스에 가서 집 내부를 보실래요?
머리부터 들이밀기 기법	먼저 아주 큰 것을 요구하면 이후 원래의 목표였던 보다 작은 것이 합리적으로 보임	10억 원 하는 좋은 집이 있어요. 그건 관심 없으세요? 그럼, 이 가격보다 더 낮은 이 집은 어떠세요?
저가 기법	동의를 하게 한 후, 가격을 올림	지금 당장 계약하면, 우리가 모든 마감 비용을 면제해드립니다(세금, 수수료, 기타 추가사항은 계약이 끝나면 보여줄 것임).

저가 기법
낮은 가격을 제시하여 초기 계약을 맺은 후, 그다음에 가격을 올리는 설득 전략

사회적 역할
사람들이 맡고 있는 직책, 직위, 또는 지위에 따라 그 사람에게 사회가 기대하는 행동

하기 시작하고, 결국에는 좀 더 '성장'하게 된다. 결국, 그는 자신에 대하여 생각하고, 학생에서 전문가의 세계로 진입하게 된다. 임신을 한 여성은 자신의 식습관을 고려하기 시작하고, 술을 완전히 끊고, 자신의 소형차가 갑자기 너무 안전하지 않은 것처럼 느껴진다. 결국, 그녀는 이제 두 배로 책임을 져야 할 위치에 있게 된다.

사회적 역할이 우리의 태도와 행동에 어떤 힘을 갖는지를 보여준 잘 알려진 연구가 1970년대에 실시되었다. 사회심리학자 필립 짐바르도(Phillip Zimbardo)는 24명의 남자 대학생들을 가짜 감옥에서 시간을 보내는 실험에 참가시켰다. 이곳은 실제로는 스탠퍼드대학교 건물의 지하였고, 학생들 중 일부에게는 교도관의 역할을, 다른 학생들에게는 수감자의 역할을 부여하였다. 교도관에게는 제복, 곤봉, 그리고 눈이 직접 보이지 않는 미러렌즈 선글라스를, 수감자들에게는 죄수복, 수감번호, 그리고 감방이 제공되었다.

감옥 실험은 몇 주간 진행될 계획으로 시작되었지만, 며칠도 지나지 않아 수감자에 대한 교도관들의 행동은 모욕적이고, 굴욕적이며, 폭력적으로 변해 갔다. 때때로 교도관들은 수감자를 처벌하기 위해 음식이나 화장실 사용을 못하게 하고, 옷을 벗기고, 소화기를 분사하고, 침대를 뺏고, 맨손으로 변기 청소를 강요하였다. 수감자의 신체적·정신적 건강이 위험할 뿐 아니라 이러한 학대에 대한 수감자들의 불만이 반란으로 격렬해지자 이 실험은 6일 만에 중단되었다(Banuazizi & Movahedi, 1975; Zimbardo, 1972; Zimbardo et al., 1973). 이 실험에서 주목할 점은 교도관은 그들의 역할을 했을 뿐이라는 것이다. 실제로 그들은 스탠퍼드대학교 학생이었지만, 교도관 역할이 그들의 태도와 행동을 바꾸어서 자신의 친구들을 위협하고 위험에 빠뜨리는 지경에 이르렀던 것이다.

2003년 바그다드 근처의 아부그라이브(Abu Ghraib) 감옥에서 미군 병사들이 이라크 포로들을 대하는 사진이 공개되었을 때, 이는 스탠퍼드 감옥 실험의 현실 버전이 재현된 것 같았다. 사진에는 굴욕, 모욕, 학대가 담겨 있었다. 병사들은 포로들의 옷을 벗기고, 모욕적인 자세를 취하게 하고, 눈을 가리고, 서로의 위에 쌓아 올렸다. 가장 충격적인 장면은 병사들의 얼굴표정에서 이를 동의하거나 심지어 즐기는 것이 보였다는 것이다. 놀라운 것은 병사들 대부분은 이전에 이와 비슷한 행동을 하였다는 기록이 없었다. 스탠퍼드 실험처럼, 아부그라이브 감옥 사진은 사회적 역할의 영향을 보여준 것이라 할 수 있다.

사회적 역할은 사람들을 훌륭한 행동을 하도록 이끌 수도 있다. 우리는 종종 자신의 역할에 기대하는 행동을 수행해야 한다는 생각으로 인해 영웅적 행동을 실행하는 사람들을 볼 수 있다. 예를 들면 소방관이나 경찰관을 포함한 모든 종류의 초동대응요원은 2001년 9월 11일에 뉴욕의 세계무역센터에서 수천 명이 뛰쳐나올 때 그들 역할의 이름에 걸맞게 목숨을 내걸고 건물로 들어갔다. 2009년 1월 동력이 떨어진 비행기를 허드슨강에 착륙시켜 155명의 승객을 구한 조종사 설리 술렌버거는 비행기 통로를 오르내리면서 모든 승객과 승무원이 안전하게 밖으로 나갔는지를 확인하였다. 그는 자신의 직무를 수행한다는 명목으로 비행기를 탈출하기 전에 두 번이나 비행기 통로를 확인하였다. 플로리다 파크랜드의 스톤맨 더글러스 고등학교의 선생님과 코치였던 스콧 베이글, 애런 피스, 그리고 크리스 힉슨은 2018년 2월 학교에서 총기난사 사건이 발생하였 때 학생들을 보호하기 위해 자신의 목숨을 바침으로써 학생들의 보호자로서 자신의 역할을 수행하였다.

사회적 역할은 자신이 맡은 역할에 어울리는 행동을 하도록 격려한다. 예를 들면 초동대응요원들의 사회적 역할은 이들이 사람들을 구하는 영웅적 행동을 수행하도록 격려한다.

인지 부조화
어떤 태도 또는 어떤 행동과 상충하는 태도를 가짐으로써 발생하는 불편함

인지 부조화 : 갈등 상황에서의 태도

인지 부조화(cognitive dissonance)는 어떤 태도 또는 어떤 행동과 상충하는 태도를 가짐으로써 발

생하는 불편함이다(그림 12.3). '부조화'는 음악에서 사용되는 단어로, 조화를 이루지 못하여 불편한 경험을 하게 하는 2개의 소리를 말한다. 인지 부조화도 마찬가지다. 우리는 우리의 태도(또는 태도와 행동의 조합)가 서로 조화를 이루는 것을 선호한다. 하지만 때때로 그렇지 않다는 것을 알아차리게 되면 불쾌한 경험을 하게 된다. 여러분이 A를 믿으면서 B라고 말하는 것과 같이, 이는 내면의 위선이므로 해결을 요구하게 된다 (Aronson, 1999; Cooper, 2012; Nail & Boniecki, 2011).

키이스는 장거리 달리기 선수이자 얼마 전 아버지가 되었다. 대학에서 크로스-컨트리 장학금을 받고 졸업한 이후, 1년 내내 1주일에 6일을 훈련하고 1년에 2번의 마라톤을 참가했다. 이렇게 달리기에 몰두하는 행동은 달리기에 대한 키이스의 태도를 반영한다. "달리기는 나의 삶이다. 이것이 내 삶의 우선순위이다." 몇 달 뒤, 키이스의 아내는 첫아이인 딸을 낳았다. 키이스는 오랫동안 자녀를 원했고, 아기가 태어난 것이 너무 기뻤다. 아버지로서 그의 태도는 어떠한가? "부성은 나의 삶이다. 이것이 내 삶의 우선순위이다." 키이스는 아이의 출생으로 명백한 인지 부조화를 겪었다. 최우선순위가 2개일 수는 없고, 딸과 달리기에 동시에 몰두한다는 것은 그에게 스트레스였다. 그가 달리기를 선택하면 딸을 등한시하는 것 때문에 힘들었고, 딸을 선택하면 달리기를 소홀히 하는 것에 기분이 좋지 않았다.

키이스는 이러한 인지 부조화를 어떻게 해결할 수 있을까? 사회심리학자들은 (1) 태도 A를 바꾸기, (2) 태도 B를 바꾸기, 또는 (3) 태도 A와 B의 긴장을 풀기 위해 태도 C를 생각하기라는 세 가지 해결법을 제시하였다(Cooper, 1999; Harmon-Jones & Mills, 1999). 키이스의 경우, 태도 A를 바꾸는 것은 달리기를 최우선순위에서 밀어내고 완전히 헌신적인 아버지가 된다는 의미이다. 태도 B를 바꾸는 것은 반대로 아버지를 최우선순위로 두지 않고 달리기에 완전히 몰두하는 선수가 된다는 것을 의미한다. 태도 C는 다양한 형태를 취할 수 있는데, 이때 각각의 태도는 그럴듯하게 믿을 만해야 효과적이다. "나는 내 딸을 위해서 뛰는 것을 계속해야 한다. 달리기는 나를 아버지로서 행복하고 건강하게 해주며, 딸에게 훌륭한 본보기가 된다." 또는 "1주일에 6일을 뛰지 않는다고 해서 내가 달리기에 전념하지 않는다는 의미는 아니다. 나는 그럴 만한 이유 때문에 단지 휴식을 취하고 있는 것이다." 또는 "조깅할 수 있는 좋은 유모차를 구입하여 딸과 함께 뛸거야!"

인지 부조화 연구의 역사는 오래되었고, 그 출발은 1950년대 레온 페스팅거(Leon Festinger) (1957, 1964)로부터 시작되었다. 이 영역의 연구는 페스팅거의 가장 유명한 연구 중 하나에서 시작된 질문인 "누군가에게 자신의 의견과 반대되는 것을 말하거나 행동하도록 강요하면 그 사람의 개인적 견해는 어떻게 되는가?"에 초점을 두고 있다(Festinger & Carlsmith, 1959, p. 203). 이 연구의 참가자는 한 시간 동안 나무막대를 좁은 틈으로 계속해서 끼워 넣는 단조로운 과제를 시행하도록 요구받았다. 이 과제는 계획대로 지루하였지만, 그 과제가 끝날 때 연구자는 참가자에게 밖에서 기다리고 있는 다른 참가자에게 이 과제가 재미있었다고 말해달라는 요구를 하였다. 참가자들의 절반은 이 거짓말의 대가로 1달러를 받았고, 나머지 절반의 참가자들은 20달러를 받았다. 이 두 집단 중 어느 집단이 이 과제가 실제로 자신들에게도 재미있었다고 생각했을까? 아마도 돈을 많이 받은 20달러 집단이라고 예상할 것이다. 하지만, 결과는 1달러를 받은 집단이 실제로 이 과제에 대하여 더 재미있었다는 긍정적인 태도를 보였다. 연구자들은 1달러 집단이 '나는 과제가 지루하다고 생각한다'와 '나는 거짓말쟁이가 아니다' 사이의 인지 부조화를 해결하기 위해서는 실제로 그 과제를 좋아한다고 스스로를 설득해야 했기 때문이라고 설명한다. 20달러를 받은 집단은 큰 금액

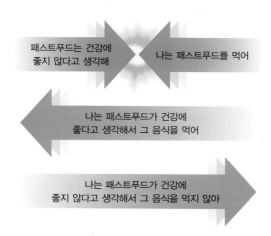

그림 12.3 **인지 부조화** 첫 번째 줄은 태도와 행동이 서로 상충되는 인지 부조화를 설명한다. 두 번째와 세 번째 줄은 인지 부조화를 해결할 수 있는 두 가지 방법, 즉 태도의 변화와 행동의 변화를 각각 보여준다.

때문에 거짓말을 했다고 자신의 행동을 합리화할 수 있기 때문에 인지 부조화를 경험하지 않았을 것이다.

페스팅거의 연구 이후 수십 년간, 많은 연구자들이 인지 부조화가 태도 및 행동의 변화를 일으키킨다는 것을 재검증하였다(Cooper, 2007). 많은 경우에 인지 부조화는 거짓말을 하는 쪽이 아니라 바람직하고 건강한 행동을 하는 쪽으로 이끌었다(Freijy & Kothe, 2013; Stone & Fernandez, 2008). 기본 생각은 좋은 태도와 나쁜 행동이 양립할 수 없는 상황에 직면하게 되면 행동을 더 좋게 바꾸도록 고무시킬 수 있다는 것이다. 예를 들어 여대생에게 거울 앞에서 자신의 신체에 대해 높이 평가하도록 하는 등의 섭식장애와 불일치하는 행동을 하게 하였을 때, 그렇지 않은 여대생보다 섭식장애에 대한 태도가 낮은 수준으로 나타났다(Becker et al., 2010). 또한 재활용에 대한 긍정적 태도를 가지고 있는 사람에게 자신이 때때로 재활용하지 않는 행동, 예를 들면 캔이나 플라스틱을 재활용하지 않고 휴지통에 버리는 등의 행동한 것을 알려주어 본인의 인지 부조화를 알아차리도록 했을 때, 사람들의 재활용 행동은 더 높아졌다(Fried & Aronson, 1995). 유사하게, 재정의 책임을 맡고 있다고 생각하는 사람이 쓰지 않아도 될 돈을 지출했음을 카드 명세서를 보고 알아차리게 되면 보다 책임감 있게 돈을 사용하고자 하는 동기부여가 될 수 있다(Davies & Lea, 1995).

몇몇 연구자들은 심지어 인지 부조화의 신경학적 증거를 발견하였다. 참가자를 불편한 fMRI 스캐너에 넣은 후, 다음 참가자에게는 편안했다고 말해달라는 부탁을 하였다. 이 과정에서 촬영된 fMRI 영상에서 참가자의 전두엽 특정 부위(전대상피질)가 활성화되었다. 이들 참가자 중 거짓으로 편안하다고 얘기하고 돈을 받은 사람은 돈을 받지 않고 거짓말을 한 사람이 활성화되었던 뇌의 부위가 활성화되지 않았다. 이는 돈을 받은 사람은 인지 부조화를 덜 경험하였다는 것을 뜻한다(van Veen et al., 2009).

인지 부조화로 나타나는 태도 변화에 대한 대안적인 설명이 자기지각 이론(self-perception theory)이다. 자기지각 이론은 우리의 태도가 우리의 행동 전이 아니라 후에 형성된다고 주장한다(Bem, 1967). 사람들은 특정 행동을 하고 난 후, 행동 전에 자신이 어떤 태도를 가졌는지 역으로 거슬러 올라가서 생각해본다는 것이다. 예를 들어 안전벨트를 하지 않은 채 속도 위반을 하고 있는 자신을 발견한다면, '나는 안전보다 짜릿함을 더 좋아한다'는 결론을 내린다. 자기지각 이론은 '성공할 때까지 성공한 것처럼 행동하라'는 삶의 접근법과 꽤 일치한다. 즉 '여러분이 되고자 원하는 사람처럼 행동하라. 그러면 곧 그 사람이 될 것이다'라는 뜻이다.

학습 확인

12.1 사회인지란 무엇인가?

12.2 귀인이란 무엇인가?

12.3 기본 귀인 오류란 무엇인가?

12.4 태도는 무엇이고, 태도를 변화시키고자 어떤 시도를 하는가?

12.5 인지 부조화란 무엇이고, 그것을 어떻게 해결하는가?

사회적 영향 : 우리는 서로에게 어떻게 영향을 주는가

의도하든 의도하지 않든, 인간은 서로의 행동에 영향을 미친다. 어떤 경우에는 집단이 여러분을 좌지우지하기도 하고, 다른 경우는 단 한 사람이 여러분을 지배하기도 한다. 타인이 여러분에게 영향을 끼치는 또 다른 경우는, 단순히 타인의 존재를 인식하는 것만으로도 여러분의 생각과 행동이 달라질 수 있다. 완전히 **혼자서** 1주일을 보낸다고 생각해보라. 사람, 전화기, 인터넷 등 모든 것과의 접촉은 완전히 막혔다. 이러한 고립 상황에서 여러분이 행동하는 방식과 평소에 행동하는 방식의 차이는 타인의 존재가 여러분의 생각, 감정 및 행동에 영향을 미치는 방식을 일컫는 **사회적 영향**(social influence)을 보여준다. 주변의 다른 사람들 때문에 여러분이 동조하고, 복종하고, 또는 여러분의 행동에 영향을 미칠 수 있는 몇 가지 방식을 살펴보자.

동조 : 그 집단에 동조하기

여러분은 심리학과 실험실로 걸어가서 앉았다. 그 방에는 여러분을 포함하여 6명의 사람들이 있었다. 실험자는 특정 길이의 직선('예시' 선)을 보여준 후, 다양한 길이의 세 선을 보여줄 것이라고 설명한다. 여러분이 할 일은 제시된 예시 선과 가장 길이가 비슷한 선을 고르는 것이다. 여러분은 이 문제가 쉽다고 생각할 것이다. 첫 번째 문제가 제시되었을 때, 답은 A로 명확했다. 실험자는 4명의 다른 참가자들에게 먼저 답을 물었고, 그들은 차례로 'A, A, A, A'라고 모두 동일하게 대답한다. 이제 여러분의 차례가 되었을 때 여러분도 A라고 답했다. 이것은 간단한 문제다.

두 번째 문제가 제시되었을 때, 정답은 B로 명확했다(그림 12.4). 실험자는 조금 전과 같은 순서로 참석자들에게 답을 물었다. 첫 번째 참가자가 C라고 답했다. 여러분은 놀라서 문제를 자세히 살펴보았지만, 답은 여전히 B였다. 다음 참가자도 첫 번째 참가자와 동일하게 C라고 하였다. 이제, 여러분은 당황하기 시작했다. 남은 두 참가자 역시 C라고 답한다. 이제 여러분의 차례가 되자, 혼란스러웠다. 여러분의 눈은 의심의 여지없이 B라고 분명히 말하는데, 이 집단은 만장일치로 C라고 하고 있다. 어떻게 대답할 것인가? 이 집단에서 C라고 말하는 오직 한 사람이 되는 것에도 불구하고, 여러분이 알고 있다고 생각하는 것을 말할 것인가, 아니면 다수의 의견을 따를 것인가?

이 실험은 정확히 솔로몬 애쉬(Solomon Asch)가 1950년대에 실시한 것이다(Asch, 1951, 1955, 1956). 애쉬는 다른 사람의 행동과 일치하도록 개인의 행동을 변화시키는 **동조**(conformity)를 실험하였다. 이 실험은 방 안의 모든 사람이 참가자인 듯 보였지만, 실제로 참가자는 단 한 사람, 여러분이었다. 다른 사람은 실험 보조자[심리학 연구자들은 이들을 동맹자(confederate)라고 부른다]로 이들은 여러분이 동조하는 결정을 내릴 수 있도록 틀린 답을 말하라고 지시받은 사람들이었다. 연구 결과는 꽤 흥미로웠다. 그 실험의 약 37%의 참가자가 동조하면서, 다른 사람의 의견이 명백히 틀렸음에도 집단의 의견을 따랐다. 단지 약 25%만이 모든 실험 보조자가 틀리게 대답한 12가지 상황 모두에서 결코 동조하지 않았다.

학습 목표

12.6 사회적 영향이란?

12.7 동조의 정의, 발생 시점 및 발생 이유

12.8 복종의 정의

12.9 사람들은 권위에 대해 얼마나 복종하는가?

12.10 집단은 개인의 수행에 어떻게 도움을 주거나 방해하는가?

12.11 집단 의사결정에 영향을 미치는 과정들

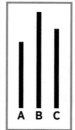 

그림 12.4 애쉬의 동조 실험 사진의 가운데 있는 사람이 이 실험의 진짜 참가자이다. 다른 두 사람은 실험 보조자로, 왼쪽의 예시 선 길이와 같은 선(a, b, 또는 c)을 선택하라고 했을 때 동일하게 틀린 답을 말하도록 **지시받았다.** Copyright © 2019 Scientific American, a division of Nature America Inc. All rights reserved. 출처 : Asch, 1951, 1955, 1956.

사회적 영향
타인의 존재가 여러분의 생각, 감정 및 행동에 영향을 미치는 방식

동조
다른 사람의 행동과 일치하도록 개인의 행동을 변화시키는 것

애쉬의 연구는 직선을 선택하는 것보다 중요한 일상의 많은 상황에 적용되었다. 고등학교 2학년인 피비는 신경성 폭식증의 위험을 매우 잘 알고 있다. 그녀는 어마어마한 양의 음식을 먹고 체중 증가를 막기 위해 먹은 것을 제거하는 행동이 신체적·심리적으로 매우 위험하다는 것을 너무나 잘 알고 있다. 하지만, 그녀가 소속된 치어리더팀의 많은 소녀들이 음식을 엄청나게 먹고 제거하였다. 일부 소녀는 구토를 하고, 일부는 과도하게 운동을 하였고, 어떤 이들은 심지어 설사제를 과용했다. 그들 모두는 이것이 날씬함을 유지하는 올바른 방법이라고 생각한다. 피비는 어떻게 할 것인가? 여러분은 어떻게 하겠는가? 연구자들은 신경성 폭식증을 발전시키는 젊은 여성들에게서 또래의 행동에 대한 동조가 강력한 이유라는 것을 발견하였다(Mason & Chaney, 1996; VanHuysse et al., 2016).

최근의 연구는 의대생을 참가자로 하여 애쉬의 동조 연구 방법을 독창적으로 바꾸었다(Beran et al., 2013). 의대생들의 과제는 바늘을 꽂을 수 있는 최적의 위치를 선택하는 것이었다. 관절염 검사의 일반적인 방법 중 무릎 슬개골 근처의 액체를 뽑는 것이 있는데, 학생들에게 제시된 과제는 이를 위해 무릎에 주사기를 꽂는 것이었다. 일부 학생들은 새 것의 가짜 무릎으로 연습하였고, 나머지 학생들은 앞선 학생들이 동일 과제를 하느라 이미 잘못된 장소에 바늘 자국이 나 있는 가짜 무릎으로 연습하였다. 결과는 이미 '사용한' 무릎으로 연습한 학생은 '새' 무릎으로 연습한 학생보다 잘못된 위치에 바늘을 꽂는 경우가 50% 더 많았다. 이미 존재한 바늘 자국이 애쉬의 실험에서 실험 보조자의 대답과 동일한 작용을 한 것이다. 바늘 자국은 참가자에게 자신의 판단을 의심하게 하였고, 다른 사람이 했던 것에 따라야 한다는 부담감을 주었던 것이다.

 사람들은 왜 동조를 하는 것인가요? 왜 다른 의견을 무시하고 자신이 최선이라고 생각하는 행동을 하지 않나요?

사회집단에 포함(inclusion)되는 것은 일차적이고 중요한 인간의 욕구여서 이는 종종 다른 욕구를 능가한다. 제8장에서 매슬로의 욕구위계설을 설명하면서 집단 내 포함의 다른 이름인 소속감(belongingness)에 대하여 다루었다. 이 욕구는 선사시대 조상으로부터 진화되었을 수도 있는데, 사회집단으로부터의 배제는 음식, 쉼터, 그리고 심지어 모든 일상으로부터의 배제를 의미할 수도 있다. 우리의 뇌는 집단 소속의 중요성에 대한 생물학적 지표를 보여준다. 집단에서 퇴출되면 정강이를 걷어차일 때 고통을 느끼는 장소와 같은 뇌의 부위가 활성화되고, 친구를 사귈 때는 모르핀과 같은 통증 제거 물질(opioids)이 생성된다(Eisenberger et al., 2003; MacDonald & Leary, 2005; Panksepp et al., 1985; Wang et al., 2017). 집단과의 관계를 계속 유지하려는 욕구 때문에 자신이 내린 더 나은 판단을 의심하게 되는 것은 이상한 일이 아니다. 애쉬와 최근의 많은 연구자들은 집단에 대한 동조를 증가시키거나 감소시키는 요인, 예를 들면 그 집단의 구성원 수, 이미 반대한 다른 구성원의 존재 및 동조 여부를 결정하는 그 사람의 자존감 등을 확인하였다. 표 12.2는 이 요인들을 요약하였다.

사람들이 동조를 하는 또 다른 이유는 어떻게 행동해야 할지 몰라서 주변 사람들을 모방하기 때문일 수도 있다. 이러한 종류의 동조는 애쉬의 연구 상황과는 다른 상황에서 발생한다. 만일 여러분이 애쉬 연구의 참가자라면, 정답을 알고 있지만 그 집단의 규준에 맞추기 위해 정답을 제외한 다른 답을 선택하는 것이다. 이러한 동조를 규범적 동조(normative conformity)라고 한다. 이와는 달리 그것이 옳은지에 대한 단서가 전혀 없는 상황이 있을 수 있다. 즉 알고 있는 것이 없어서 선

표 12.2   동조가 가장 잘 일어나는 때
그 집단에 적어도 3~5명의 구성원이 있다.
그 집단에 다른 의견을 가진 구성원이 없다.
그 사람은 그 집단을 높이 평가한다.
그 집단은 하나의 공유된 목표를 향해 노력하고 있다.
그 사람의 자존감이 낮다.
그 사람은 그 집단에서 지위가 낮다.
그 집단이 그 사람의 행동을 볼 수 있다.
그 집단을 나가면 그 사람에게 대안이 별로 없다.

출처 : Levine and Kerr(2007), Hogg(2010).

뜻 선택할 수가 없는 상황이 그것이다. 이런 경우, 여러분은 여러분 주위 사람들로부터 어떻게 행동할지에 대한 정보를 구하고, 그들의 안내에 따라 그들이 행동하는 방식에 동조한다. 여러분의 주요 목표는 단지 이 상황을 헤쳐 나가기 위해 필요한 지식을 얻는 것이지 다른 사람들에게 호감을 얻기 위한 것은 아니다. 이러한 종류의 동조를 **정보적 동조**(informational conformity)라고 한다(Cialdini & Goldstein, 2004; Deutch & Gerard, 1955; Madon et al., 2008; Sherif, 1936; Toelch & Dolan, 2015).

정보적 동조의 예시로 시카고 도심을 처음으로 방문했다고 생각해보자. 여러분이 점심을 먹기 위해 주위를 둘러보지만 걸어갈 수 있는 거리 내에 있는 수십 개의 식당 중 어디를 가야 할지 모른다. 어떻게 식당을 결정하겠는가? 아마도 바빠 보이는 식당(좋은 조짐)이 어디인지 그리고 사람이 없는 식당(나쁜 조짐)은 어디인지 주의 깊게 볼 것이다. 또는 스마트폰으로 옐프(음식점 평가 앱)에 올라온 근처 식당의 리뷰를 읽을 것이다. 아니면 시카고 도심에 살았던 사촌에게 문자를 보내 추천을 받을 수도 있다. 모든 방법이 지역 주민들이 좋아하는 식당을 알아내는 데 도움이 된다. 결정을 내릴 때 이러한 정보를 사용한다면, 그들이 보증하는 식당을 선택하는 것이므로 그들의 선호에 동조하게 된다고 할 수 있다.

동조에 대한 마지막 이야기는 동조가 보편적인 인간의 욕구지만 문화에 따라 다양하다는 것이다(Horita & Takezawa, 2018). 연구자들은 애쉬의 선(line) 판단 과제와 유사한 방법을 사용했던 17개국에서 시행한 133개의 동조연구를 다시 조사하였다(Bond & Smith, 1996). 연구 결과, 동조의 수준이 개인주의 국가보다 집합주의 국가에서 일관되게 높다는 것을 발견하였다. 사실 집합주의 국가(예 : 아시아 국가들)가 개인주의 국가(예 : 미국, 영국 및 서구 국가들)보다 훨씬 더 집단의 화합과 가치의 순응을 강조하기 때문에 그리 놀라운 일은 아니다. 또한 연구자들은 두 문화 사람들이 동조에 대한 해석을 다른 방식으로 하는 경향이 있다는 것을 발견하였다. 집합주의 국가의 성인들은 동조를 잘하는 아동을 똑똑하고 예의 바르다고 보았고, 개인주의 문화의 성인들은 그런 아동을 창의성이 부족하다고 보았다(Clegg et al., 2017). 또한 미국에서 실시한 연구들의 동조의 비율은 애쉬의 연구가 시행된 1950년 이후 하락하였음이 나타났는데, 이는 개인주의에 대한 사회적 가치가 더 커지는 쪽으로 이동하였기 때문으로 추측된다(Bond & Smith, 1996; Lalancette & Standing, 1990; Nicholson et al., 1985).

위 그림은 스탠리 밀그램이 1960년대 초에 진행한 그의 유명한 연구의 참가자를 모집하기 위해 사용한 광고이다. 이 광고에는 이 실험이 기억에 관한 실험이라고 쓰여 있지만, 실제로는 복종에 대한 실험이다. 실험 결과, 사람들은 종종 자신의 행동이 다른 사람을 해칠 수 있음이 명백할 때에도 권위자의 명령에 복종한다는 것을 보여주었다.

복종
권위 있는 인물의 명령을 따르기 위해 개인의 행동을 변화시키는 것

복종 : 명령에 따르기

애쉬의 지도학생이었던 스탠리 밀그램(Stanley Milgram)은 스승의 연구보다 더 널리 알려진 사회심리학 연구를 시행하였다(Prislin & Crano, 2012). 밀그램은 권위 있는 인물의 명령을 따르기 위해 개인의 행동을 변화시키는 **복종**(obedience)을 연구하였다. 복종과 동조는 중요한 측면에서 차이가 있는데, 동조를 하는 대상은 우리와 동일한 지위의 또래지만, 복종을 하는 대상은 우리보다 권력을 가진 상급자라는 것이다(Hogg, 2010). 밀그램의 복종은 명령에 따르는 것에 초점을 두어 연구하였다.

홀로코스트 기간에 어린 시절을 보낸 유대인으로서 밀그램은 나치 병사들이 어떻게 그 많은 유대인들을 잔인하고 사악하게 살해할 수 있었는지를 알고 싶었다. 많은 이들은 나치 병사가 완전히 나쁜 사람이었기 때문이라고 추측했지만, 밀그램은 권위에 대한 복종의 역할이 궁금하였다. 그의 이런 생각은 수백만 명의 죽음에 책임이 있었던 유명한 나치인 아돌프 아이히만이 전쟁 후 "나는 단지 명령에 따랐다"라고 말한 것과 같은 맥락으로 보인다(Blass, 2004; Cesarani, 2004).

밀그램의 복종 연구 방법은 독창적이면서도 논란의 여지가 있다(Lunt, 2009; Milgram, 1963, 1965, 1974). (사실, 1960년대에 시행된 그의 연구는 참가자를 속이고 고통을 주었다. 오늘날에는 거의 허용되지 않을 것이다.) 아래는 밀그램의 실험이 어떻게 진행되었는지 참가자의 관점에서 순서대로 기술하였다.

1. 여러분은 신문에 예일대학교에서 진행하는 '기억과 학습'에 대한 연구 광고를 보고 참가자로 신청하였다. 참가비로 40달러와 교통비 50센트를 받게 된다.

2. 여러분이 실험실에 도착했을 때, 2명의 남자를 만났다. 흰색 코트를 입고 있었던 한 사람은 이 연구의 책임자로 우리는 권위자라고 불렀다. 다른 한 사람은 나와 같은 참가자였다. 권위자는 이 연구를 위해 참가자 중 한 사람은 '교사'가 되고, 다른 한 사람은 '학생'의 역할을 할 것이라고 설명해주었다. 여러분은 어떤 역할을 할지 결정하기 위해 접힌 종이 하나를 골랐고, '교사'를 선택하였다.

3. 이 시점에서 여러분은 접힌 종이가 조작된 것임을 몰랐고, 그 '학생'은 실제로는 밀그램 연구의 실험 보조자였다. 이 연구는 사실 기억 또는 학습과 아무런 관련이 없었고, 권위에 대한 복종을 알아보는 실험이었다.

4. 그 권위자는 여러분에게 '학생'에게 대응을 이루는 단어를 맞추는 문제를 제시하라고 하였다. 여러분이 학생에게 첫 단어를 말하면 학생은 그 단어에 대응하는 두 번째 단어를 말하는 퀴즈를 낼 것이다(예 : 탁자/의자 또는 단색/줄무늬). 학생이 대응하는 단어를 맞히면 여러분은 아무것도 하지 않지만, 틀리면 벌로 학생에게 전기충격을 준다.

5. 여러분은 권위자가 학생을 옆방으로 데리고 가서 그의 팔에 전기충격이 전달되는 금속판을 붙이는 것을 보았다(실제로는 어떤 충격도 전달되지 않지만, 여러분은 아직 알지 못한다). 학생은 약간의 심장 질환이 있다고 얘기하였지만, 권위자는 그 충격이 고통스럽기는 하나 영구적인 손상을 일으키지는 않을 것이라고 답하였다. 여러분은 숫자(15~450볼트)와 글자('가벼운'에서 '위험 : 심각함', 그리고 최고 수준인 'XXX'까지)가 모두 적혀 있는 전기충격기 앞에 앉았다(그림 12.5). 여러분은 옆방에 있는 학생을 볼 수 없었지만, 그가 말하는 소리는 들을 수 있었다.

6. 권위자는 여러분에게 대응 단어를 맞추는 문제를 시작하라고 지시하였다. 여러분이 문제를 내기 시작한 초반에는 학생이 잘 맞혔다. 하지만 몇 문제를 제시한 후 학생이 처음으로 답을 틀리

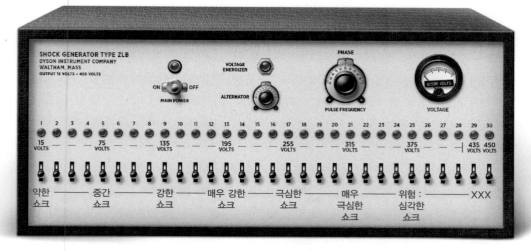

그림 12.5   밀그램의 '전기충격기' 밀그램의 유명한 실험에 참가한 대부분의 사람들은 명령에 복종하여 이 기계의 가장 오른쪽에 있는 XXX 수준까지 다른 사람에게 전기충격을 주었다.

자, 권위자는 가장 낮은 수준의 충격을 주라고 여러분에게 말한다. 또 틀리자, 전압을 15볼트씩 올리라고 한다. 여러분이 저항하면, 권위자는 "당신은 분명 계속해야 합니다" 또는 "당신은 선택권이 없습니다. 계속해야만 합니다"라고 말하며 강요한다.

7. 전압이 증가할수록, 여러분이 가하는 전기충격에 대한 학생의 반응도 격렬해졌다(물론, 이 모든 것은 여러분이 알지 못하는 대본에 따라 진행되고 실행되었다). 75볼트에서, 학생은 고통스럽게 앓는 소리를 내었고, 150볼트에서 "실험자! 됐어. 여기서 나가게 해줘 … 심장이 이상해지기 시작했어. 더 이상 계속하지 않겠어!"라고 소리쳤다. 300볼트에서 학생은 비명을 지르며 말했다. "난 절대로 더 이상 대답하지 않을 거야 … 당신은 나를 붙잡지 못해." 330볼트에서, 그는 날카롭게 소리치며 "나가게 해줘. 심장이 이상해 … 나가게 해줘! 내보내줘!"라고 했다. 330볼트에서 450볼트까지는 아무런 소리도 들리지 않았기에, 여러분은 그가 의식은 있는지 또는 심지어 살아 있는지 의구심이 들었다.

이 실험을 처음 계획할 때 가장 궁금했던 것은 그 교사가 학생에게 어디까지 전기충격을 가할 것인지였다. 즉 교사는 어느 선에서 복종을 거부할 것인가? 밀그램은 이 연구를 시행하기 전에 이 질문을 정신건강 전문가와 대학생에게 하였고, 그들 모두는 어떤 참가자도 전기충격의 마지막까지 가지 않을 것이라고 대답하였다. 많은 사람들은 학생이 멈추라고 요청하자마자 교사도 불복할 것이라고 예측하였다(Funder & Fast, 2010; Milgram, 1974). 하지만 이 예측은 충격적일 정도로 틀렸다. 교사의 대다수가 멈추어달라는 학생의 요구를 무시하였다. 그들 중 어느 누구도 300볼트 전에 멈춘 사람은 없었다. 300볼트 후에도 단지 38%만 멈추었다. 이 말은 62%의 교사는 최대치 450볼트의 XXX 수준까지 학생에게 전기충격을 주었다는 뜻이다. 많은 참가자들이 권위자에게 이유를 따지거나 논쟁을 하였고, 일부는 불안이나 고통을 보였지만, 여전히 권위자에 대한 복종을 멈추지 않았다(Milgram, 1974).

밀그램과 동료들의 이후 연구(참가자에게 좀 더 인간적인 방법을 사용한)들이 유사한 조건에서 비슷한 결과를 도출함으로써 밀그램의 초기 연구 결과를 확인시켜 주었다(Blass, 1999a, b, 2009; Burger, 2009; Milgram, 1965). 후속연구들은 복종의 가능성에 영향을 주는 몇 가지 요인을 찾아내었다. 일부는 명령받는 사람의 성격과 관련되었다. 예를 들면 콜버그(Kohlberg)의 도덕성 발달 척도(제9장에서 언급)의 수준이 높은 사람은 낮은 사람들보다 권위자에게 좀 더 불복종하는 경향을 보였다(Feather, 1988; Kohlberg, 1981).

복종에 영향을 주는 다른 요인은 권위자와 관련이 있다. 권위자가 물리적으로 가까이 있거나 또는 자신의 시야에 있거나(멀리 있거나 보이지 않는 것과 반대로), 합법적인 권력을 가진 전문가처럼 보이거나(사기꾼과 반대로), 그리고 밀그램 연구의 예일대학교처럼 평판이 좋은 기관과 관련이 있다면 복종은 더 많이 일어난다(Blass, 1999a; Blass & Schmidt, 2001). 복종에 영향을 주는 다른 요인은 장소와 관련이 있다. 복종하지 않는 다른 참가자가 존재하거나, 피해자가 눈앞에 있어 그들이 보이고 소리가 들리거나, 또는 권위자를 또 다른 권위자가 도전한다면 불복종이 증가한다(Milgram, 1974).

복종연구를 통해 우리는 사람들이 비열한 짓을 하는 과정을 알게 되었다. 가해자의 잔혹성에 모든 비난을 돌리는 것은 잘못된 것일 수 있다. 이것은 앞서 언급한 타인의 행동을 설명할 때 상황보다는 개인의 특성에 무게를 둔다는 기본 귀인 오류의 예시이다. 때로, 밀그램의 실험에 영감을 주었던 홀로코스트 학살처럼 이들이 저질렀던 괴물 같은 행동은 이들 자신의 신념보다는 권위자의 명령을 따랐던 것일 수도 있다. 물론, 이러한 설명은 누가 책임을 져야 하는지, 즉 책임의 소재가 행동을 취한 사람인지 아니면 명령을 내린 사람인지를 정확히 알 수 없게 만든다는 비판을 받는 것은 확실하다.

집단에서 과제 수행하기

어떤 과제를 혼자 있을 때 하는 경우와 다른 사람 앞에서 하는 경우를 비교하면 그 과제에 대한 수행은 다르게 나타날 수 있다.

사회적 촉진   때로는 다른 사람과 함께 있을 때 수행이 증가한다. 사회심리학자들은 타인의 존재 때문에 개인의 수행이 증가하는 것을 **사회적 촉진**(social facilitation)이라고 하였다. 사회적 촉진은 과제가 쉽고 단순할 때 발생할 가능성이 가장 높다(Hackman & Katz, 2010; Levine & Moreland, 2012). 예를 들어 달리기 선수들은 대개 혼자 훈련할 때보다 다른 선수들과 관중들에 둘러싸여 있는 경기 상황에서 더 빨리 달린다(Strube et al., 1981; Worringham & Messick, 1983). 이것을 아드레날린의 효과이거나 흥분된 상태라고 하기도 하는데, 즉 타인이라는 에너지가 각성을 일으켜 수행의 향상을 이끈다는 것이다.

   하지만 때로는 많은 사람 앞에서 수행을 할 때 숨이 막히지 않나요?

사람들이 숨이 막히는 경우는 대개 그 과제가 어렵거나 완전히 숙달되지 못한 상황에서이다. 이런 경우, 각성은 수행속도를 올리기보다 수행에 걸림돌이 된다. 예를 들면 스포츠 경기 전에 애국가를 부르기로 한 사람을 생각해보자. 어떤 이는 비슷한 상황에서 여러 번 애국가를 불렀던 경험 많은 가수이고, 다른 이는 많은 사람 앞에서 처음 노래를 부르는 신참이다. 누가 더 더듬을지는 쉽게 추측할 수 있다.

사회적 태만   때로는 다른 사람의 존재가 행동을 방해한다. 집단 속에서 과제를 수행할 때 개인의 수행이 감소하는 것을 **사회적 태만**(social loafing)이라고 한다. 사회적 태만은 그 과제에 대한 책임이 집단에 속한 사람들 모두에게 있다는 것을 알게 되었을 때 발생한다. 그러므로 사회적 촉진에

사회적 촉진
타인의 존재 때문에 개인의 수행이 증가하는 것

사회적 태만
집단 속에서 과제를 수행할 때 개인의 수행이 감소하는 것

서 언급했던, 청중들이 지켜보거나 평가한다고 느끼는 상황에서 질식할 것 같은 느낌 때문에 수행이 저하되는 것과는 다르다(Ingham et al., 1974; Karau & Williams, 1993; Latané et al., 1979; Simms & Nichols, 2014). 집단의 모든 구성원이 동일한 점수를 받는 팀 프로젝트를 생각해 보자. 또는 부모님이 여러분과 여러분 형제에게 각자 맡을 구역을 정해주지 않은 채, 함께 집을 청소하라는 얘기를 들었다고 생각해보자. 이런 상황은 사회적 태만, 더 정확히 말해 빈둥거림을 발생시킬 가능성이 훨씬 높다.

연구자들은 사회적 태만이 특히 자신의 결과물과 타인의 결과물이 구별되지 않는다고 느낄 때 일어날 가능성이 높다는 것을 발견하였다(Harkins & Jackson, 1985). 예를 들어 한 연구의 참가자들에게 가능한 큰 소리로 외쳐달라고 요청하였을 때, 각 개인이 소리치는 정도는 자신이 속한 집단의 사람들이 몇 명인지와 소리의 측정을 집단 전체로 하는지 또는 개인으로 하는지에 따라 유의미한 차이가 있었다. 구체적으로, 집단의 사람 수가 많을수록 그리고 개인보다는 집단의 소리 크기만 측정한다고 하였을 때 각 개인이 내는 소리는 줄어들었다(Williams et al., 1981).

탈개인화   때로 우리는 집단 내에서 자신이 전혀 드러나지 않은 채 군중 속의 또 다른 얼굴로 있는 자신을 발견한다. 이러한 상황은 **탈개인화**(deindividuation)를 낳을 가능성이 있는데, 이는 집단 내 개인이 경험하는 정체감의 상실 및 책임감의 상실 때문에 비정형화된 행동이 발생하는 것을 일컫는다. 예를 들어 관객석은 어둡고, 무대만 밝은 스탠드업 코미디 쇼를 상상해보라. 누군지 알 수 없는 야유의 목소리가 어둠 속에서 들린다. 그 소리는 코미디언을 무참히 야유하며 괴롭힌다. 하지만, 코미디언이 평소와 다르게 조명감독에게 "여기에 조명을 좀 비춰봐. 누가 저러는지 찾아보게"라고 말하자, 야유는 멈췄다. 야유를 퍼붓는 사람의 용기는 익명성에 힘을 얻었지만, 자신이 드러날 수 있는 상황이 되자 침묵했다.

탈개인화는 코미디언을 귀찮게 하는 것보다 훨씬 더 사악한 행동들을 자극한다(Vilanova et al., 2017). 병사는 종종 제복과 짧은 머리에서 탈개인화를 느끼고, 이것은 자신과 다른 동료들을 구별하기 힘들게 한다. 그러므로 좀 더 공격적으로 행동할 가능성이 있다. KKK의 복면 및 많은 부족 공동체에 흔히 볼 수 있는 얼굴에 그리는 전사 그림도 같은 목적이다(Watson, 1973). 그림 12.6은 아일랜드의 폭력 범죄 연구 자료로, 변장을 한 공격자들이 그렇지 않은 사람들보다 더 심각하게 사람을 해치고 더 위협한다는 것을 보여준다(Silke, 2003). 온라인에서 음악, 영화 및 다른 자료들을 불법 복제하는 사람들도 이와 유사하게 익명성 때문에 고무되었을 수 있다(Hinduja, 2008). 이러한 모든 예시들의 공통점은 자신의 행동에 대한 억제력 부족으로, 이는 스스로가 군중 속에서 구별되지 않는다고 인식할 때 발생할 수 있다. 잡히지 않거나 처벌받지 않는다는 것을 알게 되면, 우리는 때로 그렇지 않은 상황에서는 결코 하지 않을 방식으로 행동한다(Bushman & Huesmann, 2010).

집단 의사결정

집단이 함께 일할 때는 그 집단의 최종 결정과 그 집단 개별 구성원들이 선택하려 했던 결정이 꽤 다를 때가 종종 있다. 예를 들어 7명의 시의원이 예산을 어떻게 쓸 것인지를 의논하는 시의회 회의를 떠올려보자. 이번 회의에서는 놀이터 신축, 새로운 경찰차 구입, 고속도로 표지판 개선 및 주민 센터에 더 좋은 운동기구 도입 등을 의논한다.

집단사고   이 시의회의 명백한 목표는 현명한 결정을 내리는 것이지만, 또 다른 목표(대

탈개인화
집단 내 개인이 경험하는 정체감의 상실 및 책임감의 상실이 비정형화된 행동을 유발하는 것

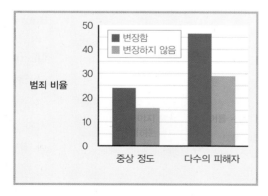

그림 12.6 탈개인화와 범죄 신분이 드러나는 폭력 범죄자와 비교하여, 탈개인화를 경험할 가능성이 높은 위장한 범죄자들이 더 많은 사람을 더 심하게 다치게 하는 경향을 보였다. 출처 : Silke, 2003.

놓고 말하지는 않지만)는 시의회 구성원들이 서로 협력하는 것이다. 대개는 두 목표 모두 달성되지만, 협력이 현명한 의사결정보다 더 중요해지기 시작하면, **집단사고**(groupthink)를 하게 된다. 이는 집단 구성원들이 최상의 해결책을 찾기보다 서로 잘 지내는 것을 더 중요하게 생각할 때 발생하는 현상을 말한다. 시의회 회의에서 집단사고가 일어난다면, 첫 번째 의제로 제안된 '아이들을 위해 새 놀이터를 짓자'를 누군가 '찬성'하여 뒤이어 다른 참석자들도 그에 동의할 가능성이 높다. 결국, 이 집단은 만장일치로 행복해하며 그 회의를 휴정한다. 아이들의 놀이터보다 경찰차를 구입하는 것이 훨씬 더 절실하다는 것은 신경 쓰지 않는다. 새 경찰차의 구입을 밀어붙이면 그 회의에서 인간관계 충돌을 일으킬 것이고, 이것은 집단사고의 관점에서 보면 무슨 수를 써서라도 피해야 하는 것이다.

정부 고위층에서 집단사고가 일어난다면, 그 결과는 더 심각하다. 집단사고라는 용어는 실제로 존 F. 케네디 대통령과 그의 핵심세력이 1961년에 공동으로 결정한 피그만 침공의 대실패를 묘사하며 만들어졌다. 이는 쿠바를 침공하여 피델 카스트로를 전복시키기 위해 수백 명의 쿠바 이민자를 동원하려는 계획이었지만 비참하게 실패하였다. 많은 침략자들이 붙잡히거나 살해당했고, 미국은 정치적 입지를 얻지 못했다. 돌이켜보면, 그 방 안에 있던 누군가는 그 계획의 잘못된 점을 소리 높여 이야기했어야 했는데 어느 누구도 그러지 않았다. 그들은 자신들이 단결되고 함께하는 집단이라는 느낌을 유지하는 것에 너무 몰입해 다른 관점을 제시하지 못했다(Janis, 1982).

집단사고는 직장에서도 발생한다. 1985년 코카콜라는 그들의 공식을 바꾸어 지금까지 가장 성공적인 제품 중 하나를 'New Coke'로 교체하기로 결정하였다. 결과는 참담했다. 이전 콜라를 좋아했던 사람들은 그들이 사랑한 음료를 바꾼 것에 분개하여, 많은 이들이 경쟁사인 펩시로 바꿔버렸다. (그 직후, 'New Coke'는 없어지고 기존의 코카콜라로 돌아왔다.) 'New Coke'로 바꾸기 전에 시장 조사에서 반발이 있을 수도 있다는 징후가 있었지만, 코카콜라 중역 간부들은 서로의 의견에 동의하였고, 잘못된 집단사고를 만들었다(Jones et al., 2016; Schindler, 1992).

집단사고를 막기 위해서는 집단 내 반대 의견을 격려해야 한다. 또한, 반대 의견을 제안함으로써 집단에서 소외되는 것이 아니라 자신의 가치가 올라갈 것이라는 확신을 주는 것이 좋다. 그리고 그 주제를 다른 전문가(그 집단 구성원과 잘 지내는 것이 중요하지 않은 외부인)를 통해서 그들이라면 이 일을 계속 진행할 것인지를 물어보는 것도 도움이 된다(Janis, 1982; Nemeth et al., 2001; Nemeth & Rogers, 2011). 또한, 집단에 대한 사명감이 강하고, 다른 구성원들과 갈등을 빚을 수 있다는 것을 알면서도 소신껏 말할 수 있는 사람이 집단에 있다면 좋을 것이다(Jetten & Hornsey, 2014; Packer, 2009; Packer et al., 2014, 2018).

집단극화   집단 의사결정에서 흔히 발생하는 또 다른 현상이 **집단극화**(group polarization)이다. 집단극화는 집단 토론의 결과로 인해 집단의 태도가 더 극단적인 방향으로 기울어지는 경향성을 일컫는다. 예를 들면 동네 사람들이 처음에는 특정 시장 후보 쪽으로 어느 정도 기울어 있었지만, 선거와 관련하여 여러 번의 이야기를 한 후에는 그 후보의 가장 열렬한 지지자가 될 수 있다. 반대로 한 집단의 사람들이 처음에는 어느 정도 편견이 있었지만, 그들이 의견을 서로 나누고 난 후 편견이 더 심해질 수 있다(Gabbay et al., 2018; Myers & Bishop, 1970; Myers & Lamm, 1976).

집단극화는 반대 의견을 가진 두 집단에게 동시에 일어나서 각 집단이 서로 더 멀어지는 결과가 나타난다. (극화라는 용어는 지구의 북극과 남극처럼 극단 또는 정반대를 일컫는 것이다.) 예를 들면 오늘날 정치는 미디어가 논쟁의 한 면만 독점적으로 보도하여 이전 세대보다 훨씬 더 양

집단사고
집단 구성원들이 최상의 해결책을 찾는 것보다 서로 잘 지내는 것을 더 중요하게 생각할 때 발생하는 현상

집단극화
집단 토론의 결과로 인해 집단의 태도가 더 극단적인 방향으로 기울어지는 경향성

극화되었다. 웹사이트, 소셜미디어, 토크쇼, 그리고 심지어 뉴스 기관지들도 자신들의 의견만 걸러서 보도하고, 그들과 다른 의견은 차단하고 배제한다. 결과적으로 이러한 '반향실(echo chambers)'로 인해 보수주의자들은 더 보수적이 되고, 진보주의자들은 더 진보적이 되어 중립적 입장은 거의 없어진다 (Del Vicario et al., 2016; Druckman et al., 2018; Evans, 2009; Iyengar & Westwood, 2015).

Charles Barsotti/The New Yorker Collection/Cartoonbank.com.

학습 확인

12.6 사회적 영향이란 무엇인가?

12.7 동조의 정의는 무엇이며, 문화마다 어떻게 다른가?

12.8 복종이란 무엇인가?

12.9 사람들이 권위에 복종하는 정도에 대하여 스탠리 밀그램의 복종 연구는 무엇을 밝혀냈는가?

12.10 타인의 존재가 어떻게 개인의 수행에 도움 또는 방해가 되는가?

12.11 집단사고 또는 집단극화는 어떻게 집단 의사결정에 영향을 주는가?

사회적 관계 : 우리는 서로와 어떻게 관계하고 있는가

우리는 사랑, 증오, 그리고 그 양극 사이의 모든 종류의 감정이 드는 관계를 서로서로 맺고 있다. 사회심리학자들은 이러한 관계가 어떻게 발전하는지를 연구하고, 왜 서로를 돕거나 또는 해치는 지의 이유를 밝히고 있다. 구체적으로, 사회심리학자들은 어떻게 **첫인상**을 형성하는지, 어떻게 편견이 생기는지, 왜 공격적인 행동을 하는지, 그리고 왜 매력과 낭만적 사랑을 느끼는지를 연구한다.

학습 목표

12.12 첫인상의 형성

12.13 편견, 고정관념, 차별의 정의

12.14 편견, 고정관념, 차별의 형성 과정

12.15 편견의 극복 방법

12.16 공격적 행동의 이유

12.17 무엇이 매력을 느끼게 하는가?

첫인상

모든 관계는 **인상 형성**(impression formation)으로 시작한다. 인상 형성은 다른 사람에 대하여 형성하는 최초의 평가, 또는 '첫인상'을 말한다. 우리는 첫눈에 다른 사람에 대한 인상을 얼마나 빨리 그리고 얼마나 강하게 형성하는지 알고 있다. 파티에서 한 여자를 만나는 것을 상상해보라. 몇 초 안에, 여러분은 그녀에 대하여 엄청난 양의 정보를 수집한다(Eiser, 2012; Kelley, 1950; Uleman & Saribay, 2012). 이 정보(그녀의 옷, 헤어스타일, 매력, 나이, 목소리, 행동 방식 등)는 모두 피상적이고 임시적이라는 것도 알고 있다. 여러분은 그녀에 대한 진실을 알지 못하지만, 그녀에 대한 의견을 내기 시작한다.

　사회심리학자들의 연구에 따르면, 첫인상에 영향을 주는 요인은 예측 가능하다. 예를 들어 신체적 매력은 긍정적 첫인상에 강력한 예측변인이다. 매력이 많은 사람들은 그렇지 않은 사람들보다 돈, 직업, 성관계 등에 더 유리하다(Macrae & Quadflieg, 2010). 이것은 첫인상이 중요한 상황에서는 외모를 잘 다듬어서 상대에게 좋은 인상을 주어 이득을 얻을 수 있다는 것을 의미한다. 여러분의 매력은 대부분 여러분의 얼굴로 결정되며, 이는 0.1초 내의 짧은 시간에 이루어진다(Locher et al., 1993; Olson & Marshuetz, 2005). [얼굴에 대한 이러한 빠른 처리는 의심할 여지없이 우리의 선조로부터 내려온 진화적 선물로, 다른 사람의 얼굴을 빨리 평가할수록 그 얼굴에 나타난 위험에 더 빨리 반응할 수 있다(Kenrick, 2012; Neuberg et al., 2010)]. 보통 매력적인 얼굴은 좌우대칭(오른쪽과 왼쪽이 균등한가)일 때이며, 또 얼굴 특징이 그 사람의 나이, 성별 및 민족의 평균 또는 전

인상 형성
다른 사람에 대하여 형성하는 최초의 평가, 또는 '첫인상'

Kevin Mazur/KCA/Getty Images

크리스 록(Chris Rock)은 인상 형성에 대하여 다음과 같이 농담하였다. "여러분은 여러분인 채로(being you) 누군가에게 좋은 인상을 줄 수 없다. 누군가에게 좋은 인상을 주려면 거짓말을 해야 한다. 여러분처럼 보이거나, 여러분처럼 행동하거나, 여러분처럼 말해서는 좋은 인상을 줄 수 없다. 그렇다. 누군가를 처음 만날 때 그 사람을 만나는 것이 아니라, 그 사람의 *대리인*을 만나는 것이다."

편견
그 집단에 속한 어떤 구성원을 알기 전에 형성된 그 집단에 대한 부정적 태도

고정관념
집단 전체의 특성을 집단의 개별 구성원에게 일반적으로 그리고 종종 부적절하게 적용하여 믿는 것

형에 가까울수록 매력적이라고 여겨진다(Rhodes, 2006; Thornhill & Gangestad, 1999). 또 다른 중요한 얼굴 특징에는 건강한 피부와 치아, 깔끔한 외모, 그리고 친근한 표정 등이 있다(Jones et al., 2004; Willis et al., 2008).

물론 외모가 매력의 중요한 요인이지만, 외모에 대한 매력은 문화에 따라 차이가 있다. 성별, 민족, 국가, 그리고 시대에 따라 선호되는 신체 체형은 다르다(Anderson et al., 1992; Swami, 2015). 현대 서양 문화에서는 비만 또는 과체중인 사람은 달갑지 않은 시선을 종종 받는다. 구체적으로 비만과 과체중인 사람은 외모관리를 잘하는 사람보다 게으르고, 능력 없고, 지루하다는 평가를 받는다(Brochu & Morrison, 2007; Hebl & Turchin, 2005; Puhl & Brownell, 2012). 한 연구에서, 참가자들에게 다양한 체중의 남성과 여성을 보여주고 그들의 Big 5 성격 특질을 평가하도록 하였다. 평균 체중과 비교하여, 과체중 및 비만은 성실성이 낮고(주의 깊지 못하고 정리정돈이 안 되며, 자신에게 엄격하지 못한)과 외향성이 낮은(소심하고 내성적인) 것으로 평가되었다(Hu et al., 2018). 신체 매력은 비만이나 체형뿐만 아니라, 어떻게 행동하는가에 달려있다. 특히 남성은 남성적인 걸음걸이를 보이고 여성은 여성적인 걸음걸이를 보일 때가 반대의 경우보다 더 긍정적으로 여겨진다(Johnson & Tassinary, 2007; Morrison et al., 2018).

우리는 누군가의 첫인상을 형성하기도, 누군가에게 첫인상을 주기도 하는 사람으로서 양쪽 모두의 입장에서 첫인상의 영향을 알고 있다. 첫인상을 주는 사람으로서, 좋은 첫인상을 위해 인상 관리를 하거나 다른 사람을 공격하는 방식을 개선하려고 노력한다(Koslowsky & Pindek, 2011). 이 중요한 처음 몇 초 동안, 우리는 다른 사람이 우리에 대해서 생각할 수 있는 것들, 즉 헤어스타일, 옷, 자세, 인사, 얼굴표정 등 우리가 할 수 있는 모든 것을 관리한다.

편견 : 우리 대 그들

때로, 어떤 사람에 대한 우리의 인상은 그 사람이 속한 집단에 의해 결정되기도 한다. 이런 경우 우리가 그 집단에 선입견을 가지고 있다면, 그 사람을 그 선입견과 분리하여 한 개인으로서 평가하는 것이 어려울 수 있다(Dovidio et al., 2012; Yzerbyt & Demoulin, 2010). 이러한 선입견을 **편견**(prejudice)이라고 한다. 편견은 그 집단에 속한 어떤 구성원을 알기 전에 형성된 그 집단에 대한 부정적 태도를 말한다. 예를 들면 노인에 대한 편견을 가진 20세의 저스틴은 모든 노인은 잘 잊어버린다는 잘못된 생각을 하고 있다.

고정관념   일단 편견이 발생하면, 이는 **고정관념**(stereotype)을 낳는다. 고정관념은 집단 전체의 특성을 집단의 개별 구성원에게 일반적으로 그리고 종종 부적절하게 적용하여 믿는 것을 말한다. 편견은 그 집단 전체에 대한 일반적 편향이고 고정관념은 집단 내 개인에게 그 편향을 구체적으로 적용하는 것이다. 예를 들어 노인은 잘 잊어버린다는 편견을 가진 저스틴이 65세의 한나가 잘 잊어버리는 것을 실제로 경험하기도 전에 한나도 그럴 것이라고 가정한다면 저스틴은 고정관념을 가지고 있는 것이다.

고정관념은 수많은 특성에 적용되지만 성별, 인종, 나이 등 겉으로 드러나는 표면적인 특성이 가장 흔한 표적의 대상이다(Brewer, 1988; Fiske & Neuberg, 1990). 우리는 타인에게 고정관념을 가지고 있다는 것을 일반적으로 깨닫지 못한다. 이는 고정관념은 정서(인지라기보다) 처리를 담당하는 뇌의 한 부분인 편도체에서 주로 일어난다는 사실과 관련이 있다. 이것은 고정관념이 명시적으로 '사고하는' 과정이라기보다 암묵적으로 '느끼는' 것임을 암시한다(Amodio et al., 2004;

Andersen et al., 2007; Izuma et al., 2019; Lieberman et al., 2005; Schultheiss & Pang, 2007).

차별　결국, 이러한 편향된 사고는 그 집단에 대한 편견이나 고정관념에서 비롯된 행동, 즉 **차별**(discrimination)을 일으킨다. 저스틴의 한나에 대한 편견과 고정관념은 저스틴이 방문한 식당에서 한나가 종업원으로 일하고 있다면 한나가 자신의 음식 주문을 실수할 것이라고 가정하는 차별이 일어난다. 편견과 고정관념은 마음속에서 일어나기 때문에 다른 사람들 모르게 할 수 있지만, 차별은 행동 차원이기 때문에 다른 사람들에게 보인다(Allport, 1954; Dovidio & Gaertner, 2010). 편견은 '흑인들은 위험하다'이고, 고정관념은 '드마르코는 흑인이기 때문에 위험하다'이며, 차별은 드마르코가 엘리베이터에 탔을 때 여러분이 그 엘리베이터에서 내리는 것이다.

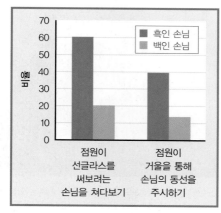

그림 12.7 흑인 차별 쇼핑 고가의 물건을 파는 가게의 점원은 백인보다 흑인 손님을 훨씬 더 많이 쳐다보고 주시하였다. 출처 : Schreer et al.(2009).

현대 사회에 살고 있는 우리는 편견, 고정관념 및 차별을 넘어 진보하였다고 생각하고 싶어 한다. 우리 사회는 과거보다 훨씬 개방적인 방향으로 가고 있지만, 미국 역사상 수차례 미국 정부는 아프리카계 미국인을 노예로 만들었고, 외국 시민을 억류하여 수용하였으며, 여성들의 투표권을 거부하였다. 오늘날, 우리를 둘러싼 모든 것들에 대한 태도, 신념, 그리고 행동에서 보다 미묘한 편견의 증거들이 있다(Pager & Shepherd, 2008; Ross et al., 2010). 예를 들어 연구자들은 시카고와 보스턴의 회사에 직무자격은 동등하지만 이름을 달리한 이력서를 보냈다. 연구 결과, 백인을 암시하는 '브렛'과 '앨리슨'의 이력서가 아프리카계 미국인을 암시하는 '라시드'나 '타미카'보다 50% 더 많은 면접 제안을 받았다(Bertrand & Mullainathan, 2003). 또 다른 연구['흑인 차별 쇼핑(Shopping While Black)'이라고 불린다]는 고가의 물건을 파는 가게에서 손님이 백인 점원에게 선글라스를 한번 착용해보고 싶으니 안전태그를 떼어 달라고 부탁했다(그림 12.7). 점원은 손님이 누구든 안전태그를 떼어주었지만, 흑인 손님인 경우 백인 손님보다 3배 이상 거울로 그들을 응시하거나 그들의 동선을 주시하였다(Schreer et al., 2009). 42개의 의료 전문가(의사, 간호사 등)들의 편견 연구를 분석한 결과, 그들 대부분은 주로 인종 또는 민족에 대하여 편견을 가지고 있었고, 때로는 성별, 나이, 체중 등과 관련한 편견도 가지고 있었다. 높은 편견이 낮은 의료서비스와 관련이 있는지를 살펴본 모든 연구에서, 그 결과는 '그렇다'였다(FitzGerald & Hurst, 2017).

 사람들은 어떻게 편견을 갖게 되나요?

편견이 형성되기 위한 최초의 조건은 '우리'와 '그들'이 있어야 한다. 사회심리학자들은 이를 분류하기 위해 내집단과 외집단이라는 용어를 사용한다.

내집단과 외집단　**내집단**(ingroup)은 자신이 속해 있다고 믿는 사회집단이다('우리'). **외집단**(outgroup)은 자신이 속해 있지 않다고 믿는 사회집단이다('그들'). 우리 각자는 많은 내집단에 동질감을 갖는다. 예를 들면 미셸 오바마(오바마 대통령의 부인)는 미국인, 아프리카계 미국인, 여성, 아내, 엄마, 기독교인, 시카고인 및 영부인의 집단에 동질감을 가지고, 이 집단들을 자신의 내집단으로 여길 것이다.

사람들은 자신이 속한 집단에 호의적인 경향이 있다(Brewer & Silver, 2006; Mullen et al., 1992). 사회심리학자들은 이를 **내집단 편향**(ingroup bias)이라고 부르며, 이는 외집단보다 내집단에 더 긍정적 태도를 가지는 경향성을 말한다. 동시에, 우리는 외집단 내의 다양성은 간과하는 경향이 있어, 외집단 구성원들은 모두 비슷하다는 잘못된 추정을 한다(Mullen & Hu, 1989; Simon &

차별
집단에 대한 편견이나 고정관념에서 비롯된 행동

내집단
자신이 속해 있다고 믿는 사회집단('우리')

외집단
자신이 속해 있지 않다고 믿는 사회집단('그들')

내집단 편향
외집단보다 내집단에 더 긍정적 태도를 가지는 경향성

스포츠 팬들이 자신들의 팀을 응원하는 이유는 외집단(다른 팀)보다 내집단(주로 자신의 고향 팀)에 더 긍정적 태도를 가지는 경향성인 내집단 편향 때문이다.

Mummendey, 2012). 이러한 잘못된 인식을 **외집단 동질성**(outgroup homogeneity)이라고 하며, 이는 외집단의 모든 구성원은 본질적으로 비슷하다는 가정이다. 사회심리학자들은 이 두 편향 중 내집단 편향이 우선이며, 외집단 동질성은 외집단이 위협적이라고 인식될 때에만 발생한다고 주장한다(Brewer, 2007; Stephan & Stephan, 2000). 다시 말하면, 자신의 집단이 가진 자원, 가치, 또는 복지 등의 귀한 것들에 다른 집단이 직접적으로 도전하지 않는다면, 그 집단이 잘못되기를 바라기보다 자신의 집단이 성공하기를 더 응원한다. 대부분의 스포츠 팬들이 상대 팀이지는 것을 응원하기보다 자신의 팀이 이기는 것을 더 많이 응원하는 이유도 이 때문이다.

내집단-외집단으로 나누어 일단 편견이 생기고 나면, 추가적인 요소들에 의해 그 편견은 더 커진다. 편견을 만드는 요인 중 하나는 범주화하여 생각하려는 인간 본래의 경향성 때문이다(Allport, 1954; Blashfield & Burgess, 2007; Satpute et al., 2016). 범주화하여 생각한다는 것은 우리가 마주치는 모든 사람과 사물을 각각의 '상자'에 배치하여 세상을 이해한다는 것을 의미한다. 예를 들면 우리는 탈것(차/트럭/SUV), 컴퓨터(PC/Mac), 개(비글/그레이하운드/푸들), 음악(팝/랩/컨트리/R&B/메탈/재즈/클래식), 계절(봄/여름/가을/겨울) 등의 방식으로 거의 모든 것을 분류한다. 하지만 모든 사람은 개별적이고 독특하기 때문에, 사회 범주화에 의해서만 보려 한다면 그 독특성을 간과할 수 있다(Crisp & Maitner, 2011; Dovidio & Gaertner, 2010; Fiske, 2012; Young, 2016).

다른 사람을 판단할 때 편견을 조장하는 두 번째 요인은 **화재경보기 법칙**(smoke detector principle)이다. 이는 재난 경보에 둔감하여 단 한 번의 재난이라도 발생하는 것보다, 지나치게 민감하여 차라리 많은 사전의 '거짓 경보'를 울리는 것이 낫다는 의미이다. 이 과민성은 의식적으로 일어나는 것이 아니라, 진화에 의해 우리에게 깊숙이 뿌리박힌 경향성이다(Nesse, 2005, 2019b; Neuberg & Schaller, 2016). 몇천 년 전에 살았던 우리 조상의 관점에서 생각해보라. 수렵-채집 무리의 삶은 만족스럽고, 가족들과의 생활만으로 필요한 모든 것이 제공된다. 만일 모르는 얼굴이 나타나면(오늘날처럼 흔한 일이 아니다), 여러분은 그 사람에 대한 판단을 재빨리 내리기보다 오랜 시간을 두고 그 사람을 알아갈 수 있는 기회를 가지는 것이 옳을까? 물론 그렇게 한다면 자원을 제공받고 책임을 공유하는 새로운 동맹을 형성할 수 있는 장점이 있다. 하지만, 그 새로운 사람이 여러분과 가족을 해칠 수도 있다. 차라리 편견을 가진 채 판단의 실수를 하는 것이 더 현명하다.

인간은 여전히 건강하지 못하거나 더러운 사람들(그래서 우리를 아프게 할 수도 있는), 화난 표정의 사람들(그래서 우리를 해칠 수도 있는), 그리고 잘 모르는 사람들(그래서 내집단을 위협할 수 있는)에 대하여 부정적인 편견을 갖는 경향이 있는 것은 당연하다(Neuberg & Cottrell, 2006). 마지막에 언급한 모르는 사람에 대한 부정적인 편견은 인종차별 또는 명백한 신체 차이에 기반한 여러 편견의 뿌리를 설명하는 데 많은 도움이 될 수 있다(Kurzban et al., 2001).

편견을 키우는 세 번째 요인은 **사회 비교**(social comparison)로 이는 자신이 다른 사람과 얼마나 필적할 만한지의 측정을 통해 스스로를 평가하는 것이다. 여러분이 외집단에 부정적 편견을 가지면, 반대급부로 여러분이 그들보다 더 나아 보인다(Carrillo et al., 2011; Festinger, 1954; Suls & Wheeler, 2012). 여러분이 다른 사람을 정직하지 못하다고 해버리면 스스로는 좀 더 진정성 있어 보이고, 다른 사람을 게으르다고 치부하면 자신은 보다 활기차게 느껴진다. 사람들은 체중, 건강, 외모, 인간관계 만족도 및 인스타그램의 '좋아요' 등 여러 영역에서 다른 사람과 비교한다는 것을

외집단 동질성
외집단의 구성원은 모두 본질적으로 비슷하다는 가정

사회 비교
자신이 다른 사람과 얼마나 필적할 만한지의 측정을 통해 스스로를 평가하는 것

많은 연구들은 보여주었다(Buunk et al., 1990; Corcoran et al., 2011; Gerber et al., 2018; Poran, 2002; Robinson et al., 2019; Tiggeman et al., 2018).

편견 합리화　사람들은 자신이 편견을 가지고 있다는 것을 깨달으면, 종종 그것을 합리화하거나 그렇게 생각하게 된 합리적인 이유를 설명하여 정당성을 확보하려고 애쓴다. 그러한 합리화 방법 중 한 가지가 **공정한 세상 가설**(just-world hypothesis)로서, 세상은 공평하기 때문에 불행한 사건은 그 일을 당해도 마땅한 사람에게 일어난다는 주장이다(Dalbert, 2009; Hafer & Bègue, 2005; Lerner, 1965; Lerner & Miller, 1978). 예를 들면 케빈은 이웃 사람인 루이자가 실직했다는 말을 듣고 자신의 동생에게 "나는 루이자가 직장에서 틀림없이 많은 실수를 했다고 생각해"라고 얘기한다. 케빈은 실직의 원인이 루이자에게 있다고 가정했고, 실직이 루이자의 행동 때문이 아닐 수 있음을 고려하지 못했는데, 이는 공정한 세상 가설을 잘 보여준다. '공정한 세상'의 생각을 가지고 '피해자 비난'을 하는 사람들은 성폭행, 강도 및 여러 범죄를 경험한 사람들에게뿐만 아니라 특정 민족, 성별, 또는 연령 집단의 사람들에게도 이를 적용한다(Felson & Palmore, 2018).

　편견의 또 다른 합리화는 **희생양 이론**(scapegoat hypothesis)으로, 편견은 비난할 누군가를 찾아야 할 필요성 때문에 생겨날 수 있다는 이론이다. 부정적 특성을 다른 집단에게 떠넘김으로써 자신들은 그러한 부정적 특성을 가지지 않았다고 스스로에게 확신시키려고 노력한다. 역사는 이러한 희생양의 사례로 가득하다. 독일 사람들은 홀로코스트 기간 동안 유대인에게 잘못된 비난을 지나치게 가했고, 9·11 공격 이후 미국 사람들은 무슬림에 대한 잘못된 비난을 쏟아냈다.

공정과 협력 : 편견과 싸우기

고맙게도, 편견을 이해하려는 사회심리학자들의 노력은 그것을 극복할 수 있는 전략도 만들어냈다. 그중 몇 가지를 살펴보자.

집단 간 접촉　**집단 간 접촉**(intergroup contact)은 여러 집단 구성원들 간의 직접적인 대인 간 상호작용을 바탕으로 편견을 깨보려는 전략이다. 특정 집단에 대하여 강한 편견을 가진 사람은 많은 경우 그 집단에 속한 사람을 만난 적이 없다. 만일 만남이 이루어진다면, 종종 그들의 편견은 사라진다(Berger et al., 2018; Pettigrew & Tropp, 2006; Tropp & Barlow, 2018). 예를 들면 연구자들은 2,000명의 백인, 아시아인, 라티노 및 아프리카계 미국인 학생들의 대학 생활을 추적 조사하였다. 연구 결과, 1학년 때 외집단 친구들과 더 많은 우정을 가질수록 졸업을 앞둔 시점에서 외집단에 대한 불안은 더 낮았고, 내집단 편향 역시 더 낮았다(Levin et al., 2003). 이 연구는 또한 1학년 때 자신과 다른 민족의 친구들과 룸메이트를 했던 학생은 자신과 같은 민족의 룸메이트만 경험했던 학생보다 졸업할 시기에는 그 룸메이트의 민족뿐만 아니라 전반적으로 다른 민족들에 대한 편견도 낮다는 것을 보여주었다(Laar et al., 2005).

　최근의 몇몇 연구들은 직접적 대면을 하지 않는 집단 간 접촉 역시 편견을 감소시킬 수 있는지를 조사하였다. 예를 들면 참가자들에게 온라인 뉴스(동성 결혼 또는 불법 이민자 권리에 관한)를 읽고, 그 아래의 논평을 읽게 했다. 참가자들은 두 종류의 논평 중 하나를 읽게 되었는데, 첫 번째는 해당 집단(게이 또는 불법 이민자)의 구성원이라고 밝히고 자신의 이야기로 논평한 것이고, 두 번째는 유사한 내용이지만 자신을 밝히지 않고 일반적인 단어를 사용한 논평이었다. 결과는 첫 번째 종류의 논평을 읽은 사람은 해당 집단에 대한 긍정 정서가 증가하면서 부정 정

공정한 세상 가설
세상은 공평하기 때문에 불행한 사건은 그 일을 당해도 되는 사람에게 일어난다는 주장

희생양 이론
편견은 비난할 누군가를 찾아야 할 필요성 때문에 생겨날 수 있다는 이론

집단 간 접촉
여러 집단 구성원들 간의 직접적인 대인 간 상호작용을 바탕으로 편견을 깨보려는 전략

집단 간 접촉은 여러 집단 구성원들 간의 직접적인 대인 간 상호작용을 바탕으로 편견을 깨보려는 전략이다.

공통 집단 정체감은 여러 소규모 집단을 아우르는 더 상위의 집단을 조직하여 편견을 물리치려는 전략이다. 예를 들면 르브론 제임스와 케빈 듀란트처럼 다른 팀에 소속되어 경쟁 상대였던 NBA 선수들이 올림픽에서는 힘을 합쳤다.

서가 감소하는 방향으로 태도가 개선되었다(Kim & Wojcieszak, 2018). 이 연구가 주는 교훈은 집단 간 접촉의 효과가 꼭 면대면을 통한 직접적인 접촉이 아니어도 된다는 것이다. 통상의 온라인 대인관계도 올바르게 잘 조성된 환경이라면 유사한 효과가 나타날 수 있다.

공통 집단 정체감   공통 집단 정체감(common group identity)은 여러 소규모의 집단을 아우르는 더 상위의 집단을 조직하여 편견을 감소시키려는 전략이다. 미국의 남자 농구 올림픽 선수단을 예로 들어보자. 올림픽 선수들은 평소에는 각 프로팀에 소속되어 서로 경쟁상대로 경기를 했지만, 이번에는 더 큰 공통의 목표를 위해 함께 경기를 한다. 더 이상 소속 프로팀의 이름은 의미가 없다. 국가를 대표하는 단일팀을 만들기 위해 이전의 경쟁자들이 이제는 동료가 됨으로써 평소의 반목은 사라진다.

종교, 민족, 또는 문화 집단의 구성원들이 공통의 목적을 위해 모이는 과정에서도 편견이 극복될 수 있다. 예를 들어 2011년 5월 미국 역사상 가장 강력했던 토네이도가 미주리주 조플린 지역을 강타했을 때, 각 종교 단체들은 모두 합심하여 서로를 도왔다. 그들 모두는 이제 생존자라는 공통 집단 정체감이 생긴 것이다. 종교 간 공통 경험은 상당히 성공적이어서, 1년 후 그들은 기독교, 유대교, 무슬림이 모두 참여하는 종교를 아우르는 추모 행사를 함께 계획하였다. 이 행사를 조직한 사람 중 한 명은 다음과 같이 이야기했다. "토네이도가 지나간 후 나에게 가장 충격적이었던 것 중 한 가지는 보통 때는 함께 일하지 않는 서로 다른 집단의 사람들이 함께 협력하여 일했다는 것이었어요. 이것은 정말 감동적이었어요"(Kennedy, 2012).

공통 집단 정체감은 상위의 더 큰 집단이 하위의 작은 집단들만큼 중요하고 의미 있을 때와 작은 집단들 모두 권력 또는 세력이 동일할 때 가장 성공률이 높다(Dovidio et al., 2009; Gaertner & Dovidio, 2012; Hornsey & Hogg, 2000). 수많은 연구들은 공통 집단 정체감을 사용하는 방법이 성공적이었음을 보여주었다. 예를 들면 두 경쟁 은행이 합병 후 각 은행의 경영진들이 새로운 더 큰 은행이 되었다는 것을 스스로 인식하였을 때 가장 효과적으로 함께 일하였다(Gaertner et al., 1996). 유사하게, 재혼 가정의 경우에도 그들이 동거만 하는 서로 다른 가족이라기보다 하나의 큰 가족단위로 생각할 때 잘 지냈다(Banker & Gaertner, 1998).

교육   외집단에 대한 직접적인 정보는 편견을 줄이는 데 도움이 될 수 있다. 정확하고, 편향되지 않은 정보가 담겨 있는 책, 비디오 및 웹사이트 등은 외집단에 대한 지식을 넓혀주고 부정적인 추정이나 가정들에 이의를 제기하게 한다. 이러한 종류의 교육은 또한 앞서 언급한 집단 간 접촉을 준비할 수 있도록 해준다.

또한 흥미롭게도 편견은 자신이 속한 집단, 특히 내집단 구성원들의 의견과 경험을 알게 됨으로써 사라질 수도 있다. 한 연구는 자신의 내집단 친구에게 외집단의 친구가 있다는 것을 알게 되면, 그 외집단에 대한 편견이 줄어든다는 것을 발견하였다(Wright et al., 1997). 예를 들어 네이던과 스티브는 같은 내집단 구성원이고, 네이던은 스티브가 주말에 외집단의 구성원들과 시간을 보냈다는 것을 알게 되었다면, 네이던이 가졌던 그 외집단에 대한 편향이 줄어드는 경향이 있다. (네이던은 '스티브가 그들과 어울렸다면, 나 역시 그들을 만나는 것에 열린 마음을 가질 수 있어'라고 생각할 가능성이 있다.) 또 다른 연구는 외집단 사람들과 친구관계를 맺는 것은 실제로 그 친구가 속한 해당 외집단뿐만 아니라 다른 모든 외집단 전반에 대한 편견을 감소시킨다는 것을 발견하였다

공통 집단 정체감
여러 소규모 집단을 아우르는 더 상위의 집단을 조직하여 편견을 감소시키려는 전략

(Pettigrew, 1997). 다시 말하면, 여러분이 속한 집단을 과감히 벗어나서 외집단 구성원 중 단 한 명과라도 의미 있는 관계를 만든다면 여러분은 모든 종류의 사람들에 대한 개방성을 지니는 파급효과를 가질 수 있다.

퍼즐 맞추기 교실　퍼즐 맞추기 교실(jigsaw classroom)은 여러 명의 학생을 한 조로 구성하여 과제를 제시한다. 그리고 해당 과제를 해결하기 위해 과제를 다시 세부 과제들로 나누어 각자에게 배당한 다음, 협력과 상호작용을 통하여 과제를 완결하도록 함으로써 편견을 감소시키는 전략이다. 퍼즐 맞추기 교실은 서로 다른 학생들과 함께하는 과제를 할 때 협력이 필수적으로 요구되고, 그들의 성공은 각 학생들의 참여에 전적으로 달려있다. 예를 들어 다양한 학생들이 과학시간에 세포에 대해서 배우고 있다면, 각 학생들에게 세포의 각 부분(핵, 미토콘드리아, 세포벽, 원형질 등)에 대하여 전문가가 되라는 과제를 부여한다. 그 집단이 성공하기 위해서는, 자신이 공부한 것을 공유하고 통합해야 한다. 이러한 상호의존 과제는 학생들에게 공동의 목표를 위해 파트너로서 일할 것을 요구한다. 퍼즐 맞추기 교실 기법은 어린 아동에서 어른까지 다양한 교육 장면에서 효과가 있음이 밝혀졌다(Aronson, 1978, 2002; Perkins & Saris, 2001; Walker & Crogan, 1998).

공격성

인간을 가장 열정적으로 이끌어내는 두 힘은 서로 정반대에 위치해 있는데, 이는 공격성과 대인관계 매력이다. **공격성**(aggression)은 서로에게 해를 끼치거나 죽음에 이르게 하는 행동이고, 대인관계 매력은 서로 좋아하고 사랑하는 관계에 있는 사람들이 그들의 관계가 깊어지기를 열망하는 느낌이다.

공격성에 대한 생물학적 영향　우리가 인정하든 안 하든, 공격성은 인간의 타고난 본성이다. 사람들 간 소통에 대한 초기의 역사적 증거들에는 인간의 치명적인 잔혹성에 대한 반박할 수 없는 내용이 포함되어 있다. 예를 들면 이집트 고고학자들은 12,000~14,000년 전의 59개의 해골 무리를 발견하였는데, 이 뼈들 중 거의 절반에 돌 발사체가 박혀 있었다. 해골들의 부러진 뼈의 위치가 대부분 몸의 좌측 두개골과 늑골이었고, 이는 오른손잡이의 공격자들이 망치나 무기 등으로 공격했을 가능성이 높다(Buss, 2005). 이 고고학자들이 해골을 발견한 곳이 고대 전쟁지역임은 의심할 여지가 없다. 유사하게, 베네수엘라, 아프리카, 오스트레일리아에 살고 있는 몇몇 원주민들은 실제로 미국의 많은 도시들보다 높은 살인율을 보이고 있지만, 이들은 GTA 비디오 게임, 영화 〈쏘우〉, 또는 에미넴의 노래를 경험한 적이 없는 집단이다(Buss & Duntley, 2006; Chagnon, 1988; Daly & Wilson, 1988).

공격성이 우리의 본성 중 일부라는 또 다른 증거는 공격성은 인간이 신체적으로 공격을 할 수 있는 능력을 갖추자마자 나타난다는 것이다. 생후 1년이 되기 전에, 즉 환경의 영향력이 완전히 스며들기 전에, 우리는 공격적으로 행동한다. 사실, 몇몇 심리학자들은 1~3세의 유아들이 일생 중 가장 공격적이라고 주장한다. 이 시기, 유아들 간 상호작용의 25%가 공격적이다(Bushman & Huesmann, 2010; Tremblay & Nagin, 2005). 다행히도 어린아이들의 공격이 큰 피해를 주지는 않지만, 그렇다고 그들이 하는 때리기, 차기, 물기, 긁기, 머리카락 잡아당기기, 욕하기 등을 우리가 가볍게 생각해도 된다는 의미는 아니다. 이 모든 것은 공격성이 선천적이라는 의견을 지지한다.

공격성이 높은 아동은 공격성이 높은 어른이 되는 경향이 있다(Hay, 2017; Huesmann & Moise, 1998). 연구자들은 뉴욕주의 작은 마을에 사는 230명의 사람들을 40년간 추적

퍼즐 맞추기 교실
여러 명의 학생을 한 조로 구성하여 과제를 제시하고, 해당 과제를 다시 세부 과제들로 나누어 각자에게 배당한 다음, 협력과 상호작용을 통하여 과제를 완결하도록 함으로써 편견을 감소시키는 전략

공격성
해를 끼치거나 죽음에 이르게 하는 행동

Richard Drury/Getty Images

공격성에 대한 생물학적 역할은 다른 사회적 요인의 영향을 받을 시간이 거의 없었을 유아나 심지어 영아들조차도 공격행동을 한다는 사실에 의해 뒷받침된다.

연구하여, 그들의 공격성을 8세, 19세, 30세, 48세 때 4번 측정하였다(Huesmann et al., 2009). 그들은 특히 남성의 경우 8세의 공격성이 이후 모든 기간의 공격성을 가장 잘 예측한다는 것을 발견하였다. 8세에 높은 공격성을 보인 참가자들이 48세가 되었을 무렵, 배우자 학대부터 위험한 교통위반에 이르는 다양한 공격행동을 더 많이 하는 경향을 보였다. 이러한 결과는 공격성이 오로지 외부 변인에 의해 발생하는 일시적인 상태라기보다 각 개인의 안정된 특성이라는 것을 암시한다.

공격성을 결정하는 주요한 요인이 유전이라는 것은 쌍생아 및 입양 연구에서도 찾을 수 있다. 24개 연구에 대한 메타 분석은 유전이 개인의 공격성 수준을 최대 50%까지 설명한다는 것을 보여주었다(Miles & Carey, 1997). 보다 최근의 대규모 연구에서도 유사한 결과를 발견하였는데, 이 결과는 충동적 공격성('발끈하여 순간 흥분하는')과 계획된 공격성('차갑고 계산적인') 모두 유전과 관련있었다(Baker et al., 2008).

공격성에 대한 심리적 영향   유전이 공격성의 토대를 형성할 수 있지만, 심리적 요인 역시 중요한 역할을 한다. 예를 들면 어떤 성격 특질은 공격행동과 관련되었을 수 있다. 다른 사람들에게 연민을 느끼는 능력인 공감/감정이입(empathy)이 낮은 사람은 높은 공격성을 보이는 경향이 있다(Castano, 2012; Miller & Eisenberg, 1988; Sergeant et al., 2006). 공감 능력이 낮은 사람들은 다른 사람들을 비인간화하는 경향이 있어, 그들에게 상처를 주는 냉담한 행동을 한다.

충동성도 공격성과 관련된 성격 특질 변인이다. 충동성이 높은 사람들은 충동성이 낮은 사람들이 공격행동을 스스로 자제할 때 사용하는 자기통제 또는 '억제'가 부족하다. 결과적으로, 충동성이 높은 사람들은 순간적으로 흥분하는 충동적 공격성이 높은 빈도로 나타난다(Duran-Bonavila et al., 2017; Hinshaw et al., 1992). 낮은 공감과 높은 충동성 모두와 관련된 구체적인 공격행동이 따돌림(bullying)이다(Endresen & Olweus, 2001; Espelage et al., 2018; Jagers et al., 2007; Jolliffe & Farrington, 2011; Mayberry & Espelage, 2007).

공격행동은 또한 관찰학습에 의해 영향을 받는다(제6장 참조). 알버트 반두라(Albert Bandura) 연구의 아동들이 모델의 행동을 모방하여 보보인형에게 했던 것처럼, 부모의 행동도 모방한다(Bandura, 1977, 1986). 부모의 공격적 행동이 아동을 겨냥하든, 서로를 겨냥하든, 다른 사람을 겨냥하든, 아이는 부모의 공격 행동을 학습하게 된다. 사실, 공격성 모델이 굳이 부모일 필요는 없다. 가족 또는 친구의 공격행동은, 특히 비용이 들지 않으면서 이익이 나오는 것처럼 보일 경우, 그 공격행동을 모방할 가능성이 높다. 이는 본 대로 배운다는 것과 같은 의미이다("Monkey see aggression, monkey do aggression").

공격성에 대한 상황의 영향   생물학적 요인 및 심리적 요인을 내적 요인으로 본다면, 외적 요인인 상황도 공격성에 영향을 미친다. 예를 들면 불쾌한 사건으로 인해 종종 화난 행동이 나타날 수 있다(Berkowitz, 1989, 1993; Berkowitz & Harmon-Jones, 2004). 몇몇 불쾌한 사건은 사소하게 보일 수 있지만, 이런 '작은' 것들이 오래 지속되고, 통제할 수 없으며, 좌절을 가져오면 화가 날 수 있다(Donnerstein & Wilson, 1976; Fernandez & Turk, 1995; Geen & McCown, 1984). 간접흡연, 악취, 과밀 공간, 계속되는 통증 및 소음은 공격성을 유발할 수 있는 부정적 상황 요인의 예들이다.

공격성을 일으킬 수 있는 또 다른 불쾌한 '큰' 사건들이 있다. 예를 들면 사회적 거절은 종종 분노를 폭발시킨다. 친구들에게 배척된 아이, 팀에서 쫓겨난 선수, 또는 애인에게 차인 사람 등은 특히 그들이 거절에 민감하다면 적개심이 생길 가능성이 높다(Ayduk et al., 2008; MacDonald & Leary, 2005; Warburton et al., 2006). 사회적 거절은 해고당한 직원이 직장에서 폭력을 행사하는 주요한 원인이 될 수 있다(물론, 급여를 받지 못하는 것도 주요한 요인이다). 1999년 콜럼바인 고등학교 총격사건의 범인들처럼 학교나 공공장소에서 무차별 살인을 범하는 많은 사람들이 사회적 거절을 경험하였다(Leary et al., 2003; Raitanen et al., 2017).

심지어 날씨도 공격성의 상황적 요인일 수 있다. 가장 잘 알려진 날씨 관련 공격성의 예측변수는 기온으로, 날씨가 더워지면 사람들의 심기도 더워진다(Agnew, 2012; Anderson et al., 2000; Rinderu et al., 2018). 이는 범죄 통계뿐 아니라 심지어 메이저리그 야구경기에서도 마찬가지다. 투수가 자신의 팀 선수 중 한 명이 상대 팀 투수에게 맞은 후 그 보복으로 상대 팀 타자를 맞히는 경우도 추운 날보다 더운 날 더 많이 일어났다(Larrick et al., 2011; Reifman et al., 1991). 미국 프로미식축구(National Football League)에서도 불필요하게 거친 행동, 스포츠선수 같지 않은 행동 및 상대 선수의 안면보호구를 잡아당기는 등의 공격적 반칙은 기온이 높을 때 더 빈번하였다(Craig et al., 2016). 몇몇 사회심리학자들은 지구 온난화가 가져오는 위험 중, 지구가 더워질수록 폭력행동이 더 많아질 수 있다고 지적한다(Miles-Novelo & Anderson, 2019). 그들은 지구 온난화가 계속된다면 2100년 중반이 되었을 때 미국 내 심각한 공격 사건은 매년 거의 100,000건에 달할 수 있다고 예상한다(표 12.3)(Anderson, 2001; Anderson et al., 1997).

무기는 공격행동을 조장한다. 실제로 한 연구에서는 무기가 시야(sight)에 있는 것만으로도 공격행동이 증가한다고 하였다(Anderson et al., 1998; Benjamin et al., 2017; Carlson et al., 1990). 1970년대에 이루어진 한 연구에서, 연구자들은 소형 트럭 운전자에게 신호등의 빨간색 불이 초록색으로 바뀌어도 의도적으로 계속 멈추어 있으라고 요구하였다(Turner et al., 1975). 그런 다음 그 트럭 바로 뒤 차량 운전자의 공격행동을 조사하였는데, 공격행동의 측정은 경적을 얼마나 누르는지를 살펴보는 것이었다. 이때 멈추어 있는 소형 트럭 중 일부는 뒤 차의 운전자에게 소총이 보이도록 배치하였고, 범퍼에 '복수'라고 적힌 스티커를 붙여놓았다. 연구 결과, 총과 스티커가 보였던 뒤 차의 운전자가 더 자주 경적을 울렸고, 이는 논리에는 반하는 결과지만[적어도 오늘날 도로 분노(road rage) 상황을 고려한다면], 무기가 분노 감정을 유발하는 힘이 있음을 보여준다.

무기에 노출되는 것이 공격성을 어떻게 증가시키는지에 대한 최근의 연구에서, 연구자들은 남성 참가자들에게 총(데저트 이글 자동 권총 모형) 또는 장난감(마우스 트랩 게임)을 15분 동안 가지고 있도록 하였다. 그런 다음 참가자에게 다른 사람(누군지 모르는)이 마실 물컵에 핫소스를 원하는 만큼 넣어보라고 하였다. 총을 들고 있었던 참가자는 장난감을 들고 있었던 사람들보다 3배나

표 12.3 기온과 폭력 : 지구 온난화의 영향	
지역	기온이 1°C 상승할 때 살인율 변화 %
전체	+5.92
아프리카	+17.94
라틴아메리카	+4.39
북아메리카/오스트레일리아/뉴질랜드	+2.84
아시아	+1.82
유럽	+1.82
구소련	−0.30

출처 : Mares and Moffett(2016).

표 12.4 총을 단지 들고 있는 것만으로 공격성이 증가한다	
15분 동안 ＿＿을 들고 있었던 참가자	누군가 마실 물을 달라고 한 컵에 익명으로 핫소스를 ＿＿ 추가
아동용 장난감	4.23g
총	13.61g

출처 : Klinesmith et al.(2006).

많은 핫소스를 물컵에 넣었다. 실험자들은 핫소스를 넣는 행위를 공격성의 표시로 해석하였다(표 12.4)(Klinesmith et al., 2006).

공격성의 상황 원인 중 가장 많이 언급되는 것이 음주이다. 많은 연구에서 음주 소비와 가정 폭력 및 집 밖에서의 폭력 모두를 포함한 공격행동 간의 관련성을 보여주었다(Bushman & Cooper, 1990; Crane et al., 2016; Lipsey et al., 1997; Miller & Pollock, 1996; Parrott & Eckhardt, 2018). 실제로 폭력 범죄의 절반 이상이 술 때문에 일어난다(Innes, 1988; Pernanen, 1991). 한 연구는 앞서 언급한 핫소스 방법을 사용하여 또 다른 창의적 연구를 시행하였는데, 연구자들은 단순히 술의 섭취량뿐만 아니라 본인이 술을 얼마나 마셨다고 생각하는지, 즉 얼마나 취했다고 생각하는지가 공격성에 영향을 준다고 설명하였다. 연구자들은 무알콜, 낮은 도수, 그리고 높은 도수의 술 중 한 가지를 참가자들에게 주었다. 이때 참가자들에게 세 가지 술 중 한 가지라고 얘기해주었지만, 실제로 참가자들이 마신 것과 연구자들이 알려준 것은 동일하지 않았다. 그런 후 앞서 시행했던 핫소스를 다른 사람이 마실 물에 넣도록 요청하였다. 연구 결과, 핫소스를 넣는 수준은 연구자들이 거짓으로 알려준 도수의 수준과 직접적으로 관련되었고, 그들이 실제로 마셨던 술의 도수와는 전혀 관련이 없었다. 그들이 가장 많이 마셨다고 생각한 참가자들이 가장 많은 핫소스를 컵에 부었다(Bègue et al., 2009).

최근에는 특히 청소년과 초기 성인기의 사람들에게서 에너지 음료(예 : 레드불, 몬스터)를 술과 함께 마시는 현상이 나타난다(Linden-Carmichael & Lau-Barraco, 2017; Martz et al., 2015; Spangler et al., 2018). 몇몇 경우에는 술만 마셨을 때보다 술과 에너지 음료를 같이 마셨을 때 공격성과의 관련성이 더 강하게 나타났다. 한 연구는 술집에서 문제를 일으킨 사람들을 인터뷰한 결과, 에너지 음료와 술을 함께 마신 경우가 술만 마신 경우보다 언어적 공격성 및 신체적 공격성의 강도와 폭력성을 더 잘 예측할 수 있었다(Miller et al., 2016).

언론매체에 나타난 폭력 또한 공격행동의 원인이다. 제6장에서 언급한 것처럼, 언론매체의 폭력과 공격행동 간의 관계에 의문을 제기한 연구들도 있지만(Ferguson & Kilburn, 2009), 그 관계가 강력하다는 연구들이 훨씬 더 많다(Anderson et al., 2010; Anderson & Bushman, 2001; Huesmann & Kirwil, 2007). 특히 TV, 영화, 그리고 비디오 게임의 폭력을 아동이 경험할 때, 그 관계는 더 강해지고 문제가 될 수 있다. 몇몇 사회심리학자들은 언론매체의 폭력이 행동에 미치는 단기적 영향을 조사하였다. 예를 들면 하키 경기 전에 폭력적인 영화를 보여준 9세 남자아동은 폭력적인 영화를 보여주지 않은 아동보다 하키 경기 중 스틱 치기, 발 걸어 넘어뜨리기, 팔꿈치로 밀기 등의 공격행동을 훨씬 많이 하였다(Josephson, 1987).

보다 장기적 접근을 취한 다른 연구는, 언론매체의 폭력에 노출되면 사람들은 실제 현실에서의 공격성에 둔감해지고 공격적인 행동을 더 많이 하는 경향이 있다는 것을 발견하였다(Carnagey et al.,2007). 예를 들어 한 남성 집단을 8세부터 30세까지 추적 조사한 연구는 어린 시절 TV에서 폭력을 많이 본 사람들은 심지어 공격성을 예측하는 다른 변인을 통제한 후에도 공격적이었고 범죄행동을 많이 저지른다는 것을 보여주었다(Eron et al., 1972; Huesmann, 1986; Huesmann & Miller, 1994).

폭력적인 언론매체의 다양한 형태 중 폭력적 비디오 게임은 공격행동을 자극한다는 측면에서 특히 영향이 클 수 있다. 게임은 수동적 관찰에 머무르는 것이 아니라 능동적으로 폭력에 참여하게 되는데 예를 들면 폭력행동을 하고 나면 포인트를 받거나, 다음 단계로 진입하거나, 심지어 언어적 칭찬('잘했어!')을 포함한 직접적 보상이 제공된다(Bushman & Huesmann, 2010). 한 연구에서, 평균 14세 소년들에게 폭력적 또는 비폭력적 비디오 게임을 20분간 하게 한 다음, 반응시간 과제(신호 후에 가능한 빨리 버튼을 누르는)를 파트너와 경쟁시켰다. 반응시간 과제에서 이기면 헤드폰을 통해 파트너에게 굉음을 보낼 수 있었다. 폭력 비디오 게임을 한 소년은 비폭력 비디오 게임을 했던 소년보다, 심지어 연구자들이 그 소년들에게 이 굉음이 영구적인 청각 손상을 일으킬 수 있다고 알려줬음에도 그것을 선택하였다(Konijn et al., 2007).

폭력적 비디오 게임을 직접 하는 것에 대한 영향을 살펴본 연구에서, 10~13세 아동들 중 한 집단은 폭력 비디오 게임을 하게 하고, 다른 집단은 동일한 게임을 하지는 않고 보기만 하도록 하였다. 이후 휴식시간이 되었을 때, 게임을 했던 아이들이 단순히 구경만 했던 아이들보다 폭력적인 행동을 더 많이 하였다(Polman et al., 2008).

공격성에 대한 문화적 영향   공격성은 문화집단과 성별 및 나이에 따라 발생 빈도 및 직간접적 여부 등이 다양하게 나타난다(Bond, 2004). 예를 들어 유치원을 들어갈 무렵의 남아는 여아보다 신체적으로 더 공격적이다(Hay, 2017; Loeber & Hay, 1997). 밀기 또는 차기와 같은 신체 공격은 **직접적 공격**이라 볼 수 있는데, 이는 상처 주는 사람이 바로 앞에 있고, 상대의 반응도 즉각적이고 명백히 일어난다는 특징이 있다. 남아가 이러한 직접적 공격을 시작할 무렵 여아는 피해자가 존재하지 않는 보다 간접적이고 관계적인 공격을 시작한다(Archer & Coyne, 2005; Bjorkqvist, 2018; Card et al., 2008). 간접적이고 관계적인 공격의 많은 사례는 소문 또는 험담을 말하는 것처럼 사회극(social 'drama')과 관련된다. 남아의 직접적 신체 공격과 여아의 간접적이고 관계적인 공격의 차이는 학령기 동안 더 증가하고 성인기까지 지속된다(Côté et al., 2007; Crick & Grotpeter, 1995; Lagerspetz et al., 1988). 하지만, 성별에 따른 이런 양상은 항상 모든 아동에게 해당되는 것은 아니다. 종종 간과되지만, 소년들 사이에서의 관계적 공격성과 소녀들 사이에서의 신체적 공격성 역시 여전히 많이 일어난다(Babinski & McQuade, 2018; Eriksen & Lyng, 2018; Hunt & Rhodes, 2018; Kraft et al., 2018).

국가별 살인율을 비교하면 상당히 다양한데, 이는 공격성(적어도 가장 치명적인 형태)이 특정 문화에 더 잘 나타난다는 것을 시사한다. 미국은 비교적 높은 살인율을 보이는데, 특히 많은 다른 서구 국가들과 비교하면 높다. 프랑스, 스페인 또는 독일보다 4배, 영국보다 3배, 그리고 캐나다보다 2배가 높다. 하지만, 볼리비아와 비교하면 1/2, 니카라과의 1/3, 베네수엘라의 1/10 수준이다. 아시아 국가들은 살인율과 폭력 범죄율이 극히 낮다고 알려져 있다(United Nations Office on Drugs and Crime, 2012).

매력

지금까지 사람들이 서로를 해치는 것에 초점을 맞추었다면, 이제부터 서로 좋아하고, 사랑하는 관계도 있다는 것을 기억하며 분위기를 바꾸어보자. 사회심리학자들은 호감, 사랑 및 그와 비슷하게 따뜻한 상호작용들을 다른 사람과의 관계를 강화하려는 열망인 **대인 간 매력**(interpersonal attraction)의 범주에 넣는다. 근접성에서 유사성, 아름다움, 상호성에 이르기까지 많은 요인들이 매력에 영향을 미친다. 이것들을 차례로 살펴보자.

근접성   물리적으로 가까우면 정서적으로도 가까워진다. 여러분이 다른 사람들과 크게 다르지 않

학교를 들어갈 시기부터 성인기에 이르기까지 남아와 남성은 보다 신체적 공격을 많이 하는 반면 여아와 여성은 관계적 공격을 많이 한다.

a Lopolo/Shutterstock

b KidStock/Blend Images/Getty Images

대인 간 매력
다른 사람과의 관계를 강화하려는 열망

단순노출효과는 단지 반복된 접촉만으로 사람 또는 사물에 대한 매력이 증가하는 것을 일컫는다. 여러분이 인텔 로고를 광고나 컴퓨터에서 수없이 보았다면 한 번도 보지 못했던 컴퓨터보다 인텔 로고가 있는 컴퓨터를 더 선호할 가능성이 높다.

다면, 여러분의 가장 친한 친구나 연인과의 관계는 그들과 어떤 형식이던지 가까운 이웃이었을 때 시작되었다. 예를 들면 같은 아파트에 살았거나 같은 수업에서 가깝게 앉았거나 또는 같은 운동팀에 있었을 수 있다. 한 연구에서, 4명의 비슷하게 매력 있는 여학생을 대학 수업에 출석하도록 하였는데, 각각 15번, 10번, 5번, 그리고 마지막 여학생은 한 번도 출석하지 않도록 하였다(이들은 수업에 참가하였어도 다른 학생과 대화를 주고받지 않았다). 학기 말에 그 수업을 수강한 학생들에게 여학생 4명의 사진을 주고 매력의 정도를 물어보았을 때, 수업에 자주 참석한 여학생일수록 더 높은 매력 점수를 받았다(Moreland & Beach, 1992).

사람들이 서로에게 매력을 느끼도록 하는 근접성이란 어떤 것인가? 근접성은 누군가를 자주 보게 된다는 것이 핵심이다. 그저 반복된 접촉만으로 사람 또는 사물에 대한 매력이 증가하는 것을 **단순노출효과**(mere exposure effect)라고 부른다. 많은 연구들은 우리가 형태, 단어, 사진, 노래 및 소리를 포함하여 사람이든 사물이든 익숙한 것을 긍정적으로 느낀다는 사실을 보여주었다(Albarracín & Vargas, 2010; Bornstein, 1989; Kunst-Wilson & Zajonc, 1980; Zajonc, 1968).

광고주들은 확실히 단순노출효과를 이용하는 방법을 알고 있다. 인텔(Intel)의 사례를 살펴보자. 컴퓨터에 있는 인텔 로고를 얼마나 많이 보았는가? 또는 인텔 로고와 그와 함께 제시되는 짧은 효과음이 포함된 TV 광고를 얼마나 많이 보았는가? 우리들 대부분은 인텔의 반도체 칩이 경쟁사보다 더 나은지에 대한 구체적인 정보를 알지 못한다(사실 우리들 중에는 심지어 인텔이 컴퓨터의 어느 부분을 만드는지도 모른다). 하지만 우리는 컴퓨터와 관련한 친숙하고 알고 있는 로고를 보게 된다면 친근함을 느끼고, 그 결과 잘 모르는 로고가 붙은 컴퓨터보다 아는 로고가 붙은 컴퓨터를 사게 될 확률이 높다(컴퓨터 제조업자들이 이 작은 스티커를 붙이는 것을 좋아하는 것은 당연하다). 단순노출효과는 광고 모델에게도 적용된다. 우리가 쉽게 알아볼 수 있는 잘 알려진 사람에게 기업이 많은 돈을 지불하는 것도 이 때문이다. 비용을 줄이려고 한다면, 커버걸이나 캘빈클라인은 잘 알려지지 않은 생소한 사람을 모델로 쓸 수 있지만, 그들은 잘 알려진 익숙한 사람을 모델로 쓴다. 왜냐하면, 우리가 그들을 알고 있기 때문에, 이 사실만으로도 그들이 광고하는 제품에 호감을 가질 수 있기 때문이다.

단순노출효과에 대한 보다 최근의 연구에서 중요하게 주목할 것은 그 반대의 효과도 가끔 발생한다는 것이다. 어떤 경우에는 노출이 계속되면 어느 지점에서부터는 호감이 더 이상 증가하지 않기도 하고, 심지어 그때부터 호감이 감소하기 시작한다. 그 이유는 완전히 명확하지 않지만, 아마도 지루해지고, 지나치게 친숙해지며, 그냥 싫증이 나서일 것이다. 그럼에도 때로는 과다노출을 저지르기도 한다(Montoya et al., 2017).

신체 매력   우리는 아름다운 사람을 좋아한다. 우리는 내면의 아름다움에 끌린다고 스스로에게 말하고 싶겠지만, 실제로는 외적 아름다움(외모)에 대한 사회심리학 연구가 훨씬 더 많다.

'제 눈에 안경'이라는 속담도 있지만, 꼭 그렇지만은 않은 것이 남자와 여자는 아름다움에 대한 기준이 완전히 다르다. 한 연구는 6대륙 33개 국가에서 10,000명 이상의 사람들을 대상으로 문화적 다양성이 있는 대규모 표본을 수집하여 이성의 어떤 부분에서 매력을 느끼는지 조사하였다(Buss, 1989). 연구 결과, 몇몇 부인할 수 없는 보편적인 결과가 나타났다. 모든 문화에서, 남성은 여성의 신체적 매력을 가장 최상위에 두었다. 구체적으로 남성은 젊고, 건강하고, 매력적인 외모(특히 허리-엉덩이 비율)를 가진 여성을 찾았다. 이러한 여성의 특성은 모두 임신, 출산, 양육이 가능함을 암시하는 것들이다. 여성의 경우에는 남성의 신체적 매력은 덜 강조하는 대신 재력, 지

단순노출효과
그저 반복된 접촉만으로 사람 또는 사물에 대한 매력이 증가하는 것

위 그리고 권력을 더 선호하였는데, 이러한 특징들은 자원을 제공할 수 있는 능력을 암시한다.

이 결과는 다른 대규모의 비교문화연구에서도 확인되었다(Shackelford et al., 2005). 이러한 남녀 차이를 가장 잘 설명하는 것은 진화적 관점이다. 이성애를 가정할 때, 그의 유전자를 퍼트릴 남성의 전략은 자신의 아이를 성공적으로 가질 수 있는 여성과 짝을 짓는 것이다. 이와는 달리 여성의 전략은 아이가 생겼을 때, 그 가족을 먹이고, 입히고, 보호하기 위한 수단을 가진 짝을 선별적으로 선택하는 것이다(Buss, 1994, 1995).

몇몇 재미있는 연구들은 이러한 진화적 설명을 지지하는 결과를 보여주었다. 예를 들면 이성애 남성과 여성은 서로 다른 이유로 질투를 경험한다. 일반적으로 남성은 여성이 다른 남성과 성적으로 바람을 피우면 질투를 하는 경향이 크다. 왜냐하면 이는 자신의 아이가 아닌 다른 남자의 아이에게 집중함을 의미하기 때문이다. 여성은 일반적으로 남성이 정서적으로 자신을 속이면 더 크게 질투를 하는데, 이는 남성이 다른 여성과 관계를 발전시킨다는 것은 그 여성이 남자의 자산을 자신과 아이들로부터 빼앗아 간다는 것을 의미하기 때문이다(Buss et al., 1992; Buunk et al., 1996; Sagarin et al., 2003). 남녀에게 가장 후회하는 것을 물어보았을 때 남성은 더 많은 여성과 잤어야 한다고 하였지만, 여성은 더 적은 남성과 잤어야 한다고 대답한 것 또한 같은 선상에서 이해할 수 있다(Roese et al., 2006).

다른 연구들은 남성 대 여성의 매력에 대한 논의를 확장시켰다. 예를 들어 연구자들은 짝 선호에 대한 성별 차이는 단지 남성 또는 여성이 두 가지 중 하나를 선택하게 될 때만 발생한다는 것을 발견하였다. 다시 말하면, 모든 사람들은 실제로 신체적 매력과 재력 모두에 가치를 두지만, 한 가지를 선택해야 한다면 남성은 신체적 매력에, 여성은 재력에 더 무게를 둔다는 것이다(Li et al., 2002). 몇몇 연구자들은 남성과 여성 모두 신체적 매력과 재력만큼이나 지성, 친절함, 정직, 유머 감각 등의 다른 자질에도 높은 가치를 둔다는 것을 발견하였다(Fletcher et al., 2006; Lippa, 2007). 또한, **사회적 역할 이론**(social role theory)은 남녀가 찾는 매력이 차이가 나는 것은 자신이 가지지 못한 것을 가지고 있는 파트너를 통하여 만족하고자 하는 보다 기본적인 욕구에서 나오는 것이라고 제안한다. 전통적 남성은 전통적 여성을 찾고, 반대의 경우도 마찬가지다. 하지만, 주부 역할을 하고자 하는 남성이나 가정의 경제를 책임지고자 하는 여성처럼 전통적인 역할에서 벗어난 경우라면, 그에 따라 자신의 짝 선호는 조정될 수 있다(Eagly & Wood, 1999; Wood & Eagly, 2010).

신체적 매력의 마지막 영역인 얼굴에 대한 선호를 알아보면, 우리는 '평균'의 얼굴을 평균 이상으로 평가하는 경향, 즉 아주 좋게 평가하는 경향이 있다. 다시 말하면, 얼굴은 자신이 속한 연령대, 성별 및 민족 내에서 잘 드러나지 않는 평균적 특징을 가졌을 때 매력적이라고 여긴다는 것이다(Langlois & Roggman, 1990). 우리는 종종 '평균'의 외모를 가진 사람들을 매력 없거나 특별하지 않다고 생각하기 때문에 이 말은 직관에 반하는 것일 수도 있다. 하지만 이 영역의 연구를 수행한 사회심리학자들은 여러 얼굴을 컴퓨터로 조합한 것을 '평균'으로 정의하였는데, 이 평균의 얼굴은 실제로 아주 괜찮았다는 것이다. 평균의 얼굴은 모든 매력적 요소가 담겨 있고, 질병이나 부상의 표시(흉터, 상처, 흠)도 없다. 이 평균의 얼굴은 광범위한 문화권에서 선호되는 것으로 밝혀졌다(Gangestad & Scheyd, 2005; Jones & Hill, 1993; Rhodes, 2006).

유사성 사람들은 친구나 연인의 관계에서 '상반된 것의 끌림'이 통념이라고 한다. 하지만 사회심리학자들의 연구에 따르면, 이것은 잘못되었다(Montoya & Horton, 2012). 보다 정확하게 설명하면, '유유상종/끼리끼리'이다.

Indrikis Krams

이 사진은 50명 이상의 라트비아 젊은 여성의 얼굴을 조합한 것이다(Jakobsen, 2013; Rantala et al., 2013). 연구자들은 이 사진을 여성 얼굴의 '평균'이라고 하였지만, 매력적인 얼굴에 대한 연구에서 평균 이상의 높은 점수를 받았다. '평균'의 얼굴이 높은 매력점수를 받은 이유는 이 사진에는 질병 또는 부상의 표시(예 : 상처, 흉터)가 거의 없다는 사실 때문일 수 있다.

Savage Chickens

Doug Savage

www.savagechickens.com

많은 연구들은 다른 사람이 나와 비슷할 때 상대를 좋아한다는 것을 보여준다(Montoya & Horton, 2013). 예를 들어 신혼부부를 대상으로 한 연구에서 사람들은 결혼 상대자로 학력 수준과 얼굴 매력 면에서 자신과 비슷한 사람을 선택할 확률이 높았다(Stevens et al., 1990). 또 다른 연구는 중학교 3학년 학생과 그들의 교사들에게 '여러분을 알아가기' 설문을 하였는데, 이 설문 문항에는 참관하고 싶은 스포츠 경기, 친구로서 가장 중요한 덕목, 사용하는 언어 및 갑작스러운 휴가에 무엇을 하고 싶은지 등을 묻는 자신의 신념과 선호도에 관한 28개의 질문이 포함되었다. 연구 결과, 학생과 교사의 유사성이 클수록 그들의 인간관계는 더 깊었고, 학생의 성적도 더 높았다(Gehlbach et al., 2016). 유사성에 대한 많은 메타 분석 결과는 인지된 유사성과 실제 유사성 모두 호감을 예측하였고, 이는 실제로 여러분과 유사한 사람뿐만 아니라 여러분과 유사하다고 생각되는 사람에게도 끌린다는 것을 의미한다(Montoya et al., 2008).

상호성   중학교 시절, 여러분이 '좋아하는 사람'이 누구인지 친구들에게 말한 다음, 점심시간에 친구들을 보내서 그 아이도 '여러분을 좋아하는지'를 알아보게 했던 기억이 있는가? 사회심리학자들은 연구를 통해 상대가 여러분에게 매력을 느낀다는 것을 여러분이 알고 있는지 여부가 여러분이 가지는 그 사람에 대한 호감에 큰 영향을 준다는 것을 발견하였다. 그들이 여러분을 좋아하면 그들에 대한 여러분의 호감도 증가하고, 그들이 여러분을 좋아하지 않으면 여러분도 그들에 대한 호감은 감소한다(Curtis & Miller, 1986; Knobloch et al., 2008). 즉석 만남(speed-dating, 여러 사람을 돌아가면서 짧게 만나는 행사) 상황에서의 연구는 다른 사람이 자신에게 관심이 있다는 것을 알게 되면 그 사람에 대한 관심도 증가한다는 것을 보여주었다(Eastwick et al., 2007).

낭만적 사랑

지금까지 매력과 관련한 대부분의 내용들은 모든 종류의 호감과 사랑을 다루었다. 하지만 사랑의 종류 중 하나인 **낭만적 사랑**(romantic love)은 특별한 관심을 가질 필요가 있다. 사회심리학자들은 낭만적 사랑을 두 종류로 나누었는데, 하나는 관계의 초기에 보다 잘 나타나고, 다른 하나는 장기적 관계에서 더 일반적으로 볼 수 있다. 이 두 가지를 살펴보자.

열정적 사랑(passionate love)은 흥분과 욕망이 특징으로 대개 관계의 초기에 경험하는 사랑이다. 열정적 사랑을 느끼는 커플은 서로에게 **불타올라** 있다. 그들은 서로에 대한 생각과 같이 있고 싶은 생각에 완전히 빠져 있으며, 떨어진다는 생각만 하면 미칠 것 같이 심란하다(Feybesse & Hatfield, 2019; Hatfield & Rapson, 1993).

서로에게 불타올랐던 커플은 때로 식는다. 하지만 그렇지 않은 경우, 그들의 열정적 사랑은 종종 보다 성숙한 사랑으로 발전하고, 맹렬히 타올랐던 불길은 한결같이 따뜻한 불꽃이 된다(그림 12.8). 이것은 주로 오랜 관계의 후반에 경험하게 되는 **동료적 사랑**(companionate love)으로, 확고한 헌신과 애정이 특징으로 나타난다. 이러한 동료적 사랑을 하는 연인은 여전히 자신을 '사랑'에 빠져 있다고 표현하지만, 그들이 공유하는 사랑은 처음 사귀었을 때와는 다르다. 아마도 덜 흥분되지만, 더 안정적이고 견고할 것이다(Fehr, 2019; Hatfield & Sprecher, 1986; Sprecher & Regan, 2007).

연구자들은 동료적 사랑으로 발전하는 주요 이유를 **공정성**(equity) 또는 서로에 대한 믿음이라고 보았으며, 이러한 공정성과 믿음은 그들의 관계에서 공평한 정도로 주고받아야 한다(Polk, 2011). 실제로, 공정성은 낭만적 관계의 모든 단계에서 중요하지만, 초기에는 열정 때문에 관계에서 나타

열정적 사랑
흥분과 욕망이 특징으로 대개 관계의 초기에 경험하는 사랑

동료적 사랑
확고한 헌신과 애정이 특징으로 주로 오랜 관계의 후반에 경험하게 되는 사랑

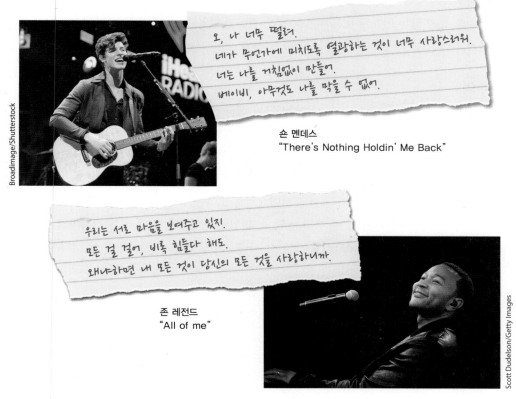

그림 12.8 대중음악에 나타난 열정적 사랑과 동료적 사랑 숀 멘데스의 노래 가사는 일반적으로 관계의 초기에 나타나는 열정적 사랑을 묘사한 반면, 존 레전드의 노래 가사는 보다 성숙한 관계에서 주로 나타나는 동료적 사랑을 보여주고 있다.

나는 많은 결함이 드러나지 않을 수 있다. 하지만 관계가 깊어짐에 따라 공정성은 더욱 중요해진다. 만일 한쪽 파트너가 이 관계에서 부당한 대우를 받고 있다고 생각하면 이 관계는 깨질 수 있다(Hatfield & Rapson, 1993). **자기노출**(self-disclosure) 또는 자신의 파트너에게 자신을 개방하는 것은 낭만적 관계를 지속하는 데 또 다른 중요한 요소이다. 이는 상호작용의 과정으로, 한 사람이 개인의 생각과 감정을 공유하면 상대방도 그렇게 하겠지만, 한 사람이 입을 꼭 다물고 있다면 상대방역시 마찬가지일 것이다(Kito, 2005; Sprecher, 1987).

학습 확인

12.12 첫인상을 형성할 때, 그 시간은 얼마나 걸리며 신체적 매력의 역할은 무엇인가?

12.13 편견, 고정관념, 차별의 차이점은 무엇인가?

12.14 내집단 편향, 외집단 동질성, 범주화 사고 및 사회 비교는 편견과 어떤 관련이 있는가?

12.15 사람들은 어떻게 편견을 극복하는가?

12.16 공격성이란 무엇이고, 사람들은 왜 공격적으로 행동하는가?

12.17 사람들이 서로 호감을 갖도록 하는 것은 무엇인가?

친사회적 행동 : 서로 돕기

친사회적 행동(prosocial behavior)은 다른 사람을 도와주려는 의도를 가진 행동이다. 사회심리학자

친사회적 행동
다른 사람을 도와주려는 의도를 가진 행동

학습 목표

12.18 이타주의의 정의
12.19 다른 사람을 돕는 이유
12.20 다른 사람을 돕지 않는 이유

들은 친사회적 행동을 둘러싼 많은 질문을 탐구해 왔지만, 이러한 질문 중 타인을 돕는 이유와 반대로 타인을 돕지 않는 이유에 대하여 가장 많은 관심이 있었다. 이제 이 두 가지에 대하여 살펴보도록 하자.

이타주의

친사회적 행동의 가장 순수한 동기는 아무런 사심 없이 다른 사람을 걱정하는 **이타주의**(altruism)이다. 이 장의 앞부분에서 공격성이 본성에 일정 정도 근거한다는 것을 살펴보았다. 고맙게도, 이타주의 역시 본성인 것 같다. 2017년 8월 허리케인 하비가 휴스턴을 강타하고 지나간 후에, 수천 명의 사람들이 이재민들에게 머물 곳과 음식을 제공하였다. 피해자들은 정부 기관이나 구호단체에서뿐만 아니라 일반 시민에게서도 도움을 받았다. 시민들은 자신의 보트나 제트스키를 사용하여 그들이 한 번도 만난 적 없었던 사람들을 돕기 위해 집집마다 돌아다녔고, 물에 잠기는 사람을 구하기 위해 인간 사슬을 만들었다. 시민들은 수십 개의 단체에 돈과 물자를 기부하여 허리케인이 지나간 이후에도 이재민들이 도움을 받을 수 있도록 하였다(Reynolds, 2017).

이타주의, 예를 들어 휴스턴을 강타한 허리케인 하비와 같은 자연재해를 당한 사람들을 돕는 것은 타인에 대한 순수하게 사심 없는 걱정이다.

Bass Fishing Club at WCU

사람들은 왜 그런 행동을 하였을까? 심리학자와 철학자들은 오랫동안 이타주의를 역설적이라고 생각했다. 이타주의자의 행동은 사심이 전혀 없기 때문에, 그 사람이 왜 이타적인지를 이해하기가 어렵다. 몇몇 연구자들은 겉으로 보기에 이타적인 행동도 면밀히 살펴보면 실제로는 이기적인 보상을 가져온다고 주장한다(Feigin et al., 2018; Ghiselin, 1974; Maner et al., 2002). 다시 허리케인 하비의 예로 돌아가보자. 여러분은 휴스턴의 사람들이 그들의 집과 차, 그리고 사랑하는 사람을 잃는 것을 TV로 보다가 800으로 전화를 걸어 50달러를 기부한다. 이것이 완전히 사심 없는 행동인가? 그렇지 않다. 여러분의 기부는 아마도 여러분의 죄책감을 덜어줄 것이다. 이 행동은 여러분 스스로를 자랑스러워하고, 기부금을 받는 사람들이 느끼는 것과 동일한 희망을 느끼게 해줄 수 있다(Schaller & Cialdini, 1988; Smith et al., 1989). 어떤 것이든 여러분에게 이익이 있다. 물론, 이것이 기부의 긍정적 영향을 약화시키지는 않지만, 이타주의가 완전히 사심이 없다는 것에는 조금의 의문을 갖게 한다.

사회 교환 이론   이타주의 동기가 순수하든 아니든, 사람들은 항상 다른 사람에게 도움을 제공한다. 사회심리학자들은 그 이유를 설명하기 위해 수많은 이론을 제안하였다. 그중 한 가지가 **사회 교환 이론**(social exchange theory)으로, 개인은 다른 사람에게 도움을 주었을 때의 이득과 손실을 비교한다고 설명한다. 즉 여러분이 도움행동을 통해 제공하는 손실과 얻는 이익을 비교한다는 것이다. 저녁식사 데이트를 하고 있는 스콧과 루시아나를 상상해보자. 그들은 남은 음식을 싸서 식당을 나왔다. 식당 밖에서 한 노숙자를 보았고, 스콧은 그에게 식당에서 싸온 음식을 주었다. 이 행동은 진실된 친절행동이지만 스콧에게 전혀 이득이 없는 것은 아니다. 스콧은 다음 날 친구에게 "그 음식은 내 차에 쏟아질 수도 있었어. 또한 루시아나는 웃으면서 나에게 친절하다고 말했어"라고 얘기하였다. 그는 그 도움행동으로 절반의 파스타를 잃었지만, 자신의 차를 깨끗하게 유지하고 여자친구에게 칭찬을 들었다. 스콧에게 나쁜 교환은 아니었다.

호혜주의 규범   도움행동에 대한 또 다른 이론은 **호혜주의 규범**(reciprocity norm)으로 현재 도움을 제공하면 미래에 도움을 받을 수 있을 것으로 기대한다는 것이다. 빌 위더스가 '내게 기대요'라고 노래 제목을 붙인 이유는 그 곡의 가사에 나타나 있다. "…나 역시 오래지 않아 내가 기댈 누군

이타주의
아무런 사심 없이 다른 사람을 걱정하는 것

사회 교환 이론
개인은 다른 사람에게 도움을 주었을 때의 이득과 손실을 비교한다고 설명하는 도움 이론

호혜주의 규범
현재 도움을 제공하면 미래에 도움을 받을 수 있을 것으로 기대한다고 설명하는 도움 이론

가가 필요할 테니까." 지금은 여러분이 도움을 제공하는 사람일 수 있지만, 미래에는 도움을 받아야 하는 사람일 수 있기 때문에 약간의 선행을 저축해두는 것은 나쁘지 않다. 호혜주의 규범과 사회 교환 이론의 주요한 차이는 상황이 얼마나 확실한지다. 사회 교환 이론은 상황이 그 즉시 일어나지만, 호혜주의의 경우에는 도움을 돌려받을 기회를 가지는 것이다. 계산서를 사탕과 함께 가져오는 음식점 직원은 호혜주의 규범을 잘 알고 있다. 그림 12.9의 연구에서 볼 수 있듯이, 작은 선물을 제공하였을 때 팁은 20%까지 증가하였다(Strohmetz et al., 2006). 선거 후보자의 모금활동에 기부하는 이익단체 또는 주차한 차의 창문을 자진해서 닦아주는 대도시의 가난한 사람들 역시 그들의 친절행동에 대한 보상이 돌아오기를 기대한다.

친절행동을 받은 사람은 다시 친절행동을 하게 되지만, 반드시 받은 사람에게 되돌려주지 않을 수도 있는가? 다시 말하면, 우리가 A에게 친절을 받았을 때, B에게 '선행을 앞서 베풀기(pay it forward)'를 할 수도 있는가? 한 연구에서, 두 명의 연구 보조자들이 몇 걸음 차이를 두고 슈퍼마켓 안을 걸었다. 앞선 연구 보조자가 자신을 지나치는 800명의 사람들 중 절반에게 미소를 지었다(Guéguen & De Gail, 2003). 그리고 뒤따르는 연구 보조자가 전시된 컴퓨터 부속품을 건드려서 바닥 전체에 떨어뜨렸다. 여기서 질문은, 앞선 연구 보조자에게 미소를 받았던 사람들이 받지 않은 사람들보다 뒤따르던 다른 연구 보조자를 도와서 함께 청소를 해줄 확률이 높을지 여부였다. 결과는 '그렇다'이다. 실제로, 미소를 받은 사람들이 그렇지 않은 사람들보다 50% 이상 뒤따르던 연구 보조자를 도와주었다.

사회적 책임 규범　도움행동에 대한 세 번째 이론은 **사회적 책임 규범**(social responsibility norm)으로, 이것은 나중에 도움을 돌려받을 것이라는 잠재적 상황과 상관없이, 도움이 필요한 사람은 도와야 한다는 의무의 관점이다. 사회적 책임 규범에 따르면, 여러분은 도와야 하기 때문에 돕는다. 그것이 전부다. 스스로를 보살필 수 없는 사람을 돌보는 것은 여러분이 사는 도시, 국가, 또는 세계의 일원으로 해야 할 일이다. 뉴욕시의 경찰관인 로렌스 드프리모는 아주 추운 날 밤 맨발의 노숙자에게 새 부츠를 사주었고, 그 이유를 "발이 얼었고, 물집이 잡힌 것을 보았습니다. 신발의 가격은 상관없었어요. 단지 그를 도와야 했어요"라고 하였는데, 이는 사회적 책임 규범을 잘 보여준다(Kim, 2012).

사회적 책임 규범
나중에 도움을 돌려받을 것이라는 잠재적 상황과 상관없이, 도움이 필요한 사람은 도와야 한다는 의무의 관점을 강조하는 도움 이론

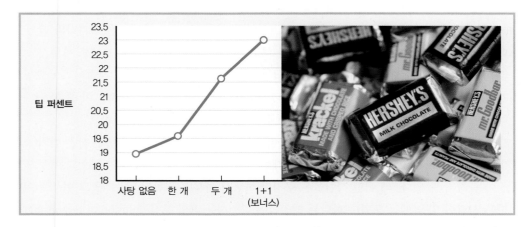

그림 12.9　여러분이 (사탕을) 주면, 여러분은 (더 많은 팁을) 받을 수 있다　음식점 점원이 계산서와 함께 초콜릿바를 제공했을 때, 손님들은 더 큰 팁으로 보답했다. 가장 팁이 많았을 때는 하나를 제공한 다음, 다시 와서 두 번째 '보너스' 초콜릿바를 제공했을 때였다. 이 행동은 손님들에게 아주 특별히 친절한 행동으로 인식되었을 수 있다. 출처 : Strohmetz et al.(2006), ⓒ Kristoffer Tripplaar/Alamy.

뉴욕시의 경찰관인 로렌스 드프리모가 아주 추웠던 날 밤 노숙자에게 새 부츠를 사주었고, 그의 선행은 신문기사 1면에 실렸다. 경찰관은 "발이 얼어 있었어요… 신발의 가격은 상관없었어요. 단지 그를 도와야 했어요"라고 말했고, 이는 사회적 책임 규범을 잘 보여준다(Kim, 2012).

친족관계 이론   도움행동의 네 번째 이론은 진화적 관점이다. **친족관계 이론**(Kinship theory)은 미래 세대에게 여러분의 유전자를 전달하는 것의 중요성을 강조한다. 신장을 기증할 가능성이 가장 높은 사람은 누구인가? 우리 대부분은 모르는 사람보다는 친척들에게 기증할 가능성이 확실히 높고, 가까운 친척일수록 확률은 더 높아진다. 가족을 우선으로 돕는 경향성은 동물들에게 명확히 나타난다. 벌, 개미 및 흰개미는 자신의 군집을 위해 일상적으로 자신의 생명을 포기한다(Crawford, 1998; Hamilton, 1964). 우리는 형제, 자녀 또는 사촌처럼 적어도 자신의 유전자를 어느 정도 물려줄 수 있는 사람이 내 도움의 혜택을 받을 수 있다는 생각이 들면 도움을 주고 싶은 충동을 느낀다. 그들의 생존을 돕는 것은 우리 자신의 일부가 살아남는 것을 돕는 것이다(Neyer & Lang, 2003; Van Vugt & Van Lange, 2006). 비록 생사가 달린 상황이 아니더라도 혈육을 돕고 싶은 충동은 남아 있으며, 이는 우리가 친밀감을 느끼는 사람에게까지 확장될 수 있다. 친한 친구나 입양으로 맺어진 친척관계도 유전자의 공유 여부와 관계없이 마음 깊은 곳에서 본질적 가족으로 여기고 있기 때문에 도움을 주고 싶은 대상이 될 수 있다(Korchmoros & Kenney, 2001, 2006).

사람들은 왜 다른 사람을 돕지 않는가

우리는 도움행동에 대하여 많은 설명을 했지만, 사람들은 종종 도와야 하는 상황에서도 도움행동을 선택하지 않는다. 왜 그런가?

어떤 경우에는 여러분이 도움을 줄 수 있는 유일한 사람이 아니기 때문이다. 이것을 **방관자 효과**(bystander effect)라고 하며, 나 이외의 도움을 줄 수 있는 다른 사람들이 있을 때는 도움행동의 가능성이 감소하는 것이다. 방관자 효과에 대한 연구는 1964년 뉴욕의 퀸스 지역에서 키티 제노비스가 살해된 사건으로 촉발되었다. 뉴스에 의하면, 키티는 집으로 가는 도중 아파트 밖에서 30분 동안 수차례 칼에 찔렸다. 키티의 많은 이웃들은 자신의 아파트에서 새벽 3시부터 도움을 요청하는 그녀의 외침을 계속 들었지만, 어느 누구도 개입하지 않았고, 겨우 몇 명만 경찰에게 전화를 하였다. [방관자의 수와 도움 제공의 관계에 대한 연구를 포함하여 이 사건과 관련된 사실들은 이후 많은 궁금증이 제기되었다(Cook, 2014; Manning et al., 2007).]

이 사건이 그 당시 특별한 관심을 끌었기 때문에, 사회심리학자들은 비슷한 상황에서 사람들이 돕거나 또는 돕지 않겠다고 결정을 내리는 이유를 탐색하기 시작하였다(Latané & Darley, 1970). 한 연구에서, 참가자들이 설문을 작성하고 있을 때, 방 안에 연기를 밀어 넣었다(Latané & Darley, 1968). 참가자가 혼자일 때는 75%가 연기를 신고하였지만, 참가자가 2명의 다른 참가자와 함께 있을 때는 38%로 떨어졌다. 2명의 실험 보조자를 투입하여, 보조자들이 연기를 보고도 아무것도 하지 않는 것을 참가자가 보았을 때는 10%까지 급락하였다. 이 연구는 지나가던 사람이 도움행동으로 개입하는 데 필요한 5단계 목록을 만들었다(표 12.5)(Darley and Latané, 1968). 이 중 한 단계라도 다음 단계로 나아가지 못하면 그 사람의 도움은 받을 수 없다는 것을 명심하라.

키티 제노비스와 같은 사례는 계속해서 발생한다. 어떤 경우는 개인에게 가하는 작은 범죄(소매치기, 차 부수기)도 있고, 다른 경우는 인류에 대한 대규모 범죄(종족 학살, 국가 차원의 여성 억압 또는 아동 착취)도 있다. 왜 어떤 사람들은 구경만 하면서 아무것도 하지 않는가? 그 이유는 아마도 다른 사람이 있을 때는 도와야 한다는 책임감이 감소하는 **책임 분산**(diffusion of responsibility) 때문일 것이다. 사람들은 다른 사람들이 그것을 살필 것이라고 가정하고, 그 어떤 의무감도 갖지 않는다. 집단이 크면 클수록 책임 분산은 더 커지고, 도움의 가능성은 낮아진다.

도움을 선택하지 않는 또 다른 이유는 이 장의 초반에 언급했던 귀인의 개념과 밀접하게 관련이

친족관계 이론
미래 세대에게 여러분의 유전자를 전달하는 것의 중요성을 강조하는 도움 이론

방관자 효과
나 이외의 도움을 줄 수 있는 다른 사람들이 있을 때는 도움행동의 가능성이 감소하는 것

책임 분산
다른 사람이 있을 때는 도와야 한다는 책임감이 감소하는 것

표 12.5 도움행동을 위한 필수 5단계

단계	예시
사건 주목	나는 옆집 할머니의 고통스러운 신음소리를 들었다.
그것을 응급 상황으로 해석	나는 할머니가 넘어져서 다치신 것으로 생각된다.
개입할 책임이 있다고 가정	다른 사람들이 이 소리를 들었든 아니든, 나는 할머니를 돕기 위해 무언가를 해야 한다.
개입 방법 결정	나는 119에 전화를 걸고 옆집으로 뛰어갈 것이다.
행동 개시	119에 전화를 걸고, 옆집으로 들어가서 도움을 제공한다.

출처 : Latané and Darley(1968), Darley and Latané(1968).

있다. 하지만, 이 경우는 방관자가 지금 발생한 일을 자신이 도와야 할 필요가 있다고 느끼는지가 중요한 변수이다(Rudolph et al., 2004; Weiner, 1993). 2005년 뉴올리언스에서 발생한 허리케인 카트리나의 희생자를 생각해보자. 수천 명의 사람들이 폭풍으로 아무것도 남지 않은 것을 보고, "불쌍한 사람들이야. 이런 재앙이 그들에게 일어난 것은 끔찍한 일이야"라고 생각하는 사람도 있지만, 어떤 이들은 "스스로 자초했어. 그들은 홍수가 올 수 있는 지역을 선택했고, 여러 번의 대피 경고를 무시했어"라고 생각할 수도 있다. 물론, 전자처럼 귀인할 경우 시간이나 돈을 기부할 확률이 높다.

귀인과 도움행동에 관한 연구에서, 연구자들은 참가자에게 비만의 근본 원인에 대하여 잘못된 뉴스를 주었다. 참가자들 중 절반에게는 비만이 유전이라는 뉴스를 보여줌으로써 비만한 사람들이 '어쩔 수 없었다'는 것을 암시하였다. 나머지 참가자에게는 비만은 행동적 측면에서 비롯된다는 뉴스를 제공함으로써 비만한 사람은 비만을 만드는 행동(과식, 운동 안 하기)을 그들이 선택한 것이라는 암시를 주었다. 연구 결과, 유전이라고 들은 참가자가 행동이라고 들은 참가자보다 비만한 사람을 더 많이 도우려고 하였다(Jeong, 2007). 또 다른 연구는 술 취한 사람보다는 아픈 사람을, 마약중독인 사람보다는 알츠하이머 환자에게 사람들은 더 많은 도움을 주려고 하였다(Piliavin et al., 1969; Weiner et al., 1988).

학습 확인

12.18 이타주의란 무엇인가?

12.19 사람들은 왜 다른 사람을 돕는가?

12.20 사람들은 왜 다른 사람을 돕지 않는가?

다양성 : 다양한 사람들과 함께 살아가기

문화의 구성요소

문화(culture)란 한 집단의 사람들 속에서 공유되는 믿음, 가치, 행동 양식의 집합이다. 동일 문화 집단으로 묶을 수 있는 특성은 얼마든지 있을 수 있다. 예를 들면 문화는 성별, 성, 인종, 민족, 종교, 나이, 교육수준 등 다양한 특성을 중심으로 형성할 수 있다. 이 중 어떤 특성은 첫눈에 알 수 있는 명백히 드러나는 것일 수 있고, 다른 특성은, 예를 들면 종교적 신념, 교육 정도 또는 경제적 수

문화

믿음, 가치, 행동 양식을 공유하는 비슷한 사람들이 모인 집단

학습 목표

12.21 문화의 정의

12.22 다문화주의의 정의와 중요성

12.23 문화변용의 정의와 문화변용 전략들의 차이

12.24 일상에서 다문화 적용

12.25 성별과 성의 정의

12.26 성별 발달에 영향을 주는 요인

12.27 성적 지향의 정의

준, 경우에 따라 인종이나 민족성 등은 적어도 그들을 잘 알게 될 때까지 명확하지 않을 수 있다. 이러한 특성들은 여러분 삶의 방식에 중요한 영향을 미친다. 구체적으로 말하면, 이러한 특성들은 여러분의 **세계관**(worldview)을 이끄는데, 이는 문화의 영향을 받아 형성된 여러분을 둘러싼 세상을 알아가고 이해하는 종합적 방식을 일컫는다.

문화 및 세계관에 따른 차이를 설명하기 위해 문화적 배경이 다른 두 사람을 생각해보자. 이들의 나이, 인종/민족, 그리고 종교의 세 가지 특성에만 초점을 맞추어 단순하게 살펴보자. 재스민은 25세, 아프리카계 미국인, 그리고 기독교인이다. 아스미타는 75세, 인도인, 그리고 힌두교인이다. 이 세 가지 특성만으로도 재스민과 아스미타의 신념과 행동에 차이가 날 것을 예상할 수 있는가? 종교의 차이는 여성이 더 높은 권력을 가질 수 있는지에 대한 믿음 여부와 사후에 일어날 일에 대한 믿음에 영향을 줄 수 있다. 인종/민족의 차이는 여성들이 기념하는 공휴일과 가족 내에서 차지하는 역할에 영향을 미칠 수 있다. 나이의 차이는 데이트, 교육, 첨단기술에 대한 접근 방식에 영향이 있을 것이다. 이러한 세 가지 특성만 고려했음에도 재스민과 아스미타는 매우 다른 문화적 경험을 하고 있음이 분명하다. 만약 이 두 사람에게 더 많은 차이가 있다고 상상해보라. 한 명은 남자이고 다른 한 명은 여자거나, 부자 대 가난한 사람이거나, 대도시 대 시골에 살고 있거나, 고등학교 중퇴자 대 대학원 졸업자라는 차이가 덧붙을 수 있다. 그런 경우, 그들의 문화적 세계는 아주 다를 것이다.

 만일 사람들이 문화적 특성을 바탕으로 다를 것이라고 가정한다면, 그들에 대하여 편견을 가지게 되는 것은 아닌가요?

좋은 질문이다. 문화를 제대로 인식하려는 우리의 노력이 편견(또는 고정관념이나 차별)으로 변형되는 것은 확실히 원하지 않는다. 그래서 **적응적 규범 인식 능력**(dynamic sizing)을 사용하는 것은 중요하다. 이것은 집단의 규범을 아는 것과 동시에 그 규범이 그 집단 구성원 모두에게 적용되지 않을 수 있음을 인식하는 능력이다. 타인이 속한 문화를 생각할 때, 그 문화에 대한 전형성을 알아가면서도, 모든 사람들이 그 전형에 일치한다고 가정하지 않는 것이다(Roysircar, 2013; Sue, 1998, 2006).

문화집단 간 차이뿐만 아니라 문화집단 내 차이도 존재한다. 재스민과 아스미타를 다시 떠올려보자. 적응적 규범 인식 능력이 없다면, 누군가는 그들의 나이를 보고 첨단기술과 관련하여 이 두 사람은 다른 세상에 살고 있을 것이라고 가정할 것이다. 재스민은 온라인이 활발한 곳에 사는 반면, 아스미타는 컴퓨터와 관련하여 별로 흥미가 없을 것으로 추측한다. 하지만, 적응적 규범 인식 능력이 있다면 적어도 재스민 또는 아스미타가 그들 세대의 규범에 꼭 들어맞지 않을 가능성을 고려할 수 있다. 아스미타가 페이스북, 트위터, 인스타그램, 스카이프를 사용할 수도 있고, 재스민이 스마트폰조차 없을 수도 있다. 그들 한 명 한 명을 알게 되기 전까지는 확신할 수 없다. 적응적 규범 인식 능력은 문화적 규범을 무시하라는 것이 아니라 특정인에게 적용할 때는 융통성을 가져야 함을 의미한다.

세계관
문화의 영향을 받아 형성된 자신을 둘러싼 세상을 알아가고 이해하는 종합적 방식

적응적 규범 인식 능력
집단의 규범을 아는 것과 동시에 그 규범이 그 집단 구성원 모두에게 적용되지 않을 수 있음을 인식하는 능력

다문화주의
한 사회 내에서 다양한 문화집단의 중요성과 가치를 강조하는 심리학 접근법

심리학에서 다문화주의

다문화주의(multiculturalism)는 한 사회 내에서 다양한 문화집단의 중요성과 가치를 강조하는 심리학 접근법이다. 심리학의 초창기에는 문화에 대한 주제가 거의 주목을 받지 못하였다. 드물게

예외는 있었으나, 심리학은 백인에 의한 그리고 백인을 위한 학문이었다(Guthrie, 2004; Hilgard et al., 1991; Scarborough & Furumoto, 1987). 1960년대와 1970년대에 문화적 주제, 특히 인종/민족 그리고 성별에 대한 쟁점이 심리학 영역에서 나타나기 시작하였다. 이는 소수민족과 여성이 심리학 분야에 보다 많이 합류하여 자신의 문화적 성격과 관련된 주제에 더 초점을 맞추게 된 것이 부분적으로 원인이 되었다. 문화적 쟁점의 중요성은 1980년대를 거치면서 더욱 커졌고, 1990년대와 2000년대에는 미국의 인구 구성과 심리학 전문 인력의 구성이 점점 다양해짐에 따라 폭발적으로 증가하였다(Betancourt & Lopez, 1993; Hall, 1997; Oh et al., 2017; Pickren & Burchett, 2014).

오늘날, 다문화주의는 의심할 여지없이 심리학에서 지배적인 동향이다. 사실 어떤 이들은 이러한 지배적인 동향을 심리학 역사에서 지그문트 프로이트의 심리역동, 스키너(B. F. Skinner)의 행동주의, 칼 로저스(Carl Rogers)의 인본주의에 이은 '네 번째 힘'이라고 부르기도 한다(David et al., 2014; Pedersen, 1990, 1999, 2008). 앞선 세 개념(모두 제11장에서 다룸)도 다문화주의에 의해 확장될 수 있다(Bugental, 1964; Hall, 2014). 다문화주의는 심리학의 다른 접근법과 조화를 이루어 다양한 문화집단 구성원들에게 맞추어 조정되고 바꿀 수 있다.

문화 차이 이해하기　다문화주의가 심리학의 영역에 통합되면서 문화 차이를 이해하는 심리학자들의 방식도 변화하였다. 이러한 변화는 4단계에 걸쳐 일어났다(Leong, 2014; Leong et al., 2012a, b). 첫 단계에서 심리학자들은 문화 차이를 이해하기 위해 **결핍 모델**(deficit model)을 사용하였다. 이 모델은 문화 차이를 결핍, 구체적으로 백인 남성의 관점에서 차이가 나는 결핍이라고 주장한다. 그래서 심리학자들은 백인 남성의 '올바른' 방식과 비교하여 여성 또는 소수 인종/민족의 구성원들의 다른 행동을 본질적으로 타고난 단점으로 보는 것이다. 이 접근법의 명백한 문제점은 어떤 집단도 그 집단의 규준이 객관적으로 '올바른' 방식이라고 할 수 없기 때문에 그 외의 다른 방식을 결핍으로 간주할 수 없다는 것이다.

이 결핍 모델은 **문화적 취약 모델**(culturally disadvantaged model)로 대체되었는데, 이는 단점은 타고나거나 내재된 것이 아니라 사회적으로 만들어졌다는 것이다. 여기에도 결핍에 대한 개념은 여전히 남아 있지만, 이 결핍이 선천적인 것이 아니라 가난, 영양실조, 잘못된 양육, 열악한 교육 등의 후천적인 것에서 비롯된다고 보는 것이다. 하지만 이것도 결핍 모델과 동일한 문제가 존재한다. 그 열등이 선천적이든 후천적이든 간에, 어떤 한 집단의 행동을 '올바른' 것으로 상정하여 다른 집단을 그와 비교하여 열등하다고 간주하는 것은 잘못된 것이다.

문화 다원주의 모델(cultural pluralism model)은 앞선 두 모델과 비교하여 큰 변화가 나타나는데, 이 모델은 문화 차이가 결핍이 아니라는 것을 기본 이념으로 한다. 문화 다원주의에 따르면, 백인 남성의 행동 방식을 비롯한 다른 어떤 집단의 특정 방식도 더 나은 것은 없다고 설명한다. 각각의 문화집단은 자신들의 고유한 접근법을 취하고, 각 문화집단은 인간이라는 종 안에서 자연스럽게 생겨나는 변이성을 보여주는 것이라고 주장한다.

가장 최근의 모델은 **긍정 심리 모델**(positive psychology model)로, 문화 차이가 결핍이라는 생각을 부정할 뿐 아니라, 더 나아가 각 문화의 고유한 특성을 강점과 덕목이라고 보는 관점이다. 예를 들어 백인 남성의 화법 유형을 살펴보자. 이들이 전형적으로 사용하는 문장 구조에서부터 어휘, 대화의 목적까지 모든 것이 여성 또는 소수 인종/민족 집단과 얼마나 다른지 생각해보라. 수십 년 전이었다면, 화법의 이런 차이는 선천성 결핍

다문화주의는 한 사회 내에서 다양한 문화집단의 중요성과 가치를 강조하는 심리학 접근법이다. 점점 더 많은 연구자들이 이 접근법을 받아들이고 있고, 다문화주의는 심리학 분야에서 중요한 주제가 되고 있다.

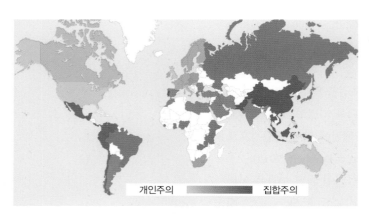

그림 12.10 전 세계 개인주의와 집합주의 개인주의는 미국, 캐나다, 오스트레일리아 및 유럽의 일부 등 서구 국가가 훨씬 강하다. 집합주의는 아시아, 남미, 중동 및 아프리카 등의 지역에 더 높게 분포되어 있다. (이 지도에 흰색으로 표시된 것처럼 많은 국가들에 대한 측정은 누락되었음) 출처 : Hofstede & Hofstede(2001).

또는 그보다 조금 후에 발생하는 열악한 환경에서 비롯된 결핍으로 보았을 것이다. 최근에는 이러한 화법의 차이는 다른 문화의 화법과 동등하게 타당한 것으로 인식되거나 독특하게 인상적이고 가치 있는 것으로 박수를 받을 것이다.

개인주의 대 집합주의 개인주의(individualism)는 집단의 웰빙보다 개인의 웰빙을 더 강조하는 세계관이고, 반대로 **집합주의**(collectivism)는 개인의 웰빙보다 집단의 웰빙을 더 강조하는 세계관이다. 그림 12.10에서 볼 수 있듯이, 일반적으로 미국 문화는 개인주의 성향이 크고 다른 국가, 특히 아시아는 집합주의의 경향이 높다(Oyserman et al., 2002; Triandis et al., 1988). (물론, 각 문화집단 내에도 변산성이 크다. 각 문화 내의 일부 사람들은 반대 쪽 세계관에 기울어져 있기도 하다.)

개인주의 문화와 집합주의 문화가 강한 곳을 서로 대조하면 그 차이는 크게 나타난다. 개인주의 국가의 사람들은 '나(me)에게 가장 좋은 것은 무엇인가?'라는 질문에 더 영향을 받는 경향이 있는 반면, 집합주의 문화의 사람들은 '우리(us)에게 가장 좋은 것은 무엇인가?'라는 질문에 더 많이 동기부여가 되는 경향이 있다. 집합주의 문화의 사람들에게 우리는 친구관계에서 연인관계, 가족 또는 동료집단에 이르기까지 다양하게 정의될 수 있다(Brewer & Chen, 2007; Hui & Triandis, 1986).

나(저자 중 한 명)는 심리치료 실습을 하는 중에 22세의 대학교 4학년인 2명의 내담자를 만났다. 두 사람 모두 로스쿨에 지원하였고, 유력한 합격자였다. 개인주의 가치관이 강한 데이비드는 지원 학교를 결정할 때 '큰 도시에 있는 훌륭한 명성을 가진, 내가 실천하고 싶은 법률 분야를 전문으로 하는 로스쿨'을 기준으로 하였다고 말하였다. 그는 미국 전역에 걸쳐 10개의 학교를 지원하였고, 지금 있는 곳에서 1,600km나 떨어져 있는 가장 좋은 학교에 들어가게 되었을 때 매우 기뻐하였다. 집합주의 가치관이 높은 미아는 지원 결정이 어려웠다. "우리 지역의 로스쿨만 지원하려고요. 부모님이 근처에 계시고, 연세가 있으시니까 제가 그분들을 돌보아야 할 것 같아요. 또 파트 타임으로 아이를 돌보는 일을 하고 있는데, 그 가족이 다른 보모를 찾는 번거로움을 겪게 하고 싶지 않아요. 남자친구는 단호하게 말하지는 않았지만 장거리 연애를 원하지 않는다는 의견을 꽤 분명히 표현하였어요." 그녀는 이 지역의 로스쿨을 입학하였을 때 매우 기뻐하였고, 학교를 다니는 동안 이전의 모든 인간관계를 그대로 유지하였다.

문화변용 : 여러 문화 다루기

중국에서 미국으로 이사 온 장씨 가족은 하나 이상의 문화가 공존하였을 때 나타나는 현상과 관련된 **문화변용**(acculturation)의 문제가 불거졌다. 문화변용은 기본적으로 자신의 기존 문화를 얼마나 고수하는지와 새로운 문화를 얼마나 받아들이는지에 따라 달라진다. 전 세계 사람들의 일부는 자신의 선택에 의해 새로운 터전으로 옮겨가지만, 많은 사람들은 자연재해, 전쟁, 빈곤 또는 기아 등의 더 이상 살 수 없는 환경 때문에 고향을 떠나야만 한다(Berry, 2017; Sam & Berry, 2006a; Ward & Geeraert, 2016).

문화변용은 삶의 터전을 완전히 옮기고자 하는 이민자 또는 난민뿐만 아니라, 일시적으로 체류하는 유학생, 군인, 외국인 노동자, 장기 여행객 등에게도 해당되는 난제이다(Allen et al., 2006;

개인주의
집단의 웰빙보다 개인의 웰빙을 더 강조하는 세계관

집합주의
개인의 웰빙보다 집단의 웰빙을 더 강조하는 세계관

문화변용
하나 이상의 문화가 공존하였을 때 나타나는 현상

Bochner, 1994; Donà & Ackermann, 2006; Fisher et al., 2015; LeMaster et al., 2018; van Oudenhoven, 2006). 또한, 문화변용은 이미 그곳에 살고 있는 토착민들과도 관련이 있다. 특히 다른 문화의 사람들이 동시에 한꺼번에 유입된다면, 그 사람들의 문화도 함께 들어올 것이다(Kvernmo, 2006).

문화변용 전략   문화변용 전략은 두 가지 질문에 어떻게 대답하는지에 달려있다. (1) 이전의 자신의 문화를 얼마만큼 유지할 것인가? (2) 새로운 문화를 얼마만큼 받아들일 것인가? 문화변용 전략에는 그림 12.11에서 볼 수 있듯이 동화, 분리, 주변화, 통합의 네 가지가 있다(Berry, 1980, 2003; Rivera, 2010).

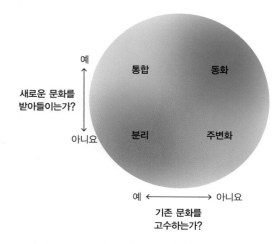

- **동화**(assimilation)는 새로운 문화를 채택하고 기존 문화는 거부하는 전략이다. 장씨 가족에게 동화는 중국에서 그들의 삶에 스며들었던 언어, 종교, 관습, 의류, 음식 또는 기타 다른 요소들과의 모든 관계를 줄이고, 가능한 미국 주류사회에 들어가는 것을 의미한다. 동화는 '용광로(melting pot)'의 개념과 가장 근접하는 문화변용 전략이다(Berry, 2006b).
- **분리**(separation)는 기존 문화를 유지하고 새로운 문화는 거부하는 전략이다. 장씨 가족의 경우 분리는 중국 이웃들과 함께 사는 것을 선택하여, 영어보다는 중국어를 쓰고, 중국에서 먹던 음식과 똑같은 것을 먹는 것이다. 미국 주류 생활방식의 어떤 것도 채택하지 않는 것이다.
- **주변화**(marginalization)는 새로운 문화와 기존 문화 모두를 거부하는 전략이다. 장씨 가족이 중국 또는 미국의 공휴일 그 어떤 것도 기념하지 않거나 중국 또는 미국의 주류 공동체와 가까운 관계를 형성하지 않는다면 주변화라고 할 수 있다.
- **통합**(integration)은 새로운 문화와 기존 문화 모두를 채택하는 전략이다. 장씨 가족이 통합을 선택했다면 공휴일, 스포츠, 음식, 기타의 미국과 중국의 생활방식 모두를 끌어안는 것을 의미한다. 통합은 다문화주의 접근에 가장 일치하는 문화변용 전략이다(Berry, 2006b).

이 네 가지 전략이 2개의 차원, 즉 새로운 문화에 대한 애착과 기존 문화에 대한 애착으로 구성되었다는 것을 생각해볼 때, 시간이 지남에 따라 이 두 차원 중 하나가 위 또는 아래로 움직이면서 자신의 문화변용 전략을 조정할 수 있다(Rudmin, 2003; Rudmin & Ahmadzadeh, 2001; Ryder et al., 2000). 대부분의 변화 양상은 초기에는 기존의 문화에 집착하다가 점점 새로운 문화로 나아가는 쪽으로 나타난다. 예를 들면 뉴질랜드로 이민한 중국인들에 대한 연구는 분리에서 시작하여 초기 몇 년을 거치면서 통합으로 옮겨갔음을 보여주었다(Ho, 1995).

문화변용 스트레스   두 문화 사이에서 산다는 것은 종종 문화변용으로 발생하는 신체적 또는 심리적 스트레스인 **문화변용 스트레스**(acculturative stress)를 유발한다. 이민자 또는 새로운 문화를 접한 사람이 흔히 경험하는 문화변용 스트레스에는 언어 문제, 특정 방식을 요구하는 옷 입기/말하기/행동하기, 괴롭힘과 차별, 그리고 필수적인 기술이나 지식의 부족 등이 있다(Berry, 1970, 2006c; Birman & Simon, 2014; Romero & Piña-Watson, 2017). 대부분의 이러한 스트레스는 새롭게 접한 문화의 사람들로 인해 발생한다(장씨 가족의 경우는 미국 주류문화).

하지만 개인이 속한 집단의 구성원(장씨 가족의 경우, 중국 또는 아시아 이민자)이 자신의 뿌리에 순응하고 충실하라고 압력을 줄 수도 있다(Contrada et al., 2001; French & Chavez, 2010). 라티노 대학생들을 대상으로 한 연구는 자신의 집단에 순응해야 한다는 압력이 그들의 삶의 만족도에

그림 12.11 **문화변용 전략** 4개의 전략은 기존 문화와 새로운 문화에 대한 태도를 조합한 것이다. 각 전략 사이의 경계는 명확하지 않음을 주목하라. 사람들은 종종 중간 지점을 선택하거나 한 전략에서 다른 전략으로 이동한다. 출처 : Berry(2003).

동화
새로운 문화는 채택하고 기존 문화는 거부하는 문화변용 전략

분리
기존 문화는 유지하고 새로운 문화는 거부하는 문화변용 전략

주변화
새로운 문화와 기존 문화 모두를 거부하는 문화변용 전략

통합
새로운 문화와 기존 문화 모두를 채택하는 문화변용 전략

문화변용 스트레스
문화변용으로 발생하는 신체적 또는 심리적 스트레스

mbbirdy/Getty Images

문화변용 스트레스의 형태는 다양하다. 때로는 그 사람이 새롭게 접한 문화 때문일 수도 있고, 다른 경우는 그 사람의 원 문화의 구성원들이 자신의 뿌리에 순응하고 충실하라고 압력을 줄 수도 있다.

중요한 요인이라는 것을 보여주었다(Ojeda et al., 2012). 순응하라는 압력은 라티노와 어울리고, 라티노들이 듣는 음악을 듣고, 라티노처럼 옷을 입는 것을 말한다. 아시아계 미국인 학생들에게서도 유사한 연구 결과가 나타났는데, 자신의 집단에 대한 순응 압력은 차별 인식 및 고정관념에 대한 걱정을 포함한 다른 변인들보다 불안을 가장 잘 예측하였다(French et al., 2013). 비슷한 현상은 아프리카계 미국인 학생들과 백인이 아닌 학생들에게서도 볼 수 있었는데, 이들은 친구들이 좋은 성적을 받으면 "주류사회에 들어가려고 너무 백인처럼 행동(acting White)하는 거 아니냐"라고 서로를 놀렸다(Bergin & Cooks, 2002; Contrada et al., 2000; Davis et al., 2018; Fordham & Ogbu, 1986). 아프리카계 미국인 대학생들에 대한 한 연구에 따르면, 자신의 친구들로부터 'acting White'라는 비난을 더 자주 받는 학생들이 우울, 불안 및 스트레스와 같은 심리적 증상을 더 많이 경험하였다(Durkee & Williams, 2015).

네 가지 문화변용 전략 가운데 통합은 스트레스를 가장 덜 받고 심리적 문제를 가장 적게 발생시킨다고 일관되게 알려져 있다. 이와 반대로 주변화는 스트레스 관리 및 전반적 정신 건강 차원에서 가장 나쁜 결과를 가져온다. 한 문화를 더 우위에 두어야 하는 동화와 분리는 통합과 주변화의 사이에 놓일 수 있다(Berry, 2015; Berry et al., 2006b; Berry & Sam, 1997; Nguyen, 2006). 문화변용 스트레스를 잘 조절할 것으로 예측되는 다른 요인에는 온화하고 외향적이며, 안정적인 성격, 어린 나이(유치원 아동이 그보다 더 큰 아동이나 어른들보다 좋은 적응을 함), 높은 교육수준과 경제 수준, 그리고 새로운 문화 및 기존 문화로부터의 사회적 지지 수준 등이 있다(Berry, 2006c; Berry et al., 1987; Kealey, 1989; Kosic, 2006; Ra & Trusty, 2017; Ward et al., 2004; Wong et al., 2017).

일상생활에서 다문화 적용

다양성에 관한 모든 지식을 갖추는 것도 좋지만 이것을 사용하는 것이 더 좋을 것이다. 다양성에 대한 지식을 일상생활에 적용할 수 있는 몇 가지 방법을 살펴보자.

문화 지능 문화 지능(cultural intelligence)이란 다문화 사회에서 효과적으로 생활하고 상호작용하는 능력을 일컫는다. 문화 능력(cultural competence)(특히 다양한 고객을 상대하는 심리학자들 사이에서)이라고도 알려진 문화 지능은 자신과 다른 민족, 인종, 종교, 지리적 위치, 성별, 성적 지향 등을 가진 사람들과 즐거우면서도 생산적으로 잘 지낼 수 있도록 해준다. 다양한 사람들이 많이 사는 동네에서 자랐거나 그런 학교를 다닌 사람들이라면 문화지능의 덕을 이미 보았을 것이다. 어떤 사람들은 대학을 다니는 동안 문화 확장이 일어날 수 있는데, 이 시기에 자신과 다른 배경을 가진 사람들을 만나고 관계를 형성하게 된다. 또 다른 사람들은 대학 졸업 후에 이전에 경험해보지 못한 다양한 장소와 사람들을 보게 될 것이다.

예를 들어 미네소타 시골에서 자란 백인 기독교인인 한나를 생각해보자. 그녀가 어릴 때 보았던 모든 사람들은 드문 예외를 제외하면, 같은 인종, 같은 종교, 같은 생활방식을 가진 동질 집단이었다. 하지만, 한나는 자신의 고향보다 훨씬 더 다양한 사람들이 많은 뉴저지의 러트거스대학교에 입학한 후, 미국 전역 그리고 세계 다양한 곳에서 온 학생들을 만나 우정을 쌓았다.

대학 졸업 후 한나는 포드 자동차 회사의 마케팅 부서에 취직하였다. 직장 때문에 큰 도시(디

문화 지능
다문화 사회에서 효과적으로 생활하고 상호작용하는 능력

트로이트)로 가게 됨으로써, 직장 및 전 세계 곳곳을 여행하며 더 다양한 사람들을 만나게 되었다. 그녀는 삶의 매 순간 문화 지능에 의존하여 만나는 사람들의 문화적 배경을 인정하였고, 건강하고 존중하는 관계를 형성하였으며, 그들과 생산적인 일을 함께 하였다. 기업, 군대, 공학 분야에서부터 교육, 법 집행 및 의료에 이르기까지 최근에는 많은 영역에서, 노동자들이 높은 수준의 문화 지능을 가지고 있을 때 더 성공하고 만족한다는 것을 인정하고 있다(Anand & Lahiri, 2009; Cushner & Mahon, 2009; Dresser, 2005; Earley & Mosakowski, 2004; Grandin & Hedderich, 2009; Livermore, 2015; Moran et al., 2009; Ott & Michailova, 2018).

　연구들은 문화 지능이 새로운 문화에 잘 적응하는 것, 다른 문화 구성원들과의 관계에서 더 많은 신뢰를 얻는 것, 다른 문화 사람들과 일을 할 때 더 나은 협상 기술을 발휘하는 것, 국제 사회에서 더 나은 직무 수행 및 다른 문화 사람들과 더 많은 상호작용을 하는 것 등 모든 종류의 긍정적인 결과와 관련이 있다는 것을 보여주었다(Ang et al., 2007, 2015; Chen et al., 2012; Imai & Gelfland, 2010; Ng et al., 2012; Rockstuhl & Ng, 2008; Shu et al., 2017; Templer et al., 2006). 문화 지능은 책을 읽거나 체계적으로 잘 구조화된 훈련을 통해 증가시킬 수 있다. 더하여, 나와 다른 사람들과 교류하고 그 상호작용으로부터 배울 수 있는 다양한 문화의 대상이 있는 것만으로도 문화 지능은 향상된다(Crowne, 2008; Raver & Van Dyne, 2018; Shannon & Begley, 2008; Tarique & Takeuchi, 2008; Young et al., 2018).

미세공격　문화 지능이 증가하였는지를 알 수 있는 징후는 **미세공격**(microaggression)의 감소이다. 미세공격이란 일상에서 일어나는 특정 문화 구성원들을 향한 의도적이지는 않지만 적대적이거나 불쾌한 메시지를 담은 행동 또는 언행을 말한다. 미세라는 단어의 'micro'가 의미하듯이 이 행동들은 일반적으로 거창한 행동이 아니다. 즉 물리적 폭행이나 직접적 욕설도 없고, 난폭한 행위나 재산의 파괴 등도 없다는 것이다. 대신, 미세공격은 타인에게 부정적 영향을 주는 아주 작은 행동 또는 말로, 그 언행에 모욕감, 비하, 소외를 느끼게 하는 '주의(ism)'(인종차별주의, 연령차별주의, 성차별주의, 동성애차별주의, 이성차별주의, 비만차별주의, 외모차별주의 등)가 드러난다(Harrell, 2000; Sue, 2010a, b; Sue et al., 2007).).

　때로, 미세공격은 해당 집단 구성원이 본다면 기분 나쁘고, 불쾌한 농담이 적힌 티셔츠를 입는 것처럼 노골적으로 표현되기도 한다. 하지만 대부분은 드러나지 않거나 심지어 미세공격을 하는 사람이 의식하지 못할 수도 있고, 어떤 경우는 가해자가 자신이 중립적이거나 친절하다고 믿고 있을 수도 있다. 예를 들면 45세의 회계사 조는 12월 중순 회사 크리스마스 파티에서 동료들과 대화를 나누고 있었다. 한 동료가 어린 시절 부모님과 함께했던 크리스마스 아침의 추억을 사람들에게 얘기하였다. 그러고 나서 조에게 물었다 "조, 당신은 어릴 때 크리스마스에 부모님이 무엇을 해주셨나요?" 이 질문에 조는 두 가지 이유로 무시당하는 느낌을 받았다. 그는 어릴 때 부모님이 안 계셨고, 크리스마스를 기념하지 않는 유대인이다. 모든 사람이 어린 시절에 부모와 함께하고, 크리스마스를 기념한다는 동료의 가정은 일종의 선의의 질문이었지만, 그 기본 가정이 조의 입장에서는 자신이 소외되고 '부족'하다고 느끼게 하였다.

　이러한 예시를 비롯한 대부분의 미세공격은 그것을 당하는 사람이 화가 나서 방에서 뛰쳐나가거나, 펑펑 운다거나, 보복으로 욕설(또는 주먹)을 퍼부을 정도로 노골적인 공격은 아니다. 하지만 많은 소수집단 구성원들이 경험하는 미세공격은 그들에게 상처를 줄 수도 있고, '서서히 피를 말려 죽이는' 행동일 수도 있다(Nadal et al., 2011a, p. 234). 수많은 연구들은 아프리카계 미국

미세공격
일상에서 일어나는 특정 문화 구성원들을 향한 의도적이지는 않지만 적대적이거나 불쾌한 메시지를 담은 행동 또는 언행

"아포스트로피(')를 어디에 두어야 하는지 모르는 것이 아니라, 저는 엄마가 2명이에요."

인, 라티노, 아시아계 미국인, 다인종인, 여성, 성소수자 등의 소수집단에 대한 미세공격의 누적 효과를 조사하였다. 끊임없는 미세공격을 받게 되면 스트레스, 우울, 불안, 분노, 음주, 신체 질병 및 여러 부정적 결과들이 높은 비율로 나타났다(Blume et al., 2012; Donovan et al., 2013; Huynh, 2012; McCabe, 2009; Nadal et al., 2011b, c, 2016; Ong et al., 2013; Owen et al., 2019; Torres et al., 2010; Wang et al., 2011; Wong et al., 2014; Wong-Padoongpatt et al., 2017).

 미세공격을 하지 않을 수 있는 가장 좋은 방법은 무엇인가요?

일부 사람들은 '입을 다무는 것'이 최선의 방법이라고 믿는다. 그들은 편파적이거나 편견에 찬 생각이 입 밖으로 나오지 않도록 하는 것이 미세공격을 방지하는 방법이라고 주장한다. 이 방법은 확실히 도움이 된다. 하지만 문제의 근본원인을 해결하지는 못한다 (또한 여러분과 다른 배경을 가진 사람과 대화를 하지 않는다면 문화 지능을 높일 수 있는 기회도 없어질 것이다). 이보다는 여러분 마음에 있는 '주의'를 포함한 기본 신념들을 꼼꼼히 살펴보고, 다양성을 가질 수 있도록 바꾸는 것이 더 나은 전략이다. 물론 행동으로 옮기는 것은 어렵겠지만, 그럼에도 불구하고 이것은 훌륭한 전략이다. 이를 이루기 위해서 이러한 쟁점(여러분의 잘못된 신념을 겸손하게 인정하는 것을 포함하여)을 다른 사람들과 함께 공개적으로 토론하고, 다양한 사람들을 지속적으로 만나는 것은 꽤 도움이 될 것이다(Hook et al., 2013; Nadal, 2013; Owen et al., 2011, 2014; Sue & Sue, 2012). 학교와 직장에서는 미세공격에 대한 교육이 점차적으로 늘어나고 있으며, 교사들도 교실에서 미세공격이 발생했을 때 효과적으로 반응할 수 있는 훈련을 받고 있다 (Holder, 2019; Kohli et al., 2019; Pearce, 2019; Young & Anderson, 2019).

성별과 성의 정의

우리는 이미 중요한 문화적 특성 몇 가지를 살펴보았지만, 가장 근본적인 것 중 하나가 **성별** (gender)이다. 성별은 여러분이 속한 문화에서 바라보는 남성성 또는 여성성에 대한 사회적, 심리적, 행동적 기대이다. 성별은 생물학적 남성 또는 여성을 의미하는 **성**(sex)과 반드시 일치하는 것은 아니다[생물학적 측면에서 소수의 사람들은 명백한 남성도 명백한 여성도 아닌 간성(intersex)이다. 이는 남성과 여성의 생물학적 특징인 염색체, 호르몬, 생식기 등이 혼합된 채 태어났음을 의미한다]. 또한 성별이 **성정체감**(gender identity)과 동일하지도 않다. 성정체감은 스스로를 남성 또는 여성(또는 양성, 또는 무성)이라고 느끼는 것을 말한다. 성정체감이 남성 또는 여성의 범주에 딱 들어맞지 않는 사람들은 스스로를 **성별비관행**(gender nonconforming), **논바이너리**(nonbinary), 또는 **젠더퀴어**(genderqueer)라고 말한다(American Psychological Association 2012, 2015a, b; GLAAD, 2018).

일상 대화에서 사람들은 성별과 성이 항상 일치한다고 가정하며, 이 둘 중 하나만 사용하는 것을 흔히 볼 수 있다. 신청서를 작성할 때도 성별 또는 성 중 하나만 물어볼 뿐, 둘 모두를 물어보지는 않는다. 이는 둘 중 한 가지만 알면 다른 것도 동일하다고 가정하기 때문이다. 하지만 이러한 가정이 항상 옳은 것은 아니다. 성별이 그 사람의 타고난 신체 부위와 항상 일치하지는 않는다 (Eagly, 2013; Pryzgoda & Chrisler, 2000; Smith et al., 2013).

성별은 모든 문화와 모든 시대에 중요한 특성이었다. 이것은 우리가 누군가를 만났을 때 처

성별
자신이 속한 문화에서 바라보는 남성성 또는 여성성에 대한 사회적, 심리적, 행동적 기대

성
생물학적 남성 또는 여성

성정체감
스스로를 남성 또는 여성(또는 양성, 또는 무성)이라고 느끼는 것

음 알아차리게 되는 것 중 하나이며, 가장 오래 기억하게 되는 것 중 하나이다(Fiske et al., 1991; McCreary & Chrisler, 2010). 여러분은 초등학교 3학년 때 선생님 얼굴이나 지난 토요일 파티에서 만난 사람의 이름은 정확히 기억하지 못할 수 있지만, 그들의 성별은 기억할 것이다.

성별은 언어에도 중요한 역할을 한다. 그(he), 그녀(she), 그를(him), 그녀를(her) 등의 용어를 사용하는 영어의 경우 성별을 확인하지 않고 어떤 사람을 지칭하기가 쉽지 않다. 친구의 아기를 처음 보았을 때 "이것은(It) 참 귀엽구나!"라고 말할 수 있는가? (사람을 지칭하는 'ze'와 'hir'이라는 새로운 용어를 사용함으로써 성별중립적인 선택을 할 수 있지만, 아직 널리 사용되는 것은 아니다.) 영어는 심지어 선박, 자동차 및 국가와 같은 무생물에도 성별을 부여한다("그것(her) 옆에 서봐"). 스페인어도 일상의 물건에 성별이 녹아 있다. 책(el libro)은 남성이고 잡지(la revista)는 여성이다. 그리고 무생물에 성별이 부여되면 우리의 지각에도 영향을 미친다. 한 연구에 의하면, 여성의 이름을 가진 허리케인이 남성의 이름을 가진 허리케인보다 더 많은 사상자를 발생시킨다는 것을 발견하였는데, 이는 사람들이 무의식적으로 여성 이름의 허리케인이 덜 강력하다고 생각하여 대피를 덜 하기 때문이라고 설명하였다(Jung et al., 2014).

성별 발달

성별은 출생 시, 또는 사춘기, 또는 삶의 어느 특정 시점에 단 한 번으로 결정되는 것은 아니다. 대신 성별 발달이라고 불리는 과정을 통해 시간이 지나면서 진화되고, 이 과정은 단순히 생물학적인 것을 뛰어넘어 많은 요소들에 달려있다(Bussey, 2013; Martin & Ruble, 2010; Martin et al., 2017; Ruble & Martin, 1998; Steensma et al., 2013; Zosuls et al., 2011). (용어 설명 : 이 주제를 연구하는 심리학자들 중 일부는 **성별 발달**이라는 용어를 사용하고, 또 다른 연구자들은 **성정체감 발달**이라는 용어를 사용한다. 여기서는 성별 발달이라는 용어를 사용하겠지만, 관련 연구들은 성별에 대한 개인의 느낌과 사회적 이해 모두와 관련되어 있음을 기억하라.)

부모와 성별 발달   부모는 성별 발달에 중요한 역할을 한다. 어떤 부모는 그들의 아들에게 장난감 가게의 '분홍색' 코너에 발도 들여놓지 못하게 하거나 딸들이 축구에 관심이 있다면 비웃기도 한다. 다른 부모는 그러한 행동을 개의치 않거나 적극적으로 지지할 수도 있다. 대중적인 성별 규범에 따르지 않는 부모의 이러한 반응은 아이의 남성성 또는 여성성에 대한 생각에 큰 영향을 주어 (Bussey & Bandura, 1999), 장난감이나 게임에서뿐만 아니라 직업(엔지니어 대 간호사)에 대한 관심 및 집안일(요리 대 잔디깎기)에서도 나타난다.

또래 친구와 성별 발달   또래 친구 역시 성별 발달에 영향을 미친다. 특히 친구들과 어울리고 그들 사이에서 인기를 얻는 것이 중요해지는 사춘기 직전의 아동(10~12세)의 경우 또래의 영향은 더욱 두드러진다(Kornienko et al., 2016; Ruble et al., 2006). 수백 명의 미국 초등학생들을 대상으로 한 연구에서, 성별 고정관념에 부합하지 않는 행동 때문에 친구들로부터 맞거나, 모욕당하거나, 또는 따돌림을 당하고 괴롭힘을 당했을 때의 반응은 그 아동이 처한 상황에 따라 다르게 나타났다. 남자친구가 많은 아동은 괴롭힘을 당했을 때 일반적인 성별 고정관념과 일치하는 행동을 더 많이 하였지만, 여자친구가 많은 소년들은 성별 고정관념과 다른 행동을 한 것 때문에 괴롭힘을 당하면 오히려 성 고정관념과 불일치하는 행동을 더 많이 하였다(Lee & Troop-Gordon, 2011).

매체와 성별 발달   성별 발달에는 부모와 또래의 영향 외에 매체의 영향도 있다. TV, 비디오 게임,

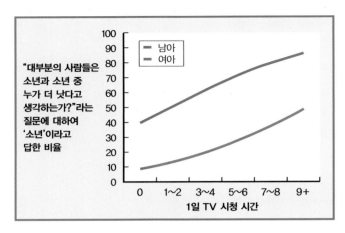

그림 12.12 4세 아동의 TV 시청과 성별 발달 4세 아동에게 "대부분의 사람들은 소년과 소녀 중 누가 더 낫다고 생각하는가?"라고 질문하였을 때, 그 답은 그들이 하루에 TV를 얼마나 많이 보는지에 달려있었다. 남아와 여아 모두 TV를 많이 볼수록 '소년'이라고 대답하였다. TV를 보지 않는 여아들 중 '소년'이라고 답한 비율은 10% 이하였지만, 하루에 9시간 이상 TV를 보는 여아들 중 '소년'이라고 응답한 비율은 거의 절반을 차지하였다. 출처 : Halim et al.(2013).

잡지, 광고 등에서 남자와 여자를 묘사하는 방식은 아이들의 성별 발달에 지대한 영향을 미친다. TV의 경우 일반적으로 남성과 여성을 다르게 보여준다. 남성은 권위적이고, 권력이 있으며, 근육질로 묘사하는 반면, 여성은 보다 지위가 낮고, 무기력하며, 성적 매력에 관심이 있는 것으로 표현한다(Coltrane & Messineo, 2000; Ellemers, 2018; Rivadeneyra, 2011; Sink & Mastro, 2017; Turow, 2012).

광고도 성 고정관념을 강화한다. 연구 결과, 광고에 나타난 여성은 남성보다 더 선정적으로 옷을 입고, 집에 있는 모습이 많았으며, 화장품과 소매점을 주로 광고한 반면, 남성은 여성보다 잘 차려입고 나왔고, 직장에 있는 모습이 많았으며, 금융 서비스와 첨단기술제품을 주로 광고하였다(Prieler, 2016).

TV에서 보여주는 이런 모습은 아동이 여성과 남성을 보는 실질적 차이를 만든다. 실제로, 아동이 TV를 더 많이 볼수록 스크린에서 봤던 성 고정관념을 더 강하게 받아들였다(Durkin & Nugent, 1998; McGhee & Frueh, 1980; Ward & Friedman, 2006). 그 영향은 유아들에게도 명확히 나타났다. 한 연구에서 4세 아동에게 "대부분의 사람들은 소년과 소녀 중 누가 더 낫다고 생각하는가?"라는 질문에, 아이들의 대답은 TV를 보는 시간에 따라 다르게 나타났다. 그림 12.12에 나타나듯이, TV를 더 많이 볼수록, '소년'이라고 답하는 경향이 더 컸다. 실제로, 하루에 3~4시간의 TV를 보는 아동은 전혀 보지 않는 아동보다 그러한 응답이 2배나 높게 나타났다(Halim et al., 2013, p. 130).

시스젠더와 트랜스젠더 성별 발달이 완료된 후 성인이 되면, 대부분의 사람들은 자신의 성별에 대하여 확고한 생각을 갖는다. 여성 또는 남성에 대한 생각이 태어날 때 부여받은 생물학적 신체와 일치한다면 **시스젠더**(cisgender)이다. 이들은 성별(gender)과 성(sex)이 일치한다. 시스젠더와 반대의 경우가 **트랜스젠더**(transgender)이다. 이들은 성별과 성이 일치하지 않는다. (라틴어에서 cis는 같은 쪽, trans는 반대쪽을 의미한다.) 하지만 시스젠더이거나 트랜스젠더가 성적 지향을 말하는 것은 아니다. 이들은 누구에게나 매력을 느낄 수 있다.

시스젠더
성과 성별이 일치하는 사람

트랜스젠더
성과 성별이 일치하지 않는 사람

성적 지향
특정 집단의 사람들에게 느끼는 낭만적 매력의 양상

이성애
자신과 다른 성을 가진 사람에게 매력을 느끼는 사람의 성적 지향

동성애
자신과 같은 성을 가진 사람에게 매력을 느끼는 사람의 성적 지향

양성애
자신과 같은 성과 다른 성 모두에게 매력을 느끼는 사람의 성적 지향

성적 지향

성적 지향(sexual orientation)은 특정 집단의 사람에게 느끼는 낭만적 매력의 양상이다. 여러분의 성적 지향은 여러분이 사귀고 싶은 사람이다. **이성애**(heterosexual)를 지향하는 사람은 자신과 다른 성에게 끌리고, **동성애**(homosexual)를 지향하는 사람은 자신과 같은 성에게 끌린다. **양성애**(bisexual)를 지향한다면 자신과 다른 성과 같은 성 모두에게 매력을 느낀다. (물론, 간성인 사람에게 다른 성이나 같은 성이라는 용어는 잘 적용되지 않는다.) 덜 공식적인 용어로는 스트레이트(straight), 게이/레즈비언(gay/lesbian), 그리고 바이(bi)가 각각 이성애, 동성애, 양성애로 사용된다.

또한, 성적 지향에는 범성(pansexual)(성별, 성적 지향 등과 관계없이 모든 사람에게 끌리는), 유동성(fluid)(시기마다 끌리는 사람이 다른), 의문성(questioning)(누구에게 끌리는지 계속 찾거나 또는 검토 과정에 있는), 무성(asexual)(누구에게도 성적 매력을 느끼지 못하는) 등도 포함된다(Zea & Nakamura, 2014). 다수의 사람들과 다른 성적 지향을 가진 사람을 성소수자라고 하며, 레즈비언(L), 게이(G), 양성애(B), 트랜스젠더(T), 퀴어/의문성(Q) 등을 포함하여 **LGBTQ**라고 한다.

성소수자에 대한 태도 성소수자에 대한 태도는 최근 수십 년간 극적으로 바뀌고 있다. 이것은 여러분의 부모님이나 조부모님께 물어보면 금방 알 수 있다. 얼마 전까지만 해도 모든 종류의 동성애 관계는 대부분의 미국 주류문화에서는(전부는 아님) 경멸의 대상이었다. 게이들의 결혼은 미국 전체에서 불법이었고, 게이나 레즈비언은 심지어 심리장애로 간주되었다(American Psychiatric Association, 1952, 1968).

동성애에 대한 태도는 최근 수십 년간 대체로 긍정적인 방향으로 가고 있지만 인종, 나이, 종교와 정치적 믿음 등의 수많은 요인들에 따라 여전히 다양한 시선이 존재한다.

오늘날, 다양한 성적 지향에 대한 긍정적인 견해가 보다 많아지고는 있지만 보편적이지는 않다(Kite & Bryant-Lees, 2016). 연구들은 이러한 견해가 많은 요인들에 따라 달라진다고 지적하였다. 예를 들면 미국 내의 민족성에 따라 견해의 차이가 나타날 수 있다. 일반적으로 백인들은 아프리카계 미국인 또는 라티노보다 비이성애(non-straight) 지향에 호의적인 태도를 보인다. 나이에 따른 차이도 볼 수 있는데, 젊은 사람들이 나이 든 사람들보다 긍정적인 태도를 가지고 있다(Costa et al., 2015; Dodge et al., 2016; Horn, 2013; Twenge et al., 2016). 또한 보수적 종교와 보수적 정치 신념, 독실한 종교 활동, 성 역할(남자와 여자는 어떻게 행동 '해야 한다')에 대한 전통적 믿음, 성적 취향(sexuality)의 선택에 대한 믿음(그러므로 변화 가능하다) 및 레즈비언 또는 게이와의 직접적 접촉의 부재 등은 성소수자에 대한 부정적 견해를 예측하는 변인이었다(Cárdenas et al., 2018; Eliason, 2001; Harbaugh & Lindsey, 2015; Haslam & Levy, 2006; Hegarty & Pratto, 2001; Israel & Mohr, 2004; Mohr & Rochlen, 1999). 동성애에 대한 부정적 견해는 동성애자들의 성에 따라 차이가 있다. 이성애자 남성은 레즈비언 여성보다 게이 남성을 더 인정하지 않는다 (Cárdenas & Barrientos, 2008; Copp & Koehler, 2017; Herek, 2000).

많은 사람들은 여전히 게이, 레즈비언, 양성애 성향의 사람들을 경멸하고 조롱하기 때문에 실제로 성소수자들의 정신 건강 문제는 높은 비율로 나타난다(Cochran & Mays, 2013). 성소수자들의 우울, 불안, 음주와 마약 및 여러 심리적 문제의 발생률은 전체 평균의 2~3배나 높다(Bostwick et al., 2014; Cochran et al., 2003; Fergusson et al., 1999, 2005; Meyer, 2003; Mustanski et al., 2016; Russell & Fish, 2016). 스트레스, 괴롭힘, 차별, 낮은 사회적 지지 및 무기력 등의 정신장애를 일으키는 불쾌하고 불행한 경험의 비율이 성소수자들에게 상당히 높게 나타난다는 것은 놀라운 일은 아니다(Berlan et al., 2010; Burton et al., 2013; Hatzenbuehler et al., 2010).

연구자들은 성소수자에 대한 태도를 개선할 수 있는 몇 가지 요인을 조사해 왔다. 예를 들면 친구관계는 큰 변화를 만들 수 있다. 특히 이성애자가 좋은 관계를 맺고 있는 성소수자를 알고 있다면 성소수자 집단 전체에 대한 호의적인 태도도 함께 나타난다(Heinze & Horn, 2009; Lemm, 2006; Vonofakou et al., 2007). 한 연구에 따르면, 대학 캠퍼스에서 LGBTQ 학생이 차별이나 괴롭힘을 당하는 것을 목격했을 때, LGBTQ 친구가 있는 이성애 대학생이 LGBTQ 친구가 없는 이성애 대학생보다 더 많이 개입하였다. 이 결과는 LGBTQ 친구가 있는 이성애 대학생이 어려움에 처한 사람이 개인적으로 아는 사람인지와는 관계가 없었다(Dessel et al., 2017).

성소수자의 업적과 명성을 알게 되는 것 역시 이들에 대한 관계를 개선할 수 있다. 한 연구에서 참가자에게 유명한 사람의 사진을 보여주고 해당 인물을 소개하였다. 참가자의 절반에게는 그 유명인이 게이라는 사실을 소개 설명에 포함시켰고, 나머지 절반에게는 그 사실을 생략하였다. 유명인으로 제시된 사람들은 영화제작자 페드로 알모도바르, 작가 마이클 커닝햄, 가수 멜리사 에서리지, 미국 국회의원 바니 프랭크, 배우 루퍼트 에버릿, 시민운동가 베이어드 러스틴, 그리고 테니스

LGBTQ
레즈비언(L), 게이(G), 양성애(B), 트랜스젠더(T), 퀴어/의문성(Q) 등을 포함하는 성소수자 집단

선수 마르티나 나브라틸로바였고, 이들의 성적 지향에 대해 들었던 참가자는 그렇지 않은 참가자보다 이들에게 더 호의적인 점수를 주었다(Dasgupta & Rivera, 2008).

학습 확인

12.21 문화란 무엇이고, 개인의 세계관에 어떻게 영향을 미치는가?

12.22 다문화주의란 무엇이고, 심리학에서 다문화주의의 중요성은 어떻게 변화했는가?

12.23 문화변용이란 무엇이고, 문화변용 전략들에서 주요 변인은 무엇인가?

12.24 일상에서 다문화를 적용하는 것들에는 어떤 것이 있는가?

12.25 성별과 성의 차이는 무엇인가?

12.26 어떤 것들이 성별 발달에 영향을 주는가?

12.27 성적 지향이란 무엇인가?

요약

사회인지 : 우리는 서로를 어떻게 생각하는가

12.1 사회인지는 귀인, 태도, 그리고 인지 부조화를 포함하여 타인과 세상에 대한 개인의 생각을 일컫는다.

12.2 귀인은 행동의 원인에 대한 설명이며, 사회심리학자들은 구별되는 2개의 범주, 즉 사람과 상황으로 분류한다.

12.3 다른 사람의 행동을 설명할 때, 우리는 종종 개인 특성의 중요성은 과대평가하고 상황의 중요성은 과소평가하는 기본 귀인 오류에 빠진다.

12.4 태도는 사고와 정서 모두에 영향을 받아 형성되는 관점으로 사람, 사물 또는 상황에 대한 개인의 반응을 유발한다. 사회심리학자들은 사람들의 태도를 바꾸기 위해 사용할 수 있는 다양하고 구체적인 전략들을 알아냈다. 그러한 전략들에는 중심경로 설득, 주변경로 설득, 문간에 발 들여놓기 기법, 머리부터 들이밀기 기법 및 저가 기법 등이 있다.

12.5 인지 부조화란 어떤 태도 또는 행동에 반대되는 태도를 가짐으로써 발생하는 불편함이다. 사회심리학자들은 부조화를 해결하기 위해 세 가지 방법을 제시하였다 ─ (1) 태도 A를 바꾸기, (2) 태도 B를 바꾸기, (3) 태도 A와 B의 긴장을 풀기 위해 태도 C를 생각하기.

사회적 영향 : 우리는 서로에게 어떻게 영향을 주는가

12.6 사회적 영향은 타인의 존재가 여러분의 생각, 감정 및 행동에 영향을 미치는 방식이다.

12.7 동조는 다른 사람들의 행동과 일치하도록 개인의 행동을 변화시키는 것이다. 동조는 사회집단 내에 포함되는 것이 일차적이고 중요한 인간의 욕구이기 때문에 발생하지만, 문화마다 다양한 방식으로 일어난다. 동조 수준은 개인주의 문화에서보다 집합주의 문화에서 일관되게 높게 나타난다.

12.8 복종은 권위 있는 인물의 명령을 따르기 위해 개인의 행동을 변화시키는 것이다.

12.9 스탠리 밀그램의 연구는 많은 사람들이 놀라울 정도로 권위 있는 인물에 복종한다는 것을 보여주었다.

12.10 사회적 촉진은 타인의 존재 때문에 개인의 수행이 증가하는 것이고, 사회적 태만은 집단 속에서 과제를 수행할 때 개인의 수행이 감소하는 것이다.

12.11 집단사고는 집단 구성원들이 최상의 해결책을 찾는 것보다 서로 잘 지내는 것을 더 중요하게 생각할 때 발생하는 현상이다. 집단극화는 집단 토론의 결과로 인해 집단의 태도가 더 극단적인 방향으로 기울어지는 경향성을 말한다.

사회적 관계 : 우리는 서로와 어떻게 관계하고 있는가

12.12 첫인상은 누군가를 만난 후 몇 초 안에 만들어지며, 신체적 매력이 영향을 준다.

12.13 편견은 그 집단에 속한 어떤 구성원을 알기 전에 형성된 그 집단에 대한 부정적 태도이다. 편견이 일단 형성되면 고정관념을 낳게 되는데, 이는 집단 전체의 특성을 집단의 개별 구성원에게 일반적으로 그리고 종종 부적절하게 적용하여 믿는 것을 말한다. 차별은 집단에 대한 편견 또는 고정관념에 근거한 행동이다.

12.14 자신이 속한 집단을 더 좋아하는 경향성을 내집단 편향이라고 하며, 외집단 내의 다양성을 간과하는 경향성을 외집단 동질성이라고 한다. 편견은 범주화하려는 인간 본래의 경향성, 낯선 사람은 부정적으로 판단하려는 유전적 성향, 그리고 사회 비교에 의해 확장된다.

12.15 사람들은 집단 간 접촉, 공통 집단 정체감, 외집단에 대한 교육, 그리고 퍼즐 맞추기 교실 같은 협력할 수 있는 상황을

통해 편견을 극복할 수 있다.

12.16 공격성은 해를 끼치거나 죽음에 이르게 하는 행동으로, 유전, 성격 특질, 외부의 상황, 그리고 문화가 영향을 준다.

12.17 사람들은 근접성, 신체 매력, 유사성 및 상호성을 포함하여 다양한 이유로 다른 사람에게 끌린다.

친사회적 행동 : 서로 돕기

12.18 이타주의는 다른 사람을 아무런 사심 없이 걱정하는 것이다.

12.19 사회심리학자들은 다른 사람을 돕는 이유를 설명하는 많은 이론을 제안하였는데, 여기에는 사회 교환 이론, 호혜주의 규범, 사회적 책임 규범, 그리고 친족관계 이론 등이 있다.

12.20 사회심리학자들은 다른 사람을 돕지 않는 이유를 설명하는 많은 이론을 제안하였는데, 여기에는 방관자 효과와 책임 분산 등이 있다.

다양성 : 다양한 사람들과 함께 살아가기

12.21 문화는 비슷한 믿음, 가치 및 행동 양식을 공유하는 사람들이 모인 집단이다. 문화는 여러분을 둘러싼 세상을 이해하는 여러분의 종합적인 방식인 세계관에 지대한 영향을 준다.

12.22 다문화주의는 한 사회 내에서 다양한 문화집단의 중요성과 가치를 강조하는 심리학 접근법이다. 다문화주의는 몇십 년 전부터 심리학에서 점점 중요해지기 시작했다.

12.23 문화변용은 하나 이상의 문화가 공존하는 삶을 꾸려가는 것을 일컫는다. 문화변용은 개인이 그들의 기존 문화를 얼마나 고수하는지와 새로운 문화를 얼마나 받아들일지를 바탕으로 4개의 전략으로 나눌 수 있다.

12.24 문화 지능은 다문화 사회에서 효과적으로 생활하고 상호작용하는 능력이다. 미세공격은 일상에서 일어나는 특정 문화 구성원들을 향한 의도적이지는 않지만 적대적이거나 불쾌한 메시지를 담은 행동 또는 언행을 말한다.

12.25 성별은 자신이 속한 문화에서 바라보는 남성성 또는 여성성에 대한 사회적, 심리적, 행동적 기대를 일컫는다. 성은 생물학적인 남성 또는 여성을 의미한다.

12.26 성별 발달은 부모, 또래 친구, 매체의 영향을 받을 수 있다.

12.27 성적 지향은 특정 집단의 사람들에게 느끼는 낭만적 매력의 양상이다. 성적 지향에는 이성애/스트레이트(다른 성의 구성원에게), 동성애/게이/레즈비언(같은 성의 구성원에게), 양성애/바이(다른 성과 같은 성 모두에게) 등이 있다.

주요 용어

개인주의	동화	사회적 영향
고정관념	머리부터 들이밀기 기법	사회적 책임 규범
공격성	문간에 발 들여놓기 기법	사회적 촉진
공정한 세상 가설	문화	사회적 태만
공통 집단 정체감	문화변용	성
귀인	문화변용 스트레스	성별
귀인 이론	문화 지능	성적 지향
기본 귀인 오류	미세공격	성정체감
내집단	방관자 효과	세계관
내집단 편향	복종	시스젠더
다문화주의	분리	양성애
단순노출효과	사회 교환 이론	열정적 사랑
대인 간 매력	사회 비교	외집단
동료적 사랑	사회심리학	외집단 동질성
동성애	사회인지	이성애
동조	사회적 역할	이타주의

인상 형성	집단극화	태도
인지 부조화	집단사고	통합
저가 기법	집합주의	트랜스젠더
적응적 규범 인식 능력	차별	퍼즐 맞추기 교실
주변경로 설득	책임 분산	편견
주변화	친사회적 행동	호혜주의 규범
중심경로 설득	친족관계 이론	희생양 이론
집단 간 접촉	탈개인화	LGBTQ

13 심리장애

사랑에 빠졌는데, 그 감정이 서로 같은지 확신하지 못한 적이 있는가? 그렇다면, 여러분은 심리학자 프랭크 탈리스(Frank Tallis)가 그의 치료 내담자 중 한 명을 묘사했던 것과 거의 같은 방식으로 그 느낌을 설명할 수 있다(Tallis, 2004, pp. ix - x).

그는 소파에 쓰러져서 그의 몸이 앉은 자리에서 거의 수평으로 미끄러지게 두었다. … 그의 눈 밑 그림자는 긴 시간 어둠 속에서 걱정하고 있었던 일주일간의 잠 못 이루는 밤을 나타냈다.

불과 몇 주 전만 해도 그는 다른 사람이었다. 허리케인처럼 문을 박차고 들어와 나와 힘차게 악수하고, 활짝 웃으며, 방 안을 환하게 비추었다. 그의 열정은 뜨거웠다. 그는 계획과 아이디어로 가득 차 있었다.

하지만, 14일 정도 지난 후 허리케인이 사라졌다. 그는 기운이 없고, 생기가 없고, 지쳐 있었다. 그의 얼굴은 녹은 촛농처럼 축 처져 있었고 그의 눈은 생기가 없었다.

도대체 그에게 무슨 문제가 있었나? 우울증이 있었나? 그의 선입견이 강박관념으로 바뀌었나? 내가 마지막으로 그를 봤을 때 그는 조증인 상태였나?

탈리스 박사는 곧 그의 내담자에게 무슨 문제가 있는지 알게 되었다. 그는 사랑에 빠졌지만, 그의 파트너는 확신이 없었다. 탈리스 박사는 이 이야기를 사용하여 사랑에 빠진다는 것은 정신장애로 간주되어야 한다고 제안하는 책을 시작한다. **상사병 : 정신질환으로서의 사랑**(Love Sick: Love as a Mental Illness)이라는 책에서, 그는 사랑에 빠진 일반적인 '증상'을 자세히 설명한다. 극단적인 기분 변화, 통제할 수 없고 강박적인 생각, 집중력 장애, 그릇된 판단, 수면과 식습관의 변화 등이 그것이다. 탈리스 박사는 이러한 증상들을 기존의 장애, 특히 우울증의 증상과 비교한다. 그리고 사랑에 빠지는 것은 종종 사랑으로 고통 받는 사람들의 삶에 많은 장애와 혼란을 일으킨다고 결론짓는다.

물론 이 탈리스 박사의 주장은 성공적이지 못했다. 사랑에 빠지는 것은 정신질환이 아니다. 그러나, 이 아이디어는 이 장에서 살펴볼 심리적 장애에 대한 흥미로운 질문을 제기한다. 첫째, 이상하다는 것은 무엇인가? 질문은 간단해 보일 수 있지만, 탈리스의 상사병(lovesick) 내담자의 경험(그리고 아마도 여러분 자신의 경험)으로 알 수 있듯이 정상과 비정상을 구별하는 것은 매우 어렵다. 둘째, 전문가들은 심리적 장애를 어떻게 정의하는가? 이 문제를 해결하기 위해 모든 심리적 장애를 설명하고 심리학자 및 기타 정신 건강 전문가가 사용하는 진단 매뉴얼에 대해 논의한다. 마지막으로, 특정한 심리적 장애는 무엇인가? 우리는 불안장애, 우울장애, 양극성장애, 조현병, 섭식장애, 아동기 장애, 해리장애, 그리고 성격장애 등 꽤 많은 것에 초점을 맞추고 있다.

개요

이상이란 무엇인가

이상의 원인은 무엇인가

진단 매뉴얼:DSM

불안장애 및 강박장애

우울 및 양극성장애

섭식장애

조현병

아동기 장애

해리장애

성격장애

이상이란 무엇인가

학습 목표

13.1   심리장애의 정의
13.2   정상과 이상의 구별 기준
13.3   정상과 이상을 구별하는 기준의
       장단점

심리적 장애(psychological disorder)란 심각한 괴로움(고통)이나 기능장애를 일으켜 사람의 삶을 방해하는 행동의 패턴이다. 우울증, 공포증, 거식증, 주의력결핍 과잉행동장애(ADHD) 등과 같은 일부 심리적 장애는 우리 사회에서 너무나 흔하기 때문에, 여러분이 아는 사람이나 TV나 영화에서 본 사람들을 통해서, 의심할 여지 없이 접촉하게 된다. 경계성 성격장애, 범불안장애, 조현병, 혹은 양극성장애와 같은 다른 장애들은 여러분에게 다소 친숙할 수도 있지만, 이런 장애들에 대한 정확한 정의는 약간 불확실하다.

이 장에서 이러한 모든 심리적 장애와 그 밖의 많은 것들에 대해 배우게 될 것이다. 각 장애에 대해, 여러분은 그것이 무엇인지(특성, 증상 등), 누가 그것을 가지고 있는지, 그리고 왜 그것이 발생하는지를 이해하게 될 것이다. 여러분은 또한 이러한 장애들을 둘러싸고 있는 중요한 문제들, 즉 이러한 정의가 어떻게 정의되었는지, 그러한 정의들이 몇 년 동안 어떻게 변화해 왔는지, 그리고 많은 장애를 둘러싼 논란들을 고려할 것이다.

의대생 증후군 : 이 장은 여러분에게 어떤 영향을 미치는가

심리적인 장애로 들어가기 전에, 먼저 이 자료가 여러분에게 미칠 수 있는 영향에 대한 주의사항부터 시작한다. 그 효과는 의대생들 사이에서도 꽤 잘 알려져 있다. 사실, 그것은 **의대생 증후군**(medical student syndrome)이라고 불린다. 의대생들, 그리고 아마도 심리학과 학생들 사이에서 흔한 경험으로, 그들은 그들이 배우고 있는 질병에 걸렸다고 믿기 시작하는 것이다. 그들은 궤양을 연구하고 갑자기 심한 복통을 느낀다. 그들은 피부암을 연구하고 주근깨가 치명적이라고 확신한다. 다행히도 의대생들은 그들이 경험할 수 있는 일시적인 유령 증상들에도 불구하고 대개 자신이 공부하고 있는 질병을 가지고 있지 않다(Boysen et al., 2016; Candel & Merckelbach, 2003).

심리장애에 대해 배운 여러분의 경험도 비슷할 것이다. 이 장의 어느 시점에서, 여러분은 스스로에게 "때로 그런 느낌을 받았어" 혹은 심지어 "바로 나야! 난 그런 장애가 있어!"라고 말할 가능성이 있다. 그 순간, 의대생 증후군을 기억하라. 여러분의 증상들 중 몇 가지가 진짜라고 해도, 그것들은 심리적 장애로 적합할 만큼 심각하거나 오래 지속되지 않을 수도 있다(Deo & Lymburner, 2011; Hardy & Calhoun, 1997).

물론 심각한 심리장애 증상을 무시하는 것은 실수일 것이다. 어떤 학생들은 정말로 이 장에서 읽은 장애로 인해 고생하고 있을지도 모른다. 하지만, 거짓 경보들이 많이 있다는 것을 명심하라. 만약 여러분이 안심할 필요가 있다면, 가족, 친구, 대학 상담센터 또는 정신 건강 전문가로부터 다른 의견을 구하라.

이상과 정상 구분

여러분은 여러분이 이상하다고 이름 붙일 사람들을 알고 있을 것이다. 사실, 여러분은 이상에 대해 일종의 개인 레이더를 사용할 수도 있고, 다른 사람의 행동이 정상 범위를 벗어난다는 느낌을 가질 수도 있다. 예를 들어 만약 여러분의 친구가 고모(혹은 이모)의 죽음에 대한 슬픔이 며칠 또는 몇 주간의 슬픔으로 이루어진다면, 여러분은 아마도 친구의 반응을 정상으로 볼 것이다. 하지만, 만약 친구의 슬픔이 몇 년 동안 지속되고, 자살 생각이나 행동을 포함하며, 친구가 일하거나,

공부하거나, 사람들과 교제하는 것을 방해한다면, 여러분은 친구의 반응을 비정상적인 것으로 보기 시작할 것이다. 마찬가지로, 여러분은 약간 수줍은 이웃과 수줍음이 너무 심해서 수년간 완전히 혼자 살고 외출 생각만으로도 공황(패닉) 상태에 빠진 이웃을 구별할 수 있다.

심리학자들은 정상과 이상한 것을 구별해야 하는 도전에 오랫동안 직면해 왔다(Kendler, 2018; Krueger et al., 2018; Maddux et al., 2005; Zachar & Kendler, 2010). 사실, 몇 년 동안, 심리학자들은 어떤 문제들이 정상적인 인간 경험의 범위를 벗어나는지에 대한 생각을 바꾸었다. 예를 들면 동성애는 한때 심리적 장애로 여겨졌으나, 지금은 그렇지 않다(Drescher, 2010; Strong, 2017). 1980년대까지만 해도 사회불안장애는 심리적 장애로 존재하지 않았다. 그러한 사람들은 단순히 정신적으로 문제가 있는 것이 아니라 극도로 수줍어하는 것으로 생각되었다(Crocq, 2015; Wessely, 2008). 심리학자들이 수많은 장애에 대한 그들의 생각을 뒤집었다는 사실은 정상과 비정상적인 것을 구별하는 것이 얼마나 어려운지를 강조한다. 심리학자들이 그런 구별을 하기 위해 사용하는 몇 가지 기준을 생각해보자. 비정상적인 것은 빈도수, 사회적 규범으로부터의 일탈, 개인적인 괴로움 또는 일상적 기능의 손상에 기초할 수 있다.

빈도수   행동이 이상한지 여부를 판단하는 가장 간단한 방법은 그것이 통계적으로 얼마나 드문지를 고려하는 것이다. 드문 경우는 비정상적인 것을 의미하고, 흔한 것은 정상적인 것을 의미한다. 이러한 구별은, 이러한 행동이 매우 드물기 때문에, 조현병의 환각이나 거식증의 음식 거부와 같은 대부분의 심리적인 문제에 적합하다. 하지만, 빈도가 유일한 요인이라면, 문제가 되지 않는 (또는 심지어 바람직한) 많은 행동이 이상으로 분류될 수 있다. 예를 들어 기억력이 유별나게 좋거나 스트레스를 다루는 능력이 뛰어난 사람은 이상한 사람으로 간주될 것이다. 일반적으로, 심리학자들은 바람직한 드문 특성을 장애로 분류하지 않는다. 그래서, 빈도수는 유용하지만 불완전한 이상한 것을 정의하는 방법이다. 이는 어떤 장애에는 효과가 있지만 다른 장애에는 효과가 없다.

사회적 규범으로부터의 일탈   이상도 그것이 사회적 규범에서 벗어나는 정도에 의해 규정될 수 있다. 예를 들면 사회적 규범은 하루에 여러 번 손을 씻는 것이다. 하지만, 강박장애(OCD)를 앓고 있는 일부 사람들은 하루에 수십 번 또는 수백 번 손을 씻는다. 그런 경우라면, 손 씻는 행동은 비정상적일 것이다. 물론, 사람들은 사회적 규범에서 벗어날 수 있으며 비정상이라고 불리지 않을 수 있다. 예를 들어 다가오는 큰 경기를 위해 과도한 훈련을 하고, 그 과정에서 학교와 친구들을 무시하는 운동선수는 보통 비정상적이기보다는 헌신적이거나 열성적인 것으로 묘사된다. 빈도수처럼, 사회적 규범으로부터의 일탈은 이상을 확인하는 데 도움이 될 수 있지만, 그 자체로는 불완전한 기준이다.

사회적 규범으로부터의 일탈과 관련된 또 다른 복잡한 문제가 있다. 우리 사회는 매우 다양해서 한 집단 내에서 정상적인 것은 다른 집단에서 정상적인 것과 크게 다를 수 있다. 남성들 사이에서 정상적인 것은 여성들 사이에서 비정상적일 수 있다. 브롱스에서 정상적인 상황은 사우스다코타주의 시골지역에서는 비정상적일 수도 있다. 아프리카계 미국인들 사이에서 정상적인 것은 아시아계 미국인들 사이에서 비정상적일 수도 있다. 구체적인 예로, 두 사람이 서로 인사하는 것처럼 단순한 행동을 생각해보자. 대부분의 유럽계 미국인 남성들에게는 악수가 일반적이지만, 좀 더 전통적인 이탈리아 문화나 스페인 문화에서는 뺨에 키스를 하는 것이 기대될 수 있다. 그리고 많은 아시아 문화에서는, 인사말에는 어떤 종류의 구두(언어) 교환이나 신체적 접촉보다는 고개를 숙이거나 끄덕임이 포함될 수 있다. 여

lambada/E+/Getty Images

행동이 사회적 규범에서 벗어나는지를 판단하기 위해, 누구의 사회적 규범이 적용되어야 하는가? 어떤 사회집단에서는 이 여성의 문신이 비정상적일 수도 있지만, 다른 사회집단에서는 완전히 정상일 수도 있다.

자가 남자나 다른 여자에게 인사하는 것을 생각하면 규범은 더욱 복잡해진다. 이런 이유로, 사회적 규범으로부터의 일탈을 이상이라고 표기하기 전에 행동의 문화적 맥락을 고려하는 것이 중요하다(Gone & Kirmayer, 2010; McGoldrick et al., 2005).

개인적인 괴로움　개인적인 괴로움은 대부분의 심리적 장애를 동반한다고 종종 추측된다. 사람들이 진정으로 우울장애, 불안장애, 섭식장애로 고통 받고 있으며, 탈출하거나 극복하기를 갈망하며, 증상을 완화하기 위한 치료법을 찾는다는 것은 사실이다. 그러나 이것이 모든 심리적 장애에 해당되는 것은 아니다. 예를 들면 반사회적 장애가 있는 사람은 그 행위 전후에 조금도 불안이나 고뇌의 흔적 없이 다른 사람을 강탈하거나 심지어 죽일 수도 있다.

일상적 기능의 손상　비정상에 대한 정의에는 생각, 느낌 또는 행동이 일상생활을 방해하는 정도, 업무, 학교 및 관계를 손상시키는 정도가 또한 포함된다. 주의력결핍 과잉행동장애(ADHD)의 불안과 충동처럼, 우울증의 절망과 피로는 확실히 일상생활을 방해한다. 대부분의 다른 장애들은 비슷한 수준의 손상과 관련이 있다. 하지만 예외가 있다. 심리적인 장애를 가진 몇몇 사람들은 실제로 높은 수준에서 기능한다. 예를 들면 2014년에 자살하기 전에, 배우 로빈 윌리엄스는 약물 남용과 다양한 심리장애로 수십 년간 계속해서 고군분투했다고 한다(Itzkoff, 2014). 하지만 그 기간 동안 그는 수백만 달러를 벌어들였고 영화 〈굿 윌 헌팅〉에서 아카데미 남우조연상을 수상하며 주요 영화 및 TV 스타가 되었다. J. K. 롤링은 우울증으로 고통 받는 동안 첫 번째 해리포터 책을 썼다. "아주 우울했는데… 나는 그저 비인간적인 기분이었다. 나는 기분이 매우 처져 있어서 무언가를 성취해야만 한다고 느꼈다"(Shapiro, 2000, p. 54). 그래서 일상적 기능에 있어서의 손상조차도 그 자체로는 불완전한 기준이다.

이상과 정상을 구별하기는 어렵다. 일상적 기능의 손상이 구별 방법 중 하나지만, 그렇다고 해서 항상 정확한 것은 아니다. 2018년 자살하기 전 몇 년 동안 케이트 스페이드는 불안과 우울증으로 고통 받았지만, 그녀는 또한 매우 성공적인 패션 디자이너이자 사업가였다(Carras, 2018).

Mark Sagliocco/Getty Images Entertainment/Getty Images

 이 기준들 중 어느 것도 무엇이 이상한지를 결정하는 완벽한 규칙은 아닌 것 같습니다. 그렇다면 전문가들은 어떻게 결정하나요?

그렇다. 이 네 가지 기준 중 어느 것도 완벽하지 않다. 그들 각각은 많은 심리적 장애에 적용되지만 전부는 아니다. 전문가들은 이상을 정의할 때 네 가지 요인을 각각 고려하지만, 마지막 두 가지 요인(개인적인 괴로움과 일상적 기능의 손상)에 대해서는 일반적으로 앞의 두 가지 요인(사회적 규범으로부터의 일탈이나 빈도수)보다 더 많은 가중치를 부여한다. 이러한 강조는 미국정신의학협회가, 많은 정신 건강 전문직 종사자들이 사용하는 **정신질환의 진단 및 통계편람(DSM-5)**에서 제공한 정신장애의 정의에 반영된다. 정신질환은 "대개 사회적, 직업적, 또는 다른 중요한 활동에서 심각한 고통이나 장애와 관련이 있다"고 한다(American Psychiatric Association, 2013, p. 20).

우리가 다룬 네 가지 기준에 동의하든 동의하지 않든 어떤 사람들은 **위험도** 정신질환을 결정하는 방법이라고 믿는다. 정신질환이 위험과 관련이 있다는 믿음은 사실보다 더 신화에 가깝다(Corrigan & Watson, 2005; Large et al., 2011; Varshney et al., 2016). 물론 영화, TV, 뉴스 보도는 종종 정신질환자들이 비현실적인 수의 폭력적 또는 범죄행위를 저지르는 이야기를 묘사함으로써 이러한 신화를 조장한다(Maiorano et al., 2017; Ross et al., 2018). 정신질환을 가진 사람들과 직접 접촉하는 사람들은 이 위험의 신화를 믿을 가능성이 가장 낮다(Jorm & Reavley, 2014; Lee & Seo, 2018).

학습 확인

13.1   심리장애란 무엇인가?

13.2   심리학자들이 정상과 이상 사이를 구별하기 위해 사용하는 기준은 무엇인가?

13.3   심리학자들이 이상을 정의하기 위해 사용하는 기준의 장단점은 무엇인가?

이상의 원인은 무엇인가

사람들이 심리적 장애를 일으키는 이유는 무엇인가? 수 세기 전의 설명들은 오늘날 우리가 대부분 무시하는 힘, 육체나 영혼에 사는 악령들, 주문을 외우는 마녀들, 또는 한 사람의 고통을 초래하는 죄의 결과들에 초점을 맞췄다(George, 2007; Stone, 1997). 하나 이상의 설명이 존재했던 역사적 시기에, 이 분야의 지도자들은 어떤 설명이 가장 정확한지에 대해 종종 논쟁했다(Fancher, 1995; Shorter, 1997). 어떤 의미에서 오늘날도 마찬가지다. 이상에 대한 다양한 설명이 서로 경쟁하고, 각 설명에는 그 설명을 뒷받침하는 연구자들 및 다른 전문가들이 있다. 무엇이 비정상을 초래하는지에 대한 현대의 논의는 네 가지 이론이 지배적이다―(1) 생물학적, (2) 심리학적, (3) 사회문화적, (4) 생물심리사회적.

학습 목표

13.4   생물학적 이상 이론

13.5   심리학적 이상 이론

13.6   사회문화적 이상 이론

13.7   생물심리사회적 이상 이론

생물학적 이상 이론

생물학적 이상 이론(biological theory of abnormality)은 뇌구조, 신경화학, 유전자와 같은 인체 내의 생물학적 요인이 심리적 장애의 주요 원인이라고 주장한다. 이 이론은 심리적 장애를 뇌의 질병으로 간주하는 의학적인 접근법과 잘 들어맞는다(Clinton & Hyman, 1999; Howland, 2005; Kihlstrom, 2002). 그런 이유로 정신과 의사들과 다른 의학적으로 훈련된 전문가들은 이상을 이해하는 이런 방식에 동의하는 경향이 있다.

주요우울장애를 앓고 있는 제이미의 사례를 생각해보자(이 장 뒷부분에서 정의됨). 생물학적 이상 이론을 선호하는 심리학자들은 제이미의 주요우울장애가 뇌의 질병이라고 가정한다. 그들은 이 장애는 아마도 특정 신경화학물질의 과다 또는 과소에서 발생하거나, 혹은 제이미의 뇌의 특정 영역에서의 기능장애, 또는 우울증에 대한 유전적 경향에서 기인한다고 제안할 것이다. 이 심리학자들은 또한 제이미의 생물학적 상태를 치료하기 위해 약물 같은 생물학적 치료 방법이 필요하다고 주장할 것이다.

이상에 대한 현대적 설명은 악령이나 주문 등이 종종 근본 원인으로 추정되었던 수 세기 전의 설명과는 많이 다르다.

심리학적 이상 이론

심리학적 이상 이론(psychological theory of abnormality)은 감정, 생각, 행동, 특질을 포함한 심리적인 요인들이 심리장애의 주된 원인이라고 주장한다. 우리 마음의 내면에 중대한 결함이 있을 때, 그것들은 심리적인 장애를 일으킬 수 있다. 심리학적 이상 이론에는 **정신역동, 행동, 인지, 특성 설명** 등 다양한 설명이 있다.

심리학적 이상 이론의 한 종류는 정신역동적 설명이다. 정신역동적 설명은 초기 아동기 경험과 성과 공격성에 초점을 맞춘 원초적 본능에서 비롯된 무의식적인 감정과 사고의 영향을 강조한다(Mitchell & Black, 1995). 지그문트 프로이트가 제안했듯이 무의식적인 감정과 생각은 비록 우리

생물학적 이상 이론

뇌구조, 신경화학물질, 유전자 등 인체 내 생물학적 요인이 심리장애의 주요 원인이라고 주장하는 이상 이론

심리학적 이상 이론

감정, 사상, 행동, 특질 등 심리적 요인이 심리장애의 주요 원인이라고 주장하는 이상론

의 의식에서 벗어난 것일지라도 우리의 삶에 영향을 줄 수 있다. 때때로, 이러한 감정과 생각은 우리가 심리적 장애를 갖게 되는 방식으로 우리의 삶에 영향을 미친다(Freud, 1922). 정신역동적 접근에 따르면, 제이미의 주요우울장애는 그녀가 진정으로 (하지만 무의식적으로) 분노를 느끼는 사람에게 감정을 표현하기보다는, 자신을 향해 내면으로 돌린 분노의 감정을 나타내는 것일지도 모른다.

이상에 대한 행동적 설명은 학습과 조절을 강조한다(제6장에서 논의함). 행동적 접근법에 따르면, 심리적 장애란 개인이 자신의 행동 결과로 경험한 강화와 처벌에 의해 형성된 행동이다(Skinner, 1974). 이 관점에서 볼 때 제이미의 주요우울장애는 그녀가 중요하게 여기는 강화제를 불러온 특정 행동들로 구성되어 있다. 예를 들어 그녀의 울음은 친구들과 가족들로부터 동정과 관심을 이끌어냈고, 결근으로 잠자는 기회와 TV를 볼 수 있는 기회가 생겼다.

이상에 대한 인지적 설명은 우리가 생각하는 방식, 특히 비논리적인 생각들이 심리적 장애의 주요 원인이라고 가리키고 있다. 만약 우리가 우리에게 일어나는 사건들에 대해 논리적으로 생각하지 않는다면, 우리는 그들이 필요로 하는 것보다 더 불쾌한 감정에 민감해진다(Beck, 1976). 제이미의 경우, 그녀의 우울한 감정은 최근 실패한 입사 지원에 대해 생각하는 방식에서 비롯될 수 있다. 그녀가 '나는 완전히 실업자야. 난 절대로 일자리를 구할 수 없을 거고 결국 노숙을 하게 될 거야'라고 생각한다고 가정해보자. 물론 그러한 부정적인 생각은 한 번의 구직 시도 실패로 정당화되지는 않는다. 이런 종류의 비논리적인 생각들은 제이미가 필요 이상으로 훨씬 더 낙담하게 만들지도 모른다.

특질(trait) 설명은 심리적 장애의 주요 원인으로 특정 성격 특질의 극도로 높거나 낮은 수준을 강조한다. 5요인 성격 모델(제12장 참조)은 신경증, 개방성, 외향성, 성실성, 친화성 등 폭넓고 지속적인 성격 특질의 짧은 목록을 제시하고 있는데, 그중 너무 많거나 너무 적으면 특정 심리장애에 취약해질 수 있다(Claridge, 1995; Costa & Widiger, 2001). 이와 같이 제이미의 주요우울장애는 일반적으로 부정적이고 비관적인 인생관을 중심으로 하는 성격 특질인, 매우 높은 수준의 신경증의 부산물로 볼 수 있다.

사회문화적 이상 이론

사회문화적 이상 이론(sociocultural theory of abnormality)은 그 사람 내부의 요소보다는, 그 사람을 둘러싼 사회적 그리고 문화적 요인이 심리장애의 주요 원인이라고 주장한다. 이상은 개인 내부에서 나타날 수 있지만, 문제는 실제로 그 사람이 살고 있는 사회적 또는 문화적 맥락 안에 있다(Caplan, 1995; Eshun & Gurung, 2009). 그 맥락은 그 사람의 도시나 국가처럼 크거나, 그 사람의 직계 가족 또는 애정 관계처럼 작을 수 있다. 그 범위와 상관없이, 사회문화적 이상설을 주장하는 사람들은 잘못된 체계가 그 안에 사는 개인들에게 심리적 문제를 일으킬 것이라고 믿는다. 심리적 장애에 기여한다고 생각되는 일반적인 사회적·문화적 요인에는 빈곤, 억압, 정치적 불안, 편견 및 학대가 포함된다. 이런 관점에서 보면 제이미의 주요우울장애는 제이미 내부에서 비롯되지 않는다. 대신에, 그 우울증은 취약한 경제에서 광범위한 실업으로 인한 경제적 어려움의 결과일 수 있다.

생물심리사회적 이상 이론

생물심리사회적 이상 이론은 생물학적, 심리적, 사회문화적 요소의 조합이 심리적 장애에 기여한

사회문화적 이상 이론
사람 내부의 요소보다는 사람을 둘러싼 사회적·문화적 요인이 심리장애의 주요 원인이라고 주장하는 이상 이론

생물심리사회적 이상 이론
생물학적, 심리적, 사회문화적 요인이 복합적으로 작용하여 심리장애에 기여한다는 것을 인정하는 현대 이상 이론

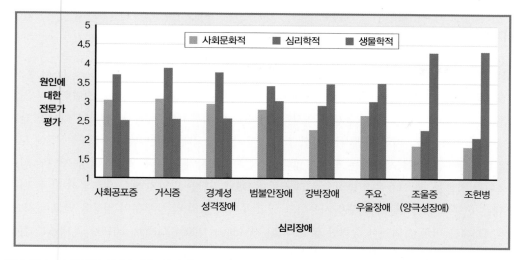

그림 13.1　심리장애의 원인에 대한 전문가들의 믿음　연구자들은 심리학자들을 비롯한 정신 건강 전문가들에게 다양한 장애들이 생물학적, 심리학적, 사회문화적 요인에 의해 야기되었는지 여부를 1(가장 낮은)에서 5(가장 높은)까지 평가하도록 요청했다(Ahn et al., 2009). 여러 장애들이 매우 다른 등급을 받았다. 그러나 세 가지 범주 중 하나에서 높은 평가를 받은 장애의 경우에도, 다른 두 가지 범주는 여전히 인정되었다. 예를 들어 조현병은 생물학적으로 높은 평가를 받았지만, 심리적, 사회문화적 요인에 대한 평가는 최하위를 넘었다. 일반적으로, 이 패턴은 생물학적, 심리학적, 사회문화적 맥락이 어떤 장애에도 기여하는 요인으로 배제되지 않는 생물심리사회학적 모델을 지지한다. 출처 : Ahn et al.(2009).

다는 것을 인정하는 현대 이상 이론이다. 심리적 장애를 설명하려는 최선의 시도는 생물심리사회이론과 같은 포괄적인 이론이다. 이상을 설명하려는 시도에서 사람의 신체(생물학적), 정신(심리적) 또는 생활환경(사회문화적) 중 그 어느 것도 무시되서는 안 된다. 종종, 세 가지 요인이 모두 심리적 장애를 일으키기 위해 상호작용한다(Campbell & Rohrbaugh, 2006; Wade & Halligan, 2017). 그림 13.1에서 알 수 있듯이 생물심리사회이론은 최근 수십 년 동안 널리 받아들여지고 있다. 오늘날 대부분의 심리학자들은 이 세 가지 관점 각각이 심리적 장애에 대한 중요한 통찰력을 제공한다는 것을 알고 있다.

　심리학자들은 종종 생물학적, 심리적, 사회적 요인이 어떻게 상호작용하여 이상을 발생시키는지에 대한 구체적인 설명으로 **병적 체질-스트레스 모델**(diathesis-stress model)을 사용한다(Belsky & Pluess, 2009; Colodro-Conde et al., 2018; Monroe & Simmons, 1991; Zuckerman, 1999). 이 모델에서, **병적 체질**은 사람이 가지고 태어난 취약성을 말한다. 스트레스는 해당 취약성을 완전히 폭발적인 심리적 문제로 바꾸는 사건(또는 일련의 사건)이다.

　생물심리사회이론에 따르면, 제이미의 주요우울장애의 밑바탕에는 여러 가지 요인이 있다. 그녀는 우울증에 있어 약간의 유전적 성향을 물려받았을지도 모르고(생물학적), 그녀의 인생에서 일어난 사건에 대해 비논리적으로 생각하고(심리적), 구할 수 있는 일자리의 부족으로 경제적으로 고군분투했을지도 모른다(사회문화적).

학습 확인

13.4　생물학적 이상 이론에 따르면, 심리적 장애의 주요 원인에 대한 요소들은 무엇인가?

13.5　심리학적 이상 이론에 따르면, 심리적 장애의 주요 원인에 대한 요소들은 무엇인가?

13.6　사회문화적 이상 이론에 따르면, 심리적 장애의 주요 원인에 대한 요소들은 무엇인가?

13.7　생물심리사회적 이상 이론은 다른 세 가지 이상 이론을 어떻게 결합하는가?

진단 매뉴얼 : DSM

정신질환의 진단 및 통계 편람(Diagnostic and Statistical Manual of Mental Disorders, DSM)은 정신질환을 공식적으로 규정하는 책이다. DSM은 정신질환을 가지고 있는 개인을 진단하거나 치료할 수 있는 미국의 모든 사람, 정신과 의사, 심리학자, 사회복지사, 상담사, 심지어 의사와 간호사에 의해 사용된다. (미국 밖에서는 정신 건강 전문가들이 **국제질병분류법**이나 **중국정신장애 분류법** 같은 다른 매뉴얼을 사용하는 경우가 많다.) 건강보험회사가 치료나 약물치료 등 개인의 심리 치료비를 지불할 때, 그들은 일반적으로 그 사람이 DSM 진단을 받았기 때문에 그렇게 한다. 너무나 많은 전문직 종사자들이 그것을 사용하고 있고 우리의 삶의 많은 부분이 영향을 받고 있기 때문에, DSM은 미국 사회에서 강력한 힘이 되었다(Widiger, 2005; Zachar, 2018). 그 내용은 전문의가 우리에게 부여할 수 있는 심리학적 진단 방법을 결정하며, 결국 그것은 우리가 받을 수 있는 치료뿐만 아니라 우리 자신에 대한 우리의 시각(견해)에도 영향을 미친다(Eriksen & Kress, 2005; Langenbucher & Nathan, 2006).

DSM의 현재 판(제5판)은 수백 개의 심리장애를 기술한 900페이지가 넘는 방대한 책이다(American Psychiatric Association, 2013). 이러한 심리적 장애를 유사한 특징과 공통적인 주제를 바탕으로 19가지 범주로 정리한다. 각 범주 내에서 특정 장애의 이름이 지정되고 정의된다(표 13.1 참조). 예를 들어 섭식장애 범주 내에서 DSM은 신경성 식욕부진증, 신경성 폭식증 및 폭식장애를 열거한다. 불안장애 범주 내에서, DSM은 공황장애, 특정 공포증, 사회불안장애, 범불안장애 등을 열거하고 있다.

DSM은 각 장애에 대해 장애의 기준, 얼마나 흔한지, 문화마다 어떻게 다르게 나타날 수 있는지, 그리고 시간이 지남에 따라 어떻게 발전할 수 있는지를 설명한다. 이 설명의 끝에 DSM은 장애에 대한 **진단 기준**을 열거하고 있으며, 진단 자격을 갖추기 위해 정확히 어떤 증상이 필요한지 항목별로 목록을 나열한다. 진단 기준은 체크리스트로 제시되며, 진단을 적용하려면 몇 가지 증상을 점검해야 하는지에 대한 규칙이 있다. 예를 들어 경계성 성격장애 진단 기준에는 아홉 가지 가능한 증상이 포함되며, 그중 최소 다섯 가지 증상이 있어야 한다. 또 다른 예로, 범불안장애의 진단 기준에는 여섯 가지 가능한 증상이 포함되어 있으며, 자격을 얻으려면 적어도 세 가지가 있어야 한다.

 DSM은 수년간 어떻게 변화했나요?

DSM이 항상 그렇게 큰 책은 아니었다. 1952년에 처음 출판되었을 때는 현재 판본에 포함된 숫자의 작은 일부인 106개의 장애만 포함했다. DSM의 새로운 개정판이 등장하면서 때로는 하나의 장애가 여러 가지로 나뉘기도 했고, 때로는 전혀 다른 문제가 새로운 장애로 포함되기도 했다. 원래 DSM에 포함되지 않았던 장애들 중에는 주의력결핍 과잉행동장애, 사회불안장애, 신경성 폭식증, 외상후 스트레스장애(PTSD) 등 오늘날 가장 흔하거나 친숙한 장애들이 많이 있다 (Blashfield et al., 2010; Langenbucher & Nathan, 2006).

현재 개정판 : DSM-5

DSM의 다섯 번째이자 가장 최신판은 2013년 5월에 출판되었다. 거의 20년 만에 정신장애 정의를

정신질환의 진단 및 통계 편람(DSM)
정신장애를 공식적으로 규정하는 책

표 13.1 DSM-5 장애들의 범주적 예시들

범주	예시
신경발달장애	자폐스펙트럼장애, 특정학습장애, 지적장애, 주의력결핍 과잉행동장애
조현병 스펙트럼 및 기타 정신병적 장애	조현병, 단기 정신병적 장애, 조현정동장애
양극성 및 관련 장애	양극성장애, 순환성장애
우울장애	주요우울장애, 지속적 우울장애(기분저하증), 월경전불쾌감장애
불안장애	특정공포증, 사회불안장애(사회공포증), 공황장애, 범불안장애,
강박 및 관련 장애	강박장애, 수집광, 신체이형장애
외상 및 스트레스 관련 장애	외상후 스트레스장애, 급성 스트레스장애, 적응장애
해리장애	해리성 정체성장애, 해리성 기억상실
신체증상 및 관련 장애	신체증상장애, 질병불안장애, 전환장애(기능성 신경학적 증상장애)
급식 및 섭식장애	신경성 식욕부진증, 신경성 폭식증, 폭식장애
배설장애	유뇨증, 유분증
수면-각성 장애	불면장애, 기면증
성기능부전	발기장애, 여성극치감장애
성별 불쾌감	아동에서의 성별 불쾌감, 청소년과 성인에서 성별 불쾌감
파괴적, 충동조절 및 품행장애	적대적 반항장애, 품행장애, 간헐적 폭발장애
물질관련 및 중독장애	알코올사용장애, 대마사용장애
신경인지장애	주요신경인지장애, 경도신경인지장애
성격장애	반사회성 성격장애, 경계성 성격장애, 자기애성 성격장애
변태성욕장애	관음장애, 노출장애

출처 : DSM-5 (American Psychiatric Association, 2013).

처음 수정한 것으로, 이것은 심리학 분야의 주요 사건이었다. DSM의 새로운 판은 10년 이상 지속되었으며 적어도 12개 국가의 수백 명의 전문가들이 참여한 광범위한 다단계 과정의 결실이었다(American Psychiatric Association, 2013; Kupfer et al., 2013; Paris, 2013a, b; Regier et al., 2013). 여러분이 알아차렸듯이, 최신 DSM의 버전을 나타내는 숫자는 V가 아니라 5이다. DSM-5의 저자들은 이전 개정판에서의 로마 숫자 사용을 중단하기로 결정했다. 그러한 변화의 이유는 그들이 미니 개정과 사소한 업데이트 버전을 출시하고 그것들을 에디션 5.1, 5.2라고 부를 계획이었기 때문이며, 소프트웨어 버전과 다른 형태의 기술들과 매우 유사한 번호들이 종종 매겨진다(First et al., 2017).

처음에 DSM-5 저자들은 심리적 장애가 정의되는 방식에 대한 중요한 변경을 고려했다. 구체적으로, 그들은 생물학적 또는 신경학적으로 장애를 정의할 수 있는 가능성을 조사했다(Blashfield et al., 2014). 그것은 심리적 장애가 행동, 생각, 감정에 기초한 증상 목록 대신에 (또는 어쩌면 그 외에) 뇌 안에 있는 어떤 물리적인 것에 의해 정의될 것임을 의미했을 것이다. 이러한 변화로 인해 심리학은 PET 스캔, 엑스레이, 혈액검사, 생체검사, 또는 유사한 검사에 의존하여 신체 내부의 확

실한 증거에 접근하여 사람이 질병을 가지고 있는지 여부를 판단하는 다른 의료 분야와 더욱 유사해졌을 것이다. 그러나 DSM-5 저자들에게 정신 건강 분야가 아직 그 정도에 이르지 않았다는 것이 곧 분명해졌다. 최근의 뇌 연구와 기술 개선에도 불구하고, 특정 뇌 이상과 그에 상응하는 장애 사이에는 아직 우리가 이러한 장애를 정의하는 방식을 바꿀 수 있는 충분히 명확한 연관성이 없다 (Paris, 2013a, b; Pierre, 2013; Stringaris, 2013).

하지만 DSM-5에는 많은 변화가 있다. 이들 중 다수는 새로운 장애를 도입하거나 오래된 장애의 기준을 변경하는 것을 포함한다. 새로운 장애에는 다음과 같은 것들이 포함된다.

- 월경전불쾌감장애(premenstrual dysphoric disorder)는 월경전증후군(PMS)의 심각한 형태다. 그것은 대부분의 생리 주기 동안 발생하는 적어도 다섯 가지의 감정적 증상과 신체적인 증상의 조합을 필요로 한다. 이러한 증상은 임상적으로 심각한 고통을 유발하거나 직장, 학교, 사회생활 또는 타인과의 관계에 지장을 주어야 한다(American Psychiatric Association, 2013; Freeman, 2017; Paris, 2013a; Regier et al., 2013; Wakefield, 2013).
- 1년 동안 일주일에 너무 많은 짜증을 내는 6~18세 어린이들에게 파괴적 기분조절부전장애 (disruptive mood dysregulation disorder)가 발생한다. 짜증(성질부림)은 적어도 두 가지 설정(집과 학교와 같은)에서 일어나야 하며, 아이들은 종종 짜증을 내거나 화를 내곤 한다 (American Psychiatric Association, 2013; Copeland et al., 2013; Frances & Bastra, 2013; Pierre, 2013).
- 폭식장애(binge eating disorder)는 적어도 3개월 동안 일주일에 적어도 한 번은 통제 불능의 음식 폭식을 포함한다. 폭식은 종종 빠른 식사, 혼자 먹는 것, 죄책감을 특징으로 한다 (American Psychiatric Association, 2013; Ornstein et al., 2013; Stice et al., 2013).
- 경도신경인지장애(mild neurocognitive disorder)는 기억상실증이나 치매와 같은 보다 심각한 신경인지장애의 덜 강렬한 버전이다. 예를 들어 식료품점에서 사고 싶은 것을 잊어버리거나 영화의 줄거리를 놓치는 것 등과 같은 기억이나 주의력과 같은 인지 기능에 사소한 문제를 특징으로 한다. 하지만 그 사람이 독립적으로 사는 것을 막을 만큼 심각한 것은 아니다 (American Psychiatric Association, 2013; Blazer, 2013; Frances 2013).

DSM 비판

일부 사람들은 DSM 저자들이 새로운 개정판이 나올 때마다 계속 확장되고 있다고 비난했다 (Blashfield et al., 2014; Browne, 2017). 특히 논란이 되고 있는 새로운 장애에 관한 수많은 정신 건강 단체들로부터의 항의 편지와 많은 언론 보도가 있었던, 2013년에 DSM-5가 출간될 즈음에는 수많은 항의 편지가 쇄도했다(Caccavale, 2013; Greenberg, 2013; Wakefield, 2013; Whooley & Horwitz, 2013). DSM-5에 대한 가장 노골적인 비판자 중 한 사람은 이전의 DSM 개정판 DSM-IV를 담당한 정신과 의사 앨런 프랜시스(Allen Frances)였다(Frances, 2012). 많은 다른 비평가들도 공유하고 있는 프랜시스의 주요 불만사항 중 하나는, DSM-5가 새로운 장애로 규정하는 문제가 실제로 정상 생활 범위 내에 포함될 수 있다는 것이다(Frances, 2013). 비평가들은 이전 DSM 개정에서도 비슷한 불만을 제기했다(Caplan, 1995; Kutchins & Kirk, 1997). 비판자들의 요점은 모든 불쾌하거나 문제가 있는 인간의 경험이 정신장애가 될 수 있는 것은 아니라는 것이다.

미래 시제에서는 과도하게 확장된 DSM에 대한 이러한 비판을 고려하는 것이 도움이 될 수 있다. DSM의 다음 개정판에는 어떤 경험이 포함되어 있을까? DSM-5에는 아직 공식적인 장애는 아니지만 특히 연구자의 충분한 관심을 받는 경우 미래 개정판에서 고려할 수 있는 경험을 나열한 '추가 연구를 위한 조건'이라는 장이 포함되어 있다. 이러한 조건들 중에는 인터넷 게임 장애(과도하고 파괴적인 온라인 게임), 카페인 사용 장애(카페인과 관련된 심각한 문제에도 불구하고 너무 자주 카페인 사용), 그리고 비자살성 자해(칼로 베거나 이와 유사한 행동, 경미한 또는 중간 정도의 피해만 발생) 등이 있다.

최근 몇 년 동안 '사이버콘드리아'(괴로움이나 불안을 일으키는 건강 관련 정보를 온라인에서 지나치게 검색)와 '고식증'(일상생활을 방해하거나 건강 문제를 일으킬 정도로 특정 건강한 식습관을 엄격히 고수하는 것) 등 다른 경험들도 많은 연구 관심을 받고 있다(Dunn & Bratman, 2016; Hayatbini & Oberle, 2019; McMullan et al., 2019; Starcevic & Aboujaoude, 2015; Strahler et al., 2018; te Poel et al., 2016). 이러한 경험들은 많은 사람들에게 일어나지만, 기존의 DSM-5 장애에 의해 포착되지는 않는다. 그래서 향후 어느 시점에 DSM 저자들은 이들을 새로운 장애로 포함시킬지 여부를 결정해야 할 것이다.

DSM은 다른 비판도 받았다(Khoury et al., 2014; Raskin, 2018; Raskin & Gayle, 2016). 어떤 사람들은 장애를 정의하는 흑백논리 방식에 대해 결점을 지적하는데, 이는 의사들이 많은 의료 문제들을 정의하는 방식과 비슷하다. 일반적으로, 의학적 질병에 대해서는, 질병을 앓고 있거나 그렇지 않다. 예를 들어 여러분은 암에 걸리거나 그렇지 않다. 마찬가지로, 여러분은 독감 바이러스에 걸리거나 그렇지 않다. 그것은 애매한 문제라기보다는 흑백질문이다. 심리적인 문제에도 같은 논리가 적용되는가? DSM에 따르면, 그렇다. DSM은 어떤 사람이 특정한 장애를 가지고 있는지 여부를 알려준다. 이 접근법은 심리학적 문제가 어느 정도 존재하는 것이 아니라 완전히 존재하거나 아예 존재하지 않는 것 중 하나로 존재하는 모델인 정신병리의 범주형 모델을 보여준다. 일부 심리학자들은 '예'와 '아니요'라는 뚜렷하게 구분되는 이 **정신병리학의 범주 모델**(categorical model of psychopathology)은 많은 의학적인 문제뿐만 아니라 심리적인 문제에도 맞지 않는다고 생각한다.

최근에 일부 심리학자들은 정신병리학의 범주 모델에 대한 대안을 홍보했다. 심리적 문제가 완전히 존재하거나 부재하는 것과는 달리 연속체에 존재하는 **정신병리학의 차원 모델**(dimensional model of psychopathology)이다. 범주 모델이 완전히 켜지거나 완전히 꺼지는 전등 스위치라면, 차원 모델은 밝기를 조절하는 조광기이다. 정신병리학의 차원 모델은 DSM이 심리학자들이 어떤 사람이 장애가 있는지 여부를 결정하는 데 도움이 되는 것보다는, DSM은 심리학자들이 그 사람이 가지고 있는 증상이 어느 정도 있는지를 결정하는 데 도움을 주어야 한다고 제안한다(Kraemer, 2010; Simonsen, 2010; Widiger & Trull, 2007). DSM-5의 저자들은 특히 성격장애에 대해 보다 차원적인(dimensional) 진단 시스템을 고려했지만, 궁극적으로 이전 판의 DSM이 사용한 범주형 모델을 고수하였다(De Fruyt et al., 2013; Gore & Widiger, 2013; Phillips, 2013; Whooley & Horwitz, 2013).

정신병리학의 범주 모델
심리적인 문제가 어느 정도 존재하는 것이 아니라 완전히 존재하는 것이거나 전혀 없는 것으로 존재하는 정신병리학의 모델.

정신병리학의 차원 모델
완전한 존재나 부재와는 반대로 심리적인 문제가 연속적으로 존재하는 정신병리학의 모델

학습 확인

13.8　DSM이란 무엇인가?

13.9　누가 DSM을 사용하고 그 이유는 무엇인가?

13.10　DSM은 어떻게 구성되며 수년간 어떻게 변화되었는가?

13.11　정신병리학의 범주 모델과 차원 모델의 차이점은 무엇인가?

불안장애 및 강박장애

학습 목표

13.12 불안장애

13.13 범불안장애

13.14 특정공포증

13.15 사회불안장애

13.16 공황장애

13.17 강박장애

13.18 누가 불안장애와 강박장애를 경험하는가?

13.19 불안장애와 강박장애의 발생 이유

불안장애(anxiety disorder)는 과도하고 정당화되지 않은 불안의 경험이 주요 증상인 DSM 장애의 집단이다. 이 절의 초점은 불안이 잘못되었다는 것이지만, 종종 불안이 좋은 것이 될 수 있다는 것을 명심하는 것이 중요하다. 불안은 위험을 경고하여 그것을 피하거나 그것에 대항하여 싸울 수 있도록 하는 내장형경보 시스템이다(Blanchard et al., 2008; Hofer, 2010; McKay, 2016). 여러분은 불안감이 도움이 되었을 때를 아마 여러 번 상기할 수 있을 것이다. 그 당시에는 긴장감, 걱정, 염려 또는 단순한 두려움이라고 불렀을지도 모른다. 때때로 사람들은 큰 시험, 데이트 또는 큰 시합을 하기 전에 이러한 느낌을 받는다. 이러한 경우, 약간의 불안감은 여러분을 자극하고 집중을 유지하며 잘 수행하도록 동기를 부여하여 성과를 향상시킬 수 있다.

불안은 불필요하거나 과도하게 발생할 때, 즉 상황이 요구하는 것보다 더 많을 때 문제가 된다(Craske et al., 2009; Stein & Nesse, 2015). DSM-5는 꽤 많은 불안장애를 포함한다. 신체적 증상(빠른 심장박동, 손바닥 땀)과 심리적 증상(걱정, 두려움)의 핵심이 모두 같다. 그중 **범불안장애**, **특정공포증**, **사회불안장애**, **공황장애**를 살펴보자. 우리는 또한 전에는 DSM의 불안장애 범주에 속했지만, DSM-5와 함께 그것 자체의 새로운 범주에 포함된 **강박장애**를 살펴볼 것이다. (불안이 두드러진 증상으로 특징지어지는 외상후 스트레스장애는 제10장에서 다루었다.)

범불안장애

범불안장애(generalized anxiety disorder, GAD)는 광범위한 상황과 활동 전반에 걸쳐 오랫동안 지속되는 불안 증상을 수반한다(Brown & Lawrence, 2009; Dugas et al., 2018). 범불안장애를 가진 사람들은 거의 모든 것에 대해 걱정한다. 그림 13.2에서 알 수 있듯이 분명한 이유가 없을 때에도, GAD를 가진 사람은 일, 학교, 가족, 친구, 건강, 돈, 외모, 인생 결정, 그리고 세계 사건에 대해 걱정한다. 이 끝없는 걱정으로 인해 GAD를 가진 사람은 계속해서 긴장하고 스트레스를 받게 된다.

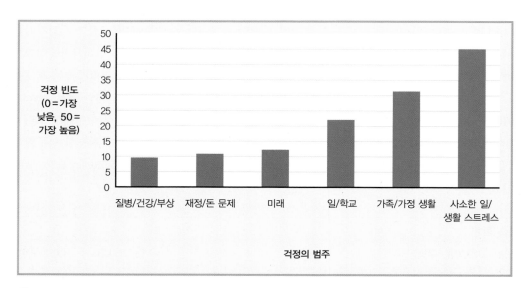

불안장애
과도하고 정당하지 못한 불안의 경험이 1차적인 증상인 DSM 장애 그룹

범불안장애
다양한 상황과 활동에 걸쳐 오랫동안 지속되는 불안 증상을 수반하는 장애

그림 13.2 범불안장애를 가진 사람들은 무엇에 대해 걱정하는가? 연구자들은 GAD가 있는 거의 100명의 사람들을 인터뷰하고 그들에게 무엇을 걱정하는지 물었다. 그들의 대답은 일상생활의 사소한 번거로움에서부터 신체적 질병, 가정 생활에서부터 여행, 재정에서 미래에 이르기까지 현저하게 광범위한 범위에 걸쳐 있었다. 출처 : Roemer et al.(1997).

잠깐, 저는 그런 것들이 많이 걱정됩니다. 저도 범불안장애(GAD)가 있는 건 가요?

잠이 안 올 때, 나는 그것이 가끔 일어나서 나의 근심을 적는 데 도움이 된다는 것을 알게 된다.

대부분의 사람들을 GAD를 가지고 있는 사람들과 구분하는 것은 GAD를 가지고 있는 사람들은 자신의 삶을 상당히 방해할 정도로, 필요 이상으로 지나치게 걱정한다는 것이다(Hazlett-Stevens et al., 2009; Papp, 2010). GAD를 가진 사람들은 종종 그들의 걱정을 통제할 수 없는 것으로 묘사한다. 그들은 미래에 일어날 수 있는 일들을 생각할 때, 최악의 상황이 일어날 가능성이 거의 없다는 사실을 알면서도 최악의 상황을 두려워한다(Holmes & Newman, 2006).

큰 시험을 앞두고 있을 때 자신의 경험을 생각해보라. 여러분의 마음은 몇 가지 걱정스러운 생각을 불러일으킬지도 모른다. "만약 내가 시험을 망치면 어쩌지?" 하지만, 여러분은 아마도 여러분이 수업에 참석하고, 과제를 읽고, 시험을 위해 공부했다는 것을 상기함으로써 그러한 걱정스러운 생각들을 진정시킬 수 있을 것이다. 그러나 GAD를 가진 학생은 아무리 시험준비를 해도 만약의 생각 세계를 멈출 수 없다 — "만약 내가 시험을 망친다면? 그 나쁜 성적으로 인해 내가 이 수업에 낙제한다면? 만약 이 수업에 낙제해서 대학을 중퇴하게 된다면? 만약 이번 시험은 괜찮게 보았지만 다음 시험을 망치면? 잠깐, 두통이 생긴 것 같아. 만약 실제로 뇌종양이라면?" GAD가 있으면 걱정이 멈추지 않고 합리적 수준으로 생각하는 것 이상으로 확대된다.

언론인 패트리샤 피어슨은 심리장애가 한 사람의 삶에 거의 무제한으로 다가갈 수 있는 것을 보여주는 범불안장애(GAD)와의 분투에 관한 책을 썼다.

나는, 전화 요금 청구서, 난소암, 흑곰, 기후 변화, 밤에 골프 코스 걷기, 야생 곤충에 부딪치는 것, 부적절한 높이, 자동차 휘발유 부족, 내가 볼 수 없고 몰래 악성 흑색종으로 변할 수는 있지만 내가 느낄 수 있는 점을 내 등에 두는 것들을 두려워하지 않기를 바란다. 게다가, 비행까지. 이건 심각한 문제다. 또한, 때때로 요세미티 국립공원 밑에 있는 큰 화산이 폭발하여 우리 모두를 죽일 것이라는 전망. 게다가 예기치 못한 간기능장애까지. 소도 있고. 또한, 가끔은 불안감이 가득한 상황에서 내가 운전하는 차가 폭발할지도 모른다는 두려움이 들기도 한다(Pearson, 2008, pp. 1-2).

모든 불안장애와 마찬가지로, GAD의 징후는 심리적일 뿐만 아니라 신체적인 것이다. 근육 긴장, 피로, 불안, 수면장애와 같은 신체 증상은 걱정스러운 사고과정을 동반한다. 관절염, 요통, 편두통, 궤양, 심장병과 같은 더 심각한 의학적 문제들은 GAD를 가진 사람들 사이에서 흔하다(Csupak et al., 2018; Rygh & Sanderson, 2004).

특정공포증

오바마 대통령 취임식에서 노래를 부른 전설적인 R&B 가수 아레사 프랭클린(Aretha Franklin)은 비행기에 대한 공포가 심하다. 그녀는 그 두려움을 심한 난기류를 겪은 작은 비행기에 있었던 1983년으로 거슬러 올라간다.

우리는 온 하늘에서 흔들리고 있었고, 조금도 과장하지 않고, 나는 불안 발작을 일으켰다. … 나는 내 매니저에게 농담으로 말했다…. "나를 곧 다른 비행기에 태우는 건 걱정할 필요

없어." 그러나 나는 그것이 영구적이라고 생각하지 않았다. 내가 필요한 것은 약간의 시간이었고 다시 비행을 시작하려 했다. 그러나 그것은 결코 일어나지 않았다. ⋯ 비행에 대한 나의 두려움은 공연 일정에 영향을 미쳤다. 80년대 초에 떠난 이후로 캘리포니아로 돌아가지 못했다. 유럽에 다녀온 것은 더 오래되었다. 나는 전 세계에 모습을 드러내는 수백 건의 제안을 거절해야 했다. 아프리카, 일본, 이집트, 호주, 중국은 내가 가지 않은 곳들 중 일부일 뿐이다(Franklin & Ritz, 1999, pp. 200-201).

아레사 프랭클린의 비행기에 대한 공포는, 특정 사물이나 상황에 대한 지나친 불안으로 특징지어지는 장애인 특정공포증을 잘 보여준다. **특정공포증**(specific phobia)은 하나의 알려진 자극에 의해 유발되는 강렬한 불안을 포함한다(불안이 거의 어떤 상황에서든 발생할 수 있는 GAD처럼). 특정공포증을 가진 사람들은 그들이 두려워하는 대상이나 상황을 피하는 한 큰 혼란 없이 살 수 있다. 그러나 그러한 회피는 그 자체가 큰 번거로움이 될 수도 있고, 아레사 프랭클린의 경우 그녀의 경력과 삶에 지장을 줄 수도 있다. 그리고 회피가 실패하면 불안은 압도적일 수 있다(Gamble et al., 2010; Hofmann et al., 2009a; Rowa et al., 2018).

여러분은 아마도 고소공포(acrophobia), 뱀에 대한 공포(ophidiophobia), 천둥과 번개에 대한 공포(astraphobia), 개에 대한 공포(cynophobia), 거미에 대한 공포(arachnophobia), 세균에 대한 공포(mysophobia) 또는 밀폐된 공간에 대한 공포(claustrophobia) 등과 같은 가장 흔한 공포증에 대해 잘 알고 있을 것이다. 수천 개의 보다 구체적인 공포증(일부는 흔하지만, 대부분 매우 드문 경우)이 확인되었다.

사회불안장애

사회불안장애(social anxiety disorder, 사회공포증이라고도 함)를 가진 사람들은 그들이 판단되거나 면밀히 조사될 수 있는 상황에 대해 강렬하고 비합리적인 두려움을 가지고 있다. 사회불안장애를 가진 일부 사람들은 일대일 대화, 소규모 그룹 상호작용, 파티 등 대부분의 사회적 상황에서 불안해한다. 다른 사람들에게는, 사회 불안장애가 그들이 대중 연설, 운동 경기 대회, 또는 연극 행사와 같은 다른 사람들 앞에서 공연해야 하는 상황에서만 더 제한적으로 발생한다. 두 경우 모두 다른 사람들 앞에서 자신이 당황하거나 굴욕감을 느끼게 할 일을 하는 것에 대해 지나치게 걱정한다. 이 장애로 인해 발생하는 불안에는 심리적 증상(걱정과 두려움 등)과 신체적 증상(땀, 호흡 빨라짐, 빠른 심장박동 등)이 모두 포함된다(Beidel & Turner, 2007; Rowa et al., 2018; Taylor et al., 2009).

고등학교 영어 교사인 에밀리 포드(Emily Ford)는 사회불안장애에 대한 경험을 회고록으로 썼다. 여기서 그녀는 그녀가 경험한 주변의 모든 사람들의 상상 속 비판에 의해 지배되는 고등학생 때의 전형적인 날을 회상한다.

1교시 화학 시간에, 나는 두려워서 정신이 없었다. 내 급우들의 생각들이 사방에서 나에게 퍼부었다. "머리는 정말 못 생겼어." "그래, 그런데 그 노란 이빨은 봤어?" "쟤가 입고 있는 옷 좀 봐." "쟤는 고양이 털로 뒤덮여 있어." "저 애는 털이 많아⋯ 팔은 봤어?" "저 애는 내 실험실 파트너가 되지 않는 게 좋겠어."

한편 H 선생님은 수업에서 돌려줄 준비를 하고 책상 가장자리에 점수가 매겨진 숙제 더미를 놓았다. 그녀는 내 답에 대해 어떻게 생각했을까? 나는 궁금했다. 그것들이 어리석고, 지저

특정공포증
특정 대상이나 상황에 대한 과도한 불안이 특징인 불안장애

사회불안장애
사람을 판단하거나 면밀히 관찰할 수 있는 상황에 대한 강렬하고 비합리적인 공포가 특징인 불안장애

분하고, 너무 길거나, 너무 짧거나, 매우 정확하거나, 아니면 그냥 명백히 틀렸을까? 내 일이 내가 너무 열심히 노력하는 것처럼 보였을까 아니면 충분히 열심히 하지 않은 것처럼 보였을까?

나는 우리 반에서 유일하게 상급반 여행으로 디즈니 월드에 가지 않은 사람이었다. ⋯ 나는 나와 함께 방을 쓸 생각에 의심의 여지없이 움츠러드는 룸메이트와 팀을 이루어야 하는 것이 두려웠다. ⋯ 집에 머무르는 것이 더 간단해 보였다(Ford, 2007, pp. 28-29, 35).

이 예에서 알 수 있듯이, 사회불안장애가 있는 사람들은 자신의 행동에 세심한 주의를 기울이며 자신에 대해 비판적이어서, 종종 그들 주변의 다른 사람들보다 자신을 훨씬 더 비난한다(Hofmann et al., 2009b). 그 결과, 사회불안장애를 가진 사람들은 종종 사회적 상호작용을 피하는 것을 선택하는데, 이것은 그들에게 친구나 데이트 관계를 희생시킨다(Ledley et al., 2008). 데이트 관계에 대해 말하자면, 사회불안장애를 가진 사람들은 종종 그들의 파트너가 실제보다 더 비판적이라고 인식한다. 한 연구에서 연구자들은 문제를 해결하려고 10분 동안 토론을 하는 두 쌍의 부부, 즉 한 사람이 사회불안장애를 가진 부부와 두 사람 모두 사회불안장애가 없는 부부를 관찰했다. 사회불안장애를 가진 사람들은 사회불안장애가 없는 사람들보다 그들의 파트너로부터 오는 비난의 비율이 훨씬 더 높다고 인식했다. 그리고 토론을 관찰하는 연구원들은 사회불안장애를 가진 사람들이 그들의 파트너에서 인지하는 지나친 비판을 보지 못했다(Porter et al., 2019).

 저는 매우 수줍음을 많이 타는 사람들을 알고 있는데, 이 사회불안장애 진단은 그들에게 꽤 잘 맞는 것처럼 들립니다. 사회불안장애와 극도의 수줍음은 무엇이 다른가요?

사실, 그것은 어려운 구별이고, 논란을 야기해 왔다. 어떤 사람들은 사회불안장애가 본질적으로 정상으로 간주되는 매우 높은 수준의 성격 특질(수줍음 또는 내향성)이기 때문에, 장애로 간주되어야 하는지에 대해 의문을 제기한다(Lane, 2007; Moynihan & Cassels, 2005; Poole et al., 2017). 다른 장애와 마찬가지로, DSM은 그 증상이 진단 자격을 갖추기 위해서는 상당한 고통이나 혼란을 야기해야 한다고 강조한다.

공황장애

공포증이 있는 사람들은 불안이 언제 올지 안다. 그러나, **공황장애**(panic disorder)를 가진 사람들에게는 식별 가능한 시발점이 없다. 갑작스럽고, 강렬하며, 예측할 수 없는 짧은 불안의 폭발로 특징지어지는 불안장애다. 공황장애에서는 어떤 대상이나 상황도 공포 반응을 일으키지 않는다. 그리고 이 사건들은 공황 발작이라고 불린다. 그 반응은 심장이 두근거리고, 땀을 흘리고, 숨을 헐떡이며, 현기증을 일으키며 '심장마비!' 또는 '나는 죽을 거야!'와 같은 무서운 생각을 동반하는 강력한 신체 구성 요소들로 예상치 못하고 압도적이다(Craske & Barlow, 2008; Sewart & Craske, 2018).

 저에게 공황 발작이 일어났다면, 다음 공격이 언제 오는지에 완전히 몰두할 거예요.

사실, 그것은 공황장애가 있는 많은 사람들에게 일어난다. 때때로, 그들은 다음번 공황 발작에 대해 너무 걱정하게 되고 **광장공포증**에 걸리기도 한다. 광장공포증이 있는 사람은 만약 그들이 공

공황장애
갑작스럽고, 강렬하며, 예측할 수 없는 짧은 불안의 폭발로 특징지어지는 불안장애

황 발작을 느낀다면 탈출이 어렵거나 불가능한 상황을 피한다. 이 때문에 사람들은 근본적으로 집에 감금되어 있고, 식료품점, 영화관, 친구 집에서 공황 발작을 일으키는 것이 두려워 아예 밖으로 나가지도 않는다(Arch & Craske, 2008; Roest et al., 2019; Smits et al., 2006). 공황장애로 인한 자신의 투쟁에 대한 회고록을 쓴 무용수인 로버트 랜드(Robert Rand)는 끔찍한 공격(적어도 한 번은 응급실에 그를 데려갔던)과 공황장애와 함께 온 마비된 광장 공포증을 설명한다.

점점 더 무서운 집념에 사로잡힌[공황 발작]… 매일같이, 한 번에 몇 주씩… 심장이 뛰고, 마음이 무너지고, 확실히 내가 기절하거나, 더 심하게 죽을 것 같은 느낌, 이 모든 것이 내 마음을 찌르고 잽싸게 떠오른다. …

공황 발작에 대한 두려움은 압도적이었다. 예측불안은 내 삶의 모든 측면을 통제했다… 일, 쇼핑, 운전, 사교, 심지어 운동까지. 나는 이러한 활동들을 통제할 수 없고 무서운 공포를 유발할 수 있는 잠재력으로 측정했다. 나는 공격을 받을까 봐 하지 않은 것이 많았다(Rand, 2004, pp. 28-29, 33).

공황장애가 있는 많은 사람들은 또한 자신의 몸 안의 작은 변화, 즉 심박수의 가벼운 증가, 가벼운 땀, 한두 번의 가벼운 두통, 혹은 몇 번의 심한 호흡에 과민증을 경험한다. 이런 종류의 신체적 변화는 계단을 오르거나 너무 빨리 일어나면 일어날 수 있지만, 눈치채면 쉽게 사라질 수 있다. 그러나 공황장애가 있는 사람은 종종 이러한 감각을 임박한 공황 발작의 초기 징후로 잘못 해석한다. 불행하게도, 이 오해는 종종 불안을 증폭시키고, 이는 다시 신체적 감각을 증가시켜 실제로 공황 발작을 일으킨다(Ohst & Tuschen-Caffier, 2018; Pollack et al., 2010).

공황장애가 있는 사람들이 자신의 몸의 사소한 변화에 지나치게 민감하다는 것을 보여준 한 연구에서, 참가자들은 연구자들이 호흡할 수 있는 공기의 양을 정확하게 조절할 수 있는 특별한 마스크를 착용했다. 당연히 기류가 순간적으로 많이 줄어들었을 때 모든 참가자들이 강하게 반응했다. 그러나, 질식사에 대한 두려움이 높은 참가자들—공황장애 환자들 사이에서 흔히 볼 수 있는 과민증—그들은 공기 흐름이 조금만 줄어들었을 때 훨씬 더 강하게 반응했는데, 분명히 그들은 훨씬 더 작은 감소를 위협으로 신속하게 알아차리고 해석하기 때문이었다(Benke et al., 2018; Hamm et al., 2016).

강박장애

강박장애(obsessive-compulsive disorder, OCD)은 원치 않는 반복적 사고와 그러한 사고에 대응하여 행해지는 통제할 수 없는 행동으로 특징지어지는 장애다. 강박장애는 일상생활의 간단한 일을 매우 어렵게 만들 수 있다. 제니 트레이그(Jenny Traig)가 회고록에서 다음과 같이 설명했듯이, 고등학교 시절 그러한 어려움들이 매일 있었다.

미적분 책을 되찾기 위해 사물함으로 향한다. 도중에 우연히 반 친구와 부딪쳤다. 잠깐, 이 반 친구… 더럽지 않아? 이 반 친구에 대해 뭘 알고 있니? … 여자화장실로 가서 씻어라 … 미시시피를 180번 세는 동안 손을 씻어라. 나가는 길에 실수로 문 손잡이를 만졌다. 안으로 돌아가서 3분 더 씻는다. 사물함으로 이동한다. 종이타월로 사물함을 만져야 한다는 것을 잊었다는 것을 깨닫는다. 여자화장실로 돌아간다(Traig, 2004, pp. 221-222).

강박장애(OCD)
원치 않는 반복적인 생각과 그러한 생각에 반응하여 행해진 통제할 수 없는 행동으로 특징지어지는 장애

제니의 시련이 보여주듯 강박장애는 강박사고(obsession)와 강박행동(compulsion)이라는 두 가지 상호작용에 초점을 맞추고 있다. 강박사고는 갑자기 나타나는 원치 않는, 거슬리는, 불안을 유발하는 생각들이다. 강박행동은 강박사고에 의해 야기되는 불안을 감소시킬 목적으로 행해지는 행동이다. 이것은 순환이다. 강박사고는 불안을 유발하고, 강박행동은 그 불안을 감소시킨다. 문제는 그 강박사고가 반복적으로 일어나고, 또 반복적으로 발생한다는 것인데, 그로 인해 반복해서 강박행동을 해야 할 필요성을 느끼게 한다. 강박장애가 있는 사람은 강박사고가 불쑥 나타나는 것을 멈출 수 없고, 그다음에는 강박사고가 야기한 불안을 진정시키는 강박행동을 하지 않을 수 없다(Abramowitz & Mahaffey, 2011; Blakey & Abramowitz, 2018; Eisen et al., 2010; Mathews, 2009).

여기 제니의 강박장애의 과정에 대한 더 자세한 설명이 있다. 그녀는 위협적인 생각을 하고 있다. "내 손에 세균이 묻어 있어, 아플지도 몰라." 그런 생각이 그녀를 불안하게 만들고, 불안을 잠재우는 유일한 행동은 싱크대에서 손을 씻는 것이다. 그녀는 손을 씻고 기분이 좋아졌지만, 일시적으로만 나아졌다. 다음에 손에 묻은 세균에 대한 생각이 그녀에게 떠오르면(그것도 불과 몇 분 뒤일 수도 있는 일이지만), 그녀는 다시 그 불안을 느낄 것이고, 또다시 그 불안을 해소하기 위해 손을 씻어야 할 필요성을 느끼게 될 것이다. 만약 이런 패턴이 많이 일어난다면, 그녀는 자신의 삶, 즉 직장, 학교, 관계, 그리고 다른 모든 것들이 계속해서 방해받고 있다는 것을 알게 될지도 모른다.

다른 일반적인 형태의 OCD(문이 잠겨 있는지 확인하고 가스렌지가 꺼져 있는지 확인)도 유사한 패턴을 따른다. 불안을 유발하는 강박사고('가스레인지를 켜놓고 와서 집이 다 타버릴 것 같다') 다음에 강박행동(가스레인지 확인)이 뒤따른다. 덜 흔한 OCD 버전으로, 강박사고와 강박행동 관계는 의미가 없지만, (그러나 강력한) 미신이 될 수 있다. 이런 경우에는 강박행동이 이상할 수 있다. 예를 들어 강박장애를 가진 일부 사람들은 강박사고에 의해 야기되는 불안을 '취소'하기 위해 두드리거나 만지는 일정한 패턴을 포함한 의식을 행할 수 있다고 믿는다. 그들은 예를 들어 각각의 집게손가락으로 테이블을 다섯 번 두드려야 할 필요성을 느낄지도 모른다. 또는 강박장애가 있는 사람이 특정한 방식으로 계산할 때(예를 들어 4단위로 100까지 세는 경우)와 같이, 의식은 완전히 정신적인 것이며 다른 사람들에 의해 감지될 수 없을지도 모른다. 친구와 가족들이 이런 강박적인 행동을 알게 되면 강박장애가 있는 사람은 상당히 별난 사람처럼 보일 수 있다. 그럼에도 불구하고, 그 사람은 강박행동이 반복되는 강박사고에 의해 야기되는 불안을 해소하기 위한 유일한 선택이라는 믿음을 극복하지 못하는 것 같다.

누가 불안장애와 강박장애를 갖는가

특히 다른 유형의 심리적 장애와 비교하여 많은 사람들이 불안장애를 겪는다(Remes et al., 2016). 실제로, 불안장애는 가장 흔한 범주의 심리장애이다. 미국 인구의 28.8%는 일생 중 어느 시점에 어떤 불안장애를 경험하게 될 것이다. 그리고 거의 18.1%는 어느 연도에나 어떤 불안장애를 경험할 것이다. 특정공포증과 사회불안장애는 각각 12% 이상의 사람들의 삶에서 어느 시점에 발생한다. 이는 불안장애뿐만 아니라 모든 심리적 장애에 대한 목록의 최우선 순위에 있다(Kessler et al., 2005a, b, 2009).

어떤 사람들이 다른 사람들보다 불안장애를 가질 가능성이 더 높은가요?

불안장애는 어린이부터 노인까지 모든 연령의 사람들에게 발생한다(Ayers et al., 2009; Canuto et al., 2018; Essau et al., 2018; Moore et al., 2010; Rapee et al., 2009). 불안장애는 남성 및 소년보다 여성 및 소녀에게서 2~3배 더 자주 발생한다(Tolin et al., 2010). 흥미롭게도, 특정공포증은 10세 이후에만 남성보다 여성에게서 2배 더 자주 발생하는 패턴을 따른다. 일부 전문가들은 사회화가 특정공포증의 발달에 중요한 역할을 할 것이라고 추측했다. 그들은 사회가 아이들이 어릴 때는 소년과 소녀들이 똑같이 두려움을 경험할 수 있게 해주지만, 아이들이 열 살이 될 때쯤에는 소년들이 소녀들보다 더 두려움 없이 행동하도록 장려한다고 제안한다(Emmelkamp & Wittchen, 2009; Woody & Nosen, 2009).

불안장애는 미국과 전 세계 모든 민족에서 발생한다. 실제로, 불안장애의 평생 유병률은 대부분의 국가에서 25~30%를 차지하는 경향이 있으며, 이는 미국 인구의 비율과 현저하게 일치한다(Clark & Beck, 2010). 많은 경우, 불안장애는 문화 전반에 걸쳐 유사해 보이지만, 때로는 불안이 독특한 형태를 띠기도 한다. 많은 비서구 문화권에서 불안의 경험은 정신적인 불편보다 육체적 불편함을 강조한다(Asmal & Stein, 2009). 예를 들어 나이지리아와 다른 아프리카 국가의 GAD는 종종 곤충이 사람의 머리나 몸 안에서 기어 다니고 있다는 느낌을 포함한다(Stein & Williams, 2010). 캄보디아에서는 공황 발작이 마치 바람이 불어오는 것처럼 목의 통증과 귀의 감각을 특징으로 할 수 있다(Good & Hinton, 2009; Hinton et al., 2009). 게다가, 일부 특정공포증은 세계의 특정 지역에서 공통적으로 나타났지만 다른 곳에서는 들어본 적이 없다. 예를 들어 아시아의 일부 지역(태국과 중국 포함)에서는 많은 사람들이 갑작스럽고 강렬한 공포인 코로(koro)를 경험했는데, 갑자기 신체의 일부(남성의 성기, 여성의 외음부 또는 젖꼭지)가 몸 안으로 들어가서 죽음을 일으킬 수 있다는 강한 두려움을 말한다(Chiang, 2015; Dan et al., 2017; Greener, 2017).

불안장애와 강박장애가 발생하는 이유는 무엇인가

심리학자들은 여전히 불안장애의 원인을 조사하고 있지만, 수많은 요인이 나타났다. 가장 두드러진 것은 심리적 요인과 생물학적 요인이다. 불안장애의 기초가 되는 구체적인 심리적 요인으로는 비논리적 사고, 학습된 강화 및 처벌, 신경증적 성격 특질, 과잉보호적 양육 등이 있다.

비논리적 사고   비논리적 사고(비논리적 또는 비합리적 인식이라고도 함)는 종종 사실이 아닌 경우에 불필요한 불안을 초래하는 만약…라면(if-then) 진술의 형태를 취한다(Clark & Beck, 2010). 예를 들어 특정공포증을 가진 사람은 '만약 내가 개 근처에 간다면, 그 개는 나를 잔인하게 공격할 것이다'라고 생각할 수 있다. 사회불안장애를 가진 사람은 '내가 파티에 간다면, 난 창피를 당할거야'라고 생각할 수도 있다. 강박장애가 있는 사람은 '가스레인지를 확인하지 않으면 집이 다 타버릴 거야'라고 생각할지도 모른다.

학습된 강화와 처벌   비논리적인 생각 외에, 학습된 강화와 처벌도 불안장애의 발전에 기여할 수 있다. 행동심리학자들은 다른 행동을 배우는 것처럼, 사람들은 경험을 통해 불안 관련 행동을 배운다고 주장한다(Lissek et al., 2005; Lissek & Grillon, 2010). 예를 들어 젊은 남자가 엘리베이터에 들어가는 것이 두렵다는 것을 알게 된다면, 그는 엘리베이터를 피하는 것을 선택할지도 모른다. 그 선택은 두려움을 피하게 해주고, 그는 강화로 두려움을 피하는 경험을 한다. 그는 이런 행동을 몇 달, 몇 년 동안 반복하면서, 엘리베이터에 대한 특정공포증을 갖게 된다.

비논리적 사고는 불안장애의 원인이 될 수 있다. 예를 들어 어떤 사람이 악의 없는 개가 악랄하게 공격할 것이라고 비논리적으로 생각한다면, 그 사람은 개에 대한 특정한 공포증을 갖게 될 가능성이 더 높다.

sanjagrujic/Getty Images

신경증　불안장애는 또한 신경증 성격 특질의 부산물이다(Merino et al., 2016; Pagura et al., 2009). 신경증은 우리 모두가 어느 정도 가지고 있는 성격 특질이다. 즉 우리에게 일어나는 사건들에 대해 부정적으로 생각하고 반응하는 경향이다. 신경증 수준이 높은 사람들은 어린 시절부터 평생 동안 그렇게 유지되는 경향이 있으며, 불안장애가 발생하기 더 쉽다(Lawrence et al., 2009; Sauer-Zavala et al, 2017; Zinbarg et al., 2009). 예를 들어 야구경기를 보러 가는 길에 라디오에서 비가 온다는 일기예보를 듣는 친구들의 무리를 생각해보자. 신경증 수준이 낮거나 중간 정도인 사람들은 "아마도 그런 일은 일어나지 않을 거야" 또는 "아마 우리는 약간 젖게 될 거야, 혹은 비가 오는 동안 기다려야 할 거야, 별일 아냐"라고 할 것이다. 그러나 신경과민이 많은 친구는 훨씬 더 불안한 반응을 보일 것이다. "우리는 벼락을 맞을 수 있어! 우리는 우리 자리로 걸어가면서 미끄러져 넘어질 수도 있어! 도로가 범람할 수도 있고, 결국 경기장에 발이 묶일 수도 있어!"

과잉보호 양육　과잉보호 양육은 또한 어린 시절에 불안과 관련된 문제들을 야기할 수 있고 아마도 성인이 될 때까지 지속될 수 있다(Howard et al., 2017; Hudson & Rapee, 2009; Lebowitz et al., 2016). 부모가 자녀들이 불안을 경험하는 것을 막거나 방해할 때, 그들은 아이들이 얼마나 회복력이 있는지, 그리고 그들이 어떤 상황에 대해 얼마나 많은 통제력을 가지고 있는지를 깨닫지 못하게 한다. 대신에 아이들은 최소한의 불안감조차도 압도적일 수 있다는 메시지를 받을 수도 있고, 이것은 평생 동안 회피와 공포로 이어질 수도 있다. 예를 들어 아홉 살의 엘비아(Elbia)는 처음으로 친구네 집에 가서 하룻밤 자는 것에 대해 흥분을 표현한다. 동시에, 그녀는 그녀가 친구네 집에 가서 자면 약간 향수병에 걸릴지도 모른다고 말한다. 만약 엘비아의 부모가 이에 대해 과잉보호적인 태도로 반응하고, 엘비아가 친구네 집에서 잘 기회를 박탈한다면(특히 그들이 반복적으로 그렇게 한다면), 그들은 그녀에게 향수병이 그녀에게 엄청난 충격을 줄 수 있다고 말하는 것이다. 사실, 향수병은 결국 그녀가 성장하는 데 도움이 되었을지도 모르는, 극복할 수 있는 경험이었을지도 모른다. 과잉보호와는 정반대인 것을 고려하면, 한 연구에 따르면, 그들의 아이들에게 한계를 넘어 처음에는 약간의 불안을 야기할 수 있는 일들을 하도록 도전하는 부모들(특히 아버지들)의 아이들이 덜 불안한 증상을 보인다는 것이 밝혀졌다(Majdandžić et al., 2018).

유전적 요인　불안장애의 기초가 되는 생물학적 요인으로는 유전학, 뇌 이상, 진화 등이 있다. 유전적 연결은 간단하다 — 불안한 부모들에게는 불안한 자녀가 있다. 불안장애의 생물학적 유산은 약 20~40%로 추정된다. 이것은 불안장애가 발생할 가능성이 생물학적 부모로부터 물려받은 유전자에 크게 의존하고 있음을 시사한다(Eley, 2009; Gelernter & Stein, 2009). 그러나 유전적 전이가 구체적일 것 같지는 않다. 대신, 무슨 일이 일어나는가 하면, 부모들은 일반적으로 그들의 아이들에게 불안한 성격을 물려준다. 이 불안한 성향은 특정 장애가 아닌 여러 가지 방식으로 드러난다(Maron et al., 2008; Smoller et al., 2008). 예를 들어 공황장애가 있는 엄마는 공황장애보다는 불안해지는 경향을 아이들에게 물려줄 것이다. 만약 그녀의 아이들이 불안장애를 앓고 있다면, 공황장애만큼 쉽게, 특정공포증이나 범불안장애가 될 수 있다.

뇌 이상　뇌 이상도 불안장애를 가진 사람들에게서 뚜렷이 나타난다. 실제로, 대부분의 불안장애는 뇌의 생리적 이상과 같은 증상을 공유한다. 구체적으로, 그림 13.3에서 볼 수 있듯이 연구자들은 불안장애가 있는 사람들에게서 위험이 다가오면 '경고음을 울린다'는 뇌의 한 부분인 편도체가 지나치게 활동적이며, 그리고 모든 것이 양호하다는 신호를 보내어 편도체에 반대하는 전전두엽

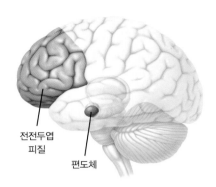

전전두엽
피질

편도체

그림 13.3 불안장애와 뇌 불안장애를 가진 사람들에게 편도체는 종종 지나치게 활동적이며, 전전두엽 피질은 종종 활동성이 떨어진다.

피질은 활동성이 떨어지는 것을 발견했다(Britton & Rauch, 2009; Fischer & Tsai, 2009; Shackman & Fox, 2016). 또한, 특정 신경화학물질은 불안장애가 있는 사람들의 뇌에서 비정상적으로 기능하는 경향이 있다. 이러한 신경화학물질에는 세로토닌, 도파민, 노르에피네프린 및 GABA가 포함된다. 이러한 신경화학물질의 구체적 문제는 지속적인 연구의 주제이다(Bremmer & Charney, 2010; Malizia & Nutt, 2008).

진화 자연 선택의, 가장 작은 의미에서, 진화는 또한 불안장애 발달의 한 요소로 널리 인식되고 있다(Bracha & Maser, 2008; Debiec & LeDoux, 2009; Nesse et al., 2019a). 우리의 뇌와 신체는 인류 역사의 과정에 걸쳐 우리에게 불안한 반응을 일으키기 쉽도록 진화해 왔다. 이런 식으로 생각해보자. 최소한의 불안을 느끼지 못한 인간의 원시 부족이 있었다면 그들은 살아남지 못했다. 그들은 많은 것을 두려워하지 않았고 따라서 약간의 불안이 있는 사람들보다 더 빠른 속도로 죽었다. 불안한 사람들은 살아남았고, 우리는 그들의 자손이다. 우리의 진화된 경향이 부적절한 시기에 과장되거나 적용될 때 불안의 문제가 발생한다. 그렇게 되면 우리는 불필요하게 투쟁-도피 상태로 들어간다.

예를 들어 인류 역사를 통틀어, 즉각적인 위험이 닥칠 때 공황 상태에 적응해 왔다. 고대에, 위험은 야생동물이 공격하거나 적군이 접근하는 것일 수 있다. 오늘날에는 토네이도 경보 울림이나 자동차 타이어가 삐걱거리는 소리일 수 있다. 이런 경우라면, 사람들은 실제로 공황장애가 가져다 주는 아드레날린의 급증으로 이익을 얻는다. 전투나 도망치기 위해 준비한다. 그러나 명백한 위협이 없는 상태에서 공황 발작이 발생하면, 그 공격은 도움이 되기보다는 파괴적이다.

불안장애의 원인을 가장 잘 이해하려면, 심리적인 요인과 생물학적 요인을 모두 고려해야 한다. 주요 이론은 정확히 그렇게 한다. **삼중 취약성 이론**(triple vulnerability theory)은 생물학적 요인, 일반적인 심리적 요인, 특정 심리적 요인의 상호작용을 강조하는 불안장애에 대한 설명이다. 이 이론의 주요 저자인 데이비드 바로우(David Barlow)에 따르면, 불안장애에 대한 '레시피'는 세 가지 '구성요소'로 이루어진다—(1) 유전자와 뇌 이상에 기초한 생물학적 경향, (2) 양육방식이나 비논리적인 사고에서 야기될 수 있는 삶의 사건에 대한 통제력 부족 인식, (3) 개인에게 정확히 무엇이 위협적인 것인지를 가르쳐주는 인생 경험. 예를 들어 그 세 번째 요소가 개로 밝혀지면, 개에 대한 특정공포증이 발생할 수 있고, 다른 사람들의 판단으로 판명될 경우 사회불안장애가 발생할 수 있다(Barlow, 2002; Barlow et al., 2007; Brown & Naragon-Gainey, 2013; Liverant et al., 2007; Suarez et al., 2009).

삼중 취약성 이론
생물학적 요인, 일반적인 심리적 요인, 특정 심리적 요인의 상호작용을 강조하는 불안장애에 대한 설명

학습 확인

13.12 불안장애란 무엇인가?

13.13 범불안장애란 무엇인가?

13.14 특정공포증은 무엇인가?

13.15 사회불안장애란 무엇인가?

13.16 공황장애란 무엇인가?

13.17 강박장애란 무엇인가?

13.18 불안장애는 얼마나 흔하며, 어떤 집단에서 가장 자주 진단되는가?

13.19 불안장애와 강박장애가 발생하는 이유는 무엇인가?

우울 및 양극성장애

우울 및 양극성장애(depressive and bipolar disorder)는 극한의 기분이나 감정 상태에 근거한 심리적 장애의 범주다. 물론 기분에 있어서 약간의 변화는 완전히 정상이다. 우리는 매일 좋은 기분이나 나쁜 기분을 경험하며, 일이 잘 풀리지 않을 때 마음의 상태를 묘사하기 위해 다운(down)이나 블루(blue)와 같은 용어를 사용한다. 하지만, 이 흔한, 지나가는 기분과의 투쟁과 본격적인 우울 또는 양극성장애에는 차이가 있다. 이러한 장애를 가진 사람들의 경우, 감정적 경험이 너무 강하거나 오래 지속되어 일상생활을 크게 방해한다(Craighead et al., 2008; Klein et al., 2006). DSM에 따르면, 이러한 장애는 두 가지 특정 방법 중 하나로 발생할 수 있다. 슬픔이 만연하는 감정 범위의 낮은 끝에 사람이 갇힐 때[주요우울장애와 **기분저하증**(dysthymia)에서처럼] 또는 사람이 감정의 중간 범위를 건너뛰고 낮은 쪽과 높은 쪽 사이를 번갈아갈 때이다(양극성장애와 순환성장애에서처럼)(American Psychiatric Association, 2013).

　　대니 에반스는 아내와 아기가 있고, 광고 분야에서 좋은 직업을 가진 젊은이였다. 그는 캘리포니아 남부에서 행복하고 건강한 삶을 살고 있었다. 그러다가 갑자기 심각한 우울증을 겪게 되었다. 그의 책(Evans, 2009, pp. 42-47)에서, 그는 우울증의 강력한 영향을 포착한다.

　　…그날 아침 잠에서 깨어났을 때 나를 압도했던 에너지 고갈은 내가 아는 어떤 것보다 훨씬 더 심각했다. [그 우울증]은 나에게 에너지나 낙관이나 즐거움을 주는 삶의 모든 것과 나를 연결하는 전기 코드에 걸려 넘어졌음에 틀림없다. 내 마음은 육체적으로 무거웠다. 나는 마치 내 영혼이 납으로 만들어진 것처럼, 모든 것을 소모하는 황량감을 가지고 있었지만, 그것 또한 나를 공허하게 만들었다. 마치 내 안에서 죽어가고 있는 것 같았다….

　　몇 달 전만 해도 나는 풀코트 농구를 40분 연속으로 하고 있었다. 나는 건강했다. 나는 강했다. …하지만 아마도 백여일 후 그날 아침의 나는 그저 일어나기 위해 몸부림치고 있었다. …

　　…슬픔은 너무나도 여러 번 반복되어 내 감정 구조의 모든 신경조직이 이 단 하나의 감각에 의해 점령되었다. 내 정신은 너무 무거워서, 희망, 열정, 자부심 등 우울증에서 벗어나기 위해 보통 소환하는 감정들은 갈 곳이 없었다. 그들은 위축되었다. 그들은 쪼그라들어서 죽었다. 그것도 슬픈 일이다.

학습 목표

13.20 우울장애와 양극성장애

13.21 주요우울장애

13.22 양극성장애

13.23 우울장애와 양극성장애는 얼마나 흔하게 나타나고, 어떤 집단이 이러한 장애로 빈번하게 진단되는가?

13.24 우울장애와 양극성장애의 발생 이유

우울 및 양극성장애
극단적인 기분이나 감정 상태에 근거한 심리적 장애의 범주

우울증이나 양극성장애로 고생한 유명한 사람들 중에는 에이브러햄 링컨(왼쪽), 카니예 웨스트(가운데), 엘렌 드제너러스(오른쪽) 등이 있다.

대니의 경험은, 적어도 2주간의 우울한 기분과 대부분의 활동에 대한 관심 상실을 경험하는 심리장애인 **주요우울장애**(major depressive disorder)를 생생하게 보여준다. 주요우울장애는 정신 건강 전문가들과 일반 대중들 사이에서 임상적 우울증, 단극성 우울증, 또는 단순 우울증 등 많은 다른 이름들로 나타난다. 주요우울장애는 많은 증상을 가지고 있지만, 초석은, 그 사람의 삶의 모든 부분에 스며드는 흔들리지 않고 끈질기고 가차없는 슬픔이다. 또한, 즐거움을 가져다주던 활동들은 이제 아무것도 가져다주지 않는다. 식욕이 거의 없기 때문이거나 평소보다 더 많이 먹는 동안 비정상적으로 활동적이지 않기 때문에 체중 변화는 흔하다. 때로는 더 많이, 때로는 평소보다 더 적게, 수면도 자주 방해를 받는다. 에너지 수준, 신체 활동, 집중력은 점점 약해지는 경향이 있는 반면, 무가치감과 죽음에 대한 생각은 종종 증가한다(American Psychiatric Association, 2013; Mondimore, 2006; Strunk & Sasso, 2017; Thase, 2006).

 가끔 슬픕니다. 사실, 꽤 자주 그래요. 그리고 다른 증상들도 생깁니다. 제가 우울한 걸까요?

우리는 아마도 우리가 반드시 말해야 할 때보다 더 **우울하다**는 단어를 말할 것이다. 주요우울장애를 특징짓는 슬픔은 흔한 일상적인 슬픔 그 이상이다. 그것은 더 강력하고, 결과적으로 진정한 괴로움과 일상생활의 혼란을 초래한다. 수업에 가는 것, 출근하는 것, 친구들과 노는 것, 심지어 침대에서 일어나는 것조차 심각한 우울증을 앓고 있는 사람에게는 극복할 수 없는 도전처럼 보일 수 있다. 또한, 대부분의 사람들은 심지어 극심한 슬픔조차도 주요우울장애에 대한 DSM 정의에 의해 요구되는 2주간의 기간에 훨씬 못 미치는 몇 시간 혹은 며칠 동안 지속되는 경향이 있다는 것을 기억하는 것이 중요하다. 따라서, 특히 극심하거나 오래 지속되는 슬픔이나 우울증을 경험한다면, 정신 건강 전문가의 도움을 구하는 것이 좋다.

지속기간으로 말하자면, DSM은 또한 주요우울장애와 동일한 슬픔의 핵심을 공유하지만 훨씬 오래 지속되는 별도의 장애를 포함한다. **지속성 우울장애(기분저하증)**[depressive disorder (dysthymia)]는 만성적이고 비교적 낮은 강도의 우울증을 특징으로 하는 심리적 장애다. 지속성 우울장애 진단을 받으려면 2주보다는 2년 동안 증상이 나타나야 한다. 그리고 지속성 우울장애를 앓고 있는 많은 사람들은 우울하지 않았던 시절을 기억하지 못한다. 행복했던 시절의 어떤 기억도 사라지게 하는 것은 본질적으로 끊임없는 가벼운 우울증이다(Klein & Black, 2017). 가나 출신으로 시인, 극작가, 공연 예술가, 사회운동가 Meri Nana-Ama Danquah는 자신과의 분투에 대한 묘사에서 이 장애의 본질을 포착한다.

나는 우울증을 내 자신보다 더 오래 알고 있었던 것 같이 느끼는 때가 있다. 그것은 처음부터 나와 함께였다고 생각한다. 내 이름 철자를 배우기 훨씬 전에. 아니, 그보다 더 오래. 내 이름을 말하거나 피부색을 사랑하는 법을 배우기도 전에, 이 공허한 가슴앓이가 나를 따라오면서, 우리의 피할 수 없는 길을 건널 때까지 끈기 있게 기다리면서, 내 미래의 불행을 계획하면서⋯ 이 끔찍한 질병은⋯ 나에게 연인과 우정, 돈과 기회, 시간, 그리고 더 많은 시간을 희생시켰다고 확신한다. 너무 많은 시간을 낭비했다(Danquah, 2002, pp. 174–175; 또한 Danquah, 1999 참조).

주요우울장애
사람이 적어도 2주 동안 우울한 기분과 대부분의 활동에 대한 관심 상실을 경험하는 우울증

지속성 우울장애(기분저하증)
만성적이고 비교적 강도가 낮은 우울함이 특징인 우울증

양극성장애

양극이라는 용어는 감정의 두 극을 가리킨다. 그들을 기쁨의 북극과 슬픔의 남극으로 상상해보라. 우리는 모두 북반구와 남반구 사이를 왔다 갔다 하는 감정의 변화를 경험한다. 그러나 우리 대부분은 중간에 있는 적도에서 멀리 벗어나는 경우가 거의 없다. 하지만 어떤 사람들은 중간에서 시간을 전혀 쓰지 않는다. 이 사람들은 **양극성장애**(bipolar disorder)가 있을 수 있다(이전에는 조울증이라고 알려짐). 이는 극도로 높은 기분과 극도로 낮은 기분이 번갈아 일어나는 것이 특징인 심리적 장애이다. 그림 13.4에서 알 수 있듯이, 그들의 감정 상태는 기쁨에서 슬픔으로 오락가락하며, 한 감정 극단에서 다른 감정 극단으로의 변화에 대한 설명이나 통제력이 거의 없다(Otto & Applebaum, 2011; Strunk & Sasso, 2017).

여러분은 주요우울장애에 대한 논의에서 양극성장애의 극 중 하나인 우울증에 대해 이미 잘 알고 있다(주요우울장애 용어 중 하나가 단극성 우울증이라는 것을 기억하라). 또 다른 극은 **조증**(mania)인데, 과도하게 상승된 감정과 에너지가 넘치는 감정적인 상태이다(Johnson et al., 2009; Miklowitz & Craighead, 2007; Miklowitz & Johnson, 2008). 양극성장애에는 조울증 경험의 강도와 길이로 크게 구분되는 두 가지 변형이 있다. 제1형 양극성장애는 적어도 일주일 동안 지속되고 일상적 기능에 심각한 장애를 유발하는 본격적인 조증 에피소드를 특징으로 한다. 제2형 양극성장애에서 조증 증상은 일반적으로 더 짧고 덜 쇠약해진다(조증 에피소드보다는 경조증 에피소드라고 불린다).

 만약 조증이 우울증과 정반대라면, 조증은 좋은 것 같지 않나요? 저는 항상 의기양양하고 활기찬 느낌을 받는 것을 마다하지 않을 것입니다.

사실, 양극성장애가 있는 사람들은 그들의 조증 에피소드들이 상당히 혼란스럽다. 소량과 적절한 시간이라면, 강렬한 에너지의 기간은 좋을 수 있다. 여러분이 당첨된 복권을 긁거나, 꿈의 직업을 얻거나, 여러분이 가장 좋아하는 밴드 콘서트에 백스테이지 입장권을 얻었을 때 여러분의 반응을 상상해보라. 그러나 조증은 고양감의 배후에 어떤 이유가 있는지 알 수 없거나, 너무 오래 지속된다면, 사람이 통제 불능이라고 느끼게 할 수 있다. 며칠 동안 지속되는 조증 에피소드 동안 사람들은 브레이크를 밟을 수 없는 것 같다. 그들은 수면을 거의 필요로 하지 않고 지속적으로 에너지가 넘친다고 느낀다. 그들은 억제되지 않고, 무분별한 대화, 지출, 일 또는 성관계 같은 해로운 결과를 초래하는 행동에 관여할 수 있다. 이런 억제되지 않은 행동이 한동안 계속되면 심각한 문제가 발생할 수 있다. 양극성장애를 가진 엔터테인먼트 전문 변호사인 테리 체니(Terri Cheney)가 그녀의 장애에 관한 책을 썼는데, 조증 에피소드에 대해 그녀의 경험에 대한 직접적인 설명을 해주고 있다.

그 조증은 나흘 동안 맹렬히 나에게 덤벼들었다. 4일 동안 먹지 않고 잠도 자지 않고, 한 번에 몇 분 이상 간신히 앉아 있었다. 4일간의 끊임없는 쇼핑… 그리고 4일간의 무분별하고 쉴새없는 대화. 내가 서부지역에서 아는 모든 사람에게 먼저, 그리고 동부지역에서 여전히 깨어 있는 사람에게, 그리고 산타페 그 자체에게, 누가 듣던지…. 그러나 대부분 남자들과 이야기를 나누었다. 캐니언 로드에는 매우 활기차고 친근한 술집과 클럽들이 많이 있다. 적갈색 머리와 미소, 그리고 환한 눈빛으로 대화를 시작하고 이른 아침까지 그의 집이나 내 집에서 그 대화를 지속하는 것은 어렵지 않았다(Cheney, 2009, pp. 6-7).

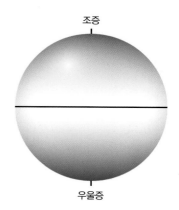

그림 13.4 **양극성장애의 극들** 양극성장애를 가진 사람들은 감정의 극과 극, 즉 조증의 고점과 우울증의 저점을 번갈아 겪는다.

양극성장애
극도로 높은 기분과 극도로 낮은 기분이 번갈아 일어나는 것이 특징인 심리장애

조증
지나치게 의기양양하고 에너지가 넘치는 정서적 상태

순환성장애
장기적이고 저강도 버전의 양극성장애

양극성장애를 가진 많은 사람들은 테리와 같이 극단적인 조증 에피소드를 경험하지만, 일부 사람들은 이보다 가벼운 에피소드를 묘사한다. 이런 가벼운 경우에도, 특히 감정의 기복이 장기간 지속되는 경우, 지속적인 상하 감정주기는 여전히 중요한 방식으로 일상 생활을 방해할 수 있다. DSM은 이 경험에 대해 다른 진단명을 가지고 있다―**순환성장애**(cyclothymic disorder), 즉 장기간 저강도의 양극성 장애이다. 본질적으로, 순환성장애와 양극성장애의 관계는 지속성 우울장애와 주요우울장애의 관계와 같다. 동일한 핵심 증상이지만, 덜 강하고 오래 지속된다. 순환성장애를 가진 사람은 2년 이상 그다지 우울하지 않은 정서적 결함(down)과 매우 조증적이지 않은 정서적 흥분(up)을 번갈아 겪는다(DeRubeis et al., 2016; Ketter & Wang, 2010; Newman, 2006; Stewart et al., 2006; Van Meter et al., 2018).

심각한 경우, 양극성장애 또는 우울장애로 인한 절망은 사람들로 하여금 자해행위를 생각하거나 저지르게 할 수 있다. 물론 가장 심각한 문제는 자살이다. 일반 대중에 비해, 주요우울장애가 있는 사람은 자살 가능성이 20배 더 높다. 양극성장애가 있는 경우, 그 비율이 훨씬 더 높다(Michaels et al., 2017; Newman, 2006; Osby et al., 2001; Swartz, 2007). 고맙게도, 이러한 통계에도 불구하고, 우울 및 양극성장애로 고생하고 있는 대다수의 사람들은 자살을 시도하지 않는다.

우울 및 양극성장애는 누구에게 생기는가

우울 및 양극성장애가 눈에 띄게 흔하다. 사실 불안장애만 더 널리 퍼져 있다. 미국인 중 20.8%가 그들의 인생 어느 시점에서 우울 또는 양극성장애로 진단받았으며, 작년에는 9.5%가 진단받았다(Kessler et al., 2008). 그림 13.5에서 알 수 있듯이, 이런 장애는 엄청난 피해를 준다. 치료 비용, 직장에서의 생산성 손실 및 기타 비용을 포함하면 미국 내 주요우울장애 및 양극성장애의 비용만 연간 1,000억 달러에 이른다(Wang & Kessler, 2006). 비용만 드는 것이 아니다. 우울증과 양극성장애를 가진 사람들은 일반 대중보다 부부갈등, 이혼, 실직률이 더 높다(Constantino et al., 2006; Kessler & Wang, 2009; Murray & Lopez, 1996; Newman, 2006; Thase, 2006).

우울장애 및 양극성장애 범주 내에서 특정 장애는 다른 비율로 발생한다. 예를 들어 주요우울장애는 양극성장애보다 훨씬 흔하다. 주요우울장애의 평생 유병률은 17%이고 1년 유병률은 6.6%이다. 양극성장애의 경우, 이 수치는 각각 3.9%와 2.6%에 불과하다(Kessler et al., 2005a, b, 2008; Kessler & Wang, 2009). 주요우울장애는 남성보다 여성에서 일반적으로 약 2배 흔하지만, 양극성장애는 성별에서 같은 빈도로 진단된다(Goodwin et al., 2006; Hatzenbuehler & McLaughlin, 2017; Kornstein & Sloan, 2006). 공포증과 마찬가지로, 주요우울장애의 비율에서 성별 차이는 약 12세 또는 13세 이후에 발생한다. 전문가들은 여성이 슬픔을 표출하지만 남성은 그것을 숨기도록 격려하는 사회화와 여성이 여러 책임을 떠맡도록 하는 큰 압력 등을 포함한 많은 가능한 설명을 제공했다(Hankin et al., 2008; Lara, 2008; Nolen-Hoeksema & Hilt, 2009).

일부 전문가들은 주요우울장애의 비율이 높은 것은 DSM-5의 정의와 평범한 정상적인 슬픔 사이의 경계가 흐릿할 수 있다는 사실과 관련이 있다고 주장한다. 구체적으로는, 그들은 사랑하는 사람의 죽음이나 이와 유사한 주요 스트레스 요인의 죽음처럼 그러한 증상이 예상되는 상황에서 나타나는 우울증 증상은 정신질환보다는 정상적인(그러나 불행한) 경험으로 보아야 한다고 주장한다. 이 전문가들은 또한 이것을 경험하는 사람들이, 그들이 말하는 '단순 우울(uncomplicated depression)'이라고 부르는, 인식할 수 있는 원

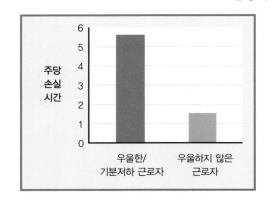

그림 13.5 직장에서의 우울증과 지속성장애의 비용 우울증을 앓고 있는 노동자들에게 그들의 고용주들은 우울증 없는 비슷한 노동자들보다 훨씬 더 많은 돈을 지불한다. 연구자들은 주요우울장애나 지속성장애를 가진 미국 근로자들이 그들의 동료들에 비해 3배가 넘는 생산 손실 시간(결근, 또는 출근했지만 완전한 생산성은 아닌 상태)을 경험하여 고용주들이 3배 이상의 손해를 본다는 것을 발견했다(Stewart et al., 2003).

인 뒤에 오는 우울증을 경험하는 사람들은 치료 없이 스스로 회복할 수도 있다고 지적한다. 게다가, 이러한 전문가들은 '단순 우울'이 또 다른 심리적 장애를 일으키거나 자살을 시도할 확률을 높이지 않는다고 주장한다(Horwitz, 2015, 2017; Horwitz et al., 2017; Horwitz & Wakefield, 2007; Wakefield & Demazeux, 2016; Wakefield et al., 2017).

어떤 형태의 주요우울장애는 전 세계 모든 사회에서 발생한다. 그러나 사람들이 경험하는 방식은 크게 다르다(Ryder et al., 2017). 일반적으로 비서구문화권에서는 불안장애와 마찬가지로 심리적인 것보다 신체적인 우울증을 경험하는 경향이 있다. 일부 아프리카 국가에서 우울증은 종종 머리에 열을 느끼는 느낌으로 표현된다. 이란에서는 가슴이 무겁거나 꽉 조이는 느낌으로, 인도에서는 가라앉는 느낌으로 표현된다(Kirmayer & Jarvis, 2006). 또한 비서구문화에서는 슬픔의 경험을 장애의 징후로 보지 않을 수 있다. 사실, 일본에서는, 슬픔은 종종 자기이해와 삶에 의미를 부여하는 인간 경험의 중요한 부분으로 여겨진다(Watters, 2010). 우울증은 전 세계의 다양한 방법으로 경험되고 정의되며, 왜 다른 장소에서 다른 비율로 발생하는지 설명할 수 있다. 일본, 중국 및 나이지리아에서는 매우 낮지만 네덜란드, 영국 및 칠레에서는 매우 높다(Ustun & Sartorius, 1995).

우울증과 양극성장애가 발생하는 이유는 무엇인가

불안장애와 마찬가지로 우울 및 양극성장애는 여러 가지 이유로 발생할 수 있다. 연구에 따르면 생물학적 요인과 심리적 요인이 모두 중요한 역할을 한다.

이러한 장애의 기초가 되는 생물학적 요인에는 유전학, 뇌 이상 및 신경화학물질 등이 있다. 유전학 측면에서 양극성장애는 가장 유전성 있는 심리적 장애 중 하나로 보이며, 주요우울장애가 그다지 뒤지지 않는다(Berrettini & Lohoff, 2017; Miklowitz & Johnson, 2008). 뇌 이상도 주요우울장애 및 양극성장애 모두에 존재한다. 특히 해마, 편도체 및 전전두엽 피질을 포함하여 감정을 처리하는 뇌 부위에 존재한다. 따라서 이런 장애를 가진 사람들이 불행한 사건을 경험할 때, 그들의 뇌는 그러한 장애가 없는 사람들의 뇌보다 더 심하게 부정적인 감정을 일으킬 수 있다.

우울 및 양극성장애의 근본 원인에 대한 생물학적인 요인의 초점은 종종 화학적 불균형 이론의 형태를 취하는데, 이는 특정 뇌 화학물질의 수치가 이런 장애를 가진 사람들은 이상하다는 것이다. 화학적 불균형 이론은 꽤 인기가 있지만, 그것을 연구하는 많은 과학자들은 이러한 장애를 얼마나 완전하고 정확하게 설명하는지에 대해 약간의 의구심을 가지고 있다. 따라서 세로토닌, 노르에피네프린, 도파민의 수치가 주요우울장애와 양극성장애에서 어느 정도 역할을 할 수 있다. 그러나 그들의 정확한 역할은 여전히 조사 중이다(Delgado & Moreno, 2006; Hammen & Watkins, 2008; Johnson et al., 2009; Lacasse & Leo, 2015).

우울 및 양극성장애의 배후에서 가장 두드러진 심리적 요인은 비논리적 사고, 특히 비관적이고 냉소적인 사고이다. 우울장애가 있는 사람들에게, 비논리적 사고는 사람을 부정적인 방식으로 환경을 바라보도록 편향시키는 정신적 틀인 우울 도식(스키마)에서 비롯된다(Alloy et al., 2017; Beck, 1976; Beck et al., 1979; Joorman, 2009). 우울 도식은 결코 벗지 않는 선글라스처럼 삶의 경험을 어둡게 할 수 있다. 우울 도식은 그러한 신념이 실제로 거짓이라 할지라도, 사람이 쓸모없거나, 호감이 가지 않거나, 실패한 것으로 믿게 한다(Beck, 1976; McBride et al., 2007). 우울증에 시달리는 사람들에게, 부정적인 생각들은 일단 들어가면 계속 남아 있는 경향이 있다. 우울증에 걸린 사람들은, 자신의 단점과 실패에 대해 계속 반복해서 생각하며, 놓아줄 수 없게 되어, 그들의 기분을 더욱 악화시키는 경향이 있다(Beevers, 2005; Nolen-Hoeksema et al., 2007). 또한, 신경증의 성격 특성은 불안장애에서와 마찬가지로 우울증과 양극성장애의 발달에 역할을 할 수 있다(Fournier & Tang, 2017).

학습 확인

13.20 우울 및 양극성장애란 무엇인가?
13.21 주요우울장애란 무엇인가?
13.22 양극성장애란 무엇인가?

13.23 우울 및 양극성장애는 얼마나 흔하며, 어떤 집단에서 가장 자주 진단되는가?
13.24 우울 및 양극성장애는 왜 발생하는가?

섭식장애

학습 목표

13.25 섭식장애의 정의
13.26 신경증 식욕부진증의 정의
13.27 신경성 폭식증의 정의
13.28 폭식장애의 정의
13.29 누가 섭식장애를 경험하는가?
13.30 섭식장애의 발생 이유

음식은 인간 생존에 있어 중심이며, 음식을 얻기 위한 추동은 아마도 우리의 가장 원초적인 본능일 수 있다. 그러나 음식에 붙어 있는 심리적 · 사회적 의미는 이 가장 근본적인 추동마저 탈선시킬 수 있다. 음식은 체중을 의미하며 체중은 특히 우리 문화에서 강력한 결과를 가져올 수 있다. 어떤 사람들에게는 체중과 신체 이미지가 매력과 자기가치로 해석된다. 이 사람들은 특히 **섭식장애**(eating disorder)에 취약하다. 즉 식사 또는 음식과 관련된 행동에서 심각한 장애를 수반하는 심리적 장애의 범주이다.

다른 심리적 장애와 마찬가지로 섭식장애도 심각하다. 어떤 경우에는 너무 심해져서 섭식장애가 있는 사람은 병원에 며칠 또는 몇 주 동안 입원해야 한다. 거기서, 정신 건강 전문가는 의사, 영양사와 함께 그 사람이 살아 있고 건강하게 지낼 수 있는 충분한 칼로리를 섭취하도록 하는 기본 목표를 위해 노력한다. 이 범주에서 가장 흔한 세 가지 장애인 신경성 식욕부진증, 신경성 폭식증 및 폭식장애를 살펴보겠다.

신경성 식욕부진증

신경성 식욕부진증[anorexia nervosa, 흔히 단순히 **거식증**(anorexia)이라고도 함]은 키와 나이에 근거하여 최소한의 정상적인 체중을 유지하기 위해 충분한 음식을 먹지 않는 것에 근거한 섭식장애다. 이러한 식사 거부는 대개 자신의 몸을 뚱뚱하다고 보는 왜곡된 시각에서 시작된다. 게다가 거식증이 있는 사람들은 대개 그들의 신체적인 외모에 자신의 이미지를 기반으로 하며, 바람직한 신체적인 자질 목록 맨 위에 마른 체형이 있다. 거식증이 있는 사람들은 놀라울 정도로 날씬하다. 때로는 굶어 죽는 위험을 감수하기도 한다. 하지만 그들은 자신들을 과체중으로 잘못 보기 때문에 제대로 먹는 것을 거부한다(Keel & McCormick, 2010; Steiger & Bruce, 2009; Stice et al., 2016; Sysko & Alavi, 2018).

리사 힘멜(Lisa Himmel)의 회고록은 거식증과 싸운 그녀 자신의 이야기를 담고 있다. 이 발췌문에서 리사는 고등학교 졸업반 때 엄마와 함께 점심을 먹으러 가는 것을 설명한다. 특히, 음식에 대한 생각의 경직성과 엄마를 속여서 그녀가 먹는 것보다 더 많이 먹는다고 생각하게 하는 전략에 주목하라.

그들은 신선한 수프, 많은 샐러드, 그리고 멋진 샌드위치 등 적절한 메뉴들을 많이 가지고 있었다. 그러나 나는 놀랐다. 아무것도 나에게 어필하지 않았다. 아니 오히려 내 엄격한 다

섭식장애
식사 또는 음식과 관련된 행동에 심각한 장애가 있는 심리적 장애의 범주.

신경성 식욕부진증
사람의 키와 나이를 기준으로 최소한의 정상적인 체중을 유지하기에 충분한 음식을 먹지 않는 것에 근거한 섭식장애

이어트 계획에 전혀 맞지 않았다.

나는 엄마가 단지 딸과 즐거운 점심을 먹고 싶어 했다는 것을 안다. 하지만 나는 엄마가 조심스럽게 제안을 하는 동안 머리 위 메뉴판을 응시했고, 나는 "안돼! 그러면 나는 뚱뚱해질 거야, 엄마!"라고 말했다. 엄마는 한 가지 선택권을 차례로 읽었고, 나는 모든 것을 거절했다. 포기하고 싶었고, 내 작은 배에 배고픔이 뒹굴게 하고 싶었지만, 나는 내가 어린애처럼 행동하고 있다는 것을 알 수 있었다. 나는 호밀 빵에 구운 야채 샌드위치를 선택했는데, 나는 샌드위치 가장자리를 떼어냈다. 샌드위치 맛은 괜찮았는데, 나는 샌드위치를 거의 다 남겼다.

…나이가 들면서 나는 가족의 저녁 식사와 이전의 모험적인 식욕에서 벗어나기 시작했다. 몸무게가 줄었고, 나는 전에 내 존재를 인정하지 않았거나 거의 인정하지 않았던 사람들에게 더 눈에 띄는 것 같았다. 내 몸에 대한 칭찬에 '꼭 맞음(fit)'과 '마른(여윈)(thin)'과 같은 단어들이 합류했다…내 몸에 대한 칭찬을 받는 것이 고급 레스토랑 식사보다 더 좋았다. 살이 더 빠지면서 칭찬이 걱정으로 바뀌었을 때에도, 나는 '가느다란(skinny)' 혹은 '마른(thin)' 소리만 들릴 뿐, … 계속해야 했다(Himmel & Himmel, 2009, pp. 116-117).

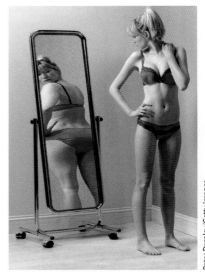

거식증을 가진 사람들은 자신의 몸을 실제보다 더 뚱뚱하다고 왜곡된 시각을 가지고 있으며, 종종 그 신체 이미지를 높이 평가한다.

 거식증은 심각한 신체적 결과를 초래할 수 있는 심리적 장애처럼 들립니다. 그런가요?

거식증으로 인한 영양실조가 길어질 때 몸에 많은 위험한 결과들이 생기는데, 그중에서도 불규칙한 심박수, 흉통, 저체온증, 탈모, 건성피부, 변비 등이 있다. 거식증이 있는 여성은 월경기간이 중단되는 것이 일반적이다(Katzman et al., 2010; Mitchell & Crow, 2010). 불행하게도 거식증은 직접적으로 절식에 의한 것이든 간접적인 합병증으로 인한 것이든 약 5%의 경우에 치명적이다(Keel, 2010).

신경성 폭식증과 폭식장애

신경성 폭식증[bulimia nervosa, 흔히 **폭식증**(bulimia)이라고 함]은 개인이 과식하는 패턴을 보이고 체중 증가를 막기 위한 과감한 시도가 뒤따르는 섭식장애이다. 원래 폭식증은 거식증의 변형으로 간주되었다. 그러나 수십 년 동안 그것은 뚜렷한 장애로 인식되어 왔다(Dell'Osso et al., 2016; Russell, 1979). 폭식증 환자는 체중을 지나치게 걱정하지만, 스스로를 폭식(bingeing)과 구토(purging) 패턴에 가두게 된다(거식증을 가진 사람들이 하는 것처럼, 음식을 단호히 거부하는 것이 아니라). 그들은 폭식(binge)하고 나서 그들의 몸에서 칼로리를 빠르게 빼서(purge) 폭식을 취소하려고 노력한다. 과식 에피소드는 통제할 수 없는 느낌이 들며, 3개월 동안 적어도 일주일에 한 번 이상 같은 상황에서 다른 사람들이 먹는 것보다 훨씬 더 많이 먹는 것을 포함한다. 종종 폭식증이 있는 사람들이 폭식하는 음식들은 케이크, 쿠키, 아이스크림과 같은 고칼로리 과자들이다. 또한, 폭식증이 있는 사람들은 종종 폭식증에 대해 상당히 당황해하며, 혼자 있거나 증거(포장, 포장지 등)를 숨길 수 있을 때만 그렇게 한다. 제거의 가장 흔한 형태는 자기 유도 구토지만, 다른 형태로는 과도한 운동, 완하제, 또는 기타 약물 남용, 일시적인 단식 등이 있다(Stice et al., 2016; Sysko & Alavi, 2018; Sysko & Wilson, 2011).

폭식증이 있는 사람들이 반드시 저체중인 것은 아니다. 결과적으로, 폭식증이 있는 사람들은 거

신경성 폭식증
개인이 과식의 패턴을 보이는 섭식장애로 체중 증가를 막기 위한 과감한 시도가 뒤따름

식증을 가진 뼈만 남은 마른 사람들보다 더 오랜 기간 동안 그들의 증상을 감지하지 못하게 될 수 있다. 뉴욕타임스의 기자인 프랭크 브루니(Frank Bruni)는 그의 무질서한 식사와 그의 친구와 가족들로부터 폭식 증상을 숨기고자 하는 욕구에 관한 책을 썼다. 다음 내용은 노스캐롤라이나대학교에서 신입생이었던 동안 친구들과의 저녁 식사에 관한 것이다.

> 나는 너무 많이 먹었다. … 나는 그 모든 것을 내 뱃속에 남아 있게 놔둘 수가 없다. Sadlack's의 화장실은 오직 한 사람만 쓰는 것이었고 잠겨 있기 때문에 나는 필요한 프라이버시가 있었다. 나는 세면대에서 물을 틀어 내가 만들 수 있는 어떤 소리라도 위장했다. 나는 즉시 시작해야 했다. 나는 이것에 대해 점점 더 빨라졌다.

> 45초 안에 샌드위치가 사라졌다. 나는 변기 물을 내린 다음, 세면대로 가서 입에 찬물을 넣어 헹구었다. 나는 얼굴에 물을 약간 뿌렸다. 나는 거울 속에서 내 모습을 살폈다. 자리로 돌아가기 전에 조금 더 기다려야 했다. 나는 여전히 너무 붉었다.

> 1분 후, 나는 신선한 평가를 했다: 분홍색. 훨씬 낫다. 거의 다 되었다.

> 30초 후, 나는 가도 좋았다. 내 눈은 여전히 촉촉하고 희미하게 충혈되어 있었다. 하지만, 그게 얼마큼의 진실을 보여주었을까? 눈은 여러 가지 이유로 내가 나를 보았듯이 남들도 나를 볼 수 있다(Bruni, 2009, pp. 94, 98).

폭식증의 신체적 피해는 심각하다. 폭식증을 가진 사람들은 거식증과 관련된 어떤 의학적인 문제도 경험할 수 있을 뿐만 아니라, 특히 또한 구토 방법에 관련된 문제들을 경험할 수도 있다. 규칙적으로 토하도록 강요하는 것은 치아 질환, 만성 인후염, 속쓰림, 체액정체현상, 염증과 구토에 관련된 분비선의 팽창 등의 형태로 여러분의 몸에 심각한 손상을 입힌다(Mehler et al., 2010).

폭식장애(binge eating disorder)는 과식의 폭식증이 있지만 제거는 없는 섭식장애이다. 폭식 장애는 적어도 일주일에 한 번 이상, 3개월 동안 음식을 폭식하지만 자기 유도 구토, 과다 운동, 완하제 사용 또는 금식과 같은 칼로리 빼기 행동에 관여하지 않는 사람들에게 적절한 진단이다. 폭식증에 걸린 사람들처럼, 폭식장애가 있는 사람들은 먹는 것에 대한 통제 부족을 느끼고 곤란한 상황을 피하기 위하여 혼자 폭식하는 것을 선택한다. 폭식장애는 종종 폭식증의 변형으로 여러 해 동안 임상가들에 의해 비공식적으로 인정되어 왔지만, 2013년 DSM-5가 출간되면서 자체적으로 공식적인 장애가 되었다(Fairburn et al., 2000; Hudson et al., 2012; Kessler et al., 2013; Stice et al., 2016; Sysko & Alavi, 2018).

누가 섭식장애를 갖게 되는가

섭식장애는 일반적으로 중학교, 고등학교 또는 젊은 성인기에 발생한다. 여성에게만 국한된 것이 아니지만, 여성 대 남성 비율이 약 10:1이다(Gordon, 2000; Keel, 2010). 섭식장애는 비교적 드물다. 미국에서 세 가지 섭식장애의 합계율은 전체 인구의 2% 미만이며, 거식증은 과식증과 폭식 장애보다 덜 흔하다(Agras, 2010; Crow & Brandenburg, 2010; Erskine & Whiteford, 2018; Kessler et al., 2013).

날씬한 여성 연예인들의 미화와 같은 서양의 문화적인 영향이 특히 젊은 여성들을 섭식장애로 내몰고 있다는 것은 의심의 여지가 없지만, 섭식장애의 유형들은 세계 다른 곳에서 발견되었

폭식장애
과식 패턴이 있지만 구토는 없는 섭식장애

다. 어떤 경우에는, 특정 장소에서의 섭식장애의 증가가 그곳의 사람들이 서구 매체를 접하게 된 직후에 일어났다. 실제로 우크라이나, 벨리즈, 대한민국, 남아프리카공화국 등 많은 나라들이 있는데, 이 나라들은 미국 대중문화에 노출되자마자 섭식장애가 존재하지 않던 곳에서 급속히 유행하는 나라로 빠르게 도약했다(Levine & Smolak, 2010). 다음 예를 고려해보자. 섬나라 피지(호주 동부의 남태평양에 위치함)는 충실하고 튼튼한 여성들이 전통적으로 미의 상징으로 여겨졌던 곳으로 1995년까지 사실상 섭식장애가 없었다. 그 해에 미국과 영국 텔레비전이 엄청나게 마른 여성 스타들을 거느리고 그 섬에 도착했다. 몇 년 안에 피지에 사는 10대 소녀들의 74%는 자신이 너무 뚱뚱하다고 보고했고, 15%는 체중을 줄이기 위해 일부러 토했다고 보고했다(Becker et al., 2002).

피지에서, 거식증과 폭식증 같은 섭식장애는 거주자들이 미국 텔레비전을 시청할 수 있을 때까지 본질적으로 존재하지 않았다. 얼마 지나지 않아 일부 여학생과 여성들이 더욱 부정적인 방식으로 자신의 몸을 평가하기 시작했고, 섭식장애가 급증했다.

섭식장애가 발생하는 이유는 무엇인가

섭식장애의 발달에는 생물학적, 심리적, 사회적 요인이 포함된다. 쌍둥이 연구를 포함한 소량의 연구는 유전성과 같은 생물학적 요인을 지적한다(Bulik et al., 2006; Klump et al., 2001; Wade, 2010). 또한 섭식장애를 가진 사람들이 맛과 보상 처리를 담당하는 뇌 영역에 장애가 있을 수 있음을 시사하는 신경심리학 연구 결과의 작은 증거도 있다(Kaye & Oberndorfer, 2010).

섭식장애의 발달에 중요한 역할을 하는 심리적 요인에는 특히 거식증을 가진 사람들 사이에서 완벽주의 경향이 있다. 이 완벽주의는 종종 자신의 체중에 대해 전부 혹은 전무(all-or-none)의 태도로 해석된다. 완벽하게 말랐거나(thin) 용납할 수 없이 뚱뚱하거나(fat) 중간이 없다. 이런 식으로, 미국에서 너무 널리 받아들여지는 '너는 너무 마를 수 없다'라는 생각은 위험한 강박관념이 된다(Ghandour et al., 2018; Jacobi & Fittig, 2010; Vogele & Gibson, 2010). 폭식증이 있는 사람들 중에서 충동성은 완벽주의보다 훨씬 더 위험하다. 충동에 따라 행동하면 폭식이 일어날 수 있고, 물론 그런 폭식은 구토로 이어질 수 있다(Couturier & Lock, 2006; Oliva et al., 2019).

지금까지 사회적·문화적 영향(서구 미디어와 관련된 영향 등)은 섭식장애의 가능한 원인으로서 가장 많은 관심을 받았다. 우리의 TV 쇼, 영화, 잡지들은 날씬함이 아름다움과 같다는 것을 젊은 여성들에게 확신시켜준다. 늘씬한 여성 모델과 영화배우들의 행렬은, 몸무게가 몇 파운드 늘어난 사람들에 대한 혹독한 비판과 결합되어, 일부 여성들은 어떤 대가를 치르더라도 날씬함을 추구하도록 장려한다(Grabe et al., 2008; Levine & Murmen, 2009). 실제로, 일부 연구는 젊은 여성들이 극도로 마른 여성들을 특징으로 하는 잡지를 읽는 빈도와 자신의 몸에 대한 불만족 사이에 강한 유사성을 발견했는데, 이것은 섭식장애로 이어질 수 있다(Field et al., 1999a, b; Groesz et al., 2002; van den Berg et al., 2007). 최근에는 이러한 유형의 연구가 소셜미디어에까지 확대되었으며, 그 결과도 대체로 유사하다. 자신을 날씬하고 매력적이라고 생각하는 사람들의 사진과 비교하는데 많은 시간을 보내는 소녀들과 여성들(소수의 소년들과 남성들과 함께)은 섭식장애를 일으킬 위험이 더 높다(Holland & Tiggemann, 2016; Saunders & Eaton, 2018; Sidani et al., 2016).

제가 아는 소녀들과 여성들은 모두 TV를 보고, 영화를 보고, 잡지를 읽지만, 그중 극소수만이 섭식장애 증상을 보입니다. 왜 언론은 일부 사람들에게 다른 사람들과 다르게 영향을 미치나요?

날씬함이 아름다움과 같다는 언론의 메시지는 아름다움이 모든 것이라는 다른 믿음과 결합될 때 특히 독성이 있다. 지능, 능력, 관계, 또는 그 밖의 다른 어떤 것도 아닌, 자신의 몸매를 중심으로 자기개념이 구축된 사람들에게는 체중 감량이 인생의 주된 목표가 될 수 있다.

아름다움이 모든 것이라는 믿음은 다양한 원천에서 나온다. 예를 들어 연구자들은 부모가 딸의 외모를 지나치게 강조하고 딸의 체중을 비판하는 부모를 둔 소녀는 그렇지 않은 소녀들보다 섭식장애에 걸릴 가능성이 훨씬 더 높다는 것을 발견했다(Davison et al., 2000; de León-Vázquez et al., 2018; Field et al., 2005; Rienecke, 2018). 또한, 엄마나 친구들이 섭식장애의 롤모델인 소녀들은 더 많은 위험에 처해 있다(Eisenberg et al., 2005; Stice, 2002). 문화 또한 강력한 역할을 한다. 아프리카계 미국인처럼 신체 불만족 비율이 상대적으로 낮은 민족 출신 여성들은 섭식장애의 비율이 낮은 경향이 있다. 이와는 대조적으로, 유럽 여성들은 신체 이미지 불만족과 섭식장애 둘 다에서 가장 높은 비율을 가지고 있는 경향이 있다(Field & Kitos, 2010; Roberts et al., 2006).

학습 확인

13.25 섭식장애란 무엇인가?
13.26 신경성 식욕부진증이란 무엇인가?
13.27 신경성 폭식증이란 무엇인가?

13.28 폭식장애란 무엇인가?
13.29 섭식장애는 얼마나 흔하며, 어떤 그룹에서 가장 자주 진단되는가?
13.30 섭식장애는 왜 발생하는가?

조현병

조현병(schizophrenia)은 생각, 지각, 감정, 행동에 있어서 기괴한 장애를 보이는 심각한 심리적 장애이다.

 잠깐, 조현병은 그 사람이 다중인격장애를 가지고 있는 것이 아닌가요?

아니다—그건 일반적인 생각이지만 틀렸다(Duckworth et al., 2003)(이 장 후반에 나오는 해리성 정체성장애가 그러한 설명에 가장 가깝다). 조현병 환자에 대한 정확한 설명은 노골적으로 비현실적인 현실에 대한 인식을 가지고 있다는 사실에 초점을 맞춘다. 이러한 명백한 현실로부터의 이탈은 다른 장애에서 흔히 볼 수 있는 약간의 왜곡과 다르다. 그것은 친근한 개의 위험을 과장하는 공포증을 가진 사람보다, 또는 최근 취업 면접을 부당하게 부정적으로 보는 심각한 우울증을 앓고 있는 사람보다 더 극단적이다. 세상을 지각하는 이 끔찍한 비현실적인 방법을 설명하기 위해, 심리학자들은 **정신증**(psychosis)이라는 단어를 사용한다. 이는 현실과 상상력의 차이를 구별하는 기본 능력의 중대한 손상이다. 결과적으로 조현병을 앓고 있는 사람들은 종종 자신의 개인적인 환상 세계를 창조한 것처럼 보인다. 그들은 다른 사람들이 보지 못하는 것을 보고, 다른 사람들이 듣지 못하는 것을 듣고, 다른 사람들이 생각하지 않는 것을 생각하고, 다른 사람들이 믿지 않는 것을 믿는다. 요컨대 정신분열증을 앓고 있는 사람들은 주변 사람들과 같은 현실에 살고 있지 않다(Lieberman et al., 2006; Mueser & Duva, 2011; Mueser & Roe, 2016).

조현병을 앓고 있는 서던캘리포니아대학교 법학 교수인 엘린 삭스(Elyn Saks)를 생각해보자. 그

조현병
사고, 지각, 감정, 행동 등에서 기괴한 혼란을 보이는 심각한 심리적 장애

정신증
현실 세계와 상상력의 차이를 구별할 수 있는 기본적인 능력에 상당한 손상

녀의 책에서, 그녀는 도서관에서 동료 법대생들과 과제를 논의하는 이 주목할 만한 구절을 포함하여 조현병과 함께 사는 경험을 묘사한다. 현실에 대한 그녀의 통제력이 어떻게 사라지는지, 그리고 그녀의 연설이 비논리적이고 기괴한 사고과정을 어떻게 드러내는지 주목하라.

> "네가 나와 같은 단어들이 페이지를 넘기는 경험을 하고 있는지 모르겠어"라고 나는 말한다. "누군가가 내 사건 사본에 침투한 것 같아. 우리는 우리 장소를 미리 잘 살펴야 해. 난 관절을 믿지 않아. 하지만 관절은 네 몸을 함께 잡아주잖아." 나는 두 동료가 나를 바라보는 것을 보기 위해 서류에서 눈을 떼고 힐끗 올려다본다. "난… 난 가봐야 해"라고 한 사람이 말한다. "나도." 다른 한 사람이 말한다. …

나중에 엘린은 자신의 담당교수 연구실에 와서 이 과제를 논의하게 된다.

> "메모 자료가 잠입했습니다"라고 나는 그에게 말한다. "그들이 뛰어다니고 있어요. 나는 키가 커서 멀리뛰기를 잘하곤 했어요. 나는 넘어져요. 사람들은 물건을 넣고 나서 내 잘못이라고 말해요. 전에는 신이었는데 좌천당했어요." 나는 플로리다 주스 광고 노래를 부르기 시작하는데, 그의 사무실을 빙빙 돌면서 내 팔이 새 날개처럼 튀어나왔다(Saks, 2007, pp. 1–3).

엘린의 에피소드는 조현병의 좀 더 분명한 증상들 중 일부를 보여준다. 실제로 존재하지 않는 것들을 보고, 기괴하고 사실이 아닌 생각을 믿고, 뚜렷한 연관성 없이 한 주제에서 다른 주제로 뛰어드는 생각을 포함한다. 조현병의 많은 증상은 양성 증상, 음성 증상, 인지적 증상의 세 가지 유형으로 나눌 수 있다(Lewis & Buchanan, 2007).

조현병의 양성 증상

조현병의 **양성 증상**(positive symptom)은 조현병이 있는 사람에게는 존재하거나 과도한 경험이지만, 조현병이 없는 사람에게는 거의 없는 경험이다. (여기서 '양성'을 '플러스'와 같이 생각해보자. 대부분의 사람들이 경험하는 정상적인 범위를 넘어서 추가된 것이다.) 양성 증상은 조현병의 가장 눈에 띄는 징후로 특히 망상과 환각이다.

망상 망상(delusion)은 조현병을 가진 사람이 현실이라고 믿는 완전히 잘못된 믿음이다. 그 사람의 가족이나 문화에서 그런 믿음을 가진 사람은 아무도 없다는 것은, 혹은 다른 사람들에게 마법처럼 보이거나 특이하게 보인다는 것, 혹은 논리에 어긋난다는 것은 중요하지 않다. 이런 모든 것에도 불구하고, 조현병을 가진 사람은 이러한 믿음을 전혀 의심하지 않고 완전히 합법적인 것으로 받아들인다. 예를 들어 조현병을 앓고 있는 한 남자는 가로등(그리고 아마도 그것을 통제하는 사람들)이, 그와 직접 교신하고 있고, 그 아래에서 운전할 때 그를 위협한다고 믿었다. 그의 가족들이 그를 설득하려고 했을 때, 그는 그들을 믿지 않을 뿐만 아니라 그들이 가로등의 음모에 연루되어 있다고 의심했다(McLean, 2003).

어떤 유형의 망상은 특정 조현병 환자에서 특히 두드러질 수 있다(Lindenmayer & Khan, 2006; Vahia & Cohen, 2008). 예를 들어 박해에 대한 망상을 가진 사람들은 다른 사람들이 그들을 잡으러 나온다고 믿는다("내 이웃들은 모두 나를 염탐하고, 내가 가진 모든 것을 훔칠 음모를 꾸미고 있다."). 과대망상을 가진 사람들은 초인적인 힘을 가졌다고 믿거나, 과거 대통령이나 종교 아이콘 같

양성 증상
조현병 환자에게는 존재하거나 과도하지만 조현병이 없는 사람에게는 대부분 없는 경험

망상
조현병을 앓고 있는 사람이 현실이라고 믿는 완전히 잘못된 믿음

은 유명한 인물이라고 믿는다("나는 조지 워싱턴이고, 새로운 나라를 시작할 것이다."). 그리고 **참조 망상**을 가진 사람들은 무작위 사건이 그들을 위해 특별히 의도된 개인적인 의미를 가지고 있다고 믿는다("파랑새가 방금 지나갔는데, 그건 내가 집을 떠나지 말라는 경고임에 틀림없어.").

환각   환각(hallucinations)은 잘못된 감각이나 인식이다. 환각은 조현병 환자가 실제로 존재하지 않더라도 경험하는 소리, 이미지, 향기 또는 기타 신체적인 감각이다(Castle & Buckley, 2008; Guillin et al., 2007).

가장 흔한 형태의 환각은 종종 '목소리'로 묘사되는 청각이다. 목소리를 듣는 것은 생각의 열차나 심지어 마음속에서 왔다 갔다 하는 양면적인 논쟁의 일반적인 경험과는 상당히 다르다. 대신, 환청 중에 조현병 환자는 그 목소리를 완전히 별개의 것으로 듣는다. 그 목소리는 마치 다른 사람이 그들에게 말하는 것과 같지만, 조현병을 앓고 있는 사람들은 그 목소리가 실제로 그들 자신의 머릿속에서 나온다는 것을 인식하지 못한다. 그들은 이 목소리들을 무시하는 데 어려움을 겪으며, 종종 그들에게 큰 소리로 응답하는데, 관찰자들은 이 말을 이상하거나 불안하다고 생각할 수 있다.

예를 들어 나는 조현병 환자 재닛과 함께 정신과 병원에서 일한 적이 있는데, 재닛은 자신의 '내면'이 더러워졌다는 목소리를 반복적으로 들었다. 그래서 그녀는 자신을 깨끗이 하기 위해 액체 비누를 마셔야 한다. 재닛에게 그 목소리를 듣지 말라고 설득하려는 어떤 시도도 소용이 없었다. 재닛에게 그 목소리는 어느 것 못지않게 현실적이고, 강력하며, 믿을 만했다. 나는 환자들이 라운지에서 TV를 보고 있을 때, 갑자기 재닛이 방해했던 어느 조용한 저녁을 생생하게 기억한다. "안 돼! 오늘 아침에 비누만 마셨어! 난 오늘 밤 더 마실 필요 없어!" 그녀가 느닷없이 소리쳤다. 그녀는 분명히 듣고 있는 듯하면서, 몇 초 동안 말을 멈추었다. "안 된다고 했잖아!" 또 한 번 멈칫했다. 마침내 그녀는 포기했다. "좋아—입을 다물면, 내가 좀 마실게." 그녀의 머릿속에 있는 목소리에 질려서, 그녀는 화장실의 물비누통 방향으로 쿵쿵거리며 갔지만, 병원 직원들에 의해 가로채였다.

시각적 환각은 실제로 존재하지 않는 것을 보는 것을 포함한다. 다른 사람은 아무도 보지 않지만 조현병을 가진 사람은 그것을 보고, 그것을 현실로 받아들이고, 그에 따라 그것과 상호작용을 한다. 내가 재닛과 함께 일했던 바로 그 정신과 병원에서는 또 다른 환자 모리스가 빈번히 시각적인 환각을 경험했다. 한동안, 그는 단단한 벽에서 저절로 열린 구멍들을 "보았다"고 했다. 한 번 이상, 그는 명백한 구멍으로 손을 뻗으려고 여러 번 시도했지만, 그것이 불가능하다는 것이 증명되면서 점점 더 좌절하고 혼란스러워졌다. 병원 직원이 그에게 무엇을 하고 있느냐고 물었을 때, 모리스는 그 구멍들이 그들에게도 분명히 보이지 않는다는 것에 꽤 놀랐다. 또 다른 환자인 토니는 종종 고양이가 방에 들어오는 것을 보았는데, 사실 병원에는 고양이가 전혀 없었다. 토니가 고양이 환각증세를 보였을 때, 그는 고양이 알레르기가 있었기 때문에 분명했다. 그는 갑자기 공포에 휩싸이거나 다른 사람이 볼 수 없는 것에 반응하여 방에서 뛰쳐나오곤 했다.

청각 및 시각 환각 외에 덜 일반적인 유형의 환각도 있다. 여기에는 후각 환각(가짜 냄새 포함)과 촉각 환각(몸에 닿는 물체에 대한 잘못된 감정을 유발)이 있다. 후각 환각의 한 예에서, 조현병 환자는 다른 누구도 맡을 수 없는 그 자신에게 악취가 나는 것을 감지했다. 그는 너무 자주, 하루에 여섯 번 샤워를 해야 한다고 느꼈다(O'Neal, 1984). 촉각 환각의 예로서, 정신과 병원에서 같이 일했던 또 다른 환자는, 벌레가 전혀 없을 때에도, 종종 벌레가 그의 팔을 기어 오르내리는 것을 경험했다.

환각
잘못된 감각이나 인식

조현병의 음성 증상

조현병의 **음성 증상**(negative symptom of schizophrenia)은 조현병을 앓는 사람들에게 부족한 행동이다. 하지만 그것은 보통 장애가 없는 사람들에게 나타난다. (대부분의 사람들이 가지고 있는 조현병 환자의 경험에서 빠진 무언가가 여기에서 '마이너스'에서와 같이 '음성'이라고 생각해보라.) 일반적으로 음성 증상은 양성 증상만큼 많은 관심을 끌지 못하지만, 일상 기능에 미치는 영향은 상당히 클 수 있다. 보통, 음성 증상은 삶의 활동에서 물러나는 것과 관련이 있는데, 특히 대인관계와 정서적 관여 부분이다. 조현병을 앓고 있는 사람들은 종종 다른 사람들뿐만 아니라 그들 자신의 감정에서도 자신을 분리시킨다.

조현병의 특정한 음성 증상 중 하나는 **정동둔마**(flat affect), 즉 적절한 감정의 부재가 있다. 예를 들어 조현병을 앓고 있는 사람은 재미있는 영화를 보는 동안 웃지 않거나 장례식에서 울지 않는 유일한 사람일 수 있다. 대신 이 사람은 단어나 표정을 통해 아무런 감정도 표현하지 못한 채 멍하니 바라볼 수도 있다. 조현병을 앓고 있는 사람들이 감정을 표현할 때 그것은 너무 빗나가게 될 수 있다. 예를 들어 그들은 음수대에 화를 내거나, 꽃에 놀라거나, 토네이도에 대해 기뻐할 수 있다. 조현병을 앓고 있는 사람들은 또한 어떤 사회적 행동의 부재를 수반하는 몇 가지 음성 증상을 보인다. 그들은 거의 완전한 말하기의 부재인 **무언어증**(alogia)을 보일지도 모른다. 그들은 또한 최소한의 행동조차도 취하기 위한 진취성의 결여인 **무욕증**(avolition)을 보여줄 수도 있다. 또는 가장 즐거운 상황에서도 행복을 경험할 수 없는 **무쾌감증**(anhedonia)을 보일 수도 있다. 이러한 음성 증상들은 조현병을 가진 사람들의 사회적 상호작용을 강하게 방해할 수 있다(Andia et al., 1995; Nisenson et al., 2001)(이 모든 증상을 보이는 사람과 우정을 나누려고 애쓰거나, 경우에 따라서는 대화만 할 때의 어려움을 상상해보라). 이러한 음성 증상인 사회적 손상은 종종 조현병의 첫 징후로, 환각이나 망상과 같은 보다 분명한 양성 증상이 나타나기 훨씬 전에 나타난다(Hollis, 2003).

조현병의 사회 손상의 초기 모습을 보여주는 흥미로운 연구에서, 연구자들은 조현병을 성인이 되어 앓게 된 사람들의 어린 시절 가족 영화를 얻었다. 물론 이 가족 영화들은 조현병에 걸린 사람뿐만 아니라 많은 다른 가족 구성원들의 영상을 포함하고 있다. 그 후, 연구자들은 이 영화들을 가족 중 누가 조현병에 걸렸는지 모르는 시청자들에게 보여주었다. 시청자들은 놀랄 만큼 정확하게 어느 가족인지 짐작했다. 연구진이 어떻게 알았느냐고 묻자 시청자들은 긍정적인 감정의 결여, 사회적 대응력의 결여, 그리고 대인관계가 결여된 행동 등 음성 증상들을 많이 꼽았다(Walker & Lewine, 1990).

조현병의 인지적 증상

조현병의 **인지적 증상**(cognitive symptom)은 조현병 환자들이 생각하는 매우 불안하고, 비논리적인 방법을 포함한다. 조현병을 앓고 있는 사람들의 행동과 말투는 종종 다른 사람들에게 노골적으로 무질서하고 혼란스러워 보인다(Keefe & Eesley, 2006). 예를 들어 조현병을 앓고 있는 사람들은 종종 느슨한 연관성, 즉 한 가지에서 다른 하나까지 논리적 연결이 거의 이루어지지 않은 생각들을 보인다. 조현병을 앓고 있는 사람들은 지난 밤의 야구 경기에 대해 무심코 한 말에서 이웃에 대한 혹독한 비판으로 그들이 좋아하는 음식

조현병 환자가 예술을 창조할 때, 그들의 작품은 종종 장애의 증상을 특징 짓는 특이한 인식과 사고 패턴을 암시한다. 예를 들어 브라이언 찬리(Bryan Charnley)의 이 자화상을 생각해보자. 그는 자신의 뇌가 통제할 수 없는 방식으로 다른 사람들에게 메시지를 보내고 있음을 암시함으로써 이마를 덮는 두 번째 '입'을 포함시킨 것을 설명한다. "내 마음은 방송을 매우 심각하게 생각하는 것 같았고 그것에 대해 어떤 것도 하는 것은 내 의지를 넘어선 것 같았다. 나는 내 뇌를 거대한 입으로 그려서 나와 독립적으로 행동함으로써 이것을 요약했다"(Charnley, 1991).

음성 증상
조현병 환자에게는 부족한 행동으로, 보통 장애가 없는 사람들에게서 나타나는 행동

정동둔마
적절한 감정의 부재

인지적 증상
정신분열증을 앓고 있는 사람들이 생각하는 불안하고 비논리적인 방법들

리스트로 튈 수도 있다. 한 문장에서 다른 문장으로 뛰어드는 식별할 수 있는 이유가 있다면, 그것은 그 의미보다는 단어의 소리일 수도 있다. 일부 심리학자들은 탈선이라는 단어를 느슨한 연관성의 동의어로 사용하는데, 탈선이라는 단어는 선로를 벗어나는 열차(꼬리를 물고 늘 이어지는 생각)의 시각적 이미지를 제공한다.

때로는 조현병에 걸린 사람의 말이나 글이 뒤죽박죽이 되어 단 한 문장이라도 어설프게 되는 경우도 있는데, 이는 **말비빔**(word salad)으로 알려진 현상이다. 예를 들어 말비빔을 보여주는 사람은 다음과 같이 말을 할 수 있다. "이 베개는 뒤에 쓰러지는 사람들의 모든 말을 거부하는 힘을 부여한다. 차이점? 거리는 동물을 위해 파란색 연필을 주문한다." 다른 때에는 조현병을 가진 사람의 연설은 그들 자신의 창작에 대한 완전히 새로운 단어인 **신조어**를 뿌릴 수 있다(Minzenberg et al., 2008; Noll, 2007). 조현병을 앓고 있는 수상 경력이 있는 시인 파멜라 스피로 와그너(Pamela Spiro Wagner)의 저서에서 발췌한 이 글에는 느슨한 연관성, 말비빔 및 신조어가 모두 전시되어 있다.

> 나는 진실을 찾고 그것을 보고 있다. 그것은 신성한 말장난인 '교황을 보다(Holy See-ing)' 인데, 그것은 내가 바티칸인 바트-아이-칸(Vat-I-Can)으로부터 승인을 받았다는 것을 의미한다. 나는 바다에 있고, 모든 수업에서 C를 받을 수 있다는 것을 알 수 있다. 온화한 여자 C는 출석을 잘하고 모든 시험을 위해 앉아 있다. 비록 나는 Ladybird Johnson이 아니지만, 나는 하얀 장갑을 끼거나 차를 마시기 위해 초대장을 보내지 않는다. 나는 미국의 고속도로를 정원으로 가꾸거나 아름답게 하지 않는다. 그러나 피아노의 높은 C와 통조림 오렌지 주스 음료, 그리고 높은 바다와…. 7개의 바다와 … 하루를 점령하고… 내일을 위해 먹고 마시고 기뻐하라, 우리는 죽는다, 그리고 … 잠든다(Wagner & Spiro, 2005, pp. 104-105).

 조현병은 꽤 파괴적인 장애처럼 들립니다. 조현병을 앓고 있는 사람이 이런 심각한 증상을 가진 현실에서 어떻게 기능할 수 있을까요?

조현병은 일반적으로 청소년기 후반이나 성인기에 발생하며 수년 또는 심지어 평생 동안 지속될 수 있는, 특히 무력한 심리장애이다(Charlson et al., 2018; Hafner & an der Heiden, 2008; Kopelowicz et al., 2007; Mueser & Jeste, 2008). 많은 경우, 조현병을 가진 사람들은 현실 세계에서 잘 기능하지 못한다. 많은 사람들이 정신 병원에서 오랜 시간을 보내야 할 정도로 장애가 심각하다. 어떤 사람들은 지역사회에서 독립적으로 살 수 있지만 종종 직업을 유지하거나 관계를 유지하거나 스스로를 돌보는 데 어려움을 겪는다(Hooley, 2009; Nordstroem et al., 2017).

하지만 조현병 치료와 관련하여 낙관론에 대한 몇 가지 이유가 있다. 항정신성 약물치료는 일부(특히 양성 증상에 관한)에 대해 상당한 개선을 제공한다. 어떤 경우, 조현병을 앓고 있는 사람들은 자급자족하고 생산적인 삶을 영위할 수 있다. 실제로 영화 〈뷰티풀 마인드〉(2002년 아카데미 최우수작품상 수상)는, 프린스턴대학교에서 박사학위를 받고 결혼하여 노벨상을 수상한 수학자 겸 경제학자인 조현병 환자 존 내쉬(John Nash)의 실화를 이야기한다.

누가 조현병을 앓는가

조현병은 흔한 심리적 장애가 아니다. 이는 개인의 약 1%에서 발생하는데, 이는 여러 국가와 문화 전반에 걸쳐 다소 일관된 결과이다(Cornblatt et al., 2009; Mueser et al., 2006; Wu et al., 2018). 조현병은 여성과 남성에게 거의 똑같이 흔하지만, 비도시 지역보다 도시 지역에서 훨씬 더 흔하고 오래 지속된다(Conde et al., 2017; Eaton & Chen, 2006; Jongsma & Jones, 2018; Saha et al., 2005). 실제로 도시가 클수록 조현병의 발생 가능성이 더 커진다(Colodro-Conde et al., 2018; Van Os et al., 2001, 2003). 이 발견의 이유는 분명하지 않고, 연구자들은, 대도시에서 환경 독소 비율이 높고, 사회적 압력 및 배제, 전염병(임산부에게 영향을 미칠 수 있는 질병 포함)과 특히 조현병 환자의 대도시로의 이주 등 다양한 가능성을 계속 탐구하고 있다(Pedersen, 2015; Plana-Ripoll et al., 2018; Selten et al., 2016; Van Os et al., 2010).

한 가지 흥미로운 이론은 직업 역할과 그것이 도시와 농촌 간에 어떻게 다른지에 초점을 두고 있다. 특히 농촌이나 개발도상국의 사람들이 조현병으로 고통 받는 경우, 주로 능력에 맞는 책임을 조정하려는 고용주들의 의지로 인해, 그들이 여전히 어느 정도 능력으로 일할 수 있는 좋은 기회가 있다. (이러한 의지는 조현병 환자가 고용주와 어느 정도 사회적 관계를 맺고 있을 가능성, 또는 지역사회의 규모가 작기 때문에 그 일을 할 다른 사람을 찾기가 어려운 것과 관련이 있을 수 있다.) 이와는 대조적으로 대도시에서는 조현병으로 고통 받는 사람들이 단순히 해고되고 대체될 가능성이 높다. 그 결과 실업, 노숙자 가능성 및 기타 스트레스 요인들은 덜 도시적인 지역에서 일어나지 않는 방식으로 조현병(또는 증상을 악화시킬 수 있음)의 발생 가능성을 높일 수 있다(Warner, 2004).

미국의 여러 민족 집단의 조현병 비율에 대한 논쟁이 있어 왔다. 특히 아프리카계 미국인은 유럽계 미국인보다 조현병 진단의 위험성이 4배나 더 높다(Barnes, 2004; Blow et al., 2004). 그러나, 일부 연구는 정신 건강 전문가가 증상의 심각성을 과대평가하거나 진단 기준을 따르지 않는 등 아프리카계 미국인의 진단이 역사적으로 잘못되어 왔다는 것을 암시한다(Lawson, 2008).

조현병이 발생하는 이유는 무엇인가

조현병의 원인을 탐구하는 데 전념하는 연구의 수는 엄청나게 많다. 이들은 종합적으로 다음과 같은 두 가지 주요 결론을 지적한다 — (1) 조현병의 원인은 여러 가지가 있으며, (2) 이러한 원인 중 가장 두드러진 것은 생물학적이다(Mueser & Roe, 2016).

우리는 조현병이, 유전학에 대한 연구와 뇌 자체에 대한 연구, 서로 다른 연구로 인해 생물학적 뿌리를 가지고 있다는 것을 알고 있다. 유전 연구는 일반적으로 특정인이 조현병에 걸릴 확률을 계산하기 위해 서로 관련이 있는 사람들의 정신과 기록을 조사한다. 이 연구의 주요 결과는 무엇일까? 조현병에 걸린 입양아는 조현병이 있는 양부모보다 조현병이 있는 생물학적 부모가 있을 가능성이 훨씬 높다(Kendler & Diehl, 1993). 이 발견은 유전자가 조현병에 기여한다는 것을 강하게 시사한다.

조현병의 유전학을 연구한 또 다른 방법은 쌍둥이 연구이다. 기본적으로 쌍둥이 연구는 일란성 쌍둥이가 이란성 쌍둥이에 비해 유전적으로 훨씬 더 유사하다는 사실에 초점을 맞추고 있다. 쌍둥이 연구는 일관되게 그들의 이란성 쌍둥이가 장애를 가지고 있는 경우보다, 일란성 쌍둥이가 그 장애를 가지고 있는 경우, 조현병에 걸릴 확률이 훨씬 더 높다는 것을 발견한다. 이 발견은 그림 13.6에서 볼 수 있듯이 실제로 다른 친척들에게도 적용된다. 즉 조현병 환자와 더 많은 유전자를 공유할수록 그 장애가 발생할 확률은 더 높다(Cardno & Gottesman, 2000; Gottesman, 1991).

조현병의 생물학적 원인을 강조하는 두 번째 연구 분야는 물리적 뇌 자체에 초점을 둔다. 자기공명영상(MRI), 기능적 자기공명영상(fMRI) 및 기타 영상기술을 포함하는 뇌 연구는 조현병을 앓고 있는 사람들의 뇌에서 몇 가지 구조적 차이를 일관되게 발견해 왔다. 예를 들어 기본적으로 뇌 안에 액체가 가득 찬 공간들인 뇌실은 조현병이 있는 사람들의 뇌가 조현병이 없는 사람들보다 더 큰 경향이 있다. 해마를 포함한 다른 몇 군데, 즉 편도체, 시상, 그리고 전체 뇌는 조현병이 없는 사람들보다 조현병 환자들이 약간 더 작다(Eyler, 2008; Schmajuk, 2001; Stewart & Davis, 2008).

연구자들은 또한 조현병을 앓고 있는 사람들의 뇌에 특이한 양의 신경화학물질이 있다는 것을 발견했다. 이런 유형의 연구에서 많은 관심을 받은 신경화학물질은 도파민이지만, 이것의 정확한 역할은 아직 파악하는 중이다. 1970년대와 1980년대에 걸쳐, 과도한 도파민이 조현병을 유발했다는 연구 결과가 나왔다(Baumeister & Francis, 2002; Javitt & Laruelle, 2006). 나중에, 그 이론은 뇌의 특정 부위에 도파민이 너무 많으면 조현병의 양성 증상을 일으킨다고 수정되었다. 반면, 뇌의 다른 부위(전전두엽 피질)에 도파민이 너무 적으면 음성 증상을 일으키는 것으로 나타났다(Downar & Kapur, 2008; Guillin et al., 2007). 그럼에도 불구하고, 이 수정된 도파민 이론은 조현병을 앓고 있는 일부 사람들이 도파민 수치를 바꾸는 약을 복용할 때 어떠한 증상도 변하지 않는 이유를 설명하지 못한다(Noll, 2007).

생물학적 원인은 조현병에 전적으로 책임이 있는 것은 아니다(Mueser et al., 2013). 가족 간의 특정한 상호작용 패턴 또한 장애에 기여한다. 이것은 특히 가족 구성원들이 서로의 삶에 지나치게 관여하고 공개적으로 서로 적대적일 경우에 그렇다. 연구자들은 종종 이런 상호작용 패턴을 **감정표현**이라고 부르며, 이것은 조현병을 가진 사람들의 재발의 한 요인으로 보인다. 조현병으로 입원한 사람이 퇴원하여 집으로 돌아오면, 그들은 가족이 높은 수준의 감정표현을 보일 경우, 낮은 수준의 감정표현을 보일 때보다 재발할 가능성이 2.5배 더 높다(Bebbington & Kuipers, 2008; Butzlaff & Hooley, 1998).

조현병 발병에 영향을 미치는 다른 요인은 사람이 태어나기 전에 일어난다. 영양 실조 상태이거나 바이러스에 감염된 임산부의 아동은 조현병에 걸릴 위험이 높다(Brown et al., 2004; Susser & Opler, 2006). 흥미롭게도, 그림 13.7에서 볼 수 있듯이, 조현병 환자들의 생일은 겨울과 이른 봄에 과도하게 발생한다. 이것은 독감 시즌이 최고조인 기간에 그들의 어머니가 태아의 뇌 발달이 특히 중요한 시기인 임신 4개월에서 6개월이 지났음을 의미한다(Bradbury & Miller, 1985; Mortensen et al., 1999; Torrey et al., 1997; Tramer, 1929).

그림 13.6 공유 유전자와 조현병 조현병을 앓을 가능성은 조현병이 있는 다른 사람과 공유하는 유전자의 비율에 따라 크게 증가한다.

출처 : Gottesman(2001).

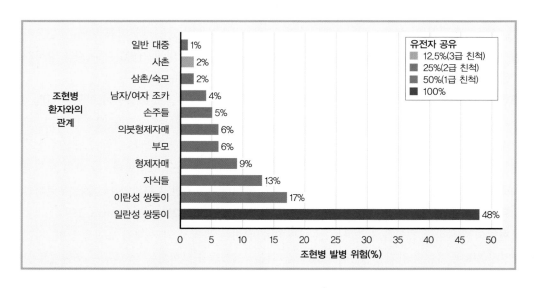

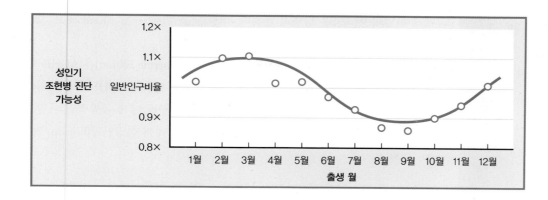

그림 13.7 조현병 환자의 생일 사람이 태어난 달은 조현병 발병 위험에 영향을 미치며 봄 출생이 가장 위험하다. 근본적인 이유는 임신 중반기에 임산부의 독감 위험이 증가하기 때문일 수 있다. 출처 : Mortensen et al.(1999).

학습 확인

13.31 조현병이란 무엇인가?

13.32 조현병의 양성, 음성 및 인지적 증상의 차이점은 무엇인가?

13.33 조현병은 얼마나 흔하며, 어느 집단에서 가장 자주 진단되는가?

13.34 조현병이 발생하는 이유는 무엇인가?

아동기 장애

많은 심리적 장애가 어린이들에게 일어날 수 있지만, 정의에 의해 어린 시절에 나타나는 것도 있다. DSM-5에서, 이러한 장애는 신경 발달 장애 범주에 속한다. 이러한 장애에는 특정학습장애(이전에는 학습장애로 명명)와 같은 학교 관련 문제와 지적장애(이전에는 정신지체라 명명)와 같은 발달지연 문제가 포함된다. 이 범주에서 잘 알려진 다른 두 가지 장애, 즉 주의력결핍 과잉행동장애(ADHD)와 자폐스펙트럼장애에 초점을 두도록 한다.

주의력결핍 과잉행동장애

주의력결핍 과잉행동장애(attention-deficit/hyperactivity disorder, ADHD)는 어린 시절에 나타나는 장애로 주의력, 과잉행동/충동성 또는 둘 다에 심각한 문제를 특징으로 하는 장애이다. 증상은 12세 이전에 나타나야 하며(나중에 진단이 나오더라도) 학교와 가정 등 적어도 두 가지 환경에서 발생해야 한다. ADHD를 앓고 있는 몇몇 사람들에게 있어 주된 문제는 부주의다. 그들은 쉽게 산만해지거나 옆길로 새고, 효과적으로 듣기 위해 애쓰지만, 쉽게 잊어버리고, 부주의한 실수를 한다. ADHD를 가진 다른 사람들의 주요 문제는 과잉행동 또는 충동성이다. 그들은 앉거나 가만히 있고, 차례를 기다리고, 다른 사람의 말이나 행동을 방해하는 것을 막는 데 어려움을 겪는다(American Psychiatric Association, 2013; Roberts et al., 2015).

ADHD를 앓고 있는 많은 아이들에게, 이 장애의 핵심 증상은 종종 추가적인 문제로 이어진다(Beauchaine & Hayden, 2016). 예를 들어 ADHD 증상은 중요한 사람과의 관계에서 문제를 일으킬 수 있다. 즉 학생들이 가만히 앉아서 규칙을 따르기를 원하는 교사들, 인내심과 자제력을 보여주기를 바라는 부모들, 그리고 또래가 자기 차례를 기다리며 적절한 사회적 기술을 사용하는 것을 더 선호하는 다른 아이들과의 관계이다. 격동의 관계는 차례로 불안, 우울증, 규칙 위반 행동의 가능성을 증가시킬 수 있다(Pliszka, 2015). 증상의 성격을 고려할 때, ADHD를 앓고 있는 아이들

학습 목표

13.35 아동기 장애의 정의

13.36 주의력결핍 과잉행동장애(ADHD)의 정의

13.37 자폐스펙트럼장애의 정의

13.38 누가 아동기 장애를 경험하는가?

13.39 아동기 장애의 발생 이유

주의력결핍 과잉행동장애
어린 시절에 나타나는 장애로 주의력, 과잉행동/충동성 또는 둘 다와 관련된 중요한 문제를 특징으로 함

배우 채닝 테이텀(Channing Tatum)은 어린 시절 ADHD 진단을 받았다.

에게 학업의 어려움은 당연히 흔하며, 약물 남용 비율도 높다(Kent et al., 2011; Pfiffner & Hack, 2015).

퓰리처상을 수상한 언론인인 캐서린 엘리슨(Katherine Ellison)은 ADHD 아들을 키우는 것에 관한 책을 썼다. 여기에서, 그녀는 아들의 ADHD가 부주의라는 핵심 증상으로 시작하지만 결국 ADHD를 가진 아이들에게 공통적인 대인관계 어려움으로 확장되는 아들의 몇 가지 고군분투에 대해 설명한다(Ellison, 2010, pp. 7-8).

버즈는 2학년이 되기 직전까지 열성적이고 성공한 학생이었다. … 그리고 나서 그는 과제를 적거나, 혹은 숙제를 하거나, 또는 그것들을 다시 학교로 가져가는 것을 잊기 시작했다. 그는 허가서, 견학 신청서, 게시판, 보온병, 공책, 스웨터, 코트, 도시락 등을 잃어버렸다. 이 중 가장 최악은, 그가 그의 예전 친구들도 모두 잃었다는 것이다.

6학년까지… 그는 집안일이나 숙제를 거부하고, (그의 동생) 맥스를 꼬집고 때리는 것을 멈추지 않았다. 우리의 갈등이 커졌다. 선물로 달래는 것은 실패했다. '벌'은 역효과를 낳았다. 방으로 보내진 버즈는 외설적인 소리를 지르며 문을 향해 신발을 던졌다.

버즈의 부주의한 ADHD 버전과는 대조적으로, 과잉행동/충동적인 버전으로 직접 겪은 이야기를 고려해보자. 이 책은 블레이크 테일러(Blake Taylor)에 의해, 고등학교가 끝나갈 무렵에 ADHD를 앓았던 그의 어린 시절을 회상하면서 쓰여진 것이다. (테일러는 그후 캘리포니아대학교 버클리 캠퍼스와 컬럼비아대학교 의과대학을 졸업했다.) 여덟 살 때의 기억에서, 그의 돌보미가 요청할 때에도, 저녁식사 시간에 자신의 행동에 제동을 걸지 못하는 것을 주목해보자(Taylor, 2007, pp. 7-8).

나는 거실 바닥에 로봇의 단면을 만들고 있다. 저녁식사 시간, 베이비시터인 글로리아가 부엌에서 부른다.

"블레이키, 다시 와서 앉아 먹어. 너 여덟 살이야. 이제 올바르게 행동해야지. 얌전히 굴 때가 됐으니.…"

나는 한 입 먹으려고 테이블로 돌아온다.… 나는 그것을 씹은 다음 일어나서 다시 식탁을 떠난다.

"블레이크! 와서 [저녁] 먹어!" 이번엔 글로리아가 명령한다.

"그러고 싶지 않아"하고 나는 칭얼거린다. 나는 '앉고 싶지도 않고, 나는 더 좋은 일을 할 것이 있어'라고 생각한다. 나는 마지못해 한 입 더 먹으려고 돌아섰다.

[내 음식]은 한 시간 동안 식탁 위에 있었고 식어 가고 있다. 나는 계속해서 식탁을 떠나 내 케이넥스(K'nex)와 레고(Lego)를 거실 바닥에 두고 놀았다.

드디어… 글로리아의 도움으로… 나는 실제로 저녁식사를 마칠 만큼 오래 앉아 있을 수 있다.

 ADHD를 앓고 있는 아이들은 자라서 어떻게 되나요?

여러 해 동안, 아이들이 자라면서 일반적으로 ADHD에서 벗어난다고 가정했다. 연구는 그러한 결과가 유감스럽게도 일반적이지 않다고 강력하게 제안한다(Resnick, 2005). 어렸을 때 ADHD로 고생했던 많은 어른들은 성인이 될 때까지 계속해서 고군분투하고 있다(Barbaresi et al., 2018; Kessler et al., 2006). 이 장애가 성인이 될 때까지 지속되면, 그것은 불안, 우울증, 약물 남용을 포함한 어린 시절의 ADHD와 관련된 많은 동일한 문제와 관련이 있다(Molina et al., 2018; Uchida et al., 2015). 또한 다음과 같은 일부 독특한 성인 문제와도 관련이 있다. ADHD를 앓고 있는 성인들은 직업을 잃고, 결혼 문제를 경험하고, 파트너 폭력을 하고, 비정상적으로 높은 비율로 계획되지 않은 임신을 경험한다(Eakin et al., 2004; Kuriyan et al., 2013; Owens et al., 2017; Owens & Hinshaw, 2019; Wymbs et al., 2012).

자폐스펙트럼장애

자폐스펙트럼장애(autism spectrum disorder, ASD)는 어린 시절에 나타나는 장애로, 상당한 사회적 상호작용 부족과 경직되고 반복적인 행동 패턴을 특징으로 한다. 자폐스펙트럼장애는 자폐장애와 아스퍼거장애를 포함하여 DSM의 이전 판에서 별도로 나열된 여러 장애의 조합으로 DSM-5에 소개되었다. 장애의 이름에 **스펙트럼**이라는 단어를 포함시키는 것은 그 심각성이 아동마다 크게 다를 수 있다는 사실을 반영한다. (또한 스펙트럼에 대한 비공식 용어의 근원으로, 종종 이 진단을 받은 아이들을 묘사하는 데 사용된다). 자폐스펙트럼장애의 증상은 일반적으로 아이가 두 살이 되기 전에 나타난다(American Psychiatric Association, 2013; Matson et al., 2013).

자폐스펙트럼장애를 가진 아이들의 사회적 고군분투는 광범위한 범위에 걸쳐 있다. 때때로, 그들은 상호작용을 시작하기 위해 다른 사람에게 접근하는 것에 거의 또는 전혀 관심을 보이지 않거나, 다른 사람들이 그들에게 다가갈 때 수용적으로 반응하지 않는다. 상호작용이 일어날 때, 대화에는 자연스럽게 주고받기가 없거나 진정한 관심이나 감정을 공유하지 못한다. 최소한의 눈 맞춤, 얼굴 표정 또는 신체 언어(body language)와 함께 비언어적 신호도 종종 손상된다.

행동의 경직되고 반복적인 패턴으로 볼 때, 자폐증을 가진 많은 아이들은 같은 신체적 움직임을 반복한다. 예를 들어 원을 그리며 빙빙 돌거나, 손을 펄럭이거나, 문을 열고 닫는 것이다. 드문 경우지만, 경직되고 반복적인 행동은 아이에게 위험할 수 있다. 예를 들어 여자아이가 자신을 때리거나 남자아이가 벽에 머리를 부딪치는 것과 같은 것이다. 경직되고 반복적인 행동에 대한 이러한 선호는 종종 아이와 다른 사람이 관련된 일상에까지 확장된다. 예를 들어 자폐스펙트럼장애를 가진 아이들은 낯선 차를 타거나 특이한 시간이나 장소에서 식사를 해야 한다면 극도로 불쾌하게 반응할 수 있다. 그들이 성인이 되면, 자폐스펙트럼장애를 가진 어떤 사람들은 독립적인 삶을 사는 반면, 다른 사람들은 계속해서 도움과 지원이 필요하다.

누가 아동기 장애를 갖게 되는가

연구자들이 DSM 기준에 따라 실제로 얼마나 많은 아이들이 ADHD 진단에 적합한지 결정하기 위해 조사했을 때, 그 결과는 일관되게 약 5~7%의 비율을 보여준다. 그러나 지역사회에서 진단을 받은 아이들의 실제 비율은 전체적으로 약 11~15% 정도로 훨씬 높다(Polanczyk et al., 2007, 2014; Schwarz, 2016; Wilcutt, 2012). 이 비율은 남자아이, 사회경제적 지위가 낮은 사람들, 영어를 주로 사용하는 사람, 한부모 가정의 어린이, 남부와 중서부의 아이들을 포함한 특정 인구에서 훨씬 더 높다(Bloom et al., 2013; Owens et al., 2015; Visser et al., 2014). 진단을 받아야 할 아이들의 수가

자폐스펙트럼장애
상당한 사회적 상호작용 부족과 경직되고 반복적인 행동 패턴이 특징인 아동기에 나타나는 장애

적은 것과 진단을 받은 아이들의 수가 더 많은 것 사이에 이러한 차이가 있는 이유는 명확하지 않다. 부모나 교사, 아이들이 진단에 익숙하다는 사실과 관련될 수 있기 때문에, 그들이 전문가에게 도움을 청할 때, "ADHD인가요?"라는 질문이 대화를 이끌어내는 질문일 수 있다. 또한, 철저한 평가가 필요함에도 불구하고, 소아과 의사들은 아이의 행동에 대한 몇 가지 질문만 포함하여 짧은 방문 후에 ADHD를 진단하는 경우가 너무 많다(Hinshaw & Elison, 2016; Hinshaw & Scheffler, 2014).

자폐스펙트럼장애는 어린이들의 약 1~2%에게 영향을 미치며, 여아보다 약 5배 많은 남아들이 진단을 받는다(Centers for Disease Control and Prevention, 2014). 이 비율은 전 세계 대부분의 국가에서 비교적 일정하다(Baxter et al., 2015). 자폐스펙트럼장애율은 수십 년 전에 비해 상당히 높아졌으며, 그 결과는 장애에 대한 인식 증가, 장애 정의 방식의 변화, 평가 방식의 변화 등 여러 가지 요인에 기인할 수 있다(Dawson, 2013; Hansen et al., 2015).

아동기 장애가 발생하는 이유는 무엇인가

ADHD와 자폐스펙트럼장애의 요인은 여전히 광범위한 연구의 초점이 되고 있다. ADHD의 경우, 단일 원인이 없다는 것은 분명하다. 유전자는 뇌 이상(특히 전두엽과 같은 억제와 관련된 뇌의 일부분), 저체중아, 납과 니코틴과 같은 독소에 대한 태아기의 노출과 마찬가지로 강력한 요인일 가능성이 있다(Beauchaine & Hayden, 2016; Cortese et al., 2012; Thapar et al., 2013). 과도한 비디오 게임 사용, 과도한 TV 시청, 학대적인 양육 방식과 같은 환경적 요인은 이미 아이들이 가지고 있는 ADHD를 악화시킬 수 있지만, 건강한 아이들에게는 장애를 일으키지 않는다(Barkley, 2015). 이와 같은 요소들이 결합하여 작업기억력(한 가지 일에 주의를 기울일 필요가 있는 것이 아니라 여러 가지 일을 한꺼번에 하는 것), 집행 기능(미래의 행동을 계획하고 결과를 고려하는 것) 및 행동 억제(시작하기 전에 행동을 중단하는 것)와 싸우는 뇌를 만든다(Barkley, 1997; Hinshaw & Ellison, 2016).

유전학은 자폐스펙트럼장애, 특히 사회적 상호작용에 영향을 미치는 뇌 영역의 발달과 관련된 유전자의 발달에 중요한 역할을 하는 것으로 보인다(Dawson, 2008; Lichtenstein et al., 2010). 태아기 문제(어머니의 특정 약물 사용 포함)와 출산 합병증도 위험성을 높인다. 일부 대중매체들은 자폐스펙트럼장애가 백신에 의해 야기될 수 있다는 이론을 홍보해 왔지만, 광범위한 연구는 이 주장을 반박한다(Donovan & Zucker, 2016; Hupp & Jewell, 2015; Madsen et al., 2002).

학습 확인

13.35 아동기 장애란 무엇인가?

13.36 ADHD란 무엇인가?

13.37 자폐스펙트럼장애란 무엇인가?

13.38 ADHD와 자폐스펙트럼장애는 얼마나 흔하며, 어느 집단에서 가장 자주 진단되는가?

13.39 ADHD와 자폐스펙트럼장애가 발생하는 이유는 무엇인가?

해리장애

해리장애(dissociative disorder)는 기억, 감정, 정체성과 같은 자아의 본질적인 부분에 대한 인식을 잃거나 단절되는 심리적 장애의 범주다. 사람들이 이런 식으로 분리하면, 그들은 일상생활에 큰 영향을 미칠 정도로 그들 자신의 정신적 과정의 일부 구성요소와 접촉을 잃게 된다. 그들의 마음은 통합되기보다는 조각화되고, 어떤 면은 겉으로 보기엔 다른 면과 분리된 것처럼 보인다 (American Psychiatric Association, 2013; Pole et al., 2016; van der Hart & Nijenhuis, 2009).

해리성 정체성장애

가장 널리 알려지고 세상을 놀라게 한 해리성 장애는 **해리성 정체성장애**(dissociative identity disorder, DID)로, 2개 이상의 뚜렷한 인격을 보인다(이것은 아마도 이전 이름인 다중인격장애로 더 잘 알려져 있을 것이다). 하나의 일관된 '자기(self)'를 갖는 대신, DID를 가진 사람은 통합되지 않은 2개 이상의 자아를 가지고 있다. 이것들은 완전히 분리된 자아들로, 그들이 위치한 몸 외에는 아무것도 공유하지 않는 것으로 보인다. 이러한 인격은 일반적으로 한 번에 하나만 작동하면서 번갈아 나타난다. 한 인격에서 다른 인격으로의 변화는 갑작스럽고 예측할 수 없는 경우가 많고, 성격 간의 대조가 두드러지는 경우가 많다. 어떤 특정한 성격이 통제되고 있을 때, 그 사람은 다른 성격의 세부사항이나 심지어 존재조차도 기억하기 어렵거나 불가능하다는 것을 알게 된다. 또한 DID를 가진 대부분의 사람들은 DID가 시작되기 전에 일어난 사건에 대해 더 일반적인 기억장애를 경험한다(Lilienfeld & Lynn, 2003). 예를 들어 어떤 사람들은 어린 시절의 오랜 시간들을 기억하지 못한다.

DID가 특히 잘 알려진 경우는 본명이 셜리 A. 메이슨(Shirley A. Mason)이었던 내담자인 '사이빌(Sybil)'의 경우다. 1970년대 초에, 그녀의 사례는 이러한 심리적 상태를 일반 대중에게 인식하게 한 베스트셀러 책과 TV 영화의 주제였다. 사이빌은, 칭얼대는 갓난아기, 교활한 어린 소년 두 명, 초등학교에 다니는 소녀 두 명, 그리고 슬픈 나이 든 여성 한 명을 포함해서 16개의 성격을 가지고 있었다(또는 종종 부르는 대로, 또 다른 자아). 그녀의 다양한 성격은 전부 제각각이어서 각자 다른 사람(성격)들이 무엇을 했는지 모르고 있었다. 예를 들어 사이빌이 옷장 안을 들여다보았을 때, 그녀는 종종 다른 성격이 지배하는 동안 그것들을 구입했기 때문에 그녀가 산 기억이 나지 않는 옷을 발견했고, 심지어 좋아하지도 않았다. 그녀는 또한 산수를 배울 때 존재했던 성격이 다른 사람들과 그 능력을 공유하지 않았기 때문에 때때로 산수를 하는 데 고생했다(Nathan, 2011; Schreiber, 1973).

해리성 기억상실

해리성 기억상실(Dissociative Amnesia)은 한 사람이 그들의 과거로부터 중요한 정보를 기억하지 못할 때 발생한다. 본질적으로, 그들은 그들의 삶의 특정 시기에 대해 아무것도 모른다. 대부분의 경우, 해리성 기억상실은 그렇지 않으면 손상되지 않은 기억의 틈을 나타내며, 거의 항상, 그 간격은 장애를 가진 사람에게 일어났던(혹은 아마도 그 사람에 의해 행해진) 끔찍한 일을 포함한다. 예를 들면 끔찍한 자동차 사고와 관련된 사람은 사고 당일의 어떤 것도 기억하지 못할 수도 있다. 아니면, 사랑하는 사람을 격렬하게 공격하는 사람은 그 사건에 대한 기억이 없을 수도 있다(American Psychiatric Association, 2013).

이제 계획이 없고 설명할 수 없는 새로운 장소로의 여행과 함께 동반되는 해리성 기억상실증의 경우를 상상해보자. 그것은 **해리성 둔주**(dissociative fugue)이다. 여러분은 가끔 뉴스에서 무작위적이고 낯선 장소에 나타나서 지역 주민들에게 그들이 누구인지 설명하지 못하거나 다른 어떠한 개인적인 정보를 제공할 수 없는 사람들을 포함하는 해리성 둔

학습 목표

13.40 해리장애의 정의

13.41 해리성 정체성장애의 정의

13.42 해리성 기억상실증과 해리성 둔주의 정의

13.43 누가 해리장애를 경험하는가?

13.44 해리장애의 발생 이유

해리장애
기억, 감정 또는 정체성과 같은 자아의 필수 부분에 대한 인식을 상실하거나 연결이 단절되는 심리적 장애의 범주

해리성 정체성장애
한 사람이 2개 이상의 뚜렷한 성격을 보이는 심리적 장애

해리성 기억상실
과거에서 중요한 정보를 떠올리지 못하게 되는 심리적 장애

셜리 A. 메이슨은 사이빌로 알려져 있다. 1970년대 초에 16개의 다른 성격을 특징으로 한 사이빌의 해리성 정체성장애 경험은 베스트셀러 책과 TV 영화의 주목을 받았다. 사이빌의 사례에 대한 명성은 이 장애에 대한 인식을 높였지만, 그 이후 해리성 정체성장애는 매우 드물어 일부 전문가들은 이것이 실제로 존재하는지에 대해 의문을 품어 왔다. 사이빌을 포함한 일부 치료사들이 내담자들에게 해리성 정체성장애를 경험하도록 부추길 수도 있다는 사실 또한 그 장애의 타당성에 의문을 던져준다.

주에 관한 이야기를 들었을지도 모른다. 2009년에 발생한 한 매우 흥미로운 사건은 23세의 중학교 교사인 한나 에밀리 웁(Hannah Emily Upp)이 8월 28일 뉴욕의 한 구역에서 조깅을 하러 나갔다가 9월 16일 전혀 다른 도시의 항구에서 수영을 하다가 발견된 사건으로, 그녀는 그 사이에 일어난 일에 대한 기억이 전혀 없는 것으로 밝혀졌다. 애플 컴퓨터 매장, 스타벅스 커피숍 및 여러 체육관의 보안 카메라는 한나가 그 장소를 방문했다는 것을 보여주었지만, 그녀는 그 사건들에 대한 기억이 없었다. 그녀의 표현대로라면 "10분이 지난 것 같았지만 거의 3주가 다 되어 가고 있었다"(Marx & Didziulis, 2009). 한나에 대한 최근 기사들은 그녀가 그 이후로 추가적인 해리성 둔주를 경험했을지도 모른다는 것을 보여준다(Aviv, 2018; Marx, 2017).

누가 해리장애를 앓는가

해리장애는 극히 드물며, 그 빈도의 추정치는 일반적으로 인구의 약 1% 이하로 떨어진다(Johnson et al., 2006). 1970년대와 1980년대에 DID에 대한 보고가 급증했지만, 현재 연구자들은 확인 가능한 장애 사례가 매우 드물다고 믿고 있다. 사실 일부 전문가들은 DID가 전혀 유효한 장애가 아닐 수도 있고, 경계성 성격장애(이 장의 뒷부분에서 다룸)의 변형일 수도 있다고 주장해 왔다(Arrigo & Pezdek, 1998; Clary et al., 1984; Korzekwa et al., 2009; Lauer et al., 1993). 이 전문가들 중 일부는 다수의 인격을 보고하는 많은 환자들이 실제로 심리치료사의 격려에 반응하고 있다고 제안한다. 그러한 대단히 흥미로운 장애를 가진 내담자를 갖게 된 동기를 부여받은 심리치료사는 비록 다중인격이 치료의 원래 이유의 일부가 아닐지라도, 내담자에게 다중인격을 가지고 있다고 설득하기 위해 유도 질문을 할 수도 있다(McHugh, 1995).

실제로 사이빌의 치료 전문가인 코넬리아 월버(Cornelia Wilbur) 박사는 사이빌에게 그러한 질문을 한 것에 대해 비난을 받았다. 월버 박사는 또한 사이빌이 다중인격장애에 관한 책을 읽도록 권했다. 이는 어쩌면 그녀 자신이 그 장애를 가지고 있을지도 모른다는 것을 믿도록 설득하기 위한 또 다른 시도일지도 모른다(Nathan, 2011). 이러한 DID 진단에 대한 비판에 대해, 다른 전문가들은 이 진단이 합법적이며 그 비판들은 대부분 근거 없는 믿음에 따른 것이라고 계속해서 주장하고 있다(Brand et al., 2016). 이 현상의 상태에 대한 논쟁은 오늘날에도 계속되고 있다.

해리장애가 발생하는 이유는 무엇인가

해리장애가 발생하면 진단을 받는 사람들은 거의 항상 심한 학대나 외상을 특징으로 하는 개인 이력을 가지고 있다. DID의 경우, 학대 또는 외상은 종종 어린 시절 동안 일어났는데, 어떤 경우에는 해리성 증상이 나타나기 수십 년 전에 발생했다. 해리성 기억상실은 종종 최근의 사건인 폭행, 전쟁, 자연재해와 같은 학대나 외상 후 발생한다(American Psychiatric Association, 2013). 이 경우, 그 사람의 대처 능력은 그들의 끔찍한 경험에 압도된 것 같다. 이 때문에 그들은 원래 모습 그대로의 기능을 할 수 없기 때문에 자신을 잊어버리거나 다른 사람들의 집합체로 재창조함으로써 자신의 정체성과 단절된다(Gleaves et al., 2001; Ross, 1997).

Nicole Bengiveno/The New York Times/Redux

한나 웁은 해리성 둔주를 경험한 뉴욕 학교 교사다.

학습 확인

13.40 해리장애란 무엇인가?

13.41 해리성 정체성장애란 무엇인가?

13.42 해리성 기억상실 및 해리성 둔주는 무엇인가?

13.43 해리장애는 얼마나 흔한가?

13.44 해리장애가 발생하는 이유는 무엇인가?

성격장애

제12장에서 논의한 바와 같이, 여러분의 성격은 행동, 사고, 느낌의 독특한 방식이며, 성격 특질은 오랜 시간에 걸쳐 안정적이다. 그러나 어떤 사람들에게는 이러한 오랜 특성들이 바로 장애가 있는 특성들이다. DSM에 따르면, 다음에 해당하는 사람들은 **성격장애**(personality disorder)를 가지고 있다 — 광범위한 상황에 걸쳐 나타나고 대인관계에 지장을 주는 융통성 없고 부적응적인 행동의 지속적 패턴에 기초한 심리적 장애의 범주(Levy & Johnson, 2016; Millon, 2004; South et al., 2011; Sperry, 2016; Widigger & Lowe, 2010).

성격장애가 있는 사람들은 친구, 가족, 동료들에게 불만스럽거나 분노할 수 있다. 그들은 종종 그들의 성격 특질이 너무 까다로워 다른 사람들과 잘 지내는 데 어려움을 겪는다. 성격장애를 가진 사람들은 아무리 노골적으로 그것이 주어진 상황에서 통하지 않더라도, 세상에 대한 전형적인 인식과 반응을 변화시킬 능력이 부족하다. 그들은 대인관계에 있어서, 주변사람들이 반복해서 지적하더라도 그들 자신의 역할을 보는 데 보통 어려움을 겪는다(Carlson & Oltmanns, 2018; Millon, 2009; Strijbos & Glas, 2018; Widiger & Mullins-Sweatt, 2008). 성격장애는 늦은 어린 시절이나 성년기 초반부터 뚜렷이 나타나고, 그 사람의 지속적인 성격에 엮이게 된다(American Psychiatric Association, 2013).

성격장애가 있는 나의 내담자 프랜(Fran)이 특히 기억에 남는다. 프랜의 문제적 특성은 그녀가 이야기한 다른 사람들과의 상호작용뿐만 아니라 회기 중에 나와 상호작용하는 방식에서도 분명했다. 내가 이 28세의 여성을 만난 날, 그녀는 첫 인터뷰 첫 순간부터 장악했다. "그 질문 목록을 없애라구요." 그녀는 내 클립보드를 노려보면서 고함쳤다. "여러분이 알아야 할 것을 내가 결정하겠어요." 내가 알아야 할 것은, 분명히 프랜은 남편과 직원 모두에게 화가 났다는 사실이었다. 그녀는 그 이유를 다음과 같이 설명했다. "그래서, 나는 지난 6개월 동안 나를 위해 일했던 이 남자와 남편 몰래 바람을 피웠어요. 별거 아니지요? 하지만 그들 중 누구도 그것을 극복하지 못하고 있어요! 3일 전에 남편이 알게 되자마자 그 관계를 끝냈지만, 그는 여전히 화가 나 있어요. 나는 그가 원하는 대로 끝냈는데, 그는 심지어 그것을 고마워하지도 않아요! 그리고 내 직원도 화가 났어요! 내가 외도를 끝냈을 때 그를 해고했는데, 지금 그는 내가 그를 부당하게 대했다고 말하고 있어요! 내 말은, 나는 이 사람에게 몇 년 동안 월급을 주었는데, 이것이 내가 받는 감사의 표시란 말입니다. 그들 둘 다 지금 이 문제에서 극복해야 해요. 그들은 내 인생을 너무 어렵게 만들고 있어요." 그녀는 설명 내내, 내가 질문을 하려고 하는 걸 반복해서 방해했고, 내가 시간이 없다고 말하자, 그녀는 나를 노려보며, "끝나면 말해줄게요"라고 정정했다.

분명히 프랜은 세상이 자기 주위를 돈다고 생각했다. 특권과 자만이 그녀의 성격을 지배했다. 그녀는 그녀의 남편을 속이고, 그녀의 직원을 학대하고, 그들이 상황에 어떻게 반응해야 할지를 결정할 권리가 있고, 심지어 그녀의 심리학자에게도 인터뷰를 어떻게 하는지 말해줄 권리가 있다고 믿었다. 나는 결국 프랜이 어린 시절부터 이렇게 지냈으며, 그녀의 성격이 너무나 융통성이 없었기 때문에 그녀의 의미 있는 관계들이 거의 모두 고통을 받았다는 사실을 알게 되었다. 요컨대, 그녀는 다른 사람들과 어울리는 능력에 크게 방해를 하는 성격장애, 즉 구체적으로 말하면 자기애성 성격장애를 가지고 있었다(Miller et al., 2017; Ronningstam, 2009).

자기애성 성격장애는 DSM-5에 포함된 10개의 개별적인 성격장애 중 하나에 불과하다. 각각의

학습 목표

13.45 성격장애의 정의
13.46 경계성 성격장애의 정의
13.47 반사회성 성격장애의 정의
13.48 누가 성격장애를 경험하는가?
13.49 성격장애의 발생 이유

성격장애
광범위한 상황에 걸쳐 나타나고 대인관계를 방해하는 융통성 없고 부적응적인 행동의 지속적인 패턴에 근거한 심리적 장애의 범주

인격장애는 다른 성격적 특성에 초점을 맞추고 있다. 그러나 각각의 경우에 그 특성은 융통성이 없고 다른 사람들과의 관계에서 문제를 일으킨다. 표 13.2에는 10가지 성격장애 모두에 대한 간략한 설명이 수록되어 있다. 특히 잘 알려져 있고 잘 연구된 두 가지 성격장애, 즉 경계성 성격장애와 반사회성 성격장애에 초점을 맞추자.

경계성 성격장애

경계성 성격장애(borderline personality disorder)는 대인관계, 기분, 자아상 등 생활의 많은 영역에서 불안정성에 기초한 심리적 장애이다. 경계성 성격장애를 가진 사람들에게는 모든 것이 소란스럽다—그들 자신에 대한 견해, 다른 사람들과의 관계, 그리고 그들 주변의 세계에 대한 그들의 감정적인 반응. 이 불안정의 결과로, 삶은 혼란스럽고 불확실하게 느껴지는데, 경계성 성격장애를 가진 사람뿐만 아니라 그 사람 주위의 다른 사람들에게도 상황이 급격하게 변할 수 있는 것처럼 느껴진다(Hooley & St. Germain, 2008; Paris, 2007, 2018). 이 장애의 대표적인 전문가인 마샤 리네한(Marsha Linehan)은 다음과 같이 설명한다. 경계성 성격장애를 가진 사람들은 "3도 화상 환자와 심리적으로 같은 존재다. 말하자면, 그들은 단순히 감정적인 피부를 가지고 있지 않다. 아주 작은 손길이나 움직임이라도 엄청난 고통을 일으킬 수 있다"(Linehan, 1993, p. 69).

인간관계에서, 경계성 성격장애를 가진 사람들은 때때로 비현실적이고 이상화된 방식으로 상대방을 사랑할 수도 있다. 그리고 정당하지 못한 포기감 외에는 극적인 변화의 이유도 없이 곧 같은 사람을 미워하게 된다. 이러한 분열 경향, 또는 타인을 모두 좋거나 나쁘다고 보는 경향은 다른 사람과 사건에도 적용되어 경계성 성격장애를 가진 사람들의 감정적인 삶을 불안정하고 예측할 수 없게 만든다(Clarkin et al., 2006).

표 13.2 DSM 성격장애 : 간단요약

성격장애	지배적 특질, 특성, 그리고 행동
반사회성 성격장애	타인 착취(다른 사람을 악용), 이기적인, 빈번한 불법행위
회피성 성격장애	사회적 공포, 자의식, 다른 사람들 앞에서 쉽게 당황함, 자신을 무능하고 다른 사람들에게 비난받거나 거절당하기 쉬운 것으로 봄
경계성 성격장애	불안정하고 예측할 수 없음, 자신과 다른 사람에 대한 빠르고 급격한 시각 변화, 충동적이고 소란스러움
의존성 성격장애	순종적, 타인의 안심과 승인이 필요, 독자적으로 행동하기보다는 다른 사람의 선례를 따름
연극성 성격장애	과도한 극적 감정 표출, 관심의 중심이 되고자 함, 연극적이면서도 감정적으로 얕음
자기애성 성격장애	자기중심적이고, 자격이 있고, 자신을 중요하게 여김, 자신을 다른 사람보다 우월하다고 생각함, 다른 사람이 그를 존경할 필요가 있음
강박성 성격장애	질서정연한 완벽주의자, 지나치게 통제적이고 세밀한 지향성, 경직되고 완고함
편집성 성격장애	의심스러움, 결코 방심하지 않는 것이 정당하다고 느낌, 다른 사람들을 위험하거나 기만적인 것으로 봄
조현성 성격장애	고립적, 다른 사람들과의 관계에 대한 욕구가 거의 없거나 전혀 없는 외톨이, 분리되고 감정적이지 않음
조현형 성격장애	편심, 기묘함, 특이함, 이상함, 현실과 환상의 모호한 경계, 마술적 사고에 몰두함

출처 : Millon(2004), Sperry(2016), American Psychiatric Association(2013).

경계성 성격장애
대인관계, 기분, 자아상 등 생활의 많은 영역에서 불안정성에 기초한 심리적 장애 임상심리학자로서 나는 한때 경계성 성격장애를 가진 여성 비앙카와 함께 일한 적이 있었다. 비앙카는 밝은 25세의 미혼 여성으로 그의 가족은 그녀가 자살 협박을 한 후에 나에게 연락했다. 그녀가 공개적으로 자살을 논의한 것은 이번이 처음이 아니었다. 사실, 10대 이후로, 비앙카는 비슷한 협박을 했고 알약을 과다 복용했다. 이러한 시도는 대부분 그녀가 가족이나 친구, 혹은 남자친구에게 화가 났다가 극도의 분노와 슬픔의 상태로 곤두박질친 후에 일어났다. 최근의 자살 위협도 같은 패턴이었다. 그녀는 데이비드와 약 한 달 동안 사귀어 왔고 그와 미친듯이 사랑에 빠져 있었지만, 그녀가 결혼에 대해 의논하기 시작했을 때 그의 약간의 망설임은 그녀를 빠르게 반대 방향으로 이끌었다. 몇 분 만에 그녀는 데이비드를 흠모하는 것에서 그를 경멸하는 것으로, 그리고 자신의 미래에 대해 멋진 감정을 느끼는 것에서 절망적인 느낌으로 바뀌었다.

비앙카가 나와 이러한 경험을 공유하면서, 나는 그녀가 데이비드와 관계했던 방식과 비슷한 방식으로 나와 관계를 맺고 있다는 것을 알아차렸다. 몇 차례 상담을 진행한 후에 그녀는 내가 그녀의 치료사 중 가장 자상하고 유능한 치료사라고 내게 말했다. 그녀는 훨씬 더 행복함을 느꼈고, 나의 도움으로 그녀의 삶은 계속 진행되어 갈 것이라고 확신했다. 그녀의 행복과 낙관은 나에게 용기를 주었지만, 그들은 허약하게 느껴졌다. 아니나 다를까, 몇 번의 회기 후에, 사무실 건물의 정전으로 인해 나는 비앙카와의 약속을 포함하여 그날의 모든 약속을 다시 잡게 되었다. 그녀는 내가 그녀를 버렸다고 눈물을 흘리며 소리치며 내가 무신경하고 무능하다고 비난하며 격렬하게 반응했다.

비앙카의 사례에서 알 수 있듯이, 경계성 성격장애를 가진 사람들은 정신 건강 전문가들로부터 상당한 보살핌을 필요로 한다. 사실, 이 하나의 장애는 입원한 정신병 환자의 무려 20%를 차지한다(Bradley et al., 2007). 비앙카의 경우는 경계성 성격장애가 있는 사람들이 자해나 자살행동의 가능성이 높다는 점에서도 전형적이다(Michaels et al., 2017). 실제로 이 진단을 받은 사람 중 약 75%는 적어도 한 번이라도 자해를 하거나 자살을 시도한 전력이 있다(Clarkin et al., 1983; Paris, 2009).

반사회성 성격장애

반사회성 성격장애(antisocial personality disorder)는 다른 사람의 권리를 무시하고 침해하는 것에 기초한 심리장애이다 (American Psychiatric Association, 2013; Olson-Ayala & Patrick, 2018; Patrick, 2007). 이 진단에서 반사회적인 것은, 사람이 사교적이지 않은 것을 선호하거나, 파티에 가기보다는 혼자 집에 있는 것을 선택한다는 것을 의미하지 않는다. 대신, **반사회적인 것**은 사회와 그 안에 사는 사람들에게 위협이 되는 반사회적인 것에 가까운 것을 의미한다. 본질적으로, 반사회성 성격장애는 특히 다른 사람들의 복지에 대해 양심이 없는 것과 같다. 반사회성 성격장애를 가진 사람에게, 다른 사람들은 그 과정에서 그 사람들에게 어떤 일이 일어나는지에 대한 관심이나 공감이 없이 자신의 이익을 위해 사용되는 도구들이다.

반사회성 성격장애를 가진 사람들은 오랫동안 다른 사람들을 속이고, 착취하고, **빼앗는** 역사를 가지고 있다. 반사회성 성격장애를 가진 사람이 원하는 것을 방해하는 사람이 있다면, 누군가 조종당하거나, 폭행당하거나, 심지어 살해될 수도 있다. 극단적인 경우들은 아마도 뉴스에서 여러분의 관심을 끌었을 것이다—종종 사이코패스라고 불리는 사람들의 이야기들. 그들은 다른 사람들을 상대로 끔찍한 범죄를 저지르면서도 그것에 대해 아무런 후회도 느끼지 않는 것처럼 보인다.

반사회성 성격장애
타인의 권리에 대한 무시와 침해에 기초한 심리적 장애

나중에 이런 행위에 대해 죄책감을 느끼지 않는다는 뜻인가요?

그들은 죄책감을 느끼지 않는다. 그것은 반사회성 성격장애를 가진 사람들의 가장 두드러진 특징이다. 인간보다는 무생물에게 범죄를 저지른 것처럼 무정한 죄책감이 없는 것을 보여준다. 불행히도 미국의 역사는 연쇄살인범 제프리 다머, 찰스 맨슨, 테드 번디를 포함한 반사회성 성격장애를 가진 사람들로 가득하다. 할리우드는 또한 TV 시리즈 〈덱스터〉의 주인공과 해리 포터 시리즈의 볼드모트 경과 같은 냉혈한 인물들의 허구적인 예를 몇 가지 만들어냈다(DePaullo, 2010; Murakami, 2006).

누가 성격장애를 가지고 있는가

10가지 성격장애 각각은 그 자체의 비율로 발생하며, 각 성격장애에 대한 특정 비율은 인구의 1~5% 사이이다. 전체 인구의 약 10%가 성격장애로 진단될 수 있다(Coker & Widiger, 2005; Lenzenweger et al., 2007). 경계성 성격장애는 인구의 약 1~2%에서 발생하며 진단을 받은 사람의 약 75%가 여성이다(Coid et al., 2006; Gunderson, 2001; Lenzenweger et al., 2007). 반사회성 성격장애는 인구의 약 2%에서 발생하며, 진단을 받은 사람의 약 3분의 2가 남성이다. 다른 성격장애들에도 약간의 작은 성별 차이가 있다. 그러나 경계성 성격장애와 반사회성 성격장애만큼 과장된 것은 없다(Paris, 2004).

성격장애가 발생하는 이유는 무엇인가

성격장애의 원인은 아직 대부분 알려지지 않았지만 연구는 계속되고 있다. 경계성 성격장애에 관해서, 일부 증거는 유전적 성향과 학대, 부모의 상실 또는 어린 시절의 애착 문제와 같은 부모-자녀 관계의 심각한 혼란을 지적한다(Hooley & St. Germain, 2008; Lenzenweger & Clarkin, 2005). 유전도 반사회성 성격장애에 한몫을 하는 것으로 보이지만 다른 요인들도 마찬가지다. 예를 들어 반사회성 성격장애를 가진 사람들은 행동을 단념시키는 처벌(예 : 체포나 감옥과 같은 법적 결과)에는 상당히 무감각하지만, 행동을 부추기는 보상(돈이나 스릴)에는 상당히 민감하다. 게다가, 반사회성 성격장애를 가진 사람들은 종종 부모에 의해 다른 사람들을 착취하고 조종하는 가정에서 자랐고, 공감과 후회는 반대에 부딪혔다(Coker & Widiger, 2005; Patrick, 2007; Patrick & Brislin, 2018).

학습 확인

13.45 성격장애란 무엇인가?

13.46 경계성 성격장애란 무엇인가?

13.47 반사회성 성격장애란 무엇인가?

13.48 경계성 및 반사회성 성격장애는 얼마나 흔하며, 어느 집단에서 가장 자주 진단되는가?

13.49 성격장애가 발생하는 이유는 무엇인가?

요약

이상이란 무엇인가

13.1 심리적 장애는 심각한 고통이나 기능장애를 일으켜 사람의 삶을 방해하는 행동 패턴이다.

13.2 정상 행동과 이상 행동을 구별하는 과제는 심리학자들에게 중대한 도전이다. 때때로, 심리학자들은 특정한 인간 경험의 상태에 대한 그들의 의견을 이상이거나 정상적이거나 둘 중 하나로 바꾸었다. 빈도수, 사회적 규범으로부터의 일탈, 개인적인 괴로움, 일상적 기능의 손상을 포함하여 이상을 정의하기 위해 여러 가지 기준을 사용한다.

13.3 이 기준들 중 어느 것도 완벽하지 않지만, DSM의 저자에 의해 개인적인 괴로움과 일상적 기능의 손상이 가장 명확하게 강조된다. 문화는 행동이 정상인지 이상인지를 고려할 때 중요한 역할을 해야 한다.

이상의 원인은 무엇인가

13.4 다양한 설명은 무엇이 심리적인 장애를 유발하는가에 대한 질문에 대한 답을 제공한다. 생물학적 이론은 뇌구조, 신경화학, 유전자와 같은 요인들이 심리적 장애의 주요 원인이라고 제안한다.

13.5 심리학적 이론은 감정, 생각, 행동, 특질과 같은 요소들이 심리학적 장애의 주요 원인이라고 제안한다. 다른 심리학적 이론은, 정신역동, 행동, 인지, 특성 이론을 포함한, 특정한 심리학적 요소를 강조한다.

13.6 사회문화적 이론은 그 사람 내부의 요인보다는 사람이 사는 사회 그리고 문화적 맥락이 심리적 장애의 주요 원인이라고 제안한다.

13.7 생물심리사회이론은 생물학적, 심리적, 사회문화적 요소가 종종 상호작용하여 심리적 장애에 기여한다고 제안한다.

진단 매뉴얼 : DSM

13.8 DSM(정신질환의 진단 및 통계 편람)은 정신장애를 공식적으로 규정하는 책이다.

13.9 미국에서 DSM은 모든 주요 정신 건강 전문가와 정신질환을 진단하거나 치료하는 다른 모든 전문가들에 의해 사용된다.

13.10 DSM의 최신판인 DSM-5는 2013년에 출판되었다. 여기에는 다수의 새로운 장애와 기존 장애에 대한 수정된 정의가 포함된다. 1950년대에 처음 출판된 이래 DSM은 크게 확장되었다. 심리장애의 수가 크게 증가함에 따라 일부에서는 흔하고 정상적인 경험을 비정상적이라고 규정한다고 비난하고 있다.

13.11 DSM은 심리학적 장애의 범주형 모델을 사용하는데, 심리학자들은 어떤 사람이 특정한 장애를 가지고 있는지에 대한 질문에 '예/아니요' 대답을 제공한다. 차원적 모델은 '예'가 아니라 '얼마나?'와 같은 정신병리학에 의문을 던지는 대안적 접근이다.

불안장애 및 강박장애

13.12 불안장애는 DSM 장애의 범주로, 주된 증상은 또한 걱정, 불안, 초조 또는 두려움으로 알려져 있는 불안이다.

13.13 범불안장애는 특히 걱정의 형태로 광범위한 상황과 활동에 대한 불안으로 특징지어진다.

13.14 특정공포증은 특정 식별 가능한 물체나 상황에 대한 과도한 불안이 특징이다.

13.15 사회불안장애는 타인에 대한 정밀조사에 대한 강렬하고 비합리적인 공포와 뒤따를 수 있는 당혹감이나 굴욕감으로 특징지어진다.

13.16 공황장애는 식별할 수 있는 시발점이 없는 갑작스럽고, 강렬하며, 예측할 수 없는 짧은 불안의 폭발로 특징지어진다.

13.17 강박장애는 강박관념으로 인한 불안감을 줄이기 위해 반복되는 불안감을 일으키는 생각(관념)과 억제할 수 없는 행동(강박)이 특징이다.

13.18 불안장애는 다른 어떤 종류의 심리장애보다 더 흔하다. 미국과 세계의 다른 지역에서도 비슷하게 흔하며, 남성보다 여성에게서 2~3배 더 자주 발생한다.

13.19 불안장애와 강박장애는 다양한 이유로 발생하며, 종종 복합적으로 발생한다. 그 이유에는 비논리적 사고, 학습된 강화와 처벌, 신경증, 그리고 지나치게 보호적인 양육과 같은 심리적 요인과 유전자, 뇌 이상, 진화 같은 생물학적 요인들이 포함된다.

우울 및 양극성장애

13.20 우울장애와 양극성장애는 극단적인 기분이나 감정 상태를 특징으로 하여 일상적 기능을 크게 방해하는 심리적 장애의 범주다.

13.21 주요우울장애는 우울한 기분, 대부분의 활동에 대한 관심 상실 및 적어도 2주 동안 지속되는 다른 증상들의 다양한

조합으로 특징지어진다. 이러한 증상의 훨씬 더 길고 덜 집중적인 버전은 기분저하증(dysthymia)으로 알려져 있다.

13.22 양극성장애는 이전에는 조울증으로 알려져 있었는데, 극도로 고조된 기분과 낮은 기분(감정의 '극')이 번갈아 가면서 나타나는 것이 특징이다.

13.23 총체적으로, 우울장애와 양극성장애는 불안장애에 이어 매우 흔하다. 주요우울장애는 남성보다 여성에게서 더 흔하고, 양극성장애보다 훨씬 더 흔하다.

13.24 우울장애와 양극성장애는 유전학, 뇌 이상, 신경화학물질 등 생물학적 요인과 우울 도식에서 비롯된 비논리적 사고와 같은 심리적 요인을 포함하여 다양한 이유로 발생한다.

섭식장애

13.25 섭식장애는 식사나 음식과 관련된 행동에서 상당한 장애를 수반하는 심리적 장애의 범주이다.

13.26 신경성 식욕부진증은 정상 체중을 유지하기 위한 충분한 음식 섭취를 거부하는 것이 특징이다. 그것은 거의 항상 자신의 몸을 뚱뚱하다고 보는 왜곡되고 부정확한 시각에서 비롯된다.

13.27 신경성 폭식증은 과식의 패턴이 특징이며, 체중 증가를 막기 위한 위험하거나 과감한 시도가 뒤따른다.

13.28 폭식장애는 본질적으로 구토가 없는 폭식 패턴이다. 섭식장애는 비교적 드물지만 여성에게서 남성보다 10배 정도 더 자주 발생한다. 그들은 전형적으로 미국이나 서구적 가치에 영향을 받은 나라에 사는 젊은 여성들에게서 발생한다.

13.29 생물학적, 심리학적 요인도 또한 섭식장애 발생에 역할을 할 수 있지만, 사회문화적 요인은 연구자들로부터 훨씬 더 많은 관심을 받았다.

13.30 구체적으로는 마른 것이 여성의 아름다움을 결정짓는 서양 TV, 영화, 잡지의 강조는 어느 정도 식사와 관련된 문제에 기여한다.

조현병

13.31 조현병은 사고, 지각, 감정, 행동 등에서 기괴한 혼란이 나타나는 심각한 심리적 장애이다. 여기에는 장애를 가진 사람만이 갖고 있는 현실에 대한 노골적으로 비현실적인 견해를 포함한다.

13.32 조현병의 양성 증상은 장애가 있는 사람에게는 존재하거나 과도하지만 그 장애가 없는 사람에게는 대부분 없는 경험이다. 여기에는 망상(가짜 신념)과 환각(가짜 감각이나 지각)과 같은 조현병의 가장 눈에 띄는 징후가 포함된다. 조현병의 음성 증상은 조현병 환자에게는 부족하지만 장애가 없는 사람에게는 나타나는 행동이다. 특정한 음성 증상은 상황에 적합한 감정의 부재, 또는 삶의 사회적 · 정서적 측면으로부터 분리되는 것이다. 조현병의 인지적 증상은 장애를 가진 사람들이 생각하고 말하고 행동하는 방해되고 비논리적인 방법들을 포함하는데, 이 모든 것들은 종종 혼란스럽고 무질서하다.

13.33 조현병은 드물지만 전 세계적으로 발생하며 남성과 여성에서 거의 동일한 비율로 발생한다. 시골보다 도시 지역에서 더 자주 발생한다.

13.34 생물학적 요인은 조현병 발병의 주요 원인이다. 이러한 요인에는 유전자, 뇌의 구조적 차이, 그리고 어쩌면 신경화학적인 이상이 포함된다. 다른 요인으로는 지나치게 관여하는 가족 상호작용과 태아 발달 중 태아 합병증이 있다.

아동기 장애

13.35 많은 심리적 장애가 어린 시절에 발생할 수 있지만 어린시절의 장애는 정의상 어린 시절에 시작되는 장애들이다. 여기에는 특정학습장애, 지적장애, 주의력결핍 과잉행동장애(ADHD) 및 자폐스펙트럼장애 등이 포함된다.

13.36 주의력결핍 과잉행동장애(ADHD)는 어린 시절에 나타나는 장애로, 주의력, 과잉행동/충동성 또는 둘 다와 관련이 있는 중요한 문제를 특징으로 한다.

13.37 자폐스펙트럼장애는 어린 시절에 나타나는 장애다. 그것은 상당히 심각한 사회적 상호작용의 결손과 경직되고 반복적인 행동 패턴을 특징으로 한다.

13.38 연구에 따르면 아동의 5~7%가 ADHD 기준을 충족하지만, 지역사회의 실제 진단율은 상당히 높다. 자폐스펙트럼장애의 비율은 약 1~2%이다. 두 가지 장애 모두 여자아이들보다 남자아이들에게 훨씬 더 흔하다.

13.39 ADHD와 자폐스펙트럼장애가 발생하는 이유가 계속해서 조사되고 있는데, 유전자는 두 가지 모두에 크게 관련되어 있는 것처럼 보이지만, 여러 가지 원인이 있을 가능성이 있다.

해리장애

13.40 해리장애는 기억, 감정, 정체성과 같은 자신의 본질적인 부분에 대한 인식을 잃거나 단절되는 심리적 장애의 범주이다.

13.41 이전에는 다중인격장애로 알려진 해리성 정체성 장애는 단일하고 일관성 있는 자아가 아닌 2개 이상의 뚜렷한 인격을 보이는 사람을 포함한다.

13.42 해리성 기억상실은 자신의 과거로부터 중요한 정보를 기억하지 못하는 것이 특징이다. 그 사람이 거의 항상 빈칸을 두는 특정 기간은 거의 항상 끔찍한 사건이 포함된다. 새로운 장소로 계획되지 않고 설명되지 않는 여행을 동반한 해리성 기억상실의 경우는 해리성 둔주이다.

13.43 해리장애는 매우 드물다. 사실, 일부 전문가들은 이러한 장애들 중 일부, 특히 해리성 정체성장애가 유효한 진단인지 의심하고 있다.

13.44 해리장애 발생의 주된 이유는 장애가 발생하기 직전이나 장기간에 걸친 심한 학대나 외상으로 보인다.

성격장애

13.45 성격장애는 광범위한 상황에서 발생하며 대인관계에 지장을 주는 융통성 없고 부적응한 행동의 지속적 패턴으로 특징지어지는 심리적 장애다. 성격장애를 가진 사람들은, 이러한 특성들이 여러 가지 상황에서 야기하는 문제들에도 불구하고, 굽히지 않고 경직된 성격을 가지고 있다.

13.46 경계성 성격장애는 대인관계, 기분, 자아상을 포함한 그 사람의 삶의 많은 부분에서 불안정성에 초점을 맞추고 있다. 그것은 자기 자신에 대한 견해, 타인과의 관계, 그리고 소란스럽고 변덕스러운 감정적인 반응으로 특징지어진다.

13.47 반사회성 성격장애는 다른 사람들의 권리를 무시하고 위반하는 것에 초점을 맞추고 있다. 그것은 종종 다른 사람들이 어떻게 상처를 받거나 다른 영향을 받는지에 대한 우려나 공감 없이, 자신의 이익을 위해 타인을 착취하거나 이용하는 것을 포함한다.

13.48 각각의 성격장애는 그 자체의 비율로 발생한다. 경계성과 반사회성 성격장애는 둘 다 비교적 흔하지 않다. 경계성 성격장애는 여성에게서 더 자주 발생하고, 반사회성 성격장애는 남성에게서 더 자주 발생한다.

13.49 성격장애가 발병하는 이유는 아직 대부분 밝혀지지 않았다. 경계성 성격장애의 경우, 부모-자녀 관계의 심각한 혼란이 한 요인으로 보인다. 반사회성 성격장애의 경우, 처벌에 대한 무감각과 타인에 대한 착취가 모델링되거나 장려된 가족 배경이 요인으로 보인다. 유전자도 성격장애의 발달에 역할을 할 수 있다.

주요 용어

강박장애	성격장애	정신병리학의 범주 모델
경계성 성격장애	순환성장애	정신질환의 진단 및 통계 편람
공황장애	신경성 식욕부진증(거식증)	정신증
망상	신경성 폭식증(폭식증)	조증
반사회성 성격장애	심리장애	조현병
범불안장애	심리학적 이상 이론	주요우울장애
불안장애	양극성장애	주의력결핍 과잉행동장애
사회문화적 이상 이론	양성 증상	지속성 우울장애(기분저하증)
사회불안장애	우울 및 양극성장애	특정공포증
삼중 취약성 이론	음성 증상	폭식장애
생물심리사회적 이상 이론	의대생 증후군	해리성 정체성장애
생물학적 이상 이론	인지적 증상	해리장애
섭식장애	정동둔마	환각

14 치료

매년, 치료는 아마도 여러분이나 여러분과 가까운 사람을 포함하여 수백만 명의 사람들의 삶을 향상시킨다. 치료의 혜택을 받는 일부 사람들은 제13장에서 다루었던 것과 같은 장애를 진단한 반면, 일상생활에 문제가 있는 사람들도 있다. 눈에 띄는 한 연구에서 다양한 장애를 가진 60명의 치료 내담자들은 치료가 줄 수 있는 광범위한 긍정적 영향에 대한 내부자적 시각을 제공했다(Kassan, 1999). 일부 내담자들은 치료자와의 관계를 받아들이고 돌보는 관계에서 어떻게 혜택을 받았는지를 강조했다.

- "이건 여러분이 어떤 말을 하든지 판단 없이 여러분을 받아들이는 누군가를 갖는 것이고, 이는 여러분이 여러분 자신을 받아들이게 한다"(p. 407).
- "그녀의 따뜻함이었습니다. 그녀는 정말 훌륭한 인간애와 진심 어린 배려를 발산했습니다. 그것은 매우 어두운 장소들을 방문할 정도로 제가 그녀를 매우 신뢰하는 것을 가능하게 했습니다. 저는 매우 안전하다고 느꼈습니다"(p. 370).

일부 내담자는 특정 증상을 극복하거나 특정 행동을 개선했다.

- "나는 비행에 대한 두려움을 극복했다…"(p. 398).
- "사람들 앞에서 발표할 때 덜 불안하다…"(p. 397).

일부 내담자는 자신에 대해 새롭고 중요한 것들을 깨달으면서 치료 중 통찰(insight)을 하게 되었다.

- "내가 하는 것을 내가 왜 하는지 이유를 더 잘 이해하게 되었습니다. 나는 내가 어떤지 더 잘 알게 되었습니다"(p. 396).
- "그녀는 나의 유년기 관계들이 나의 성인 관계들에 매우 큰 영향을 미쳤다는 것을 알게 해 주었습니다. 그녀는 내가 그저 망각한 많은 것들을 깨닫게 도와주었습니다"(p. 360).

래퍼, 음반사 임원이자 기업가인 제이 지(Jay-Z)는 치료에서 얻은 것을 이렇게 설명했다. "나는 그 경험으로 인해 매우 많이 성장했다. 하지만 내가 얻은 가장 중요한 것은 모든 것이 연결되어 있다는 것이다. 모든 감정은 연결되어 있고 감정은 어딘가에서 온다. 그리고 감정을 알고 있는 것. 감정을 일상생활에서 인지하고 있으면, 여러분에게 … 장점이 된다"(Baquet, 2017, p. 135).

이러한 결과와 다른 많은 것들을 성취함으로써, 심리장애에 대한 치료는 치료를 찾는 대부분의 사람들의 삶을 향상시킬 수 있는 가능성이 있다. 이 장에서는 치료를 직접 찾는 경우 발생할 수 있는 많은 경우를 포함하여 심리치료의 다양한 유형과 형식을 살펴보고자 한다. 또한 치료의 효과, 문화적 변수가 치료에 미치는 영향, 치료 중 발생할 수 있는 윤리적 문제, 현대 기술이 치료에 미치는 영향 및 정신과 약물(psychiatric medications)을 포함한 생의학 치료에 대해서도 고려할 것이다.

개요

심리장애 치료의 역사

개인 내담자를 위한 심리치료

집단 및 가족을 위한 심리치료

심리치료는 얼마나 효과가 있는가

심리치료에서 문화의 중요성

심리치료의 윤리

원격심리학: 현대 기술을 통한 심리치료

생의학 치료

심리장애 치료의 역사

학습 목표

14.1   수 세기 전의 심리장애 치료
14.2   심리장애 치료의 변천
14.3   심리치료와 생의학 치료의 정의

심리문제에 대한 치료는 고대부터 여러 형태로 존재해 왔다(Alexander & Selesnick, 1966; Benjamin, 2005, 2007). 오늘날 기준으로 보면, 초기 치료들은 종종 기괴하고 잔인했다. 심리장애로 고통 받는 사람들은 종종 악마나 악령에 홀린 것으로 생각되었다. 그들은 종종 지하감옥과 같은 곳에 갇히거나 두개골에 사혈(bloodletting)이나 구멍을 뚫는 등 그들의 신체에서 이러한 악령을 없애기 위해 고안된 고통스러운 방식들에 시달렸다(Routh, 2011; Tallis, 1998). 많은 경우에, 치료는 장애보다 훨씬 더 나빴다. 실제로, 어떤 경우에는 치료가 치명적이었다.

다행스럽게도, 1700년대 후반과 1800년대 초반에 심리문제가 있는 사람들에 대한 새로운 감정이 자라기 시작했다. 이 새로운 감정은 심리문제가 있는 사람들을 실제 치료와 인도적인 생활 조건을 받을 자격이 있는 인간으로 인식했다. 영국에서는 자선가 윌리엄 튜크(William Tuke)가 정신질환자들 가정의 비참한 생활환경에 충격을 받아서 요크 요양소(York Retreat)를 열기 위한 기금을 모았다. 그곳에서 사람들은 더 많은 일상의 자유, 더 나은 음식, 더 많은 운동 기회 및 실제로 그들을 돌보는 직원들을 발견했다(Reisman, 1991; Rosner, 2018).

프랑스에서는, 그림 14.1에 묘사되었듯이, 의사 필립 피넬(Philippe Pinel)이 권력을 가진 사람들에게 정신질환자들이 그들이 받아 왔던 것보다 더 나은 치료를 받을 자격이 있다고 확신시켰다(Ehrenwald, 1991). 무엇보다도 피넬은 직원들이 각 환자의 정신질환에 대한 치료 기록과 색인표를 포함한 사건 이력(case history)을 작성해야 한다고 주장하는 데 성공했다. 이러한 업무들은 당시에는 전례가 없었지만, 이제는 일반적이다. 이러한 변화들은 정신질환자에 대한 변화하는 태도를 반영한 것이며, 단순히 그들을 가두지 않고 그들의 삶을 개선하는 데 중점을 두었다(Cautin, 2011; Charland, 2018; Weiner, 1994). 1801년에 피넬 자신이 다음과 같이 썼듯이, "형벌을 받을 만한 죄가 있는 사람들과는 거리가 먼 정신질환자는 그들의 비참한 상태가 고통 받는 인간이기 때문

그림 14.1 필립 피넬과 더 나은 치료 찰스 뮐러(Charles Müller)의 1849년도 작품으로, 제목은 '피넬은 비케트르 호스피스(Bicêtre Hospice)의 미친 사람들에게서 철 결쇠 제거를 명령함'이다. 이 그림은 1700년대 후반과 1800년대 초반에 정신질환자의 더 인도적인 치료를 장려하는 데 필립 피넬과 그 외 사람들의 역할을 보여준다.

에 모든 배려를 받을 가치가 있는 아픈 사람들이다"(Zilboorg & Henry, 1941에서 인용).

미국에서는 코네티컷주의 의사 엘리 토드(Eli Todd)가 유럽에서 이루어지고 있는 진전에서 영감을 받았다. 토드의 여동생은 자살했으며, 더 나은 정신 건강 치료 시스템이 그녀의 생명을 구할 수 있었을 것이라고 믿었다. 불행하게도 그 당시에는 효과적인 치료가 부족했다. 실제로, 1800년 이전에는 3개 주에만 정신병원이 있었다(Reisman, 1991). 수십 년 동안 토드는 정신질환자들을 위한 개선된 치료를 위하여 캠페인을 벌였으며, 그의 노력으로 1824년에 코네티컷주에 첫 번째 정신병원이 문을 열었다(Goodheart, 2003; Whitaker, 2015). 사상 처음으로 정신질환이 있는 개개인들의 많은 가족들은 그들의 사랑하는 사람들을 위한 24시간 돌봄을 구할 수 있는 장소를 갖게 되었다.

토드와 마찬가지로, 도로테아 딕스(Dorothea Dix)는 정신병원의 필요성을 인식했다. 딕스는 보스턴 교도소에서 주일학교 교사로 일하면서 많은 학생들이 범죄행위가 아닌 정신질환 때문에 수감되었다는 사실을 알게 되었다. 정부당국은 단순히 정신질환이 있는 사람들을 데려갈 곳이 없었기 때문에 종종 그들을 죄수들과 함께 감옥에 가둬 두었다. 딕스는 이 문제를 해결하기 위해 남은 생애를 바쳤다. 그녀는 여러 도시를 방문하여 지역사회 지도자들과 함께 정신질환자들에게 더욱 적절한 치료를 제공할 것을 간청했다. 그녀는 심지어 이 문제에 대해 1850년부터 1853년까지 미국 대통령 밀러드 필모어(Millard Fillmore)와 편지를 계속 교환하기도 했다(Colman, 2007; Snyder, 1975). 그녀의 노력은 놀랍도록 성공적이었다. 딕스는 1800년대에 걸쳐 다양한 주에서 정신질환자를 위한 30개의 주립기관을 설립하는 데 책임을 다했다.

통틀어서, 튜크, 피넬, 토드, 딕스와 같은 개혁가들의 노력으로 정신질환자들의 치료에 대한 사회의 태도가 회피와 처벌에서 동정심과 존중으로 바뀌었다(Cautin, 2011). 이러한 운동은 오늘날 사용되는 두 가지 주요 치료 형태인 **심리치료**와 **생의학** 치료의 길을 열었고, 심리치료와 생의학 치료는 이 장의 나머지 부분에서 중점을 둘 것이다. **심리치료**(psychotherapy)는 사람이 심리장애를 극복하거나 정서적·인지적 또는 행동적 기능의 일부 측면을 개선하도록 돕기 위해 정신 건강 전문가가 사용하는 기법을 포함한다. **생의학 치료**(biomedical therapy)는 뇌의 생명 활동을 직접 변화시켜서 심리문제를 치료하는 약물치료 또는 의학적 절차들을 포함한다.

Macmillan Learning

도로테아 딕스는 정신질환자들을 위한 더 많은 자원을 제공하기 위해 노력한 수많은 개척자 중 한 사람이다. 그녀의 노력은 1800년대에 걸쳐 미국 여러 주의 정신질환자들을 위한 수십 개의 주립기관을 창설하는 데 일조했다.

심리치료
사람이 심리장애를 극복하거나 정서적·인지적 또는 행동적 기능의 일부 측면을 개선하도록 돕기 위한 다양한 기술을 사용하는 정신 건강 전문가를 포함한 치료

생의학 치료
뇌의 생명 활동을 직접 변화시키기 위한 약물치료 또는 의학적 절차들과 관련된 심리문제에 대한 치료

학습 확인

14.1 수 세기 전에 심리장애는 어떻게 치료되었는가?

14.2 심리장애에 대한 치료가 언제 그리고 어떻게 현재의 접근법으로 바뀌기 시작했는가?

14.3 심리치료와 생의학 치료의 차이점은 무엇인가?

개인 내담자를 위한 심리치료

심리치료는 약물을 포함한 치료와 구별하기 위하여 종종 대화치료(talk therapy)라는 이름으로 불린다. 가장 일반적인 유형의 심리치료는 내담자와 치료자만 방에 있는 개별치료(individual therapy)다(Norcross et al., 2005).

 누가 심리치료를 받으려 하나요?

학습 목표

14.4 누가, 왜 심리치료를 받고자 하는가?

14.5 정신역동치료

14.6 인간중심치료

14.7 행동치료

학습 목표

14.8 인지치료
14.9 절충적·통합적 접근법

많은 사람들이 여러 가지 이유로 심리치료를 찾는다. 미국인의 절반 이상이 일생 동안 어떤 형태의 심리치료를 받을 것이다. 일부 사람들은 심리장애를 치료하기 위하여, 어떤 사람들은 감정, 행동 또는 관계와의 일상적인 힘든 일들을 돕기 위해 받는다(Engel, 2008). 그림 14.2에서 볼 수 있듯이, 대학 상담센터에서 치료를 받으려는 대학생들은 불안, 우울증, 스트레스, 가족 걱정, 학업 성적, 관계 문제 등 매우 다양한 이유로 온다(Pérez-Rojas et al., 2017).

개별 심리치료에는 많은 다양한 치료가 있지만, **정신역동치료, 인간중심치료, 행동치료 및 인지치료**와 같은 주요 치료에 중점을 둘 것이다. 우리는 지그문트 프로이트의 이론들에서 비롯된 정신역동치료로 시작할 것이다. 역사적으로 프로이트가 처음이었다. 사실, 1900년대 중반까지 프로이트의 치료가 유일한 치료였다. 여러분이 읽을 다른 치료들은 종종 프로이트가 했던 것과 다른 것을 제공하려는 시도로 나중에 나타났다(Farreras et al., 2016; Gold & Stricker, 2017; Guadiano, 2008; Hollon & DiGiuseppe, 2011; Karpiak et al., 2016; Routh, 1996).

정신역동치료

제11장에서 살펴본 성격 이론의 지그문트 프로이트는 1800년대 후반과 1900년대 초반에 심리치료의 선구자였다. 그는 **정신분석**(psychoanalysis)을 개발했다. 정신분석의 주요 목표는 무의식을 의식화하는 것, 즉 내담자가 치료를 시작할 때 자신이 알지 못하는 생각과 느낌을 더 잘 인식하도록 돕는 심리치료 접근법이다(Cabaniss et al., 2011; Karon & Widener, 1995). **통찰**(insight)은 종종 자신을 들여다보고 이전에 눈에 띄지 않았던 것을 보는 과정을 설명하는 데 사용되는 단일 단어이다(Gibbons et al., 2007; Høglend & Hagtvet, 2019; Lacewing, 2014; McAleavey & Castonguay, 2014). 예를 들어 정신분석 내담자들은 오늘날 그들의 낮은 자존감이 그들을 무시하거나 경시했던 부모와의 어린 시절 관계에서 비롯된다는 것을 아마도 처음으로 깨달았을지도 모른다.

프로이트가 정신분석을 만든 이후 100년 이상 동안, 치료는 주로 심리문제를 다루는 데 있어 보다 빠르고 직접적인 방법(및 현대 사회와 조화를 이루는 방법)의 치료 접근법을 만들기 위해 여러 차례 수정되었다. 통칭하여, 우리는 이제 프로이트의 원래 접근법의 모든 개정안들을 **정신역동치료**(psychodynamic therapy)라고 부른다. 무의식을 의식하게 만드는 데 목표를 두고 있는 치료지만, 정신분석과 비교해보면, 정신역동치료는 더 짧고 내담자의 과거보다 내담자의 현재 생활에 더 집중되어 있다. 비록 고전적인 정신분석은 오늘날 거의 시행되지 않지만, 많은 형태의 정신역동치료가 매우 일반적이다(Barber & Solomonov, 2016; Gabbard, 2009a).

정신역동치료자들은 그들의 내담자들이 무의식적 사고와 감정을 더 잘 인식할 수 있도록 도우면서 두 가지 큰 도전에 직면

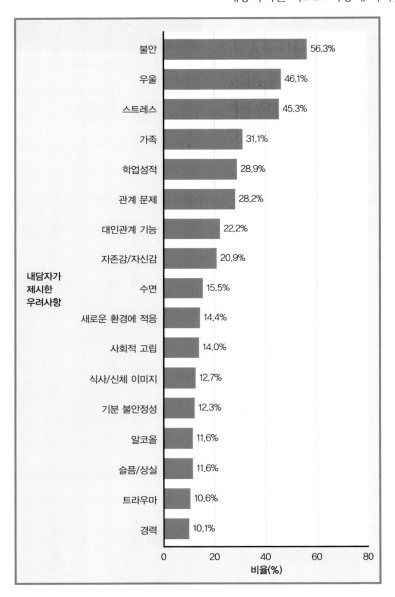

그림 14.2 대학생들은 어떤 종류의 문제로 상담센터를 방문하는가? 84개의 대학에서 1,300명의 대학 상담자들이 만난 5만 3,000명 이상의 내담자들을 대상으로 한 대규모 연구에서, 우려의 범위는 매우 넓었다. 가장 일반적인 관심사는 불안, 우울증, 스트레스, 가족, 학업성적 및 관계 문제였다(Pérez-Rojas et al., 2017). 출처 : Pérez-Rojas et al.(2017).

한다. 첫째, 치료자는 무의식적 자료(unconscious material), 즉 심지어 내담자의 인식을 벗어난 내담자 마음의 가장 내면의 작용(workings)에 '접근'해야 한다. 둘째, 치료자는 내담자가 이러한 무의식적 자료를 인식하고 의식적으로 대처할 수 있도록 도와줄 필요가 있다.

　내담자의 무의식에 대한 접근을 얻는 이러한 첫 번째 도전을 해결하기 위하여, 정신역동치료자들은 자유연상, 꿈의 분석, 내담자의 저항에 대한 작업 및 내담자의 전이와의 작업을 포함한 다양한 기법을 사용한다.

정신역동치료, 인간중심치료, 행동치료 및 인지치료를 포함한 많은 종류의 개별치료가 있다.

자유연상　자유연상(free association)에서, 치료자는 내담자가 검열 없이 생각나는 대로 말하도록 권한다(Skelton, 2006). 충분히 간단해 보이지만, 실제로는 하기가 어렵다. 심지어 가장 솔직하고 억제되지 않은 상황에서도 여러분은 가장 원초적인, 편집되지 않은 생각을 표현하면서 완전히 자유롭게 말할 수 있는가? 자유연상을 할 수 있는 내담자는 무작위적이거나 또는 터무니없어 보이는 방식으로 한 주제에서 다른 주제로 이동할 수 있다. 그들의 꼬리를 물고 이어지는 생각은 하나의 무례한 생각에서 다른 무례한 생각으로 이동할 수 있으며, 보통 다른 사람들에게 숨겨 놓은 성적 또는 공격적인 충동들을 드러낸다. 예를 들면 진정한 자유연상을 할 수 있는 내담자는 결혼한 친구에 대한 깊은 관심을, 또는 사랑하는 부모를 해치고 싶은 마음을 공개적으로 인정할 수 있다.

꿈 분석　꿈 분석(dream analysis)에서는 치료자와 내담자가 내담자 꿈의 숨겨진 의미를 찾으려고 시도한다. 많은 정신역동치료자들은 꿈을 무의식적 소망의 상징적 표현으로 본다(Civitarese, 2014; Freud, 1900; Kernberg, 2004). 자, 개가 잠겨 있는 작은 새장에서 탈출하려고 긁고 낑낑거리는 꿈을 공유하는 내담자를 생각해보자. 치료자는 내담자가 그 개를 내담자 자신을 위한 상징으로 생각하고 내담자의 직업, 애정관계, 가족 등 내담자 삶의 어떤 부분이 내담자가 해방되기를 원하는 새장을 나타내는지 생각하도록 격려할 수 있다.

저항　자유연상 및 꿈 분석 외에도, 내담자가 치료자와 관련되는 방법은 내담자의 무의식적 문제들 중 일부를 드러낼 수 있다. 예를 들면 치료 중 어렵거나 도전적인 문제가 발생하면 내담자들은 종종 그 문제들을 논의(discussion)하는 것을 피하는 방법을 찾는다. 내담자들은 좀 더 안전한 주제로 주제를 바꾸거나 갑자기 즉시 주의를 기울여야 하는 완전히 다른 문제를 생각한다. 다음 회기에서 어려운 문제에 대해 논의를 더 하게 될 것이라고 약속하면, 내담자들은 늦게 도착하거나 아예 나타나지 않는다. 정신역동치료자들은 이것을 **저항**(resistance)이라고 부른다. 저항은 불안을 유발하는 주제에 대한 논의 또는 의식적 인식을 차단하는 내담자의 행동이다. 내담자는 일반적으로 저항의 배후에 있는 이유와 어떤 경우에는 저항행동 자체를 알지 못한다. 내담자에게 이런 저항행동을 지적하고 의식을 갖도록 돕는 것은 정신역동치료자에게 달려 있다(Dewald, 1964; Gabbard, 2009b; Karon & Widener, 1995; LaFarge, 2012; Lane & Harris, 2008).

　나의 내담자 중 한 명인 애나가 저항의 실제 사례를 제공했다. 애나는 20대 초반이었고, 애나가 치료를 받으려고 했던 주된 이유는 어렸을 때부터 남아 있었던 슬픔과 낮은 자존감에 대한 감정 때문이었다. 그녀는 몇 차례의 초기 회기를 자라면서 그녀를 학대한 오빠에 대한 격렬한 분노를 표현하며 보냈다. 이러한 학대는 단순한 남매간의 경쟁 이상으로, 매우 심각하고 폭력적이었다. 애나의 오빠는 그녀를 잔인하게 모욕하고, 멍이 들 때까지 때리고, 때로는 그녀를 애무했다. 세 번째 회기에서, 나는 애나의 오빠가 했던 것에 대한 더욱 자세한 내용과 그것이 그녀에게 어떤 영향

정신분석
주요 목표는 무의식을 의식적으로 만드는 지그문트 프로이트가 개발한 심리치료 접근법. 즉 내담자가 치료를 시작할 때 자신이 알지 못하는 생각과 느낌을 더 잘 인식하도록 돕는 심리치료에 대한 접근법

정신역동치료
무의식을 의식하게 만드는 정신분석의 목표를 유지하는 치료지만, 정신분석보다 더 짧고 내담자의 현재 생활에(내담자의 과거보다) 더 집중되어 있음

자유연상
치료자가 내담자를 격려하여 어떠한 검열 없이 단순히 생각나는 대로 말을 하게 하는 정신역동적 기법

꿈 분석
치료자와 내담자가 내담자 꿈의 속뜻을 찾으려고 시도하는 정신역동적 기법

저항
불안을 유발하는 주제에 대한 논의 또는 의식적 인식을 차단하는 내담자 행동

을 미쳤는지에 대하여 애나에게 들었다. 그리고 나서 나는 애나에게 그녀의 가족 중 다른 누군가가 오빠의 학대에 대해 알고 있었는지 물었다. 그 순간, 그녀는 갑자기 직장에서 그녀의 상사가 그녀에게 부여한 몇 가지 새로운 책임으로 주제를 바꾸고, 시간이 다될 때까지 그것에 대해 이야기했다. 그녀는 우리의 다음 약속에 나오지 않았고, 그다음 약속에는 15분 늦게 왔다.

애나의 행동에 대한 정신역동적 설명은 다음과 같다. 그녀는 오빠의 학대행위에도 불구하고 오빠에 대해 이야기하는 것은 괜찮았지만, 그녀 가족 중 다른 사람들이 그 사실을 알고 있다는 생각은 애나를 매우 불편하게 만들어서 그것에 대해 말하는 것에 저항했다. 치료의 꽤 나중에, 애나는 어머니가 애나에 대한 오빠의 학대행위에 대해 알고 있었지만 그녀를 보호하기 위해 아무 조치도 취하지 않았다고 밝혔다. 애나는 세 번째 회기에서 어머니에 대한 그녀의 분노 감정을 인정하는 것이 너무 무서워서 그녀는 가족에 대한 대화를 저항했던 이유를 완전히 깨닫지 못한 채 대화가 가족으로 가는 것을 막았다.

전이 아마도 정신역동치료자가 내담자의 무의식에 접근하기 위해 가지고 있는 가장 강력한 도구는 전이일 것이다(Galatzer-Levy et al., 2000; Karon & Widener, 1995; Wolitzky, 2016). **전이** (transference)는 내담자가 무의식적으로 그리고 비현실적으로 치료자가 내담자의 과거에서 중요한 사람처럼 행동할 것을 기대할 때 발생한다. 그것을 깨닫지 않고, 내담자는 이전 관계에서 배운 것을 치료자와의 관계로 전이한다. 어떤 면에서는, 내담자들은 무의식적으로 치료자를 특정 종류의 사람, 보통 엄마, 아빠, 또는 내담자 자신의 과거의 다른 '큰' 인물과 같은 사람이라고 미리 판단한다. 실제로는 내담자들은 그런 판단이 사실인지 알 만한 충분한 증거가 없다(Gabbard, 2005; S. H. Goldberg, 2012; A. Harris, 2012). 예를 들어 비판적이고 흠잡는 엄마와 자란 내담자는 무의식적으로 처음부터 자신의 새로운 치료자가 엄마와 동일한 특성(특히 치료자가 여성인 경우)을 가질 것으로 추측할 수도 있다. 또는 아빠가 항상 자신에게 자신의 의견은 속으로만 생각하라고 요구했던 내담자는 무의식적으로 치료자(특히 남성 치료자)가 내담자에게 비슷한 요구를 할 것이라고 가정하고 치료자와의 관계를 시작할 수 있다.

 그러면, 내담자들이 전이를 경험할 때 그들은 환각 상태인가요? 그들은 실제로 치료자가 그들의 엄마 또는 아빠라고 생각하나요?

아니다. 전이는 환각이 아니다. 그것에는 이상한 점이 없다. 실제로, 전이는 치료뿐만 아니라 모든 종류의 관계에서 공통된 경험이다. 여러분은 아마도 스스로 전이를 받는 입장에 있었을 것이다. 예를 들면 여러분은 그들이 그렇게 생각할 진짜 이유가 없었던 사실에도 불구하고, 여러분이 바람을 피는 것으로 의심하는 사람과 데이트했을 수도 있다. 또는 여러분은 그러한 의도가 전혀 없다는 사실에도 불구하고, 여러분이 자신의 자리를 뺏으려 한다고 생각하는 상사를 위해 일했을 수도 있다. 이 사람들이 왜 이런 잘못된 믿음을 가지고 있는가? 정신역동치료자에 따르면, 그 대답은 이전의 관계들에 있다. 만약 그들의 이전 애인이 바람을 피웠거나 이전 직원이 그들의 자리를 빼앗았던 경우가 있었다면, 그들은 여러분이 똑같이 하지 않을 것이라고 기대하기가 어려울 수 있다. 그들은 그들이 그렇게 하고 있다는 것을 깨닫지 못한 채, 이전 관계에서 배운 것을 여러분과의 관계로 전이했을 수 있다.

정신역동치료자는 회기 중에 내담자가 이전 관계에서 '남은 것'을 치료자에게 전이하는 것을 잘 알아차린다. 다시 한 번, 내 내담자 중 한 명을 예로 들어 보겠다. 후안(Juan)은 가벼운 불안과 가

전이
치료자가 내담자의 과거에서 중요한 사람처럼 행동하기를 바라는 내담자의 무의식적이고 비현실적인 기대

끔씩 공황발작으로 나를 보러 온 30세의 남자였다. 첫 회기를 시작하면서 후안은 자신의 직업과 가족에 대한 배경을 제공한 다음 그의 증상을 설명하기 시작했다. 약 10분 후, 그는 자신을 멈추고 놀랍게도 나에게 사과했다. "죄송합니다. 여러분이 지루하고 제가 여러분의 시간을 낭비하고 있다는 걸 알 수 있습니다. 여러분은 아마도 '이 사람이 입을 다물고 집에 갈 수 있었으면 좋겠다'라고 생각하고 있을 것입니다." 그 말과 함께 그는 떠나려고 일어났다. 나는 후안이 머무르도록 격려하고 내가 그에게 매우 관심이 있다는 것을 확신시켰다. 잠시 주저한 후, 그는 머물렀다. 그러나 15분 후, 그는 다시 자신을 멈추고 내 시간을 낭비한 것에 대해 사과하고 떠나려고 했다. 모두 합쳐서 후안은 첫 번째 회기 동안 네 차례나 말을 끊고 떠나려고 했다.

후안에게 내가 그에게 관심이 없거나 짜증이 난다고 믿을 만한 이유를 주지 않았다는 점을 주목하는 것이 중요하다. 나는 그가 말했을 때 내 휴대전화를 보거나 시계를 쳐다보거나 창문을 응시하거나 하품을 하지 않았다. 그렇다면 후안은 왜 내가 그에게 관심이 없고 짜증이 났다고 추정했을까? 정신역동적 설명은 다음과 같다. 후안은 자신이 그렇게 하고 있다는 사실을 깨닫지 못한 채, 후안은 실제로 그를 재미없고 짜증나는 사람으로 생각한 그의 인생에서 중요한 누군가와 내가 같을 것이라고 추정했다. 그는 내가 그렇게 느꼈다는 증거가 없다는 사실에도 불구하고, 나도 그렇게 할 것이라는 결론을 냈다. 치료가 진행됨에 따라, 후안은 여러분이 예상했듯이 후안의 유년기 내내 그를 재미없고 짜증나는 골칫거리로 생각한 아버지를 포함하여 가족에 대해 더 많은 세부사항을 공유했다.

RossHelen/iStock/Getty Images

전이는 내담자가 무의식적으로 그리고 비현실적으로 치료자가 내담자 자신의 과거 중요한 사람처럼 행동할 것을 기대할 때 발생한다. 정신역동치료자는 내담자가 자신의 전이 성향을 인식하도록 도와주려고 한다. 이는 치료 외의 많은 내담자의 다른 관계에 영향을 줄 수 있다.

해석 정신역동치료자가 내담자들의 무의식적 자료에 접근한 후, 치료자들의 다음 도전은 내담자가 그것을 인식하도록 돕는 것이다. 이를 위한 기본 기법은 **해석**(interpretation)이다. 해석은 내담자의 무의식적 자료와 현재의 행동, 생각 또는 감정을 연결하려는 정신역동치료자의 시도이다(P. Goldberg, 2012; Johansson et al., 2010; Petraglia et al., 2017). 나의 내담자인 애나와 후안의 예를 다시 생각해보자. 애나가 학대에 있어서 어머니의 역할에 대해 말하는 것을 거부하는 그녀의 모습에 대해 내가 알아차린 것을 애나가 알아차릴 수 있도록 도와주지 않는다면 애나에게는 도움이 되지 않을 것이다. 마찬가지로, 후안이 그의 아버지가 했던 것처럼 나를 그에게 관련되기를 기대하는 방식을 나는 눈치챘지만 후안이 알아차릴 수 있도록 돕지 않는다면, 그에게 도움이 되지 않을 것이다. 두 경우 모두, 내가 알아차린 것을 내담자와 공유하는 좋은 해석은 내담자에게 '아하' 순간을 제공할 수 있다. 즉 이전에는 몰랐던 자신들에 관하여 무언가를 알게 되는 강력한 통찰이다. 애나는 그녀의 어머니에 대한 숨겨진 감정을 인지하고, 후안은 그의 아버지에 대한 기대를 다른 사람들에게 전이하려는 경향을 이해할 것이다.

훈습 물론, 이 해석은 즉각적인 영향을 미치지 않을 수 있다. 심지어 가장 강력한 통찰조차도 익숙해지기까지 쉽지 않다. 따라서, 정신역동치료자가 통찰을 제공한 후에는 일반적으로 **훈습**(working through)이 필요하다. 훈습 과정은 해석이 반복되고, 재검토되며, 점차적으로 충분히 이해되는 기회를 주는 긴 치료이다(Gabbard, 2009b). 애나와 후안 모두 처음 해석을 제공했을 때, 해석을 완전히 이해하거나 받아들이는 데 어려움이 있었다. 그러나 시간이 지남에 따라, 애나와 후안은 나의 해석으로 저항을 하였고 그들의 사고방식과 그들 자신에 대한 자신의 견해를 반영했다. 애나는 조금씩 그녀의 어머니에 대한 분노와 실망에 대한 그녀의 감정을 받아들였으며, 그 감정들을 피하는 것이 얼마나 그녀의 삶을 방해해 왔는지 또한 받아들였다. 후안은 조금씩 그가 아버지

해석
내담자의 무의식적 자료와 내담자의 현재의 행동, 생각 또는 감정을 연결하려는 정신역동치료자의 시도

훈습
해석이 반복되고, 재검토되며, 점차적으로 충분히 이해되는 기회를 주는 정신역동치료의 긴 단계

에 대한 기대를 나에게, 그리고 더 중요한 것은 그의 친구들과 직장에서 상사를 포함하여 그의 인생의 다른 사람들에게 전이한다는 것을 인지했다. 그 시점부터, 그는 그가 그렇게 하려고 했을 때 자신을 자제할 수 있었고, 다른 사람들을 실제 그 사람들 자체로 공감할 수 있도록 그 자신을 상기시켰다. 많은 경우에 사람들은 그의 아버지보다 훨씬 더 그를 받아들이고 있었다.

오늘날 정신역동치료   전통적인 '구식의(old school)' 정신분석을 실시하는 치료자의 수는 줄어들고 있지만, 정신역동치료의 '신식의(new school)' 변형을 실시하는 수는 여전히 높다(Gabbard, 2009a; Jaimes et al., 2015; Norcross & Karpiak, 2012). 정신역동치료의 한 특정 형태인 대인관계치료(interpersonal therapy)가 특히 높이 평가된다. 연구에 따르면 대인관계치료는 우울증을 앓고 있거나 다른 장애를 갖고 있는 내담자들에게 특히 유익하다(Lipsitz & Markowitz, 2016; Markowitz & Weissman, 2012; Stuart, 2017; Swartz & Markowitz, 2009). 대인관계치료는 우울증이 스트레스를 받는 대인관계에서 자란다는 가정을 중심으로 구축된 단기치료(보통 14~18회기)다. 따라서 치료자는 특히 내담자가 건강한 관계에 대한 자신의 생각, 감정 및 기대를 더 잘 인식하도록 함으로써 건강한 관계를 형성하는 내담자의 능력을 향상시키려고 시도한다(Didie, 2015; Frank & Levenson, 2011; Klerman et al., 1984; Weissman, 1995). 대인관계치료자는 많은 이런 관계 문제들을 일으키는 다음의 네 가지 문제를 구체화한다 — (1) 성장한 자녀가 독립할 때와 같은 역할 전환(role transitions), (2) 새로운 결혼에서 누가 무엇을 하는지 알아내는 것과 같은 역할 분쟁(role disputes), (3) 의미 있는 우정의 결핍과 같은 대인관계 결핍(interpersonal deficits), (4) 사랑하는 사람의 죽음과 같은 슬픔(grief)(Blanco & Weissman, 2005; Lipsitz, 2009).

인간중심치료

인간중심치료(person-centered therapy)는 칼 로저스(Carl Rogers)의 이론을 기반으로 한 접근법으로 각 개인에 내재된 건강한 성장 경향(성)을 강조한다(제11장에서 자기실현이라고 부르는 경향). 인간중심치료는 **인본주의치료**(humanistic therapy), **내담자중심 치료**(client-centered therapy)라고도 부른다. 인간중심치료자는 대부분의 심리문제는 자기실현 성향이 차단되어 발생한다고 생각한다. 그렇다면, 치료는 내담자들이 자신의 자기실현 경향으로 되돌아갈 수 있도록 돕는 데 중점을 두는데, 이는 내담자들이 행복과 정신적으로 건강한 상태로 돌아갈 수 있도록 인도하는 것이다(Cain, 2002, 2010; Erekson & Lambert, 2015; Maslow, 1968; Rogers, 1957; Watson & Bohart, 2015).

내담자들이 자신의 심리문제를 극복할 수 있는 능력을 가지고 있다는 개념은 인간중심치료의 독특한 특징이다. 다른 형태의 치료는 일반적으로 내담자가 치료자에 의해 내담자들에게 적용되는 특별한 기술이 필요하다고 가정한다. 인간중심치료에서 치료자의 역할은 내담자가 건강한 성장을 향한 자신의 성향과 다시 연결함으로써 스스로 도울 수 있도록 돕는 촉진자(facilitator)에 가깝다. 결과적으로, 인간중심치료자는 **비지시적 치료**(nondirective therapy)를 진행하는 경향이 있다. 비지시적 치료는 치료자보다는 내담자가 치료 과정을 결정하는 치료 스타일이다. 인간중심치료자는 내담자가 치료자의 리드를 따르는 것이 아니라 오히려 치료자가 내담자의 리드를 따르는 경우 내담자의 자기실현화 경향이 그들을 현명하게 인도할 것이라고 믿는다.

정확히 인간중심치료자가 어떻게 이것을 달성하는가? 로저스에 따르면, 이 모든 것은 치료자가 내담자와 형성하는 관계에 관한 것이 전부라고 한다. 구체적으로, 치료자가 내담자의 자기실현을 촉진하기 위해 치료적 관계에 반드시 가져와야 하는 세 가지 필수 특성 또는 '구성요소

인간중심치료
각 개인에 내재된 건강한 성장 성향을 강조한 칼 로저스의 이론을 기반으로 한 접근법

비지시적 치료
치료자보다는 내담자가 치료 과정을 진행하는 치료 유형

(ingredients)'가 있다 — 공감, 무조건적인 긍정적 존중, 그리고 진실성(Cain, 2002, 2010; Rogers, 1959; Tudor & Worrall, 2006; Velasquez & Montiel, 2018; Watson & Pos, 2017).

공감 공감(empathy)은 내담자가 느끼는 것처럼 치료자가 내담자의 감정을 똑같이 감지하고, 그에 대해 동정적으로 반응하는 치료자의 능력이다. 공감은 내담자가 되는 것이 '어떤 것인지(what it's like)'에 대한 심도 있고 개인적 판단을 하지 않는 이해다(Bozarth, 1997; Elliott et al., 2018; Rogers, 1980). 이는 내담자가 상대방이 자신을 향해 부정적인 의견을 갖거나 자신의 결함을 발견하는 것에 대해 걱정할 필요가 없음을 의미한다(다른 관계에서와 같이). 공감은 내담자가 든든한 느낌을 받게 하고 자신의 감정을 명확하게 하는 데 도움을 준다(Gillon, 2007).

무조건적인 긍정적 존중 인간중심치료자가 제공하는 두 번째 필수 구성요소는 조건이나 제한 없는 **무조건적인 긍정적 존중**(unconditional positive regard) 또는 '무엇이든(no matter what)' 내담자를 전적으로 수용하는 것이다. 로저스는 치료자가 내담자를 **존중해야**(prize)한다고 말하는 것을 좋아했다(Rogers, 1959). 내담자가 무엇을 하는지, 생각하는지 또는 느끼는지 상관없이, 인간중심치료자는 내담자를 인간으로 받아들인다. 그러한 완전한 수용(full acceptance)은 내담자에게 그들이 완전히 자신 모습 그대로가 될 수 있다는 것은 전달하기에, 그들은 자신이 보여줄 수 있는 부분과 숨겨야 하는 부분을 선택할 필요가 전혀 없다. 이러한 관계는 매우 독특하다. (여러분의 말과 행동을 모니터링하거나 편집할 필요없이, 또한 여러분이 거부당할 염려 없이 완전히 여러분 자신 그대로 함께 있을 수 있는 친구나 가족이 몇 명이나 있는가?) 시간이 지남에 따라, 치료자로부터의 무조건적인 긍정적 존중은 내담자가 자신에 대한 무조건적인 긍정적 존중을 갖도록 확신시킬 수 있으며, 이는 자기실현과 심리적 안정(psychological well-being)을 가져올 수 있다(Farber et al., 2018).

진실성 인간중심치료자가 제공하는 치료 관계의 세 번째 구성요소는 **진실성**(genuineness)이다. 치료자의 역할을 거짓으로 수행하는 것과는 반대로, 진실성은 치료자의 솔직성(truthfulness), 사실성(realness) 및 정직성(honesty)이다. [진실성은 **일치성**(congruence)이라고도 한다.] 간단히 말해, 공감과 무조건적인 긍정적 존중은 그들이 거짓이라면 가치가 없다. 여러분은 아마도 이전에 가짜 공감의 대상이었을 것이다. 아마도 다른 사람들이 무슨 일이 있어도 받아들이는 척하도록 했을 것이다. 만약 그렇다면, 여러분은 그러한 경험들이 어떻게 여러분이 제대로 이해되지 못하고 가치를 인정받지 못한다는 감정을 들게 했는지 알 수 있다. 인간중심치료자는 행동하거나 속이지 않는다. 인간중심치료자들은 진정으로 내담자에 대한 연민을 느끼고 진심으로 그들에게 완전한 수용을 제공한다. 치료자에 의한 그러한 진실성은 내담자가 치료 과정에 더 참여하도록 장려한다(Gillon, 2007; Kolden et al., 2018; Rogers, 1961).

로저스는 공감, 무조건적인 긍정적 존중, 그리고 진실성의 결합된 힘에 대해 매우 자신이 있었다. 실제로, 그는 추가의 특별한 기법 없이 이 세 가지 구성요소를 제공한 치료자가 우울증, 불안, 섭식장애 등 어떤 문제가 있든 상관없이 대담자를 도울 수 있다고 대담하게 주장했다(Rogers, 1957). 연구는 일반적으로 이러한 세 가지 구성요소가 모든 종류의 치료에서 핵심 요소이며 좋은 치료 관계를 위한 필요조건이라는 개념을 지지한다(Elliott et al., 2011, 2018; Farber & Doolin, 2011; Farber et al., 2018; Kolden et al., 2011, 2018; Zuroff et al., 2010). 그러나, 상기 세 가지 구성요소만으로는 모든 유형의 내담자를 돕기에는 충분하지 않다.

공감
내담자가 느끼는 것처럼 내담자의 감정을 감지하고, 그에 대해 동정적으로 반응하는 치료자의 능력

무조건적인 긍정적 존중
조건이나 제한 없이 치료자의 내담자에 대한 완전한 수용

진실성
치료자의 역할을 거짓으로 수행하는 것과는 반대로, 치료자의 솔직성, 사실성 및 정직성

그렇다면 인간중심치료자가 회기 중에 정확히 무엇을 하나요? 그들은 어떤 기법을 사용하나요?

실제로, 인간중심치료는 기법보다 태도에 관한 것이다. 인간중심치료자는 치료자들이 내담자에게 하는 것이 아닌, 내담자와의 관계가 심리치료의 혜택의 원천이라고 생각한다. 대부분의 다른 접근법들은 치료자에 의한 특정 기법의 사용을 강조한다(Bozarth et al., 2002).

반영 기법과 유사한 인간중심치료의 유일한 요소는 반영이다. **반영**(reflection)에서, 치료자는 주의하여 적극적으로 들은 다음에, 내담자의 감정을 강조하는 방식으로 내담자의 말을 고쳐서 말한다. 반영은 실제로 로저스가 선호하는 용어인 **감정의 반사**의 축약된 형태이다(Rogers, 1986). 적절하게 사용될 때, 반영은 인간중심치료 접근법의 완전 중심에 있는 공감, 무조건적인 긍정적 존중 및 진실성을 소통할 수 있는 능력을 가진다. 반영은 내담자가 자신의 감정을 보다 깊이 인식하고, 자신이 느끼는 어떠한 감정도 중요하고 수용 가능하다는 가능성을 고려하도록 도와준다.

반영과 우리가 논의했던 인간중심치료의 모든 구성요소를 설명하기 위하여, 나의 내담자인 탈리아(Talia)를 생각해보자. 탈리아는 무남독녀로 편모슬하에서 자랐고, 그녀의 어머니는 다정했지만 지배적이었다. 어릴 때부터 탈리아의 어머니는 탈리아에게 대학 진학, 간호 전공, 구직, 결혼, 자녀계획 등 그녀가 어떻게 살아야 하는지 말했다. 탈리아가 이러한 인생행로에 대해 의심을 나타낼 때마다, 그녀의 엄마는 그녀의 생각을 터무니없는 말로 간주하고 묵살해버렸다. "오 탈리아, 그건 네가 아니란다." 그러나, 탈리아는 사실 어머니가 그녀를 위해 마련해 놓은 간호사, 아내, 엄마의 역할보다 그녀에게 더 많은 것이 있다는 것을 느끼고 있었다. 이제 23세인 탈리아는 어머니가 사전 승인한 단계들 중 처음 몇 단계를 따라갔다. 그녀는 간호학으로 대학을 졸업하고 병원에서 좋은 직업을 가졌다. 그러나 그녀는 답답하고 성취감을 느끼지 못했다. 그녀는 어머니가 알지 못하는 방향으로 인생을 살고 싶었고, 어머니가 안다면 못마땅해하실 거라고 나에게 말했다. 우리 관계가 강화됨에 따라, 조금씩 탈리아는 나에게 믿기 힘들 정도의 아직 해보지 않은 관심사들을 알려주었다. 그녀는 롤러 더비 팀에 가입하고 싶어 했고, 1인칭 슈팅 비디오 게임을 만들고 싶어 했고, 스시 레스토랑을 열기를 원했다. 그녀는 호주를 여행하고, 건축을 공부하며, 애완동물 구조 단체에서 자원봉사를 하고 싶어 했다. 주저하면서, 그녀는 심지어 결혼이나 자녀를 갖는 것을 원치 않을 수도 있다고 말했다. 이는 그녀의 어머니의 마스터 플랜에서 분명히 벗어난 결정이었다.

탈리아의 자기실현은 억눌려 있었다는 것이 나에게 분명해 보였다. 그녀의 어머니의 명령을 따름으로써 탈리아는 안정적인 직장을 얻었지만, 그녀의 많은 다른 관심사를 좌절시켜서 그녀를 불행하게 만들었다. 탈리아를 치료하면서, 나는 여러 가지 인간중심치료자의 특징적인 여러 가지 일을 했다. 나는 종종 반영을 통해 그녀의 상황에 대해 공감을 표현했다. "여러분은 여러분의 직업이 괜찮은 것처럼 들리지만, 여러분은 추구할 수 없는 것 같은 '규칙에 어긋나는' 것처럼 보이는 이러한 다른 열정들을 가지고 있네요. 그것이 여러분을 답답하거나 우울해지게 만든 것으로 보이네요. 그것이 여러분의 기분인가요?" 나는 무조건적인 존중을 실행했고 무엇이든 상관없이 그녀를 받아들이는 데 주의를 기울였다. 나는 탈리아가 온화한 간호사, 롤러 더비의 거친 선수, 호주 모험가인

인간중심치료에서 핵심 요소 중 하나는 공감 또는 내담자의 감정을 알아차리고 자비롭고 사적인 판단 없이 대응하는 치료자의 능력이다.

wavebreakmedia/Shutterstock

반영
치료자는 주의하여 적극적으로 들은 다음에, 내담자의 감정을 강조하는 방식으로 내담자의 말을 고쳐서 말하는 기법

지 여부와 상관없이 탈리아를 인간으로서 존중했다. 그리고 나는 이 모든 것을 진심으로 했다. 나는 마치 내가 그런 척 행동하기보다는 진심으로 그녀를 향해 공감과 무조건적인 긍정적 존중을 느꼈다.

시간이 지남에 따라, 이러한 치료적 구성요소들이 결합되어 탈리아가 탈리아 자신이 완전히 되었다고 느낀 치료 관계를 만들어냈다. 이것은 탈리아에게 새로운 해방 경험이었다. 치료에서 그녀는 어느 누구의 사전 승인된 경로를 따르거나 자신의 생각이나 소망을 검열할 필요가 없었다. 그녀는 단순히 자신이 실제로 느끼는 것을 말하고 자신이 실제로 누구인지를 말할 수 있었다. 결국 탈리아는 치료자뿐만 아니라 자신을 포함한 모든 사람과 함께 자신이 실제로 누구인지 더 자유롭게 느꼈다. 우리의 치료가 끝나자, 그녀의 어머니나 그녀 자신의 반대에 대한 아무 걱정 없이, 그녀는 롤러 더비 수업에 등록했고 호주 여행을 예약했다!

동기강화상담 최근에, 인간중심치료의 현대적인 변형인 **동기강화상담**(motivational interviewing)이 더욱 두드러졌다(Miller & Moyers, 2017). (명목상의 인터뷰라는 단어가 여러분을 오도하게 하지 말라. 이것은 단지 초기 인터뷰가 아니라 여러 회기에 걸쳐 지속되는 심리치료의 한 형태이다.) 동기강화상담은 원래 중독 문제(예 : 약물 남용)를 가진 사람들을 돕기 위해 개발되었지만, 다른 많은 문제로 사용이 확대되었다(Pace et al., 2017; Watson & Schneider, 2016).

동기강화상담의 핵심 요소는 내담자 자신의 변화하고자 하는 동기부여를 활용하는 것이다(Dennhardt et al., 2015; Hettema et al., 2005; Miller & Rose, 2009). 너무 자주, 치료자가 내담자에게 변화의 필요성을 강요해 왔다. 예를 들어 치료자들이 내담자들에게 음주나 약물 복용을 중단해야 한다고 말하는 재활센터를 생각해보자. 내담자들은 종종 외부인의 그러한 명령에 저항한다. 그들은 스스로 그렇게 하기를 원하는 욕구가 생기면 진정으로 오래 지속될 변화를 만들 가능성이 높다.

동기강화상담을 사용하는 치료자들은 내담자가 알코올, 약물, 과식 또는 기타 건강에 해로운 행동을 포기하는 것과 같이 자신의 행동이나 생활 방식에 큰 변화가 있을 수 있는 혼합 감정(mixed feeling)에 대해 공개적으로 논의한다. 실제로, 치료자들은 모든 훌륭한 인간중심치료자가 하는 것처럼 내담자의 변화에 대한 양가감정(ambivalence)에 공감한다. 또한 치료자들은 변화에 대한 동기를 강화하기 위해 내담자의 실제 생활과 내담자의 가치 사이의 불일치를 강조한다. 예를 들어 치료자는 내담자가 가족과 일을 얼마큼 소중하게 여기지만 약물 사용으로 인해 가족과 일 모두를 위험에 빠뜨렸는지를 강조할 수 있다. 변화에 대한 장단점 사이에서 내담자 자신의 분투를 동정어린 마음으로 듣고 난 후, 치료자는 내담자가 어떻게 진행하고 싶은지 근본적으로 묻는다. 내담자가 변화를 위해 필요한 조치를 취하기로 결정한 경우, 동기부여는 내담자 자신의 것이며, 치료자가 내담자를 강하게 무장시키는 것보다 성공 가능성이 더 높다(Arkowitz et al., 2015; Magill et al., 2018; Miller & Rollnick, 2013; Miller & Rose, 2015).

행동치료

행동치료(behavior therapy)는 행동에 영향을 미치는 정신적 과정에 거의 중점을 두지 않고 외형의 행동을 바꾸기 위해 조작적 및 고전적 조건형성을 적용하는 것이다. 행동치료가 개발된 주요 이유 중 하나는 이전에 나왔던 치료에 대한 관찰 가능하고 측정 가능한 대안을 제공하는 것이었다(Hunt, 1993; Newman et al., 2017; Shikatani et al., 2015; Watson, 1924). 결국, 정신역동치료의 많은 핵심 개념인 무의식, 저항, 전이 등은 객관적인 방법으로 관찰하거나 측정하는 것이 불가능

행동치료
행동에 영향을 미치는 정신적 과정에 거의 중점을 두지 않고 외형의 행동을 바꾸기 위해 조작적 및 고전적 조건형성을 적용하는 것

하다. 또한 내담자의 무의식이 의식을 갖게 된 정신역동치료의 진전도 직접 보거나 계산할 수 없다. 마찬가지로, 인간중심치료자는 공감, 무조건적인 긍정적 존중 또는 진실성의 효과를 구체적으로 측정하는 데 어려움을 겪을 것이다. 이 모든 개념은 마음속에 있다. 행동치료는 볼 수 없는 내적 정신 과정에서 외형의 눈에 보이는 행동과 같은 볼 수 있는 행동으로 초점을 이동시킨다. 결과적으로, 행동치료는 다른 종류의 심리치료보다 과학적 시험에 훨씬 더 적합하다(Fishman, 2016; Grant et al., 2005; Kazdin, 1978; Silverman, 1996; Wenzel, 2017).

행동치료의 첫 번째 단계는 내담자가 볼 수 없는 내면 경험이 아니라 관찰 가능하고 측정 가능한 행동을 나타내는 단어들인 행동 용어로 내담자가 치료에 가져오는 문제를 정의하는 것이다. 이 과정은 다른 종류의 치료에서 종종 문제가 정의되는 방식과 크게 다르다(Spiegler & Guevremont, 2010; Truax, 2002). 예를 들면 행동치료자인 린 박사(Dr. Lin)의 치료를 받고자 하는 자말(Jamal)을 생각해보자. 자말은 처음에 자신의 문제를 '사회불안(social anxiety)'으로 정의한다. 린 박사가 자말에게 사회불안을 설명해달라고 요청하면, 자말은 자신이 '다른 사람들과 있을 때 정말 초조함을 느낀다'며 '다른 사람들이 항상 나에게 비판적이라고 생각한다'고 말했다. 린 박사에게는 이러한 설명이 모두 자말의 머릿속에 있기 때문에 그다지 도움이 되지 않는다. 자말의 초조한 감정과 그에 대한 다른 사람들의 태도에 관한 그의 생각은 직접 관찰되거나 측정될 수 없으므로 치료의 좋은 대상이 아니다. 그래서, 린 박사는 자말에게 "어떤 **행동**을 바꾸고 싶습니까? 무엇을 다르게 하고 싶습니까?"라고 질문한다. 처음에 이 질문에 어려움을 겪은 후 자말은 몇 가지 답변을 제공한다. 자말은 친구들에게 더 자주 전화를 걸고 싶고, 친구나 직장동료들과 함께 더 자주 외식을 하고 싶고, 주말에 더 많은 파티에 참석하기를 원한다고 한다. 이런 것들은 자말과 린 박사가 쉽게 셀 수 있는 외형적이고 관찰 가능하며 측정 가능한 행동이다. 이와 같이, 이러한 행동들은 행동치료에 대한 훨씬 더 좋은 목표이다. 자말이 각 행동을 이미 수행한 횟수인 기준치(baseline)를 결정한 후, 자말과 린 박사는 그 숫자를 늘리기 위해 노력할 수 있으며 치료 중 언제라도 자말의 진행 상황을 측정할 수 있다.

자말의 사례에서 알 수 있듯이, 행동치료자들은 원치 않는 행동(예를 들면 사회적 상황 회피와 같은)을 더 깊고 근본적인 문제의 증상으로 보지 않는다. 대신, 그들은 원치 않는 행동이 치료에서 해결되어야 할 문제라고 생각한다. 이런 식으로 생각해보자. 여러분의 개가 신발을 씹는 나쁜 습관을 키웠다면, 그 행동을 개의 마음에 있는 근본적인 장애라고 표시하여 그 행동을 설명해야 하는가? 아니면 그 행동이 어디에서 시작했는지에 관계없이 단순히 개의 신발을 씹는 행동을 바꾸려고 하는가? 행동치료자들은 대부분의 사람들이 개의 마음을 들여다보는 것처럼 인간의 마음을 들여다보는 것이 비생산적이라고 생각한다.

문제를 행동으로 정의하면, 행동치료자는 다양한 기법을 사용하여 해당 행동의 빈도 또는 강도를 변경한다. 이러한 모든 기술은 고전적 조건형성 또는 조작적 조건형성 중 하나를 기반으로 한다(제12장 참조). 고전적 조건형성 또는 조작적 조건형성이 문제행동을 형성하므로 고전적 조건형성 또는 조작적 조건형성을 사용하여 문제행동을 바꿀 수 있다는 생각이다(Craske, 2010).

고전적 조건형성을 기반으로 하는 기법   노출치료(exposure therapy)는 내담자를 불안을 유발하는 것 또는 상황에 점진적으로 노출시킴으로써 불안을 치료하는 고전적 조건형성에 기반한 행동치료의 한 형태이다. 요컨대, 노출치료는 내담자가 그들의 두려움에 직면하게 한다(Abramowitz et al., 2015; Foa & McLean, 2015; Hazlett-Stevens & Craske, 2008). 피, 꿰맨 상처, 공포와 고통을 수반

노출치료
내담자를 불안을 유발하는 것 또는 상황에 점진적으로 노출시킴으로써 불안을 치료하는 고전적 조건형성에 기반 한 행동치료의 한 형태

한 사건인 몇 년 전 개에게 심하게 물렸던 내담자인 로니(Ronnie)를 생각해보자. 그녀는 그 이후로 개를 두려워하며 피했다. 이제 그녀는 평생 개 애호가였던 한 남자와 약혼했기에, 로니는 변화하는 것에 대한 동기가 부여되어 있다. 그녀의 두려움(실제로 공포증)은 고전적 조건형성의 결과이다. 실제 경험을 통하여, 두려워하는 대상(개)은 불쾌한 결과(개에게 물린 고통)와 연합(pairing)을 이루었다. 만약 로니가 고통과 연합되지 않은 개와 새로운 실제 경험이 있다면, 그 연합이 약해져서 개는 그녀에게 그런 강한 두려움 반응을 불러일으키지 않을 것이다. 노출치료는 새로운 실제 경험을 제공한다.

불안을 유발하는 물건이나 상황에 대한 노출은 작은 단계로 이루어지며, 각 단계는 이전보다 약간 더 불안을 유발한다는 점에 유의하는 것이 중요하다. 즉 내담자는 한 번이 아니라 조금씩 자신의 두려움에 직면한다(Gillihan & Foa, 2016). [내담자가 한 번에 최악의 두려움에 직면하는 행동치료인 홍수법(flooding)은 정신적 외상을 입을 수 있기 때문에 오늘날에는 거의 시행되지 않는다(Levis, 2008; Taylor, 2002; Zoellner et al., 2008]. 내담자는 행동치료자와 함께 불안위계(anxiety hierarchy)를 만들어 작은 단계들을 정의한다. 불안위계는 가장 두려워하는 순서대로 순위가 매겨진 두려운 대상 또는 상황과 관련된 상황의 목록이다. 목록의 첫 번째 항목은 약간의 불안을 유발하며 종종 내담자가 달성할 수 있는 것으로 간주된다. 목록의 마지막 항목은 심각한 불안을 유발하며 이를 달성하면 치료가 성공했음을 나타낸다. 그 사이에 있는 항목들은 사다리에 있는 가로대와 비슷하며 간격이 일정하고 이전 단계에서 도달할 수 있는 거리에 있다.

예를 들어 표 14.1은 로니의 개 공포증 치료에 사용되는 불안위계를 보여준다. 목록의 처음 몇 개 항목에는 실제 개가 전혀 포함되지 않았다. 거기에는 로니가 개와 관련된 광경과 소리를 생각하거나 상상하는 것을 포함한다. 이를 심상적 노출(imaginal exposures)이라고 하며, 심상적 노출은 어떤 종류의 실제 노출이 압도적일 때 내담자가 취해야 할 좋은 초기 단계다. 로니가 위계를 따라 이동하면서, 로니는 실제 개들과 처음에는 거리를 두고, 그후 좀 더 가까이에서, 그러고 나서 신체

표 14.1 개 공포증 치료에 사용되는 불안위계의 예		
노출	로니의 디스트레스 등급 (0 = 공포 없음, 100 = 최대공포)	노출유형
1. 멀리 목줄을 매고 있는 개를 시각화	5	상상의
2. 목줄에 매여 있는 개 시각화	15	상상의
3. 근처에 해방된 개 시각화	25	상상의
4. 옆방에서 개 짖는 소리 듣기	35	실제
5. 창문으로 개를 보는 것	45	실제
6. 20피트 떨어진 곳에 있는 개와 함께 한 방에 서 있는 것	55	실제
7. 3피트 떨어진 곳에 있는 개를 데리고 같은 방에 서 있는 것	65	실제
8. 1초 동안 개 쓰다듬기	75	실제
9. 10초 동안 개 쓰다듬기	85	실제
10. 1분 동안 개 쓰다듬기	95	실제

행동치료자들은 이와 같은 불안위계를 사용하여 내담자가 두려움에 직면하고 극복하는 작은 단계를 밟도록 도와준다. 일부 노출은 내담자의 마음(상상)에서만 발생하고 다른 노출은 실제 생활(실제상황, in vivo)에서 발생한다.

접촉으로 상호작용을 하기 시작한다. 이는 **실제상황에의 노출**(in vivo exposures)로 로니의 상상력과 달리 실제 생활에서 발생하는 것을 의미한다.

　로니에게 성공적인 노출치료는 개가 두려움과 연합을 이루는 대신 감정적 반응(emotional response)이 없는 것과 연합을 이루는 것을 의미할 것이고 이것은 큰 개선이다. 때때로, 불안을 감정적 반응이 없는 것과 대체하는 대신, 행동치료자는 불안한 감정을 긴장이완과 같은 보다 기분 좋은 감정으로 대체하려고 한다. 로니의 경우, 개들의 모습과 소리는 두려움보다는 긴장이완과 점차적으로 연결될 것이며, 그 차이는 그녀의 일상생활에서 개와의 상호작용을 훨씬 더 가능하게 할 것이다. 이것은 **체계적 둔감화**(systematic desensitization)라고 알려져 있다. 이는 주로 공포증에 대한 노출치료의 형태로, 내담자가 이전에 불안을 유발했던 것 또는 상황을 새로운 긴장이완(두려움이 아닌)과 연합을 경험한다.

　체계적 둔감화는 **역조건형성**(counterconditioning)의 치료적 적용으로, 원치 않는 반응에 대한 방아쇠가 원치 않는 반응을 막는 새로운 자극과 연합을 이루는 고전적 조건형성 기법이다(Head & Gross, 2008; McGlynn, 2002; Wolpe, 1958, 1969). 체계적 둔감화는 긴장이완과 불안이 상호 배타적이라는 사실, 즉 동시에 두 감정을 느낄 수 없음을 이용한다. 깊은 긴장이완의 순간에, 여러분은 불안으로부터 영향을 받지 않는다. 불안을 불러일으키는 물건이 그러한 순간에 나타나게 된다면, 그 물건을 여러분이 느꼈었던 불안보다는 여러분이 느끼고 있는 긴장이완과 연합을 이룬 경험이 있을 것이다. 로니의 경우, 긴장이 이완된 상태에 있는 동안 개를 보는 것은 개와 불안의 오래된 연결이 아니라 개와 긴장이완 사이의 새로운 연결을 만든다.

　체계적 둔감화의 첫 단계는 다양한 형태의 긴장이완 훈련이다. 때때로 치료자는 내담자에게 신체의 다양한 근육을 긴장시키고 그리고 나서 풀어주라고 지시한다. 때때로 치료자는 내담자가 해변이나 초원과 같은 차분한 장면을 상상하도록 도와준다. 때때로 치료자는 마음을 진정시켜주는 음악을 들려준다. 내담자가 회기 중에 자신을 긴장이완 할 수 있게 되면, 치료자는 긴장이완된 상태에 있는 동안 내담자를 불안위계에 있는 항목에 노출시킨다. 그 결과 내담자는 이전에 두려워했던 것들(뱀, 비행기, 세균 등)을 긴장이완과 결합하는 경험을 한다. 이러한 경험은 그러한 것들이 두려움과 관련이 있었던 예전 경험을 무색하게 하는 새로운 관계이다.

조작적 조건형성을 기반으로 하는 기법　조작적 조건형성은 행동에 따른 결과에 관한 것이다(제11장 참조)(Sturmey et al., 2007). 결과가 좋으면, 우리는 그 행동을 더 자주하는 법을 배운다. 결과가 나쁘면, 그 행동을 덜 하는 법을 배운다. 행동치료자는 종종 **수반성 관리**(contingency management)로 알려진 접근법으로 이러한 결과를 변경하려고 시도한다. 수반성은 우리가 각자의 인생 경험을 통해 배운 개인적인 '만약… 그렇다면…(if…, then…)' 규칙이다. 문제가 되는 행동은 종종 이런 식으로 배운다. 예를 들어 한 소년의 경험에 따르면 급우를 모욕하면(문제행동), 급우로부터 웃음을 얻는다는 것을 배운다(강화, reinforcement). 행동치료자가 이러한 수반성, 특히 행동을 따르는 결과(또는 '그렇다면…' 부분)를 바꿀 수 있다면, 문제행동도 변할 것이다(Drossel et al., 2008; Kearney & Vecchio, 2002; Petry et al., 2013; Villamar et al., 2008).

　행동치료자가 내담자의 수반성을 변경하는 데 사용하는 기법 중 하나는 **토큰 경제**(token economy)로, 내담자는 목표행동을 수행할 때 보상으로 교환할 수 있는 토큰을 얻는다. 토큰 경제는 입원환자 정신과 병원, 교도소 및 학교와 같이 내담자의 행동이 지속적으로 감시되는 환경에서 가장 잘 작동한다. 이러한 환경에서 슈퍼바이저는 특정 개인에 대한 목표행동을 정확히 찾아내고

체계적 둔감화
내담자가 이전에 불안을 유발했던 것 또는 상황과 새로운 긴장이완(불안의 관계가 아닌)의 연합을 경험하는, 주로 공포증을 위한 행동치료의 한 형태

역조건형성
원치 않는 반응에 대한 방아쇠가 원치 않는 반응을 막는 새로운 자극과 연합을 이루는 고전적 조건형성 치료

토큰 경제
내담자가 목표행동을 수행할 때 보상으로 교환할 수 있는 토큰을 얻는 행동치료 기법

행동을 수행할 때마다 토큰(또는 칩, 티켓, 포인트)을 제공한다(Ghezzi et al., 2008). 예를 들어 정신 주거시설(residential psychiatric facility)에서 지내고 있는 심한 우울증을 앓고 있는 제프리(Jeffrey)를 생각해보자. 제프리는 그룹 활동, 운동 또는 사교 활동에 참여하기 위해 방에서 나가는 것을 거부한다. 그러나 직원들은 제프리가 카페테리아에서 제공되는 쿠키를 좋아한다는 것을 알아챘고, 이 토큰 경제를 만들었다—제프리가 매번 방에서 나갈 때마다 토큰을 얻는다. 그는 3개의 토큰으로 추가로 쿠키를 '구매'할 수 있다. 곧 제프리는 쿠키를 보상으로 더 자주 그의 방에서 나간다.

토큰 경제의 문제는 일반화 가능성이다. 즉 한 설정(setting)에서 내담자가 학습한 내용이 다른 설정으로 전이될 것이라는 생각이다(Stuve & Salinas, 2002). 제프리의 경우, 목표는 단순히 시설에 있을 때 방에서 나가도록 하는 것만이 아니라, 그가 집으로 돌아간 후에도 계속하는 것이다. 제프리가 현실 세계에 존재하지 않는 쿠키 수반성에 너무 의존하게 되면, 그가 집으로 돌아올 때 시설에서 보여준 개선 사항이 사라질 수 있다.

토큰 경제는 강화를 기반으로 하지만, 처벌은 또한 행동에 대한 강력한 결과이다. **혐오 조건형성**(aversive conditioning)은 원치 않는 행동을 불쾌한 경험과 연합하여 원하지 않는 행동을 줄이는 것을 목표로 하는 행동치료의 한 형태이다. 혐오 조건형성은 원하지 않는 행동을 처벌한다. 일반적으로 혐오 조건형성에 사용되는 처벌은 메스꺼움이나 감전과 같은 신체적으로 불쾌한 느낌이다. 이는 내담자가 음주, 흡연 또는 자해와 같이 명확하게 정의된 원치 않는 행동을 수행한 직후에 전달된다(Emmelkamp & Kamphuis, 2002). 처벌과 관련된 어떤 치료에서도 치료자들은 내담자의 전반적인 건강(복지)을 위해 윤리적으로 그리고 매우 신중하게 사용해야 한다. 일반적으로 혐오 조건형성치료(aversive condition therapy)는 강화 기반 전략(reinforcement-based strategy)보다 효과를 뒷받침하는 증거가 적고, 일반적으로 강화 기반 전략이 실패한 후에만 고려된다(Poling et al., 2002; Tahiri et al., 2012). 최근에 보다 광범위하게 사용되는 조작적 조건형성 기반 행동치료의 한 형태는 **행동 활성화**이다. 행동 활성화는 사람들이 우울할 때, 그들이 전형적으로 하는 즐겁고 강화된 일들을 하지 않는다는 단순한 생각에 기초한다. 따라서 행동 활성화의 목표는 내담자들이 더 자주 즐거운 일을 하도록 하는 것이다. 그들의 기분이 그들의 행동에 맞춰 '돌아올' 것이라는 기대감과 함께, 우울하지 않을 때처럼 행동하는 것이다(Dimidjian et al., 2011; Hopko et al., 2016; Simmonds-Buckley et al., 2019).

예를 들어 자전거를 타고, 그녀의 여동생과 문자하고, 그래픽 노블을 읽는 것을 좋아하는 나의 내담자 조디(Jodi)를 생각해보자. 조디가 내 사무실에 왔을 때, 우울증으로 기분이 너무 나빠졌고 동기가 너무 낮아져 그 많은 일들을 전혀 하고 있지 않았다. 우리 둘 사이에, 조디가 일주일에 두 번 자전거를 타고, 여동생과 매일 최소한 한 번 문자 교환을 하고, 일주일에 세 번 그래픽 노블을 읽는 등 즐거운 활동을 더 많이 할 수 있는 계획을 세웠다. 처음에 조디는 우울한 동안 이런 활동들이 힘들 것이라고 말했다. 그녀는 "나는 단지 그것을 느끼지 못하고 있어요"라고 말했다. 나는 이런 일을 함으로써 비록 처음에는 조금 억지로 보이더라도, 행복을 누릴 기회를 스스로에게 주게 될 것이고, 그 결과 동기부여가 증가하고 기분이 좋아질 것이라고 장담했다. 그녀는 그것을 시도하기로 동의했고, 그것은 효과가 있었다. 몇 주 안에 그녀의 우울증은 덜 강렬했고, 몇 주 더 지나자 그녀는 정상으로 돌아왔다. (에너지 수준이 낮을 때 헬스장에 끌려가본 적이 있다면, 운동 후에 에너지 수치가 올라갔다는 걸 알아채고, 그러면 행동 활성화가 어떻게 작동하는지 알 수 있을 것이다.) 많은 연구들은 행동 활성화가 우울증에도 효과가 있다는 것을 보여주며, 몇몇 연구들은

토큰 경제는 내담자가가 목표행동을 수행하여 토큰을 얻은 후 얻은 토큰을 보상으로 교환하는 행동치료 전략이다. 토큰 경제는 일반적으로 입원환자 정신과 병원, 교도소 및 학교와 같이 내담자의 행동이 지속적으로 모니터링되는 환경에서 사용된다.

혐오 조건형성
원치 않는 행동을 불쾌한 경험과 연합하여 원치 않는 행동을 줄이는 것을 목표로 하는 행동치료의 한 형태

그것이 불안장애나 다른 문제를 가진 사람들에게도 도움이 될 수 있다는 것을 보여준다(Boswell et al., 2017; Cuijpers et al., 2007; Dimaggio & Shahar, 2017; Mazzuchelli et al., 2009).

조작적 조건형성에 기초한 행동치료에 대한 마지막 요소는 다음과 같다―내담자의 행동은 다른 사람들의 행동을 관찰한 결과 크게 변할 수 있다. 다른 사람이 특정 행동에 대해 강화나 처벌을 받는 것을 보는 것은 강력한 영향을 미칠 수 있다(Bandura, 1977; Freeman, 2002; Spiegler & Guevremont, 2010). 행동치료자는 이러한 종류의 관찰에 대한 치료적 사용을 **참여자 모델링**(participant modeling)이라고 부른다. 참여자 모델링은 내담자가 모델을 모방할 의도로 모델(일부 경우, 치료자)이 목표행동을 수행하는 것을 보는 기법이다.

참여자 모델링의 한 예로, 엘리베이터를 두려워하는 내담자인 테렌스(Terrence)를 생각해보자. 그의 엘리베이터 공포증은 그의 회사가 그를 고층 빌딩의 33층에 사무실이 있는 큰 도시로 전근시켰을 때 심각한 문제가 되었다. 이 문제에 전문인 테렌스의 행동치료자는 엘리베이터를 성공적으로 타고 있는 배우의 영상을 촬영한다. 그들은 모델이 보여주는 동작의 특정 구성요소에 대해 논의하면서 그 영상을 반복해서 본다. 테렌스의 치료자는 테렌스 앞에서 실제로 그 행동을 시연한다. 그의 치료자는 테렌스가 엘리베이터를 타는 것과 관련된 행동(버튼 누르기, 들어가기, 대기, 종료 등)뿐만 아니라 어떠한 시연에 부정적인 결과가 없음을 알도록 한다. 이제는 테렌스의 차례이다. 치료자의 격려와 지원으로, 처음에는 치료자와 함께 한 번에 한 층씩 치료자 건물의 엘리베이터를 탄다. 곧, 그는 새로 습득한 행동을 현실 세계에 적용하고 매일 자신의 33층 사무실로 독자적으로 엘리베이터를 타고 올라가고 내려가는 자신을 발견한다.

인지치료

인지치료(cognitive therapy)는 치료자들이 내담자가 생활사건에 대해 생각하는 방식을 바꾸도록 도와주는 심리치료 접근법이다. 우리에게 일어나는 일에 대해 우리의 생각, 즉 우리에게 일어나는 일들에 대한 우리의 인지는 우리가 느끼는 방식에 엄청나게 큰 영향을 미친다. 실제로, 심리장애(특히 슬픔과 불안)의 바탕이 되는 감정 중 일부는 종종 사건 자체보다는 우리 삶에서 일어나는 사건에 대해 생각하는 방식에 의해 발생한다(Beck, 2002, 1995, 1976; Beck & Haigh, 2014; Bermudes et al., 2009; Clark et al., 2009; DeRubeis et al., 2019; Dobson, 2012; Dozois & Brinker, 2015; Hofmann et al., 2013; Wenzel, 2017). [감정의 인지 모델(cognitive model of emotions)에 대해서는 그림 14.3을 참조하라.]

우리는 사건에 대한 인지의 중요성을 간과하는 경향이 있으며, 사건 자체가 감정을 유발했다고 잘못 생각한다. 예를 들면, 한 번은 나에게 우울증이 몇 주 동안 지속되어 직장과 사회생활이 크게 방해받은 티나(Tina)라는 내담자가 있었다. 그녀는 치료를 받아야 하는 이유를 다음과 같이 설명했다. "직장에서 승진 신청이 거부되어 비참해요." 인지치료자에 따르면, 이와 같은 진술은 사건과 감정 사이에 발생하는 중간 단계를 간과한다. 더 자세한 설명은 다음과 같다. "승진 신청이 거부되어서 나는 내 자신을 완전한 실패자로 보기 때문에 비참해요." 여기서 거부에 대한 생각은 거부와 그것에 대한 티나의 고통(misery) 사이의 연결이라는 것을 쉽게 알 수 있다.

인지치료는 행동치료와 공유하는 특성인 단기적이고 체계적인 경향이 있다(Olatunji & Feldman, 2008; Pretzer & Beck, 2004; Roth et al., 2002). 인지치료는 일부 행동치료자들이 행동치료가 항상 예상대로 작동하지 않는다는 것을 깨달은 후 행동치료에서 파생하여 시작되었다. 그들은 정의하고 측정하기가 어려운 정신 과정(mental process)이 실제로 사람들의 행동을 결정하는 데

참여자 모델링
내담자가 모델을 모방하는 의도를 가지고 모델(일부 경우, 치료자)이 목표행동을 수행하는 것을 보는 기법

인지치료
치료자들이 내담자가 생활사건에 대해 생각하는 방식을 바꾸도록 도와주는 심리치료 접근법

그림 14.3 **감정의 인지 모델** 우리는 종종 우리의 생활사건이 우울증과 불안을 포함한 감정으로 직접 이어진다고 생각한다. 그러나, 인지치료자에 따르면 사건에 대한 우리의 생각(또는 인지)이 개입하여 실제로 어떤 감정을 느끼게 하는 중요한 단계가 있다. 예를 들어 이별은 슬픔을 직접 유발하지 않으며 이별에 대한 생각이 슬픔을 유발한다.

있어 강력한 역할을 한다는 것을 깨달았다. 고전적 조건형성 및 조작적 조건형성을 기반으로 하는 기법은 종종 내담자가 생각하는 것을 고려하지 않았기 때문에 실패했다. 이런 이유로 인지에 대한 관심이 훨씬 높아졌다(Goldfried, 1995; O'Donohue, 2009). 인지치료와 행동치료 사이의 관계는 오늘날 많은 치료자들은 행동을 직접 변화시키기 위해 논리적 사고에 대한 강조와 조건형성 원리의 사용을 결합한 하이브리드 치료 접근법인 **인지행동치료**(cognitive-behavioral therapy)로 치료하는 것으로 스스로를 설명한다는 사실에 반영된다.

앨버트 엘리스(Albert Ellis)와 아론 벡(Aaron Beck)은 인지치료의 선구자이다(Dryden, 2015; Rosner, 2015). 그들의 접근법은 약간 다르지만, 둘 다 사고 과정을 변화시켜 심리적 행복을 향상시키는 것을 강조한다.

합리적-정서행동치료   앨버트 엘리스의 접근법을 **합리적-정서행동치료**(rational-emotive behavior therapy, REBT)라고 부른다. REBT는 치료자가 내담자의 비논리적 신념에 이의를 제기하고 내담자가 더 논리적인 신념을 채택하도록 장려하는 인지치료의 형태이다(David et al., 2018; Ellis, 1962, 2008; Ellis & Ellis, 2011; O'Kelly & Collard, 2016). REBT를 사용하는 치료자는 내담자의 생각이 불합리하거나 비이성적이라고 지적하면서 존중하지만 강력하게 내담자와 논쟁한다. 치료자들은 또한 그러한 생각이 그들의 우울증, 불안 또는 기타 심리적 증상에 어떻게 기여할 수 있는지 지적한다. 그들은 그러한 생각을 보다 합리적인 생각으로 바꾸려는 궁극적인 목표로 내담자가 자신의 생각에 도전하도록 장려한다(DiGiuseppe & Doyle, 2019; Dryden, 2009; Lorenzo-Luaces et al., 2015; Onken, 2015).

합리적-정서행동치료는 **인지치료의 ABCDE 모델**(ABCDE model of cognitive therapy)을 활용하는데, 치료자와 내담자는 특정한 생활사건에 대하여 비논리적 사고에서 논리적 사고로 이어지는 순서를 식별한다. ABCDE 모델에서, 각 알파벳은 다음과 같은 치료 순서의 단계를 나타낸다 — 촉발사건(activating event), 신념(belief), 결과(정서적)[consequence (emotional)], 논박(dispute) 및 효과적인 새로운 신념(effective new belief)(Dryden, 1995, 2009; Ellis & Grieger, 1977; Ellis & Harper, 1975). 종종, 치료자들은 이 모델을 사용하도록 내담자들을 가르치기 위해 내담자들에게 제일 윗줄에 각 알파벳이 써져 있는 5열로 된 양식을 작성하도록 요청한다(그림 14.4). 티나의 사례로 돌아가보겠다. 티나의 선행 사건은 승진에서 거부되었던 것이다. 이 사건에 대한 그녀의 신념은 '나는 나 자신을 완전한 실패자로 본다'였다. 이 신념은 티나의 경우 고통의 결과(감정적)를 초래했다. A, B 및 C 단계는 티나의 문제가 어떻게 발전했는지 보여준다. 승진 거부는 그녀가 완전한 실패자가 된 것에 대한 그녀의 신념을 가져왔고, 그 결과 고통의 감정을 갖게 된 것이다.

D 및 E 단계는 치료적 변화가 일어나는 단계이다. 논박은 그녀가 '완전한 실패자'라는 그녀의 비논리적 신념에 반하여 내가 만들어낸(티나의 도움으로) 주장이었다. "이번 승진을 하지 못했다

인지행동치료
행동을 직접 변경하기 위해 논리적 사고에 중점을 두고 조건형성 원리의 사용을 결합한 하이브리드 치료법

합리적-정서행동치료
치료자가 내담자의 비논리적 신념에 도전하고 내담자가 더 논리적인 신념을 채택하도록 장려하는 인지치료의 한 형태

인지치료의 ABCDE 모델
치료자와 내담자가 특정한 생활사건에 대하여 비논리적 사고에서 논리적 사고로 이어지는 순서를 식별하는 합리적-정서행동치료의 한 유형

촉발사건	신념	결과(정서적)	논박	효과적인 새로운 신념
콘서트에서 내 자리에 도착했을 때 내 심장은 두근거렸다.	심장마비가 올 것 같다.	불안, 공황	내 자리가 경기장 가장 높은 곳에 있었으니까 계단 오르기를 하고 나면 내 심장이 조금 뛰는 건 정상이다.	난 괜찮다 ─ 그냥 조금 더 강한 심장박동이다. 그리고 몇 분 안에 사라질 것이다.
그 정지 신호에 멈춰 섰을 때 브레이크가 삐걱거렸다.	내 브레이크가 금방이라도 완전히 고장 나서, 자동차 사고로 죽을 것이다.	불안, 공황	작은 삐걱거림 하나만으로 브레이크가 완전히 고장 난 것은 아니다.	그 삐걱거리는 소리는 조금 염려할 만한 것이지만, 너무 심하지는 않다. 계속 듣고 있다가 계속 삐걱거리면 정비공한테 한번 보게 할 것이다.

그림 14.4 인지치료 내담자를 위한 ABCED 양식 예시 이 양식은 인지치료 내담자가 불안 또는 다른 괴로운 감정을 유발하는 신념을 식별하고 논박을 제기하고 이를 보다 더 논리적인 새로운 신념으로 대체하는 방법을 보여준다.

고 해서, 당신이 완전한 실패자라는 뜻은 아닙니다", "이번 승진이 없어도, 당신 인생의 많은 부분은 실제로 매우 성공했어요"와 같은 정확한 주장으로 우리는 논박을 했다. 마지막으로, 우리는 효과적인 새로운 신념, 즉 원래의 신념(B단계)을 대체하는 발생한 일에 대한 생각의 방법으로 넘어갔다. 티나가 말한 것처럼, 그녀의 효과적인 새로운 신념은 다음과 같다 ─ "승진을 못한 것은 실망스럽지만, 그렇다고 해서 내가 실패자인 것은 절대 아니다. 사실, 나는 여러 면에서 성공을 거두었으며 더 많은 성공 기회를 갖게 될 것이다."

인지 왜곡

다양한 종류의 비이성적 사고에 대한 설명적인 이름

실무율적 사고

내담자가 중간 지점 없이 사건을 완전히 흠잡을 데 없거나 완전히 끔찍한 것으로 실수로 평가하는 인지 왜곡

과잉일반화

내담자가 단 하나의 불행한 사건에 기초하여 매우 광범위한 결론에 도달하는 인지 왜곡

파국화

내담자가 사건의 부정적인 결과를 과장하거나 사소한 실수로 '파국'을 만드는 인지 왜곡

정신적 여과

내담자가 부정적인 것에 지나치게 집중하면서 긍정적인 것을 무시하거나 '필터링'하는 인지 왜곡

인지 왜곡 아론 벡의 인지치료에 대한 접근법에서, 치료자들은 내담자에게 다양한 종류의 비이성적 사고에 대한 설명적이고 기억하기 쉬운 이름으로 **인지 왜곡**(cognitive distortion)을 표시하는 용어를 가르친다(Beck, 1976, 2002; Beck et al., 1979; DiGiuseppe et al., 2016; Leahy, 2003; Newman, 2016). 티나의 경우에 적용되는 인지 왜곡의 일부를 강조해보자. **실무율적 사고**(all-or-nothing thinking)는 중간 지점이 없이 사건을 완전히 흠잡을 데 없거나 완전히 끔찍한 것으로 내담자가 실수로 평가하는 인지 왜곡이다. 승진을 하지 못해 완전한 실패자라는 티나의 신념은 실무율적 범주에 속할 수 있다. 완전한 실패자가 되었다는 티나의 비논리적인 신념은 **과잉일반화**(overgeneralization)의 한 예일 수도 있다. 여기서 내담자는 단 하나의 불행한 사건을 기반으로 매우 광범위한 결론을 내린다. 결국, 티나의 고통은 끝없는 일련의 승진 탈락이 아닌 단 하나의 승진 탈락에서 나왔다. 그 하나의 사건이 그녀를 완전한 실패자로 정의하도록 허용하는 것은 단순히 논리적이지 않다.

벡의 인지 왜곡 중 다른 하나는 **파국화**(catastrophizing)로, 내담자가 사건의 부정적인 결과를 과장하거나 사소한 실수로 '파국(catastrophe)'을 일으킬 때 발생한다. 승진 탈락은 그다지 미미하지는 않지만, 확실히 생사가 걸린 일은 아니다. **정신적 여과**(mental filtering)는 부정적인 부분에 지나치게 집중하면서 긍정적인 것을 무시하거나 '거르는(filter out)' 내담자의 성향을 나타낸다. 티나는 실제로 현재 직책을 얻기 위해 여러 번 승진했지만, 그녀가 그녀 자신을 실패자라고 꼬리표를 붙였을 때 이전의 승진들을 무시했다. 내담자가 불행한 사건에 대해 너무 많은 비난과 책임을 지게

되면, 이를 **개인화**(personalization)라고 한다. 이 승진은 많은 여러 가지 이유로 다른 사람이 차지했을 수 있으며, 그중 일부만 티나와 관련이 있다.

내담자가 인지 왜곡을 이해하면, 인생 사건에 대한 그들의 초기 생각을 재검토하고 특정 방식으로 비논리적인 것으로 빠르게 분류할 수 있다. 그렇게 함으로써 내담자는 그 비논리적 사고를 불신하고, 보다 합리적인 사고로 교체할 수 있는 기회를 자신에게 제공한다. 결국 그것은 그들의 감정과 심리적 행복을 향상시킨다.

인지치료(특히 아론 벡의 접근법)의 또 다른 트레이드마크는 우리 자신에 대한 우리의 신념은 실제로 검증되기를 기다리는 가설에 지나지 않는다는 생각이다(Dobson & Hamilton, 2008; Kuehlwein, 1993). 너무나 자주, 우리는 실제로 검증하지 않았을 때 우리의 신념을 입증된 사실로 받아들인다. 이런 이유로 인지치료자들은 종종 내담자가 실제 생활에서 자신의 신념을 검증하도록 권장한다. 과학자들이 화학 또는 물리학에 대한 자신의 가설을 테스트하기 위해 실험실에서 실험을 진행하는 것처럼, 내담자들은 자신들에 대한 자신의 가설을 테스트하기 위해 실제 생활에서 실험을 진행해야 한다.

예를 들어 내 내담자 중 한 명인 엘비아(Elbia)는 65세의 할머니로 한 동네에 두 명의 자녀와 다섯 명의 손주가 있었지만 슬프고 외로운 삶을 살았다. "나는 골칫거리예요"라고 그녀는 말했다. "제 아이들과 손주들은 그들의 삶으로 바빠요. 그들은 이 늙은이 때문에 방해받고 싶어 하지 않지요." "그걸 어떻게 아세요?" 나는 친절하게 물었다. 처음에 그녀는 그것에 대해 매우 확신했지만, 내가 질문을 반복하면서 그녀는 자신의 신념에 대한 증거가 없다는 것을 깨달았다. 용감하게 그녀는 그것을 검증하기로 결정했다. 다음 회기에서, 엘비아는 그녀가 딸과 그녀의 자녀들이 자기와 함께 저녁 식사를 하고 싶은지 딸에게 물었고 딸이 행복하게 수락했다고 나에게 말했다. 곧 그녀는 아들에게 같은 질문을 했고, 그녀의 아들도 긍정적으로 대답했다. 몇 주 안에 그녀는 자녀들과 손주들을 자주 만났다. 가장 중요한 것은 엘비아가 훨씬 더 행복하다고 느꼈다는 점이다. 그녀는 자신의 신념(그녀가 가족에게 골칫거리라는 가설)을 검증하지 않았다면, 그녀는 자신에게 그것이 거짓임을 증명할 기회를 주지 않았을 것이다.

 인지치료자는 어떤 인지가 논리적이고 어떤 것이 비논리인지 어떻게 판단하나요?

인지치료자가 직면하는 도전 중 하나는 '무엇이 논리적인가?'라는 바로 그 질문에 집중되어 있다. 단순한 질문처럼 보이지만 상당히 복잡해질 수 있다. 다른 민족, 종교 및 다른 문화 집단의 사람들이 가지고 있는 많은 상충되는 신념을 고려해보자(Hays & Iwamasa, 2006; Koenig, 2005; Paradis et al., 2006; Pargament, 2007; Ridley et al., 2008). 한번은 서인도 제도 출신의 내담자가 있었는데, 그녀는 다른 여성이 그녀에게 주문을 걸었기 때문에 유산을 당할 것이라고 두려워했다. 보수적인 종교를 믿는 가정의 10대 소년인 또 다른 내담자는 남성 친구에 대해 짧은 동성애 충동을 가졌기 때문에 그가 지옥에 갈 것이라고 확신했다. 처음에는 이러한 내담자들의 신념에 대한 논리에 도전하였다. 주문이 유산을 유발할 수 있다는 것은 말이 되지 않으며, 짧은 동성 키스로 사람이 지옥행을 선고받을 수도 없다. 그러나 나는 이 내담자들과는 다른 문화적 배경에서 왔기 때문에 그런 것들이 이해가 되지 않는다는 것을 깨달았다. 내가 심리학자이기 때문에 내가 생각하는 방

인지치료자는 내담자가 사건의 부정적인 결과를 과장할 때 일어나는 파국화를 포함한 자신의 인지 왜곡을 인식하도록 도와준다.

개인화
내담자가 불행한 사건에 대해 너무 많은 비난과 책임을 지는 인지 왜곡

식이 논리적이라고 생각하고, 그들 자신의 배경에 상관없이 모든 내담자에게 그 논리를 적용하는 것은 내가 문화적으로 무감각한 것이다. 더 나은 전략은 논리에 대한 나의 정의가 수많은 것 중 하나라는 것을 기억하고, 자신의 문화적 배경과 관련하여 내담자의 생각과 신념에 대한 논리를 고려하는 것이다.

제3의 물결과 마음챙김 기반 치료　첫 번째 물결로 행동치료, 두 번째 물결인 전통적 인지치료에 이어, 가장 최신 버전의 인지치료는 총괄하여 **제3의 물결 치료**로 알려져 있다. 제3의 물결 치료의 핵심 요소 중 하나는 **마음챙김**(mindfulness), 즉 내부 경험을 분석하거나 피하는 것이 아니라 단지 내부 경험을 느끼는 것에 중점을 둔 내부 경험에 대한 인식 증가이다(제11장에서 논의한 바와 같이). 내담자에게 마음챙김을 장려하는 치료자들은 그들의 하루 일과를 넘기기 위하여 정신을 산만하게 하거나 무감각하게 하지 않고 그들의 감정에 주의를 기울이고 완전히 받아들이도록 도와준다(Dimidjian & Linehan, 2009; Fruzzetti et al., 2019; Morgan & Roemer, 2015).

제3의 물결 치료자와 전통적 인지치료자 사이의 큰 차이점은 어떻게 내담자가 자신의 비합리적인 생각에 반응하도록 장려하는가에 있다(Follette & Hazlett-Stevens, 2016; Olatunji & Feldman, 2008; Orsillo et al., 2016). 전통적 인지치료자의 경우, 비이성적인 사고가 가져올 불쾌한 감정을 막기 위한 의도로, 비이성적인 사고에 논박하는 것이 전략이다. 제3의 물결 치료자에게 있어 전략은 이러한 비이성적인 사고가 진행되도록 하고 그것에 반대하여 반응하지 않도록 하는 것이다. 그러한 비이성적인 사고는 지나갈 것이고, 비이성적인 사고가 가져오는 감정도 가라앉을 것이다. 제3의 물결 치료를 통해 내담자는 이러한 비이성적인 사고나 감정을 피할 필요가 없다는 것을 알게 된다. 내담자들은 비이성적인 사고나 감정을 경험하고 상처 입지 않을 정도로 회복력이 있다.

범불안장애가 있는 내 내담자인 타일러를 생각해보자. 타일러가 비합리적으로 걱정했던 많은 것들 중에 그의 건강이 있었다. 폐렴에 걸리거나 다리가 부러지거나 심장병을 앓게 되면 어떻게 될까? 이러한 생각은 타일러에게 많은 불안을 초래했다. 그는 보통 비디오 게임, TV 및 소셜미디어로 자신을 산만하게 하여 그들을 피했다. 전통적인 인지적 접근법은 타일러가 비이성적 사고를 인지적 왜곡으로 분류하고 그것들을 보다 합리적인 사고로 대체함으로써 이러한 비이성적 사고와 싸우도록 장려할 것이다. 대조적으로, 마음챙김 기반 접근법은 타일러가 생각을 경험하도록 격려하겠지만, 너무 많은 권한을 부여하여 그 생각들에 휘말리지 않도록 할 것이다. 그런 생각이 생길 수도 있고 불안을 일으킬 수도 있다. 그러나 생각과 불안은 일시적이며 사라질 것이다. 즉 타일러가 그런 생각과 느낌을 경험할 때, 찰나의 순간을 두려워할 필요가 없고, 그것을 피하기 위해 약간의 주의를 분산시킬 필요가 없다는 것을 의미한다. 그 순간들은 약간 불쾌할 수도 있지만, 타일러는 그들이 지나갈 때까지 견딜 수 있을 만큼 충분히 강하다.

제3의 물결 치료에 대한 다양한 종류가 있다. 인기있는 제3의 물결 치료는 **수용전념치료** (acceptance and commitment therapy, ACT)이다. 수용전념치료는 불안 및 다른 장애가 있는 사람들이 감정과 생각을 받아들이고 자신의 개인적 가치에 전념하는 데 집중할 수 있도록 돕는 것이다(Forman et al., 2015; Forsyth & Eifert, 2016; Hayes, 2004; Hayes et al., 2011, 2012; Strosahl & Robinson, 2017; Swain et al., 2013). 또 다른 잘 확립된 제3의 물결 치료는 **변증법적 행동치료** (dialectical behavior therapy)로, 경계성 성격장애 및 기타 장애를 가진 사람들이 강렬한 감정적 경험을 조절하고 견딜 수 있도록 도와준다(Cameron, 2015; Koerner, 2012; Linehan, 1993a, b; Lungu & Linehan, 2016; Rizvi & King, 2019).

치료의 결합 : 절충적 및 통합적 치료 접근법

정신역동치료, 인간중심치료, 행동치료 및 인지치료는 심리치료에 있어 주요 접근법들이다. 여러분은 치료자가 이것들 중 하나를 선택하고 다른 것을 포기해야 한다는 인상을 받았을 것이다. 하지만 전혀 그렇지 않다. 실제로, 대부분의 임상심리학자들은 접근법을 결합한다(Cook et al., 2010; Norcross et al., 2005, 2019).

이러한 접근법의 조합은 **절충적**과 **통합적** 두 가지 형태를 취한다. **절충적 치료 접근법**(eclectic approach to therapy)에서, 심리치료자는 유사한 내담자에 대한 연구의 증거에 근거하여 특정 내담자에 대한 최상의 치료를 선택한다(Gold, 1996; Norcross et al., 2016, 2017; Stricker, 2010). 이러한 절충적 치료자들은 어떤 종류의 치료를 진행할 것인지 결정하기 위해 특정 진단에 대해 '효과가 있는' 것에 대한 연구에 크게 의존한다. 치료자들 자신이 선호하는 스타일은 결정 요인이 아니다. 대신, 절충적 치료자는 다양한 접근법을 숙달해야 하며, 다양한 문제를 가진 내담자들을 치료할 때 접근법들을 바꿔 가며 치료해야 한다. 예를 들면 절충적 치료자는 내담자가 특정한 공포증이 있고 과학 연구에 따르면 노출치료가 공포증에 가장 효과적이라고 제안하기 때문에 오전 9시에 내담자와 노출치료를 할 수 있다. 치료자의 다음 내담자가 불안장애를 일반화했다면, 치료자는 인지치료로 넘어갈 수 있다. 왜냐하면 증거가 해당 장애에 대한 근거이기 때문이다. 절충적 접근법은 의사가 특정 질병에 대한 특정 약물을 처방하는 방식과 유사하기 때문에 **처방적 접근법**(prescriptive approach)이라고도 불린다(Antony & Barlow, 2010).

절충적 접근법과는 달리, 일부 치료자들은 **통합적 치료 접근법**(integrative approach to therapy)을 채택한다. 통합적 치료 접근법은 심리치료자가 새로운 형태의 심리치료를 만들기 위해 스타일이나 기법을 혼합하는 전략이다. 통합적 치료자들은 정신역동, 인간중심, 행동 및 인지치료가 상호 배타적일 필요는 없다고 인식한다. 그들의 구성요소는 서로를 잘 보완할 수 있다. 그것들이 전문적으로 결합될 때, 하이브리드는 다양한 내담자들에게 특히 효과적일 수 있다(Beitman & Manring, 2009; Norcross, 2005; Wachtel, 1977).

예를 들어 나는 예전에 불안과 우울증의 조합으로 고통을 겪은 수줍은 남자인 바비(Bobby)를 치료했었다. 그는 30세였고 데이트에 관심이 있었지만 데이트를 하자고 요청한 사람은 없었으며 자신의 어려움에 대해 점점 더 희망을 느끼지 못했다. 바비에 대한 나의 치료에는 여러 차례 주요한 치료 접근법 각각의 요소들이 포함되어 있었다. 나는 인간중심치료자처럼 누군가에게 데이트 신청하는 것에 대한 그의 긴장감과 그에 따른 절망에 대해 진정으로 감정이입을 표현했다. 나는 정신역동치료자처럼 그가 무의식적으로 생각했던 그의 부모님과의 초년기 관계가 새로운 관계를 시작하려고 노력하는 데 어려움을 겪는 것에 어떻게 기여를 하는지에 대해 해석을 제공했다. 나는 행동치료자가 하는 것처럼 데이트 신청을 하는 데 있어서 많은 행동적으로 정의된 '기초 단계(baby step)'를 포함하여 불안위계를 만들고 진행하는 데 도움을 주었다. 그리고 나는 인지치료자처럼 누군가에게 데이트 신청을 하는 것에 대한 그의 사고의 논리, 즉 데이트 신청을 하면 거절당할 것이고, 결국 거절되면 그는 파괴될 것이라는 논리에 도전했다.

절충적 치료 접근법
심리치료자가 유사한 내담자들에 대한 연구의 증거를 바탕으로 특정 내담자에 대한 최상의 치료를 선택하는 전략

통합적 치료 접근법
심리치료자가 새로운 형태의 심리치료를 만들기 위해 스타일이나 기법을 혼합하는 전략

학습 확인

14.4 누가 심리치료를 찾는가?

14.5 정신역동치료의 주요 목표는 무엇이며, 치료자들은 내담자가 그 목표를 달성하도록 돕기 위해 어떤 기법을 사용하는가?

14.6 세 가지 필수 특성을 포함하여, 인간중심치료의 가장 중요한 측면은 무엇인가?

14.7 행동치료자는 내담자를 돕기 위하여 어떻게 노출기법과 같은 고전적

조건형성과 토큰 경제와 같은 조작적 조건형성에 바탕을 둔 기법을 사용하는가?

14.8 인지치료의 주요 목표는 무엇이며, ABCDE 모델과 인지 왜곡은 해당

목표와 어떤 관련이 있는가?

14.9 심리치료에 대한 절충적 접근법과 통합적 접근법의 유사점과 차이점은 무엇인가?

집단 및 가족을 위한 심리치료

학습 목표

14.10 집단치료
14.11 가족치료

지금까지 우리는 방에 한 명의 내담자만 있는 심리치료의 형태에 전적으로 집중했다. 이제 여러 내담자, 집단치료 및 가족치료가 포함된 치료로 초점을 전환하겠다.

집단치료

집단치료(group therapy)는 내담자 집단으로 진행하며, 대인 간 상호작용(interpersonal interaction)에 중점을 둔 심리치료이다. 집단치료는 개인별 치료로 논의된 접근법들 중 하나를 따를 수 있지만, 사람들이 서로 어울리는 방법인 대인 간 상호작용에 중점을 둘 수 있는 추가적으로 특별한 기회를 제공한다(Burlingame & Baldwin, 2011; Markin & Kasten, 2015; Yalom, 1983, 2005). 많은 집단치료자들은 내담자의 대인 간 상호작용에 있어 어려움은 심리장애의 주요 원인이라고 가정한다. 친한 친구 및 가족과의 관계가 갈등, 긴장 및 학대로 가득 찬 사람들은 특히 심리장애가 발생하기 쉽다. 집단치료는 이러한 내담자들에게 새로운 사람들(동료 집단 구성원)과 관계를 맺고, 그들로부터 상호작용에 대한 피드백을 얻은 다음, 변경 여부를 결정한다(Brabender, 2002; Corey & Corey, 2016; Goldberg & Hoyt, 2015; Ormont, 1992; Rutan & Shay, 2017).

예를 들면 나는 사회공포증이 있는 매우 불안한 30세 내담자 스티븐(Steven)과 최근 이혼으로 인한 우울증 진단을 받은 48세 여성인 모니크(Monique)를 포함한 집단을 이끈 적이 있었다. 스티븐은 많은 회기 동안 집단에서 발언하지 않았다. 그는 소심하고 그가 말을 하면 다른 사람들이 토론할 자신들의 문제가 있었을 때 귀중한 집단 시간을 잡아먹는다는 이유로 그에게 화를 낼 것이라고 생각했다. 반면에, 모니크는 주저하지 않고 대화를 지배했다. 사실, 그녀는 집단이 그녀를 중심으로 돌고 있다고 추정하는 것 같았다. 다른 내담자보다, 그녀는 자신이 경험한 4번의 이혼과 그녀를 떠난 많은 다른 친구들로 인한 자신의 외로움을 포함하여 자신의 개인적인 문제에 대해 엄청난 분량으로 논의했다.

어느 회기가 시작되면서, 스티븐은 "괜찮다면" 자신의 문제를 논의하는 데 1분을 사용하고 싶다고 말하면서 우리 모두를 놀라게 했다. 우리 대부분은 스티븐이 말을 하도록 격려했지만, 모니크는 눈을 굴리면서 불쾌하게 숨을 내쉬었다. 스티븐은 울먹이며 그는 친구가 거의 없었으며 '새로운 사람들을 만나는 것'에 겁을 먹었기 때문에 새로운 사람들을 만나기 위해 노력한 적이 없었다고 설명했다. 즉 그는 다른 사람들이 그를 거부할 것이라고 확신했고, 그는 그것을 감당할 수 없었을 것이다. 우리 대부분은 스티븐의 말을 들으면서 자리에 앉아 있었지만, 모니크는 그녀의 시계를 확인하고 있었다. 고작 몇 분 후, 그녀는 다음과 같이 말하며 스티븐의 말 중간에 끼어들었다. "다했습니까? 다른 사람이 말할 차례를 가져도 되나요? 나는 말해야 할 중요한 것들이 있어요."

스티븐이 사과하고 침묵으로 돌아가고, 모니크가 말하도록 해주었다. 그러나, 그녀가 말하기 전에 나는 전체 집단에 질문을 했다. "모니크와 스티븐이 서로 의사소통하는 방식에 대해 어떻게 생각하십니까?" 집단 구성원들은 각자 의견을 공유하여 다음과 같은 공감대(consensus)를 이루어냈

다. 모니크의 행동은 너무 지배적이어서, 그들이 그녀를 싫어하게 만들었다. 스티븐의 행동은 너무 자기주장이 없어서(unassertive), 그들이 그를 존중하지 않게 만들었다. 모니크도 스티븐도 그런 솔직한 피드백을 이제껏 받아보지 못했다. 추가 논의를 통하여, 모니크와 스티븐은 그들이 집단에서 보여준 대인 간 성향이 그들의 실제 생활에서 그들의 문제에 기여한 것과 정확히 동일하다는 것을 깨달았다. 즉 모니크의 실패한 결혼과 우정은 그녀의 지배적인 행동 때문이었다. 스티븐의 외로움은 그의 자기주장이 부족했기 때문이다. 그러고 나서 나는 모니크와 스티븐에게 또 다른 질문을 했다. "대인 간 성향을 바꾸시겠습니까?" 그들은 둘 다 동의했고, 우리 집단은 남은 집단 회기에서 다른 스타일의 상호작용을 연습하는 데 보냈다. 목표는 모니크와 스티븐(및 다른 사

집단치료는 대인 간 상호작용에 중점을 두고 실시되는 심리치료이다.

람들)이 동료 집단 구성원들과 보다 건강한 상호작용기술을 개발하는 것이었고, 더 중요한 것은 그러한 기술을 그들의 실제 생활로 옮겨 가는 것이다.

이 사례에서 알 수 있듯이, 일부 집단에는 다양한 진단을 받은 내담자들이 포함된다. 다른 집단에는 유사한 진단을 받은 내담자들(예 : 폭식증 집단, 약물 남용 집단, 양극성장애 집단)이 포함된다. 두 유형의 집단 모두 고유한 장점이 있다(Yalom, 2005). 다양한 진단이 있는 집단은 상호작용할 수 있는 더욱 다양한 개인들을 만날 수 있다. 비슷한 진단을 받은 사람들은 보다 즉각적인 보편성(universality) 또는 '우리 모두가 같은 배 안에 있다'라는 느낌을 받는다. 집단의 내담자 수는 다양하지만, 대부분의 경우 5~10명 사이이다(Brabender, 2002). 치료자의 수 또한 다양할 수 있다(때로는 한 명, 때로는 두 명). 두 명의 치료자가 있으면 내담자의 문제에 대한 두 가지 관점을 줄 수 있으며, 또한 두 쌍의 눈과 귀가 내담자의 많은 구두 및 비언어적 메시지를 포착할 수 있다(Clark et al., 2016; Shapiro, 1999).

다른 경우에는 집단은 집단 구성원이 그들을 이끄는 전문 치료자 없이 회기를 운영하는 **자조집단**(self-help group)이 있다. 자조집단은 일반적으로 예를 들면 알코올이나 약물 사용과 같은 특정 문제를 중심으로 하며, 종종 베테랑 구성원이 주관하는 저비용 또는 무료 모임으로 구성된다.

가족치료

가족치료(family therapy)는 가족 시스템의 기능을 개선하여 개인 구성원의 문제를 개선하는 것을 목표로 하는 심리치료이다. 가족치료에서는 한 사람만 증상을 보이는 경우에도 가족 시스템 전체에 결함이 있다고 생각한다(Bernal & Gomez-Arroyo, 2017; Davis et al., 2015; Goldenberg & Goldenberg, 2007; Kaslow, 2011; Lebow & Stroud, 2016; Rolland & Walsh, 2009). 그렇기 때문에 가족치료는 가족 구성원이 서로 소통하고 관계를 맺는 방법을 개선하는 데 중점을 둔다.

이런 식으로 생각해보자. 자동차 바퀴에 문제가 있는 경우, 여러분은 바퀴를 자동차에서 빼서 타이어를 고치려고 타이어를 정비사에게 가져가겠는가? 정비사는 그것이 나쁜 생각이라고 말할 수 있다. 수리한 바퀴를 같은 차에 다시 끼운 후에도 같은 문제가 다시 발생할 수 있다. 왜냐하면 문제는 실제로 바퀴가 아니라 차에 있을 수 있기 때문이다. 자동차의 서스펜션 또는 차축이 나쁘거나 얼라인먼트가 바르지 않을 수도 있다. 자동차 시스템을 더 광범위하게 수리하면 편협하게 바퀴에만 집중하는 것보다 문제를 더 잘 해결할 수 있다. 가족치료자들은 거의 같은 방식으로 생각한다. 예를 들어 거식증을 앓고 있는 10대 소녀, 공황장애가 있는 4학년 소년, 심한 우울증이 있는 남편이나 아내 등 가족이 살고 있는 가족 시스템에서 분리하여 어느 개인을 치료하는 것은 차에서

자조집단
집단 구성원이 그들을 이끄는 전문 치료자 없이 회기를 운영하는 집단치료의 한 유형

가족치료
가족 시스템의 기능을 개선하여 개인 구성원의 문제를 개선하는 것을 목표로 하는 심리치료

타이어를 빼는 것과 같다.

가족치료자는 개인치료(정신역동, 인간중심, 행동, 인지)의 가족 버전을 포함하여 다양한 스타일을 사용한다. 그러나 가족치료자들은 또한 가족이 치료에 참여할 때만 이용할 수 있는 기회를 이용하려고 한다. 예를 들어 가족치료자들은 종종 가족의 구조, 즉 가족이 운영하는 규칙을 체크한다(Minuchin, 1974; Sexton & Stanton, 2016). 가족 규칙은 분명하지 않지만(냉장고 문에 붙어 있지 않음), 개인이 가족 내에서 어떻게 행동하는지에 여전히 강력한 영향을 미친다. 여러분이 친구 집에서 처음 잤을 때 겪었던 놀랐던 경험을 생각해보라. 여러분은 아마도 친구의 가족 구조에 대한 내부인의 견해를 갖게 되었으며 자신의 가족 구조와 다른 점을 깨달았을 것이다. 예를 들어 어떤 가족은 자녀가 부모와 의견이 다른 독립적인 사상가가 되도록 격려한다. 다른 가족들은 자녀들이 순종적으로 행동하고 부모에게 항상 동의하도록 격려한다. 가족 A의 무언의 규칙은 '항상 스스로 생각하라'지만, 가족 B의 무언의 규칙은 '내가 그렇게 말했으니까 너는 시키는 대로 해'이다. 특정 가족 규칙에 관계없이, 가족 구성원이 심리장애를 앓기 시작한다면 그 규칙은 효과가 없을 수 있다. 온 가족이 방에 있으면, 가족치료자는 가족 규칙을 명확히 하고 바꿀 수 있는 특별한 기회를 갖게 된다.

학습 확인

14.10 집단치료란 무엇이며, 집단치료의 주안점은 개별치료의 주안점과 어떻게 다른가?

14.11 가족치료의 주요 목표는 무엇인가?

심리치료는 얼마나 효과가 있는가

학습 목표

14.12 심리치료 효과 검증에서의 도전

14.13 심리치료는 얼마나 효과가 있는가?

14.14 다양한 심리치료의 효과 비교하기

14.15 심리치료가 효과를 갖도록 하는 요인은 무엇인가?

심리치료 초기에는 심리치료가 얼마나 효과가 있는지에 대한 질문은 많지 않았다. 심리치료를 하거나 심리치료를 받은 사람들은 일반적으로 그것이 유익하다고 생각했고, 그게 다였다(Weissmark & Giacomo, 1998). 그러나 1952년에 한스 아이젠크(Hans Eysenck)라는 한 저명한 연구자는 당시에 구할 수 있는 심리치료의 결과에 대한 작은 분량의 연구에 대한 요약을 작성했다. 그의 결론은 놀랍고 논란의 여지가 있었다. 그의 결론은 심리치료는 효과가 없으며, 적어도 심리치료 없이 자신의 문제를 해결하는 것보다 낫지 않았다는 것이었다(Eysenck, 1952). 아이젠크의 방법에는 결함이 있었고 그의 결론은 잘못되었다고 판명되었다. 심리치료에 대한 수천 개의 이후 연구들은 심리치료가 도움이 된다는 결론을 뒷받침하지만, 아이젠크의 주장은 많은 연구자들이 심리치료가 얼마나 효과가 있는지 조사하도록 고무시켰다(Routh, 2011; Wampold, 2010a).

연구자들은 심리치료의 효과를 조사할 때, 그들이 사용하는 과학적 방법에 관한 여러 가지 중요한 질문에 직면한다. 예를 들어 누구에게 물어봐야 하는가? 내담자, 치료자 또는 외부 관찰자(Holmqvist, 2016; Strupp, 1996; Strupp & Hadley, 1977)? 언제 물어봐야 하는가? 치료 중, 치료가 끝났을 때 바로 또는 한참 후에(Lambert, 2011)? 그들은 어떻게 물어봐야 하는가? 설문지, 인터뷰 또는 뇌 스캔? 여기서 요점은 심리치료가 얼마나 효과가 있는지를 결정하는 것은 복잡한 프로젝트이며, 연구자들이 얻는 결과에 강력한 영향을 줄 수 있는 방법론적 선택으로 가득하다는 것이다.

다행히도 심리치료의 이점에 대한 수천 개의 연구는 이러한 방법론적 선택을 모두 포함한다.

다 같이, 이러한 연구들은 거부할 수 없는 한 가지 결론을 향한다 — 심리치료는 효과가 있다. 심리치료 결과 연구에 대한 대규모 리뷰는 수십 년 동안 이 결과를 반복적으로 확인했다(Lambert & Simon, 2008; Lipsey & Wilson, 1993; Luborsky et al., 2002; Shapiro & Shapiro, 1982; Smith & Glass, 1977; Wampold, 2010a; Wampold & Imel, 2015; Weiner, 2016). 특정 문제에 대해 심리치료를 받는 보통 사람은 비슷한 문제에 대해 심리치료를 받지 않은 사람들의 80%보다 나중에 더 좋다(Smith et al., 1980). 또한 연구자들은 심리치료의 혜택이 장기간 지속되는 경향이 있으며, 이러한 혜택은 내담자의 삶의 질을 실제적으로 개선하는 것을 반복적으로 발견했다(Bandelow et al., 2018; Lambert & Ogles, 2004). 물론, 심리치료가 만병통치약은 아니다. 일부 심리치료 내담자는 혜택을 받지 못하고, 어떤 사람들은 중간에 그만두고, 매우 적은 수의 사람들이 치료 과정에서 실제로 악화된다(Cuijpers et al., 2018; Lebow, 2006; Rozental et al., 2016, 2018; Striano, 1988). 그러나, 이러한 부정적인 결과는 성공적인 결과의 규칙에 대한 예외다.

심리치료의 효과를 보여주는 연구는 일반적으로 **효과성**(efficacy) 연구와 **효과**(effectiveness) 연구의 두 가지 범주로 분류된다(Dalrymple et al., 2015; Spokas et al., 2008; Truax & Thomas, 2003). 효과성 연구는 교과서적 사례 내담자들 및 치료자들의 행동을 지시하는 치료 매뉴얼과 함께 통제된 연구에서 심리치료가 얼마나 효과가 있는지, 즉 '실험실에서' 그것이 얼마나 효과가 있는지를 조사한다(Durand & Wang, 2011; Rosqvist et al., 2011). 효과성 연구에서 연구자들은 특정 유형의 문제에 대해 특정 유형의 치료를 테스트한다. 예를 들어 연구자들은 강박장애에 대한 진단 기준을 충족하는 사람들을 모집하여 **노출 및 반응 예방**(exposure and response prevention, ERP)으로 알려진 행동치료로 그들을 치료할 수 있다. ERP는 치료자가 내담자들이 일반적으로 하는 것처럼 반응하지 못하게 하는 노출치료의 특정 버전이다. 예를 들면 내담자에게 먼지를 만지게 하고 손을 씻지 못하도록 하는 것이다. 이 유형에 대한 수많은 연구가 성공을 거두었으므로, 심리학자들은 현재 ERP를 강박장애에 효과적인 치료로 인식하고 있다(Carr, 2008; Dougherty et al., 2015; Nathan & Gorman, 2007; Roth & Fonagy, 2005).

특정 문제에 대해 '효과가 있는 치료'를 사용한다는 개념은 **증거 기반 치료**(evidence-based practice)의 초석이다. 증거 기반 치료는 치료자가 연구 증거, 치료자 전문 지식 및 내담자 특성의 세 가지 요소의 조합을 기반으로 의사결정을 내리는 심리치료에 대한 접근법이다(APA Presidential Task Force on Evidence-Based Practice, 2006; Barlow et al., 2013; Buscemi & Spring, 2015). 심리학자들은 점점 더 많은 내담자들을 돕기 위해 증거 기반 치료에 의존하고 있다. 그들은 효과성 연구에 따른 '효과가 있는 것'뿐만 아니라 치료자로서 그들 자신의 고유한 능력과 내담자의 고유한 특성, 즉 그들의 진단뿐만 아니라 인종, 나이, 사회경제적 지위, 종교, 성적 취향 및 다른 문화적 변수까지도 고려한다(David et al., 2018; Norcross et al., 2011; Spring & Neville, 2011).

효과성 연구와는 달리, 효과 연구는 내담자가 특정 장애에 대한 교과서적 사례가 거의 없는 현실 사회, 클리닉, 병원 및 개인 치료에서 심리치료가 얼마나 효과가 있는지 조사한다(Chambless et al., 1998; Garske & Anderson, 2003; Lambert, 2013). 효과 연구는 효과성 연구보다 덜 엄격하게 통제된다. 여기에는 다양한 진단을 받은 내담자들과 하나의 매뉴얼화된 기법이 아닌 다양한 치료법이 포함된다. 그러나, 효과 연구는 종종 실제 치료자들이 보는 뒤섞인 내담자들과 치료자들이 매일 진료에서 사용하는 치료법의 혼합을 더 잘 포착한다. 컨슈머 리포트(Consumer Reports) 잡지에 독자들은 자신들의 경험을 심리치료 내담자로 묘사한 대규모의 효과 연구가 실렸다("Mental Health," 1995; Seligman, 1995). 물론 응답자들은 다양한 유형, 길이, 치료 전문가 등 엄청나게 다

증거 기반 치료
치료자가 연구 증거, 치료자 전문 지식 및 내담자 특성의 세 가지 요소의 조합을 기반으로 의사결정을 내리는 심리치료에 대한 접근법

도도새 평결 효과
다른 형태의 심리치료가 똑같이 효과적이라는 연구 결과에 대한 별명(*이상한 나라의 앨리스*에서 유래)

공통 요인
내담자 개선에 중요한 역할을 하는 모든 형태의 효과적인 심리치료에서 발견되는 요소

양한 심리치료 경험을 가지고 있었지만 결과는 매우 긍정적이었다. 압도적 다수는 심리치료를 시작할 때보다 설문조사 당시에 기분이 훨씬 좋아졌다고 보고했다. 이와 같은 효과 연구는 심리치료의 이점이 실험실 연구뿐만 아니라 현실사회 환경에서도 분명하다는 것을 시사한다.

어떤 치료가 가장 효과가 있는가

연구자들이 심리치료가 효과가 있음을 확인한 후, 어떤 유형의 심리치료가 가장 효과적인지에 대한 싸움이 시작되었다(Lambert, 2011; Smith et al., 1980). 정신역동치료자, 개인중심치료자, 행동치료자, 인지치료자 모두 그들의 접근법이 독창적으로 유익하다고 주장했다. 점수를 정하기 위해 연구자들은 내담자들을 치료 A를 받는 집단과 치료 B를 받는 집단으로 나누어 연구를 설계했다. 이 연구는 계속해서 동점이라는 예기치 못한 결과를 낳았다. 경쟁적인 치료들은 거의 동일한 성공률로 효과가 있었다(Lambert & Ogles, 2004; Luborsky et al., 2002; Norcross & Newman, 1992; Wampold, 2010b). 연구자들은 이 결과를 **도도새 평결 효과**(dodo bird verdict)(이상한 나라의 앨리스에서 유래)라고 불렀는데, 이는 다른 형태의 심리치료가 똑같이 효과적이라는 연구 결과에 대한 별명이다(Elliott et al., 2015; Luborsky et al., 1975). (그림 14.5에 묘사되었듯이, 이상한 나라의 앨리스에서 도도새 캐릭터는 많은 참가자들 사이의 경주를 지켜보고 "모두가 이겼으며 모두가 상을 받아야 합니다"라고 말한다.)

심리치료 연구자들은 도도새 평결 효과를 여러 차례 확인했지만, 논쟁이 없는 것은 아니다(Asarnow & Ougrin, 2017; de Felice et al, 2019; Wampold, 2001). 일부 연구자들은 치료 전반에 걸쳐 결과가 동일하지 않은 특정 문제에 대한 특정 기법과 같은 구체적으로 목표를 둔 최근 연구들을 지적한다(Antony & Barlow, 2010; Chambless, 2002; Chambless & Ollendick, 2001; Cuijpers et al., 2018; Siev & Chambless, 2007). 이러한 특정 표적 연구들(specifically targeted studies) 중 일부는 특정 치료(대부분 행동 기법)가 다른 치료와 비교될 수 없었던 특정 진단(대부분 불안장애)에 유익하다는 것을 발견했다. 결과적으로, 주요 치료 형태들은 모두 일반적으로 유익한 것으로 인식되는 반면, 많은 심리치료자들은 또한 특정 치료가 특정 문제에 대해 이점이 있을 수 있음을 인식한다(Mulder et al., 2017; Norcross, 2005; Paul, 2007).

특정 질환에 가장 적합한 치료법 목록은 여러 가지 방법으로 치료사(및 그 밖의 모든 사람)가 이용할 수 있다(Norcross et al., 2017). 미국심리학회(American Psychological Association, APA)는 다양한 장애에 대한 최상의 치료법을 설명하는 임상실무지침서를 발간한다. 치료에 초점을 맞춘 APA의 2개 분과, 즉 임상심리학과(Division 12)와 아동·청소년심리학과(Division 53)는 각각 사용자가 증거 기반 치료를 위해 장애별로 검색할 수 있는 웹사이트를 유지 관리한다. 그리고 *A Guide to Treatment That Work*와 *Clinical Handbook of Psychological Disorders* 같은 제목을 가진 책들은 각 장애에 대해 전문가들이 작성한 특정 문제에 가장 잘 맞는 치료법에 대한 설명을 장별로 제공한다(Barlow, 2014; Nathan & Gorman, 2015).

치료가 효과적인 이유는 무엇인가

다양한 형태의 심리치료가 모두 똑같이 유익하다는 결과는 **공통 요인**(common factor)의 존재를 강조한다. 공통 요인은 내담자 개선에 중요한 역할을 하는 모든 형태의 효과적인 심리치료에서 발견되는 요소들이다(Brown, 2015; Elkins, 2016; Messer & Wampold,

Universal History Archive/Getty Images

그림 14.5 도도새 평결 효과 *이상한 나라의 앨리스*에서, 도도새 캐릭터는 경주를 심판하고 다음과 같이 선언한다. "모두가 이겼으며 모두가 상을 받아야 합니다." 다양한 종류의 치료 결과를 비교한 연구에서 결과는 종종 유사했다. 모든 치료는 일반적으로 거의 동일한 비율로 긍정적인 결과를 생성한다. 그 결과는 *도도새 평결 효과*라는 별명으로 불린다.

2002; Stricker, 2010; Wampold, 2010b, 2015). 동일한 기본 메커니즘으로 인해 여러 가지 다른 치료가 모두 효과적이라는 생각은 실제로 1930년대 이래로 계속 존재해 왔지만, 겨우 지난 몇십 년 동안에야 심리치료에 대한 과학적 연구가 데이터로 뒷받침될 수 있었다(Frank, 1961; Rosenzweig, 1936; Torrey, 1986).

심리치료에서 가장 많이 지지되는 공통 요인은 **치료적 동맹**(therapeutic alliance)이다. 치료적 동맹은 치료자와 내담자가 공유된 목표를 향해 노력하는 신뢰하고 협력적인 관계이다(Alavi & Sanderson, 2015; Budge & Wampold, 2015; Crits-Christoph et al., 2011; Flückiger et al., 2018; Horvath et al., 2011; Karver et al., 2018; Norcross & Lambert, 2011; Norcross & Wampold, 2011). 치료적 동맹은 심리치료에서 성공에 대한 가장 좋은 단일 예측 변수이다. 치료가 효과가 있을지 여부를 알고 싶다면, 치료의 종류, 치료자의 경험, 치료자가 가진 훈련의 종류, 또는 그 외의 치료에 관한 것을 아는 것보다 치료적 동맹의 힘을 아는 것이 더 중요하다(Beitman & Manring, 2009; Laska & Wampold, 2014; Wampold, 2010a). 치료적 동맹은 내담자의 관점에서 특히 중요하다. 내담자가 치료의 기초로서 이러한 연합과 파트너십 감각을 경험하는 것이 중요하다(Orlinsky, 2017; Rosenfeld, 2009; Wampold, 2001). 치료적 동맹은 개별치료뿐만 아니라 가족치료와 집단치료에서도 필수적이다(Burlingame et al., 2018; Escudero & Friedlander, 2017; Friedlander et al., 2018). 집단치료에서, 그것은 전형적으로 **응집력**이라고 불리는데, 치료자와 동료 내담자들을 모두 포함, 내담자와 집단 내 다른 모든 사람들 간의 동맹을 암시한다.

효과적인 심리치료의 다른 공통 요인들도 또한 인정되었다. 예를 들면 모든 치료 유형에 대해 훌륭한 치료자가 **긍정적 기대**(positive expectations)[또는, 보다 간단히 하자면, **희망**(hope)]를 제공한다. 치료자가 사용하는 기술에 따라 상황이 더 나아질 것이라는 생각 자체가 치료가 될 수 있다(Constantino et al., 2011, 2018). 의사가 여러분에게 어디가 아프다 말하고 처방전을 주면, 여러분은 약국에 가서 약을 먹기 전에도 즉시 기분이 나아지기 시작할 것이다. 정비사가 여러분 자동차의 오작동을 진단하고 수리할 수 있다고 말하면, 자동차가 여전히 리프트에 올라와 있는 동안에도 여러분은 안심할 수 있다. 두 경우 모두 희망이 절망을 대체할 때 개선이 시작된다. 치료자의 특정 접근법에 관계없이, 심리치료에서도 마찬가지이다.

치료의 마지막 공통 요인은 **주의집중**(attention)이다. 문제를 무시하거나 방치하지 않고 문제에 집중을 하는 것만으로도 개선의 기회가 된다. 모든 종류의 치료는 내담자의 문제에 주의집중을 포함한다(Prochaska & Norcross, 2018). 예를 들어 신경성 폭식증을 앓고 있는 15세 소녀 켈리(Kelly)를 생각해보자. 켈리와 그녀의 가족은 처음에 그녀의 폭식과 구토를 받아들이기 너무 어려워서 이것이 그렇게 나쁘지 않은 척을 하고, 이것이 스스로 사라질 거라고 자신들을 확신시키거나, 이것을 다루는 것을 피하기 위하여 이 모두를 다 거부한다. 한편으로, 그녀를 유능한 치료자에게 데려가려면 최소한 켈리와 그녀의 가족이 그 문제를 인정해야 한다. 그녀의 폭식행동을 무시하지 않고 대처하기로 한 단순한 결정만으로도 켈리에게 개선의 기회가 될 것이다.

치료적 동맹
치료자와 내담자가 공유된 목표를 향해 노력하는 신뢰하고 협력적인 관계

학습 확인

14.12 심리치료의 효과에 대해 연구할 때, 연구자들은 누가, 언제, 그리고 질문하는 방법에 대한 문제를 어떻게 해결하는가?

14.13 연구에 따르면, 심리치료는 효과가 있는가?

14.14 다른 유형의 심리치료는 효과성 측면에서 일반적으로 어떻게 서로 비교하는가?

14.15 다양한 종류의 심리치료가 효과가 있게 하는 공통 요인은 무엇인가?

심리치료에서 문화의 중요성

학습 목표

14.16 심리치료사의 문화적 유능성이
     란 무엇이고 심리치료에서 이것
     이 왜 중요한가?

14.17 심리치료사의 문화적 자각이란
     무엇이고 심리치료사가 이것을
     갖는 것이 왜 중요한가?

훌륭한 치료자들은 내담자의 문화적 배경에 대한 중요성을 인지한다. 그들은 문화가 내담자가 다른 사람들과 상호작용하는 방식, 그들이 생활사건에 부여하는 의미 및 심리치료에 대한 기대에 영향을 줄 수 있음을 알고 있다. 따라서, 그들은 각 내담자의 독특한 문화적 특성 조합을 존중하는 방식으로 심리치료를 사용한다.

심리치료자는 점점 더 다양한 인구에서 치료한다. 2016년에는 전체 인구의 13%를 차지하며 4,000만 명이 넘는 이민자가 미국에 거주했다(U.S. Census Bureau, 2017). 미국 학생의 5분의 1은 집에서 영어 이외의 언어를 사용한다(Roberts, 2004). 40년 내에, 미국 인구의 절반이 적어도 부분적으로 아프리카계 미국인, 아메리칸 인디언, 아시아계 미국인 또는 라티노/라티나로 식별될 것이다(U.S. Census Bureau, 2008). 심리치료자는 문화적 배경, 가치 및 관습을 존중하는 방식으로 다양한 내담자와 함께 일할 윤리적 및 도덕적 책임이 있다(Chu et al., 2016; Comas-Díaz, 2011, 2012; Melton, 2018; Pedersen, 2008; Vasquez, 2010). 치료의 성공을 위해서는 **문화적 유능성**(cultural competence)이 필수적이다. 문화적 유능성은 다양한 배경을 가진 내담자들과 민감하고 전문적으로 일할 수 있는 치료자의 능력이다.

문화적 유능성이 없으면, 내담자는 오해를 받았다고 느끼고 치료가 가져올 수 있는 이익을 놓칠 수 있다(Comas-Díaz & Brown, 2016; Huey et al., 2014; McGoldrick et al., 2005; Owen et al., 2011; Sue & Sue, 2008). 예를 들어 기독교 심리학자인 마텔스 박사(Dr. Martels)와 정기적으로 일정이 예약되어 치료를 받고 있는 무슬림 남성인 살림(Saalim)을 생각해보자. 살림의 다음 약속은 이슬람 교도들이 전통적으로 낮 시간 동안 금식하는 달인 라마단이 끝나는 시점에 있다. 구체적으로, 이 약속은 가족과 친구들과 금식이 깨지는 라마단의 종료를 알리는 3일간의 축하기간인 이드 알피트르(Eid al-Fitr)와 상충된다. 이상적으로, 마텔스 박사는 이러한 일정 충돌을 예상하고 살림에게 다른 약속 날짜를 기꺼이 제공한다. 살림이 예약 충돌을 알린다면, 최소한 마텔스 박사는 존중하고 수용해야 한다. 마텔스 박사는 확실히 시간 충돌에 대해 짜증을 내거나 종교 의식을 무시하지 말아야 한다. 짜증을 내거나 무시하면 살림의 관계를 위태롭게 하는 무감각(insensitivity)을 나타내고, 이는 치료가 조기에 끝날 수 있는 가능성을 초래한다(Brown & Pomerantz, 2011).

문화적 유능성의 중요한 구성요소는 **문화적 자각**(cultural self-awareness)이다. 문화적 자각은 자신의 관점이 반드시 다른 사람들의 관점이 아니라는 치료자의 인식이다. 문화적 자각은 또한 치료자가 자신의 문화적 배경과 그것이 영향을 준 가치와 신념을 이해하도록 요구한다(Fouad & Arredondo, 2007; Gelso, 2010; Graham & Roemer, 2015; Mirsalimi, 2010; Nezu, 2010). 문화적 자각의 중요성을 설명하기 위해, 어릴 때 인도에서 미국으로 이주한 나의 내담자인 쿠마르(Kumar)와 함께했던 경험을 고려해보자. 이제 32세인 그는 인도 여성과 결혼했고 두 어린 자녀들이 있다. 대체로 그들은 가족 내에서 남편과 아내의 역할을 포함하여 많은 것들에 대한 전통적인 인도식 신념을 가졌다. 쿠마르는 우울증 증상에 대한 치료를 위해 찾아왔다. 다소 빠르게, 그는 행복하고 생산적인 사람에서 대부분의 시간에 슬픔을 느끼고 취미에 대한 모든 관심을 잃고 식사와 수면에 어려움을 겪는 사람이 되었다. 처음에 그는 갑작스런 침체에 대한 설명을 꺼렸지만, 우리 관계가 강해지면서 그에게 엄청난 충격을 준 사건에 대해 이야기했다. 그의 아내는 급여 인상을 받았다. 사실, 그의 아내(마침 쿠마르와 같은 대기업에서 근무함)는 쿠마르보다 높은 직책으로 승진했으며

문화적 유능성
다양한 배경을 가진 내담자들과 민감하고 전문적으로 일할 수 있는 치료자의 능력

문화적 자각
자신의 관점이 반드시 다른 사람들의 관점이 아니라는 치료자의 인식

그에 따라 임금이 더 높아졌다. 쿠마르가 나에게 그녀의 승진에 대해 말하면서 쿠마르는 수치심과 창피로 가득 차 있었다. 전통적인 인도 문화에서(다른 많은 문화에서도), 남편은 주된(또는 유일한) 가장이 될 것으로 기대한다. 쿠마르의 관점에서 볼 때 아내가 더 돈을 많이 버는 것은 그를 무력하게 만드는 것이었다.

나의 문화적 신념은 쿠마르와 다르다. 나에게는, 아내의 승진은 그녀의 새로운 지위나 급여가 내 것을 초과했는지 여부에(또는 특히 초과했다면!) 관계없이 축하의 대상이 될 것이다. 그러나 감사하게도, 그 상황에 대한 나의 반응은 단지 내 자신의 것일 뿐이며 반드시 쿠마르(또는 그 문제에 대한 다른 사람)의 것일 필요는 없다는 것을 인식할 수 있는 문화적 자각이 충분했다. 나의 책임은 내 눈이 아닌 그의 눈을 통해 쿠마르의 경험을 인식하는 것이었다.

살림과 쿠마르 예는 각각 종교와 민족성에 초점을 맞추고 있다. 하지만 문화적으로 유능한 치료자들이 인정하는 다른 종류의 다양성이 있다. 특정 내담자에게는 성별, 성적 지향, 언어, 사회경제적 지위, 나이, 장애 상태, 도시/농촌 배경 또는 기타 변수와 관련된 문제는 치료사가 평가하는 필수적인 것일 수 있다. 특히 군대에서 일하는 치료사나 교도소 시스템에서 일하는 치료사들에게, 심지어 특정 고객을 이해하는 데 중요한 하위 문화가 있을 수 있다. 여러 연구에 따르면, 그들의 치료사들이 자신들의 문화를 인정한다고 믿는 고객들은 중도 탈락률이 낮고 치료에서 더 나은 결과를 얻는 경향이 있다(Anderson et al., 2019; Owen et al., 2017; Rogers-Sirin et al., 2015; Soto et al., 2018).

학습 확인

14.16 심리치료에서 문화적 유능성이 중요한 이유는 무엇이며, 내담자에게 어떻게 가치가 있는가?

14.17 심리치료자에게 문화적 자각이 중요한 이유는 무엇인가?

심리치료의 윤리

문화적으로 유능해야 할 책임은 심리치료자들이 지지하는 많은 윤리적 의무 중 하나일 뿐이다. 모든 정신 건강 전문가들은 이러한 윤리적 의무를 직업 내 윤리적 행동에 대한 기대수준을 설정하는 문서인 윤리강령(ethical code)에 작성한다(Hummel et al., 2017; Koocher & Keith-Spiegel, 2016; Pope & Vasquez, 2016). 예를 들어 미국심리학회(APA)는 원래 1950년대에 윤리강령을 공표했으며, 그 이후로 정기적으로 업데이트하고 있다(American Psychological Association, 2010; Behnke & Jones, 2012; Koocher & Campbell, 2016; Vasquez, 2015). 대부분의 심리치료자들은 지속적으로 높은 윤리적 기준을 유지한다. 윤리적 의무를 위반하는 심리치료자들은 직업의 명성뿐만 아니라 내담자를 해칠 위험이 있다.

내담자 정보의 프라이버시를 유지하는 **비밀 유지**(confidentiality)는 심리치료자의 가장 중요한 윤리적 책임 중 하나이며, 비밀 유지 없이는 심리치료의 진행이 불가능하다(Fisher, 2012). 내담자들은 심리치료자가 그들의 회기 내용을 비밀로 유지하기를 기대한다. 사실, 내담자들은 비밀 유지가 절대적이라고 흔히 믿는다(Miller & Thelen, 1986). 내담자들은 흔히 심리치료를 치료자가 자신의 정보를 절대 공개하지 않는 '금고(vault)'로 인식한다. 그들은 대부분 맞지만 전적으로는 아니다. 대부분의 경우에 비밀 유지가 유지되지만, 드물게 치료자는 내담자나 다른 사람의 안녕을 보

학습 목표

14.18 심리치료에서 비밀 유지가 중요한 이유는 무엇이고, 심리치료사가 언제 이것을 위반할 수 있는가?

14.19 사전 동의란 무엇이고 심리치료에서 이것이 왜 중요한가?

14.20 심리치료사가 자신의 능력 경계 안에 머무는 것이 중요한 이유는 무엇인가?

14.21 다중관계란 무엇이고, 다중관계가 어떻게 내담자에게 해로울 수 있는가?

호하기 위해 비밀을 깨야 할 의무가 있다. 예를 들면 주법(state laws)에 따라 치료자들은 지속적인 아동 학대를 신고하기 위해 비밀을 깨야 한다(Kenny et al., 2017; Knapp & VandeCreek, 2006; Koocher & Daniel, 2012; Tribbensee & Claiborn, 2003). 또한 치료자가 내담자가 자신을 포함하여 누군가를 해칠 의도가 있다는 사실을 알게 되면, 치료자는 위험에 처한 사람들에게 경고하기 위해 비밀을 깰 수 있다(Benjamin & Beck, 2018; DeMers & Siegel, 2016; Pope, 2011; Welfel et al., 2012). (라스베이거스 또는 뉴타운에서 발생했던 비극의 저격범과 같은 대량 살인범이 치료자에게 그가 한바탕 살인을 저지르고 다니려는 의도에 대해 미리 이야기했다고 상상해보자.)

심리치료자들의 또 다른 윤리적 요건은 **사전 동의**(informed consent)를 얻는 것이다. 사전 동의는 치료자가 내담자에게 치료 과정에 대해 교육한 후 치료를 진행하는 것을 내담자가 허락하는 것이다. 여러분이 이 심리학 과정을 수강하면서, 연구에 참여할 수 있는 기회가 있을 수 있으며, 그렇다면 연구가 시작되기 전에 사전 동의서 양식을 읽을 것이다. 이 양식은 연구에 수반되는 내용에 대한 설명을 제공하고 진행 또는 철회 옵션을 제공한다. 이 과정은 심리치료와 매우 유사하지만, 다른 방법을 포함할 수 있다. 예를 들면 심리치료에 대한 사전 동의에는 흔히 서면 양식과 구두 논의가 모두 포함된다. 이 논의는 내담자에게 치료 과정에 관한 질문에 대한 답변을 받을 수 있는 기회를 제공하고, 또한 치료자에게 내담자가 어떤 치료를 포함할 수 있는지 진정으로 이해하도록 함으로써 내담자와 치료적 동맹을 형성할 수 있는 기회를 제공한다(Murphy & Pomerantz, 2016; Pomerantz, 2012, 2015, 2017; Pomerantz & Handelsman, 2004). 또한, 치료에 대한 사전 동의는 흔히 일회성 사건보다 지속적인 과정에 가깝다. 연구자들은 일반적으로 실험에 참여할 내용이 무엇인지 정확히 알고 있지만, 치료자들은 항상 그런 예측을 할 수는 없다. 그들은 처음에 치료가 얼마나 오래 지속될 것인지, 정확히 어떤 기법이 포함될 수 있는지, 또는 모든 목표가 무엇인지 알지 못한다. 따라서, 심리치료자들은 흔히 처음에 가능한 많은 정보를 제공한 다음, 그리고 나서 내담자와 내담자의 문제를 더 자세하게 알 수 있게 되면서 더 많이 제공한다(Pomerantz, 2005).

심리치료자는 흔히 광범위한 진단 및 치료 기법의 전문가지만, 어느 누구도 모든 것에 전문가가 아니다. 그러므로 그들은 **역량 경계**(boundaries of competence) 내에서 머무를 윤리적 의무가 있다. 역량 경계는 치료자의 전문성과 역량의 한계이다. 단지 특정 학위 또는 전문 면허를 가지고 있다고 해서, 심리치료자가 가능한 모든 유형의 내담자에게 모든 서비스를 제공할 수 있는 것은 아니다. 치료자는 자신의 한계를 알고, 필요한 경우 내담자를 의뢰할 수 있는 다양한 전문 분야의 다른 정신 건강 전문가를 알고 있어야 한다(Nagy, 2012; Salter & Salter, 2012; Spotts-De Lazzer & Muhlheim, 2016).

예를 들어 아동을 대상으로 한 임상 업무를 전문으로 하는 박사 과정에서 훈련한 임상심리학자인 바튼 박사(Dr. Barton)는 경계성 성격장애 증상으로 힘들어하는 47세 남성인 라이언(Ryan)으로부터 전화를 받는다. 바튼 박사는 면허가 있는 임상심리학자이기 때문에 누구나 치료할 수 있다고 생각하는 것은 윤리적인 실수일 수 있다. 실제로 라이언의 치료는 그녀의 역량 경계를 벗어난다. 물론, 바튼 박사는 학위를 넘어서 추가 트레이닝을 받을 수 있지만, 그렇게 할 때까지 그녀는 자신이 라이언에게 자격을 갖춘 치료자가 아니라는 사실을 인정하고 그를 다른 사람에게 의뢰해야 한다.

심리치료자들이 직면하는 특히 위험한 윤리 문제는 **다중관계**(multiple relationship)이다. 다중관계는 치료자가 동일한 사람과 전문적인 관계와 비전

사전 동의
치료자가 내담자에게 치료 과정에 대해 교육한 후 치료를 진행하는 것을 내담자가 허락하는 것

역량 경계
치료자의 전문성과 능력의 한계

다중관계
치료자가 동일한 사람과 전문적인 관계와 비전문적인 관계를 갖는 상황

Katarzyna Bialasiewicz/Getty Images

어느 치료자도 모든 것에 전문가일 수 없다. 따라서 치료자는 치료자의 전문성과 능력의 한계인 자신의 역량 경계 내에서 윤리적 의무를 져야 한다. 예를 들어 치료자는 적절한 훈련과 경험 없이 아동들과 함께 일해서는 안 된다.

원격심리학
인터넷을 통한 기술장치를 통해 이루어지는 심리치료

문적인 관계를 갖는 상황이다. 다중관계의 비전문적인 부분은 성적인 상호작용, 성과 무관한 우정, 또는 사업 제휴가 포함될 수 있다(Anderson & Kitchener, 1996; Cohen-Filipic, 2015; Sommers-Flanagan, 2012; Zur, 2007, 2017). 모든 다중관계가 다 비윤리적인 것은 아니다. 예를 들어 모든 사람이 모든 사람을 아는 작은 마을에서는 다중관계를 피할 수 없다(Barnett, 2017; Johnson & Johnson, 2017; Juntunen et al., 2018; Schank et al., 2010; Werth et al., 2010). 그러나 많은 경우, 특히 내담자를 착취하거나 유능하고 객관적인 역할을 하는 치료자의 능력을 손상시킬 수 있는 가능성이 있는 경우, 다중관계는 명확하게 비윤리적이다(Gutheil & Brodsky, 2008; Schank et al., 2003; Zur, 2009). 성적 다중관계는 다른 많은 유형과 마찬가지로 항상 이 범주에 속하며, 이를 완전히 피하는 것은 치료자의 책임이다. 불행히도 언론은 종종 치료자들이 내담자와 자거나, 내담자와 친구가 되거나, 또는 내담자의 비즈니스 활동에 참여하는 것과 같은 다중관계를 맺는 모습을 묘사했다. 영화와 TV쇼는 내담자에게 평범하거나 도움이 되는 다중관계를 묘사할 수 있지만, 현실 사회에서는 내담자의 안녕에 심각한 위험을 초래할 수 있으며 다중관계는 절대로 유능한 전문가들에 의한 일반적인 치료의 일부가 아니다(Pope, 1994; Sonne, 2012).

학습 확인

14.18 심리치료에 비밀 유지가 중요한 이유는 무엇이며, 심리치료자들은 어떤 상황에서 그것을 깰 수 있는가?

14.19 사전 동의란 무엇이며 심리치료에 중요한 이유는 무엇인가?

14.20 심리치료자들이 역량 경계를 벗어나지 않는 것이 왜 중요한가?

14.21 다중관계가 심리치료 내담자에게 어떻게 해로울 수 있는가?

원격심리학 : 현대 기술을 통한 심리치료

전통적인, 대면의, 내담하는 심리치료는 이제 빠르게 성장하는 상대를 가지고 있다. 바로 **원격심리학**(telepsychology), 즉 인터넷을 통한 기술장치를 통해 이루어지는 심리치료이다. 원격심리학은 화상회의(스카이프와 같은), 이메일 또는 앱 기반의 상호작용을 포함하여 다양한 형태를 취할 수 있다. 원격심리학은 또한 컴퓨터, 태블릿 또는 스마트폰을 통해서도 가능하다(Andersson, 2015, 2016; Barnett, 2018; Campbell & Norcross, 2018; Dimeff et al., 2011; Eonta et al., 2011; Larson, 2018; Marks & Cavanagh, 2009; Riper & Cuijpers, 2016). 원격심리학은 부인할 수 없는 몇 가지 장점이 있다(Maheu et al., 2005). 예를 들면 해당 문제를 전문으로 하는 심리치료자로부터 멀리 떨어져 있는 사람들이 필요한 도움을 받을 수 있다. 또한 광장공포증, 심각한 사회공포증, 또는 쇠약해진 우울증을 포함하여 치료자 진료실에 가기 위해 집을 나서는 것을 못하게 하는 장애가 있는 소수의 사람들에게 치료를 제공한다(Kraus, 2004; Luxton et al., 2016; Nelson & Bui, 2010).

원격심리학은 또한 상당한 한계점을 가지고 있다(Barnett & Kolmes, 2016; Fisher & Fried, 2003; Glueckauf et al., 2018; Koocher, 2009; Lustgarten & Elhai, 2018; Naglieri et al., 2004). 예를 들어 인터넷에서 자신의 신분을 위장할 수 있는 능력은 사기꾼들이 합법적으로 훈련된 치료자로 자신을 보여줄 수 있게 한다. 원격심리학 전문가가 합법적인 경우에도, 컴퓨터 기술 관련 문제가 발생했을 때 이를 처리하고 암호화 또는 유사한 방법을 사용하여 비밀 보장을 할 수 있을 만큼 충분히 전문적이어야 한다(Barnwell et al., 2018; Poole & Crow, 2018). 아무런 결함이 없어도, 원격심리학은 여전히 비언어적 의사소통을 이해한다는 측면에서 직접 방문하는 것에 상대될 수가 없

학습 목표

14.22 원격심리학의 정의
14.23 원격심리학의 장단점
14.24 가상현실 노출치료

Sandy Huffaker/The New York Times/Redux Pictures

치료자와의 화상 회의는 인터넷을 통한 기술장치를 통해 이루어지는 심리치료이며, 점점 인기가 있는 원격심리학의 여러 형태 중 하나이다.

다(Rummell & Joyce, 2010). 특히 치료가 서면 형태(이메일 또는 문자)로 진행되는 경우, 치료자 또는 내담자가 서로의 어조나 감정 상태를 오해하기 쉽다. (그렇기 때문에 이메일이나 문자 메시지를 보낼 때 이모티콘이나 이모지를 자주 사용하지만 간혹 그 비결이 통하지 않는 경우가 있다.)

최근의 많은 연구에 따르면 전통적인 치료와 원격심리학을 통한 치료들은 동일한 진단에 똑같이 효과가 있다는 것이 밝혀졌다(Berryhill et al., 2018; Varker et al., 2018). 일례로, 연구자들은 소아의 불안장애의 경우 원격심리학을 통한 치료가 대면치료만큼 효과적이라는 것을 발견했다(Spence et al., 2011). 다른 연구자들은 성인의 불안장애에 대한 원격심리학에서도 같은 결과를 발견했다(Reger & Gahm, 2009). 긍정적인 평가를 받은 원격심리학의 특정 형태는 **가상현실 노출치료**(virtual reality exposure therapy)이다. 가상현실 노출치료는 내담자가 전자적 수단을 사용하여 불안을 유발하는 상황의 시뮬레이션을 경험하는 노출치료의 한 형태이다. 가상현실 노출치료를 설명하는 가장 좋은 방법은 이를 내담자가 점차 그들이 두려워하는 것에 직면하도록 돕기 위한 특정 목표를 가지고 만든 비디오 게임과 비교하는 것이다. 예를 들어 거미 공포증이 있는 내담자는 거리가 줄어들면서 가상 3D 거미를 볼 수 있다. 뇌우를 두려워하는 어린이는 강도가 높아지면서 가상 폭풍을 보고 들을 수 있다. 외상후 스트레스장애(PTSD)를 가진 퇴역 군인은 불안의 원인이 될 수 있는 회상장면(flashback)의 힘이 사라질 때까지 외상의 가상 기억을 점점 더 강렬하게 경험할 수 있다. 가상현실 노출치료에 대한 다수의 초기 연구는 긍정적인 효과를 보여주었다(Carl et al., 2019; Gerardi et al., 2008; Powers & Rothbaum, 2019; Reger et al., 2011). 가상현실 노출치료와 기술에 의존하는 다른 형태의 치료가 미래의 심리치료에서 어떤 역할을 하는지를 보는 것은 흥미로울 것이다.

가상현실 노출치료
내담자가 전자적 수단을 사용하여 불안을 유발하는 상황의 시뮬레이션을 경험하는 노출치료의 한 형태

학습 확인

14.22 원격심리학은 직접 대면 치료와 어떻게 다른가?

14.23 원격심리학의 장단점은 무엇인가?

14.24 가상현실 노출치료란 무엇인가?

생의학 치료

학습 목표

14.25 누가 정신과 약물을 처방하는가?

14.26 항정신성 약물

14.27 항불안제

14.28 항우울제

14.29 기분안정제

14.30 뇌자극법과 정신외과술

심리치료 이외에도, 생의학 치료는 뇌의 생명 활동을 직접 변경하여 심리장애를 치료하는 데 자주 사용된다. **약물치료**(drug therapy)는 지금까지 가장 일반적인 형태의 생의학 치료지만, 다른 치료에는 **정신수술**(psychosurgery) 및 전기 또는 자기 적 형태의 **뇌 자극**(brain stimulation)이 포함된다.

 심리학자가 약을 처방할 수 있나요?

최근 몇 년간 일부 심리학자들은 약물 처방 특권을 얻으려고 노력했지만, 몇 개 안 되는 일부 주에서만 성공했다. 일부 성공한 주에서도, 처방 심리학자는 매우 드물다(Burns et al., 2008; DeAngelis, 2017; DeLeon et al., 2011; Linda & McGrath, 2017; McGrath, 2010; Tryon, 2008). 따라서 일반적으로 심리학자들은 약물을 처방하지 않는다. 정신과 의사(psychiatrists)가 처방한다. 그

들은 의사로 훈련을 받았으며, 정신장애에 대한 그들의 접근법은 뇌의 생물학적 기형을 강조한다. 다른 의사들(가정의, 소아과 의사, 산부인과 의사 등)도 심리적 문제에 대한 약을 처방한다. 실제로, 그림 14.6에 묘사되었듯이, 이러한 비정신과 의사는 정신과 의사보다 정신과 약물에 대해 더 많은 처방전을 작성한다. 심리학자들은 종종 이 처방 의사들과 협력하여 그들의 내담자들에게 종합적인 치료를 제공한다(Ruddy et al., 2008).

약물치료

정신약물학(psychopharmacology)은 약물로 정신장애를 치료하는 것이다. 흔히 그러한 약물을 투여받는 내담자들도 심리치료를 받고 있으며, 일부 연구에 따르면 이 조합이 약물이나 치료법만 단독으로 하는 것보다 더 나은 것으로 나타났다. 약물치료는 심리적 증상을 줄이는 데 특히 도움이 될 수 있다. 그러나 약물치료가 중단된 후 증상이 자주 다시 나타난다. 특히 내담자가 그 증상에 기여한 근본적인 문제를 해결하지 못한 경우에 그렇다(Sammons, 2016). 그림 14.7에서 보여주듯이, 심리장애를 치료하는 데 사용되는 다음과 같은 4개의 주요 약물 유형이 있다―항정신성 약물(antipsychotic), 항불안제(antianxiety), 항우울제(antidepressant) 및 기분안정제(mood-stabilizing).

항정신성 약물 항정신성 약물(antipsychotic drug)은 망상, 환각 및 기괴한 행동과 같은 정신증적 증상을 줄이기 위해 사용되는 약물이다. 항정신성 약물의 일반적인 브랜드 이름에는 리스페달(Risperdal), 자이프렉사(Zyprexa), 아빌리파이(Abilify) 및 할돌(Haldol)이 있다. 이 약물은 주로 조현병이 있는 내담자에게 처방되지만, 현실과 연결이 끊기는 증상을 가진 다른 장애가 있는 내담자에게도 도움이 될 수 있다. 이 약물은 주로 뇌의 도파민 수치에 영향을 미친다. 대부분의 항정신성 약물은 도파민 수치를 낮추지만, 최근에 도입된 일부 항정신성 약물은 실제로 도파민 수치를 올려서 연구자들이 이 결과를 여전히 설명하려고 노력하고 있다(Kutscher, 2008). 일부 항정신성 약물

그림 14.6 정신과 약물을 처방하는 사람은 누구인가? 정신과 약물 처방의 대부분은 심리치료자가 아니라, 환자가 가장 자주 보는 '일선'의 의사에 의해 작성된다―일반 개업의, 산부인과 의사, 소아과 의사 및 흔히 의사들 사무실에서 일하는 간호사와 조수. 출처 : Mark et al. (2009). 주 : 이 자료는 2006년 8월부터 2007년 7월까지 미국 처방사들로부터 수집한 것이다.

정신약물학
약물로 정신장애를 치료하는 것

항정신성 약물
망상, 환각 및 기괴한 행동과 같은 정신병적 증상을 줄이기 위해 사용되는 약물

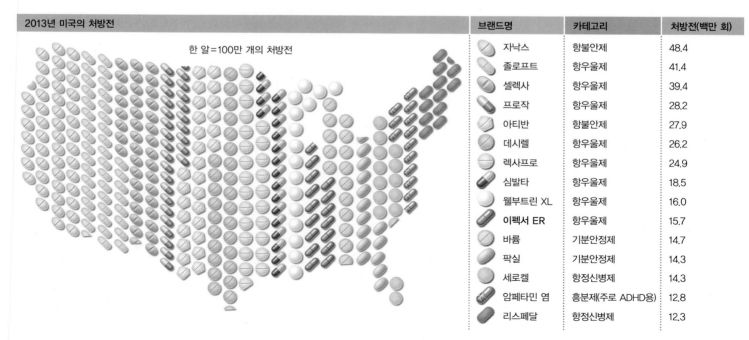

2013년 미국의 처방전		브랜드명	카테고리	처방전(백만 회)
한 알＝100만 개의 처방전		자낙스	항불안제	48.4
		졸로프트	항우울제	41.4
		셀렉사	항우울제	39.4
		프로작	항우울제	28.2
		아티반	항불안제	27.9
		데시렐	항우울제	26.2
		렉사프로	항우울제	24.9
		심발타	항우울제	18.5
		웰부트린 XL	항우울제	16.0
		이펙서 ER	항우울제	15.7
		바륨	기분안정제	14.7
		팍실	기분안정제	14.3
		세로켈	항정신병제	14.3
		암페타민 염	흥분제(주로 ADHD용)	12.8
		리스페달	항정신병제	12.3

그림 14.7 일반적으로 처방된 정신과 약물 정신과 약물, 특히 항불안제와 항우울제는 미국에서 매년 수백만 번 처방된다.
출처 : Grohol(2013).

은 세로토닌 수치에도 영향을 미친다(Sharif et al., 2007).

1950년대에 최초의 항정신성 약물이 발견되었을 때, 조현병으로 인하여 그들의 전 생애가 쇠약해진 많은 사람들의 삶을 변화시켰다. 이런 항정신성 약물이 조현병이 있는 사람들이 자신의 삶을 관리하기에 충분한 기능을 할 수 있게 하면서, 미국의 정신병원 인구가 급격히 감소했다. 다음을 생각해보자―1955년에서 2006년까지, 미국 인구가 1억 6,600만 명에서 거의 3억 명으로 거의 2배가 되었을 때, 공공 정신병원에 있는 사람들의 수가 558,000명에서 40,000명으로 크게 감소했다 (Torrey, 2008). 이 '퇴원한(deinstitutionalized)' 사람들 중 많은 사람들이 스스로 살면서 일자리를 구하고 의미 있는 관계를 형성했다. 오늘날 항정신성 약물은 이러한 모든 이유로 조현병 치료제로 남아 있다(Abbas & Lieberman, 2015; Castle & Buckley, 2008; Lally & MacCabe, 2015; Sajatovic et al., 2008).

항정신성 약물은 그들의 긍정적인 면에도 불구하고 상당한 단점도 있다. 예를 들면 항정신성 약물은 조현병이 있는 모든 사람을 돕지 않는다. 연구자들은 항정신성 약물로 치료받은 사람들 중 절반만이 현저히 개선되는 것으로 추정했다(Hegarty et al., 1994; Hopper et al., 2007). 약물의 혜택을 받은 사람들의 경우, 개선은 종종 조현병의 양성 증상으로 제한되며, 사회적 위축과 같은 덜 명백한 음성 증상은 영향을 받지 않는다. 항정신성 약물의 부작용은 종종 매우 심각하다(Kingdon and Turkington, 2005). 예를 들어 초기 항정신성 약물은 중추 신경계가 신체 운동을 조정하는 방식을 방해한다. 그 결과, 이러한 약물을 복용하는 사람들은 종종 다리와 발에 불수의 불안 동작, 파킨슨병과 유사한 떨림, 입, 얼굴, 몸통 또는 사지의 경련, 반복적 움직임을 포함한 상태인 지연성운동장애가 있다(Dolder, 2008; Stroup et al., 2006). 새로운 세대의 항정신성 약물은 이러한 동작 관련 부작용을 어느 정도 줄였지만, 새로운 세대의 항정신성 약물은 (1세대와 같이) 종종 체중 증가(그리고 당뇨병 및 심장병과 같은 건강 위험)를 유발할 뿐만 아니라 위험한 콜레스테롤 수치를 초래한다(Lehman et al., 2004; Lieberman et al., 2005). 이러한 부작용으로 인하여, 항정신성 약물을 처방받은 많은 사람들이 약을 복용하지 않는 것은 놀라운 일이 아니다. 일부 연구에 따르면, 항정신성 약물 사용 내담자의 40~50%가 약을 중단하라는 지시를 받기 전에 약 복용을 중단하는 것으로 나타났다(Garcia et al., 2016; Taylor, 2006).

항불안제 항불안제(antianxiety drug)는 불안 증상을 줄이기 위해 사용되는 약물이다. 일반적인 브랜드 이름에는 자낙스(Xanax), 아티반(Ativan) 및 바륨(Valium)이 있다. 초기에는 이 범주의 약물은 침착한 또는 편안한이란 뜻의 평온(tranquil)이라는 단어에서 온 **진정제(신경안정제)**(tranquilizers)라고 불렸다. 항불안제는 벤조디아제핀(benzodiazepines)으로, 중추 신경계에 즉각적인 진정 효과를 나타낸다. 따라서, 항불안제는 불안을 다소 빠르게 완화시키는 경향이 있으며, 일반적인 불안장애, 사회공포증 및 공황장애와 같은 불안장애의 치료에 흔히 성공적으로 사용된다 (Bandelow & Baldwin, 2010; Blanco et al., 2010; Kimmel et al., 2015; Ledley et al., 2008; Pollack & Simon, 2009; Van Ameringen et al., 2009).

항불안제와 관련된 특별한 위험은 신체적·심리적 중독이다. 실제로, 많은 사람들이 항불안제를 오랫동안 복용한 후 중단했을 때 불면증과 신체 질병 같은 금단 증상을 경험했다. 항불안제도 황홀경을 만들기 위하여 남용될 수 있다.

항불안제는 불안 증상이 있는 사람들에게 처방되는 유일한 유형의 약물이 아니다. 비록 그 이름이 다른 것을 암시할 수도 있지만, 항우울제는 실제로 불안치료에 있어서 항불안제보다 훨씬 흔하

항불안제
불안 증상을 줄이기 위해 사용되는 약물

다. 불안 증상이 있는 사람들을 위한 항우울제의 성공은 우울증과 불안 사이의 중복을 강조하며, 두 가지 문제는 생물학적으로 거의 구별할 수 없음을 나타낸다.

항우울제   항우울제(antidepressant drug)는 우울증 증상을 줄이기 위해 사용되는 약물이며 때로는 불안 증상을 줄이는 데도 효과적이다. 일반적인 브랜드 이름으로는 프로작(Prozac), 팍실(Paxil), 졸로프트(Zoloft), 이펙서(Effexor), 렉사프로(Lexapro), 셀렉사(Celexa), 심발타(Cymbalta), 웰부트린(Wellbutrin) 및 엘라빌(Elavil)이 있다. 항우울제는 우울증 진단을 받은 사람들의 뇌에서 활동이 적은 세로토닌 또는 노르에피네프린의 활동을 증가시켜 기분을 개선한다.

처음에 가장 널리 사용되었던 항우울제는 MAOI(모노아민 산화효소 억제제)에 이어 TCA(삼환계 항우울제)가 있었다. 둘 다 우울증 증상을 어느 정도 성공적으로 치료했지만, 부작용은 심각한 문제였다. MAOI는 특정한 일반 음식, 음료 및 기타 약물과 심각한 상호작용을 한다. TCA는 심장 불규칙성을 유발할 수 있으며 과다 복용 시 상당히 독성이 강할 수 있다(Denko & Thase, 2006; Potter et al., 2006). 1980년대 말과 1990년대 초에, SSRI(선택적 세로토닌 재흡수 억제제)는 미국 시장에 진출해 MAOI와 TCA보다 부작용이 훨씬 적게 우울증 증상을 줄였다. 대규모 소비자에게 직접 하는 광고 캠페인의 도움으로 SSRI(프로작, 팍실 및 졸로프트 포함)는 엄청난 인기를 얻고 있다(Barber, 2008; Nemeroff & Schatzberg, 2007).

SSRI의 인기에도 불구하고, SSRI는 논란의 여지가 남아 있다(Shelton & Lester, 2006). 일부 연구자들은 위약 효과 이상으로 우울증 증상을 줄이는 데 도움이 되는 SSRI의 실제 능력이나 이 약물의 진정한 활성 성분보다는 개선에 대한 기대에 의해 발생하는 이점에 대해 심각한 의문을 갖고 있다(Hammen & Watkins, 2008; Sammons, 2016). 예를 들어 Gitlin(2009)은 항우울제 복용 환자의 60~65%만이 긍정적인 반응을 보였으며, 25~40%만이 우울증에서 완전히 회복된다고 주장한다. SSRI는 MAOI 또는 TCA보다 확실히 부작용이 적지만, 자살 생각의 증가, 미성년자의 자해, 체중 증가 및 성적욕구 행위 문제 등을 포함하여 상당히 심각한 부작용을 여전히 초래할 수 있다(Kaslow et al., 2009). 이러한 불확실한 성공률과 잠재적으로 심각한 부작용을 감안할 때, 일부 연구에 따르면, 40%의 사람들이 한 달 안에 약 복용을 중단하고 75%가 3개월 이내에 복용을 중단하는 것을 이해할 수 있다(Ho et al., 2016; Olfson et al., 2006).

기분안정제   기분안정제(mood-stabilizing drug)는 양극성장애의 극심한 감정 기복을 줄이기 위해 사용되는 약물이다. 리튬(Lithium)은 지금까지 가장 일반적인 기분안정제이며, 약 반세기 동안 사용되었다. 리튬은 나트륨 뉴런(sodium neuron)에 영향을 미치는 염분 기반 물질이다. 리튬은 양극성장애를 가진 사람들이 장애의 모든 단계에서 기분 스펙트럼(mood spectrum)의 중간에 더 가까이 머무르도록 도와준다(Keck & McElroy, 2006; Ketter & Wang, 2010). 양극성장애가 있는 사람들은 종종 우울증 삽화 상태에 항우울제와 조증 삽화 상태에 항정신성 약물을 포함하여 리튬에 추가로 다른 약물을 복용한다(Keck & McElroy, 2007; Sachs, 2004; Strakowski & Shelton, 2006).

리튬은 체중 증가, 진정, 손떨림 및 극심한 갈증을 포함한 여러 부작용이 있다 (Miklowitz, 2009; Miklowitz & Johnson, 2008). 간질과 같은 발작장애를 치료하는 데 더 자주 사용되는 항경련제를 사용하여 양극성장애가 있는 사람들을 치료할 수 있다(Muzina & Calabrese, 2006).

뇌자극법과 정신외과술
심리치료와 약물치료가 치료 노력으로 반복적으로 실패한 경우에 더 과감하고 논쟁의 여지가 있

항우울제
우울증 증상을 줄이기 위해 사용되는 약물(때로는 불안 증상을 줄이는 데도 효과적임)

기분안정제
양극성장애의 극심한 감정 기복을 줄이기 위해 사용되는 약물

전기충격치료(ECT)
전류가 내담자의 뇌를 통과하는, 중증장애에 대한 생의학 치료

경두개 자기자극(TMS)
약한 전류가 사람의 머리 바로 바깥에서 패들 모양의 자기 코일을 통해 반복적으로 진동을 주는 우울증 치료

는 옵션을 사용할 수 있다. 이러한 옵션 중 하나는 **전기충격치료**(electroconvulsive therapy, ECT) 이다. ECT는 전류(electric current)가 내담자의 뇌를 통과하는 중증장애에 대한 생의학 치료이다 (그림 14.8). 환자가 병상에 누워 있을 때 환자의 머리에 부착된 전극을 통해 전류가 전달되어 발작이나 경련을 일으킨다. ECT는 주로 중증 우울증에 사용되지만 중증 조현병 및 기타 다른 증상에도 사용되어 왔다(Carney et al., 2003; Fink, 2009; Gevirtz et al., 2016).

현대 ECT는 초기 버전만큼 잔인하지 않다(Shorter & Healy, 2007). ECT가 시작된 1930년대에는 환자는 마취도 받지 못하고, 발작이나 경련(뼈가 부러지거나 혀를 문 경우 등)으로 인한 부상으로부터 보호받지 못하며, 때로는 과도한 전압의 전기충격을 받았다. 1975년에 〈뻐꾸기 둥지 위로 날아간 새(One Flew Over the Cuckoo's Nest)〉(작품상을 포함하여 5개의 아카데미 상을 수상한 영화)는 다소 무정한 정신병원 직원이 ECT를 잭 니콜슨이 연기한 맥머피에게 진행했을 때 ECT의 가혹한 이미지를 대중화했다(Abrams, 2002; Kneeland & Warren, 2002). 오늘날, ECT를 받는 모든 환자는 뇌에 전기를 공급하기 전에 훨씬 더 안전하게 보호된다. 이제 환자들은 마취, 근육이완제(상해를 유발할 수 있는 전신 발작의 극단을 감소시키기 위해), 그리고 의료진 전체의 관심을 받는다 (Fink, 2001, 2009).

ECT는 우울증과 조현병의 중증 증상 완화 측면에서 오히려 효과가 있는 것으로 보인다. 지속적인 치료와 약물치료에도 불구하고 완전히 쇠약해지거나 자살충동이 있는 내담자에게는 기적적으로 보일 수 있다(Pinna et al., 2018). 그러나, 연구자들은 왜 이런 일이 발생하는지 잘 알지 못한다(Carney et al., 2003; Kellner, 2019; Nobler & Sackeim, 2006). 연구자들은 전기충격이 발작이나 경련을 유발한다는 것을 알고 있지만, 발작이나 경련과 그 이후의 기분이나 전반적인 기능 개선 사이에 결정적인 연결고리를 만들 수는 없다(McClintock et al., 2008). ECT의 다른 단점은 짧은 기간의 개선(개선된 많은 환자들은 몇 주나 몇 달 후에 재발됨) 및 일부 기간에 대한 기억상실(일부의 경우에 몇 주 또는 몇 달)을 포함한다(Fink, 2009; Kneeland & Warren, 2002). ECT는 여전히 논쟁의 여지가 있는 치료법으로 남아 있다(Andre, 2009; Breggin, 2008; Sadowsky, 2016).

최근에 ECT에 대한 대안들이 등장했다. 그 대안들은 대체로 ECT 고유의 발작과 경련이 없기 때문에 일부 사람들에게는 불쾌감을 덜 주는 형태로 다른 종류의 뇌 자극을 제공한다(Abrams, 2002; Shorter & Healy, 2007). 그 대안들에는 **경두개 자기자극**(transcranial magnetic stimulation, TMS)이 포함된다. TMS는 약한 전류가 사람의 머리 바로 바깥에서 패들 모양의 자기 코일(magnetic coil)을 통해 반복적으로 진동을 주는 우울증 치료법이다(그림 14.9). (코일의 정확한 위치는 내담자의 증상에 따라 다르며 연구자들이 아직도 탐색하고 있다.) TMS는 비침습적이다. 통증, 기억상실 또는 ECT에서 흔히 발생하는 다른 부작용을 일으키지 않으며, 일부 연구에 따르면 심한 우울증 증상을 완화할 수 있다고 제안한다(Fink, 2009; McClintock et al.,

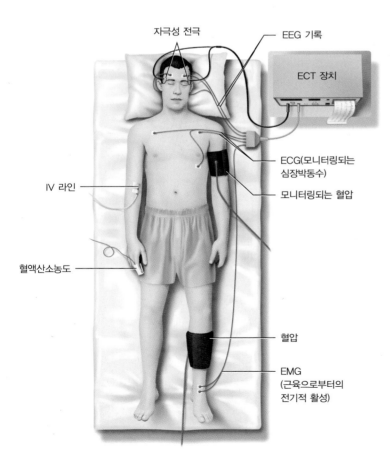

그림 14.8 전기충격치료 전기충격치료(ECT)는 전류가 내담자의 뇌를 통과하는 중증장애에 대한 생의학 치료이다.

자극성 전극
EEG 기록
ECT 장치
IV 라인
ECG(모니터링되는 심장박동수)
모니터링되는 혈압
혈액산소농도
혈압
EMG (근육으로부터의 전기적 활성)

2018). ECT와 마찬가지로, TMS의 효과에 대해서는 완전히 명확하지 않다.

두 가지 추가 뇌 자극 치료로, 뇌심부자극술(deep brain stimulation, DBS) 및 미주신경자극수술(vagal nerve stimulation, VNS)은 모두 신체 내에 전기를 전달하는 외과적으로 이식된 장치를 포함한다. DBS에서, 와이어는 뇌 깊숙이 외과적으로 이식되고 쇄골 근처에 외과적으로 이식된 장치에 연결되어 정기적으로 전기충격을 보낸다. VNS에서, 미주신경에 외과적으로 이식된 장치는 뇌에 전기 에너지를 전달한다. 이식된 심박조율기(pacemaker)가 전하로 심장을 자극하는 것과 마찬가지로, VNS 장치는 목을 통해 뇌간으로 흐르는 미주신경에 동일하게 작동한다(George et al., 2006; Nobler & Sackeim, 2006).

DBS 및 VNS와 같은 치료에는 뇌에 연결된 장치를 외과적으로 이식하는 것이 포함된다. 이러한 치료는 외과의가 직접 뇌에 접근하여 뇌를 변화시키는 것을 포함하지 않는다. 이러한 종류의 개입은 **정신외과술**(psychosurgery)로 알려져 있다. 정신수술은 심각한 심리장애를 개선하기 위해 뇌에서 직접 집행하는 수술이다. 많은 정신수술에서, 외과의는 의도적으로 뇌의 특정 부분을 제거하거나 비활성화한다.

정신수술의 원래 형태 중 하나는 **뇌전두엽 절제술**(lobotomy)이었다. 뇌전두엽 절제술은 감정을 제어하는 뇌의 내부 영역에서 전전두엽(prefrontal lobes)을 분리하는 정신수술이다. 뇌전두엽 절제술은 기분이나 폭력적인 행동이 너무 무질서해 자신이나 다른 사람들에게 심각한 위협이 된 환자에 대해 1930년대에 시작되었다(Andre, 2009). 뇌전두엽 절제술 결과는 어떤 경우에는 긍정적으로 여겨졌지만, 다른 많은 경우에는 의심할 여지없이 부정적인 결과를 낳았다. 일부 뇌전두엽 절제술 환자는 수술에서 전혀 생존하지 못했다. 생존자들 사이에서 나온 변화는 사람을 느리고, 우둔하고, 의존적이고, 어떤 경우에는 감정이 없고 반응이 없게 만드는 심각하고 영구적인 성격 변화를 포함한다. 1960년대에 와서, 이처럼 끔찍한 부작용뿐만 아니라 증상을 덜 위험하게 조절할 수 있는 약물이 발견되어 뇌전두엽 절제술은 중단되었다(Braslow, 1997). 오늘날, 모든 종류의 정신수술은 극히 드물며 다른 모든 치료가 실패했을 때 최후의 치료법으로만 사용된다.

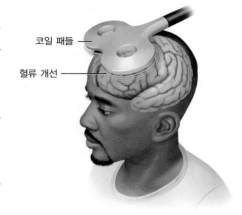

코일 패들

혈류 개선

그림 14.9 경두개 자기자극 경두개 자기자극은 약한 전류가 사람의 머리 바로 바깥에서 패들 모양의 자기 코일을 통해 반복적으로 진동을 주는 우울증 치료법이다.

정신외과술
심각한 심리장애를 개선하기 위해 뇌에서 직접 집행하는 수술

뇌전두엽 절제술
감정을 제어하는 뇌의 내부 영역에서 전두전엽을 분리하는 정신수술

학습 확인

14.25 정신과 약물은 누가 처방하는가?

14.26 항정신성 약물이란 무엇이며 장점과 단점은 무엇인가?

14.27 항불안제란 무엇이며 장점과 단점은 무엇인가?

14.28 항우울제란 무엇이며 장점과 단점은 무엇인가?

14.29 기분안정제란 무엇이며 장점과 단점은 무엇인가?

14.30 전기충격치료(ECT), 경두개 자기자극(TMS) 및 정신수술은 무엇이며 각각 언제 사용될 수 있는가?

요약

심리장애 치료의 역사

14.1 수 세기 전에, 심리장애를 가진 사람들은 종종 악령들에 홀린 것으로 여겨졌으며 환자의 두개골에 사혈이나 구멍을 뚫는 것과 같은 야만적인 개입으로 치료를 받았다.

14.2 심리장애의 치료는 1700년대 후반에 더욱 인간적으로 되면서 정신질환자에 대한 태도가 회피와 처벌에서 동정심과 존중으로 바뀌었다.

14.3 심리치료는 사람이 심리장애를 극복하거나 정서적 · 인지적 또는 행동적 기능의 일부 측면을 개선하도록 돕기 위해 정신 건강 전문가가 사용하는 기법을 포함한다. 생의학 치료는 뇌의 생명 활동을 직접 변화시켜 심리문제를 치료하는 약물치료 및 의학적 절차를 포함한다.

개인 내담자를 위한 심리치료

14.4 심리치료 내담자는 모든 배경을 갖고 있으며, 미국인의 약 절반이 일생 동안 어떤 형태의 심리치료를 받게 된다.

14.5 정신역동치료의 주요 목표는 통찰을 얻게 되는 과정을 통해 무의식을 의식하게 만드는 것이다. 정신역동치료자는 자유 연상, 꿈 분석, 내담자의 저항에 대한 작업 및 내담자의 전이에 대한 작업을 포함한 다양한 기법을 사용한다.

14.6 인간중심치료에서는 치료자–내담자 관계가 특히 중요하다. 인간중심치료자는 비지시적 치료를 진행하고 모든 사람에게 존재하는 건강한 성장 성향을 강조한다. 인간중심 치료의 세 가지 필수 특성은 공감, 무조건적인 긍정적 존중 및 진실성이다.

14.7 행동치료는 외형의 행동을 변화시키기 위해 조작적 조건형성과 고전적 조건형성을 적용하는 것이다. 행동치료자는 노출치료(고전적 조건형성에 기반을 둔 기법)와 토큰 경제(조작적 조건형성에 기반을 둔 기법)를 사용한다.

14.8 인지치료는 치료자들이 내담자가 생활사건에 대해 생각하는 방식을 바꾸도록 도와주는 심리치료 접근법이다. 인지치료의 ABCDE 모델에서, 치료자는 내담자가 비논리적 사고를 파악하고 그 비논리적 사고를 보다 논리적인 사고로 대체하는 것을 도와준다. 인지치료자는 내담자에게 실무율적 사고, 과잉일반화, 파국화, 정신적 여과 및 개인화와 같은 인지 왜곡을 인식하도록 가르친다.

14.9 절충적 치료 접근법에서, 치료자는 유사한 내담자에 대한 연구의 증거에 근거하여 특정 내담자에 대한 최상의 치료를 선택한다. 통합적 치료 접근법에서, 치료자는 다른 치료적 기법을 혼합하여 새로운 형태의 심리치료를 만든다.

집단 및 가족을 위한 심리치료

14.10 집단치료는 내담자 집단으로 진행되고 대인 간 상호작용에 중점을 둔 심리치료이다.

14.11 가족치료는 가족 시스템의 기능을 개선하여 개인 구성원의 문제를 개선하는 것을 목표로 하는 심리치료이다.

심리치료는 얼마나 효과가 있는가

14.12 심리치료가 얼마나 효과가 있는지 결정하기 위하여, 연구자들은 질문 대상(내담자, 치료자 또는 외부 관찰자), 질문 시기(치료 중, 치료가 끝나고 바로 또는 한참 후), 질문 방법(설문지, 인터뷰 또는 다른 방법)을 다르게 하였다.

14.13 심리치료의 이점에 대한 수천 개의 연구는 거부할 수 없는 한 가지 결론을 향한다 — 심리치료는 효과가 있다.

14.14 일반적으로, 다른 유형들의 치료는 거의 동등한 수준의 성공률을 보이며, 이 결과를 연구자들은 도도새 평결 효과라고 부른다. 그러나, 특정 치료는 특정 진단에 특히 효과적일 수 있다.

14.15 모든 형태의 효과적 치료에는 치료적 동맹, 긍정적 기대 및 주의를 포함한 몇 가지 공통 요인이 있다.

심리치료에서 문화의 중요성

14.16 문화적 유능성은 다양한 배경을 가진 내담자들과 민감하고 전문적으로 일할 수 있는 치료자의 능력이다. 치료자가 문화적 역량이 부족하면, 내담자는 오해를 받았다고 느끼고 치료의 이익을 놓칠 수 있다.

14.17 문화적 자각으로, 치료자는 자신의 관점이 반드시 다른 사람들의 관점이 아니라고 인식한다. 문화적 자각은 내담자의 문화가 경험에 영향을 주는 것을 치료자가 인식하는 데 도와준다.

심리치료의 윤리

14.18 비밀 유지는 내담자 정보의 프라이버시를 유지하는 것이다. 치료는 내담자와 치료자 간의 신뢰 없이는 불가능할 것이다. 치료자는 내담자 또는 다른 사람의 안녕을 보호하기 위하여 비밀 유지를 깨야 할 의무가 있다.

14.19 치료자가 치료 과정을 설명한 후, 치료자는 치료 진행을 허락하는 사전 동의를 한다. 내담자가 치료 과정에 대하여 질문을 하게 하고 치료자가 치료적 동맹 형성을 시작할 기회를 주기 때문에 사전 동의를 제공하는 것은 치료에 중요하다.

14.20 치료자가 치료자의 전문성과 능력의 한계인 역량 경계 내에 머무르고 필요한 경우 내담자를 다른 정신 건강 전문가에게 의뢰하는 것이 중요하다.

14.21 다중관계는 치료자가 동일한 사람과 전문적인 관계와 비전문적인 관계를 갖는 상황이다. 다중관계는 유능하고 객관적인 역할을 하는 치료자의 능력을 손상시킬 수 있다.

원격심리학 : 현대 기술을 통한 심리치료

14.22 원격심리학은 화상회의(스카이프와 유사한)와 이메일을 포함한 인터넷을 통한 컴퓨터나 스마트폰과 같은 기술 장치를 통해 이루어지는 심리치료이다.

14.23 원격심리학은 2개의 중요한 혜택이 있다. 특히 심리치료자로부터 멀리 떨어져 사는 사람들이 도움을 받을 수 있게 해

줄 뿐만 아니라 집을 나서지 못하는 장애가 있는 사람들에게 치료자를 볼 수 있는 기회를 제공한다.

14.24 원격심리학의 한계는 사기꾼들이 합법적인 치료자로 위장할 위험이 있으며, 치료자가 기술적으로 능숙해야 하는 부담이 있다. 원격심리학의 한 형태인 가상현실 노출치료는 전자적 수단을 통하여 내담자의 불안을 유발한 상황을 경험하게 해준다.

생의학 치료

14.25 정신과 의사와 다른 의사들은 심리문제에 대해 약물을 처방한다. 미국의 몇 개 주에서 추가 훈련을 받은 극소수를 제외하고, 심리학자들은 약물을 처방하지 않는다.

14.26 항정신성 약물은 망상, 환각 및 기괴한 행동과 같은 정신병적 증상을 줄이기 위해 사용된다. 항정신성 약물은 조현병으로 고통 받는 사람들의 삶을 변화시켰지만, 부작용은 심각할 수 있다.

14.27 항불안제는 불안 증상을 줄이고 빠르게 안도감을 주지만, 중독성이 있다.

14.28 항우울제는 우울증 증상(또한 일부 불안 증상도 함께)을 줄이기 위하여 사용되지만, 성공률은 의문스럽고 자살 생각의 증가를 포함한 심각한 부작용이 있다.

14.29 기분안정제는 양극성장애의 극심한 감정의 기복을 줄이기 위해 사용되지만, 심각한 부작용이 있다.

14.30 전기충격치료(ECT)는 전류가 내담자의 뇌를 통과하는, 중증 우울증을 위한 생의학 치료이다. 불행하게도, 개선 기간은 짧고 부작용은 기억상실을 포함한다. 경두개 자기자극(TMS)은 약한 전류가 내담자의 머리 외부에 있는 코일을 통하여 반복적으로 진동을 주는 것이다. TMS는 우울증에 대한 비침습적 치료이며 ECT와 같은 심각한 부작용도 없다. 다른 노력들이 효과가 없는 것으로 판명되면, 정신수술은 심각한 심리장애를 개선하기 위한 노력으로 뇌에서 직접 집행될 수 있다. 수십 년 전에는 일부 뇌전두엽 절제술 환자는 수술에서 생존하지 못했으며, 생존자들은 종종 심각한 성격 변화를 겪었다.

주요 용어

가상현실 노출치료	생의학 치료	정신역동치료
가족치료	실무율적 사고	정신적 여과
개인화	심리치료	증거 기반 치료
경두개 자기자극(TMS)	역량 경계	진실성
공감	역조건형성	집단치료
공통 요인	원격심리학	참여자 모델링
과잉일반화	인간중심치료	체계적 둔감화
기분안정제	인지 왜곡	치료적 동맹
꿈 분석	인지치료	토큰 경제
노출치료	인지치료의 ABCDE 모델	통합적 치료 접근법
뇌전두엽 절제술	인지행동치료	파국화
다중관계	자유연상	합리적-정서행동치료
도도새 평결 효과	자조집단	항불안제
무조건적인 긍정적 존중	저항	항우울제
문화적 유능성	전기충격치료(ECT)	항정신성 약물
문화적 자각	전이	해석
반영	절충적 치료 접근법	행동치료
비밀 유지	정신분석	혐오 조건형성
비지시적 치료	정신외과술	훈습
사전 동의	정신약물학	

용어 해설

가상현실 노출치료(virtual reality exposure therapy) 내담자가 전자적 수단을 사용하여 불안을 유발하는 상황의 시뮬레이션을 경험하는 노출치료의 한 형태

가설(hypothesis) 전형적으로 이론에 근거하여 설정된 검증 가능한 예측

가소성(plasticity) 뇌손상이나 경험에 반응하여 구조나 기능을 적응시키는 뇌의 능력

가용성 발견법(availability heuristic) 빠르고 쉽게 떠오른 정보에 기반 한 경험적 추측

가족치료(family therapy) 가족 시스템의 기능을 개선하여 개인 구성원의 문제를 개선하는 것을 목표로 하는 심리치료

가짜심리학(pseudopsychology) 그럴듯해 보이기는 하지만 과학적으로 지지되지 않는 심리학적 정보

가치의 조건화(conditions of worth) 타인의 긍정적 존중을 얻는 데 적합하도록 해야만 하는 요구사항

각막(cornea) 안구 전체를 감싸고 있는 얇고 투명한 막

각성 이론(arousal theory) 최적의 각성 상태를 찾아서 유지하려는 동기가 있다고 설명하는 동기 이론

간격두기효과(spacing effect) 한 번에 벼락치기로 공부할 때보다, 시간의 간격을 두고 공부했을 때 장기기억에서 정보를 더 잘 기억하는 경향

간뉴런(interneuron) 신체까지 멀리 뻗어 가기보다는 바로 옆에 있는 뉴런들만 서로 연결해주는 뉴런

간상세포(rods) 회색 음영을 감지하고 어두운 곳에서 볼 수 있도록 하는 망막의 수용기 세포

감각(sensation) 감각기관이 신체 주변환경에서 물리적 에너지를 흡수하여 뇌로 전달하는 능력

감각갈등 이론(sensory conflict theory) 감각 상호작용의 부산물로 멀미를 설명하는 이론

감각기억(sensory memory) 기억 단계의 초기 부분으로 감각기관으로 정보를 가져오고 아주 짧은 순간 간직하는 것

감각뉴런(sensory neuron) 감각들(시각, 청각, 후각, 미각, 촉각)로부터 뇌로 정보를 전달하는 뉴런

감각 상호작용(sensory interaction) 감각이 서로 영향을 줄 수 있다는 생각

감각순응(sensory adaptation) 자극이 일정하게 유지될 때 그 자극에 대한 감각이 감소하는 경향

감각운동기(sensorimotor stage) 피아제 인지발달의 첫 단계로, 영아가 감각 경험을 통해 세상을 이해하는 출생부터 2세까지 시기

감정 발견법(affect heuristic) 어떤 것의 가치가 그것에 대하여 갖는 감정에 의해 강하게 영향을 받는 경험적 추측

강박장애(obsessive-compulsive disorder, OCD) 원치 않는 반복적인 생각과 그러한 생각에 반응하여 행해진 통제할 수 없는 행동으로 특징지어지는 장애

강인함(hardiness) 스트레스를 주는 상황에서 회복탄력성을 나타내는 행동들

강화(reinforcement) 행동에 따른 결과들 중 이후에도 행동이 반복될 가능성을 높이는 것

강화계획(reinforcement schedule) 한 특정 행동에 대한 반응으로 강화가 발생하는 양식

개념(concept) 비슷한 것들, 행동 또는 사람들의 범주가 정신적으로 표현된 것

개인 우화(personal fable) 청소년들이 자신이 매우 특별하고 소중한 사람이라고 믿는 사고 방식

개인주의(individualism) 집단의 웰빙보다 개인의 웰빙을 더 강조하는 세계관

개인화(personalization) 내담자가 불행한 사건에 대해 너무 많은 비난과 책임을 지는 인지 왜곡

객관적 성격 검사(objective personality test) 다중 선다형이나 이분형의 표준화된 일련의 질문에 내담자가 반응하는 검사

거울 뉴런(mirror neuron) 우리의 공감과 모방의 근간을 이루고 있다고 생각되는 뉴런으로, 사람이 특정 행동을 수행하거나 관찰할 때 활성화됨

건강심리학(health psychology) 마음과 신체 사이의 관련성에 초점을 맞추는 기초심리학의 한 영역

검사편파(test bias) 특정 그룹의 구성원에 대해 지속적으로 부정확한 방법으로 점수를 산출하는 검사 경향

게슈탈트(gestalt) 부분의 합 자체와는 다른 것으로 지각되는 체제화된 전체

결정적 시기(critical period) 특정 발달 과제가 외부 사건에 의해 특히 영향을 받을 가능성이 높은 시기

경계성 성격장애(borderline personality disorder) 대인관계, 기분, 자아상 등 생활의 많은 영역에서 불안정성에 기초한 심리적 장애

경두개 자기자극(transcranial magnetic stimulation, TMS) 약한 전류가 사람의 머리 바로 바깥에서 패들 모양의 자기 코일을 통해 반복적으로 진동을 주는 우울증 치료

경험에 대한 개방성(extraversion) 새롭거나 인습적이지 않은 아이디어를 수용하는 경향성에 해당하는 성격 특질

경험적 검사 구성(empirical test construction) 서로 상이한 집단이 다르게 반응하는 문항들만 포함시켜 객관적 성격 검사를 만드는 방식

계열위치효과(serial position effect) 처음과 마지막에 제시되는 정보를 중간에 있는 다른 정보보다 더 잘 기억할 수 있는 경향성

고막(tympanic membrane) 외이도를 가로질러 외이도의 끝부분에 위치한 팽팽한 표면으로 외이와 중이 사이의 경계를 형성함

고전적 조건형성(classical conditioning) 학습의 한 형태로 동물 또는 인간이 동시에 일어난 두 가지 자극 사이에서 한 자극이 다른 자극을 예측한다고 연결짓는 것을 의미함

고정간격 계획(fixed-interval schedule) 일관성 있고 예측 가능한 시간 간격 이후에 행동이 강화되는 강화계획

고정관념(stereotype) 집단 전체의 특성을 집단의 개별 구성원에게 일반적으로 그리고 종종 부적절하게 적용하여 믿는 것

고정관념 위협(stereotype threat) 여러분이 속한 집단에 대한 고정관념에 따라 다른 사람들이 여러분을 판단할 수 있다는 예상

고정비율 계획(fixed-ratio schedule) 일관성 있고 예측 가능한 횟수의 행동 발생 후 행동이 강화되는 강화계획

고차 조건형성(higher-order conditioning) 세 가지 이상의 자극들로 이루어지는 고전적 조건형성

고착(fixation) 심리적 문제를 특정 심리성적 단계의 성공하지 못한 경험과 직접 연결시키는 프로이트 용어

공감(empathy) 내담자가 느끼는 것처럼 내담자의 감정을 감지하고, 그에 대해 동정적으로 반응하는 치료자의 능력

공격성(aggression) 해를 끼치거나 죽음에 이르게 하는 행동

공동수면(co-sleeping) 같은 방이나 같은 침대에서 다른 사람과 자는 것(보통 돌보는 사람)

공정한 세상 가설(just-world hypothesis) 세상은 공평하기 때문에 불행한 사건은 그 일을 당해도 되는 사람에게 일어난다는 주장

공통 요인(common factors)　내담자 개선에 중요한 역할을 하는 모든 형태의 효과적인 심리치료에서 발견되는 요소

공통 집단 정체감(common group identity)　여러 소규모 집단을 아우르는 더 상위의 집단을 조직하여 편견을 감소시키려는 전략

공황장애(panic disorder)　갑작스럽고, 강렬하며, 예측할 수 없는 짧은 불안의 폭발로 특징지어지는 불안장애

과잉일반화(overgeneralization)　내담자가 단 하나의 불행한 사건에 기초하여 매우 광범위한 결론에 도달하는 인지 왜곡

과체중(overweight)　BMI가 25~29.9 사이

과학적 방법(scientific method)　질문 제기, 문헌 개관, 가설 설정, 자료 수집을 통한 가설 검증, 자료 분석 및 결론 도출 등 미리 정해진 일련의 단계들을 따라 질문하고 답하는 방법

관상동맥질환(coronary heart disease)　심장으로 가는 동맥을 막아 종종 심각한 결과를 초래하는 흔한 질병

관찰학습(observational learning)　자신보다 타인의 행동과 결과들을 관찰하면서 일어나는 학습

교감신경계(sympathetic division)　스트레스원에 반응하여 신체를 각성 혹은 흥분시키는 자율신경계의 부분

교육심리학(educational psychology)　학습과 교육에 초점을 맞추는 응용심리학의 한 영역

구강기(oral stage)　출생부터 18개월까지 발생하며, 수유행동으로 인한 심리적 결과에 초점을 둔 프로이트의 심리성적 발달 단계 중 첫 번째 단계

구조주의(structuralism)　정신 과정을 구조나 기본 요소로 분해하는 것에 초점을 맞춘 심리학 초기 역사의 한 조망

구체적 조작기(concrete operational stage)　피아제 인지발달의 세 번째 단계. 7~11세 사이에 해당되며, 아동은 구체적 대상에 대해 논리적으로 생각하는 능력을 획득함

국재화(localization)　뇌의 특정 부위가 특정한 일을 한다는 것

군집화(chunking)　정보의 조직을 의미 있는 그룹으로 함께 연결하여 기억을 높임

권위가 있는 양육(authoritative parenting style)　부모가 아동에게 규칙을 제시하지만 설명을 하고, 아동과 그 규칙에 대해 협의하는 양육 방식

권위주의적 양육(authoritarian parenting style)　부모가 아동에게 어떠한 문제 제기도 할 수 없도록 엄격한 규칙 준수를 요구하는 양육 방식

귀인(attribution)　행동의 원인에 대한 설명

귀인 이론(attribution theory)　행동이 개인이 가진 내적 특성으로 발생하거나 아니면 개인을 둘러싼 상황에 의해 발생한다고 보는 이론

귓바퀴(pinna)　소리가 가장 먼저 도달하는 외이의 한 부분

그렐린(ghrelin)　배고픔을 알려주는 호르몬

금단(withdrawal)　습관화된 약을 끊어서 생기는 스트레스성의 불편한 증상

급성 스트레스장애(acute stress disorder)　외상을 겪은 직후 멍하고 불안하고 생생한 회상 경험이 며칠 또는 몇 주 안에 발생하는 심리적 장애

긍정심리학(positive psychology)　사람들의 강점과 성공을 강조하는 심리학의 조망

긍정적 존중(positive regard)　주변 사람들로부터 받는 따뜻함, 수용, 사랑

기능적 고착(functional fixedness)　어떤 것을 다른 가능한 용도보다 가장 전형적으로 사용되는 방식으로만 생각하는 것

기능적 자기공명영상법(functional magnetic resonance imaging, fMRI)　뇌 활동에 대한 영상을 만들기 위해 자기장이 사용되는 기술

기능주의(functionalism)　정신 과정과 행동의 기능에 초점을 맞춘 심리학 초기 역사의 한 조망

기면증(narcolepsy)　깨어 있는 상태에서 REM 수면으로 즉각적이고 예상치 못한 전환이 특징인 '수면 공격' 장애

기본 귀인 오류(fundamental attribution error)　다른 사람의 행동을 설명할 때, 개인 특성의 중요성은 과대평가하고 상황의 중요성은 과소평가하는 것

기분안정제(mood-stabilizing drug)　양극성장애의 극심한 감정 기복을 줄이기 위해 사용되는 약물

기술연구(descriptive research)　전집의 특성을 단순히 기술하는 것을 목표로 하고 있는 연구의 한 유형

기시감(Déjàvu)　비록 그렇지 않았지만 이미 일어난 일처럼 어렴풋이 느껴지는 경험

기억(memory)　정보가 들어오고, 시간이 흐름에 따라 저장되고, 후에 다시 떠올릴 수 있는 과정

기억상실증(amnesia)　일시적으로 또는 영구적으로 정보의 일부나 전부를 기억하지 못하는 것

기억술(mnemonic)　기억 능력을 향상시키기 위해 의식적으로 활용하는 구체적인 기술이나 전략

기준점 발견법(anchoring heuristic)　시작점이 궁극적인 결론에 강한 영향을 미치는 경험적 추측

기질(temperament)　전 생애를 거치면서 개인을 규정하는 기본 정서 반응성

기초심리학(basic psychology)　행동과 정신 과정에 대한 이해를 높이기 위해 심리학자들이 연구를 수행하는 심리학의 영역

기형유발물질(teratogen)　배아나 태아에게 해를 끼칠 수 있는 모든 물질

깊이지각(depth perception)　대상과의 거리와 깊이를 판단하는 능력

꿈 분석(dream analysis)　치료자와 내담자가 내담자 꿈의 속뜻을 찾으려고 시도하는 정신역동적 기법

낙관주의(optimism)　희망과 긍정적 결과 기대로 특징되는 미래에 대한 태도

난원창막(oval window membrane)　중이의 이소골과 내이 사이의 막

남근기(phallic stage)　3세부터 6세까지 진행되며, 이성 부모에 대한 사랑으로 인한 심리적 결과에 초점을 둔 프로이트의 심리성적 발달 단계 중 세 번째 단계

낯선이 불안(낯가림)(stranger anxiety)　생후 8개월경 아동에게 나타나는 낯선 사람에 대한 공포

내분비계(endocrine system)　혈류를 통해 몸 전체에 호르몬을 보내는 분비선들의 집합

내성(tolerance)　특정 양의 약의 유효성 감소

내재적 동기(intrinsic motivation)　행동 자체가 보상이 되기 때문에 행동을 수행하고자 하는 욕구

내적 통제 소재(internal locus of control)　자신의 삶은 자신 안에 있는 힘의 통제하에 있다고 믿는 신념

내집단(ingroup)　자신이 속해 있다고 믿는 사회집단('우리')

내집단 편향(ingroup bias)　외집단보다 내집단에 더 긍정적 태도를 가지는 경향성

노출치료(exposure therapy)　내담자를 불안을 유발하는 것 또는 상황에 점진적으로 노출시킴으로써 불안을 치료하는 고전적 조건형성에 기반 한 행동치료의 한 형태

뇌간(brainstem)　척추에 연결되어 있고 생명을 유지하는 데 가장 중요한 기능을 담당하는 뇌 부분

뇌교(pons)　정보 전달, 수면, 호흡, 삼키기 및 평형을 담당하는 뇌간 부분

뇌량(corpus callosum)　2개의 대뇌반구를 서로 연결하고 소통하도록 하는 신경 섬유 다발

뇌전도(electroencephalography, EEG)　뇌의 전기적 활동을 기록하기 위해 전극을 두피에 부착하여 뇌파를 검사하는 기술

뇌전두엽 절제술(lobotomy)　감정을 제어하는 뇌의 내부 영역에서 전두전엽을 분리하는 정신수술

뇌하수체(pituitary gland)　인간의 성장호르몬을 생성하고 신체의 다른 모든 분비 샘들을 제어하는 뇌의 '주분비선'

뉴런(neuron)　신경계 안에서 의사소통을 촉진하는 세포

다문화주의(multiculturalism)　한 사회 내에서 다양한 문화집단의 중요성과 가치를 강조하는 심리학 접근법

다문화주의(multiculturalism) 행동과 정신 과정에 대한 문화의 영향을 강조하는 심리학적 조망

다중관계(multiple relationship) 치료자가 동일한 사람과 전문적인 관계와 비전문적인 관계를 갖는 상황

다중방법 평가(multimethod assessment) 한 가지 방법이 아니라 여러 가지 방법을 사용하여 성격을 평가하는 접근

단기기억(short-term memory) 한정된 수의 새로운 정보가 장기기억으로 보관되거나, 혹은 쇠퇴하기 전에 잠시 보관하는 것

단순노출효과(mere exposure effect) 그저 반복된 접촉만으로 사람 또는 사물에 대한 매력이 증가하는 것

단안 깊이단서(monocular depth cues) 한쪽 눈만 사용할 때 깊이를 나타내는 시각 자극의 특질

달팽이관(cochlea) 청각 신경을 통해 음파를 뇌로 보내는 액체로 채워진 나선 모양의 기관

대뇌(cerebrum, forebrain) 뇌의 앞과 윗부분에 위치하며 2개의 반구로 구성되어 있음. 대개의 경우 다른 동물에게서는 잘 볼 수 없는 인간만의 정교한 능력에 관여함

대뇌반구(cerebral hemisphere) 대뇌의 왼쪽 부분과 오른쪽 부분

대뇌피질(cerebral cortex) 감각정보가 처리되는 대뇌의 바깥층

대리 조건형성(vicarious conditioning) 자기 자신의 삶 속 경험이 아닌 다른 사람의 삶 속 경험을 관찰함으로써 일어나는 조건형성

대립과정 이론(opponent-process theory of color vision) 추상세포가 서로 대립되는 색채들의 특정한 쌍(즉 빨강-초록, 파랑-노랑)을 감각하는 데 전문화되어 있다는 생각을 기반으로 한 색채시각에 대한 설명

대상영속성(object permanence) 개인이 대상을 보고, 듣고, 직접 경험할 수 없음에도 불구하고 그 대상이 계속 존재한다고 믿는 능력

대안 의학(alternative medicine) 전통 의학 대신에 사용되는 건강 관리

대응(대처)(coping) 스트레스 경험을 줄이거나 관리하는 노력

대인 간 매력(interpersonal attraction) 다른 사람과의 관계를 강화하려는 열망

대체 의학(complementary medicine) 전통 의학과 함께 사용되거나 보완적인 건강 관리

대표성 발견법(representativeness heuristic) 원형과의 유사성에 기반 한 경험적 추측

도도새 평결 효과(dodo bird verdict) 다른 형태의 심리치료가 똑같이 효과적이라는 연구 결과에 대한 별명(*이상한 나라의 앨리스*에서 유래)

도식(schema) 새로운 정보를 의미 있게 만드는 방식을 안내하는 개념이나 정신적 표상

독립변인(independent variable, IV) 실험연구에서 연구자에 의해 조작되는 변인

동공(pupil) 홍채 중앙의 둥글게 열린 부분

동기(motivation) 행동을 불러일으켜 특정 방향으로 이끄는 욕구

동료적 사랑(companionate love) 확고한 헌신과 애정이 특징으로 주로 오랜 관계의 후반에 경험하게 되는 사랑

동성애(homosexual) 자신과 같은 성을 가진 사람에게 매력을 느끼는 사람의 성적 지향

동일시(identification) 아동이 자신이 이길 수 없는 동성 부모를 따라하는 과정

동조(conformity) 다른 사람의 행동과 일치하도록 개인의 행동을 변화시키는 것

동종요법(homeopathic medicine) 인간의 신체는 자체 치유 능력을 갖추고 있다는 아이디어에 근거하며, 자연 재료에서 추출한 극소량의 약을 사용하자는 건강 관리

동화(assimilation) 새로운 정보를 기존의 도식에 맞게 분류하는 과정

두정엽(parietal lobe) 촉각과 지각에 관여하는 머리의 위쪽 윗부분

렙틴(leptin) 배부름을 알려주는 호르몬

로르샤흐 잉크 검사(Rorschach inkblot technique) 잉크점 이미지로 구성된 10장의 카드에 대한 내담자의 반응을 측정하는 투사적 성격 검사

마음 갖춤새(mental set) 과거에 효과가 있었던 것에 근거하여 발생하는 문제 해결 접근의 제약

마음 이론(theory of mind) 자신과 타인의 사고, 감정, 의도 및 기타 정신적 활동을 이해하는 것

마음챙김(mindfulness) 완전히, 의도적으로, 그리고 주의를 산만하게 하지 않는 순간적인 경험에 대한 인식

말초신경계(peripheral nervous system) 중추신경계를 신체의 다른 부분에 연결하는 뉴런

망막(retina) 시각 자극을 받아들이고 시신경을 통해 이것을 뇌로 보내는 안구의 뒤쪽 부분

망막부등(입체시)(retinal disparity(stereopsis) 단일 대상에 대해 두 눈이 각각 전송하는 이미지들 사이의 차이를 뇌가 측정하는 것

망상(delusion) 조현병을 앓고 있는 사람이 현실이라고 믿는 완전히 잘못된 믿음

망상활성계(reticular activating system) 뇌간에서 각성에 관여하는 뉴런들이 모여 있는 부분

맹점(blind spot) 간상세포와 추상세포가 모두 없기 때문에 빛을 감각할 수 없는 망막의 한 부분

머리부터 들이밀기 기법(door-in-the-face technique) 아주 큰 요구를 하여 상대방이 거절하도록 한 후, 그다음 작은 요구를 제안하는 설득 전략

면역체계(immune system) 질병이나 죽음을 초래할 수 있는 박테리아, 바이러스, 감염, 부상 등에 대한 신체의 타고난 대항 방법

명상(meditation) 궁극적으로 정신 상태를 증진하기 위한 목적으로, 초점화된 주의를 높이도록 설계된 활동

명상(meditation) 사람의 정신 상태를 향상시키는 궁극적인 목적을 가지고 집중적인 관심을 증가시키기 위해 고안된 활동

몰입(flow) 고도의 집중과 즐거움이 가득한 행동을 하거나 마치 무아지경의 느낌

몽유병(sleepwalking) 잠자고 있는 동안 걷는 것

무선할당(random assignment) 참가자들이 실험집단이나 통제집단에 할당되는 것이 전적으로 우연하게 정해지도록 하는 실험연구 절차

무의식(무의식적 마음)[unconsciousness(unconscious mind)] 개인이 자각하지 못하는 정신활동

무조건 반응(unconditioned response) 학습 없이 자극에 대해 자연스럽게 나타나는 자동화된 반응

무조건 자극(unconditioned stimulus) 학습 없이도 자동적으로 반응을 이끌어내는 자극

무조건적인 긍정적 존중(unconditional positive regard) 조건이나 제한 없이 치료자의 내담자에 대한 완전한 수용

문간에 발 들여놓기 기법(foot-in-the-door technique) 먼저 작은 요구에 동의하도록 한 후, 그다음에 큰 것을 부탁하는 설득 전략

문법(grammar) 언어를 구성하는 규칙체계

문제중심 대처(problem-focused coping) 스트레스원 자체를 바꾸는 데 초점을 둔 스트레스 대응 방식

문제 해결(problem solving) 목표를 달성하기 위하여 인지를 사용하는 것

문헌 개관(literature review) 연구자가 자신이 연구하고자 하는 주제에 대해 어떤 선행연구가 이미 수행되었는지를 알아보는 과학적 연구의 단계

문화(culture) 믿음, 가치, 행동 양식을 공유하는 비슷한 사람들이 모인 집단

문화-공정 지능검사(culture-fair intelligence test) 편파를 유발할 수 있는 문화적 요인을 줄이거나 제거하는 것을 목표로 하는 지능검사

문화변용(acculturation) 하나 이상의 문화가 공존하였을 때 나타나는 현상

문화변용 스트레스(acculturative stress) 문화변용으로 발생하는 신체적 또는 심리적 스트레스

문화적 유능성(cultural competence) 문화적으로 다양한 사회의 구성원들을 민감하고 전문적으로 다루는 능력

문화적 자각(cultural self-awareness)　자신의 관점이 반드시 다른 사람들의 관점이 아니라는 치료자의 인식

문화 지능(cultural intelligence)　다문화 사회에서 효과적으로 생활하고 상호작용하는 능력

미각(gustation)　맛에 대한 감각

미네소타 다면 성격 검사-2(Minnesota Multiphasic Personality Inventory-2, MMPI-2)　정신장애를 강조하는 널리 사용되고 인정받는 성격 검사

미세공격(microaggression)　일상에서 일어나는 특정 문화 구성원들을 향한 의도적이지는 않지만 적대적이거나 불쾌한 메시지를 담은 행동 또는 언행

바이오피드백(biofeedback)　신체 기능이 건강한 방향으로 개선되도록 신체 기능(심장 박동률이나 근육긴장 등)에 관해 제공하는 정보를 모니터하는 것

반복검증(replication)　연구 결과를 확증하거나 반증하기 위해 연구를 다시 수행하는 것

반사(reflex)　감각입력에 대한 자동적인 운동반응

반사회성 성격장애(antisocial personality disorder)　타인의 권리에 대한 무시와 침해에 기초한 심리적 장애

반영(reflection)　치료자는 주의하여 적극적으로 들은 다음에, 내담자의 감정을 강조하는 방식으로 내담자의 말을 고쳐서 말하는 기법

반향기억(echoic memory)　청각적인 감각기억으로 귀를 통해 들어오는 모든 정보를 몇 초간 유지하는 것

발견법(heuristic)　문제 해결에서 경험에서 나오는 추측 또는 경험적 방법

발달심리학(developmental psychology)　생애에 걸친 신체, 마음, 대인관계의 변화 연구

발달심리학(developmental psychology)　생애 전반에 걸쳐 사람이 어떻게 변화되는지에 초점을 맞추는 기초심리학의 한 영역

발산적 사고(divergent thinking)　다양한 가능한 해결책을 제시하는 문제 해결 전략

발판화(scaffolding)　아동보다 더 나은 사람이 아동에게 적절한 수준의 도움을 점진적으로 제공하는 상호작용을 통해 새로운 단어, 아이디어, 생각하는 방식을 학습하는 과정

방관자 효과(bystander effect)　나 이외의 도움을 줄 수 있는 다른 사람들이 있을 때는 도움행동의 가능성이 감소하는 것

방어기제(defense mechanism)　프로이트에 따르면, 원초아와 초자아 사이의 갈등을 다루기 위해 자아가 동원하는 기법

방언(dialect)　특정 집단이 독자적인 특성을 가진 독특한 언어 사용

배아(embryo)　수정 후 2주 이후부터 2개월까지의 태내 인간 조직체

범불안장애(generalized anxiety disorder)　다양한 상황과 활동에 걸쳐 오랫동안 지속되는 불안 증상을 수반하는 장애

법정심리학(forensic psychology)　법이나 범죄와 관련된 문제들에 초점을 맞추는 응용심리학의 한 영역

베르니케 실어증(Wernicke's aphasia)　베르니케 영역의 손상으로 인한 언어 이해 또는 언어 산출에서의 장애

베르니케 영역(Wernicke's area)　말을 이해하는 데 특별하게 관여하는 측두엽의 한 부분

변동간격 계획(variable-interval schedule)　일관성 없고 예측 불가능한 시간 간격 이후에 행동이 강화되는 강화계획

변동비율 계획(variable-ratio schedule)　일관성 없고 예측 불가능한 횟수의 행동 발생 후 행동이 강화되는 강화계획

변별(discrimination)　조건 자극과 다른 형태의 자극들이 조건 반응을 일으키지 못하게 되는 학습 과정

변별자극(discriminative stimulus)　특정 행동이 특정 결과를 수반할 것임을 알려주는 신호

변연계(limbic system)　뇌의 중심부 근처와 시상 주위에 위치하고 있고, 주로 감정과 관련된 뇌 영역들이 모여 있는 뇌 구조

변화맹(change blindness)　단순히 다르게 기대하고 있다는 것 때문에 시야에서 벌어지는 변화를 알아차리지 못하는 것

변환(transduction)　빛이나 소리와 같은 신체 외부의 물리적 에너지를 뇌 활동과 같은 신경 에너지로 전환하는 것

병변(lesion)　뇌 조직의 손상 또는 파괴

보존개념(conservation)　그 모양에 관계없이 양이나 수가 일정하다는 정신적 조작

복종(obedience)　권위 있는 인물의 명령을 따르기 위해 개인의 행동을 변화시키는 것

본능(instinct)　생물학적으로 타고난 동기

본능 이론(instinct theory)　모든 다른 동물들처럼 인간도 주로 본능에 의해 동기화된다는 동기 이론

부교감신경계(parasympathetic division)　스트레스 요인이 줄어들 때 몸을 진정시키는 자율신경계의 부분

부분 강화(partial reinforcement)　행동이 일어났을 때 몇몇 경우에만 강화가 되는 양식

부신(adrenal gland)　신장의 위쪽에 위치한 분비선으로 스트레스에 반응해 신체를 각성시키는 호르몬을 생성함

부적 강화(negative reinforcement)　강화의 한 종류로, 바람직하지 않은 무언가를 제거하는 것

부주의맹(inattentional blindness)　단순히 다른 곳에 주의를 집중하는 것만으로도 시야에서 무언가를 알아차리지 못하는 것

부호화(encoding)　정보가 기억으로 들어오는 것

부호화 특수성(encoding specificity)　기억이 부호화될 때 존재했던 맥락정보(예 : 물리적 환경)가 인출에 영향을 주는 것

분리(separation)　기존 문화는 유지하고 새로운 문화는 거부하는 문화변용 전략

분할뇌 수술(split-brain surgery)　전형적으로 간질 발작을 줄이기 위해 뇌량을 절단하는 수술

불면증(insomnia)　잠이 들거나, 잠을 자지 않거나, 고품질의 수면을 달성하는 데 지속적인 어려움을 겪는 수면 장애

불안장애(anxiety disorder)　과도하고 정당하지 못한 불안의 경험이 1차적인 증상인 DSM 장애 그룹

불응기(refractory period)　다른 활동전위가 시작되기 전에 뉴런이 재설정되는 대기 시간

불일치(incongruence)　실제 자기와 이상적 자기가 서로 일치하지 않음

브로카 실어증(Broca's aphasia)　브로카 영역에서의 손상으로 인한 언어장애

브로카 영역(Broca's area)　전두엽의 왼쪽 부분에 해당되고, 주로 말하기에 관여함

비교심리학(comparative psychology)　인간 이외의 종이 보이는 행동에 초점을 맞추는 기초심리학의 한 영역

비만(obesity)　BMI가 30 이상

비밀 유지(confidentiality)　치료자가 내담자 정보의 프라이버시를 유지하는 것

비자발적 기억(involuntary memory)　정보를 인출하려는 의도 없이 그 정보가 자동적으로 인출되는 것

비지시적 치료(nondirective therapy)　치료자보다는 내담자가 치료 과정을 진행하는 치료 유형

비판적 사고(critical thinking)　생각이나 가정에 대해 호기심을 가지고 도전적으로 생각하는 것

빈도이론(frequency theory)　소리가 발생시킨 신경충격이 청각 신경을 통해 서로 다른 빈도로 이동하기 때문에 상이한 음고를 지각한다는 생각에 기초한 음고 지각 이론

사전 동의(informed consent)　치료자가 내담자에게 치료 과정에 대해 교육한 후 치료를 진행하는 것을 내담자가 허락하는 것

사전행동적 대처(proactive coping)　잠재적으로 발생할 수 있는 스트레스원을 제거할 수 있도록 스트레스원과 미래 목표에 초점을 둔 대응 방식

사춘기(puberty) 청소년기 시작을 알리며 성적 재생산을 가능하게 하는 신체적 변화를 보이는 시기

사회 교환 이론(social exchange theory) 개인은 다른 사람에게 도움을 주었을 때의 이득과 손실을 비교한다고 설명하는 도움 이론

사회문화적 이상 이론(sociocultural theory of abnormality) 사람 내부의 요소보다는 사람을 둘러싼 사회적·문화적 요인이 심리장애의 주요 원인이라고 주장하는 이상 이론

사회불안장애(social anxiety disorder) 사람을 판단하거나 면밀히 관찰할 수 있는 상황에 대한 강렬하고 비합리적인 공포가 특징인 불안장애

사회 비교(social comparison) 자신이 다른 사람과 얼마나 필적할 만한지의 측정을 통해 스스로를 평가하는 것

사회심리학(social psychology) 개인이 타인에 대해 어떻게 생각하고, 영향을 미치는 타인과 어떻게 관계를 형성하는지에 초점을 맞추는 기초심리학의 한 영역

사회심리학(social psychology) 사람들이 서로를 어떻게 생각하고, 영향을 주고, 관계하는지에 대한 과학적 연구 영역

사회인지(social cognition) 타인과 세상에 대한 개인의 생각

사회적 역할(social role) 사람들이 맡고 있는 직책, 직위, 또는 지위에 따라 그 사람에게 사회가 기대하는 행동

사회적 영향(social influence) 타인의 존재가 여러분의 생각, 감정 및 행동에 영향을 미치는 방식

사회적 지지(social support) 스트레스를 경험할 때 도움이 될 수 있는 친구, 가족, 다른 사람들과 맺는 관계

사회적 책임 규범(social responsibility norm) 나중에 도움을 돌려받을 것이라는 잠재적 상환과 상관없이, 도움이 필요한 사람은 도와야 한다는 의무의 관점을 강조하는 도움 이론

사회적 촉진(social facilitation) 타인의 존재 때문에 개인의 수행이 증가하는 것

사회적 태만(social loafing) 집단 속에서 과제를 수행할 때 개인의 수행이 감소하는 것

사회화용론(social-pragmatic theory) 아동들의 언어 사용은 사회적으로 상호작용하기 위한 욕구로부터 발생한다고 주장하는 이론

산업/조직심리학[industrial/organizational(I/O) psychology] 작업장에 초점을 맞추는 응용심리학의 한 영역

삼원색 이론(trichromatic theory of color vision) 추상세포가 빨강, 초록 또는 파랑을 감각하도록 전문화되어 있다는 생각을 기반으로 한 색채시각에 대한 설명

삼중 취약성 이론(triple vulnerability theory) 생물학적 요인, 일반적인 심리적 요인, 특정 심리적 요인의 상호작용을 강조하는 불안장애에 대한 설명

상관계수(correlation coefficient) 두 변인 사이의 관련성을 보여주는 통계치로서 +1(가장 높은 정적 관련성)에서 −1(가장 높은 부적 관련성)까지의 범위를 가짐

상관연구(correlational research) 두 변인 사이의 관련성을 결정하는 것을 목표로 하고 있는 연구의 한 유형

상관-인과 오류(correlation-causation fallacy) 두 변인들 사이에 강한 상관이 있을 때 한 변인이 다른 변인의 원인이 될 것이라고 잘못 생각하는 오류

상담심리학(counseling psychology) 삶 속에서 어려움을 겪고 있는 사람들의 기능을 향상시키는 데 초점을 맞추는 응용심리학의 한 영역

상상의 관중(imaginary audience) 청소년들이 자신이 타인들로부터 지속적으로 주목을 받고 평가를 받고 있다고 믿는 사고 방식

상향처리(bottom-up processing) 기대나 경험의 영향을 받지 않고 감각한 것이 지각되는 정보처리 방식

상호교류적 결정론(reciprocal determinism) 행동, 환경, 그리고 인지의 세 가지 요인이 지속적으로 서로 영향을 준다는 이론

색상(hue) 파장에 의해 결정되는 빛의 색채

생득론(nativist theory) 언어에 대한 이론으로 사람들은 언어 사용에 대한 능력을 타고난다고 주장함

생리심리학(physiological psychology) 행동의 신경적 기초에 초점을 맞추는 기

초심리학의 한 영역

생물심리사회이론(biopsychosocial theory) 행동에 영향을 주는 생물학적, 심리적, 사회적 요인을 강조하는 독특하고 포괄적인 심리학의 조망

생물심리사회적 이상 이론(biopsychosocial theory of abnormality) 생물학적, 심리적, 사회문화적 요소의 조합이 심리적 장애에 기여한다는 것을 인정하는 현대 이상 이론

생물학적 이상 이론(biological theory of abnormality) 뇌구조, 신경화학물질, 유전자 등 인체 내 생물학적 요인이 심리장애의 주요 원인이라고 주장하는 이상 이론

생물학적 준비(biological preparedness) 동물의 진화적 성향으로 특정 종의 생존과 가장 깊은 관련성이 있음

생의학 치료(biomedical therapy) 뇌의 생명 활동을 직접 변화시키기 위한 약물 치료 또는 의학적 절차들과 관련된 심리문제에 대한 치료

섁터-싱어 이론(Schachter-Singer theory) 신체 반응에 어떤 이름을 붙이느냐가 정신 반응을 결정한다고 설명하는 정서 이론

선택주의(selective attention) 다른 감각 채널에 비해 하나의 감각 채널에 더 많은 주의를 기울이는 것

설정점(set point) 체중이 증가 또는 감소된 후에 신체가 다시 되돌아가고자 하는 원래의 체중

섬광기억(flashbulb memory) 감정이 몰입된 새로운 사건들을 명확하고 생생히 기억하는 것

섬모(cilia) 코의 후각 수용기 세포로부터 점액층까지 뻗어 있는 머리카락 모양의 구조로 냄새물질의 분자를 받아들임

섭식장애(eating disorder) 식사 또는 음식과 관련된 행동에 심각한 장애가 있는 심리적 장애의 범주

성(sex) 생물학적 남성 또는 여성

성격(personality) 개인의 고유하고 안정된 사고, 감정, 행동 방식

성격심리학(personality psychology) 개인의 성격 특질에 초점을 맞추는 기초심리학의 한 영역

성격의 5요인 모델(Big 5)[Five-Factor Model of personality(Big Five)] 모든 사람들에게 존재하는 그러나 그 정도는 달리하는 기본적인 5요인 특질을 강조하는 성격에 대한 설명

성격의 사회인지 이론(social-cognitive theory of personality) 환경, 사고 과정, 그리고 사회적 요인들 간의 상호작용을 강조하는 이론

성격의 인본주의 이론(humanistic theory of personality) 건강한 긍정적 성장과 자기실현을 향한 사람들의 선천적 경향성이 있음을 강조하는 칼 로저스의 아이디어에 근거한 이론

성격의 정신역동 이론(psychodynamic theory of personality) 무의식적 힘과 초기 아동 경험을 중시하는 지그문트 프로이트의 아이디어에 근거한 성격에 관한 설명

성격의 특질 이론(trait theory of personality) 성격의 기본 구성요소를 발견하고 서술하는 것을 강조하는 이론

성격의 행동주의 이론(behavioral theory of personality) 환경의 영향과 관찰 가능하고 측정 가능한 행동의 중요성을 강조하는 이론

성격장애(personality disorder) 광범위한 상황에 걸쳐 나타나고 대인관계를 방해하는 융통성 없고 부적응적인 행동의 지속적인 패턴에 근거한 심리적 장애의 범주

성기기(genital stage) 사춘기부터 성인기까지 지속되며, 성인의 성숙한 성적 관계에 초점을 두는 프로이트의 심리성적 발달 단계 중 다섯 번째이자 마지막 단계

성별(gender) 자신이 속한 문화에서 바라보는 남성성 또는 여성성에 대한 사회적, 심리적, 행동적 기대

성실성(conscientiousness) 조직화하고 책임지고 열심히 노력하는 경향성에 해당하는 성격 특질

성인진입기(emerging adulthood) 개인이 청소년기에서 성인기로 점진적으로 나아가는 시기로 최근에 제안된 발달단계

성적 지향(sexual orientation) 특정 집단의 사람들에게 느끼는 낭만적 매력의 양상

성정체감(gender identity) 스스로를 남성 또는 여성(또는 양성, 또는 무성)이라고 느끼는 것

성취검사(achievement test) 심리학자들이 한 사람을 대상으로 달성한 학습 수준을 수치적으로 측정하기 위해 사용하는 평가 기법

성취목표 이론(achievement goal theory) 목표를 성취하고자 하는 동기가 생겼을 때, 어떤 목표(숙달목표)가 다른 목표(수행목표)보다 더 나은 결과를 낳는다고 설명하는 동기 이론

세계관(worldview) 문화의 영향을 받아 형성된 자신을 둘러싼 세상을 알아가고 이해하는 종합적 방식

세포체(cell body, soma) 에너지 생산을 포함하여 뉴런이 기능할 수 있도록 하기 위한 기본적 활동을 수행하는 뉴런의 큰 중심 영역

소거(extinction) 학습과정에서 조건 자극이 더 이상 무조건 자극과 연결되지 않아 조건 반응을 일으키지 못하게 되는 순간

소뇌(cerebellum) 주로 균형과 운동 협응에 관여하는 뇌의 뒤쪽 아래 부분

소리 위치지각(sound localization) 소리가 발생한 위치를 지각하는 능력

쇠퇴(decay) 시간이 지남에 따라 기억 속의 정보가 사라지는 것

수렴적 사고(convergent thinking) 논리를 이용하여 단일의 최선인 해결책을 추론하는 문제 해결 전략

수면 무호흡증(sleep apnea) 반복적인 호흡의 방해로 인한 수면장애

수면 박탈(sleep deprivation) 이유여하를 막론하고 충분한 수면을 취하지 못하는 것

수면 위생(sleep hygiene) 건강한 수면을 촉진하는 일상적인 행동

수상돌기(dendrite) 다른 뉴런으로부터 신호를 전달받는 뉴런의 끝 부분의 작은 가지들

수상돌기 수용기(receptor site) 자물쇠가 특정 열쇠에 들어맞는 것처럼 특정 신경전달물질에 들어맞는 수상돌기의 작은 구멍들

수정체(lens) 자체적으로 모양을 변경하면서 대상에 대한 초점을 맞추는 눈의 표면 아래에 있는 투명층

수초막(myelin sheath) 축색을 감싸고 있는 지방질의 보호막

순행간섭(proactive interference) 기존의 정보로 인하여 새로운 정보를 기억하는 데 발생하는 어려움

순행성 기억상실증(anterograde amnesia) 특정 시점 이후 새로운 기억을 형성하지 못하는 것

순환성장애(cyclothymic disorder) 장기적이고 저강도 버전의 양극성장애

스키너 상자(Skinner box) (원래 이름은 조작실) 비둘기나 쥐 등 동물들을 넣어 그들의 행동과 이에 따른 결과들을 관찰하고 기록하기 위해 마련된 상자

스탠퍼드-비네 지능검사(Stanford-Binet Intelligence Test) 널리 사용되고 높은 평가를 받는 지능검사로 알프레드 비네와 루이스 터먼에 의해 개발되었으며 전 연령에 적합함

스트레스(stress) 위협적으로 지각되는 상황에 대한 불쾌한 신체적 또는 심리적 대응

스트레스원(stressor) 스트레스를 발생시키는 삶에서 나타나는 어떤 사건이나 변화

시각(vision) 눈으로 보는 감각

시각 조절(visual accommodation) 눈으로부터 다양한 거리에 있는 대상에 대해 초점을 맞추기 위해 수정체의 모양이 변화되는 과정

시냅스(synapse) 연결된 두 뉴런 사이의 틈

시냅스 소낭(synaptic vesicle) 신경전달물질을 담아두는 작은 자루 모양의 주머니

시상(thalamus) 뇌의 중심 근처에 위치한 뇌의 주요 감각 처리 센터

시상하부(hypothalamus) 신체 기능의 안정성을 유지하는 데 관여하는 변연계의 한 부분

시스젠더(cisgender) 성과 성별이 일치하는 사람

시연(rehearsal) 의도적으로 정보를 반복하여 기억을 증진함

신경계(nervous system) 뇌를 신체의 다른 모든 부분과 연결하는 신경의 전체 집합

신경과학(neuroscience) 행동과 뇌의 생물학적 기능 사이의 연결을 강조하는 심리학적 조망

신경교세포(glial cell) 뇌 안에서 뉴런을 지원하고 보호하는 세포

신경생성(neurogenesis) 새로운 뉴런의 생성

신경성 식욕부진증(anorexia nervosa) 사람의 키와 나이를 기준으로 최소한의 정상적인 체중을 유지하기에 충분한 음식을 먹지 않는 것에 근거한 섭식장애

신경성 폭식증(bulimia nervosa) 개인이 과식의 패턴을 보이는 섭식장애로 체중 증가를 막기 위한 과감한 시도가 뒤따름

신경전달물질(neurotransmitter) 한 뉴런에서 다음 뉴런으로 시냅스를 가로질러 이동하는 화학적 전달물질

신경증 성향(neuroticism) 불안, 우울, 스트레스 같은 부정적 정서를 경험하는 경향성에 해당되는 성격 특질

신념고수(belief perseverance) 신념이 틀렸다는 것을 증거가 보여주더라도 그 신념을 유지하려는 경향

신뢰도(reliability) 평가 기법이 일관되고 반복 가능한 결과를 제공하는 정도

신진대사율(metabolic rate, metabolism) 신체가 에너지를 태우는 속도

신체적 의존(physical dependence) 정상적으로 기능하기 위한 특정 약물에 대한 신체적 요구

신프로이트 학파 이론(neo-Freudian theory) 프로이트의 정신역동 이론의 원래 아이디어에 근거를 두면서 그것을 완전히 거부하지는 않지만 수정된 이론들

실무율적 사고(all-or-nothing thinking) 내담자가 중간 지점 없이 사건을 완전히 흡잡을 데 없거나 완전히 끔찍한 것으로 실수로 평가하는 인지 왜곡

실제 자기(real self) 매일 실제로 경험하는 자기

실험연구(experimental research) 하나의 변인을 조작한 후 다른 변인의 변화를 관찰함으로써 두 변인 사이의 인과관계를 확인하는 것을 목표로 하는 연구

실험집단(experimental group) 실험연구에서 연구의 초점이 되는 처치가 주어지는 참가자 집단

심리성적 단계(psychosexual stage) 성격 특성이 형성되는 아동기에 생물학적으로 근거를 둔 프로이트가 제안한 다섯 가지 단계

심리신경면역학(psychoneuroimmunology, PNI) 스트레스를 포함한 심리적 요인과 면역체계 간의 관계 연구

심리적 결정주의(psychic determinism) 모든 사고와 행동, 심지어 우연적이고, 임의적이고 실수로 보이는 것조차 심리적 힘에 의해 결정된다는 신념

심리적 의존(psychological dependence) 정상적으로 기능하기 위해 특정 약물에 대한 정신적 요구

심리적 장애(psychological disorder) 심각한 고통이나 기능장애를 일으켜 사람의 삶을 방해하는 행동 패턴

심리치료(psychotherapy) 사람이 심리장애를 극복하거나 정서적 · 인지적 또는 행동적 기능의 일부 측면을 개선하도록 돕기 위한 다양한 기술을 사용하는 정신 건강 전문가를 포함한 치료

심리학(psychology) 행동과 정신 과정에 대한 과학적 연구

심리학적 이상 이론(psychological theory of abnormality) 감정, 사상, 행동, 특질 등 심리적 요인이 심리장애의 주요 원인이라고 주장하는 이상론

아편 유사제(opioids) 자연적으로 유도된 아편제와 뇌의 동일한 수용체에 결합하고 유사한 효과를 갖는 합성 물질 모두를 포함하는 약물

아편제(opiates) 양귀비 식물에서 자연 유래된 통증 완화제

안정전위(resting potential) 발화하지 않는 뉴런에서의 낮은 수준의 전하량

암묵기억(implicit memory) 개인이 의식적으로 인지하지 못하는 기억

애착(attachment) 두 사람, 특히 영아와 양육자 간의 밀접한 정서적 연대

야경증(sleep terrors) 그 사람이 두렵고 혼란스럽다고 느끼는 짧고 갑작스러운 각성

양극성장애(bipolar disorder) 극도로 높은 기분과 극도로 낮은 기분이 번갈아 일어나는 것이 특징인 심리장애

양성애(bisexual) 자신과 같은 성과 다른 성 모두에게 매력을 느끼는 사람의 성적 지향

양성 증상(positive symptom) 조현병 환자에게는 존재하거나 과도하지만 조현병이 없는 사람에게는 대부분 없는 경험

양안 깊이단서(binocular depth cues) 두 눈을 사용할 때 깊이를 나타내는 시각 자극의 특질

양전자방출 단층촬영법(positron emission tomography, PET) 방사능 물질이 포함된 포도당을 신체에 주입한 후 특정 뇌 부분이 소비한 혈액 속의 포도당의 양을 관찰함으로써 다양한 뇌 구조에서의 활동을 설명하는 기술

언어(language) 상호 소통할 수 있는 능력으로, 규칙에 따라 단어나 상징 등을 조합하고 조율함

언어 외 정보(extralinguistic information) 단어의 문자 그대로의 의미 이외의 언어 구성요소

언어적 상대성(linguistic relativity) 언어가 사고에 영향을 준다고 주장하는 이론

언어획득장치(language acquisition device) 개인의 뇌 안에 존재하는 언어사용 능력을 제공하는 특정 장치

얼굴 피드백 이론(facial feedback theory) 뇌가 얼굴표정을 관찰하여 정서에 영향을 준다고 설명하는 정서 이론

엔도르핀(endorphin) 통증을 줄이고 쾌감을 증가시키는 신경전달물질

엘렉트라 콤플렉스(Electra complex) 아버지를 열망하고 어머니를 미워하는 아동기 경험

여키스-도슨 법칙(Yerkes-Dodson law) 최상의 수행은 각성이 너무 없거나 지나칠 때가 아니라, 적당하고 적절한 수준일 때 이루어진다는 법칙

역량 경계(boundaries of competence) 치료자의 전문성과 능력의 한계

역조건형성(counterconditioning) 원치 않는 반응에 대한 방아쇠가 원치 않는 반응을 막는 새로운 자극과 연합을 이루는 고전적 조건형성 치료

역치(threshold) 활동전위를 유발하기 위해 요구되는 최소한의 전하량

역행간섭(retroactive interference) 새로운 정보로 인하여 기존의 정보를 기억하는 데 발생하는 어려움

역행성 기억상실증(retrograde amnesia) 특정한 시점 이전에 발생한 정보들을 인출하지 못하는 것

연산(algorithm) 공식 같은 문제 해결 방법

연속 강화(continuous reinforcement) 매번 행동이 일어날 때마다 강화가 되는 양식

연수(medulla) 심장박동과 호흡에 가장 특정적으로 관련된 뇌간 부분

연합령(association area) 정보를 단순히 받아들이기보다는 정보를 종합하고 해석하는 데 관여하는 대뇌피질 영역

열정적 사랑(passionate love) 흥분과 욕망이 특징으로 대개 관계의 초기에 경험하는 사랑

영상기억(iconic memory) 시각감각기억으로 눈을 통해 들어오는 모든 정보를 몇 초 동안 담고 있음

영재(giftedness) 현저하게 높은 평균 이상의 지능을 가진 것

오이디푸스 콤플렉스(Oedipus complex) 어머니를 열망하고 아버지를 미워하는 아동기 경험

오정보 효과(misinformation effect) 기억 속에 실수로 통합된 정보가 그대로 잘못된 채로 또는 오해하기 쉽게 반영되는 것

옹알이(babbling) 언어발달 초기 단계에 아기들이 의미 없는 다양한 소리를 음성으로 만드는 행동

외상후 성장(posttraumatic growth) 외상을 겪은 후 그것으로부터 자신에게 도움이 되고, 자신을 발전시키고 질을 높이는 방안을 찾는 것

외상후 스트레스장애(posttraumatic stress disorder, PTSD) 지속적으로 안절부절못하고, 외상 사건을 상기시키는 것들을 피하고, 수면과 주의집중에 어려움이 있고, 외상사건이 자주 기억나며 자꾸 생각나는 특성들이 한 달 이상 지속되는 심리적 장애

외재적 동기(extrinsic motivation) 외적 보상을 얻기 위해 행동을 수행하고자 하는 욕구

외적 통제 소재(external locus of control) 자신의 삶은 자신 밖에 있는 힘의 통제하에 있다고 믿는 신념

외집단(outgroup) 자신이 속해 있지 않다고 믿는 사회집단('그들')

외집단 동질성(outgroup homogeneity) 외집단의 구성원은 모두 본질적으로 비슷하다는 가정

외향성(extraversion) 사회적으로 활발한 경향성에 해당하는 성격 특질

외현기억(explicit memory) 의식적으로 기억하는 내용

욕구위계(hierarchy of needs) 어떤 욕구는 반드시 다른 욕구들보다 먼저 만족되어야만 한다는 것을 기본 전제로 한, 매슬로가 제안한 동기 이론

우울 및 양극성장애(depressive and bipolar disorder) 극단적인 기분이나 감정 상태에 근거한 심리적 장애의 범주

우호성(agreeableness) 타인들과 협동하고 따르는 경향성에 해당하는 성격 특질

운동감각(kinesthetic sense) 신체 부분들의 위치와 움직임에 대한 감각

운동뉴런(motor neurons) 뇌로부터 근육으로 메시지를 전달하는 뉴런

운동피질(motor cortex) 전두엽 뒤쪽 근처의 대뇌피질로 자발적 운동에 관여함

원격심리학(telepsychology) 인터넷을 통한 기술장치를 통해 이루어지는 심리치료

원초아(id) 프로이트에 따르면, 성과 공격성 같은 원초적이고 생물학에 근거한 충동을 생성하는 마음의 동물적 부분

원형(archetype) 문화나 시대가 달라도 지속적으로 나타나는 집단무의식 안에 있는 특정한 상징이나 양상

원형(prototype) 개념 내 가장 전형적이거나 예시가 되는 것

웩슬러 지능검사(Wechsler Intelligence Test) 데이비드 웩슬러에 의해 개발된 널리 사용되고 높이 평가되는 지능검사

위약효과(placebo effect) 실험연구에서 실험적 조작의 효과보다는 기대에 의한 효과

유산소 운동(aerobic exercise) 지속적으로 심장 박동률을 증가시키는 신체 운동

유인가(incentive) 획득하고자 동기부여된 자신의 내부가 아닌 외부에 존재하는 물건이나 상황

유지 시연(maintenance rehearsal) 정보를 원래 부호화하는 동일한 방식으로 의도적으로 반복함

음고(pitch) 소리의 높거나 혹은 낮은 수준

음성 증상(negative symptom) 조현병 환자에게는 부족한 행동이지만, 그것은 보통 장애가 없는 사람들에게서 나타나는 행동임

음소(phoneme) 말을 구별해주는 최소 단위

응용심리학(applied psychology) 심리학자들이 사람들의 삶에서 중요한 측면을 향상시키기 위해 마음과 행동에 대한 그들의 지식을 사용함으로써 그들의 전문성을 실생활에 응용하는 심리학 영역

의대생 증후군(medical student syndrome) 의대 학생들, 그리고 아마도 심리학과 학생들 사이에 공통된 경험으로, 그들이 배우고 있는 질병에 걸렸다고 믿기 시작하는 것

의미기억(semantic memory) 외현기억의 한 종류로 숫자, 단어 의미 또는 일반적인 정보를 내용으로 구성됨

의미론(semantics) 단어와 문장으로부터 의미를 추출하는 규칙

의사결정(decision making) 가능한 선택들 중 하나를 채택하기 위해 인지를 사용하는 것

의식(consciousness) 자기 자신과 주변 환경에 대한 사람의 인식

이론(theory) 관찰된 사상(event)에 대해 제안된 설명

이상적 자기(ideal self) 자연스럽게 되고자 노력하는 자기실현된 자기

이성애(heterosexual) 자신과 다른 성을 가진 사람에게 매력을 느끼는 사람의 성적 지향

이소골(ossicle) 고막의 안쪽에 연속적으로 서로 연결된 매우 작은 3개의 뼈

이중맹목 절차(double-blind procedure) 참가자와 연구자 모두 어떤 참가자가 어떤 집단에 속해 있는지 알 수 없도록 하면서 실험연구를 수행하는 절차

이중처리 이론(dual-process theory) 모든 사람이 하나의 자동적 사고와 하나의 의도적 사고방식을 가지고 있다는 개념

이차 강화(secondary reinforcer) 강화 효과를 가지기 위해서 일차 강화물에 대해 학습된 연결고리를 가져야 하는 강화

이차 성징(secondary sex characteristics) 재생산에 직접 관여하지 않지만 성적 성숙을 나타내는 신체 변화

이차 평가(secondary appraisal) 자신이 스트레스를 주는 사건에 얼마나 잘 대처할 수 있는지를 결정하는 방식

이타주의(prosocial behavior) 아무런 사심 없이 다른 사람을 걱정하는 것

인간중심치료(person-centered therapy) 각 개인에 내재된 건강한 성장 성향을 강조한 칼 로저스의 이론을 기반으로 한 접근법

인본주의(humanism) 인간 본성이 일반적으로 좋고, 사람들은 자연스럽게 자신의 잠재력을 향해 성장하도록 동기화된다는 생각을 강조하는 심리학적 조망

인상 형성(impression formation) 다른 사람에 대하여 형성하는 최초의 평가, 또는 '첫인상'

인습적 도덕(conventional morality) 사회의 규범과 법을 따르는 도덕적 의사결정을 하는 것

인지(cognition) 뇌가 정보를 이해하고, 정리하고, 분석하고, 의사소통하는 일

인지도(cognitive map) 강화물의 제공 없이, 처음 탐색하게 된 실제적인 세계에 대한 인지적인 도표

인지 부조화(cognitive dissonance) 어떤 태도 또는 어떤 행동과 상충하는 태도를 가짐으로써 발생하는 불편함

인지심리학(cognitive psychology) 사고, 언어, 주의, 기억, 그리고 지능 등의 인지 과정을 강조하는 심리학적 조망

인지 왜곡(cognitive distortion) 다양한 종류의 비이성적 사고에 대한 설명적인 이름

인지적 증상(cognitive symptom) 정신분열증을 앓고 있는 사람들이 생각하는 불안하고 비논리적인 방법들

인지치료(cognitive therapy) 치료자들이 내담자가 생활사건에 대해 생각하는 방식을 바꾸도록 도와주는 심리치료 접근법

인지치료의 ABCDE 모델(ABCDE model of cognitive therapy) 치료자와 내담자가 특정한 생활사건에 대하여 비논리적 사고에서 논리적 사고로 이어지는 순서를 식별하는 합리적-정서행동치료의 한 유형

인지평가 이론(cognitive appraisal theory) 자극에 대한 생각이 정서를 일으킨다고 설명하는 정서 이론

인지행동치료(cognitive-behavioral therapy) 행동을 직접 변경하기 위해 논리적 사고에 중점을 두고 조건형성 원리의 사용을 결합한 하이브리드 치료법

인출(retrieval) 정보를 기억으로부터 이끌어내는 것

인출단서(retrieval cues) 기억 속의 정보 인출을 돕는 단서

일반 적응 증후군(general adaptation syndrome) 진행 중인 스트레스에 대해 신체가 반응하는 방식에 대해 널리 수용되는 반응으로, 경고, 저항, 소진의 세 단계로 구성됨

일반지능(g)(general intelligence, g) 모든 작업 및 상황에 적용되는 전체적인 지능

일반화(generalization) 조건 자극과 비슷한 다른 자극들이 조건 자극과 동일하게 조건 반응을 일으키게 되는 학습 과정

일상적 스트레스(hassles) 매일의 삶에서 접하는 흔한 사소한 불편이나 짜증

일주기리듬(circadian rhythm) 뇌와 신체가 기능하는 24시간 주기

일차 강화(primary reinforcer) 생물학적 욕구를 충족시켜주기 때문에 강화 효과를 가지기 위한 학습을 따로 요구하지 않는 선천적 강화

일차 성징(primary sex characteristics) 성기, 자궁, 고환 등 성적 재생산과 직접 관련된 신체 변화

일차 평가(primary appraisal) 자신에게 발생한 스트레스가 얼마나 스트레스를 주는지 결정하는 방식

일치(congruence) 실제 자기와 이상적 자기가 서로 일치함

일화기억(episodic memory) 외현기억의 한 종류로 개인에게 있었던 경험에 대한 내용으로 구성됨

임사체험(near-death experience) 죽음이 곧 일어날 것이라는 믿음에 의해 야기된 의식의 변화된 상태

임상심리학(clinical psychology) 심리적 장애에 초점을 맞추는 응용심리학의 한 영역

임상적 면접(clinical interview) 심리학자들이 내담자와 함께 대화를 통해 성격을 평가하는 방법

자각몽(lucid dreaming) 자는 동안 꿈을 어느 정도 통제할 수 있는 꿈의 경험

자기개념(self-concept) 자신이 어떤 사람인지에 관한 자기 관점

자기결정 이론(self-determination theory) 자신의 내부로부터 발생한 동기가 가장 강력하고 건강한 동기라고 주장하는 동기 이론

자기공명영상법(magnetic resonance imaging, MRI) 뇌 구조에 대한 영상을 만들기 위해 자기장과 라디오파가 사용되는 기술

자기실현(self-actualization) 개인이 잠재적으로 되고 싶어 하는 사람으로 온전하게 되는 것

자기실현(self-actualization) 자신의 잠재력을 충분히 발휘하여 자신이 되고자 하는 사람이 되는 것

자기효능감(self-efficacy) 자신의 능력에 대한 개인의 신념

자동적 처리(자동적 부호화)[automatic processing(automatic encoding)] 어떤 정보가 의식적인 처리를 거치지 않고 장기기억으로 들어오는 것

자발적 회복(spontaneous recovery) 일시적으로 조건 자극이 주어지지 않다가 어느 순간 다시 주어졌을 때, 소거되었던 조건 반응이 다시 돌아오는 현상

자아(ego) 프로이트에 따르면, 원초아와 초자아 사이를 조절하는 현실적 조정자로 작동하는 마음의 한 부분

자아중심성(egocentrism) 자신의 입장이 아니라 타인의 입장에서 상황을 이해하는 능력의 부족

자유연상(free association) 치료자가 내담자를 격려하여 어떠한 검열 없이 단순히 생각나는 대로 말을 하게 하는 정신역동적 기법

자율신경계(autonomic nervous system) 무의식적으로 제어되는 신체 부위들로 중추신경계를 연결하는 말초신경계의 부분

자조집단(self-help group) 집단 구성원이 그들을 이끄는 전문 치료자 없이 회기를 운영하는 집단치료의 한 유형

자폐스펙트럼장애(autism spectrum disorder) 상당한 사회적 상호작용 부족과 경직되고 반복적인 행동 패턴이 특징인 아동기에 나타나는 장애

작업기억(working memory) 정보를 처리하거나 순간 저장하는 유형의 기억

잠복기(latency stage) 초등학교 시절 지속되는 프로이트의 심리성적 발달 단계 중 네 번째 단계로, 아동의 에너지가 일차적으로 학업에 초점이 맞추어지고 성적 주제나 신체적 주제에는 거의 관심이 없는 시기

잠재학습(latent learning) 직접적으로 관찰되지 않지만, 이미 발생한 학습의 한 종류

장기기억(long-term memory) 거의 제한이 없는 정보를 시간의 제약 없이 저장하는 것

장기증강(long-term potentiation) 동시에 자극받은 뉴런 간의 연결성을 높이는 것으로 기억의 생물학적 기초를 구성함

장소이론(place theory) 달팽이관 안에서 다른 위치에 있는 작은 섬모들이 음고에 따라 차별화되어 자극되기 때문에 상이한 음고를 지각한다는 생각에 기초한 음고 지각 이론

재인(recognition) 외부의 정보와 비교하여 저장된 정보와 잘 연결되는지 살펴본

후 인출하는 방식

재흡수(reuptake) 수신뉴런의 수용기에 도착하지 못한 신경전달물질이 송신뉴런에 의해 다시 흡수되는 과정

저가 기법(lowball technique) 낮은 가격을 제시하여 초기 계약을 맺은 후, 그다음에 가격을 올리는 설득 전략

저장(storage) 정보를 기억 속에 유지하는 것

저항(resistance) 불안을 유발하는 주제에 대한 논의 또는 의식적 인식을 차단하는 내담자 행동

적응장애(adjustment disorder) 확인 가능한 스트레스원에 대해 과도하게 와해된 스트레스 반응을 보이는 심리장애

적응적 규범 인식 능력(dynamic sizing) 집단의 규범을 아는 것과 동시에 그 규범이 그 집단 구성원 모두에게 적용되지 않을 수 있음을 인식하는 능력

전경-배경 체제화(figure-ground organization) 대상과 그것의 배경을 시각적으로 구별하는 경향

전기충격치료(electroconvulsive therapy, ECT) 전류가 내담자의 뇌를 통과하는, 중증장애에 대한 생의학 치료

전두엽(frontal lobe) 이마 바로 뒤에 있는 대뇌피질의 일부로 복잡한 사고과제, 계획, 의도적 행동 및 기타 고급 기능에 관여함

전이(transference) 치료자가 내담자의 과거에서 중요한 사람처럼 행동하기를 바라는 내담자의 무의식적이고 비현실적인 기대

전인습적 도덕(preconventional morality) 특정 결정으로 발생할 잠재적 상과 벌에 의해 도덕적 의사결정을 하는 것

전정감각(vestibular sense) 신체 균형에 대한 감각

전조작기(preoperational stage) 피아제 인지발달의 두 번째 단계로, 2~7세 사이에 해당되며, 아동은 언어와 상징을 사용할 수 있지만 많은 정신적 조작을 할 수는 없음

전집(population) 연구가 관심을 갖고 있는 사람들의 전체 범위

절대역치(absolute threshold) 전체 시행 중 최소한 반 이상에서 자극의 존재를 탐지하는 데 필요한 자극의 최소 수준

절정 경험(peak experience) 가끔 신비스러운 느낌이 드는, 아주 강한 성취감이 뿜어져 나오는 자기실현의 순간

절차기억(procedural memory) 암묵기억의 종류로 어떠한 과제를 자동적으로 수행할 수 있는 내용으로 구성되어 있음

절충적 치료 접근법(eclectic approach to therapy) 심리치료자가 유사한 내담자들에 대한 연구의 증거를 바탕으로 특정 내담자에 대한 최상의 치료를 선택하는 전략

점화(priming) 최근의 어떤 경험이 특정한 기억의 회상을 높이는 원인이 되는 것

접합체(zygote) 정자와 난자가 수정한 후 약 2주까지 태내 인간 조직체

정교화 시연(elaborative rehearsal) 정보에 의미를 추가하거나 연합하여 기억을 증진함

정동둔마(flat affect) 적절한 감정의 부재

정보에 입각한 연구 참여 사전동의(informed consent to research) 사람들에게 연구에 대한 정보를 제공하고 연구에 참여하기 이전에 그들로부터 동의를 얻어야 한다는 심리학자들에 대한 윤리적 요구사항

정보처리모델(information processing model) 기억에 대한 모형으로 부호화, 저장, 인출의 세 단계를 포함하고 있음

정상곡선(normal curve) 검사에서 점수의 빈도가 중간에서 가장 크고 극단으로 갈수록 감소하는 것을 보여주는 그래프

정서(emotion) 신체, 행동, 의식의 변화를 포함한 감정의 모든 측면

정서예측(affective forecasting) 결정의 결과에 대해 어떤 사람이 어떻게 느낄지 예측하는 것

정서 조절(emotion regulation) 자신의 정서 유형, 정서 강도, 정서 지속 및 정서 표현을 다루는 능력

정서중심 대처(emotion-focused coping) 스트레스원에 대한 정서적 반응을 바꾸는 데 초점을 둔 스트레스 대응 방식

정서지능(emotional intelligence) 타인의 감정뿐만 아니라 자신의 감정을 감지하고 관리할 수 있는 능력

정신병리학의 범주 모델(categorical model of psychopathology) 심리적인 문제가 어느 정도 존재하는 것이 아니라 완전히 존재하는 것이거나 전혀 없는 것으로 존재하는 정신병리학의 모델

정신병리학의 차원 모델(dimensional model of psychopathology) 완전한 존재나 부재와는 반대로 심리적인 문제가 연속적으로 존재하는 정신병리학의 모델

정신분석(psychoanalysis) 주요 목표는 무의식을 의식적으로 만드는 지그문트 프로이트가 개발한 심리치료 접근법. 즉 내담자가 치료를 시작할 때 자신이 알지 못하는 생각과 느낌을 더 잘 인식하도록 돕는 심리치료에 대한 접근법

정신분석학(psychoanalysis) 지그문트 프로이트가 창시한 것으로 무의식적인 심적 활동과 아동기 경험의 장기적, 지속적 영향을 강조하는 심리학적 조망

정신생리학적 질병(psychophysiological illness) 스트레스를 유발하거나 악화시키거나 유지시키는 질병

정신약물학(psychopharmacology) 약물로 정신장애를 치료하는 것

정신역동치료(psychodynamic therapy) 무의식을 의식하게 만드는 정신분석의 목표를 유지하는 치료지만, 정신분석보다 더 짧고 내담자의 현재 생활에(내담자의 과거보다) 더 집중되어 있음

정신외과술(psychosurgery) 심각한 심리장애를 개선하기 위해 뇌에서 직접 집행하는 수술

정신의학(psychiatry) 뇌와 뇌의 장애에 초점을 맞추는 의학적 전문영역

정신적 여과(mental filtering) 내담자가 부정적인 것에 지나치게 집중하면서 긍정적인 것을 무시하거나 '필터링'하는 인지 왜곡

정신증(psychosis) 현실 세계와 상상력의 차이를 구별할 수 있는 기본적인 능력에 상당한 손상

정신질환의 진단 및 통계 편람(Diagnostic and Statistical Manual of Mental Disorders, DSM) 정신장애를 공식적으로 규정하는 책

정적 강화(positive reinforcement) 강화의 한 종류로, 바람직한 무언가를 얻게 하는 것

정체감(identity) 에릭슨의 심리사회적 발달 이론의 일부 개념으로 개인이 누구인지에 대한 안정된 인식

제임스-랑게 이론(James-Lange theory) 신체 변화를 먼저 알아차린 후 그것을 어떤 특정한 감정으로 해석함으로써 정서를 경험한다고 설명하는 정서 이론

조건 반응(conditioned response) 조건 자극에 대해 학습을 통해 얻어진 반응

조건 자극(conditioned stimulus) 이전에는 중성 자극이었던 것으로, 무조건 자극과의 연결로 인하여 반응을 유발하게 된 자극

조성(shaping) 각 작은 단계들에서의 강화를 통하여 복잡한 행동을 점진적으로 학습하는 과정

조작적 정의(operational definition) 과학적 연구를 위한 변인들의 구체적이고 측정 가능한 정의

조작적 조건형성(operant conditioning) 학습의 형태로서, 자발적인 행동에 따른 결과가 이후 행동이 반복될 가능성에 영향을 주는 것

조절(accommodation) 새로운 도식을 수정하거나 형성하여 새로운 정보를 의미 있게 만드는 분류 과정

조절초점 이론(regulatory focus theory) 향상과 예방이라는 두 가지 동기 체계가 사람들에게 다른 방식으로 영향을 끼친다고 설명하는 동기 이론

조증(mania) 지나치게 의기양양하고 에너지가 넘치는 정서적 상태

조현병(schizophrenia) 사고, 지각, 감정, 행동 등에서 기괴한 혼란을 보이는 심각한 심리적 장애

종단연구 설계(longitudinal design) 연령이 동일한 집단을 서로 다른 시점에 비교하는 연구 설계

종속변인(dependent variable, DV) 실험연구에서 독립변인에 따라 달라질 것으

로 기대되는 변인

주변경로 설득(peripheral route persuasion) 메시지의 내용보다는 다른 요인들에 중점을 두는 설득 전략

주변화(marginalization) 새로운 문화와 기존 문화 모두를 거부하는 문화변용 전략

주요우울장애(major depressive disorder) 사람이 적어도 2주 동안 우울한 기분과 대부분의 활동에 대한 관심 상실을 경험하는 우울증

주의력결핍 과잉행동장애(attention-deficit/hyperactivity disorder, ADHD) 어린 시절에 나타나는 장애로 주의력, 과잉행동/충동성 또는 둘 다와 관련된 중요한 문제를 특징으로 함

주제 통각 검사(Thematic Apperception Test, TAT) 모호한 상황 속에 사람들이 있는 카드를 주고 이야기를 구성하도록 하는 투사적 성격 검사

줄기세포(stem cell) 아직 전문화되지 않았기 때문에 필요에 따라 다양한 다른 세포가 될 수 있는 세포

중독(addiction) 심각한 부정적 결과에도 불구하고 지속되는 문제 있는 약물 사용

중성 자극(neutral stimulus) 아무런 반응도 이끌어내지 못하는 자극

중심경로 설득(central route persuasion) 전달하고자 하는 메시지의 내용을 강조하는 설득 전략

중심와(fovea) 추상세포는 많이 포함하고 있지만 간상세포는 포함하고 있지 않는 망막의 중앙 영역

중추신경계(central nervous system) 뇌와 척수

증거 기반 치료(evidence-based practice) 치료자가 연구 증거, 치료자 전문지식 및 내담자 특성의 세 가지 요소의 조합을 기반으로 의사결정을 내리는 심리치료에 대한 접근법

지각(perception) 두뇌가 받아들인 원래의 감각정보를 해석하는 능력

지각 갖춤새(perceptual set) 이전 경험이나 주의 방략으로 인해 사물을 특정 방식으로 지각하는 경향

지각항등성(perceptual constancy) 자극 주변의 조건에 따라 자극이 상이한 감각을 유발하더라도 대상에 대해 동일한 지각을 유지하도록 하는 뇌의 능력

지능(intelligence) 지식을 얻고 경험으로부터 배울 수 있는 능력

지능검사(intelligence test) 심리학자들이 지능을 수치로 측정하기 위해 사용하는 평가기법

지능지수(intelligence quotient, IQ) 한 사람의 전반적 지능을 표현하기 위해 사용되는 숫자

지속성 우울장애(기분저하증)[persistent depressive disorder(dysthymia)] 만성적이고 비교적 강도가 낮은 우울함이 특징인 우울증

지속성 편파(durability bias) 결정의 결과에 의해 생성되는 감정의 예상 지속시간에 대한 과대평가

지역사회심리학(community psychology) 지역사회 전체의 건강함에 초점을 맞추는 응용심리학의 한 영역

지적장애(intellectual disability) 평균 이하의 지능과 일상적 기능의 저하에 기반한 정신장애

진실성(genuineness) 치료자의 역할을 거짓으로 수행하는 것과는 반대로, 치료자의 솔직성, 사실성 및 정직성

진정제(depressants) 신체의 기능을 저하시키는 약물들

진화심리학(evolutionary psychology) 행동에 미치는 영향으로서 찰스 다윈의 진화론을 강조하는 심리학적 조망

집단 간 접촉(intergroup contact) 여러 집단 구성원들 간의 직접적인 대인 간 상호작용을 바탕으로 편견을 깨보려는 전략

집단극화(group polarization) 집단 토론의 결과로 인해 집단의 태도가 더 극단적인 방향으로 기울어지는 경향성

집단무의식(collective unconscious) 모든 문화 사람들의 마음속에 존재하는 공동으로 유전된 기억

집단사고(groupthink) 집단 구성원들이 최상의 해결책을 찾는 것보다 서로 잘 지

내는 것을 더 중요하게 생각할 때 발생하는 현상

집단치료(group therapy) 내담자 집단으로 진행하며, 대인 간 상호작용에 중점을 둔 심리치료

집합주의(collectivism) 개인의 웰빙보다 집단의 웰빙을 더 강조하는 세계관

차별(discrimination) 집단에 대한 편견이나 고정관념에서 비롯된 행동

차이역치(최소가지차이)[difference threshold(just noticeable difference)] 전체 시행 중 최소한 반 이상에서 차이를 탐지하는 데 필요한 자극에서의 최소한의 변화

참여자 모델링(participant modeling) 내담자가 모델을 모방하는 의도를 가지고 모델(일부 경우, 치료자)이 목표행동을 수행하는 것을 보는 기법

창의성(creativity) 어떤 문제에 대한 독창적인 아이디어 또는 접근 방법을 생각해낼 수 있는 능력

책임 분산(diffusion of responsibility) 다른 사람이 있을 때는 도와야 한다는 책임감이 감소하는 것

처리수준(level of processing) 얼마나 깊은 수준으로 정보가 처리되는가

처벌(punishment) 행동의 결과로서 향후 그 행동의 발생을 감소시킴

청각(audition) 듣는 감각

청소년기(adolescence) 아동기에서 성인기로 전환하는 발달 시기

체감각피질(somatosensory cortex) 감각정보를 받아들이는 것과 관련된 두정엽 앞쪽의 뇌피질

체계적 둔감화(systematic desensitization) 내담자가 이전에 불안을 유발했던 것 또는 상황과 새로운 긴장이완(불안의 관계가 아닌)의 연합을 경험하는, 주로 공포증을 위한 행동치료의 한 형태

체성감각(somatosense) 피부를 통해 주로 접촉, 온도, 그리고 통증을 경험하는 감각

체신경계(somatic nervous system) 자발적으로 조절되는 신체 부위들로 중추신경계를 연결하는 말초신경계의 부분

체질량 지수(body mass index, BMI) 체지방 및 전반적인 신체단련 수준을 나타내는 것으로 키와 몸무게로 계산하는 값

초감각 지각(extrasensory perception, ESP) 감각이 없는 지각으로 논란의 여지가 있는 개념

초경(menarche) 소녀의 첫 생리

초두효과(primacy effect) 목록의 처음에 있는 정보를 특별히 잘 기억하는 경향

초심리학(parapsychology) 주류 심리학의 범위를 벗어난 주제에 대한 연구

초자아(superego) 프로이트에 따르면, 규칙, 제한, 도덕성을 부여함으로써 원초아를 반대하는 마음의 부분

최면(hypnosis) 한 사람, 즉 참가자가 최면술사에게 매우 암시적이 되는 변화된 의식 상태

최면의 사회인지 이론(social-cognitive theory of hypnosis) 최면에 걸린 사람에게 주어진 역할을 하도록 압력을 가하는 최면 이론

최신효과(recency effect) 목록의 마지막에 있는 정보를 특별히 잘 기억하는 경향

추동감소 이론(drive reduction theory) 충족되지 않은 생물학적 추동이 불쾌감을 유발하고, 이러한 불쾌감이 그러한 욕구를 충족시키도록 동기화한다고 설명하는 동기 이론

추상세포(cones) 빛이 풍부할 때 색을 탐지하는 망막의 수용기 세포

축색(axon) 다른 뉴런에 대한 정보를 전달하는 뉴런의 부분

축색종말(axon terminal) 다음 뉴런과 연결을 형성하는 축색의 작은 가지들

출처 기억상실증(source amnesia) 정보를 기억하는 데 전혀 어려움이 없지만, 어떻게 그 정보를 얻게 되었는지 회상할 수 없는 상태

측두엽(temporal lobe) 청각 및 언어 산출에 관여하는 뇌의 중간 아랫부분

치료적 동맹(therapeutic alliance) 치료자와 내담자가 공유된 목표를 향해 노력하는 신뢰하고 협력적인 관계

친밀감(intimacy) 에릭슨의 심리사회적 발달 이론의 일부 개념으로 낭만적 파트너와의 장기적인 정서적 가까움

친사회적 행동(prosocial behavior) 다른 사람을 도와주려는 의도를 가진 행동

친족관계 이론(kinship theory) 미래 세대에게 여러분의 유전자를 전달하는 것의 중요성을 강조하는 도움 이론

침술(acupuncture) 스트레스나 고통을 줄이기 위해 신체 특정 부위에 침을 꽂는 기법

칵테일파티 효과(cocktail party effect) 동일한 감각(예 : 청각) 안에서 다른 자극보다 특정 자극에 주의를 기울일 수 있는 능력

캐논-바드 이론(Cannon-Bard theory) 몸의 변화와 감정에 대한 인식이 동시에 일어나서 정서를 경험한다고 설명하는 정서 이론

컴퓨터 단층촬영법(computed tomography, CT) 여러 개의 X-선을 조합하여 뇌에 대한 3차원 영상을 만드는 기술

타당도(validity) 평가 기법이 측정해야 하는 것을 측정하는 정도

탈개인화(deindividuation) 집단 내 개인이 경험하는 정체감의 상실 및 책임감의 상실이 비정형화된 행동을 유발하는 것

태도(attitude) 사고와 정서 모두에 영향을 받아 형성되는 관점으로 사람, 사물, 또는 상황에 대한 개인의 반응을 유발

태아(fetus) 수정 후 2개월 이후부터의 태내 인간 조직체

태아알코올증후군(fetal alcohol syndrome) 임신 동안 산모가 알코올을 많이 섭취함으로써 태아에게 나타나는 일련의 신체 문제와 행동 문제 양상

토큰 경제(token economy) 내담자가 목표행동을 수행할 때 보상으로 교환할 수 있는 토큰을 얻는 행동치료 기법

통사론(syntax) 구절이나 문장을 구성할 때 단어를 어떻게 배열하는가에 대한 규칙

통제 소재(locus of control) 자신에게 발생하는 것에 대해 어느 정도의 통제력을 지니고 있는지에 대한 개인의 신념

통제집단(control group) 실험연구에서 연구의 초점이 되는 처치가 주어지지 않는 참가자 집단

통찰(insight) 문제에 대한 해결책의 인식이며 시행착오가 아닌 문제에 대한 인지적 이해로부터 발생함

통합(individualism) 새로운 문화와 기존 문화 모두를 채택하는 문화변용 전략

통합적 치료 접근법(integrative approach to therapy) 심리치료자가 새로운 형태의 심리치료를 만들기 위해 스타일이나 기법을 혼합하는 전략

투사적 성격 검사(projective personality test) 내담자가 모호한 자극에 대해 자유롭게 응답하도록 하는 성격 검사

투쟁-도피 반응(fight-or-flight response) 위협적 상황에 대해 공격하거나 도망가도록 준비하게 만드는 자동적으로 나오는 정서적·신체적 반응

트랜스젠더(transgender) 성과 성별이 일치하지 않는 사람

특수지능(s)(specific intelligences, s) 특정 분야에만 적용되는 지능

특정공포증(specific phobia) 특정 대상이나 상황에 대한 과도한 불안이 특징인 불안장애

특정학습장애(specific learning disorder) 읽기, 쓰기 또는 수학의 성취도가 연령 기대치를 크게 밑도는 정신장애

특질(trait) 여러 상황에 걸쳐 사고, 감정, 행동에 영향을 주는 성격의 안정된 요소

틀 만들기(framing) 질문이나 문제가 제시되는 특정한 방식으로, 이것에 의해 사람들이 어떻게 반응하는가에 영향을 줄 수 있음

파국화(catastrophizing) 내담자가 사건의 부정적인 결과를 과장하거나 사소한 실수로 '파국'을 만드는 인지 왜곡

퍼즐 맞추기 교실(jigsaw classroom) 여러 명의 학생을 한 조로 구성하여 과제를 제시하고, 해당 과제를 다시 세부 과제들로 나누어 각자에게 배당한 다음, 협력과 상호작용을 통하여 과제를 완결하도록 함으로써 편견을 감소시키는 전략

편견(prejudice) 그 집단에 속한 어떤 구성원을 알기 전에 형성된 그 집단에 대한 부정적 태도

편도체(amygdala) 감정, 특히 두려움 경험과 가장 직접적으로 관련된 변연계의 한 부분

평가(appraisal) 자신에게 발생한 것에 대해 평가하는 방식

폐경(menopause) 중년기에 여성이 생리를 멈추는 것

폭식장애(binge eating disorder) 과식 패턴이 있지만 구토는 없는 섭식장애

표본(sample) 실제로 연구에 참여하는 전집의 하위집합

표현 규칙(display rules) 한 집단 내에서 수용할 수 있는 언어적 표현과 비언어적 표현에 대한 규범

프로이트식 실수(Freudian slips) 무의식적 사고나 바람을 드러내는 언어적 또는 행동적 실수

하향처리(top-down processing) 기대 또는 이전 경험이 지각하는 것에 영향을 주는 정보처리 방식

학습(learning) 삶의 경험이 한 유기체의 행동이나 사고방식에 변화를 일으키는 과정

학습된 무기력(learned helplessness) 스스로 문제를 해결하려는 어떠한 시도조차 하지 않는 상태로, 이전에 노력해도 소용없었음을 학습한 결과로 발생함

한 단어 단계(one-word stage) 어린 아동들이 한 문장을 대신하여 한 단어를 사용하는 언어발달 단계

합리적-정서행동치료(rational-emotive behavior therapy, REBT) 치료자가 내담자의 비논리적 신념에 도전하고 내담자가 더 논리적인 신념을 채택하도록 장려하는 인지치료의 한 형태

항문기(anal stage) 18개월부터 약 3세까지 지속되며, 배변 훈련으로 인한 심리적 결과에 초점을 둔 프로이트의 심리성적 발달 단계 중 두 번째 단계

항불안제(antianxiety drug) 불안 증상을 줄이기 위해 사용되는 약물

항상성(homeostasis) 안정과 균형을 이룬 신체 상태

항우울제(antidepressant drug) 우울증 증상을 줄이기 위해 사용되는 약물(때로는 불안 증상을 줄이는 데도 효과적임)

항정신성 약물(antipsychotic drug) 망상, 환각 및 기괴한 행동과 같은 정신병적 증상을 줄이기 위해 사용되는 약물

해리성 기억상실(dissociative amnesia) 과거에서 중요한 정보를 떠올리지 못하게 되는 심리적 장애

해리성 정체성장애(dissociative identity disorder) 한 사람이 2개 이상의 뚜렷한 성격을 보이는 심리적 장애

해리장애(dissociative disorder) 기억, 감정 또는 정체성과 같은 자아의 필수 부분에 대한 인식을 상실하거나 연결이 단절되는 심리적 장애의 범주

해마(hippocampus) 기억, 특히 공간기억 및 장기기억과 관련된 변연계의 한 부분

해석(interpretation) 내담자의 무의식적 자료와 내담자의 현재의 행동, 생각 또는 감정을 연결하려는 정신역동치료자의 시도

행동유전학(behavioral genetics) 유전(선천성)과 환경(후천성)이 성격과 행동에 미치는 영향을 연구하는 학문

행동주의(behaviorism) 내적인 정신 과정보다 관찰 가능한 행동을 강조하는 심리학적 조망

행동치료(behavior therapy) 행동에 영향을 미치는 정신적 과정에 거의 중점을 두지 않고 외형의 행동을 바꾸기 위해 조작적 및 고전적 조건형성을 적용하는 것

행동 평가(behavioral assessment) 내담자의 행동이 보다 깊은 문제의 표시가 아니라 그 자체가 문제라고 가정하는 평가 방법

향본능 표류(instinctive drift) 선천적이고 유전적으로 프로그램된 양식으로 돌아가려는 동물 행동의 경향성

향정신성 약물(psychoactive drug) 정신 기능을 바꾸는 물질

허용적 양육(permissive parenting style) 부모가 아동에게 최소한의 요구를 하며 아동 마음대로 하도록 허용하는 양육 방식

혐오 조건형성(aversive conditioning) 원치 않는 행동을 불쾌한 경험과 연합하여 원치 않는 행동을 줄이는 것을 목표로 하는 행동치료의 한 형태

형식적 조작기(formal operational stage) 피아제 인지발달의 마지막 단계. 대략 11세에 시작하여 성인기까지 계속됨. 추상적 대상에 관해서도 논리적으로 생각할 수

있음

형태소(morpheme)　언어의 최소 의미 단위

호르몬(hormone)　내분비계 분비선에서 만들어진 화학물질로 신체 전체의 특정 조직에 영향을 미침

호혜주의 규범(reciprocity norm)　현재 도움을 제공하면 미래에 도움을 받을 수 있을 것으로 기대한다고 설명하는 도움 이론

홍채(iris)　눈 중앙에 위치한 색이 있는 원형의 근육

확증편파(confirmation bias)　처음에 생각한 것을 확증해주는 정보를 선호하는 경향

환각(hallucination)　잘못된 감각이나 인식

환각제(hallucinogens)　환각과 같은 비현실적인 감각을 만들어내는 약물들

활동전위(action potential)　축색을 통해 이동하는 전기적 충격의 방출 또는 발화

회상(recall)　외부의 정보와 비교 없이 저장된 정보에 접근하여 인출하는 방식

획득(acquisition)　학습과정에서 중성 자극이 조건 반응과의 연결로 인하여 조건 자극이 되는 순간

횡단연구 설계(cross-sectional design)　특정 시점에서 연령이 다른 사람들을 비교하는 연구 설계

효과의 법칙(law of effect)　특정 행동이 바람직한 결과를 이끌어내는 데 효과적이었다면 이후에 그 행동이 자주 반복되고, 바람직한 결과를 이끌어내지 못한다면 그 행동이 덜 반복된다는 법칙

후각(olfaction)　냄새에 대한 감각

후각구(olfactory bulb)　섬모로부터 냄새정보를 받아들이는 뇌의 아래쪽(콧등의 뒤쪽)에 있는 뇌 구조

후각피질(olfactory cortex)　편도체와 그 밖의 뇌 피질의 일부를 포함하여 냄새를 맡는 것과 관련된 뇌 영역들의 집합

후두엽(occipital lobe)　시력과 관련된 뇌의 뒤쪽 아랫부분

후인습적 도덕(postconventional morality)　기본 권리와 윤리적 원칙에 의해 도덕적 의사결정을 하는 것

훈습(working through)　해석이 반복되고, 재검토되며, 점차적으로 충분히 이해되는 기회를 주는 정신역동치료의 긴 단계

흥분제(stimulants)　신체 기능을 빠르게 하는 약물들

희생양 이론(scapegoat hypothesis)　편견은 비난할 누군가를 찾아야 할 필요성 때문에 생겨날 수 있다는 이론

A유형 성격(Type A personality)　경쟁적이고, 밀어붙이고, 참을성이 적고, 적대적인 특성을 지닌 성격

B유형 성격(Type B personality)　비경쟁적이고, 느리고, 느긋하고, 거의 화를 내지 않는 성격

C유형 성격(Type C personality)　감정 표현이 적고, 타인에 대해 동의를 잘하며, 무기력을 잘 느끼는 성격

D유형 성격(Type D personality)　우울, 불안과 같은 부정 정서가 높고, 이런 정서를 타인과 공유하지 않으려 하는 성격

LGBTQ　레즈비언(L), 게이(G), 양성애(B), 트랜스젠더(T), 퀴어/의문성(Q) 등을 포함하는 성소수자 집단

NEO-성격 검사-3(NEO-Personality Inventory-3, NEO-PI-3)　Big 5 성격 특질을 측정하는 객관적 성격 검사

NREM 수면(non-REM sleep)　빠른 눈 움직임이 있을 때 REM 수면 이외의 수면. 강렬한 뇌 활동, 꿈은 일어나지 않을 것 같음

REM　수면 중 빠른 안구 운동, 또는 눈꺼풀 뒤쪽에서 안구가 튕기는 소리

REM 마비(REM paralysis)　REM 수면 중 일시적으로 움직이지 않는 것

REM 반동(REM rebound)　REM 수면 박탈 기간 이후 REM 수면이 증가하는 것

REM 수면(REM sleep)　강렬한 두뇌 활동과 생생한 꿈이 일어날 가능성이 가장 높은 수면 단계

참고문헌

Aazami, S., Shamsuddin, K., & Akmal, S. (2018). Assessment of work-family conflict among women of the sandwich generation. *Journal of Adult Development, 25*(2), 135–140.

Abar, B., LaGasse, L. L., Derauf, C., Newman, E., Shah, R., Smith, . . . Lester, B. M. (2013). Examining the relationships between prenatal methamphetamine exposure, early adversity, and child neurobehavioral disinhibition. *Psychology of Addictive Behaviors, 27*(3), 662.

Abbas, A. I., & Lieberman, J. A. (2015). Pharmacological treatments for schizophrenia. In P. E. Nathan & J. M. Gorman (Eds.), *A guide to treatments that work* (4th ed., pp. 175–216). New York, NY: Oxford University Press.

Abbey, A., & McAuslan, P. (2004). A longitudinal examination of male college students' perpetration of sexual assault. *Journal of Consulting and Clinical Psychology, 72*(5), 747–756.

Abbey, A., McAuslan, P., & Ross, L. T. (1998). Sexual assault perpetration by college men: The role of alcohol, misperception of sexual intent, and sexual beliefs and experiences. *Journal of Social and Clinical Psychology, 17*(2), 167–195.

Abbey, A., McAuslan, P., Zawacki, T., Clinton, A. M., & Buck, P. O. (2001). Attitudinal, experiential, and situational predictors of sexual assault perpetration. *Journal of Interpersonal Violence, 16*(8), 784–807.

Abbey, A., Ross, L. T., McDuffie, D., & McAuslan, P. (1996). Alcohol and dating risk factors for sexual assault among college women. *Psychology of Women Quarterly, 20*(1), 147–169.

Abbey, A., Wegner, R., Woerner, J., Pegram, S. E., & Pierce, J. (2014). Review of survey and experimental research that examines the relationship between alcohol consumption and men's sexual aggression perpetration. *Trauma, Violence, & Abuse, 15*(4), 265–282.

Abbey, A., Zawacki, T., Buck, P. O., Clinton, A. M., & McAuslan, P. (2004). Sexual assault and alcohol consumption: What do we know about their relationship and what types of research are still needed? *Aggression and Violent Behavior, 9*(3), 271–303.

Abbott, S. M., Knutson, K. L., & Zee, P. C. (2018). Health implications of sleep and circadian rhythm research in 2017. *The Lancet Neurology, 17*(1), 17–18.

Abe, K., Amatomi, M., & Oda, N. (1984). Sleepwalking and recurrent sleeptalking in children of childhood sleepwalkers. *The American Journal of Psychiatry, 141*, 800–801.

Abe, K., Oda, N., Ikenaga, K., & Yamada, T. (1993). Twin study on night terrors, fears and some physiological and behavioural characteristics in childhood. *Psychiatric Genetics, 3*(1), 39–44.

Abel, E. L., & Kruger, M. L. (2010). Smile intensity in photographs predicts longevity. *Psychological Science, 21*(4), 542–544.

Abraham, R. (2005). Emotional intelligence in the workplace: A review and synthesis. In R. Schulze and R. D. Roberts (Eds)., *Emotional intelligence: An international handbook* (pp. 255–270). Cambridge, MA: Hogrefe & Huber.

Abramowitz, J. S., Fabricant, L. E., & Jacoby, R. J. (2015). Exposure-based therapies. In R. L. Cautin & S. O. Lilienfeld (Eds.), *The encyclopedia of clinical psychology* (pp. 1183–1189). West Sussex, UK: Wiley-Blackwell.

Abramowitz, J. S., & Mahaffey, B. L. (2011). The obsessive-compulsive disorder spectrum. In D. H. Barlow (Ed.), *The Oxford handbook of clinical psychology* (pp. 311–333). New York, NY: Oxford University Press.

Abrams, M. T., Patchan, K. M., Boat, T. F., & Institute of Medicine (U.S.). (2003). *Research training in psychiatry residency: Strategies for reform.* Washington, DC: National Academies Press.

Abrams, R. (2002). *Electroconvulsive therapy* (4th ed.). New York, NY: Oxford University Press.

Ackerman, P. L. (2013). Personality and cognition. In S. Kreitler (Ed.), *Cognition and motivation: Forging an interdisciplinary perspective* (pp. 62–75). Cambridge, UK: Cambridge University Press.

Ackerman, P. L., & Heggestad, E. D. (1997). Intelligence, personality, and interests: Evidence for overlapping traits. *Psychological Bulletin, 121*(2), 219–245.

Ackerman, S. J., Fowler, J. C., & Clemence, A. J. (2008). TAT and other performance-based assessment techniques. In R. P. Archer & S. R. Smith (Eds.), *Personality assessment* (pp. 337–378). New York, NY: Routledge.

Adachi, P. J., & Willoughby, T. (2017). The link between playing video games and positive youth outcomes. *Child Development Perspectives, 11*(3), 202–206.

Adair, W. L., & Xiong, T. X. (2018). How Chinese and Caucasian Canadians conceptualize creativity: The mediating role of uncertainty avoidance. *Journal of Cross-Cultural Psychology, 49*(2), 223–238.

Adam, K. C. S., Vogel, E. K., & Awh, E. (2017). Clear evidence for item limits in visual working memory. *Cognitive Psychology, 97*, 79–97.

Adams, E. J., Nguyen, A. T., & Cowan, N. (2018). Theories of working memory: Differences in definition, degree of modularity, role of attention, and purpose. *Language, Speech, and Hearing Services in Schools, 49*(3), 340–355.

Adams, K. F., Schatzkin, A., Harris, T. B., Kipnis, V., Mouw, T., Ballard-Barbash, R., . . . Leitzmann, M. F. (2006). Overweight, obesity, and mortality in a large prospective cohort of persons 50 to 71 years old. *New England Journal of Medicine,* 355(8), 763–778.

Ader, R., & Cohen, N. (1982). Behaviorally conditioned immunosuppression and murine systemic lupus erythematosus. *Science, 215*(4539), 1534–1536.

Ader, R., Mercurio, M. G., Walton, J., James, D., Davis, M., Ojha, V., . . . Fiorentino, D. (2010). Conditioned pharmacotherapeutic effects: A preliminary study. *Psychosomatic Medicine, 72*(2), 192–197.

Adler, A. (1927). *Understanding human nature.* New York, NY: Greenburg.

Adler, A. (1928). *The practice and theory of individual psychology.* New York, NY: Greenburg.

Adler, A., Bliese, P., & Castro, C. (Eds.). (2011). *Deployment psychology: Evidence-based strategies to promote mental health in the military.* Washington, DC: American Psychological Association.

Adolph, K. E., & Berger, S. E. (2005). Physical and motor development. In M. H. Bornstein & M. E. Lamb (Eds.), *Developmental science: An advanced textbook* (5th ed., pp. 223–281). Mahwah, NJ: Lawrence Erlbaum.

Adolph, K. E., & Berger, S. E. (2006). Motor development. In D. Kuhn & R. Siegler (Vol. Eds.), *Handbook of child psychology* (6th ed., Vol. 2, pp. 161–213). Hoboken, NJ: Wiley.

Adolphs, R., Tranel, D., Damasio, H., & Damasio, A. (1994). Impaired recognition of emotion in facial expressions following bilateral damage to the human amygdala. *Nature, 372*(6507), 669–672.

Adolphs, R., Tranel, D., Hamann, S., Young, A. W., Calder, A. J., Phelps, E. A., . . . Damasio, A. R. (1999). Recognition of facial emotion in nine individuals with bilateral amygdala damage. *Neuropsychologia, 37*(10), 1111–1117.

Affleck, G., & Tennen, H. (1996). Construing benefits from adversity: Adaptational significance and dispositional underpinnings. *Journal of Personality, 64*(4), 899–922.

Afifi, T. O., Mota, N. P., Dasiewicz, P., MacMillan, H. L., & Sareen, J. (2012). Physical punishment and mental disorders: Results from a nationally representative U.S. sample. *Pediatrics, 130*, 184–192.

Agnew, R. (2012). Dire forecast: A theoretical model of the impact of climate change on crime. *Theoretical Criminology, 16*(1), 21–42.

Agras, W. S. (2010). Introduction and overview. In W. S. Agras (Ed.), *The Oxford handbook of eating disorders* (pp. 1–6). New York, NY: Oxford University Press.

Agrawal, Y., Platz, E. A., & Niparko, J. K. (2008). Prevalence of hearing loss and differences by demographic characteristics among U.S. adults: Data from the National Health and Nutrition Examination Survey, 1999–2004. *Archives of Internal Medicine, 168*(14), 1522–1530.

Agrawal, Y., Platz, E. A., & Niparko, J. K. (2009). Risk factors for hearing loss in U.S. adults: Data from the National Health and Nutrition Examination Survey, 1999 to 2002. *Otology & Neurotology, 30*(2), 139–145.

Ahlskog, J. E., Geda, Y. E., Graff-Radford, N. R., & Petersen, R. C. (2011, September). Physical exercise as a preventive or disease-modifying treatment of dementia and brain aging. *Mayo Clinic Proceedings, 86*(9), 876–884.

Ahn, W., Proctor, C. C., & Flanagan, E. H. (2009). Mental health clinicians' beliefs about the biological, psychological, and environmental bases of mental disorders. *Cognitive Science, 33*(2), 147–182.

Ainsworth, M. D. S., Blehar, M. C., Waters, E., & Wall, S. (1978). *Patterns of attachment.* Hillsdale, NJ: Lawrence Erlbaum.

Ainsworth, M. S. (1989). Attachments beyond infancy. *American Psychologist, 44*, 709–716.

Ainsworth, M., & Bowlby, J. (1965). *Child care and the growth of love.* London, UK: Penguin Books.

Aitchison, J. (1996). *The seeds of speech: Language origin and evolution.* Cambridge, UK: Cambridge University Press.

Ajzen, I. (2000). Nature and operation of attitudes. *Annual Review of Psychology, 52*, 27–58.

Ajzen, I. (2012). Attitudes and persuasion. In K. Deaux & M. Snyder (Eds.), *The Oxford handbook of personality and social psychology* (pp. 367–393). New York, NY: Oxford University Press.

Åkerstedt, T., & Kecklund, G. (2012). Sleep, work, and occupational stress. In C. M. Morin & C. A. Espie (Eds.), *The Oxford handbook of sleep and sleep disorders* (pp. 248–265). Oxford, UK: Oxford University Press.

Åkerstedt, T., Narusyte, J., Alexanderson, K., & Svedberg, P. (2017). Sleep duration, mortality, and heredity—a prospective twin study. *Sleep, 40*(10), zsx135.

Akmajian, A., Demers, R. A., Farmer, A. K., & Harnish, R. M. (2010). *Linguistics: An introduction to language and communication* (6th ed.). Cambridge, MA: MIT Press.

Aknin, L. B., Wiwad, D., & Hanniball, K. B. (2018). Buying well-being: Spending behavior and happiness. *Social and Personality Psychology Compass, 12*(5), e12386.

Alavi, S. B., & Sanderson, W. C. (2015). Mechanisms of action in psychotherapy. In R. L. Cautin & S. O. Lilienfeld (Eds.), *The encyclopedia of clinical psychology* (pp. 1745–1751). West Sussex, UK: Wiley-Blackwell.

Albarracín, D., & Vargas, P. (2010). Attitudes and persuasion: From biology to social

찾아보기

ㄱ

가상현실 노출치료 570
가설 29
가소성 53
가역성 324
가용성 발견법 228
가장놀이 322
가족치료 561
가짜심리학 22
가치의 조건화 412
각막 79
각성 이론 268
간격두기효과 170
간뉴런 38
간상세포 80
감각갈등 이론 75
감각뉴런 38
감각 상호작용 74
감각순응 71
감각운동기 321
감정 발견법 229
강박장애 504
강인함 387
강점 기반 상담 415
강점 발견하기 374
강화 196
강화계획 198
개념 222
개인 우화 335
개인주의 476
개인화 557
객관적 성격 검사 428
거울 뉴런 209
건강심리학 9, 364
걷기 반사 318
검사편파 258
게슈탈트 86

결정적 시기 327
경계성 성격장애 532
경두개 자기자극 574
경험에 대한 개방성 421
경험적 검사 구성 429
계열위치효과 166
고막 91
고전적 조건형성 185
고정간격 계획 200
고정관념 456
고정관념 위협 259
고정비율 계획 199
고차 조건형성 191
고착 406
공감 547
공격성 461
공동수면 118
공정한 세상 가설 459
공통 요인 564
공통 집단 정체감 460
공황장애 503
과체중 277
과학적 방법 28
관계 증진을 통한 스트레스 줄이기 384
관상동맥질환 366
관찰학습 207
교감신경계 57
교육심리학 7
구강기 406
구조주의 12
구조화된 면접 428
구체적 조작기 324
국재화 42
군집화 153
권위가 있는 양육 329
권위주의적 양육 329
귀인 439

귀인 이론 439
귓바퀴 91
그렐린 279
근원찾기 반사 318
근접발달영역 325
금단 130
급성 스트레스장애 372, 373
긍정심리학 19
긍정심리학 운동 415
긍정적 개입 415
긍정적 존중 412
긍정적 청년발달 344
기능적 고착 234
기능적 자기공명영상법 62
기능주의 13
기대-위반 패러다임 326
기면증 121
기본 귀인 오류 439
기분안정제 573
기술연구 25
기시감 141
기억 148
기억상실증 173
기억술 169
기준점 발견법 228
기질 330
기초심리학 8
기형유발물질 314
깊이지각 82
까꿍놀이 321
까다로운 기질 330
꿈 분석 543

ㄴ

낙관주의 387, 388
난원창막 91
남근기 407

남성 갱년기 347
낯선이 불안 327
낯선이 상황 방법 327
내분비계 58
내성 130
내재적 동기 266
내재화 문제 341
내적 통제 소재 418
내집단 457
내집단 편향 457
노인돌봄 352
노출치료 550
뇌간 43
뇌교 44
뇌량 48
뇌전도 60
뇌전두엽 절제술 575
뇌하수체 58
뉴런 38

ㄷ

다문화주의 17, 474
다중관계 568
다중방법 평가 428
단계 311
단계적 발달 대 연속적 발달 311
단기기억 155
단순노출효과 466
단안 깊이단서 82
달리 생각하기를 통한 스트레스 줄이기 382
달리 행동하기를 통한 스트레스 줄이기 386
달팽이관 91
대뇌 47
대뇌반구 48
대뇌피질 47
대리 조건형성 192
대립과정 이론 85
대상영속성 321
대안 의학 391
대응 381
대인 간 매력 465

대체 의학 391
대치 404
대표성 발견법 228
더디게 적응하는 기질 330
도구적 사회적 지지 385
도도새 평결 효과 564
도식 320
독립변인 27
동거 349
동공 79
동기 266
동성애 482
동시대집단 효과 310
동일시 408
동조 447
동종요법 392
동화 320, 477
두정엽 50
디지털 스트레스 361

ㄹ

렙틴 279

ㅁ

마음 갖춤새 226
마음 이론 322
마음챙김 140, 384
마음챙김 명상 392
만성 스트레스 365
말초신경계 56
망막 80
망막부등(입체시) 83
망상 519
망상활성계 44
맹점 81
머리부터 들이밀기 기법 442
면역체계 366
명상 138, 391
모로 반사 318
몰입 274
몽유병 120

무선할당 27
무의식 401
무조건 반응 186
무조건 자극 186
무조건적 긍정적 존중 412
무조건적인 긍정적 존중 412, 547
문간에 발 들여놓기 기법 442
문법 244
문제중심 대처 383
문제 해결 226
문헌 개관 28
문화 473
문화-공정 지능검사 259
문화변용 476
문화변용 스트레스 477
문화적 유능성 428, 566
문화 적응 스트레스 378
문화적 자각 566
문화 지능 478
미각 98
미네소타 다면 성격 검사-2 429
미세공격 479

ㅂ

바이오피드백 392
반구조화된 면접 428
반동 형성 404
반복검증 30
반사 38
반사회성 성격장애 533
반영 548
반응성 330
반향기억 151
발견법 227
발달심리학 8, 310
발산적 사고 233
발판화 325
방관자 효과 472
방어기제 404
방언 246
배아 313

범불안장애 500
법정심리학 7, 427
베르니케 실어증 50
베르니케 영역 50
변동간격 계획 200
변동비율 계획 199
변별 188
변별자극 203
변연계 44
변화 단계 모델 389
변화맹 76
변환 68
병변 61
보살핌과 어울림 이론 381
보존개념 322
복종 450
본능 267
본능 이론 267
부교감신경계 57
부분 강화 198
부신 59
부인 354
부적 강화 196
부주의맹 76
부호화 150
부호화 특수성 160
분노 354
분리 477
분할뇌 수술 48
불면증 119
불안장애 500
불안정 저항애착 328
불안정 회피애착 328
불응기 41
불일치 413
브로카 실어증 52
브로카 영역 52
비고츠키 이론 324
비교심리학 9
비구조화된 면접 428
비만 277

비밀 유지 567
비자발적 기억 179
비지시적 치료 546
비판적 사고 22
빈도이론 93
빈 둥지 증후군 351
빨기 반사 318

ㅅ

사전 동의 568
사전행동적 대처 386
사춘기 333
사회 교환 이론 470
사회문화적 이상 이론 494
사회불안장애 502
사회 비교 458
사회심리학 9, 438
사회인지 438
사회인지 이론 417
사회적 역할 443
사회적 영향 447
사회적 지지 385
사회적 책임 규범 471
사회적 촉진 452
사회적 태만 452
사회화용론 239
산업/조직심리학 6
삼원색 이론 85
삼중 취약성 이론 508
상관계수 25
상관연구 25
상관-인과 오류 26
상담심리학 6
상상의 관중 335
상향처리 75
상호교류적 결정론 417
색상 84
색인
샌드위치 세대 352
생득론 238
생리심리학 8

생물심리사회이론 20
생물심리사회적 이상 이론 494
생물학적 이상 이론 493
생물학적 준비 210
생성감 대 침체 350
생의학 치료 541
색터-싱어 이론 291
선택주의 73
설정점 279
섬광기억 168
섬모 96
섭식장애 514
성 480
성격 398
성격심리학 8
성격의 5요인 모델 370, 421
성격의 구조 402
성격의 사회인지 이론 416
성격의 인본주의 이론 412
성격의 정신역동 이론 400
성격의 정의 398
성격의 특질론 420
성격의 행동주의 이론 416
성격장애 531
성격 평가 427
성기기 408
성별 480
성실성 421
성인 중기 346
성인진입기 344
성인 초기 346
성인 후기 347
성적 지향 482
성정체감 480
성취검사 256
성취목표 이론 270
세계관 474
세포체 39
소거 190
소뇌 44
소리 위치지각 93

쇠퇴 165
수렴적 사고 233
수면 무호흡증 122
수면 박탈 110
수면 위생 122
수상돌기 39
수상돌기 수용기 40
수용 354
수정 313
수정체 80
수초막 39
수초화 334
순한 기질 330
순행간섭 166
순행성 기억상실증 174
순환성장애 512
스키너 상자 195
스탠퍼드-비네 지능검사 256
스트레스 360
스트레스에 대한 대처 381
스트레스원 361
승화 404
시각 78
시각 조절 80
시냅스 40
시냅스 소낭 40
시상 44
시상하부 45
시스젠더 482
시연 154
신경계 56
신경과학 19
신경교세포 39
신경생성 53
신경성 식욕부진증(거식증) 514
신경성 폭식증(폭식증) 515
신경전달물질 40
신경증 성향 421
신념고수 23
신뢰 대 불신 338
신뢰도 258, 427

신생아의 능력 316
신진대사율 281
신체적 의존 130
신프로이트 학파 이론 408
실무율적 사고 556
실제 자기 413
실험연구 26
실험집단 27
심리성적 단계 405
심리신경면역학 366
심리적 결정주의 401
심리적 의존 130
심리치료 541
심리학 2
심리학적 이상 이론 493
쌍둥이 연구 399

ㅇ

아니마 410
아니무스 410
아동과 부모 간의 적합도 331
아편 유사제 136
아편제 136
안정성 대 변화 311
안정애착 327
안정전위 41
알츠하이머병 348
암묵기억 164
애착 327
야경증 121
양극성장애 511
양성애 482
양성 증상 519
양안 깊이단서 83
양육 방식 329
양전자방출 단층촬영법 62
언어 235
언어 외 정보 246
언어적 상대성 247
언어획득장치 238
얼굴 피드백 이론 292

엔도르핀 40
엘렉트라 콤플렉스 407
여키스-도슨 법칙 268
역량 경계 568
역조건형성 552
역치 41
역행간섭 166
역행성 기억상실증 173
연산 226
연속 강화 198
연수 44
연합령 47
열등감 콤플렉스 408
열정적 사랑 468
영상기억 151
영아기 기억상실증 318
영재 257
오이디푸스 콤플렉스 407
오정보 효과 174
올포트 421
옹알이 240, 318
외상후 성장 374
외상후 스트레스장애 360, 371, 373
외재적 동기 266
외재화 문제 342
외적 통제 소재 418
외집단 457
외집단 동질성 458
외향성 421
외현기억 163
요인분석 421
욕구위계 272
우울 354
우울 및 양극성장애 509
우월성을 향한 노력 409
우호성 421
운동감각 102
운동뉴런 38
운동 발달 319
운동을 통한 스트레스 줄이기 390
운동피질 52

원격심리학 569
원초아 403
원형 223, 410
웩슬러 지능검사 255
위약효과 27
유산소 운동 390
유인가 266
유지 시연 154
은퇴 353
음고 92
음성 증상 521
음소 244
응용심리학 5
의대생 증후 490
의미기억 163
의미론 245
의미 만들기 374
의사결정 226
의식 108
이란성 쌍생아 313
이론 28
이상적 자기 413
이성애 482
이소골 91
이중맹목 절차 27
이중처리 이론 230
이차 강화 197
이차 성징 333
이차 평가 362
이타주의 470
이행 추론 324
인간중심치료 546
인본주의 16
인상 형성 455
인생회고 353
인습적 도덕 336
인지 222
인지도 213
인지 부조화 444
인지심리학 18
인지 왜곡 556

인지적 증상 521
인지치료 554
인지치료의 ABCDE 모델 555
인지평가 이론 292
인지행동치료 555
인출 158
인출단서 159
일란성 쌍생아 313
일반 적응 증후군 365
일반지능 249
일반화 188
일상적 스트레스 363
일주기리듬 111
일차 강화 197
일차 성징 333
일차 평가 362
일치 413
일화기억 163
임사체험 142
임상심리학 6
임상적 면접 428
입양아 연구 399

ㅈ

자각몽 126
자기개념 414
자기결정 이론 269
자기공명영상법 61
자기보고 431
자기실현 273, 412
자기조절 330
자기효능감 417
자동적 부호화 158
자발적 회복 190
자아 403
자아중심성 323
자유연상 543
자율신경계 57
자조집단 561
자폐스펙트럼장애 323, 527
작업기억 157

잠복기 408
잠재학습 213
잡기 반사 318
장기기억 155
장기증강 154
장소이론 93
장점 찾기 374
재인 159
재흡수 41
저가 기법 443
저장 155
저항 543
적응장애 372, 373
적응적 규범 인식 능력 474
전경-배경 체제화 86
전기충격치료 574
전두엽 51
전이 544
전인습적 도덕 336
전정감각 102
전조작기 322
전집 29
절대역치 70
절정 경험 274, 414
절차기억 164
절충적 치료 접근법 559
점화 161
접합체 313
정교화 시연 154
정동둔마 521
정보에 입각한 연구 참여 사전동의 31
정보적 사회적 지지 385
정보처리모델 150
정상곡선 255
정서 288
정서예측 232
정서적 사회적 지지 385
정서 조절 299
정서중심 대처 383
정서지능 252
정신병리학의 범주 모델 499

정신분석 542
정신분석학 13
정신생리학적 질병 366
정신약물학 571
정신역동치료 542
정신외과술 575
정신의학 3
정신질환의 진단 및 통계 편람 496
정신적 여과 556
정신증 518
정적 강화 196
정체감 338
정체감 대 역할 혼미 338
정체감 유예 338
제임스-랑게 이론 289
조건 반응 186
조건 자극 186
조건적 긍정적 존중 412
조성 204
조작적 정의 29
조작적 조건형성 194
조절 320
조절초점 이론 269
조증 511
조현병 518
종단연구 설계 310
종속변인 27
주변경로 설득 442
주변화 477
주요우울장애 510
주의력결핍 과잉행동장애 525
주제 통각 검사(TAT) 432
죽음 353
줄기세포 54
중독 131
중성 자극 186
중심경로 설득 442
중심와 80
중추신경계 56
증거 기반 치료 563
지각 68

지각 갖춤새 76
지각항등성 72
지능 249
지능검사 254
지능지수 255
지속성 우울장애(기분저하증) 510
지속성 편파 232
지역사회심리학 7
지적장애 257
지혜 353
진실성 547
진정제 132
진화심리학 18
집단 간 접촉 459
집단극화 454
집단무의식 410
집단사고 454
집단치료 560
집중 명상 392
집합주의 476

ㅊ

차별 457
차이역치 71
참여자 모델링 554
창조성 233
책임 분산 472
처리수준 152
처벌 201
천성 대 환경 312
철사 어미 328
청각 90
청소년기 333
체감각피질 50
체계적 둔감화 552
체성감각 100
체신경계 56
체질량 지수 277
초감각 지각 69
초경 333
초두효과 166

초심리학 69
초자아 403
최면 127
최면의 사회인지 이론 129
최소가지차이 71
최신효과 166
추동감소 이론 267
추상세포 80
축색 39
축색종말 39
출생 순위 409
출처 기억상실증 174
측두엽 50
치료적 동맹 565
친구관계 331
친밀감 340
친밀감 대 소외감 340
친사회적 행동 469
친족관계 이론 472
침술 391

ㅋ

칵테일파티 효과 73
칼 융 409
캐논-바드 이론 289
컴퓨터 단층촬영법 61
콜버그와 도덕발달 336
쾌락 원리 403
퀴블러-로스의 단계 제안 354

ㅌ

타당도 258, 427
타당화 척도 429
타인보고 431
타협 354
탈개인화 453
태아 313
태아알코올스펙트럼장애 315
태아알코올증후군 314
텔로미어 377
토큰 경제 552

통사론 245
통제 소재 418
통제집단 27
통찰 214
통합 477
통합 의학 391
통합적 치료 접근법 559
투사 404
투사적 성격 검사 431
투쟁-도피 반응 360
트랜스젠더 482
특수지능 249
특정공포증 502
특정학습장애 257
특질 420
틀린 믿음 과제 323
틀 만들기 227

ㅍ

파국화 556
편견 456
편도체 46
평가 362
폐경 347
폭식장애 516
표본 29
표준화 431
표현 규칙 303
프로이트식 실수 401
피아제의 인지발달 단계 321

ㅎ

하향처리 75

학습 184
학습된 무기력 216, 418
한 단어 단계 241
합리적-정서행동치료 555
항문기 407
항불안제 572
항상성 268
항우울제 573
항정신성 약물 571
해리성 기억상실 529
해리성 정체성장애 529
해리장애 528
해마 45
해석 545
행동유전학 399
행동의학 364
행동주의 15
행동치료 549
행동 평가 432
향본능 표류 212
향정신성 약물 130
허용적 양육 329
헝겊 어미 328
현실 원리 404
혐오 조건형성 553
형식적 조작기 324
형태소 245
호르몬 58
호혜주의 규범 470
혼란애착 328
홍채 79
확증편파 23, 226
환각 520

환각제 137
활동전위 41
회상 159
획득 190
횡단연구 설계 310
효과의 법칙 195
후각 95
후각구 96
후각피질 96
후두엽 50
후인습적 도덕 336
훈습 545
흥분제 133
희생양 이론 459

기타

16요인 성격검사 421
5요인 모델 421
A유형 성격 368
Big 5 421
B유형 성격 369
CAM 391
Cattell 421
C유형 성격 369
D유형 성격 370
NEO-성격검사3 430
NREM 수면 114
REM 114
REM 마비 114
REM 반동 115
REM수면 114

저자 소개

Photo by Felise Waxman

앤드루 포머란츠(Andrew M. Pomerantz)는 서던일리노이대학교의 심리학과 교수이 자 임상심리학 대학원 프로그램의 책임교수이다. 그는 20년 넘게 심리학개론과 임상심리학 관련 학부 및 대학원 과목을 가르쳤다. 심리학 교육에 대한 그의 연구는 *Teaching of Psychology, Scholarship of Teaching and Learning in Psychology*, 그리고 *Training and Education in Professional Psychology* 등의 학술지에 게재되었고, 미국심리학회(APA)와 심리학교육연구소(National Institute on the Teaching of Psychology)가 주관한 컨퍼런스에서 발표되었다. 서던일리노이대학교에서 포머란츠 교수는 폴 사이먼 우수 교수 및 학자 상을 받았고 Peer Consultant Team of Learning and Teaching Initiative의 초청 멤버였다. 또한 그는 임상심리학: 문화적 관점을 고려한 과학과 임상실무의 조화(Clinical Psychology: Science, Practice, and Diversity)의 저자이자 미국 교과서 및 학술 저자 협회에서 수여하는 2017년도 우수 교과서상을 수상하기도 하였다.

그의 연구는 임상심리학의 다양한 주제, 특히 심리치료의 윤리적·전문적 문제와 관련된 주제에 초점을 두고 있다. 그는 *Journal of Clinical Psychology, Ethics & Behavior*와 *Journal of Contemporary Psychotherapy*의 편집위원회에서 활동하였다. 그는 미주리주 세인트루이스에서 파트타임으로 개인적인 정신치료를 계속하고 있는데, 여기에서 그는 다양한 문제와 장애를 갖고 있는 성인 및 아동을 만나고 있다. 또한 그는 학제적 치료사 조직인 세인트루이스 심리치료학회의 회장직을 두 번 역임하였다.

그는 세인트루이스에 있는 워싱턴대학교에서 학사학위를, 세인트루이스대학교에서 임상심리학 석사와 박사학위를 받았다. 박사학위를 받기 이전에는 인디애나대학교 의과대학 심리학 수련 컨소시엄에서 인턴 과정을 마쳤다.

심리학과 관련된 일을 하지 않을 때 그는 훌륭한 두 자녀, 그리고 아내와 함께 시간을 보내는 것을 좋아한다. 그는 온라인이나 (아직 남아 있을 때) 레코드 가게에서 새로운 음반을 발견하는 것을 즐긴다. 그는 농구 경기를 시청하고, 지도하고, 직접 하는 것을 모두 좋아하지만 자전거를 타거나 달리기를 하는 것도 좋아한다. 그는 또한 일부의 수준 높은 TV 쇼뿐만 아니라 훨씬 더 낮은 수준의 TV 쇼도 즐겨 본다.

역자 소개

이재식
서울대학교 대학원 심리학 석사
미국 아이오와대학교 대학원 심리학 박사(철학박사)
현재 부산대학교 심리학과 교수

정영숙
서울대학교 대학원 심리학 석사
서울대학교 대학원 심리학 박사
현재 부산대학교 심리학과 교수

이수진
미국 텍사스대학교 대학원 상담심리학 석사
미국 텍사스대학교 대학원 상담심리학 박사(철학박사)
현재 국민대학교 교육대학원 상담심리전공 교수

류승아
고려대학교 대학원 심리학 석사
미국 노스캐롤라이나주립대학교 대학원 심리학 박사(철학박사)
현재 경남대학교 심리학과 교수

남숙경
미국 컬럼비아대학교 티처스 칼리지 상담심리학 석사
고려대학교 대학원 교육학 박사
현재 국민대학교 교육대학원 상담심리전공 교수